宁波天安（集团）股份有限公司是以始建于1969年的国营象山高压电器厂为基础，于1994年改制创立的，是以输变电设备为主业的国家大型企业、国家重点高新技术企业、中国输变电行业重点骨干企业和浙江省行业龙头企业。公司现辖1家省级研发中心（宁波电工研究院），10个专业公司。总部有员工2 000多名（科技人员占35%），占地面积40余万m²，总资产12亿元，企业综合效益连续多年居行业前列，规模跻身行业前五强。

为把变配电设备产业做优、做强、做大，公司将按照“稳定中压，向高压和智能化电器延伸”的战略部署，征地133万m²，投资9亿元，在象山建成能生产220kV及以下输变电成套设备的现代化“中国天安电工城”。

明天的“天安”必将成为中国乃至世界的著名品牌。

中国名牌

授予

中国名牌产品证书

中国名牌产品

传真：0574-65700090　　http：//www.tianan.com　　E-mail：sales@tianan.com

走进电光公司
APPROACHING DIANGUANG

Http://www.DianGuang.com.cn

中国·电光防爆电气有限公司是专业生产和销售各类防爆电气产品的国家无区域大型企业。公司创立于 1965 年，现拥有上海防爆电气研发中心和浙江、安徽两大生产基地及 6 家全资子公司，380 多家国内分公司和代理商，并在国外设有多家代理机构。公司员工 2 750 多人。

40 多年的发展，公司产品现已基本覆盖煤矿各个领域，其中综合自动化及电力监控系统、智能化高低压防爆电气开关、智能化多功能组合开关、移动变电站、成套配电设备和厂用防爆等产品已具有 200 多个系列，上万种规格。

公司商标于 2007 年被认定为“中国驰名商标”。产品多次荣获全国各类奖项及省级科技成果转化项目，并于 2006 年被授予“浙江名牌产品”称号。公司连续多年跻身中国电器工业企业 500 强，先后被授予“浙江省纳税大户”、“全国防爆行业十强企业”、“中国电器工业竞争力企业”等荣誉称号。

面对经济全球化的浪潮，电光紧紧围绕“聚合众志，光耀电光”的企业精神，坚持“立足行业榜首，争创世界品牌”的企业目标，为实现民族工业振兴而奋进。

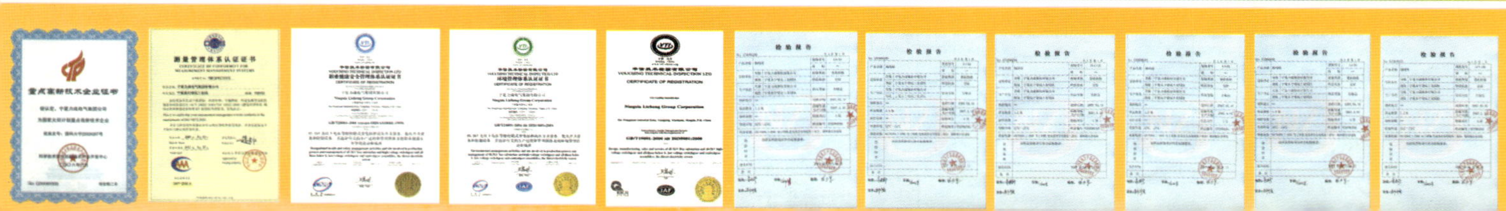

西安西开高压电气股份有限公司

企业简介 Company Profile

西安西开高压电气股份有限公司（简称西开电气公司），是国家直属中央企业西安电力机械制造公司控股的核心企业，是我国高压、特高压开关设备的研发、制造和销售的主要基地。

西开电气公司在超高压、大容量、缩小型、复合化、智能化目前开关行业五大发展方向上都拥有具有自主知识产权的成套产品，主要技术性能指标都达到或超过了国内外同类先进产品的水平。研发出了具有自主知识产权的800kV罐式断路器、800kV GIS和1 100kV GIS，填补了国内空白；成功研发的大容量63kA 252kV GIS、63kA 550kV GIS达到了国际领先水平，其中63kA 252kV GIS填补了国内空白；成功完成了126kV GIS、252kV GIS缩小型产品的研发，技术性能达到了国际先进水平；复合化产品550kV H-GIS、363kV H-GIS、252kV H-GIS的研发成功均填补了国内空白。“XD”牌气体绝缘金属封闭开关设备(GIS)，六氟化硫断路器分别于2006年、2007年荣获“中国名牌产品”称号。

西开电气公司开关设备的产量和出口量在国内领先，GIS开关设备的运行间隔数量居国际第3位，广泛用于国内外多个重点工程，标志着西开电气公司已经走向国际领域，并具备了和国际一流企业进行竞争的实力。

南京汽轮电机（集团）有限责任公司

南京汽轮电机（集团）有限责任公司（以下简称“南汽轮”）是有着50年历史的我国重要的发电设备制造企业，重型燃气轮机生产基地之一。

公司汽轮机、发电机由原生产0.6万～2.5万kW机组为主向生产5万～33万kW机组突破；燃气轮机由原生产6B（4.2万kW）系列为主向低热值、中热值燃气轮发电机组和9E（12.5万kW等级）燃气轮机突破；新能源利用实现向兆瓦级直驱式风力发电机突破。电站产品千瓦数由原双百万千瓦向汽轮机、发电机双四百万千瓦以上突破；产销及利润分别由2001年的3.9亿元、3.8亿元和12万元向2007年的30.05亿元、30.008亿元和5.1721亿元突破。特别是2004～2007年，企业年产销规模连续跨16亿元、23亿元和30亿元台阶，现价产值、销售收入、实现利润的三年合计数均超过了公司改制前48年的累计总和。

公司9E重型燃气轮机、低热值燃气轮机、整体煤气化联合循环（IGCC）发电机组、低温低压汽轮机、13.5万～35万kW空冷发电机、6万kW联合循环汽轮发电机组等产品填补国内空白。公司生产的清洁高效发电装备——高炉煤气燃气/蒸汽联合循环机组、整体煤气化燃气/蒸汽联合循环机组（IGCC）、空冷汽轮发电机组、直驱式兆瓦级风力发电机、水泥炉窑低温余热汽轮发电机组等新能源装备被国家列入16个重大装备发展领域或国家“十一五”期间十大重点节能工程。“蓝鹊”牌电站汽轮发电机组和“蓝鹊”牌燃气轮发电机组荣获“江苏省名牌产品”称号，“蓝鹊”牌热电联产汽轮机荣获“中国名牌产品”的称号。公司先后荣获全国机械工业效绩评价百强企业、全国守合同重信用先进企业、中国机械工业核心竞争力优秀企业、中国机械工业销售百强企业、中国制造500强、中国机械工业500强、中国企业信息化500强、中国工业企业1000大、中国工业行业排头兵、中国机电影响力100强等荣誉称号。2007年6月，公司被国家相关部门确定为“科学发展、共建和谐，建设创新型国家”的宣传典型之一，同年8月又被列为发电装备制造自主创新的典型之一，国内主流媒体两次进行了专题采访和报道。

安装在深圳美视电厂9E燃气轮机

起吊350MW空冷发电机定子

总经理：沈群

安装在尼日利亚8套6B燃气轮发电机组

9E燃气轮机在青海格尔木燃气电厂运行

生产330MW汽轮机

燃气轮机生产车间

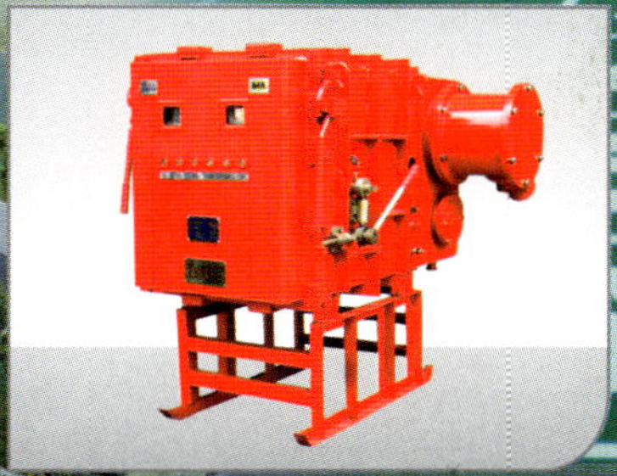

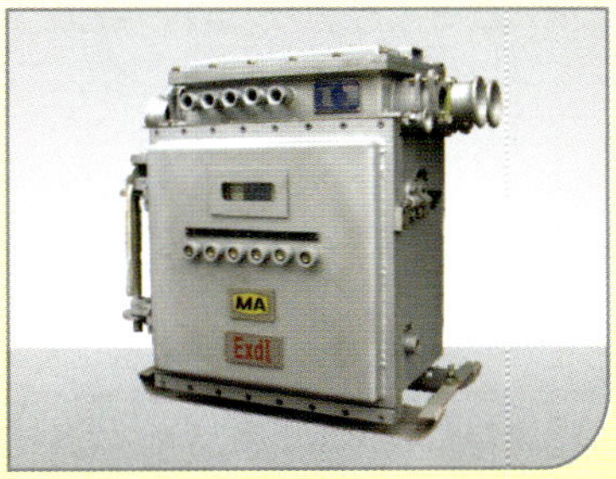

中国机械工业年鉴系列

中国电器工业年鉴

2008

中国机械工业年鉴编辑委员会
中 国 电 器 工 业 协 会 编

图书在版编目(CIP)数据

中国电器工业年鉴. 2008/中国机械工业年鉴编辑委员会，中国电器工业协会编．—北京：机械工业出版社，2008.12

(中国机械工业年鉴系列)

ISBN 978－7－111－25858－2

Ⅰ. 中… Ⅱ. ①中…②中… Ⅲ. 电气工业—中国—2008—年鉴 Ⅳ. F426.6－54

中国版本图书馆 CIP 数据核字(2008)第 203800 号

机械工业出版社(北京市百万庄大街 22 号　邮政编码 100037)

责任编辑:董　蕾

北京画中画印刷有限公司印制

2008 年 12 月第 1 版第 1 次印刷

210mm×285mm · 30 印张 · 46 插页 · 1217 千字

定价:300.00 元

凡购买此书,如有缺页、倒页、脱页,由本社发行部调换

购书热线电话(010)88379821、88379829

封面无机械工业出版社专用防伪标均为盗版

中国机械工业年鉴系列

作为『工业发展报告』

记录企业成长的每一阶段

中国机械工业年鉴

编辑委员会

中国电器工业年鉴

明鉴电器工业
装备现代电力

中国电器工业年鉴
执行编辑委员会

中国电器工业年鉴

明鉴电器工业

装备现代电力

中国电器工业年鉴
编辑出版工作人员

总 编 辑 郭 锐
主 编 李卫玲
副 主 编 刘世博
责任编辑 董 蕾
编 辑 孙立新
编辑部主任 朱彩绵 电话(010)88379829 传真(010)68998970
广告部主任 赵 敏 电话(010)88379812 传真(010)68998968
发行部主任 肖新军 电话(010)68326643 传真(010)68326039
设计部主任 李 晶 电话(010)88379809
市场编辑 于 杰 常 静 郑玉波 史从敏
地 址 北京市西城区百万庄大街22号
邮 编 100037
E-mail: cmiy@mail.machineinfo.gov.cn
http: //www.cmiy.com

中国电器工业年鉴

明鉴电器工业

装备现代电力

中国电器工业年鉴特约顾问单位特约顾问

(排名不分先后)

中国电工设备总公司总裁	赵若林
东方电气股份有限公司董事长	斯泽夫
宁波天安集团股份有限公司总裁	蒋保民
苏州万龙电气集团股份有限公司董事长	王立权
大全集团有限公司董事长	徐广福
电光防爆电气有限公司董事长	石碎标
宁夏力成电气集团公司董事长兼总经理	陈庆成
西安西开高压电气股份有限公司董事长	田喜民
南京汽轮电机(集团)有限责任公司总经理	沈　群
新黎明防爆电器有限公司董事长兼总经理	郑振晓
正泰集团股份有限公司董事长	南存辉
常熟开关制造有限公司董事长	唐春潮
合肥神马科技股份有限公司董事长	李建国
华荣集团有限公司董事长	胡志荣
中国·华夏防爆电气有限公司董事长	薛正根
浙江科丰电子有限公司董事长兼总经理	李　敏
山东泰山恒信开关集团有限公司董事长兼总经理	朱法磊
哈尔滨汽轮机厂有限责任公司董事长兼总经理	杨其国
南阳防爆集团股份有限公司董事长兼总经理	魏华钧
苏州德丰电机有限公司董事长兼总经理	陈志强
丹东科亮电子有限公司董事长兼总经理	王继勋
浙宝电气(杭州)集团有限公司董事长兼总经理	翁浙敏
华鹏集团有限公司董事长	郭道鹏
山东齐鲁电机制造有限公司董事长	费广和
山东山博电机集团有限公司董事长兼总经理	李仲敏
钟祥市新宇机电制造有限公司董事长兼总经理	游学峰
佳木斯电机股份有限公司董事长兼总经理	赵　明
江苏大中电机股份有限公司董事长兼总经理	周巧林
淄博牵引电机集团股份有限公司董事长兼总经理	张　毅
万控集团有限公司董事长兼总经理	木晓东
昆明电机厂有限公司董事长	李庆昆
广东省韶关众力发电设备有限公司总经理	刘德锐

中国电器工业年鉴

明鉴电器工业
装备现代电力

中国电器工业年鉴特约顾问单位特约编辑

（排名不分先后）

中国电工设备总公司	孙姝育
东方电气股份有限公司	姚向红
苏州万龙电气集团股份有限公司	程玉标
大全集团有限公司	胡圣海
电光防爆电气有限公司	石晓贤
宁夏力成电气集团公司	乔清博
西安西开高压电气股份有限公司	江　洪
南京汽轮电机(集团)有限责任公司	张　跃
新黎明防爆电器有限公司	裴雪荣
正泰集团股份有限公司	王正红
常熟开关制造有限公司	秦海强
合肥神马科技股份有限公司	程　莉
华荣集团有限公司	郑晓荣
中国·华夏防爆电气有限公司	谭笑发
常州伊顿森源开关有限公司	夏文馨
浙江科丰电子有限公司	朱　军
山东泰山恒信开关集团有限公司	高　彤
哈尔滨汽轮机厂有限责任公司	姚宏伟
南阳防爆集团股份有限公司	刘晓宛
苏州德丰电机有限公司	王　娟
丹东科亮电子有限公司	孙黎民
浙宝电气（杭州）集团有限公司	孙　翔
华鹏集团有限公司	杨怀祥
山东齐鲁电机制造有限公司	孟　冉
山东山博电机集团有限公司	周　新
钟祥市新宇机电制造有限公司	张宏庆
佳木斯电机股份有限公司	王述平
江苏大中电机股份有限公司	刘　霞
淄博牵引电机集团股份有限公司	张化玉
万控集团有限公司	方　力
昆明电机厂有限公司	范　方
广东省韶关众力发电设备有限公司	谢建军

前　言

2008年，改革开放30年。30年来，电器工业发生了翻天覆地的变化。改革开放初期，燃煤火电设备的主力机组为10万kW、12.5万kW和20万kW机组，如今，60万kW、100万kW的超临界和超超临界机组正成为中国电力工业的新一代主力机组，国产火电设备达到了当代国际先进水平；水电设备从改革开放前自行制造的刘家峡水电站混流式30万kW机组，到1978～1980年葛洲坝水电站的转桨式大型机组，直至三峡右岸70万kW水电机组实现国产化；输变电设备从改革开放前的330kV超高压交流输变电线路成套设备，到“十五”期间的750kV超高压交流输变电设备，再到“十一五”开始攻关的1 000kV交流和±800kV直流的特高压输变电设备，输变电设备技术逐渐达到世界最高水平。同时，一批民营企业崛起，并积极参与国有企业的改革，如新疆特变电工股份有限公司并购了沈阳变压器有限责任公司后，成为研制500kV、100万kV·A的特大变压器企业之一；低压电器、电线电缆等许多产品形成地区集聚。

2007年，电器工业继续稳步发展，工业总产值、工业销售产值以及主营业务收入等经济规模总量指标已接近2 000万亿元；发电设备产量突破1.3亿kW，年产量已占世界总产量的50%左右，对全球发电设备净增量的贡献率在50%以上；变压器、高压开关等输变电设备亦快速增长。

然而，我们还需要在繁荣发展中冷静思考，如何实现电器工业的持续发展？提高全行业的技术水平、提高效率、减少能耗是必须重视的课题。整个电器工业要加大对共性技术的开发，如涂装、防锈、绝缘材料等；要抓住标准，坚持电工行业标准，以企业为主体，争取进入国际标准行列。2008年是完成“十一五”节能减排约束性目标的关键一年，作为直接用电供电的行业，电器工业企业还要重视节能减排的工作，注意行业里用电侧的节能。

2008年上半年，我国出现了雪灾、地震重大自然灾害，电器工业部分企业受到一定程度的损失。在这种情况下，电器工业企业充分发挥自救与互救意识，一批企业顾大局、不计代价，抓生产、保供应，捐款捐物，充分体现出电器企业的社会责任感。

《中国电器工业年鉴》作为我国电器工业对外展示的权威平台，有责任通过真实记录电器工业的发展过程，实现产需双方的交流，为电器工业的持续发展保驾护航！在《中国电器工业年鉴》的编辑过程中，得到了各分会、企业和相关用户的大力支持，在此一并诚挚感谢！

中国电器工业协会终身荣誉会长　陆燕荪

2008年12月

广告索引

树电器工业之品牌
展优秀企业之形象

目　　录

综　　述

行业概况

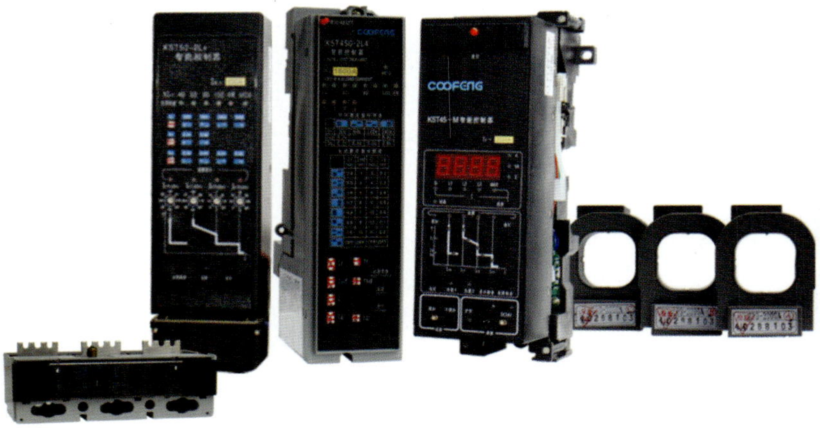

企业概况

产品与项目

标准化

统计资料

大事记

Contents

Overview

General situation of the Industry

General situation of Enterprises

Products and Projects

Standardization

Statistical Data

Chronicle of Events

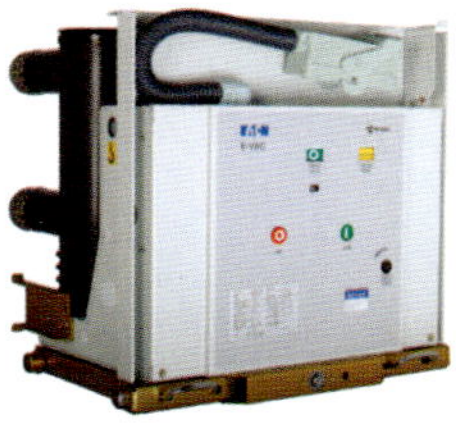

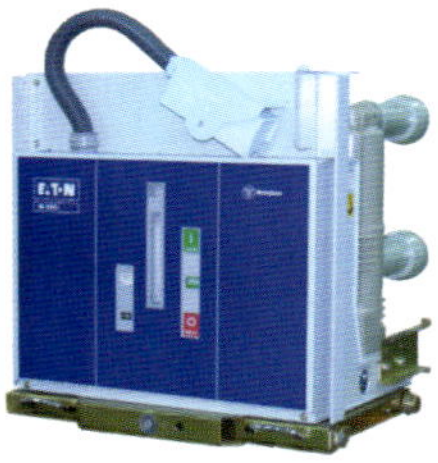

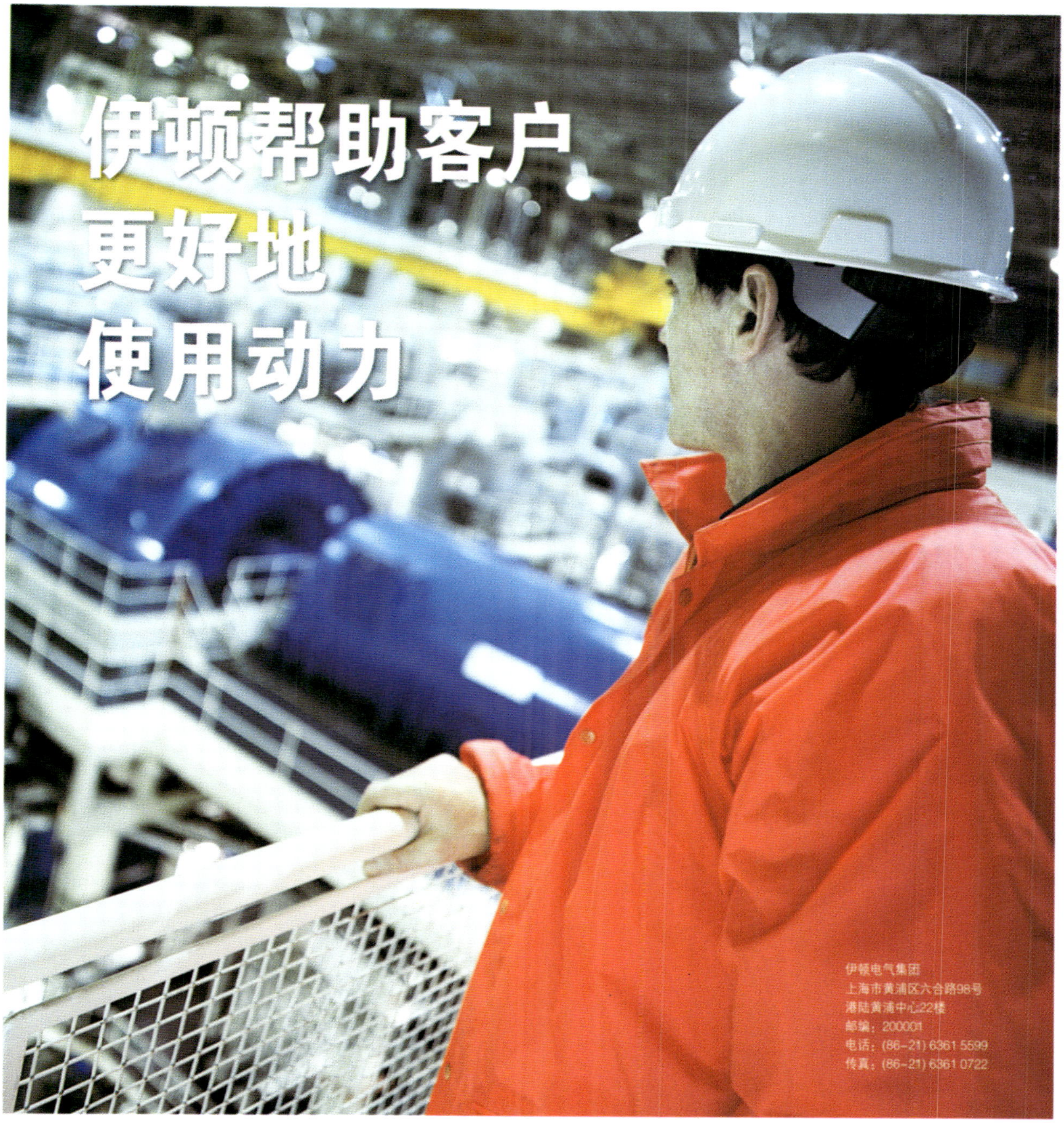

伊顿帮助客户更好地使用动力

伊顿电气集团
上海市黄浦区六合路98号
港陆黄浦中心22楼
邮编：200001
电话：(86-21) 6361 5599
传真：(86-21) 6361 0722

7.2-24kV ET1中压铠装移开式金属封闭开关柜

ET1型金属铠装移开式开关柜是伊顿电气集团全新开发的新一代的三相交流7.2—24kV单母线分段系统的户内成套配电设备，主要用于电厂、变电站、工矿企业以及各种建筑中，作为接受和分配电能之用，并可以对电路进行控制、保护和检测。

开关柜可以配置伊顿电气集团的W-VACi固封极柱真空断路器，E-VAC组装极柱真空断路器以及VCP-W系列原装进口真空断路器。

开关柜采用模块化的设计，整体柜型由低压室、断路器室、检修室组成的前柜，有母线式、电缆式组成的后柜组成，可以分开拼装，便于批量生产和检修。断路器式、母线式、电缆式都有独特的泄压通道。成套设备可满足中国电网对中压开关柜之要求，并适合“五防”和关门操作、全密封、全隔离、全工况的特殊要求。

伊顿帮助客户更好地使用动力

EATON

伊顿电气集团
上海市黄浦区六合路98号
港陆黄浦中心22楼
邮编：200001
电话：(86-21) 6361 5599
传真：(86-21) 6361 0722

24 kV VE24系列固封极柱真空断路器

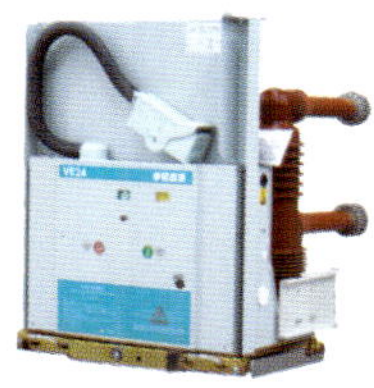

- 符合IEC、GB、DL等标准
- 使用固封真空灭弧室，截流值小于3A
- 理想的触头材料，箍簧式梅花触头，具有良好的动、热稳定性
- 成熟可靠的第5代的弹簧操作机构，结构紧凑
- 可理想地切合电阻、感性和容性负载
- 重量轻
- 经济型的选择
- 电动操作：交、直流两用
- 免维护

这里有我们…

"We're here..."

见证实力

4000多项国内外重点工程

“华鹏创造”喜获丰收 母线家族再添新丁

——SCC新型母线槽横空出世

SCC65高防护母线

国内母线槽行业领军企业、“中国母线技术领导者”华鹏集团累积20余年科研实力，近期将推出一新型母线槽产品。至此，华鹏集团母线槽家族继共箱母线、离相母线、全封闭浇注母线、防火母线、铜铝复合母线后再添新成员——“SCC”母线槽。与传统母线槽相比无论是在结构、外型还是在电气性能上都有全新突破，再一次体现了华鹏集团作为国内老牌电气成套设备制造商由“华鹏制造”蝶变到“华鹏创造”的决心和强大的科研实力。

新型SCC母线完全由华鹏集团自主研发，华鹏集团自20世纪80年代就开始走自主研发的道路，在“华鹏创造”的自主研发策略的指引下，不断聚集技术人才，至今已形成30多人的母线槽产品专业研发队伍。此次SCC母线的主设计师个人就拥有多项电气方面的国家专利，而在华鹏集团像这样的母线槽技术专家不在少数。

华鹏集团SCC母线槽打破传统母线槽结构设计常规，创造性地采用 “Ω”形侧板与中间散热片将导体整体包裹的结构；同时导体装有散热系统，降低导体运行温度，提高母线承载能力；单元连接装置具有自动调节功能，有效平衡线性膨胀系数，保障系统安全运行；更可贵的是SCC母线槽在全面提升性能的同时，有效地控制了成本，整体造价与传统母线槽大体持平，真正符合了高性价比的要求，可全面代替电缆，广泛用于大型工矿、输变电站等。

目前，SCC母线槽已经通过了系列试验，各项指标均达到设计标准，该母线多项新型技术专利正在申报中，华鹏SCC母线槽全面突击的号角即将吹响！

山东泰山恒信开关集团有限公司

LW36-126/T3150-40型户外自能式高压六氟化硫断路器

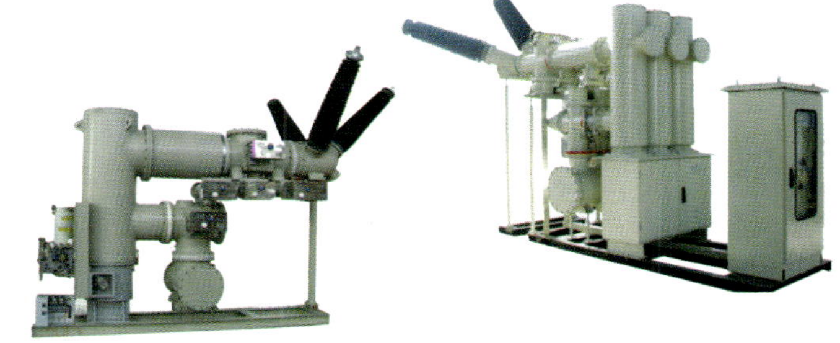

ZF10-126/T3150-40型共箱式GIS

ZF10-126/T2000-40型GIS

山东泰山恒信开关集团有限公司位于泰山脚下的新泰高新技术开发区，是相关的定点生产高低压成套开关设备及高压电器开关的专业企业，在同行业中率先通过ISO 9000认证，为中国机械工业500强企业，信用等级为AAA级，产品荣获"山东省著名商标"、"山东名牌"等称号，为省级高新技术企业、省级重合同守信用企业、具有进出口自营权，省级消费者满意单位。公司一流的生产及检测设备，完善的质量保证体系以及泰山恒信人独有的敬业精神，使企业规模不断壮大。产品逐渐覆盖252kV、126kV超高压GIS，中压、低压成套设备，变电站微机保护，箱变式变电站，变压器，且拥有千种规模高低压电器的生产能力。产品广泛销往各省、市、自治区，遍布电力、机械、钢铁、纺织、化工、医药、煤炭等行业，并出口到东南亚等国外市场，深受广大客户称赞，赢得了良好的社会信誉，成为国内生产制造超高压电气设备及高压成套开关设备的大型企业集团。

3TH-40.5型高压真空断路器手车

正在运行的ZF-252组合电器

KYN28A-12(Z)金属铠装抽出式开关柜

KYN61-40.5金属铠装封闭式开关柜

地址：山东省新泰市高新技术开发区
电话：0538-7069888 7188888
传真：0538-7059818
网址：www.tshxkg.cn
邮箱：sdtshx@vip.163.com

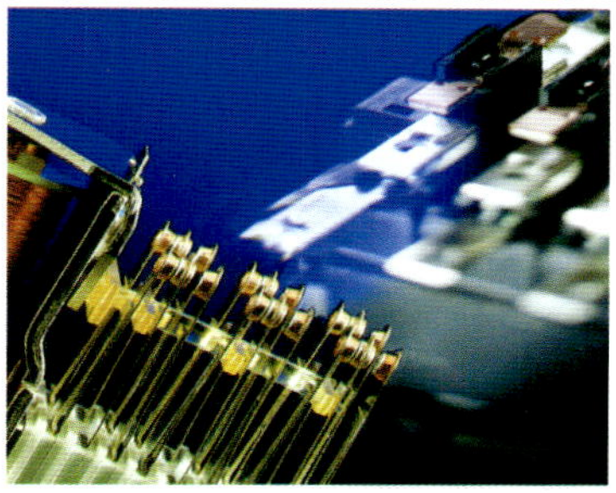

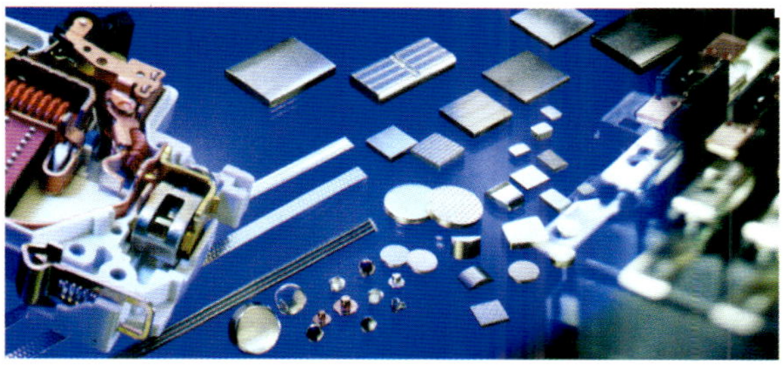

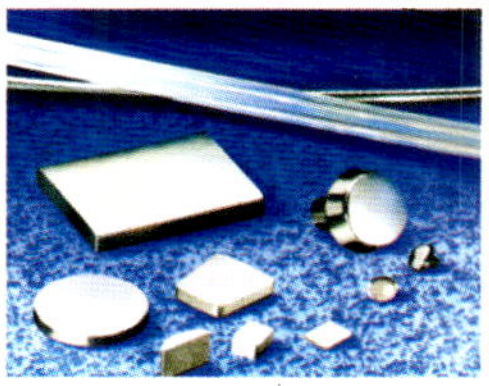

协力支持单位

中国电工设备总公司
地址：北京市海淀区首体南路9号中国电工大厦
邮编：100048
电话：010—68798899
传真：010—68798000
E-mail:cneec@cneec.com.cn
http://www.cneec.com.cn

大全集团有限公司
地址：江苏省扬中市新坝镇新中南路66号
电话：0511—88411200
传真：0511—88411211
http://www.daqo.com

中国东方电气集团公司
地址：四川省成都市蜀汉路333号
邮编：610036
电话：028—87583073
传真：028—87583272
http://www.dongfang.com

正泰集团股份有限公司
地址：浙江省温州市乐清市北白象镇大桥工业园
邮编：325603
电话：0577—62877777
传真：0577—62877777-8240
E-mail:chint@chint.com
http://www.chint.com

苏州万龙电气集团股份有限公司
地址：苏州工业园区东宏路41/43号
电话：0512—62605108 62605118
传真：0512—62605100 62605101
邮编：215123
E-mail:wl@wanlongjituan.com
http://www.wanlongjituan.com

南京汽轮电机（集团）有限责任公司
地址：南京市下关区中央北路80号
邮编：210037
电话：025—85503264
传真：025—85502858
E-mail:zjb@ntcchina.com
http://www.ntcchina.com

宁波天安（集团）股份有限公司
地址：浙江省象山县天安路1118号
邮编：315709
销售专线：0574—65701036、65700032
传真：0574—65700090
E-mail:sales@tianan.com
http://www.tianan.com

电光防爆电气有限公司
销售总部：浙江省乐清市柳市东风工业区凌云路
生产基地：浙江省乐清经济技术开发区纬十八路
总机：0577—62051688
销售热线：0577—62055888 62668111
传真：0577—62051728
E-mail:dg@dianguang.com.cn
http://dianguang.com.cn

综合索引

明鉴电器工业

装备现代电力

中国机械工业年鉴系列

《中国机械工业年鉴》
《中国电器工业年鉴》
《中国工程机械工业年鉴》
《中国机床工具工业年鉴》
《中国通用机械工业年鉴》
《中国机械通用零部件工业年鉴》
《中国模具工业年鉴》
《中国液压气动密封工业年鉴》
《中国重型机械工业年鉴》
《中国农业机械工业年鉴》
《中国石油石化设备工业年鉴》
《中国齿轮工业年鉴》
《中国磨料磨具工业年鉴》
《中国机电产品市场年鉴》
《中国塑料机械工业年鉴》

中国工业年鉴出版基地

编辑说明

一、《中国机械工业年鉴》是由中国机械工业联合会主管、机械工业信息研究院主办、机械工业出版社出版的大型资料性、工具性年刊，创刊于1984年。

二、根据行业需要，1998年中国机械工业年鉴编辑委员会开始出版分行业年鉴，逐步形成了中国机械工业年鉴系列。该系列现已出版了《中国电器工业年鉴》、《中国工程机械工业年鉴》、《中国机床工具工业年鉴》、《中国通用机械工业年鉴》、《中国机械通用零部件工业年鉴》、《中国模具工业年鉴》、《中国液压气动密封工业年鉴》、《中国重型机械工业年鉴》、《中国农业机械工业年鉴》、《中国石油石化设备工业年鉴》、《中国塑料机械工业年鉴》、《中国齿轮工业年鉴》、《中国磨料磨具工业年鉴》和《中国机电产品市场年鉴》。

三、《中国电器工业年鉴》作为该年鉴系列之一，1998年创刊，每年出版，2008年为第11期。该年鉴集中反映了电器工业各分行业的发展情况，全面系统地提供了电器工业各分行业的主要经济技术指标。

四、《中国电器工业年鉴》2008年版内容由综述、行业概况、企业概况、产品与项目、标准化、统计资料和大事记7部分构成，统计数据由国家统计局、中国机械工业联合会相关统计部门和中国电器工业协会提供，数据截止至2007年12月31日 。

五、本年鉴在编撰过程中得到了中国电器工业协会及所属分会、研究院所和企业的大力支持和帮助，在此深表谢意。

六、未经中国机械工业年鉴编辑部的书面许可，本书内容不得以任何形式转载。

七、由于水平有限，难免出现错误及疏漏，敬请批评指正。

中国机械工业年鉴编辑部

2008年12月

综述

2007年，以节能减排为核心的产业新政策日益清晰，为此结合国家新能源政策及电器工业自身的特点，阐释可再生能源装备的基本情况及未来发展，并对2007年发展迅猛的风电市场进行了容量统计；全面阐释电器工业2007年的经济运行情况及进出口情况

In 2007, the new industrial policy that took energy conservation and discharge reduction as the core was increasingly clear. So, by combining the national new energy policy with the electrical equipment industry's own characteristics, we explained the basic situation and future development of renewable energy equipment, and carried out statistics on the capacity of wind power generation market that developed rapidly in 2007; and all-roundly explained the situation of economic operation and import & export of electrical equipment industry in 2007

综述

行业概况

企业概况

产品与项目

标准化

统计资料

大事记

中国电器工业年鉴2008

综述

2007年电器工业经济形势分析

中国电器工业协会行业发展与咨询部

按照《国民经济行业分类》(GB/T 4754—2002)标准的规定,电器工业共涵盖了其中5大类20余个小类,汇聚了发电、输变电、配电、用电设备及电工器材制造等一系列重要产业,是我国国民经济装备制造业的主要支柱产业。2007年,电器工业实现的增加值约占机械工业全部增加值的1/4,在国内生产总值(GDP)的占比已经由2005年的1.55%和2006年的1.8%提高到2.1%。

2007年是我国实施国民经济和社会发展"十一五"规划的第二年。在国民经济继续保持又好又快发展的宏观环境中,电器工业继续呈现快速稳定增长的良好态势,工业总产值、工业销售产值以及主营业务收入等经济规模总量指标已接近"两万亿元"的新台阶。我国电器工业特别引以为荣的是,在连续数年的大幅度增长之后,发电设备年产量再次创下奇迹:2007年我国发电设备产量突破了1.3亿kW,是中国发电设备制造史上的最高年产纪录,在世界上也绝无仅有。

2007年对电器工业而言,尽管发电设备增长速度较前几年相比已经明显放缓,但变压器、高压开关等输变电、配电设备却出现增速加快的迹象,中小型电动机、电线电缆等基础电工产品也都有相当幅度的增长。不仅反映电器工业发展速度的规模总量指标(如工业总产值、工业销售产值、主营业务收入等)大幅度增长,反映经济运行质量、效益、技术创新成果和市场开发成果的指标(如利润总额、新产品产值、出口交货值以及出口贸易额等)也增长显著。因此,2007年又是电器行业成就辉煌的一年,延续了"十一五"开局之后的良好发展势头。

根据对电器工业17 387家规模以上企业的统计调查,工业总产值(当年价)和工业销售产值两项指标,2007年分别比上年增长32.57%和32.09 %,高速增长趋势明显;产品销售率达到97.36%,产销衔接良好;经济运行质量有新的提高,经济效益增长显著。经过多年在引进、消化、吸收基础上的自主创新,新产品产值延续了近几年来的高增长势头,产品结构调整取得了突破性进展;以发电、输变电设备制造业为代表的产业综合实力明显增强;进出口贸易快速协调发展,贸易顺差持续增加,电器工业继续呈现蓬勃发展、充满活力的局面。

2007年,作为行业经济效益的重要指标,利润总额比上年增长36.5%,增长幅度比上年提高4.62个百分点;工业增加值比上年增长38.3%,增幅提高约6个百分点。从行业的资源配置情况看,全行业的资产总量为14 303.3亿元,比上年增长22.49 %。其中,固定资产净值2 727.37亿元,比上年增长18.03 %;流动资产9 216.53亿元,比上年增长22.21 %。从业人员344.62万人,比上年增长9 %,行业规模稳步发展。

一、行业结构分析

1.经济类型构成情况

电器工业企业的经济类型大体分为三大类,即国有及国有控股企业、民营企业和三资企业。截止至2007年末,三类企业的数量分别为814家、13 498家和3 075家,分别占4.68%、77.53%和17.69%;三类企业的资产占用量分别为3 146.53亿元、7 327.56亿元和3 829.21亿元,分别占全行业资产总量的22.0%、51.23%和26.77%;三类企业的从业人员数分别为36.75万人、195.79万人和112.07万人,分别占全行业的10.66%、56.82%和32.52%。2007年电器工业不同经济类型企业主要经济指标的行业占比见表1。

表1 2007年电器工业不同经济类型企业主要经济指标的行业占比

(%)

指标名称	国有及国有控股企业	民营企业	三资企业
企业数	4.68	77.63	17.69
总资产	22.00	51.23	26.77
从业人员数	10.66	56.82	32.52
工业总产值(当年价)	12.13	60.24	27.63
新产品产值	35.03	49.54	15.43
主营业务收入	11.97	60.0	28.03
出口交货值	4.35	26.79	68.86
利润总额	14.36	56.04	29.60

2007年,电器工业民营企业发展迅速,国有及国有控股企业在行业中的地位弱化,三资企业仍然是出口外向型经济的支柱。

从民营企业的情况看,企业数量在全行业中的占比已经从上年的63.3%提高到2007年的77.63%,比上年增长14.33个百分点;资产总量在全行业中的占比由上年的40.7%提高到2007年的51.23%,比上年增长10.53个百分点;从业人员数量在全行业中的占比由上年的45.1%提高到2007年的56.82%,比上年增长11.72个百分点;工业总产值、新产品产值、主营业务收入、出口交货值和利润总额几项指标在全行业中的占比也分别比上年提高12.84、13.34、12.90、7.89和13.94个百分点,民营经济在电器工业的发展中已经显示出越来越重要的作用,并牢牢占据了我国电器工业的半壁江山。

从国有及国有控股企业的情况看,随着国企改革的深化、行业资源整合和资产重组的加速,以及一段时间内"抓大放小"和"从一些竞争性领域退出"等政策的实施,国有及国有控股企业在电器工业中的地位出现弱化趋势。首先,企业数量在行业中的占比明显减少，从上年的16.4%减少到2007年的4.68%，降低了11.72个百分点，降幅超过70%；第二，资产总量占比从上年的30.8%减少到2007年的22.0%，降低了8.8个百分点；第三，从业人员数量占比由上年的19.4%减少到2007年的10.66%，降低了8.74个百分点；第四，工业总产值、新产品产值、主营业务收入、出口交货值和利润总额在全行业的占比分别比上年降低了9.93、12.27、10.63、3.15和10.94个百分点，除新产品产值占比的降低幅度比较小（约为25%）外，其余指标行业占比的降幅均超过了50%，国有及国有控股企业在行业中的地位弱化趋势明显。

从三资企业的情况看，尽管2007年出口交货值在全行业中所占比重与上年相比有所减少，但仍高达68.86%，依然是电器工业产品出口的主力和外向型经济的支柱。

2. 企业规模构成情况

与上年相比，无论从企业数、资产总量、从业人员数量、工业总产值、主营业务收入、新产品产值还是实现利润方面看，2007年电器工业三种不同规模企业在全行业中的占比均未发生明显变化。2007年不同规模企业主要经济指标及占比见表2。

表2　2007年不同规模企业主要经济指标及占比

指标名称	单位	大型企业		中型企业		小型企业	
		数值	占比(%)	数值	占比(%)	数值	占比(%)
企业数	家	114	0.66	1 669	9.60	15 604	89.74
总资产	亿元	3 363.55	23.52	5 407.11	37.80	5 532.64	38.68
从业人员数	万人	45.34	13.16	125.83	36.51	173.45	50.33
工业总产值（当年价）	亿元	3 405.66	17.41	7 044.10	36.01	9 111.75	46.58
新产品产值	亿元	1 225.23	44.37	1 087.98	39.40	448.17	16.23
主营业务收入	亿元		17.19		36.28		46.53
利润总额	亿元		22.41		38.54		39.05

3. 地区分布情况

从地区分布情况看，17 387家电器工业企业中，东部地区有13 701家企业，占比78.80%。505家在福建（496家）、海南（7家）两省，其余13 196家均集中在长三角地区、珠三角地区和环渤海地区这三大都市圈，占整个东部地区企业数量的96.31%，其中长三角地区7 035家（上海1 215家、江苏2 900家、浙江2 920家），珠三角地区（广东）2 495家，环渤海地区3 666家（北京400家、天津402家、河北496家、山东1 407家、辽宁961家）。中部地区2 455家企业（山西102家、吉林116家、黑龙江136家、安徽486家、江西261家、河南535家、湖北332家、湖南487家），占比14.12%。西部地区1231家企业（广西117家、内蒙古73家、重庆154家、四川462家、云南61家、贵州40家、陕西153家、甘肃75家、宁夏48家、青海15家、新疆33家），占比7.08%。

从2007年电器工业企业的资产占用情况看，东部地区为10 569.11亿元，中部地区为2 165.02亿元，西部地区为1 569.17亿元。仅从2007年资产增长速度看，东、中、西部三个地区差别不大，但增长幅度差别明显：东部地区增幅提高6.8个百分点，中部地区增幅提高8.06个百分点，西部地区增幅提高最多，达到了13.79个百分点，这两年贯彻落实中央关于加快中、西部地区发展的政策成效显著。

从产销规模看，2007年东部、中部和西部地区的电器工业企业分别实现工业总产值15 473.16亿元、2 541.04亿元和1 547.31亿元，实现工业销售产值15 137.62亿元、2 483.77亿元和1 484.53亿元，主营业务收入的行业占比分别为80.07%、12.45%和7.48%。与上年相比，尽管三个地区产销规模在行业中的占比变化不大，但中部、西部地区产销增长速度高于东部地区的特征却依然明显。从三项指标的增长速度看，中部地区高于东部地区8个百分点左右，西部地区也比东部地区高出5～6个百分点。

从出口交货值的行业占比看，东部、中部和西部地区分别为93.85%、3.85%和2.30%。2007年中部、西部地区出口交货值的增速都超过了东部地区，西部地区增速是东部地区的1.6倍，中部地区的增长速度则高达东部地区的4.3倍。

在经济效益增长速度上，中、西部地区的电器工业已经超过了东部地区。

2007年，东部、中部、西部电器工业新产品产值在全行业中的占比与上年情况相似，东部地区新产品产值的增长速度高出中西部地区十多个百分点，东部地区电器工业企业具有明显的技术创新优势。

上述情况表明，一方面，近年来贯彻落实中央关于加快中西部地区发展的政策成效显著，中西部地区电器工业企业发展迅速；另一方面，无论产销等经济规模总量指标，还是工业增加值、利润总额等经济效益指标，中部和西部地区的增长幅度均超过了东部地区，但中西部地区在全行业中所占的比重（占比）仍然很小，特别是在技术创新能力方面，与东部地区的差距更为显著。因此，实现东部、中部、西部协调发展以及进一步缩小中西部地区与东部地区的差距，仍然是我国电器工业一项长期、艰巨的任务。2007年电器工业三个地区主要经济指标增长及行业占比见表3。

表3　2007 年电器工业三个地区主要经济指标增长及行业占比

(%)

指标名称	东部地区		中部地区		西部地区	
	比上年增长	占比	比上年增长	占比	比上年增长	占比
企业数		78.80		14.12		7.08
总资产	22.31	73.89	23.41	15.14	22.40	10.97
工业总产值(当年价)	30.88	79.10	38.57	12.99	36.81	7.91
工业销售产值	30.63	79.23	38.06	13.00	35.28	7.77
主营业务收入	31.49	80.07	40.13	12.45	36.76	7.48
出口交货值	26.92	93.85	116.52	3.85	43.54	2.30
利润总额	28.63	82.07	88.66	10.42	49.00	7.51
工业增加值	36.27	75.50	42.84	15.91	49.06	8.59
新产品产值	42.34	69.00	29.28	16.55	31.52	14.45

二、主要经济指标及主要产品产量完成情况

1. 主要经济指标完成情况

(1)工业总产值(当年价):2007 年电器工业共实现工业总产值(当年价)19 561.51 亿元,比上年增长 32.57%。其中,电线电缆制造业实现 5 324 亿元,比上年增长33.7%,排在全行业第一位;居第二位的是配电开关控制设备制造业,实现 2 071 亿元,比上年增长 28.7%。

(2)工业销售产值:2007 年电器工业实现工业销售产值 19 105.92 亿元,比上年增长 32.09%,其中电线电缆制造业实现 5 220 亿元,比上年增长 33.3%;配电开关控制设备制造业实现 2 011 亿元,比上年增长 28.5%,分别位居前两位。

(3)主营业务收入:电器工业全年实现主营业务收入 18 700* 亿元(*系根据 1~11 月实际完成数估计,下同),同比增长 32.90%。居行业首位的电线电缆制造业,实现主营业务收入 5 134 亿元,同比增长 33.7%。配电开关控制设备制造业排在第二,为 1 954 亿元,比上年增长 28.8%。

(4)新产品产值:2007 年电器工业全年实现新产品产值 2 761.38 亿元,比上年增长 38.88%,新产品产值率为 14.12%。与上年相比,增长幅度提高 5.88 个百分点,新产品产值率提高 0.75 个百分点。新产品产值列在行业前三位的分别是:电线电缆制造业 478 亿元,锅炉及辅助设备制造业 331 亿元,变压器、整流器和电感器制造业 282 亿元。水轮机及辅机制造业继续保持全行业新产品产值增幅最高的荣耀,比上年增长 212.4%,增幅提高了 75 个百分点。

(5)出口交货值:2007 年电器工业实现出口交货值 3 447.26亿元,比上年增长 31.59%,增幅比上年提高 6.8 个百分点。电线电缆制造业实现出口交货值 515 亿元,占电器工业的 14.9%。排在前 5 位的还有电力电子元器件制造业(363 亿元)、电动工具制造业(288 亿元)、变压器整流器和互感器制造业(281 亿元)、微电机及其他电机制造业(280 亿元)等。上述 5 个分行业占电器工业出口交货值的一半以上。

(6)利润总额:全行业实现利润总额 1 100* 亿元,同比增长 36.5%,继续与产销保持同步增长,不仅增长幅度高出工业总产值、工业销售产值和主营业务收入的同期增幅约 4 个百分点,而且比上年利润总额的增幅提高了 4.6 个百分点。根据 1~11 月的数据,实现利润最多的电线电缆制造业实现利润总额近 188 亿元,同比增长 32.3%,估计全年实现利润约为 210 亿元;排在第二位的配电开关控制设备制造业,1~11 月累计实现利润总额 147 亿元,同比增长 27.6%,估计全年可实现利润 165 亿元左右;变压器、整流器和电感器制造业 1~11 月实现利润 92 亿元,同比增长 61.1%,估计全年实现利润总额 105 亿元。

从实现利润总额的情况看,尽管电线电缆制造业仍然是全行业最多的,但由于大部分产品的技术含量不高、产品价值中包含的原材料转移成分较多等因素,所以主营业务收入利润率(4.11%)和成本费用利润率(4.32%)不仅低于电器工业 5.88% 和 6.31% 的平均水平,更大大低于汽轮机及辅机制造业(主营业务收入利润率 11.5%、成本费用利润率 12.94%)和发电机及发电机组制造业(主营业务收入利润率 9.15%、成本费用利润率 10.09%)等高技术产业。因此,如何像发电设备制造业那样,通过技术创新和产品创新,提高产品的技术附加值,实现发展方式的转变,仍然是电器工业的当务之急。

(7)工业增加值:2007 年电器工业共实现工业增加值 5 248* 亿元,同比增长 38.3%。电线电缆制造业以 1 274 亿元排在全行业第一,同比增长 46.6%;配电开关控制设备制造业居第二,实现 637 亿元,同比增长 33.9%。从增长幅度看,石墨及碳素制品制造业、变压器整流器及电感器制造业、电工机械专用设备制造业增幅较大,分别同比增长 56.7%、55.4% 和 50.3%。

(8)进出口贸易总额:尽管 2007 年电工电器产品的进出口贸易增长幅度比上年有所降低,但仍继续保持了快速增长态势。进出口贸易总额达到了 892.17 亿美元,比上年增长 25.36 %(比上年低 4.25 个百分点);进口额为 393.53 美元,比上年增长 17.56 %(比上年低 4.96 个百分点);出口额为 498.64 亿美元,比上年增长 32.28%(比上年低 4.38 个百分点);实现贸易顺差 105.11 亿美元,比上年增长 149%。

我国电工电器产品对外贸易主要依靠中、低端产品出口的局面还没有根本改观,电线电缆、电动工具、中小型电机等仍然是电工电器产品贸易顺差的主要来源。

2007 年电器工业主要产品进出口见表 4。

表 4　2007 年电器工业主要产品进出口

（单位:亿美元）

产品名称	进出口总额	进口额	出口额
低压电器	155.40	91.10	64.30
电线电缆	140.57	40.47	100.10
电力电子元器件和静止变流器	90.47	36.75	53.72
中小型电机	87.86	30.14	57.72
电动工具	40.81	0.38	40.43
变压器互感器	39.21	19.96	19.25
低压开关板(柜)	34.41	22.47	11.94
微分电机	31.05	8.65	22.40

2. 主要产品产量

2007 年电器工业主要产品产量见表 5。

表 5　2007 年电器工业主要产品产量

产品名称	单位	产量	比上年增长(%)
发电设备	万 kW	13 000	11.00
水轮发电机组	万 kW	2 910	46.00
汽轮发电机	万 kW	9 975	3.70
电站锅炉(蒸汽)	万 t	37.54	-0.32
电站汽轮机	万 kW	9 227	0.59
电站水轮机	万 kW	287	-2.46
工业锅炉(蒸汽)	万 t	20.86	19.76
交流电动机	万 kW	18 877	25.67
变压器	万 kV·A	91 020.77	20.66
高压开关板	万面	42.73	8.07
低压开关板(柜)	万面	473.88	25.76
电力电缆	万 km	1 373.02	6.91
钢芯铝绞线	万 t	107.76	24.13
绝缘制品	万 t	95.80	7.57
蓄电池	kVA·h	6 107.18	18.71
电焊机	万台	197.56	25.18
电动工具	万台	24 486.69	12.69

三、行业经济运行情况

(一)经济运行特点

1. 产销同步稳定快速增长,规模总量超过 2006 年,衔接良好

2007 年,电器工业面对市场需求的强劲拉动,产销等主要经济总量指标仍保持了同步稳定快速增长势头。1～12 月实现工业总产值(当年价)19 561.51 亿元,比上年增长 32.57%;工业销售产值 19 105.92 亿元,比上年增长 32.09%;主营业务收入 18 700 亿元,比上年增长 32.9%,这三项指标的增速从年初起始终保持在 32% 左右的较高水平。从产销衔接情况看,产品销售率逐月提高,持续向好,1～12 月产品销售率达到 97.67%。

2. 新产品增长迅速,技术创新成效显著,产品结构调整取得突破性进展

2007 年,电器工业在技术创新和新产品开发方面继续取得良好成绩,实现新产品产值 2 761.38 亿元,比上年增长 38.88%,高出上年同期增幅 5.88 个百分点,保持了高速增长。在工业总产值大幅度增长的情况下,新产品产值率仍然达到 14.12%,比上年同期的 13.37% 高 0.75 个百分点,比 2004 年 12.17% 和 2005 年 13.27% 的同期水平分别提高了 1.95 和 0.85 个百分点。在机械工业中,电器工业的新产品产值贡献率达到了 18.84%,成为仅逊于汽车行业的佼佼者。

新产品产值的高增长标志着技术创新取得了成效,产品结构调整取得了突破性进展。

发电设备正在实现升级换代:60 万 kW 超临界已成为我国火力发电主力机型,并加快发展 100 万 kW 超超临界机组,积极发展重型燃气—蒸汽联合循环机组等发电设备,节能、环保、高效机组成为产品发展方向。据中国电器工业协会统计,2007 年共生产 60 万 kW 汽轮发电机 76 台,比上年增加 6 台;生产 100 万 kW 汽轮发电机 7 台,比上年增加 3 台;生产 60 万 kW 级电站锅炉 71 台,100 万 kW 电站锅炉 7 台;生产 60 万 kW 级汽轮机 74 台,100 万 kW 电站汽轮机 6 台。

从产品结构情况看,60 万 kW 级以上的大容量机组在火电设备中所占的比重有所提高,已经从上年的 47.85% 提高到 2007 年的 53%,增长了 5.15 个百分点。超临界和超超临界高参数、高效率、低排放的环保型机组在火电机组中的比重提高,以 60 万 kW 电站锅炉和电站汽轮机为例,超临界和超超临界的高参数产品已占该级别全部产品的 60% 以上。大功率水电机组生产成绩显著,全年共生产三峡右岸 70 万 kW 成套水轮机组 4 台套,均系国内龙头企业独立完成。风电等可再生能源发电设备的研发和生产同样令人振奋。湘潭电机集团生产的我国首批具有自主知识产权的 2 台 2MW 级直驱永磁同步风力发电机成功下线,将被安装在内蒙古卓姿风电场。这两台 2MW 级直驱永磁风力发电机是湘潭电机集团会同沈阳工业大学国家稀土永磁电机工程研究中心和湖南大学等单位组成的技术研发团队联合攻关的丰硕成果。2MW 直驱风力发电机组整机技术代表了当今世界兆瓦级风电机组的最新技术和发展趋势,与传统机型相比,具有效率高、可动件少、无齿轮箱、系统可控、维修简单、上网电源质量好等明显优势。业内专家一致认为其结构先进合理、电磁参数优化、永磁材料和磁体结构可靠性高,该机的研制成功,标志着我国已经掌握了风电设备的核心技术,对风电产业具有里程碑意义。

输变电设备方面,随着我国对 500kV 以上交直流输变电技术的掌握,以三峡 ±500kV 直流输变电工程和西北 750kV 交流输变电示范工程的成功投运为开端,特别是 2007 年 5 月世界上电压等级最高、输送距离最长、容量最大的直流输变电工程四川—上海 ±800kV 特高压直流输变电工程在上海奉贤奠基,标志着我国正在加快特高压输电工程的建设步伐。800kV 罐式 SF_6 单断口断路器以及 800kV GIS 特高压开关设备等新产品的自主研制已在西安西电高压开关有限责任公司和平高集团有限公司取得显著成效,使我国在超高压和特高压大容量变压器、电抗器、SF_6 断路器、隔离开关、绝缘子、避雷器等制造领域取得了长足进步。这些成果将在我国的特高压输变电工程建设中发挥重要作用。

3. 主要产品产量继续保持全面增长

2007 年电器工业的主要产品产量仍继续保持全面增长。

(1)我国发电设备在经过连续数年大幅度、超常规的增长之后已趋于平缓。2007 年发电设备产量达到 13 000 万 kW,比上年增长 10.5%。以 2007 年 1~5 月、1~6 月、1~7 月、1~8 月、1~9 月、1~10 月和 1~11 月的发电设备增长速度和 2004 年、2005 年、2006 年同期增速相比,增速回落均非常明显。2004~2007 年发电设备同比增长速度见表 6。

表 6　2004~2007 年发电设备产量同比增长速度　(单位:%)

年份	1~5 月	1~6 月	1~7 月	1~8 月	1~9 月	1~10 月	1~11 月
2004 年	105.99	99.93	107.35	106.56	101.76	102.67	99.10
2005 年	39.74	45.29	35.42	32.02	29.13	33.07	34.61
2006 年	21.32	24.11	29.12	28.25	34.58	33.65	29.60
2007 年	16.61	4.85	13.71	16.17	12.93	10.48	9.05

2007 年,水轮发电机组产量比上年增长 46.32%,汽轮发电机产量比上年增长 3.73%。上溯到前两年,2005 年水轮发电机组增速 15.58%,汽轮发电机增速 33.19%;2006 年水轮发电机组增速 49.57%,汽轮发电机增速 21.64%,通过对发电设备产品的增长情况进行分类比较,在火电设备增长速度减缓的同时,水电设备增长速度却在加快。

(2)输变电设备与发电设备相比增速加快。2007 年变压器产量达到 91 020.77 万 kV·A,比上年增长 20.65%。增长速度上,1~3 月、1~4 月、1~5 月、1~6 月、1~7 月、1~8 月、1~10 月和 1~12 月分别为 21.4%、22.59%、21.93%、21.67%、20.41%、21.01%、21.92% 和 20.65%,都超过了 20%,1~2 月、1~9 月和 1~11 月接近 20%。此外,钢芯铝绞线的增长幅度也比较高。钢芯铝绞线的同比增长幅度见图 1。

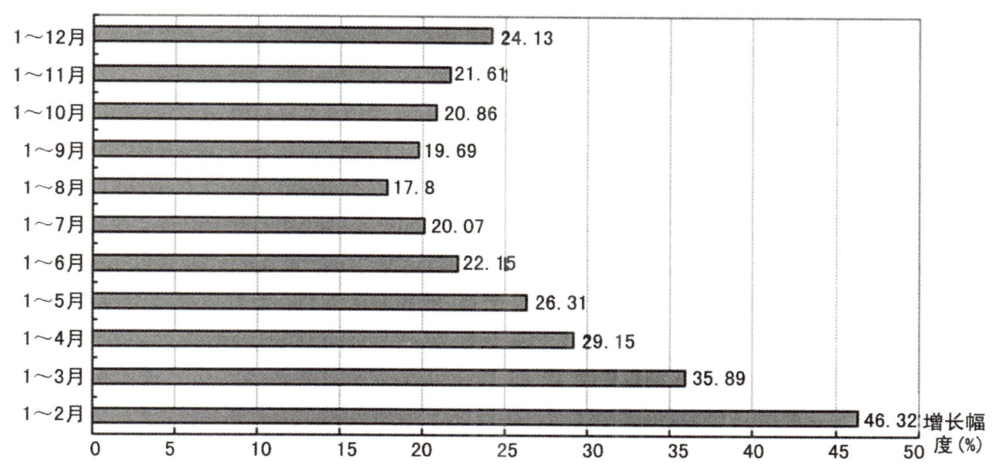

图 1　钢芯铝绞线的同比增长幅度

通过以上的分析比较可以看出,我国近几年来呈现的电站建设超常规增长的态势已趋于平稳,与此同时,电网建设升温。

(3)其他基础电工电器产品产量也有相当幅度的增长。2007 年交流电动机产量已接近 1.9 亿 kW,比上年增长 25.67%,比上年增幅提高 12.13 个百分点;工业锅炉产量达到 20.86 万 t(蒸汽),比上年增长 19.76%,增幅提高 10.17个百分点;电焊机产量达到 197.56 万台,比上年增长 25.18%,高出 2006 年增幅 2.97 个百分点。另外,高低压电器、绝缘制品、电动工具及铅酸蓄电池等也都有不同幅度的增长。

4. 经济效益稳步提高

2007 年电器工业共实现利润总额 1 100 亿元,比上年增长 36.5%,与同期工业总产值、工业销售产值以及主营业务收入的增幅相比,均高出了约 4 个百分点左右,实现了经济效益的同步增长。从主营业务收入利润率和成本费用利润率看,1~11 月主营业务收入利润率 5.88%,成本费用利润率 6.31%,分别比上年同期提高了 0.19 和 0.26 个百分点,同 2007 年 1~5 月相比,分别提高了 0.3 和 0.32 个百分点,同 2007 年 1~8 月相比,分别提高了 0.19 和 0.24 个百分点,行业经济运行质量提高,经济效益稳步增长。

5. 进出口贸易协调发展,国内产品竞争力提高,贸易顺差持续增加

2007 年电工电器产品的进出口贸易额达到 892.17 亿美元,比上年增长 25.36%,其中进口额 393.53 亿美元,比上年增长 17.56%;出口额 498.64 亿美元,比上年增长 32.28%。2007 年以来,尽管进口增长速度比出口增长速度要低十多个百分点,并由此产生了约占进出口总额 10% 左右的贸易顺差,并随着进出口额的加大从年初的 17 亿美元逐渐扩大到全年的 105.11 亿美元,但从总体上看,电工电器产品的进出口贸易仍然保持稳定增长、协调增长的特征。2007 年各月电工电器产品进出口贸易累计顺差见图 2。

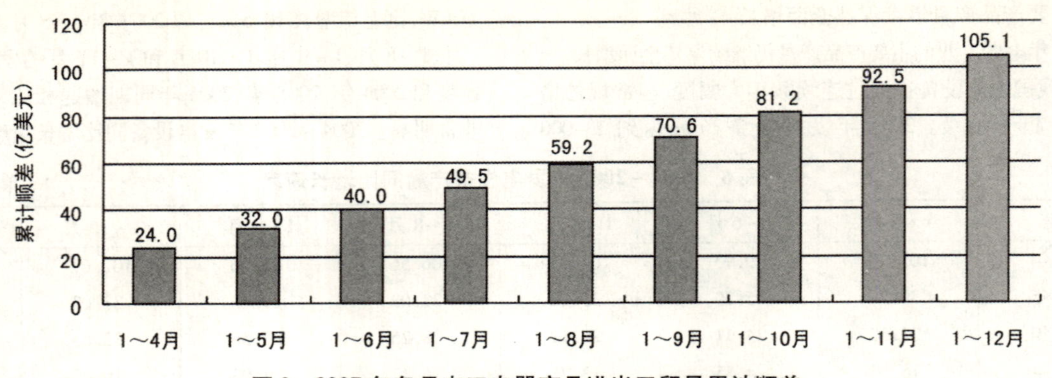

图2　2007年各月电工电器产品进出口贸易累计顺差

进出口增长速度上的差异，一方面反映了随着我国电器工业的快速发展、技术进步以及产品档次和质量的提高，国内产品正逐步替代相当一部分进口产品，满足国内市场需求的程度日益提高；另一方面，产品出口能力特别是成套装备出口能力大幅度提高（尤其反映在国内有实力的发电、输变电设备集团在亚非地区承接的“交钥匙工程”上），标志着“中国制造”的产品在国际市场上的竞争力也在不断提高。因此，在当今经济全球化和产业转移的大趋势下，对于处于工业化中期的中国来说，无论进口还是出口的高速增长，都属于正常现象。此外，在贸易发展过程中出现只占进出口额10%左右的短时期“顺差”也并不足为怪，一是因为这种情况并未导致贸易失衡，并未破坏贸易的协调发展；二是这一“顺差”也并不全是由中国内资企业自己创造的，外资企业和合资企业约占50%。据有关资料，2006年中国出口的货物里，58%的产品是外商投资企业在中国生产的，中国的顺差中包括了不少欧美企业受益成分。

（二）行业资源整合与资产重组情况

2007年，电器工业中发生了多起资源整合和资产重组事件。新一轮的资源整合、资产重组显现出两个特点：一方面，国内外一些有实力的大型企业和企业集团正在通过兼并重组，向产业链纵向延伸或横向扩展；另一方面，一些金融企业也在向第二产业扩张渗透。因此，无论是内资企业之间，还是内资企业和外资企业之间的合资、合作或并购、重组，抑或是制造业内部的兼并、金融企业参与介入第二产业的重组，都不可避免地会对我国电器工业的发展产生影响。

1. 天威集团资产重组投身中国兵器装备集团公司

2007年9月，保定市国资委将天威集团100%的股份无偿划拨给中国兵器装备集团公司。天威集团作为曾经隶属于国家机械工业部的输变电设备制造业龙头企业，在加入中国兵器装备集团后，终于完成了从部属企业到地方企业再回归央企的身份轮回。作为国内第三大变压器制造企业和第二大太阳能光伏电池生产企业，天威集团正处于快速发展期，投身中国兵器装备集团以期获得更为有力的资金和政策支持，进入更快的发展轨道。此次重组的战略合作方之一的保定市政府，以重组为契机、以项目为载体，通过将天威“无偿划拨”给中国兵器装备集团公司，将吸引更多的装备、能源项目以及资金投入，带动保定市乃至河北省装备制造业的发展和保定“中国电谷”的建设。中国兵器装备集团公司则可借助自身雄厚的资金实力和央企独具的“渠道”优势，着力把天威集团的输变电以及风能发电、太阳能光伏发电等新能源产业做大做强并向更广泛领域扩展。

2. 德力西与施耐德组建等股比合资公司

2007年11月，我国电器工业最大的民营企业之一德力西集团与全球500强之一的施耐德电气各持股50%组建了德力西电气有限公司。该合资公司总投资18亿元，注册资本金6.2亿元，经营范围为低压配电和工业控制电器元件及设备，从事开发、生产、加工、服务、技术咨询以及自产和同类产品的销售、批发、进出口及相关配套业务。

3. 韩国晓星集团入主沈阳电机股份有限公司

2007年10月，韩国晓星集团以9.09亿元的价格，赢得沈阳电机股份有限公司72.67%国有股权及相关生产的转让。至此，占有韩国重电机市场60%份额并位居韩国十大企业集团之中的晓星集团，正式进入中国的电机生产领域。

4. 阿尔斯通并购武汉锅炉股份有限公司

2007年7月，阿尔斯通最终以3.29亿元收购武汉锅炉股份有限公司51%的国有法人股，成为其控股股东，折合每股2.18元，与武锅集团2005年每股净资产2.07元相比，溢价5%。

此外，2007年8月，上海电气集团和西门子签署新一轮战略合作框架协议，宣布共同投资设立上海电气电站设备有限公司，其中上海电气持有49%的股权，西门子持有51%的股权。10月，世界500强企业美国库柏公司出资1.2亿元并购宁波耐吉电器科技股份有限公司60%的股份。

新一轮资产重组和资源整合对我国电器工业的产业结构调整及未来发展产生的影响不容低估，应给予密切关注。

四、存在的问题及相关措施建议

1. 依靠国外供应的部分关键零部件和重要原材料，成为制约我国电器工业某些重大装备制造企业发展的瓶颈

国内电站锅炉制造企业在近几年超高速增长的过程中，把引进、消化、吸收的精力主要集中在设计和制造技术上，而在关键零部件和重要原材料的自主生产、自主供应方面还存在着一些问题，造成目前国内生产的锅炉用钢以及部分大型铸锻件等关键零部件在产品质量和数量方面，都还不能全面满足超临界、超超临界锅炉的技术要求，导致超临界、超超临界电站锅炉等重大装备所需的一些重要原材

料和关键零部件绝大部分依赖进口，国内锅炉制造企业在采购价格和交货期两个方面处于被动地位。一方面，钢材和关键零部件的国外供应商拥有完全定价权。随着国内需求的扩大，高温铸锻件等一系列国外进口原材料、配套件资源越发紧张，价格更是水涨船高；国外供应商在交货期上也越来越苛刻，甚至出现拖期，并动辄以停止供货相要挟。在电站汽轮机、发电机、水轮机组、燃气轮机、核电机组以及变压器等行业，也有类似情况。在中国电器工业协会组织进行的“重大技术装备短缺原材料需求情况”的调查中，仅电器工业涉及的重要原材料和关键零部件就有大口径高压锅炉钢管、不锈钢复合板、U形特殊钢管、超超临界电站汽轮机高中压转子、60万kW以上汽轮机用锻造阀体、100万kW超超临界汽轮发电机用特殊钢转子锻件、大型水轮机用特殊钢转轮、主轴、叶片、燃气轮发电机用特殊钢转子锻件、透平叶片、透平喷嘴、核电蒸汽发生器和蓄势器用特殊钢管材、板材以及变压器用高磁感取向硅钢片以及高密度绝缘纸板等近百个品种规格。这一情况，严重制约了国内电器装备制造企业发展。

上述问题的解决办法只有一个，这就是国内相关行业加强自主创新，实现重要原材料和关键零部件的国内生产。因此，建议国家有关部门和相关企业在振兴我国装备制造业的过程中，不仅要重视对重大装备设计技术和制造技术的研发，更要组织力量对目前还依靠国外进口的一些重要原材料和关键零部件进行攻关，使我国装备制造企业早日摆脱受制于国外企业的被动局面。

2. 原材料涨价已经影响部分分行业的经济效益

2007年，尽管电器工业并未遭遇到前两年铜、铝及硅钢片等主要原材料价格突发性暴涨的情况，但这些主要原材料价格一直处于高位，加之银行贷款利息提高造成企业财务费用增加，导致企业成本费用显著上升。部分分行业的产能过剩、竞争加剧，产品销售价格难以得到合理提高等因素的影响，利润水平原本就较低的行业，经济效益受到不小影响。据中国电器工业协会中小型电机分会对56家骨干企业的统计调查，2007年这些企业工业总产值（当年价）比上年增长18.4%，销售产值比上年增长20.5%，产品销售收入比上年增长24.3%。然而同期原材料价格却有较大幅度上涨，热轧硅钢片、冷轧硅钢片、碳结钢的平均购进价格分别比上年增长23.7%、18.4%和28%，尽管电磁线价格有约4%的小幅下降，但原材料的总体价格是上涨的，而且上涨幅度超过20%，由此导致企业成本上升，利润空间受到挤压，影响了企业的经济效益。56家中小型电机骨干企业2007年利润总额只增长了13.7%，不仅低于产销增幅，更与电器工业36.5%的利润增长幅度相差悬殊。

3. 闭口合同困扰部分企业

“闭口合同”就是供需双方根据签订合同时原材料的价格水平所签订的锁定供货价格的合同。在产品制造周期较长、原材料成本比重大且原材料价格上涨迅速、上涨幅度较大的情况下，供方就要承担很大的风险，即使订货时有利润，到交货时也可能出现亏损。目前国际上已经通行可以根据原材料价格变动适当调整产品供货价格的“开口合同”，用以规避供需双方的价格风险。以电站锅炉企业为例，某锅炉厂以“闭口合同”单台价为5.14亿元签订的4台百万千瓦超超临界机组锅炉，在已经交货的两台中，每台就要亏损6 000多万元。这种“闭口合同”，不能使企业从高科技的新产品上获得应有的经济效益，影响了企业的科技创新能力和发展后劲。

针对这一问题，一方面希望企业能够积极与用户进行沟通，争取得到用户的理解和支持；另一方面也希望政府有关部门在供需双方之间进行必要的协调，以帮助电站锅炉企业尽可能摆脱目前的困境。从某种意义上，这一情况事关振兴我国重大装备制造业，因此不能简单地用“供需双方市场行为”的观点看待。另外，建议装备制造企业要以贯彻实施《反垄断法》为契机，提高与强势用户对话中的话语权，尽量采用国际通行的“开口合同”，以便在原材料价格出现较大波动时，相应调整产品价格。

五、总体评价

2007年，我国电器工业充分利用国民经济快速健康发展的宏观经济环境和各种有利因素，努力克服和化解不利因素，实现了又好又快的发展。2007年影响电器工业经济发展的因素大体有两个方面：

1. 有利因素

(1)国家关于振兴装备制造业的各项具体政策正在逐步落实，对电器工业经济的快速发展产生了积极影响。

(2)国家加大了节能减排政策的实施力度，促进了电力行业技术改造的投入，为发电设备制造业提供了新的发展机遇。

(3)输变电设备制造业已进入快速发展通道。

(4)新产品产值继续保持30%以上的增长速度；节能、环保、高效发电设备的设计与制造技术日臻成熟，市场前景乐观；特高压输变电关键成套设备研制已取得重要进展。

(5)随着行业总体经济效益的提高，企业的积累普遍增加，一些大型企业（集团）有条件扩大研发投入，不断推出新产品，企业发展后劲增强。

2. 不利因素

(1)近年来，电器工业持续高速发展和国际市场因素，导致对原材料需求不断加大，造成部分原材料短缺；加之国家调整铜、铅、锌等矿石产品资源税税额标准，使电工电器产品面临原材料价格上涨等生产成本上升的压力越来越严重。

(2)由于商务部等有关部门鼓励进口先进装备政策的出台，部分高档电工产品2007年的进口量有所增加，挤占了部分国内市场，也对国内电器企业构成了不小的竞争压力。

2007年电器工业大中型企业概况见表7。

表7　2007年电器工业大中型企业概况　　（单位：万元）

企业名称	主要产品及产量	工业总产值（当年价）	新产品产值	出口交货值	主营业务收入	年末资产合计
锅炉及辅助设备制造						
北京巴布科克·威尔科克斯有限公司	电站锅炉5台/8 866t(蒸汽)/265万kW	149 383	1 241	22 580	149 383	275 381
太原锅炉集团有限公司	电站锅炉69台，工业锅炉89台	45 020	26 072		36 377	106 582
哈尔滨汽轮机厂有限责任公司	电站汽轮机，工业汽轮机，船用汽轮机	704 774	462 271	9 628	713 030	964 418
哈尔滨锅炉厂有限责任公司	电站锅炉60台/82 086t(蒸汽)/2 504.5万kW	1 089 909	754 416	48 767	1 211 171	1 434 770
上海锅炉厂有限公司	电站锅炉81台/83 221t(蒸汽)/2 482.1万kW	1 051 716	861 216	117 427	927 741	1 179 497
江苏太湖锅炉股份有限公司	锅炉、压力容器及辅机7 345t(蒸汽)	263 020	68 550	7 370	266 851	218 438
江西锅炉化工石油机联有限责任公司	锅炉，化工设备，环保设备	70 158	44 949	4 021	69 913	92 130
济南锅炉集团有限公司	电站锅炉20 317t(蒸汽)	153 226	133 299		148 590	297 041
泰山集团股份有限公司	工业锅炉409台/4 243t(蒸汽)	217 171	45 318	4 406	222 024	232 069
武汉锅炉股份有限公司	电站锅炉18 475t(蒸汽)，工业锅炉340t(蒸汽)	178 726			176 906	252 538
东方锅炉(集团)股份有限公司	电站锅炉56台/77 737t(蒸汽)/2 324万kW	1 128 093	1 008 550	54 445	1 075 590	1 176 277
北京锅炉厂	锅炉2 681t(蒸汽)	15 030			15 031	21 583
唐山信德锅炉集团有限公司	锅炉	37 958	29 221		39 372	53 628
山西老万生态炉业股份有限公司	锅炉	45 300			24 000	14 059
上海四方锅炉厂	工业锅炉99台/3 399.7t(蒸汽)	22 134	16 676	5 056	22 895	34 835
无锡华光锅炉股份有限公司	电站锅炉224台/24 999t(蒸汽)	200 746	93 125	17 008	199 156	343 132
无锡太湖锅炉有限公司	工业锅炉和电站锅炉390台/3 985t(蒸汽)	32 675	10 047	3 042	28 772	16 830
盐城市锅炉制造有限公司	工业锅炉64台/1 152.8t(蒸汽)	6 934			7 000	9 860
南京奥能锅炉有限公司	燃机预热锅炉，工业锅炉2 429t(蒸汽)	20 221	13 897	5 800	19 952	27 533
无锡华光工业锅炉有限公司	工业锅炉	18 934	3 810	76	17 348	14 720
安徽金鼎锅炉股份有限公司	工业锅炉2 545t(蒸汽)	22 000	13 200		21 691	42 426
江西爱民机械厂	工业锅炉	4 330			4 286	10 983
史密斯机械工业(青岛)有限公司	燃烧器，壁冷机	22 870			24 685	23 576
青岛荏原环境设备有限公司	锅炉，一般制罐，活性炭	15 337		10 472	15 035	22 979
郑州锅炉有限责任公司	电站锅炉，工业锅炉，压力容器	16 071	6 512	155	24 103	46 360
武汉锅炉集团有限公司	工业锅炉10台/340t(蒸汽)	46 419			41 548	224 669
戴蒙德电力机械(湖北)有限公司	锅炉吹灰器7 577台	20 536	585	555	19 246	25 436
长沙锅炉厂有限责任公司	工业锅炉262台/2 331.98t(蒸汽)	14 981	2 186		15 096	36 836
湘潭锅炉有限责任公司	工业锅炉142台/1 043.4t(蒸汽)	7 731	188		5 311	18 203
东方电气(广州)重型机器有限公司	核承压设备2套	4 721			4 722	145 613
自贡东方锅炉工业集团有限公司	电站锅炉，工业锅炉	161 121	20 217		103 467	135 014
四川川锅锅炉有限责任公司	电站锅炉，工业锅炉，锅炉辅机及其他	41 892	25 985	249	45 369	34 763
四川东方锅炉工业锅炉集团有限公司	锅炉，锅炉配件	26 205	16 238		26 504	24 717
国营四七一厂	锅炉产品，风电塔架	7 150			5 254	26 774
兰州锅炉厂	工业锅炉，锅炉辅机，一二类压力容器	3 687	860		4 267	12 376
汽轮机及辅机制造						
上海汽轮机有限公司	汽轮机3 069.8万kW	753 913	494 511	56 265	822 346	1 024 037
南京汽轮电机(集团)有限公司	汽(蒸汽)轮机154台/489.25万kW	300 501	156 166	51 176	300 081	377 014
杭州汽轮动力集团有限公司	工业汽轮机	453 983	171 145	112 857	454 671	639 035
东方电气集团东汽投资发展有限公司	汽轮机辅机配套产品	267 688	26 181	1 327	275 893	576 540
东方电气集团东方汽轮机有限公司	电站发电用汽轮机68台/2 550.5万kW	954 955	597 530	41 534	785 209	1 552 113
上海动力设备有限公司	汽轮机辅机40 888t，锅炉辅机6 399t	233 400	166 340	15 365	225 603	267 155
无锡透平叶片有限公司	叶片207 218件	66 159	20 849	11 639	64 106	93 789
东方电气河南电站辅机制造有限公司	汽轮机辅机4 636t，锅炉辅机及部件19 517t	16 491	3 866		18 425	32 303
德阳东汽铸造有限公司	机械加工	40 803			35 956	27 701

（续）

企业名称	主要产品及产量	工业总产值（当年价）	新产品产值	出口交货值	主营业务收入	年末资产合计
水轮机及辅机制造						
上海福伊特西门子水电设备有限公司	水轮发电机部件	60 035			48 592	112 260
浙江临海机械有限公司	液力变矩器53 548 台/套，水轮机 8.2 万 kW	17 968	138		17 137	10 191
东芝水电设备(杭州)有限公司	水轮发电机组 58 万 kW	51 178		2 516	53 326	81 602
重庆水轮机厂有限责任公司	水轮发电机组 70.4 万 kW	29 531	24 615	1 199	27 841	59 517
发电机及发电机组制造						
北京北重汽轮电机有限责任公司	汽轮发电机 15 台/3 442MW，电站汽轮机 14 台	152 694	86 350		166 948	191 964
哈尔滨电机厂有限责任公司	发电设备 3 126 万 kW，交、直流电机 76.5 万 kW	561 818	338 494	53 270	582 486	785 092
泰豪科技股份有限公司	机电设备	176 475	93 345	16 960	197 940	310 658
武汉汽轮发电机厂	发电设备 124 台/503.61 万 kW	170 233	95 252		101 339	252 199
四川东风电机厂有限公司	发电设备	83 477	70 713	15 581	76 314	107 814
东方电气集团东方电机有限公司	水轮发电机组 38 组，汽轮发电机 62 台	513 375	202 288	23 036	553 859	917 876
兰州兰电电机有限公司	大中型及一般交流发电机，中小型水轮发电机组	69 927	24 420	965	64 632	91 187
天津阿尔斯通水电设备有限公司	水轮发电机组 769.1 万 kW	185 374	185 374		191 879	123 752
天津市天发重型水电设备制造有限公司	水轮发电机组 28 组/35.43 万 kW	52 388	51 373		44 070	77 786
上海汽轮发电机有限公司	汽轮发电机 2 828 万 kW	330 366	303 969	24 499	313 708	374 542
浙江临海电机有限公司	一般交流发电机 12 518 台/33 万 kW	10 175	4 191	3 164	9 736	11 500
通用电器亚洲水电设备有限公司	水轮发电机组 130 万 kW	44 372		16 623	44 092	108 461
浙江富春江水电设备有限公司	水轮发电机组 62 万 kW	62 811	62 811	7 175	56 286	61 666
福建南平南电水电设备制造有限公司	水力发电设备 80 万 kW，交流电动机 15 万 kW	32 605	14 957	1 826	33 340	63 410
福建闽东本田发电机组有限公司	汽油发电机组 74 717 台	33 193		26 553	33 690	20 115
闽东大地电机有限公司	发电机 74 177 台，电动机 70 788 台	16 100		13 553	15 755	7 343
福州港发机电工业有限公司	汽油发电机组 5.3 万 kW，发电机 9 162 万 kW	31 879		31 879	31 879	10 417
赣州发电设备成套制造有限公司	水轮发电机组，低压开关板，交流电动机	19 095	7 728		16 236	18 567
江西泰豪特种电机有限公司	机电产品	11 463			11 392	13 266
阿尔斯通四洲电力设备(青岛)有限公司	捞渣机，风机塔架	62 257		2 116	51 881	66 588
欧堡工业(青岛)有限公司	船用锅炉	39 842	39 842	24 121	29 774	27 988
青岛华腾电力设备有限公司	电力设备	15 680			13 254	5 431
湖南金龙电机有限公司	三相异步电动机 80 万 kW	9 425	3 770	5 649	8 098	4 793
南宁发电设备总厂	水轮发电机组 680 组/63.13 万 kW	30 161			18 511	45 516
东方电机厂	电机	34 262			31 571	62 675
昆明电机有限责任公司	水力发电成套设备 76.7 万 kW	51 125	11 491	4 639	44 075	57 420
兰州电源车辆研究所	内燃机电站	9 896	2 411		7 181	11 472
兰州长信电力设备有限责任公司	电力设备辅机	6 808			6 505	6 886
宁夏银光钢构件制造有限公司	铁塔构架，重钢构架，风电塔筒	19 787			14 105	11 030
新疆金风科技股份有限公司	750kW 风力发电机组，1 500kW 风力发电机组	324 922	274 571		314 961	534 923
新疆新能源股份有限公司	太阳能产品	45 006	21 426		45 030	83 335
电动机制造						
永济市新时速电机电器有限责任公司	电机，充电机，变流装置	142 694	113 793	9 165	150 175	241 864
沈阳电机股份有限公司	汽轮发电机9.4 万 kW，交流电动机 298.6 万 kW	113 400	34 007	3 910	96 016	118 254
佳木斯电机股份有限公司	电动机 606 万 kW	151 604	17 704	1 901	136 389	117 175
上海电气集团上海电机厂有限公司	交直流电机 845 万 kW，汽轮发电机 12 万 kW	240 177	153 684	11 370	236 351	265 198
青岛地恩地机电科技股份有限公司	电动工具	80 244			69 123	50 124
南阳防爆集团有限公司	交流电动机 445 万 kW	139 461	73 203	19 031	150 453	105 972
湘电集团有限公司	交、直流电动机	333 403	161 066	14 258	348 479	551 763
兰州电机有限责任公司	各类电机 359 万 kW	73 149	24 440	965	69 890	91 187
北京毕捷电机股份有限公司	交流电动机 225.8 万 kW	37 240	27 896	19 240	37 928	24 481
天津市起重电机厂	交流电动机 18 万 kW	6 600	1 392		6 630	4 947
衡水电机股份有限公司	电动机 602 万 kW	66 802	6 804	15 962	66 256	45 658
河北电机股份有限公司	交流电动机	57 604	1 632	21 414	61 554	51 858
永济电机厂工业公司	电机配件 通风机 制动电阻装置	6 596			6 446	5 171
山西电机制造有限公司	交流电动机 67.99 万 kW	13 774			10 320	239 998

(续)

企业名称	主要产品及产量	工业总产值(当年价)	新产品产值	出口交货值	主营业务收入	年末资产合计
山西防爆电机(集团)有限公司	防爆电机 42.46 万 kW	22 637	8 963	185	19 623	50 167
大连电机集团有限公司	交流电动机 33.10 万 kW	15 489	380		15 489	34 625
大连天元电机有限公司	交流电动机	23 333	20 260		18 506	16 679
上海 ABB 电机有限公司	三相交流异步电动机 355.59 万 kW	87 393		37 086	86 028	43 663
上海电气先锋电机有限公司	电动机	11 624		521	12 087	15 638
上海南洋电机有限公司	直流电动机 94.4 万 kW	45 223	13 790	706	42 619	43 196
无锡华达电机有限公司	交流电动机 433.98 万 kW	79 364	55 131	43 982	75 924	37 067
浙江防爆电机有限公司	交流电动机 60 160 台/70.7 万 kW	9 593			8 964	10 736
浙江京马电机有限公司	电动机 657 万台	50 143	36 266	21 321	50 759	33 792
浙江金一电动工具有限公司	磨光机	8 040	4 853	8 105	7 485	8 793
八达机电有限公司	电动葫芦 39.7 万台,电动绞盘 17.4 万台	24 176	22 019	21 568	22 687	12 125
浙江特种电机有限公司	交流电机 47.6 万 kW,微电机 309.3 万台	33 475	13 935	2 422	33 117	23 161
安徽皖南电机股份有限公司	交流电动机 498.5 万 kW	64 286	11 167	4 212	64 557	14 681
安徽恒大自控集团	泵 284 台,交流电动机,拉丝机	4 620	3 445		4 020	6 132
六安江淮电机有限公司	交流电机 69 291 台/512 万 kW	69 291	5 039	3 780	65 955	23 000
闽东电机(集团)股份有限公司	交流电动机 5.6 万台/28 万 kW	6 588	711	456	10 231	18 311
福安市闽东安波电器有限公司	微特电机 100 万台,水泵系列 50 万台	53 349	15 520	42 161	50 803	16 256
福建闽东德丰电机有限公司	电动机 15.1 万台,发电机 4.6 万台,水泵 5.1 万台	35 292	8 981	29 859	33 658	9 366
福州万德电气有限公司	水泵 90 948 台,电机 116 780 台	9 237			8 484	18 902
江西特种电机股份有限公司	交流电机	31 300	9 906		29 805	51 043
江西东元电机有限公司	电动机,发电设备	21 389	5 857	1 235	21 233	22 392
分宜煤矿电机厂	电动机	3 692	11		4 426	4 146
淄博牵引电机集团股份有限公司	牵引电机组,风力发电机,交流电动机	19 451	4 061	2 433	20 335	28 267
山东山博集团	交流电动机 23 万 kW,微电机 20 万台	22 677	9 308	4 866	19 625	13 152
山东山防防爆电机有限公司	交流电动机 38 万 kW	6 154	89		5 874	5 375
艾默生中国电机有限公司	电机	68 000	68 000	48 000	72 431	58 457
青岛天一集团有限公司	电动机,木制工艺品,木制家俱	55 151	14 339	14 271	55 156	50 107
青岛成信马达有限公司	交流电机	40 090		40 090	42 341	19 158
钟祥市新宇机电制造有限公司	交流电动机 15 952 台,振动机械 1 378 台(套)	6 159			5 025	4 428
湖北华博三六电机有限公司	交流电动机 58.26 万 kW	7 169			6 282	14 904
长沙电机厂有限责任公司	交流电机 176 万 kW	35 035	1 365	315	30 035	44 177
广东省东莞电机有限公司	交流电动机 176.39 万 kW	24 358	12 078	473	24 701	18 715
广西佳力电工集团有限公司	电动机,发电机,变压器	12 166			11 348	23 749
重庆赛力盟电机有限责任公司	交流电动机 356 万 kW,交流发电机,直流电机	59 882	24 417	6 339	66 010	41 161
重庆特种电机厂	起重冶金电机,防爆电机,普通电机 20 万 kW	3 682	300		3 370	9 967
贵州永安电机有限公司	Y 系列电机,塔吊电机 变压器	4 914	392		4 198	8 203
昆明电工有限责任公司	交流电动机 77 万 kW	11 809		3 908	10 486	7 471
西北骏马煤矿电机制造有限责任公司	防爆电动机 73 万 kW	28 232	11 114		25 861	39 840
微电机及其他电机制造						
日本电产(大连)有限公司		326 704		319 135	296 189	171 588
上海金陵雷戈勃劳伊特电机有限公司	分马力电机,微电机	20 167	951	11 127	21 370	9 580
杭州富生电器有限公司	微电机 31 万台	85 856	12 019	11 380	78 751	58 134
浙江华星电机有限公司	电机 236 984 台	10 461	3 464	3 557	9 239	6 899
浙江方正电机股份有限公司		27 959		8 798	25 268	49 370
浙江长城减速机有限公司	减速机 16 027t	16 410	8 915		16 387	13 139
青岛菱达机械有限公司	电动机	88 538		10 989	82 937	16 901
风动和电动工具制造						
博世电动工具(中国)有限公司	电动工具 516 万台	181 353		149 109	201 436	102 825
河北五洲集团有限公司	电动工具 927 906 台	10 188	391	10 625	10 740	18 071
福建日立工机有限公司	电动工具 153 万台	66 234	14 337	59 631	66 086	34 582

（续）

企 业 名 称	主要产品及产量	工业总产值（当年价）	新产品产值	出口交货值	主营业务收入	年末资产合计
青岛崇元塑料有限公司	塑料制品	4 425		4 425	4 092	6 877
电工机械专用设备制造						
无锡梅达电工机械有限公司	漆包机 175 台	59 800		850	59 800	
江苏亚威机床有限公司		23 291		1 645	24 325	
合肥神马科技股份有限公司	管绞机 25 台，框绞机 71 台，成缆机 21 台，盘绞机 23 台	20 514		5 290	23 325	
西安启源机电装备股份有限公司	横剪线 26 条，纵剪线 15 条，箔绕机 15 台，立绕机 41 台	17 400		4 500	15 900	
上海南洋电工器材有限公司	GSB－1A 高速编织机 1 662 台，GSB－2 型高速编织机 263 台	13 813		1 467	13 813	
南京艺工电工设备有限公司	挤出机 290 台，电工机械 387 台，配件 1 132 台	12 520		4 195	12 866	
上海鸿得利机械制造有限公司		11 352		1 515	9 703	
山东中际电工机械有限公司	槽绝缘成形插入机 196 台，绕线机 230 台，嵌线机 257 台	11 541		44	9 215	
变压器、整流器和电感器制造						
保定天威集团有限公司	变压器，互感器，电磁线	669 545	133 702	13 347	827 730	990 348
长城电器集团有限公司	变压器、整流器、电感器 4 032 万件	131 168	14 309	15 022	130 112	82 975
青岛变压器集团有限公司	电力变压器	461 273	202 040	36 348	445 506	321 449
西门子电气传动有限公司	交直流变频调速装置 118 028 台	168 670		8 069	206 896	132 444
天津市特变电工变压器有限公司	干式变压器 1 433 台/180.29 万 kV·A	23 452	10 312		25 851	27 158
特变电工沈阳变压器集团有限公司	变压器 4 819 万 kV·A，互感器，电抗器	250 057	134 716	63 837	225 050	255 604
大连第一互感器有限责任公司	互感器 200 699 台	35 398	18 818		34 615	60 000
大连互感器有限公司	互感器 8 227 台	7 287	6 577		5 096	11 348
辽宁欣泰股份有限公司	变压器 151.33 万 kV·A	36 708	25 092	1 200	35 777	42 523
哈尔滨变压器厂	变压器 255 台/295.57 万 kV·A	20 255	2 045		20 151	32 352
上海阿海珐变压器有限公司	变压器 1 181 万 kV·A	75 917			75 917	87 362
上海 ABB 变压器有限公司	变压器 393 万 kV·A	63 055	43 665	9 002	56 713	51 486
上海 MWB 互感器有限公司	互感器 24 997 台	67 761	6 832	6 439	70 563	90 214
常州东芝变压器有限公司	电力变压器 4 317.8 万 kV·A	177 163		706	177 163	170 882
杭州钱江电气集团股份有限公司	电力变压器 1 087 万 kV·A	119 898	65 742	4 447	165 523	116 913
浙江江山变压器有限公司		30 663	30 663		27 344	20 192
合肥 ABB 变压器有限公司	电力变压器 2 053 万 kV·A	166 406		3 257	161 888	144 954
江西变压器科技股份有限公司	变压器	77 028			76 168	65 506
江西变电设备有限公司	电力变压器，互感器	34 943	4		34 234	15 682
广盛电子（南昌）有限公司	传感器，变压器	17 179		17 008	17 179	7 700
万载县昌圣科技有限公司	变压器，散热片，线材	12 388	12 388		12 008	4 158
江西省电力设备总厂	变压器，电杆	8 529			7 176	6 633
山东鲁能泰山电力设备有限公司	变压器	109 736	22 584	885	111 221	132 545
济南变压器集团股份有限公司	变压器 848.1 万 kV·A	63 678	27 382	466	60 173	63 866
金曼克电器集团股份有限公司	干式电力变压器 168.79 万 kV·A	51 244		57	50 386	40 438
山东达驰电工电气股份有限公司	变压器 1 616 万 kV·A	155 231	92 500	3 484	140 640	103 650
青岛晶石电子有限公司	小型变压器，电子元件	6 048			5 905	4 234
青岛奥利恩特电子有限公司	小型变压器	6 041		4 874	5 523	4 322
湖北阳光电气有限公司	电力变压器 168.4 万 kW	11 159			7 847	14 925
特变电工衡阳变压器有限公司	变压器 4 174kV·A	270 389	269 940	25 606	232 195	191 919
长沙顺特变压器厂	变压器 68.45 万 kV·A	11 660	1 459		4 779	11 951
广州市番禺明珠电器有限责任公司	变压器 119.89 万 kV·A	27 297			21 629	27 025
广东海鸿变压器有限公司	变压器 284.76 万 kV·A	50 611	42 909	1 671	49 124	27 028
湛江通用电气集团有限公司	电力变压器 9.15 万 kV·A	30 017		26 249	28 961	21 846
顺特电气有限公司	干式变压器 851.71 万 kV·A	171 136	95 828	89 403	173 852	170 042
中山市泰峰电气有限公司	互感器 296 755 台	20 026			20 058	22 731
广西柳州特种变压器有限责任公司	电力变压器 131 万 kV·A	51 011	12 892		46 591	33 598
海南金盘电气有限公司	干式变压器，箱式变压器，高低压柜	82 919	14 299	3 736	88 547	71 178
重庆 ABB 变压器有限公司	电力变压器 82 台	147 207	132 812	2 580	178 051	162 870
四川蜀能电器有限责任公司	变压器	44 188			31 440	13 622
贵阳新星变压器有限公司	变压器	10 660	2 175		9 489	13 235

（续）

企业名称	主要产品及产量	工业总产值（当年价）	新产品产值	出口交货值	主营业务收入	年末资产合计
云南变压器电气股份有限公司	变压器651.12万kV·A	54 989	23 394	91	59 538	85 434
云南通变电器有限公司	电力变压器9 062台/416.67万kV·A	76 262	43 906	581	103 681	39 739
特变电工股份有限公司	变压器1 696万kV·A，电线电缆8 917km	220 384	63 571	8 169	289 465	493 978
电容器及其配套设备制造						
新东北电气（锦州）电力电容器有限公司	电力电容器644万kvar	21 155	8 232	376	17 056	31 453
日新电机（无锡）有限公司	电容器 互感器5 646台/1 063万kvar	44 564	8 663	342	53 927	65 812
青岛提迪凯电子有限公司	圆板管通型磁器电容器	29 517		25 228	26 642	18 380
青岛富元电子有限公司	手机零部件	20 060		15 833	20 060	11 082
桂林电力电容器有限责任公司	电力电容器2 405.62万kvar	68 050	47 472	323	66 495	65 704
配电开关控制设备制造						
新东北电气（沈阳）高压开关有限公司	气体绝缘金属封闭开关1 027间隔	160 524	106 308	1 349	135 237	305 456
宁波天安（集团）股份有限公司	电力变压器232.8万kV·A	135 408	40 620	5 672	121 860	199 339
泰开电气集团有限公司	自动断路器3 629台	231 400	125 847		223 523	229 608
平高集团有限公司	高压断路器3 132台，高压隔离开关8 564组	441 526	122 188	10 151	369 132	664 186
河南森源集团有限公司	高低压成套开关设备，农用三轮车，载重汽车	212 566			211 439	111 473
西安电力机械制造公司	变压器6 889万kV·A，全封闭组合电器2 230间隔	1 152 119	377 883	71 042	1 056 784	1 614 076
北京ABB高压开关设备有限公司	高压断路器2 572台	202 419		3 982	214 050	159 180
北京北开电气股份有限公司	六氟化硫全封闭组合电器	30 810	13 881	2 476	33 888	74 393
北京市京仪敬业电工集团有限公司	低压开关板	10 937	3 758	2 804	16 140	23 406
北京ABB低压电器有限公司	微型断路器，开关	40 345	2 583	1 579	41 934	33 745
天津市百利电气有限公司	塑壳断路器202 368台，框架断路器3 329台	15 756	13 592		14 430	21 828
承德新新电子有限公司	IC卡智能仪器仪表	17 636			21 954	37 071
山西省电力公司电力开关厂	高压开关板，低压开关板	9 303			13 332	14 059
瓦房店高压开关有限公司	高压断路器865台	12 154			11 164	15 809
新东北电气沈阳高压隔离开关有限公司	高压隔离开关1 339组	17 104		260	121 615	43 541
三菱电机大连机器有限公司	放电加工机617台，变频调速器23.9万台	104 643		92 829	92 829	68 721
阿城继电器集团有限公司	继电器6万只，继电保护屏3 031面	11 905	4 102	1 376	12 653	54 650
上海华通开关厂有限公司	高低压断路器	11 664	365		8 944	19 500
上海电器股份有限公司上海人民电器厂	低压电器主要元件185万件	87 893	52 723	4 302	88 023	42 656
上海西门子开关有限公司	开关柜7 454台，断路器4 799台t	96 304		4 561	96 330	101 234
上海施耐德工业控制有限公司	低压电器主要元件1 038万件	97 317		2 741	97 275	41 589
江苏菲达宝开电气有限公司	高低压开关板2 187台	20 039		4 789	20 023	19 056
常熟开关制造有限公司	断路器1 256 272台	94 570	86 472	69	92 405	83 833
江苏东源电器集团股份有限公司	高低压开关设备12 931台	175 168	49 035		172 496	105 153
宁波华通电器集团股份有限公司	高压开关柜2 005面	33 519	21 002	1 224	31 838	41 530
温州开元集团有限公司	高压负荷开关5 029台，高压开关板（柜）4 266面	20 716	5 748		20 511	32 255
万控集团有限公司	低压开关柜37 638台	41 649			41 616	17 385
厦门ABB开关有限公司	ZSl开关柜12 108台，VM真空断路器38 355台	298 382	4 130	16 758	300 499	181 810
厦门ABB低压电器设备有限公司	MNS低压开关柜7 805面	112 905	48 571	5 144	116 722	83 947
福州天宇电气股份有限公司	变压器443万kV·A，高压开关柜2 202面	61 616	20 680		59 450	76 210
新余市华峰成套电器制造有限公司	高压开关柜，低压开关柜	4 548			4 273	5 721
远东电器集团有限公司	高低压开关柜，成套输配电设备，电力变压器	39 279	33 181		35 075	13 614
郑州祥和集团电气设备有限公司	高低压开关柜，机电产品	17 456			21 062	18 576
湖南开关厂	高压开关柜640台，低压开关柜2 085台	21 762	5 632	2 352	17 333	49 228
湖南省长高高压开关集团股份有限公司	户外高压隔离开关2 150组	44 536	25 810		33 579	33 583
广东省顺德开关厂有限公司	高压开关板2 315面，低压开关板5 145面	22 164			23 272	34 485
广东珠江开关有限公司	高压开关板912面，低压开关板2 554面	15 010	2 118		14 728	12 477
广州白云电器设备股份有限公司	高压开关板6 257面，低压开关板7 694面	76 998	18 315		80 511	120 753
中山市明阳电器有限公司	高压开关板1 663面，低压开关板4 315面	24 366	17 927		31 965	49 700
汕头正超电气有限公司	高压开关板3 645面，低压开关板865面	28 790	23 895		28 214	26 490
北海银河高科技产业股份有限公司	电子元器件，电力自动化装置	152 883			163 878	366 925
海南威特电气集团有限公司	高低压开关板，电力变压器，综合自动化装置	21 374			22 249	15 842

（续）

企业名称	主要产品及产量	工业总产值（当年价）	新产品产值	出口交货值	主营业务收入	年末资产合计
重庆博森电气(集团)有限公司	摩托车配件 2 645 万元	16 838	5 408		18 092	31 658
四川川开实业发展有限公司	高压开关板，低压开关板	184 356	28 053		203 198	71 431
四川汇源电气有限公司	开关柜	110 622			106 094	43 911
四川电器有限责任公司	高低压开关柜，高压断路器，电互感器	40 789	12 000		39 402	24 067
振华(集团)公司宇光分公司	断路器 837 台，开关柜 849 面	22 753	3 410	291	20 486	40 922
贵州长征电器股份有限公司	高低压成套电器设备	19 071			17 506	59 016
贵州长征电器集团有限责任公司	低压电器主要元件，高低压开关元件	2 721			3 114	34 644
云南开关厂	高压断路器 660 台，高压隔离开关	29 259	18 069	30	27 784	38 891
天水长城开关厂	高压开关板 11 635 面，高压断路器 8 694 台	105 743	31 880	8 368	106 240	73 825
天水长城控制电器厂	成套电控 2 907 面，低压电器元件 5.9 万件	7 625	5 616		6 802	19 487
天水长城电工器材厂	电工合金触头 88.48t，异型材料改制 420.33t	5 049	1 455	465	3 603	12 272
天水 213 电器有限公司	低压电器元件，配电柜	26 516	4 278		27 960	29 019
宁夏力成电气集团有限公司	高低压开关板 3 975 面	16 189	9 621		16 501	19 527
电力电子元器件制造						
许继集团有限公司	变电站自动化系统 462 套	596 008	235 941	2 832	615 978	1 270 938
天津市百利纽泰克电气科技有限公司	互感器 58 653 台	10 979			11 812	8 159
河北京丰电力设备有限公司	阻波器，母线	29 800			34 289	13 148
苏州光宝慷电子有限公司	液晶显示模组	5 401		5 272	5 284	9 228
浙江杭申控股集团有限公司	低压电器主要元件 99.6 万台，高低压开关板	125 429	6 682	2 223	119 092	169 362
西门子(杭州)高压开关有限公司	高压断路器 2 969 台，隔离开关 4 339 台	174 191	3 512		167 788	139 702
杭州欣美成套电器制造有限公司	高低压开关柜 6 613 台	30 011	25 651		23 320	16 719
吉安市木林森电子有限公司	发光二极管	37 043			36 660	8 790
英维思(青岛)控制器有限公司	冰箱温度控制器	28 105		19 851	28 105	29 830
青岛釜纺电子有限公司	石英谐振器	7 633		7 371	8 009	6 677
广州南洋电器有限公司	高低压开关板 4 069 面，高低压断路器 874 台	9 485	402		9 299	24 855
佛山通宝股份有限公司	温度控制器 8 520 万只	75 832	3 534	13 703	73 280	81 449
桂林机床电器有限公司	机床电器 537.3 万件	15 360	11 100		14 404	8 334
天水长城控制电器有限责任公司	高低压电器装置，低压电器元件	3 675			4 184	9 081
天水电气传动研究所	自动化装置 536 面	15 145	15 137		15 264	18 176
其他输配电及控制设备制造						
正泰集团股份有限公司	低压电器 25 260 万件，仪器仪表 2 623 万台	849 123	325 130	89 938	838 829	353 347
德力西集团有限公司	低压电器 1 297 万台	744 213	132 266	45 941	723 490	546 418
天正集团有限公司	低压电气元件 1 640 万件	261 028	25 792	7 967	255 940	123 897
人民电器集团有限公司	低压电器主要元件，低压电器一般元件	259 360	132 339	36 538	255 665	125 972
北京 ABB 电气传动系统有限公司	变频器	212 134		3 830	211 072	135 376
上海继电器有限公司	继电保护屏 1 378 面	10 934	5 747	1 073	10 309	9 903
无锡市明达电器有限公司	控制继电器 141.6 万件	8 302	996	1 294	8 337	11 093
扬州双汇电力器材厂	电力金具	24 500	6 589	2 014	18 175	13 765
耀华电器集团有限公司	低压电器一般元件 216 万件	39 578	1 269	5 302	38 167	36 480
新华电器集团有限公司	低压电器及元件 2 296 万件	46 213	277	334	45 019	33 612
常安集团有限公司	低压电器 2 362 万台	41 613		885	41 355	35 822
华通机电集团有限公司	低压电器主要元件 4 318 万件	106 207	13 709	8 497	102 122	77 643
森泰电器有限公司	低压电器 5 094 万台	69 288	17 668	35 193	68 625	22 146
益和电气集团股份有限公司	高低压开关柜，直流屏，变压器	96 108			82 982	59 182
青岛海圣金属制品有限公司	汽车钣金件，空调钣金件	45 012			33 520	7 272
青岛天湾电机有限公司	扬声器	7 214		5 542	7 896	4 241
贺州市桂东电子科技有限责任公司	中高压腐蚀化成铝箔	14 550	14 550		11 438	28 927
天水市铁塔厂	铁塔 铁附件	13 472			13 350	9 431
电线电缆制造						
宝胜集团有限公司	电力电缆 56 366km	922 140	394 301	21 773	898 948	449 095
远东控股集团有限公司	电力电缆 47 445km	1 347 047	404 114		1 320 106	628 087
浙江万马集团有限公司	电力电缆 28 651km，高分子材料 37 238t	345 092	76 229	42 488	347 914	379 849

（续）

企业名称	主要产品及产量	工业总产值（当年价）	新产品产值	出口交货值	主营业务收入	年末资产合计
山东阳谷电缆集团有限公司	电线电缆 47 370km	335 187			320 681	181 455
北京市电线电缆总厂	布电线 9 079km，电力电缆 224km，通信光缆	7 774		254	7 690	9 515
天津金山电线电缆股份有限公司	机车线，塑力缆铜芯塑胶线	50 641	33 272	8	49 028	31 329
华洋线缆集团有限公司	网线，特种线，力缆	335 538	49 806		324 789	242 420
宝丰企业集团有限公司	电力电缆，聚氯乙烯电缆，钢芯铝绞线	177 726		7 295	149 492	252 241
河北金桥线缆有限公司	电线电缆	115 648			113 885	45 498
唐山市华通线缆制造有限公司	电线，电缆	38 334			49 767	29 690
唐山冀东线缆有限公司	电缆	49 777			48 570	31 330
河北金世纪电缆有限公司	矿用电缆，交联电缆，橡套电缆	36 892			36 892	10 177
宁普县永进电缆集团有限公司	电线电缆，电缆料，型材	32 984			32 396	32 485
邢台市电缆有限责任公司	电力电缆，布电线，钢芯线	28 495			27 038	20 138
榆缆线缆集团有限公司	电线，控制电缆	35 200			39 375	33 161
山西离石电缆有限公司	电线	12 000	5 860		9 355	12 863
沈阳电缆有限责任公司	钢芯铝绞线 27 594t，电力电缆 4 029km	117 268	13 194	2 746	102 281	66 724
沈阳九星企业集团	电线电缆 30 471km	438 933			429 667	81 820
哈尔滨电缆厂	电力电缆 钢芯铝绞线	14 143			15 632	55 517
上海南洋电缆有限公司	电线电缆	37 041	5 061	1 417	37 081	21 170
上海电缆厂有限公司	电力电缆	61 190			60 262	48 197
无锡电缆厂有限公司	钢芯铝绞线 11 154t，电力电缆 2 863km	87 666	20 868	5 221	94 294	39 791
常熟市电缆厂	架空电缆 1 372km，电力电缆 1 344km	32 980	11 998		31 814	14 515
江苏上上电缆集团	钢芯铝绞线 1 549t	598 681	50 775	31 145	590 662	184 573
杭州电缆有限公司	电力电缆 8 023km，布电线 46 233km	205 573		3 263	155 283	105 024
杭州华新电力线缆有限公司	110kV 交联聚乙烯电缆 956km	31 120			103 943	124 714
杭州早川电线有限公司	无铅电线，电缆组件 13 827.6 万套	30 010	25 809	21 400	25 722	15 316
浙江万能集团	PVC 管材，通信器材	59 962			42 905	39 232
露笑集团有限公司	复合漆包线 2.37 万 t	170 155	170 155	1 667	168 193	75 252
安徽天康集团	电力电缆 16 850km，温度仪表 24.7 万台	150 296		1 581	147 372	84 269
绿宝电缆（集团）有限公司	交联电缆 1 128km，矿用电缆 1 132km	10 800			103 227	39 865
安徽电缆股份有限公司	电力电缆 1 160km，其他电缆 6 822km	28 128	6 253	4 750	29 281	22 397
安徽蓝德集团股份有限公司	电线电缆，仪表	69 015	4 029		66 048	38 851
安徽华菱电缆集团有限公司	电力电缆 18 319km，控制电缆 14 297km	162 492	40 570	1 560	160 547	80 540
安徽江淮电缆集团有限公司	电线电缆 43 438km	132 899	81 424		132 899	63 884
福州大通机电有限公司	电磁线 32 884t	202 403	20 182	5 871	203 000	62 935
福建南平太阳电缆股份有限公司	电力电缆 14 346km，通信电缆 211 061 对 km	200 163	7 074		200 143	83 816
南平南线电缆有限公司	钢芯铝绞线 5 551t	22 675			20 690	15 696
南昌电缆有限责任公司	钢芯铝绞线 359t，电力电缆 2 166.8km	38 307	393	908	37 884	21 365
江西电缆有限责任公司	电力电缆，控制电缆，布电线	106 806		2	105 480	16 009
协讯电子有限公司	电脑连接线	43 347			43 289	9 875
江西省丰硕电磁线有限公司	电磁线	35 000			35 000	6 631
江西联创光电科技有限公司	电缆	45 194		3 674	34 160	47 202
江西省赣粤恒兴机电材料有限公司	漆包线，机电配件，钢材加工	34 242			33 530	17 416
江西一舟电子有限公司	电线	12 810			12 448	6 673
特变电工山东鲁能泰山电缆有限公司	电力电缆 8 553km	100 228	32 181	15 860	101 062	92 759
青岛汉缆集团股份有限公司	电力电缆	393 277	324 493	5 817	392 429	109 739
青岛华光电缆有限公司	电线电缆	66 674	39 141		57 137	19 876
青岛中能集团有限公司	电线电缆，通信电缆，化工产品	48 350			46 480	65 524
青岛华东电缆电器有限公司	电缆，变压器	29 779			14 658	8 115
青岛耐克森电装有限公司	汽车接线	3 441		3 441	3 754	5 143
河南新乡华宇电磁线有限公司	漆包线，各种绝缘材料，回收废铜	91 390			68 900	10 600
新乡市汇丰漆包线有限公司	漆包线，防水线，双玻璃丝包扁铜线	91 380			68 900	6 100
河南新乡华洋漆包线有限公司	漆包线，电磁线，耐水线	91 370			68 900	9 170
河南金稻电线有限公司	电线，电缆	68 055			55 319	4 468

（续）

企业名称	主要产品及产量	工业总产值（当年价）	新产品产值	出口交货值	主营业务收入	年末资产合计
河南通达电缆有限公司	钢芯铝绞线，钢绞线，电线电缆	41 108			39 956	9 172
郑州市第二电缆厂	电缆电线	37 870			37 962	9 408
武汉电缆集团有限公司	钢芯铝绞线 25 187t，电力电缆 3 975km	64 204	7 193		61 149	41 354
黄石安瑞辐照电缆有限公司	电力电缆 1 414km，辐照特种线 36 849km	19 389	4 462		17 001	11 675
长沙电缆附件有限公司	高中压电缆盒，出线金具	17 508	297		12 366	22 560
湖南湘能金杯电缆有限公司	电力电缆	82 048	4 655	186	81 216	29 936
衡阳恒飞电缆有限责任公司	塑力缆 1 049km，橡套电缆 329km，机车电缆	30 304	15 153		30 360	21 984
广东电缆厂有限公司	电力电缆 7 143.4km，布电线 14.4 万 km	151 057			148 844	27 671
桂林国际电线电缆集团公司	布电线，电力电缆，通信电缆	159 307	21 813	69 174	116 841	75 503
桂林飞龙国际电线电缆有限公司	布电线，电力电缆，通信电缆	61 998	3 538	11 814	48 512	13 263
南宁银杉电线电缆有限责任公司	钢芯铝绞线，电线，电力电缆	12 965	2 831		11 617	11 002
重庆渝能泰山电线电缆有限责任公司	电线电缆，铜排扁线	139 331	53 247	4 836	147 886	93 720
重庆鸽牌电线电缆有限公司	铜排扁线 5 714t，电缆 19 万 km，裸铜线 6 609t	139 004	43 456	1 012	129 443	60 866
四川明星电缆有限公司	电线电缆	150 762	48 483		150 762	62 311
特变电工（德阳）电缆股份有限公司	布电线，电力电缆，钢芯铝绞线	52 040	31 891	10 730	51 063	46 300
成都普天电缆股份有限公司	市话电缆，程控交换机电缆，电视电缆	15 778			29 706	121 950
成都三电股份有限公司	电器装备用电线，电力电缆	27 775			27 221	30 590
贵阳电线厂	塑胶线	17 594			16 866	8 711
昆明电缆股份有限公司	电力电缆 6 249km，钢芯铝绞线 21 714t，布电线	127 606	336	135	138 499	84 625
云南前列电缆厂	钢芯铝绞线，电线电缆，铜材	30 027			30 796	9 729
兰州众邦电线电缆集团有限公司	电线电缆，电线电缆附件	31 948			36 389	17 638
天水铁路电缆工厂	电线及附件	22 020	5 397		22 230	31 291
甘肃长通电缆（集团）有限责任公司	裸电线，电缆，布电线	27 178	2 577		17 656	30 809
光纤、光缆制造						
侯马普天通信电缆有限公司	通信光缆	3 567			7 103	23 067
河南许昌阳光光电线缆有限公司	通信光缆	73 534			70 814	69 129
四川汇源光通信股份有限公司	通信光缆	234 142	40 000		227 125	75 775
特种陶瓷制品制造		168 506	43 290			
NGK 唐山电瓷有限公司	悬式绝缘子	27 477		9 750	28 856	33 298
唐山高压电瓷有限公司	高压电瓷	22 595	12 239	3 586	21 813	26 512
大连电瓷有限公司	悬式电瓷 38 024t	44 575	15 487	12 100	40 908	59 000
抚顺华泰电瓷电气制造有限公司	高压电瓷 7 514t，避雷器 937 只	20 158	12 516	4 656	13 293	40 650
萍乡市新安工业有限公司	轻瓷填料	8 900		20	8 912	6 096
萍乡市石化填料有限责任公司	工业瓷，化工填料，催化剂	6 559			6 559	4 092
河南省长新工贸有限公司	高压电瓷，卫生陶瓷	27 562			23 593	8 830
湖南醴陵火炬电瓷电器有限公司	电瓷，电器	10 680	3 048	465	9 701	17 370
石墨及碳素制品制造						
河南龙成集团有限公司	石墨加工	463 049	327 610	130 869	368 289	271 443
河南省西峡县保护材料集团	复合渣	300 658	52 475	12 140	211 741	132 900
西峡县通宇保护材料有限公司	保护材料	71 236			66 374	54 336
方大炭素新材料股份有限公司	石墨电极类，炭块类，炭糊类	74 303	43 350	18 432	79 992	197 223
河北长城长电极有限公司	碳电极	32 050	10 484		29 684	21 363
冀州市全通炭素有限公司	炭素制品	25 436			25 436	6 028
山西关铝炭素有限责任公司	电解铝用预焙阳极	34 031			35 077	30 900
山西丹源碳素股份有限公司	预焙阳极	12 980			26 333	21 072
山西晋阳碳素股份有限公司	碳块	14 068			13 685	28 199
山西兆丰碳素有限公司	碳阳极	12 108		1 498	12 863	7 445
山西俄铝碳素有限公司	碳块	9 637			10 383	6 412
山西介休巨源炭素有限公司	炭素制品	6 312			8 170	6 492
阳泉市晋阳碳素有限公司	预焙阳极	8 058			7 758	7 772
山西省平遥县亮宇炭素有限公司	炭素制品，再生橡胶	7 282			7 295	4 349
内蒙古霍宁碳素有限责任公司	阳极碳块	33 546		868	34 989	38 136

（续）

企业名称	主要产品及产量	工业总产值（当年价）	新产品产值	出口交货值	主营业务收入	年末资产合计
内蒙古霍煤通顺碳素有限责任公司	电极制造	16 246			14 548	57 764
兴永碳素有限公司	石墨电极 特种石墨制品	14 018		1 450	12 285	21 175
哈尔滨电碳厂	电碳制品 589t	6 031	300		4 975	29 323
浙江国泰密封材料股份有限公司	石墨编织填料 714 万件	17 235	11 384	10 940	17 248	35 568
青岛高而富石墨有限公司	石墨制品	22 214		5 443	21 770	6 390
河南飞孟金刚石工业有限公司	细粒度含硼金刚石，人造金刚石	97 800		4 165	88 341	15 403
沁阳市黄河碳素有限责任公司	预焙阳极板	67 085			67 084	17 350
巩义市碳素厂		52 680			52 667	6 689
焦作市鑫达碳素工业有限公司	预焙阳极，系列碳素制品	51 355			27 650	12 622
三门峡神火碳素有限责任公司	碳素	26 770			25 681	21 671
郑州市鹏朝冶金有限公司	电石	24 682			25 605	12 485
博爱县永裕碳素制品有限公司	预焙阳极板	38 692			25 541	6 283
平果县强强碳素制品有限责任公司	预焙阳极	33 576		8 581	34 124	42 866
百色储海碳素有限公司	石墨电极，预焙阳极	8 801		4 173	7 150	29 971
成都蓉光炭素股份有限公司	石墨电极	18 043		12 697	23 451	17 247
广汉士达炭素有限公司	石墨电极	15 558	1 047	5 629	21 174	24 931
其他未列明的金属制品制造						
天津大桥焊材集团有限公司	电焊条 323 053t	151 152	41 676	14 267	213 141	82 303
六盘水市水钢钢城实业有限公司	渣铁回收利用	156 274			130 645	121 543
中国兵器工业第五二研究所	风口共渗，锤环	8 829		564	17 668	43 089
锦州锦泰金属工业有限公司	焊丝 93 991t，焊条 3 843t	64 269		13 411	67 141	67 959
上海焊接器材有限公司	电焊条 21 930t	16 534		2 747	26 373	24 011
浙江天喜实业集团有限公司		35 246	5 501	25 759	25 570	13 247
青岛优源铸造有限公司	铸铁产品，铸铝产品，铸铜产品	10 097		9 502	19 631	5 621
四川大西洋焊接材料股份有限公司	电焊条 99 560t	60 547	15 331	11 699	70 161	89 707
榆中长虹焊接材料有限公司	电焊条	12 403			11 231	25 063
绝缘制品制造						
哈尔滨庆缘电工材料股份有限公司	绝缘制品 1 610t	6 516	268		6 532	7 106
苏州电瓷厂有限公司	高低压电瓷缘子 21 502t	22 704		6 763	20 640	24 415
南京电气（集团）有限责任公司	高压电瓷 35 569t	50 003	20 132	4 318	43 659	95 039
山东四达工贸股份有限公司	绝缘制品 12 276t	40 196	1 662		49 779	29 954
青岛海润电子有限公司	家电电源线，电子连接器，电器元件	25 451		224	21 581	15 340
桂林电器科学研究所	AGCD01258t，聚酶塑料 1 400t	36 201	4 097	474	35 233	21 657
四川东材科技集团股份有限公司	绝缘制品	135 330	42 560	5 055	66 689	64 718
电池制造						
保定天威英利新能源有限公司	太阳能电池	435 614		405 934	420 037	607 002
风帆股份有限公司	蓄电池 672 万 kVA·h	280 732	105 967	397	253 901	321 410
哈尔滨光宇蓄电池有限公司	铅酸蓄电池 181 万 kW	163 138		25 601	125 635	194 533
江西赛维 LDK 太阳能高科技有限公司	单晶硅片，多晶硅片，太阳能电池组件	457 332		280 296	407 524	848 019
河南环宇集团有限公司		141 704	35 051	33 189	150 684	158 622
阳光硅谷电子科技有限公司	单晶硅片	94 156			98 931	71 845
风帆股份有限公司清苑分公司	蓄电池铅板	84 546			84 989	27 025
石家庄华北蓄电池有限公司	铅酸蓄电池	24 247		1 247	23 253	9 585
风帆股份有限公司微型蓄电池分公司	铅酸蓄电池	20 716			18 448	4 299
内蒙古洛克高科技股份有限公司	密封蓄电池	10 070			8 056	15 259
沈阳东北蓄电池股份有限公司	铅酸蓄电池 45 112kVA·h	45 112	10 447	2 326	40 008	32 581
哈尔滨市九洲电气股份有限公司	高压变频器	28 756	10 007		23 651	42 762
浙江南都电源动力股份有限公司	阀控密封铅酸蓄电池 126.6 万 kVA·h	90 763	68 073		90 244	72 179
安徽迅启蓄电池有限公司	汽车配件铅酸蓄电池 100 万 kVA·h	26 512		1 338	25 914	14 984
抚州市恒力电池科技有限公司	蓄电池	33 206			31 284	9 770
江西晶科能源有限公司	太阳能电池，硅材料	19 957			19 957	20 279
江西真龙电源科技有限公司	铅酸蓄电池，蓄电池阴阳极板，塑料制品	15 200			15 000	5 394

（续）

企业名称	主要产品及产量	工业总产值（当年价）	新产品产值	出口交货值	主营业务收入	年末资产合计
河南屹峰电源有限公司	蓄电池，极板	70 900			69 345	20 354
长沙丰日电气集团有限公司	阀控式密封铅酸蓄电池	22 000			18 450	16 259
广西梧州新华电池股份有限公司	电池	25 175	497	22 163	25 925	10 801
广西天鹅蓄电池有限责任公司	蓄电池，蓄电池零配件	19 209	6 683		19 359	8 662
桂平捷力电池有限公司	可充电池	7 500			7 500	8 458
重庆万里蓄电池股份有限公司	铅酸蓄电池 48 万 kVA · h	5 493			5 899	15 388
四川省崇州市蓄电池集团有限公司	蓄电池	32 394			32 055	13 529
贵州航天电源科技有限公司	蓄电池	16 625			7 470	12 440
其他电工器材制造						
辽宁东港电磁线有限公司	电磁线 14 285t	84 730		5 071	83 065	25 041
杭州河合电器股份有限公司	电热元件 3 100 万只	41 608	20 850	22 446	42 158	36 499
中日电热（厦门）有限公司	电热管 3 867.5 万支	30 694		29 342	31 210	19 798
漯河市永光电气设备有限公司	电料	37 297			31 969	7 540
漯河市民族热镀锌有限责任公司	电料	25 917			25 732	6 201
甘肃电力变压器厂	变压器，各类开关柜，电磁线	7 450			8 192	9 121

我国可再生能源装备发展建议

中国电器工业协会行业发展与咨询部

进入 21 世纪以来，随着一次能源的日益减少和环境污染的日趋严重，发展新型、环保、安全的可再生能源成为解决我国能源问题的重要途径。从长远来看，大力发展可再生能源，可以逐步改善以煤炭为主的能源结构，尤其是电力供应结构，缓解与能源相关的环境污染问题。

可再生能源包括水能、生物质能、风能、太阳能、地热能和海洋能等。尽管我国可再生能源具有巨大的资源潜力，部分技术装备实现了商业化，但与发达国家相比，无论在技术、规模还是发展速度上，都存在较大差距。可再生能源产业的发展面临着许多问题和障碍，主要是发电成本高，生产规模小，核心技术尚未完全掌握，关键设备（或原材料）靠进口，这些都制约着技术商业化及推广应用。目前，小水电发电成本约为燃煤发电的 1.2 倍，生物质发电（沼气发电）成本为燃煤发电的 1.5 倍，风力发电成本为燃煤发电的 1.7 倍，光伏发电成本为燃煤发电的 11 ~ 18 倍，从而大大削弱了市场竞争力。

一、可再生能源及装备发展的重要意义

1. 调整能源结构

我国富煤、缺油、少气使得能源消费结构在一定时期内难以改变。目前，我国能源结构以煤为主，煤炭消费占我国一次能源消费的 69%，比世界平均水平高 42 个百分点。以煤为主的能源结构和比较粗放的经济增长方式，带来了许多环境和社会问题，经济社会可持续发展受到严峻的挑战。不合理的能源结构不但造成煤的过分开采和资源浪费，而且煤炭的大量消费加大了环境保护的难度，全国烟尘和二氧化硫的排放中产生于煤炭燃烧的分别占 70% 和 87%。

由于我国石油和天然气资源有限，远不能满足需求，要降低煤炭消费比例，只有通过增加核电和可再生能源的使用量来实现。虽然我国煤炭资源比较充足，但主要集中在西部地区，并受到环境污染和交通运输能力的制约，而且煤炭的开采和使用量也是有限度的；而核电站的建设周期较长，还受地理条件的影响。因此，大力发展可再生能源，成为我国长期发展战略和近期能源结构调整的重要选择。

2. 保护环境和减少温室气体排放

2005 年，我国能源消费量快速增长，达到 224 682 亿 t（标准煤），是世界第二大能源消费国，其中煤炭占 69.1%，石油占 21%，天然气占 2.8%，水、核、风电占 7.1%。全国二氧化硫排放量为 2 549 万 t，二氧化碳排放量约为 49.2 亿 t，烟尘排放量为 1 182 万 t。大气污染造成的酸雨、呼吸道疾病等环境污染问题严重威胁我国的经济发展和人民的生命健康，造成的经济损失已相当于我国 GDP 的 2% ~ 3%。根据党的十六大提出的全面建设小康社会的宏伟目标，力争 2020 年以能源消费翻一番来保证经济翻两番的目标，能源消费总量需要增加 15 亿 t（标准煤）。如果不能有效调整能源结构，煤炭消费量将增加约 10 亿 t（标准煤），造成的环境污染和生态破坏将会十分严重。因此，控制煤炭消费过快增长，提高可再生能源在能源消费中的比例，是环境保护的必然选择。

温室气体持续增加将导致全球气候变暖、海平面上升、自然灾害频发等，给人类的生产、生活带来严重影响，因此

温室气体减排已成为国际社会关注的焦点。我国是一个发展中国家，虽然《京都议定书》对于发展中国家并没有规定必须执行的指标，但是我国政府还是根据国际关于温室气体排放的公约，制定了我国气体变化的应对方案，提出从2006～2010年单位GDP能源消耗降低20%的目标。由于我国能源消费是以煤炭为主，煤炭燃烧产生大量的二氧化碳等有害气体是影响气候变暖的因素之一，因此我国必须从现在开始，努力降低煤炭在能源消费结构中的比重。只有大力节能降耗和发展可再生能源，才能实现减排温室气体的目标，逐步改善我们的生存环境。

3. 解决农村特别是偏远地区用电问题

我国是一个人口大国，同时又是一个农业大国，60%的人口生活在农村，每年消耗的能量逾4亿t(标准煤)。迄今，全国仍有大约600万人口没有解决用电问题，绝大多数处于边疆少数民族地区，并且他们居住分散，远离电网，用电负荷小，预计在相当长的时间内难以通过延伸电网实现供电。而这些人口大多恰好分布在可再生能源资源富集地区，因地制宜开发利用小水电特别是发展农用小水电、太阳能光伏发电、生物质发电和风力发电，既可满足这些地区人民的电力需求，又对促进地区经济发展、农牧民脱贫致富有重要的作用；同时，保护环境、加强可再生能源开发利用、改善农村居民生产生活用能条件，也是建设社会主义新农村的必然要求。

4. 带动电力装备制造业快速发展

发展可再生能源，可促进电力装备制造业的结构调整，带动其快速发展，增强综合竞争力。电力装备制造业是机械装备制造业的重要组成部分，已成为国民经济发展的支柱产业。电力装备制造业所提供装备的产品质量、水平、性能的高低，对降低工业综合能耗、提高整个国民经济效益有巨大的影响和深远的意义。

二、全球可再生能源装备产业日趋成熟

1. 全球风力发电装备发展趋势

全球风电设备制造商长期致力于提高风电机组系统的安全和可靠性、开发更大型的风电机组和超大型近海专用风电机组，采用新型机组结构和控制方式及材料、改善风电场选址和设计技术，以不断降低风力发电成本，更加经济地利用风能资源。目前，国际风电设备呈现大型化、变速、变桨及无齿轮箱等发展趋势。国际风电产业从探索阶段逐渐走向成熟，制造商逐步显现出向国际化、大型化和一体化发展的趋势。

(1)单机容量向大型化发展。为了降低单位千瓦造价及发电成本，世界各国竞相进行技术攻关和试验，研制大功率风电机组。目前世界上兆瓦级的风力发电机组已具备了商业化价值，单机容量可达2～3MW并已成为国际流行风电机组。目前，单机容量最大的风电机组是德国Repower公司生产的5MW近海专用风电机组，该机组叶轮直径已经达到130m，已投入试运行。

(2)机型不断改进。风轮输出功率控制方式由失速调节到变桨距调节。变桨距风力发电机组调节的优点是机组起动性能好，输出功率稳定，机组结构受力小，停机方便安全。但其增加了变桨装置，增大了故障几率，控制程序比较复杂。我国2005年安装的进口风电机组中，大多数是变桨距机组。2MW以上的风机大多采用3个独立的电机调桨机构，通过三组变速电机和减速箱对桨叶分别进行闭环控制。已建的25台大型兆瓦级机组中，23台采用变桨距型式。

发电机运行方式由恒速到变速。与恒速运行的风力发电机组相比，变速运行的风力发电机具有发电量大、对风电场风速变化的适应性好、生产成本低、效率高等优点，已成为风力发电机组的发展方向。德国Enercon公司是生产变速风电机组最多的公司。瑞典、荷兰、加拿大和意大利都在开发研制大容量交—直—交变速风电机组。

(3)叶片材料向轻型方向发展。主流机组叶片已普遍采用轻质高性能玻璃纤维，5MW以上风电机组的叶片则开始尝试采用碳纤维材料，从而减少重量，提高各种风况下的风能利用率和系统可靠性。

(4)由内陆风电机组向海上风电机组发展。多兆瓦级风电机组在近海风电场的商业化运行是风能利用的新趋势。到2003年末，围绕欧洲海岸线，海上风电总装机60万kW，集中在丹麦、瑞典、荷兰和英国。目前最大的海上风电场是位于丹麦南海岸的Nysted风电场，容量为16.56万kW，由72台2.3MW海上风电机组组成，于2003年12月开始发电。预计到2010年，欧洲海上风电的装机容量将达到1 000万kW。

2. 全球太阳能光伏发电装备发展趋势

在全球都面临能源紧缺和环境污染的今天，太阳能光伏发电已经成为解决能源可持续发展的最佳技术途径之一。太阳能以其独具的优势，其开发利用必将在21世纪得到长足的发展，并终将在世界能源结构的转移中担纲重任，成为21世纪后期的主导能源。

(1)向降低成本方向发展。通过扩大生产规模，增加生产装备，改进生产工艺，向高效率、薄片化方向发展，以降低成本。据预测，到2010年发电成本将降到6美分/(kW·h)。

(2)向光伏与建筑一体化技术发展。光伏与建筑一体化将是21世纪最重要的新兴产业之一，它的开发应用是目前世界上大规模利用光伏技术发电的一大热点，各国一直致力于该项研究开发。

(3)向太阳能半导体照明方向发展。太阳能半导体照明是利用太阳能电池提供电源和半导体发光二极管作为光源的组合。太阳能电池与半导体发光二极管结合，将无需任何的逆变装置进行交、直流转换，可以使太阳能半导体照明系统获得很高的能源利用率、安全性和可靠性。

(4)向并网型户用发电方向发展。光伏发电向替代能源过渡，年产20万～100万kW的大型企业将成为主流，大型1万kW以上并网电站将成为主要产品。

3. 全球生物质发电装备发展趋势

(1)发展焚烧热值低、水分含量大和成分多变的垃圾锅炉，即流化床燃烧垃圾锅炉。

(2)发展集燃烧与脱污染物(特别是二恶英)一体的焚

烧锅炉,降低设备的初投资,减少系统的复杂性。

(3)发展燃烧效率高的焚烧秸秆等生物质锅炉。

(4)发展燃烧效率高的小型(装机为1万~2万kW)热电联产机组。

(5)发展系统效率35%以上的生物质整体气化联合循环发电系统(B/IGCC)。

4. 全球小水电装备发展趋势

(1)用两台水轮机带一台发电机。这种组合方式可提高转速,在千瓦数相同的情况下,发电机单机比双机的造价低,而且负荷调节灵活,可减小厂房面积、节省控制系统,降低电站的总投资。

(2)发展小型全贯流水轮发电机。

三、我国可再生能源资源丰富

1. 我国风能资源状况

我国幅员辽阔,濒临太平洋,季风强盛,海岸线长,内陆的许多山系改变了气压分布,形成了分布很广的风能资源。据中国气象科学研究院对全国900个气象台站的测风数据进行的测算,我国陆上离地10m高度处,风能资源总储量为32.26亿kW,可开发和利用的陆地上风能储量为2.53亿kW,海上风能资源储量为7.5亿kW,总计约10亿kW,约相当于50座三峡电站的装机容量。

风能资源丰富的地区主要分布在东南沿海及附近岛屿,有效风能密度大于或等于200W/m^{2}等值线平行于海岸线;沿海岛屿有效风能密度在300m^{2}以上,全年风速大于或等于3m/s的时数约为7 000~8 000h,大于或等于6m/s的时数约为4 000h。

新疆北部、内蒙古、甘肃北部有效风能密度为200~300W/m^2,全年风速大于或等于3m/s的时数5 000h以上,大于或等于6m/s的时数约为3 000h以上。

黑龙江、吉林东部、河北北部及辽东半岛的风能资源也较好,有效风能密度在200W/m^{2}以上,全年中风速大于或等于3m/s的时数为5 000h,大于或等于6m/s的时数为3 000h。

青藏高原北部有效风能密度在150~200W/m^{2}之间,全年风速大于或等于3m/s的时数为4 000~5 000h,大于或等于6m/s的时数为3 000h,但青藏高原海拔高、空气密度小,所以有效风能密度也较低。

云南、贵州、四川、甘肃、陕西南部、河南、湖南西部、福建、广东、广西的山区和新疆塔里木盆地、西藏的雅鲁藏布江为风能资源贫乏地区,有效风能密度在50W/m^{2}以下,全年中风速大于或等于3m/s的时数为2 000h以下,风能潜力很低。

2. 我国太阳能资源状况

我国太阳能资源非常丰富,占全国面积2/3以上,全国太阳能年辐射超过60亿J/m^2,太阳辐射能约为50×10^{18}kJ,相当于1.7万亿t(标准煤)能量。全国年日照时间在2 200h以上,一年可生产的电力约为1.7万亿kW·h。从全国太阳能年总辐射量的分布来看,西藏、青海、新疆、内蒙古南部、福建东南部、山西、陕西北部、河北等地区的太阳能辐射量很大,尤其以青藏高原地区为最,这里平均海拔在4 000m以上,大气层薄而清洁,透明度好,纬度低,日照时间长。

我国太阳能资源的分布特点是:太阳能的高值中心和低值中心都处在北纬22°~35°一带,青藏高原是高值中心,四川盆地是低值中心。太阳能年总辐射量,西部地区高于东部地区,而且除西藏和新疆两个自治区外,基本上是南部低于北部;由于南方多数地区云多、雨多,在北纬30°~40°地区,太阳能分布随着纬度的增加而增长。

目前,我国建筑占地面积总计约2亿m^2,假如1%的屋顶用光伏组件覆盖,每年就可以提供2.4亿kW·h的电能。

3. 我国生物质资源状况

我国是农业大国,也是林业大国,生物质能资源非常丰富,具有开发利用生物质能的良好条件。我国现有森林、草原和耕地面积41.4亿hm^2,理论上生物质资源可达650亿t/a年以上(在每平方公里的土地面积上,植物经过光合作用而产生的有机碳量每年约为158t)。以平均热值15 000kJ/kg计算,折合理论资源为33亿t(标准煤),相当于我国目前年总能耗的3倍以上。事实上,目前可以作为能源利用的生物质主要包括秸秆、薪柴、禽畜粪便、生活垃圾和有机废渣废水等。

我国农作物播种面积约1万亿m^2,年产生物质约7亿t,除约1亿t作为造纸和纺织原料、畜牧饲料外,剩余6亿t都可以作为能源用途。据不完全统计,可作为燃料的生物质占到生物质总量的50%以上。目前除部分作为农村的生活燃料外,大都在田间地头白白烧掉,既浪费资源也污染环境。此外,农产品加工废弃物,包括稻壳、玉米芯、花生壳、甘蔗渣和棉籽壳等,也是重要的生物质资源。据统计,农产品加工废弃物量在2亿t以上。

我国现有森林面积1.75亿hm^2,森林覆盖率18.21%,具有各类林木质资源量200亿t以上。每年通过正常的灌木平茬复壮、森林抚育间伐、果树绿篱修剪以及收集森林采伐、造材、加工剩余物等,可获得生物质量约8亿~10亿t。另外,全国有4 600多万hm^{2}宜林地,还有约1亿hm^{2}不宜发展农业的废弃土地资源,可以结合生态建设种植能源植物。今后随着造林面积的扩大和森林覆盖率的提高,生物质资源量将会不断扩大。预计到2020年,全国每年可获得生物质量约20亿t。

统计显示,我国城市人均年产固体生活垃圾约440kg,全国669座大中城市2003年生活垃圾清运1.486亿t,2005年达到1.5亿t,足以使一个百万人口的城市被覆盖住一米。我国城市历年积存下来的垃圾达11 160亿t,侵占约5亿m^{2}土地。今后随着城市化的进一步发展,城市垃圾量还会不断增加,按年增长率8%~10%的扩张速度计算,预计到2020年,全国每年城市垃圾量将达到2亿t以上。

禽畜粪便也是一种重要的生物质能源。除在牧区少量的直接燃烧外,禽畜粪便主要作为沼气的发酵原料。中国主要的禽畜是鸡、猪和牛,畜禽养殖业粪便排放量约18亿t,实际排出污水总量约200亿t,可生产沼气约500亿m^3;全国工业企业每年排放的(可转化为沼气)有机废水和废渣约

25 亿 m^3，可生产沼气约 100 亿 m^3。随着畜禽养殖业和工业企业的发展，沼气的生产量还会增加。

由此可见，我国生物质能资源丰富，特别是在我国许多偏远农村地区，生物质能仍是主要的生活能源，但均是传统的低效利用方式，利用技术水平低，资源浪费严重。据估算，我国生物质资源每年可转化为能源的潜力，近期约为 5 亿 t(标准煤)，远期可达到 10 亿 t(标准煤)以上；再加上荒山、荒坡种植的各种能源林，资源潜力在 15 亿 t(标准煤)以上。

4. 我国小水电资源状况

我国小水电是指电站装机容量在 5 万 kW 及以下，即单机在 2.5 万 kW 以下机组，用于发展以农村经济为主，自建、自管、自用的小型水电站。

我国河流中小支流遍布全国，小水电资源十分丰富。根据国家发展和改革委员会 2005 年 11 月公布的全国水力资源复查初步统计，小水电资源蕴藏量约为 1.6 亿 kW，技术可开发量达 1.28 亿 kW，年发电量近 5 000 亿 kW·h，相当于 1.75 亿 t(标准煤)，居世界首位。全国 30 多个省(区、市)的 1 600 多个县(市)都有农村水电资源，主要集中在西部、中部和沿海地区。其中，西部地区技术可开发量为 8 723.4万 kW，占全国技术可开发量的 68.1%；中部地区可开发量为 2 129.1 万 kW，占全国技术可开发量的 16.6%；东部地区为 2 022.1 万 kW，占全国技术可开发量的 15.3%。西部地区、贫困山区、革命老区、少数民族地区占 70% 以上。

我国小水电资源可开发量位居前 6 位的省区为广东 408 万 kW、四川 367 万 kW、福建 362 万 kW、云南 233 万 kW、湖南 217 万 kW、浙江 206 万 kW。

按流域分布，长江流域农村水电资源最丰富，淮河最贫乏。

其他资源分布比较分散，适合于分散分布式开发供电的战略发展方向。而小水电规模适中，适合农村、农民组织开发，以促进农民增收和农村经济发展。小水电不涉及大量水体集中和移民问题，不排放温室气体和有害气体，是最经济的清洁可再生能源。

四、我国可再生能源开发和装备制造情况

1. 我国风力发电开发和装备制造状况

(1) 我国风力发电设备国产化进程不断加快，但是总比重仍然很低。我国风力发电发展可分为三个阶段：第一阶段是 1986 ~ 1990 年，是我国风电项目的探索和示范阶段，其特点是项目规模小、单机容量小；第二阶段是 1991 ~ 1995 年，为示范项目取得成效并逐步推广阶段；第三阶段是 1996 年后，为扩大建设规模阶段。我国风力发电起步较早，但发展缓慢。

2005 年，随着《可再生能源法》出台以及实施风电特许权制度，我国风电发展出现转折，当年全国新增风电场 8 个，新增风电机组 575 台，装机容量 50.19 万 kW，比上年增长 155%。截止至 2005 年底，全国累计共建 61 个风电场，风电机组 1 864 台，总装机容量 126.6 万 kW，分布在 15 个省(市、区)。如果按满负荷运行 2 000h 计，全年发电量为 15.3 亿 kW·h。

尽管我国风力发电设备国产化进程不断加快，但是总比重仍然很低，风电设备制造业水平相对落后。国外主流风电机组已达到兆瓦级，丹麦为 2 ~ 3MW，美国为 1.5MW (最大机组容量达 4.5MW)，德国最大机组容量 5MW。目前国内生产的风电主力机组为 650kW、750kW、1.0MW、1.2MW，能够批量生产的最大风电机组为 1.5MW，国外企业在国内投产生产的风电机组，最大单机容量为 2MW。统计数字显示，2005 年在风电新增市场份额中，国内设备占 29.4%，进口设备占 70.6%；在累计市场份额中，国内设备装机容量为 28.7 万 kW，占全国总装机容量的 22.7%；而进口设备累计装机容量为 97.7 万 kW，占全国总装机容量的 77.3%。进口设备方面，西班牙 Gamesa 公司的份额最大，占新增装机容量的 35.7%，占全部进口设备的 50.6%；国产设备方面，新疆金风科技有限公司的份额最大，占新增装机容量的 26.4%，占国产设备的 89.7%。无论从现有装机容量还是新增装机容量看，国外制造商占据我国风电设备市场中的主要份额。

据中国可再生能源学会风能专业委员会的统计，2006 年，中国(除台湾省外)已建成风电场 91 个，风电机组 3 311 台，累计装机容量 260.4 万 kW，比上年增长 105.7%，上网电量约为 27 亿 kW·h。单机容量大多数为 850kW 以上，1.5MW机组有 230 多台，最大机组容量为 2MW，安装在江苏如东和福建山乌礁风电场。随着《可再生能源法》及相关配套措施的出台，我国风电产业发展已经步入快车道。

(2) 风电技术和装备水平有了显著提高。我国风力发电机组分离网型和并网型两大类，即小型和大型两种风力发电机组。小型风力发电机组是指 10kW 及以下、独立运行、户用、用蓄电池储能的机组。这类机组主要用在平均风速为 3 ~ 5m/s 的低风速区，而且大都是在远离电网并且人口密度非常低的偏远地区。

经过长期的努力，我国已具备离网型小型风力发电机组的自主研发和批量生产能力。目前，国产小型风力发电机组不但在国内广泛应用，还有小量出口，形成了世界上最大的小型风力发电产业和市场。据对全国 22 个小型风力发电机组制造企业的统计，2005 年已经累计推广了 32 万台小型风力发电机组，总装机容量约 6.5 万 kW，为满足偏远地区居民的用电需求作出了重要贡献。2005 年有 5 800 多台小型风力发电机组出口到世界 20 多个国家，创造了很好的经济效益和社会效益。

大型风电机组方面，经过“九五”、“十五”两个五年计划的努力，取得了一定的进展，但总体水平落后于世界先进水平。“九五”期间，我国对 600kW 的定桨距、失速型、双速发电机的风电机组进行了研制，对变桨 600kW 风电机组也研制开发了样机，掌握了整体总装技术和关键部件，如叶片、控制系统、发电机、齿轮箱等部件的设计制造技术，并初步掌握了总体设计技术。“十五”期间，国家在“863”科技攻关计划中，对 750kW 失速型风电机组的产业化生产给予了支持，并对叶片、控制系统、发电机、齿轮箱等关键部件进行了重点扶持和开发。从2003年开始,国家连续组织四期风电特许权项目,以上网电价和设备的本地化为条件,通过招标选择投资者。四期项目确定了300万kW建设规模,同时有效地降低了风电的上网电价和风电场的运营成本,促进了风电投资者多元化,提高了风电装备国产化和本地化的能力,带动了一些整机和配套部件的制造企业,如新疆金风科技有限公司、浙江运达风电工程有限公司、大连重工·起重集团、上海电气集团、东方汽轮机厂、兰州电机有限责任公司、哈尔滨哈飞威达风电设备公司、西安维德风电设备有限公司、湘潭电机集团股份有限公司、中航(保定)惠腾风电设备有限公司等。为缩短与国外先进技术的差距,通过与国外企业联合设计或自主设计制造的方式,对兆瓦级风电机组及其关键部件进行了研制,并沿着增大单机容量、减轻单位公斤重量、提高效率的方向发展。采取的方式有:①兆瓦级直驱式变速恒频风电机组项目研制。与国外公司合作设计,在国内采购生产主要零部件,按组装方式进行,完成了整机的计算模拟分析和设计、主要零部件设计及制造的技术要求。该项目完成后,诞生了国内具有知识产权的1.2MW直驱式永磁风电机组,初步形成了大型风电机组的自主设计能力以及叶片、电控系统、发电机等关键部件的设计和批量生产能力。②兆瓦级变速、恒频风电机组项目研制。该项目完全立足于自主设计、技术方案采取双馈发电机、变桨距、变速技术,完成了整体和主要部件的设计,缩比模型加工制造及模拟试验研究、风电机组总装方案的制定,其中兆瓦级变速恒频风电机组多功能缩比模型填补了我国大型风电机组实验室地面试验和仿真测试设备的空白。首台1.0MW双馈式变速恒频风电机组于2005年投入试运行。

风力发电机组关键零部件包括叶片、齿轮箱、发电机、电控系统等,我国大型风电机组关键零部件的情况如下:

1)大型风机叶片。它曾是我国风电国产化的主要瓶颈。在“九五”和“十五”期间,通过政府支持,参照国外先进技术并进行消化吸收和创新,已掌握了750kW及以下的叶片设计制造技术并实现产业化。中航(保定)惠腾风电设备有限公司2005年已制造出1.0MW、1.2MW变桨距型风电机组的叶片,同时也研制出1.5MW的叶片。

2)齿轮箱。它是连结风轮机和发电机的增速传动部件,应用于目前绝大部分的风电机组中。目前,国内有数家企业具有大型风电机组主齿轮箱的批量生产能力,如南京高速齿轮箱制造有限公司等企业可实现1.5MW以下齿轮箱的批量生产。在市场需求推动下,各企业均在扩大产能,近两年生产能力可能超过100万kW/a。

3)发电机。目前有多家企业已形成750kW级发电机的批量生产供应能力。近两年,兰州电机有限责任公司、中国北车集团永济电机厂等已制造出1.5MW双馈异步发电机并投入试运行。近期受风电市场需求的拉动,主要生产企业也启动了新型大容量风力发电机研制,可望达到150万kW/a。

4)电控系统。它是国内风电机组制造中最薄弱的环节,还依赖进口。

总的来看,在国家风电设备国产化政策的推动下,我国大型风力发电机组及其部件的设计制造已经取得很大的进展,形成了以风力发电机组总装企业、风力发电机组零部件制造厂相配套的格局,风电技术和装备水平有了显著提高,具备了齿轮箱、叶片、发电机等关键零部件的制造能力。具体表现在如下几个方面:

第一,掌握了1.0MW及以下失速型风电机组的设计制造技术及关键零部件制造技术。

第二,兆瓦级直驱式变速恒频风电机组研制取得突破。通过采取和国外公司合作,在国内采购生产主要部件组装的方式,目前已完成了整机设计(包括计算机建模、载荷和性能计算、结构动力学分析等)与制造工作。第一台国产化率40%的样机于2005年完成并网调试,经德国劳埃德船级社测试,供电质量达到相应的国际标准;第二台样机正在试制,预计国产化率达90%,并具有自主知识产权。

第三,自主完成1.0MW双馈式变速恒频风电机组制造任务。沈阳工业大学研制的1.0MW双馈式变速恒频风电机组,完全立足于自主设计、制造和总装。采用双馈发电机、变桨距、变速恒频的技术方案,国产化率达85%,于2005年7月安装。第二台改进样机正在进行,为全面掌握风电机组的设计与制造技术打下了基础。

第四,主要零部件配套企业的生产得到发展。国内部件生产企业配合主机厂已对齿轮箱、发电机、叶片、电控系统、偏航系统、塔架等主要零部件进行了研制,能够批量提供600kW、750kW机组的配套需要,并提供1.5MW、2MW试验样机用部件。

第五,风电机组全系统载荷分析及优化设计软件得到应用。具有完全自主知识产权的风电机组全系统载荷分析及优化设计软件在行业中得到应用。该软件可以解决风电机组气动优化设计、气动性能计算、载荷分布计算、典型动态过程仿真分析、关键零部件的结构动力学计算和结构强度分析等关键技术问题,是进行风电机组自主设计的有力工具。

尽管如此,与国际先进水平相比,还存在较大差距。绝大多数风电场利用国家贷款购买国外设备,规模小、成本高。国产风电机组面临着提高研发设计制造能力、提高引进设备国产化率、降低成本等。

(3)国内风电设备主要制造公司情况。近年来,我国大型风力发电机组及其部件的设计制造取得了很大进步,形成了风电机组总装公司、零部件制造公司相配套的格局。风电设备总装公司由2004年的7家发展到目前的20余家。但是对于兆瓦级以上的风电机组,个别公司只拿到了从国外引进的组装图,按组装图购零部件进行组装,并没有真正地掌握风电机组的核心技术。

主要整机制造公司情况介绍:

新疆金风科技股份有限公司于1997年引进德国Jacobe公司600kW风力发电技术,在批量生产及国产化的基础上,针对不同气候类型开发了750kW、800kW风电机组及

1.5MW直驱式风力发电机组，目前正在研发制造2MW、2.5MW风力发电机组，为将来D海上风电场进行产品储备。

大连重工·起重集团于2004年从德国Fuhrlander公司引进当代风机主流机型1.0MW变桨变速恒频风电机组技术，并进行消化吸收，迅速将其国产化。经过一年多时间，为长岭风电项目一期提供了33台1.5MW变桨变速恒频风电机组。预计到2008年，该集团将初步建成国家兆瓦级风力发电设备研制中心及产业化制造基地，生产能力达300台（套），产值达30亿元，到2010年形成500台（套）以上的规模，产值将实现40亿元。

东方汽轮机厂2004年引进德国Repower公司1.5MW变速恒频风电机组技术，经过消化吸收和再创新，于2006年完成了首批4台1.5MW级低温型风电机组，国产化率达74.5%。该机组分别安装在山东荣城和内蒙古风电场运行。

上海电气集团公司重组了上海申新风电设备公司，于2005年与德国Dewind公司签订了1.2MW机组生产许可合同。该集团公司已把发展大型风力发电设备制造作为公司的战略重点之一，制定了技术引进和自主开发相结合的发展策略，计划于2008～2009年形成2.0MW机组的批量生产能力，用4～5年左右时间达到年产50万kW左右的能力，进入世界风电机组制造前十强。

浙江运达风电工程有限公司则希望将现有的定桨距750kW风力发电机组升级为800kW变桨距机组，形成具有自主知识产权的风力发电机组制造技术和适用于不同风资源特点的系列风电产品，满足国内外不同市场的需求。

湘潭电机集团股份有限公司2002年对兆瓦级风电市场进行了调研，2005年研制出1.3MW风力发电机，2006年为浙江宝兰公司制造2MW双馈异步风力发电机。同年6月，该公司与日本原弘产株式会社共同投资成立了湖南湘电风能有限公司，注册资金3.1亿元，厂区占地173 333m²，投产后年生产能力可达到兆瓦级风力发电机组360台（套）。2006年该公司兆瓦级风力发电机关键技术研究被列入国家“863”计划，同时还承担了1 500kW及以上双馈型、直驱型和永磁等发电机研制。

（4）主要零部件制造企业情况。中航（保定）惠腾风电设备有限公司通过政府支持，参考国外先进技术并进行消化、吸收和创新，已掌握了750kW及以下的叶片设计制造技术并实现产业化，形成了研制兆瓦级叶片的技术队伍和创新能力，于2005年制造出1.0MW、1.2MW变桨距型风电机组的叶片，同时也研制出1.3MW叶片。该企业也成为国内叶片的主要供货商，目前生产能力达到100万kW。

南京高速齿轮箱制造有限责任公司生产的产品有200kW、250kW、300kW、600kW、800kW、1 400kW等增速齿轮箱，目前正在研制1.5MW、3.3MW增速齿轮箱。2006年生产了500多套齿轮箱，占国内40%以上的市场份额。预计三年内生产规模向世界前三强迈进。

兰州电机有限责任公司是国内研制风力发电机和并网运行的企业之一。1992年开发兆瓦级异步风力发电机，研制了1 000kW、1 500kW、2 000kW双馈异步风力发电机已交用户使用，其中1.0MW和1.5MW的电机已小批量供货，2MW的电机已生产4台（合肥阳光、江苏南通锴炼实业有限公司各2台）。

中国北车集团永济电机厂自主研发了600kW、750kW、800kW、1 000kW笼型风力发电机和1.5MW双馈水冷风力发电机，2006年完成了1.5MW双馈风力发电机200多台。

总体上看，当前国内众多整机制造公司引进和研制的各种型号兆瓦级机组（容量为1.0～2.0MW，技术形式包括失速型、直驱永磁式和双馈式），有的正在试制，有的已投入批量生产。目前，国内本土能够生产的最大风电机组为1.5MW，主力机型是600kW、750kW、1.2MW、1.5MW。目前国内配套企业已能够批量生产单机容量750kW、1.0～1.5MW风电机组的各种零部件，并正在按照总装企业的配套要求和风电业的发展趋势为1.5MW及以上级风电机组研制各种部件，并积极扩大整个系列产品的产能。这表明风电机组主要零部件国产化已具有比较坚实的基础。

（5）国外制造公司在我国建厂情况。面对中国风电市场，一些世界排名靠前的风电制造公司纷纷在中国建厂。

世界风电设备制造位居第一位的西班牙Gamesa公司，占有全球风电设备市场的三成份额，占我国风电市场21.5%的份额。已在天津滨海开发区建新厂，主要生产2MW级的风力发电机和叶片。一期工程叶片厂投资6 600万美元，二期工程为整机厂，建成后将形成年820台兆瓦级风电设备的组装能力。

排名第二的丹麦Vestas公司在国际风电设备市场中的份额约18%，目前占我国风电市场份额13.7%。该公司已在我国天津高新技术产业园区建新厂，于2006年6月正式投产，该厂主要生产850kW等级的风电机组，年组装能力820台。计划在未来几年内，产能将提升到120万kW，2020年实现4 000万kW的目标。

世界第六大风机制造公司印度Suzlon公司也在天津投资建新厂，于2006年3月开工建设。总投资额为8 000万美元，是迄今为止印度企业在华最大的投资，预计年生产能力将达到80万kW。

美国GE动力系统集团下属的风能业务部，于2003年进入中国风电市场后，接二连三拿下了内蒙古、江苏、新疆、张北等地的风电项目，短短三年时间，已成为中国主要的风电设备供应商之一。GE公司于2006年6月在沈阳正式宣布成立GE在中国的首个风电机组制造厂，即通用电气能源（沈阳）有限公司，系GE公司的独资子公司，主要负责生产1.5MW风电机组。同时又联手中国最大的齿轮箱厂商——南京高速齿轮箱集团有限责任公司，共同投资开发风力发电机的专用齿轮箱。

2. 我国太阳能光伏发电开发和装备制造状况

（1）我国光伏产业发展迅猛。我国太阳能光伏发电应用始于20世纪70年代，真正快速发展起来是20世纪80年代。1983～1987年的短短五年内，先后从美国、加拿大等国引进了7条太阳能电池生产线，生产能力从1984年以前的年产200kW跃到1988年的4 500kW。20世纪90年代末，我国光伏发电产业发展较快，设备不断更新，各地又新建了一些组件封装厂，生产能力和实际生产量有了较快增加。2002年以来，随着无锡尚德太阳能电力公司和天威英利新能源有限公司、新疆新能源有限公司等新建规模企业的陆续建成投产，以及原有主要企业的产能扩张，我国光伏电池生产能力迅速提升，无论是太阳能电池还是组件生产迅速向世界光伏制造大国迈进。

2003～2006年，我国新上标准太阳能电池生产线（2.5 MW/条）47条。中国太阳能光伏发电产品制造一步一个台阶，处于年均增幅超过100%的高增长期。2005年底，中国太阳能电池和电池组件产量分别约为15万kW和20万kW，跻身世界四强，太阳能电池和电池组件的产量分别排全球第4位和第3位。2006年，中国太阳能电池产量约为40万kW，从而超过美国成为全球第三制造大国，光伏产业链也开始向上游渗透。

自2004年以来，在国际光伏发电市场尤其是德国、日本市场的强大需求拉动下，我国光伏产业发展迅猛，晶体硅片和太阳能电池的生产能力，以及太阳能电池组件的封装能力均快速增长。虽然产量在逐年增加，但产业链各个环节发展不平衡，上游环节（晶体硅生产）和下游环节（安装应用）能力小。2006年我国高纯度多晶硅的总产量不足300t，需求总量达4 500t，其中光伏产业需求3 300t，即使全部应用光伏产业也不足市场需求的10%，其余依赖进口。2003年以来，国际市场高纯多晶硅的价格上涨了10倍，国内生产太阳能电池的企业大受影响。为了解决多晶硅瓶颈问题，我国批准了洛阳中硅高科技有限公司、四川新光硅业高科技有限责任公司等千吨级多晶硅项目。据相关报道，目前国内正在运作的多晶硅项目却已接近20个，有望2008年前后形成一定规模的生产能力，估计2010年我国的光伏发电产品产量可能突破100万kW，成为世界上最大的光伏电池生产国。

为了提高太阳能光伏发电的效率和成品率，我国只能生产一些辅助设备，主要大型设备都依赖进口。

目前我国已拥有上海空间电源研究所、信息产业部化学物理电源产品质量监督检测中心（天津18所）、中国科学院太阳光伏发电系统和风力发电系统质量检测中心3个太阳能电池组件检测实验室。

通过太阳能光伏产品首批认证的公司达12家，分别是无锡尚德太阳能电力有限公司、保定天威英利新能源有限公司、江苏林洋新能源有限公司/上海林洋太阳能科技有限公司、宁波太阳能电源有限公司、北京市计科能源新技术开发公司、西藏华冠科技（集团）股份有限公司、深圳市能联电子有限公司、皇明太阳能集团有限公司、合肥阳光电源有限公司、北京桑普光电技术有限公司、北京科诺伟业科技有限公司和北京哈博工贸有限责任公司。

（2）我国太阳能光伏的市场与应用。2002～2004年，国家组织实施了“送电到乡”工程，中央和地方财政共安排47亿元资金，在内蒙古、青海、新疆、四川、西藏和陕西等12个省、市、自治区的1 065个乡镇，建立了一批独立的光伏、风光互补、小水电等可再生能源电站，其中光伏电站占大部分，共安装了1.7万kW的光伏电池，促进了国内光伏产业的兴起。但由于光伏发电价格高昂，国内光伏市场发展步伐缓慢，但一直处于稳步发展上升状态。到2005年，太阳能光伏发电装机总容量7万kW，其中42%为独立光伏发电系统，主要解决电网覆盖不到的偏远无电县、乡村和岛屿地区的居民用电问题，此外，通信系统和光伏消费品分别占36%和17%的市场份额。2004年，我国也开始进行屋顶并网光伏系统的示范，市场份额占4%。

3. 我国生物质发电开发和装备制造状况

（1）秸秆发电迅速发展。秸秆是农业生产的剩余物，可作为造纸原料、牲畜饲料，也是重要的能源资源。为充分利用好这一重要能源资源，2003年以来，国家发展和改革委员会先后批复了江苏如东、山东单县和河北晋州3个国家级秸秆发电示范项目，拉开了我国秸秆发电建设的序幕。在《可再生能源法》及其配套政策的支持下，我国秸秆发电迅速发展。

国网公司的国能生物发电有限公司生物质发电项目——山东省菏泽市单县龙基生物质发电厂1×2.5万kW发电工程，是我国第一个采用循环流化床锅炉，以玉米、小麦和棉花秸秆以及林业废弃物（果木枝条）为燃料的直燃发电项目。工程总造价2.3亿元，2004年11月正式启动，2006年11月18日顺利完成72h满负荷运行，12月1日正式并网发电。从锅炉运行情况看，各项设计参数均达到设计要求，运行可靠稳定。

该项目采用2.5万kW的单级抽凝式汽轮发电机组，年发电量将达1.56亿kW·h，与小型火电站的发电能力相当。据测算，每2t秸秆的发电量相当于1t煤。该项目规划年消耗生物质（主要为秸秆）20万t，可节省标准煤近10万t/a。秸秆燃烧后的灰渣全部返还农田作肥料，每年可降低农业施肥成本约500万元，还将彻底解决当地秸秆直接在农田燃烧造成的环境污染问题。项目投产后，每年可减少二氧化碳排放量10万t，可为当地农民增加收入4 000万元。再围绕燃料的收购、加工、储存、运输等环节，能够直接为当地农村创造1 000多个劳动力的就业岗位，具有较好的经济效益、社会效益和环境效益。

到2007年8月底，国能生物发电有限公司已投产的生物质发电项目共6个（包括河北威县项目1×2.5万kW，河北成安项目1×2.5万kW，山东高唐项目1×3万kW，山东垦利项目1×3万kW，江苏射阳项目1×2.5万kW），并网发电装机容量为15万kW。新疆阿瓦提、山东巨野、内蒙古赤峰、辽宁黑山、吉林辽源、黑龙江望奎、河南扶沟和浚县以及鹿邑等9个生物质发电项目也已于2007年底投产。其中阿瓦提、巨野、赤峰、黑山、扶沟5个项目，每个都将建设1.2万kW生物质直燃发电机组，投资额均在1.3亿元左右，年消耗农林废弃物约10万t，年发电量约0.72亿kW。农民参与秸秆收购、加工、运输等工作，每年可增加收入2 000万元左右。在建的项目还有新疆巴楚、吉林梅河口、辽宁昌图、内蒙古通辽、黑龙江庆安和龙江、江苏大丰和海安等生物质发电项目。

国能公司已经签署的合作协议覆盖了17个省份，超过100座生物电厂。到2010年末，国能公司将建成200万kW的生物质能发电装机容量，整个“十一五”期间投产和在建项目总投资约300亿元左右。

2005年12月18日和20日，中国节能投资公司投资建设的两个秸秆直燃发电示范项目，在江苏宿迁（宿豫区）、句容两市先后开工建设。两个示范项目将完全采用我国自主研发设计和制造的秸秆直燃锅炉技术，这不仅可以大大节约建设成本，同时还可以推进我国生物质直接燃烧技术和装备从依赖国外技术为主，向自主创新为主的战略性转变，促进我国相关产业的发展。两个示范项目的投资额均为3亿元，项目规模2.4万kW，设计年发电量1.3亿kW·h。宿迁项目已经建成投产发电。

在两个试点取得经验的基础上，近期还拟在江苏、黑龙江、河南、四川等农业大省投资建设30个凝汽发电或热电联产示范项目，每个项目规模2.4万kW，形成70多万kW装机规模，年消耗秸秆600万t左右，减排二氧化碳880万t/a，节约标煤400万t/a，可为农民增加收入18亿元/年。远期规划投资建设100个示范项目，形成240万kW装机规模，年消耗秸秆2 000万t左右，节约标煤1 000万t/a，可为农民增加收入60亿元/年，创造约3万个农村直接就业机会，明显改善农村生态环境。

我国垃圾焚烧发电供热技术起步较晚，现在还处于研究开发阶段。现已建立的部分垃圾发电站，基本上是引进国外的设备和技术。我国第一座垃圾发电站在深圳，引进的是日本三菱重工生产的两台炉排式垃圾焚烧炉，日处理垃圾150t，配置500kW的汽轮发电机组来发电供热。1992年又上了一台杭州锅炉厂（引进日本三菱重工技术）制造的垃圾焚烧炉，日处理垃圾150t，配置1 500kW汽轮发电机组。在上海、天津等城市也相继与法国、澳大利亚等国家合作建设垃圾发电厂。引进的这些垃圾锅炉基本上都是炉排炉，价格昂贵，而且在燃用低热值、高水分的垃圾时，必须添加燃料油，以保证锅炉的正常燃烧，达到需要的工艺参数，运行成本较高，经济效益差。

至今我国在深圳、北京、天津、上海、重庆、广州、成都、南京、杭州、宁波、温州、珠海、河南等地先后建成了几十座垃圾焚烧发电厂。

（2）我国生物质发电装备制造状况。济南锅炉厂为山东博汇集团、印度尼西亚金光集团等国内外用户研制掺烧秸秆、果壳等的生物质锅炉，在积累一定经验的基础上，依靠该厂在国内最先研制循环流化床锅炉、技术成熟、销售量最大的优势，把丹麦BWE公司燃烧生物质的世界最先进技术与该厂循环流化床锅炉先进燃烧技术相结合，生产出130t/h振动炉排高温高压锅炉。该锅炉采用自然循环、单锅筒、单炉膛、平衡通风、室内布置、固态排渣、全钢构架、底部支撑结构，结构形式与燃烧方式都是全新的。该项目装机容量为2.5万kW的单级抽凝式汽轮发电机组，年发电量将达1.56亿kW·h，与小型火电站的发电能力相当。济南锅炉厂已经形成批量生产130t/h振动炉排高温高压锅炉的能力。

城市垃圾焚烧技术比较复杂，我国在这方面的研发起步较晚，还不能完全掌握，尤其是炉排炉技术。国内一些大城市在考虑垃圾焚烧处理时，国外技术和进口设备仍然是首选。从20世纪80年代末开始，我国已先后引进了十几套不同型式的焚烧设备，如杭州锅炉集团有限公司引进了日本三菱改进型的马丁炉排技术和产品；上海引进Alstom和Steimuller炉排和余热锅炉技术；宁波引进德国诺尔—克尔茨炉排炉；北京国华荏原引进了日本Ebara的内循环流化床技术以及深圳引进的美国Basic公司的脉冲式热解炉排技术和Seghers公司的摆动炉排技术等。虽然引进的设备和技术种类繁多，但我国至今没有掌握大型城市生活垃圾炉排炉焚烧的核心技术，拥有自主知识产权的国产焚烧处理工艺和设备还不是很成熟。

国外比较成熟的垃圾焚烧设备多为马丁炉排链条炉。对于热值较高的城市垃圾而言，这种选择无疑具有科学性，但在处理热值较低且变化范围较大的我国城市垃圾时，必然带来一定程度上的困难，甚至影响整个垃圾焚烧厂的运行。深圳卫生处理厂引进的日本焚烧炉就已经遇到了这一情况，从投资的角度来看，引进一套（两台）日处理量600t垃圾（发电功率为2×3MW）的焚烧发电处理厂需要投资约4.5亿元，对于处于发展时期的我国来说是难以接受的。若能开发研制出符合中国国情的国产化垃圾焚烧炉，将具有广阔的应用前景。

发展适合我国国情的垃圾焚烧炉，实现设备国产化，达到低污染和高效燃烧是众多科研单位和生产厂家正在研究开发的课题。

无锡华光锅炉股份有限公司（原无锡锅炉厂）引进美国坦培拉公司燃用垃圾锅炉达到国际20世纪90年代水平，2001年引进日本循环流化床垃圾焚烧锅炉设计制造技术，形成20台400t循环流化床系列锅炉制造能力，可日焚烧垃圾150t。

杭州锅炉集团有限公司（原杭州锅炉厂）引进日本三菱重工生产垃圾焚烧锅炉制造技术，形成150～500t/d城市垃圾焚烧炉生产能力，并被列入“火炬计划”项目和全国城市生活垃圾处理技术和改造、处理设备推广项目。其旗下的杭州新世纪能源环保工程股份有限公司专业从事城市生活垃圾焚烧处理事业，提供垃圾焚烧处理设备，承包垃圾焚烧厂工程和设备的成套服务，也能联合国内外的投资商，以BOT、BOO等形式建立垃圾焚烧厂。

南通万达锅炉股份有限公司（原南通锅炉厂）与浙江大学热能工程研究所联合成立了浙江大学万达锅炉能源与环保技术研究发展中心，联合开发了日处理垃圾量150～500t的循环流化床垃圾焚烧锅炉系列。它是国内第一家具有自主知识产权和国产化的垃圾焚烧技术装备。使用时不必将垃圾制成“垃圾固形物”，不必用燃油作辅助燃料，设备全部国产化总投资仅是同等规模引进设备的1/3～1/2，比较适合我国国情。其主要特点是：

第一，操作方便，运行稳定。由于流化床床料为石英砂或炉渣，蓄热量大，避免了床的急冷急热现象，燃烧稳定。垃圾的干燥、着火、燃烧几乎同时进行，无需复杂的调整，燃烧控制容易，易于实现自动化和连续燃烧。焚烧炉对垃圾要求低，灰渣可综合利用。

第二，设备寿命长。炉内没有机械运动部件，使用寿命长。

第三，可采用全面的防二次污染的措施。异重流化床燃烧属低温分段燃烧，锅炉炉膛高，烟气在炉内停留时间大于4s，NO_x 生成量少，在不增加太多投资的前提下，可在炉内低成本脱硫、脱氯气、脱氯化氢，可抑制有害气体生成，不会造成二次污染，各项排放指标控制在国家际准以下，优于欧盟排放标准。炉渣呈平态排出，便于炉渣的综合利用。

第四，流化床焚烧炉由于炉内燃烧强度和传热强度高，相同垃圾处理量的流化床焚烧炉和炉排炉相比体积要小，故而投资小，适应于大型化发展。

第五，燃料适应性广，可燃烧高水分、低热值、高灰分的垃圾，床内混合均匀，燃尽度高，使垃圾容积大大减少，可方便的掺入煤助燃，特别适应于垃圾热值随季节变化很大的特点。

第六，锅炉燃烧效率高，燃烧稳定，产汽量大，锅炉结构简单，运行可靠，投资少，具有良好的经济效益。

4. 我国小水电开发和装备制造状况

(1)我国小水电开发状况。到2005年底，全国共建成农村水电站4万多座，装机容量达3 850万kW，年发电量约1 300亿kW·h，担负着全国近1/2国土面积、1/3的县、1/4人口的供电任务。全国已建成653个农村水电初级电气化县，并正在建设400个适应小康水平的以小水电为主的电气化县，农村水电开发利用率为29.8%，农村水电装机容量超过100万kW的有四川、湖南、广西、云南、贵州、浙江、福建、江西、广东、湖北等10个省，这10个省的农村水电装机容量总和占全国的82.3%；农村水电装机容量50万~100万kW的有重庆、陕西、安徽、甘肃、新疆等5个省份。农村水电开发程度较高的省有广东、浙江、福建等，达到了70%以上；开发程度最低的地区是西藏，只有2.24%。

尚未开发的农村水电资源还有近9 000万kW，可建农村水电站十多万座。

2006年，全国农村小水电新增装机突破600万kW，总装机容量达到5 000万kW，约占全国水电总装机容量的37%，年发电量1 500多亿kW·h，成为国家电力供应的重要组成部分。

(2)我国小水电装备制造状况。小水电设备主要有冲击式、立与卧式混流式、轴流定桨式、轴伸贯流、斜击式等系列水轮发电机组。我国在实现电气化县的同时，带动了小水电的发展。在市场经济的带动下，也促进了我国小水电装备制造业的繁荣，又出现了许多小水电制造厂，已由原来的20多家发展到目前的160余家(含辅机制造企业)，小水电设备制造年生产能力已大于200万kW，完全满足我国小水电发展的需要。

我国160多家小水电设备制造企业中，规模较大的企业有重庆水轮机厂、韶关众力发电设备厂、昆明电机厂、天津天发重型水电设备制造有限公司、杭州发电设备厂等，它们制造的水轮发电机组单机容量分别以混流式10万kW以下、轴流式5万kW以下、冲击式1万kW以下和贯流式1.5万kW以下为主。其次是兰州电机厂、重庆电机、东风电机厂、金轮实业有限公司、九州南平电机厂、浙江临海机械有限公司、浙江临海电机有限公司、朝州、大浦、兴宁、零陵发电设备制造厂等企业，均以制造单机容量2.5万kW以下的混流式及1万kW左右的轴流定桨、轴伸贯流及小型冲击式水轮机和水轮发电机为主。

重庆水轮机厂主要以生产灯泡贯流、混流、轴流转桨及多喷嘴高水头冲击式机组，广东韶关众力发电设备有限公司以灯泡贯流为主同时也生产混流、轴流转桨机组，昆明电机厂以生产混流、轴流转桨机组及高水头多喷嘴冲击式机组，天津天发重型水电设备制造有限公司生产灯泡贯流机组，浙江金轮机电实业有限公司主要生产1 000m以下水头冲击式机组和2m水头以上的轴伸贯流式机组。

辅机设备主要生产厂家有浙江南望自动化公司、东方电机控制设备有限公司、浙江嘉控电气股份有限公司、南京南瑞集团公司电气控制分公司、天津电气传动设计研究所、武汉长江控制没备研究所等企业。

我国小水电一直是主要机电类出口产品，出口到30余个国家和地区，主要分布在亚洲地区，近几年产品也销往意大利和德国等欧盟国家。

五、我国可再生能源装备存在的主要问题

从总体上看，我国可再生能源装备的研制、开发起步较晚，国家扶持力度不够，造成了整体实力不强，市场竞争能力弱，一些阻碍发展的关键问题并未从根本上解决，本土化制造发展面临技术、资金、市场等各方面的障碍，主要体现在下列7个方面：

1. 缺乏有效激励政策

从国外的经验看，发展可再生能源装备的关键离不开政府的支持，需要有效的激励政策，如税收、补助、低息贷款、加速折旧、帮助开拓市场等。在当前条件下，可再生能源装备还不完全具备与常规能源装备进行竞争的条件。以风力发电为例，火电平均造价4 500元/kW，风电平均造价8 000~9 000元/kW；火电平均电价0.36元/(kW·h)，风电平均电价0.56元/(kW·h)，风电远远高于常规能源发电成本。可再生能源产业发展需要建立和完善投资、税收、价格和财政等方面的激励政策。

在现有条件下，大多数可再生能源装备开发利用成本高、规模小、生产不连续，缺乏市场竞争力，需要政策扶持和激励。目前，国家支持风电、生物质能、太阳能等可再生能源发展的政策体系还不够完整，相关政策之间缺乏协调，政策的稳定性差，没有形成支持可再生能源装备持续发展的长效机制。

2. 技术水平不高

可再生能源是新兴产业，与常规能源技术相比，仍处于发展初期，生产企业规模小，工艺技术落后，主要设备及关键零部件依靠进口，本土化制造程度低，加大了设备的生产成本，迫切需要采取有效措施，提高可再生能源技术和装备的发展水平。

当前，可再生能源装备的核心技术主要掌握在国外少数国家手中。如大型风电机组，近年来我国大部分企业也已迈入了兆瓦级机组的设计、制造领域，但基本上停留在低端设备的设计与制造水平上，特别是大容量及海上专用的风电机组设计与制造的核心技术主要掌握在德国、丹麦等国家的少数企业手中，形成了技术垄断。2005 年我国在风电领域的投资达 6 亿美元，其中逾 4 亿美元被国外制造商赚走。主要原因是国内风电设备制造业未掌握核心技术，研发能力比较薄弱，尤其是基础理论和机组总体设计方面，难以实现机型快速升级更新并确保机组设计和运行的稳定可靠性；众多企业在新型机组开发过程中依赖技术跟踪和引进，只能够引进和掌握整机制造技术，难以切实做到机组设计技术引进、消化、吸收、再创新，大型关键部件如控制系统的核心技术不掌握，与国外相比差距很大。例如我国首批推出的 750kW 定桨定速型风电机组，在国内刚刚完成定型、实现批量生产时，国外又推出新型变桨变速型风电机组，国内新研制的产品面临被市场淘汰的危险。与此同时，国家还需要花费大量资金购买国外的风电设备，试图通过与国外公司合作，来促进我国风电机组设计与制造能力的提高，但外国公司往往只提供一般性制造技术或组装图纸，而不肯转让关键技术，致使我国大型风机制造技术整体水平仍远远落后于国际先进水平。在 2005 年国内风力发电设备新增市场份额中，多达 71% 的份额被进口产品占领。

在太阳能领域，问题更加严重。我国被称为世界太阳能电池的生产大国，2005 年全球太阳能电池总需求量是 1 500 ~ 1 700MW，我国产能总量已达 1 000MW。生产太阳能电池的基本原料是高纯多晶硅，全球高纯多晶硅设备技术主要掌握在美、日、德三国的 7 家大公司手中，他们几乎控制了所有的技术、制造和销售，既不合作也不合资，技术完全封闭。2005 年我国高纯度多晶硅的总产量仅 80t，2006 年多晶硅产量不足 300t，需求总量达 4 500t，其中光伏产业需求 3 300t，即使全部应用光伏产业也不足市场需求的 10%，其余依赖进口，供需矛盾十分突出，导致多晶硅价格一路暴涨，制约了我国光伏产业的发展。

生物质城市垃圾发电锅炉也不例外。拥有自主知识产权的国产焚烧处理工艺和设备还不是很成熟，还没有掌握大型城市生活垃圾炉排炉焚烧的核心技术。

我国小水电发展虽然在数量和装机容量上均为世界第一，能满足国内的需要，但产品缺乏多样化的设计，水轮机、水轮发电机的制造仍停留在 20 世纪 60 ~ 70 年代的水平，水轮机效率低。

3. 制造成本高

高成本是我国可再生能源装备发展中一个沉重的话题，制造成本高是因为没有具有自主知识产权的成熟技术，依赖引进技术、合作生产，关键零部件靠进口，加大了制造成本。如太阳能光伏发电的多晶硅原材料 90% 以上依赖进口，多晶硅生产属于高耗能、高污染行业，我国要在环境保护和资源消耗上付出高成本。据了解，国内生产 1kg 多晶硅需要耗电 300kW · h 左右，而国际先进技术则不超过 100kW · h，因此，国内多晶硅生产的成本要远远高于国外企业。再加上 2003 年以来需求量大，国际市场高纯多晶硅的价格上涨了 10 倍，而我国高纯多晶硅材料又严重依赖进口，极大地加大了我国太阳能产业的生产成本，造成光伏发电成本保持在 4 ~ 6 元/(kW · h)，与商业化应用有相当的距离。

1980 ~ 2005 年，国际风力发电成本不断下降，但是由于我国兆瓦级以上的风力发电设备国产化率不高，没有自主化技术，关键零部件依靠进口或自行组装，或成套进口，因此 2005 年，我国风力发电成本不仅未降，反而上涨了 20%。

4. 研发能力弱

由于可再生能源装备的技术研发能力弱，造成设备制造能力不强，技术依赖引进，设备的关键零部件依靠进口，技术水平和生产能力与国外先进水平相比差距较大。以大型风电机组为例：我国所掌握的 750kW、850kW 及以下风电机组制造技术，只相当于国际上 20 世纪 90 年代中期的水平，而国际制造商提供的主要机型已为单机 1.2MW、1.5MW机组，丹麦 Enercon 公司可提供 2MW 以上的机组。我国制造兆瓦级大型风电机组必须建立风电机组的测试和认证体系，对风电机组的系统开展研制，特别是对于变桨变速型风电机组的变桨距系统、低速永磁同步发电机、双馈式发电机、交—直—交变流器及电控系统，都需要进行科技攻关和研发。

风力发电机组设计与制造涉及机械制造、电机、电控和空气动力学、高分子材料以及液压制动等多种集成技术，需要扎实的理论基础和丰富的实践经验。我国还没有国家级的风电研究院和人才培养基地。

太阳能光伏发电装备制造业没有自主开发和自主知识产权的产品，同样存在引进技术情况，另外还需要引进生产设备。

我国原有 3 个小水电实验台，其中 2 个已不存在，另一个也名存实亡。在小水电转轮的研发方面，特别是冲击式转轮，是一个薄弱环节。设计方面，只有几个企业有设计开发能力，但也缺乏开发软件。绝大多数制造企业没有设计能力，只是进行一些图纸的转换，有些制造企业连转换的能力也没有。在制造工艺方面，少部分制造厂采用焊接转轮，上冠、下环和叶片都采用机械加工，以保证叶形和流道的尺寸精度；但大多数厂还是沿用老的工艺进行打磨，达不到尺寸精度要求。

5. 缺乏完善的质量标准

可再生能源装备的产品发展很快，已发展到 100 多种，但还没有系列标准。由于缺乏完善的质量标准，包括系统和设备的设计标准、制造标准和运行规范等，造成了产品质量参差不齐，各地质量技术监督部门很难判断产品是否合格。由于标准制定滞后、鉴定单位依据的标准大小不一，不少鉴定缺乏科学性，流于形式，引起不少纠纷。为了可再生能源产业的健康发展，需要在产业快速发展的阶段，尽快制订产品质量标准，严格进行质量监控。

小水电设备的质量差别很大，在20世纪60～70年代，我国小水电制造厂有型普，但缺乏标准。近几年小水电站建设和小水电制造厂猛增，由于电站设计不规范，制造厂无型普所选，很多制造厂生产的设备质量参差不齐，因此亟待完善小水电转轮的型谱标准及质量标准，从而规范小水电的制造，保证小水电产品的质量。

6. 资金投入少

可再生能源是近几年才发展起来的新兴产业，国家为推动新兴产业的发展，采取了事业费补贴、研究与发展补贴、投资贴息等政策。同国外比较，我国补贴的专款不够，资金投入少，装备差，研发能力弱。由于投入少，缺乏足够的开发与研究资金，造成核心技术不掌握，不少关键性设备及零部件依赖进口，如大型风电机组几乎全部依赖进口，导致发展缓慢，产业化、商品化程度低。小水电方面，除“七五”期间几个小水电制造厂进行了技术改造，至今没有再进行过技术改造。

7. 低水平生产企业重复建设严重

太阳能光伏发电方面。我国已有各种光伏设备制造企业超过几十家，其中6家公司先后在海外上市。国内光伏产业非理性投资、低水平重复建设现象严重，造成国际市场上多晶硅原料的紧缺和涨价，企业间出现恶性竞争。但光伏产业发展的瓶颈不仅仅是技术和材料，我国光伏市场也严重落后于光伏产业的发展。

我国小水电设备制造企业生产能力已经过剩，但近几年小水电制造厂猛增到100多家。新增的企业绝大多数没有设计能力，工艺达不到要求，产品质量差，给小水电发展带来很大的破坏效应。

六、我国可再生能源装备发展重点及关键技术

重点领域和发展重点项目的选择应遵循科学原则。根据国外可再生能源装备的发展趋势，结合国内可再生能源装备发展现状和我国实际情况，确定以下发展重点和关键技术。

1. 风力发电机组发展重点及关键技术

大力发展兆瓦级、数兆瓦级及海上使用的风电机组，努力掌握大型风力发电机组核心关键技术，包括总体设计、总装技术及关键零部件的设计与制造技术、检测技术等。整机技术路线将以目前欧洲国家流行的变桨变速的双馈异步发电型和低速永磁同步发电型为主。

大力发展兆瓦及数兆瓦级风电机组的设计与制造技术；兆瓦及数兆瓦级风电机组控制系统；兆瓦及数兆瓦级风电机组的叶片设计与制造技术；大型风电机组的叶片复合材料设计与制造技术；风力发电机组中的逆变系统的数字化实时控制技术；海上大型风电机组制造技术及安装技术。

2. 太阳能光伏发电装备发展重点及关键技术

《可再生能源中长期发展规划》提出的太阳能发电发展重点为：

（1）用户用光伏发电系统或建设小型光伏电站。太阳能光伏发电约10万kW，解决约100万户偏远地区农牧民生活用电问题。到2010年，偏远农村地区光伏发电总容量达到15万kW，到2020年达到30万kW。

（2）在经济较发达、现代化水平较高的大中城市，在公益性建筑物上应用屋顶太阳能并网光伏发电设施。到2010年，全国屋顶光伏发电总容量达5万kW；到2020年，全国屋顶光伏发电总容量达100万kW。

（3）建大型并网型太阳能光伏电站示范项目。到2010年，建成大型并网光伏电站总容量2万kW；到2020年，全国太阳能光伏电站总容量达到20万kW。根据上述《可再生能源中长期发展规划》提出的发展重点，针对全球发展趋势，装备发展重点及需要的关键技术为：发展高纯度多晶硅材料生产设备和制造技术；发展与建筑物一体化的屋顶太阳能并网光伏发电设施；发展大型的太阳能并网光伏发电设备；发展薄膜电池新技术的研究。

3. 生物质发电装备发展重点及关键技术

通过生物质固体燃料致密加工成型技术、高效燃烧及供热等技术以及相关装备的研究开发，重点发展生物质秸秆直燃、混燃和气化发电成套设备，发展城市生活垃圾能源化利用成套设备，提高资源化综合利用水平。

发展生物质直燃、混燃和气化发电技术与装备：发展系统效率35%以上的生物质整体气化联合循环发电技术与装备（B/IGCC）。

发展焚烧热值低、水分含量大和成分复杂多变的垃圾发电技术与装备。

发展集燃烧与脱污染物（特别是二恶英）于一体的焚烧垃圾发电技术与装备。

4. 小水电装备发展重点及关键技术

我国小水电制造随着市场的不断优化，海洋能源的开发，将会出现一个大好的发展机遇，一定要将小水电设备的质量提高一个台阶。要发展的重点有：小水电用混流式转轮、冲击式转轮的研究；小水电灯泡贯流机组、轴流转桨机组的优化设计；箱式水轮发电机的研究开发与设计；箱式水轮发电机的线圈制造及其工艺研究；全贯流机组的研究开发及制造工艺研究；X型叶片在混流式小转轮上的应用和研究：X型叶片的加工工艺研究。

七、我国可再生能源装备发展建议

1. 完善产业政策，促进协调发展

国家政策是杠杆，它可以引导产业的走向。目前可再生能源产业及装备发展处于无序的状态，在一定程度上同我国可再生能源政策的不完善有关。因此，根据我国国情，需要建立一套可再生能源产业的政策体系，以便在今后发展中更加规范、有序。一是评估政策。要对可再生能源新建项目及装备引进进行合理性评估。因为我国区域广泛，资源分布不均，所以要突出重点，合理布局，规模发展。因为我国机制不成熟，在可再生能源装备制造和开发中，容易一哄而上，所以国家必须加以引导，通过规模发展来降低成本。二是激励政策。应体现出政策对开发可再生能源及装备制造企业的导向。国家在鼓励企业积极参与的同时，应出台一些优惠政策，减少制造企业可能出现的风险，保护企业的利益。

2. 依托重点工程，促进装备制造业做强做大

要按照“统筹兼顾，因地制宜，突出重点，协调发展”的原则，依托国家重点工程，促进可再生能源装备制造业做大做强。

在风电设备产业方面，要依托东南沿海、东北、内蒙古、河北等地的大型风电场建设项目，以总体设计和发电机、叶片、电控与变流器、齿轮箱等关键部件的设计制造为重点，支持部分大中型骨干制造企业，对新疆金风科技股份有限公司、大连重工·起重集团、东方汽轮机厂、上海电气集团等企业进行扶植，并提出自主化具体要求，争取近两年内具备总体设计能力，设备制造自主化率要达到 80% 以上，并着手研制 3MW 和 5MW 机组，特别是海上风电机组。

在光伏发电设备方面，要依托较大规模的太阳能光伏电站、建筑物一体化的屋顶太阳能并网光伏发电设施和户用光伏发电系统或小型光伏电站等建设项目，以设计制造为重点，支持部分大中型骨干制造企业，对无锡尚德太阳能电力公司、天威英利新能源有限公司、新疆新能源有限公司等企业进行扶植，并提出具体要求，争取近几年内降低太阳能光伏发电设备成本，同时掌握高纯度多晶硅生产技术，积极研究和探索光伏并网发电技术、光伏与建筑一体化技术，为今后国内光伏发电市场的启动积累经验。

3. 搞好技术引进，增强创新能力

我国可再生能源有着广阔的市场，目前全球四大风电装备制造商已在我国投资建厂，采取的主要运营模式是外商独资，以控制核心技术的转移，实现长期技术垄断。近几年，国内部分企业从国外公司花高价购买产品许可证，有的引进机型相对落后，存在重复转让问题，更重要的是有些企业只拿到了组装图，难以得到核心技术。在此情况下，可再生能源装备制造业要研究如何通过技术引进发展具有高技术含量的可再生能源装备，增强创新能力，改变核心技术严重依赖国外的被动局面，以加快可再生能源装备赶上或超过世界先进水平的速度。

引进技术成功的关键，是实现引进技术的国产化。国家要加强对技术引进、消化、吸收的引导，推进可再生能源设备的国产化，实现“引进—消化—吸收—再创新”的技术路线，根本改变我国重大技术装备长期依赖进口的局面。把引进、消化、吸收的成效，作为衡量企业技术引进成功与否的主要标志。一方面继续做好技术引进的消化吸收工作，促进先进适用技术的推广应用，提升可再生能源装备的整体技术水平；另一方面充分利用国外先进技术，依托重点工程建设项目，加强重大技术创新和装备研制，缩小与国际先进水平的差距，开发具有自主知识产权的装备。如兆瓦级变桨变速恒频机组和直驱机组，要在总体设计、整机轻量化、关键零部件制造等方面提高自主开发和制造能力，培育具有高知名度和竞争力的风电产品品牌，走拥有自主知识产权核心技术，能够可持续发展的产业化之路。在光伏发电技术上，应当把提高电池转换效率、降低电池片厚度作为主攻方向，同时加强薄膜电池新技术的研究，力争能够取得突破。要通过建立更高的科研平台，吸引更多的国内外一流人才，掌握更新的核心技术。

4. 建立装备制造业自主创新体系

制造业薄弱使可再生能源装备制造的国产化和商业化进程严重受阻。国外经验表明，强大的制造业是可再生能源装备制造发展的重要基础。无论德国还是西班牙，其可再生能源装备制造的迅速发展，除了相关的政策支持和法律外，一个重要方面就是这些国家拥有雄厚的技术实力和强大的制造业作为支撑。我国部分可再生能源装备的生产厂家由于长期投入不足，无专业化的制造厂，生产规模小、过于分散、集约化程度低、工艺落后、经济效益低和本地化制造比例较低，从而难以降低装备造价。如果我国不迅速建立装备制造业自主创新体系，目前关键技术与主要设备依靠进口的局面短期内就不可能得到根本扭转。建立装备制造业自主创新体系，应从以下五方面着手：一要加强企业技术开发机构的建设。鼓励大型企业建立自己的技术中心，形成比较健全的开发体系。二要通过政策引导、基金扶持、技术转移、人事制度改革等措施，鼓励企业与科研机构合办工程研究中心，建立技术创新战略联盟。三要完善科技基础设施平台建设。国家应加强科技基础设施平台的建设力度，完善科技基础数据中心、科技文献资源库、网络科研环境等基础设施的建设，促进科技基础资源的高效利用。四要培养创新团队，树立人才资源是第一资源的战略观念。依托国家重点人才培养计划和重大工程项目、重点学科和重点科研基地、国际学术交流和合作项目，培养可再生能源装备所需的高级人才。五要充分发挥行业协会的服务职能。建议小水电制造业要实施准入制，国家发展和改革委员会可委托专业协会对小水电制造业发放准许制造资质证书，同时对企业的工艺与技术改造提出要求，要随时对企业进行监督，发现问题的企业要提出整改意见和措施，把好可再生能源装备的制造关。

5. 组建可再生能源装备研发中心

为加强可再生能源装备新技术的研发，提高装备的设计、制造和系统成套水平及自主创新能力，应建立可再生能源装备国家研究中心。该中心以企业为主，联合高校和科研院所组成，主要任务有三方面：一是对国外可再生能源装备先进技术进行跟踪与研究，二是对装备基础和共性的技术进行研究，三是扶持可再生能源装备制造企业进行产品研发。

6. 重点支持可再生能源装备的项目

为了建立我国可再生能源装备制造体系，并形成具有自主知识产权的自主品牌，达到自主开发、自主设计、自主制造的能力，需要国家在资金方面给予一定的支持。

目前，我国可再生能源装备制造企业的规模普遍较小，技术人才比较缺乏，部分制造企业生产设备比较落后，为了适应可再生能源的发展，并得到国家在资金方面的支持，应根据可再生能源不同的产业，组建不同的大型制造平台，将

制造企业进行整合或重组，合理利用资源，做强做大可再生能源装备制造业。

（1）风力发电机组制造产业。风力发电机组制造平台要适应风力发电机组的市场发展需要，应组建以企业为主，联合高校和科研院所的创新体系，提高整机的设计与制造水平，开发制造出适合我国风电场环境、性价比高、安全可靠的风电机组，并实现产业规模化。2010年前掌握1.5MW及以下风力发电机组的核心技术，实现本土化制造，达到批量生产；2015年前具备2.5MW及以下陆地和海上风力发电机组的自主设计与制造技术，并实现自主品牌，达到批量生产，本土化制造率达到80%以上；2020年前具有3~5MW风力发电机组自主开发、自主设计、自主制造的能力，达到国际先进水平，并实现批量生产。

关键零部件制造平台主要包括电机、叶片、齿轮箱和控制系统等。以大功率、长寿命、抗恶劣环境、低成本、高可靠性为目标，全面提升制造能力，形成设计、制造、试验和检验完整的链条。到2020年，要掌握关键零部件设计与制造的核心技术，并具有自主知识产权，达到国际先进水平。

（2）太阳能光伏发电装备制造产业。目前，全国太阳能光伏发电装备制造公司达到几十家，小规模生产厂家比较多，加工设备比较落后。为了合理利用资源，使太阳能光伏发电装备制造业快速发展，构建成一个从多（单）晶硅原料生产到太阳能电池、组件制造完整的产业链，需要对生产厂家进行整合，组建两个大型的制造平台，一个是太阳能电池需要的多（单）晶硅原料制造平台，另一个是太阳能电池片的制造平台。

多（单）晶硅原材料制造平台主要包括多（单）晶硅原材料制造企业。主要任务是多（单）晶硅原材料的开发制造，为太阳能电池片生产企业提供原料。2020年前掌握多（单）晶硅原材料提炼的生产、工艺技术，形成批量生产能力，扭转依赖进口的局面。

太阳能光伏电池片等制造平台主要包括硅片、电池片和组件的制造企业，以及并网型太阳能光伏电站设备、应用于屋顶太阳能并网光伏发电设施的制造企业。掌握硅锭生产和切割、电池片、组件以及并网型太阳能光伏电站设备、应用于屋顶太阳能并网光伏发电设施等的开发制造。

（3）生物质发电装备制造产业。为了适应生物质发电装备制造的快速发展，应组建两个生物质发电装备制造平台，一个是生物质秸秆发电锅炉，另一个是垃圾处理发电锅炉。

另外，增添关键工艺装备，调整生产线，形成生物质发电锅炉生产能力50万kW，满足“十一五”生物质发电锅炉的需要。

同时，补充关键工艺装备，调整生产线，形成垃圾发电锅炉9万kW，满足“十一五”垃圾发电锅炉的需要。

（4）小水电装备制造产业。建立健全小水电转轮开发研究体系，组建以企业为主体的产、学、研联合创新体系。

建立一个综合性研发平台，研究开发小水电装备的共性技术，开发小水电用混流式转轮、叶片、控制系统等以及适合我国海洋能开发利用的小水电装备。

建立以研究冲击式水轮机转轮为主的高能实验台，研究开发2.5万kW冲击式转轮及喷嘴、全贯流机组的开发与研究，开发箱式水轮发电机。

建立以研究开发2.5万kW以下机组为主，S型流道贯流式机组和小型全贯流式机组的研发平台。

2007年中国风电场装机容量分析

施鹏飞

一、2007年中国风电场装机基本情况

2007年中国（除中国台湾外）新增风电机组3 155台，装机容量330.4万kW。与2006年当年新增装机容量133.7万kW相比，2007年当年新增装机容量增长率为147.1%。

2007年中国（除中国台湾外）累计风电机组6 469台，装机容量590.6万kW，风电场158个。分布在22个省（市、区、特别行政区），比上年增加了北京、山西、河南、湖北、湖南等5个省市。与2006年累计装机259.9万kW相比，2007年累计装机增长率为127.2%。

2007年风电上网电量估计约52亿kW·h。

二、2007年新增市场份额

中国内资企业产品占55.9%，内资企业的新增市场份额首次超过外资企业。新疆金风科技股份有限公司的份额最大，占新增总装机容量的25.1%，占内资企业产品的44.9%。

合资企业产品占新增总装机容量的1.6%，分别为中国西班牙合资的南通航天万源安迅能风电设备制造有限公司和中国德国合资的瑞能北方风电设备有限公司两家公司。

外资企业产品占42.5%，其中西班牙Gamesa的份额最大，占新增总装机容量的17.0%，占外资企业产品的39.9%。

三、2007年累计市场份额

中国内资企业产品占44.8%，其中新疆金风科技股份有限公司的份额最大，占累计总装机容量的25.4%，占内资企业产品的56.6%。

合资企业产品占2.3%，中西合资的南通航天万源安迅能风电设备制造有限公司份额最大，占累计总装机容量的1.7%，占合资企业产品的72.7%。

外资企业产品占52.8%，西班牙Gamesa的份额最大，占累计总装机容量的17.7%，占外资企业产品的32.2%。

四、重要说明

1. 本统计以截止至2007年12月31日完成的风电机组吊装为依据，不考虑是否并网运行。数据来源于从事风电设备制造、风电场开发的有关管理人员，其基础是风电机组制造商的安装信息，经参考开发商和有关机构的数据，综合整理而成。作为民间的统计只为宏观上了解风电机组吊装完成的状况，与行政机构、开发商和制造商等在管理方面的统计无关。

2. 与2006年统计表比较，2007年累计数据补充了大黑山岛 Nordex 三台1.3MW 机组，计3900kW。2007年没有统计退役的机组。

3. 鉴于风电场的范围没有明确规定，不对风电场装机容量进行排序。本统计中风电场的概念是以场内变电站为单位的地理位置，与项目核准、业主采用的名称等无关，这是为了回避行政、资产等可能变化的因素，使其具有长期稳定性，也照顾了历史的习惯及现实的一些因素。统计表中，村级地名后的括号内加注项目名称或开发商等仅供参考，特别需要声明的是表中加注的开发商只是主要投资方，不能作为权益容量统计。

4. 风电场的统计以风电场内的变电站划分，多个业主及项目共用一个场内变电站视为一个风电场，不考虑行政归属、业主的组成和项目的分期建设等。

5. 本统计中的风电场以地理位置标识，尽量采用风电场内变电站所在位置村一级的地名，再冠以县名，以便区分。

6. 累计装机统计表中省（市、自治区）的顺序按照中国地图出版社目录。

7. 制造商累计装机统计表中的制造商名称和数据是当时装机的合同记录，不是现在经过并购或重新组合后制造商的状况。

8. 2007年风电上网电量按照2006年底风电累计装机容量形成的发电能力，以及全国平均风电等效满负荷小时数2 000估算。

9. 风轮直径是风电机组最基本的参数，相同额定功率的机组配有不同直径的风轮，因此在“单机”栏内标注直径数据。

10. 为便于统计记录，表中的企业名称均采用简称，并将简称与全称的对应列于表1。其他各统计数据见表2～表11。

表1　内资与合资制造商全称

简称	全　称
常牵新誉	江苏新誉风力发电设备有限公司
东汽	东方汽轮机公司
哈电	哈尔滨电站设备集团公司
哈飞	哈尔滨哈飞威达风电设备公司
华创	沈阳华创风能有限公司
华锐	华锐风电科技有限公司
惠德	惠德风电工程有限公司
金风	金风科技股份有限公司
明阳	广东明阳风电技术有限公司
南车时代	中国南车集团株洲电力机车研究所
上海电气	上海电气风电设备有限公司
沈工大	沈阳工业大学风能研究所
湘电	湖南湘电风能有限公司
运达	浙江运达风力发电工程有限公司
航天安迅能	南通航天万源安迅能风电设备制造有限公司
瑞能北方	瑞能北方风电设备有限公司
西安维德	西安维德风电设备有限公司
申新	上海申新风力发电设备有限公司
杭发	杭州杭发集团公司
一拖美德	一拖一美德（洛阳）风电设备有限公司
海装	中船重工（重庆）海装风电设备有限公司

表2　2007年新增装机容量和累计装机容量的市场份额

制造商	新增装机			累计装机		
	容量（kW）	占当年新增容量内资或合资或外资比例（%）	占当年新增总装机容量比例（%）	容量（kW）	占累计容量内资或合资或外资比例（%）	占累计总装机容量比例（%）
总　计	3 303 650	100.0	100.0	5 906 360	100.0	100.0
内资合计	1 847 050	100.0	55.9	2 647 610	100.0	44.8
金风	829 950	44.9	25.1	1 497 300	56.6	25.4
合资合计	53 000	100.0	1.6	138 180	100.0	2.3
航天安迅能	51 000	96.2	1.5	100 500	72.7	1.7
外资合计	1 403 600	100.0	42.5	3 120 570	100.0	52.8
Gamesa	560 150	39.9	17.0	1 044 200	32.2	17.7

注：按当时装机的历史记录，不是现在经过并购或重新组合后制造商的状况。

表3　2007年分省累计风电装机

序号	地区名称	装机量（台）	装机容量（kW）
1	北京	33	49 500
2	河北	514	491 450
3	山西	4	5 000
4	内蒙古	1 736	1 563 190
5	辽宁	621	515 310
6	吉林	624	612 260

（续）

序号	地区名称	装机量(台)	装机容量(kW)
7	黑龙江	430	408 250
8	上海	18	24 400
9	江苏	188	293 750
10	浙江	69	47 350
11	福建	178	237 750
12	山东	315	350 200
13	河南	2	3 000
14	湖北	16	13 600
15	湖南	1	1 650
16	广东	471	287 390
17	海南	18	8 700
18	甘肃	428	338 300
19	宁夏	384	355 200
20	新疆	418	299 310
21	中国香港	1	800
	合计(未统计中国台湾)	6 469	5 906 360

表4　2007年风电场当年装机容量

（2007年1月1日~12月31日）

位置	时间	制造商	机型代号	台数(台)	装机容量(kW)
北　京				33	49 500
官厅水库					
段庄(京能集团)	200711	金风	77—1500—D	33	49 500
河　北				171	165 700
张北					
白不洛(中节能)	200712	运达	50—750	23	17 250
围场					
红松洼(河北红松)	200710	金风	48—750	66	49 500
尚义					
炕楞乡(国华)	200710	GE	70—1500	33	49 500
套里庄(龙源)	200712	航天安迅能	771500	12	18 000
沽源					
东山村(河北建投)	200708	Gamesa	52—850	36	30 600
崇礼					
十号村(河北建投)	200712	Gamesa	58—850	1	850
山　西				4	5 000
平鲁					
阻虎村(山西福光)	200712	上海电气	64—1250	2	2 500
右玉					
李达窑村(山西福光)	200712	上海电气	64—1250	2	2 500
内　蒙　古				1 068	1 054 300
苏尼特右旗					
朱日和(内蒙北方)	200706	华锐	70—1500	13	19 500
察右中旗					
大东沟(华电)	小计			107	102 000
	200708	华锐	70—1500	17	25 500
	200711	Gamesa	52—850	90	76 500
大阳卜子(京能集团)	200705	金风	48—750	55	41 250
草垛子村(内蒙北方)	小计			29	44 500
	200708	华锐	70—1500	27	40 500
	200712	海装	82—2000	1	2 000
	200712	瑞能北方	82—2000	1	2 000
克什克腾旗					
达里(大唐)	200712	华锐	70—1500	27	40 500
赛罕坝(大唐)	200707	Vestas	52—850	53	45 050
大黑山(大唐)	200712	Vestas	52—850	4	3 400

（续）

位置		时间	制造商	机型代号	台数（台）	装机容量（kW）
南店（内蒙汇风）		200712	金风	48—750	4	3 000
多伦						
西山（大唐）		200712	Vestas	52—850	36	30 600
翁牛特旗						
五道沟（赤峰新胜）		200710	金风	48—750	66	49 500
玻力克（大唐）		200712	Vestas	80—2000	4	8 000
松山区						
东山乡（大唐）	小计				62	52 700
		200706	Vestas	52—850	58	49 300
		200712	Vestas	52—850	4	3 400
新巴尔虎右旗						
阿拉坦额莫勒（国华）		200704	东汽	70—1500	30	45 000
卓资						
巴音锡勒（大唐国际）	小计				24	31 500
		200708	Suzlon	64—1250	22	27 500
		200710	湘电	72—2000	2	4 000
正镶白旗						
宝力根陶海（京能集团）		200704	华创	70—1500	2	3 000
阿巴嘎旗						
灰腾梁（内蒙北方）		200706	华锐	70—1500	33	49 500
灰腾梁（国华）	小计				73	99 500
		200709	GE	70—1500	33	49 500
		200710	Suzlon	64—1250	40	50 000
灰腾梁（大唐）		200711	东汽	70—1500	38	57 000
白云矿区						
敖日格呼（鲁能）		200708	运达	49—750	2	1 500
达茂旗						
百灵庙（宏腾能源）		200712	Suzlon	64—1250	28	35 000
二连浩特						
西里（长风协合）		200712	常牵新誉	77—1500	4	6 000
杭锦旗						
伊合乌素（内蒙新锦）		200712	金风	48—750	43	32 250
乌拉特后旗						
那仁宝力格（内蒙富汇）		200712	金风	48—750	10	7 500
乌拉特中旗						
巴音杭盖（鲁能）		200712	运达	49—750	58	43 500
川井（龙源）	小计				124	98 800
		200712	金风	48—750	66	49 500
		200712	Gamesa	52—850	58	49 300
图日古格（内蒙富汇）		200712	金风	48—750	66	49 500
图日古格（中电投）		200712	金风	48—750	20	15 000
太仆寺旗						
贡宝拉格（中华协和）		200712	金风	50—750	53	39 750
辽　宁					287	283 050
渤海湾						
绥中 36—1 油田（中海油）		200711	金风	70—1500—D—O	1	1 500
法库						
望海寺（龙源）		200712	Gamesa	58—850	50	42 500
康平						
方家园（龙源）		200712	金风	50—750	66	49 500
昌图						
泉头（龙源）		200712	Gamesa	58—850	58	49 300
兴城						
方安村（国电兴城）		200712	华锐	77—1500	50	75 000
调兵山						
高力沟（中水投资）		200712	金风	50—750	37	27 750

（续）

位置	时间	制造商	机型代号	台数(台)	装机容量(kW)
阜新					
高山子(华能)	200712	华锐	77—1500	25	37 500
吉　林				321	359 550
通榆					
更生屯(吉林风电)	200712	金风	77—1500—D	5	7 500
东新荣(华能)	200711	华锐	77—1500	53	79 500
东新荣(龙源)	200710	Gamesa	58—850	153	130 050
洮北					
青山(富裕)	200710	东汽	77—1500	10	15 000
洮南					
汪家屯(大唐)	200712	Nordex	77—1500	3	4 500
长岭					
新安镇(中水建设)	200710	华锐	77—1500	32	48 000
查干浩特					
岭下(中水)	200702	金风	50—750	30	22 500
大安					
双岗山村(中广核)	200711	东汽	77—1500	33	49 500
镇赉					
建平乡(里程协合)	200712	常牵新誉	77—1500	2	3 000
黑 龙 江				244	242 500
富锦					
乌尔古力山(富龙)	200711	华锐	70—1500	18	27 000
锦山镇(华富)	小计			20	30 000
	200712	华锐	70—1500	4	6 000
	200712	华锐	77—1500	16	24 000
穆棱					
代马沟(亚洲风电、港新能)	200705	Vestas	52—850	12	10 200
伊春					
朗乡（兴安岭）	200704	Gamesa	52—850	33	28 050
小城山(龙源)	200712	Gamesa	52—850	58	49 300
富裕					
塔哈乡（国华）	小计			16	24 000
	200712	华锐	77—1500	11	16 500
	200712	华锐	82—1500	5	7 500
依兰					
进步屯（龙源）	小计			87	73 950
	200712	Gamesa	52—850	48	40 800
	200712	Vestas	52—850	39	33 150
江　苏				120	185 750
如东					
东凌(龙源)	200703P	GE	77—1500	13	19 500
环港(龙源)	200703	GE	77—1500	33	49 500
洋口（华睿）	200712	Vestas	80—2000	19	38 000
东台					
弶港镇（国华）	小计			34	51 000
	200705	华锐	77—1500	4	6 000
	200712	GE	77—1500	30	45 000
启东					
东元镇（龙源）	200712	航天安迅能	77—1500	16	24 000
大丰					
王岗乡（中电投）	200712	金风	50—750	5	3 750
浙　江				12	14 100
苍南					
鹤顶山(龙源)	200706	Vestas	52—850	6	5 100
慈溪					
附海镇(慈溪长江)	200712	航天安迅能	77—1500	6	9 000

（续）

位置	时间	制造商	机型代号	台数(台)	装机容量(kW)
福　　建				88	149 000
平潭					
芦北村(长江澳,龙源)	200712	Vestas	80—2000	50	100 000
漳浦					
六鳌(大唐)	小计			38	49 000
	200709	Suzlon	64—1250	36	45 000
	200712	湘电	72—2000—D	2	4 000
山　　东				151	201 700
栖霞					
唐山硼(栖霞润霖)	小计			7	5 250
	200707	金风	50—750	4	3 000
	200712	金风	48—750	3	2 250
方山(烟台东源)	小计			4	3 200
	200701	金风	50—750	2	1 500
	200712	海装	56—850	2	1 700
荣成					
港西镇（华能)	200712	华锐	77—1500	29	43 500
成山镇三村（国华)	200703	Suzlon	66—1250	39	48 750
海阳					
大山村(烟台东源)	200706	运达	49—750	4	3 000
莱州					
土山镇（烟台东源)	200709	惠德	55—1000	1	1 000
土山镇（大唐)	200712	华锐	77—1500	32	48 000
叼龙嘴(鲁能)	200712	上海电气	64—1250	14	17 500
后趴埠(华电)	200712	华锐	77—1500	21	31 500
河　　南				2	3 000
陕县					
王家后乡(大唐)	200712	东汽	77—1500	2	3 000
湖　　北				16	1 3600
通山					
九宫山(湖北能源)	200709	Gamesa	58—850	16	13 600
湖　　南				1	1 650
江华					
沱江	200711	南车时代	77—1650	1	1 650
广　　东				94	76 250
南澳					
山港村（华能)	200710	Vestas	52—850	50	42 500
云星村（华润)	200712	金风	48—750	23	17 250
徐闻					
新寮岛	200708	明阳	77—1500	1	1 500
珠海					
横琴区（国华)	200712	金风	50—750	20	15 000
甘　　肃				265	210 550
玉门					
三十里井子—1(龙源)	200703	Gamesa	58—850	38	32 300
三十里井子—2(龙源)	200712	Gamesa	58—850	20	17 000
瓜州					
北大桥(中电投)	200710	金风	50—750	133	99 750
北大桥(大梁,中广核)	200712	东汽	77—1500	8	12 000
北大桥(向阳,甘肃新安)	200712	金风	50—750	66	49 500
宁　　夏				189	195 750
青铜峡					
邵岗(贺兰,宁夏发电)	小计			34	510 00
	200706	Nordex	77—1500	26	39 000
	200711	东汽	77—1500	7	10 500
	200712	金风	82—1500—D	1	1 500

(续)

位置	时间	制造商	机型代号	台数(台)	装机容量(kW)
盛家墩梁(红碴子、石墩子,宁夏天净)	小计			29	26 250
	200703	金风	50—750	23	17 250
	200712	Nordex	77—1500	6	9 000
红寺堡					
墩墩梁(长山头,宁夏银仪)	200702	金风	50—750	34	25 500
(红寺堡,宁夏银仪)	200712	Nordex	77—1500	2	3 000
灵武					
杨家窑(宁东,华电)	200711	华锐	77—1500	30	45 000
太阳山					
红墩子(太阳山,宁夏发电)	200712	金风	50—750	60	45 000
新　　疆				89	92 700
达坂城					
三葛村庄(一场,新疆风能)	200705	金风	62—1200—D	1	1 200
乌鲁木齐县					
托里(龙源)	小计			8	12 000
	200704	金风	70—1500—D	3	4 500
	200704	金风	77—1500—D	2	3 000
	200712	金风	77—1500—D	3	4 500
托里(中节能)	200706	东汽	70—1500	20	30 000
托克逊					
小草湖(华电)	小计			60	49 500
	200712	华锐	60—1500	6	9 000
	200712	金风	48—750	54	40 500
全国合计(未统计中国台湾)				3 155	3 303 650

注:1. 本统计只以完成风电机组吊装为依据,不考虑是否并网调试运行。

2. 机型代号的意义:风轮直径(m)—额定功率(kW)—D(直驱)或—M(半直驱)或—O(近海)。

表 5　2007 年中国内资制造商新增装机容量的市场份额

制造商	容量(kW)	占当年内资制造商比例(%)	占当年新增总装机容量比例(%)
合　计	1 847 050	100.00	55.91
金风	829 950	44.93	25.12
华锐	679 500	36.79	20.57
东汽	222 000	12.02	6.72
运达	65 250	3.53	1.98
上海电气	22 500	1.22	0.68
常牵新誉	9 000	0.49	0.27
湘电	8 000	0.43	0.24
海装	3 700	0.20	0.11
华创	3 000	0.16	0.09
南车时代	1 650	0.09	0.05
明阳	1 500	0.08	0.05
惠德	1 000	0.05	0.03

表 6　2007 年中外合资制造商新增装机容量的市场份额

制造商	容量(kW)	占当年合资制造商比例(%)	占当年新增总装机比例(%)
合　计	53 000	100.00	1.60
航天安迅能	51 000	96.23	1.54
瑞能北方	2 000	3.77	0.06

表 7　2007 年外资制造商新增装机容量的市场份额

制造商	容量(kW)	占当年外资制造商比例(%)	占当年新增总装机比例(%)
合　计	1 403 600	100.00	42.49
Gamesa	560 150	39.91	16.96
Vestas	368 700	26.27	11.16

（续）

制造商	容量(kW)	占当年外资制造商比例(%)	占当年新增总装机比例(%)
GE	213 000	15.18	6.45
Suzlon	206 250	14.69	6.24
Nordex	55 500	3.95	1.68

表 8　2007 年中国内资制造商累计装机容量的市场份额

制造商	容量（kW）	占内资制造商比例(%)	占总装机容量比例(%)
合　计	2 647 610	100.00	44.83
金风	1 497 300	56.55	25.35
华锐	754 500	28.50	12.77
东汽	237 000	8.95	4.01
运达	97 000	3.66	1.64
上海电气	22 500	0.85	0.38
常牵新誉	9 000	0.34	0.15
湘电	8 000	0.30	0.14
海装	3 700	0.14	0.06
华创	3 000	0.11	0.05
万电	2 400	0.09	0.04
惠德	2 000	0.08	0.03
其他	1 960	0.07	0.03
南车时代	1 650	0.06	0.03
明阳	1 500	0.06	0.03
一拖	1 500	0.06	0.03
杭发	1 200	0.05	0.02
申新	1 200	0.05	0.02
哈电	1 200	0.05	0.02
沈工大	1 000	0.04	0.02

表 9　2007 年中外合资制造商累计装机容量的市场份额

制造商	容量（kW）	占合资制造商比例（%）	占总装机容量比例(%)
合　计	138 180	100.00	2.34
航天安迅能	100 500	72.73	1.70
西安维德	29 400	21.28	0.50
一拖美德	5 280	3.82	0.09
瑞能北方	2 000	1.45	0.03
哈飞	1 000	0.72	0.02

表 10　2007 年外资制造商累计装机总量的市场份额

制造商	容量(kW)	占外资制造商比例(%)	占总装机比例(%)	备注
合　计	3 120 570	100.00	52.83	
Gamesa	1 044 200	32.17	17.68	合同记录
Vestas	855 500	26.36	14.48	合同记录
GE	492 000	15.16	8.33	合同记录
Suzlon	218 750	6.74	3.70	
Nordex	184 750	5.69	3.13	
NEG Micon	151 950	4.68	2.57	合同记录
Micon	49 000	1.51	0.83	
Nordtank	25 540	0.79	0.43	
MADE	18 480	0.57	0.31	
Nedwind	17 500	0.54	0.30	
Zond	16 500	0.51	0.28	
Bonus	12 350	0.38	0.21	
Bazan - Bonus	12 000	0.37	0.20	
AN Bonus	9 600	0.30	0.16	
Tacke	4 500	0.14	0.08	
HSM	3 000	0.09	0.05	

（续）

制造商	容量（kW）	占外资制造商比例（%）	占总装机比例（%）	备注
Dewind	2 400	0.07	0.04	
Jacobs	1 500	0.05	0.03	
AWT	550	0.02	0.01	
USW	500	0.02	0.01	

表 11　2007 年中国风电场装机容量

位置	时间	制造商	机型代号	台数（台）	装机容量（kW）
北　京				33	49 500
官厅水库					
段庄（京能集团）	200711	金风	77—1500—D	33	49 500
河　北				514	491 450
张北					
茴菜梁（张家口长城）	小计			24	9 850
	199602	Nordtank	31—300	2	600
	199703	Tacke	33—300	11	3 300
	199703	AWT—275	27—275	2	550
	199711	Nordex	43—600	1	600
	199812	Vestas	44—600	8	4 800
白不洛（中节能）	小计			86	111 750
	200512	GE	70—1500	6	9 000
	200605	GE	70—1500	24	36 000
	200612	航天安迅能	77—1500	33	49 500
	200712	运达	50—750	23	17 250
围场					
红松洼（河北红松）	小计			224	155 700
	200111	金风	43—600	6	3 600
	200412	金风	43—600	34	20 400
	200510	金风	43—600	42	25 200
	200511	金风	48—750	6	4 500
	200611	金风	48—750	70	52 500
	200710	金风	48—750	66	49 500
丰宁					
鱼儿山	200409	金风	43—600	2	1 200
尚义					
炕楞乡（国华）	小计			89	133 500
	200507	GE	70—1500	23	34 500
	200609	GE	70—1500	33	49 500
	200710	GE	70—1500	33	49 500
套里庄（龙源）	200712	航天安迅能	771500	12	18 000
康保					
卧龙兔山（河北建投）	200610	金风	50—750	40	30 000
沽源					
东山村（河北建投）	200708	Gamesa	52—850	36	30 600
崇礼					
十号村（河北建投）	200712	Gamesa	58—850	1	850
山　西				4	5 000
平鲁					
阻虎村（山西福光）	200712	上海电气	64—1250	2	2 500
右玉					
李达窑村（山西福光）	200712	上海电气	64—1250	2	2 500
内　蒙　古				1 736	1 563 190
苏尼特右旗					

（续）

位置	时间	制造商	机型代号	台数(台)	装机容量(kW)
朱日和(内蒙北方)	小计			50	33 900
	198912	USW	18—100	5	500
	199309	HSM—250T	28—250	4	1 000
	199412	Bonus—HEEW	19—120	10	1 200
	199411	Nordtank	31—300	3	900
	200011	MADE	32—330	10	3 300
	200612	华锐	70—1500	5	7 500
	200706	华锐	70—1500	13	19 500
商都					
大山湾（内蒙北方）	199412	Nordtank	31—300	12	3 600
锡林浩特					
宝力根山（内蒙北方）	小计			13	4 780
	199512	HSM—250T	28—250	4	1 000
	200011	MADE	32—330	6	1 980
	200304	万电	46—600	3	1 800
察右中旗					
辉腾锡勒(内蒙北方)	小计			94	68 500
	199610	Micon	43—600	9	5 400
	199710	Micon	43—600	33	19 800
	199912	Zond	40—550	10	5 500
	199812	Vestas	44—600	9	5 400
	199904	NEG Micon（UK）	48—600	1	600
	200001	万电 Wandian	46—600	1	600
	200201	Nordex	43—600	9	5 400
	200405	NEG Micon	52—900	12	10 800
	200411	GE Wind	70—1500	10	15 000
大东沟(华电)	小计			120	121 500
	200612	华锐	70—1500	13	19 500
	200708	华锐	70—1500	17	25 500
	200711	Gamesa	52—850	90	76 500
大阳卜子(京能集团)	小计			134	100 500
	200612	金风	48—750	79	59 250
	200705	金风	48—750	55	41 250
草垛子村(内蒙北方)	小计			29	44 500
	200708	华锐	70—1500	27	40 500
	200712	海装	82—2000	1	2 000
	200712	瑞能北方	82—2000	1	2 000
克什克腾旗					
达里(东电茂霖)	小计			73	51 360
	199904	Nordex	43—600	2	1 200
	199912	NEG—Micon	48—750	7	5 250
	200112	一拖美德	46—660	6	3 960
	200112	NEG—Micon	48—750	13	9 750
	200312	金风	43—600	17	10 200
	200404	NEG—Micon	48—750	28	21 000
达里(大唐)	200712	华锐	70—1500	27	40 500
赛罕坝(大唐)	小计			195	165 750
	200510	Vestas	52—850	36	30 600
	200612	Vestas	52—850	106	90 100
	200707	Vestas	52—850	53	45 050
大黑山(大唐)	200712	Vestas	52—850	4	3 400
南店(内蒙汇风)	200712	金风	48—750	4	3 000
多伦					
西山(大唐)	200712	Vestas	52—850	36	30 600
翁牛特旗					
孙家营(龙源)	200610	金风	48—750	134	100 500

（续）

位置	时间	制造商	机型代号	台数（台）	装机容量（kW）
五道沟（赤峰新胜）	200710	金风	48—750	66	49 500
玻力克（大唐）	200712	Vestas	80—2000	4	8 000
松山区					
东山乡（大唐）	小计			120	102 000
	200612	Vestas	52—850	58	49 300
	200706	Vestas	52—850	58	49 300
	200712	Vestas	52—850	4	3 400
新巴尔虎右旗					
阿拉坦额莫勒（国华）	小计			33	49 500
	200611	东汽 DEC	70—1500	3	4 500
	200704	东汽 DEC	70—1500	30	45 000
卓资					
巴音锡勒（大唐）	小计			34	44 000
	200612	Suzlon	64—1250	10	12 500
	200708	Suzlon	64—1250	22	27 500
	200710	湘电	72—2000	2	4 000
正镶白旗					
宝力根陶海（京能集团）	200704	华创	70—1500	2	3 000
阿巴嘎旗					
灰腾梁（内蒙北方）	200706	华锐	70—1500	33	49 500
灰腾梁（国华）	小计			73	99 500
	200709	GE	70—1500	33	49 500
	200710	Suzlon	64—1250	40	50 000
灰腾梁（大唐）	200711	东汽	70—1500	38	57 000
白云矿区					
敖日格呼（鲁能）	200708	运达	49—750	2	1 500
达茂旗					
百灵庙（宏腾能源）	200712	Suzlon	64—1250	28	35 000
二连浩特					
西里（长风协合）	200712	常牵新誉	77—1500	4	6 000
杭锦旗					
伊合乌素（内蒙新锦）	200712	金风	48—750	43	32 250
乌拉特后旗					
那仁宝力格（内蒙富汇）	200712	金风	48—750	10	7 500
乌拉特中旗					
巴音杭盖（鲁能）	200712	运达	49—750	58	43 500
川井（龙源）	小计			124	98 800
	200712	金风	48—750	66	49 500
	200712	Gamesa	52—850	58	49 300
图日古格（内蒙富汇）	200712	金风	48—750	66	49 500
图日古格（中电投）	200712	金风	48—750	20	15 000
太仆寺旗					
贡宝拉格（中华协和）	200712	金风	50—750	53	39 750
辽　宁				621	515 310
瓦房店					
长兴岛（横山）	小计			24	7 400
	199307	HSM	28—250	4	1 000
	199608	Micon	28—250	16	4 000
	200205	金风 Goldwind	43—600	4	2 400
东岗	小计			38	22 450
	199411	Nordtank	31—300	5	1 500
	199611	Nordtank	31—550	9	4 950
	199805	Zond	40—550	10	5 500
	200204	NEG—Micon	48—750	14	10 500

（续）

位置	时间	制造商	机型代号	台数(台)	装机容量(kW)
凌海					
余积(金厦)	小计			5	3 750
	199903	NEG—Micon	48—750	1	750
	200102	NEG—Micon	48—750	4	3 000
鲅鱼圈区					
九垅地(仙人岛)	小计			49	33 660
	199907	MADE	46—660	9	5 940
	200009	西安维德	43—600	1	600
	200010	一拖美德	46—660	1	660
	200105	Nordex	62—1300	4	5 200
	200105	Nordex	43—600	1	600
	200110	西安维德	43—600	10	6 000
	200112	申新	43—600	2	1 200
	200202	西安维德	43—600	1	600
	200205	一拖美德	46—660	1	660
	200212	西安维德	43—600	17	10 200
	200507	沈工大	60—1000	1	1 000
	200606	惠德	55—1000	1	1 000
东港					
菩萨庙(海洋红)	200003	NEG—Micon	48—750	28	21 000
长海					
獐子岛	200207	运达	25—250	12	3 000
小长山	200212	金风	43—600	6	3 600
大长山	200312	金风	43—600	6	3 600
法库					
四家子	200208	Nordex	50—800	12	9 600
望海寺(龙源)	200712	Gamesa	58—850	50	42 500
康平					
沙金台(金山)	小计			29	24 650
	200306	Vestas	52—850	12	10 200
	200602	Gamesa	52—850	17	14 450
方家围(龙源)	200712	金风	50—750	66	49 500
彰武					
后新秋(金山)	小计			29	24 650
	200310	Vestas	52—850	12	10 200
	200602	Gamesa	52—850	17	14 450
昌图					
东张家(辽能协和)	200612	金风	50—750	67	50 250
泉头(龙源)	200712	Gamesa	58—850	58	49 300
桓仁					
普乐堡(航天龙源)	200612	Gamesa	58—850	29	24 650
渤海湾					
绥中36—1油田(中海油)	200711	金风	70—1500—D—O	1	1 500
兴城					
方安村(国电兴城)	200712	华锐	77—1500	50	75 000
调兵山					
高力沟(中水投资)	200712	金风	50—750	37	27 750
阜新					
高山子(华能)	200712	华锐	77—1500	25	37 500
吉　林				624	612 260
通榆					
更生屯(吉林风电)	小计			54	37 560
	199908	MADE	46—660	11	7 260
	200012	Nordex	43—600	38	22 800
	200712	金风	77—1500—D	5	7 500

（续）

位置	时间	制造商	机型代号	台数(台)	装机容量(kW)
东新荣(华能)	小计			67	100 500
	200612	华锐	77—1500	14	21 000
	200711	华锐	77—1500	53	79 500
东新荣(龙源)	小计			177	150 450
	200612	Gamesa	58—850	24	20 400
	200710	Gamesa	58—850	153	130 050
洮北					
青山(富裕)	小计			30	30 000
	200512	金风	43—750	6	4 500
	200601	金风	50—750	14	10 500
	200710	东汽	77—1500	10	15 000
青山(华能)	200512	Gamesa	58—850	58	49 300
双辽					
堡石图(大唐)	200611	Gamesa	58—850	58	49 300
洮南					
汪家屯(大唐)	小计			61	53 800
	200512	Gamesa	58—850	19	16 150
	200612	Gamesa	58—850	39	33 150
	200712	Nordex	77—1500	3	4 500
长岭					
52 村	200512	Gamesa	58—850	11	9 350
新安镇(中水建设)	小计			33	49 500
	200612	华锐	77—1500	1	1 500
	200710	华锐	77—1500	32	48 000
查干浩特					
岭下(中水)	小计			40	30 000
	200612	金风	50—750	10	7 500
	200702	金风	50—750	30	22 500
大安					
双岗山村(中广核)	200711	东汽	77—1500	33	49 500
镇赉					
建平乡(里程协合)	200712	常牵新誉	77—1500	2	3 000
	黑　龙　江			430	408 250
木兰					
蒙古山(华富)	小计			20	12 000
	200312	Xi' an Nordex	43—600	6	3 600
	200407	Xi' an Nordex	43—600	14	8 400
富锦					
别拉音山	200409	NEG Micon	52—900	27	24 300
乌尔古力山(富龙)	200711	华锐	70—1500	18	27 000
锦山镇(华富)	小计			20	30 000
	200712	华锐	70—1500	4	6 000
	200712	华锐	77—1500	16	24 000
穆棱					
十文字(华富)	小计			25	32 200
	200512	Nordex	62—1300	3	3 900
	200512	哈飞	60—1000—M	1	1 000
	200610	Nordex	62—1300	21	27 300
代马沟(亚洲风电，香港新能)	小计			71	60 700
	200612	Vestas	52—850	58	49 300
	200610	哈电	57—1200—D	1	1 200
	200705	Vestas	52—850	12	10 200
伊春					
大箐山(龙源)	200512	Vestas	52—850	19	16 150
石帽顶子(兴安岭)	200611	Gamesa	58—850	36	30 600
朗乡（兴安岭）	200704	Gamesa	52—850	33	28 050

（续）

位置	时间	制造商	机型代号	台数(台)	装机容量(kW)
小城山(龙源)	200712	Gamesa	52—850	58	49 300
富裕					
塔哈乡（国华）	小计			16	24 000
	200712	华锐	77—1500	11	16 500
	200712	华锐	82—1500	5	7 500
依兰					
进步屯（龙源）	小计			87	73 950
	200712	Gamesa	52—850	48	40 800
	200712	Vestas	52—850	39	33 150
上　海				18	24 400
奉贤					
海湾(上海新能)	200310	Gamesa	52—850	4	3 400
南汇					
滨海森林公园（上海风电）	小计			11	16 500
	200412	GE Wind	70—1500	1	1 500
	200505	GE Wind	70—1500	10	15 000
崇明					
东旺沙(上海风电)	200506	GE Wind	70—1500	3	4 500
江　苏				188	293 750
如东					
东凌(龙源)	小计			30	45 000
	200612	GE	77—1500	17	25 500
	200703	GE	77—1500	13	19 500
环港(龙源)	小计			72	108 000
	200612	GE	77—1500	39	58 500
	200703	GE	77—1500	33	49 500
洋口（华睿）	小计			31	62 000
	200612	Vestas	80—2000	12	24 000
	200712	Vestas	80—2000	19	38 000
东台					
弶港镇（国华）	小计			34	51 000
	200705	华锐	77—1500	4	6 000
	200712	GE	77—1500	30	45 000
启东					
东元镇（龙源）	200712	航天安迅能	77—1500	16	24 000
大丰					
王岗乡（中电投）	200712	金风	50—750	5	3 750
浙　江				69	47 350
苍南					
鹤顶山(龙源)	小计			28	17 050
	199512	Nordtank	41—500	2	1 000
	199809	Vestas	42—600	13	7 800
	200211	Dewind	46—600	4	2 400
	200212	运达	25—250	1	250
	200407	运达	25—250	2	500
	200706	Vestas	52—850	6	5 100
临海					
括苍山(龙源)	小计			35	21 300
	199712	Micon	43—600	8	4 800
	199806	Micon	43—600	25	15 000
	200605	运达	49—750	2	1 500
慈溪					
附海镇(慈溪长江)	200712	航天安迅能	77—1500	6	9 000
福　建				178	237 750
平潭					

（续）

位置	时间	制造商	机型代号	台数(台)	装机容量(kW)
芦北村(长江澳,龙源)	小计			60	106 000
	200009	Bazan—Bonus	44—600	10	6 000
	200712	Vestas	80—2000	50	100 000
东山					
澳仔山(龙源)	200009	Bazan—Bonus	44—600	10	6 000
乌礁湾(龙源)	200609	Vestas	80—2000	15	30 000
南日岛					
后山仔(龙源)	200510	Gamesa	52—850	19	16 150
漳浦					
六鳌(大唐)	小计			74	79 600
	200511	Gamesa	52—850	36	30 600
	200709	Suzlon	64—1250	36	45 000
	200712	湘电	72—2000—D	2	4 000
	山　　东			315	350 200
长岛					
连城(鲁能)	小计			21	13 050
	199905	Nordex	43—600	9	5 400
	200312	运达	48—750	2	1 500
	200310	Nordex	43—600	2	1 200
	200408	金风	43—600	7	4 200
	200511	运达	48—750	1	750
连城(华能)	200512	Gamesa	58—850	32	27 200
小黑山(鲁能)	小计			11	9 900
	200511	运达	48—750	6	4 500
	200512	Nordex	62—1300	3	3 900
	200607	运达	49—750	2	1 500
砣矶岛(长岛联凯)	200607	运达	49—750	16	12 000
即墨					
凤山	小计			15	16 400
	200006	Nordex	29—300	1	300
	200308	Nordex	62—1300	12	15 600
	200308	Nordex	29—250	2	500
栖霞					
唐山硼(栖霞润霖)	小计			45	31 700
	200310	运达	25—250	2	500
	200409	金风	43—600	7	4 200
	200511	金风	48—750	10	7 500
	200609	金风	48—750	19	14 250
	200707	金风	50—750	4	3 000
	200712	金风	48—750	3	2 250
方山(烟台东源)	小计			4	3 200
	200701	金风	50—750	2	1 500
	200712	海装	56—850	2	1 700
荣成					
东褚岛(鲁能)	小计			10	15 000
	200512	东汽	70—1500	4	6 000
	200512	Nordex	70—1500	3	4 500
	200601	东汽	70—1500	3	4 500
港西镇(华能)	小计			46	69 000
	200612	华锐	77—1500	17	25 500
	200712	华锐	77—1500	29	43 500
成山镇三村(国华)	200703	Suzlon	66—1250	39	48 750
海阳					
跑马岭	200607	运达	49—750	2	1 500
辛安	200607	运达	49—750	2	1 500
大山村(烟台东源)	200706	运达	49—750	4	3 000

（续）

位置	时间	制造商	机型代号	台数（台）	装机容量（kW）
莱州					
土山镇（烟台东源）	200709	惠德	55—1000	1	1 000
土山镇（大唐）	200712	华锐	77—1500	32	48 000
叼龙嘴（鲁能）	200712	上海电气	64—1250	14	17 500
后趴埠（华电）	200712	华锐	77—1500	21	31 500
河　南				2	3 000
陕县					
王家后乡（大唐）	200712	东汽	77—1500	2	3 000
湖　北				16	13 600
通山					
九宫山（湖北能源）	200709	Gamesa	58—850	16	13 600
湖　南				1	1 650
江华					
沱江	200711	南车时代	77—1650	1	1 650
广　东				471	287 390
南澳					
大兰口（南澳风电）	小计			45	10 290
	199106	Nordtank	22—130	3	390
	199207	Nordtank	22—150	6	900
	199512	Nordex（N27）	27—250	16	4 000
	199612	Nordex（N29）	29—250	13	3 250
	199712	FD24—200	24—200	2	400
	199801	FD28—300	28—300	2	600
	199908	运达	25—250	3	750
牛头岭	小计			83	46 000
	199501	Nordtank	24—200	15	3 000
	199805	NEG Micon	43—600	40	24 000
	199808	Zond	40—550	10	5 500
	200008	NEG Micon	48—750	18	13 500
山港村（华能）	小计			53	45 050
	200612	Vestas	52—850	3	2 550
	200710	Vestas	52—850	50	42 500
云星村（华润）	200712	金风	48—750	23	17 250
惠来					
海湾石（粤电）	199912	Nordex	43—600	22	13 200
坂美（石碑山，粤电）	小计			88	52 800
	200512	金风	43—600	57	34 200
	200612	金风	43—600	31	18 600
月山（石碑山，粤电）	小计			79	47 400
	200512	金风	43—600	30	18 000
	200611	金风	43—600	49	29 400
汕尾					
红海湾（国华）	小计			25	16 500
	200210	Vestas	47—660	15	9 900
	200305	Vestas	47—660	10	6 600
深圳					
大梅沙	200511	运达	25—250	8	2 000
陆丰					
洋美（国华）	200608	Vestas	52—850	24	20 400
徐闻					
新寮岛	200708	明阳	77—1500	1	1 500
珠海					
横琴区（国华）	200712	金风	50—750	20	15 000
海　南				18	8 700
东方					

(续)

位置	时间	制造商	机型代号	台数(台)	装机容量(kW)
鱼磷洲	小计			18	8 700
	199603	HSM—Yituo	28—250	6	1 500
	199704	AN Bonus	44—600	12	7 200
甘　　肃				428	338 300
玉门					
三十里井子—1(龙源)	小计			142	110 000
	199706	Nordtank	31—300	4	1 200
	200103	Gamesa	42—600	12	7 200
	200212	金风	43—600	13	7 800
	200308	金风	43—600	9	5 400
	200409	Gamesa	58—850	36	30 600
	200610	Gamesa	52—850	14	11 900
	200612	Gamesa	58—850	16	13 600
	200703	Gamesa	58—850	38	32 300
三十里井子—2(龙源)	200712	Gamesa	58—850	20	17 000
低窝铺(大唐)	200612	Vestas	52—850	58	49 300
瓜州					
北大桥(中电投)	小计			134	100 500
	200612	金风	50—750	1	750
	200710	金风	50—750	133	99 750
北大桥(大梁,中广核)	200712	东汽	77—1500	8	12 000
北大桥(向阳,甘肃新安)	200712	金风	50—750	66	49 500
宁　　夏				384	355 200
青铜峡					
邵岗(贺兰,宁夏发电)	小计			166	163 200
	200312	Gamesa	52—850	12	10 200
	200410	Gamesa	58—850	48	40 800
	200412	Vestas	52—850	5	4 250
	200504	Vestas	52—850	31	26 350
	200511	Gamesa	58—850	36	30 600
	200706	Nordex	77—1500	26	39 000
	200711	东汽	77—1500	7	10 500
	200712	金风	82—1500—D	1	1 500
盛家墩梁(红碴子、石墩子,宁夏天净)	小计			60	49 500
	200512	金风	50—750	1	750
	200602	金风	50—750	13	9 750
	200612	金风	50—750	17	12 750
	200703	金风	50—750	23	17 250
	200712	Nordex	77—1500	6	9 000
红寺堡					
墩墩梁(长山头,宁夏银仪)	小计			66	49 500
	200612	金风	50—750	32	24 000
	200702	金风	50—750	34	25 500
(红寺堡,宁夏银仪)	200712	Nordex	77—1500	2	3 000
灵武					
杨家窑(宁东,华电)	200711	华锐	77—1500	30	45 000
太阳山					
红墩子(太阳山,宁夏发电)	200712	金风	50—750	60	45 000
新　　疆				418	299 310
达坂城					

（续）

位置	时间	制造商	机型代号	台数（台）	装机容量（kW）
三葛村庄（一场，新疆风能）	小计			74	40 260
	198910	Bonus	24—150	13	1 950
	199606	Tacke	43—600	2	1 200
	199608	AN Bonus	35—450	3	1 350
	199612	Jacobs	37—500	3	1 500
	199812	XWEC—Jacobs	43—600	5	3 000
	199910	XWEC—Jacobs	43—600	4	2 400
	200005	XWEC—Jacobs	43—600	1	600
	200306	金风	43—600	8	4 800
	200310	金风	48—750	2	1 500
	200412	金风	43—600	16	9 600
	200504	金风	62—1200—D	1	1 200
	200505	金风	43—600	11	6 600
	200508	业主组装 ABO*	46—660	1	660
	200608	金风	48—750	2	1 500
	200608	金风	62—1200—D	1	1 200
	200705	金风	62—1200—D	1	1 200
柴窝堡（二场，龙源）	小计			157	82 800
	199211	Bonus	31—300	4	1 200
	199212	Nordtank	31—300	4	1 200
	199312	Bonus	39—500	4	2 000
	199412	Nordtank	31—300	19	5 700
	199507	Nordtank	31—300	2	600
	199711	Bonus	44—600	12	7 200
	199712	Vestas	44—600	66	39 600
	199808	Sino—Dan	31—300	1	300
	199912	Nedwind	46—500	4	2 000
	200112	Nedwind	46—500	31	15 500
	200303	NEG Micon	48—750	10	7 500
布尔津					
托洪台	199607	AN Bonus	23—150	7	1 050
阿拉山口					
乌兰达布森	200112	XWEC—Jacobs	43—600	2	1 200
乌鲁木齐县					
托里（龙源）	小计			78	64 500
	200512	金风	48—750	40	30 000
	200611	金风	48—750	30	22 500
	200704	金风	70—1500—D	3	4 500
	200704	金风	77—1500—D	2	3 000
	200712	金风	77—1500—D	3	4 500
托里（中节能）	小计			40	60 000
	200512	GE	70—1500	20	30 000
	200706	东汽	70—1500	20	30 000
托克逊					
小草湖（华电）	小计			60	49 500
	200712	华锐	60—1500	6	9 000
	200712	金风	48—750	54	40 500
中 国 香 港				1	800
南丫岛	200509	Nordex	50—800	1	800
全国合计（未统计中国台湾）				6 469	5 906 360

注：1. 本统计只以完成风电机组吊装为依据，不考虑是否并网调试运行。

2. 机型代号的意义：风轮直径（m）—额定功率（kW）—D（直驱）或—M（半直驱）或—O（近海）。

2007 年电器工业进出口情况与发展

郑国伟

据海关统计，2007 年电器工业各类产品进出口 892.17 亿美元（按中国机械工业联合会统计范围），比 2006 年增长 25.36%，占机械工业产品 2007 年进出口总额 3 616.89 亿美元的 24.67%，比上年净增 180.3 亿美元。电器工业是机械工业 13 个行业中，进出口金额最多、所占比重最高的行业。2007 年进口 393.52 亿美元，比上年增长 17.56%；出口 498.64 亿美元，比上年增长 32.28%；进出口顺差 105.12 亿美元，比 2006 年的 42.18 亿美元增加 62.94 亿美元。进出口继续保持快速增长的势头，形势很好。

一、2007 年电器工业产品出口情况与特点

2007 年电器工业各类产品共计出口 498.64 亿美元，比上年增长 32.28%。20 种主要大类产品普遍快速增长，其中高速增长的有火力发电设备三大主机（锅炉、汽轮机、发电机及这三种产品的零件）、锅炉辅助设备及零件、水轮机及零件、风力发电机组及零件、内燃发电机组及零件、绝缘子及零件、工业炉及零件，这 9 大类产品出口都比上年增长 40% 以上，其余大多数产品增幅 19% ~ 40%，发展势头很好。出口金额前三位的产品分别是：电线电缆出口额最多，达 100.22 亿美元；其次是低压电器及零件 71.6 亿美元；再次是电动机及零件 54.58 亿美元。2007 年电器工业主要大类产品出口情况见表 1。2007 年电器工业出口情况见附表 1。

表 1　2007 年电器工业主要大类产品出口情况

序号	主要大类产品名称	出口额（万美元）	比上年增长（%）
1	蒸汽锅炉及零件	64 880.75	100.38
2	锅炉辅助设备及零件	29 773.67	195.16
3	汽轮机及零件	31 928.65	84.05
4	水轮机及零件	13 444.01	93.82
5	交流发电机及零件	30 015.07	59.38
6	内燃发电机组及零件	265 539.64	42.01
7	风力和其他发电机组及零件	32 727.87	130.48
8	16kV · A 以上变压器、互感器及零件	252 083.06	20.31
9	16kV · A 及以下变压器、互感器及零件	136 951.61	26.87
10	稳压电源、静止式变流器及零件	531 399.61	31.38
11	1 000V 以上开关、熔断器及零件	44 426.39	29.94
12	1 000V 及以下开关、继电器、熔断器	234 581.35	19.66
13	低压电器及零件	716 088.60	31.54
14	电线电缆	1 002 247.69	38.41
15	绝缘子及零件	54 994.93	41.17
16	电动工具及零件	427 780.95	19.18
17	电动机及零件	545 777.57	26.11
18	铅酸蓄电池及零件	159 605.89	36.58
19	工业炉及零件	18 831.17	40.65
20	焊接机器及零件	41 408.02	6.16

1. 发电设备

各类主要设备出口全面高速增长。

蒸汽锅炉及零件的各种产品出口都快速增长，其中出口最多的是锅炉零件，达 4.44 亿美元，是上年出口额的 2.5 倍，占该产品出口合计的 68.4%。

汽轮机及零件出口高速增长，其中汽轮机零件出口 1.62亿美元，比上年增长 89.7%，占该产品出口合计的 50.78%。

水轮机及零件出口 1.34 亿美元，比上年增长 93.82%。两种产品出口额下降：一是 1 000kW 及以下的水轮机出口 1 446台，实现出口额 262.7 万美元，比上年下降 51.93%；二是 10 000kW 以上的水轮机出口 7 台，实现出口额 306.23 万美元，比上年下降 1.25%。

交流发电机及零件出口 3 亿美元，比上年增长59.38%。其中出口最多的是 75kV · A 及以下交流发电机，共出口1.17 亿美元，比上年增长 21.76%；其次是 750kV · A ~ 350MV · A 交流发电机，出口 4 840 台，实现出口额 9 246.94 万美元，是上年的 2.6 倍。350 ~ 665MV · A 出口 3 台，实现出口额 789.45万美元，是上年的 2.4 倍；350MV · A 以上交流发电机零件出口256.3万美元，比上年下降 43.87%。

内燃（柴油、汽油）发电机组及零件出口 26.55 亿美元，比上年增长 42.01%。其中汽油发电机组出口 817 万台，实现出口额9.18亿美元,比上年增长17.3%;柴油发电机组中,75kV·A及以下的出口最多,为40.4万台,实现出口额4.41亿美元,是上年的2.3倍。

风力和其他发电机组及零件出口3.27亿美元,是上年的2.3倍,发展势头很猛。其中风力发电整机出口6 648台,实现出口额7 803.15万美元,是上年的24.5倍;零件出口1.68亿美元,是上年的2.1倍。

2. 输变电设备

各类产品出口全面快速增长。

16kV·A以上变压器、互感器及零件出口25.2亿美元,比上年增长20.31%。三种产品的出口情况是:液体介质变压器及零件出口2.6亿美元,比上年增长62%,其中10~220MV·A液体介质变压器出口最多,为1.69亿美元,比上年增长73.36%;其他变压器(除液体介质)及零件出口4.61亿美元,比上年增长48.23%;其他电感器出口最多,达14.16亿美元,比上年增长11.8%。

16kV·A及以下变压器、互感器及零件出口13.69亿美元,比上年增长26.87%。其中出口最多的是1kV·A及以下变压器,出口13亿美元,比上年增长24.82%;1kV·A及以下互感器,出口3 224.75万美元,增长79.64%;1~16kV·A未列名变压器出口3 174.2万美元,是上年的2倍。

稳压电源、静止式变流器及零件出口53.14亿美元,比上年增长31.38%。主要是两大类:一是未列名静止式变流器出口41亿美元,比上年增长30.56%;二是稳压电源和不间断供电电源及其零件出口11.23亿美元,比上年增长34.52%。

1 000V以上开关、熔断器及零件出口4.44亿美元,比上年增长29.94%。其中自动断路器出口3 090.45万美元,增长61.03%;隔离开关和其他开关出口6 379.97万美元,比上年增长0.39%;熔断器出口2 016.29万美元,比上年增长47.4%;其他电力控制或分配盘、板等出口2.77亿美元,比上年增长29.82%。

1 000V及以下开关、继电器、熔断器及零件出口23.45亿美元,比上年增长19.66%。主要是两大类:一是1 000V及以下开关9.48亿美元,增长20.1%;二是60V及以下继电器出口5.04亿美元,比上年增长14.36%。

低压电器及零件出口71.6亿美元,比上年增长31.54%,产品都是1 000V及以下的插头、插座、连接用电气装置、电力控制或分配盘板以及可编程序控制器和数控装置等。

电线电缆出口100.22亿美元,比上年增长38.41%。出口量最多的是80~1 000V电导体,达20.97亿美元,比上年增长22.59%;其次是机动车辆用点火布线组及其他布线组出口18.61亿美元,比上年增长37.93%;再次是同轴电缆和80~1 000V电缆分别出口9.76亿美元和8.37亿美元,增幅39.1%和57.47%。两种高压电缆出口高速增长,一是1~35kV电缆出口1.29亿美元,是上年的5倍;二是35~110kV电缆出口1 337.48万美元,比上年增长55.79%。220kV以上电缆出口额大幅下降。

绝缘子及零件出口5.5亿美元,比上年增长41.17%。其中绝缘瓷套管出口1 730.45万美元,比上年增长81.03%;其他陶瓷制绝缘子出口8 450.11万美元,比上年增长35.26%;塑料制绝缘子出口1.27亿美元,比上年增长84.8%。出口形势很好。

3. 其他电器设备

电动工具及零件出口42.77亿美元,比上年增长19.18%。其中手提式各种电钻出口量和出口额均是最多,出口额16.74亿美元,比上年增长30.25%;其次是其他手提式电动工具出口8.26亿美元,比上年增长9.69;再次是手提电动砂磨工具出口7.6亿美元,比上年增长18.53%;第四是手提式电锯出口6.47亿美元,比上年增长12.95%。

电动机及零件出口54.57亿美元,比上年增长26.11%。出口最多的是其他单相交流电动机出口13.07亿美元,比上年增长41.91%;其次是37.5kW及以下其他电动机出口12.35亿美元,比上年增长14.58%;再次是多相交流电动机出口9.91亿美元,比上年增长39.07%。

铅酸蓄电池及零件出口15.96亿美元,比上年增长36.58%。其中用于启动发动机用的出口1.87亿美元,比上年下降12.42%;其他用途的铅酸蓄电池出口13.21亿美元,比上年增长41.8%。

工业炉及零件出口1.88亿美元,比上年增长40.65%。其中可控气氛热处理炉出口1 017台,实现出口1 972.35万美元,比上年下降1.46%。

焊接机器及零件出口4.14亿美元,比上年增长6.16%。其中电阻焊机出口1.06亿美元,比上年增长63.78%;电弧焊机出口1.04亿美元,比上年增长49.85%。

以上情况反映了两个显著特点:

一是出口产品结构有所改善,技术含量较高的产品增长速度加快。如火力发电设备三大主机及零件出口增速都在50%以上,风力发电设备及零件、大功率内燃发电机组出口成倍增长,水轮机及其调速器出口增长90%以上,500kV·A以上干式变压器等(不含液体介质)出口增长近200%,1 000V以上自动断路器出口增长60%以上,35~110kV高压电缆出口增长55%以上,输变电线路绝缘瓷套管出口增长80%以上。说明电器工业出口产品结构进一步优化,国际竞争力进一步提高。

二是劳动密集和低附加值产品出口仍占主导地位。出口额居前10位的产品(按海关商品税号分列)中,低压开关、插头插座及连接装置、低压电缆和电导体、小变压器、一般交流电动机、一般变流器及一般蓄电池就占了8项,合计金额达151.6亿美元。如果再加上其他低压开关及零件(14亿美元)、锅炉辅机及零件(3亿美元)、低压电器及零件(36亿美元)、低压电缆和电导体(35亿美元)和电动工具及零件(42.7亿美元)以及电磁铁(12.6亿美元)、焊条焊剂(4.6亿美元)等,合计金额占全行业出口总额的比例就高达60%,说明改善出口产品构成的任务十分艰巨。2007年电器产品出口金额前10位的产品见表2。

表 2　2007 年电器产品出口金额 10 位的产品

商品税号	产 品 名 称	出口额（亿美元）	比上年增长（%）
85044099	未列名静止式变流器	41.03	30.56
85369000	其他连接用电气装置，线路电压≤1 000V	27.38	35.69
85444229	其他有接头电导体，80V < 电压≤1 000V	20.98	22.59
85045000	其他电感器	14.16	11.80
85366900	插头及插座，线路电压≤1 000V	13.43	11.83
85072000	其他铅酸蓄电池	13.21	41.80
85014000	其他单相交流电动机	13.08	41.91
85043190	未列名额定容量≤1kV · A 的变压器	13.00	24.82
85442000	同轴电缆及其他同轴电导体	9.76	57.47
85365000	开关，线路电压≤1 000V	9.48	20.10

出口继续保持高速增长的主要原因：一是世界经济和国际贸易继续保持增长，美国次贷危机影响还不大；二是国际电器制造业向我国转移加快，外资企业出口迅速增长，尤其是加工贸易出口增长迅速，已占本行业出口的半壁江山；三是我国入世后的积极效应，一大批私营企业成为出口的主力军；四是生产企业积极开拓市场，改善出口产品结构，加强营销服务，取得明显成效。

二、2007 年电器工业进口情况与特点

20 类主要大类产品中，13 类产品进口比上年增长，其中风力发电机组及零件和静止式变流器及零件高速增长，增长幅度高达 50% 以上；锅炉辅助设备及零件，水轮机及零件，16kV · A 以上变压器、互感器及零件，低压电器及零件，电动工具及零件 5 类产品的进口增幅都在 20% 以上。进口下降的主要是火力发电设备三大主机（锅炉、汽轮机、发电机）、工业炉、焊接机器和铅酸蓄电池。进口金额居前 3 位的是：低压电器及零件 132.83 亿美元，电线电缆 38.72 亿美元，电动机及零件 30.95 亿美元。2007 年电器工业主要大类产品进口情况见表 3。2007 年电器工业进口情况见附表 2。

表 3　2007 年电器工业主要大类产品进口情况

序号	主要大类产品名称	进口额（万美元）	比上年增长（%）
1	蒸汽锅炉及零件	15 314.38	-15.99
2	锅炉辅助设备及零件	3 770.18	36.78
3	汽轮机及零件	56 761.35	-19.41
4	水轮机及零件	19 245.03	24.17
5	交流发电机及零件	35 785.23	-14.38
6	内燃发电机组及零件	143 264.13	-5.50
7	风力和其他发电机组及零件	73 941.17	72.48
8	16kV · A 以上变压器、互感器及零件	284 210.74	6.55
9	16kV · A 及以下变压器、互感器及零件	66 955.04	19.52
10	稳压电源、静止式变流器及零件	302 626.20	50.69
11	1 000V 以上开关、熔断器及零件	115 901.49	11.90
12	1 000V 及以下开关、继电器、熔断器	248 854.87	19.77
13	低压电器及零件	1 328 308.00	22.93
14	电线电缆	387 248.60	16.41
15	绝缘子及零件	57 503.53	15.46
16	电动工具及零件	16 317.82	21.04
17	电动机及零件	309 501.04	14.41
18	铅酸蓄电池及零件	13 951.53	-5.37
19	工业炉及零件	85 931.57	-18.23
20	焊接机器及零件	96 018.64	-2.77

1. 发电设备

少数产品进口增长，多数产品进口都有较大幅度下降。

蒸汽锅炉及零件进口 1.53 亿美元，下降 15.99%。蒸发量超过 45t/h 的其他水管锅炉进口 6 台，实现进口额 1 228.29万美元，比上年下降 21.77%；锅炉零件进口 4 908.15万美元，比上年下降 37.3%。

汽轮机及零件进口 5.67 亿美元，比上年下降 19.41%。其中 40 ~ 100MW 进口 3 台，实现进口额 1 761.15 万美元，比上年增长 19.85%；40MW 以下汽轮机进口 20 台，实现进口额 1 931.2 万美元，比上年下降 62%；汽轮机零件进口 5.3亿美元，比上年下降 8.3%。100MW 以上汽轮机没有进口。

水轮机及零件进口 1.92 亿美元，比上年增长 24.17%。其中 1 000kW 及以下进口 14 台，实现进口额 81.49 万美元，是上年约 15.7 倍；1 000 ~ 10 000kW 进口 1 台，实现进口额 85.25 万美元，是上年的 6.3 倍；20 万 kW 以上水泵水轮机进口7台,879.8万美元,金额是上年的2.3倍;3万kW以上冲击式水轮机进口5台,实现进口额214.99万美元(2006年没有进口);水轮机零件进口1.75亿美元,比上年增长19.9%。

交流发电机及零件进口3.57亿美元,比上年下降14.38%。其中75kV·A及以下进口3.4万台,实现进口额1 274.14万美元,比上年增长53.86%;75~375kV·A进口408台,实现进口额317.95万美元,比上年增长83.68%;375~750kV·A进口191台,实现进口额539.14万美元,比上年增长81.49%;750kV·A~350MV·A进口1 165台,实现进口额8 817.4万美元,比上年增长69.05%;350~665MV·A进口3台,实现进口额1 202.56万美元(2006年没有进口);665MV·A以上进口1台,实现进口额1 591.79万美元,比上年下降69.56%;350MV·A以上交流发电机零件进口2.2亿美元,比上年下降26.66%。

内燃(柴油、汽油)发电机组及零件进口14.32亿美元,比上年下降5.5%。其中柴油发电机组进口12 741台,实现进口额6.1亿美元,比上年下降33.5%;汽油发电机组进口7 315台,实现进口额7 235.22万美元,比上年增长61.89%。

风力和其他发电机组及零件进口7.39亿美元,比上年增长72.48%。其中风力发电机组进口1 116台,实现进口额3.72亿美元,比上年增长45.14%;未列名的发电机组进口1.1万台,实现进口额2.15亿美元,比上年增长1.2倍;风力发电机组零件进口1.51亿美元,比上年增长96.65%。

2.输变电设备

进口全面增长,增长幅度高于全行业平均水平。

16kV·A以上变压器、互感器及零件进口28.42亿元,比上年增长6.55%。液体介质的变压器除额定容量650kV·A~10MV·A进口增长外,其他各种容量变压器进口全面大幅度下降,尤其是220~400MV·A的,下降幅度达89%以上;非液体介质的变压器不仅进口量大,而且增速快,如额定容量大于500kV·A的进口3 201台,实现进口额1.02亿美元,比上年增长85.36%;其他电感器进口金额最多,达17.34亿美元,比上年增长16.9%。

16kV·A及以下变压器、互感器及零件进口6.7亿美元,比上年增长19.52%。主要是1kV·A及以下的变压器进口6.05亿美元,比上年增长21.49%。

稳压电源、静止式变流器及零件进口30.26亿美元,比上年增长50.69%。其中静止式变流器进口19.99亿美元,比上年增长35.62%;电力电子元器件进口6.75亿美元,是上年的3倍;稳压电源及不间断供电电源零件进口2.5亿美元,比上年增长22.84%。

1 000V以上开关、熔断器及零件进口11.59亿美元,比上年增长11.9%。其中自动断路器进口1.5亿美元,比上年下降13.5%;500kV及上全封闭组合式高压开关装置进口288台,实现进口额1.36亿美元,比上年增长11.74%;隔离开关和其他开关进口1.87亿美元,增长11.98%;电力控制或分配盘、板等进口6.5亿美元,比上年增长21.15%。

1 000V及以下开关、继电器、熔断器进口24.89亿美元,比上年增长19.77%。其中开关进口12.28亿美元,比上年增长21.69%;继电器进口5.29亿美元,比上年增长18.69%;熔断器进口3.84亿美元,比上年增长12.78%。

低压电器及零件进口132.83亿美元,比上年增长22.93%,是各类产品中进口额最多的,占全行业进口额的33.75%。其中电气连接装置进口43.3亿美元,比上年增长31.87%;插头插座22.82亿美元,增长1.47%;各种零件33亿美元,比上年增长21.31%。

电线电缆进口38.72亿美元,比上年增长16.41%。电导体大量进口,进口最多的是80V<线路电压≤1 000V有接头电导体,达7.51亿美元,比上年增长18.39%;其次是80V及以下的其他有接头电导体进口5.82亿美元,比上年增长30.19%;再次是80V及以下的有接头电导体进口4.36亿美元,比上年增长30.45%。80V<线路电压≤1 000V其他电导体进口3.87亿美元,比上年增长8.06%。

绝缘子及零件进口5.75亿美元,比上年增长15.46%。其中绝缘瓷套管进口7 336.17万美元,比上年增长6.18%;其他陶瓷制绝缘子进口1 573.93万美元,比上年下降16.54%;塑料制绝缘子进口3.15亿美元,比上年增长37.57%;陶瓷制绝缘子零件进口4 891.54万美元,比上年下降19.86%。

3.其他电器设备

9类产品中,进口增长的6类,下降的3类。

电动工具及零件进口1.63亿美元,比上年增长21.04%,主要是零件进口1.25亿美元,比上年增长27.81%。其他主要进口产品为手提式各种电钻和手提电动砂磨工具。

电动机及零件进口30.95亿美元,比上年增长14.41%。其中$P\leqslant 37.5$W微电机进口5.05亿美元,比上年增长14.94%;$P\leqslant 37.5$W其电动机进口9.44亿美元,比上年增长19.99%;其他单相交流电动机进口1.46亿美元,比上年增长11.04%;多相交流电动机进口7.95亿美元,比上年增长14.39%。

工业炉及零件(电加热)进口8.59亿美元,比上年下降18.23%。其中可控气氛热处理炉进口495台,实现进口额8 914.34万美元,比上年下降2.86%;其他工业或实验室用电阻加热炉及烘箱进口3.73万台,实现进口额3.7亿美元,比上年增长3.23%。

焊接机器及零件进口9.6亿美元,比上年下降2.77%。其中电阻焊机进口4 575台,实现进口额1.98亿美元,比上年增长20.63%;电弧焊机进口8 657台,实现进口额1.25亿美元,比上年下降8.2%。

此外,电磁铁、分电器、电碳制品和焊剂焊条进口普遍增长。

以上情况也反映了两个显著特点:

一是进口产品结构继续改善。技术含量较高的20万kW以上的抽水蓄能机组、30万kW以上冲击式水电机组、风力发电机组、非液体介质的变压器、电力电子元器件等进口快速增长。

二是一般产品仍在大量进口，如供暖锅炉及零件，低压电器及零件，小型变压器、互感器及零件，低压开关和线路保护装置，低压电缆和电导体以及一般电动机、电动工具、电磁铁等进口量很大，而且增速又快，需要引起高度重视。

电器工业大多数产品进口继续增长的主要原因是国内需求继续增长。同时，人民币对美元汇率升值，使进口成本相对降低，也有利于进口。

火力发电设备三大主机及零件进口比上年有较多减少的主要原因是国内企业供货情况良好。

三、面临的问题和需要采取的措施

当前电器工业进出口面临的主要问题有3个：

一是出口企业成本上升，利润下降。主要原因是原材料涨价、人民币兑美元汇率升值以及部分电器产品降低出口退税率。

二是美国次贷危机导致了美国甚至世界经济的下滑，使国际市场需求下降，影响了我国产品的出口。

三是贸易摩擦风险加大，对美、欧贸易不容乐观，尤其是欧盟高筑技术性贸易壁垒，对电器产品出口影响较大。

为此需要采取必要的措施：

1. 优化出口产品结构，加大附加值较高产品出口

出口是拉动电器工业发展的极为重要的因素。2007年全行业的出口产品中，劳动密集型和低附加值产品占60%左右，尤其是插头插座等低压电器、低压开关、电动工具、低压电缆和电导体等所占比重很大，需要尽快采取措施，调整出口产品结构。

国家的政策导向是鼓励企业加大对高技术含量、高附加值产品的开发研制力度，发展具有自主知识产权的产品，重视产品技术标准的不断完善和提高，努力向国际标准或国际先进技术标准靠拢和转化。在此基础上，出口产品要实行优质优价，防止出口产品竞相压价，搞低价恶性竞争。

要进一步开拓国际市场，提高中高档产品和附加值较高产品的出口比重。力争出口企业通过ISO9000质量认证及ISO14000环保论证；推动出口企业获得安全、卫生、节约资源以及社会责任的相关国际认证。针对不同国家的有关规定，力争获得相关认证，以便顺利进入该国市场。

逐步扩大自主知识产权品牌，要努力改变多年来实行的承接外商贴牌生产任务（如电动工具等），将其中一部分改为自主产品。

2. 积极委托国内外代理商扩大出口，重视自营出口

首先，要推行进出口代理制。企业要充分利用各种条件，寻找有信誉的出口代理商，扩大出口销售范围，寻找并落实客户，减少企业经营费用，协助避免汇率风险，逐步建立销售网络。经过一段时间后，代理商还应承担保修期内和保修期过后的维修服务和配件供应，这项业务十分重要。中外合资企业要充分利用合资的外方销售渠道，扩大出口。

其次，有条件的企业要实行自营出口。目前有些中小型企业尚没有外贸自营权，要尽快向政府外贸部门申请，选择出口较多的国家或地区，直接与之谈判签约，并在主要销售市场设立销售机构，选择经销代理商或利用国外厂商销售网，并以此为基础建立维修服务网点，做好售后服务。

3. 充分利用与我国签订自由贸易区协议的东盟、智利等国家，互相给予低关税的优惠，扩大出口

2005年7月，中国和东盟签订的自由贸易区《货物贸易协议》规定，对原产于中国和东盟的产品相互给予优惠关税待遇，以自由贸易区的税率实现彼此货物的通关。协议规定我国将在2010年与取消文莱、印度尼西亚、马来西亚、菲律宾、新加坡和泰国6个国家的大部分产品的关税，并建成自由贸易区。2007年双方又将60%的正常产品（即双方都认为可以降税的产品）税率降为0%～5%。柬埔寨、老挝、缅甸和越南4个东盟成员，将享受多于上述6国5年的过渡期，至2015年与中国实现自由贸易。

对马来西亚、新加坡、泰国、印度尼西亚、菲律宾、越南等国的出口具有很好的前景。东盟6国对我国生产的发电成套设备和输变电成套设备以及其他电器产品等产品的进口关税都有所下降，要抓住机遇，积极扩大出口。

2007年，我国与东盟10国双边贸易额达2 025.5亿美元，比上年增长25.9%（其中机械工业239.7亿美元，比上年增长49.06%），双方已互为第四大贸易伙伴。我国与东盟贸易发展前景很好。

中国—智利自由贸易区协定于2006年10月1日起实施，双方实行关税减让。智利立即取消原产于中国的5 891种产品关税；我国也立即将对原产于智利的2 806种产品的关税降为零，并从2007年1月1日起又将对原产于智利的1 947种产品的关税降为零。对于我国出口的大多数电器产品，智利已降低了进口关税，具有很好的出口商机。

4. 采取措施，缓解出口退税降低的压力，提高竞争力

从2007年7月1日起，我国又降低了一批机电产品的出口退税率，其中电器产品23种，主要有：7种电动工具及零件，出口退税率由13%降到9%；4种电导体出口退税率由13%降到9%；4种电器插头、插座及相关零件，出口退税率由13%降到9%；4种贱金属焊条、焊丝和电极，出口退税率由13%降到5%；3种钎焊机器及装置用烙铁及焊枪，出口退税率由13%降到9%；1种工业绝缘子用玻璃伞盘，出口退税率由13%降到5%。这些产品以价格低廉为竞争优势，现在情况发生了变化。为此，一方面要通过加强企业管理，降低生产成本，来提高竞争力；另一方面，要通过同用户商议，在提高产品质量的基础上，适当提高产品销售价格，以缓解当前的矛盾。

5. 积极应对贸易壁垒，尤其要突破欧盟的技术壁垒

随着我国出口规模的不断扩大，欧、美等国对我国出口产品实行贸易壁垒也越来越频繁，反倾销、反补贴、保障措施、技术性贸易壁垒等相继使用，需要引起我国高度重视，积极应对。

当前要特别重视欧盟发布的多项技术壁垒措施，这些措施对我国制造业尤其是电器工业影响很大。2005年7月6日，欧盟通过并发布了《耗能产品环保设计指令》（简称EuP指令），要求其成员国最迟在2007年8月11日前制定

出相关产品的具体要求并转化为本国法规。

我们都知道,2005 年 8 月欧盟实施的 WEEE 指令主要是针对废弃机电产品的处理问题(对 10 类含有有害物质的机电产品,由生产者按一定比例负责回收);2006 年 7 月实施的 RoHS 指令则是针对有害物质问题(在 8 类设备中含有铅、汞、镉、六价铬、聚溴二苯醚和聚溴联苯有害物质的,禁止在欧盟市场销售),都对我国企业尤其是电器生产企业进入欧盟市场造成了明显的负面影响。

EuP 指令实际上也同上述两项指令一样,属于对产品的环保要求。它要求企业在设计产品时,不仅要考虑产品功能、性能、材料、结构、外观等常规因素,还要考虑整个产品生命周期对能源、环境、自然资源的影响程度,其目的是通过强化环境化设计,改善产品的环保性能,提高能源利用率,最大限度地减少对环境的影响。同时规定符合 EuP 指令要求的产品,必须附上 CE 标志,才能取得产品投放欧盟市场的通行证。

上述三项指令是欧盟针对进口产品设置的贸易壁垒。为此,有关企业应了解这些指令在欧盟各国的主要内容,并结合自身情况,加强对科技和人才的投入,提高产品质量,尤其是环保性能,建立科学的质量管理体系,把好原材料、生产安全和出口检测关。

此外,从 2007 年 6 月 1 日起,《欧盟化学品注册、评估、授权和限制法规》(即 REACH 法规)正式生效,这是比上述指令影响更大的环保新规定,将使我国化工产业及其相关的下游产业产生影响。法规对进入欧盟市场的重量超过 1t 的化学品,强制要求注册、评估和许可并实施安全监控,不符合产品安全要求的不能进入欧盟市场。这不仅影响化工行业,凡用到化工产品的其他行业同样受到影响。因此凡是生产、经营、使用化学品的企业,一定要了解化学物质的安全特性,了解其是否对人体和环境产生危害,同时还要有实验数据的支持,否则就无法取得进入欧盟市场的资格。

附表 1　2007 年电器工业出口情况

商品税号	商品名称	单位	出口			
			数量	2007 年金额（万美元）	2006 年金额（万美元）	2007 年比 2006 年增长（%）
	合　计			4 986 418.00	3 769 643.00	32.28
一	发电设备					
1	蒸汽锅炉及零件		—	64 880.75	32 379.23	100.38
84021110	蒸发量在 900t/h 及以上的发电用锅炉	台	209	8 741.45	5 351.39	63.35
84021190	蒸发量超过 45t/h 的其他水管锅炉	台	44	2 967.65	2 364.82	25.49
84021200	蒸发量不超过 45t/h 的水管锅炉	台	835	5 128.99	4 101.36	25.06
84021900	未列名蒸汽锅炉,包括混合式锅炉	台	880	3 647.62	2 810.36	29.79
84029000	蒸汽及过热水锅炉零件	kg	202 961 467	44 395.04	17 751.30	150.09
2	集中供暖用的热水锅炉及零件		—	1 217.05	977.03	24.57
84022000	过热水锅炉	台	39	58.53	44.04	32.90
84031090	其他集中供暖用的热水锅炉	台	3 918	346.82	201.78	71.88
84039000	集中供暖用的热水锅炉零件	kg	3 548 485	811.70	731.21	11.01
3	蒸汽锅炉和过热水锅炉的辅助设备及零件			29 773.67	10 087.17	195.16
84041010	蒸汽锅炉和过热水锅炉的辅助设备	kg	68 914 018	20 831.47	3 592.34	479.89
84041020	集中供暖用锅炉的辅助设备	kg	456 905	149.95	154.70	-3.07
84042000	水蒸气或其他蒸汽动力装置的冷凝器	kg	10 332 695	3 826.46	1 081.86	253.69
84049090	84041010、84042000 所列设备的零件	kg	25 599 950	4 965.79	5 258.27	-5.56
4	汽轮机及零件		—	31 928.65	17 348.09	84.05
84068110	40MW < 输出功率 ≤100MW 的汽轮机	台	4	1 178.93	169.40	595.94
84068120	100MW < 输出功率 ≤350MW 的汽轮机	台	9	5 207.76	955.46	445.05
84068200	输出功率不超过 40MW 的汽轮机	台	95	9 331.37	7 678.07	21.53
84069000	汽轮机零件	kg	20 305 844	16 210.59	8 545.16	89.70
5	水轮机及零件		—	13 444.01	6 936.23	93.82
84101100	水轮机及水轮,$P\leqslant 1\ 000$kW	台	1 446	262.70	546.49	-51.93
84101200	1 000kW < $P\leqslant 10\ 000$kW 的水轮机及水轮	台	57	877.94	323.42	171.46
84101390	$P>10\ 000$kW 的其他水轮机及水轮	台	7	306.23	310.10	-1.25
84109010	水轮机及水轮的调节器	kg	402 755	367.85	252.90	45.45
84109090	其他水轮机及水轮的零件	kg	17 838 328	11 629.29	5 503.32	111.31
6	燃气轮机		—	5 626.00	11 547.31	—
84108100	其他燃气轮机,$P\leqslant 5\ 000$kW	台	1	2 028.00	未统计	—
84118200	其他燃气轮机,$P>5\ 000$kW	台	3	3 598.00	11 547.31	-68.84
7	交流发电机及零件		—	30 015.07	18 831.90	59.38
85016100	交流发电机,$P\leqslant 75$kV · A	台	753 172	11 784.72	9 678.61	21.76

（续）

商品税号	商品名称	单位	出口			
			数量	2007 年金额（万美元）	2006 年金额（万美元）	2007 年比 2006 年增长（%）
85016200	交流发电机，75kV·A＜P≤375kV·A	台	29 882	5 895.59	3 714.50	58.72
85016300	交流发电机，375kV·A＜P≤750kV·A	台	4 511	2 042.07	1 196.35	70.69
85016410	交流发电机，750kV·A＜P≤350MV·A	台	4 840	9 246.94	3 453.55	167.75
85016420	交流发电机，350MV·A＜P≤665MV·A	台	3	789.45	332.30	137.57
85030020	输出功率超过 350MV·A 交流发电机的零件	kg	702 994	256.30	456.59	-43.87
8	内燃发电机组及零件		—	265 539.64	186 986.57	42.01
85021100	压燃式内燃机发电机组，P≤75kV·A	台	404 385	44 122.77	18 981.60	132.45
85021200	压燃式内燃机发电机组，75kV·A＜P≤375kV·A	台	12 971	13 921.14	5 581.72	149.41
85021310	压燃式内燃机发电机组，375kV·A＜P≤2MV·A	台	2 533	17 642.70	11 342.61	55.54
85021320	压燃式内燃机发电机组，P＞2MV·A	台	69	3 469.22	1 177.70	194.58
85022000	装有点燃式活塞内燃发动机的发电机组	台	8 176 189	91 843.55	78 298.64	17.30
85030090	其他专用于或主要用于 8501 或 8502 机器的零件	kg	276 629 544	94 540.26	71 604.30	32.03
9	风力和其他发电机组及零件		—	32 727.87	14 199.89	130.48
85023100	风力发电机组	台	6 648	7 803.15	318.82	2 347.51
85023900	未列名发电机组	台	7 515	8 075.17	5 909.96	36.64
85030030	子目号 8502.31 所列发电机组零件	kg	86 483 983	16 849.55	7 971.11	111.38
10	其他发电机		—	29 589.91	20 028.35	47.74
85114010	机车航空器船舶用起动电机及两用起动发电机	个	862 160	1 420.17	1 369.41	3.71
85114091	输出功率≥132.39kW 其他发动机用起动电机	个	59 028	94.40	42.86	120.25
85114099	其他起动电机及两用起动发电机	个	10 681 679	18 956.61	11 722.30	61.71
85115010	其他机车、航空器及船舶用发电机	个	42 498	350.84	266.84	31.48
85115090	未列名发电机	个	2 477 979	8 767.89	6 626.94	32.31
二	输变电设备					
11	16kV·A 以上变压器、互感器及零件		—	252 083.06	209 519.72	20.31
85042100	液体介质变压器，额定容量≤650kV·A	个	24 394	4 464.24	2 182.87	104.51
85042200	液体介质变压器，650kV·A＜额定容量≤10MV·A	个	1 068	3 553.42	2 295.83	54.78
85042311	液体介质变压器，10MV·A＜额定容量＜220MV·A	个	478	16 867.67	9 730.08	73.36
85042312	液体介质变压器，220MV·A≤额定容量＜330MV·A	个	4	248.13	203.20	22.11
85042313	液体介质变压器，330MV·A≤额定容量＜400MV·A	个	2	232.47	181.64	27.98
85042321	液体介质变压器，400MV·A≤额定容量＜500MV·A	个	10	336.18	786.51	-57.26
85042329	液体介质变压器，额定容量≥500MV·A	个	1 944	5.07	253.85	-98.00
85043300	其他变压器，16kV·A＜P≤500kV·A	个	17 558	2 156.02	1 462.20	47.45
85043400	其他变压器，P＞500kV·A	个	4 356	19 245.28	6 466.43	197.62
85045000	其他电感器	个	39 984 011 048	141 654.78	126 701.71	11.80
85049011	P≥400MV·A 的液体介质变压器的零件	kg	1 631 083	336.25	434.24	-22.57
85049019	其他变压器的零件	kg	53 265 404	24 741.07	23 185.83	6.71
85049090	8504 所列其他货品的零件	kg	32 545 600	38 242.48	35 635.33	7.32
12	16kV·A 及以下变压器、互感器及零件		—	136 951.61	107 943.69	26.87
85043110	额定容量≤1kV·A 的互感器	个	21 631 949	3 224.75	1 795.16	79.64
85043190	未列名额定容量≤1kV·A 的变压器	个	2 832 669 066	130 016.12	104 161.84	24.82
85043210	1kV·A＜额定容量≤16kV·A 的互感器	个	11 896	536.54	461.06	16.37
85043290	1kV·A＜额定容量≤16kV·A 的未列名变压器	个	1 073 207	3 174.20	1 525.63	108.06
13	稳压电源、静止式变流器及零件		—	531 399.61	404 474.72	31.38
85044020	不间断供电电源	台	19 394 285	77 968.84	58 361.48	33.60
85049020	稳压电源及不间断供电电源的零件	kg	28 127 388	34 341.44	25 127.88	36.67
85044091	具有变流功能的半导体模块	个	223 949 049	8 781.03	6 722.77	30.62
85044099	未列名静止式变流器	个	2 089 892 350	410 308.30	314 262.59	30.56
14	电力电容器及零件		—	8 556.26	2 866.05	198.54
85321000	50/60Hz 电路用固定电容，无功功率≥0.5kvar	kg	3 098 120	2 148.72	2 643.95	-18.73
85329010	85321000 所列电容器的零件	kg	511 917	260.55	222.10	17.31
85329090	其他电容器的零件	kg	6 736 530	6 146.99	—	—
15	1 000V 以上开关、熔断器及零件		—	44 426.39	34 190.49	29.94
85351000	熔断器，线路电压＞1 000V	个	1 315 081	2 016.29	1 367.95	47.40
85352100	自动断路器，1 000V＜线路电压＜72.5kV	个	37 043	1 062.97	715.65	48.53

（续）

商品税号	商品名称	单位	出口			
			数量	2007年金额（万美元）	2006年金额（万美元）	2007年比2006年增长(%)
85352900	自动断路器,线路电压≥72.5kV	个	593	2 027.48	1 203.44	68.47
85353000	隔离开关及断续开关,线路电压＞1 000V	个	185 276	2 388.48	2 011.27	18.75
85354000	避雷器、电压限幅器及电涌抑制器,电压＞1 000V	个	1 930 223	3 365.72	2 124.13	58.45
85359000	其他开关、保护或连接用电气装置,电压＞1 000V	个	3 367 303	3 991.49	4 344.00	-8.11
85372010	全封闭组合式高压开关装置,线路电压≥500kV	个	72	102.07	71.54	42.68
85372090	其他电力控制或分配盘、板、台等,电压＞1 000V	个	20 516 975	27 764.48	21 386.97	29.82
85381010	编号8537.2010所列货品的零配件	kg	6 586 683	1 707.41	965.54	76.83
16	1 000V及以下开关、继电器、熔断器		—	234 581.35	196 041.52	19.66
85361000	熔断器,线路电压≤1 000V	个	4 494 716 622	17 780.55	15 889.93	11.90
85362000	自动断路器,线路电压≤1 000V	个	246 260 289	37 054.30	28 143.61	31.66
85363000	其他电路保护装置,线路电压≤1 000V	个	237 009 151	16 423.22	13 270.86	23.75
85364100	继电器,电压≤60V	个	1 748 372 001	50 452.25	44 117.57	14.36
85364900	继电器,60V＜线路电压≤1 000V	个	53 022 399	8 262.58	6 095.55	35.55
85365000	开关,线路电压≤1 000V	个	10 314 296 616	94 860.68	78 986.29	20.10
85366100	灯座,线路电压≤1 000V	个	918 022 295	9 747.77	9 537.71	2.20
17	低压电器及零件		—	716 088.60	544 395.25	31.54
85366900	插头及插座,线路电压≤1 000V	个	7 565 646 888	134 356.53	120 139.08	11.83
85369000	其他连接用电气装置,线路电压≤1 000V	个	106 828 726	273 863.14	201 831.11	35.69
85371011	用于电压不超过1 000V线路的可编程序控制器	个	3 273 788	14 277.89	7 701.03	85.40
85371019	用于电压不超过1 000V线路的其他数控装置	个	9 545 570	25 873.51	19 190.27	34.83
85371090	其他电力控制或分配盘、板、台等,电压≤1 000V	个	58 218 344	79 292.31	46 929.35	68.96
85381090	8537其他货品的盘、板等基座,未装有关装置	kg	15 778 504	9 495.02	8 676.41	9.43
85389000	8535、8536或8537所列装置的其他零件	kg	143 418 100	138 775.72	105 357.95	31.72
85413000	半导体开关元件等	个	4 858 382 729	32 407.12	27 934.73	16.01
85433000	电镀、电解或电泳设备及装置	台	37 632	7 747.36	6 635.32	16.76
18	电线电缆		—	1 002 247.69	724 136.23	38.41
85441100	铜制绕组电线	kg	46 886 636	30 180.38	21 887.80	37.89
85441900	其他绕组电线	kg	8 161 990	3 443.43	1 996.06	72.51
85442000	同轴电缆及其他同轴电导体	kg	263 034 793	97 634.17	62 002.16	57.47
85443020	机动车辆用点火布线组及其他布线组	kg	157 657 622	186 127.63	134 946.61	37.93
85443090	其他车,航空器,船用点火布线组及其他布线组	kg	13 320 048	22 391.74	18 829.90	18.92
85444211	有接头电缆,耐压≤80V	kg	82 814 406	73 390.82	49 853.80	47.21
85444219	其他有接头电导体,耐压≤80V	kg	105 060 560	77 555.06	52 258.38	48.41
85444221	有接头电缆,80V＜耐压≤1 000V	kg	153 999 577	83 745.37	60 204.42	39.10
85444229	其他有接头电导体,80V＜耐压≤1 000V	kg	382 417 653	209 792.95	171 131.69	22.59
85444911	其他电缆,耐压≤80V	kg	87 471 799	45 596.20	26 766.82	70.35
85444919	未列名电导体,耐压≤80V	kg	41 121 642	24 330.67	19 040.58	27.78
85444921	其他电缆,80V＜耐压≤1 000V	kg	109 232 199	56 549.50	38 682.06	46.19
85444929	其他名电导体,80V＜耐压≤1 000V	kg	83 784 001	37 612.66	32 385.82	16.14
85446012	电缆,1kV＜耐压≤35kV	kg	27 490 576	12 950.85	2 545.65	408.74
85446013	电缆,35kV＜耐压≤110kV	kg	1 701 308	1 337.48	858.53	55.79
85446014	电缆,110kV＜耐压≤220kV	kg	1 211 283	735.98	860.15	-14.44
85446019	电缆,耐压＞220kV	kg	5 068 014	2 976.50	5 743.85	-48.18
85446090	未列名电导体,耐压＞1 000V	kg	3 154 532	1 749.09	1 364.69	28.17
85447000	由每根被覆光纤组成的光缆	kg	42 504 129	34 147.21	22 777.26	49.92
19	绝缘子及零件		—	54 994.93	38 957.10	41.17
85461000	玻璃制的绝缘子	kg	10 192 060	1 737.77	1 079.65	60.96
85462010	输变电线路绝缘瓷套管	kg	7 598 249	1 730.45	955.91	81.03
85462090	其他陶瓷制的绝缘子	kg	79 586 842	8 450.11	6 247.14	35.26
85469000	其他绝缘子	kg	13 087 773	6 086.49	4 086.74	48.93
85471000	陶瓷制绝缘零件	kg	24 089 975	4 680.29	3 393.25	37.93
85472000	塑料制绝缘零件	kg	21 370 417	12 750.49	6 899.55	84.80
85479010	内衬绝缘材料的贱金属制线路导管及其接头	kg	14 963 935	7 243.37	6 561.25	10.40
85479090	未列名的电气机器、器具或设备用绝缘配件	kg	43 066 489	12 224.79	9 733.57	25.59

（续）

商品税号	商 品 名 称	单 位	出 口			
			数量	2007 年金额（万美元）	2006 年金额（万美元）	2007 年比 2006 年增长（%）
70200012	工业绝缘子用玻璃伞盘	kg	802 614	91.17	0.04	227 825.00
三	其他电器设备					
20	电动工具及零件		—	427 780.95	358 930.08	19.18
84672100	手提式各种电钻	台	65 187 040	167 417.30	128 535.72	30.25
84672210	电动手提式链锯	台	2 037 078	7 110.32	10 135.54	-29.85
84672290	其他手提式电锯	台	26 368 420	64 713.07	57 293.66	12.95
84672910	手提电动砂磨工具（包括磨光机、砂光机等）	台	48 269 666	76 007.90	64 125.01	18.53
84672920	手提式电刨	台	3 507 741	6 428.79	5 539.20	16.06
84672990	其他手提式电动工具	台	48 394 261	82 605.01	75 307.53	9.69
84679110	电动手提式链锯用的零件	kg	1 092 302	562.85	288.39	95.17
84679910	品目 84.67 所列其他电动手提式工具的零件	kg	37 792 970	22 935.71	17 705.03	29.54
21	电动机及零件		—	545 777.57	432 782.25	26.11
85011010	玩具电动机，$P \leq 37.5W$	台	121 013 219	3 525.29	3 048.42	15.64
85011091	微电机，$P \leq 37.5W$，$20mm \leq$ 机座尺寸 $\leq 30mm$	台	1 858 994 338	78 081.74	71 504.57	9.20
85011099	其他电动机，$P \leq 37.5W$	台	1 583 799 393	123 574.41	107 850.80	14.58
85012000	交直流两用电动机，$P > 37.5W$	台	31 473 939	18 991.55	14 615.65	29.94
85013100	直流电动机及直流发电机，$P \leq 750W$	台	126 225 908	67 434.96	50 413.47	33.76
85013200	直流电动机及直流发电机，$750W < P \leq 75kW$	台	2 701 173	8 570.67	6 056.94	41.50
85013300	直流电动机及直流发电机，$75kW < P \leq 375kW$	台	428	335.50	488.95	-31.38
85013400	直流电动机及直流发电机，$P > 375kW$	台	459	1 450.08	1 230.04	17.89
85014000	其他单相交流电动机	台	169 889 809	130 794.96	92 164.53	41.91
85015100	多相交流电动机，$P \leq 750W$	台	5 622 969	16 263.59	13 450.19	20.92
85015200	多相交流电动机，$750W < P \leq 75kW$	台	4 588 820	65 217.93	48 606.82	34.17
85015300	多相交流电动机，$P > 75kW$	台	51 818	17 637.52	9 211.90	91.46
85024000	旋转式变流机	台	1 909	24.01	19.28	24.53
85030010	玩具电动机和微电机的零件	kg	10 489 507	13 875.36	14 120.69	-1.74
22	电磁铁		—	125 942.37	87 219.38	44.40
85051110	稀土永磁体	kg	10 760 428	41 525.24	30 294.07	37.07
85051190	其他金属永磁铁及磁化后准备制永磁铁的物品	kg	111 634 802	45 666.67	27 459.85	66.30
85051900	其他永磁铁及磁化后准备制永磁铁的物品	kg	157 331 030	31 083.38	23 831.98	30.43
85059010	电磁起重吸盘	kg	2 252 712	735.80	528.83	39.14
85059090	电磁铁；电磁或永磁工件夹具；8505 的零件	kg	10 577 195	6 931.28	5 104.65	35.78
23	铅酸蓄电池及零件		—	159 605.89	116 859.51	36.58
85071000	用于启动活塞式发动机的铅酸蓄电池	个	12 899 323	18 758.88	21 418.79	-12.42
85072000	其他铅酸蓄电池	个	135 126 740	132 176.00	93 214.60	41.80
85079010	铅酸蓄电池的零件	kg	25 164 538	8 671.01	2 226.12	289.51
24	分电器、火花塞		—	17 202.86	13 237.31	29.96
85111000	火花塞	个	146 463 791	4 257.72	2 823.45	50.80
85112010	机车航空器船舶磁电机、直流发电机及磁飞轮	个	226 696	207.22	97.79	111.90
85112090	其他点火磁电机、永磁直流发电机及磁飞轮	个	3 052 091	1 168.57	1 486.43	-21.38
85113010	机车、航空器及船舶用分电器、点火线圈	个	1 065 152	479.26	1 280.04	-62.56
85113090	其他分电器、点火线圈	个	57 081 957	11 090.09	7 549.60	46.90
25	工业炉及零件		—	18 831.17	13 388.70	40.65
85141010	可控气氛热处理炉	台	1 017	1 972.35	2 001.63	-1.46
85141090	其他工业或实验室用电阻加热炉及烘箱	台	53 030	5 494.47	4 014.43	36.87
85142000	工业或实验用感应或介质损耗工作的炉及烘箱	台	6 290	1 444.95	1 101.33	31.20
85143000	其他工业或实验室用炉及烘箱	台	89 175	4 897.00	3 215.35	52.30
85144000	其他工业或实验用感应或介质损耗热处理设备	台	4 619	1 613.56	610.52	164.29
85149090	品目 85.14 所列其他设备的零件	kg	7 456 211	3 408.84	2 445.44	39.40
26	焊接机器及零件		—	41 408.02	39 005.72	6.16
85151100	钎焊烙铁及焊枪	个	28 271 159	3 590.31	3 341.98	7.43
85151900	其他钎焊机器及装置	台	198 935	555.28	544.72	1.94
85152110	全自动或半自动电阻直缝焊管机	台	804	922.61	491.19	87.83
85152190	其他全自动或半自动电阻焊接机器及装置	台	65 457	1 816.38	1 205.38	50.69

（续）

商品税号	商 品 名 称	单 位	出 口			
			数量	2007 年金额（万美元）	2006 年金额（万美元）	2007 年比 2006 年增长（%）
85152900	其他电阻焊接机器及装置	台	413 148	7 857.90	4 773.26	64.62
85153110	全自动或半自动的螺旋焊管机	台	1	0.46	98.73	-99.53
85153190	其他全自动或半自动电弧焊接机器及装置	台	24 335	1 020.31	690.75	47.71
85153900	其他电弧焊接机器及装置	台	1 403 285	9 406.07	6 158.82	52.73
85158000	其他焊机;热喷金属或硬质合金的电气机器	台	354 606	6 087.68	12 143.28	-49.87
85159000	8515 所列机器的零件	kg	9 811 372	10 151.02	9 557.61	6.21
27	电碳制品		—	72 153.92	42 229.97	70.86
85451100	炉用碳电极	kg	221 828 440	32 844.24	20 487.51	60.31
85451900	其他碳电极	kg	682 071 654	30 065.81	14 053.01	113.95
85452000	碳刷	kg	1 492 209	3 053.37	3 207.67	-4.81
85459000	其他电气设备用石墨或碳精制品	kg	31 435 734	4 245.59	3 161.53	34.29
68141000	粘聚或复制云母制板、片、带	kg	3 686 263	1 306.32	1 006.76	29.75
68149000	其他已加工的云母及其制品	kg	1 851 700	638.59	313.49	103.70
28	焊剂、焊条		—	46 194.90	38 071.75	21.34
83111000	焊剂涂面的贱金属电极,电弧焊用	kg	193 964 305	12 356.79	11 614.56	6.39
83112000	焊剂为芯的贱金属制焊丝,电弧焊用	kg	72 496 155	9 806.48	9 998.63	-1.92
83113000	焊剂涂面或做芯贱金属条或丝,钎焊或气焊用	kg	155 703 333	18 734.35	12 380.59	51.32
83119000	其他贱金属焊条等;贱金属粉制金属喷镀丝条	kg	48 960 337	5 297.28	4 077.97	29.90

注:1. 对产品归类作了调整,大类产品统计包括该产品零件,与 2007 年年鉴数不可比。

2. 由于海关对商品税号和商品归类有新的调整,统计数有少量差额。

附表 2 2007 年电器工业进口情况

商品税号	商 品 名 称	单 位	进 口			
			数量	2007 年金额（万美元）	2006 年金额（万美元）	2007 年比 2006 年增长（%）
	合 计			3 935 259.00	3 347 367.00	17.56
一	发电设备					
1	蒸汽锅炉及零件		—	15 314.38	18 229.98	-15.99
84021110	蒸发量在 900t/h 及以上的发电用锅炉	台	—	—	1.89	—
84021190	蒸发量超过 45t/h 的其他水管锅炉	台	6	1 228.29	1 570.17	-21.77
84021200	蒸发量不超过 45t/h 的水管锅炉	台	91	4 383.53	2 535.77	72.87
84021900	未列名蒸汽锅炉,包括混合式锅炉	台	356	4 794.41	6 294.65	-23.83
84029000	蒸汽及过热水锅炉零件	kg	3 475 626	4 908.15	7 827.50	-37.30
2	集中供暖用的热水锅炉及零件		—	3 598.55	2 909.21	23.70
84022000	过热水锅炉	台	39	382.42	256.41	49.14
84031090	其他集中供暖用的热水锅炉	台	5 258	2 411.32	1 868.00	29.09
84039000	集中供暖用的热水锅炉零件	kg	1 439 088	804.81	784.80	2.55
3	蒸汽锅炉和过热水锅炉的辅助设备及零件		—	3 770.18	5 963.43	-36.78
84041010	蒸汽锅炉和过热水锅炉的辅助设备	kg	528 950	1 416.37	3 612.66	-60.79
84041020	集中供暖用锅炉的辅助设备	kg	128 337	120.40	152.47	-21.03
84042000	水蒸气或其他蒸汽动力装置的冷凝器	kg	397 302	730.52	707.18	3.30
84049090	84041010、84042000 所列设备的零件	kg	993 399	1 502.89	1 491.12	0.79
4	汽轮机及零件		—	56 761.35	70 433.01	-19.41
84068110	40MW < 输出功率≤100MW 的汽轮机	台	3	1 761.15	1 469.51	19.85
84068120	100MW < 输出功率≤350MW 的汽轮机	台	—	—	5 238.08	—
84068130	输出功率超过 350MW 的汽轮机	台	—	—	768.56	—
84068200	输出功率不超过 40MW 的汽轮机	台	20	1 931.20	5 082.17	-62.00
84069000	汽轮机零件	kg	36 638 715	53 069.00	57 874.69	-8.30
5	水轮机及零件		—	19 245.03	15 498.87	24.17
84101100	水轮机及水轮,P≤1 000kW	台	14	81.49	5.20	1 467.12
84101200	1 000kW < P≤10 000kW 的水轮机及水轮	台	1	85.25	13.58	527.76
84101310	P > 30 000kW 的冲击式水轮机及水轮	台	5	214.99	—	—
84101330	P > 200 000kW 的水泵水轮机及水轮	台	7	879.80	374.67	134.82

（续）

商品税号	商 品 名 称	单 位	进 口			
			数量	2007 年金额（万美元）	2006 年金额（万美元）	2007 年比 2006 年增长(%)
84109010	水轮机及水轮的调节器	kg	19 038	417.70	455.50	-8.30
84109090	其他水轮机及水轮的零件	kg	11 085 327	17 565.80	14 649.92	19.90
6	燃气轮机		—	13 301.44	13 057.12	1.87
84118100	其他燃气轮机，P≤5 000kW	台	7	120.76	—	—
84118200	其他燃气轮机，P＞5 000kW	台	17	13 180.68	13 057.12	0.95
7	交流发电机及零件		—	35 785.23	41 797.28	-14.38
85016100	交流发电机，P≤75kV·A	台	33 739	1 274.14	828.10	53.86
85016200	交流发电机，75kV·A＜P≤375kV·A	台	408	317.95	173.10	83.68
85016300	交流发电机，375kV·A＜P≤750kV·A	台	191	539.14	297.07	81.49
85016410	交流发电机，750kV·A＜P≤350MV·A	台	1 155	8 817.40	5 216.00	69.05
85016420	交流发电机，350MV·A＜P≤665MV·A	台	3	1 202.56	—	—
85016430	交流发电机，P＞665MV·A	台	1	1 591.79	5 228.48	-69.56
85030020	输出功率超过 350MV·A 交流发电机的零件	kg	23 806 948	22 042.25	30 054.53	-26.66
8	内燃发电机组及零件		—	143 264.13	151 598.99	-5.50
85021100	压燃式内燃机发电机组，P≤75kV·A	台	8 454	3 754.97	2 835.76	32.41
85021200	压燃式内燃机发电机组，75kV·A＜P≤375kV·A	台	1 525	5 307.56	41 419.74	-87.19
85021310	压燃式内燃机发电机组，375kV·A＜P≤2MV·A	台	2 542	41 419.24	37 125.27	11.57
85021320	压燃式内燃机发电机组，P＞2MV·A	台	210	10 531.05	10 350.95	1.74
85022000	装有点燃式活塞内燃发动机的发电机组	台	7 315	7 235.22	4 469.13	61.89
85030090	其他专用于或主要用于 8501 或 8502 机器的零件	kg	117 409 568	75 016.09	55 398.14	35.41
9	风力和其他发电机组及零件		—	73 941.17	42 869.51	72.48
85023100	风力发电机组	台	1 116	37 237.31	25 656.59	45.14
85023900	未列名发电机组	台	11 046	21 550.47	9 507.20	126.68
85030030	子目号 8502.31 所列发电机组零件	kg	15 766 967	15 153.39	7 705.72	96.65
10	其他发电机		—	14 863.40	13 526.30	9.89
85114010	机车航空器船舶用起动电机及两用起动发电机	个	15 835	1 186.15	1 113.52	6.52
85114091	输出功率≥132.39kW 其他发动机用起动电机	个	168 445	1 440.45	208.00	592.52
85114099	其他起动电机及两用起动发电机	个	1 318 540	4 797.32	5 637.92	-14.91
85115010	其他机车、航空器及船舶用发电机	个	1 548	1 377.13	748.22	84.05
85115090	未列名发电机	个	1 009 934	6 062.35	5 818.64	4.19
二	输变电设备					
11	16kV·A 以上变压器、互感器及零件		—	284 210.74	266 745.87	6.55
85042100	液体介质变压器，额定容量≤650kV·A	个	3 838	255.75	810.44	-68.44
85042200	液体介质变压器，650kV·A＜额定容量≤10MV·A	个	320	5 862.08	4 567.58	28.34
85042311	液体介质变压器，10MV·A＜额定容量＜220MV·A	个	38	1 216.58	1 824.90	-33.33
85042312	液体介质变压器，220MV·A≤额定容量＜330MV·A	个	88	1 163.23	11 505.70	-89.89
85042313	液体介质变压器，330MV·A≤额定容量＜400MV·A	个	7	0.49	20.66	-97.63
85042321	液体介质变压器，400MV·A≤额定容量＜500MV·A	个	112	14.02	21.08	-33.49
85042329	液体介质变压器，额定容量≥500MV·A	个	25	902.61	2 328.29	-61.23
85043300	其他变压器，16kV·A＜P≤500kV·A	个	14 072	2 662.00	2 426.17	9.72
85043400	其他变压器，P＞500kV·A	个	3 201	10 269.85	5 540.74	85.35
85045000	其他电感器	个	13 917 566 375	173 482.16	148 402.30	16.90
85049011	P≥400MV·A 的液体介质变压器的零件	kg	1 296 693	528.43	409.25	29.12
85049019	其他变压器的零件	kg	51 333 751	29 640.82	27 535.65	7.65
85049090	8504 所列其他货品的零件	kg	31 467 561	58 212.72	61 353.11	-5.12
12	16kV·A 及以下变压器、互感器及零件		—	66 955.04	56 017.62	19.52
85043110	额定容量≤1kV·A 的互感器	个	21 903 088	2 655.48	2 941.21	-9.71
85043190	未列名额定容量≤1kV·A 的变压器	个	1 774 804 651	60 523.47	49 818.87	21.49
85043210	1kV·A＜额定容量≤16kV·A 的互感器	个	68 564	598.39	814.51	-26.53
85043290	1kV·A＜额定容量≤16kV·A 的未列名变压器	个	1 572 883	3 177.70	2 443.03	30.07
13	稳压电源、静止式变流器及零件		—	302 626.20	200 822.23	50.69
85044020	不间断供电电源	台	437 627	10 115.42	10 904.02	-7.23
85049020	稳压电源及不间断供电电源的零件	kg	12 536 045	25 066.24	20 404.99	22.84
85044091	具有变流功能的半导体模块	个	503 956 068	67 481.28	22 070.98	205.75

（续）

商品税号	商品名称	单位	进口			
			数量	2007 年金额（万美元）	2006 年金额（万美元）	2007 年比 2006 年增长(%)
85044099	未列名静止式变流器	个	373 686 988	199 963.26	147 442.24	35.62
14	电力电容器		—	5 800.66	6 443.60	-9.98
85321000	50/60Hz 电路用固定电容,无功功率≥0.5kvar	kg	2 244 704	4 812.29	5 330.87	-9.73
85329010	85321000 所列电容器的零件	kg	599 840	988.37	1 112.73	-11.18
85329090	其他电容器的零件	kg	4 062 628	15 236.58	—	—
15	1 000V 以上开关、熔断器及零件		—	115 901.49	103 580.22	11.90
85351000	熔断器,线路电压 > 1 000V	个	231 987	617.30	274.66	124.75
85352100	自动断路器,1 000V < 线路电压 < 72.5kV	个	14 619	8 063.16	7 149.74	12.78
85352900	自动断路器,线路电压≥72.5kV	个	363	6 955.04	10 216.81	-31.93
85353000	隔离开关及断续开关,线路电压 > 1 000V	个	106 778	6 181.10	7 947.91	-22.23
85354000	避雷器、电压限幅器及电涌抑制器,电压 > 1 000V	个	29 177 719	1 659.62	2 461.66	-32.58
85359000	其他开关、保护或连接用电气装置,电压 > 1 000V	个	1 988 369	12 483.41	8 788.89	42.04
85372010	全封闭组合式高压开关装置,线路电压≥500kV	个	288	13 628.22	12 195.86	11.74
85372090	其他电力控制或分配盘、板、台等,电压 > 1 000V	个	15 600 371	64 997.42	53 652.30	21.15
85381010	编号 8537.2010 所列货品的零配件	kg	401 155	1 316.22	892.39	47.49
16	1 000V 及以下开关、继电器、熔断器		—	248 854.87	207 773.94	19.77
85361000	熔断器,线路电压≤1 000V	个	7 287 301 990	38 398.98	34 046.35	12.78
85362000	自动断路器,线路电压≤1 000V	个	104 529 356	16 928.52	15 432.82	9.69
85363000	其他电路保护装置,线路电压≤1 000V	个	643 326 087	15 666.43	10 707.75	46.31
85364100	继电器,电压≤60V	个	708 286 562	35 001.46	29 618.26	18.18
85364900	继电器,60V < 线路电压≤1 000V	个	192 250 958	17 937.03	14 972.69	19.80
85365000	开关,线路电压≤1 000V	个	10 154 273 782	122 844.40	100 946.36	21.69
85366100	灯座,线路电压≤1 000V	个	151 227 990	2 078.05	2 049.71	1.38
17	低压电器及零件		—	1 328 308.83	1 080 514.90	22.93
85366900	插头及插座,线路电压≤1 000V	个	16 548 781 040	228 252.20	224 951.24	1.47
85369000	其他连接用电气装置,线路电压≤1 000V	个	83 793 661	433 128.87	328 441.33	31.87
85371011	用于电压不超过 1 000V 线路的可编程序控制器	个	2 739 340	52 091.17	39 362.85	32.34
85371019	用于电压不超过 1 000V 线路的其他数控装置	个	839 641	67 864.91	45 894.69	47.87
85371090	其他电力控制或分配盘、板、台等,电压≤1 000V	个	19 224 467	104 773.21	79 076.52	32.50
85381090	8537 其他货品的盘、板等基座,未装有关装置	kg	3 166 690	21 329.15	18 259.61	16.81
85389000	8535、8536 或 8537 所列装置的其他零件	kg	102 919 984	330 960.69	272 830.48	21.31
85413000	半导体开关元件等	个	1 287 927 208	17 316.86	15 512.06	11.63
85433000	电镀、电解或电泳设备及装置	台	54 891	72 591.77	56 186.12	29.20
18	电线电缆		—	387 248.60	332 672.21	16.41
85441100	铜制绕组电线	kg	86 507 649	65 751.84	63 470.88	3.59
85441900	其他绕组电线	kg	1 591 852	1 446.43	3 071.82	-52.91
85442000	同轴电缆及其他同轴电导体	kg	5 514 483	10 433.28	8 486.39	22.94
85443020	机动车辆用点火布线组及其他布线组	kg	2 916 273	5 844.05	5 379.49	8.64
85443090	其他车,航空器,船用点火布线组及其他布线组	kg	389 142	2 266.21	1 319.58	71.74
85444211	有接头电缆,耐压≤80V	kg	8 676 591	27 767.95	25 375.32	9.43
85444219	其他有接头电导体,耐压≤80V	kg	16 030 953	43 647.61	33 459.94	30.45
85444221	有接头电缆,80V < 耐压≤1 000V	kg	9 768 682	19 895.35	16 409.59	21.24
85444229	其他有接头电导体,80V < 耐压≤1 000V	kg	56 943 140	75 148.63	63 472.95	18.39
85444919	其他电导体,耐压≤80V	kg	72 586 601	58 222.70	44 719.78	30.19
85444921	其他电缆,80V < 耐压≤1 000V	kg	16 216 705	18 772.82	15 314.33	22.58
85444929	其他电导体,80V < 耐压≤1 000V	kg	49 354 642	38 651.81	35 768.61	8.06
85446012	电缆,1kV < 耐压≤35kV	kg	5 620 035	7 656.45	4 908.55	55.98
85446013	电缆,35kV < 耐压≤110kV	kg	434 935	377.22	474.73	-20.54
85446014	电缆,110kV < 耐压≤220kV	kg	1 670 502	1 891.64	2 863.08	-33.93
85446019	电缆,耐压 > 220kV	kg	820 505	1 130.74	1 411.16	-19.87
85446090	未列名电导体,耐压 > 1 000V	kg	1 198 639	2 028.53	2 233.39	-9.17
85447000	由每根被覆光纤组成的光缆	kg	2 985 111	6 315.34	4 532.62	39.33
19	绝缘子及零件		—	57 503.53	49 804.61	15.46
85461000	玻璃制的绝缘子	kg	1 046 075	525.49	455.05	15.48

（续）

商品税号	商品名称	单位	进口			
			数量	2007年金额（万美元）	2006年金额（万美元）	2007年比2006年增长(%)
85462010	输变电线路绝缘瓷套管	kg	8 989 648	7 336.17	6 909.31	6.18
85462090	其他陶瓷制的绝缘子	kg	2 705 796	1 573.93	1 885.85	-16.54
85469000	其他绝缘子	kg	1 031 496	3 888.26	2 701.94	43.91
85471000	陶瓷制绝缘零件	kg	1 954 532	4 891.54	6 103.53	-19.86
85472000	塑料制绝缘零件	kg	11 519 810	31 528.78	22 918.59	37.57
85479010	内衬绝缘材料的贱金属制线路导管及其接头	kg	381 801	1 514.09	1 654.85	-8.51
85479090	未列名的电气机器、器具或设备用绝缘配件	kg	1 402 821	5 403.89	5 382.67	0.39
70200012	工业绝缘子用玻璃伞盘	kg	6 171 258	841.38	1 792.82	-53.07
三	其他电器设备					
20	电动工具及零件		—	16 317.82	13 481.37	21.04
84672100	手提式各种电钻	台	136 309	806.33	967.23	-16.64
84672210	电动手提式链锯	台	7 253	65.58	47.91	36.88
84672290	其他手提式电锯	台	21 025	144.70	157.40	-8.07
84672910	手提电动砂磨工具(包括磨光机、砂光机等)	台	134 849	843.56	732.78	15.12
84672920	手提式电刨	台	1 858	12.30	11.87	3.62
84672990	其他手提式电动工具	台	150 959	1 918.60	1 783.61	7.57
84679110	电动手提式链锯用的零件	kg	868 301	605.27	453.59	33.44
84679910	品目84.67所列其他电动手提式工具的零件	kg	8 559 179	11 921.48	9 326.98	27.82
21	电动机及零件		—	309 501.04	270 523.52	14.41
85011010	玩具电动机，$P \leq 37.5W$	台	58 257 036	1 367.93	1 018.22	34.35
85011091	微电机，$P \leq 37.5W$，20mm≤机座尺寸≤30mm	台	920 136 422	50 524.71	43 958.07	14.94
85011099	其他电动机，$P \leq 37.5W$	台	841 675 360	94 492.74	78 751.48	19.99
85012000	交直流两用电动机，$P > 37.5W$	台	4 395 262	2 904.12	2 365.79	22.75
85013100	直流电动机及直流发电机，$P \leq 750W$	台	32 892 379	25 479.44	21 289.38	19.68
85013200	直流电动机及直流发电机，$750W < P \leq 75kW$	台	1 406 289	3 753.54	2 970.16	26.38
85013300	直流电动机及直流发电机，$75kW < P \leq 375kW$	台	3 983	1 392.22	1 042.42	33.56
85013400	直流电动机及直流发电机，$P > 375kW$	台	352	2 241.89	649.19	245.34
85014000	其他单相交流电动机	台	17 443 064	14 632.74	13 177.89	11.04
85015100	多相交流电动机，$P \leq 750W$	台	1 068 795	14 996.15	12 975.04	15.58
85015200	多相交流电动机，$750W < P \leq 75kW$	台	1 006 955	30 394.02	23 679.14	28.36
85015300	多相交流电动机，$P > 75kW$	台	10 186	34 065.11	32 859.20	3.67
85024000	旋转式变流机	台	2 562	100.38	67.05	49.71
85030010	玩具电动机和微电机的零件	kg	16 514 920	33 156.05	35 720.49	-7.18
22	电磁铁		—	73 829.04	63 647.05	16.00
85051110	稀土永磁体	kg	3 936 436	16 310.54	11 837.33	37.79
85051190	其他金属永磁铁及磁化后准备制永磁铁的物品	kg	16 141 525	25 043.59	22 468.50	11.46
85051900	其他永磁铁及磁化后准备制永磁铁的物品	kg	46 635 281	19 565.69	18 627.05	5.04
85059010	电磁起重吸盘	kg	202 227	308.09	246.03	25.22
85059090	电磁铁；电磁或永磁工件夹具；8505的零件	kg	16 414 789	12 601.13	10 468.14	20.38
23	铅酸蓄电池及零件		—	13 951.53	14 743.41	-5.37
85071000	用于启动活塞式发动机的铅酸蓄电池	个	580 903	2 251.63	1 238.84	81.75
85072000	其他铅酸蓄电池	个	10 618 423	10 346.03	12 117.34	-14.62
85079010	铅酸蓄电池的零件	kg	2 681 889	1 353.87	1 387.23	-2.40
24	分电器、火花塞		—	12 506.81	11 192.64	11.74
85111000	火花塞	个	23 607 887	3 917.35	3 016.37	29.87
85112010	机车航空器船舶磁电机、直流发电机及磁飞轮	个	453	59.64	103.38	-42.31
85112090	其他点火磁电机、永磁直流发电机及磁飞轮	个	277 101	208.14	118.74	75.29
85113010	机车、航空器及船舶用分电器、点火线圈	个	115 042	355.81	628.44	-43.38
85113090	其他分电器、点火线圈	个	10 188 027	7 965.87	7 325.71	8.74
25	工业炉及零件		—	85 931.57	105 087.68	-18.23
85141010	可控气氛热处理炉	台	495	8 914.34	9 177.21	-2.86
85141090	其他工业或实验室用电阻加热炉及烘箱	台	37 379	37 059.90	35 900.43	3.23
85142000	工业或实验用感应或介质损耗工作的炉及烘箱	台	1 576	6 815.95	8 502.52	-19.84
85143000	其他工业或实验室用炉及烘箱	台	8 276	18 580.63	28 536.10	-34.89

（续）

商品税号	商 品 名 称	单 位	进 口			
			数量	2007 年金额（万美元）	2006 年金额（万美元）	2007 年比 2006 年增长（%）
85144000	其他工业或实验用感应或介质损耗热处理设备	台	7 066	9 605.85	11 741.72	-18.19
85149090	品目 85.14 所列其他设备的零件	kg	1 324 596	4 954.90	11 229.70	-55.88
26	焊接机器及零件		—	96 018.64	98 751.55	-2.77
85151100	钎焊烙铁及焊枪	个	77 317	652.90	397.43	64.28
85151900	其他钎焊机器及装置	台	14 182	4 651.00	5 833.94	-20.28
85152110	全自动或半自动电阻直缝焊管机	台	259	769.74	1 707.72	-54.93
85152190	其他全自动或半自动电阻焊接机器及装置	台	2 006	14 127.36	10 774.24	31.12
85152900	其他电阻焊接机器及装置	台	2 310	4 911.08	3 938.09	24.71
85153110	全自动或半自动的螺旋焊管机	台	87	241.98	411.34	-41.17
85153190	其他全自动或半自动电弧焊接机器及装置	台	4 638	10 594.07	11 632.40	-8.93
85153900	其他电弧焊接机器及装置	台	3 932	1 648.41	1 556.67	5.89
85158000	其他焊机;热喷金属或硬质合金的电气机器	台	21 279	46 459.99	48 680.78	-4.56
85159000	8515 所列机器的零件	kg	1 872 968	11 962.11	13 818.94	-13.44
27	电碳制品		—	21 044.27	16 074.52	30.92
85451100	炉用碳电极	kg	21 143 085	7 909.95	5 627.26	40.56
85451900	其他碳电极	kg	864 857	4 356.19	2 877.94	51.36
85452000	碳刷	kg	1 092 834	5 943.08	5 292.79	12.29
85459000	其他电气设备用石墨或碳精制品	kg	2 002 460	1 673.71	1 667.06	0.40
68141000	粘聚或复制云母制板、片、带	kg	619 869	856.31	444.46	92.66
68149000	其他已加工的云母及其制品	kg	372 001	305.03	165.01	84.86
28	焊剂、焊条		—	21 784.65	19 178.15	13.59
83111000	焊剂涂面的贱金属电极,电弧焊用	kg	5 220 968	4 071.31	2 684.80	51.64
83112000	焊剂为芯的贱金属制焊丝,电弧焊用	kg	19 484 902	9 473.94	9 643.57	-1.76
83113000	焊剂涂面或做芯贱金属条或丝,钎焊或气焊用	kg	13 158 224	8 239.40	6 849.78	20.29
83119000	其他贱金属焊条等,贱金属粉制金属喷镀丝条	kg	1 575 832	1 526.47	1 053.12	44.95

注:1. 对产品归类作了调整,大类产品统计包括该产品零件,与 2007 年年鉴数不可比。

2. 由于海关对商品税号和商品归类有新的调整,统计数有少量差额。

中国
电器
工业
年鉴
2008

行业概况

逐一分析电器工业37个分行业的生产、市场、科技成果及新产品、质量标准、基本建设及技术改造、管理等方面在2007年取得的成果

Analyzing one by one the achievements made in 2007 by the 37 sub-industries of electrical equipment industry in aspects of production, market, scientific and technical achievements, new products, quality standard, capital construction, technical transformation and management

综述

行业概况

企业概况

产品与项目

标准化

统计资料

大事记

中国电器工业年鉴 2008

行业概况

热烈庆祝
中小型电机分会

成立  周年

1989—2009

把握历史机遇 转变发展方式

促进中小型电机行业跨越式发展

中国电器工业协会常务副会长邢玉久

为中小型电机分会成立20周年题词

中小型电机要走高效节能的道路，为可持续发展作出新贡献

中国电器工业协会

邢玉久

二〇〇八年十一月

中国电器工业协会副会长兼秘书长杨启明

为中小型电机分会成立20周年题词

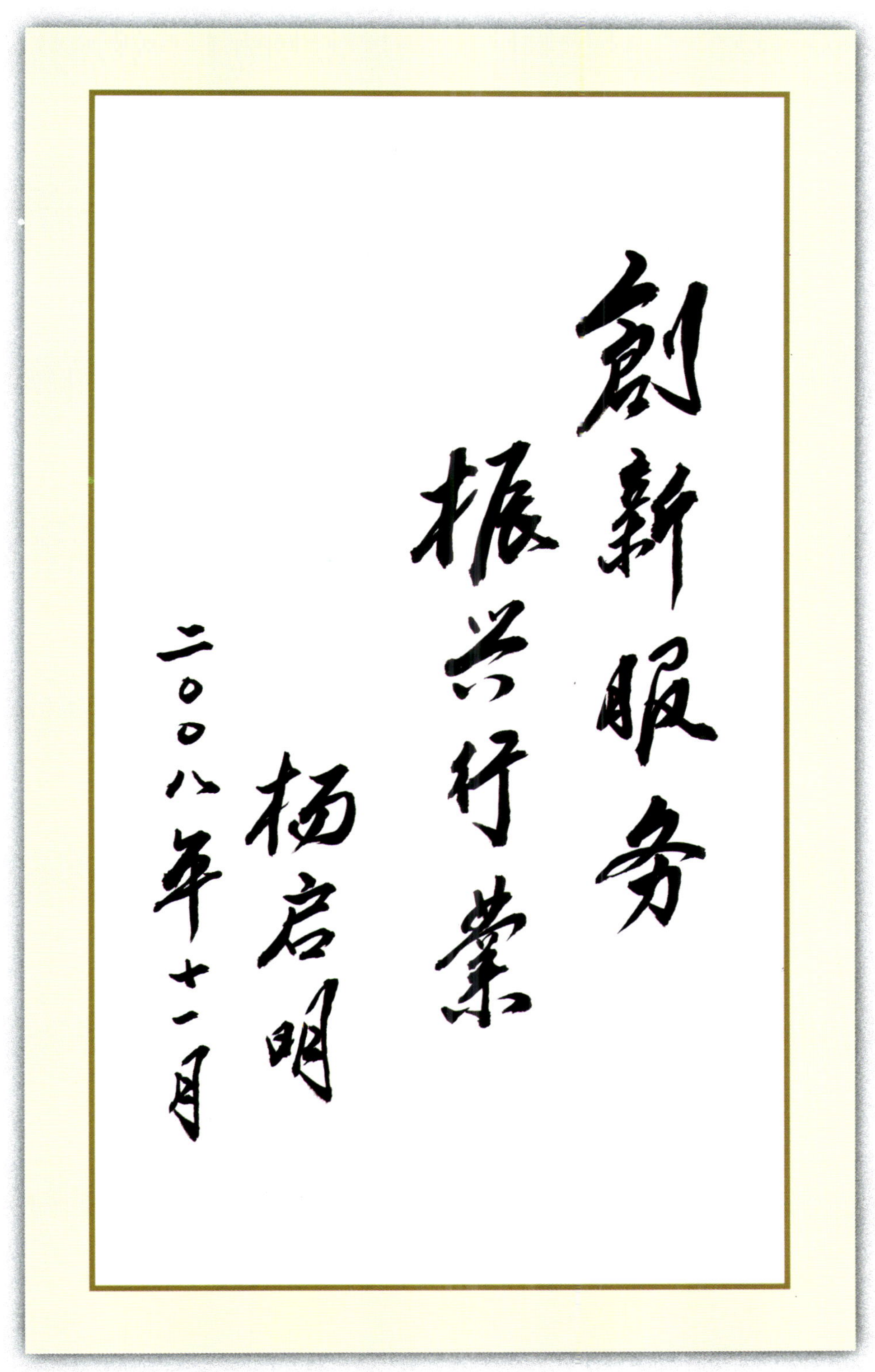

上海电器科学研究所（集团）有限公司副总裁邹孟奇

为中小型电机分会成立20周年题词

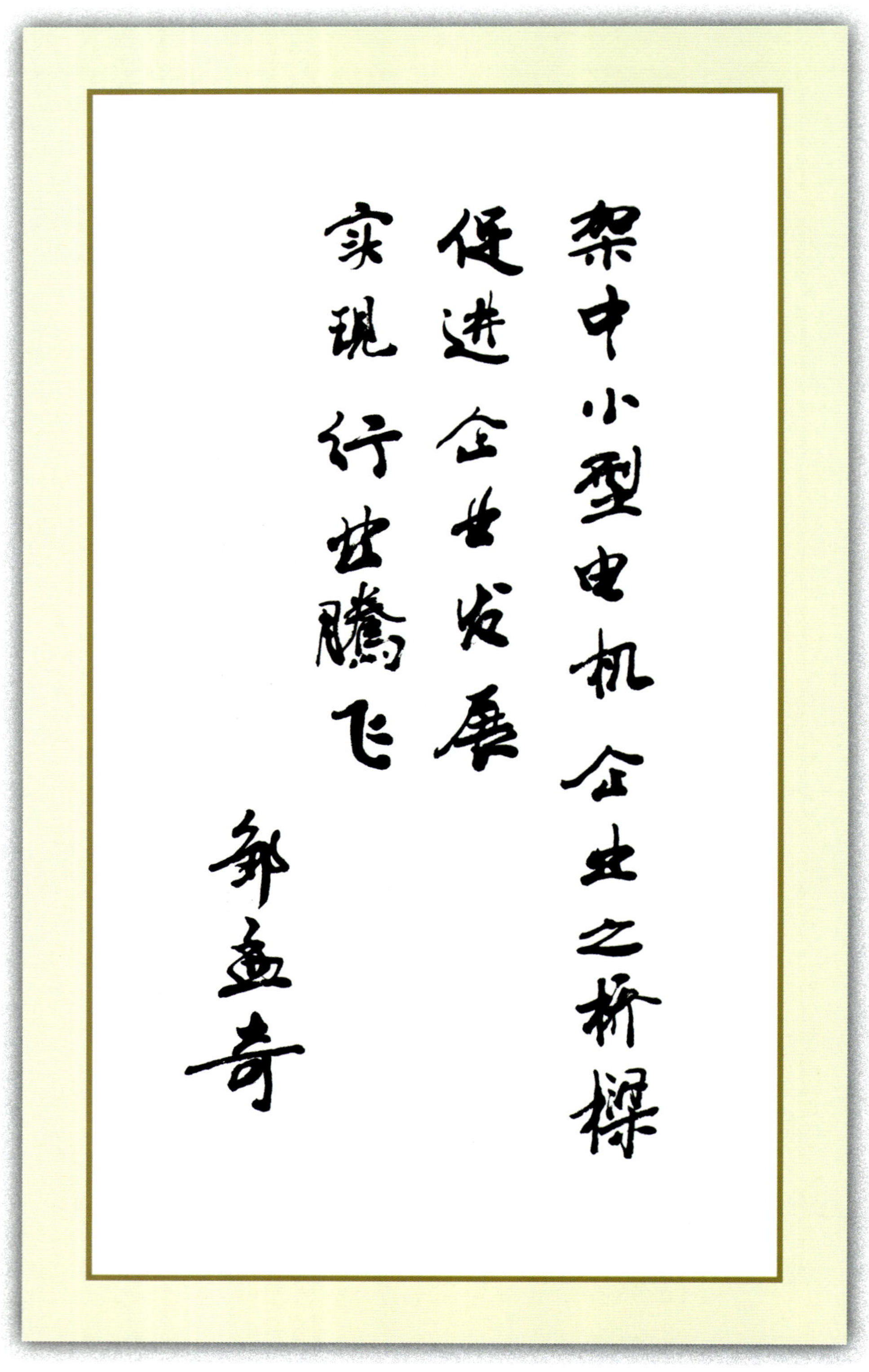

上海电器科学研究所(集团)有限公司电机分所所长
中国电器工业协会中小型电机分会秘书长陈伟华
为中小型电机分会成立20周年题词

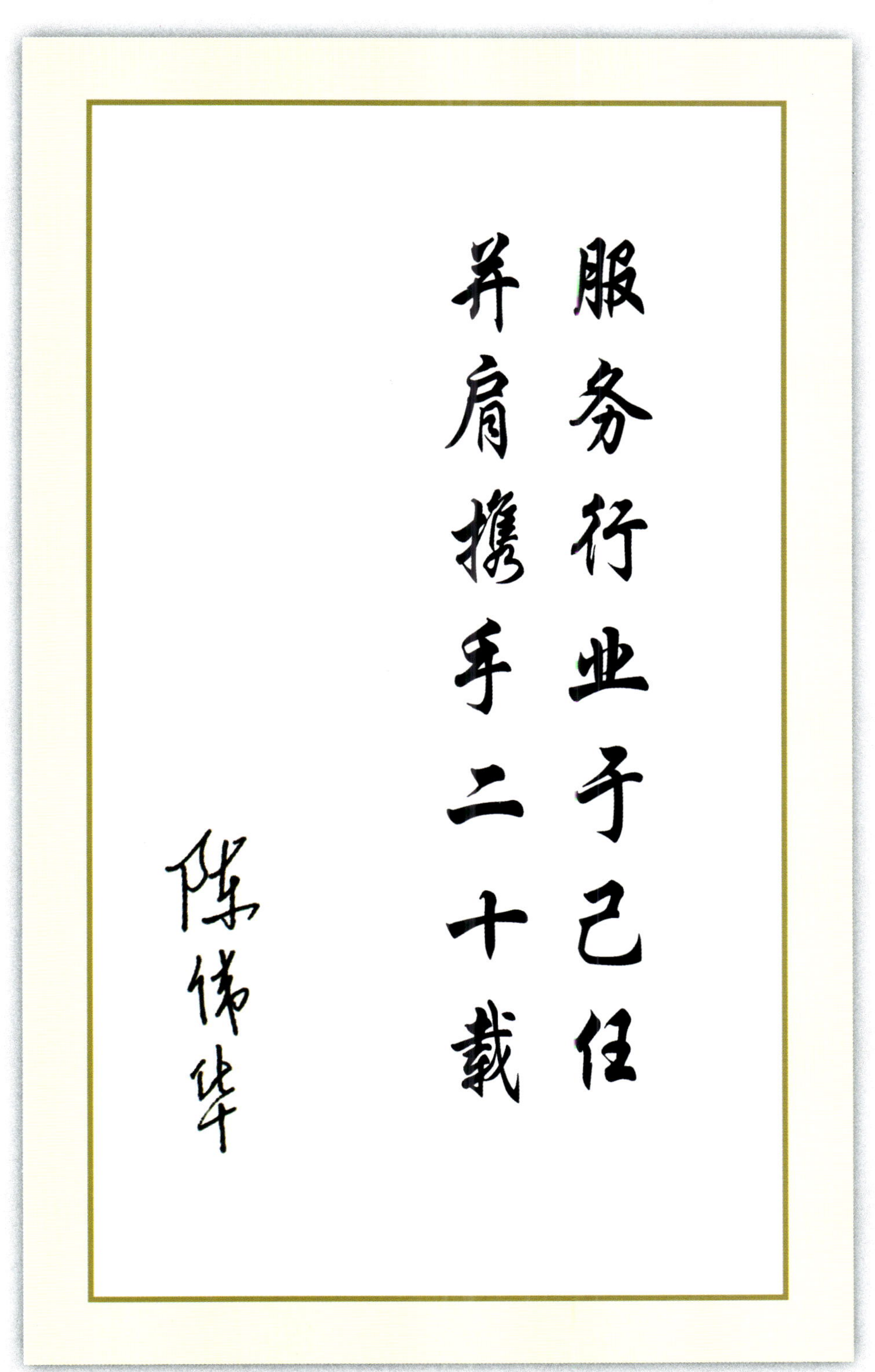

二十年成就中小型电机　新形势谱写新篇章

——中小型电机行业20年发展简析

陈金柱

2008年是改革开放30年。光阴流转，弹指一挥，30年变迁，属于我们蒸蒸日上的国家。过去的30年，我国经济增速无可匹敌，经济持续、高速增长，综合国力大大提升。1978年我国国内生产总值仅为3 600多亿元，而到2007年，已近25万亿元，跃居世界第四位。

为保证我国国民经济持续、健康、快速发展，党的“十七大”提出加快转变经济发展方式，推动产业结构优化升级，淘汰落后生产能力，由主要依靠增加物质资源消耗向主要依靠科技进步、劳动者素质提高和管理创新转变。坚持节约资源和保护环境的基本国策，开发和推广节约、替代、循环利用和治理污染的先进适用技术，发展清洁能源和可再生能源，加大节能环保投入，把建设资源节约型、环境友好型社会放在工业化、现代化发展战略的突出位置，完善有利于节约能源资源和保护生态环境的法律和政策，加快形成可持续发展体制机制。这些都为中小型电机行业提供了明确的政策导向。

一、中小型电机概况

中小型电机是量大面广的产品，为国民经济各部门提供动力设备。它广泛应用于工业、农业、国防、公用设施和家用电器等各大经济领域，主要用于驱动水泵、风机、压缩机、机床以及冶金、石化、纺织、食品、造纸、建筑、矿山等机械产品，发电机主要用于移动电源、风力发电和小型发电设备中，对节约能源、环境保护和人民生活起着十分重要的作用。

中小型电机是指电机轴中心高度80～630mm的交流电机和电机轴中心高度80～355mm的直流电机，包括基本系列及其派生品种的专用电机，已有300多个系列，约1 500个品种。中小型电机的主要企业有300余家，从业人数30万人以上，若把各类规模的电机厂计算在内，近2 000家，民营企业在行业发展中已具有举足轻重的地位。

我国电机行业经过改革开放30年的发展有了很大的变化，发展迅速，成果显著。特别是在近10年的发展中，取得了长足的进步。20世纪80年代，我国交流电动机的产量一直在4 000万kW左右徘徊，1988～1997年累计产量4亿kW左右，而0.55～200kW的小型交流电动机产量为3亿kW左右，约占70%。近几年，国民经济持续、健康、快速的发展，以及电力建设的迅猛发展，都带动了我国中小型电机行业的快速发展，市场发展空间凸现，电机行业生产经营产销两旺，电机产量快速增加。1998年交流电机产量5 250万kW，2004年产量已超亿千瓦，到2007年又创新高，产量达到18 877万kW。1990～2007年各大类产品产量变化情况见表1。

表1　1990～2007年各大类产品产量变化情况

年　份	全国交流电机总计	大中型交流电动机	小型交流电动机	直流电机	一般交流发电机
1990	3 607	719	2 121	100	485
1991	2 996	591	2 405	101	277
1992	4 157			135	
1993	4 487	628	2 174	121	514
1994	4 073	635	1 996	*170（128）	*550（466）
1995	5 064	521	1 946	*165（107）	*515（454）
1996	3 762	*799（504）	*2 909（1 943）	107	*472（433）
1997	3 755	769	2 857	146	349
1998	5 250	417	1 786	89	237
1999	4 200				
2000		505	2 054	73	248
2001	6 023	626	2 298	67	256
2002	7 005	929	2 854	137	446
2003	8 920	1 505	3 889	205	202
2004	11 179	3 170	4 233	334	330
2005	12 935	3 357	5 413	769	562
2006		4 394	5 567	711	421
2007	15 822	5 221	6 704	781	475

注：1.数据来源于《中国机械工业年鉴》1991～1998，《中国电器工业年鉴》1999～2008。
2.*为全国数值。

交流电动机出口逐年上升。按海关统计，1999年我国交流电动机出口额超亿美元，2000年出口额为32 684万美元，比上年增长46.58%；2002年出口额为47 985万美元；2003年出口额为62 401万美元；2007年我国交流电动机出口额已达57.72亿美元，比上年增长28.07%。我国电机出口的国家和地区约有60多个，主要分布在东南亚、西亚、北美和欧洲（欧盟）。近几年，电机出口量增长，外部原因主要是世界经济的稳定增长，促进了电机贸易产量的增长；内因是国内出口退税率改革导致企业出口步伐加快，此外，国内外资企业规模的不断扩大和产量的快速增长，也刺激了电机出口额的上升。随着电机产品对国内外市场的进一步拓展，中小型电机在出口数量、品种、产品档次和创汇上将会有更大突破。

二、技术与产品发展

电机行业经过几十年的发展，随着产品品种及数量大幅增加，产品开发能力及设计制造工艺、质量检测水平都有较大提高，电机行业快速发展与壮大。随着改革开放的深入，电机行业通过引进国外先进技术及关键设备，具有了强大的发展后劲。

20世纪90年代以来，随着国际社会对节约能源、环境保护及可持续发展的重视程度迅速提高，电动机作为最主要的耗能机电产品，在提高效率、加速推广应用等方面成果瞩目。节能、高效电机已成为全球电机工业的发展方向。

随着国际间贸易的不断扩大和能效标准在各国的实施，能效标准成为影响国际贸易的最大因素，或者说是以法规形式规定的最低能效值和能效标识在影响国际贸易。近几年，行业内加快了产品结构调整的步伐，全面更新电动机主导产品，迅速提升了Y2系列、YB2系列、NEMA高效电机以及YZ2、YZR系列电机的生产水平和产量，提供出优质、适销对路的电机产品。

几年来，电机行业通过引进技术、购进关键设备，技术和装备水平得到很大改观，生产效率和生产能力有了较大提高，表现在：新产品开发采用计算机辅助设计，CAD、CAT、CAM广泛应用，使用计算机进行电磁设计、图纸设计和零部件设计等，提高了技术水平和质量水平，缩短了新产品开发周期；工厂的财务、供应、销售等部门也都采用计算机管理；生产线采用计算机进行监控，产品质量、生产效率和管理水平大大提高。当代科技为电机行业注入了新的内涵，用新技术开发新产品，提高电机产品质量，降低产品成本，缩短开发周期，是现在行业的技术特征。

1.电机产品升级换代

当今世界上包括我国在内的不少国家把电动机节能作为重点工作，以节约能源和保护环境。中小型电机耗用的电量占全国总发电量的60%以上，在当前能源和环境保护形势极为严峻的情况下，必须加快开发节能电机或高效电机步伐，大力推广节能电机产品，进一步降低电机本身的电能消耗，减少电动机系统的用电量。

电机行业通过“八五”、“九五”的技术改造，已经有了长足的进步，已形成比较完整的产业体系，中小型电机的产品品种、规格、性能和产量基本满足市场需要。

“八五”期间，在引进国外先进技术的基础上开发出多种专用系列电机。中小型电机以Y、Y2三相异步电动机为主体，形成包括直流电机、小型同步发电机和电动机车用电机在内的300多个基本系列、派生系列和专用系列的产品。

“九五”期间，国家明令禁止生产技术性能落后、资源浪费严重的机电产品，JO2、JW、JR、AO2、BJO2、JBZS、JS2H、Z、T等系列中小型电机先后被淘汰。

加入WTO后，市场全面开放，更多的国际资源直接流入中国。新技术的广泛引进和采用，推动了我国产业结构调整和升级的步伐。中小型电机行业全面更新主导产品，提高了产品水平，迅速提升了Y2系列、YZ2、YZR2系列、YB2系列电机的产品水平和产量。Y2系列较Y系列电机在绝缘等级、防护等级、负载噪声等指标上均有较大提高。

“十五”期间，为适应节能和环保的要求，贯彻落实“2002年底前在我国淘汰热轧硅钢片，推广采用冷轧硅钢片产品”的要求，上海电器科学研究所组织北京毕捷电机有限公司、河北电机股份有限公司、上海联合电机（集团）有限公司等24家电机厂和武汉钢铁公司、上海宝钢集团、太原钢铁（集团）有限公司3个钢铁公司共同组成“以冷代热”联合工作组，开展了淘汰热轧硅钢片、推广采用冷轧硅钢片试验研究工作，开展了以冷轧硅钢片为导磁材料的Y3新系列电机的研制。

Y3新系列电机是国内第一个以完整的全系列的冷轧硅钢片为导磁材料的基本系列产品，在国内居领先水平，同时达到国际同类产品的先进水平，填补了国内在这一领域的空白。

（1）主要技术成果。Y3系列电机效率指标满足最低能效标准GB 18613，也达到欧洲eff2效率标准，电阻基准温度为95℃，符合最新IEC文件及国家标准。主要性能达到国际同类产品的先进水平，在国内处于领先地位。

（2）使用效率。Y3系列三相异步电动机的效率指标完全达到GB 18613—2002《中小型三相异步电动机能效限定值及节能评价值》中能效限定值的规定。因此，Y3系列三相异步电动机是节约能源、保护环境的绿色产品，其节能、高效、高可靠性及优良的性价比为用户带来更直接、更大的效益。

(3) 产品基本性能。Y3系列电机系全封闭、外扇冷式、鼠笼型结构，具有设计新颖、造型美观、噪声低、转矩高、起动性能良好、结构紧凑和使用维修方便等特点。该系列电机采用F级绝缘，全系列温升按B级考核，外壳防护等级IP55，大大提高了安全可靠性。电机的安装尺寸符合IEC标准规定。

2. 推进名牌战略，提升企业竞争力

中小型电机行业企业中，无锡华达电机有限公司、山东华力电机集团股份有限公司、西安西玛电机（集团）有限公司、河北电机股份有限公司、衡水电机股份有限公司、江苏大中电机股份有限公司、安徽皖南电机股份有限公司、浙江金龙电机股份有限公司等8个企业的中小型电机，以及泰豪科技股份有限公司、兰州电机有限责任公司等2个企业的中小型发电机获得"中国名牌产品"称号。

无锡华达电机有限公司等7个企业的27种产品被推介为全国中小型电机行业"质量可信产品"。全国中小型电机行业"质量可信产品"见表2。

表2 全国中小型电机行业"质量可信产品"

序号	企业名称	申报产品名称、规格
1	无锡华达电机有限公司	三相异步电动机 Y2（63～355mm） 三相异步电动机 Y2A（56～132mm） 三相异步电动机 Y2－ODP（160～355mm） 三相异步电动机 HJN（80～355mm）
2	西安西玛电机（集团）有限公司	三相异步电动机 Y（80～630mm）及其派生规格 三相异步电动机 Y2（80～400mm）及其派生规格 直流电动机 Z4（100～450mm）及其派生规格 直流电动机 Z（355～710mm）及其派生规格 高压三相异步电动机 Y、YKK（355～800mm）及其派生规格
3	六安江淮电机有限公司	三相异步电动机 Y（80～315mm） 三相异步电动机 Y2（80～315mm） 变频调速电动机 YVP（80～315mm） 变极多速电动机 YD（80～280mm） 高压三相异步电动机 Y、YKK（355～630mm）
4	广东省东莞电机有限公司	三相异步电动机 Y（80～315mm） 三相异步电动机 Y2（63～280mm） 三相异步电动机 YFD（80～280mm） 三相异步电动机 YSJ（132～280mm） 三相异步电动机 Y－W 及 YWF（80～315mm）
5	天津市起重电机厂	起重及冶金设备用三相异步电动机 YZ、YZR（112～400mm）
6	北京毕捷电机股份有限公司	三相异步电动机 Y（80～315mm） 三相异步电动机 Y2（63～355mm） 三相异步电动机 SJ（Z）Y 注塑机专用系列（132～280mm） 三相异步电动机 NEMA 标准高效系列（140～470mm）
7	乳山市力久特种电机有限公司	三相异步电动机 Y（80～315mm） 电磁调速电动机 YCT（112～355mm） 变频调速电动机 YVP（80～315mm）

三、中小型电机发展分析

加入WTO后中国经济高速发展，作为反映国民经济发展最主要的先行行业，电力行业以异乎寻常的超常规速度发展：全国电力装机容量从1987年突破1亿kW到1995年3月突破2亿kW，整整用了8年多的时间；从1995年的2亿kW到2000年4月突破3亿kW，用了5年时间；2004年初达到4亿kW，以后几乎每年增加1亿kW，到2007年底达到了7.13亿kW。

2007年是我国加入WTO的第6年，国民经济总体仍保持高速发展的态势。电力行业的迅猛发展，带动了电机行业的快速发展。据国家统计局的数据，我国交流电动机的年产量从2003年前不足1亿kW，到2007年底已达到创纪录的1.88亿kW。2007年铁矿石的大幅涨价导致生铁、钢材价格成倍增长，但仍未改变由于国内经济总量达到一定规模而形成的电机行业市场需求火爆的局面。

2007年中小型电机行业呈现出以下特点：

(1) 内贸电机产销两旺，继续呈双增长态势；出口电机销量、创汇额连创历史新高。

(2) 基本建设和技改投资力度加大，产品生产制造水平和产品质量不断提高，产能急剧扩大。

(3) 经济增长方式发生转变，行业整体技术水平和研发能力大幅提高，电动机新产品产值大大增加。

(4) 全行业全员劳动生产率不断提高，企业流动资金周转率不断加快，进一步提升了行业综合经济效益指数。

(5) 优势企业管理水平不断增强，管理理念不断更新，行业集中度进一步提高。

(6) 行业规模增长大于效益增长，企业经营风险不断加大。

2003～2007年的5年时间，中国交流电动机总产量超7亿kW，加上2003年前全国电动机约4亿kW的总装机容量，到2007年底，估计中国电动机总装机容量超10亿kW，但按照电动机装机容量与发电机装机容量（2.5～4）：1的比例关系，中国交流电动机的市场还有潜力可挖。

但是，过去5年中国经济快速发展在中国和世界经济发展史上都是不多见的。过年5年中国经济有五大快速增长条件：一是加入WTO后，中国的劳动密集型产品快速进入世界市场；二是世界经济发展一体化带来的资源配置效率，使中国分享了世界经济增长的成果；三是经济体制改革后微观主体行为改变，尤其是2000年国有企业改革后抛弃历史包袱迅速发展；四是以1998年住房、汽车为支柱的消费结构迅速升级，为城市化的快速发展提供了条件；五是庞大的人口总量为经济发展提供了大量廉价劳动力。

刺激中国经济发展的五大条件已经发生变化：加入WTO的效应大部分释放完毕，出口每年保持30%的增速已不现实；美国次贷危机引发的全球金融危机影响了国际市场需求，全球经济下滑；国有企业改革释放的劳动力有所减少；以住房、汽车为主的快速增长正在调整、减缓；“人口红利”将要终结，劳动力成本不断提高。中国电机制造行业应该清醒地认识到，在中国经济进入新的历史阶段之际，全行业必须关注和践行以下几个方面：

（1）围绕国家产业政策（如节能减排）的要求，促进产品升级换代，大力开发高效、节能、环保型电机，重点开发高新技术、节能技术和机电一体化产品，特殊产品，专用产品及派生产品。

（2）学习国外著名公司如西门子、ABB、三菱、日立的产业发展模式，利用电力电子技术和自动控制技术，开发出满足不同行业、不同工况、不同负载特性的专用、智能化、机电一体化的电机系统节能产品，提高产品的技术附加值，使主要骨干企业迈进中高端产品市场。

（3）加强科技投入，关注电机系统节能项目，积极参与电动机运行系统节能改造。坚持科学发展观，大力推进自主创新，推进产业结构和产品结构的优化升级，推进重点技术装备国产化。

（4）改变以低附加值产品为主的粗放型外贸增长方式，加大核心技术含量，拓宽产品结构，走出自主品牌产品出口之路。

（5）引入“品牌营销”竞争策略，在稳定和巩固现有市场优势的基础上，多元化拓展市场。

（6）加快技术改造和技术创新步伐，加大行业协作（产、学、研）力度，不断开发新品种，以适应日益发展的市场需要。

四、差距与不足

中小型电机行业在深入改革、扩大开放的历史阶段中，在生产发展、技术进步、产品结构调整、出口创汇等方面均有新的进展，涌现出一批活力强、效益好的国有企业，在国民经济发展中占有举足轻重的地位，在电机行业的发展中起到主导作用，在国内外市场中享有良好的声誉。

但行业也暴露出整体素质不高、竞争力仍不能适应市场需要的矛盾。全行业利税总额虽有提高，但资金利税率、销售利润率仍然较低，流动资金周转天数仍较多；亏损企业虽有下降，但亏损绝对值仍然很高，库存量仍然较大，不少企业仍然困难重重、步履维艰。这其中，有历史包袱和社会负担沉重、体制改革不配套等外部原因，也有产品结构调整缓慢、生产经营管理不善、技术落后等内部原因。

改革开放以来，中小型电机行业多次进行技术引进和改造，使产品开发、产品质量、工艺装备等均达到20世纪90年代初国际先进水平，产品质量虽有提高，但与国外产品相比还有较大的差距，相当部分的产品可靠性差，体积大、质量大，噪声偏大，综合水平赶不上国际水平。高质量的产品，尤其是能在国际市场上站住脚的名牌产品廖廖无几。主要原因是制造工艺落后，关键材料的质量和品种不能满足要求，科研和设计工作没有跟上，科研资金投入少，新产品开发资金匮乏，企业技术创新能力弱。

国外公司注重新产品开发，尤其重视电机的安全、噪声和电磁兼容等。国外产品的先进水平主要体现在电机的可靠性高、寿命长、通用化程度高等方面，电机的效率不断提高，噪声低、质量轻、电机外形美观，绝缘等级采用F级和H级，而且也考虑到降低电机制造成本等因素。

总的来讲，随着经济全球化步伐加快，国内市场日趋国际化，世界著名跨国公司对我国机电产品市场的进入，由过去推销产品为主转变为产品、资本、技术、服务等手段并用的全面市场输入，高科技对经济发展的影响加重，经济竞争更加激烈。这就要求我们要以市场为导向，以改革和技术创新为动力，大力开发国内外市场需要的产品，自力更生、艰苦奋斗，坚持以提高经济运行质量和经济效益为中心，坚持管理创新与技术创新同步。

采用新工艺、新技术、新装备开发新产品，不断提高产品质量，在开放、竞争的环境下加速自主研发，提高产品的性能、质量和技术含量，推广引用微电子技术、信息技术及其他高新技术，建立高技术附加值机电一体化产品工程化研发基地，逐步形成高新技术产业集团，加快科研成果的商品化和产业化进程。按专业化、规模化、市场化的原则，促进产品结构化，培育和扶植有竞争力的专业化企业，例如冲片、铸造、风扇、接线座等专业化生产企业，形成产业链。

技术改造要以市场为依托，以高新技术产品为先导，采用适合国情、厂情的先进生产工艺和装备，提高关键生产技术水平和产品质量，把产品开发、电工绝缘、铁心制造、产品测试作为重点。

电机产品要扩大国内、国际市场份额，除了要满足以上要求外，还要强化市场竞争意识和市场服务意识，扎扎实实地打好基础，促进行业的健康发展，为中小型电机行业的进步作出新的贡献。

（部分资料由中小型电机分会秘书长陈伟华提供）

企业感言

品牌媒体 创造价值

搭建信息平台、提供优质服务、展现行业风采

苏州德丰电机有限公司：陈志强

苏州德丰电机有限公司董事长兼总经理：陈志强

热烈祝贺，中小型电动分会成立二十周年！祝分会持续、稳定、健康的发展。

王继勋

丹东科亮电子有限公司董事长兼总经理：王继勋

昆明电机
感谢分会支持
共创行业辉煌

李庆昆

昆明电机厂有限公司董事长：李庆昆

风雨兼程二十载
凝心聚力求发展

李仲敏

山东山博电机集团有限公司董事长兼总经理：李仲敏

电机家园 心系桥梁

钟祥市新宇机电制造有限公司董事长兼总经理：游学峰

淄博牵引电机集团股份有限公司全体员工，恭祝中国电器工业协会中小型电机分会成立20周年。

淄博牵引电机集团股份有限公司董事长兼总经理：张毅

凝聚行业之力
扬起大中之帆

江苏大中电机股份有限公司董事长兼总经理：周巧林

充分发挥桥梁作用
推动行业更好更快发展

河北电机股份有限公司董事长兼总经理：杨成

Keliang

丹东科亮电子有限公司

向中小型电机行业推荐的配套产品

我公司是上海ABB电机有限公司合格供应商和西门子电机（中国）有限公司长期合作伙伴

丹东科亮电子有限公司位于辽宁省丹东市。公司已通过ISO9001：2000质量管理体系认证、ISO14001：2004环境管理体系认证、CE认证、SGS认证、UL认证等多项国内外产品认证。

公司1990年从美国引进技术，具有雄厚的技术力量，拥有6条现代化生产线以及先进的生产设备、检测设备、计量设备和优良的电子产品生产环境。其产品已获国家多项专利，填补了国家该类产品的技术空白。

公司产品远销国外，国内销售网络遍布全国各省市地区。先后为上海ABB电机股份有限公司、西门子电机（中国）有限公司、SEW电机（苏州）有限公司、万高（南通）电机制造有限公司、无锡华达电机有限公司、山东华力电机集团股份有限公司、河北电机股份有限公司、江苏大中电机股份有限公司、浙江金龙电机股份有限公司、卧龙电气集团股份有限公司、西安西玛电机（集团）有限公司、佳木斯电机股份有限公司、南阳防爆集团股份有限公司、兰州兰电电机有限公司、南京汽轮电机（集团）有限责任公司等几十家大型企业设计、生产、配套电机过热保护产品，并受到使用企业的一致好评。

科亮人弘扬“求严务实、科学创新、团结开拓、拼搏进取”的企业精神，创建良好的企业文化和企业品牌，旨在通过不懈的努力，继续攻克科技制高点，生产出优质的产品，满足顾客的需要。

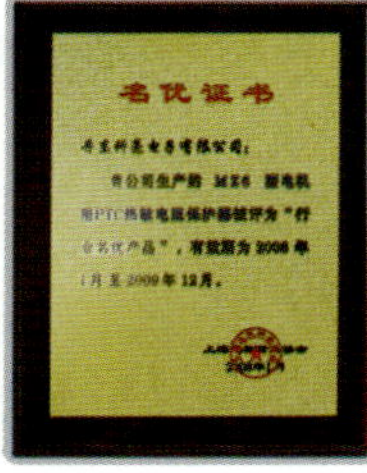

丹东科亮电子有限公司

地址：辽宁省丹东产业园区金泉工业区甘泉路3号　邮编：118009　电话：0415－6155111　6150777

传真：0415－6150222　手机：13941569609　13941525251　E-mail:keliang@vip.163.com

http://www.keliang.com

中国先进的

电机保护及防潮加热带专业化生产企业

ISO9001:2000国际质量体系认证
认证编号：070720Q10318ROS

丹东科亮电子有限公司主导产品的关键技术是1990年从美国引进，现已有十几年的生产经验。主要产品有电机保护用PTC热敏电阻，及专为PTC热敏电阻配套的GRB系列电机保护器；各种系列的铂电阻传感器（Pt1000，Pt100,Pt10），K偶，J偶，及专为铂电阻、K偶，J偶配套的各式仪表；电机过热保护开关，各种规格的电机防潮加热带等。用户遍及全国，部分产品出口，深受用户好评，被誉为“电机保护神”。

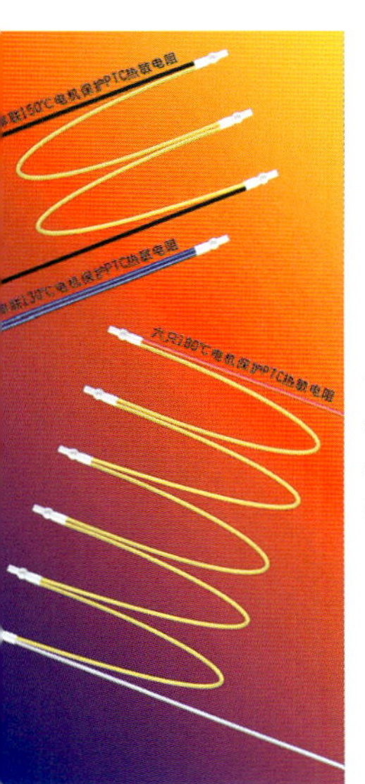

MZ6型

电机保护PTC热敏电阻，其特点是：体积小（尺寸：1.8mm×0.6mm）响应快，并且有3个头串联最多可有9个头串联。依次埋藏在电机的三相线圈中，可对不同温度进行保护，也可对电机的其他关键部位进行超温保护。

专利号：0128476.8

CE 认证号：01085

GRB型

GRB型电机保护器是专为PTC热敏电阻配套使用的产品，其特点是可靠性高、工作安全稳定、精确计算得出保护额定关机温度。

专利号：942303555

CE 认证号：01086

MK1型热敏开关体积小（ϕ9.4，h4.8）性能可靠，特别在机械上能承受一定的压力，并能长期稳定的工作，其各项指标均达到国际先进水平，并获得了国家专利。

专利号：02210543.3

CE 认证号：01085

MK1型

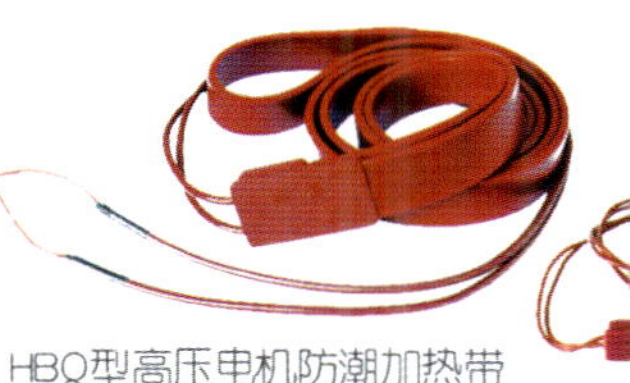

HBQ型高压电机防潮加热带

BQ、KBQ、HBQ、ZJJ型

BQ、KBQ、HBQ、ZJJ型电机防潮加热带可代替进口产品，其性能稳定结构合理，安装简便，是电机防潮的国际先进产品。适用于高压、低压电机、防爆电机。

专利号：01248475.X

CE 认证号：01087

BQ、KBQ型低压电机防潮加热带

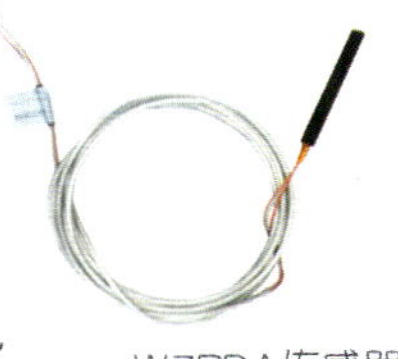

WZPDA传感器

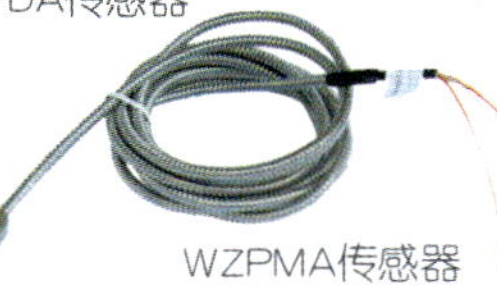

WZPMA传感器

WZP型

WZP铂电阻传感器（Pt1000，Pt100，Pt10）可替代进口产品（其管芯是德国TUMO公司生产）。其特点是体积小、结构合理、响应时间短、性能可靠。还有一种线绕式铂电阻传感器，应用于高压、低压电机轴承及线圈温度显示、直接观察到电机的轴承及线圈的实际工作温度。

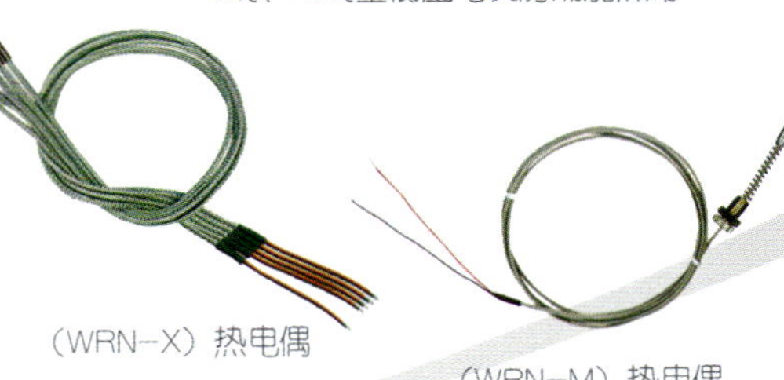

（WRN-X）热电偶

（WRN-M）热电偶

WRN镍铬—镍硅热电偶（K偶）

主要用于电机保护和测温，测温范围为-20～1200℃，并且直接显示出电机线圈和轴承的实际工作温度。

KLB型

KLB型智能温度控制仪，能对电机轴承及线圈温度进行实时监控，特别是KLB-1、KLB-2，为四路、六路巡检，特点是一台温度控制仪就可以监控电机的三相线圈和轴承的温度。能起到报警与切断电源、保护电机的功能。

Company Profile

企业简介

江苏大中电机股份有限公司(简称大中电机)是一家具有现代化生产规模的综合性电机制造企业。位于经济发达的长江三角洲江苏省靖江市，京沪高速、宁通高速、新长铁路贯穿而过，距上海、南京均约1.5h车程，交通十分便捷。

大中电机现有员工1 865人，工程技术人员520人，占地面积24万m^2，拥有总资产4.8亿元，年生产能力60万台、800万kW。主要产品有各类高、低压，交、直流电动机，广泛用于电站、冶金、煤矿、石化、船舶、交通、造纸、环保等厂矿企业，产品畅销海内外，深受用户的好评。

大中电机坚持管理创新，全面提升现代化管理水平，产值、销售连年递增，是“江苏省民营科技企业”、“江苏省高新技术企业”；被国家有关部门命名为“全国微特电机产业基地”，并认定为机电产品出口基地。

大中电机坚持品牌战略，注重产品质量，产品先后荣获“江苏省名牌产品”、企业获“江苏省质量诚信企业”称号、“中国名牌产品”等荣誉称号。

大中电机坚持“发展科技拓市场，强化质量铸品牌，严格管理增效益，诚信为本誉天下 ”的方针，发扬“诚信、团结、敬业、创新”的企业精神，竭诚为各行各业广大用户提供优质的产品和满意的服务。

卓越的创新意识，优质的产品质量，忠诚的服务态度，努力拼搏的精神是大中人始终如一的宗旨和庄重的承诺。

辊道电机

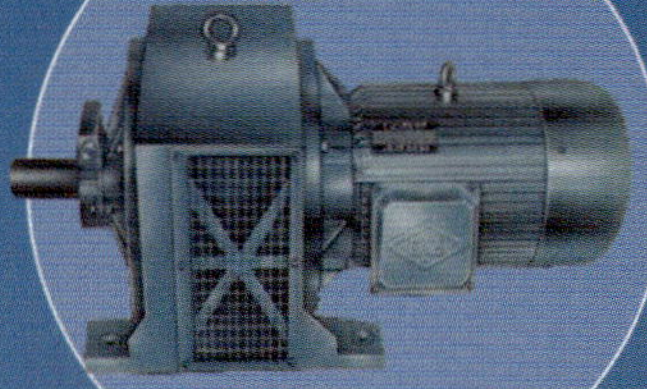

变频调速三相异步电动机

ZZJ-800系列轧钢辅助直流电机

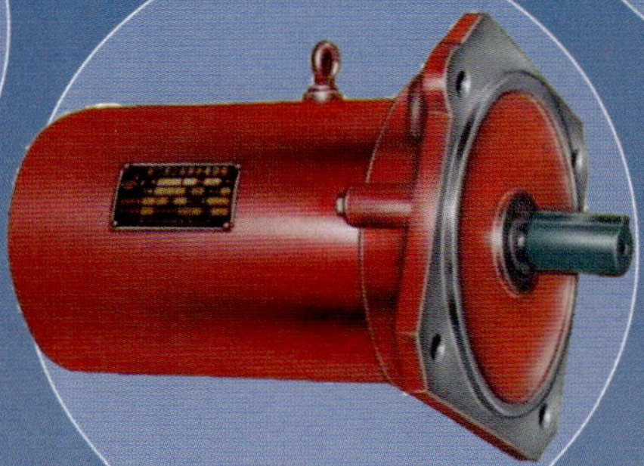

1E级核电机

直流电机

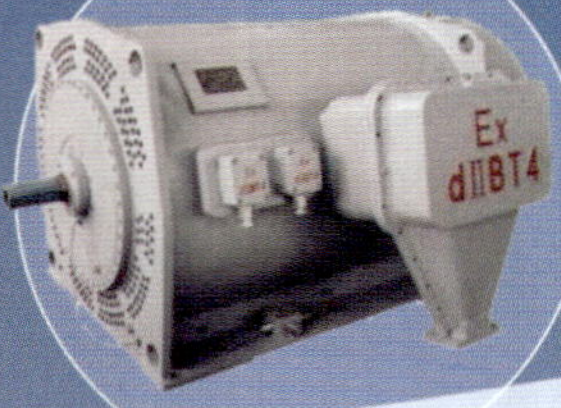

高压防爆电机

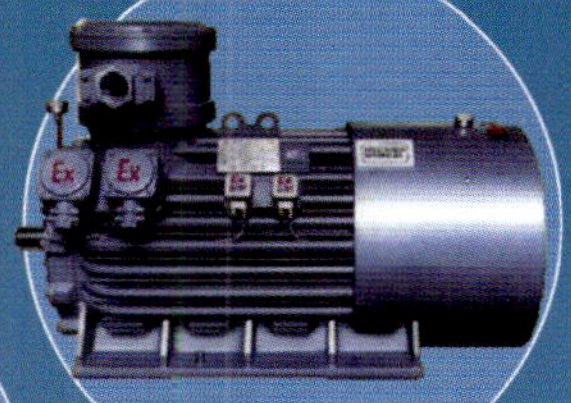

高压防爆电机

智能变频高效电机

YBF系列防爆电机

江苏大中电机股份有限公司

- 地址：江苏省靖江市季市镇季市西路39号
- 邮编：214523
- 电话：0523—84542326
- 传真：0523—84542280
- http：//www.dzem-china.com
- E-mail:jjdzjd@pub.tz.jsinfo.net

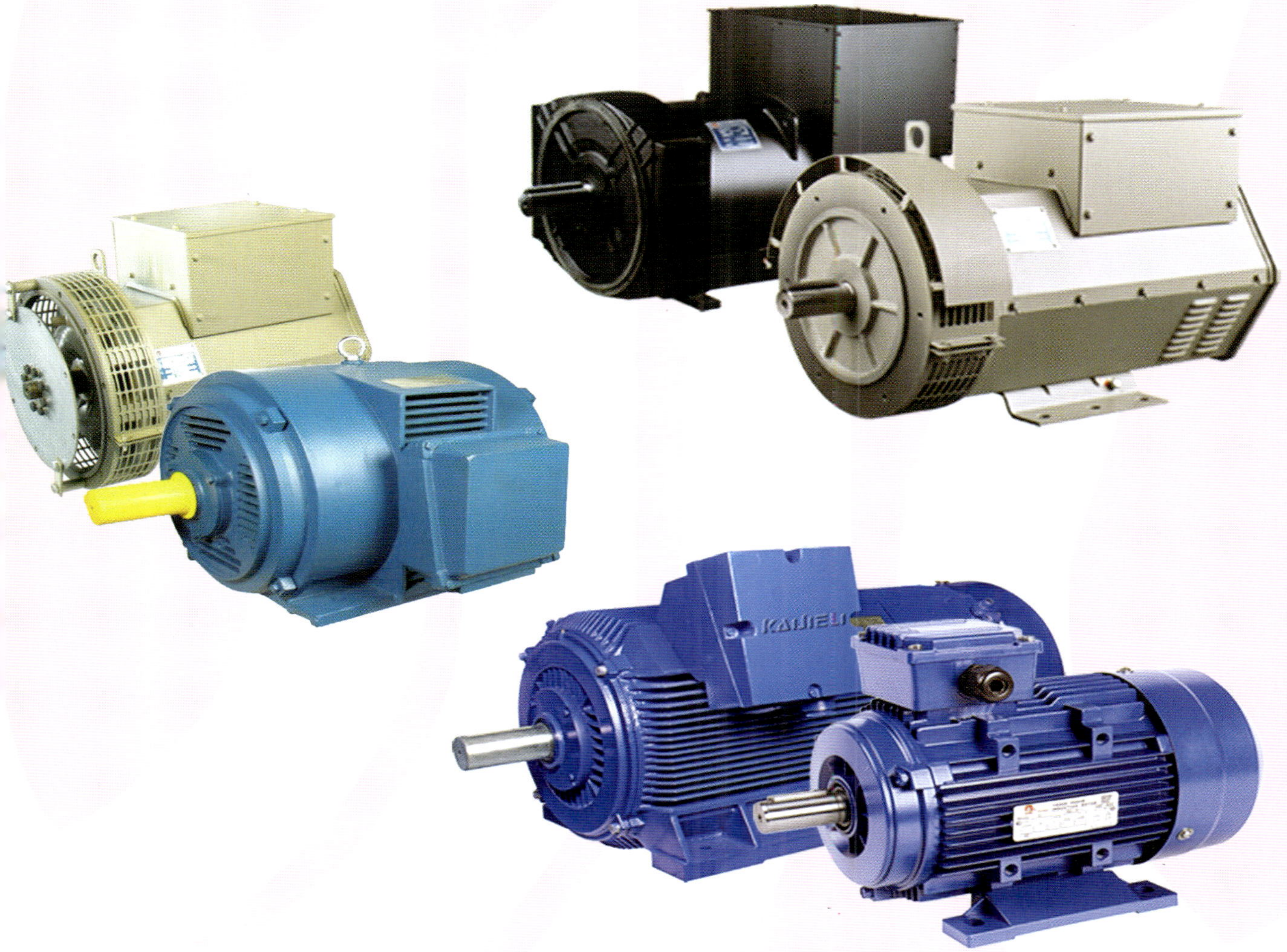

南阳防爆集团股份有限公司

国家认定
企业技术中心
国家发展改革委 科技部
财政部 海关总署 国家税务总局

南阳防爆集团有限公司
博士后科研工作站
POSTDOCTORAL PROGRAMME
中华人民共和国人事部
全国博士后管委会
二〇〇三年十二月

中国名牌产品

董事长、总经理 魏华钧

南阳防爆集团股份有限公司是中国规模领先的防爆电机科研生产基地、国家机电产品出口基地、国家创新型试点企业、国家火炬计划重点高新技术企业，连年荣登“中国大企业集团竞争力500强”、“中国机械500强”和“中国电气工业100强”排行榜。拥有国家认定企业技术中心、博士后科研工作站，其中，国家认定技术中心开创国内同行业先河。主要生产高低压各类防爆电机、普通电机、电动／发电机、轻型发电机、防爆风机、防爆电器和监控仪表等，主导产品防爆电机创出“中国名牌产品”。

2008年5月11日，有关领导莅临南防集团视察并寄语，“希望南防集团的防爆电机永远保持领先地位”，勉励南防集团“再接再厉，创出世界名牌”。

地址：河南省南阳市仲景北路22号　邮编：473008　电话：0377－63258317
传真：0377－63224273　http://www.cn－nf.com　E－mail:nfinfo@cn－nf.com

齐鲁牌

山东齐鲁电机制造有限公司

SHANDONG QILU ELECTRICAL MACHINERY MANUFACTURE CO.,LTD.

山东齐鲁电机制造有限公司位于济南市高新技术开发区，企业资产总额19.8亿元，占地面积34万m^2，现有职工1 327人，其中中高级工程技术人员222人，拥有国家认定企业技术中心，是山东省高新技术企业。开发制造的空内冷汽轮发电机通过引进消化吸收法国ALSTOM公司设计制造技术处于国际领先水平，大中型高压交流电动机采用真空压力浸渍等先进设计制造技术处于同行业领先水平。通过了质量管理体系和职业健康安全/环境管理体系认证，以及国家AAAA级标准化良好行为企业确认。“齐鲁”牌汽轮发电机连续十年保持“山东名牌”荣誉称号，空内冷汽轮发电机市场占有率自2005年连续三年达30%左右。现已成为国内大容量空冷汽轮发电机制造企业。

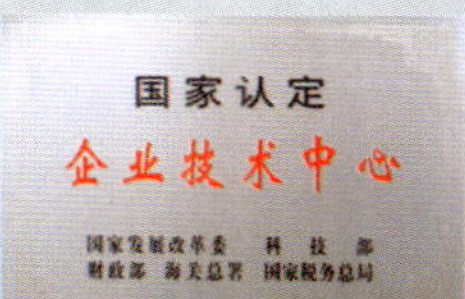

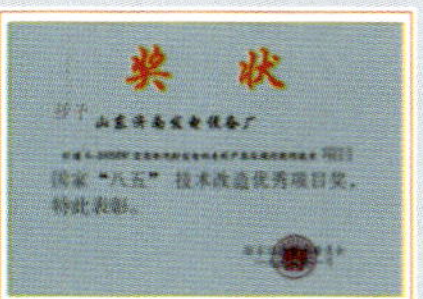

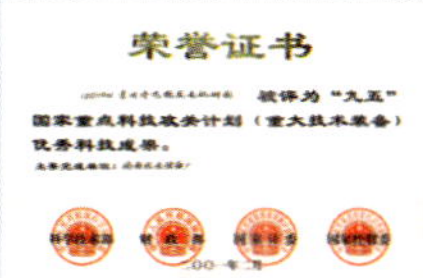

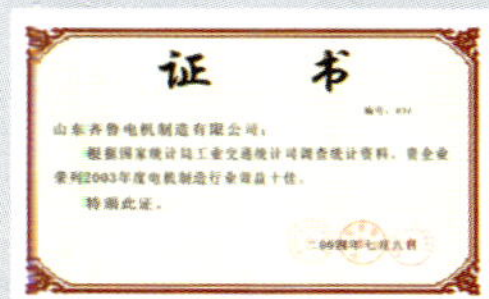

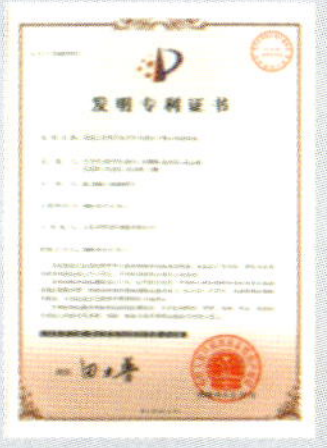

- 地　　址：山东省济南市历下区华信路18号
- 邮　　编：250100
- 电　　话：0531-87075433　87075463
- 传　　真：0531-87072122　88010684
- 联 系 人：王永江(0531-87075433)

山博
Shanbo EM

中国银奖.著名商标.山东名牌
ISO9001:2000
GJB/Z9001A-2001
地址：山东省淄博市博山区青年路1号
邮编：255200　电话：0533-2641888
传真：0533-2641030
http://www.boshanem.com.cn
E-mail:bem@boshanem.cn
山东山博电机集团有限公司
SHANDONG SHANBO ELECTRIC MACHINE GROUP CO.,LTD.
（博山电机厂）

为全球客户提供卓越驱动力

佳木斯电机股份有限公司始建于1937年，1998年加入哈尔滨电站设备集团公司，并逐步建立起电动机、发电机、泵、风机、成套、铸锻等6大产业，产品主要应用于石油、化工、煤炭、冶金、交通、水利、电力、核能、航天、粮食、军工等领域，产品远销40多个国家和地区，是中国大型的特种电机研发、生产基地。

佳木斯电机股份有限公司年生产能力700万kW以上，年产值20亿元以上，最大单机容量20 000kW，产品注册商标"飞球"，公司拥有省级技术、研发中心2个，产品整体技术水平处于国内同行业领先水平，主导产品达到国际同类产品的先进水平。公司通过了ISO 9001质量保证体系认证、国家环境和职业健康安全管理体系认证、国家测量管理体系认证以及GJB 9001A-2001军工产品质量体系认证。先后取得了CE欧盟产品安全认证，低压产品CSA认证，YB、YBF系列高压电机获得俄罗斯GOST认证、中国质量认证中心的RoHS认证和"CCC"中国国家强制性产品认证。Y2、YB2电机获得国家节能技术推荐证书，"飞球"牌防爆电机荣获"中国名牌产品"称号。

"为全球客户提供卓越驱动力"是佳木斯电机股份有限公司不懈的努力和追求。

YB2系列高压隔爆电机

佳木斯电机股份有限公司

JIAMUSI ELECTRIC MACHINE CO., LTD.

地址：黑龙江省佳木斯市前进区光复路766号
邮编：154002
电话：0454—8300754 8300437
传真：0454—8300361 8301992
http://www.jemlc.com
E-mail：jemlc@jemlc.com

CR3X风力发电机

YKS710—2大型三相异步电动机

ZD系列直流牵引电动机

淄博牵引电机集团股份有限公司

淄博牵引电机集团股份有限公司（原张店电机厂）始建于1958年，是内燃机车用各类牵引电机组，大中小型交直流电机、同步发电机，化工机械一、二、三类压力容器的专业制造厂家。1993年改制为股份制企业。公司总资产2.8亿元，年产值2.5亿元，年销售额2.43亿元，实现利税1 700万元。公司占地面积26.2万m^2。员工1 600余人。近年来，开发的环保、节能、大型、高压电机系列产品成为公司新的亮点。年生产能力为：电机250万kW、化工机械设备3 500t。

- 地址：山东省淄博市张店区共青团东路34号　邮编：255030
- 电话：0533-2602128
- 传真：0533-2180311
- http://www.qianyindianji.com.cn

搭建平台 智慧凝聚
合力共赢 共创辉煌

工 业 锅 炉

生产发展情况 2007年工业锅炉的行业特点是企业数量众多,生产规模差异较大,产品品种、规格繁多,涉及的行业和领域广,市场竞争激烈。2007年全国持有锅炉许可证的企业情况见表1。

表1 2007年全国持有锅炉许可证的企业情况

持 证 种 类	企业数(家)
锅炉制造A级证	63
锅炉制造A级部件证	72
锅炉制造B级证(额定蒸汽压力≤2.5MPa)	241
锅炉制造C级证(额定蒸汽压力≤0.8MPa,且额定蒸发量≤1t/h)	326
锅炉制造D级证(额定蒸汽压力≤0.1MPa的蒸汽锅炉和额定出口水温≤120℃,且额定热功率≤2.8MW的热水锅炉)	710
有机热载体锅炉许可证	48

2007年,工业锅炉生产延续几年的增长势头,工业总产值、销售收入以及利润率均有较大幅度的增长,并创历史新高。

根据国家统计局的数据,2007年工业锅炉产量为208 595.5t(蒸汽,含工业锅炉和生活用锅炉),增长率为19.8%。

根据中国电器工业协会工业锅炉分会对78家主要工业锅炉生产厂家的基本生产情况统计,2007年,实现工业总产值(现行价)106.81亿元,比上年增长16.17%。其中,52家企业工业总产值增加,占统计总数的67%;21家企业工业总产值下降,占统计总数的27%。与上年相比,工业总产值增加的厂家数量减少20%。统计表明,行业集中度相对提高的同时,市场风险增大。

2007年,实现工业销售产值(现行价)105.25亿元,比上年增长18.67%。实现工业增加值(生产法)30.71亿元,比上年增长24.78%,其中,工业增加值增加的有48家企业,占统计总数的61.54%。实现利润136 375.55万元,比上年增长41.06%,其中,赢利企业69家,亏损企业9家,行业整体运行好于上年。全员劳动生产率(全年工业增加值/全年从业人员平均人数)为9.09万元/人,与上年相比,有较大幅度的提高。2007年,锅炉出口交货值占工业锅炉工业总产值的5.4%,基本与上年持平。

2007年工业锅炉销量前10名企业见表2。2007年工业锅炉行业人均利润前10名企业见表3。2007年工业锅炉行业全员劳动生产率前10名企业见表4。

表2 2007年工业锅炉销量前10名企业

企 业 名 称	工业锅炉销量		工业总产值(当年价)(万元)	工业销售产值(当年价)(万元)	工业增加值(生产法)(万元)	主营业务利润(万元)	全员劳动生产率(万元/人)
	t(蒸汽)	台					
天津宝成机械集团有限公司	7 990	386	40 800	37 536	8 088	4 504	9.95
苏州海陆重工股份有限公司	7 939	318	74 091	77 377	18 887	6 562	13.03
江苏太湖锅炉股份有限公司	6 223	588	47 038	45 736	11 058	5 984	16.83
南通万达锅炉股份有限公司	4 569		45 686	41 856	13 508	10 256	16.66
上海四方锅炉厂	4 297	140	34 327	34 418	11 517	4 656	13.47
武汉天元锅炉有限责任公司	3 845	360	22 251	25 598	3 023	2 414	5.18
无锡太湖锅炉有限公司	3 836	390	40 582	42 489	7 908	2 569	12.65
无锡华光工业锅炉有限公司	3 369	238	18 934	13 192	6 362	1 136	14.80
杭州杭锅工业锅炉有限公司	3 353	210	46 676	45 553	6 246	9 766	29.60
河南开封得胜锅炉股份有限公司	3 129	156	20 158	19 227	15 531	1 726	13.81

表3 2007年工业锅炉行业人均利润前10名企业

序号	企 业 名 称	人均利润(万元/人)	工业锅炉销量		工业总产值(当年价)(万元)	工业增加值(生产法)(万元)	主营业务利润(万元)	全年从业人员平均人数(人)
			台	t(蒸汽)				
1	杭州杭锅工业锅炉有限公司	46.28	210	3 353	46 676	6 246	9 766	211
2	河北华信锅炉集团有限公司	18.38	402	1 755	13 492	2 833	1 801	98
3	江苏双良锅炉有限公司	13.54	247	2 547	32 600		6 497	480
4	南通万达锅炉股份有限公司	12.65		4 569	45 686	13 508	10 256	811
5	浙江特富锅炉有限公司	9.91	923	3 149	23 253	6 055	3 775	381
6	江苏太湖锅炉股份有限公司	9.11	588	6 223	47 038	11 058	5 984	657
7	泰山集团股份有限公司	8.19	387	2 847	57 187	18 103	13 408	1 637
8	常州能源设备总厂有限公司	7.49	636	2 077	20 630	3 750	3 070	410
9	广州天鹿锅炉有限公司	6.78	205	847	5 200	1 193	1 004	148
10	郑州锅炉有限责任公司	6.72	291	2 333	23 706	3 166	5 148	766

表4　2007年工业锅炉行业全员劳动生产率前10名企业

序号	企业名称	全员劳动生产率（万元/人）	工业锅炉销量		工业总产值（当年价）（万元）	工业增加值（生产法）（万元）	全年从业人员平均人数（人）
			台	t(蒸汽)			
1	杭州杭锅工业锅炉有限公司	29.60	210	3 353	46 676	6 246	211
2	河北华信锅炉集团有限公司	28.91	402	1 755	13 492	2 833	98
3	江苏太湖锅炉股份有限公司	16.83	588	6 223	47 038	11 058	657
4	南通万达锅炉股份有限公司	16.66		4 569	45 686	13 508	811
5	上海三浦锅炉有限公司	16.38	143	161	3 166	1 245	76
6	浙江特富锅炉有限公司	15.89	923	3 149	23 253	6 055	381
7	山东泰安山锅集团有限公司	15.06	1 276	1 571	22 000	12 046	800
8	无锡华光工业锅炉有限公司	14.80	238	3 369	18 934	6 362	430
9	河南开封得胜锅炉股份有限公司	13.81	156	3 129	20 158	15 531	1 125
10	上海四方锅炉厂	13.47	140	4 297	34 327	11 517	855

产品分类产销量　2007年，78家生产企业共销售锅炉18 398台、105 452 t（蒸汽），分别比上年增长了7.3%和4.4%。其中，燃煤锅炉9 108台、64 288t（蒸汽），分别占同期锅炉生产的60.65%和62.8%。与上年相比，燃煤锅炉台数降低，蒸吨数提高，主要是热水锅炉的单台容量有较大幅度的增大，平均达到13t（蒸汽）/台。燃油（气）锅炉3 234台、11 765t（蒸汽），分别占同期锅炉生产的21.5%和11.2%。结合历年各生产厂家的统计数据，剔除电站锅炉的产量，测算2007年主要企业生产工业锅炉约16.32万t（蒸汽），合3万台，比上年增长7.3%。2007年工业锅炉的分类产品产量比例见表5。

表5　2007年工业锅炉的分类产品产量比例

名　　称	占总产量比例（%）	
	台数	t(蒸汽)
按工质分类		
蒸汽锅炉	77	58
热水锅炉	23	42
按燃料分类		
燃煤锅炉	58.9	61.0
燃油、气锅炉	20.9	11.2
余热锅炉	4.4	16.3
电热锅炉	2.7	0.5
有机热载体锅炉	7.6	3.7

2007年，锅炉单台平均容量7.06 t（蒸汽）/台，较上年有明显的提高。分析认为：燃煤锅炉的单台容量继续提高，燃煤热水锅炉的数量有较大幅度的下降；由于油价的上涨，燃油锅炉的数量略有减少，总容量增加不多，与工业锅炉总产量相比，燃油锅炉的比例有所降低；余热锅炉的产量则以较快速度的连年增长，2007年比上年增长24%，在总的工业锅炉产量中约占4.6%。

市场及销售　2007年的工业锅炉销售总体形势好于上年，主要原因是大型热水锅炉的需求较旺，其次是余热锅炉的销量有较大幅度地提高，而其他锅炉产品的需求保持平衡，整体走势趋于平衡。预计工业锅炉的需求趋于平稳，而产品结构将有所变化。主要原因是：①国家提出节能减排的政策和目标，中小型工业锅炉在城市及其周边将受到一定的限制；②燃油的价格连续走高，迫使用户采取措施减少对供热的需求和依赖；③前几年大批量新建和安装的工业锅炉将发挥作用，新建锅炉的需求将得到缓解；④2008年奥运会的各项建设、改造任务已经完成，国家要求放缓经济发展的速度；⑤能源供应的多样化以及再生能源技术的进步和应用，均使得需求的增长减缓。

国内工业锅炉市场的竞争日趋激烈，国际化现象愈加突出。目前，已取得中国进口锅炉安全质量许可证书的境外企业已达173家，其中美国26家、英国6家、日本13家、韩国21家、意大利15家、德国31家。另外已建立的合资或独资企业14家，大多生产油气锅炉，如上海三浦锅炉有限公司、杭州富尔顿特种锅炉有限公司、韶关正久机械有限公司、安阳方块锅炉有限公司、三北拉法克锅炉有限公司、北京庆东锅炉有限公司、北京菲斯曼供热技术有限公司、北京巴布科克·威尔科克斯有限公司、沈阳大通锅炉公司、山东泰山前田锅炉有限公司、青岛荏原环境设备有限公司、青岛在宇锅炉有限公司、大震锅炉工业（昆山）有限公司、九江莱顿锅炉有限公司等。

质量及标准　2007年，中国环境保护产业协会中环协（北京）认证中心启动了工业锅炉环保产品认证工作，开展认证的工业锅炉主要包括以煤、油或气为燃料，额定蒸汽压力为0.04～3.8MPa的蒸汽锅炉，或额定出水压力大于0.1MPa的热水锅炉（煤粉炉除外）。燃用生物质燃料或重油燃料的锅炉亦在认证范围内。该认证属国内首次开展，依据《工业锅炉环保产品认证实施规则》进行，检测的主要依据为现行的《工业锅炉通用技术条件》和《锅炉大气污染物排放标准》（部分指标要求还严于这两项标准，如热效率要求大于JB/T10094—2002标准2个百分点），侧重锅炉环境保护性能指标的检测和验证，如锅炉烟尘初始排放浓度等。

2007年1月1日起，石家庄开始执行新的锅炉大气污染物排放地方标准——《石家庄市锅炉大气污染物排放标准》。该《标准》规定与现行的国家《锅炉大气污染物排放标准》相衔接，但在适用区域划分、执行时段、排放浓度限值方面又有区别，在粉尘的有组织排放和无组织排放、在线监测设备的安装和使用方面做出了新的规定。

新《标准》将燃煤工业锅炉的烟尘排放浓度，由《锅炉大气污染物排放标准》中规定的100mg/m^{3}和250mg/m^3，分

别降到 $50mg/m^3$ 和 $100mg/m^3$；燃轻质柴油和炼油锅炉烟尘排放浓度，由《锅炉大气污染物排放标准》中的 $80mg/m^3$ 和 $100mg/m^3$，全部降到 $50mg/m^3$。

燃煤工业锅炉二氧化硫排放浓度的限值，从 $1\,200mg/m^3$ 和 $900mg/m^3$，降到 $900mg/m^3$ 和 $600mg/m^3$；20t/h 以上的锅炉降到 $900mg/m^3$ 和 $400mg/m^3$；燃轻质柴油和煤油锅炉的二氧化硫排放浓度，由 $1\,200mg/m^3$ 和 $900mg/m^3$，降到 900 和 $400mg/m^3$；增加了 20t/h 以上燃煤锅炉控制氮氧化物的浓度规定，为 $650mg/m^3$。

同时，新《标准》中还规定：新建成使用（含扩建、改造）单台容量不小于 10t/h 的锅炉，必须安装固定的连续监测烟气中烟尘、二氧化硫排放浓度的仪器；单台容量不小于20t/h 的锅炉，应安装固定的连续监测烟气中烟尘、二氧化硫的仪器。燃煤电站锅炉排放浓度的限值，不再按照建成时间划分实施时间。

科技成果及新产品　陕西海浪公司下属的宝鸡市海浪锅炉设备有限公司设计的一种全新的锅炉装置，将分室加涡流旋风燃烧技术、高能裂变换热技术、热泵梯级回收余热技术融合在一起，将“烟”、“尘”在炉内全部烧尽，不冒烟，不扬灰。经国家环境检测中心测定，这种锅炉的燃烧效率高达 88.4%，污染排放物二氧化硫仅为国家标准的 1/150，运行成本只有油、气、电锅炉的 1/10。利用这种低耗能、高热效、无环境污染的高科技锅炉进行冬季采暖，每平方米的费用仅需 3 ~ 5 元，耗煤量不到一般锅炉的 1/3。

由大连锅炉厂自主研发的燃煤注汽式锅炉和大型环保节能锅炉，通过省部一级鉴定。鉴定专家认定，大连锅炉厂研制的亚临界压力燃煤注汽锅炉在技术上达到国际领先水平，属于国家“十一五”十项重点节能工程中的“石油替代项目”，也是大连市产业技术创新资金项目。

煤炭科学研究总院在国家科技攻关计划项目的支持下，成功开发出 4 ~ 20t/h 系列新型高效煤粉锅炉，可替代传统燃煤锅炉广泛推广使用。这种新型高效煤粉锅炉具有自主知识产权，采用密闭运行、自动控制、高效燃煤、炉内脱硫等先进技术，运行效率可达 86% 以上，比传统锅炉节煤 30% 以上。

江苏省工业锅炉洁净燃烧工程技术研究中心于 2007 年 6 月经省科技厅审查成立，主要承担单位为江苏太湖锅炉股份有限公司，合作单位有东南大学、上海工业锅炉研究所。

2007 年 2 月，由无锡华光锅炉股份有限公司等单位合作完成的循环流化床锅炉本体和动态仿真关键技术的研究及产业化荣获 2006 年度国家科学技术进步奖二等奖。

对外合作　2007 年 1 月，工业锅炉分会访问日本、韩国锅炉协会及有关锅炉企业，交流协会工作情况，推介 2007 年 6 月在上海举办的第八届国际锅炉、供热及节能技术与设备展览会。

基本建设及技术改造　根据 78 家企业的统计，2007 年有近 50 家生产企业进行了基建及更新改造，项目投资总额 6.8 亿元，高于上年的 5.9 亿元，其中，基建及更新改造措施项目投资额超 1 000 万元的企业就达 19 家。

企业结构调整　近年来，工业锅炉市场发展稳定，市场容量持续增大，各生产企业在激烈的市场竞争中，根据环保、节能、减排的要求，不断开发市场所需的新型锅炉产品，提升了产品等级和市场竞争能力，行业的集中度和品牌效应有一定程度的提高，但工业锅炉企业的结构调整能力仍较差。

2007 年 3 月，香港恒通投资（中国）有限公司通过出资收购湘潭锅炉厂有限公司中方股份，成立独资的湘潭锅炉有限责任公司。

2007 年 5 月，阿尔斯通签约收购青岛四洲电力设备有限公司，成立阿尔斯通四洲电力设备（青岛）有限公司。

〔撰稿人：中国联合工程公司张浩〕

余热锅炉

生产发展情况　2007 年，国民经济继续保持平稳较快发展，余热锅炉行业再创佳绩，主要经济指标创历史新高。据对全国近百家锅炉制造企业的不完全统计，2007 年生产各类余热锅炉 722 台，合计 23 124t（蒸汽），实现产值 248 108 万元（当年价）。与 2006 年相比（2006 年生产余热锅炉 786 台，合计 20 575t（蒸汽），产值 228 076 万元），余热锅炉生产台数下降 8.1%，t（蒸汽）数上升 12.4%，产值增长 8.8%。

余热锅炉产品类型多，主要的余热锅炉产品类型中，2007 年产量超过 2 000t（蒸汽）的有氧气转炉余热锅炉、高炉煤气余热锅炉、水泥窑余热锅炉、燃气轮机余热锅炉、干熄焦余热锅炉、小化肥造气余热锅炉，产量 1 000 ~ 2 000t（蒸汽）的产品类型有生物质锅炉和垃圾焚烧锅炉。余热锅炉的生产厂家根据各自的技术实力和特点、产品的业绩以及企业的发展战略，将某一类型产品的研发和营销作为重点，因而各类余热锅炉中的市场领先者不尽相同，前两家或三家企业往往占据该类余热锅炉的大部分市场份额。骨干余热锅炉制造企业凭借雄厚的技术储备在多个余热锅炉类型中占据领先或重要的地位。

众多余热锅炉制造企业中，部分企业以余热锅炉制造为核心业务，余热锅炉产值占企业总产值的一半以上，如杭州锅炉集团股份有限公司和苏州海陆重工股份有限公司。2007 年，杭州锅炉集团股份有限公司和苏州海陆重工股份有限公司的余热锅炉生产业绩继续保持行业的领先地位。杭州锅炉集团股份有限公司除在传统的电力、钢材、冶金以及水泥窑等节能领域继续领先外，生物质锅炉和烧结机余热锅炉研发也取得了突破。苏州海陆重工股份有限公司余热锅炉的产值和产量均超过上年，并在干熄焦余热锅炉、氧气转炉余热锅炉和有色冶金余热锅炉等领域业绩突出。还有部分企业，其主要业务以燃煤电站锅炉和循环流化床锅炉为主，近年来为分散产品集中的风险，逐步进入余热锅炉市场，如江西江联能源环保股份有限公司、济南锅炉集团有限公司、无锡华光锅炉股份有限公司等。这些企业在不同类型的余热锅炉市场上占有一定的位置。

为降低乃至扭转资源短缺和环境恶化对社会、经济造成的不利影响，国家正花大力气倡导全社会节能减排，力图建立环境友好型社会。国务院《关于印发节能减排综合性工作方案的通知》再次强调了我国“十一五”期间单位国内生产总值能耗降低 20%、主要污染物排放总量减少 10% 的约束性指标。该通知表示将制定和完善鼓励节能减排的税收政策以及惩罚奖励机制，无疑增强了余热锅炉制造企业对未来国内市场的信心，余热锅炉市场在相当长的一段时间内仍将持续、快速的发展。

产品分类产量 2007 年各类余热锅炉产量见表 1。2007 年余热锅炉主要生产企业业绩见表 2。

表 1 2007 年各类余热锅炉产量

序号	余热锅炉类别	产量		主要生产企业
		台	t(蒸汽)	
	合 计	722	23 124	
1	燃气轮机余热锅炉	10	2 210	杭州锅炉集团股份有限公司 无锡华光锅炉股份有限公司
2	氧气转炉余热锅炉	122	4 094	苏州海陆重工股份有限公司 太原锅炉集团有限公司 鞍山锅炉厂有限公司
3	垃 圾焚烧锅炉	26	1 137	无锡华光锅炉股份有限公司 杭州锅炉集团股份有限公司 江西江联能源环保股份有限公司 济南锅炉集团有限公司 浙江双峰锅炉制造有限公司
4	高炉煤气余热锅炉	34	3 000	江西江联能源环保股份有限公司 杭州锅炉集团股份有限公司 太原锅炉集团有限公司 无锡华光锅炉股份有限公司
5	干熄焦余热锅炉	25	2 157	杭州锅炉集团股份有限公司 苏州海陆重工股份有限公司
6	焦炉煤气余热锅炉	24	713	杭州锅炉集团股份有限公司 江西江联能源环保股份有限公司 太原锅炉集团有限公司 无锡华光锅炉股份有限公司 长沙锅炉厂有限责任公司
7	有色冶金余热锅炉	46	950	苏州海陆重工股份有限公司 邯郸锅炉制造有限责任公司 鞍山锅炉厂有限公司 长沙锅炉厂有限责任公司
8	生物质锅炉	27	1 445	济南锅炉集团有限公司 江西江联能源环保股份有限公司 无锡华光锅炉股份有限公司
9	造纸碱回收余热锅炉	4	150	济南锅炉集团有限公司
10	低热值尾气余热锅炉	9	278	盐城市锅炉制造有限公司 无锡华光锅炉股份有限公司 鞍山锅炉厂有限公司
11	烧结机余热锅炉	7	111	盐城市锅炉制造有限公司 长沙锅炉厂有限责任公司
12	硫酸余热锅炉	9	293	苏州海陆重工股份有限公司 盐城市锅炉制造有限公司 杭州锅炉集团股份有限公司
13	玻璃窑余热锅炉	19	80	鞍山锅炉厂有限公司 长沙锅炉厂有限责任公司 浙江双峰锅炉制造有限公司 杭州锅炉集团股份有限公司
14	小化肥造气余热锅炉	52	2 009	邯郸锅炉制造有限责任公司 盐城市锅炉制造有限公司 杭州锅炉集团股份有限公司

（续）

序号	余热锅炉类别	产　量		主要生产企业
		台	t(蒸汽)	
15	水泥窑余热锅炉	159	2 555	杭州锅炉集团股份有限公司 盐城市锅炉制造有限公司 邯郸锅炉制造有限责任公司 鞍山锅炉厂有限公司 长沙锅炉厂有限责任公司 无锡华光锅炉股份有限公司
16	柴油机余热锅炉	102	298	苏州海陆重工股份有限公司
17	炼油催化装置余热锅炉	4	178	江西江联能源环保股份有限公司
18	加热炉余热锅炉	6	25	鞍山锅炉厂有限公司
19	其他余热锅炉	37	1 441	盐城市锅炉制造有限公司 太原锅炉集团有限公司 苏州海陆重工股份有限公司 无锡华光锅炉股份有限公司等

表 2　2007 年余热锅炉主要生产企业业绩

序号	企业名称	余热锅炉产量		工业总产值(当年价)(万元)
		台	t(蒸汽)	
1	杭州锅炉集团股份有限公司	194	5 976	108 035
2	苏州海陆重工股份有限公司	253	6 330	42 720
3	江西江联能源环保股份有限公司	37	3 273	31 935
4	无锡华光锅炉股份有限公司	25	1 492	18 450
5	济南锅炉集团有限公司	21	1 065	17 888
6	盐城市锅炉制造有限公司	50	1 858	14 400
7	邯郸锅炉制造有限责任公司	65	1 563	6 008
8	太原锅炉集团有限公司	32	1 109	5 074

市场及销售　2007 年余热锅炉行业销售情况与上年相当,但由于产品竞争日趋激烈和原材料涨价等因素的影响,企业的盈利能力有所下降。据统计,2007 年各锅炉制造企业销售余热锅炉 700 台(套),合计 22 247t(蒸汽),销售收入达 252 531 万元。

余热锅炉制造企业积极拓展国际渠道,扩大企业的市场空间。国内余热锅炉企业的产品日渐成熟,接近和达到国际先进水平,凭借良好的性价比为国际客户接受、认可。2007 年,各企业余热锅炉出口逾 16 台(套),合计 1 086t(蒸汽),销售收入达 1 772 万美元,与上年相比业绩翻番。其中,苏州海陆重工股份有限公司分别向美国、日本、肯尼亚和赞比亚等国家出口 7 台有色冶金余热锅炉和干熄焦余热锅炉,合计 526t(蒸汽),销售金额达 730 万美元。杭州锅炉集团股份有限公司向印度出口 9E 级燃气轮机余热锅炉 1 台,金额近 500 万美元。该公司还通过中介公司向全球 500 强企业德国克虏伯钢铁公司的巴西项目提供焦化炉余热锅炉 8 台,向加纳出口 6B 级燃气轮机余热锅炉 2 台,合计 492t(蒸汽)。江西江联能源环保股份有限公司分别向缅甸和印度出口生物质锅炉共 7 台,合计 310 t(蒸汽),销售金额 415 万美元。济南锅炉集团有限公司向马来西亚提供 75t/h 联合炉排生物质锅炉 1 台,销售金额 130 万美元。随着国内企业余热锅炉产品业绩的形成,预计国外市场会占据越来越重要的地位,余热锅炉出口将稳步提高。

部分骨干余热锅炉制造企业积极调整销售模式,向下游延伸。杭州锅炉集团股份有限公司在市场拓展和经营模式调整方面已初见成效,借助其控股子公司西子联合工程公司承接余热利用机组从设计、制造到建设的总承包工程和交钥匙工程。杭州锅炉集团股份有限公司先后与邯郸钢铁集团公司和安阳钢铁集团股份有限公司合作,分别以 BOT 方式和 EPC 方式建设烧结环冷机烟气余热发电项目。同时,还与安阳钢铁集团股份有限公司联合签署《节能减排战略合作协议》,将为安钢开发制造干熄焦双压余热发电机组(热回收效率为现有干熄焦设备的 2 倍左右),该工程是国内第一套,也是国际上首套采用双压干熄焦余热锅炉的工程,大幅度提高了干熄焦余热回收的效率,促进了该领域的节能减排。目前,该工程已申报京都议定书的清洁发展机制(CDM)项目。

新产品研发及成果转化　余热锅炉领域的科研投入主要用于 3 个方向:一是余热锅炉产品逐渐扩大,新的余热利用领域不断出现,如烧结环冷余热的有效利用;二是在现有余热锅炉产品的基础上,向高温、高压和高余热回收利用率的方向发展,如杭州锅炉集团股份有限公司正在开发的第四代干熄焦余热锅炉和双压烧结余热回收锅炉;三是提高现有产品的可靠性和适用性,以及替代进口关键部件,如垃圾焚烧炉燃用高水分、低热值垃圾的可靠性等问题。有实力的余热锅炉制造企业每年将不低于销售收入的3%投入研发，以争取行业技术领先。

杭州锅炉集团股份有限公司响应国家建立生态文明、节能减排等重大举措，在继续保持现有多种余热锅炉产品技术国内领先的同时，加快新产品开发周期，将建材、冶金、化工、水泥等产业节能环保余热锅炉的研发作为重点。2007年，该公司日产5 000t水泥熟料生产线纯低温余热锅炉国产化项目获得"浙江省节能优秀示范项目"。一条5 000t/d水泥熟料生产线纯低温（窑头、窑尾）余热锅炉配备余热发电机组后，每年可提供电能5 400万kW·h，年综合节能量可达18 910t（标准煤），具有良好的经济效益和社会效益。此外，杭州锅炉集团股份有限公司在IGCC（整体煤气化联合循环发电技术）的余热回收技术研发已取得了重大突破。

杭州锅炉集团股份有限公司下属的杭州新世纪能源环保工程股份有限公司是一家专业从事城市生活垃圾焚烧处理工程与设备开发、设计、成套、建设和运行的高新技术企业。该公司二段往复式生活垃圾焚烧主线设备产业化项目被国家科技部列入2007年度国家火炬计划项目，这是继循环喷动式两用半干法烟气净化装置和生活垃圾焚烧处理技术与装备研发后，该公司两年来获得的第3个国家级科技计划项目。此外，生活垃圾焚烧锅炉、振打清灰机构的弹性振杆装置等4项技术已取得国家专利。公司签约承接了迄今国产单炉容量最大的垃圾焚烧发电项目——秦皇岛环保热电项目，两台拥有自主知识产权的焚烧发电锅炉日处理垃圾分别达500t，打破了我国大型垃圾焚烧炉依赖进口的局面。

面对国内中小发电机组锅炉进入"饱和期"的现状，济南锅炉集团有限公司调整发展战略，做出了"深耕节能减排市场，争做发展循环经济尖兵"的战略决策，并取得了显著效果。特别是与龙基电力公司重组后，积极借用龙基电力公司位居国际先进水平的生物质发电技术，加大生物质发电锅炉的研发力度。济南锅炉集团有限公司为我国首个生物质能发电示范项目——单县生物质能发电工程提供生物质锅炉，工程已于2007年底成功投入运行。该公司吸收消化从丹麦引进的先进技术，利用具有自主知识产权的生物质燃烧技术研制成功75t/h联合炉排蒸汽锅炉，并获得国家专利，具有良好的调节性能，能适应高水分燃料等特点。该公司已生产包括循环流化床、振动炉排和联合炉排等各种类型的生物质锅炉30余台，成为国内该类型锅炉的主要生产企业。此外，公司还开发了YG—74/5.3—T和SHS23—1.27—T等以木浆黑液和麦草浆黑液为燃料的新型碱回收锅炉，满足市场需求。

无锡华光锅炉股份有限公司积极致力于节能环保产品的发展，该公司为尽快跟上发达先进国家的技术水平，根据自身技术特点及国内外余热锅炉技术现状及发展趋势，引进了比利时CMI公司自然循环立式布置的燃气轮机联合循环余热锅炉的全套设计、工艺、制造、质量管理、安装和调试技术，在无锡新区新建特别用于余热锅炉模块的大型制造车间，购买包括进口螺旋鳍片管生产线在内的余热锅炉专业制造设备。2007年，公司首次获得莆田燃气电厂新建4×9F级单轴燃气—蒸汽联合循环发电项目余热锅炉岛的建设合同。此外，该公司的秸秆直燃锅炉研发与产业化项目，在2007年江苏省科技成果转化专项资金项目签约仪式上，因其符合国家环保节能政策和技术创新的优势，名列2007年度江苏省112家科技成果转化专项资金项目榜首，并与江苏省科技厅草签秸秆直燃锅炉研发与产业化项目合同。

苏州海陆重工股份有限公司瞄准市场需求，注重研究废热、余热利用和环境保护相结合的新技术。该公司与上海理工大学联合研制的高温高压自然循环干熄焦余热锅炉已列入国家"863"计划。

江西江联能源环保股份有限公司重视新产品开发，该公司生产的LC600—58.39—4.0/400/130型600t/d垃圾焚烧锅炉，采用德国马丁逆推式往复炉排垃圾焚烧技术，国产化率95%以上。炉排安装呈24°倾斜布置，采用液压驱动与分段配风技术，并在烟气出口处布置了半干法脱硫烟气处理装置。投入运行以来垃圾焚烧稳定，热灼减率在4%左右，并具有较宽的垃圾处理适应能力，比较适合高水分低热值垃圾。该产品已通过江西省科技厅组织的新产品鉴定，获得"江西省科技进步三等奖"。

鞍山锅炉厂有限公司2007年完成余热锅炉新产品开发和老产品改造共8项，被辽宁省科技厅认定为2007年首批辽宁省高新技术企业。公司正与哈尔滨工业大学合作开发日处理500t的生活垃圾焚烧锅炉，通过内循环流化床垃圾焚烧炉与液态排渣炉结合，实现城市生活垃圾直接焚烧以及二恶英零排放，该产品已列入鞍山市科技攻关项目。此外，该公司正在开发电石余热锅炉产品，并看好该领域的发展空间。

浙江双峰锅炉制造有限公司与浙江大学合作开发鼓泡床污泥锅炉，以解决目前制革、印染、造纸和污水处理厂等行业有毒有害排放物的无害化处理及能源综合利用。企业获"浙江省高新技术企业"称号。此外，盐城市锅炉制造有限公司和长沙锅炉厂有限责任公司开发了烧结机余热锅炉产品。

质量及标准 产品的不断更新换代，对新标准的需求也更加迫切。2007年，杭州余热锅炉研究所的归口单位——杭州锅炉集团股份有限公司作为主要起草单位参加了一系列余热锅炉国家标准的制修订工作。共同参加此项工作的还有上海发电设备成套设计研究院、南通万达锅炉股份有限公司、济南锅炉集团有限公司和鞍山锅炉厂有限公司等。2007年余热锅炉国家标准制修订情况见表3。

表3 2007年余热锅炉国家标准制修订情况

国标项目编号	标准名称	标准归口单位
20010963—T—604	烟道式余热锅炉热工试验方法	全国锅炉压力容器标准化技术委员会
20075357—T—469	烟道式余热锅炉通用技术条件	全国锅炉压力容器标准化技术委员会
20075358—T—469	氧气转炉余热锅炉技术条件	全国锅炉压力容器标准化技术委员会
20064774—T—469	工业锅炉及火焰加热炉烟气余热资源量计算方法与利用导则	全国能源基础与管理标准化技术委员会

基本建设及技术改造 2007年,余热锅炉制造企业为提高产品质量,扩大生产规模,继续加大基本建设和技术改造的投资力度。据统计,2007年余热锅炉主要制造企业完成固定资产投资37 342万元,比上年增长107%,其中基本建设投资23 549万元,技术更新改造投资13 793万元。这些投入主要用于优化和调整产品结构,提高产品质量,扩大生产规模。2007年部分余热锅炉生产企业固定资产投资情况见表4。

表4 2007年部分余热锅炉生产企业固定资产投资情况

序号	企业名称	投资金额(万元)
1	江西江联能源环保股份有限公司	13 565
2	苏州海陆重工股份有限公司	12 000
3	济南锅炉集团有限公司	4 694
4	无锡华光锅炉股份有限公司	2 720
5	杭州锅炉集团股份有限公司	2 577

杭州锅炉集团股份有限公司为配合城市规划,正着手进行工厂整体搬迁改造。建设中的新杭锅是"西气东输"工程配套建设项目,厂房将能生产30万kW等级的锅炉。为适应进军煤化工和国际化产品的需要,在运河沿岸计划建造800t级码头和重型装备车间,丁桥和崇贤基地的新厂房正在建设中。通过搬迁和新厂房建设可望实现技术改造、流程改造、产品升级换代,以拓展新的市场。

企业结构调整 原杭州锅炉集团有限公司已完成资产重组等一系列筹备工作。2007年9月,经有关部门批准整体改制设立股份制企业,新公司更名为杭州锅炉集团股份有限公司,正在积极争取A股上市。

2007年4月,原张家港海陆锅炉有限公司整体变更成立股份制企业,更名为苏州海陆重工股份有限公司,注册资本8 300万元。新公司将立足于余热锅炉及核电设备的研发和制造,充分利用中国对节能减排的政策支持和近期中国核电快速发展的需要,提高公司的核心竞争力和盈利水平。2008年5月,苏州海陆重工股份有限公司的上市申请获中国证券监督管理委员会批准。

2007年6月,济南锅炉集团有限公司被整体转让给龙基电力有限公司,成为龙基公司的全资核心子公司,成为一家外资企业。济南锅炉集团有限公司将积极借用龙基电力公司位居世界生物质发电技术前沿的优势,争做世界最大生物质能锅炉发电研发基地。

2007年7月,原长沙锅炉厂完成资产重组,更名为长沙锅炉厂有限责任公司。

〔撰稿人:杭州余热锅炉研究所蒋建民　审稿人:杭州余热锅炉研究所屠柏锐〕

工业燃气轮机

生产发展情况 2007年,我国国民经济依然快速持续发展。在电力工业高速发展的环境下,燃气轮机制造业面对原材料大幅上涨、原材料供应紧张、生产周期缩短、新产品减少、制造难度大、燃料紧缺等诸多不利因素,认真贯彻科学发展观,克服各种困难开拓创新,不断提高自身竞争力。2007年由于天然气等燃料供应不足,部分使用F级燃气轮机的联合循环电厂机组轮流发电,但这些并未能对燃气轮机联合循环装置发电构成太大的影响。经过哈尔滨动力设备股份有限公司(含哈尔滨汽轮机厂有限责任公司)、上海电气电站设备有限公司上海汽轮机厂、东方电气集团东方汽轮机厂有限公司、南京汽轮电机(集团)有限责任公司、杭州汽轮机股份有限公司等企业的努力,燃气轮机技术转让与国产化进度大大加快,生产形势发展良好。

随着我国国民经济的持续发展,燃气轮机及其联合循环发电设备、热电联产、中低热值冶金煤气回收利用、化工行业尾气回收利用等节能环保项目都比上年有了一定的增长。GDP的不断上升,促使能源的消耗量也愈来愈大,电力是能源中最重要的组成部分,燃气轮机发电装置改善电网品质和城市电网调峰的作用越来越明显。我国华北、西北油气田开发、"西气东输"、液化天然气站的建立等多元化燃料的提供,使燃气轮机及其联合循环发电设备的市场仍然得以维持。截止至2007年底,我国沿海经济发达地区长三角、珠三角、环渤海经济区等地以及青海、内蒙古两地区已相继建成20余台(套)大型燃气轮机联合循环发电装置,此外,在中西部地区及油(气)田亦相继建成50余座电厂(站),其中以F级、9E级、6B级为主的燃气轮机及其联合循环发电设备大部分由哈尔滨动力设备股份有限公司、上海汽轮机有限公司、东方电气集团东方汽轮机有限公司、南京汽轮电机(集团)有限责任公司等提供,少数为国外进口的联合循环发电设备。杭州锅炉集团公司为F级和9E级的联合循环发电设备提供配套的余热锅炉。

我国4个大一型燃气轮机及联合循环发电设备制造公司的生产发展情况如下:

1. 哈尔滨动力股份有限公司(简称哈动股份)

哈动股份于2004年引进美国GE公司GE9FA燃气轮机及其用于联合循环配套的D10汽轮机、390H发电机。截止至2007年底，哈动股份已赢得27台在国内生产的F级燃气轮机合同，国内市场占有一定的比例。MS9001FA系列PG9351型燃气轮机主要技术参数见表1。

表1　MS9001FA系列PG9351型燃气轮机主要技术参数

技术参数	单位	指标(量值)
输出功率	MW	255.6
热耗率	kJ/kW·h	9 759
热耗	$\times 10^6$kJ	2 494
排气流量	kg/h	2 368 064
排气温度	℃	602
效率	%	36.9
NO_x	ppmvd15% O_2	25
额定燃烧温度	℃	1 326.7
可转导叶(IGV)	转向角度	88
压气机压比		16.5
现场环境温度	℃	15
现场压力	MPa	0.1013
进气损耗	cmH_2O	7.62
排气损耗	cmH_2O	12.7
燃料		天然气
燃料低热值	kJ/kg	50 000
燃烧系统	DLN	干式低氮氧化物排放
压气机级数		18
透平极数		3
发电机损耗	%	1.16

D10汽轮机是与9FA燃气轮机组成联合循环配套用的汽轮机，在单轴机组中使用。D10型9F联合循环用汽轮机主要技术参数见表2。

表2　D10型9F联合循环用汽轮机主要技术参数

技术参数	单位	D—10—50—150—1510—LO—26	D—10—50—150—1510—LO—33.5
额定功率	kW	134 056	143 990
高压进汽口压力	MPa	9.66	9.66
进气温度	℃	565.6	565.6
再热温度	℃	565.6	565.6
末级动叶长度	cm	66	85
高压喷嘴室面积	cm^2	76.43	76.43
中压喷嘴室面积	cm^2	392.48	392.48
低压喷嘴室面积	cm^2	2 160.81	2 160.81
机组形式		高中压合缸，双缸双排汽	高中压合缸，双缸双排气
高压缸级数		12	12
中压缸级数		9	9
低压缸级数		2×5	2×6
排汽总面积	m^2	4.79	6.75

390H发电机是与9FA单轴联合循环机组相配套的全氢冷发电机，390H发电机主要技术参数见表3。

表3　390H发电机主要技术参数

(续)

技术参数	单位	量值
额定容量	MV·A	468
功率因数		0.85
额定电压	kV	19
额定频率	Hz	50
额定转速	r/min	3 000
冷却气体温度	℃	40
氢气压力	MPa	0.414
按IEC34的效率	%	99.01
短路比		0.50
额定转子电流	A	1 770
定子绕组槽数		72
每极转子线圈数量		9
每极转子线圈匝数		108

2007年，哈动股份总共完成3个燃气/蒸汽联合循环发电项目，分别是北京太阳宫1套燃气轮机联合循环发电装置(二拖一机组)、福建晋江4台(套)F级燃气轮机联合循环发电机组、广东中山嘉明横门电厂2台(套)F级燃气轮机联合循环发电机组。

2. 上汽电气电站设备有限公司上海汽轮机厂(简称上海汽轮机厂)

上海汽轮机厂同时拥有SGT5—4000F(V94.3A)F级燃气轮机、SGT5—2000E(V94.2)E级燃气轮机技术以及燃气轮机控制(I&C)技术。截止至2007年底，上海汽轮机厂已经实现了压气机动静叶片、压气机的持环、燃烧室外缸、透平缸、压气机轴承座(包括轴承)、透平轴承座(包括轴承)、燃气轮机控制系统等重要部件的国产化。同时，合资成立的热部件公司已经正式开始热部件的加工制造，并开始向国外供货。上海汽轮机厂已经初步具备了燃气轮机向完全国产化发展的基本条件。

上海汽轮机厂为华能上海石洞口燃机电厂提供了3套SGT5—4000F(V94.3A)单轴燃气/蒸汽联合循环发电机组，功率与热耗远远优于保证值。该项目从奠基到商业投运仅耗时15个月，工程进度创世界同类机组之最，华能上海燃机电厂被《亚洲电力》杂志评为2007年亚洲惟一的“亚洲最佳燃机电厂”、“最有效且环境友好型燃气电厂”，净效率超过58%。单轴机组以低成本为上海地区提供电力，发挥了最高的调峰灵活性及低排放的要求。

2007年，河南郑州1#、2#，萧山3#、4#，中原1#、2# SGT5—4000F(V94.3A)单轴燃气/蒸汽联合循环发电机组先后完成安装调试，均一次点火成功并顺利完成168h连续满负荷试运行，性能指标达到国内、国际先进水平。

北京华电郑常庄SGT5—2000E(V94.2)的主设备以及所有的辅助设备已经完成安装，正在进行点火前的调试工作，厦门东部1#和2#机组也正处在紧张的施工阶段。

华能天津IGCC项目的中标，填补了燃用合成气的大型燃气轮机国内加工制造、供货的空白，优化了上海汽轮机厂的产品结构。目前，上海汽轮机厂正在联合西门子公司进行燃用低热值合成气大型燃气轮机的设计、研发工作。

2007年，上海汽轮机厂还从西门子公司引进并合作生产了2台SGT5—4000E(V94.2)型E级重型燃气轮机安装在北京郑常庄。该机型由西门子公司20世纪70年代开始制造并投入使用，经过几十年的更新升级，设计成熟、可靠性高。目前最新的型号是第六代,在 ISO 工况下,功率 168MW,效率 34.5%,透平进气温度 1 075℃。此外,该机组的改进型已经成功应用于整体煤气化联合循环发电(IGCC),具有丰富的燃烧合成气的实际经验。该燃气轮机的主要特点是:

(1)外部燃烧的一对大型筒型燃烧室,配备 16 或 12 个干式低 NOx(DLN)混合燃烧器,可以燃烧从低热值到高热值的多种燃料(具有用于 IGCC 发电的实际经验)。

(2)在正常运行条件下,燃烧室内带陶瓷衬里的火焰筒可以确保燃烧充分并实现未燃尽碳氢化合物的最低排放以及 CO 零排放。

(3)燃烧筒的陶瓷隔热瓦持久耐用,可以确保燃烧室的长期少量维修。

(4)外部燃烧可以消除对透平叶片的火焰辐射,充足的混合空间保证透平前恒定的温度场。

(5)使用端面齿中心拉杆结构,具有自对中性能,能够保证机组运行平稳,并具有快速起动和升负荷能力。转子现场可以拆装,而不需要再做动平衡。

(6)起动时,由变频器作为起动装置,不使用低功率的起动电机和转矩变换器,从而避免燃气轮机过烧,也保证了燃气轮机快速和平稳的起动。

(7)采用冷端驱动(发电机和压气机端连接),透平轴向排气,即通过轴向排气扩散段无障碍地把排气送到余热锅炉,有利于降低排气损失。

(8)可以现场单独更换所有级压气机和透平的动静叶片,而不必吊起转子。

(9)可以通过人孔进入宽敞的燃烧室检测从燃烧器到透平叶片的所有热部套部件。

3. 东方电气集团东方汽轮机有限公司(以下简称东方汽轮机有限公司)

东方电气集团东方汽轮机有限公司是目前国内引进三菱公司 F 级、E 级燃气轮机制造技术的大型企业。截止至 2007 年底,首批 9 台 M701F 重型燃气轮机已经在 3 个燃机电厂投入商业运行近一年时间,运行情况良好。各电厂首台机组均已完成维护、检查。2007 年完成了福建莆田燃机电厂项目 2 台 M701F 重型燃气轮机的制造和总装,其中第一台于 2007 年 10 月发运,目前正处于安装调试阶段。福建莆田燃机电厂项目的第 3 台 M701F 燃机预计于 2009 年 5 月交货,第 4 台 M701F 燃机于 2009 年 8 月交货。随着转子国产化的全面启动,F 级燃气轮机国产化率将从 58% 提高到 67%。在此基础上 M701(E 级)燃气轮机技术转化全面完成,产品试制条件已经形成。预计在今后几年内,东方汽轮机有限公司 F 级、E 级燃气轮机试制和制造能力将会有更大的发展。

4. 南京汽轮电机(集团)有限责任公司

南京汽轮电机(集团)有限责任公司自改革开放以来一直是我国制造 6B 系列燃气轮机的排头兵,近几年又是我国率先与 GE 公司合作生产 E 级燃气轮机的主力军。但是,2007 年整个燃气轮机市场开发遭遇挑战,天然气供应不足和国际油价快速上涨等因素导致燃气轮机订单回落。即便如此,该公司 2007 年仍生产 12 台燃气轮机,总容量达 704.7MW,其中 6B 系列燃气轮机共 10 台/452.7MW,9E 级燃气轮机共 2 台/252MW。此外,还生产燃气/蒸汽联合循环用汽轮机 6 台/252.6MW。

此外,2007 年还生产了以 6B 系列、40MW 等级中低热值燃气轮机为龙头,包括燃气/蒸汽联合循环机组、空冷机组、低温低压余热利用机组等 10 台(套)。虽然比 2006 年产量有所减少,但是,在供气不足,油价、原材料上涨等不利因素的影响下,南京汽轮电机(集团)有限责任公司还是取得了不斐的业绩。

除上述 4 个公司外,杭州汽轮机股份有限公司(以下简称杭汽公司)于 2006 年首次引进日本三菱公司的 M251S 燃气轮机,该机以钢铁厂(公司)排放的高炉煤气为燃料的燃气/蒸汽联合循环、功率 50MW 等级,共生产 3 台(套)。2007 年生产 M251S 型燃气轮机 1 台(套)。该机组具有以下特点:

(1)燃料热值只需 750kcal/m^3(标准状态),全部使用钢铁厂富余的高炉煤气;

(2)以钢铁厂现有的焦炉煤气作值班燃料,无需使用轻油;

(3)可连续在空负荷到满负荷范围内运行;

(4)机组可以甩负荷,亦可以只带厂用电运行;

(5)机组每年可减排温室气体 30 万 t,具有较好的环保效益。

综上所述,2007 年,我国生产 F 级、E 级、6B 系列等发电用、中低热值高(焦)炉气发电用或联合循环用燃气轮机的大型企业,南京汽轮电机(集团)有限责任公司、哈尔滨动力设备股份有限公司(含哈尔滨汽轮机有限公司)、上海汽轮机有限公司、东方汽轮机有限公司、杭州汽轮机股份有限公司等,面对订单任务重、周期紧以及国产化不断提升等困难,加大力度,采取措施,主要经济指标虽略有降低,但还是保持了良好的利润和效益。2007 年燃气轮机行业主要企业经济指标见表 4。

表 4　2007 年燃气轮机行业主要企业经济指标

指标名称	单位	南京汽轮电机(集团)有限责任公司	上海电气电站设备有限公司上海汽轮机厂	哈尔滨汽轮机厂有限责任公司	东方电气集团东方汽轮机有限公司
从业人员平均人数	人	2 648	3 222	5 543	4 718
工业总产值	万元	381 799	753 913	704 774	954 955
固定资产净值平均余额	万元	28 372	88 061	56 330	116 168
销售收入	万元	395 354	822 346	717 399	835 493

（续）

指标名称	单位	南京汽轮电机(集团)有限责任公司	上海电气电站设备有限公司上海汽轮机厂	哈尔滨汽轮机厂有限责任公司	东方电气集团东方汽轮机有限公司
利税/利润	万元	76 937/59 485	60 791	68 578/40 684	101 208/91 009
全员劳动生产率	元/人	383 671	473 836	233 786	546 415
资本保值增值率	%	122.16	105	139.27	173.82
总资产贡献率	%	16.07	6.98	7.49	6.99
产销率	%	99.76	100	100.57	100
质量损失率	%	0.13	0.14	0.14	0.23
燃机产量	台/MW	12/20.50	3/61.60	—	2/54.00
燃机出口量	台/MW	5/20.99	0	—	—
燃机工业产值	万元	89 837	18 038	—	—

注:杭州汽轮机股份有限公司生产燃气轮机 2 台/100MW,其余经济指标不详。

自 20 世纪 90 年代以来,我国以燃气轮机为主链的燃气/蒸汽联合循环发电设备取得较快的发展,其主要优势在于环保节能与高效率。在联合循环发电设备中,除燃气轮机、蒸汽轮机外,余热锅炉是不可缺少的重大装备之一。杭州锅炉集团股份有限公司则是我国最大的余热锅炉研究、开发和制造基地,2007 年,杭州锅炉集团股份有限公司已生产各类燃气轮机余热锅炉 8 台,其中 9F 级燃气轮机余热锅炉 3 台,9E 级燃气轮机余热锅炉 2 台,6B 级燃气轮机余热锅炉 2 台,其他燃气轮机余热锅炉 1 台,总计产值 37 685.44 万元。截止至 2007 年底,杭州锅炉集团股份有限公司已累计完成各类燃气轮机联合循环余热锅炉总计 149 台,成果丰硕。

市场及销售 2007 年,随着国家电力结构优化调整和节能减排政策力度的加大,国内发电设备市场竞争进一步加剧,需求主导型买方市场特征进一步凸现,燃气轮机及其联合循环发电机组的销售形势也受到影响。由于前几年国内 4 个大型燃气轮机制造企业利用“打捆招标”和“市场换技术”的方式,取得了不少招标项目,因此还有一定数量的计划。2007 年工业燃气轮机行业市场销售比 2006 年略有下降,但总体而言,产销平稳。

2007 年,南京汽轮电机(集团)有限责任公司面对国内燃气轮机电厂(站)和冶金行业等用户市场的环境变化,提高营销各个环节的服务质量和反应速度,突出重点、挖“深”点,将主要精力放在加快燃气轮机国产化步伐和开拓新领域上。首先是提升 E 级燃气轮机国产化率,除 GE 公司少量供货的部件外,其余都由该公司自主采购、自行制造。2007 年已实现 E 级燃气轮机包括转子、复环、主机管路在内多个部套的国产化设计,E 级燃气轮机岛国产化率大大提高。其次是开发并拓展 E 级、6B 系列中低热值燃气轮机在国内冶金、煤炭、化工等领域中的应用,并积极参与了天津绿煤、杭州半山燃机电厂 9E 的 IGCC 项目的投标。2007 年南京汽轮电机(集团)有限责任公司燃气轮机及燃气/蒸汽联合循环发电装置产销情况见表 5。

表 5 2007 年南京汽轮电机(集团)有限责任公司燃气轮机及燃气/蒸汽联合循环发电装置产销情况

产品名称	生产				销售		出口	
	产量(台/MW)	比上年增长(%)	产值(万元)	比上年增长(%)	销售收入(万元)	比上年增长(%)	数量(台/MW)	比上年增长(%)
燃气轮机	12/704.7	-24.9	89 837	-28.1	89 837	-28.1	5/20.99	-54.6
其中:6B 系列	10/452.7	-34.1	80 328	-22.1	80 328	-22.1	5/20.99	-54.6
9E 级	2/252	0	9 509	-56.3	9 509	-56.3	0	—
燃气/蒸汽联合循环用汽轮机	6/259.6	-5.3	10 785	-14.3	10 169	-24.9	1/3.76	-49.5

哈动股份(含哈尔滨汽轮机厂有限公司)生产燃气轮机及联合循环发电机组的工作量及工作内容都是跨年度进行的,因此无法简单的对 2007 年的市场销售情况进行分析。2007 年 5 月,哈动股份仅签署了中海油中山嘉明项目 2 台 109FA 单轴机组合同,也是当年惟一的国内招标项目。由于国内石油、天然气资源紧张,而燃气轮机运行前提是必须要有持续充足的天然气燃料,因此,哈动股份在国内招标的 F 级燃气轮机项目数量非常少。

上海电气电站设备有限公司上海汽轮机厂作为国内同时掌握 E 级和 F 级重型燃气轮机技术的企业,2007 年共赢得 14 台燃气轮机订单,其中 F 级 SGT5—4000F(V94.3A)11 台,分别供给上海石洞口、河南郑州、河南中原、浙江萧山和厦门东部燃机电厂;E 级 SGT5—2000E(V94.2)2 台(套),供给北京郑常庄燃机电厂,该项目为热电联供联合循环机组;华能天津 IGCC 合成气燃气轮机 1 台(套),目前处于设备的研究加工阶段。

2007 年杭州汽轮机股份有限公司燃气轮机生产实况见表 6。

表6　2007年杭州汽轮机股份有限公司燃气轮机生产实况

产品代号	型号	生产分工范围	产量（套）	汽机（含锅炉）	最终用户	功率（MW）	燃料	备注
G0004	M251S	制造及装配	1	无	张家港宏昌钢板有限公司	50	高炉煤气	2007年10月交货
G0005	M251S	制造及装配	1	无	张家港宏昌钢板有限公司	50	高炉煤气	正在制造
G0006	M251S	装配	1	无	山西太原钢铁集团公司	50	高炉煤气	2008年4月交货
G0007	M251S	制造及装配	1	无	湖南涟源钢铁集团有限公司	50	高炉煤气	正在制造
G0008	M251S	制造及装配	1	无	湖南涟源钢铁集团有限公司	50	高炉煤气	正在制造

科技成果及新产品　2007年，燃气轮机行业围绕新产品的开发、技术引进和生产进行了大量的科研工作，取得了一定的成绩。但是，国内4大燃气轮机制造企业在引进国外不同国家的F级、E级、6B系列燃气轮机产品先进技术的同时，在自主开发方面仍面临着3个核心难题：①引进产品部分的制造技术，没有能引进产品设计技术；②部分关键零部件及燃气轮机三大件压气机、透平转子、燃烧室和轮控盘仍依赖进口；③部分核心部件和辅机以及配套件也依赖进口。这暴露出我国在引进技术的消化吸收、产业配套能力以及核心技术掌握方面，亟需加强科研投入和政策扶持，特别是一些基础性的试验研究、行业共性技术难题更需加大经费投入和科学合理规划，集中力量予以人力、物力支持。

上海汽轮机厂承担了国家“863”R0110重型燃气轮机的研制任务。该项目为110MW等级重型燃气轮机，通过使用该厂自主研发的五轴联动铣床对转子轮盘及所属零件的加工，实现了以铣代拉的加工工艺，为生产F级、E级燃气轮机转子轮盘的轮槽提供了技术保证与加工依据。

截止至2007年底，上海汽轮机厂具有自主知识产权的燃气轮机水洗、干燥系统，燃气轮机本体隔热通风设备，润滑油系统以及燃料系统设备已经在国内项目上得到应用，性能良好得到用户的首肯。

南京汽轮电机（集团）有限责任公司2007年利用自身生产的9E、6B系列燃气轮机的优势，在科研和国产化方面作了大量的工作，进入2008年产品目录、争创9E、6B系列燃气轮机中国名牌产品已指日可待。该公司依托中低热值产业化项目、国家“863”计划的科研课题，加强与国内科研院所的合作，优化完善系统功能，为燃气轮机在节能和环保领域中的应用提供了保障。

质量及标准　2007年全国燃气轮机标准化技术委员会（SAC/TC 259）在国家标准委的直接领导下，根据燃气轮机及其联合循环发电装置行业发展的需要，结合国家对机械重大装备制造业的重点扶持和要求，标准化工作形成以企业为主体，以大型企业为主参与标准化工作和国家标准、国际标准制定、修订的新机制。我国的4大燃气轮机制造企业哈尔滨汽轮机厂有限责任公司、上海汽轮机有限公司、南京汽轮电机（集团）公司、东方汽轮机有限公司以及国内多家燃机制造企业都积极参与了国家标准的制定、修订工作。2007年完成了GB/T 10490—1989《轻型燃气轮机　验收试验规范》与GB/T 14100—1993《燃气轮机　验收试验》整合修订为GB/T 14100—200×《燃气轮机　验收试验》的报批稿，修订GB/T 10489—1989《轻型燃气轮机通用技术要求》的报批稿。

2007年，东方电气集团东方汽轮机有限公司对质量和标准非常重视，质量管理按ISO 9001：2000标准要求执行。燃气轮机电站设备制造、安装方面执行三类标准：第一类，制造厂标准（日本MHI公司标准）；第二类，通用标准（ASTM、ASME等美国标准，IEEE、ISO等国际标准，JIS、JEC等日本国工业标准）；第三类，现有的已出版的燃气轮机国家标准（GB、GB/T）等。在机组性能保证及验收方面执行ASME和ISO标准。

东方汽轮机有限公司还参与全国燃气轮机标准化技术委员会组织的《燃气轮机热力性能试验》、GB/T 14100—200×《燃气轮机 验收试验》、GB/T 10489《轻型燃气轮机通用技术要求》等国家标准的制定和修订工作。

2007年，上海汽轮机厂生产加工的燃气轮机部件均采用了DIN、EN、KUN、MUN等国外先进标准，并按这些标准对原材料质量、加工质量予以控制。所有燃气轮机部件均严格按西门子规定的标准制造，并由西门子专业质检人员进行检验，所有指标都合格后方可出厂。

南京汽轮电机（集团）有限责任公司2007年着重并持之以恒地开展质量年活动，年内重点抓好质量改进计划的制定和落实，从设计、工艺、供应、制造、外协、管理等方面全面进行梳理，推广质量报告制度，严格过程质量追究制、完工质量问责制、优质产品奖励制，强化质量意识和责任心。建立健全考核机制，利用9E燃气轮机生产现场作示范教育平台，以大型机组制造规范和标准严格要求，向国际标准和惯例靠拢、看齐，重点抓好产品的清洁度和外观质量、包装质量，彻底改变不良习惯。经过一年的整顿，燃气轮机产品质量大大提升，国产燃气轮机及联合循环机组在国内外用户中的信誉提高，更提升了在商界贸易谈判中的竞争力。

杭州锅炉集团有限公司开发的9E和9F级燃气轮机余热锅炉、干熄焦余热锅炉、水泥窑余热锅炉继续保持国内行业的领先地位。该公司“NG”牌余热锅炉系列在2004年首次获“浙江省名牌”产品后，2007年经复评，再次获“浙江省名牌产品”称号。2007年11月“NG”牌余热锅炉系列产品获“中国节能环保锅炉十佳知名品牌”称号，同时该公司进入2007年中国机械500强。

基本建设及技术改造　2007年，国家发展和改革委员会要求30万kW以下的各类火电机组一律不得再建，包括5万kW以下的燃气轮机火电机组（热电联产除外）和电厂（站）要分期分批地关停并转，再加之国际石油、天然气燃料价格的上涨和短缺，使燃气轮机的发展受到较大影响，各个企业的基本建设及技术改造项目投资额比上年有所回落。即便如此，在市场仍有需求的形势下，企业坚持做精做强的原则，加快投资优势项目，使企业具有差异化竞争优势。

2007年，南京汽轮电机（集团）有限责任公司在基本建设和技术改造方面表现尤为突出。该公司围绕300MW机组试制、燃气轮机转子国产化的项目、扩大绿色节能产品生产、提高部套制造水平，进一步加大技术改造投入，加速技改项目实施。2007年完成了武汉重型机床集团生产的ϕ4.2m×15m卧车安装调试，落实进口5m×12m×4m龙门铣床、ϕ2.5m立车等大型数控设备交货进度，同时组织技术骨干对ϕ3.2m数控卧车、HT ϕ1 600×12 000 40t重型卧车、CR61160 ϕ16 000×12 000卧车进行改造，大大缓解了转子加工瓶颈。完成了线圈、热处理新厂房主体工程，推动叶片加工能力提档升级。此外，搬迁了50t动平衡机，对燃气轮机和发电机试验站台进行改造，添置或更新了生产急需设备及变电设施。2007年该公司累计技术改造投入5 198万元。

上海汽轮机厂有限公司随着新产品新技术的发展，产品质量相应提高。该公司加大了基本建设和技术改造投入，呈现出项目数量多、投资额度大、建设周期紧等特点。自2005年以来，共投入逾5亿元资金，分批实施装备更新项目，共计更新设备180余台。先后引进具有21世纪初先进水平的数控铣床、数控叶片型面铣床、叶片加工中心等50余台高加工精度、高效率的数控设备。重点投资的重型燃气轮机总装车间的建设业已完成并投产，已具备年总装8台（套）重型燃气轮机的能力。另外，高速动平衡设备改造项目的完成，满足了百万千瓦等级超超临界汽轮机低压转子超速动平衡试验的要求。

2007年，西门子公司向上海汽轮机厂有限公司转让了整个联合循环电站系统优化设计计算程序（西门子性能计算程序SIPEP）。针对不同联合循环电厂优化配置的要求，该程序可以完成各种工况下的热平衡计算，以此为基础可以对所有辅助系统设备进行造型和配置，以保证机岛系统设备相互匹配，可以对整个机岛的管道布置和各设备间的接口要求进行优化设计，可为用户提供余热锅炉有关参数的最佳选择，从而保证整个机组的技术经济指标达到国际先进水平。

东方汽轮机有限公司2007年实施的燃气轮机技术改造及重大攻关的项目重点部署在德阳市厂区（汶川地震前），一、二期技改共实施了端面磨齿机等15台重点设备的采购和安装，已有10台调试完成并投入使用。燃气轮机转子加工中心已投入试加工。

2007年，东方汽轮机有限公司开展了《270MW F级燃气轮机转子制造技术研究》课题等多项重大技术攻关。

杭州汽轮机股份有限公司生产燃气轮机产品起步相对较晚，但该企业对基本建设十分重视。为给公司燃气轮机的生产制造创造条件，公司在金加工、检测、工艺配套设施等方面不断进行完善和投入，新增双头成型磨、TK6113数控卧镗、32t高速动平衡试验设备、燃气轮机安装台、燃气轮机起吊专用吊具、RJQ型井式加热炉、温度自动测试系统、HBZ焊接变位器（定制）、液压扳手等国内外的设备设施，投资约5 000多万元，为杭州汽轮机股份有限公司燃气轮机的制造和今后发展奠定了基础。

〔撰稿人：南京燃气轮机研究所涂庆国　审稿人：南京燃气轮机研究所娄马宝〕

大型水电设备

生产发展情况　2007年是“十一五”规划目标承上启下的关键一年。在国民经济持续保持快速发展以及电力工业高速发展的环境下，面对关键设备资源紧缺、原材料能源供应紧张、公路运输受限、产品交货集中、生产周期缩短、新产品增多、制造难度大诸多不利因素，大型水电设备行业企业发奋图强，认真贯彻科学发展观，克服各种困难，抓住市场机遇，积极开拓创新，不断提高自身竞争力，技术改造成果显著，企业装备能力进一步提升，企业综合竞争力明显增强。2007年行业继续保持蓬勃发展态势，产销运行水平稳步增长，经济效益显著提高。

2007年，电力工业迅速发展，一大批电力项目投产运行发电，社会电力供需矛盾得到进一步缓和，但新开工的常规火电项目明显减少。由于国家执行水电“又好又快”的发展方针，解决我国国民经济发展中能源短缺的矛盾，特别是要加快发展可再生能源、绿色能源，水电持续发展，水电大型、巨型机组在发电设备市场上项目猛增，市场形势看好。据对大型水电设备行业8个企业的统计，2007年完成工业总产值897 349万元，完成产品销售收入837 716万元。2007年大型水电设备行业主要企业主要经济指标完成情况见表1。

表1　2007年大型水电设备行业主要企业主要经济指标完成情况

企业名称	工业总产值（当年价）（万元）	工业增加值（万元）	产品销售收入（万元）	利润总额（万元）
东方电气集团东方电机有限公司	513 375	141 178	553 859	87 512
四川东风电机厂有限公司	83 477	26 500	78 341	8 483
重庆水轮机厂有限责任公司	29 531	13 962	27 598	2 251
昆明电机有限责任公司	51 125	16 914	44 075	2 000
南宁发电设备总厂	30 161	3 666	18 511	114
广东省韶关众力发电设备有限公司	19 447	8 714	13 993	272
中国长江动力公司（集团）	170 233	47 977	101 339	14 039
合　计	897 349	258 911	837 716	114 671

产品分类产量 据对8个企业的统计,2007年大型水电设备行业生产完成水电机组206套,1 420.24万kW,完成水电设备产值394 134万元。2007年大型水电设备行业主要企业水电设备产量、产值见表2。

表2 2007年大型水电设备行业主要企业水电设备产量、产值

企业名称	产量(台、套)	产量(万kW)	产值(万元)
东方电气集团东方电机有限公司	38	519.05	223 594
哈尔滨电机厂有限责任公司	39	603.04	—
四川东风电机厂有限公司	59	110.00	68 000
重庆水轮机厂有限责任公司	16	66.15	28 200
昆明电机有限责任公司	—	63.17	30 426
南宁发电设备总厂	31	34.05	18 667
广东省韶关众力发电设备有限公司	13	11.98	19 447
中国长江动力公司(集团)	10	12.80	5 800
合 计	206	1 420.24	394 134

市场及销售 据不完全统计数据,2007年大型水电设备国内销售收入306 274万元,国外销售收入3 935万美元。2007年大型水电设备行业主要企业水电设备销售收入见表3。

表3 2007年大型水电设备行业主要企业水电设备销售收入

企业名称	国内销售收入(万元)	国外销售收入(万美元)	出口数量(万kW/台)
东方电气集团东方电机有限公司	233 826	2 851	28.8/4
重庆水轮机厂有限责任公司	26 000	780	1.2/1
昆明电机有限责任公司	23 480	289	/
南宁发电设备总厂	6 563	15	/1
广东省韶关众力发电设备有限公司	13 993		
中国长江动力公司(集团)	2 412		
合 计	306 274	3 935	30.0/6

东方电气集团东方电机有限公司2007年完成工业总产值(现价)513 375万元,比上年增长12.74%;完成水轮发电机组38组/519.05万kW,比上年增长45.23%,产值产量再创历史新高。随着国家"节能减排"和"上大压小"政策的实施,大型发电设备制造企业又迎来了千载难逢的大好时机,相继签订了三峡地下电站2×700MW蒸发冷却水轮发电机组、福建宁德2×1 100MW核能发电机、广东惠来等12台1 000MW汽轮发电机等,全年订货额突破100亿元,创历史订货额之最。国外市场开拓也取得佳绩,通过积极与各代理单位沟通,配合其参与项目的前期研发、复询和投标工作,签订了单机容最最大的出口产品越南同奈Ⅳ2×170MW水轮发电机组和印度ADAN Ⅰ燃煤电站2×660MW汽轮发电机等10个水火电合同,金额达11.98亿元,也创历史之最。2007年国内产品销售收入518 144万元,其中水电占45.13%,火电占51.26%,产销售情况良好,水火电产品产销率达到100%。国外产品销售收入35 715万元,其中水电占86.83%,主要销往越南和巴基斯坦。2007年是哈尔滨电机厂有限责任公司巩固并扩大"十一五"发展成果,实现新时期发展目标的关键之年,是各项工作成果喜获丰收之年。生产水电设备39台,603.045万kW;汽轮发电机64台,2 522.7万kW,全年产品产量突破3 000万kW,创出历史最好水平。经营订货突破100亿元,刷新了历史记录,经济效益突飞猛进,利润总额突破10亿元。在国际贸易中,水电方面签约越南斯博雷克Ⅲ单机110MW、印度尼西亚阿沙罕3台单机90MW、缅甸上邦朗2台单机70MW、柬埔寨甘寨60MW和埃塞俄比亚2台48.5MW合同。水电外贸总签约额5亿元。四川东风电机厂有限公司目前形成了以中小水电、火电设备和风电为主导的产品结构,已具备10万kW混流式、4万kW灯泡贯流式、4万kW轴流式、5万kW冲击式水轮发电机组和3万kW汽轮发电机的制造能力。2007年工业总产值超过8亿元,比上年增长15%,全年新增外贸合同约2亿元。

重庆水轮机厂有限责任公司2007年承接水力发电设备订单较2006年有一定增加,增幅为27.3%,高水头混流式和冲击式机组占全年合同总价的82.4%。

广东省韶关众力发电设备有限公司主要生产大中型贯流式、混流式、轴流式、冲击式水轮机和立式、卧式发电机,产品以灯泡贯流机组为主,以常规水轮发电机组为辅。通过实施"名牌带动战略",大力开拓国外水电产品市场,公司实现了大型水轮发电机组打入亚洲、欧洲市场"零的突破",先后与缅甸、土耳其等国家签订了大型水轮发电机组出口合同,其中缅甸KK机组单机容量为3.7万kW,创下了建厂以来单机容量最大的新记录。2007年完成工业总产值1.95亿元,实现销售收入1.4亿元,上缴国家税费1 390多万元,水轮机产量和发电机产量各约12万kW。

中国长江动力公司(集团)2007年整体生产发展过程比较平稳,基本满足经营需要。完成汽电水机503.61万kW。其中汽轮机233.01万kW,65台;电机247.8万kW,58台;水轮机11.4万kW,1台;水轮发电机11.4万kW,1台。国外市场也实现突破,全年签订外销合同9 000多万元。

科技成果及新产品 东方电气集团东方电机有限公司承担的国家重大技术装备"800MW蒸发冷却水轮发电机研制"项目正在进行设计,"数字化制造信息系统"功能样机已设计完成。2007年共完成新产品18项,并进行了厂内鉴定,其中水电机组有:桥巩(GZ758—WP—740)、长洲(GZ932—WP—750、SFWG42—80/8450)、仁宗海(CJ610—L—255/6×23.1、SF120—16/5800)、滩坑(HLD333C—LJ—485、SF200—40/10800)、洪口(HLD294—LJ—365、SF100—30/8500)、狮子坪(HLD372A—LJ—210、SF65—10/4250)、真纳(GZ1157—WS—650、SFWG12—8/1800)、构皮滩发电机(SF600—48/13850)、景洪发电机(SF350—80/18900)、龙头石发电机(SF175—72/13200)等。2007年7月5日,公司生产制造的首台100MW汽轮发电机在山东邹县电厂顺利完成168h试运行,正式投入商业运行。

哈尔滨电机厂有限责任公司承担了大型核电半转速汽轮发电机设计和制造关键技术研究项目、350MW空冷汽轮发电机的研制和大型混流式水轮机转轮现场制造技术的研究及装备的研制工作。2007 年经国家或省级鉴定具有国际先进水平的新产品有：景洪水电站水轮机不锈钢叶片铸件、光照电站水轮机筒阀、三峡电站右岩机组水轮机转轮叶片、白山抽水蓄能机组。6 500MV·A 冲击发电机和 700MW 级全空冷水轮发电机达到国际领先水平。2007 年 7 月 10 日，由哈尔滨电机厂有限责任公司自主研发设计制造，拥有自主知识产权的中国首台国产化 700MW 水轮发电机组在长江三峡右岸电站投产发电。这台特大型水电机组在水、电设备两项关键技术上取得了重大突破：一是水轮机新型转轮技术达到世界先进水平；二是空冷发电机技术取得成功，标志着公司在特大型水电机组的设计制造技术上达到了世界一流水平。

2007 年 12 月 4 日，公司生产的国内最大容量超超临界 1 000MW汽轮发电机顺利完成 168h 试运行。该机的主要技术经济指标达到或超过了国际标准，最大连续功率可达 1 100MW，效率超过了 99%，具有良好的经济性、环保性和可靠性。

四川东风电机厂有限公司开展感应式、直流式乃至永磁式汽车驱动电动机的研发，完成了感应式驱动电机系列技术的优化和整顿，直流驱动电机、永磁驱动电机及其控制系统的研发均取得阶段性突破；组织实施 1 500kW 双馈异步风力发电机技术创新，并形成批量生产能力；实施 SCAIA 三维设计、CAM 数控加工工艺 SS 项目；推进工艺布局、工艺路线调整工作。

重庆水轮机厂有限责任公司 2007 年完成了 25 个新产品的自主设计开发项目和十余项新材料、新工艺的研究应用。其中有 7 个水轮发电机组产品被列入重庆市 2007 年重点新产品计划，一个水轮发电机组产品被列入重庆市技术创新计划。新技术、新工艺应用项目主要有：带极堆焊工艺推广应用、发电机导轴承接触式密封装置开发、水轮机转轮叶片数控加工技术推广应用、混流式水轮机转轮组焊接工艺改进等。

广东省韶关众力发电设备有限公司开发新产品有：石龙水电站水轮机 ZZ550—LH—380、发电机 SF35—30/6250 机组；红岩水电站水轮机 GZ995—WP—430、发电机 SFWG12—52/5040 机组；缅甸 KK 水电站水轮机 ZZ550—LJ—380、发电机 SF35—32/6500 机组等。2007 年 12 月，全国第二大水轮机转轮直径为 7.2m 的灯泡贯流水轮发电机组在甘肃柴家峡水电站成功并网发电，标志着广东省韶关众力发电设备有限公司的生产技术、质量水平上了新台阶。

中国长江动力公司（集团）调整设计思路，探索新技术、提升产品技术含量及产品的可靠性，通过优化改进发电机定子穿心螺杆绝缘改进发电机端部固定用涤玻绳及适形毡工艺；改进主绝缘节能降耗材料，使用特级快固化云母带；改进定子端部防晕技术，长江动力公司对绝缘技术及绝缘工艺进行了革新及改进。

2007 年大型水电设备行业部分企业新产品见表 4。

表 4　2007 年大型水电设备行业部分企业新产品

电站名称	水轮机型号	水头范围 (m)	额定功率 (MW)	转轮直径 (m)	额定转速 (r/min)	发电机型号	额定容量 (MW)	电压 (kV)	功率因数
东方电气集团东方电机有限公司									
滩坑	HLD333C—LJ—485	81～127	204.1	4.85	150	SF200—40/10800	200	13.8	0.90
仁宗海	CJ610—L—255/6×23.1	547.6～610	123.0	2.55	375	SF120—16/5800	120	13.8	0.90
洪口	HLD294—LJ—365	73.76～108.83	102.5	3.65	200	SF100—30/8500	100	13.8	0.85
狮子坪	HLD372a—LJ—210	344～451.3	67.0	2.10	600	SF65—10/4250	65	13.8	0.88
桥巩	GZ(758)—WP—740	5.5～24.3	58.5	7.40	83	SFWG57—72/9000	57	10.5	0.92
长洲	GZ(932)—WP—750	2.5～16	42.9	7.50	75	SFWG42—80/8450	42	13.8	0.92
小龙门	GZ(1157)—WS—650	3.2～6.2	12.8	6.50	75	SFWG12—8/1800	12	11.0	0.90
构皮滩						SF600—48/13850	600	18.0	0.90
景洪						SF350—80/18900	350	18.0	0.90
龙头石						SF175—72/13200	175	15.8	0.90
四川东风电机厂有限公司									
切克戴米电站	HLB58—LJ—150	168～177	25.0	1.50	600	SF25000—10/3250	25	10.5	0.85
德里电站	HLB52—LJ—170	272～282.5	24.6	1.70	600	SF24600—10/3250	25	10.5	0.85
歌克太奇电站	HLB63—LJ—268	167	81.5	2.68	333	SF81500—18/5500	82	13.8	0.85
野三河	HLB93—LJ—163	220～274	25.0	1.63	600	SF25000—10/3450	25	10.5	0.88
漂亮电站	HLB62—LJ—180	66.868～83.558	20.0	1.80	375	SF20000—16/4250	20	11.0	0.80
马拉拉电站	CJB14—233/4×18.4	593～608	50.0	2.33	429	SF50000—14/4500	50	10.5	0.88
火谷电站	ZZB64—LH—340	23.53～30.19	20.0	3.40	200	SF20000—30/5500	20	10.5	0.85
帕里瓦沙电站	CJB14—160/4×14.5	592.5～594.92	30.0	1.60	600	SF30000—10/3250	30	11.0	0.90
新马电站	HLB62—LJ—257		50.0	2.57	300	SF50000—20/5500	50	10.5	0.85
南山一级	CJB10—LJ—165/4×10	923.8～989.7	30.0	1.65	750	SF30000—8/3100	30	10.5	0.80
大洑潭	GZB855—WP—670	5～15.1	40.0	6.70	88	SFWG40000—70/7470	40	10.5	0.95
禾森	ZZB84—LH—540	9～18	40.0	5.40	115	SF40000—52/7800	40	10.5	0.85
东江	B99—WP—610	4.94～10.21	16.0	6.10	75	SFWG16000—80/6600	16	10.5	0.90

（续）

电站名称	水轮机型号	水头范围（m）	额定功率（MW）	转轮直径（m）	额定转速（r/min）	发电机型号	额定容量（MW）	电压（kV）	功率因数
四川东风电机厂有限公司									
华润电力	HLB62—LJ—395	52.5～82.5	70.0	3.95	167	SF70000—36/8200	70	10.5	0.85
老渡口	HLB66—LJ—296	55.5～92.5	50.0	2.96	214	SF50000—28/6000	50	10.5	0.85
奥鲁克	HLB65—LJ—310	60～65.6	53.1	3.10	188	SF53100—32/6500	53	13.8	0.90
歌克太奇一级水电站	HLB49—LJ—250		65.0	2.50	333	SF65000—18/5500	65	11.0	0.85
重庆水轮机厂有限责任公司									
四川甘孜九龙偏桥	HLC436—LJ—345	213	76.0	2.45	375	SF76—16/5100	76	13.8	0.85
云南洗马河赛珠	CJ1085—L—176/4×13.4	714	34.0	1.76	600	SF34—10/3450	34	10.5	0.85
四川甘孜一道桥	CJ1085—L—184/4×14.1	758	40.0	1.84	600	SF40—10/3700	40	10.5	0.85
四川黑水河柳坪	HLA722C—LJ—332	76.3	40.0	3.32	188	SF40—32/6000	40	10.5	0.85
四川黑水河色尔古	HLA722C—LJ—300	94.8	50.0	3.00	250	SF50—24/6050	50	13.8	0.85
云南大盈江三级二期	HLA722C—LJ—290	106	50.0	2.90	250	SF50—24/6000	50	10.5	0.85
出口赞比亚电站	CJA475—W—174/2×17.5	350	10.5	1.74	429	SFW10.5—14/2860	11	11.0	0.80
越南昆江二级电站	HLA542—LJ—160	140	18.0	1.60	750	SF18—10/3250	18	6.3	0.80
南宁发电设备总厂									
越南嘉兴水电站	HLA883—LJ—178	62.9～84.7	16.5	1.78	375	SF15—16/4250	17	10.5	0.80
挪威鲍利葛水电站	HL820—LH—310	17.6～21.0	10.0	3.10	125	SF10—48/5100	13	10.5	0.80
挪威新 KK 水电站	ZZ550—LH—490	17～25	40.0	5.10	136	SF40—44/8200	50	10.5	0.80
中国长江动力公司（集团）									
甘肃卓尼县洮河扭子水电站	ZZA834—LJ—260	23.48～30.65	10.4	2.60	250	SF10—24/4250	10	10.5	0.80
甘肃卓尼县录巴寺水电站	HLA551—LJ—250	32～42	17.6	2.50	214	SF17—28/5500	17	10.5	0.80
昆明电机有限责任公司									
云南贡山斯得河	CJA237—L—155/4×9.5	580	14.3	1.55	600	SF12.5—10/2860	13	6.3	0.80
云南勐典河二级	CJA475—L—148/4×15.8	320	15.5	1.48	500	SF15—12/3300	15	10.5	0.80
云南盈江香柏河二级	CJA237—L—140/4×14.5	297	10.9	1.40	500	SF10.5—12/2860	11	10.5	0.80
云南沾益县得泽电站	HLA551—LJ—148	55	10.3	1.48	429	SF10—14/3300	10	10.5	0.80
贵州涟江团坡电站（大机）	HLA671—LJ—185	121.6	33.1	1.85	429	SF32—14/4250	32	10.5	0.85
云南怒江亚目河三级站	CJA237—L—130/4×12.5	387.5	12.9	1.30	600	SF12.5—10/2860	12	10.5	0.80
越南宝路电站	HLA801—LJ—165	68.55	12.6	1.65	375	SF12.25—16/3300	12	6.6	0.85
云南麻栗坡县三转湾电站	HLA551—LJ—255	40.37	20.8	2.25	214	SF20—28/5000	20	10.5	0.85
云南保山腊寨电站	HLA743—LJ—312	59	41.1	3.12	200	SF40—30/6500	40	10.5	0.85
四川五一桥电站	HLA575c—LJ—188	202.5	45.4	1.88	500	SF44—12/4250	44	13.8	0.88
四川巴郎口电站	CJA237—L—215/6×16.5	519.6	49.5	2.15	429	SF48—14/4650	48	10.5	0.85
云南省梁河县弄另电站	HLA616—LJ—400	68	92.3	4.00	167	SF90—36/9200	90	13.8	0.85
云南南盘江糯租电站	HLA743—LJ—190	88.5	25.6	1.90	375	SF25—15/4250	25	10.5	0.85
云南文山曼棍五级电站	HLA551—LJ—208	57	20.6	2.08	300	SF20—20/4250	20	10.5	0.80
缅甸康腾电站						SF18.4—12/3480	18	11.0	0.80

质量及标准　东方电气集团东方电机有限公司坚持“严明责任，持续改进，追求用户满意，树立一流品牌”的质量工作方针，狠抓体系建设，注重业绩考核，倡导质量诚信，加强质量监控，产品实物质量总体受控。生产的“东电”牌汽轮发电机、大中型水轮发电机组均已贯彻执行有关国际标准，国家标准和行业标准，部分产品按标书要求，直接执行相关标准，与外商合作生产的产品直接执行国际标准。

哈尔滨电机厂有限责任公司按照“以预防为主，继续做好质量成本核准工作；以三峡右岸、百万机组为重点，加强各项目产品的过程控制；按三峡产品免检策划方案控制三峡右岸产品制造过程；深入质量是在过程中形成的理念，同时提高检验过程的群体素质；提高公司合格供方准入标准，理顺哈电供方评价程序，推进供方复评工作”的指导思想开展质量管理工作。

转化了两项水轮机国际标准：修改采用 IEC60609—1：2004《水轮机、蓄能泵和水泵水轮机空蚀评定　第 1 部分反击式水轮机的评定》对原国家标准 GB/T 15469—1995 进行修订；修改采用 IEC60193：1991《水轮机、蓄能泵和水泵水轮机模型验收试验》对原国家标准 GB/T 15631—1995 进行修订及制定两项新国家标准。

2007 年开展“管理革命”工作，开展 6S 管理，推进重点工艺过程质量控制卡等工作，企业管理有了明显的变化。

四川东风电机厂有限公司 2007 年各主要质量指标均完成计划要求，公司产品质量总体受控，产品及零部件质量表现稳定、优良、全年无重大质量事故，被四川省质量技术监督局评为 AAA 级企业。公司的混流式、轴流式、水斗式水轮机和水轮发电机获中国电器工业协会“质量可信产品”称号。

重庆水轮机厂有限责任公司产品一等品率为 86.4%。

2007 年通过了中国质量认证中心 ISO 9001:2000 质量管理体系的监督审核。

中国长江动力公司(集团)2007 年继续完善了质量管理体系文件,包括 52 个程序文件和 600 多个作业文件,涉及营销、设计、工艺制造、外包、检验、售后服务等全过程管理。2007 年再次顺利通过 ISO 9001:2000 质量管理体系监督审核,并被中国企业产品质量协会授予"全国质量、信誉、服务 AAA 等级企业"和"2007 年中国行业年度质量信誉百强会员单位"称号。

基本建设及技术改造 东方电气集团东方电机有限公司坚持"注重效益、适度投入"的原则,根据发电设备市场需求变化情况统筹规划,分步实施,基建技改工作取得长足进展。2007 年完成固定资产投资 21 838 万元,投资完成率 62.31%。其中基本建设投资 5 054 万元,投资率117.94%;完成技术改造投资 16 784 万元,投资完成率54.56%。"大水电"改造项目中 ϕ260 镗床、250t 吊车、大电机厂房九跨等已投入生产使用,新建超速试验室和核电试验站已投入使用。

2007 年,哈尔滨电机厂有限责任公司列入国家重点技术改造项目"大型抽水蓄能机组引进国产化生产措施项目"进入实施的第二年,截止至 2007 年底已累计投资 8 976.29 万元,冲剪分厂包装车间数控激光切割机已达到试生产,工装分厂快走丝线切割机设备到货安装调试完毕投入生产,汽发分厂吊车已到货安装完毕试生产,电力系统改造工程已经全部完成。2007 年,公司申报的国家水力发电设备重点实验室通过国家科技部的审批。至此,我国水力发电设备仅有的两个研发平台均设在了哈尔滨电机厂有限责任公司,推动了公司的科技进步。

四川东风电机厂有限公司 2007 年主要组织实施了省重点技改项目——大型贯流式水轮机组上能力技术改造项目,国家优化机电和高新技术产品进出口结构资金支持项目——大型水轮发电机组出口项目。全年完成固定资产投资4 500 万元。

重庆水轮机厂有限责任公司新增 2 台三轴数控镗铣床、线圈包带机、大型磁极线圈拼焊机、大型磁极线圈扁绕机等一批关键设备。2007 年大型水电设备行业主要企业固定资产投资情况见表 5。

表 5 2007 年大型水电设备行业主要企业固定资产投资情况

企业名称	固定资产投资(万元)	其中基本建设投资(万元)	其中技术改造投资(万元)
东方电气集团东方电机有限公司	21 838	5 054	16 784
哈尔滨电机厂有限责任公司	8 976	—	8 976
四川东风电机厂有限公司	4 569	3 520	1 049
重庆水轮机厂有限责任公司	1 470	—	1 470
昆明电机有限责任公司	1 523	—	1 523
南宁发电设备总厂	392	216	176
中国长江动力公司(集团)	3 180	—	3 180
合 计	41 948	8 790	33 158

对外合作 哈尔滨电机厂有限责任公司引进技术项目 1 项,为 AP1000 核发电机技术转让。技术转让方为日本的三菱电机,合同正在执行中。引进消化、吸收 3 项,分别为:引进日本东芝的超超临界 1 000MW 汽轮发电机制造技术,完成首台发电机商业运行;引进日本东芝公司空冷 20 万 kW 汽轮发电机制造技术,已完成技术的消化吸收工作,签订合同 4 台;与美国 GE 公司合作的 390H 燃气轮发电机完成技术吸收、消化,实现整机制造。

管理及改革 2007 年 5 月 17 日,中国东方电气集团公司主业资产整体上市具体方案,经中国证监会的初审,中国香港证监会和联合交易所的审核,在内地和中国香港同时批露。

〔撰稿人:中国电器工业协会陈金柱、大型水电设备分会王金华〕

火 电 设 备

生产发展情况 2007 年,全国发电设备总装机容量已达 71 329 万 kW,发电设备新增装机 10 009 万 kW,是继 2006 年第二个新增装机容量超过 1 亿 kW 的年份。其中,火电占 77.73%,核电占 1.24%,水电占 20.36%;30 万 kW、60 万 kW 机组可靠性稳步提高,平均等效可用系数(EAF)大于 92%;供电煤耗由上年的 366g/(kW·h)下降至 357g/(kW·h)。在火电设备制造行业中,各企业面对交货周期短,新产品种类多,原材料价格上涨、进口合金钢材料价格高、紧缺,产品制造工艺难度加大等困难条件,充分挖掘内部潜力,加强生产组织、科研攻关与管理协调,增强技改投入和外扩力度,再一次刷新了国内火电设备制造史上的最高年产纪录。目前,国内生产的大型火电设备正在实现升级换代:60 万 kW、100 万 kW 等级火电机组已成为国内重点装备的主力机型,60 万 kW 及以上的大容量机组在火电设备中所占比例从 2006 年的 48.85% 提高到 2007 年的 53%,增长了 4.15 个百分点。在国家强化节能减排的新形势下,火电设备制造企业在进一步消化、吸收引进技术的基础上,开发节能降耗的大容量高参数空冷机组、百万等级核电设备、低热值燃气-蒸汽联合循环发电机组,以及 2MW 以下风电设备和光伏发电设备等新技术产品。中小型火电设备制造企业在继续做好国内热电联产机组市场的基础上,进一步开发余热利用、生物质能发电机组等多品种中小型火电设备,并将重点转向国外市场。

2007 年,全国发电设备完成总产量 1.3 亿 kW,比上年增长 11%。其中,火力发电设备完成产量 9 352.87 万 kW(套),比上年增长 0.23%;累计生产电站锅炉 1 004 台/348 238t(蒸汽),累计生产电站汽轮机 919 台/9 352.87 万

kW,累计生产汽轮发电机 978 台/9 950.15 万 kW。

通过对发电设备行业主要企业的工业总产值统计,2007 年火电设备三大主机制造行业的工业总产值达 1 083 亿元,比上年增长 17.8%;工业增加值为 239 亿元,比上年增长 27%。从全年行业生产发展情况来看,行业生产(经营)发展状况仍继续保持产量进一步增长、容量向大机组发展、新产品发展较快和产品出口明显上升的特征。但是,由于行业竞争加剧,产品订货价格已呈现下降趋势;另一方面,一些关键合金钢材料和配套件依赖进口,导致该材料在价格和交货期上受制于人,不仅提高了设备的制造成本,而且严重制约了产业的后续发展。

哈尔滨锅炉厂有限责任公司进一步加强内部工艺布局和产品部件调整,严格评定分包外协厂家业绩,有效扩展了生产能力,基本上满足了用户的要求。2007 年完成工业总产值 109 亿元,比上年下降 1.56%;全员劳动生产率达到 316 503 元/人,比上年增长 29.95%;电站锅炉产量 60 台/82 086t(蒸汽)/2 504.5 万 kW,分别比上年增长 15.38%、18.97%、17.17%。

上海汽轮机有限公司继续保持良好的发展势头。生产能力有了较大提高,全年产量继续维持在 3 000 万 kW 以上的水平,全年完成工业总产值 75 亿元,生产电站汽轮机 78 台/3 008.2 万 kW,产品销售收入达到 82.2 亿元。随着生产量的不断增加,外部采购量的持续增长,采购费用在成本中的权重日益加大,该公司充分利用国内合格供应商的资源来替代国外采购,最大限度地降低了成本。

上海锅炉厂有限公司通过工艺流程优化、生产路线再造等技术手段进一步提升了企业产能,生产能力已达到 2 000万 kW 的新台阶。另一方面通过强化外部资源的协调管控,确保生产任务进度,以满足市场需求。2007 年该公司工业总产值 105 亿元,比上年增长 10.5%;销售收入92.77 亿元,比上年增长 8.97%;完成电站锅炉 81 台/2 482.1 万 kW/83 221t(蒸汽),分别比上年增长 16.1%,下降 4.8% 和 4.74%。其中,300MW 锅炉 24 台, 600MW 锅炉 16 台。

哈尔滨汽轮机厂有限责任公司通过不断提高装备水平、加大生产装备的改造力度、改进加工和装配工艺、提高生产(采购)准备的管理水平等有效措施,保证了全年生产任务的顺利完成。全年完成电站汽轮机 76 台/2 426 万 kW,其中,300MW 汽轮机 8 台,600MW 汽轮机 21 台,1 000 MW 汽轮机 2 台。面对新产品较多、技术准备周期短、大型铸锻件资源紧张的影响,该公司积极与国外供应商接触,寻求最优厂家,有效确保了原材料供应。另一方面,根据装备水平的提高,积极展开工艺工装,以及刀具的国产化自制工作,为下一年的生产与组织准备提供了有利条件。

东方汽轮机有限公司全年完成工业总产值 95 亿元,生产电站汽轮机 66 台/2 496.5 万 kW(其中,300MW 汽轮机 23 台,600MW 汽轮机 26 台)、工业汽轮机 34 台、9F 级重型燃气轮机 2 台。

北京巴布科克·威尔科克斯有限公司 2007 年完成工业总产值 15 亿元,利润总额 2.7 亿元,电站锅炉产量 5 台/8 866t(蒸汽)/265 万 kW(其中,300MW 锅炉 2 台,600MW 锅炉 2 台)。

北京北重汽轮电机有限责任公司积极细分国内外火力发电市场、风力发电市场和服务市场,形成以“火电业务、风电业务、服务业务”三个业务单元为主导的业务组合,并重点发展 300MW 系列汽轮发电机组核心产品和 2MW 风力发电机组。2007 年,该公司完成工业总产值 15 亿元,生产电站汽轮机 14 台/302 万 kW、汽轮发电机 15 台/344 万 kW,产品销售收入达到 16.7 亿元,比上年增长 2.7%,实现利税 1.74 亿元。

杭州锅炉集团有限公司 2007 年完成工业总产值 14 亿元,比上年下降 19.24%;主营业务收入 20 亿元,比上年增长 4.11%;利润总额 1.7 亿元,比上年增长 2.73%;电站锅炉产量 62 台/8 607t(蒸汽)/211.4 万 kW,分别比上年增长 37.8%、11% 和下降 5%。

杭州汽轮机股份有限公司 2007 年积极调整产品结构性变化,认真分析在有限资源的条件下如何尽最大努力地满足市场需求,积极采取应对措施,竭力做好产销衔接,三系列机组已从给水泵汽轮机占 60% 转变为驱动用汽轮机占 60%。全年累计完成工业总产值 37 亿元,主营业务收入 37 亿元,利润总额 6 亿元,生产电站汽轮机 134 台/163 万 kW,分别比上年增长 19.6% 和 37%。

无锡华光锅炉股份有限公司面对产品品种多、交货周期短、原材料采购困难和产品竞相压价等诸多不利因素,2007 年完成了工业总产值 20 亿元,比上年增长 4.49%;电站锅炉产量 226 台/24 999t(蒸汽),分别比上年增长 15.3% 和 10.3%。

南京汽轮电机(集团)有限责任公司 2007 年主要产品产量继续保持增长态势,特别是汽轮机和发电机产量增幅均超过 30%,全年完成工业总产值 38 亿元,比上年增长 6.2%;产品销售收入 38 亿元,比上年增长 6.6%;生产电站汽轮机 142 台/419 万 kW、汽轮发电机 173 台/491 万 kW、燃气轮机 12 台/704 万 kW。

武汉锅炉股份有限公司 2007 年在企业改制的新情况下,积极采取各种措施提高生产效率,不断扩大生产能力,以按期交货。全年完成工业总产值 18 亿元,主营业务收入 17.7 亿元,全年累计生产电站锅炉 37 台/18 475t(蒸汽)/538 万 kW。

济南锅炉集团有限公司 2007 年通过生产资源整合和外协扩散等手段,不断推进新产品、新工艺的升级换代,进一步提升企业产能,目前已具备包括循环流化床锅炉、生物质锅炉、碱回收锅炉、垃圾锅炉等各类锅炉年生产能力 20 000t(蒸汽)。

2007 年锅炉、汽轮机制造企业生产及经济指标见下表。

表　2007 年锅炉、汽轮机制造企业生产及经济指标

企业名称	工业总产值（当年价）（万元）	主营业务收入（万元）	利润总额（万元）	全员劳动生产率（元/人）	电站锅炉/汽轮机产量		
					台数（台）	蒸汽（t）	功率（万 kW）
哈尔滨锅炉厂有限责任公司	1 089 909	1 224 688	33 866	316 503	60	82 086	2 505
上海锅炉厂有限公司	1 050 000	927 741	37 960	38 419	81	83 221	2 482
哈尔滨汽轮机厂有限责任公司	704 774	714 313	42 901	233 786	76	—	2 426
东方汽轮机有限公司	954 955	758 204	90 034	546 415	66	—	2 496
上海汽轮机有限公司	753 913	822 346	75 155	473 836	78	—	3 008
杭州锅炉集团有限公司	138 884	199 408	17 527	254 136	62	8 607	211
武汉锅炉股份有限公司	178 726	177 037	—	—	37	18 475	538
北京北重汽轮电机有限责任公司	152 694	166 948	7 682	136 300	14	—	303
济南锅炉集团有限公司	153 226	148 590	11 844	162 966	170	20 317	393
南京汽轮电机有限责任公司	381 799	381 750	59 485	383 671	142	—	418
北京巴布科克·威尔科克斯有限公司	149 383	149 383	27 313	103 397	5	8 866	265
杭州汽轮机股份有限公司	372 106	368 042	62 596	473 328	134	—	163
无锡华光锅炉股份有限公司	200 745	199 156	19 079	439 349	226	24 999	470
中国长江动力公司(集团)	170 233	100 092	13 989	168 933	64	—	233

产品分类产量　2007 年火电设备行业共生产100 万 kW 等级的电站锅炉 7 台、电站汽轮机 6 台、汽轮发电机 7 台;60 万 kW 等级的电站锅炉 71 台、电站汽轮机 74 台、汽轮发电机 76 台;30 万 kW 等级的电站锅炉 66 台、电站汽轮机 69 台、汽轮发电机 72 台;20 万 kW 等级及以下的电站锅炉 860 台、电站汽轮机 770 台、汽轮发电机 819 台。

市场及销售　2007 年在国家“上大压小”以及节能减排等一系列政策的宏观调控下，国内电源建设速度已有所放慢。在国内市场上，30 万 kW 以上大型火电机组的市场需求维持平稳趋势，如东方电气 2007 年 1 ~ 9 月的累计已签订单合同达 500 亿元，其中包含百万等级核电机组；中小机组市场较前几年萎缩明显，但在利用垃圾、生物质、余热余能发电等符合国家产业政策的产品订货量比往年有较快增加，中小型空冷汽轮机、以及中小型 CFB 锅炉等新产品亦有一定的市场需求。在老机组改造、机组维修和检测等服务领域，各企业均有不同程度的业务增长，有的企业已将机组改造拓展到国外电厂。但是，由于受国内煤炭储量和开采量，以及运输、节能减排等一系列因素的制约，国内火电设备市场将主要朝大型机组发展，中小型机组将会逐步减少，特别是 10 万 kW 及以下的热电联产机组将会进一步萎缩。目前，企业已面临压价竞争、材料涨价等难以破解的难题，如果这二者持续负面作用下去，将会影响企业的生存，甚至引起部分企业的倒闭。在国际市场上，各企业纷纷实施“走出去”战略，整机出口、国际分包项目等合同订单增加快速。目前，出口产品已从中小机组扩展到大型超临界产品，出口地域主要集中在印度、伊朗，以及东南亚、非洲、南美洲等发展中国家，有的企业已从发展中国家向发达国家拓展——首次进入美国市场。从有关统计数据来看，2007 年我国发电设备行业在火电设备领域的出口交货值比上年增长 60% 以上，主营业务收入比上年增长 10% 以上。随着国家宏观调控政策的加强，国内市场将会逐步缩小，新一轮的产品降价竞争也会日趋激烈，因此，积极开拓国际市场将是企业重点争夺订单的方向之一，也是企业维持定单量与生产能力基本平衡的必然选择。但是，随着出口产品、国际分包项目等出口项目的迅速增加，在一些项目执行中，火电设备行业已暴露出对国际贸易规则、出口国法律、验收标准不熟悉，以及在报价前期的资料过滤消化、合同评审、谈判策略等问题。另外，还将面临美元持续贬值所带来的严峻挑战。

哈尔滨汽轮机厂有限责任公司根据国内市场发展趋势及自身生产状况，在 300MW 抽汽机组、350MW 超临界机组、600MW 机组及 1 000MW 超超临界机组、1 000MW 核电机组、出口机组上加大运作力度，并取得了一定成果。2007 年，该公司签订了三门 1 300MWe 级核电，克什克腾、定襄百万超超临界空冷机组，巴西坎迪奥塔电厂 350MW 纯凝机组，江西华能瑞金 350MW 超临界机组等合同，并根据国家节能减排政策的要求，积极开拓国内外老机组改造市场，尤其对原苏联机组进行重点跟踪，其中阿塞拜疆项目取得了重大突破，该公司一举签订 7 台 300MW 机组改造合同，订货金额达数亿元，为拓展海外改造市场奠定了良好的基础。该公司全年累计签订合同金额 120 亿元以上。

上海锅炉厂有限公司 2007 年在推进火电、核电、重化工、国际分包、军工产品等八业联动方面，以及结合向锅炉、电站环保、清洁能源“三个延伸”的产业发展战略上，实现了 1 000MW 等级超超临界（塔式、Π 型）锅炉、600 ~ 660MW 超超临界锅炉、200MW 等 CFB 锅炉、135MW 等级燃石油焦 CFB 锅炉的市场突破，承接了华能绿色煤电、天津 IGCC 电站工程 2 000t/h 气化炉设备项目，其中 1 000MW 等级超超临界锅炉获订单 16 台。针对竞争激烈的电力设备市场，除了抢占国内市场外，还积极开拓海外市场，其中，国际分包业务累计承接订单超 5 000 万美元，并实现了从分包 300MW 锅炉到承接德巴公司 1 000MW 锅炉分包的跨越，国际分包项目正由 ASME 产品快速转向 PED/EN 欧洲标准项目。全年新增订货 200 多亿元，出口交货值 10 多亿元。

上海汽轮机有限公司 2007 年新增订货 100 多亿元，出口交货值 5.6 亿元。该公司产品结构中 30 万 kW 以上机组

占年度电站汽轮机生产总量的80%以上，小机组的生产比例继续下降，燃气轮机产品生产规模逐步扩大。

哈尔滨锅炉厂有限责任公司积极调整营销策略，自主研发的产品成功拿到了吉林九台电厂的塔式超临界褐煤、伊敏风扇磨超临界褐煤、国华宝日中速磨切圆燃烧超临界褐煤、河曲切圆燃烧60万kW、华能瑞金和海南东方35万kW超临界锅炉等超临界锅炉。全年新增订货达到150亿元，出口交货值近5亿元。在国际市场的开发上，该公司收获较大，出口项目订货总额达十几亿元，比上年增长近40%，产品分布在印度、印度尼西亚、巴西、越南等国家。印度阿达尼、贾苏古塔项目的成功签订，实现了66万kW超临界锅炉的首次出口。

杭州汽轮机股份有限公司2007年积极适应市场变化，在炼油、乙烯、煤化工等行业领域获得118台合同订单，“三个百万”等级产品获得依托工程。海外市场上，外贸合同再创历史新高，突破9 000万美元，锅炉给水泵汽轮机成功地进入美国市场。全年新增订货近40亿元，实现出口交货值6.57亿元。

杭州锅炉集团有限公司2007年电站锅炉新增订货近10亿元，该公司积极应对市场容量和国家宏观政策的双重影响，调整产品结构，重点转向以符合国家产业政策的余热锅炉、垃圾炉、脱硫装置等环保产品以及转炉等节能产品为主。

东方汽轮机有限公司2007年十分重视市场开拓，全年新增订货近170亿元，实现出口交货值近4亿元。

济南锅炉集团有限公司2007年订货量比上年下降约3%，但生物质能锅炉、生物质与煤混烧锅炉、垃圾锅炉等符合国家产业政策的产品占总订货的比例快速增加。此外，企业锅炉安装、维修、改造业务，特别是燃煤机组改为掺烧生物质的产品业务也实现增长。全年新增订货十几亿元。

北京北重汽轮电机有限责任公司2007年形成以“火电业务、风电业务、服务业务”三个业务单元为主导的业务组合，重点开拓300MW系列汽轮发电机组核心产品和2MW风力发电机组市场。火电业务方面，该公司抓住“上大压小”和东南亚市场需求上升的机遇，全年新增订货逾20亿元（汽轮发电机组近500万kW）。该公司在保持国内火力发电设备业务市场份额的同时，下大力气开拓国外火力发电设备市场，取得出口产品订单10台/2 590MW的业绩，并实现了300MW等级火电机组出口的战略目标。风电业务，该公司主攻2MW引进机型的自主产品市场，实现了快速进入风电市场的战略目标，从已知市场招投标情况看，实现当年9.56%的市场占有量。服务业方面，该公司主攻汽轮机通流改造、湿冷改供热、电机修理、备品配件市场，全年新增订货上亿元。

北京巴布科克·威尔科克斯有限公司2007年新增订货量近50亿元，出口交货值近2亿元。

无锡华光锅炉股份有限公司坚持实施国内、国际两个市场并举的市场拓展策略。2007年共承接锅炉231台/2 8631t（蒸汽），销售总额逾20亿元，其中有效合同211台/26 326t（蒸汽）。全年共签订10万kW以上锅炉7台，其中745t/h超高压带再热CFB锅炉2台，480t/h超高压带再热CFB锅炉和煤粉锅炉5台。另外，签订特种锅炉23台，其中，包括4台9F和4台9E燃汽轮机余热锅炉、10台秸秆锅炉及5台垃圾焚烧锅炉，订单量比上年增长30%。值得一提的是，该公司近两年来开发的多种秸秆锅炉已进入小批量生产阶段，累计承接订单24台，产值近3亿元，国内市场占有率位居前列。国际市场上，该公司2007年出口总额首次突破4亿元，出口额在整个销售总量中的比例达到15%，并在印度尼西亚的雅加达正式建立了销售办事处。

南京汽轮电机（集团）有限责任公司2007年新增订货24亿元，出口交货值近5亿元。汽轮发电机组容量已逐步往大、中型容量机组发展，目前在制最大容量机组为330MW汽轮发电机组。2007年该公司利用引进技术开始涉足风电领域。

科技成果及新产品 2007年火电设备行业围绕新产品的开发、引进和消化吸收、再创新方面进行了大量科研和国产化工作，取得了一批科研成果和新产品。近3年来，主要重点制造企业的研发投入费用占当年销售收入平均已达4%左右，有力地推动了行业的发展与科技进步。但是，在某些核心技术领域与国外先进水平还存在一定差距。因此，必须加强战略合作和科技攻关，积极构建火电技术装备业公共核心技术研发平台，真正形成自主设计、制造能力，摆脱对国外技术的依赖，并最终取得企业发展的主动权。

上海发电设备成套设计研究院2007年紧紧围绕国家自主创新以及能源结构调整、节能环保等一系列战略规划，不断强化“坚持一个核心（技术）；发挥一项综合优势（创新能力）；经营三大核心业务，并形成业务及资源互动”这一发展思路，新的核心业务不断形成，产业结构呈现良性调整，为该院整体战略化发展奠定了技术基础。科研及新产品开发方面：

（1）获得国家科技部的超超临界1 000MW汽轮机寿命与可靠性综合设计分析技术研究项目、国家发展和改革委员会的超临界空冷汽轮机组技术开发可行性研究项目，国防科工委的核电标准研究以及上海市科委的6 000kW大型电机变频节能系统等17项重点科研项目立项。核电设备制造标准研究和核电站电气贯穿件研制等4个项目获得上海市科技重大专项立项，并与上海电气集团有限公司合作申报了600MW超超临界机组技术开发等上海市重大专项工作。

（2）2个行业技术研发平台获得政府批准：经过论证与专家评审等一系列审核，国家发展和改革委员会正式批准在上海发电设备成套设计研究院设立清洁高效煤电成套设备国家工程研究中心。与此同时，该院还组织申报了机械行业发电设备工程技术研究中心，于11月通过专家评审，并获得批准。两个中心的成立将建立先进试验研究基地，为行业共性技术研究和前瞻性技术研发带来技术支撑。

（3）与外高桥签订了外高桥300MW机组主机重要设备寿命管理系统。

(4)该院积极发挥创新优势，加强新技术的应用和投入，继2006年在生物质能发电领域取得重大突破后，2007年重点在保证已有项目顺利实施的同时，拓展余热利用工程总包业务——水泥余热发电业务领域，承接了2个总包工程项目，同时还在跟踪和洽谈生物质发电、热电工程和水泥、钢铁、煤炭领域的余热发电项目。

获奖与申请专利方面：2007年，通过了上海市知识产权示范培育企业的评审和上海市专利试点企业的验收，被正式列为“上海市知识产权示范培育企业”。全年上海发电设备成套设计研究院组织专利申请26项，其中发明专利申请17项，是该院历年来专利申请最多的一年。该院的我国超临界600MW机组成套设备研制与工程应用获“中国机械工业科学技术特等奖”，高压大功率变频调速装置获“中国机械工业科学技术奖二等奖”。

2007年，南京汽轮电机(集团)有限责任公司的350MW空冷汽轮发电机样机试制进入型式试验阶段；承担的江苏省科技厅科技成果转化生产力项目——40MW中低热值燃气轮机产业化按计划推进，生产销售目标产品7台；承担的国家科技支撑计划——水泥生产过程余热发电技术与装备开发项目子课题——低参数非标凝汽式汽轮机的开发与制造，完成样机制造和性能试验。2007年，南京汽轮电机(集团)有限责任公司的9MW纯低温余热补汽凝汽式汽轮机通过江苏省科技厅的高新技术产品认定；申请9项专利并被受理，其中5项实用新型专利获授权。

无锡华光锅炉股份有限公司的国产化秸秆直燃锅炉系列产品研发项目被江苏省科技厅列入“2007年度省科技成果转化专项资金项目”、“江苏省第二批自主创新产品”、“省级火炬计划项目”。该系列产品主要包括75t/h中温中压秸秆直燃锅炉、75t/h次高温次高压秸秆直燃锅炉和110t/h高温高压秸秆直燃锅炉3种类型锅炉，技术措施包括采用M型炉型结构、配水冷式振动炉排的燃烧系统、三级过热器布置并在各对流受热面处布置吹灰系统，锅炉设计热效率均大于等于89%。中标河北晋州秸秆热电厂项目2×75t/h的中温中压秸秆直燃锅炉已成为三个国家级示范工程项目之一，也是第一个采用国产化秸秆直燃锅炉的项目；而中标江苏如东25MW秸秆发电示范项目1×110t/h高温高压秸秆直燃锅炉是国内首台采用高温高压的秸秆直燃锅炉。

无锡华光锅炉股份有限公司的联合循环余热锅炉项目引进的是比利时CMI公司立式余热炉技术，在完成内蒙古包钢热电厂CCPP项目两台9E级立式余热锅炉的设计制造和积累设计经验的基础上，2007年年初又取得了莆田燃气电厂4×350MW联合循环机组4台9F级余热锅炉的订单，目前，已顺利进入安装调试阶段。出口尼日利亚的4台9E级余热锅炉项目已进入施工图设计阶段。

东方汽轮机有限公司2007年投入技术开发经费2亿多元，约占主营业务收入的3%。公司积极进行新产品研制，加快新产业开发，走“多电并举，自主创新”的发展道路。

上海锅炉厂有限公司积极推进科技创新战略，新产品及技术开发经费3亿多元，约占主营业务收入的3%。2007年申请国家级、上海市级科研项目共有12项，其中国家项目有：超临界循环流化床、250MW级IGCC煤气显热回收技术的开发、电站锅炉长周期运行安全保障关键技术研究(973项目)；上海市项目为大容量超临界锅炉研制、重大装备用高性能结构材料及工艺技术研究、水管锅炉建造符合欧盟PED指令的标准研究、600MW超临界CFB锅炉开发、600MW超超临界锅炉研制、燃气轮机联合循环机组关键部件制造技术研究和300MW CFB引进消化吸收；华电国际科学技术课题：低NO_X同轴燃烧系统(LNCFS)锅炉指标优化研究与应用。自2005年以来，该公司实现了每年推出一项新产品的战略发展思路，2005年首台135MW循环流化床锅炉、2006年首台600MW超临界压力直流锅炉、2007年首台300MW循环流化床锅炉、2008年全国首台1 000MW等级超超临界塔式锅炉。首台新产品均经过中国电力企业联合会、中国机械工业联合会的联合鉴定。2007年600MW超临界压力直流锅炉获得“上海市科学技术进步二等奖”。

哈尔滨汽轮机厂有限责任公司2007年在消化、吸收、引进技术的基础上，加大了科研投入。

新产品研发方面：①利用引进技术开发了不同结构形式的350MW、600MW亚临界和超临界机型(包括空冷机型)，并已基本实现国产化。②利用引进技术推出了600~660 MW超超临界汽轮机产品，目前，该产品除了高压联合阀、高压喷嘴室、末级和次次末级动叶等部件外，均已开始陆续开展国产化工作。③利用引进技术推出了1 000MW超超临界汽轮机产品，该机型设计制造全部由东芝公司引进。目前，除转子锻件、阀门、喷嘴室、高中压第1级隔板外由东芝供货，其余汽缸、隔板、叶片等均能自行加工制造，材料也全部得到替代。预计在2~3年之内除转子锻件外均能实现国产化或本地化。通过消化吸收东芝的高中压模块，该公司正在推出1 000MW的空冷机型。④引进技术的9FA级联合循环汽轮机产品，国产化程度已经达到90%，除转子锻件、阀门铸件和汽缸铸件需要进口外，其余部分包括叶片材料在内均可实现国产化，转子加工、隔板电子束焊也可在国内进行，原型机已经有15台投运。在消化吸收引进技术后，该公司进行优化改进，更换了新型的900mm末级动叶，改进汽封结构，并替代了原型机；该公司又利用引进技术自行推出了F级二拖一机型，该机型大量应用了GE机型的设计特点，包括转子材料、动叶材料、隔板焊接、高温阀门、转子冷却及F级联合循环的系统优化等，并结合该公司成熟的双调整抽汽计算和结构优化，成功中标北京奥运项目。

列入国家、部、省(市)级科研项目完成情况：①600MW空冷汽轮机研制及优化已列入国家重大装备研制项目。除空冷汽轮机通流部分、高中压及低压缸模块的优化设计已基本完成外，其余部分正在进行之中。②1 000MW超超临界汽轮机关键技术研究已列入省科技计划重大项目，已完成资料收集、调研等课题前期准备工作。③大型核电半转速汽轮机的设计和制造关键技术研究已列入省科技计划重大项目。④重型燃机联合循环装置及自主知识产权的汽轮机关键技术研究已列入省科技计划重大项目，现正在进行之中。⑤全转速汽轮机1 200mm末级钢制长叶片开发已列入省科技计划项目，已按计划完成叶片的全部设计和部分试验，包括气动、结构、强度、振动设计，超音速平面叶栅试验，叶根光弹试验和产品叶片的加工，正进行产品叶片振动性能考核试验的前期准备工作。

新产品鉴定与获奖情况：①2007年6月14日，集成创新型600MW汽轮机研制项目通过了由黑龙江省机械工业联合会组织的专家鉴定。该产品是亚临界，一次中间再热、单轴、三缸四排汽、双背压凝汽式汽轮机，末叶高度1 000mm，在热耗考核工况下，机组修正后热耗为7 729.615kJ/(kW·h)，达到设计指标。②大型直接空冷汽轮机关键技术研究及设备研制荣获2007年度"国家科技进步奖二等奖"，集成创新型600MW汽轮机被评为2007年度"国家重点新产品"，我国超临界600MW火电机组成套设备研制与工程应用荣获2007年度"中国机械工业科学技术特等奖"，600MW直接空冷汽轮机研制荣获2007年度"黑龙江省科技进步一等奖"。

杭州锅炉集团有限公司按照国家产业政策和市场需求，加强新产品与科研开发力度。2007年该公司新产品产值达9.6亿元，科技投入近亿元，通过与ALSTOM等跨国公司进行合作开发，在1 000MW超超临界除氧器等项目上实现了零的突破，从而使该公司迈入了大型火电站压力容器设计和生产领域。二段往复式生活垃圾焚烧主线设备产业化被国家科技部列入2007年度国家火炬计划项目。

杭州汽轮机股份有限公司2007年通过产品结构调整，加快了科研步伐。2007年完成了镇海丙烯机用汽轮机、天津裂解气用汽轮机、哈汽化双缸机组、印度70MW机组等新产品开发。新工艺、新技术、新设备、新刀具、计算机信息应用不断增强，如焊接变位机工装的设计及相应的焊接工艺试验、枞树型叶根和叶根槽切削工艺试验、高效可转位复合钻工艺试验、大型焊接件振动时效处理研究以及SK73低压扭叶级效率测试等等。通过这些项目的研究，逐步培养出一支具有较高水平的专业技术团队。创新成果奖励方面：80万t/a乙烯改扩建工程乙烯装置裂解气压缩机用汽轮机项目被评为2007年浙江省加快发展装备制造业重点领域国内首(台)套产品，80万t/a乙烯改扩建工程乙烯装置裂解气压缩机用汽轮机、超超临界百万等级锅炉给水泵汽轮机项目获2007年杭州市适度发展新型重化工业项目专项资金资助。

哈尔滨锅炉厂有限责任公司承担的大型CFB锅炉制造技术标准和主要部件设计软件消化、不同煤质大型CFB锅炉设计方法、引进300MW CFB锅炉关键部件设计制造技术、300MW CFB锅炉方案设计研究、H型布置200MW CFB锅炉及外置换热器的结构设计研究5个课题已由国家发展和改革委员会委托中国机械联合会进行了预验收。该公司承担的哈尔滨市科技攻关计划项目600MW高压加热器的开发研制已经完成了全部研究工作，顺利通过了正式验收。列入黑龙江省科技攻关项目大型燃机联合循环电站快速启动和频繁启停余热锅炉适应能力的研究已完成相关研究内容。

列入国家、部、省(市)级科研项目完成情况：①该公司承担的国家"863"计划项目1 000MW超超临界褐煤锅炉关键技术研究任务书和预算书的申报和签订工作已经完成，该课题二级子课题合同的签订工作也已经完成，课题依托项目基本落实，研究工作全面展开。②该公司承担的国家科技部国家科技支撑计划课题600MW超临界循环流化床锅炉本体设计及研制及600MW循环流化床锅炉工艺和工装任务书和预算书的申报和签订工作顺利完成，二级子课题合同的签订工作也已经完成，课题研究工作正在进行。③该公司承担的黑龙江省科技发展高新技术产业化专项资金项目1 000MW超超临界褐煤锅炉关键技术研究的申报和签订工作已经完成。④该公司承担的国家"863"计划目标导向类课题整体煤汽化联合循环的显热回收关键设备的研制申报工作已经完成，目前该项目已经通过答辩和审查，正式合同即将签订，课题研究工作已经展开。

新产品的试制、生产、鉴定情况：该公司完成了伊敏600MW亚临界高水份褐煤锅炉，深海高压试验罐，600MW超超临界锅炉，小口径超临界止回阀，大口径超临界闸阀DN125—DN300/CL2500，大口径超临界止回阀DN450/CL2680、DN500/CL2500，大口径截止阀DN80、DN100、DN125/CL2500和H764H—4新型抽汽逆止阀等8项新产品试制。

科技成果获奖及新产品鉴定方面：①该公司参与的超超临界燃煤发电技术的研发和应用荣获2007年度"国家科技进步一等奖"；我国超临界600MW火电机组成套设备研制与工程应用荣获2007年度"中国机械工业科学技术特等奖"；合成氨废热锅炉荣获2007年度"黑龙江省科学技术进步二等奖"。②该公司研发的国内首个具有自主知识产权的600MW级超临界塔式褐煤锅炉设计方案于4月16日在哈尔滨通过评审，研制的60万kW超临界"W"火焰锅炉设计方案于5月21日在哈尔滨顺利通过专家评审。

济南锅炉集团有限公司2007年通过科技创新，共完成新产品研制生产30个，其中440t/h(135MW)超高压再热循环流化床锅炉获2007年"济南市科技进步一等奖"。

北京巴布科克·威尔科克斯有限公司按照国家产业政策和市场需求，开发研制了纯烧无烟煤600MW"W"火焰锅炉、旋风炉等新产品。在消化吸收BW公司超临界锅炉技术的基础上，成功制造了600MW超临界锅炉，获"中国机械工业科学技术特等奖"，在此基础上还完成了1 000MW超超临界锅炉技术方案。

质量及标准 随着市场竞争的日趋激烈，用户对产品质量的要求也越来越高，各企业在质量管理方面都采取了强有力的措施，提高了产品的竞争能力。在积极引进国外先进技术的同时，也积极采用国外先进标准，并逐步转化为企业标准。2007年火电设备制造行业主要骨干企业均通过ISO9001质量管理体系认证，部分企业通过ISO 14000环境体系认证。全国锅炉压力容器标准化技术委员会锅炉分标委会和全国汽轮机标准化技术委员会根据行业发展和技术进步的要求，按计划完成了6项国家标准、8项行业标准的报批和审查工作；2007年申请立项了24项国家标准（汽轮机13项，锅炉11项）、20项核电标准的制修订。

上海发电设备成套设计研究院积极开展ASME核电标准的翻译转化等工作，为政府的行业管理工作提供了技术支持，参与了由国家发展和改革委员会能源局委托的《电力工业火电、核电、输变电领域装备技术政策》等技术政策的调研和编写工作。2007年6月该院和728院受中国机械工业联合会的委托，在上海成功举办了中美ASME核电标准报告会；9月，由该院和728院合作翻译出版的《ASME核电规范与标准》中文版在人民大会堂隆重举行了首发式。

哈尔滨锅炉厂有限责任公司2007年通过了中国新时代质量体系认证中心2001年版GJB9001A标准质量管理体系军品第五次监督检查和换证综合评议、中国特种设备检测研究中心压力容器制造许可证换证审核、美国ASME总部和Hartford公司ASME核电产品N、NPT授权证书及NS认证证书取证现场审核等多家认证机构审查。该公司在质量管理和产品实物质量水平上得到了上级部门和顾客的认可，2007年荣获"全国用户满意企业"称号，被评为"全国机械工业质量管理小组活动优秀企业"并获"全国机械工业群众性质量管理活动特别贡献奖"，水冷壁分厂三叉管管屏装焊QC小组荣获2007年度"全国机械工业优秀质量管理小组成果一等奖"，辅机分厂技术攻关QC小组荣获2007年度"全国机械工业优秀质量管理小组成果二等奖"。据国家电力监管委员会2007年火力发电机组可靠性评价结果，在已评出的10台30万kW容量等级及10台60万kW容量等级的金牌机组中，该公司有7台产品，其中包括6台60万kW机组和1台30万kW机组。该公司的主导产品主要采用国际标准和国内标准以及国外先进公司的标准。

杭州汽轮机股份有限公司积极推行6S管理模式，企业面貌改观，进一步提高了管理水准。产品采用国际标准和国内标准及用户提出的特殊技术规范。

上海汽轮机有限公司加强质量宣传和控制，对生产过程中的产品质量控制加以改进。通过开展各种形式的质量改进活动，确保了质量管理体系的有效运行。在引进国外先进技术的同时，积极做好国外标准和技术规范等技术文件的转化。

哈尔滨汽轮机厂有限责任公司2007年结合技术引进和技术合作工作，积极采用国外先进国家标准如美国西屋公司和GE公司、日本三菱公司和东芝公司等有关技术标准。

杭州锅炉集团有限公司主导产品基本采用国际标准和国内标准以及国外先进公司的标准，大型电站辅机采用法国CODAP、ALSTOM公司标准，大型燃气轮机余热锅炉采用美国N/E公司标准等。

上海锅炉厂有限公司积极参与制订国家标准和规范，如GB 9222《水管锅炉受压元件强度计算标准方法》和《锅炉安全技术监察规程》等，并根据该公司近年来涉外分包项目多的特点，对IBR、ISO，EN、ASME等最新国外锅炉法规和标准进行重点关注。针对日本、FW公司、ALSTOM公司等的分包项目，开展了欧盟PED承压设备指令的分析与研究，结合本公司的实际生产情况以及新产品的开发，研究适应国内外市场的SG标准，并及时编制标准化综合要求指导生产。

北京北重汽轮电机有限责任公司2007年质量管理改进基本体现了持续性，进一步开展了质量管理体系文件的修订和宣贯工作；修订了《工艺纪律管理办法》，继续深入组织开展工艺整顿三结合活动，加强检查和监督管理，完善工艺纪律管理网络；加强顾客满意度信息的采集，规范填写顾客反馈的意见并记录所采取的具体措施；推进、建立、整顿和规范公司产品标识的管理，提高产品标识的可追溯性，保证产品质量；严格按《压力容器安全技术监察规程》及《压力容器压力管道设计单位资格许可与管理规则》的要求，加快进行压容新产品的开发工作，整顿设计文件，使之符合压力容器法律法规的要求。

南京汽轮电机（集团）有限责任公司2007年组织实施了两次质量体系内审，并通过第三方的监督审核。在产品连续跨台阶、新产品增多、产出规模扩大的情况下，该公司从设计、工艺、供应、制造、外协、管理等方面进行了全面梳理，确定了质量改进的重点项目和具体措施。主要产品采用国家标准和行业标准，出口产品根据用户需要采用相关的国际标准。

无锡华光锅炉股份有限公司为了完善ISO 9001质量手册及程序文件，2007年对质量手册进行了全面改版（第三版），同时对所有体系文件进行了修订，主要涉及外协控制、焊接、热处理及探伤等管理文件。随着产品结构的提升，该公司2007年完成了大量出口产品，积累了生产亚临界、高参数锅炉的经验，提升了产品档次，并有力地推动了该公司质量管理水平的提高。2007年该公司经中国机械工业质量管理协会第三方用户满意度调查，得分84.73，并获得了中国质量协会"全国用户满意先进企业"的荣誉称号。

北京巴布科克·威尔科克斯有限公司建立起一整套与产品等级相适应的质量保证体系，并得到了有效的运行。2007年1月该公司顺利通过了美国ASME协会对其进行的ASME换证审核；2007年6月通过了哈特福德公司对其进行的ISO 9001:2000监督审核；2007年该公司还通过了美国AEP、Moody、Constellation Energy和Black & Veatch等第二方的审核。

基本建设及技术改造 2007年火电设备制造行业加快投资优势项目，坚持企业做精做强的原则，企业具有了差异化竞争优势。

上海锅炉厂有限公司为了继续贯彻好2007年技改技措工作目标，加强投资项目的实施与管理力度。重点是：抓紧管子2#线蛇形管生产线的更新改造，完成膜式拼排焊接生产线扩能项目，推进落实压机车间项目；加强管理和考核，发挥技措技改组织实施体系作用，实施过程中的检查、协调工作，确保相关项目顺利开展。全年完成技改投资约1亿多元。

哈尔滨汽轮机厂有限责任公司2007年技术改造项目计划327项，实际完成214项，正在进行的86项，未实施21项，结转8项，总费用逾2亿元。技术改造项目主要集中在百万核电和大型燃机，以及中小件加工等数控设备的投入。

东方汽轮机有限公司2007年继续加大固定资产投入，进行了基本建设和技术改造。加工能力得到了增强，加工水平进一步提高，全年固定资产投入约4亿元。

南京汽轮电机(集团)有限责任公司围绕330MW机组试制、燃机转子国产化项目、40MW中低热值燃机产业化、扩大节能环保发电设备生产和提高部套制造水平等方面，全年累计投入技术改造资金5 198万元。

杭州汽轮机股份有限公司2007年技改技措、大修理项目共立项275项。完成224项，总金额约5 000万元。实施了该公司单项设备投资额最大的32t动平衡项目，完成了2.5m法国立车操作箱及数显、数控龙门铣数控箱、操作箱等设备的改造。自行研制了枞树型叶根槽铣削专用组合装置、10t焊接变位器，购置了双头成型磨具、刀具和量规检验等设备，逐步解决了大型机组、百万等级给水泵和燃机等新产品的加工问题。完善计算机辅助管理系统方面，该公司完成了外协管理系统，并与计划管理、物价管理、成本管理组成有效的集成系统，利用信息技术的优势，规划和设计成本核算的系统结构和信息流程；完成了叶片价格信息管理系统，使叶片价格的计算效率有所提高；完成工装计划/审核/采购/分发一体化管理系统，实现对外购工具的流程管理；计算机辅助工装生产计划管理信息系统进入试运行。该项目能较有效地整合工装制造过程中设计、工艺、计划、生产和库存数据，合理减少工装生产的冗余及在生产中工装的使用成本，解决叶片BOM数据从设计、工艺到生产流程间的信息集成问题，实现了叶片BOM数据的集成。

杭州锅炉集团有限公司2007年累计完成技改、基建投资近2 000万元，其中技改项目约1 500万元，基建投资约440万元。技术改造项目主要包括电站辅机大型高压加热器技术改造项目、循环流化床锅炉生产技术改造项目、大型循环流化床配套技改项目。

北京北重汽轮电机有限责任公司2007年利用现有资源进行工艺布局调整，完成风电产品的加工与装配工艺布局；利用现有试验站改造完成风电试验台；结合大电机调整，进一步优化整合风电产品的工艺布局和生产流程，为风电提供生产条件。全年固定资产投资约4 000万元。

哈尔滨锅炉厂有限责任公司2007年完成技措技改项目307项。重点项目有：增加了铣镗床、5m立车和龙门埋弧自动焊机，提高了机械加工水平和大型石化容器的焊接能力；增添了蠕变持久试验机等系列试验设备，更新了7台伽玛探伤机；完成了整体高温固溶化热处理生产线建设，该生产线为国内首台，技术领先；完成了2 000t水压机的改造。

上海汽轮机有限公司2007年随着新产品新技术的发展，加快固定资产投资步伐，全年固定资产投资额约1.5亿元，并加紧各类数控设备的交货、安装调试以及使用，以尽快形成生产能力，缓解生产瓶颈压力，降低外协采购量。

北京巴布科克·威尔科克斯有限公司2007年加紧设备改造和工艺改进步伐。主要成果有：膜式水冷壁焊接由单面埋弧焊改为双面气体保护焊，新增1台1 600/20头单元片焊机和1台3 600/8头拼片焊机，彻底改变了原来的焊接方法；膜式壁带孔膜片由先弯后焊改为将孔区标准化设计制造，膜片直管MPM焊接再开天窗将孔区部分组装焊接；TP347H管子固溶热处理方式由接触式加热改为非接触式的加热。

济南锅炉集团有限公司2007年重点开展了多项技术改造项目，总投资额超过5 000万元。投资约2 000万元进行重型跨厂房更新改造，新增160t和80t行车、29m燃气加热炉、4M无损检测直线加速器和龙门架焊机等主要设备，锅筒的生产能力提高20%～30%。投资约2 000万元购置2万多m^2生产用地，解决了原材料存放制约瓶颈。投资1 000多万元进行厂区整修，铺设道路，改造电暖管线，购置生产车间红外线辐射采暖设备和办公采暖热水锅炉，改善了职工的工作环境。投资300多万元进行常规设备的更新，保证了该企业工艺装备水平的稳定提升。

管理及改革 经济全球化及加入WTO，给国内装备制造业既带来机遇又面临挑战。2007年火电设备制造企业加快了管理及改革力度，通过技术引进、合资、合作等方式，激发企业活力，使企业持续发展和壮大。同时，行业整合与重组、合资与并购开始显现。7月，据中国证监会的批文，阿尔斯通以3.29亿元收购武汉锅炉集团有限公司的国有法人股，成为其控股股东；8月，上海电气与西门子签署新一轮战略合作框架协议，宣布共同投资设立上海电气电站设备有限公司，其中上海电气持有49%的股权，其余51%的股权由西门子持有。

上海锅炉厂有限公司2007年结构调整与管理改进方面进展良好，完成了年初制定的管理目标计划。全年完成的主要工作有：临港核电基地管理制度和组织结构的制定；研发中心相关职能调整调研与协调；成立物资管理处和采购处，取消供应处建制，完善组织结构和岗位设置；SAP项目实施与推广；贯彻公司管理层推进管理创新的工作思路，结合各业务条线管理薄弱环节，引进先进管理理念与工具，进行管理创新；稳步推进企业制度建设，健全各类管理制度。

杭州汽轮机股份有限公司2007年进一步强化管理，加强干部队伍建设、建立公正公平的企业用人环境、巩固强化6S等项工作，全年取得了明显成效。根据企业的发展要求，选拔了一批骨干充实到干部队伍中，并加大干部理论培训，邀请咨询公司开展了精益化生产等管理理论的培训，加强干部队伍建设。继续巩固6S成果，颁布了《推进6S项目管理办法》，实现月检查、季考评，并形成制度。通过6S管理，员工素质有较明显提高。启动环保和职业健康安全管理体系认证工作，四大技改项目通过了环保验收。推进薪酬制度改革，规范劳动用工关系，培养技术人才。2007年该公司引进本科生42人，硕士16人，引进国家和省技能大赛获奖者担任重要关键岗位操作手。制定《专业技术职称与职业资格等级聘任管理办法》，首次推行技术职称和职业资格评聘分离,有利于职工积极性的调动。

杭州锅炉集团有限公司2007年继续深化改革,转变观念。该公司通过消化、吸收,全面掌握了余热锅炉和大型电站辅机的制造工艺和安装、运行、调试程序。同时,培养造就了一批技术人才和经验丰富的技术工人;开发运用IPDM信息管理系统,建立合同、营运、采购、企业标准、成品发货和劳动人事等信息管理系统。加强计划的统筹、协调,及时发现计划执行过程和生产过程中各环节的问题。

北京北重汽轮电机有限责任公司2007年完成风电引进技术的消化吸收工作,已具备生产条件,开始部套加工、装配与试验。在引进开发基础上形成自主开发能力,实现液压系统、冷却系统、控制系统、变频器的国产化,培育自主开发技术能力,基本完成适应市场需求的低温机型的开发工作。

哈尔滨锅炉厂有限责任公司2007年积极推进企业结构调整与产权制度改革。按照哈动股份公司统一部署,12月,该公司将持有的哈尔滨哈锅阀门股份有限公司股权(占总股本的63.85%),转让给哈尔滨动力设备股份公司。该公司不断强化信息建设,2007年被全国企业信息化工作领导小组办公室评为"2007年中国企业信息化500强",在中国机械500强企业排名中该公司位列第35名。

2007年,哈尔滨汽轮机厂有限责任公司深化机构改革,理顺业务流程,以适应市场竞争和生产经营发展的需要,对部分机构与业务职能进行了调整,成立了燃机项目办公室、核电办公室、国际贸易处,撤消了设计研究中心,独立建制成立了哈汽公司研究院。人员结构调整方面,该公司开发和科学配置现有人力资源,严格控制用工总量,采取多种用工方式,积极推进人才队伍建设。在员工中推行主任师评定制度,并进行动态考核,最大限度地发挥优秀员工的潜能,促进企业可持续发展。企业管理方面,该公司一是对规章制度进行了全面制修订,于6月下发施行,同时强化规章制度的执行工作,保证了规章制度的指导性和可操作性;二是对部门职责范围进行了修订,绘制了各部门主要职责业务示意图,更清晰、直观地描述上下级及各部门主要业务;三是加强绩效考核管理,着力探索新的绩效考核评价模式,充分调动各部门及人员的工作积极性;四是加强用户服务工作,开展第二次"服务万里行"活动,提升客户服务工作品质;五是引进先进的管理理念,把企业文化与企业管理有机融合,使该公司从制度管理向文化管理升华,更新员工价值观念,增强公司的核心竞争力。

无锡华光锅炉股份有限公司以"提高产品质量、提高服务水平、提高内部运行效率"为重点,积极开展企业管理的各项工作。具体为:加大质量管理力度,全面启动标杆工程;加强价格控制和外协生产管理;切实加强财务和审计工作;围绕企业发展大局做好人力资源和党群工作;搞好资本运作,发挥综合管理职能,按照上市公司的规范标准运行,完成了动力管理公司的设立以及水处理工程公司、江阴华泰机械制造有限公司的增资扩股工作。

济南锅炉集团有限公司2007年积极推进产权制度改革。6月,山东鲁能集团有限公司授让给龙基电力公司所持有的济南锅炉集团有限公司全部股权,龙基电力成为该公司的惟一股东,这是继2006年12月9日完成国企向非公经济的改制后的第二次改制。龙基电力公司按照先进的管理模式完善其内部管理,成立了新的公司董事会,与此同时,还着重开展了银行帐户清理、集中清理往来帐、实施会计电算化和推进实施全面预算管理等切实有效的工作。

〔撰稿人:上海发电设备成套设计研究院郑健富 审稿人:上海发电设备成套设计研究院张瑞〕

电站辅机

2007年,全国新增发电机组容量继2006年后再次超亿千瓦,达10 009万kW,增速比上年降低了6.2个百分点;总装机容量达到7.1329亿kW,比上年增长14.36%。2007年,电站设备制造行业的技术水平明显提升,部分领域已跨入世界先进行列。电站主机已从单机容量300MW、600MW亚临界向600MW超临界和1000MW超超临界发展,其中600MW超临界已经批量生产。电站辅机制造技术长期落后主机的局面也开始得到改善。高压加热器、锅炉给水泵、送风机、引风机和磨煤机与600MW超临界机组的配套国内基本能够完成,有的国产电站辅机已配套1 000MW超超临界机组。2007年,全国发电设备产量达到1.3亿kW,主机产业带动了下游电站辅机行业的发展,电站辅机行业产销平稳,回落缓慢,重点辅机企业的产销仍继续向好。在600MW、1 000MW超超临界机组配套辅机上,国外企业竞争势头强于国内企业。

生产发展情况 2007年,电站辅机企业对生产要素进行调整配置,以提高产出能力,缓解产出压力。企业利用社会资源的能力持续提高,外扩、外协的管理水平继续提升。

1. 内部挖潜,整合生产要素,提高产出能力

北京电力设备总厂刷新了企业发展史上的产出新高,生产系统充分整合企业内外部及可支配和利用的一切资源,狠抓生产计划的落实,确保产出。通过抓生产过程中的关键环节,确保均衡产出,履行合同。该厂全年完成中速磨煤机327台,工业汽轮机28台、ZGG5×8管式干燥机4台。重点监控了特高压平波电抗器和管式干燥机两个专项任务的进展,编制了管式干燥机主要部件计划进度及进度网络图,及时协调、解决试制生产过程中出现的问题,确保了企业重点专项产品的试制生产。

上海电力修造总厂有限公司的主导产品是大功率锅炉调速给水泵、液力耦合器、高温高压阀门、焊接材料。2007年,面对生产经营、整体搬迁的繁重任务,该公司坚持以经济效益为中心,抓生产、抓管理、抓建设、抓搬迁,牢牢把握企业建设迁址的战略契机,认真谋划发展布局,努力开创企业工

作新局面。生产管理部门与各生产车间通力协作，奋力拼搏，全年共完成主泵245台，耦合器73台，前置泵225台，焊条产出20 716.5t，焊接材料11 000t，阀门796台（2 202万元）。该公司全面完成了年度生产目标，主导产品保持了较好的生产业绩，满足了市场需求和企业发展的需要。

上海重型机械厂有限公司年内产出中速磨煤机256台，比上年增加16台；钢球磨产出29台，比上年减少39台。该公司对企业内的部分机构设置进行了调整，原属销售公司管理的物资处归属生产部门，使生产计划、物资采购等资源配置更趋合理。该公司热加工改造基本结束，产能和技术都有较大提升，将带来电站大型铸锻件、船用曲轴和轴系产品、轧钢支承辊以及核电设备等领域的市场机会。

上海动力设备有限公司实现工业总产值166 340万元，比上年降低10.83%。生产高压加热器77套，比上年下降30.63%；低压加热器62.5套，比上年增长11.61%；凝汽器46套，比上年下降8%；除氧器63套，比上年增长1.61%；水箱11套，比上年减少21.43%。在重点工程上，上海动力设备有限公司完成了外高桥二期、三期全套辅机设备，玉环电厂、邹县电厂百万机组辅机产品研制，国电北仑三期扩建工程、天津北疆一期工程、浙江国华宁海二期扩建工程辅机设备；承制完成了公司迄今生产的直径最大的核级设备——秦山核电二期扩建工程的3号设备闸门。

菲达集团有限公司生产电除尘器176台（套）、烟气脱硫设备5套、布袋除尘器4套、气力输送设备11套、污水处理设备284台（套），全年集团环保产品产量达到15.17万t，比上年增长5.01%。同时，还完成了日处理污水6万t项目的投资建设和运行考核。

兰州电力修造厂紧密结合实际，抓生产、强管理，在企业发展方面做了很多有益的工作，全年完成综合产量33 540t，比上年增加9 172.34t；生产电除尘器33台，比上年增长6.45 %。

扬州电力修造厂生产阀门电动装置、电动执行机构24 120台，比上年下降5.74%；销售耐磨铸钢件1 093t，比上年下降5.8%。实现劳动生产率7.73万元/人。

杭州锅炉集团有限公司生产配套300～1 000MW机组辅机27套。

上海鼓风机厂有限公司强化生产系统对市场的支持，针对大风机多、出口产品多、试车安排多、大修任务多等情况，加强计划协调功能，及时协调、及时调度，及时解决生产过程中出现的问题，生产作业计划实现率超过95%。全年完成大型TLT风机556台，比上年的490台增长13.5%；完成铸铝叶片8 460片，比上年增长4%；完成钢叶片72套，液压缸230台，膜片5 700片；完成风机大修理102台。

中国华电工程（集团）有限公司下属华电重工机械有限公司跟踪市场需求，加大资源投入，扩大风电塔筒的生产能力，使产品质量和生产能力上了一个新台阶。同时，立足成为华电工程机械制造平台，为物料输送分公司生产了多套大型设备，与管道分公司一起积极推进“黑皮管”项目实施。

2. 加强外扩、外协的管理，利用社会资源提高产能

电站辅机行业的重点企业订单仍相对较多，交货工期缩短，产出任务重。企业为保证均衡生产，加大利用社会资源力度，提高产出能力。上海鼓风机厂有限公司加强供应链管理，定期编制《采购作业指导书》，建立分供方选择与评定管理制度，努力消除分供商垄断的现象。

3. 企业重组，发挥优势，创造新的经济增长点

8月，由上海汽轮机有限公司、上海汽轮发电机有限公司、上海动力设备有限公司等三家合资公司整合一体的上海电气电站设备有限公司在临港重工业基地挂牌成立。9月20日，杭州锅炉集团股份有限公司正式注册成立。豪顿华工程有限公司压缩机事业部于2007年投入运行，并在国内组装生产压缩机系统，已开始向国内的石油化工行业提供配套产品。

4. 坚持以员工为本，把安全生产放在重要位置

经浙江省安全生产监督管理局核准，菲达集团公司及下属的菲达环保科技公司成为浙江省第一批省级机械制造安全生产标准化企业。扬州电力修造厂连续安全无事故累计达10 358天。上海动力设备有限公司在生产场地安装电视系统摄像监控，有效控制车间工人与质检人员的操作安全。豪顿华工程有限公司拟按照OHSAS 18001的规定建立健康和安全管理体系，并于2008年贯彻落实，正在申请ISO14001认证。

2007年部分电站辅机制造企业经济指标见表1。

表1　2007年部分电站辅机制造企业经济指标

企业名称	职工数（人）	工业总产值（万元）	销售收入（万元）	比上年增长（%）	纳税总额（万元）	利润（万元）	研发费（万元）	比上年增长（%）
中国华电工程（集团）有限公司			507 000	7.1		15 000		
上海重型机械厂有限公司	3 732	425 750	267 804	4.0	11 356	38 956	10 566	-30.3
上海动力设备有限公司	1 481	233 400	225 602	-10.7	28 907	28 907	11 577	-9.1
北京电力设备总厂	1 643	198 055	213 076	32.6	9 080	1 148	1 206	50.2
杭州锅炉集团有限公司	1 395	138 885	199 408	4.1	6 161	17 527	9 898	
菲达集团有限公司	3 134	190 367	187 054	34.9	8 695	6 042		
豪顿华工程有限公司	724	142 968	150 214	-15.0	19 160	11 321		
上海电力修造总厂有限公司	683	92 396	101 384	-3.3	1 138	1 200		
上海鼓风机厂有限公司	702	72 067	72 253	1.6	4 136	2 581	4 625	7.1
兰州电力修造厂	827	26 723	23 908	16.6	758	85	221	100.9
扬州电力修造厂	559	16 653	17 476	1.2	1 449	452	247	-61.1
西安电力机械厂	984	16 825	16 697	8.3	1 133	-522		

市场及销售 电站辅机行业市场空间仍处于高位，重点企业的新增市场订货额仍很饱满，尚未出现大幅回落。辅机市场竞争仍然激烈，企业寻求新市场，坚持“走出去”战略和国际化的意向明显。电站五大辅机产业度集中，重点制造企业的市场信誉、产品品质基本得到用户及市场的认可。

据已报可比资料，销售收入有6家企业比上年增长，增幅1.2%～34.9%。新增订货额位居前三位的是：上海动力设备有限公司、中国华电工程（集团）有限公司、北京电力设备总厂。

1. 订单增加，重点电力工程突破

上海动力设备有限公司年度新增市场订货820 765.3万元，比上年增长19.6%。该公司承建的河北黄骅港电厂二期工程海水淡化主设备开工仪式11月举行，标志着新兴产业——海水淡化主设备制造正式启动。北京电力设备总厂新增订货额30.2亿元，比上年增长59.48%。该厂在配套1 000MW机组封闭母线市场上实现零的突破，连中芜湖、潮州、莱州、漕泾4个项目。中速磨继续抢占高端市场，相继与潮州、绥中、平海、漕泾、铜山、莱州和平顶山签订了7个1 000MW机组磨煤机供货合同，市场占有率达80%，一举奠定了磨煤机在电力行业高端市场的领先地位，确立了该厂在行业中的龙头地位。

菲达集团有限公司全年实现营业收入20.4亿元，比上年增长9.91%。该集团公司新增市场订货额25.34亿元，为2008年公司的发展奠定了基础。

杭州锅炉集团有限公司全年承接300～1 000MW机组配套辅机新订单22套，比上年增长83.3%。

西安电力机械厂新市场订货5 513万元，比上年增长25%。

上海电力修造总厂有限公司全年实现主营业务收入11.86亿元；当年新增订货合同12.7亿元，比上年增长47.08%；锅炉给水泵产品国内市场占有率达到60%以上。该公司已成为行业的龙头企业，继续被认定为“2007年中国泵及真空设备制造行业排头兵企业”，居行业第1名。该公司通过取得王滩、宁武、乌沙山、合肥等电厂的项目合同订单，巩固了在配套600MW机组上的给水泵国产化成果，提升了合同订单的含金量，加强了产品的竞争优势。该公司还在配套1 000MW机组的给水泵项目上取得实质性突破，拿下了潮州、漕泾、彭城、平顶山电厂的项目合同订单，开启了百万千瓦等级超超临界机组给水泵国内生产的先河，奠定了企业的竞争优势。

上海鼓风机厂有限公司围绕“市场为鉴、技术为基、管理为魂、文化为系”的治厂方针和“市场多元化、抓大不放小、拓展海外市场、改变赢利模式”的经营策略，实现销售收入72 253万元，为上年的101.6%。新增市场订货额9.3亿元，再一次刷新了企业历史纪录。该公司明确了市场定位，即巩固电站市场优势领域，拓展冶金、矿井、脱硫、石化、出口、服务等领域，并以核电、风洞、压缩机作为公司的超越性领域。在此基础上，该公司承接了一批“三合一”动调风机订单，并在铜陵电厂1 000MW机组的引风机转子国产化上获得了零的突破，在300MW机组配套的循环流化床上第一次采用了该公司设计的高压流化风机。该公司还强化了销售项目管理，建立了项目信息制度，做到了每月销售项目跟踪分析，以及中标、失标原因分析，并通过滚动管理，增强业务员的责任心，提高项目管理水平。

豪顿华工程有限公司市场订货额20亿元，与上年持平。

兰州电力修造厂确立了“稳老拓新、不断开拓新领域、实现延伸发展”的目标，加大市场开拓力度，市场营销取得显著成效，当年新增订货额6亿元。该厂首次签订了山东莱州项目2台百万千瓦机组工程，成为国内第三家具备百万千瓦机组配套生产能力的厂家。该厂还加强营销基础管理，调整和完善了营销管理体系，修订并实施《营销工作管理办法》，建立激励考评机制，充实了营销力量；加强对市场的分析，及时调整营销策略，提高了应对市场变化的能力；强化售后服务，坚持用户回访，增进与用户的交流与沟通，全年回访用户、大小修、消缺、备品配件技术服务共94项。

中国华电工程（集团）有限公司核心业务取得新成绩，公司系统全年完成销售收入50.7亿元，比上年增长7.07%。其下属的国电南自以定向增发为契机，明确了改革发展方向和发展思路。该公司坚持以经济效益为中心，克服重重困难，新增订货额13.4亿元，实现销售收入12亿元。该公司总承包分公司承担的湖北西塞山2×680MW超超临界机组总承包项目已经动工建设；管道分公司经过几年的技术研究和储备，在电厂空冷技术开发和工程总承包方面取得了突破，先后中标山西瑞光2×300MW机组、山西轩岗2×660MW机组两个空冷岛项目总承包。在管道项目执行上，克服了进口管道交货期难以确定等重重困难，全力确保了宝山、邹县等集团公司重点工程项目的管道供应。水处理分公司承担的全国最大容量邹县电厂和外高桥电厂百万机组中水处理系统成功投运，获得用户和行业的表彰和奖励，奠定了公司中水处理业务在国内的排头兵地位。具有自主知识产权的国内最大直径柱状混床的技术试验取得成功，解决了硫酸根超标这个世界性难题。该公司还成功中标高碑店中水改造、邯钢新区全厂脱盐水系统、新奥集团40万t/a污水回用等项目。新能源技术开发公司承担的广东新会粤新热电联供工程总承包项目2台机组均已投产发电；承担的北京德青源沼气发电工程、太阳能热发电示范项目进展顺利；山西右玉、平鲁2个风电场总承包项目按计划推进，第一台风力发电机组于9月7日吊装完成，成为“山西第一风塔”。该公司充分利用自身资源，开发了多个陆地和海上风场资源等新能源项目，为集团公司新能源事业的发展作出了贡献。

上海重型机械厂有限公司的中速磨煤机技术质量、性能稳定，设备维护方便，市场占有率继续提升。该公司的单进和双进双出钢球磨，煤种适应能力强，技术逐步成熟，也具有一定的市场份额。1980～2007年，累计销售中速磨1 600余台，销售钢球磨169台，钢球磨中双进双出钢球磨

145 台。2007 年新增中速磨煤机订单 311 台，比上年增长 52%。其中，配置动态分离器的中速磨 96 台，比上年增加 60 台；钢球磨煤机订单为 36 台，比上年减少 8 台。

2. 为寻求持续发展，加大非电力市场的开拓

电源建设连续几年的持续高峰，意味着下滑的可能性加大。国内电力装备市场空间减小，将是大趋势。十分可喜的是，电站辅机企业中的主营产品有些不仅适用于电力行业，还可进军非电力行业市场。北京电力设备总厂 2007 年在非电力市场上开拓，继续保持强劲势头，先后与天津碱厂、神华宁夏煤业集团公司等签订了一大批中速磨煤机供货合同，进一步巩固了该厂中速磨在化工领域的优势地位。

杭州锅炉集团有限公司与日本川崎公司捆绑，获得杭州市地铁 1 号线 3 台土压平衡式隧道掘进机的合同，实现新市场领域上的战略突破。

上海鼓风机厂有限公司在矿井风机市场上的订单从过去的 0.2 亿元上升到 2007 年的 0.37 亿元，冶金化工行业达到 0.54 亿元，常规产品也突破了 0.2 亿元，为企业完成当年销售收入及未来发展打下了基础。

中国华电工程（集团）有限公司物料输送分公司保持了良好的竞争优势，全年新签合同中，集团外合同金额占 65%。以投产神华天津港煤码头项目为标志，公司在大型港口散装物料储运系统总承包方面的实力得到了充分展示。

3. 坚持走出去的战略，走国际化发展道路

国内电站辅机业中不乏有实力的企业，他们走出去的信心坚定，成绩逐年上升。北京电力设备总厂签订进出口合同额 5.6 亿元（7 643 万美元），比上年增长 58%。该厂持续扩大中速磨在印度的市场份额，继连中腾达、纳佳道纳、WPCPL、印度铝业二期项目之后，又进入了印度尼西亚、智利、土耳其等国的火电、水泥市场，全年出口订货已突破 3 亿元。该厂海外事业部自营出口比重不断提高，特别是与智利哥布尔 350MW 电厂磨煤机项目合同的签订，实现了中速磨煤机对南美洲的首次出口，实现了企业与欧洲总承包商的第一次合作。该厂的出口隔离变压器在韩国的成功投运，开启了该厂电器产品在韩国市场的先河。

中国华电工程（集团）有限公司的印度尼西亚阿萨汉水电总承包项目克服了地质问题带来的种种困难，抓质量、抢工期，现场施工形象得到很大改善，项目部被集团公司授予“2007 年度先进集体”称号。

上海鼓风机厂有限公司外贸额从过去的 0.4 亿元上升到 2007 年的 1.4 亿元。

杭州锅炉集团有限公司在新订单中有 3 套出口印度尼西亚。

西安电力机械厂出口东南亚地区 ZGM158 型中速磨煤机 3 台。

上海电力修造总厂有限公司在走向国际市场的过程中，实施“借船出海”、“走入亚非拉”战略，通过各种渠道，依托总承包公司，加强与上海电气、东方电气等大集团公司的协作，注重与国际知名制造企业的合作，积极参与国际化的大市场经营和竞争，认真做好国际项目的投标，先后签订了出口马来西亚、伊朗、越南、印度、巴基斯坦等电站项目的合同，出口合同总金额超 4 亿元。

上海动力设备有限公司与巴西热力发电公司签订了为坎迪奥塔二期 C 项目 1×350MW 工程提供高压加热器和除氧器的合同，这是该公司进军南美市场的第一步。按照合同，该公司还将承制相应的备品备件、专用工具、技术文件以及有关的技术服务等。

兰州电力修造厂与德国 RAGAR 公司合作的靖远电厂 200MW 机组脱硫项目正在实施中。

豪顿华工程有限公司的产品继续出口到美国、澳大利亚、丹麦、意大利、印度等国家和中国香港。

科技成果及新产品 电站辅机企业大多是依托市场拉动新产品开发，在中央、国家有关“树立科学发展观”的方针指导下，企业在新技术及新产品的开发上加大研发投入，在消化吸收引进技术的基础上，更注重技术创新，追求自主知识产权的拥有。

据已报资料，兰州电力修造厂、北京电力设备总厂、上海鼓风机厂有限公司研发经费投入分别比上年增长 100.9%、50.2%、7.1%。年度研发费用投入超亿元的企业是上海动力设备有限公司和上海重型机械厂有限公司。

1. 企业加大自主创新力度，加快新技术和新产品的开发速度

杭州锅炉集团有限公司通过与 ALSTOM 公司等国际大公司的合作，实现了 1 000MW 超超临界机组除氧机等项目零的突破，使企业跨入大容量机组压力容器设计制造的先进行列。该公司作为国内第一个自主开发，并拥有自主知识产权的垃圾焚烧设备的制造商，二段往复式生活垃圾主线设备产业化项目被科技部列为 2007 年度“国家火炬项目”。该集团公司加大研发经费的投入，全年研发投入达到 9 898 万元，占企业年度销售收入的 4.96%，新产品产值达到 9.6 亿元。

上海重型机械厂有限公司全年投入研发经费 10 566 万元，占年度销售收入的 3.9%。该公司重点研究用于 165MN 锻造装备关键技术，研制大型中厚板轧机成套设备、核电大型锻件、火电汽轮机转子、大型及特大型锻钢支撑辊和 HPS 动静态组合分离器磨机。

菲达集团有限公司承担了国家高技术研究发展计划（863 计划）大型燃煤电站锅炉烟气电袋复合除尘技术与装备的项目课题，是企业首次承担国家“863”项目。该公司还承担了 600MW 超临界机组配套电除尘器、300MW 湿式石灰石/石膏法烟气脱硫装置 2 个国家火炬项目，承担了 600MW 燃煤机组大型高效布袋除尘技术与装备、污水污泥焚烧利用关键技术研究与装备开发及工程示范、大型火电厂烟气脱硝关键技术研究及工程示范等 3 项浙江省重大科技专项和优先主题项目。菲达集团有限公司在 UNITANK 工艺基础上开发的市政污水处理技术已通过工业性试验，已在诸暨市污水处理厂 2 万 t/d 规模试线上成功投入产业运行，不仅实现工业和市政混合污水的达标排放，而且在投

资、占地、运行费用上比常规工艺减少1/3，其中污泥实现零排放，主要经济指标达到国际先进水平。我国在污水处理过程中产生的污泥每天约40万t，污泥无害处理已成为世界性的难题。该公司在污水处理达标排放前提下实现污泥零排放，是一个重大的突破性创新成果，该技术已引起国家环保部、科技部、发展和改革委员会、浙江省政府及省科技厅等有关领导和专家的重视。其承担的浙江省重大科技专项——1 000MW超超临界机组配套电除尘器和一体化城镇高效污水处理技术与设备研制通过省科技厅的验收。

上海电力修造总厂有限公司先后设计开发了600MW亚临界机组机械密封型和迷宫密封型的给水泵，燃汽轮机余热锅炉高、中压合泵，以及适用范围更广的YOT46—508型液力偶合器等新产品。配套300MW机组给水泵、液力偶合器的国产化率有了大幅度提升，在推动配套600MW超临界、亚临界机组给水泵、液力偶合器的国产化方面取得了显著成效。研发的百万千瓦级压水堆核电站核二级泵研制项目通过上海市核电办初步验收。在阀门产品项目研发上，该公司采用"两条腿走路"的方式，一方面抓老项目改造，一方面抓新项目开拓，完成了135～300MW机组减温减压装置的系列减温阀和减压阀的改造，进一步拓展给水调节阀、蒸汽调节阀的开发，阀门总的销售业绩稳步提高。在焊接材料产品研发上，该公司坚持高端研发的方向，研制开发了具有高附加值的R312、E5518G低碳钢，不锈钢焊条，加强了跨区域的信息沟通与业务合作。

中国华电工程(集团)有限公司技术创新取得丰硕成果。继北京二热脱硝项目之后，中国华电工程(集团)有限公司环保分公司引进三菱重工烟气脱硝技术，已经结合望亭发电厂2×660MW超超临界机组烟气脱硝总承包项目进行脱硝技术的消化应用。该公司的全封闭大型圆形煤场系统技术开发研究、超超临界机组P92材料应用技术开发研究两个科技项目通过了鉴定，秸秆发电技术开发研究、大型胶带机专用控制系统等4个科技项目通过了专家验收。公司进行的"大跨度管桁结构的性能研究与设计"课题研究，已成功应用于大唐三门峡电厂二期2×600MW工程汽机房屋面。高塔法凝结水精处理系统技术研究与应用项目获"中国铝业杯"首届中央青年创新优秀奖

兰州电力修造厂科技投入共计221万元，比上年增长100.9%。该厂多个科研课题和科技开发项目都取得了进展：自主完成了1 000MW燃煤发电机组配套电除尘器模拟设计、工程设计以及气流分布模拟试验工作；掌握了电袋除尘器的方案制定、参数选型、滤袋及喷吹系统的选定；开发的阴极电磁顶部振打结构具备了改造其他结构电除尘器的能力；依托国电靖远发电有限公司4号机组锅炉烟气脱硫工程，开展了KCFB技术研究工作，并完成了整个工程高浓度除尘器气流分布模拟实验、新型螺旋线振打加速度及疲劳实验等任务。

西安电力机械厂在开发人员短缺，研发费用紧张的情况下，完成了ZGM178型中速磨的煤机、500kV输电线路大截面导线电力金具和500kV紧凑型输电线路电力金具的研制。

作为豪顿华工程有限公司的母公司，英国豪顿公司将其压缩机的主导产品——隔膜式压缩机、螺杆压缩机以及活塞压缩机投入中国市场，并在豪顿华威海工厂开始生产、组装。为配合该压缩机的生产、组装，在威海工厂投资建设了压缩机实验室，为压缩机产品的质量提供技术支持。为更适合中国电力工业的发展需要，豪顿公司开发了新型动调轴流风机的轮毂，并在威海工厂试制成功。这一新型轮毂设计更为可靠，结构合理，适应范围广泛。

北京电力设备总厂抓住我国特高压建设的机遇，提升企业技术水平，确立了干式空心电抗器研发制造龙头企业的地位。2007年3月，为±800kV直流特高压研发制造的国内第一台3 125A、75mH干式空心平波电抗器通过了中国电力科学研究院的各项试验。其后，先是中标南方电网公司特高压直流项目平波电抗器9台，接着又中标国家电网公司特高压直流平波电抗器18台项目，而且是发端站、受端站全部中标。为国网公司研发的平波电抗器运行电流是4 000A、75mH，最大持续工作电流要求达到4 500A，高于南网公司平波电抗器3 125A、75mH技术要求。年内，已完成4 000A平波电抗器的定型设计。该厂还完成了ZGM123QG型快速磨煤机设计、ZGM型磨煤机实验站项目系统图纸设计和配套设备选型等技术储备项目的既定研发进度；完成了磨煤机降成本设计、10MW汽轮机优化设计、铁心电抗器优化设计等其他以降耗节能、提高现有产品核心竞争力为目标的研发任务。该厂攻克了螺旋片、管板钻孔等技术课题，研制出ZGG5×8管式干燥机，已用于大唐发电公司多伦煤液化项目的褐煤的干燥。该项目的成功，对提高企业技术开发能力和构建未来市场格局具有重要的战略意义。

上海鼓风机厂有限公司完成产品技术准备计划226项，比上年增长53%。年初提出的科技创新项目，基本上按目标节点予以完成，其中包括10MW高温气冷堆磁轴承氦气风机热态运转试验、汽车风洞风机设计与工艺、滑动轴承箱试制、新型矿井风机闸门系列化设计、地铁风机新型对称叶型开发、矿井风机煤气风机的防腐材料及工艺研究和钢叶片冷喷涂工艺研究等。科技创新管理方面，公司年初成立科技创新评价小组，拟定奖励评分标准。在年初对科技创新项目进行立项审批，年末评估完成情况并实施奖励，充分调动了技术人员科技创新的积极性。

2. 核电产品不断推出

扬州电力设备修造厂先后完成了1E类核级阀门气动执行机构的研发设计，并通过专家评审；完成1E类K3级核级小转矩多回转电动执行机构的开发及样机试制及相关实验；完成2HQ3核级电动执行机构配套JHB减速器的开发和设计及抗震分析；完成2SA8系列智能型电动执行机构的全系列研发，系列型号中最大输出转矩可达10 000N·m。该厂被扬州市批准为"阀门电动执行机构工程技术研究中心"。

上海动力设备有限公司研发的核级热交换器管国产化项目通过鉴定，打破了该领域国外垄断的局面，为我国核电生产填补了空白。

上海动力设备有限公司研发出拥有完全自主知识产权的喷雾洗涤式除氧器。该公司还牵头研制符合法国核电制造标准 RCC—M 的核级热交换器的热交换管国产化，预制批生产成功，从而打破了国外完全垄断热交换管的局面，填补了国内核电材料这一领域的技术空白。

上海电力修造总厂有限公司为进一步拓展市场领域，主动研制核电市场的给水泵产品，承担制造了上海市百万千瓦级压水堆核电站主要设备及材料专题中的核电站核二级泵项目。

3. 做环保产业产品，尽社会责任，实现互赢

以菲达集团有限公司、浙江大学、浙江省环保产业协会、菲达环保科技公司等为共建单位的浙江省环保装备科技服务平台正式启动，该平台围绕环保装备领域，设计重大环保创新课题，承担攻关任务，解决行业中的重大科技难题，为环保企业和环保工作者提供技术服务，实现成果转化、产业开发和推广应用。2007 年，共建单位有 3 个项目被列为国家“863”计划，6 项列为省级科技项目，承担横向项目 29 项。该平台还举办技术咨询 10 场次、学术交流 13 场次，推广新技术工业化应用 11 项。该平台还向国家环保总局推荐国家重点环保实用技术示范工程 5 项，国家级环保产品认证 11 项，对外测试服务 3 200 次，提供加工服务 27 项；设立浙江省环保产业奖学金，筹资 12.9 万元，省内 12 所高校 32 名贫困学生得到资助。

4. 重视产学研项目合作及与国外公司的技术合作，推动企业技术进步

杭州锅炉集团有限公司与日本川崎重工公司、德国巴克杜尔公司合作开发了转炉余热锅炉，与日本三菱公司合作开发了垃圾焚烧锅炉，与德国巴克杜尔公司合作开发了 600MW 火电机组 GGH 设备，与荷兰施托克公司合作开发了 1 000MW 超超临界火电机组的除氧器，与法国阿尔斯通公司合作开发了快装式锅炉和电站辅机，与奥地利安博巨公司合作开发了脱硝装置等。

菲达集团有限公司与南开大学合作的“国外商用 SCR 催化剂性能验证及工艺研究”博士后科研工作课题通过考核验收，考核评定为优秀；与西安建筑科技大学合作的“气流分布数值模拟研究”在 12 月通过验收；与同济大学合作的钢结构构架计算机辅助优化设计软件（3DTUS）开发项目正在实施中；与浙江大学合作的电除尘器灰斗结构优化设计软件开发项目取得成功，现已在设计中应用。该公司下属的菲达环保科技有限公司与中科院成都有机研究所合作组建了浙江菲达中科精细化学品有限公司，与浙江大学合作组建了菲达中科精细化学品实验室，大力推出“唐蝶”系列环保涂料产品。

杭州锅炉集团有限公司先后与西安交通大学、首都钢铁公司共同开发了 220t/h 高炉煤气锅炉，与中国科学院合作开发了 1 000MW 火电机组 CCH 设备流化床生物质锅炉。

上海鼓风机厂有限公司已承接了广州石化乙烯装置备件转子项目，合同金额 481 万元，并与上海交大进行产学研方面的合作。

上海重型机械厂有限公司引进外国技术专家，共同开发大型铸锻件材料。

5. 自主知识产权意识增强，专利数量增加

上海鼓风机厂有限公司获得 3 项发明专利，即电站用动叶可调风机叶柄轴承稀油润滑装置、伞齿轮直角铣头、矿井风机机壳的燕尾环槽嵌板片装置。以菲达集团有限公司、浙江大学、浙江省产业协会、菲达环保科技公司等为共建单位的浙江省环保装备科技服务平台，申请发明专利 8 项。

菲达集团有限公司获得授权专利 12 项（实用新型），分别为电除尘器阴极振打针轮传动装置、电除尘器自转式振打圆锤组件、电除尘器阴极线连接保护套、电除尘器耐磨型托辊式尘中轴承、电除尘器超高浓度进口槽形板、电除尘器新型 RS 线、电除尘器螺旋线、外槽式密封滤袋、一种新颖的具有计量功能的输送装置、一种气密封风门、一种新颖的粉体物料传送装置、一种袋式除尘器的龙骨。

上海动力设备有限公司研发成功喷管式锅炉启动疏水装置，使凝汽器能有效地接受锅炉疏水，提高了电厂机组运行的经济性；研发的除氧器用锅炉启动疏水消能装置，使除氧器水箱在完成除氧功能的同时又接受了锅炉启动疏水。两套装置均获得国家专利。在第五届上海市发明创造专利奖上，该公司的表面卧式加热器内的疏水冷却装置获发明专利二等奖，炮弹式旁路蒸汽减温减压装置获实用新型专利奖。

杭州锅炉集团有限公司生活垃圾焚烧锅炉、振打清灰机构的弹性振杆装置等 4 项技术获国家专利。

中国华电工程（集团）有限公司开发的带浆液再分布板的新型高效烟气脱硫塔、水质净化技术在核电回用水处理的应用、中水石灰处理系统设备的优化研究等 6 项新技术已在工程项目上应用，并已申报国家专利。

上海重型机械厂有限公司申报专利 15 项，1 项专利获得授权。该公司还获得“上海市专利工作培育试点企业”证书。

6. 自主创新成果显著，获奖科技成果增多

菲达环保科技有限公司研发的配套 1 000MW 超超临界燃煤机组的电除尘器，是浙江省装备制造领域国内首台套产品；研制的配套 300MW 机组的湿式石灰石/石膏法烟气脱硫设备，获中国机械工业科技进步三等奖、浙江省机械工业科技一等奖、浙江省环境保护科技进步二等奖和绍兴市科技三等奖。公司研制的 600MW 超临界燃煤机组配套的电除尘器，获浙江省环境保护科技进步一等奖、浙江省机械工业科技二等奖。菲达集团有限公司在自主创新中，申报省级新产品 6 项，批准 6 项，分别是 600MW 燃煤电站大型高效布袋除尘器、大型燃煤锅炉电袋复合除尘技术与装备 2 200tDS/d 碱炉配套电除尘器、电袋复合除尘器、危险固废物焚烧烟气净化处理装置、600MW 奥里油机组配套电除尘器。

北京电力设备总厂研制的大电流试验电抗器获华北电网有限公司科学技术进步三等奖，750kV 线路阻波器先后

获中国电机工程学会电力科学技术三等奖、国家电网公司科学技术进步二等奖、华北电网有限公司科学技术进步一等奖。

上海鼓风机厂有限公司的动叶可调轴流式送风机、引风机、一次风机以及脱硫增压风机、矿井风机5大产品荣获上海市节能产品称号。

杭州锅炉集团有限公司自主开发的5 000t/h水泥窑低温余热锅炉，获得浙江省机械工业联合会颁发的浙江省科学技术一等奖。

西安电力机械厂研制的500kV紧凑型输电线路电力金具获陕西省科技进步奖三等奖。

中国华电工程(集团)有限公司获得中国华电集团科技进步奖一等奖2项、二等奖7项、三等奖4项，列入集团公司科技创新基金项目2个，科技项目7个。

上海重型机械厂有限公司研发的HP1163～HP1303中速磨煤机及动态分离器、BBD双进双出钢球磨煤机均获“2007年上海市重点新产品”称号；HP1163～HP1303中速磨煤机研制项目获得上海市科技进步二等奖；HP碗式磨煤机荣获上海市“2007年装备制造业与高新技术产业自主创新品牌”称号；双进双出钢球磨成为高新技术成果转化产品。

北京电力设备总厂获得华北电网有限公司科技进步先进单位称号。

杭州锅炉集团有限公司董事长杨建生荣获“2007年度中国节能减排与资源综合利用论坛组委会”评选的“节能减排突出贡献企业家”称号。

质量及标准 2007年，电站辅机的国内市场订单相对减少，机组单机容量增大，参数提高。由于节能降耗新要求的出现，电站辅机的高端产品增多，研发制造难度增大，这已成为该行业的显著特点。

1.辅机运行可靠性喜忧参半

电站辅机的运行质量已纳入国家电力运行可靠性年度报告，且参与统计的台(套)逐年增加，已引起社会的关注。

据国家电力监管委员会、中国电力企业联合会发布的2007年电力可靠性分析报告资料显示:5年来，5种辅助设备的可用系数中，磨煤机、给水泵呈整体上升趋势，计划停运小时和非计划停运小时减少，送风机、引风机、高压加热器可用系数在2007年开始下降，主要是计划停运时间增加。

2007年，参与国家电力监管委员会可靠性统计的磨煤机有3 288台，比上年增加750台；给水泵2 102台，比上年增加467台；送风机1 506台，比上年增加311台；引风机1 523台，比上年增加322台；高压加热器2 215台，比上年增加461台。与上年相比，2007年5种电站辅助设备的可用系数，除磨煤机略有上升外，其他4种辅机均有所下降；5种辅助设备的运行系数较2006年下降。2007年5种辅助设备的主要可靠性指标见表2。

表2 2007年5种辅助设备的主要可靠性指标

辅助设备分类	运行系数 SF(%)	可用系数 AF(%)	非计划停运率 UOR(%)	非计划停运小时(小时/台年)	计划停运小时(小时/台年)
磨煤机	62.25	93.64	0.39	22.34	534.69
给水泵	55.01	94.62	0.29	14.11	457.32
送风机	83.69	94.43	0.03	2.00	485.68
引风机	83.29	94.39	0.04	3.02	488.64
高压加热器	83.20	94.28	0.29	21.48	479.92

注:以上数据来源于《电力可靠性管理简报》158期。

2007年参加统计的5种辅助设备中，79%为国产设备，21%为进口设备。从可靠性指标上看，国产磨煤机可用系数比进口产品高1.41%，国产给水泵、送风机、高压加热器的可用系数分别为0.52%、0.22%、0.61%，低于进口设备。国产给水泵、送风机、引风机的非计划停运率与进口产品相比，分别高出0.15%、0.02%、0.03%；国产磨煤机、高压加热器比进口的非计划停运率分别低0.13%、0.09%。2007年参加统计的131台500MW及以上容量火电机组配套的5种辅机设备中，国产设备占68%，已超过一半的格局，国产化比例在逐年提高。

在500MW及以上容量机组的配套设备中，磨煤机、引风机的可用系数高于进口设备，国产给水泵、送风机、高压加热器可用系数低于进口设备；每台年的非计划停运系数上，磨煤机、给水泵、高压加热器均好于进口设备。设备非停运的主要原因是，国产设备制造质量不良，进口设备检修质量不良。因此，大容量、高参数机组国产辅助设备的制造水平有待提高。2007年500MW及以上容量的5种辅机设备国产、进口设备分类可靠性指标(台年平均)见表3。

表3 2007年500MW及以上容量的5种辅机设备国产、进口设备分类可靠性指标(台年平均)

指标	磨煤机		给水泵		送风机		引风机		高压加热器	
	国产	进口	国产	进口	国产	进口	国产	进口	国产	进口
台数	559	220	262	126	177	80	182	81	304	83
运行系数(%)	66.60	66.87	56.89	63.37	85.88	81.87	83.88	83.43	83.09	87.97
可用系数(%)	93.85	92.14	94.64	95.77	94.56	95.22	94.69	94.48	94.68	97.32
非计划停运率(%)	0.12	0.62	0.23	0.26	0.01	0.01	0.06	0.03	0.13	0.21
计划停运系数(%)	6.07	7.45	5.22	4.07	5.43	4.77	5.26	5.50	5.21	2.50

注:以上数据来源于《电力可靠性管理简报》158期。

大容量、高参数火电机组上马速度快，国产电站辅机要适应这一配套要求，更应关注制造质量。尽管国内企业的质量意识明显增强，电站辅机产品质量总体上升，但有时波动且不稳定，特别是500MW及以上容量机组的辅机配套设备更为突出。

2. 电站辅机停运主要原因分析

据国家电力监管委员会、中国电力企业联合会发布的电力可靠性指标资料显示，与上年相比，5种电力辅助设备2007年的平均每台年计划停运：磨煤机降低22.53h，给水泵、送风机、引风机、高压加热器分别增加了2.46h、31.24h、27.81h和26.03h。平均每台年非计划停运：磨煤机、给水泵、送风机、引风机、高压加热器分别减少6.92h、6.20h、0.46h、1.36h和6.14h。磨煤机、高压加热器单台全年累计非计划停运时间最长小时分别为3 672h和3 504h。主要原因是产品制造质量不良。磨煤机非计划停运的主要技术原因中，漏粉是首要原因。磨本体、给煤管、机壳、进出粉管等的产品制造不良占全部非停运原因的42.32%，检修质量不良占全部非停运因素的28.95%。给水泵非计划停运的主要技术原因中，给水泵密封装置漏水是首要原因。其中产品制造不良占全部非停运因素的34.88%，检修质量不良占全部非停运因素的25.36%。送风机非计划停运的主要技术原因中，断裂是首要原因。主要部件是电动机本体轴承，其中产品制造不良占全部非停运因素的44.67%，检修质量不良占全部非停运因素的32.03%。引风机非计划停运的主要技术原因是引风机本体轴承断裂、电动机定子绝缘不良。其中产品制造不良占全部非停运因素的46.85%，检修质量不良占全部非停运的37.34%。高压加热器非计划停运的主要技术原因是漏水，主要部件为U型管、放水阀门等。其中产品制造不良和设备老化占全部非停运的36.58%，检修质量不良占全部非停运因素的32.07%。2007年，5种电站辅助设备共计造成200MW及以上火电机组平均每台年等效非计划停运4.55h，影响机组可用系数0.05个百分点。

与上年相比，2007年5种电站辅助设备的非计划停运对主机的影响，除磨煤机有所上升外，其他4种设备均有所减少。5种设备对主机等效非计划停运影响分别为：磨煤机1.98h，占3.3%；给水泵0.74h，占1.23%；送风机0.56h，占0.92%；引风机0.58h，占0.98%；高压加热器0.69h，占1.15%。电站辅助设备制造企业除加强检修质量外，更应以严谨、科学的态度关注产品制造质量，消除相关缺陷，提升出厂产品的品质。

3. 加强生产过程中的质量控制，持续提高产品品质

由菲达集团有限公司总承包、诸暨菲达环保钢结构设备安装公司负责安装的国电集团重庆恒泰发电公司万盛电厂2×300MW机组除尘器新建工程被恒泰发电公司评为“优质工程”，同时授予菲达钢结构公司“精确安装优秀服务，安全文明，确保工期”的奖状。

上海重型机械厂有限公司围绕汽轮机低压转子和超超临界汽轮机高中压转子、核电、曲轴、大型支承辊四大科研攻关项目，全面开展质量保证工作。以核安全质量保证“四个凡事”（凡事有章可循，凡事有据可查，凡事有人负责，凡事有人监督）为主线，带动其他项目的管理，取得成效。

4. 完成质量体系文件年度复审，强化实物质量控制

杭州锅炉集团有限公司、北京电力设备总厂、上海电力修造总厂有限公司、西安电力机械厂、扬州电力设备修造厂在实施ISO 9001质量体系中，更注重质量体系运行的实际效果，完成了年度评审和内部审核。企业产品实物质量稳定。菲达环保科技有限公司将ISO 9001:2000版质量管理体系扩大到下属7个控股及全资子公司。

北京电力设备总厂为确保质量保证体系有效运行和产品实物质量总体基本稳定，建立健全了总厂、事业部两级质量管理体制，明确两级管理职能、管理流程和办法；加大了质量管理体系的内审频率和力度，加强现场质量抽查频率，完善产品质量的过程控制；针对主导产品可能涉及企业生存和发展的质量问题，编制了专项质量计划加以管理控制；完善了产品检验、试验一次合格品率质量评价管理办法；为加强对外委、外协、外购品的质量控制，出台了《采购品质量控制管理办法》；规范产品标牌，完善了产品外形外观质量的控制。

上海重型机械厂有限公司加强供应商管理和外协产品质量控制，由质量保证处负责制定专项实施计划并组织实施，建立了服务信息员网络。通过每周例会反馈外购、外协产品的质量问题，跟踪质量问题处理情况和闭环情况。该公司还对集中生产的外协供应方进行考察和管理输出，帮助其完善质量管理体系和质量控制程序，开展技术交底和现场技术服务。在生产一线广泛开展“信得过机床”活动，提高机床完好率，促进产品质量不断提高，同时降低管理成本。

5. 资质意识增强

扬州电力设备修造厂HAF003核质保体系实施运行良好，编制了核级产品标识移植流程，并多次通过核级产品用户审核验收。杭州锅炉集团有限公司通过ISO14000:2000和OHSEMS18000认证。浙江菲达环保科技有限公司通过ISO14001:2004环境管理体系认证，下属的诸暨菲达环保钢结构设备安装公司通过职业健康管理体系的第二次复审。

菲达环保科技有限公司获浙江省诸暨市政府颁发的2007年度“市长质量奖”。上海重型机器厂有限公司获得韩国船级社船用铸锻件工厂认可证书。

6. 无形资产培育和品牌建设加强

中国华电工程（集团）公司下属的国电南自的产品被国家质量监督检验检疫总局授予“2007年中国名牌产品”称号。兰州电力修造厂电除尘器首次被评为“中国电力行业名牌产品”，电除尘器连续三年被评为“甘肃省名牌产品”。北京电力设备总厂的中速磨煤机先后被评为“全国电力行业用户满意产品”和“全国用户满意产品”。

7. 行业标准制定得到重视

中国华电工程（集团）有限公司编制的《火电厂烟气脱硫工程调整试运质量检验及评定规程》行业标准，获得批准执行。扬州电力设备修造厂承担制定的《智能型电动执行机构》国家标准初稿完成，已提交国家归口所审核。

菲达环保科技有限公司独立起草了 JB/T 5913—2007《电除尘器阴极线》、JB/T 5906—2007《电除尘器阳极板》，合作起草的 JB/T 5913—2007《电除尘器阴极线》、JB/T 5906—2007《电除尘器阳极板》、HJ/T 322—2006《环境保护产品技术要求电除尘器》3 项行业标准 2007 年发布实施。菲达环保科技公司作为机械工业环境保护标准化委员会大气交货设备分技术委员会秘书处，牵头组织召开行业标准化会议 2 次，主持完成 3 项国家标准报批稿、5 项行业标准送审稿、3 项行业标准征求意见稿的修订工作。

基本建设及技术改造 新建电源项目总量呈下降趋势，企业基建投资趋向审慎。企业大多通过技术改造扩大产能，提高关键设备效率，挖掘设备潜力。

1. 技改投入增加，着力解决生产瓶颈

上海动力设备有限公司 2006 年投资建设的三轴深孔钻，在 2007 年 5 月正式投入生产，初步解决了管板钻孔瓶颈问题。同年 3 月，锅炉车间完成低压加热器水压试验作业场地改造。为确保海水淡化设备制造任务的完成，该公司添置了 KEMPPI 焊机、200t 滚轮架、TESA 数显千分尺、测微准直仪、进口空气等离子切割机等重要设备，价值 159 万元。该公司添置(更新)卷板机等设备总价值 1 374 万元，对露天圆钢仓库场地进行加顶封墙改造，增加生产场地 1 740m^2；将原闲置厂房改建为物流处木工间及成品仓库的项目正在进行。

杭州锅炉集团有限公司完成技改、基建投资 1 991 万元，其中技改项目 1 551 万元，基建项目 440 万元。完成的主要项目有：电站辅机大型高压加热器技术项目、改造循环流化床技术生产项目、大型循环流化床配套改造项目。菲达集团有限公司在菲达环保工业园二期重点工程之一的喷丸(油漆)车间于 10 月 31 日完工并通过验收。

上海电力修造总厂有限公司顺利完成整体大搬迁，9 月 28 日正式入驻大麦湾工业园区。

上海重型机械厂有限公司完成技术改造投资 33 221 万元。该公司以加快完成热加工产能扩大的技术改造为主线，其他技改项目统筹兼顾。同时，加强投资项目的基础管理和制度建设，提高投资项目实施控制与协调水平。该公司历时 3 年的热加工产能扩大技改项目已接近尾声；世界最大的 165MN 自由锻造油压机已完成安装，进入调试阶段；世界最大的 630t · m 锻造操作机也进入安装阶段。

北京电力设备总厂完成投资额 1 450 万元，完成了新产品生产所需的工艺装备、设施、生产布局调整，以及对现有工艺设备的技术改造。

扬州电力设备修造厂投入技改资金 556 万元，完成技改项目共计 10 项。

兰州电力修造厂完成技术改造投资 414 万元，其中房屋增资 190 万元，更新设备 40 项；大修设备 23 项，共计 71 万元。

豪顿华工程有限公司投资新建的压缩机工厂开始生产，组装豪顿公司各式压缩机，包括隔膜、螺杆和活塞压缩机组。

2. 环保投资项目增加，节能减排取得新成果

上海动力设备有限公司新建地下式污水处理站，污水日处理量为 1 320t，废水处理后达到上海市二级排放标准。该厂区污水全部经处理后再排入黄浦江。另外，该公司的绿化用水、冲马路用水等已尽量使用经处理后的中水，以减少自来水的使用。

菲达集团有限公司控股的菲达宏宇环保设备公司收购并建设的诸暨市污水处理厂二期建设工程于 1 月竣工投产，污水处理能力 10 万 t/d。

管理及改革 面对国内外市场的新形势，电力辅机制造企业加大财务管理和成本控制、管理信息化建设方面的投入，在原材料上涨和节能降耗的双重需要下，加强了成本管理。

1. 加强基础管理

上海重型机械厂有限公司推出了一系列新的基础管理制度，制定和完善了《物资管理基本规定》、《物资仓库管理规定》、《采购与付款内部控制管理制度》、《资产性投资项目管理暂行规定》等，并加大考核制度，促进管理上台阶。

上海鼓风机厂有限公司开展了多种形式的企业诊断活动，推动企业更快发展。该公司先后两次聘请德国专家咨询指导，又依靠上海电气企业发展调研小组来厂调研咨询之机，对企业存在的问题进行了会诊和通报，并通过自觉的整改活动，提高企业整体管理水平。

中国华电工程(集团)有限公司物料输送分公司在内部管理方面，加强了风险控制体制和机制建设。在技术开发和制造基地建设方面，强化完善了上海技术中心的基础工作，完成了蓬莱滚装基地的一期建设，为物料输送专业竞争力的进一步提高创造了更加有利的条件。该公司环境保护分公司在国家环境保护监控力度加大、脱硫系统建设运行要求大大提高的新形势下，对工程设计、设备采购、现场安全、施工安装等环节加强了内部管理。一方面加强在建项目的工程质量，另一方面积极组织力量查找和消除一些已投运项目中存在的问题，培训电厂脱硫运行人员，保证已投产脱硫系统正常运行。

2. 加强财务管理，做好成本控制

北京电力设备总厂面对严峻的成本压力，开展了行之有效的降成本活动，有效抑制了原辅材料涨价、人工成本刚性增长、产品内外废质量损失等减利因素，全年共节约成本 2 900 多万元，毛利率基本保持上年水平。

上海鼓风机厂有限公司按照“聚焦管理、聚焦干部、聚焦落实”的要求，组织开展全厂性管理改进工作。主要包括厂部牵头急需解决的 13 个问题及各部门必须完成的管理改进内容等 3 个层面，其中涉及质量管理、应收账款管理、均衡生产管理、销售项目管理、供应链管理、现场及安全管理、科技创新管理、成本管理等方面。

3. 加大货款回收考核，缓解资金压力

制造企业资金压力随着任务量增大而更加突出，重要因素之一是货款的拖欠，为缓解矛盾，电站辅机企业均加强了这方面的工作。

上海鼓风机厂有限公司加强应收账款制度的建设，对应收款按三种不同情况进行分析、分类，制订不同方法进行催讨，明确业务员在应收款方面承担的主要责任。

上海重型机械厂有限公司强化应收账款管理、加强合格供货方的规范管理和外扩外协产品质量控制，完善节能管理网络和能源计量管理网络，实现“三个下降”(应收账款下降、质量事件下降和预提成本下降)目标。

北京电力设备总厂加强财务管理，特别是加强货款回收的管理。全年货款回收总额高达219 597万元，比上年的190 912万元增长15.03%；一年以上应收账款回款总额9 675.3万元，比上年的8 207.2万元增长18%。积极进行税收政策研究、税收筹划和节约资金工作；多渠道、多形式融通资金，增加信贷保函额度，最大限度地保障了生产经营必要资金的到位。

兰州电力修造厂优化组织结构，理顺管理职能，提高了管理的有效性；结合企业实际出台了《绩效考核办法》，逐步构建绩效考核体系；采取招标竞价采购、加大现场制作力度、节约运输成本、包装成本等有效措施，不断降低成本；探索新型用工制度，强化职业技能培训。

4. 注重人力资源的开发与管理，加强员工的培训，提高员工的技能素质

北京电力设备总厂对工程技术专家评聘办法及考核细则进行整合与修订，完成2007～2008年度总厂工程技术A、B级专家的聘任；加强技能人才队伍建设，293人次参加技能鉴定培训，考核通过并已发放证书254人；通过内外部讲座等形式，对管理干部和职工进行了素质、作风、产品、技能等多方面培训。依据新的《劳动合同法》，清理规范劳动用工，确保了生产经营工作的正常有序进行，维护了职工队伍的稳定。

兰州电力修造厂通过开展以岗位培训为重点的职工教育活动，提高职工的业务素质和技能素质。该厂先后举办了全面质量管理、安全、技术业务和电焊工、天车工、起重工等多个专业、工种的培训班及管理人员专业培训，全年培训800余人次，增强职工在新的环境下适应工作的能力，激发职工的工作潜能和积极性。该厂经营销售处的宋连江、下属兰电公司铆焊中心张久平两位同志荣获省电力公司2007年度“优秀员工”称号，机加工车间何旭东同志荣获省电力公司第三届“甘肃电力十大优秀青年提名奖”。

上海鼓风机厂有限公司按照“效率优先、兼顾公平”的原则，体现“岗位、技能、贡献”三要素，进行薪酬改革，形成了《岗位深度调研报告》与《薪酬深度调研报告》，为完善薪酬体系打下了基础。2007年，实际发生工资总额3 719.4万元，比上年的3 432.9万元增长8.35%；按同口径比较，人均增长10%以上。

扬州电力设备修造厂职工平均年收入比上年增长20%。

上海电力修造总厂有限公司9月7日与上海工程技术大学签署了《关于共同建立产学合作教育基地的协议书》，标志着该公司在依托高校师资力量培养企业适用人才方面迈出了实质性的步伐。

5. 信息化建设

浙江菲达环保科技有限公司委托杭州华睿信息技术有限公司开展的企业信息化建设项目，现已实施完成。

上海鼓风机厂有限公司借助ERP信息平台，从产品零件成本着手，控制限额领料，已完成电机、运费、外协三方面的应付账款的上网运用，使成本控制管理得到加强。

北京电力设备总厂下属的事业部规范化管理水平得到提高，管理基础工作得到加强，磨机事业部、磨煤机备件厂ERP成功上线，信息化应用领域逐渐扩大。

扬州电力设备修造厂实施的ERP管理系统，2007年相继投入运行。

上海重型机械厂有限公司在信息化建设推进中，重点进行了软件开发流程等制度的完善。

6. 辅业剥离工作

北京电力设备总厂按照国家相关政策，积极推进企业剥离社会职能的工作。2007年8月，正式与北京市房山区政府签署协议，将厂属电业中学移交地方。

〔撰稿人：中国电器工业协会电站辅机分会陈元新、应静良〕

电 动 工 具

生产发展情况 据对列入2007年电动工具行业统计年报的58家企业的统计，全年共生产电动工具10 364.4万台，比上年增长20.7%；总产值234.9亿元，比上年增长62.3%。全年销售10 018.9万台，比上年增长22.4%，其中外销8 478.4万台，占总销量的84.6%；成交金额200.8亿元，比上年增长66.0%。2007年电动工具行业主要经济指标见表1。

表1 2007年电动工具行业主要经济指标

序号	项 目 名 称	单位	2007年
1	企业数	家	58
2	总产量	万台	10 364.4
3	总销量	万台	10 018.9
4	其中：外销量	万台	8 478.4
5	外销金额	亿元	200.8
6	工业总产值	亿元	234.9
7	利润	亿元	13.1
8	上交税收	亿元	4.9
9	资产总计	亿元	138.8
10	固定资产	亿元	34.3
11	累计固定资产投资	亿元	6.4
12	生产面积	万m^2	206.1
13	职工人数	人	45 400

综观2007年各项数据，我国的电动工具产量逐年增长，指标年年创新，仍保持生产大国和出口大国地位。历年统计数据表明，电动工具制造业正以稳健的步伐向前发展。电动工具总产值趋势见图1。电动工具总产量趋势见图2。

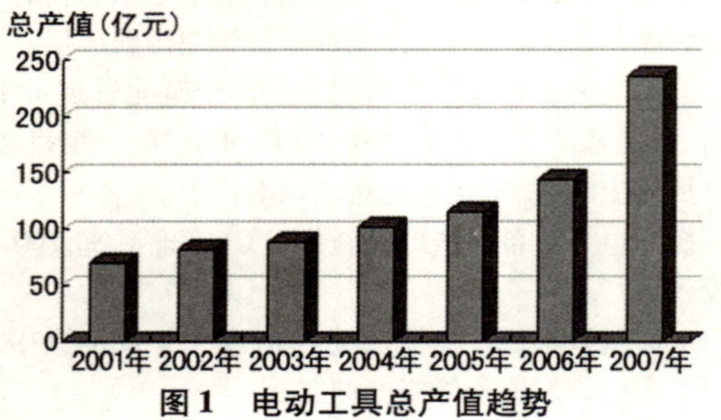

图1　电动工具总产值趋势

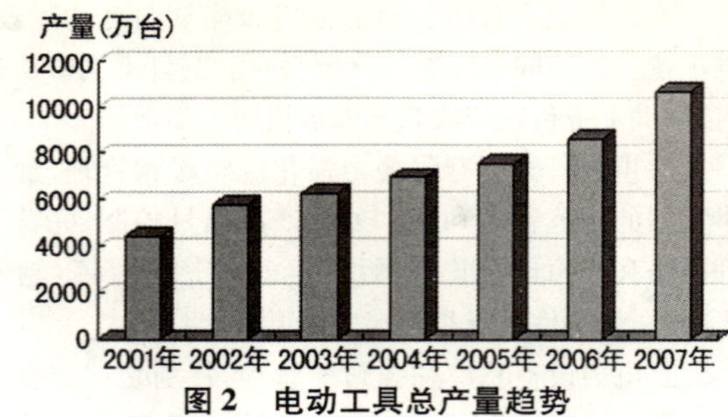

图2　电动工具总产量趋势

产品分类产量　2007年，电动工具产量最大的仍为砂磨类工具，木工类工具居第二位，建筑类工具虽居第三，但比上年增长9.6%。2007年电动工具行业58家企业大类产品产销状况见表2。

表2　2007年电动工具行业58家企业大类产品产销状况

产品类型	产量（台）	占总量比例（%）	销量（台）	其中：外贸（台）
一、金属切削类工具	5 461 970	5.3	5 374 262	3 573 767
二、砂磨类工具	20 740 978	20.0	20 501 438	16 150 847
三、装配类工具	397 813	0.4	396 310	285 853
四、建筑类工具	10 108 573	9.8	9 952 306	7 359 439
五、木工类工具	13 144 094	12.7	12 864 996	11 633 524
六、电池式工具	4 500 000	4.3	4 500 000	4 050 000
七、其他类工具	49 290 174	47.6	46 600 161	41 730 800

电动工具产品品种繁多，根据2007年58家生产企业的数据，角向磨光机、砂轮机、曲线锯等11个产品的产量超百万台，共计4 111.3万台，占总产量的38.8%。2007年产量超百万台的电动工具产品见表3。

表3　2007年产量超百万台的电动工具产品

产品名称	产量（万台）	占总产量比例（%）
角向磨光机	1 562.4	14.7
电钻	484.7	4.6
曲线锯	467.8	4.4
冲击钻	449.8	4.2
电锤	308.9	2.9
电圆锯	188.4	1.8
割草机	137.8	1.3
电链锯	135.1	1.3
石材切割机	136.9	1.3

（续）

产品名称	产量（万台）	占总产量比例（%）
电刨	122.5	1.2
砂轮机	117.0	1.1

市场及销售　根据行业年报的统计，2007年电动工具销售10 018.9万台，实现销售收入249.4亿元。其中出口8 478.4万台，实现出口交货值200.8亿元。由于列入年度统计的企业仅58家，还有许多未统计到的单位也有相当数量的内销产品，估计2007年的内销售量在6 100万台左右，总销售量大约为25 500万台。58家企业中销售收入超亿元的有30家，销售收入超10亿元的有6家，其中销售收入最高的是牧田(昆山)有限公司，达到46.0亿元。2007年销售收入超亿元企业见表4。

表4　2007年销售收入超亿元企业

序号	企业名称	销售收入（万元）	序号	企业名称	销售收入（万元）
1	牧田(昆山)有限公司	460 000	16	慈溪市贝仕达电动工具有限公司	31 268
2	百得(苏州)有限公司	323 710	17	上海锐奇工具有限公司	28 940
3	浙江博大电器有限公司	277 760	18	利优比(大连)机器有限公司	27 659
4	牧田(中国)有限公司	232 000	19	弘大集团有限公司	20 985
5	博世电动工具(中国)有限公司	201 437	20	浙江立邦电器有限公司	18 898
6	江苏金鼎电动工具集团有限公司	186 002	21	浙江伦达电动工具有限公司	18 104
7	浙江华丰电动工具有限公司	64 350	22	浙江武义工力电器有限公司	17 519
8	福建日立工机有限公司	59 470	23	宁波天邦实达工具有限公司	17 000
9	浙江三锋工具制造有限公司	47 955	24	浙江省永康电动工具厂	14 554
10	铁鎯电动工具有限公司	47 105	25	浙江意达电器有限公司	14 177
11	浙江恒友机电有限公司	46 978	26	河北五洲集团有限公司	14 100
12	嘉禾工具有限公司	38 456	27	苏州宝时得机械(中国)有限公司	13 600
13	永康市正大实业有限公司	37 428	28	常州合力电器有限公司	12 312
14	宁波协成电动工具有限公司	35 353	29	宁波阳明电动工具有限公司	12 232
15	永康市皇冠电动工具制造有限公司	34 203	30	江苏国强工具有限公司	11 722

据海关总署的统计，2007 年我国出口各类电动工具 19 382.5万台，比上年增长 0.7%，整机的出口交货值比上年增长 18.6%；出口电动工具零部件 39 790.8t，比上年增长 9.7%，零部件的出口交货值比上年增长 28.7%；电动工具及零部件共出口创汇 428 363.4 万美元，比上年增长 19.1%。电动工具整机出口量趋势见图 3。电动工具整机出口交货值趋势见图 4。电动工具总销售量趋势见图 5。2007 年电动工具及零部件进出口情况见表 5。

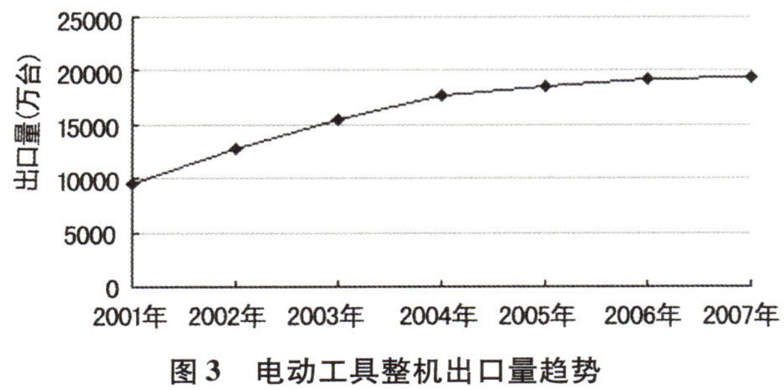

图 3　电动工具整机出口量趋势

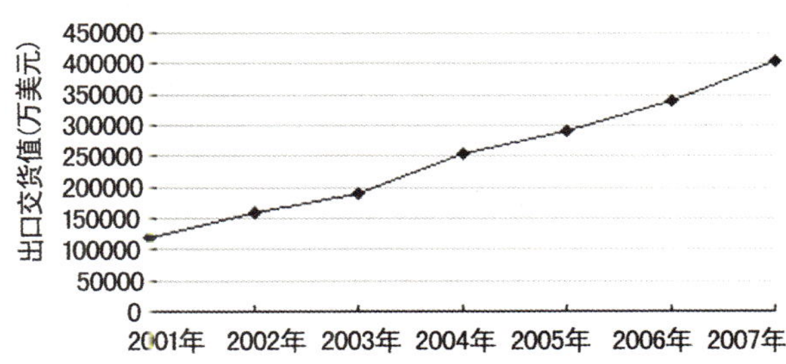

图 4　电动工具整机出口交货值趋势

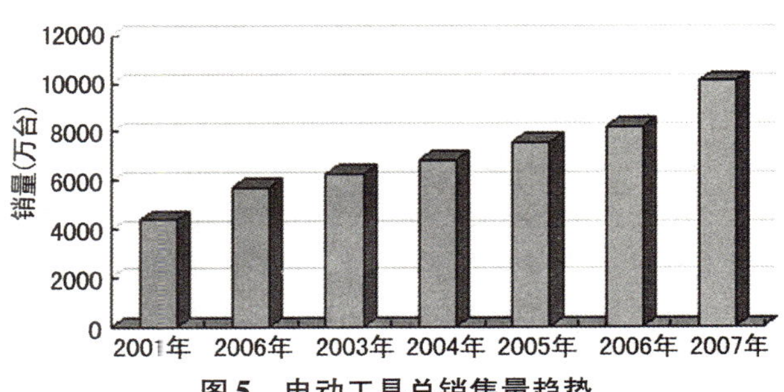

图 5　电动工具总销售量趋势

表 5　2007 年电动工具及零部件进出口情况

品　名	进　口		出　口	
	数量(万台)	金额(万美元)	数量(万台)	金额(万美元)
总　计		16 659.7		420 155.2
整机小计	45.2	3 791.2	19 382.5	396 125.9
手持式各种电钻	13.6	806.3	6 519.9	167 420.1
手持式链锯	0.7	65.6	203.7	7 110.2
手持式电锯	2.1	144.7	2 636.9	64 712.8
手持式砂磨工具	13.5	843.8	4 827.8	76 019.6
手持式电刨	0.2	12.3	350.8	5 539.1
手持式其他工具	15.1	1 918.6	4 843.4	75 324.1
电动工具零件	9 787.4(t)	12 868.5	39 790.8(t)	24 029.3

2007 年，石材切割机的出口量比上年增长 155.6%，冲击电钻比上年增长 25.3%，电锤比上年增长 22.8%，电圆锯比上年增长 13.5%，其他产品均与上年持平。

我国出口的电动工具仍以手持式各种电钻和手持式砂磨工具为主，占出口量的 58.6%，两种产品共出口 11 347.7 万台，成交金额 243 439.8 万美元，分别比上年增长 0.8% 和 26.4%。手持式其他工具出口 4 843.4 万台，比上年增长 2.3%。2007 年我国出口电动工具零部件创汇 24 029.3 万美元，比上年增加 5 358 万美元。

2007 年，我国的电动工具和零部件销往 175 个国家或地区，整机出口的主要地区仍以欧洲和北美洲为主，两个地区共进口我国电动工具 14 606.1 万台，较上年的 14 646.6 万台减少了 40.5 万台；南美洲进口 1 322.3 万台，成交金额 17 819.1 万美元，增幅为 13.5% 和 30.4%，有持续增长趋势。进口我国电动工具零部件的主要地区是欧洲和亚洲，共进口零部件 27 888.6t，占总量的 70.0%，其中，欧洲比上年增长 21.4%，亚洲比上年增长 32.3%；合计金额 16 854.1 万美元，比上年增长 39.6%，其中欧洲比上年增长 38.9%，亚洲比上年增长 40%。进一步分析上年数据发现，北美洲的零部件进口继 2005 年的 15 175.9t、2006 年的 12 319.7t 后，2007 年又减少了 29.2%，但成交金额仍有 1.2% 的微幅增长。看来亚洲地区依然看好，而欧洲地区则需加以关注。其他地区对我国电动工具、零部件的进口量基本保持平稳。各地区进口电动工具和零部件的统计见表 6。

表 6　各地区进口电动工具和零部件的统计

指 标 名 称		欧洲	北美洲	亚洲	非洲	南美洲	大洋洲
总金额(万美元)		192 767.1	135 124.6	63 556.2	5 679.2	19 197.7	12 027.4
整机	数量(万台)	9 256.9	5 349.2	2 688.8	321.2	1 322.3	444.1
	金额(万美元)	186 932.3	129 961.6	52 536.9	5 256.8	17 819.1	11 816.2
零件	数量(t)	10 926.1	8 724.7	16 962.5	829.0	1 997.7	350.8
	金额(万美元)	5 834.8	5 163.0	11 019.3	422.4	1 378.6	211.3

2007 年,我国电动工具出口每台平均价格 20.86 美元,比上年增长 17.7%。其中出口大洋洲平均价格最高,为 26.61 美元/台,比上年增长 19.7%。2007 年我国电动工具出口各地区的平均价格见表 7。

表 7　2007 年我国电动工具出口各地区的平均价格

(单位:美元)

地区	2007 年	2006 年	比上年增长(%)
欧洲	20.2	16.2	24.7
北美洲	24.3	20.8	16.8
亚洲	19.5	18.4	6.0
非洲	16.4	14.4	13.9
南美洲	13.5	11.7	15.4
大洋洲	26.6	22.2	19.7

2007 年,进口我国电动工具的国家或地区中仍以美国、德国、英国、荷兰等欧美国家为主。前 5 名国家共进口整机 9 269 万台,成交金额 208 316 万美元,占我国出口总量和金额的 47.8% 及 51.5%。与上年数据比较分析,这 5 个国家进口量平均降幅为 2.7%,成交金额平均增幅为 12.8%。俄罗斯的进口量和成交金额比上年均有增长,增幅分别为 19.8% 和 56.96%。2007 年从我国进口手持式工具的前 20 名国家或地区见表 8。

表 8　2007 年从我国进口手持式工具的前 20 名国家或地区

序号	国别或地区	金额(万美元)	数量(万台)
1	美国	114 531.2	4 782.3
2	德国	28 989.4	1 427.6
3	英国	25 375.1	1 045.3
4	荷兰	20 601.4	1 101.7
5	比利时	18 819.0	912.2
6	加拿大	15 430.4	567.0
7	俄罗斯	13 201.2	671.4
8	法国	11 382.9	586.5
9	芬兰	10 836.6	375.1
10	澳大利亚	10 019.4	374.2
11	日本	9 188.2	400.5
12	意大利	8 996.8	442.4
13	波兰	7 539.5	496.8
14	奥地利	6 412.4	131.9
15	西班牙	6 045.1	339.8
16	阿拉伯联合酋长国	6 017.7	282.5
17	拉脱维亚	4 408.5	277.6
18	乌克兰	4 370.6	288.9
19	中国香港	2 597.3	111.2
20	墨西哥	2 214.6	130.1

2007 年,我国出口电动工具零部件 39 790.8t,金额 24 029.3万美元。从表 8 看,美国虽居首位,但是进口量及交易额不如上年,降幅分别为 43.9% 和 0.4%,而印度却较上年大幅增长,数量增长 43.1%,金额增长 39.3%;其他国家或地区基本保持平稳,但有下降趋势。2007 年从我国进口手持式工具零件的前 20 名国家或地区见表 9。

表 9　2007 年从我国进口手持式工具零件的前 20 名国家或地区

序号	国别或地区	金额(万美元)	数量(万台)
1	美国	4 857.4	8 252.6
2	中国香港	3 803.5	1 161.1
3	日本	2 135.7	2 410.3
4	印度	1 272.3	2 273.5
5	英国	965.1	1 851.3
6	德国	958.4	1 997.7
7	墨西哥	822.2	891.3
8	中国台湾	684.7	1 037.1
9	荷兰	582.9	1 096.4
10	马来西亚	467.6	826.7
11	韩国	427.0	682.3
12	印度尼西亚	412.4	649.4
13	俄罗斯	349.0	725.1
14	加拿大	305.7	472.1
15	土耳其	301.6	531.9
16	巴西	300.0	636.1
17	拉脱维亚	263.9	447.0
18	罗马尼亚	256.4	567.9
19	阿拉伯联合酋长国	238.1	422.7
20	意大利	235.7	536.2

2007 年从我国进口手持式各种电钻的前 10 名国家或地区见表 10。2007 年从我国进口手持式链锯的前 10 名国家或地区见表 11。2007 年从我国进口手持式电锯的前 10 名国家或地区见表 12。2007 年从我国进口手持式砂磨工具的前 10 名国家或地区见表 13。2007 年从我国进口手持式电刨的前 10 名国家或地区见表 14。2007 年从我国进口手持式其他电动工具的前 10 名国家或地区见表 15。从表 10 ~ 15 中可以观察到,进口我国各类电动工具的主要国家或地区及其需求量和各类产品的交易均价情况。以电钻为例:电钻每台最高价格为奥地利的 60.66 美元,最低为俄罗斯的 20.69 美元,均价 32.77 美元,增长最快的是英国,涨幅 35.43%;其次为美国,涨幅 30.63%。2007 年电钻的总出口均价为 25.68 美元,2006 年为 19.64 美元,增长 30.75%。

表 10　2007 年从我国进口手持式各种电钻的前 10 名国家或地区

序号	国别或地区	金额(万美元)	数量(万台)
1	美国	43 708.6	1 449.1
2	英国	11 772.3	343.6
3	德国	11 438.1	391.0
4	荷兰	8 546.6	329.7
5	比利时	7 535.9	292.2
6	俄罗斯	6 454.2	312.0
7	芬兰	6 203.5	160.7
8	加拿大	5 647.9	155.0
9	奥地利	5 633.2	92.9
10	法国	5 014.1	193.4

表 18　2007 年电动工具行业获国家质量免检的 14 家企业

企业名称	品牌名称	产品种类
上海锐奇工具有限公司	锐奇 KEN 牌	角向磨光机、电钻
江苏东成电动工具有限公司	东成牌	角向磨光机、电钻、电锤、石材切割机
江苏国强工具有限公司	国强、京盾、世佳牌	角向磨光机、电锤、电钻、切割机
江苏金鼎电动工具集团有限公司	金鼎牌	角向磨光机、电钻、曲线锯
牧田(中国)有限公司	MAKITA/MAKTEC 牌	电锤、电钻、切割机
扬州金力电动工具有限公司	雄鹰牌	角向磨光机
博世电动工具(中国)有限公司	BOSCH 牌	角向磨光机、电锤、电钻
宁波协诚电动工具有限公司	协诚 XIECHENG 牌	曲线锯
浙江博大电器有限公司	BODA 牌	角向磨光机、电钻、曲线锯
浙江承康机电制造有限公司	CHENGKANG 牌	抛光机
浙江恒友机电有限公司	HYHENGYOU 牌	电锤
浙江华丰电动工具有限公司	百达 BD 牌	角向磨光机
浙江伦达实业有限公司	RUN、伦达牌	角向磨光机、切割机、电钻
浙江三锋工具制造有限公司	SAFUN、三锋牌	角向磨光机、电钻、切割机

固定资产投资　2007 年纳入年报统计的 58 家企业中，42 家企业全年累计完成固定资产投资 6.43 亿元，其中投资 1 亿元以上的 1 家，5 000 万元以上的 6 家，1 000 万元以上的 14 家。2007 年电动工具行业累计固定资产投资超千万元企业见表 19。

表 19　2007 年电动工具行业累计固定资产投资超千万元企业

序号	企业名称	全年累计完成固定资产投资（万元）	序号	企业名称	全年累计完成固定资产投资（万元）
1	浙江恒友机电有限公司	10 149	8	铁鄉电动工具有限公司	1 750
2	博世电动工具(中国)有限公司	8 711	9	浙江立邦电器有限公司	1 520
3	浙江亚特电器有限公司	7 400	10	江苏国强工具有限公司	1 434
4	牧田(中国)有限公司	6 800	11	弘大集团有限公司	1 179
5	江苏金鼎电动工具集团有限公司	6 500	12	浙江华丰电动工具有限公司	1 150
6	浙江三锋工具制造有限公司	6 140	13	浙江伦达电动工具有限公司	1 035
7	慈溪市贝仕达电动工具有限公司	2 587	14	牧田(昆山)有限公司	1 000

〔撰稿人:上海电动工具研究所金铁〕

大 型 电 机

生产发展情况　大型电机行业经历了连续几年的发展，生产规模不断扩大，产品品种增多。2007 年全行业在全面实施“十一五”战略发展规划的征程中，认真贯彻党的各项方针政策，解放思想，转变观念，积极推进精细管理，坚持科学发展观，大力发展冶金、石油化工、煤炭、电力、交通运输等产业用的大型电机产品，积极推进自主创新，推进产业结构和产品结构的优化升级，推进重点技术装备的国产化攻关工作，推进节能减排任务的落实，企业形象和实力大幅度提升。在国内电机市场日趋激烈的竞争中，克服了市场宏观调控和原材价格上涨等不利因素，全行业保持了持续健康发展势头。据对大型电机行业 10 个企业的统计，2007 年完成大中型电机产值 338 786 万元，产量 1 425.96 万 kW（主要指中心高 710mm 及以上的大型交流电机和电枢直径在 423mm 及以上的大中型直流电机）。2007 年大型电机全行业完成工业总产值 1 509 251 万元，完成销售收入 1 504 009万元。2007 年大型电机行业主要企业主要经济指标完成情况见表 1。

表 1　2007 年大型电机行业主要企业主要经济指标完成情况

企业名称	工业总产值（万元）	工业增加值（万元）	产品销售收入（万元）	利润总额（万元）
东方电气集团东方电机有限公司	513 375	141 [illegible]78	553 859	87 512
上海电气集团上海电机厂有限公司	240 177	71 096	236 351	43 933
北京北重汽轮电机有限责任公司	152 694	38 369	166 948	7 683
山东齐鲁电机制造有限公司	104 487	26 524	104 988	13 666

（续）

企业名称	工业总产值（万元）	工业增加值（万元）	产品销售收入（万元）	利润总额（万元）
兰州电机有限责任公司	73 149	18 205	69 890	-1 490
长沙电机厂有限责任公司	35 035	11 297	30 035	2 317
湘潭电机股份有限公司	254 546		207 010	9 563
重庆赛力盟电机有限公司	59 882	2 558	66 010	2 163
昆明电机有限责任公司	51 125	16 914	44 075	2 000
江西东元电机有限公司	24 781		24 843	
合　计	1 509 251	326 141	1 504 009	167 347

产品分类产量　东方电气集团东方电机有限公司主要产品有：水轮发电机、汽轮发电机、交流电机、直流电机等，以及为发电设备配套的控制设备。2007 年生产大型交流电机 27 台/13.67 万 kW，比上年下降 22.49%；生产直流电机 12 台/2.49 万 kW，比上年下降 52.68%。

上海电气集团上海电机厂有限公司克服生产周期短，产品类型变化大的困难，积极满足用户需求，2007 年完成大中型交直流电机 5 273 台/854.3 万 kW。同时按期完成首钢、武钢等一批重大项目和重点产品及一大批出口产品。

湘潭电机股份有限公司面向冶金、煤炭、交通运输、石油化工产业，2007 年生产完成大中型交直流电机1 095台/290 万 kW。为发展风电业，湘潭电机还先后打入了大唐集团、福建漳州、内蒙古卓资和山西国际等风电市场。

北京北重汽轮电机有限责任公司是经营制造汽轮机、电站汽轮机、电站辅机、风力发电机组和大型交流电动机等产品的大型企业。2007 年生产完成大型电机 195 台/43.06 万 kW。

2007 年大型电机行业部分企业大中型电机产量、产值见表 2。

表 2　2007 年大型电机行业部分企业大中型电机产量、产值

企业名称	产量（台）	产量（万 kW）	产值（万元）
东方电气集团东方电机有限公司	39	16.16	13 664
上海电气集团上海电机厂有限公司	5 273	854.30	201 705
山东齐鲁电机制造有限公司	101	11.25	1 821
兰州电机有限责任公司	469	129.10	30 188
长沙电机厂有限责任公司	329	26.50	4 756
湘潭电机股份有限公司	1 095	297.54	66 316
北京北重汽轮电机有限公司	195	43.06	9 812
重庆赛力盟电机有限公司	356	55.11	12 542
昆明电机有限责任公司	4	0.48	131
江西东元电机有限公司	(870)		(22 309)
合　计	7 861	1 433.50	340 935

注：表内统计数据为中心高 710mm 及以上的大型交流电机和电枢直径 423mm 及以上的大中型直流电机。

市场及销售　国民经济持续稳定发展以及电力工业的高速发展都推动了大型电机行业的持续发展，研发新产品不断创新，产销运行质量和经济效益明显提高，进出口贸易不断增长，行业各企业采取各种有效措施，降低管理费用，提高售后服务质量，抵御原材料价格上涨。在市场竞争中，面对节能和环保要求的日趋严格，生产企业重点发展节能和环保产品，同时不断加强国外市场的开发力度，2007 年全行业继续保持了稳定增长的发展势头。实现国内销售 281 921万元，国外销售 2 664 万美元，出口 83.22 万 kW。

上海电气集团上海电机厂有限公司（以下简称上电）2007 年加快市场拓展速度，特别是在电力和冶金两个行业业绩突出，使公司领先于国内其他电机企业，与同行业拉开了差距。在销售上调整销售网点布局，新开网点，通过对各地区业务分析，对相关网点进行整合，提高了队伍的工作效率和综合能力。目前，大中型电机行业竞争激烈，上电在同行业中有一定的竞争优势，同类产品的市场占有率领先较多。在国际市场，公司的竞争力逐步增强，业务量快速扩大，2007 年业务量达到 2 亿元。

长沙电机厂有限责任公司的产品销售主要集中在国内市场，采用现款现货手段，对工程招标项目也采取严格的回款措施，产品以销定产，故产销率保持在较高水平。2007 年的对外销售有增长，大型交流电动机出口 4 万 kW，主要目的国苏丹、埃塞俄比亚、越南和伊拉克。

山东齐鲁电机制造有限公司在国家产业政策调控力度加大的情况下，针对市场竞争激烈的现状，加强与同行业厂家的战略合作，强化市场营销力度，采取积极灵活的营销策略，不断巩固和扩大产品销售。全年新签发电机合同和电动机合同分别比上年增长 12.9% 和 10.2%。2007 年大型电机行业部分企业大型交直流电机销售收入见表 3。

表 3　2007 年大型电机行业部分企业大型交直流电机销售收入

企业名称	国内销售收入（万元）	国外销售收入（万美元）	出口数量（万 kW/台）
东方电气集团东方电机有限公司	11 484		
上海电气集团上海电机厂有限公司	196 810	2 182	77.66/666
山东齐鲁电机制造有限公司	1 397		
兰州电机有限责任公司	25 800		
长沙电机厂有限责任公司	4 015	109	4/48
北京北重汽轮电机有限公司	9 549		
重庆赛力盟电机有限公司	12 595	63	1.56/10
昆明电机有限责任公司	131		
江西东元电机有限公司	20 140	310	
合　计	281 921	2 664	83.22/724

科技成果及新产品 东方电气集团东方电机有限公司紧紧抓住国家"节能减排"政策机遇，把握市场动态，跟踪重大项目和关键项目。完成南京钢铁用的 BPT4200—12 4 200kW和柳州钢铁用的 BPT7000—16 7 000kW 电机。与国外公司合作开发的直驱式风电机组取得成果，联合开发工作快速启动，东方电机拉开了大力开发新能源的序幕。

哈尔滨电机厂有限公司承担国内最大容量、高转速同步电机。新开发的 Z 系列直流电机已完成系列型谱，达到承接订货条件。

上海电气集团上海电机厂有限公司加大新产品开发，百万千瓦火电厂辅机电机开发取得突破。国内首台套国产化百万千瓦火电厂的循环水泵及凝结水泵电机顺利开发、研制成功。3 万 kW 及以下的 4 极高速同步/异步电动机已进行开发研究；大容量异步电动机方面，已开发承接了柳钢 25 000kW 4 极 10kV 国内最大的异步电动机。同步电机相继开发了 TF/TD2 1 000kW 16 极同步发电/电动机，T2 000kW 4 极同步电动机正在试制。完成为大连重工配套的YFSS450—4 1520kW 690V 双馈异步风力发电机样机开发及试制；完成为上海电气配套的 YFSS500—6 1250kW 690V 双馈异步风力发电机样机的开发及试制，产品已开始批量生产；为上海电气配套的 YFKK500—4 2070kW 690V 双馈异步风力发电机已基本完成开发设计。已完成 YBFJ355～560 2～8 极 6kV 隔爆电机系列开发，编制了产品样本，两台隔爆电机的样机图纸也已完成设计。

长沙电机厂有限责任公司完成的 YSP 变频调速电动机被湖南省经济委员会评定为"湖南省新产品"。完成的 700～1 600ZQB、HQB 系列高压(6kV、10kV)轴流、混流潜水电泵和 600～800 系列高压 QW 潜水排污泵被湖南省经济委员会评定为"湖南省新产品"。

湘潭电机股份有限公司年初立项技术开发项目共 127 项，年末鉴定验收项达 80%；申请技术专项 25 项，其中获专利权 9 项，发明专利 8 项。先后完成 2MW 永磁风力发电机等国家重大科技项目，Y、YKS、YKK 6kV 少胶绝缘系列高压交流三项异步电动机等新产品。

山东齐鲁电机制造有限公司 2007 年共设计开发 32 个规格发电机、21 个规格电动机新产品及 10 个储备产品，完成 48 个规格发电机、17 个规格电动机新产品工艺设计，并对部分产品的设计、工艺进行了调整、改进。

重庆赛力盟电机有限责任公司完成 850kW 同步风力发电机 TF850—4 690V 研制，850kW 双馈异步风力发电机 YRFF850—4 690V 正在研制中。H355—H1000 高压异步电动机获得"重庆市名牌产品"称号。

兰州电机有限责任公司完成的主要新产品有 TMW 4500—30/2900 4 500kW 无刷同步电动机、TLSK 900—12/1730 900kW 三相立式同步变频电动机。

江西东元电机有限公司研制开发了多项异步电动机、同步电动机及水轮发电机组。如 YKS 8000kW 10kV 及 YKS 5000kW 10kV 大型高效节能异步电动机，其中，YKS710—2 5000kW 10kV 电机产品被列入国家级新产品研制项目计划。

2007 年大型电机行业部分企业新产品见表 4。

表 4 2007 年大型电机行业部分企业新产品

型号	额定功率(kW)	额定电压(kV)	额定电流(A)	额定转速(r/min)	功率因数	效率(%)	过载能力(倍)	转动惯量($kg\cdot m^2$)	总重(t)
长沙电机厂有限责任公司									
YRKK 1000—8 IP55	3 800	6	442	745	0.86	96.2	2.3	1 015	38.0
YLKST 900—12 IP54	2 000	6	239	492	0.84	95.8	2.2	810	25.0
YSP 710—6 IP54	1 800	6	201	995	8.90	95.8	2.4	214	15.0
昆明电机有限责任公司									
YR 630—8	570	10	42	742	0.84	94.0	2.9	95	7.6
KPK 710—8	1 250	10	91	742	0.84	95.0	2.4	236	13.5
YRK 630—4	1 250	10	83	1 489	0.91	94.9	4.2	83	9.5
YR 710—8	1 600	10	116	742	0.83	95.3	2.1	253	14.0
重庆赛力盟电机有限责任公司									
YKK 900—16—W	1 400	6	201	373	0.70	95.6	2.3	1 370	15.5
YKK 900—14	1 800	6	226	427	0.80	96.0	2.0	1 180	16.8
YRKK 1000—8	3 550	10	260	745	0.83	95.0	2.3	2 100	32.0
YPT 710—6 IP44	1 800	10	129	993	0.84	95.5	2.2	480	13.4
YRT 710—6 IP23	2 800	6	320	995	0.87	96.5	2.1	533	12.5
YRKKNT 900—6	2 800	10	196	993	0.86	95.2	2.4	850	21.0
YRKKNT 800—6	2 500	10	176	992	0.86	95.0	2.0	500	18.0
Z 500—1B	590	660V	949	900/1 500	—	93.0	2.0	84	4.95
Z 710—2B	1 250	660V	1 994	600	—	94.7	2.0	388	10.8
Z 710—3B	1 250	660V	1 997	500	—	94.5	2.0	448	11.9
Z 630—3B	1 000	660V	1 606	600	—	94.1	2.0	327	9.0

（续）

型　　号	额定功率（kW）	额定电压（kV）	额定电流（A）	额定转速（r/min）	功率因数	效率（%）	过载能力（倍）	转动惯量（kg·m²）	总重（t）
Z 860—3B	700	660V	1 131	500/1 200	—	92.0	2.0	156	7.2
Z 450—2A	600	440V	1 442	1 036/1 500	—	94.0	2.0	42	4.5
Z 450—2A	500	440V	1 210	850/1 200	—	93.8	2.0	42	4.5
Z 560—4A	960	660V	1 545	450/1 000	—	93.9	2.0	185	8.4
东方电气集团东方电机有限公司									
BPT 7000—16	7 000	1.65	2 550	50/100	1.00	96.2	2.5	50 000	172.0
YKS 12000—4	12 000	10	791	1 495	0.90	97.3	2.1	1 124	38.0
BPTL 7000—16	7 000	1.65	2 550	50/100	1.00	96.2	2.5	50 000	172.0
BPTL 1200—8	1 200	0.69	1 055	140/420	1.00	95.2	2.5	1 100	24.2
BPT 7500—16	7 500	1.65	2 726	45/90	1.00	96.3	2.5	69 890	194.0
BPT 7500—6	7 500	1.65	2 690	160/380	1.00	97.6	2.25	9 300	113.0
BPT 7000—4	7 000	1.65	2 515	190/480	1.00	97.4	2.25	5 500	100.0
BPT 7000—4	7 000	1.65	2 512	220/540	1.00	97.5	2.25	4 800	93.0
BPTL 1500—6	1 500	1.65	550	160/380	1.00	95.4	2.25	960	31.0
BPT 2000—4	2 000	1.65	735	560	1.00	95.2	2.25	390	17.1
BPY 7104—6	1 000	0.69	1 560	290/1 100	0.83	93.0	3.0	450	13.7
BPT 4200—12	4 200	1.65	1 520	60/145	1.00	96.7	2.5	21 500	115.0
ZZ 9900—360	1 350	0.75	1 905	650/965		94.1	2.0	388	12.5
ZZ 1800—950	2 000	1.10	1 965	100/300		91.9	2.0	7 600	70.0
ZZ 2150—1250	4 500	0.86	5 555	140/300		93.7	2.5	17 300	115.0
Z560—3C	319	0.44	805	223/650		89.1	2.5	168	7.8
上海电气集团上海电机厂有限公司									
ZZFM 990—300H	2×1500	2×450	3 333	1 000		92.8		274	17.3
ZD 285/49	9 350	1.2	8 273	375/450		93.7		19 385	86.8
ZD 315/170	5 500	1	6 035	40/80		90.6		73 550	226.7
ZFH 65/29—2B	410	240	1 700	1 000		93.2		1 506	13.1
YGF 1120—4	25 000	10		1 500	0.94	97.7			
YLKS 1400—20	3 800	6			0.81	96.0			
TAW 9000—20	9 000	10			0.90	97.2	1.65	20 550	67.8
北京北重汽轮电机有限责任公司									
YKS 710—10	1 700	10	121.2	595	0.84	96.0	1.9		13.6
兰州电机有限责任公司									
TMW 4500—30/3250	4 500	10	301.6	200	0.90（超前）	94.5	2.5		58.5
TMW 4500—30/2900	4 500	6	501.2	200	0.90（超前）	96.0	2.1	20 400	49.3
YPTQ 800—4	1 180	660V	1 401.0	350	0.77	96.0	5.3	361	21.4
YPTQ 800—4	1 200	660V	1 300.0	426	0.84	96.6	4.7	321	18.4
YPTQ 710—6	1 800	10	121.8	993	0.88	96.2	2.4	206	15.4
YTM 800—6	2 500	10	190.6	995	0.80	95.8	2.6		22.0
TSKT 1000—8	850	690V	744.3	230	0.90	94.0	2.5	525	21.5
SF 40—16/4600	40 000	10.5	2 587.5	375	0.80	97.7		187 500	225.0
SF 22—12/3350	22 000	10.5	1 423.1	500	0.80	97.0		37 500	120.0
YLSK 3600—16/2150	3 600	6	427	371	0.85	95.9	2.1	5 796	38.0
TLSK 900—12/1730	900	0.6	900.6	0～180～460	1.00（超前）	96.5	2.8	1 725	24.6
ZS 1250—1500	2 750	0.83	3 502	750		94.6	2.0	1 137	22.8
ZLC 490—1390	800	0.75	1 150	970		93.5	1.5	28	3.58
山东齐鲁电机制造有限公司									
YR 630—8	280	10	21.6	738	0.83	89.8	2.4	55	4.6

（续）

型　　号	额定功率（kW）	额定电压（kV）	额定电流（A）	额定转速（r/min）	功率因数	效率（%）	过载能力（倍）	转动惯量（kg·m²）	总重（t）
YR 710—8/1180	710	10	52.6	739	0.83	93.6	2.3	137	7.8
YR 1250—8/1430	1 250	6	142.2	741	0.89	95.1	2.5	395	12.0
YR 1600—8/1430	1 600	6	183.3	742	0.89	95.5	2.7	481	13.3
YR 1800—8/1730	1 800	10	120.7	741	0.91	94.7	2.0	986	13.6
YR 2000—8/1730	2 000	10	133.7	742	0.91	94.9	2.0	1 095	14.2
YR 2500—8/1730	2 500	10	166.3	743	0.91	95.3	2.1	1 205	15.4
YTM 500—8	315	10	25.7	743	0.77	42.6	2.6	50	4.5
YTM 500—8	400	6	50.3	743	0.81	94.5	2.6	53	4.6
TK 1250—18/2150	1 250	6	140.4	333	0.90	95.2	2.0	8 180	14.8
Y 450—2	500	10	33.1	2 977	0.92	94.8	2.8	8	3.7
YKK 400—2	500	6	55.0	2 978	0.92	95.4	2.8	5	3.0
YKK 500—4	630	10	41.8	1 489.6	0.91	95.2	2.5	30	5.0
YKK 630 —2	1 400	10	94.0	2 983	0.90	94.7	2.4	41	9.1
YKK 630—2	1 600	10	107.0	2 983	0.90	94.8	2.4	45	9.4
YKK 630—2	1 800	10	120.0	2 983	0.90	95.0	2.5	48	9.6
YKK 630—10	630	10	46	595	0.84	94.9	2.3	146	8.1
YKK 630—10	710	10	51	595	0.85	95.1	2.2	159	8.3
YKK 630—10	800	10	57	595	0.85	95.2	2.2	172	8.5
YKK 630—10	900	10	64	595	0.85	95.3	2.1	193	8.7
YKS 450—8	315	6	39	740	0.83	93.7	2.2	27	3.0

质量及标准　东方电气集团东方电机有限公司坚持“严明责任，持续改进，追求用户满意，树立一流品牌”的质量工作方针，狠抓体系建设，注重业绩考核，倡导质量诚信，加强质量监控，产品实物质量总体受控。生产的“东电”牌汽轮发电机、大中型水轮发电机组均已贯彻执行有关国际标准、国家标准和行业标准，部分产品按标书要求，直接执行相关标准，与外商合作生产的产品直接执行国际标准。产品的主要技术性能指标均已达到当代国际同等容量发电机的先进水平，满足用户使用要求。

哈尔滨电机厂有限责任公司继续抓好重点项目质量保证工作。2007 年加强了产品实物质量改进落实及质量损失成本考核，细化管理，重新修订完成质量成本管理标准、质量手册、不合格品控制程序、供方资格评价程序以及质量信息管理和评价标准。

上海电气集团上海电机厂有限公司全面推进质量管理体系运行的有效性，通过了华信技术检验有限公司的监督检查，以及 CQC 认证中心的质量管理体系认证，不断完善 GJB 9001A—2001 国审标质量管理体系。顺利通过了上海市质量管理奖现场评审、上海检验检疫局对出口免检企业的初次审核，通过了 AREVA 公司、TEMICS 公司和 ALSTOM 公司等三家国外公司对质量保证体系的第二方审核。开展申请矿用合格证工作，防爆电机许可证现场评审一次通过。

公司不断加强全经销产品供方管理体系管理，将质量管理体系向经销供方延伸，确保经销供方提供的产品质量符合标准要求，提高经销产品的供货质量。

随着 TMEIC 技术的引进，相关国际标准的采用及转化工作也在同步推进。一些日本通用的技术、试验标准都建立了相应的等效标准参照；一些具体的作业指导书层次的规范、准则，都一一作了统一的整理和转化。

江西东元电机有限公司已通过中国质量认证中心 ISO9001：2000 质量体系认证，全部产品符合国家行业标准，出口产品符合 IEC 国际标准。东元电机积极追求成为一个全球化、高科技及生产绿色产品的企业。

重庆赛力盟电机有限责任公司的 Y、YKK、YR、YRKK 355～1000 高压异步电动机获“重庆市名牌产品”称号。公司在规模持续扩大的情况下，保持了质量水平的稳步提高。成品抽查合格率 100%，售出产品故障率 0.54%，成品一次交检合格率 98.4%。

山东齐鲁电机制造有限公司以确保 ISO9001：2000 质量管理体系有效运行为主线，不断加强质量管理，完善了质量管理手册和程序文件，进一步健全了质量考核办法，年底通过了质量体系认证复查，形成了良好的质量控制机制，牢固树立了“以顾客为关注焦点”的服务理念，保证了产品质量稳定，提高了产品的市场信誉度和顾客满意度。大力开展了群众性质量管理工作，组织发布 QC 成果 48 项，其中 7 项分别获省、济南市及系统内优秀 QC 成果奖，3 个 QC 小组获“山东省优秀 QC 小组”称号。

随着生产的不断发展，工艺装备日益补充与完善，持续改进工作质量和提高产品质量已成为行业的关注点。湘潭电机股份有限公司注重以重大产品和重点项目为突破口，改进和提高关键工艺，2007 年质量指数达 93.3%，提高了产品质量整体水平。

长沙电机厂有限责任公司产品采用国家标准，符合 IEC 标准，同时为适应出口需要，生产采用 NEMA 标准和 DIN 标准的电机产品。2007年再次通过中国进出口质量认证中心ISO9001:2000质量管理体系复核审查。2007年“长利”牌Y、YR系列三相异步电动机获湖南省名牌产品证书。

北京北重汽轮电机有限责任公司2007年质量管理改进体现了持续性,进一步开展了质量管理体系文件的修订和宣贯工作,严格按《压力容器安全技术监察规程》及《压力容器压力管道设计单位资格许可与管理规则》的要求,加快压力容器新产品的开发工作,整顿设计文件,符合压力容器法律法规的要求。

基本建设及技术改造 上海电气集团上海电机厂有限公司技术改造项目完成1.256亿元,新增固定资产达1.24亿元,为今后的生产发展奠定了基础。

江西东元电机有限公司2007年固定资产投资4 328万元,通过增置数控高精度设备,以快速实现电机产量和品质提升、产品出口欧美市场的目标。

重庆赛力盟电机有限责任公司为扩大生产规模,在重庆市九龙工业园C区征地289 333m^{2}进行迁扩建,计划投资3亿元。目前已完成工程施工图设计,累计投资5 000多万元。2007年技术改造项目投资287万元。

山东齐鲁电机制造有限公司近年来,根据市场和技术进步的需要,先后进行了四期技改,共完成投资额1.38亿元。2007年继续加大基本建设与技术改造投入力度,全年完成技改措施投资8 000余万元,完成项目近百项,15 000余m^{2}的科研中心已于年底竣工。

湘潭电机股份有限公司根据“十一五”发展战略,加大技改力度,全年完成技改投资22 890万元。先后实施并完成了大电机厂房、风电整机厂房、配送中心和小机车流程改造、中央实验室改造等重点项目。新购了变频试验装置等一批高端设备,满足了产能的需要。

长沙电机厂有限责任公司固定资产投资797.9万元,其中基本建设投资385.3万元,技术改造项目投资412.6万元,为今后扩大生产打下基础。

北京北重汽轮电机有限责任公司2007年利用现有资源进行工艺布局调整,完成风电产品的加工与装配工艺布局;利用现有试验站改造完成风电试验台,具备了风电产品的投产条件;结合大电机调整,进一步优化整合了风电产品的工艺布局和生产流程,为风电提供作业面积。2007年大型电机行业部分企业固定资产投资情况见表5。

表5 2007年大型电机行业部分企业固定资产投资情况 (单位:万元)

企业名称	总计	其中基本建设投资	其中技术更新改造投资
上海电气集团上海电机厂有限公司	14 094		5 439
湘潭电机股份有限公司	22 890		
山东齐鲁电机制造有限公司	8 144		8 144
长沙电机厂有限责任公司	798	385	413
重庆赛力盟电机有限责任公司	1 997	1 710	287
北京北重汽轮电机有限责任公司	3 818		3 818
江西东元电机有限公司	4 328		
兰州电机有限责任公司	5 679	1 193	4 486
昆明电机有限责任公司	1 523		1 523
东方电气集团东方电机有限公司	21 838	5 054	16 784

管理及改革 东方电气集团东方电机有限公司优化业务流程、健全管理体制,积极推进精细化管理,强调整体效能,通过卓有成效的努力,企业各项决策得到全面、快速、高效地执行,有力地促进了生产经营等各项任务全面完成。部分具体措施有:进军新能源市场,成立了相应工作机构;健全管理机制,出台了《关于明确业务处理期限的有关规定》、《管理进步成果奖励办法》、《科技创新成果奖励办法》;积极推进安全体系认证,GB/T28001职业健康安全管理体系和GB/T24001环境管理体系顺利通过认证等。

上海电气集团上海电机厂有限公司根据质量奖惩条例,继续加大了质量奖惩制度的处罚力度。通过质量奖惩制度,不断提高全员的工作质量意识,从而促进产品质量的不断提高。全年质量损失率0.34%,成品一次送试合格率95.81%,完成质量改进项目13项。

兰州电机有限责任公司为提高产品质量,引进数控高压水射流切割机,解决环氧玻璃布板、有机玻璃、铜板和铝板等零件复杂形状的加工,提高了产品零件的质量,缩短了生产周期,提高了材料利用率,仅环氧件就减少了材料工艺损失定额30%~40%,节能效果明显。

山东齐鲁电机制造有限公司大力夯实企业基础管理,不断提高企业管理效率。一是坚持引进和培养并重的原则,不断提高科技队伍整体素质。二是大力实施“名牌带动”战略,促进营销工作发展。三是不断完善技术、管理、工作标准体系,积极开展“标准化良好行为企业”确认工作,对企业生产经营各项工作实施标准化管理。四是积极开展职工健康安全和环境管理体系认证工作,持续实现安全生产。五是大力开展节能减排工作,实现节约发展和清洁发展。六是积极推进“5S”管理,以工艺管理、设备管理、成本管理为主线,不断提高生产现场管理水平。七是加快信息化建设步伐,不断提高企业管理效率和水平。在广泛应用CAD(计算机辅助设计)、ERP(企业资源管理系统)的基础上,投资200多万元,建立了PDM(产品数字化管理系统),企业信息化管理系统日趋完善。

〔撰稿人:中国电器工业协会陈金柱、中国电器工业协会大电机分会王金华〕

中小型电机

生产发展情况 2007年在中央经济工作会议"又好又快"新一轮发展方针的指引下，全行业团结奋进，克服了原材料价格居高不下，人民币升值压力等一系列困难，在竞争异常激烈的市场环境下，直面挑战，创造了新的优异成绩。参加统计的56家电机企业产品销售总量达到13 009.5万kW，其中交流电动机销售量12 299.9万kW，占全国交流电动机产量18 877.22万kW(国家统计局数据)的65.2%。

全行业经济效益综合指数为157.6，中小型电机行业经济运行呈现出如下态势：规模增长大于效益增长，大中型电机产量增幅高于小型电机产量增幅，直流电机产量小幅平稳增长，出口电机产量快速增长、增速明显持续回落。

据对中小型电机行业56个企业的统计，2007年工业总产值达到333.1亿元，比上年增长21.3%；产品销售收入达到329.9亿元，比上年增长24.3%；利润比上年增长13.7%。2007年中小型电机行业56家企业主要经济指标见表1。2007年中小型电机行业经济效益综合指数前20名企业见表2。

表1 2007年中小型电机行业56家企业主要经济指标

序号	指标名称	单位	2007年	2006年	与上年相比	
					增加额	增长率(%)
1	工业总产值	万元	3 330 629	2 745 411	585 218	21.3
2	工业增加值(含应交增值税)	万元	755 763	638 556	117 208	18.4
3	工业销售产值	万元	3 269 866	2 713 555	556 311	20.5
4	产品销售收入(不含税)	万元	3 299 004	2 654 162	644 842	24.3
5	货款实际回收额	万元	3 401 614	2 710 876	690 738	25.5
6	产品销售成本	万元	2 697 159	2 182 113	515 045	23.6
7	产品销售费用	万元	138 325	122 233	16 091	13.2
8	产品销售税金及附加(不含应交增值税)	万元	13 766	11 287	2 478	22.0
9	管理费用	万元	218 137	212 176	5 961	2.8
10	财务费用	万元	43 047	35 866	7 181	20.0
11	其中：利息支出	万元	40 094	33 166	6 928	20.9
12	其他业务利润	万元	25 156	25 466	-310	-1.2
13	利润总额	万元	173 729	152 766	20 963	13.7
14	平均流动资产	万元	1 954 209	1 631 495	322 714	19.8
15	期末资产总额	万元	3 193 762	2 660 855	532 907	20.0
16	期末负债总额	万元	2 165 915	1 739 249	426 666	24.5
17	期末产成品存货	万元	302 937	230 776	72 161	31.3
18	期末应收账款净额	万元	551 904	433 460	118 444	27.3
19	期末应付账款	万元	477 606	376 728	100 878	26.8
20	本年订货总量(含上年为当年订货数)	万kW	12 924	11 157	1 767	15.8
21	从业人员劳动报酬	万元	170 705	149 423	21 283	14.2
22	从业人员平均人数	人	75 047	73 362	1 685	2.3
23	应交增值税	万元	96 921	92 446	4 475	4.8
24	平均资产总额	万元	2 905 041	2 466 685	438 356	17.8
25	期末所有者权益	万元	1 026 415	919 712	106 703	11.6

表2 2007年中小型电机行业经济效益综合指数前20名企业

名次	企业名称	总资产贡献率(%)	资产保值增值率(%)	产品销售率(%)	经济效益综合指数(%)
1	六安江淮电机有限公司	26.2	168.7	106.0	320.8
2	上海日用—友捷汽车电气有限公司	17.6	85.7	87.1	315.2
3	上海电气集团上海电机厂有限公司	14.3	98.3	99.9	300.5
4	大连天元电机有限公司	22.8	134.7	80.1	296.6
5	杭州恒力电机制造有限公司	17.0	152.1	89.7	280.1
6	江西特种电机股份有限公司	15.1	296.0	97.0	278.3
7	长沙电机厂有限责任公司	9.3	981.5	94.3	256.0
8	无锡华达电机有限公司	19.5	117.7	97.4	255.5

（续）

名次	企业名称	总资产贡献率（%）	资产保值增值率（%）	产品销售率（%）	经济效益综合指数（%）
9	安徽皖南电机股份有限公司	16.0	122.3	100.3	249.6
10	浙江大速（上海力超）电机股份有限公司	27.9	105.9	99.6	243.5
11	江苏大中电机股份有限公司	24.5	146.6	99.0	237.9
12	中国长江航运集团电机厂	8.7	273.2	96.7	234.4
13	佳木斯电机股份有限公司	21.3	222.0	92.4	234.0
14	闽东电机（集团）股份有限公司	18.5	100.0	115.4	232.0
15	卧龙控股集团有限公司	15.5	119.2	99.1	222.4
16	山东华力电机集团股份有限公司	23.1	130.1	100.4	222.0
17	山东齐鲁电机制造有限公司	17.2	121.6	95.6	207.6
18	南阳防爆集团有限公司	14.9	131.5	98.5	203.1
19	宁夏西北骏马煤矿电机制造有限责任公司	17.4	213.7	88.4	201.1
20	西安西玛电机（集团）股份有限公司	9.1	190.4	102.8	186.6

注：排名包含上报中国电器工业协会中小型电机分会统计的大型电机和分马力电机企业。

2007年共有21个盈利企业的增加值、销售收入、回款总额、利润总额、人均收入、所有者权益6项指标实现同时增长。2007年56个企业主要指标变化情况见表3。

表3　2007年56个企业主要指标变化情况

	变化情况	企业数	占企业总数（%）
工业总产值	增长	49	87.5
销售收入	增长	48	85.7
工业增加值	增长	39	69.6
销售成本率	降低	16	28.6
货款回收总额	增长	53	94.6
盈利企业（利润总额大于零）	增长	50	89.3
亏损企业		6	10.7
人均收入	增长	48	85.7
期末所有者权益	增长	41	73.2
产成品	增长	45	80.4
负债总额	增长	42	75.0
应收账款净额	增长	42	75.0
应付账款	增长	40	71.4
利润总额超过2 000万元		25	44.6

产品分类产量　2007年小型交流电动机产量比上年增长17.7%，大中型交流电动机产量比上年增长24.7%。出口产量达到2 157.1万kW，比上年增长20.3%；共有26个企业出口产量增加，占企业总数的46%。2007年有13个企业的产量超过400万kW。2007年中小型电机行业56个企业的产品产量见表4。

表4　2007年中小型电机行业56个企业的产品产量

序号	指标名称	2007年（万kW）	2006年（万kW）	比上年增长	
				数额（万kW）	增长率（%）
1	小型交流电动机	6 703.8	5 695.2	1 008.6	17.7
2	大中型交流电动机	5 221.1	4 187.5	1 033.6	24.7
3	一般交流发电机	475.1	442.1	33.0	7.5
4	直流电动机	781.2	718.8	62.4	8.7
5	在总产量中：出口产品产量	2 157.1	1 793.0	364.1	20.3

市场及销售　2007年，受固定资产投资增长的大力拉动，电机各产品在国内市场产销两旺，继续呈现增长态势。

据对中小型电机行业56个企业的统计，2007年中小型电机全年产品销售收入达到329.9亿元，比上年增长24.3%，电动机销售收入突破8亿元的企业有10个；出口额达到36.62亿元，比上年增长30.9%；2007年全行业实现利润17.37亿元，比上年增长13.7%；行业规模增长大于效益增长。根据产品产量分析，大中型电机增速明显，达到24.7%，增速同比加快6.2个百分点，高压电机的增长有力地推动了大中型电机的增长幅度；小型交流电动机比上年增长17.7%，增速同比加快4.3个百分点；直流电机比上年增长8.7%；一般交流发电机增长7.5%。2007年中小型电机行业销售情况见表5。2007年中小型电机行业产品销售收入前10名企业见表6。

表5　2007年中小型电机行业销售情况

序号	指标名称	单位	2007年	2006年	比上年增长	
					增加额	增长率（%）
1	产品销售总收入（不含税）	万元	3 299 004	2 654 162	644 842	24.3
2	其中：电动机收入	万元	2 556 589	2 066 722	489 867	23.7
3	发电机收入	万元	144 812	120 724	24 088	20.0
4	总收入中：出口收入	万元	366 177	279 657	86 520	30.9
5	产品销售总量	万kW	13 009.5	10 868.7	2 140.8	19.7
6	其中：电动机销售量	万kW	12 299.9	10 443.7	1 856.2	17.8
7	发电机销售量	万kW	552.2	451.7	100.5	22.3
8	总销量中：出口销售量	万kW	2 140.0	1 714.0	426.0	24.9

表6 2007年中小型电机行业产品销售收入前10名企业

序号	企业名称	销售收入（万元）
1	卧龙控股集团公司	360 936
2	湘潭电机集团公司	326 419
3	上海电气集团上海电机厂有限公司	236 351
4	西安西玛电机集团有限公司	182 543
5	中国北车集团永济电机厂	180 612
6	山东华力电机集团股份有限公司	174 833
7	章丘海尔电机有限公司	160 159
8	南阳防爆集团有限公司	150 453
9	佳木斯电机股份有限公司	145 210
10	江苏大中电机股份有限公司	105 136

注：排名包含上报中国电器工业协会中小型电机分会统计的大型电机和分马力电机企业。

2007年，电机主要原材料价格总体呈上扬趋势，电机用无取向硅钢、热轧硅钢、电解铜的价格仍在高位波动，涨势一路攀高，电机成本压力形势严峻。为消化成本压力，防止企业间无序竞争，中国电器工业协会中小型电机分会于2007年5月20日在中国电机行业信息网和分会会刊上正式发布2007年普通三相异步电动机“行业水平价”，重申执行以普通三相异步电动机“行业水平价”为基准的报价方式。中小型电机行业的市场竞争依然激烈，但是部分优势企业越走越强，行业产业集中度进一步提高。

长沙电机厂有限责任公司改变营销策略，对大中型交流电动机产品采取以销定产、款到发货方式，对工程招标项目采取了严格的回款措施，降低了资金风险，同时加大新品开发力度，多元化拓展国内外市场，2007年实现销售收入30 035万元，比上年增长20.7%；其中国内销售收入28 876万元，国外销售收入1 159万元。

北京毕捷电机股份有限公司克服了原材料价格持续增长、人民币汇率不断升值带来的巨大影响，立足于行业发展前沿，坚持战略引领，抓住市场发展的机遇，提升企业核心竞争力，在调整产品结构、增加产品附加值、开发高端产品、拓展高端市场等方面取得了良好的效果。2007年电机产品实现销售收入37 928万元，比上年增长14.6%，其中出口产品实现销售收入19 130万元，比上年增长14.5%；产品销售总量238万kW，比上年增长14.4%，其中出口产品销售量为130.6万kW，比上年增长13.8%。

2007年，西安西玛电机(集团)股份有限公司以巩固市场、开发市场、服务市场为主线，以扩大外贸出口为契机，以产品订货和货款回收为重点，进一步挖掘市场潜力，增强营销信誉，促使营销策略理性化。内贸积极走访设计院所，参加工程招投标，及时跟踪项目，加大了品牌宣传力度。外贸积极实施“市场多元化，产品多样化”战略，加大了印度市场的开发力度，不断扩大产品销售种类，特别加大了对高压电机、NEMA电机、变频调速电机等产品的推销力度，与欧洲、北美、印度等市场建立了长期的贸易合作关系，高压电机、直流电机的出口比例明显增加，出口产品结构明显改善，出口总额超过2 240万美元。公司坚持发展、锐意进取、扎实工作，2007年各项经济指标继续保持较快增长态势，全年完成产量593.5万kW，比上年增长15%；完成销售收入18.25亿元，比上年增长24%；实现利润3 207万元，比上年增长45%。

凯捷利集团及苏州德丰电机有限公司确立了以“品牌营销、科技创新、成本领先、快速反应、走出去引进来”的五大竞争战略，在中小电机“专业化、规模化”方向上大力推进，并取得较大发展。苏州本部以生产发电机及中型以上电动机为主，福建公司以生产小型发电机及小型单、三相交流电动机(出口)为主，昆明公司在巩固现有西南传统区域市场的基础上加快中小型高效节能电动机的开发与生产进度。公司坚持自主品牌，产品远销国内外市场。截至2007年，公司商标“KAIJIELI”及图形、“KAIJIELI 凯捷利”以及“图形”商标通过马德里国际商标保护注册(WIPO)并在欧洲、美国、加拿大、日本、韩国、澳大利亚等诸多国家和地区成功注册，累计申请注册达100多个国家和地区。公司高效节能电机H63—280的全系列开发生产以及TWGII无刷发电机新产品的开发生产，大大促进了销售增长。其中，国内销售额比上年增长94%，出口销售额比上年增长61.7%，达到2 878.34万美元，对欧盟出口比上年增长40%。国内市场新拓展了东北地区和西南地区，国外新拓展了俄罗斯、大洋洲、南美地区，月订单保有量5 000万～6 000万元。

面对激烈的市场竞争，重庆赛力盟电机有限责任公司不断开发适销对路的产品投放市场，依靠技术创新研制的中型高、低压电动机以稳定的质量水平扩大了市场份额，全年产销率达100.92%。同时，公司将以往以小电机为主出口调整为以发电机、中型电机为主出口，多元化拓展了出口渠道，继非洲、大洋洲、南美洲，触角已伸向全球其他各洲。2007年公司实现销售量387.22万kW，销售收入66 010万元，分别比上年增长24.17%和14.8%。

随着国内振动电机技术的成熟，振动电机的开发和应用范围越来越广，市场需求每年以10%～20%的速度递增，市场潜力巨大。钟祥市新宇机电制造有限公司瞄准了这一发展趋势，坚持自主创新，2007年结合市场需求开发技术领先、替代进口的振动电机新产品11个规格，改型设计19个规格，完成20个规格的出口振动电机设计，同时开发了10种振动机械新产品投放市场，并在出口日本、巴西、印度、赞比亚等国家和地区的基础上，进一步扩大出口，抢占国际市场，公司销售额快速上升，2007年实现销售收入6 220万元，比上年增长20.77%。

在原材料价格一路攀升、企业间竞争加剧、银根紧缩的情况下，无锡华达电机有限公司加大了大功率电机的技术开发和市场开拓力度，公司H315以上电机销量增长迅速，特别是功率在600kW以上的电机订货量明显上升。2007年，该公司经济运行良好，实现产品销售收入8.26亿元(含税)，比上年增长33%；其中出口收入占总销售收入的41.8%；实现产量540万kW，比上年增长41%。

昆明电机有限责任公司坚持把企业发展作为第一要务，贯彻落实科学发展观，加大技术创新和技术改造的投入，以市场为导向、产学研相结合，促进了科技成果向生产力转化，2007 年共开发新产品交直流高低压及交流伺服电动机 50 项 71 个规格，极大地促进了生产经营持续大幅度的增长。2007 年仅中小型电机实现销售收入11 875.72万元，比上年增长 49.7%；其中电机自营出口收入 584.22 万元，比上年增长 12.9%。

江西特种电机股份有限公司面对激烈的市场竞争，致力于特种电机的开发，实施差异化竞争，投放市场的主要产品中塔式起重机用变速三相异步电动机等 4 项产品为国家重点新产品，并凭借其在冶金行业的品牌知名度，积极开拓市场，拥有了大量的客户，起重冶金电动机的销售产值连续 4 年位居国内电机行业第一。2007 年，公司实现营业收入 3.45 亿元，实现净利润 3 146 万元，上缴税金 2 654 万元。

浙江金龙电机股份有限公司在全国中小型电机行业中连续 5 年出口排名第一。2007 年公司根据国际市场需求开发的 JM 系列 EFF1 高效节能电动机，以其效率高、噪声低、造型美观、良好的使用性能，成功占领了欧洲市场，受到德国、英国、意大利等客户的青睐。公司全年实现出口 333.7 万 kW，出口创汇额达 6 204 万美元。

2007 年，行业虽然受到了人民币升值、原材料价格大幅上涨等因素的影响，出口电机的销量、创汇额仍保持了快速增长的态势，但增速明显持续回落。全年中小型交流电动机出口 2 140 万 kW，比上年增长 24.9%；出口收入 366 177 万元，比上年增长 30.9%。原材料中漆包线价格的上涨和硅钢片等黑色金属价格始终处于高位运行，使得电机的成本居高不下，导致我国出口电机的价格优势不复存在，即便如此，电机的出口量和出口创汇却不断提高，这说明国际市场对电机产品的需求很旺盛，占领更大的市场就会给企业带来更大的利润空间。

针对这一情况，中小型电机分会出口工作部呼吁行业企业着眼未来，避免短期行为，通过拓宽产品结构，开发新产品，采用新材料、新工艺，缩小电机体积，提高电机性能，不断在节能降耗上动脑筋，努力提高产品的技术含量，重点开发一批以加强在国外市场上的竞争力为目标的高技术产品，树立自己的品牌，依靠稳定的产品质量和高性能的技术产品，为长期全面稳定开拓国外市场而下苦功。2007 年中小型电机出口额前 10 名企业见表 7。

表 7　2007 年中小型电机出口额前 10 名企业

序号	企 业 名 称	出口创汇额（万美元）	出口销售量（万 kW）	出口国家或地区
1	浙江金龙电机股份有限公司	6 204.0	333.7	澳大利亚以及意大利、德国、西班牙等欧洲国家
2	无锡华达电机有限公司	5 523.0	311.4	欧洲、美国、日本、印度、韩国、南非、新加坡
3	山东华力电机集团股份有限公司	4 765.0	225.0	欧洲、中东地区、南非、韩国、东南亚等
4	江苏大中电机股份有限公司	2 842.0	141.0	韩国、西班牙、德国、意大利、美国等
5	河北电机股份有限公司	2 831.0	140.0	北美洲、南美洲、欧洲、澳大利亚、韩国、日本
6	北京毕捷电机股份有限公司	2 523.5	130.6	北美洲、欧洲、东南亚、澳大利亚
7	西安西玛电机集团有限公司	2 244.0	122.5	欧洲、亚洲、中东、美洲
8	衡水电机股份有限公司	2 179.8	121.7	北美洲、欧洲
9	淮安威灵清江电机制造有限公司	2 043.8	134.0	欧盟、澳大利亚、埃及等
10	南阳防爆集团有限公司	1 751.0	84.9	美国、澳大利亚

科技成果及新产品　2007 年 8 月，上海电器科学研究所（集团）有限公司的绕线转子三相异步电动机的刷杆座结构被授予实用新型专利，该结构的刷杆座增大了接线空间，解决了不方便接线的问题，从而提高了生产效率。减小无刷直流电机转矩脉动的结构于同年 8 月也被授予实用新型专利，该结构通过改进永磁体的极弧宽度，改变了永磁体在空间所占的机械角度，使得齿槽转矩大幅度地减小，从而减小了转矩脉动。它不仅改善了无刷直流电机的振动和噪声，还节省了磁钢，降低了总损耗，提高了电机的效率。一种用弹性挡圈简化电机轴的装配结构于 2007 年 11 月被授予实用新型专利，该结构工艺操作方便，电机采用弹性挡圈代替轴上起定位作用的台阶，不仅可以减少轴的加工工时，而且节省了材料。

2007 年长沙电机厂有限责任公司的新产品：YSP 变频调速电机被湖南省经委评定为“湖南省新产品”，其中中心高 H355 ~ 710，防护等级 IP23 ~ IP55，功率 185 ~ 2 240kW，电压 380V、690V、6kV、10kV，获湖南省机械行业科技进步三等奖。该产品具有高效节能特点，与普通电机相比可节电 35% 以上。公司开发的 700 ~ 1600ZQB、HQB 系列高压（6kV、10kV）轴流、混流潜水电泵和 600 ~ 800 系列高低压 QW 潜水排污泵被湖南省经委评定为“湖南省新产品”，被湖南省科技厅评定为“湖南省高新技术产品”。公司 2007 年被湖南省科技厅评定为“湖南省高新技术企业”。

苏州德丰电机有限公司在原 TWG 系列的基础上，针对美国市场设计开发的带新型接插装置的发电机新产品，获两项实用新型专利，顺利出口美国市场。还在原 TWG 系列的基础上，开发了新一代 TWGII 系列三相无刷同步发电机，获一项实用新型专利，并被认定为“江苏省高新技术产品”。该公司为满足 YH 系列高滑差电机大起动转矩、低起动电流的要求，专门研究并应用的电机转子生产工艺，获得国家发明专利。

重庆赛力盟电机有限责任公司研制的 850kW 同步风力发电机 TF850—4 690V、850kW 双馈异步风力发电机 YRFF850—4 690V、GNFZ112/10/2 变桨直流电机列入重庆市重点计划项目。其中 850kW 同步风力发电机 TF850—4 690V 于 2007 年 6 月研制成功，性能达到国外生产的同类产品水平，目前已经投入小批量生产；850kW 双馈异步风力发电机 YRFF850—4 690V 项目预计 2008 年 6 月前第一台样机面世；GNFZ112/10/2 变桨直流电机正在研制中。2007 年公司开发的H710～H1000高压异步电动机通过了重庆市新产品鉴定。2MW双馈异步风力发电机的研制列入重庆市2008年重点计划项目，现处于方案设计阶段。

2007年无锡华达电机有限公司开发的大型立式同步电动机TL630—40/2300获“江苏省高新技术产品”称号。该产品采用平衡桥式推力轴承，电机效率等指标优于国内相关产品。

昆明电机有限责任公司根据国内外市场的不同需求，开发的YR2系列（IP54、H200—355）绕线转子三相异步电动机获昆明市科技进步二等奖。该项目是在Y2系列（IP54）电动机基础上派生的封闭式绕线转子电机新系列，整体结构主要性能指标达到或接近德国西门子公司1LS6系列，具有效率高、过载能力大、防护等级高、可靠性好、构造新颖等特点，属国内首创。

江西特种电机股份有限公司通过技术创新自行研发的具有自主知识产权的YV、YVF3系列低压大功率变频调速电机，2007年经国家科技部认定为科技型中小企业技术创新基金项目，并获“国家重点新产品”称号。该产品通风散热、绝缘结构优越，变频调速范围广，有较强的过载能力，达到了德国西门子公司1LA8系列产品的性能指标，可直接替代进口产品。YKK系列大型高压异步电动机、YR系列大型绕线转子高压异步电动机获“江西省新产品”称号。

闽东电机（集团）股份有限公司承担的EC大功率汽油发电机组、M系列铝壳电动机（MS三相铝壳电动机、ML单相铝壳电动机）、XYTG软起动高效节能电动机3项福建省重点新产品计划项目，于2007年2月8日通过了省级鉴定和验收。其中，EC大功率汽油发电机组产品填补了国内大功率汽油机组（8.5～10kW）的空白，综合技术水平国内领先；M系列铝壳电动机（MS三相铝壳电动机、ML单相铝壳电动机）产品对我国高效节能电机的研制、生产和应用具有积极的推动作用，产品综合技术水平居国内先进水平。XYTG软起动高效节能电动机项目在继承了异步起动稀土电动机高力能指标特性的基础上，提高了该类电动机的起动品质，减少了电机对用电设备的电气及机械设备的冲击，达到了“软起动”的效果。

浙江金龙电机股份有限公司继JM系列EFF1（以冷轧硅钢片代替热轧硅钢片）高效节能电动机通过国家火炬计划项目验收后，2007年JM400、JM400～500系列高效节能低压大功率电动机通过浙江省新产品鉴定，并被列入国家重点高新技术企业产品。

兰州兰电电机有限公司共有3项产品列入甘肃省2007年省级新产品项目，其中YCH315L—6 100kW超高转差率三相异步电动机已通过鉴定，水平评估达到国内先进水平；YRKFF500—4 1 500kW变速恒频双馈异步发电机和TFXW—H 1 500kW大容量船用三相无刷同步发电机已交付用户作工况运行。

质量及标准 受国家质量监督检验检疫总局（以下简称国家质检总局）委托，国家中小电机质量监督检验中心根据〔2007〕国监任字第02058号《产品质量国家监督抽查委托书》的要求，于2007年第2季度对我国的三相异步电动机产品质量进行了监督抽查。

此次抽查了辽宁、天津、河北、河南、山西、山东、安徽、江苏、上海、浙江、江西、福建、云南和重庆等14个省市的42家企业，126台样品，合格企业28家，抽查合格率为66.7%，比2005年降低了4个百分点（2006年未进行国家监督抽查），比历次三相异步电动机监督抽查平均合格率提高了4.3个百分点。被抽查的企业覆盖了国有、私营、中外合资和股份公司等企业类型，企业规模包括大型、中型和小型，对“区域性”的生产企业仍作为质量监控重点进行跟踪。抽查样品的检验项目除了安全强制性项目及相关的强制性项目外，还进行电机的温升、效率和功率因数等主要电气性能检验。行政区域抽查情况汇总见表8。被抽查企业分析汇总见表9。

表8 行政区域抽查情况汇总

序号	行政区	省、市	抽查企业数（个）	合格企业数（个）	合格率（%）
1	东北	辽宁	2	2	100.0
2	华中	天津	1	1	100.0
3	华中	河北	1	1	100.0
4	华中	河南	4	3	75.0
5	华中	山西	1	1	100.0
6	华东	山东	4	4	100.0
7	华东	安徽	2	2	100.0
8	华东	江苏	9	7	77.8
9	华东	上海	5	2	40.0
10	华东	浙江	4	0	0.0
11	华东	江西	2	2	100.0
12	华东	福建	3	1	33.3
13	西南	云南	3	2	66.7
14	西北	重庆	1	0	0.0
		合计	42	28	66.7

表9 被抽查企业分析汇总

项目	企业数（个）	占本次抽查企业（%）	合格数（个）	合格率（%）	占总合格企业（%）
首次实施国家监督抽查	3	7.1	2	66.7	7.1
通过质量管理体系认证	29	69.0	23	79.3	82.1
通过产品安全认证	33	78.6	22	66.7	78.6

主要质量问题是产品标志、旋转方向、振动、温升、效率、功率因数、堵转转矩和定子绕组绝缘表面等项目。主要质量问题汇总见表10。

表10 主要质量问题汇总

不合格项目	不合格项次	占总不合格项次的比例（%）
产品标志	12	27.9
旋转方向	5	11.6
振动	4	9.3
温升	7	16.3
效率、功率因数	10	23.3
堵转转矩	3	7.0
定子绕组绝缘表面	2	4.7
合计	43	100.0

造成上述质量问题的主要原因是：①受经济利益驱动，盲目省材，以牺牲产品质量和用户的使用成本来降低产品的生产成本。②生产设备落后，缺乏必要的生产和检验设备，不能有效地控制每道工序的质量，最终导致整机质量问题。③产品质量意识薄弱，执行标准不严格，工艺文件欠缺或未作明确规定，未有效执行工艺纪律，产品质量缺陷无法追溯。④新兴私企在技术力量、生产管理、产品质量控制以及技术和标准信息跟踪方面未能及时走上正轨，缺乏科学的质量管理体系。⑤个别企业以旧代新、以次充好，把劣质产品推向市场，导致电机市场低价恶性竞争。

此次抽查，跟踪2005年国家监督抽查企业20家，合格10家，不合格10家，跟踪企业合格率为50%。其中，有5家企业连续两次抽查均合格，有8家企业连续两次抽查均不合格。有2家在2005年抽查中合格的企业，本次抽查不合格；只有5家企业在2005年抽查中不合格的企业，本次抽查合格。此外，在本次抽查的企业中通过CCC或CQC安全认证的企业有33家，其中22家本次抽查合格。企业合格率66.7%。可见，仍有约33%的企业产品质量有波动。

通过上述数据可以看出，电机企业产品质量水平参差不齐，落实国家质检总局提出的“抽查一种产品，促进一个行业”的精神，提高电机行业产品质量水平还有很多工作要做，任重而道远。

继2006年中小电机行业构筑品牌金字塔取得一系列成绩后，2007年北京毕捷电机股份有限公司的NEMA标准高效低压三相异步电动机、GX系列三相异步电动机获得了国家质检总局颁发的出口免验证书，自此，毕捷公司成为全国中小型电机行业第一家出口高效节能电机获免验资质的企业。同时，GX80—160、GX180—280、GX315—355获得中国节能产品认证证书，并获得政府采购名册。

2007年10月福建福安闽东亚南电机有限公司“YANAN”商标被福建省工商行政管理局认定为“福建省著名商标”，11月“YANAN”牌发电机产品被福建省质量技术监督局授予“福建省名牌产品(复评)”称号。

重庆赛力盟电机有限责任公司在规模持续扩大的情况下，保持了质量水平的稳步提高。公司的Y2系列电机获得德国莱茵公司颁发的CE证书，Y 、YKK 355—1000高压异步电动机获“重庆市名牌产品” 称号。

为加强节能管理，推动节能技术进步，提高能源效率，根据国家能效标识管理中心的具体部署，中小型电机行业690V及以下的电压，50Hz三相交流电源供电，额定功率在0.55～315kW范围内，极数为2极、4极和6极，单速封闭扇冷式、N设计的一般用途电动机或一般用途防爆电动机(以下简称电动机)将被列入第三批实行能效标识的产品目录。

为使通过能效标识制度的实施，真正起到落实国家节能减排的战略目标，实施“十一五”电机系统节能工程，并规范我国电机市场的目标，中国电器工业协会中小型电机分会于2007年7月22～23日，在上海召开第五届四次理事会议，就电动机能效标识制度有效实施建议进行专题研讨。出席会议的有山东华力电机集团、河北电机股份有限公司、西安西玛电机(集团)股份有限公司、北京毕捷电机股份有限公司、无锡华达电机有限公司、卧龙控股集团有限公司、浙江金龙电机股份有限公司、沈阳电机股份有限公司、安徽皖南电机股份有限公司、安波电器有限公司、广州电机、东莞电机有限公司、昆明电机有限责任公司、兰州兰电电机有限公司、湘潭电机集团有限公司、长沙电机厂有限责任公司、山西电机制造有限公司、开封电机制造有限公司、南阳防爆集团有限公司、佳木斯电机股份有限公司等39家理事单位的企业领导，中国标准化研究院能效标识管理中心常务副主任王若虹副研究员莅临会议听取行业意见。

通过研讨，企业形成共识：耗能产品实施能效标识制度是一种文明的进步，是明示消费，是制造企业对用户、对社会承诺的责任，要不断规范企业的市场行为，提升行业整体水平，最终达到预期目标。

随着国家加大节能、降耗、排污排废、淘汰落后生产能力的综合治理力度及有关政策的推行，中国电器工业协会中小型电机分会五届四次理事会还就中小型电机行业实施硅钢片“以冷代热”的时间进度和相关政策措施进行了专题研讨。国家发展和改革委员会经济运行局机电处景晓波处长、冶金处张德琛处长应邀到会听取行业意见并指导工作，会议还邀请了武汉钢铁集团有限公司、宝山钢铁集团股份有限公司、太原钢铁集团有限公司、鞍钢集团实业发展总公司等冶金行业的代表参加。会议就国家推行硅钢片“以冷代热”达成了共识，明确了中小型电机行业必须加快“以冷代热”进程的责任。

2007年12月1～5日，第六届全国旋转电机标准化技术委员会成立大会暨2007年年会在广西北海市召开，出席会议的有国家标准化管理委员会服务部、中国机械工业联合会和中国电器工业协会标准部的领导，标准化技术委员会委员、专家、顾问及标准工作组成员共81名，大会通过了新一届标委会章程及秘书处工作细则。

在上级主管部门的领导和支持下，经过标委会全体委员、顾问、IEC专家、标准制修订参加单位的共同努力，2007年已完成上报的国家标准见表11。2007年已完成上报的行业标准见表12。2007年批准发布的标准见表13。上报2008年行业标准制修订计划项目见表14。

表11　2007年已完成上报的国家标准

序号	项 目 名 称
1	GB 10068—×××× 轴中心高为56mm及以上电机的机械振动　振动的测量、评定及限值
2	GB 755—×××× 旋转电机　定额和性能
3	GB 10069.3—×××× 旋转电机噪声测定方法及限值　第3部分:噪声限值
4	GB/T 13002—×××× 旋转电机　热保护

（续）

序号	项 目 名 称
5	GB/T 997—×××× 旋转电机结构型式、安装型式及接线盒位置的分类（IM 代号）
6	GB/T ××××—×××× 往复式内燃机驱动的交流发电机组　第 11 部分:旋转不间断电源系统　性能要求和试验方法
7	GB/T ××××—×××× 往复式内燃机驱动的交流发电机
8	GB/T 2900.25—×××× 电工术语　旋转电机
9	GB/T ××××—××××变频调速专用三相异步电动机绝缘规范
10	GB/T ××××—×××× 电气绝缘结构　重复脉冲产生的电应力　第 1 部分:电老化评定的通用方法
11	GB/T ××××—×××× 电气绝缘结构热评定规程　第 22 部分:包封线圈模型的特殊要求　散绕绕组电气绝缘结构(EIS)
12	GB/T ××××—×××× 电气绝缘结构热评定规程　第 21 部分:对通用模型的特殊要求　散绕绕组应用

表 12　2007 年已完成上报的行业标准

序号	项 目 名 称
1	JB/T ××××—×××× Y 系列(IP44)三相异步电动机技术条件(机座号 80 ~ 355)
2	JB/T 8680.1—×××× Y2 系列(IP54)三相异步电动机（机座号 63 ~ 355）
3	JB/T ××××—×××× Y3 系列(IP55)高效率三相异步电动机(机座号 355 ~ 450)

表 13　2007 年批准发布的标准

序号	标 准 名 称
1	GB/T 21205—2007 旋转电机整修规范
2	GB/T 21209—2007 变频器供电笼型感应电动机设计和性能导则
3	GB/T 21210—2007 单速三相笼型感应电动机起动性能
4	GB/T 21211—2007 等效负载和叠加试验技术　间接法确定旋转电机温升
5	GB/T 17948.5—2007 旋转电机绝缘结构功能性评定　成型绕组试验规程　多因子功能性评定 50MVA、15kV 及以下电机绝缘结构热、电综合应力耐久性
6	GB/T 17948.6—2007 旋转电机绝缘结构功能性评定　成型绕组试验规程　绝缘结构热机械耐久性评定
7	JB/T 7128—2007 YTM、YHP、YMPS 系列磨煤机用三相异步电动机技术条件
8	JB/T 7593—2007 Y 系列高压三相异步电动机技术条件(机座号 355 ~ 630)
9	JB/T 7823—2007 三相扁平型直线异步电动机
10	JB/T 7589—2007 高压电机绝缘结构耐热性评定方法
11	JB/T 2361—2007 恒压刷握
12	JB/T 5269—2007 YR3 系列(IP23)三相异步电动机　技术条件(机座号 160 ~ 355)
13	JB/T 5330—2007 三相异步振动电机　技术条件(激振力 0.6 ~ 210 kN)
14	JB/T 5779—2007 电机用刷握尺寸
15	JB/T 5810—2007 电机磁极线圈及磁场绕组匝间绝缘　试验规范
16	JB/T 5811—2007 交流低压电机成型绕组匝间绝缘　试验方法及限值
17	JB/T 7126—2007 YLB 系列深井水泵用三相异步电动机　技术条件
18	JB/T 7591—2007 小型单相异步电动机起动元件　通用技术条件
19	JB/T 7785—2007 低压电机绝缘结构寿命快速试验评定方法(步进应力法)
20	JB/T 10747—2007 整体凸极式无刷三相同步发电机技术条件
21	CEEIA B164—2007 中小电机用 F 级 DMD 技术条件
22	CEEIA B165—2007 中小电机用聚酯绑扎带
23	CEEIA B166—2007 对通用振动测量仪和振动噪声检测仪的要求

表 14　上报 2008 年行业标准制修订计划项目

序号	项 目 名 称
1	JB/T 8981 有刷三相同步电动机技术条件(机座号 132 ~ 400)
2	JB/T 8163 轧机辅传动直流电动机
3	JB/T 9577 Z 系列直流电动机技术条件
4	JB/T 2195 YDF2 系列阀门电动装置用三相异步电动机技术条件
5	JB/T 8682 YM 系列木工用三相异步电动机技术条件
6	JB/T 8733 YG 系列辊道用三相异步电动机技术条件(机座号 112 ~ 225)
7	JB/T 8982 三相交流稳频稳压电源机组及系统技术条件

基本建设及技术改造　江西东元电机有限公司成立于 2004 年 12 月,是由世界知名企业东元电机集团控股与南昌市国资公司共同出资组建的合资企业。主要产品为大中型高效节能交流电动机、高效变频调速电动机、无刷励磁同步发电机、容量 100MW 以下的水轮发电机组,共计 50 多个系列、2 000 多个规格。该公司于 2006 年 12 月完成新厂建设,首期总投资 3 亿元,现在南昌高新区拥有建筑面积达 8.8 万 m^2、年综合生产能力达 300 万 kW 的电机生产基地。2007 年公司固定资产投资 4 328 万元,通过增置数控高精度设备,以快速实现电机产量和品质提升、产品出口欧美市场的目标。公司从美国东元西屋电机公司引进具有国际先进水平的电机设计及制造技术,优化产品结构和工艺技术,

借助东元电机集团的全球营销网络，拓展国内外高端电机市场，从而成为东元电机集团大中型电机制造基地。

2007年12月10日，ABB在上海举行上海ABB电机有限公司扩建奠基仪式，将增加26 000m^2新厂房，并计划于2009年7月投入生产。扩建将满足中国对于增效节能技术不断增长的需要，并将首次引进ABB先进的M3系列低压电机生产线进行本地化生产，该产品达到欧洲一级能效标准。

2007年，西安西玛电机（集团）股份有限公司迁入新厂运营，公司为提高环保和节能减排能力建设了废水处理站，对电机试验中心机组、电加工中心等基础建设作了进一步改善，调整了有关工艺布局，进行了冲片技术改造，增加了工艺装备，其中基本建设投资650万元，技术更新改造投资655万元。

长沙电机厂有限责任公司2007年固定资产投资总计797.9万元，其中基本建设投资385.3万元，技术更新改造投资412.6万元。

苏州德丰电机有限公司所隶属的凯捷利集团于2007年2月整体并购老国企昆明电工厂、昆明电工有限责任公司及下属的昆明电工厂机电设备进出口有限公司，顺利完成了企业改制及企业员工的稳妥安置，并解决了历史遗留问题。在此基础上，苏州德丰电机有限公司再次投入2 000余万元，对所收购的昆电资产进行有效整合，建立了昆明凯捷利电工有限公司，形成了100万kW的产能，并将欧洲EFF1、美国NEMA标准等高效率电机新产品投入该公司，由该公司承担全系列新产品的开发生产，解决了昆明电工产品老化、产品结构单一、盈利水平低等问题。截至2007年，该公司新产品开发投入近170万元，完成H63～280 EFF1电机、143T～447T NEMA电机的小批量试制，通过了国家中小电机质量监督检验中心的检测，并销往欧盟及澳大利亚，2007年实现销售额逾1.2亿元，比上年增长1/3强，创昆明电工历史最好业绩。同年6月苏州德丰电机有限公司还收购了福安海星泵业有限公司，并投入360万元进行技术改造，与英国ROSY公司组建了中英合资凯捷利电机（福建）有限公司，主要开发生产50kW以下小型交流发电机，形成了100万kW小型发电机的年产能，投产5个月即实现销售额5 000多万元。2007年，苏州德丰电机有限公司又在本部投资906.7万元，其中基本建设投资607万元、技术更新改造投资299.7万元。至此，苏州德丰电机有限公司全资拥有昆明凯捷利电工有限公司，控股凯捷利电机（福建）有限公司，形成了包括江苏苏州本部、福建、西南（昆明）三大生产基地，合计年产能超500万kW。

2007年，重庆赛力盟电机有限责任公司对瓶颈工序进行了技术改造，主要包括提高Y280以上电机端盖生产加工能力和产品质量、电动汽车电机装配质量以及大型电机动平衡精度、大型转轴装配加工质量等方面，完善了13.8kV级高压电机绝缘工艺，改进了中直流换向器结构，改进了VPI工艺和烘焙工艺，提高了现有设备利用率，技改投资总计287万元。为扩大生产规模，公司在重庆市九龙工业园C区征地289 333m^2进行迁扩建，计划投资3亿元。工程分期建设，一期工程完成后，公司生产能力将达到600万kW；二期完成后，生产能力将达到900万kW。目前已完成工程施工图设计，累计投资5 000多万元。

钟祥市新宇机电制造有限公司是国内最大的振动电机专业厂家。随着企业的发展，在2007年技术更新改造投资129万元后，公司将迁址扩建，总投资1.12亿元，用于新建厂房、增添设备，扩大生产规模。项目全部完成后，可实现销售收入5亿元，有望成为世界最大的振动电机专业生产厂家。

2007年，无锡华达电机有限公司固定资产投资总计2 245万元，其中基本建设投资198万元，技术更新改造投资2 047万元。为适应大功率电机的技术开发和生产需要，该公司还投资1 500万元对电机试验站再次进行改造、提升试验能力。该项目的竣工，对公司的产品技术性能、产品质量、生产规模具有强大的推动和保障作用。

昆明电机有限责任公司2007年固定资产投资3 413万元，其中基本建设投资2 300万元，技术更新改造投资1 113万元。其中，对电动机生产进行技术改造，形成电动机自动化装配、检测、表面处理生产线，购置了VPI浸漆设备、部分数控机床，进行较大的工艺路线调整和配套项目改造，该项目全面完成后，将进一步提高产品的技术档次和质量水平，特殊专用、高附加值电动机的销售收入已占公司电动机销售收入的30%。

2007年，江西特种电机股份有限公司固定资产投资总计1 767万元，其中基本建设投资439万元，技术更新改造投资1 328万元。该公司在现有设施基础上进行扩建改造，引进了大量先进的自动化装备，全面优化产品加工水平，提升产品档次和质量；新增设备245台（套），新增厂房34 029m^2，其中新建冲压车间15 813m^2，联合车间（含总装车间、金工车间）18 216 m^2。

浙江金龙电机股份有限公司的扩大以冷代热高效节能电机出口规模技术改造项目为国家重点技术改造项目，该项目2007年投资总额为14 106万元，其中基本建设投资5 384万元，技术更新改造投资8 722万元。项目达产后，可新增高效节能电机、永磁电机150万kW生产能力。

兰州兰电电机有限公司的1.5MW变速恒频双馈风力发电机及控制系统产业化项目被列入国家可再生能源和新能源高技术产业化专项。项目总投资10 918万元，截至2007年底完成固定资产投资4 900万元，其中基本建设投资1 193万元，新建厂房5 481m^2，设备投资3 707万元，购置了国产工艺装备48台（套）、进口设备6台以及供配电、给排水、供热、采暖、通风、空压和消防等公用配套工程。该项目全部完成后，将达到年产100套1.5MW变速恒频双馈风力发电机及控制系统和风力发电机200台的生产能力，可实现年新增销售收入36 000万元，新增利税5 559万元，新增利润4 113万元。

对外合作　2007年10月，韩国晓星集团以9.09亿元的价格，获得沈阳电机72.67%国有股权及相关生产的转让。至此，随着对沈阳电机收购的完成，作为占有韩国重电机市场60%份额、位居韩国十大企业集团之中的晓星集团，正式进入了中国的电机生产领域。

2007年7月，苏州德丰电机有限公司与英国ROSY公司成立了中英合资凯捷利电机(福建)有限公司，注册资本人民币500万元，苏州德丰电机有限公司占比75%，英国ROSY公司占比25%，合资公司当年投入运营即取得良好业绩。为有效利用资本市场，进一步做强电机产业，苏州德丰电机有限公司董事会于2007年9月成立了股改领导小组，稳步推进股改工作。公司被苏州高新区列为培育上市重点企业。

〔撰稿人：中国电器工业协会中小型电机分会曹莉敏 审稿人：中国电器工业协会中小型电机分会陈伟华〕

分马力电机

生产发展情况 2007年是国内外经济环境开始发生重大变化的一年，中国的CPI指数不断提高，外贸顺差过大，经济存在从过快到偏热的可能性；加之美国次贷危机引发的美国金融市场的波动，也给国际经济形势的发展带来阴影。复杂的经济环境使得电机行业面临原材料价格上升、人民币升值、劳动力价格上涨、节能和环保要求持续提升等一系列问题的挑战。在这种形势下，众多企业通过调整产品结构、提升技术和管理水平等手段实现发展，取得了可喜的成绩。

分马力电机分会秘书处走访了部分会员单位和电机企业，电机企业普遍反映市场需求旺盛。受社会固定资产投资与外贸进出口增长的影响，国内外经济发展势头良好，但在保持快速发展的同时，还面临诸多不足的问题，需要创新与品牌推动新一轮的发展。

在统计的41个行业企业中，2007年实现工业总产值、销售收入和利润同步增长的有卧龙控股集团有限公司、佛山市南海九洲普惠风机有限公司、江苏微特利电机制造有限公司、梅州嘉和电器有限公司、浙江京马电机有限公司等24家企业，占统计总数的58%。其中广东肇庆电机有限公司是从国有企业转入民营企业的第二年，经过企业内部一系列的改制，现在生产蒸蒸日上。有4家企业亏损，占统计总数的9.7%。2007年分马力电机行业经济效益指标见表1。2007年分马力电机行业主要企业经济指标见表2。2007年分马力电机行业经济效益单项指标前5名企业见表3。

表1 2007年分马力电机行业经济效益指标

指标名称	单位	行业标准值	2007年行业平均值	2006年行业平均值
总资产贡献率	%	10.7	15.91	13.79
资本保值增值率	%	120.0	135.13	115.54
资产负债率	%	≤60.0	61.74	61.91
流动资产周转率	次	1.52	2.63	2.70
成本费用利润率	%	3.7	6.43	6.36
全员劳动生产率	元/人	16 500	67 218.42	66 922.77
产品销售率	%	96.0	92.32	98.33

表2 2007年分马力电机行业主要企业经济指标

经济指标	单位	2007年完成
工业总产值(当年价)	万元	1 884 918.33
工业增加值	万元	281 185.74
产品销售收入	万元	1 858 058.62
利润总额	万元	116 844.65
年末资产总额	万元	1 211 419.53
流动资产平均余额	万元	848 194.36
职工平均人数	人	927
工程技术人员	人	77

表3 2007年分马力电机行业经济效益单项指标前5名企业

排序	企业名称	指标值	排序	企业名称	指标值
	总资产贡献率(%)	10.70(标准值)		成本费用利润率(%)	3.70(标准值)
1	威海恒大电机(集团)有限公司	33.04	1	闽东电机集团股份有限公司	53.16
2	江苏微特利电机制造有限公司	29.45	2	上海摩根耐特电碳有限公司	21.62
3	无锡市凯旋电机有限公司	28.47	3	无锡市凯旋电机有限公司	20.15
4	闽东电机集团股份有限公司	27.82	4	上海日用－友捷汽车电气有限公司	14.32
5	常州市永安电机有限公司	26.34	5	卧龙控股集团有限公司	13.70
	资本保值增值率(%)	120(标准值)		全员劳动生产率(元/人)	16 500(标准值)
1	章丘海尔电机有限公司	221	1	杭州富生电器有限公司	315 250
2	北京京仪敬业电工集团有限公司	177	2	上海日用－友捷汽车电气有限公司	310 288
3	浙江特种电机有限公司	162	3	卧龙控股集团有限公司	149 377
4	福安市闽东安波电器有限公司	139	4	江苏微特利电机制造有限公司	125 000
5	浙江荣泰科技企业有限公司	133	5	无锡市凯旋电机有限公司	115 320
	流动资产周转率(次)	1.50(标准植)		产品销售率(%)	96.00(标准值)
1	威海恒大电机(集团)有限公司	12.18	1	闽东电机集团股份有限公司	119.23
2	章丘海尔电机有限公司	7.60	2	北京京仪敬业电工集团有限公司	105.93
3	开平市三威微电机有限公司	5.04	3	上海金陵雷戈勃劳伊特电机有限公司	105.76
4	浙江京马电机有限公司	4.91	4	无锡小天鹅华印电器有限公司	105.29
5	肇庆市壹劲力电机有限公司	4.68	5	开平市三威微电机有限公司	104.48

产品分类及产销量 2007年分马力电机行业各主要产品的产销量稳步增长。其中，空调用电机、冰箱用电机，直流电机/交、直流电机的增幅较大；单、三相交流异步电机，洗衣机电机，泵用电机，吸油烟、换气扇、风扇电机的增幅较小。2007年分马力电机行业产品分类产销量见表4。

表4 2007年分马力电机行业产品分类产销量

产品名称	产量			销量		
	2007年（万台）	2006年（万台）	比上年增长（%）	2007年（万台）	2006年（万台）	比上年增长（%）
单、三相交流异步电机	1 345.56	978.11	37.57	1 330.05	975.85	36.30
空调用电机、冰箱用电机	4 884.46	3 140.52	55.53	4 850.96	3 104.18	56.27
吸油烟、换气扇、风扇电机	218.10	183.33	18.96	212.25	183.95	15.39
洗衣机（含脱水）电机	881.45	777.98	13.30	881.44	778.30	13.25
泵用电机	90.81	79.96	13.56	88.81	82.69	7.40
直流电机、交、直流电机	1 733.74	1 296.56	33.72	1 685.38	1 259.50	33.81
其他电机	520.87	496.79	4.85	492.35	273.42	80.07
合计	9 674.99	6 953.24	39.14	9 541.23	6 657.88	43.31

注：共34家企业，广东威灵电机制造有限公司不包含在内。

市场及销售 2007年我国国民经济继续快速稳健发展，由于市场需求增长较快，电机原材料价格波动大，铜材料的价格上涨较快，给企业的正常经营造成了一些困难，但电机市场仍然保持了较好的增长势头，特别是众多企业深化改革、持续创新、拓宽海外市场后取得了很好的效益。2007年分马力电机行业主要经济指标前10名企业见表5。2007年分马力电机行业出口额前10名企业见表6。2007年分马力电机行业主要产品出口情况见表7。

表5 2007年分马力电机行业主要经济指标前10名企业

排序	企业名称	工业总产值（万元）	企业名称	销售收入（万元）	企业名称	利润（万元）
1	广东威灵电机制造有限公司	543 097	广东威灵电机制造有限公司	540 784	卧龙控股集团有限公司	39 972
2	卧龙控股集团有限公司	371 035	卧龙控股集团有限公司	367 536	广东威灵电机制造有限公司	24 730
3	章丘海尔电机有限公司	168 584	章丘海尔电机有限公司	166 678	威海恒大电机（集团）有限公司	13 450
4	威海恒大电机（集团）有限公司	149 746	威海恒大电机（集团）有限公司	147 500	闽东电机集团股份有限公司	4 887
5	杭州富生电器有限公司	85 855	杭州富生电器有限公司	82 589	上海日用－友捷汽车电气有限公司	4 801
6	浙江京马电机有限公司	69 713	浙江京马电机有限公司	69 694	浙江京马电机有限公司	4 503
7	江苏微特利电机制造有限公司	56 500	江苏微特利电机制造有限公司	55 660	章丘海尔电机有限公司	4 069
8	福安市闽东安波电器有限公司	53 349	福安市闽东安波电器有限公司	50 802	江苏微特利电机制造有限公司	3 416
9	上海日用－友捷汽车电气有限公司	52 490	上海日用－友捷汽车电气有限公司	45 697	杭州富生电器有限公司	3 388
10	浙江特种电机有限公司	33 475	广东宝力电器	33 635	常州市永安电机有限公司	2 833

表6 2007年分马力电机行业出口额前10名企业

序号	企业名称	出口额（万美元）	比上年增长（%）	主要产品
1	广东威灵电机制造有限公司	18 662	74.89	单、三相交流异步电机，其他电机等
2	卧龙控股集团有限公司	6 465	32.13	单、三相交流异步电机
3	福安市闽东安波电器有限公司	6 000	13.42	单、三相交流异步电机，泵用电机，风扇电机等
4	浙江京马电机有限公司	3 762	21.30	单相交流异步电机
5	广东宝力电器	2 443	0.58	吸油烟、换气扇、风扇电机，其他电机
6	上海金陵雷戈勃劳伊特电机有限公司	1 612	11.79	单、三相交流异步电机
7	杭州富生电器有限公司	1 605	70.23	空调用电机、冰箱用电机
8	常州市永安电机有限公司	1 500	25.00	空调用电机
9	章丘海尔电机有限公司	1 250	31.58	空调用电机、洗衣机（含脱水）电机
10	天津市中环天虹微电机有限公司	614	1.13	单相交流异步电机、泵用电机、直流电机

表 7　2007 年分马力电机行业主要产品出口情况

产 品 名 称	出口量			出口金额		
	2007 年（台）	2006 年（台）	比上年增长（%）	2007 年（万美元）	2006 年（万美元）	比上年增长（%）
单相交流异步电机	6 287 792	3 594 434	74.93	7 367.53	4 443.70	65.8
三相交流异步电机	648 546	560 952	15.62	3 378.90	2 761.48	22.36
空调用电机、冰箱用电机	2 297 993	1 585 654	44.92	4 107.25	2 962.00	38.66
吸油烟、换气扇、风扇电机	1 308 933	1 360 197	-3.77	2 382.14	2 263.33	5.25
直流电机、泵用电机	1 277 675	730 607	74.88	1 822.25	1 359.28	34.06
其他电机	1 325 208	1 353 428	-2.09	2 431.41	2 048.36	18.7
合　计	13 146 147	9 185 272	43.12	21 489.48	15 838.15	35.68

注:共 26 家企业,卧龙控股集团有限公司、广东威灵电机制造有限公司不包含在内。

常州亚美柯马电机有限公司 2007 年出口与国内市场销售各占 50%,主要出口到中东、美国等,国外需求量有所上升,除中东外,美国、韩国客户增加;国内需求量较大,但竞争也很大,主要是价格方面,材料价格上涨而电机价格不涨;其次,价低电机也较多,资金回笼有一定的困难。

电机原材料价格上涨转快,加上人力成本增加,给佛山市南海九洲普惠风机有限公司的电机生产带来了一些困难,特别是电机铸件的供不应求,导致 2007 年机壳、端盖的供应成为公司快速发展的瓶颈。虽然市场需求增长较快,但受原材料价格的影响,公司很多订单不能按时出货,部分订单流失。即便这样,2007 年公司的业务较上年还是增长 35%。

福安市闽东安波电器有限公司通过产品不断更新,出口市场大部分转向欧美、大洋洲,市场需求强烈,供不应求。

广东宝力电器有限公司 2007 年的产品 100% 出口,以欧美市场为主要目标。

广东肇庆电机有限公司 2007 年生产了 4 万多台异步电动机,以配套客户的食品机械为主。部分产品主要出口到美国、日本和欧盟国家。由于企业看好国外市场,生产的七大系列 200 多个规格的产品,全部取得 3C、CQC、CE 认证证书,近期在进行 Y2 系列电机和双值电容电机 3 ~ 5.5kW 的认证工作。2008 年企业扩大生产电机的品种和规格,在已有七大系列的基础上再增加两个系列,产品向新、特、优、异发展,并进一步开拓国内外市场。

杭州富生电器有限公司 2007 年共生产各类电机 1 100 万台,实现工业总产值 8.58 亿元,销售收入 7.9 亿元,创利税 5 500 万元,自营出口 1 600 万美元,在上年的基础上实现了翻番。过去的一年,公司重点对现有的客户群进行梳理,发展了优良客户,不断拓展海外市场,出口创汇明显增长,加强了与世界 500 强企业的合作,扩展了欧美等高端市场。

2007 年,国内电机有很大的起动空间,升温较快,起重行业、锻压行业、建筑行业出现求大于供的局面,为此,湖南跃进机电有限责任公司实施了有效的销售方案,取得了一定成绩。变压器油泵行业因国内电网改造已近尾声,市场份额减少。为弥补国内的损失,企业加大对外销售方案的实施力度,加强国外市场销售,取得了一定成绩,油泵和电机均有较大幅度增长,市场前景较大。

江门市东申大电机有限公司 2007 年因原材料涨价影响及劳动力成本上升,产品销售出现明显下滑。

江苏超力电器有限公司长期为一汽大众、一汽海南马自达、南京依维柯、上海德尔福、石家庄双环、南京菲亚特、郑州宇通、厦门金龙、重庆长安、扬州亚星、江苏悦达、金杯海狮、柳州五菱等主机厂进行一、二次配套。销售情况:2007 年销售 196 万台,实现销售额 19 344 万元。

江苏微特利电机制造有限公司,2007 年采用以灵活的市场价格为导向的销售策略,积极迎合市场。国内市场主要为格力、LG、奥克斯、凯泉、太隆等知名公司配套,并被认定为主要供应商;2007 年国外市场的定单是上年的两倍。

开平市三威微电机有限公司的销售额从 2006 年的 6 000多万元上涨到 2007 年的 8 000 多万元,出口额达 60 万美元。

梅州嘉和电器有限公司 2007 年生产的交直流电机共 7 622 922台,销售收入 14 808 万元。

闽东电机(集团)股份有限公司 2007 年实现工业销售产值 9 386 万元,比上年增加 700 多万元,异步电动机销量比上年有所增加,分马力电动机小量略有下降,其他产品的销量总体与上年持平。

南京南微电机有限公司 2007 年电机产品的销售额近 15 万元,市场趋好。公司正在采取措施,扩大生产能力,满足市场需求。

上海金陵雷戈勃劳伊特电机有限公司 2007 年的销售额比上年增长 10% 左右,其中国内销售额增长 15% 以上,全年完成销售额 2.3 亿元,其中国内销售 1 亿元。公司销售的产品主要是 IEC 标准电机,机座号从 56 一直到 90,功率从几十瓦到 2 000 多瓦,客户主要分布在机床、泵业滚压系统、风机等行业,销售遍及全国各地。在近 1.3 亿元的出口额中,90% 来自北美,涉及食品机械、工业商用电机和农用电机、风机等。总体来说,2007 年虽然销售有相当的增长,但大部分产品的成本由于原材料价格和汇率的上升而大幅度提高,销售面临困境。

天津市中环天虹微电机有限公司继续加大市场开发投入,2007 年成为获取新客户最多的一年。企业由外向型向内外结合型转变,合同履约率 100%,顾客满意度 100%。

天洋电机制造有限公司的产品销往珠三角及周边省市,销售状况良好。

威海恒大电机(集团)有限公司完善销售政策,实施了“先款后货”的销售方式;扩大了销售网络,提高了产品的市场占有率，新增销售网点6个，新增客户136家，增加销售收入1.8亿元。

卧龙控股集团有限公司历来重视市场开拓与产品销售，主导产品市场占有率逐年上升。空调电机年销售量达到了820万台，市场占有率为30%左右，在空调行业拥有一大批信誉良好、在国内国际上很有影响力的优质客户企业。串激电机、伺服电动机的销量也有大幅增长，与国际著名公司建立了长期稳固的配套关系，年销售额已突破4亿元。

无锡市凯旋电机有限公司于1983年研制成功了我国第一台HDZ断路器专用电动操作机构，之后不断推陈出新，不论在质量还是市场占有率上以及技术含量上都一直处于国内领先地位，并获得多项专利，产品市场份额不断扩大。公司拥有自营进出口权，产品销往意大利、东南亚等国家和地区。

无锡小天鹅华印电器有限公司销售量较2006年有一定增长，但受材料价格大幅波动的影响，产品利润普遍不高，部分产品甚至出现亏损现象，给2007年公司的效益造成直接影响。

肇庆市电机有限公司2007年由于开发和增加了铝外壳电机的品种，市场反应较好，下半年销售形势明显好于上半年，出口额增长也较快。但自12月开始，出口增速明显下滑。

浙江京马电机有限公司2007年产品销售680万台（不包括分公司），其中国内销售336万台，出口344万台。国内市场主要为日立、夏普、惠而浦、松下、LG、富士通、三星等中外合资企业配套，主要出口到韩国、泰国、印度、马来西亚、日本、美国、墨西哥等国家和中国香港。

浙江荣泰科技企业有限公司的销量与销售额全国最大（浸渍绝缘漆行业），拥有较高的市场占有率和一批优秀的名牌电机客户。2007年出口销售绝缘漆100t，实现外汇收入30万美元。

中山市电机电器有限公司2007年受原材料上涨、人工成本增加、人民币升值等多重因素的影响，原计划出口美国60多万台电机，缩减到35万台，缩减43%。

科技成果及新产品　宝应电器厂开发了M系列密封扳动开关、钮子开关、按钮开关、BW—R热保护器、1411继电器等新产品。

常州亚美柯马电机有限公司开发了38ZYT—4H8C（R/L）汽车电动玻璃升降电机、YDK140系列交流电动机，并获得了江苏省高新技术企业认定证书。

佛山市南海九洲普惠风机有限公司开发了Y△W外转子系列0.12~7.5kW电机。

福安市闽东安波电器有限公司的切割电机甩水盘2007年获国家专利，eff 1电机研究已进入试生产阶段。

广东肇庆电机有限公司生产的新产品中，单相电容运转异步电动机YY571—6 60W 100V 50/60Hz出口日本；双值电容单相异步电动机YL9050－4—ZH 550W115V 60Hz配食品机械出口美国；双值电容单相异步电动机YL9051—4—ZH 900W115V 60Hz配食品机械出口美国；单相电容运转异步电动机YL905－4—P 550W110V 60Hz配食品机械出口美国；三相变极多速异步电动机YD100L3—8/4—P 1.1/2.2kW220V 60Hz配食品机械出口美国；三相多速异步电动机YD90L—4/2—JB 1.2/1.3kW220V 60Hz配冰淇淋机出口美国；三相多速异步电动机YD90L—4/2—JB 1.2/1.3kW400V 50Hz配冰淇淋机出口欧盟国家。以上电机的特点是噪声低、效率高、振动小、温升低。

杭州富生电器有限公司完成了“网络化制造检测设计技术在微特电机行业中的应用”及“中小型感应电机转子自动加工装备的研制”等两个项目，开发了WS系列小槽口超高效电机并形成了产业化，完成了家用气泵电机的开发。

江苏超力电器有限公司进行了汽车自动空调控制器的研发及国产化。该产品根据各传感器的输入和操作者的设定值自动控制鼓风机的转速，调节冷热风比例及出风模式等，以达到最佳的舒适度，其关键技术为软件的标定。

江苏微特利电机制造有限公司研发的高效电机顺利通过了鉴定，部分专利项目进行了注册，为各空调器企业配套的新品电机平均每星期一个品种，受到客户的好评。

开平市三威微电机有限公司，将圆形定子冲片改为方圆形定子冲片，现已进行批量生产。

梅州嘉和电器有限公司开发了HY系列直流电动机。

闽东电机（集团）股份有限公司2007年研发成功XYT280—16低速超高效稀土永磁三相同步电动机、三相高效异步电动机等多项新产品，部分新产品已投入小批量生产。

南京南微电机有限公司出口日本的YYJG—40电机和YSJG—250电机，以及出口德国的YYJB45系列电机已经形成生产规模，2007年出口近5000台。

上海金陵雷戈勃劳伊特电机有限公司主要新产品有：YY90系列燃油泵电机、YYP6324系列医用设备电机和YCY、YSN、YCYN系列汽车保养电机。

天津市中环天虹微电机有限公司进一步加快技术改造步伐，产品结构优化升级，新品开发投入61.4万元，研发新产品24个，主要有直流无刷电机及滚筒、喷射泵、真空泵、风扇新品电机。全年实施品牌战略，技术含量比重上升。军工产品取得突飞猛进的发展，研制了力矩、陀螺、导引、旋变四大类多种规格军品并提供了样机。这些都成为公司经济的新增长点。

威海恒大电机（集团）有限公司开发了6个规格的ZC90铡草机专用单相异步电机、23个规格的Y2400大功率三相异步电机，承接了474个规格的单、三相电机的特殊定货，成功开发了铝绕组电动机，并获CCC强制性认证。

卧龙控股集团有限公司申报各类专利60余项，申报国家级新产品1项、国家级科技攻关项目3项，省级高新技术产品4项、省级高技术产业化项目2项，完成6家省级高新技术企业认定、11种新产品的鉴定。

无锡市凯旋电机有限公司开发了T4T5电动操作机构、OMEM系列电动机和New—VD4系列电机。

无锡小天鹅华印电器有限公司开发的新产品中，向南美阿根廷提供洗衣机电机3种，向巴西伊莱克斯洗衣机提供电机2种，向美国HBL公司提供6种，出口洗衣机电机8种。

肇庆市电机有限公司开发了铸铁壳和合金铝外壳刹车电机，功率0.18～3kW。

浙江京马电机有限公司完成新产品26项，其中列入国家级产品2项，省、市级12项，现已批量生产16项。

浙江荣泰科技企业有限公司开发了R—610超高温耐辐射新型绝缘树脂、R—1147真空压力浸渍（VPI）树脂和低分解耐高温有机硅胶粘剂、低挥发无卤阻燃环保型浸渍树脂等新产品。

浙江特种电机有限公司开发了新产品SEYGT180—250油浸式注塑机专用三相异步电动机，X6000、X6300风力发电机，STY132—4三相永磁同步伺服电动机。

中山市电机电器有限公司新开发了压力泵电动机，预计年产量70万台；新开发了立式水泵电动机，预计年产量30万台。

质量及标准 宝应电器厂通过ISO 9001、TS 16949质量体系认证，热保护器和温控器获得UL、CQC、VDE、CUL等国际和国内产品认证。

常州亚美柯马电机有限公司获得了ISO 9001：2000质量管理体系认证证书；ISO/TS 16949：2002—SEWND EDITION质量体系认证证书；3C中国国家强制性产品认证证书，编号2002010401018838；UL认证证书：E210761、E169334。

湖南跃进机电有限责任公司产品符合GB/T 19001—2000和JB/T 3222—2007标准，通过了3C认证。

江苏超力电器有限公司已通过SGS认证公司ISO/TS 16949质量体系认证。

江苏微特利电机制造有限公司在同行业中率先通过了ISO9001质量管理体系认证，近几年又建立了RoHS管理体系及测量管理体系。公司生产的单相异步电动机为多家空调器厂配套，而各空调器厂的技术要求均有差异，为此，公司结合国家标准及各空调器厂的要求，形成了企业标准。

开平市三威微电机有限公司2007年10月通过了中国质量协会的ISO 9001：2000标准认证以及“3C”工厂审查，完成了3C换证工作。

闽东电机（集团）股份有限公司2007年通过了中国质量认证中心ISO 9000：2000标准认证。制修订了《XYT系列稀土永磁三相同步电动机》、《TFW小型无刷三相同步发电机》、《MG系列汽油发电机组》等5项企业产品标准，并通过了福建省质量技术监督局审查备案。

南京南微电机有限公司的产品均执行BT/T国家标准和Q/NWF企业标准，通过了3C认证。

上海金陵雷戈勃劳伊特电机有限公司2007年编制了2个产品的企业标准，修订了10个产品的企业标准。

天津市中环天虹微电机有限公司14种材料通过了RoHS检查，完成了出口美国的电机CUL认证，通过了3C认证、ISO 9001：2000质量体系认证的监督审核检查。更改质量管理体系文件6处，组织2次内审，下发不符合项16个，观察项59个，整改完成率100%。出口商检67次，一次合格率100%；用户进厂检查46次，一次合格率93.5%；质量反馈处理率100%。完成了产品执行标准登记，产品标准通过了天津市质量技术监督局的审验，起草完成了2项军用电机产品标准，修订完善了部分管理标准。

佛山南海天洋电机制造有限公司产品通过3C认证及CE认证，按GB 12530—2000标准生产。

威海恒大电机（集团）有限公司YC、YC2、YL、Y、YS 5个系列的小功率单、三相异步电动机均通过“CCC”认证，Y系列三相异步电动机通过2007年国家产品质量监督抽查。

卧龙控股集团有限公司通过了ISO 9000质量体系认证和ISO 14000环境体系认证，在产品生产中执行欧盟RoHS标准。公司小功率电机为国家免检产品，获“中国名牌产品”称号。

无锡市凯旋电机有限公司通过了3C电工产品认证、计量合格认证和ISO 9001：2000质量体系认证，获得了向欧盟市场推荐产品的资格证书。

无锡小天鹅华印电器有限公司通过了3C认证、ISO 9000和ISO 14000体系认证。

浙江京马电机有限公司生产的“京马”牌小功率电机经国家质量技术监督总局和省市质量技术监督局的抽查，合格率均为100%。合格产品均采用IEC和国家行业标准组织生产，2007年共参与标准修订工作3项。

中山市电机电器有限公司的水泵（铝漆包线）电机共1系列4款电机申请了3C认证，4款电机申请了UL认证，5款电机申请了GS认证。

基本建设及技术改造 常州永安电机有限公司9条生产线投入使用，投入2000万元实现自动完成生产线、机械加工生产线的改造和高新技术产品的开发。

佛山市南海九洲普惠风机有限公司投入20万元用于电机装配流水线，投入50万元用于电机性能测试系统，投入800万元用于电机铝机壳、端盖和压缩设备。

福安市闽东安波电器有限公司投入83万元对设备进行技术改造，用于开发切割电机甩水盘和eff 1电机。

广东宝力电器有限公司2007年投入基建的资金达1 000多万元，将完成2 000多m^2的新厂房建筑。

杭州富生电器有限公司2007年投资7500万元完成年产200万台氟制冷压缩机电机生产线项目，引进高速冲床、全自动绕嵌线生产线、压缩机电机定子退火炉和自主研发的转子自动加工生产线6条，使高效电机的产能大幅上升。

江苏超力电器有限公司投资650万元，用于丹阳散热器有限公司工作厂房建设和海南超力的厂房建设及生产线安装。

江苏微特利电机制造有限公司根据市场发展的需求，共投资3 000万元，改建了三相异步电动机大中小型电机生产线，扩建了加工厂房、总装厂房及库房，增添了三相异步电动机定子自动嵌线生产线及空调电机定子自动嵌线生产线，保证了公司的发展需求。

梅州嘉和电器有限公司投入5 650万元组建了HY系

列直流电机生产车间，于2007年5月底完成并投产，至2007年12月底HY系列电机产值9 625万元。

闽东电机(集团)股份有限公司为提高电机质量和产品产量，扩建和修缮了电动机生产场所，添置了检测设备，更新了电脑设备，总投资约150万元。

南京南微电机有限公司的六合经济开发区新厂区在2005年底已经完成基础建设工程，并全部投入使用。

天津市中环天虹微电机有限公司2007年投入资金125.6万元，购置了机加工设备8台，办公、检测设备5台；全年对生产车间、仓库、停车场和车棚等进行改造，投入资金45.6万元。

威海恒大电机(集团)有限公司投资1 500万元用于占地22 000m^{2}的工业园四期工程，新上2条电机装配线，预计可新增生产能力120万kW，投资600万元改造了各类生产设备28台(套)。

卧龙控股集团有限公司的机电工程项目完成投资16 091万元，部分投产。

无锡市凯旋电机有限公司2007年建立了无锡市惠山区机电工程技术中心，并获得惠山区的验收及配套资金。

浙江京马电机有限公司2007年累计投入资金1 860万元，改造厂房2 850m^2，实施高效节能旋四式型电机项目引进设备8台(套)，该项目被列入浙江省重点新产品技术改造项目，2007年产量82万台，新增销售收入8 250万元，创利税1 645万元，取得了较好的经济效益和社会效益。

浙江荣泰科技企业有限公司与中科院嘉兴研究中心广化所联合开展了水性绝缘漆的研制，与中科院嘉兴中心合作了超大集成电路用液晶环氧封装材料项目。

浙江特种电机有限公司新建厂房100 000m^2，购建新设备800万元。

中山市电机电器有限公司投资20多万元，成功改造了铝漆包线电机的生产工艺，可年产空压机、水泵电机10万台左右。

企业结构调整 佛山市南海九洲普惠风机有限公司成立了压铸部，解决了铸件采购难的问题，提高了质量，降低了成本；电机生产车间升级为独立的电机部，由单一生产电机成为电机开发生产一体化的部门，保持了电机发展的后劲。

江门市东申大电机有限公司为降低运输成本，2007年将部分产品转移到江苏常州灵得电机有限公司生产。

江苏超力电器有限公司已初步形成集团公司的格局，现有江苏超力电器有限公司、江苏超力散热器有限公司、海南超力公司、上海超力诚隆公司和安庆超力公司。

2008年的主题——节能和环保

展望2008年，小功率电机行业仍面临着原材料价格上升、人民币升值、劳动力价格上涨、节能和环保要求等问题，但整个行业还将处于稳步发展的态势。2008年市场和技术层面主要集中在环保和节能。国家从2008年6月开始实施的电器产品能源效率和标识制度，家用电器制造商将对电动机效率提出更高的要求。出口方面，与用能产品生态设计指令配套的实施措施将在欧洲陆续出台，电机产品的生态设计已经是紧迫的任务。节能和环保要求不仅对产品开发起到导向作用，也将是企业市场竞争的有力手段。

〔撰稿人：中国电器科学研究院吴展　审稿人：中国电器科学研究院周修源〕

微　电　机

生产发展情况 随着工业进步和科学技术的发展，人类社会已进入信息化和智能化时代。人们对生活便利的追求，对工农业生产装备的自动化、智能化和现代化的需求进一步促进了微电机技术的快速进步，微电机朝着小型轻量化、高效率化、大转矩、低振动、低噪声、高可靠性、低价格和长寿命等方向发展。我国微电机行业已经发展成为拥有一定的现代化技术装备、规模化生产、关键零部件、关键材料、专用制造设备、测试设备配套完整及门类比较齐全的产业体系。

2007年，我国微电机及其他电机制造行业的从业人员达到20多万人，工业总产值达到674.64亿元，比上年增长30.04%；工业销售产值达到651.3亿元，比上年增长28.23%；出口交货值达到248.06亿元，比上年增长13.97%；全年经济效益综合指数达到156.88%。

根据对微电机行业27家企业的统计，2007年工业总产值达到1 243 650万元，比上年增长28%；产品销售收入达到1 230 002万元，比上年增长28%；实现利润82 946万元，比上年增长34%；出口交货值达到263 980万元，比上年增长35%。2007年微电机行业经济效益综合指数前10名企业见表1。2007年微电机行业工业总产值前10名企业见表2。

表1　2007年微电机行业经济效益综合指数前10名企业

序号	企业名称	经济效益综合指数	总资产贡献率(%)	资产保值增值率(%)	产品销售率(%)
1	宁波中大力德传动设备有限公司	2.44	36.43	96.75	99.56
2	兰州航空机电有限责任公司	2.40	11.52	105.12	99.67
3	无锡市剑清微电机有限责任公司	2.39	31.00	119.95	100.00

（续）

序号	企业名称	经济效益综合指数	总资产贡献率（%）	资产保值增值率（%）	产品销售率（%）
4	北京和利时电机技术有限公司	2.28	20.18	110.42	100.00
5	卧龙控股集团有限公司	2.22	15.51	119.23	99.06
6	横店集团联宜电机有限公司	1.95	21.86	129.84	96.19
7	梅州嘉和电器有限公司	1.80	26.17	133.19	98.96
8	拓邦电子科技股份有限公司	1.79	10.36	329.21	100.00
9	浙江尤奈特电机有限公司	1.76	17.60	104.20	99.76
10	东阳市横店东磁电机有限公司	1.68	24.17	130.54	97.62

表2　2007年微电机行业工业总产值前10名企业

序号	企业名称	工业总产值（万元）	比上年增长（%）
1	威灵电机制造有限公司	543 097	38
2	卧龙控股集团有限公司	371 035	28
3	河北电机股份有限公司	57 604	
4	拓邦电子科技股份有限公司	46 759	10
5	横店集团联宜电机有限公司	34 468	9
6	山东山博集团有限公司	22 677	29
7	江苏超力电器有限公司	22 340	32
8	上海金陵雷戈勃劳伊特电机有限公司	20 167	21
9	东阳市横店东磁电机有限公司	16 697	16
10	兰州航空机电有限责任公司	15 803	

市场及销售　微电机作为工业装备业的重要基础产品，具有较广的市场领域，遍及信息处理、音响设备、汽车电器、国防、航空航天、工农业生产和日常生活等各个方面。随着生产现代化程度的不断提高，家用电器、汽车消费的不断增长，以及技术进步和产品的快速更新换代，市场对微电机的需求也越来越大。

我国微电机企业主要集中在包含广州、深圳、珠海、中国香港在内的大珠江三角、江浙沪长三角和京津渤海三角等微电机产业带，以及福建、山东、四川等热点地区。珠三角地区的微电机企业以规模生产信息网络和视听领域、家电领域、工业领域用各类微电机为主，品种多为主轴无刷电动机、无刷直流电动机、单相异步电动机、塑封电动机和有刷直流电动机等，产品总产量占全球同类产品的10%，是我国主要的微电机生产和出口基地。长三角是我国生产微电机、配套零部件和电机用永磁材料企业最集中的地区，产业化配套能力逐渐趋于成熟。民营企业正逐渐成长为中国微特电机民族工业的主导和支柱。随着国际微电机市场向国内的转移，外资企业仍是中国微特电机行业的主体。万宝至马达株式会社是全球最大的微型电机生产企业，年生产能力达20亿台。中国台湾地区的微特电机行业也有长足的发展，产品已从有刷电动机发展到无刷主轴电动机、精密步进电动机和精密伺服电动机等，其生产微特电机的制造设备和测试仪器也具有较高水平。

微电机行业企业多且大多数为中小企业，产量大，产品质量参差不齐，加之劳动法的出台、原材料价格的上涨，国家出口退税制度的改革，产品成本的提高，导致行业利润微薄，加之世界其他国家对我国机电行业设置技术壁垒，已形成企业相互抢占市场、压价竞争的局面，这成为影响电机企业生存和发展的主要原因。因此，我国微电机行业亟需重新整合、优胜劣汰，坚持企业自主创新，推进产品结构调整，加快经济增长方式的转变，这已成为微电机行业的发展趋势。

近年来，微电机国际市场的需求量很大，处于增长阶段。根据海关总署的资料，2007年微分电机进口1 987万台，比上年增长8.96%；进口额8.64亿美元，比上年增长16.27%。出口17 723万台，比上年增长25.46%；出口金额22.4亿美元，比上年增长41.99%。而随着微电机国外市场的进一步拓宽，微电机在出口数量、品种、产品档次和创汇额上都将有所突破。未来几年如何融入国际市场，争取更多的市场份额，也是今后一个时期我国微电机行业努力的方向。2007年微电机行业销售额前5名企业见表3。2007年微电机行业出口交货值前5名企业见表4。

表3 2007年微电机行业销售额前5名企业

序号	企业名称	销售额（万元）	比上年增长（%）
1	威灵电机制造有限公司	540 784	39
2	卧龙控股集团有限公司	367 536	29
3	河北电机股份有限公司	58 103	—
4	拓邦电子科技股份有限公司	46 759	10
5	横店集团联宜电机有限公司	33 155	8

表4 2007年微电机行业出口交货值前5名企业

序号	企业名称	出口交货值（万元）	比上年增长（%）
1	威灵电机制造有限公司	140 086	47
2	卧龙控股集团有限公司	49 190	26
3	河北电机股份有限公司	21 414	14
4	上海金陵雷戈勃劳伊特电机有限公司	11 127	-1
5	德赛理捷微电机有限公司	10 880	24

德昌电机集团是一家总部位于中国香港的大型跨国集团公司，在微电机和驱动子系统的设计及制造等领域居全球领先地位。产品广泛应用于汽车配件、家用电器、个人护理产品、多媒体及视听产品、电动工具和商业器材等消费产品及工商业产品中。目前，德昌电机集团在中国、意大利、西班牙、美国等地设有制造工厂，在中国、日本、新加坡等地设有研发、销售、市场推广和技术支援中心，在世界各地拥有4万多名员工。德昌电机集团每日生产电机及传动器300万台，年生产能力超过10亿台，其中汽车类微电机占50%，工商用各类微电机占35%。

深圳甲艾马达有限公司是视听领域的专业微电机生产企业，主要生产光盘用主轴无刷电机，月生产能力达上千万只。2007年产值约3亿元，产品主要为三星、索尼等国外著名公司配套。

顺德金泰德胜电机有限公司主要生产电动机及运动控制系统，产品涵盖了电梯电机、特种电机、电瓶动力车辆电机、小交流电机和通用电机5大系列产品。其中公司与美国ADC公司联合生产的高尔夫直流电机占据北美电机市场70%的份额，同时在国内市场也居前列。

广东威灵电机制造有限公司是美的集团下属的空调电动机事业部，开发生产空调电动机和其他家用电器电动机产品，产销量一直以年均70%的速度增长，各项产品的国内市场综合占有率超过30%，年综合产能微电机类产品9 800万台，工业电动机720万kW。2007年，公司产值达到30多亿元，其中塑封电动机产值约28亿元，洗涤类电动机4.5亿元，罩极电动机800万元。

广州数控设备有限公司是生产数控系统、伺服驱动装置、主轴驱动装置、永磁伺服电动机和主轴伺服电动机的数控企业，产品配套国内50多家主流机床企业，并出口到东南亚和南美洲。数控系统产销量占国内同类产品的50%以上，2007年销售额达6亿元以上，并以50%的年增长率快速发展，成为初具实力和规模的数控产业基地。

湖南科力电机股份有限公司是国内生产家用电器配套用微电机和IT行业配套用微电机规模最大的企业之一。公司占地面积近20万m^2，现有员工1 300多人，2007年生产各类电动机3 000万台，实现产值3亿元以上，出口1 000万美元。

中山大洋电机股份有限公司是微特电机制造及出口企业，其中空调配套风机负载类电动机的产销量位居国内同行业前列，与LG、三星、伊莱克斯等国际跨国公司的合作日趋增多。2007年生产微特电机2 600万台，其中40%的产品出口，实现工业总产值20亿元。

哈尔滨泰富实业有限公司主要生产直线电动机及其集成驱动产品的企业，已形成系列化生产，共有十余种规格型号产品行销市场，出口创汇额近千万美元。其中直线电动机产量占公司总产量的80%。现有产品主要以内销为主，替代进口，相关领域的国内市场占有率约50%。

章丘海尔电机有限公司是海尔集团惟一的电机制造公司，主要生产洗衣机、空调、压缩机用电动机。公司依托海尔集团的品牌优势、市场推动和资金支撑，投入1亿余元从中国台湾、日本、意大利、韩国引进先进的电机制造设备及生产线100余台套，形成了高速冲片、定子嵌线、转子加工、电机安装、质量检验测试等整套完整的生产、检测流程。2007年，公司生产电机2 000万台，实现销售收入16.6亿元。章丘海尔电机有限公司以技术领先创造市场，以工艺领先提升质量，以精细化管理降低成本，企业综合实力和竞争能力明显提升。

科技成果及新产品 微电机行业坚持企业自主创新，加快转变经济发展的方式，推动产业结构优化升级，整体自主创新能力显著提高。2007年微电机行业新产品开发经费支出前5名企业见表5。2007年微电机行业新产品产值前5名企业见表6。

表5 2007年微电机行业新产品开发经费支出前5名企业

序号	企业名称	新产品开发经费支出（万元）	比上年增长（%）
1	卧龙控股集团有限公司	11 850	29
2	威灵电机制造有限公司	6 124	371

（续）

序号	企业名称	新产品开发经费支出（万元）	比上年增长（%）
3	横店集团联宜电机有限公司	1 636	27
4	拓邦电子科技股份有限公司	1 214	-13
5	河北电机股份有限公司	1 150	9

表6　2007年微电机行业新产品产值前5名企业

序号	企业名称	新产品产值（万元）	比上年增长（%）
1	卧龙控股集团有限公司	137 111	24
2	拓邦电子科技股份有限公司	39 745	10
3	威灵电机制造有限公司	25 740	55
4	横店集团联宜电机有限公司	20 595	9
5	山东山博电机集团有限公司	9 308	58

珠海运控电机有限公司研发的高速交流伺服电动机，采用进口的旋变作为速度及位置传感器，具有小型化、耐高低温、防尘、抗强冲击振动、抗强电磁干扰、精度高、稳定性好、可靠性高的特点，可广泛应用于有高速要求的主轴机构上。

江西喜泰电机有限公司研发的无槽无刷稀土永磁高效节能电机通过了由江西省科技厅组织的科技成果鉴定。产品采用具有自主知识产权的无槽化结构，高效节能，符合国家产业政策，可满足高效节能电动机终端用户的运行要求。经国家微电机质量监督检验中心检验，产品各项技术指标符合国家相关标准，技术性能达到国际同类产品先进水平。

西安微电机研究所成功研制15kW全数字交流伺服电动机及驱动系统。该产品连续堵转转矩大于115N·m，调速比达1∶10 000，综合了伺服电动机、角速度、角位传感器和电磁制动器的最新成就，与采用新型电力电子器件、专用集成电路和新的控制算法的驱动器相匹配组成新型高性能机电一体化产品。该产品在工业自动化等领域广泛应用，成为当今世界伺服驱动领域的主流。

和利时电机技术有限公司承担的全数字交流伺服系统开发项目通过北京市海淀区科委评审，获得政府资助资金和其他配套的优惠政策。该项目的技术指标将达到国际同类产品的领先水平，并实现规模化生产。

成都精密电机厂生产的永磁力矩电动机质量可靠、性能优越，通过了电机、整机的鉴定试验，并通过了军方主持的鉴定评审。我国电动机调速技术进展的取得，新型开关磁阻电动机调速系统的研制成功，使电动机有望进一步实现节能。新型电动机调速系统由开关磁阻电动机、微电机智能控制器组成，专家认为，产品在空气压缩机、塑料机械、风机、水泵、造纸机械等调速场合的应用效果良好，具备批量生产条件。

海顿直线电机有限公司推出一款配带连接器的直线步进电动机。在没有寿命和成本要求的情况下，这款电动机是精确定位和快速直线运动的最好选择。

质量及标准　微电机分会在行业内开展微电机行业"质量可信产品"推介工作，有3家企业的7项产品荣获中国电器工业办会颁发的获奖证书和奖牌。微电机分会将逐步开展"质量可信产品"品牌战略，培育更多的中国名牌产品，把质量好、服务好、信誉好的产品推荐给客户，建立健全现代市场经济的社会信用体系。微电机行业第一批质量可信产品见表7。

表7　微电机行业第一批质量可信产品

企业名称	产品名称	规格型号	证书编号
山东祥和集团股份有限公司博山微电机厂	永磁直流电动机	55ZYT、70ZYT、80ZYT、90ZYT、100ZYT、110ZYT、130ZYT、166ZYT、168ZYT	2007546
山东山博电机集团有限公司	永磁直流电动机	55ZYT、90ZYT、110ZYT、130ZYT	2007547
	永磁直流减速电动机	64ZYC、76ZYC、80ZYC、84ZYC	2007548
	微型直流伺服电动机	36SZ、45SZ、55SZ、70SZ、90SZ、110SZ、130SZ	2007549
	永磁直流伺服电动机	20SY、24SY、28SY、36SY、45SY	2007550
东阳市东政电机有限公司	微型交流减速异步电动机	60YN06、60YN10、70YN15、70YN20、80YN25、90YN40、90YN60、90YN90	2007551
	永磁直流电动机	45ZY68、60ZY75、60ZY105、60ZY125、71ZY110、83ZY125、63ZYT021WX	2007552

国家质量监督检验检疫总局对我国步进电动机产品质量进行了国家监督检查，共抽查了北京、上海、江苏、浙江、安徽、湖南、广东等7个省、直辖市40家企业生产的40种产品（不涉及出口产品），实物质量合格率为87.5%。抽查中发现的主要问题是电动机基本运行性能指标不合格，个别产品的空载运行频率、直流电阻达不到标准规定的要求。电动机基本运行性能指标不合格，将直接影响整机系统的响应能力，关系到驱动控制系统的整体性能。此外，个别产品电机的外形尺寸不合格。

全国微电机标准化技术委员会积极参与国际标准的制定工作，选派专家组参与国际标准《逆变器供电专用无刷永磁伺服电动机设计和性能导则》制定工作，并提出相关修改意见。

根据国家标准化管理委员会国标委计划下发的国家标准制修订项目计划，由全国微电机标准化技术委员会归口，2007年全国微电机标准化技术委员会负责组织修订了《控制微电机基本技术要求》等8项国家标准项目，在标委会年底召开的五届六次年会上通过了审查并完成了报批。这次修订得到许多企业的广泛重视和积极参与，西安微电机研究所、横店集团联宜电机公司、成都精密电机公司等一些较有实力的优势企业承担并参与相关国家标准的修订工作。2007 年全国微电机标委会修订的国家标准见表 8。

表 8　2007 年全国微电机标委会修订的国家标准

标准号	标 准 名 称	主要起草单位
GB/T 2900.26	电工术语 控制电机	西安微电机研究所、和利时电机技术有限公司、横店集团联宜电机有限公司、杰瑞微电机有限公司等
GB/T 7345	控制微电机基本技术要求	西安微电机研究所、和利时电机技术有限公司、横店集团联宜电机有限公司、杰瑞微电机有限公司等
GB/T 10401	永磁式直流力矩电动机通用技术条件	成都精密电机有限公司、西安微电机研究所、北微微电机厂等
GB/T 4997	永磁式低速直流测速发电机通用技术条件	成都精密电机有限公司、西安微电机研究所、北微微电机厂等
GB/T 13139	磁滞同步电动机通用技术条件	西安微电机研究所、南京华凯微电机有限公司、无锡德信微电机有限公司、剑清微电机有限公司等
GB/T 14817	永磁式直流伺服电动机通用技术条件	西安微电机研究所、山东山博电机集团有限公司、杰瑞微电机有限公司、横店集团联宜电机有限公司等
GB/T 14189	电磁式直流伺服电动机通用技术条件	西安微电机研究所、山东山博电机集团有限公司、杰瑞微电机有限公司、横店集团联宜电机有限公司等
GB/T 14818	线绕盘式直流伺服电动机通用技术条件	西安微电机研究所、湖北三环微特电机有限公司等

基本建设及技术改造　埃斯顿工业自动化有限公司凭借具有完全自主知识产权的全系列交流伺服系统研发和生产技术，获得国家 1 380 万元研发资金的无偿资助，投入巨资建立了具备国际一流水平的交流伺服系统的研发和测试平台，成为国家定点重点支持的交流伺服系统产业化、规模化的研发和生产基地。另外，为了进一步加大研发力度，形成大规模生产能力，适应公司交流伺服系列产品和市场快速发展的需要，一个投资 6 000 万元年产 10 万台套交流伺服系统的研发和生产基地已在建设中。

交流与合作　由中国电工技术学会微特电机专委会、陕西省电机工程学会微特电机专委会和西安微电机研究所共同主办的第二届西安周边地区电机前沿技术报告会，围绕永磁无刷电动机、风力发电技术及装备、航空航天用电机及其他新型电机及控制技术进行了为期一天的技术研讨。陕西省电机工程学会理事长吕云仑、山西省电工技术学会和西安地区有关高校和企业及中科院电工所的专家和教授参加了会议。会议内容切合当前电机行业热点和西安周边地区相关单位的具体情况，取得了较好的收效。

由中国电器工业协会微电机分会和西安微电机研究所主办的永磁无刷直流电动机技术培训于 2007 年 6 月在山东举办。随着电机行业的快速发展，企业对微特电机及相关实用型技术人才有了更高的要求，微电机分会在理事会的建议和要求下，于 2003 年开始举办微特电机技术专门人才培训班，内容涉及永磁直流电动机、无刷直流电动机、串激两用电动机、电机驱动与控制专用技术等。与会专家和技术人员利用分会搭建的平台，在微电机市场与技术领域方面进行了广泛的交流与合作。

由微电机分会和西安微电机研究所主办的 2007 企业名牌战略与微电机技术发展论坛于 2007 年 9 月在西安举办。主办方希望通过行业活动和技术交流，逐步培育我国微电机行业的名牌产品与明星企业，推动微电机高效节能和智能化技术的发展，提升企业的核心竞争力。微电机行业领导、知名学者、资深教授和企业高层管理者到会作专题和学术报告，60 余家会员单位和来自全国电机及相关行业的厂商、科研院校的 100 多位代表参加了会议。

〔撰稿人：西安微电机研究所郭巧彬　审稿人：西安微电机研究所滕正文、周建忠〕

防 爆 电 机

生产发展情况　2007 年，防爆电机行业各项经济技术指标均创下了历年以来的新高：防爆电机产量达到 1 409.4 万 kW，比上年增长 11.41%；产值达到 35.9 亿元，比上年增长 22.17%；销售 1 390.15 万 kW，比上年增长 32.79%。

2007 年，防爆电机产量超百万千瓦的企业有南阳防爆集团有限公司、佳木斯电机股份有限公司、江苏大中电机股份有限公司和抚顺煤矿电机厂 4 家，合计产量 814.19 万 kW，占行业的 57.76%。产量达到 300 万 kW 以上的企业，仅南阳防爆集团有限公司一家；佳木斯电机股份有限公司达到 200 万 kW 以上，江苏大中电机股份有限公司和抚顺煤矿电机厂均达到 100 万 kW 以上。产量在 50 万 ~90 万 kW 的有江苏锡安达防爆股份有限公司、无锡市南方防爆电机有限公司和宁夏西北骏马煤矿电机制造有限责任公司 3 家企业，合计产量 238.52 万 kW，占行业的 16.92%。其余厂家合计产量 356.69 万 kW，占行业的 25.31%。

2007 年防爆电机行业工业总产值前 15 名企业见表 1。2007 年防爆电机工业总产值前 15 名企业见表 2。2007 年防爆电机行业部分企业经济效益综合指数见表 3。

表1　2007年防爆电机行业工业总产值前15名企业

（单位:万元）

序号	企业名称	工业总产值（当年价）		工业增加值	产品销售收入	产品销售税金及附加
		本期完成	比上年增长（%）			
1	佳木斯电机股份有限公司	177 377	37.60	42 570	136 389	554
2	南阳防爆集团有限公司	139 461	25.66	37 804	150 453	703
3	江苏大中电机股份有限公司	107 238	58.45	17 820	105 136	48
4	安徽皖南电机股份有限公司	72 325	12.68	22 216	72 058	120
5	衡水电机股份有限公司	66 802	15.88	13 724	66 256	95
6	抚顺煤矿电机厂	45 743	12.93	25 345	36 822	88
7	淮安威灵清江电机制造有限公司	34 129	15.63	10 239	31 182	1 241
8	宁夏西北骏马煤矿电机制造有限责任公司	28 232	10.09	9 262	25 861	171
9	江苏锡安达防爆股份有限公司	28 178	8.08	4 100	26 500	110
10	广东东莞电机有限公司	24 358	32.38	3 116	24 701	63
11	山西防爆电机（集团）有限公司	22 637	17.51	5 082	19 623	61
12	无锡市南方防爆电机有限公司	13 807	29.87	1 850	12 861	43
13	德州恒力电机有限责任公司	13 701	24.44	1 035	15 603	67
14	浙江浦东电机有限公司	12 383	20.90	2 430	12 284	55
15	浙江防爆电机有限公司	9 593	22.22	1 298	8 964	15

序号	企业名称	年末资产总额	流动资产年平均余额	期末负债总额	期末所有者权益
1	佳木斯电机股份有限公司	118 055	82 754	93 764	24 291
2	南阳防爆集团有限公司	105 972	67 740	65 885	40 087
3	江苏大中电机股份有限公司	42 631	20 747	27 831	14 801
4	安徽皖南电机股份有限公司	26 243	15 662	15 797	12 416
5	衡水电机股份有限公司	45 658	23 287	24 432	21 226
6	抚顺煤矿电机厂	71 726	54 318	32 606	39 121
7	淮安威灵清江电机制造有限公司	51 932	29 576	50 711	1 221
8	宁夏西北骏马煤矿电机制造有限责任公司	39 840	25 613	15 536	24 304
9	江苏锡安达防爆股份有限公司	19 420	11 934	11 720	7 700
10	广东东莞电机有限公司	18 715	12 752	9 231	9 484
11	山西防爆电机（集团）有限公司	50 167	29 218	36 659	13 508
12	无锡市南方防爆电机有限公司	7 983	5 847	4 864	3 119
13	德州恒力电机有限责任公司	11 057	7 456	9 215	1 843
14	浙江浦东电机有限公司	23 257	21 116	17 089	6 168
15	浙江防爆电机有限公司	10 736	4 877	9 430	1 306

注：表中部分企业统计数值含有非防爆电机产品数值。

表2　2007年防爆电机工业总产值前15名企业

（单位:万元）

序号	企业名称	全年防爆电机工业总产值（当年价）		
		2007年	2006年	比上年增长（%）
1	南阳防爆集团有限公司	90 782	75 299	20.56
2	佳木斯电机股份有限公司	74 390	58 850	26.41
3	抚顺煤矿电机厂	45 743	40 505	12.93
4	宁夏西北骏马煤矿电机制造有限责任公司	28 232	25 645	10.09
5	江苏锡安达防爆股份有限公司	26 000	25 960	0.15
6	江苏大中电机股份有限公司	25 863	20 380	26.90
7	无锡市南方防爆电机有限公司	12 365	9 151	35.12
8	山西防爆电机（集团）有限公司	8 407	10 496	-19.90
9	山东山防防爆电机有限公司	4 200	3 500	20.00
10	无锡锡山安达防爆电气设备有限公司	4 108	3 071	33.77
11	上海亨得防爆电机有限公司	4 064	2 652	53.24
12	沈阳实力电机有限责任公司	4 060	—	—
13	河南安阳华安煤矿电机有限责任公司	3 806	3 410	11.61
14	分宜煤矿电机厂	3 692	4 549	-18.84
15	无锡瑞佳电机有限公司	3 467	2 588	33.94

表3　2007年防爆电机行业部分企业经济效益综合指数

序号	企业名称	总资产贡献率（%）	资本保值增值率（%）	资产负债率（%）	流动资产周转率（次）	成本费用利润率（%）	全员劳动生产率（元/人）	产品销售率（%）	经济效益综合指数
1	南阳防爆集团有限公司	14.74	132.07	62.17	2.22	6.79	141 112	98.47	2.04
2	佳木斯电机股份有限公司	21.33	222.02	79.42	1.65	11.13	147 454	92.38	2.42
3	江苏大中电机股份有限公司	24.53	146.63	65.28	5.07	6.55	122 055	99.02	2.40
4	安徽皖南电机股份有限公司	16.47	122.30	60.20	4.60	2.88	200 687	100.32	2.51
5	衡水电机股份有限公司	16.10	—	53.51	2.85	5.07	92 355	99.18	1.59
6	抚顺煤矿电机厂	15.46	237.50	45.46	0.68	23.81	231 673	84.19	3.21
7	淮安威灵清江电机制造有限公司	7.78	21.21	97.65	1.05	3.69	86 042	100.05	1.19
8	浙江卧龙控股集团有限公司	15.51	119.23	50.47	1.46	12.50	149 376	99.06	2.22
9	宁夏西北骏马煤矿电机制造有限责任公司	16.11	213.74	39.00	1.01	16.41	73 044	88.36	1.99
10	江苏锡安达防爆股份有限公司	13.22	195.04	60.35	2.22	4.95	58 571	95.82	1.52
11	广东东莞电机有限公司	8.68	103.57	49.32	1.94	2.92	40 155	101.26	1.10
12	山西防爆电机（集团）有限公司	5.22	93.94	73.07	0.67	6.47	41 758	104.94	1.05
13	中泉集团有限公司	5.43	—	60.42	0.98	2.68	—	99.63	0.55
14	无锡市南方防爆电机有限公司	11.00	106.82	60.93	2.20	2.40	108 824	94.89	1.56
15	德州恒力电机有限责任公司	10.00	152.40	83.34	2.09	2.43	19 018	110.20	1.07
16	浙江浦东电机有限公司	6.54	103.07	73.48	0.58	2.40	45 763	100.00	0.94
17	浙江防爆电机有限公司	3.51	100.63	87.83	1.84	0.11	33 371	97.75	0.84
18	山东山防防爆电机有限公司	4.36	112.09	76.61	2.46	1.10	23 019	103.27	0.91
19	丹东黄海电机有限公司	-0.83	141.86	81.52	0.85	-1.47	50 284	87.91	0.75
20	上海亨得防爆电机有限公司	14.14	—	20.25	5.26	5.86	—	80.98	1.23
21	无锡锡山安达防爆电气设备有限公司	8.94	101.44	71.16	2.37	1.62	57 447	99.68	1.20
22	沈阳实力电机有限责任公司	—	—	—	—	—	—	120.00	0.28
23	无锡瑞佳电机有限公司	19.15	20.87	59.46	2.81	3.62	106 947	100.88	1.70
24	河南安阳华安煤矿电机有限责任公司	5.28	139.00	73.30	1.21	0.16	18 480	98.08	0.77
25	分宜煤矿电机厂	-4.07	133.61	142.31	1.29	-9.06	22 545	119.88	0.31
26	重庆特种电机厂	-7.66	-567.14	71.70	0.27	-25.15	19 403	91.53	-1.46
27	温州南洋防爆电机有限公司	27.05	138.33	36.44	2.19	14.82	—	80.69	1.69
28	无锡市锡安防爆电机有限公司	11.53	162.03	59.54	1.77	2.45	336 615	100.00	2.99
29	无锡市锡北特种电机厂	10.92	109.09	85.51	1.85	2.19	41 176	123.02	1.15
30	万高（南通）电机制造有限公司	26.84	—	19.00	0.38	68.38	192 711	133.91	4.59
31	上海喜开特防爆电机有限公司	11.89	—	36.36	20.02	4.07	—	83.35	2.58
32	鞍山三环防爆电机有限公司	1.61	96.99	33.36	1.18	-4.50	20 294	93.36	0.48
33	江西华特防爆电机有限公司	1.78	102.16	16.54	4.03	1.17	278 333	—	2.42
34	河北防爆电机厂	-9.08	206.38	152.09	0.20	-39.37	412	100.39	-1.10
35	浙江静安防爆电机制造有限公司	10.30	109.32	26.86	8.47	6.20		95.07	1.66
36	宁波长江电机实业有限公司	5.21	102.81	62.95	2.49	3.49	21 636	97.50	1.00
37	苏州特种电机厂	9.69	204.00	49.84	2.79	0.65	18 600	100.00	1.12
38	浙江沪新防爆电机有限公司	9.08	102.50	12.27	—	4.70	—	95.59	0.73
39	淄博博山博机电机有限责任公司	9.12	—	8.78	—	6.76	—	80.00	0.65

产品分类产量及销售　2007年，防爆电机行业经济运行的特点呈现为：产量指标增速低于产值指标增速，行业平均售价上升；高压防爆电机产量增速快于低压防爆电机产量增速；出口量继续保持较快增长；规模指标增速减缓，效益指标继续保持较快增长。

2007年，防爆电机总产量1409.4万kW，比上年增长11.41%，而产值35.9亿元，比上年增长22.17%，产值指标增幅高于产量指标增幅10.76个百分点。行业产品售价比上年回升，这主要是行业主要原材料价格上升产生的成本压力和高压电机比重增加（比上年提高2.2%）的带动。2007年，防爆电机产量增速比上年下降4个百分点，产值增速比上年提高12个百分点，带动利润指标增速比上年提高28.6个百分点，行业规模指标增速减缓，效益指标继续保持较快增长态势，多数企业利润实现增长。

2007年，防爆电机行业的主流产品为YB2系列电机及低压防爆电机。其中，YB2小型防爆电机产量比上年增长25.3%，YA系列增安型电动机比上年增长59.99%，高压防爆电机比上年增长24.7%，高压防爆电机产量增幅快于低压防爆电机产量增幅 14 个百分点。2007 年防爆电机分类产品产量见表 4。

表 4 2007 年防爆电机分类产品产量

产品名称	产量（万 kW）	占防爆电机总产量的比例（%）
YB2 小型防爆电机	666.35	47.28
YA 系列增安型电动机	30.43	2.16
YBK2 系列矿用防爆电动机	36.21	2.57
其他防爆类型的低压电动机	368.10	26.13
高压防爆电机	308.20	21.87

2007 年，行业出口电机 523.9 万 kW，比上年增长 56.1%，产品出口量继续快速增长，在人民币升值压力下，出口产品价格比上年增长 11 元/kW。

2007 年，防爆电机行业出口创汇的企业有南阳防爆集团有限公司、佳木斯电机股份有限公司、安徽皖南电机股份有限公司、淮安威灵清江电机制造有限公司、山西防爆电机（集团）有限公司、江苏大中电机股份有限公司、广东省东莞电机有限公司和衡水电机股份有限公司 8 家，而出口防爆电机的企业仅有南阳防爆集团有限公司和佳木斯电机股份有限公司两家企业。防爆电机出口创汇额为 404 万美元，比上年增长 1%，其中南阳防爆集团有限公司出口创汇达 396 万美元，占防爆电机出口创汇总额的 98.02%。南阳防爆集团有限公司表示将继续增大出口力度，提高出口电机中的防爆比重，为国家创汇作出更大贡献。

2007 年防爆电机行业产量前 15 名企业见表 5。

表 5 2007 年防爆电机行业产量前 15 名企业

序号	企业名称	防爆电机产量（万 kW）
1	南阳防爆集团有限公司	334.0
2	佳木斯电机股份有限公司	230.4
3	江苏大中电机股份有限公司	145.0
4	抚顺煤矿电机厂	106.0
5	无锡市南方防爆电机有限公司	84.0
6	江苏锡安达防爆股份有限公司	82.0
7	宁夏西北骏马煤矿电机制造有限责任公司	72.5
8	上海亨得防爆电机有限公司	46.0
9	山西防爆电机（集团）有限公司	42.5
10	无锡瑞佳电机有限公司	31.5
11	山东山防防爆电机有限公司	30.0
12	分宜煤矿电机厂	24.0
13	安徽皖南电机股份有限公司	22.5
14	河南安阳华安煤矿电机有限责任公司	20.0
15	浙江防爆电机有限公司	17.2

科技成果及新产品 2007 年二季度，防爆电机行业联合设计的新产品 YBF2 系列风机用隔爆型电动机完成了试制任务。2007 年三季度，行业召开了 YBF2 系列风机用隔爆型三相异步电动机鉴定会议，国家防爆电气产品质量监督检验中心、用户和大专院校等 15 个单位 23 名代表加会议。会上联合设计工作组向鉴定委员会汇报了 YBF2 系列电动机技术总结报告、标准化审查报告、工艺审查报告、质量审查报告、安全性说明、技术经济分析报告和防爆审查报告，国家防爆电气产品质量监督检验中心介绍了试制样机防爆性能检验情况。鉴定委员会对提交的 YBF2 系列电动机全部图纸、技术文件和样机进行了认真的审查，并做出了鉴定意见，认为：YBF2 系列电动机的设计合理、工艺可行、性能指标先进，试制是成功的，产品主要性能指标达到国外工业发达国家同类产品的水平。鉴定委员会全体委员一致同意通过定型鉴定，投入批量生产。同时建议制造厂在投产时，要严格工艺管理，加强质量控制，确保防爆性能安全可靠，更好地满足用户要求。通过鉴定后的 YBF2 系列电动机产品将推向市场，满足煤炭、石油、化工等工业的需求。

2007 年，防爆电机行业还对 YBK2 矿用隔爆型三相异步电动机和 YB2—H 系列船用隔爆型三相异步电动机新产品进行研发，并于 11 月 27 日召开 YBK2 系列矿用隔爆型三相异步电动机联合设计工作会议，参加联合设计工作组会议的共 9 个单位 13 名代表。会议讨论了 YBK2 系列矿用隔爆型三相异步电动机方案，听取了设计说明书、典型的设计方案和电磁设计方案汇报。到会的联合设计工作组成员代表根据行业各厂工艺水平情况和经验，对设计方案进行了细致的讨论，提出了许多宝贵意见及建议。会上确定了 YBK2 系列电动机的设计、样机制造计划进度。南阳防爆电气研究所将根据联合设计计划进度以及会议提出的意见和建议，对 YBK2 系列矿用隔爆型三相异步电动机全套电磁设计方案和结构设计方案进行修改和完善，并完成联合设计图纸任务并提交给样机试制单位进行试制。

今后，南阳防爆电气研究所还将根据市场需求情况，不断组织防爆电机行业开发新系列防爆电机产品，为我国的防爆电机事业贡献力量。

防爆电机行业有关单位还根据用户的不同需要开发设计了不同类型的防爆电机。2007 年南阳防爆集团有限公司投入科技活动经费 6 900 万元，比上年增长 32.4%；研究与发展经费支出 2 800 万元，比上年增长 33.55%；年末从事科技活动人员达 722 人，比上年增长 6.7%；年末研究与发展人员为 257 人，比上年增长 4.5%。新产品开发实现了从中小型电机到大型电机、从异步电机到同步电机、从电动机到电控装置、从电气产品到矿用对旋风机、从电动机到发电机的产品跨越，扩大了产品品种。高投入带来高成果，南阳防爆集团有限公司近几年来开发的高效电机，大型增安型异步、同步电机的主要性能指标均达到了当今国际先进水平。

2007 年，佳木斯电机股份有限公司在石化、煤炭市场已取得一定的领先地位，在石油、石化、煤炭项目上都取得了良好的业绩。公司为燕山石化开发设计的 YKS1000—4 12 000kW 6kV 电机和国内最大的 YPT710—6 1 800kW 低压大功率变频调速电机、YTL5602—10 500kW 立式新轴承结构高压电机、YBKS900 7000—4、YB2 系列高压紧凑型防爆电机和 YB800 自润滑防爆电机均已定型投入生产。2007 年，自主开发的 TBYC 隔爆型永磁同步电动机项目通过省级成果鉴定，并获黑龙江省科技进步三等奖；新研发的 YB2 高压紧凑型隔爆电动机获佳木斯市科技进步一等奖。

河南安阳华安煤矿电机有限责任公司根据市场需要，开发了 YBS—4B35、YBS—160 输送机用隔爆型电动机。2007 年，该产品通过试制鉴定后正式投入批量生产。

淮安威灵清江电机制造有限公司一直坚持“质量是威灵清江的生命”的质量方针，1996 年通过了中国质量认证中心 ISO9001 质量管理体系认证和 3C、CE 等多项国内外产品认证。该公司以成套的制造设备和关键的技术装备为产品质量提供可靠的保证，以领先的创新工艺和完备的检测手段保证了产品的一流质量。先后荣获“江苏省名牌产品”、“中国机械工业名牌产品”等荣誉称号。

无锡市南方防爆电机有限公司生产的 YBSS 刮板输送机用隔爆型三相异步电动机和 YBCS 采煤机用隔爆型三相异步电动机被认定为“江苏省高新技术产品”。企业及其法人代表分别荣获 2006 年度“全国煤炭机械工业优秀企业”及“全国煤炭机械工业优秀企业家”光荣称号。

2007 年，安徽皖南电机股份有限公司为适应市场需求，全年相继开发了户用型永磁风力发电机、YB 系列（H400—450）隔爆型三相异步电动机、SRM 系列开关磁阻调速电动机、EE 系列高效率电机、NEP 系列超高效率电机、高压内反馈串级调速电动机、电动汽车专用变频调速电机、Z4 系列直流电机及 Y、Y2、YKK、YLKK、YR、YRKK 系列（6kV、10kV）中型高压等三相异步电动机。其中，户用型永磁风力发电机、高压内反馈串级调速电动机、电动汽车专用变频调速电动机项目被列入安徽省 2007 年企业技术创新项目计划。SRM 系列开关磁阻调速电动机项目于 2007 年 9 月被安徽省科技厅认定为安徽省高新技术产品。目前，公司电动机转轴密封组件、新型电机风罩两个项目获得国家知识产权专利。

2007 年，万高（南通）电机制造有限公司秉承炜赋集团的优良传统和几十年电机制造经验，汲取巴西 WEG 的领先工业技术与新的理念，融合世界现代工业的管理制度，依靠现代化制造技术，全力研发、发展了 YB2 系列隔爆电机，YB 系列隔爆高压电机，Y2 系列异步电机，Y、YKK、YKS、YJK、YR 系列高压电机、汽轮发电机、同步电机及多种油泵用、防腐蚀型、湿热带用、船用、高效等专用及特种电机。

质量及标准　国家防爆电气产品质量监督检验中心（CQST）严格执行检测中心的服务实施细则，向客户提供优质、高效的服务，不断提高检验工作质量，有力地保障了石油、化工、煤炭等行业的安全生产。2007 年 CQST 依据防爆系列国家标准及国际标准完成样机检验 2 400 台次，发放防爆合格证 2 332 份，煤矿安全标志产品检验 115 台，国外厂商委托办理中国防爆合格证 126 份，国内防爆出口客户委托办理国外认证 41 家。

2007 年，CQST 顺利通过了 UL 实验室评审、美国能源部 NVLAP 试验室复查评审、国家安全生产南阳防爆电气检测检验中心复查评审及扩项、泵产品计量认证、授权认证、实验室认可验收，并与日本国社团法人产业安全技术协会（TIIS）签署合作协议。

2007 年 4 月下旬，根据中国机械工业联合会 2006 年行业标准项目计划的安排，防爆电机标准化分技术委员会秘书处在河南南阳组织召开了 YA 及 YA—W、YA—WF1、YA—TH、YA—THW 系列增安型三相异步电动机（机座号 315 ~ 450）技术条件，YAKK、YAKK—W 系列高压增安型三相异步电动机（机座号 355 ~ 630）技术条件，YAKS、YAKS—W 系列高压增安型三相异步电动机（机座号 355 ~ 630）技术条件，增安型无刷励磁同步电动机防爆技术要求和 TAW 系列增安型无刷励磁同步电动机技术条件 5 项行业标准制修订工作会议。到会标准工作组成员认真讨论和研究了 5 项行业标准草稿，提出了修改意见，经标委会秘书处组织修改完善，提出了标准征求意见稿。按照分标委会章程的规定，分标委会秘书处将标准征求意见稿等有关资料寄送各委员、通讯委员单位及有关用户单位征求意见。分标委会秘书处根据反馈意见进行汇总处理，并组织有关人员对标准有关内容进行了修改，现已完成了行业标准送审稿。这 5 项行业标准的制修订工作得到了行业许多厂家的大力支持。南阳防爆集团有限公司负责主要起草和修订工作，南阳防爆电气研究所、佳木斯电机股份有限公司、北京中电电机制造有限公司、江苏锡安达防爆股份有限公司和无锡市南方防爆电机有限公司等单位参加了起草工作。

2007 年 11 月 29 日，分标委会秘书处在河南南阳组织召开了《高效隔爆型三相异步电动机（机座号 80 ~ 355）技术条件》和《YBPT 系列变频调速隔爆型三相异步电动机（机座号 80 ~ 355）技术条件》两项行业标准起草工作会议。标准工作组成员对这两项行业标准草案稿进行了认真讨论和研究，提出了修改意见。修改完善后的标准征求意见稿被寄送到各标委会委员、通讯委员单位及有关用户征求意见。

全国防爆电气设备标准化技术委员会防爆电机分技术委员会上报的《隔爆型三相异步电动机技术条件 第 7 部分：YBGB2、YBGB2—W 系列户内、户外管道泵用隔爆型三相异步电动机（机座号 63 ~ 355）》、《YB 系列高压隔爆型三相异步电动机（机座号 400 ~ 560）技术条件（6kV）》、《YBD 系列隔爆型多速三相异步电动机（机座号 80 ~ 280）技术条件》和《YBDC 系列隔爆型电容起动单相异步电动机（机座号 71 ~ 100）技术条件》4 项行业标准于 2006 年 12 月 31 日通过国家发展和改革委员会批准发布，2007 年 7 月 1 日正式实施。

2007 年，全国防爆电气设备标准化技术委员会秘书处上报的 GB3836. 17—2007《爆炸性气体环境用电气设备 第 17 部分：正压房间或建筑物的结构和使用》、GB12476. 2—2007《可燃性粉尘环境用电气设备 第 1 部分：用外壳和限制表面温度保护的电气设备 第 2 节：电气设备的选择、安装和维护》和 GB12476. 3—2007《可燃性粉尘环境用电气设备 第 3 部分：存在或可能存在可燃性粉尘的场所分类》国家标准报批稿，已正式批准发布。

防爆电机行业骨干企业 2007 年普遍重视产品质量和

管理，均取得很大成绩。南阳防爆集团有限公司建有完善的产品质量保证体系并处于有效运行状态，在全国同行业第一批获得ISO9001质量体系认证证书及ISO10012完善计量体系合格证书，并率先完成了2000版标准转换工作。公司的“CNE”防爆电机在国内获得了“中国名牌”产品称号，并被认定为“国家免检产品”，出口电机分别取得美国UL、美国能源部节能认证中心CC、加拿大CSA、德国PTB、挪威NEMKO、澳大利亚SAA等多项国际权威机构认证和进入欧共体市场的CE标志，是国内同行业取得国际认证最多的企业。产品畅销欧美和亚洲、非洲和大洋洲市场。

佳木斯电机股份有限公司2006年通过了CSA组织和中国质量认证中心“CCC”产品认证的年度工厂审查，及军品和民品质量管理体系及测量管理体系的换证审核工作。公司为保证产品顺利出口欧盟各国，于2006年7月顺利取得了由中国质量认证中心颁发的RoHS认证证书，获得了YZR系列、YB2系列和Y2系列低压电机出口欧盟的通行证，满足了低压电机出口欧盟的需要。2007年7~10月，顺利通过年度复查并对证书进行了换版。2007年申办安标证15个系列、200多个规格，目前已取得证书66个；办理防爆合格证82个；办理生产许可证160个规格，增项176个规格。办理船用产品合格证324个。

万高（南通）电机制造有限公司拥有严格的质量管理体系，制造设备精良，生产工艺先进，产品质量稳定可靠，通过了ISO 9001质量认证。公司的产品检验中心被江苏省质量技术监督局定点为江苏省电机产品质量检验站，拥有电机型式试验设备、噪音试验室、理化试验室等电机测试手段。电机质量测试、数据采集和报告分析全部实现计算机处理。

2007年，安徽皖南电机股份有限公司严格按一体化体系要求，完善和规范质量管理运行机制，一年实行两次内部审核，一次质量体系外部审核，并严格实施质量考核制度。为了进一步提高产品质量，公司相继开展了电机“美容工程”、“工艺提高工程”和“创精品、保名牌”活动，并配套实施了一系列新的质量改进措施，同时认真开展质量教育和培训工作，不断提高员工的质量意识，力求将每台电机都打造成精品。质量体系的正常有效运行，有力保障了产品质量的稳定和提高，全年主导产品一次交检合格率达到了99%，比上年同期提高了0.11个百分点，其中特殊电机一次交检合格率达到了99.69%。全年没有发生大的质量投诉案件，用户满意率达到94.6%。与此同时，公司还相继组织开展了CC、UL认证上报工作，并顺利获得通过，从而为产品行销北美市场提供了有力的保障。在标准化工作方面，公司通过加入各类标准化信息网，确保了在第一时间获取新的标准化信息，根据公司的产品开发需求，及时收集、订购所需的产品及相关标准，完善了企业的标准化体系。通过将标准目录发放至生产、质检等相关部门，并对部门及人员进行宣贯，确保了新产品开发工作的顺利进行。同时根据产品开发需求，编制了EE系列高效率电机、NEP系列超高效率电机等产品的企业标准，使产品生产有标准可依。

基本建设及技术改造 2007年，行业基建及更新改造投资额5.4亿元，比上年增长73.9%，投资额的快速上升表明行业企业有进一步扩大产能的意愿。但从近两年防爆电机行业规模指标增速减缓，部分企业防爆电机产量下降，非防爆电机产量增加的趋势来看，防爆电机市场需求的增速慢于行业产量的增速。

防爆电机行业39家企业中，16家企业进行了基本建设及技术改造，占被调查企业总数的41%。进行基本建设及技术改造的16家企业中投资额1 000万元以上的企业主要有：南阳防爆集团有限公司、佳木斯电机股份有限公司、江苏锡安达防爆股份有限公司、安徽皖南电机股份有限公司、德州恒力电机有限责任公司、淮安威灵清江电机制造有限公司、浙江卧龙控股集团有限公司、江苏大中电机股份有限公司、宁夏西北骏马煤矿电机制造有限责任公司、抚顺煤矿电机厂和万高（南通）电机制造有限公司。上述公司除少数公司以外，绝大多数企业年产量超百万千瓦。2007年防爆电机行业部分企业基本建设及技术改造投资额见表5。

表5 2007年防爆电机行业部分企业基本建设及技术改造投资额

序号	企业名称	投资额（万元）
1	万高（南通）电机制造有限公司	15 000
2	南阳防爆集团有限公司	8 847
3	浙江卧龙控股集团有限公司	7 561
4	佳木斯电机股份有限公司	5 154
5	江苏大中电机股份有限公司	4 989
6	抚顺煤矿电机厂	3 707
7	淮安威灵清江电机制造有限公司	2 600
8	江苏锡安达防爆股份有限公司	1 870
9	宁夏西北骏马煤矿电机制造有限责任公司	1 136
10	德州恒力电机有限责任公司	1 538
11	安徽皖南电机股份有限公司	1 000
12	衡水电机股份有限公司	359
13	无锡瑞佳电机有限公司	164
14	广东东莞电机有限公司	163
15	山东山防防爆电机有限公司	45
16	浙江温州南洋防爆电机有限公司	32

2007年，佳木斯电机股份有限公司基本建设及技术改造完成投资5 154万元，对关键工艺及工序进行了更新改造。

2007年，安徽皖南电机股份有限公司在持续进行技术改造方面加大了资金投入，在城东工业园又先后购地10万m^2，新建厂房9 000 m^2，新增大中型电机生产、检验和测试设备30多台套，并不断对现有设备进行技术改造，不但有效保证了生产的正常运转，而且大大提高了生产加工能力和产品质量，为公司做大做强奠定了扎实可靠的基础。

2007年，万高（南通）电机制造有限公司完成基本建设及技术改造投资15 000万元，对关键工艺和手工工艺设备进行了更新改造。

对外合作 国家防爆电气产品质量监督检验中心（CQST）一贯秉承“立足中国，放眼全球，走向世界”的方针，与国际上多家知名的检验机构保持良好的合作关系，使得

CQST 在国际防爆认证领域享有很高的声誉和知名度，国际同行也高度认可 CQST 的检验技术与认证水平。CQST 是美国 UL 惟一的直接接收试验结果和试验报告的检验机构。CQST 继先前与德国 PTB、挪威 NEMKO 与 DNV、美国 UL 与 FM、英国 BASEEFA、法国 LCIE、俄罗斯 CCVE、荷兰 KEMA 和澳大利亚 TESTSAFE 等国外防爆电气产品认证机构签订了相互认可检验结果的协议后，2007 年又分别与日本 TIIS、芬兰 VTT、法国 INERIS 和英国 SIRA 签订了相互认可检验结果的协议，为我国防爆电气行业的制造厂家走出国门创造了更为便捷的条件。同时，由于 CQST 在高效电机实验方面的突出成绩，也得到了美国 NVLAP 的高度评价和认可。CQST 的努力为中国防爆电气产品参与国际市场的竞争创造了更为有利的条件。

行业活动　2007 年，防爆电机分会加大了行业工作的力度，增强了行业的服务意识，通过多种形式为企业提供技术服务，促进了行业的健康发展。

2007 年 3 月，南阳防爆电气研究所根据行业制造厂实际生产中发现的问题，对 YB2 电机电磁设计方案进行调整，4 月份发放到有关企业。

2007 年三至四季度，防爆电机分会秘书处协助防爆电气审查部门，对防爆电机行业发证企业进行了证后监督检查。通过检查，加强了防爆电机行业的质量意识。

〔撰稿人：南阳防爆电气研究所程雅茹〕

变　压　器

生产发展情况　2007 年，变压器行业实现了经济效益和产销量的同步增长，全国变压器总产量、总产值和利润等主要经济指标再创历史新高，又一批变压器优质产品入选中国名牌产品，并开发出了一批具有世界先进水平的变压器产品。据对全国 30 个主要变压器生产企业统计，2007 年变压器的总产量为 53 902.94 万 kV · A，其中主要产品电力变压器为 47 123.19 万 kV · A。2007 年变压器行业主要经济指标见表 1。

表 1　2007 年变压器行业主要经济指标

序号	项　目	单位	2007 年	比上年增长(%)
1	工业总产值(当年价)	万元	2 585 004	15.71
2	工业销售产值	万元	2 558 737	19.46
3	出口交货值	万元	379 768	327.81
4	工业增加值(生产法)	万元	530 180	15.66
5	流动资产年平均余额	万元	1 372 018	1.54
6	期末负债总额	万元	1 316 518	-7.37
7	期末所有者权益	万元	642 716	8.92
8	年初所有者权益	万元	603 212	20.55
9	主营业务收入	万元	2 536 439	-2.78
10	其他业务收入	万元	37 712	-16.32
11	主营业务成本	万元	1 744 031	3.71
12	营业费用	万元	155 407	24.07
13	产品销售税金及附加	万元	14 159	76.65
14	管理费用及财务费用	万元	137 282	0.93
15	利息支出	万元	36 071	43.34
16	利润总额	万元	170 335	6.45
17	应交增值税	万元	86 052	44.35
18	年末资产总额	万元	1 946 245	-6.99
19	全年完成基建及更新改造投资额	万元	99 450	25.94
20	全年从业人员平均人数	人	18 659	-39.61
21	年末从事科技活动人员	人	4 775	-5.41
22	年末研究与发展人员	人	2 473	8.94
23	全年科技活动经费使用数	万元	71 914	3.95
24	研究与发展经费支出	万元	54 238	8.02
25	总产量	台	121 543	-15.73
26	总产量	万 kV · A	53 902.9	37.28
27	出口量	台	19 532	33.02
28	出口量	万 kV · A	1 176.9	-86.58

（续）

序号	项　目	单位	2007 年	比上年增长(%)
29	全部职工工资总额	万元	56 525	-24.22
30	利税总额	万元	1 044 464	37.52
31	库存量	台	12 155	-11.13
32	库存量	万 kV·A	3 465.7	-13.68
33	成本费用总额	万元	1 262 803	-10.51
34	综合能源耗量(折合标准煤)	t	117 855	1.62
35	电能耗量	万 kW·h	13 979.6	-9.49
36	硅钢片耗量	t	200 525	-17.48
37	电磁线消费量	t	582 778	501.53
38	钢材耗量(不含硅钢片)	t	142 017	-11.66
39	变压器油耗量	t	126 687	-1.43
40	绝缘纸板耗量	t	12 528	-25.61
41	工业产品销售率	%	98.98	增长 3.11 个百分点
42	工业增加值率	%	20.51	降低 0.01 个百分点
43	流动资产周转率	次	1.85	减少 0.08 次
44	工业成本费用利润率	%	13.5	增长 2.2 个百分点
45	工资利税率	%	1 847.8	增长 829.6 个百分点
46	工资利润率	%	301.4	增长 86.9 个百分点
47	销售收入利润率	%	6.7	增长 0.6 个百分点
48	销售收入利税率	%	41.2	增长 12.1 个百分点
49	销售成本利润率	%	9.8	增长 0.3 个百分点
50	百元销售收入占用的流动资产	元	54.09	4.44
51	百元资产实现利税	元	53.67	47.85
52	百元资产实现利润	元	8.75	14.45
53	百元资产实现的产品销售收入	元	130.32	4.52
54	百元资产实现工业增加值	元	27.24	24.35
55	百元工业增加值工资含量	元	10.66	-34.48
56	总产值全员劳动生产率	元/人	1 385 392	91.61
57	人均工业销售产值	元/人	1 371 315	97.82
58	人均产品销售收入	元/人	1 359 365	60.99
59	人均利润总额	元/人	91 289	76.28
60	人均实现利税总额	元/人	559 764	127.73
61	人均工资总额	元/人	30 294	25.48
62	工业资金利税率	%	31.5	增长 9.4 个百分点
63	工业全员劳动生产率	元/人	284 142	91.53
64	实物全员劳动生产率	台/人	6.51	39.55
65	实物全员劳动生产率	kV·A/人	28 888.44	127.33
66	人均变压器出口产量	台/人	1.05	120.28
67	人均变压器出口产量	kV·A/人	630.71	-77.77
68	单位产品工业总产值(当年价)	元/kV·A	47.96	-15.71
69	单位产品工业增加值	元/kV·A	9.84	-15.75
70	单位产品综合能源耗量(标准煤)	t/万 kV·A	2.19	-25.97
71	单位产品电能耗量	kW·h/kV·A	0.26	-34.07
72	单位产品硅钢片耗量	t/万 kV·A	3.72	-39.89
73	单位产品电磁线耗量	t/万 kV·A	10.81	338.17
74	单位产品钢材耗量(不含硅钢片)	t/万 kV·A	2.63	-35.65
75	单位产品变压器油耗量	t/万 kV·A	2.35	-28.2
76	单位产品绝缘纸板耗量	t/万 kV·A	0.23	-45.81

市场及销售　2007 年变压器企业完成主营业务收入 2 536 439万元，利润总额 170 335 万元，实现出口交货值 379 768万元。2007 年变压器行业主营业务收入前 10 名企业见表 2。2007 年变压器行业出口交货值前 10 名企业见表 3。

表 2　2007 年变压器行业主营业务收入前 10 名企业

序号	企 业 名 称	主营业务收入（万元）
1	江苏华鹏变压器有限公司	303 776
2	西安西电变压器有限责任公司	267 101
3	杭州钱江电气集团股份有限公司	205 582
4	青岛变压器集团有限公司	188 680
5	山东达驰电气股份有限公司	183 642
6	常州西电变压器有限责任公司	115 087
7	山东鲁能泰山电力设备有限公司	111 221
8	吴江市变压器厂有限公司	101 099
9	三变科技股份有限公司	94 043
10	山东电力设备厂	91 326

表 3　2007 年变压器行业出口交货值前 10 名企业

序号	企 业 名 称	出口交货值（万元）
1	常州西电变压器有限责任公司	23 059
2	西安西电变压器有限责任公司	21 122
3	江苏华鹏变压器有限公司	13 658
4	山东电力设备厂	6 375
5	杭州钱江电气集团股份有限公司	4 447
6	陕西汉中变压器有限责任公司	3 581
7	山东达驰电气股份有限公司	3 484
8	海南金盘电气有限公司	3 269
9	烟台东源变压器有限责任公司	1 896
10	青岛变压器集团有限公司	1 370

科技成果及新产品　2007 年 1 月 9 日，国产容量最大的 9 万 kV · A、100t 电弧炉用变压器在河南舞阳钢铁公司一次投运成功顺利出钢。这是由西安西电变压器有限责任公司（以下简称西变公司）自主创新研制的高新技术产品，它的投运成功标志着国产大容量电弧炉用变压器达到了新的水平，完全可以替代进口，对加速发展我国冶炼工业具有重大意义。

2 月 15 日，特变电工沈阳变压器集团有限公司顺利完成了 1 200kV 串联谐振试验装置调试工作，"双百万"试验系统技术改造工程取得重要成效。该套串联谐振试验装置最高工作电压 1 200kV，最大工作电流 6A，是目前国内电压最高、电流最大的调感式串联谐振试验装置，该装置在国外变压器试验中已有广泛应用。2 月 23 日，特变电工沈阳变压器集团有限公司在国内率先使用该装置成功完成了一台直流换流变压器的阀侧绕组工频外施耐压试验。与一般试验装置比，该装置具有输出电压波形质量高、局部放电小、无需发电机供电等优点。

2007 年 6 月 1 日，由保定天威保变电气股份有限公司自行开发研制的我国首台 DSP—260MV · A/800kV 发电主变压器，一次试制成功，各项性能及技术指标均达到国际先进水平。它的试制成功，将大力推进和带动我国变压器制造业向超高电压、超大容量快速发展，开创我国超大型电力变压器国产化和大型电站、电厂建设的新纪元。

2007 年 6 月 9 日，西安西电变压器有限责任公司为华能铜川电厂 60 万 kW 发电机组配套研制的 330kV、72 万kV · A 三相巨型变压器，一次性通过各种出厂试验、型式试验和特殊试验，局放、温升、噪声和损耗等用户关心的技术性能都较好。这台产品的本体运输重量超出了以往生产的变压器。西变公司在自有成熟技术的基础上，攻克了三相大电流引出线结构、巨型铁心结构、适合特殊运输方式的油箱结构、防止巨型变压器局部过热等方面的技术难题，具有完全自主知识产权。随着发电机组设计容量的增加，与之配套的巨型变压器，市场前景十分广阔。

2007 年 7 月 7 日，国内电压等级最高、单台容量最大的 1 700kV、61 万 kV · A 特高压电力变压器，在西安西电变压器有限责任公司成功并且一次性通过各种试验。这也是世界上投入运行的电压等级最高的电力变压器，标志着西变公司变压器研制水平达到了国际领先水平。这台产品长 9.2m、宽 6.8m、高 17.1m，总重量达 440t。

国产容量最大的 750kV · A、70 万 kV · A 单相自耦电力变压器，于 2007 年 8 月上旬在西安西电变压器有限责任公司研制成功，并一次性通过全部出厂试验和型式试验，各项指标完全符合技术协议的要求，技术性能达到国际先进水平，具有完全自主知识产权。这台产品成功地攻克了交通运输对变压器体积的限制，满足了公路平板车和铁路 250t 凹形车的运输限制。国家电网公司共与西安西电变压器有限责任公司签订了 8 台 750kV、70 万 kV · A 单相自耦电力变压器，安装运行在国家电网公司西北 750kV 送出工程银川东和乾县两个变电站。西安西电变压器有限责任公司一跃发展成为国内研制 750kV 电力变压器最早、产品最多的变压器厂家。

2007 年 7 月 14 日，保定天威保变电气股份有限公司成功自行开发了 440MV · A/110kV 特大型变压器，并一次试制成功。该产品是迄今为止中国乃至世界变压器制造业开发生产成功的最大容量的 110kV 电力变压器。这表明，该公司不仅是中国惟一能生产高电压大容量壳式变压器的厂家，也是惟一向核电站提供变压器的合格供应商，其生产的大型发电机组主变压器占国内产量的 45% 左右，并出口美国、苏丹和尼日利亚等 40 多个国家和中国香港等地区。

由青岛青波变压器股份有限公司研发制造的我国首台 110kV 磁控电抗器于 2007 年 6 月 17 日在湖南电网成功投运，各项性能指标完全满足用户要求，并全面达到国外同类产品标准，总体达到国际领先水平。该产品的顺利投运成功填补了国内空白，获得了国家电网公司、湖南电网公司的高度重视，也标志着该公司在高端可控电抗器领域取得了领先地位。

2007 年 8 月 6 日，西安西电变压器有限责任公司干式变压器公司，研制成功 4 台 10kV、3 300kV · A 使用植物油的变压器，一次性通过全部试验，成为国内同行业首例使用植物油的变压器厂家，为我国环境保护工作做出了积极有益的尝试。这种油是从人工栽种的植物中提炼而成，具有无毒、燃点低、耐压等级高等优点，油滴到地上可以自然降解挥发，性能优于矿物质油。

2007年7月30日，国产最大的330kV、36万kV·A自耦有载调压三相组合式变压器，在西安西电变压器有限责任公司一次性通过全部试验，其技术性能达到国内先进水平。它是西变公司依靠自有成熟技术，为甘肃洛大变电站研制的，具有完全自主知识产权。

国产电压等级最高的高岭500kV、299MV·A换流变压器，于2007年8月中旬在西安西电变压器有限责任公司一次性通过全部试验，产品完全符合国家标准和技术协议的要求。这台产品是西变公司为东北—华北联网背靠背直流工程高岭换流站研制的，该工程是继三峡—常州、三峡—广州、三峡—上海和灵宝背靠背换流站之后，又一个重要的换流变电项目。西变公司一举囊括了高岭项目的13台换流变压器的供货合同，总产值达3亿多元。10月23日，3台换流变压器从西电集团西变公司启程发运。这是西变公司在消化吸收国外先进技术、总结西变成熟设计制造及科研成果的基础上，进行技术创新、自主研发的成果，具有完全自主知识产权。它为国内独立自主地研制更高电压等级的换流变压器打下了基础，进一步确立了西变公司在直流输电设备制造方面的国内领先水平，标志着我国输变电设备制造业跻身于国际先进行列。

2007年8月20日，保定天威保变电气股份有限公司为我国新建的750kV官厅变电站二期扩建工程研制的首台BKD—60000kvar/800kV电抗器全部试验合格，一次试制成功。该产品是供官厅变电站二期扩建工程的关键设备，由天威保变电气股份有限公司自主研发设计，具有完全自主知识产权，也是目前国内电压等级最高的并联电抗器产品。它的一次试制成功，标志着天威保变电气股份有限公司的电抗器产品设计水平迈上了一个新的台阶，也标志着我国重大装备的自主设计创新能力达到了新的高度。

2007年9月29日，特变电工沈阳变压器集团有限公司历时两年研制的一组3台超高压磁控式可控电抗器，在国家电网公司荆州江陵换流站一次投运成功。这是我国完全自主研发的第一组500kV输电系统用自动连续调节磁控式可控电抗器，也是世界上第一组投入商业运行、用于线路的500kV可控电抗器，它的投运有力地推进了我国特高压柔性输变电技术发展，产品的成功研制使特变电工沈阳变压器集团有限公司再次走在了行业自主创新的前列。

新产品 2007年，行业企业坚持自主创新、可持续发展的理念，大力开发节能节材环保产品，实现了重大关键技术问题的突破。2007年变压器行业新产品型号注册情况见表4。2007年变压器行业新产品试验情况见表5。

表4 2007年变压器行业新产品型号注册情况

企业名称	产品类别	产品型号
大同市鑫鑫飞马重型电机变压器制造有限公司	电力变压器	S11—M—30～1600/10
辽阳电力设备制造有限公司	电力变压器	S11—M—30～1600/10
天津通安变压器有限公司	电力变压器	S9—2000～8000/35
北海利强变压器有限公司	电力变压器	S11—M—30～1600/10
江西变电设备有限公司	干式变压器	SCB10—30～2500/10
连云港天工变压器有限公司	电力变压器	S11—M—30～1600/10
广东中电华强变压器有限公司	电力变压器	S11—M—30～1600/10
徐州华辰变压器有限公司	电力变压器	S11—M—30～1600/10
山东省惠民县慧能电器有限公司	电力变压器	S11—M—30～1600/10
瑞鑫集团(福州)实业有限公司	干式变压器	SC9—30～315/10
宁波仁栋变压器有限公司	组合式变压器	ZGS11—Z·R—630、800/10
广东中电华强变压器有限公司	干式变压器	SCB9—400～2500/10
广东中电华强变压器有限公司	干式变压器	SC9—30～315/10
黄山市徽安变压器制造有限公司	电力变压器	S11—M—30～1600/10
确山县宏远电气有限公司	电力变压器	S11—M—30～1600/10
东盟电力一体化设备有限公司	风力发电用组合式变压器	ZGS—ZF—630～1600/10
红旗集团温州变压器有限公司	电力变压器	S9—2000～6300/35
临猗巨能变压器有限公司	电力变压器	S11—M—30～1600/10
河北省玉田县鑫迪电力有限公司	电力变压器	S11—M—30～1600/10
河北省玉田县鑫迪电力有限公司	电力变压器	S9—M—30～1600/10
湖南湘能变压器有限责任公司	电力变压器	S11—M—30～1600/10
连云港国瑞变压器有限公司	电力变压器	S11—M—30～1600/10
晶龙实业集团有限公司	电力变压器	S11—M—30～1600/10
中变集团上海变压器有限公司	电力变压器	S11—M—30～1600/10
淄博市临淄稷丰电气有限公司	电力变压器	S11—M—30～1600/10
徐州宏鑫变压器有限公司	电力变压器	S11—M—30～1600/10
佛山市南海区樱本电气厂	电力变压器	S11—M—30～1600/10
特变电工沈阳变压器集团有限公司	并联电抗器	BKDT—40000/500
特变电工沈阳变压器集团有限公司	自耦变压器	OSFPS—360000/330GY

（续）

企 业 名 称	产品类别	产品型号
特变电工沈阳变压器集团有限公司	自耦变压器	ODFPS—500000/750GY
临猗县瑞达输变电设备有限公司	配电变压器	S11—M—30～1600/10
常州市华电变压器厂	有载调压变压器	SZ11—31500～50000/110
西安银河电力输配电设备有限公司	高压/低压预装式变电站	YBP12—12/0.4(F·R)/T—630、800
柳州柏安变压器有限公司	电力变压器	S11—M—30～1600/10
江苏华鹏变压器有限公司	有载调压自耦变压器	OSSZ—180000/220
江苏华鹏变压器有限公司	有载调压变压器	SSZ10—180000/220
江苏华鹏变压器有限公司	有载调压变压器	SSZ—240000/220
衡阳雁能配电设备有限公司	配电变压器	S11—M—30～1600/10
衡阳雁能配电设备有限公司	配电变压器	S11—M—30～1600/10
成都成特变压器有限公司	配电变压器	S11—M—30～1600/10
江苏帕威尔电气有限公司	单相变压器	D11—M—10～100/10
传奇电气(沈阳)有限公司	电流互感器	LVBT2—35W3
传奇电气(沈阳)有限公司	电流互感器	LVBT2—220W2
传奇电气(沈阳)有限公司	电流互感器	LVB2—110W2
传奇电气(沈阳)有限公司	电流互感器	LVBT—500W2
传奇电气(沈阳)有限公司	电流互感器	LVBT2—66W3
传奇电气(沈阳)有限公司	电流互感器	LVB2—220W2
江西钱江电气有限责任公司	组合式变压器	ZGS11—Z—250～400/10
江西钱江电气有限责任公司	配电变压器	S11—M—30～1600/10
南阳市万锦变压器有限公司	配电变压器	S11—M—30～1600/10
扬州市苏明电器有限公司	配电变压器	S11—M—30～1600/10
铜陵吉鑫电气有限责任公司	配电变压器	S11—M—30～1600/10
佛山市科源电气有限公司	电力变压器	S11—M—30～1600/10
保定天威保变电气股份有限公司	自耦变压器	ODFPS—334000/500
保定天威保变电气股份有限公司	有载调压变压器	SFFZ—68000/500
保定天威保变电气股份有限公司	有载调压自耦变压器	OSFPSZ—360000/500
保定天威保变电气股份有限公司	有载调压变压器	SFSZ—H—180000/220
保定天威保变电气股份有限公司	有载调压变压器	DZ—40000/1000
保定天威保变电气股份有限公司	并联电抗器	BKD—60000/750
保定天威保变电气股份有限公司	并联电抗器	BKD—70000/500
保定天威保变电气股份有限公司	变流变压器	ZZDFPZ—278000/500
保定天威保变电气股份有限公司	电力变压器	DSP—260000/750
保定天威保变电气股份有限公司	电力变压器	SFP—440000/110
保定天威保变电气股份有限公司	电力变压器	DFP—380000/500
保定天威保变电气股份有限公司	电力变压器	SFP—800000/500
保定天威保变电气股份有限公司	电力变压器	SSP—840000/500
浙江巨变变压器有限公司	配电变压器	S11—M—30～1600/10
特变电工沈阳变压器集团有限公司	有载调压自耦变压器	ODFSZ—400000/500
浏阳市恒宇电力变压器厂	电力变压器	S11—M—30～1600/10
成都市昂奇电力设备有限责任公司	电力变压器	S11—M—30～1600/10
衡阳科能变压器有限公司	电力变压器	S11—M—30～1600/10
张家港新特变科技有限公司	电力变压器	S11—M—30～1600/10
合肥通用变压器厂	电力变压器	S9—2000～6300/35
江苏宏源电气有限责任公司	非晶合金变压器	SBH15—630～1600/10
江苏宏源电气有限责任公司	非晶合金变压器	SH15—30～500/10
广东省阳山县变压器厂	电力变压器	S11—M—30～1600/10
共信电力科技有限公司	电力变压器	S11—M—30～1600/10
济南志亨特种变压器有限公司	干式变压器	SCB10—30～2500/10
武汉诺琦变压器制造有限公司	电力变压器	S11—M—30～1600/10
上海华明电力设备制造有限公司	有载分接开关	ZCQⅢ—1000/220—10193C
上海华明电力设备制造有限公司	有载分接开关	ZQⅢ—1000/220—10193C
上海华声电气研究所	电力变压器	S11—M—30～1600/10
华通机电集团有限公司	干式变压器	SC9—400～2500/10
华通机电集团有限公司	干式变压器	SC9—30～315/10
成都一变变压器有限公司	电力变压器	S11—M—30～1600/10

（续）

企 业 名 称	产品类别	产品型号
益阳华翔变压器制造有限公司	电力变压器	S11—M—30～1600/10
保定晓星天威变压器有限公司	非晶合金变压器	SBH15—M—630～1600/10
保定晓星天威变压器有限公司	非晶合金变压器	SH15—M—30～500/10
特变电工沈阳变压器集团有限公司	有载调压变压器	DZ—40000/1000
特变电工沈阳变压器集团有限公司	平波电抗器	PKDFP—500—3000—300
江苏铭安电气有限公司	风力发电用组合式变压器	ZGS—Z·F—900/10
中电电气集团有限公司(江苏中电设备有限公司)	干式变压器	SCLB10—30～2500/10
上海一开电气集团有限公司	电力变压器	S11—M—30～1600/10
成都市新盛电器有限责任公司	配电变压器	S11—M—30～1600/10
江苏鼎鑫电气有限公司(南通瑞能发电设备有限公司)	有载调压变压器	SZ11—5000～10000/35
宁波天安变压器有限公司	干式变压器	SC(H)B10—400～2500/10
宁波天安变压器有限公司	干式变压器	SC(H)10—30～315/10
福建省泉州变压器制造有限公司	地下式组合变压器	ZGS11—Z·D—200～1000/10
济南成瑞电力设备有限公司	电力变压器	S11—M—30～1600/10
株洲市希玛特变电工有限公司	配电变压器	S11—M—30～1600/10
湖北贝斯特机械设备制造有限公司	配电变压器	S11—M—30～1600/10
上海置信电气股份有限公司	电力变压器	SBH15—100～2500/10(SZX)
上海置信电气股份有限公司	电力变压器	SH15—50～80/10(SZX)
江苏精海变压器有限公司	配电变压器	S11—M—30～1600/10
江苏苏变变压器有限公司	配电变压器	S11—M—30～1600/10
浦江变压器有限公司	电力变压器	S11—M—30～1600/10
正泰电气股份有限公司	电力变压器	SZ11—50000/110
上海工业变压器有限公司	配电变压器	S11—M—30～1600/10
沈阳兴电特种变压器制造有限公司	电力变压器	S11—M—30～1600/10
青岛君岭电气有限公司	干式变压器	SCB10—250～2500/10
青岛君岭电气有限公司	干式变压器	SC10—30～200/10
内蒙古腾龙变压器有限责任公司	配电变压器	S11—M—30～1600/10
天津通安变压器有限公司	电力变压器	S11—M—30～1600/10
上海南桥变压器有限责任公司	高阻抗电力变压器	SZ11—K—40000/110
南京大全变压器有限公司	电力变压器	S11—M—30～1600/10
成都市晨曦电力有限责任公司	电力变压器	S11—M—30～1600/10
西安高压电器研究所	直流光电电流互感器	LLG—110
佛山市浩莱变压器有限公司	配电变压器	S11—M—30～1600/10
滨州东力电气有限责任公司	电力变压器	S11—M·RL—30～500/10
温州顺特变压器有限公司	电力变压器	S11—M—30～1600/10
德州通华伟业电力设备有限公司	电力变压器	S11—M—30～1600/10
新乡市众盛变压器有限公司	电力变压器	S11—M—30～1600/10
灵宝市电力设备厂	电力变压器	S11—M—30～1600/10
达诺尔集团上海西变变压器有限公司	电力变压器	S9—2500～4000/35
达诺尔集团上海西变变压器有限公司	电力变压器	S11—M—30～1600/10
达诺尔集团上海西变变压器有限公司	电力变压器	S9—M—30～1600/10
福建省闽西天龙变压器有限公司	电力变压器	S11—M—30～1600/10
山东赛科思电气股份有限公司	电力变压器	S11—M—30～1600/10
凌海电力电炉变压器有限责任公司	配电变压器	S11—M—800/10
中电电气集团有限公司(江苏中电设备有限公司)	电力变压器	SFRNZ—31500～50000/110
中电电气集团有限公司(江苏中电设备有限公司)	电力变压器	SFZ11—31500～50000/110
广州市番禺明珠电器有限责任公司	风力发电用组合式变压器	ZGSB—Z·F—1250、1600/10
广州市番禺明珠电器有限责任公司	风力发电用高压/低压预装式变电站	YBM1—12/0.4(F·R)/T—F—1250、1600
福建宏力变压器有限公司	干式电力变压器	SCB9—30～2500/10
福建宏力变压器有限公司	电力变压器	S11—M—30～1600/10
杭州钱江电气集团股份有限公司(杭州钱电变压器有限公司)(杭州钱电特种变压器有限公司)	有载调压变压器	SZ11—200～1000/10
杭州钱江电气集团股份有限公司(杭州钱电变压器有限公司)(杭州钱电特种变压器有限公司)	配电变压器	S11—30～1000/10
满城县电友电力有限责任公司变压器分公司	电力变压器	S11—M—30～1600/10
定兴县供电有限公司输配电设备厂	电力变压器	S11—M—30～1600/10

（续）

企业名称	产品类别	产品型号
内江新内变压器有限公司	配电变压器	S11—M—30～1600/10
天门市建兴电力电器设备有限公司	电力变压器	S11—M—30～1600/10
湖北鄂电德力西电气设备有限公司	电力变压器	S11—M—30～1600/10
中变变压器有限公司	干式变压器	SCB9—30～2500/10
常州朋兴机械电器有限公司	单相电力变压器	D11—M·R—5～100/10
上海庆泰电器成套有限公司	电力变压器	S11—M—30～1600/10
越隆变压器有限公司(浙江临高电气实业有限公司)	组合式变压器	ZGS11—Z—200～800/10
内黄县电力设备厂	配电变压器	S11—M—30～1600/10
辽宁欣泰股份有限公司(丹东欣泰电气股份有限公司)	有载调压变压器	SSZ11—50000/110
北京首钢电机有限公司电机厂		S11—M—30～1600/10
徐州巨腾变压器有限公司	电力变压器	S9—2000～5000/35
常熟市鑫福变压器有限公司	电力变压器	S11—M—30～1600/10
合肥鑫伟电力设备有限公司	组合式变压器	ZGS11—Z—630～1000/10
瑞鑫集团(福州)实业有限公司	配电变压器	S11—M—30～1600/10
贵州永安变压器厂	配电变压器	S11—M—30～1600/10
中电电气集团有限公司(江苏中电设备有限公司)	干式变压器	SCB9—30～2500/10
中变变压器有限公司	干式变压器	SCB10—30～2500/10
上海劲变电气制造有限公司	组合式变压器	ZGS11—Z—630～1000/10
江西赣乐电力设备有限公司	配电变压器	S11—M—30～1600/10
成都鑫蓝峰电气有限公司	配电变压器	S11—M—30～1600/10
天津泰达特种变压器有限公司	干式电力变压器	SCB10—30～2500/10
沪光集团有限公司(沪光集团浙江电抗器有限公司)	干式配电变压器	SC10—30～250/10
沪光集团有限公司(沪光集团浙江电抗器有限公司)	干式配电变压器	SG(C)B10—100～2500/10
沪光集团有限公司(沪光集团浙江电抗器有限公司)	干式配电变压器	SCB10—315～2500/10
福州天宇电气股份有限公司	干式配电变压器	SCB10—30～2500/10
福州天宇电气股份有限公司	配电变压器	S11—30～1600/10
武汉华城长江电机有限公司	有载调压变压器	SFSZ11—31500/110
杭州钱江电气集团股份有限公司	地下式组合式变压器	ZGS11—Z·D—400、500/10
杭州钱江电气集团股份有限公司	配电变压器	S11—1250、1600/10
杭州钱江电气集团股份有限公司	组合式变压器	ZGS11—Z—400、500/10
杭州钱江电气集团股份有限公司	配电变压器	SZ11—1250、1600/10
合肥中环电力设备有限公司	配电变压器	S11—M—30～1600/10
无锡市电力变压器有限公司	配电变压器	S11—M—30～1600/10
江苏宏源电气有限责任公司	电力变压器	S11—M—30～1600/10
广东恒电电器科技有限公司	电压监试传感器	HDXW1—40.5～550
河北宝利输变电设备制造有限公司	配电变压器	S11—M—30～1600/10
化州市东风变压器厂	电力变压器	S11—M—30～1600/10
唐县恒达电力公司	电力变压器	S11—M—30～1600/10

表5　2007年变压器行业新产品试验情况

企业名称	产品名称	产品型号
上海一开投资(集团)有限公司	干式电力变压器	SCB10—1600/10
上海劲变电气制造有限公司	组合式变压器	ZGS11—Z—630/10
正泰电气股份有限公司	电力变压器	S9—100/15
正泰电气股份有限公司	电力变压器	S9—50/20
江苏宏源电气有限责任公司	非晶合金电力变压器	SH15—M—315/10
天津通安变压器有限公司	电力变压器	S11—M—1000/10
上海置信非晶合金变压器有限公司	非晶合金电力变压器	SBH15—M—400/10
上海置信电气股份有限公司	非晶合金电力变压器	SBH15—M—400/10
上海沪光变压器有限公司	干式电力变压器	SCB10—1000/10
瓦房店电力工程有限公司变压器制造分公司	电力变压器	S11—M·R—630/10
株洲南车电机股份有限公司	辅助变压器	ZPSG—130/0.76
清源满族自汉县本慧机电设备制造有限公司	电力变压器	S11—M—100/10
清源满族自汉县本慧机电设备制造有限公司	电力变压器	S11—M—1000/10

（续）

企 业 名 称	产品类别	产品型号
特变电工沈阳变压器集团有限公司	电力变压器	DZ—40000/1000
特变电工沈阳变压器集团有限公司	电力变压器	SFP—400000/500
上海保能电力设备制造有限公司	移相整流干式电力变压器	ZYSG—1000/6
杭州钱江电气集团股份有限公司	风力发电用组合式变压器	ZGS—Z—1600/35
江苏宝胜电气股份有限公司	干式电力变压器	SG(H)B10—500/10
江苏宝胜电气股份有限公司	干式电力变压器	SG(H)B10—2500/10
山东泰开电力电子有限公司	串联电抗器	CKDGKL—48/10—6
中电电气集团江苏中电设备有限公司	接地变压器	DKSC—630/10
中电电气集团江苏中电设备有限公司	消弧线圈	XHDC—630/10
山东博泰电气有限公司	电力变压器	SFZ9—10000/35
阜新纪元电力有限公司电力设备厂	电力变压器	S11—M—200/10
阜新纪元电力有限公司电力设备厂	电力变压器	S11—M—800/10
辽宁欣泰股份有限公司	电力变压器	SSZ11—50000/110
江苏伯乐达变压器有限公司	非晶合金电力变压器	SH15—M—315/10
江苏伯乐达变压器有限公司	非晶合金电力变压器	SBH15—M—1000/10
常州市朋兴机械电器有限公司	电力变压器	D11—M. R—30/10
中电电气集团江苏中电变压器制造有限公司	船用低压变压器	CSD—250
中电电气集团江苏中电变压器制造有限公司	船用中压变压器	CSCBFD—630/10
中电电气集团江苏中电变压器制造有限公司	船用低压变压器	CSD—500/10
中电电气集团江苏中电变压器制造有限公司	海洋平台变压器	PSCBFD—2500/10
中电电气集团江苏中电变压器制造有限公司	船用中压变压器	CSCBFD—1600/10
宁波甬嘉变压器有限公司	干式电力变压器	SG(C)B10—1000/10
宁波甬嘉变压器有限公司	非晶合金电力变压器	SBH15—M—315/10
扬州华鼎电器有限公司	非晶合金电力变压器	SBH11—M—500/10
山东达驰电气股份有限公司	干式电力变压器	SCB10—2000/10
山东达驰电气股份有限公司	干式电力变压器	SCB10—500/10
台州市银河变压器有限公司	干式电力变压器	SCB10—1600/10
九川集团有限公司	电力变压器	S9—3150/10
内黄县电力设备厂	电力变压器	S11—M—125/10
内黄县电力设备厂	电力变压器	S11—M—630/10
常州特种变压器有限公司	非晶合金电力变压器	SH15—M—315/10
武汉创业信德电子科技有限公司	中性点接地电阻	XNGR6. 3—400/10—IP54
武汉创业信德电子科技有限公司	中性点接地电阻	XNGR6. 3—1000/10—IP54
洛阳恒光特种变压器有限公司	干式电力变压器	SCB10—1000/10
天津通安变压器有限公司	电力变压器	S11—M—1000/10
天门市建兴电力电器设备有限公司	电力变压器	S11—M—315/10
奥兰特(无锡)电抗器有限公司	串联电抗器	HMD—EC
奥兰特(无锡)电抗器有限公司	串联电抗器	CKSC—300/10—6
上海思源电气股份有限公司	串联电抗器	CKSC—288/35—6
湖北鄂电德力西电力设备有限公司	电力变压器	S11—M—100/10
湖北鄂电德力西电力设备有限公司	电力变压器	S11—M—800/10
大连昌兴电力设备有限公司	干式电力变压器	SG(H)B10—R—1600/10
大连昌兴电力设备有限公司	干式电力变压器	SG(H)B10—R—630/10
天津天能变压器有限公司	干式电力变压器	SCB—K—1600/35
上海天灵变压器有限公司	单相电力变压器	D11—M · R—80/10
海南金盘电气有限公司	隔离干式电力变压器	MLIA141 ZSC—7000/6. 6
海南金盘电气有限公司	整流励磁干式电力变压器	MLI A150 ZSC—3000/6. 6
三变科技股份有限公司	干式变流变压器	ZSGB—1800/6
三变科技股份有限公司	电力变压器	SSP10—75000/220
广州增特变压器有限公司	干式电力变压器	SCB10—1000/10

（续）

企业名称	产品类别	产品型号
唐县恒达电力公司	电力变压器	S11—M—800/10
常熟市鑫福变压器有限公司	电力变压器	S11—M—630/10
常熟市鑫福变压器有限公司	电力变压器	S11—M—125/10
招远市玲珑机电设备有限公司	干式电力变压器	SCB10—1250/10
大同ABB牵引变压器有限公司	动车组牵引变压器	LOT5262(A250)
大同ABB牵引变压器有限公司	动车组牵引变压器	LOT2266(CHE)
新疆石油管理局物资供应总公司自力公司	电力变压器	S11—M—200/10
新疆石油管理局物资供应总公司自力公司	电力变压器	S11—M—1000/10
杭州钱江电气集团股份有限公司	电力变压器	SFP—200000/220
上海一开投资(集团)有限公司	电力变压器	S11—M—315/10
上海庆泰电器成套有限公司	电力变压器	S11—M—100/10
上海庆泰电器成套有限公司	电力变压器	S11—M—630/10
台州银河变压器有限公司	干式电力变压器	SG(H)B10—1000/10
上海西变变压器有限公司	电力变压器	S11—M—800/10
上海昊德电气有限公司	移相整流干式电力变压器	ZPSG—1500/6
福建宏力变压器有限公司	电力变压器	S11—M—315/10
福建宏力变压器有限公司	电力变压器	S11—M—1000/10
福建宏力变压器有限公司	干式电力变压器	SCB9—500/10
福建宏力变压器有限公司	干式电力变压器	SCB9—1000/10
福建宏力变压器有限公司	干式电力变压器	SCB9—1600/10
南京大全变压器有限公司	非晶合金干式电力变压器	SCBH10—630/10
南京大全变压器有限公司	干式整流电力变压器	ZQSCB—1000/10
徐州苏能变压器有限公司	干式电力变压器	SCB10—1000/10
中变变压器有限公司	干式电力变压器	SCB9—315/10
中变变压器有限公司	干式电力变压器	SCB9—500/10
益阳华翔变压器制造有限公司	电力变压器	S11—M—630/10
中变变压器有限公司	干式电力变压器	SCB9—1000/10
益阳华翔变压器制造有限公司	电力变压器	S11—M—125/10
无锡市泰波电抗器有限公司	限流电抗器	XKDKL—10—600—6
正泰电气股份有限公司	电力变压器	S9—50/15
上海ABB变压器有限公司	电力变压器	BS12—M—1500/10
葫芦岛电力设备厂	电力变压器	SFPZ11—180000/220
临猗巨能变压器有限公司	电力变压器	S11—M—125/10
葫芦岛电力设备厂	电力变压器	SFPZ11—180000/220
苏州亚地特种变压器有限公司	干式电力变压器	SCB10—1000/10
广州市番禺明珠电器有限责任公司	非晶合金干式电力变压器	SCBH15—2000/10
广州市番禺明珠电器有限责任公司	风力发电用组合式变压器	ZGSB—Z·F—1600/35
广州市番禺明珠电器有限责任公司	风力发电用预装式变电站	YBM1—12/0.4(F·R)/T—F—1600/35
广州市番禺明珠电器有限责任公司	风力发电用预装式变电站	YBM1—40.5/0.69(F·R)/—F—1600
凌海电力电炉变压器有限责任公司	电力变压器	S11—M—800/10
济南志亨特种变压器有限公司	干式电力变压器	SCLB10—2000/20
上海通用电气广电有限公司	干式电力变压器	SCB10—2500/10
天津泰达特种变压器有限公司	非晶合金干式电力变压器	SCBH15—200/10
灵宝市电力设备厂	电力变压器	S11—M—100/10
灵宝市电力设备厂	电力变压器	S11—M—800/10
北京ABB高压开关设备有限公司	全地下高压/低压预装式变电站	YBP18—12/0.4(F·R)/T—630
佛山市浩莱变压器有限公司	电力变压器	S11—M—100/10
佛山市浩莱变压器有限公司	电力变压器	S11—M—800/10
上海奥通电气有限公司	地下式非晶合金干式电力变压器	SC(H)BM—D—315/10
福建宏力变压器有限公司	干式电力变压器	SCB9—400/10

（续）

企业名称	产品类别	产品型号
南亚塑胶工业股份有限公司新港配电盘厂	干式电力变压器	RB9—2500/10
河南卓越电气有限公司	非晶合金干式电力变压器	SH15—M—315/10
台安县变压器厂	非晶合金电力变压器	SH15—M—80/10
益阳华翔变压器制造有限公司	干式电力变压器	SCB10—1000/10
申工变压器有限公司	干式电力变压器	SCB10—1000/10
内江新内变压器有限公司	电力变压器	S11—M—100/10
内江新内变压器有限公司	电力变压器	S11—M—1000/10
南通联通变压器有限公司	非晶合金电力变压器	SBH15—M—800/10
上海西变变压器有限公司	电力变压器	S11—M—100/10
温州顺特变压器有限公司	电力变压器	S11—M—1000/10
温州顺特变压器有限公司	电力变压器	S11—M—100/10
江苏中电输配电设备有限公司	牵引变压器	SRNQY—（16000＋16000）/110
沈阳福林特种变压器有限公司	电力变压器	SZ11—31500/66
新乡市众盛变压器有限公司	电力变压器	S11—M—125/10
新乡市众盛变压器有限公司	电力变压器	S11—M—630/10
山东赛科思电气股份有限公司	电力变压器	S11—M—630/10
济南特尔电气有限公司	干式电力变压器	SCB10—1000/10
沈阳天通电力设备有限公司	电力变压器	S11—M—1000/10
沈阳天通电力设备有限公司	电力变压器	S11—M—315/10
上海 MWB 互感器有限公司	干式空心平波电抗器	PKDGKL—800—3125—75
上海思源电气股份有限公司	并联电抗器	BKS—45000/35
上海置信电气股份有限公司	非晶合金电力变压器	SH15—M—63/10
上海置信电气股份有限公司	非晶合金电力变压器	SBH15—M—1000/10
上海置信电气股份有限公司	非晶合金电力变压器	SBH15—M—1600/10
上海置信电气股份有限公司	非晶合金电力变压器	SH15—M—1600/10
顺特电气有限公司	接地变压器	DKSCH—500/10
江苏友邦变压器有限公司	电力变压器	S11—M—800/10
华通机电集团有限公司	干式电力变压器	SCB9—500/10
华通机电集团有限公司	干式电力变压器	SCB9—1000/10
华通机电集团有限公司	干式电力变压器	SCB10—1600/10
北京（北二变）变压器有限公司	非晶合金电力变压器	SH15—M—315/10
云南创世福玛电气制造有限责任公司	干式电力变压器	SG（H）B10—1000/10
德州通华伟业电力设备有限公司	电力变压器	S11—M—800/10
德州通华伟业电力设备有限公司	电力变压器	S11—M—100/10
山东赛科思电气股份有限公司	电力变压器	S11—M—315/10
苏州工业园区隆盛电器成套设备制造有限公司	干式电力变压器	SCB10—2000/10
上海南桥变压器有限责任公司	电力变压器	SZ11—K—40000/110
安徽光源电力变压器有限责任公司	干式电力变压器	SCB9—1250/10
上海一开投资（集团）有限公司	电力变压器	S11—M—1000/10
上海工业变压器有限公司	电力变压器	S11—M—315/10
上海工业变压器有限公司	电力变压器	S11—M—800/10
福建省闽西天龙变压器有限公司	电力变压器	S11—M—100/10
福建省闽西天龙变压器有限公司	电力变压器	S11—M—800/10
盐城市中联电气制造有限公司	矿用隔爆型移动变电站干式变压器	KBSG（C）ZY—4000/10
成都市晨曦电力有限责任公司	电力变压器	S11—M—315/10
成都市新盛电器有限责任公司	电力变压器	S11—M—315/10
成都市晨曦电力有限责任公司	电力变压器	S11—M—1000/10
成都市晨曦电力有限责任公司	干式电力变压器	SCB10—1000/10
成都市新盛电器有限责任公司	干式电力变压器	SCB10—1000/10
江苏上能变压器有限公司	干式电力变压器	SC—250/35

（续）

企 业 名 称	产品类别	产品型号
佛山市浩莱变压器有限公司	干式电力变压器	SCB10—1000/10
上海工业变压器有限公司	干式电力变压器	SCB9—1000/10
南通晓星变压器有限公司	单相电力变压器	D9—M·R—30/10
南通晓星变压器有限公司	单相电力变压器	D9—M·R—100/10
青岛青波变压器有限公司	电力变压器	STL9—630/10
北京 ABB 高压开关设备有限公司	全地下高压/低压预装式变电站	CSS—C—C—630/12
南京大全变压器有限公司	电力变压器	S11—M—125/10
南京大全变压器有限公司	电力变压器	S11—M—630/10
南通晓星变压器有限公司	电力变压器	S11—M—400/10
南通晓星变压器有限公司	电力变压器	S11—M—1000/10
南通晓星变压器有限公司	电力变压器	S—2000/10
宿迁苏变变压器有限公司	电力变压器	S11—M—800/10
南通亿力变压器有限公司	非晶合金电力变压器	SBH15—M—800/10
保定天威集团特变电气有限公司	电力变压器	SFZ10—40000/110
昆明赛格迈电气有限公司	干式电力变压器	SCR(H)—400/20
昆明赛格迈电气有限公司	干式电力变压器	SG(C)B—800/20
昆明赛格迈电气有限公司	干式电力变压器	SCR(H)LB10—630/10
昆明赛格迈电气有限公司	干式电力变压器	SCR(H)LB10—800/10
昆明赛格迈电气有限公司	干式电力变压器	SCR(H)LB10—1000/10
昆明赛格迈电气有限公司	干式电力变压器	SG(C)LB10—500/10
昆明赛格迈电气有限公司	干式电力变压器	SG(C)LB10—800/10
昆明赛格迈电气有限公司	干式电力变压器	SG(C)LB10—1600/10
昆明赛格迈电气有限公司	干式电力变压器	SG(C)LB10—2000/10
南京大全变压器有限公司	干式电力变压器	SCLB10—1000/10
南京大全变压器有限公司	干式电力变压器	SLB10—1600/10
沈阳兴电特种变压器制造有限公司	电力变压器	S11—M—100/10
沈阳兴电特种变压器制造有限公司	电力变压器	S11—M—1000/10
西安银河电力输配电设备有限公司	非晶合金电力变压器	SH15—M—315/10
徐州市恒力变压器有限公司	干式电力变压器	SCB10—1000/10
施耐德(苏州)变压器有限公司	干式电力变压器	SCB10—2500/35
广东海鸿变压器有限公司	电力变压器	S11—M·RL—630/10
特变电工衡阳变压器有限公司	并联电抗器	BKD2—70000/550
滑县变压器厂	非晶合金电力变压器	SH15—M—315/10
沈阳昊诚电气有限公司	干式电力变压器	SCB10—1600/10
特变电工沈阳变压器集团有限公司	干式电力变压器	SCB—2000/35
特变电工沈阳变压器集团有限公司	变流变压器	ZQSC(H)B—2200/35
上海沪光变压器有限公司	非晶合金干式电力变压器	SCBH15—800/10
郑州金泰尔电气有限公司	电力变压器	SZ11—6300/35
上海申工变压器有限公司	干式电力变压器	SG(H)B10—1000/10
福建省阳市安顺变压器厂	电力变压器	S11—M—100/10
福建省阳市安顺变压器厂	电力变压器	S11—M—1000/10
浦江变压器有限公司	电力变压器	S11—M—100/10
浦江变压器有限公司	电力变压器	S11—M—630/10
西安天虹电器有限公司	干式电力变压器	SCB10—1600/10
广州维奥伊林变压器有限公司	电力变压器	SR—1500/11.3
江苏苏变变压器有限公司	电力变压器	S11—M—100/10
江苏苏变变压器有限公司	电力变压器	S11—M—800/10
满城县电友电力有限公司变压器分公司	电力变压器	S11—M—315/10
江苏精海变压器有限公司	电力变压器	S11—M—800/10
思源电气股份有限公司	串联电抗器	CKS—240/10—6

（续）

企 业 名 称	产品类别	产品型号
西安天虹电器有限公司	消弧线圈	XHDC—450/10
江苏精海变压器有限公司	电力变压器	S11—100/10
湖北贝斯特机械设备制造有限公司	电力变压器	S11—M—100/10
湖北贝斯特机械设备制造有限公司	电力变压器	S11—M—800/10
中电电气集团有限公司(江苏中电设备有限公司)	干式电力变压器	SCLB10—2000/10
中电电气集团有限公司(江苏中电设备有限公司)	干式电力变压器	SCB10—1250/10
中电电气集团有限公司(江苏中电设备有限公司)	干式电力变压器	SCB10—1600/10
辽源市巨源电力设备制造有限公司	电力变压器	SZ11—31500/66
鞍山派霓电力设备有限公司	电力变压器	SZ11—50000/66
株洲时代电工技术有限责任公司	干式电力变压器	SCB10—1000/10
聊城昌佳变电设备有限公司	干式电力变压器	SCB10—1000/10
上海 ABB 变压器有限公司	干式电力变压器	SCBL—1000/10
内蒙古腾龙变压器有限责任公司	电力变压器	S11—M—100/10
内蒙古腾龙变压器有限责任公司	电力变压器	S11—M—630/10
上海置信电气股份有限公司	非晶合金电力变压器	SBH15—M—1000/10
上海邦电设备制造有限公司	干式电力变压器	SG(H)B10—2500/10
福建省泉州变压器制造有限公司	地下式组合变压器	ZGS11—Z・D—250/10
上海西变变压器有限公司	电力变压器	S9—M—100/10
保定晓星天威变压器有限公司	非晶合金电力变压器	SH15—M—315/10
保定晓星天威变压器有限公司	非晶合金电力变压器	SBH15—M—630/10
沈阳福林特种变压器有限公司	机车用干式电力变压器	JCS—40/10
深圳市华力特电气有限公司	中性点接地电阻	FNGR10—600—10
特变电工沈阳变压器集团有限公司	平波电抗器	PKDFP—500—3000—300
特变电工沈阳变压器集团有限公司	换流变压器	ZZDFPZ—297000/500
特变电工沈阳变压器集团有限公司	换流变压器	ZZDFPZ—278000/500
南通晓星变压器有限公司	干式电力变压器	SC10—315/10
成都市新盛电器有限公司	电力变压器	S11—800/10
中电电气集团有限公司(江苏中电设备有限公司)	变流变压器	ZQSC—2500/35
上海邦电设备制造有限公司	干式电力变压器	SC(H)B10—2500/10
泰安远电器有限公司	干式电力变压器	SCB10—1000/10
许继变压器有限公司	串联电抗器	CKDGKL—400/66—6
泰州海田电气制造有限公司	干式电力变压器	SCB10—1000/10
株洲市希玛特变电工有限公司	电力变压器	S9—M—125/10
株洲市希玛特变电工有限公司	电力变压器	S9—M—630/10
河南天力电气设备有限公司	干式电力变压器	SCB10—1000/10
河北丰鹿电力设备有限公司	电力变压器	S11—M—1000/10
南通晓星变压器有限公司	干式电力变压器	SCB10—2000/10
南通晓星变压器有限公司	非晶合金电力变压器	SBH15—M—630/10
株洲时代电工技术有限公司	风力发电用组合式变压器	ZGS—Z・F—1600/35
山东达驰电气股份有限公司	电力变压器	SFSZ11—180000/220
上海华声电气研究所	电力变压器	S11—M—1000/10
石家庄天盾电气有限公司	电力变压器	S11—M・R—800/10
上海邦电设备制造有限公司	干式电力变压器	SGR(H)B10—2500/10
宁波天安变压器有限公司	干式电力变压器	SC(H)B10—2000/10
上海华声电气研究所	干式电力变压器	SCB10—1600/10
吉林泰山电气有限责任公司	电力变压器	S11—M—630/10
武汉诺琦变压器制造有限公司	干式电力变压器	SG(H)B10—1000/10
济南志亨特种变压器有限公司	干式电力变压器	SCB10—2000/10
济南志亨特种变压器有限公司	干式电力变压器	SCB10—1250/10
济南志亨特种变压器有限公司	干式电力变压器	SCB10—1000/10

（续）

企业名称	产品类别	产品型号
济南志亨特种变压器有限公司	干式电力变压器	SCB10—630/10
济南志亨特种变压器有限公司	干式电力变压器	SCB10—400/10
济南志亨特种变压器有限公司	干式电力变压器	SCB10—250/10
满城县电友电力有限责任公司	电力变压器	S11—M—800/10
济南成瑞电力设备有限公司	电力变压器	S11—M—630/10
济南成瑞电力设备有限公司	电力变压器	S11—M—100/10
上海一开电气集团有限公司	电力变压器	S11—M—800/10
中电电气集团有限公司	干式电力变压器	SC10—10000/35
泰兴恒源变压器有限公司	干式电力变压器	SCB10—1000/10
上海一开电气集团有限公司	干式电力变压器	SCB10—1000/10
山东鲁圣电气设备有限公司	干式电力变压器	SCB10—1000/10
九川集团有限公司	电力变压器	S9—3150/35
日照达林变压器有限公司	电力变压器	S11—M—100/10
日照达林变压器有限公司	电力变压器	S11—M—800/10
江苏鼎鑫电气有限公司	电力变压器	SZ11—6300/35
湖南湘能变压器有限责任公司	干式电力变压器	SCB10—1000/10
宿迁苏变变压器有限公司	电力变压器	S11—M—100/10
北海银河科技变压器有限公司	非晶合金电力变压器	SH15—M—315/10
共信电力科技有限公司	电力变压器	S11—M—1000/10
共信电力科技有限公司	电力变压器	S11—M—315/10
福建省建阳市安顺变压器厂	电力变压器	S11—M—1000/10
赤峰电力设备厂	非晶合金电力变压器	SH15—M—315/10
山东中茂电气设备有限公司	电力变压器	S11—M—125/10
山东中茂电气设备有限公司	电力变压器	S11—M—630/10
苏州金山门变压器有限公司	干式电力变压器	SCB10—1000/10
中电电气集团有限公司	干式整流变频变压器	ZPSG(H)—3250/4.16
南京合纵电力设备有限公司	非晶合金电力变压器	SBH15—M—800/10
沈阳市新安变压器厂	电力变压器	S11—M—100/10
华通机电集团有限公司	干式电力变压器	SC9—315/10
赤峰天昇电力设备有限责任公司	非晶合金电力变压器	SH15—M—315/10
江苏宏源电气有限责任公司	非晶合金电力变压器	SH15—M—315/10
沈阳市新安变压器厂	电力变压器	S11—M—800/10
新疆新特顺京隆电力设备有限公司	干式电力变压器	SG(H)B10—1000/10
合肥通用变压器厂	电力变压器	S9—3150/35
南阳飞龙电力设备有限公司	非晶合金电力变压器	SH15—M—315/10
泰安市泰山区良友变压器厂	电力变压器	S11—M—100/10
泰安市泰山区良友变压器厂	电力变压器	S11—M—630/10
武汉诺琦变压器制造有限公司	电力变压器	S11—M—100/10
武汉诺琦变压器制造有限公司	电力变压器	S11—M—800/10
无锡市杨市变压器有限公司	电力变压器	SZ11—6300/10
重庆市亚东亚集团变压器有限公司	电力变压器	SFPSZ9—240000/220
淄博奥能电力设备有限公司	电力变压器	S11—M—100/10
淄博奥能电力设备有限公司	电力变压器	S11—M—1000/10
济南志亨特种变压器有限公司	干式电力变压器	SC(H)B10—2500/10
安徽鑫龙电器股份有限公司	干式电力变压器	SCB10—1000/10
苏州工业园区隆盛电器成套设备制造有限公司	干式电力变压器	SCB10—2500/10
铜陵吉鑫电气有限公司	电力变压器	S11—M—100/10
铜陵吉鑫电气有限公司	电力变压器	S11—M—800/10
福建省泉州变压器制造有限公司	非晶合金电力变压器	SH15—M—315/10
福建省泉州变压器制造有限公司	非晶合金电力变压器	SBH15—M—630/10

（续）

企 业 名 称	产品类别	产品型号
南通瑞恩电气有限公司	干式电力变压器	SCB10—1000/10
共信电力科技有限公司	干式电力变压器	SCB10—1000/10
山东省金乡变压器厂	电力变压器	S11—M—800/10
河南省先行电工器材厂	电力变压器	S11—M—315/10
上海南桥变压器有限责任公司	干式电力变压器	SCB10—1600/10
上海南桥变压器有限责任公司	干式电力变压器	SCB10—500/10
大同市变压器总厂	预装式变电站	YBP18—12/0.4(F・R)/T—630
山东鲁能瑞华控股有限公司	非晶合金电力变压器	SH15—M—315/10
山东鲁能瑞华控股有限公司	电力变压器	S11—M・R—630/10
山东鲁能瑞华控股有限公司	干式电力变压器	SCB10—1000/10
江苏宏源电气有限责任公司	非晶合金电力变压器	SBH15—M—630/10
成都一变变压器有限公司	电力变压器	S11—M—100/10
成都一变变压器有限公司	电力变压器	S11—M—630/10
广东阳山县变压器厂	电力变压器	S11—M—315/10
广东阳山县变压器厂	电力变压器	S11—M—1000/10
南通铭安电器有限公司	电力变压器	S11—M—100/10
山东省金乡变压器厂	电力变压器	S11—M—100/10
南通铭安电器有限公司	干式电力变压器	SCB11—1000/10
中电电气集团有限公司	干式电力变压器	SG(H)LB10—630/10
中电电气集团有限公司	干式电力变压器	SG(H)LB10—1000/10
中电电气集团有限公司	干式电力变压器	SG(H)LB10—1600/10
中电电气集团有限公司	干式电力变压器	SCR(H)LB10—800/10
潮安县西溪机电设备有限公司	电力变压器	S11—M—800/10
广东海鸿变压器有限公司	电力变压器	S13—M・RL—200/10
成都市昂奇电力设备有限公司	电力变压器	S11—M—200/10
张家港新特变科技有限公司	电力变压器	S11—M—100/10
张家港新特变科技有限公司	电力变压器	S11—M—1000/10
正泰电气股份有限公司	电力变压器	SFSZ—1000000/110
正泰电气股份有限公司	电力变压器	SFSZ—100000/110
济宁华特电气有限公司	干式电力变压器	SCB10—1000/10
郑州金阳电气有限公司	电力变压器	SZ11—M—40000/110
辽宁华冶集团发展有限公司	电力变压器	SFZ10—31500/110
浏阳市恒宇电力变压器厂	电力变压器	S11—M—100/10
浏阳阳市恒宇电力变压厂	电力变压器	S11—M—630/10
山西华鑫变压器有限公司	干式电力变压器	SG(H)10—400/10
山西华鑫变压器有限公司	干式电力变压器	SG(H)10—1000/10
山西华鑫变压器有限公司	干式电力变压器	SG(H)10—1600/10
三变科技股份有限公司	电力变压器	S11—M—125/10
三变科技股份有限公司	干式电力变压器	SG(H)B10—1600/10
南通铭安电器有限公司	电力变压器	S11—M—800/10
沪光集团浙江电抗器有限公司	串联电抗器	CKSC—54/10—6
江西钱江电气有限责任公司	组合式变压器	ZGS11—Z—315/10
江西钱江电气有限责任公司	电力变压器	S11—M—315/10
江西钱江电气有限责任公司	电力变压器	S11—M—1000/10
浙江巨变变压器有限公司	电力变压器	S11—M—125/10
浙江巨变变压器有限公司	电力变压器	S11—M—630/10
浙江巨变变压器有限公司	电力变压器	SCB10—1000/10
人民电器集团江西变电设备有限公司	干式电力变压器	SCB10—315/10
人民电器集团江西变电设备有限公司	干式电力变压器	SCB10—400/10
人民电器集团江西变电设备有限公司	干式电力变压器	SCB10—630/10

（续）

企 业 名 称	产品类别	产品型号
人民电器集团江西变电设备有限公司	干式电力变压器	SCB10—1000/10
人民电器集团江西变电设备有限公司	干式电力变压器	SCB10—2000/10
广西佳力电工集团有限公司	非晶合金电力变压器	SH15—M—315/10
辽阳电力设备制造有限公司	电力变压器	S11—M—100/10
辽阳电力设备制造有限公司	电力变压器	S11—M·R—630/10
辽阳电力设备制造有限公司	电力变压器	S11—M—800/10
山东省金乡电力变压器厂	电力变压器	S9—3150/35
上海 ABB 变压器有限公司	干式电力变压器	SCR9—10000/35
上海沪光变压器有限公司	干式电力变压器	SCB10—1600/35
江苏帕威尔电气有限公司	非晶合金电力变压器	SBH15—M—500/10
江苏帕威尔电气有限公司	非晶合金电力变压器	SBH15—M—160/10
广州智光电气股份有限公司	中性点接地电阻	ZGNGR—600—10.5
佛山市科源电气有限公司	非晶合金电力变压器	SBH15—M—315/10
南昌变压器有限责任公司	电力变压器	SZ11—6300/35
上海天灵变压器有限公司	电力变压器	S11—M·R—800/10
张家港新特变科技有限公司	干式电力变压器	SCB10—1000/10
江西大族电源科技有限公司	干式电力变压器	SG(H)B10—RL—2000/10
佛山市科源电气有限公司	干式电力变压器	SCB10—315/10
西安银河电力输配电设备有限公司	预装式变电站	YBP12—12/0.4(F·R)/T—630
泰安泰山电气有限公司	电力变压器	SFSZ10—180000/220
科琳电气集团广东科朗变压器有限公司	有载调压变压器	SFSZ9—150000/220
大连华锐股份有限公司电控装备厂	风力发电用预装式变电站	ZGS—Z·F—1600/10
佛山市科源电气有限公司	电力变压器	S11—M—315/10
佛山市科源电气有限公司	电力变压器	S11—M—800/10
佛山市科源电气有限公司	干式电力变压器	SCB10—1000/10
南昌环科技变压器有限公司	干式电力变压器	SCB10—1000/10
山东泰莱电气有限公司	风力发电用预装式变电站	YBM—F—40.5/0.69(F·R)/T—1600
镇江天力变压器有限公司	电力变压器	D11—MR—80/10
常州市华电变压器	电力变压器	SZ11—40000/110
南阳市万锦变压器有限公司	电力变压器	S11—M—200/10
南阳市万锦变压器有限公司	电力变压器	S11—M—800/10
福州天宇电气股份有限公司	地下式电力变压器	S11—D—125/10
福州天宇电气股份有限公司	干式电力变压器	SCB10—500/35
福州天宇电气股份有限公司	变流变压器	ZBSS—5000/35
四川通用电力有限公司	电力变压器	S11—M—100/10
四川通用电力有限公司	电力变压器	S11—M—1000/10
特变电工衡阳变压器有限公司	电力变压器	OSFPSZ10—240000/330
烟台市络华电器开关设备有限责任公司	风力发电用预装式变电站	YBM16—F—40.5/0.69(F·R)/T—1600
衡阳雁能配电设备有限公司	电力变压器	S11—M—100/10
衡阳雁能配电设备有限公司	电力变压器	S11—M—630/10
台州市黄岩宏业变压器厂	干式电力变压器	SCB10—1000/10
河源市金涛变压器有限公司	电力变压器	S11—M—630/10
河源市金涛变压器有限公司	干式电力变压器	SG(H)B10—1000/10
北京华泰变压器有限公司	变流变压器	ZQSC—2500/35
株洲时代电工技术有限责任公司	干式补偿电抗器	CKDC—25—300
柳州柏安变压器有限公司	电力变压器	S11—M—100/10
柳州柏安变压器有限公司	电力变压器	S11—M—1000/10
海南金盘电气有限公司	干式电力变压器	SCB—2150/13.8
山东鲁能泰山电力设备有限公司	电力变压器	SZ11—16000/35
辽阳易发式电气设备有限公司	风力发电用组合式变压器	ZGSB—Z·F—900/35

（续）

企业名称	产品类别	产品型号
大庆华谊电气工程自动化有限公司	电力变压器	S11—M—200/10
大庆华谊电气工程自动化有限公司	干式电力变压器	SCB10—630/10
特变电工沈阳变压器集团有限公司	自耦变压器	OSFPS—360000/330GY
江山市电力变压器厂	干式电力变压器	SCB9—1000/10
南通力源变压器有限公司	非晶合金电力变压器	SBH15—M—800/10
江苏帕威尔电气有限公司	单相电力变压器	D11—M—80/10
江苏帕威尔电气有限公司	单相电力变压器	D11—M—30/10
中变上海实业有限公司	电力变压器	S11—M—315/10
中变上海实业有限公司	电力变压器	S11—M—800/10
石家庄天盾电气有限公司	干式电力变压器	SCB10—1600/10
三变科技股份有限公司	电力变压器	SSZ10—180000/220
江苏华鹏变压器有限公司	有载调压变压器	SSZ—240000/220
绍兴博鸿电力设备有限公司	干式电力变压器	SCB10—1000/10
上海休伯康特能源设备有限公司	非晶合金电力变压器	SH15—M—500/10
浙江同兴变压器有限公司	组合式变压器	ZGS11—Z—315/10
浙江同兴变压器有限公司	电力变压器	S9—M—100/10
深圳市华力特电气有限公司	中性点接地电阻	R10—1000—10
许继变压器有限公司	干式电力变压器	SCB10—2500/10
红旗集团温州变压器有限公司	电力变压器	S9—3150/35
沪光集团有限公司	电力变压器	SZ11—6300/35
佛山市南海区樱本电气厂	电力变压器	S11—M—315/10
佛山市南海区樱本电气厂	电力变压器	S11—M—1000/10
临猗巨能变压器有限公司	电力变压器	S11—M—630/10
日新电机（无锡）有限公司	串联电抗器	CKS—767/35
烟台东源变压器有限责任公司	风力发电用高压/低压预装式变电站	YBM16—F—40.5/0.69（F·R）/T—1600
佛山市南海区樱本电气厂	干式电力变压器	SC10—315/10
佛山市南海区樱本电气厂	干式电力变压器	SCB10—1000/10
山东惠民县惠能电器有限公司	电力变压器	S11—M—100/10
山东惠民县惠能电器有限公司	电力变压器	S11—M—630/10
特变电工沈阳变压器集团有限公司	自耦变压器	ODFPS—500000/750GY
确山县宏远电气有限公司	电力变压器	S11—M—100/10
徐州华辰变压器有限公司	电力变压器	S11—M—200/10
徐州华辰变压器有限公司	电力变压器	S11—M—1000/10
保定天威顺达变压器有限公司	干式电力变压器	SG（H）B10—630/10
保定天威顺达变压器有限公司	变流变压器	ZQSG（H）B—2000/10
淄博市临淄稷丰电气有限公司	电力变压器	S11—M—800/10
河南天力电气设备有限公司	电力变压器	S11—M—800/10
石家庄天盾电气有限公司	电力变压器	S11—M·RL—1000/10
成都双星变压器有限公司	有载调压变压器	DFSPZ9—50000/220GY
特变电工沈阳变压器集团有限公司	并联电抗器	BKD—60000/500
成都成特变压器有限公司	电力变压器	S11—M—100/10
成都成特变压器有限公司	电力变压器	S11—M—630/10
山东泰开箱变有限公司	风力发电用组合式变压器	ZGS—Z·F—2350/35
葫芦岛电力设备厂	电力变压器	SFPSZ11—180000/220
徐州宏鑫变压器有限公司	电力变压器	S11—M—100/10
徐州宏鑫变压器有限公司	电力变压器	S11—M—1000/10
正泰电气股份有限公司	干式电力变压器	SCB10—500/10
正泰电气股份有限公司	干式电力变压器	SCB10—2000/10
正泰电气股份有限公司	电力变压器	S11—M—2500/10
正泰电气股份有限公司	电力变压器	S11—M—1000/10

（续）

企 业 名 称	产品类别	产品型号
湖北省孝感市光源电力集团有限责任公司修造厂	电力变压器	SZ11—6300/10
扬州华鼎电器有限公司	非晶合金干式电力变压器	SCBH10—1000/10
扬州华鼎电器有限公司	非晶合金地下式组合变压器	ZGSBH11—Z·D—500/10
四川通用电力有限公司	干式电力变压器	SCB10—1000/10
淄博市临淄稷丰电气有限公司	电力变压器	S11—M—100/10
江苏海田电气有限公司	非晶合金电力变压器	SH15—M—315/10
徐州华辰变压器有限公司	非晶合金电力变压器	SH15—M—315/10
徐州华辰变压器有限公司	干式电力变压器	SCB10—1600/10
常熟市常源变压器有限公司	非晶合金电力变压器	SBH15—M—630/10
天津市特变电工变压器有限公司	干式电力变压器	SCB10—2500/35
山东省金曼克电气集团股份有限公司	干式电力变压器	SCW10—1000/10
山东省金曼克电气集团股份有限公司	干式电力变压器	SCW10—2000/10
河源市金涛变压器有限公司	电力变压器	S11—M—315/10
青岛君岭电气有限公司	电力变压器	S11—M—800/10
福建省闽西天龙变压器有限公司	干式电力变压器	SCB10—1000/10
广东中电华强变压器有限公司	电力变压器	S11—M—200/10
广东中电华强变压器有限公司	干式电力变压器	SCB9—500/10
广东中电华强变压器有限公司	干式电力变压器	SCB9—1600/10
广东中电华强变压器有限公司	干式电力变压器	SC9—250/10
广东海鸿变压器有限公司	电力变压器	S13—M·RL—800/10
山东泰开变压器有限公司	有载调压变压器	SFSZ11—180000/220
天津市舜天输变电设备有限公司	有载调压变压器	SZ11—6300/35
玉田县金鑫迪电力有限公司	电力变压器	S9—M—315/10
玉田县金鑫迪电力有限公司	电力变压器	S9—M—800/10
玉田县金鑫迪电力有限公司	电力变压器	S11—M—200/10
玉田县金鑫迪电力有限公司	电力变压器	S11—M—1000/10
株洲市四星变压器有限公司	电力变压器	S11—M—1000/10
北海利强变压器有限公司	电力变压器	S11—M—125/10
北海利强变压器有限公司	电力变压器	S11—M—630/10
长城电器集团有限公司	非晶合金电力变压器	SBH15—M—315/10
三变科技股份有限公司	电力变压器	SFSZ10—150000/220
特变电工衡阳变压器有限公司	电力变压器	SSP—360000/500
特变电工衡阳变压器有限公司	自耦变压器	ODFPS—334000/500
特变电工衡阳变压器有限公司	并联电抗器	BKD2—60000/800
黄山市徽安变压器制造有限公司	电力变压器	S11—M—100/10
黄山市徽安变压器制造有限公司	电力变压器	S11—M—1000/10
连云港天工变压器有限公司	电力变压器	S11—M—630/10
连云港天工变压器有限公司	电力变压器	S11—M—100/10
大同ABB牵引变压器有限公司	动车组牵引变压器	ATM9
江苏兆盛电气有限公司	电力变压器	S11—M—315/10
江苏兆盛电气有限公司	电力变压器	S11—M—1000/10
瑞鑫集团(福州)实业有限公司	干式电力变压器	SCB9—500/10
瑞鑫集团(福州)实业有限公司	干式电力变压器	SCB9—1000/10
上海联能置信非晶合金变压器有限公司	非晶合金电力变压器	SH15—M—63/10
上海联能置信非晶合金变压器有限公司	非晶合金电力变压器	SBH15—M—500/10
山东爱普置信非晶合金变压器有限公司	非晶合金电力变压器	SH15—M—100/10
山东爱普置信非晶合金变压器有限公司	非晶合金电力变压器	SBH15—M—500/10
福建和盛置信非晶合金变压器有限公司	非晶合金电力变压器	SBH15—M—500/10
福建和盛置信非晶合金变压器有限公司	非晶合金电力变压器	SH15—M—50/10
江苏中电输配电设备有限公司	电力变压器	SRNB11—M—2500/10

（续）

企 业 名 称	产品类别	产品型号
湖南湘能变压器有限责任公司	电力变压器	S11—M—630/10
湖南湘能变压器有限责任公司	电力变压器	S11—M—100/10
福州天宇变压器股份有限公司	非晶合金干式电力变压器	SCBH15—1250/10
晶龙实业集团有限公司	电力变压器	S11—M—630/10
晶龙实业集团有限公司	电力变压器	S11—M—100/10
东盟电力一体化设备有限公司	风力发电用组合式变压器	ZGS—Z·F—800/10
河南许继电抗器有限公司	并联电抗器	BKGKL—20000/35
特变电工沈阳变压器集团有限公司	有载调压变压器	SFPZ—3600000/220T
保定茂盛电力工业有限责任公司	干式电力变压器	SCB10—1600/10
上海飞晶电气有限公司	非晶合金电力变压器	SH15—M—315/10
浦江变压器有限公司	干式电力变压器	SCB10—1000/10
山东省金曼克电气集团股份有限公司	干式电力变压器	SG(H)B10—1000/10
沪光集团有限公司	非晶合金电力变压器	SBH15—M—315/10
沪光集团有限公司	非晶合金电力变压器	SBH15—M—630/10
杭州钱江电气集团股份有限公司	电力变压器	S—50/11
天津通安变压器有限公司	电力变压器	S9—3150/35
连云港国瑞变压器有限公司	电力变压器	S11—M—100/10
连云港国瑞变压器有限公司	电力变压器	S11—M—800/00
苏州工业园区隆盛电器成套设备制造有限公司	干式电力变压器	SCB11—1600/10
南亚塑胶工业股份有限公司新港配电盘厂	干式电力变压器	SCR10—2500/10
厦门启和电器有限公司	干式电力变压器	SCB10—1000/10
特变电工股份有限公司新疆变压器厂	干式电力变压器	SCR(H)B10—630/10
顺特电气有限公司	干式电力变压器	SCLB10—1000/11
陕西合容电力设备有限公司	串联电抗器	CKDGKLT—45.5/35—13
保定天威顺达变压器有限公司	干式电力变压器	SG(H)B10—1000/6
临猗县瑞达输变电设备有限公司	电力变压器	S11—M—630/10
临猗县瑞达输变电设备有限公司	电力变压器	S11—M—100/10
上海 ABB 变压器有限公司	干式电力变压器	SCBL—1000/11
成都二变电器有限公司	电力变压器	S11—M—100/10
成都二变电器有限公司	电力变压器	S11—M—800/10
中电电气集团江苏中电设备有限公司	串联电抗器	CKSCKL—216/10—6
人民电器集团江西变电设备有限公司	电力变压器	S11—D—250/10
人民电器集团江西变电设备有限公司	地下式组合变压器	ZGS11—Z·D—400/10
人民电器集团江西变电设备有限公司	干式电力变压器	SCB10—1600/35
招远市玲珑机电设备有限公司	非晶合金电力变压器	SH15—M—315/10
徐州巨腾变压器有限公司	电力变压器	S11—M—315/10
徐州巨腾变压器有限公司	电力变压器	S11—M—1000/10
山东泰开电力电子有限公司	干式空心并联电抗器	BKDGKL—6670/35
山东泰莱电气有限公司	电力变压器	S11—M—100/10
山东泰莱电气有限公司	电力变压器	S11—M—800/10
徐州巨腾变压器有限公司	非晶合金电力变压器	SH15—M—315/10
日照达林变压器有限公司	干式电力变压器	SCB10—1000/10
石家庄市变压器厂	电力变压器	S11—1000/10
石家庄市变压器厂	有载调压变压器	SFZ10—16000/35
南阳光辉电器有限公司	电力变压器	S11—M—100/10
南阳光辉电器有限公司	电力变压器	S11—M—1000/10
四川省科威电工有限责任公司	干式电力变压器	SCB10—1000/10
特变电工沈阳变压器集团有限公司	平波电抗器	PKDFPK—125—3000—120
南阳光辉电器有限公司	干式电力变压器	SCB10—500/10
南阳光辉电器有限公司	干式电力变压器	SCB10—1000/10

（续）

企业名称	产品类别	产品型号
浙江电力变压器有限公司	非晶合金电力变压器	SH15—M—315/10
佛山佛锐电气有限公司	电力变压器	S11—M—200/10
佛山佛锐电气有限公司	电力变压器	S11—M—1000/10
天津市特变电工变压器有限公司	干式电力变压器	SG(H)B10—630/10
天津市特变电工变压器有限公司	干式电力变压器	SG(H)B10—2500/10
上海南桥变压器有限责任公司	干式电力变压器	SCB10—1600/10
海南威特电气集团有限公司	非晶合金电力变压器	SBH15—M—630/10
河南中晶电气设备有限责任公司	非晶合金电力变压器	SH15—M—315/10
山东泰莱电气有限公司	电力变压器	S9—3150/35
徐州巨腾变压器有限公司	干式电力变压器	SCB10—1600/10
苏州工业园区隆盛电器成套设备制造有限公司	非晶合金电力变压器	SBH15—M—630/10
常州西电变压器有限责任公司	有载调压变压器	SSZ11—180000/220
山东省金乡电力变压器厂	干式电力变压器	SCB10—1000/10
山东达驰电气股份有限公司	牵引变压器	S—QY—(12500+16000)/110
福州亿力电器设备有限公司	组合式变压器	ZGS11—Z—630/10
大同鑫鑫飞马重型电机变压器制造有限公司	电力变压器	S11—M—125/10
大同鑫鑫飞马重型电机变压器制造有限公司	电力变压器	S11—M—630/10
江山市电力变压器厂	电力变压器	S11—M—315/10
南通力源变压器有限公司	干式电力变压器	SCB11—1250/10
常州华迪特种变压器有限公司	干式电力变压器	SCB10—2000/20
常州华迪特种变压器有限公司	干式电力变压器	SCB10—1000/20
常熟市常源变压器有限公司	干式电力变压器	SCB10—800/10
福克思电器有限公司	干式电力变压器	SCB10—1000/10
许昌鑫城电力装备有限公司	电力变压器	S11—M—100/10
许昌鑫城电力装备有限公司	电力变压器	S11—M—800/10
扬州华鼎电器有限公司	电力变压器	S11—315/20
扬州华鼎电器有限公司	电力变压器	S11—M—800/20
潍坊海能电气有限公司	电力变压器	S11—M—100/10
潍坊海能电气有限公司	电力变压器	S11—M—800/10
嘉善华瑞赛晶电气设备科技有限公司	干式电力变压器	SCB10—1250/10
中外合资江苏宝亨电气有限公司	电力变压器	S11—M—315/10
中外合资江苏宝亨电气有限公司	电力变压器	S11—M—1000/10
上海休伯康特能源设备有限公司	非晶合金电力变压器	SH15——500/10
特变电工新疆变压器厂	干式电力变压器	SG(H)B10—2500/10
正泰电气股份有限公司	电力变压器	SFSZ11—180000/220
中外合资江苏宝亨电气有限公司	干式电力变压器	SCB10—1600/10
特变电工衡阳变压器有限公司	有载调压变压器	SFSZ10—240000/220
浙江尚能电气股份有限公司	非晶合金电力变压器	SH15—M—315/10
上海忠久电力变压器有限责任公司	非晶合金电力变压器	SH15—M—500/10
辽宁精工电器有限公司	电力变压器	SL11—M—1000/10
广州市番禺明珠电器有限责任公司	非晶合金电力变压器	SBH15—M—630/10
河北天源电力有限公司	电力变压器	S11—500/10
河北天源电力有限公司	电力变压器	S11—1000/10
上海置信电气股份有限公司	非晶合金电力变压器	SBH15—M—500/20
上海置信电气股份有限公司	地下式非晶合金电力变压器	SBH15—D—500/10
福建省泉州变压器制造有限公司	有载调压变压器	SZ11—6300/35
江苏恒炫电气有限公司	干式电力变压器	SCB11—1600/10
重庆重变电器有限责任公司	干式电力变压器	SC(H)B10—1000/10
南通市亚威变压器厂	干式电力变压器	SCB11—1250/10
北京新华都特种变压器有限公司	变频电源用干式整流变压器	ZPSFG(H)—1250/6

（续）

企业名称	产品类别	产品型号
北京新华都特种变压器有限公司	变频电源用干式整流变压器	ZPSFG(H)—1600/10
山东民基电力设备有限公司	电力变压器	S11—M—100/10
山东民基电力设备有限公司	电力变压器	S11—M—800/10
东营恒信电器集团有限公司	电力变压器	S11—M—100/10
东营恒信电器集团有限公司	电力变压器	S11—M—800/10
苏变(徐州)电气有限公司	电力变压器	S9—3150/35
深圳市深特变电气设备有限公司	电力变压器	S11—M—100/10
深圳市深特变电气设备有限公司	电力变压器	S11—M—800/10
佛山市顺德区恒导电气科技有限公司	干式电力变压器	SG(H)B10—2000/10
苏州东源天利电器有限公司	干式电力变压器	SCB10—1000/10
天津市舜丰变压器有限公司	干式电力变压器	SC10—315/10
特变电工新疆变压器厂	非晶合金干式电力变压器	SG(H)BH15—630/10
南昌电力变压器厂	干式电力变压器	SCB10—1000/10
银川卧龙变压器有限公司	风力发电用高低/压预装式变电站	ZGS—Z·F—1600/10
泰州海田电气制造有限公司	非晶合金电力变压器	SH15—M—315/10
江苏非晶电气有限公司	非晶合金电力变压器	SH15—M—315/10

质量及标准 2007年,变压器行业企业虽然经历了主材供应紧张等不利因素的严峻考验,但始终坚持严格的质量管理,大力推进企业自主研发,为我国电网建设作出了一个又一个重要的贡献。

2007年5月,河南逐鹿变压器有限公司生产的“逐鹿”牌电力变压器通过了节能产品认证,这是该公司始终坚持优质、节能、环保、安全的产品研发、制造和经营发展理念,在注重经济效益的同时创造更好的社会效益、回报社会的结果。

江苏华鹏变压器有限公司为提升产品质量,积极响应供应部门提出的采信要求,向电能(北京)产品认证中心申请了油浸式电力变压器、干式变压器两大系列产品的认证工作,并已获得电能认证中心颁发的产品认证证书。

特变电工衡阳变压器有限公司超高压线圈车间绕线班继2007年6月被评为“湖南省机械行业质量信得过班组”之后,8月,又被中国机械工业质量管理协会评为“全国机械行业质量信得过班组”。长期以来,该班组从严管理、务实创新,以优良的工作作风,解决了一个又一个难题,赢得了良好的声誉。

2007年,国家质量监督检验检疫总局授权中国名牌战略推进委员会对162类产品进行中国名牌产品评价,变压器行业6家企业的7个变压器产品获得“中国名牌产品”称号。它们是:西安西电变压器有限责任公司生产的“XD”牌变压器和220kV及以上并联电抗器,特变电工股份有限公司生产的“新特”牌220kV及以上并联电抗器,保定天威集团有限公司生产的“BTW”牌,特变电工衡阳变压器有限公司生产的“新特”牌,特变电工沈阳变压器集团有限公司生产的“SHENBIAN”牌,特变电工股份有限公司新疆变压器厂生产的“新特”牌高压输变电设备220kV及以上电力变压器。

2007年9月,南京电气(集团)有限责任公司顺利通过中联认证中心的质量管理体系年度现场监督审核。公司建立的第4版质量管理体系文件符合GB/T19001—2000标准的要求。质量管理体系的建立和运行得到了管理层的积极参与和推动,公司充满了生机和活力,公司内营造了以顾客为关注焦点的良好氛围。

2007年10月,济南变压器集团股份有限公司通过自我完善和自我改进机制的推进,质量管理体系不断得到完善和改进,尤其是公司承担的0811奥运工程项目,产品质量得到华夏认证中心审核组的高度评价,被华夏认证中心授予“荣誉客户”铜牌。

〔撰稿人:沈阳变压器研究所陈萍 审稿人:沈阳变压器研究所曲万旦〕

电气控制成套设备

生产发展状况 2007年,根据对电气控制成套设备行业84个生产企业的统计,各项指标比上年均有一定程度的增长。其中完成工业总产值3 905 105.25万元,比上年增长8%;利润总额316 114.9万元,比上年增长10.9%;职工总数43 444人,比上年增长7.3%。

2007年电气控制成套设备行业经济效益综合指数前40名企业见表1。2007年电气控制成套设备行业总资产贡献率前40名企业见表2。2007年电气控制成套设备行业流动资产周转率前40名企业见表3。2007年电气控制成套设备行业全员劳动生产率前40名企业见表4。2007年电气控制成套设备行业资本保值增值率前40名企业见表5。2007年电气控制成套设备行业成本费用利润率前40名企业见表6。2007年电气控制成套设备行业工业总产值前40名企业见表7。2007年电气控制成套设备行业工业增加值前40名企业见表8。2007年电气控制成套设备行业产品销售率前40名企业见表9。2007年电气控制成套设备行业销售产值前40名企业见表10。

表1　2007年电气控制成套设备行业经济效益综合指数前40名企业

序号	企业名称	经济效益综合指数	序号	企业名称	经济效益综合指数
1	山东东辰控股集团有限公司	10.57	21	上海纳杰电器成套有限公司	3.33
2	江苏波瑞电气有限公司	7.35	22	成都通力集团股份有限公司	3.30
3	安徽鑫龙电器股份有限公司	6.77	23	大亚电器集团有限公司	3.24
4	宁波耀华电器厂	6.33	24	上海南桥变压器有限责任公司	3.20
5	江苏东源电器集团	5.49	25	天津市联谊电器成套设备有限公司	3.14
6	沈阳昊诚飞驰电气有限公司	5.33	26	镇江万奇电器设备有限公司	3.10
7	上海南华兰陵电气有限公司	5.18	27	余姚市电力设备修造厂	3.06
8	南京华洋电气有限公司	4.93	28	川开电气有限公司	3.06
9	常熟开关制造有限公司(常熟开关厂)	4.92	29	大全集团有限公司	2.55
10	江苏天源华威电气集团有限公司	4.83	30	浙江三辰电器有限公司	2.55
11	天津市汇和电气控制设备厂	4.58	31	上海精成电器成套有限公司	2.53
12	吴江金通力电器成套有限公司	4.57	32	上海一开电气集团有限公司	2.51
13	江苏华威线路设备集团有限公司	4.31	33	宁波燎原电器集团股份有限公司	2.47
14	天津久安集团有限公司	4.12	34	常德市天马电器成套设备有限公司	2.34
15	上海中发电气(集团)股份有限公司	3.99	35	广东必达电器有限公司	2.34
16	上海天灵开关厂有限公司	3.74	36	福建省先行电力设备有限公司	2.27
17	杭州欣美成套电器制造有限公司	3.61	37	上海电气成套厂有限公司	2.25
18	上海柘中(集团)有限公司	3.57	38	吉林市恒通高压电器有限责任公司	2.25
19	杭州圣力电气有限公司	3.51	39	唐山创元方大电气有限责任公司	2.21
20	沈阳华利能源设备制造有限公司	3.48	40	上海华通开关厂有限公司	2.17

表2　2007年电气控制成套设备行业总资产贡献率前40名企业

序号	企业名称	总资产贡献率(%)	序号	企业名称	总资产贡献率(%)
1	江苏波瑞电气有限公司	133.17	21	吉林市恒通高压电气有限责任公司	25.42
2	天津市汇和电气控制设备厂	103.58	22	苏州爱信输配电设备有限公司	25.37
3	沈阳昊诚飞驰电气有限公司	54.41	23	常德市天马电器成套设备有限公司	24.70
4	江苏天源华威电气集团有限公司	52.81	24	天津市德利泰开关有限公司	24.53
5	常熟开关制造有限公司(原常熟开关厂)	49.87	25	上海南桥变压器有限责任公司	23.69
6	天津市联谊电器成套设备有限公司	45.94	26	安徽鑫龙电器股份有限公司	22.90
7	大亚电器集团有限公司	45.28	27	宁波燎原电器集团股份有限公司	22.87
8	浙江三辰电器有限公司	45.00	28	上海精成电器成套有限公司	22.50
9	山东东辰控股集团有限公司	41.55	29	上海天灵开关厂有限公司	22.45
10	镇江万奇电器设备有限公司	41.39	30	吴江金通力电器成套有限公司	22.43
11	上海纳杰电气成套有限公司	41.03	31	环宇集团有限公司	22.25
12	上海南华兰陵电气有限公司	36.60	32	江苏华威线路设备集团有限公司	21.67
13	余姚市电力设备修造厂	33.38	33	佛山市顺德区南顺电器厂有限公司	21.12
14	宁波耀华电器厂	31.35	34	广东必达电器有限公司	21.00
15	杭州欣美成套电器制造有限公司	29.60	35	沈阳华利能源设备制造有限公司	20.07
16	杭州圣力电气有限公司	29.52	36	上海中发电气(集团)股份有限公司	18.70
17	唐山创元方大电气有限责任公司	26.88	37	大全集团有限公司	17.52
18	上海一开电气集团有限公司	25.97	38	江苏东源电器集团	17.37
19	衡阳衡仪电气有限公司	25.73	39	天津久安集团有限公司	17.12
20	成都通力集团股份有限公司	25.58	40	汕头正超电气有限公司	15.65

表 3　2007 年电气控制成套设备行业流动资产周转率前 40 名企业

序号	企业名称	流动资产周转率（次）	序号	企业名称	流动资产周转率（次）
1	南京华洋电气有限公司	39.95	21	广东必达电器有限公司	2.61
2	安徽鑫龙电器股份有限公司	20.83	22	江苏东源电器集团	2.59
3	江苏波瑞电气有限公司	14.24	23	上海第一开关制造有限公司	2.49
4	沈阳昊诚飞驰电气有限公司	7.12	24	浙江三辰电器有限公司	2.40
5	天津市汇和电气控制设备厂	6.62	25	佛山市顺德区南顺电器厂有限公司	2.35
6	天津市联谊电器成套设备有限公司	6.35	26	杭州欣美成套电器制造有限公司	2.35
7	天津友发宏图精密机械有限公司	6.23	27	上海纳杰电器成套有限公司	2.32
8	江苏天源华威电气集团有限公司	5.98	28	河南开元电气有限公司	2.31
9	杭州圣力电气有限公司	5.46	29	苏州万龙集团有限公司	2.22
10	山东东辰控股集团有限公司	5.17	30	天津市德利泰开关有限公司	2.21
11	浙宝电气(杭州)集团有限公司	4.49	31	大全集团有限公司	2.19
12	北京电器有限公司	4.43	32	余姚市电力设备修造厂	2.17
13	上海一开电气集团有限公司	4.41	33	北京二开万博特电气有限责任公司	1.99
14	上海天灵开关厂有限公司	4.40	34	镇江万奇电器设备有限公司	1.96
15	常德市天马电器成套设备有限公司	3.36	35	常熟开关制造有限公司(常熟开关厂)	1.91
16	大亚电器集团有限公司	3.30	36	汕头正超电气有限公司	1.91
17	上海柘中(集团)有限公司	3.28	37	上海电器陶瓷厂有限公司	1.91
18	环宇集团有限公司	3.20	38	沈阳华利能源设备制造有限公司	1.87
19	宁波燎原电器集团股份有限公司	2.97	39	衡阳衡仪电气有限公司	1.86
20	天津市正本电气有限公司	2.85	40	佛山奇正电气有限公司	1.83

表 4　2007 年电气控制成套设备行业全员劳动生产率前 40 名企业

序号	企业名称	全员劳动生产率（元/人）	序号	企业名称	全员劳动生产率（元/人）
1	山东东辰控股集团有限公司	1 369 766	21	杭州圣力电气有限公司	274 808
2	宁波耀华电器厂	692 518	22	成都通力集团股份有限公司	269 318
3	江苏东源电器集团	682 895	23	上海电气成套厂有限公司	263 049
4	安徽鑫龙电器股份有限公司	499 788	24	上海航星通用电器有限公司	250 259
5	江苏华威线路设备集团有限公司	498 343	25	苏州凯达电器仪表成套有限公司	234 737
6	上海南华兰陵电气有限公司	490 463	26	上海华通开关厂有限公司	234 452
7	吴江金通力电器成套有限公司	487 500	27	大全集团有限公司	233 894
8	天津久安集团有限公司	460 400	28	上海纳杰电气成套有限公司	224 239
9	江苏天源华威电气集团有限公司	429 048	29	佛山奇正电气有限公司	189 873
10	上海中发电气(集团)股份有限公司	423 785	30	余姚市电力设备修造厂	187 216
11	上海柘中(集团)有限公司	396 701	31	上海一开电气集团有限公司	185 660
12	沈阳昊诚飞驰电气有限公司	390 930	32	宁夏力成电气集团有限公司	183 773
13	上海天灵开关厂有限公司	384 092	33	西安电器开关有限公司	174 516
14	江苏波瑞电气有限公司	381 053	34	上海精成电器成套有限公司	172 037
15	川开电气有限公司	376 903	35	上海德力西集团有限公司	167 870
16	沈阳华利能源设备制造有限公司	327 134	36	北京中煤电气有限公司	165 736
17	杭州欣美成套电器制造有限公司	322 946	37	广东必达电器有限公司	162 222
18	上海南桥变压器有限责任公司	286 933	38	广东顺开电气集团有限公司	159 968
19	常熟开关制造有限公司(原常熟开关厂)	280 110	39	天津市三源电力设备制造有限公司	159 164
20	福建省先行电力设备有限公司	276 281	40	天津市汇和电气控制设备厂	157 000

表5　2007年电气控制成套设备行业资本保值增值率前40名企业

序号	企业名称	资本保值增值率(%)	序号	企业名称	资本保值增值率(%)
1	上海泰高开关有限公司	428.89	21	川开电气有限公司	128.25
2	成都通力集团股份有限公司	259.17	22	苏州电气控制设备厂有限公司	127.18
3	上海电器陶瓷厂有限公司	227.32	23	吴江金通力电器成套有限公司	126.05
4	沈阳昊诚飞驰电气有限公司	225.16	24	上海精成电器成套有限公司	123.94
5	杭州欣美成套电器制造有限公司	193.40	25	江苏波瑞电气有限公司	122.77
6	常德市天马电器成套设备有限公司	192.25	26	宁波天安(集团)股份有限公司	122.64
7	安徽鑫龙电器股份有限公司	186.63	27	上海德力西集团有限公司	120.55
8	天津市正本电气有限公司	164.74	28	大亚电器集团有限公司	119.67
9	吉林市恒通高压电器有限责任公司	158.37	29	西安电器开关有限公司	118.93
10	山东东辰控股集团有限公司	157.89	30	上海第一开关制造有限公司	118.90
11	汕头正超电气有限公司	155.82	31	沈阳华利能源设备制造有限公司	117.84
12	天津市德利泰开关有限公司	147.69	32	杭申控股集团有限公司	117.53
13	上海华通开关厂有限公司	140.55	33	上海宝临电气集团有限公司	115.80
14	厦门协成实业有限公司	139.56	34	天津久安集团有限公司	113.83
15	余姚市电力设备修造厂	136.30	35	江苏天源华威电气集团有限公司	111.37
16	宁波耀华电器厂	130.00	36	环宇集团有限公司	111.32
17	江苏华威线路设备集团有限公司	129.71	37	嘉兴市正原电气智能设备有限公司	110.90
18	广东必达电器有限公司	129.46	38	慈溪市奇乐低压电器厂	110.88
19	昆明开关厂	129.35	39	苏州万龙集团有限公司	109.89
20	常熟开关制造有限公司(常熟开关厂)	128.40	40	上海电气成套厂有限公司	109.55

表6　2007年电气控制成套设备行业成本费用利润率前40名企业

序号	企业名称	成本费用利润率(%)	序号	企业名称	成本费用利润率(%)
1	常熟开关制造有限公司(常熟开关厂)	44.51	21	上海南桥变压器有限责任公司	12.61
2	宁波耀华电器厂	26.53	22	天津久安集团有限公司	12.56
3	上海南华兰陵电气有限公司	25.73	23	浙江三辰电器有限公司	12.00
4	镇江万奇电器设备有限公司	24.49	24	成都通力集团股份有限公司	11.08
5	大亚电器集团有限公司	24.20	25	常德市天马电器成套设备有限公司	10.90
6	安徽鑫龙电器股份有限公司	20.12	26	江苏东源电器集团	10.57
7	江苏波瑞电气有限公司	19.40	27	天津市德利泰开关有限公司	10.37
8	天津市联谊电器成套设备有限公司	18.78	28	上海新原电气股份设备有限公司	9.95
9	沈阳昊诚飞驰电气有限公司	18.25	29	杭州欣美成套电器制造有限公司	9.94
10	天津市汇和电气控制设备厂	17.50	30	杭州圣力电气有限公司	9.71
11	吴江金通力电器成套有限公司	17.36	31	汕头正超电气有限公司	9.43
12	唐山创元方大电气有限责任公司	16.72	32	苏州爱信输配电设备有限公司	9.28
13	余姚市电力设备修造厂	16.71	33	江苏华威线路设备集团有限公司	8.75
14	吉林市恒通高压电器有限责任公司	16.17	34	云南开关厂	8.45
15	上海纳杰电器成套有限公司	15.81	35	慈溪市奇乐低压电器厂	8.24
16	沈阳华利能源设备制造有限公司	13.95	36	天津市三源电力设备制造有限公司	7.67
17	上海中发电气(集团)股份有限公司	13.89	37	广东必达电器有限公司	7.45
18	山东东辰控股集团有限公司	13.73	38	上海柘中(集团)有限公司	7.27
19	上海精成电器成套有限公司	13.60	39	环宇集团有限公司	7.15
20	宁波燎原电器集团股份有限公司	12.89	40	宁波天安(集团)股份有限公司	6.52

表 7 2007 年电气控制成套设备行业工业总产值前 40 名企业

序号	企业名称	工业总产值（万元）	序号	企业名称	工业总产值（万元）
1	山东东辰控股集团有限公司	502 102	21	锦州锦开电器集团有限责任公司	55 026
2	大全集团有限公司	460 654	22	沈阳华利能源设备制造有限公司	55 000
3	江苏东源电器集团	315 732	23	上海一开电气集团有限公司	52 726
4	江苏天源华威电气集团有限公司	138 900	24	上海宝临电气集团有限公司	48 953
5	宁波天安（集团）股份有限公司	135 408	25	浙宝电气（杭州）集团有限公司	41 120
6	杭申控股集团有限公司	125 429	26	杭州欣美成套电器制造有限公司	34 036
7	环宇集团有限公司	125 036	27	广东顺开电气集团有限公司	33 902
8	厦门协成实业有限公司	123 000	28	上海南桥变压器有限责任公司	30 589
9	上海中发电气（集团）股份有限公司	114 355	29	云南开关厂	29 259
10	上海柘中（集团）有限公司	110 018	30	汕头正超电气有限公司	28 790
11	江苏波瑞电气有限公司	104 510	31	上海纳杰电气成套有限公司	27 820
12	上海德力西集团有限公司	99 258	32	上海电气成套厂有限公司	26 593
13	常熟开关制造有限公司（原常熟开关厂）	94 570	33	天津久安集团有限公司	26 298
14	安徽鑫龙电器股份有限公司	87 500	34	广东必达电器有限公司	21 365
15	江苏华威线路设备集团有限公司	84 146	35	大亚电器集团有限公司	20 205
16	川开电气有限公司	76 697	36	上海华通开关厂有限公司	19 702
17	上海天灵开关厂有限公司	76 317	37	宁夏力成电气集团有限公司	18 190
18	天津市三源电力设备制造有限公司	68 376	38	上海航星通用电器有限公司	17 269
19	成都通力集团股份有限公司	62 994	39	杭州杭开电气有限公司	16 003
20	上海南华兰陵电气有限公司	58 106	40	天津市汇和电气控制设备厂	15 700

表 8 2007 年电气控制成套设备行业工业增加值前 40 名企业

序号	企业名称	工业增加值（万元）	序号	企业名称	工业增加值（万元）
1	大全集团有限公司	135 612	21	上海一开电气集团有限公司	13776
2	山东东辰控股集团有限公司	99 308	22	杭州欣美成套电器制造有限公司	11 465
3	江苏东源电器集团	70 065	23	广东顺开电气集团有限公司	9 886
4	安徽鑫龙电器股份有限公司	58 975	24	上海南桥变压器有限责任公司	9 469
5	江苏华威线路设备集团有限公司	53 821	25	天津市三源电力设备制造有限公司	8 372
6	江苏天源华威电气集团有限公司	51 486	26	锦州锦开电器集团有限责任公司	7 536
7	常熟开关制造有限公司（常熟开关厂）	40 840	27	上海华通开关厂有限公司	7 268
8	上海柘中（集团）有限公司	38 837	28	宁波耀华电器厂	6 925
9	宁波天安（集团）股份有限公司	29 050	29	云南开关厂	6 915
10	天津久安集团有限公司	27 624	30	上海宝临电气集团有限公司	6 200
11	川开电气有限公司	26 308	31	大亚电器集团有限公司	6 087
12	上海德力西集团有限公司	25 382	32	宁夏力成电气集团有限公司	5 991
13	江苏波瑞电气有限公司	25 340	33	佛山奇正电气有限公司	5 981
14	环宇集团有限公司	21 963	34	上海电气成套厂有限公司	5 866
15	上海中发电气（集团）股份有限公司	21 274	35	上海航星通用电器有限公司	5 806
16	上海天灵开关厂有限公司	17 553	36	唐山创元方大电气有限责任公司	5 600
17	杭申控股集团有限公司	15 783	37	上海纳杰电器成套有限公司	5 449
18	沈阳华利能源设备制造有限公司	15 637	38	浙宝电气（杭州）集团有限公司	5 234
19	上海南华兰陵电气有限公司	15 352	39	广东必达电器有限公司	4 526
20	成都通力集团股份有限公司	14 220	40	天津市汇和电气控制设备厂	4 396

表 9　2007 年电气控制成套设备行业产品销售率前 40 名企业

序号	企业名称	产品销售率（%）	序号	企业名称	产品销售率（%）
1	天津市三源电力设备制造有限公司	119.76	21	北京电器有限公司	100.00
2	广东省新会电器厂有限公司	112.79	22	唐山创元方大电气有限责任公司	100.00
3	余姚市电力设备修造厂	111.11	23	上海飞洲电气股份有限公司	100.00
4	成都通力集团股份有限公司	107.41	24	苏州爱信输配电设备有限公司	100.00
5	宁夏力成电气集团有限公司	106.91	25	上海航星通用电器有限公司	100.00
6	天津市德利泰开关有限公司	106.77	26	宁波燎原电器集团股份有限公司	99.99
7	上海电气成套厂有限公司	101.60	27	江苏天源华威电气集团有限公司	99.97
8	苏州电气控制设备厂有限公司	100.39	28	上海南华兰陵电气有限公司	99.89
9	大全集团有限公司	100.00	29	天津市联谊电器成套设备有限公司	99.81
10	常德市天马电器成套设备有限公司	100.00	30	上海第一开关制造有限公司	99.67
11	北京二开万博特电气有限责任公司	100.00	31	武汉市武昌电控设备有限公司	99.45
12	广东顺开电气集团有限公司	100.00	32	上海一开电气集团有限公司	99.43
13	扬州裕成电器有限公司	100.00	33	广州电器元件厂	98.32
14	上海天灵开关厂有限公司	100.00	34	汕头正超电气有限公司	98.00
15	上海宝临电气集团有限公司	100.00	35	上海中发电气(集团)股份有限公司	98.00
16	上海精成电器成套有限公司	100.00	36	沈阳华利能源设备制造有限公司	97.82
17	南京华洋电气有限公司	100.00	37	山东东辰控股集团有限公司	97.77
18	镇江万奇电器设备有限公司	100.00	38	常熟开关制造有限公司(常熟开关厂)	97.71
19	安徽鑫龙电器股份有限公司	100.00	39	浙宝电气(杭州)集团有限公司	97.65
20	佛山市顺德区南顺电器厂有限公司	100.00	40	吴江金通力电器成套有限公司	97.33

表 10　2007 年电气控制成套设备行业销售产值前 40 名企业

序号	企业名称	销售产值（万元）	序号	企业名称	销售产值（万元）
1	山东东辰控股集团有限公司	490 916	21	上海一开电气集团有限公司	52 427
2	大全集团有限公司	460 654	22	上海宝临电气集团有限公司	48 953
3	江苏东源电器集团	298 597	23	锦州锦开电器集团有限责任公司	48 716
4	江苏天源华威电气集团有限公司	138 853	24	浙宝电气(杭州)集团有限公司	40 152
5	宁波天安(集团)股份有限公司	121 360	25	广东顺开电气集团有限公司	33 902
6	环宇集团有限公司	120 447	26	杭州欣美成套电器制造有限公司	28 879
7	杭申控股集团有限公司	116 637	27	汕头正超电气有限公司	28 214
8	上海中发电气(集团)股份有限公司	112 068	28	云南开关厂	27 289
9	上海柘中(集团)有限公司	105 132	29	上海电气成套厂有限公司	27 019
10	江苏波瑞电气有限公司	99 600	30	上海南桥变压器有限责任公司	25 680
11	上海德力西集团有限公司	94 711	31	上海纳杰电气成套有限公司	25 024
12	常熟开关制造有限公司(原常熟开关厂)	92 405	32	广东必达电器有限公司	20 593
13	安徽鑫龙电器股份有限公司	87 500	33	宁夏力成电气集团有限公司	19 447
14	天津市三源电力设备制造有限公司	81 889	34	大亚电器集团有限公司	19 428
15	江苏华威线路设备集团有限公司	76 946	35	上海华通开关厂有限公司	17 723
16	上海天灵开关厂有限公司	76 317	36	上海航星通用电器有限公司	17 269
17	川开电气有限公司	68 306	37	天津久安集团有限公司	16 899
18	成都通力集团股份有限公司	67 662	38	天津市汇和电气控制设备厂	15 000
19	上海南华兰陵电气有限公司	58 041	39	唐山创元方大电气有限责任公司	15 000
20	沈阳华利能源设备制造有限公司	53 800	40	宁波燎原电器集团股份有限公司	13 980

质量及标准　上海南桥变压器有限责任公司技术中心经过层层筛选、资质审核和专家评审，正式被评为上海市企业技术中心。市级技术中心的成立对公司整体技术提升、产品开发、技术创新、专利申报及项目能力建设等方面起到了积极推动作用。

2007 年 4 月 10 日，全国低压成套开关设备和控制设备标准化技术委员会在天津召开了 GB 7251.1—GB 7251.3 标准换版内容发布及“3C”换证相关技术问题研讨会。会上，中国质量认证中心邢合萍处长对标准换版实施后，“3C”证书换证程序及认证工作今后的发展方向做了详细、具体的阐述。

2007 年 1 月 27 日，杭申控股集团在萧山举行了“新起点、新跨越——杭申集团中国名牌、中国驰名商标双揭牌仪式”。中国机械工业联合会、中国电器工业协会、中国质量认证中心、上海电器科学研究所、天津电气传动设计研究所以及杭州市、萧山区领导、行业专家出席了揭牌仪式。

北京中煤电气公司技术开发部在企业标准化工作方面迈出了第一步，为公司技术管理工作步入规范化、标准化的轨道打下了基础。

由全国低压成套开关设备和控制设备标准化技术委员会组织的标准制修订会议于2007年6月12~14日在天津举行。根据国家标准化管理委员会2007年标准制修订项目计划，本次会议对秘书处组织完成的GB 7251.5《低压成套开关设备和控制设备 第5部分：对公用电网动力配定成套设备的特殊要求》、GB/T 15576《低压无功功率补偿装置》、GB/T 9089.1《户外严酷条件下电气装置 第1部分：电气成套设备安全防护要求》标准的草案稿进行了认真、热烈的讨论，提出了许多中肯的意见和建议。秘书处在广泛听取各方意见的基础上，形成标准的征求意见稿，提交全国低压成套设备标委会委员单位征求意见。

由天津电气传动设计研究所（中国电器工业协会电控配电设备分会）组织，并由电控配电行业20余家知名企业参加组成的电缆桥架国家标准起草工作组制定的国家标准GB/T ××××-××××《电缆管理——电缆托盘系统和电缆梯架系统》于2007年9月20日在郑州市通过了全国电器附件标准化技术委员会组织的标准审查，填补了电缆桥架产品无国家标准的空白。

2007年10月22~26日，全国低压成套开关设备和控制设备标准化技术委员会一届五次年会暨标准审查会在广西北海市召开。会议审议通过了标委会秘书处所作的2007年度工作报告，讨论确定了标委会2008年标准制修订计划及有关工作。

上海南桥变压器有限责任公司自行研发设计生产的110kV级及以下电力变压器被评为2007年度“上海市名牌产品”。

科技成果及新产品 2007年3月19~20日，天津电气传动设计研究所与中国电器工业协会电控配电设备分会在天津主持召开了GCK2型低压成套开关设备全国联合设计组成立会议，来自46家企业的共50余名代表参加了此次会议。在会上，联合设计组组织单位天津电气传动设计研究所、中国电器工业协会电控配电设备分会提出了对GCK型低压成套开关设备改进的初步设想，并广泛听取了各设计组参加单位对GCK产品改进方案的建议。各代表结合实际生产情况充分阐述了自己的观点，并携带了本厂具有代表性的GCK改进方案样本和资料在会上进行了介绍。联合设计组组织单位对GCK2型低压成套开关设备全国联合设计组开展工作的整体计划进行了安排，并经代表充分讨论，最终达成共识。

2007年8月，GCK2全国联合设计组在天津电气传动设计研究所（中国电器工业协会电控配电设备分会）的组织下在天津久安集团有限公司进行了进线柜5 000A机构的机械载荷试验。

成都通力集团股份有限公司自行研制的3个电气化铁道产品于2007年4月14日通过了由四川省经济委员会主持的省级产品鉴定会。

2007年9月29日，杭申控股集团组织召开了由杭州之江开关股份有限公司承担开发的HSW6系列万能断路器等五系列省级新产品鉴定会。鉴定委员会一致认为杭州之江开关股份有限公司自主开发的五系列产品是成功的，同意通过省级新产品鉴定。

基本建设及技术改造 2007年10月30日，天津市科委组织有关专家对天津市配电自动化工程中心进行了评议验收。天津市配电自动化工程中心依托于天津天传电控配电有限公司，该公司是由天津电气传动设计研究所和天津久安集团共同出资，按照现代企业制度建立的股份制高新技术企业。专家组认真听取了中心的工作汇报，审阅了验收文件，查看了生产、检验和办公现场，经质询、讨论后一致同意通过验收。

行业活动 2007年4月12~26日，中国电器工业协会电控配电设备分会组织考察团进行了为期14天的欧洲商务考察。35位考察团成员是来自国内电控配电行业22个知名企业的企业领导和技术专家。考察团主要参观了具有世界影响的2007年汉诺威国际工业博览会，此次博览会主要展出国际各类电力工程设备、输配电设备、高低压电器及成套设备、电工材料和电线电缆等电工专业设备，并在全球范围内展示国际电力工程领域的最新技术和装备，以及对未来电器行业的生产、科技和计算机设计系统的管理趋势。展会期间团员对企业相关产品与技术进行认真的考察，并与外商交流，进行了有关合作意向的洽谈，取得良好效果。出访期间，考察团还参观了西门子公司高压开关设备生产线，以及瑞典ABB公司电动机软起动器、低压交流接触器和低压塑壳断路器的生产线等，并与外商进行了技术交流，磋商了具体技术合作等事宜。

2007年10月24~26日，中国电器工业协会电控配电设备分会四届二次常务理事工作会议在广东省深圳市召开，30多个常务理事单位的代表参加会议。电控配电设备分会秘书处相关人员分别汇报了2006~2007年度电控配电设备分会的工作情况，介绍了2006年度分会的统计年报工作和行业经济运行分析情况，讨论通过了2007年度申请入会的新会员名单和新增常务理事、理事名单，介绍了GCK2低压成套开关设备联合设计组的开发情况并讨论了分会2008年度的工作计划。会议期间，与会代表分别参观了深圳市光辉电器实业有限公司和深圳市任达电器实业有限公司。

〔撰稿人：天津电气传动设计研究所邢洁　审稿人：天津电气传动设计研究所崔静〕

电力电子器件与装置

生产发展情况 2007年电力电子行业参加统计的共有41个企业，其中国有企业6个，占14.63%；集体企业2个，占

4.88%；有限责任公司15个，占36.59%；股份有限公司3个，占7.32%；私营企业10个，占24.39%；港澳台商投资企业和外商投资企业各2个，各占4.88%；其他企业1个，占2.44%。按规模大小，电力电子行业全为中小型企业，中型企业8个，占19.51%；小型企业33个，占80.49%。共有职工8 118人。

2007年我国电力电子行业仍然保持了良好的发展势头，行业41个企业共实现工业总产值（当年价）360 933.61万元，工业增加值97 886.95万元，主营业务收入334 931.32万元，主营业务利润53 575.64万元，盈亏相抵后实现利润总额26 267.54万元，同上年相比，增幅分别达到34.91%、35.85%、29.55%、1.84%和26.52%。总体来看，电力电子行业仍呈现平稳发展态势。2007年电力电子行业41个企业主要经济指标完成情况见表1。2007年电力电子行业41个企业经济效益指标完成情况见表2。

表1　2007年电力电子行业41个企业主要经济指标完成情况

指标名称	2007年指标值（万元）	比上年增长（%）	增长的企业数（个）	增长30%以上的企业数（个）
全年从业人员平均人数（人）	8 118.00	15.17	22	3
全年工业总产值（当年价）	360 933.61	34.91	32	19
全年工业销售产值	348 380.46	36.81	33	17
其中：出口交货值	26 324.40	52.79	5	3
工业增加值	97 886.95	35.85	28	16
主营业务收入	334 931.32	29.55	34	18
主营业务利润	53 575.64	1.84	26	13
利润总额	26 267.54	26.52	23	14
税金总额	13 370.04	42.33	27	17
年末资产总额	509 307.24	25.09	32	15
年末所有者权益	196 477.43	21.70	33	12
科技活动经费筹集总额	18 484.60	78.59	20	14
研究与试验发展经费支出	10 233.90	73.37	24	2
新产品产值	113 496.68	21.76	17	10
新产品开发经费支出	9 742.70	119.20	17	13
自年初累计完成固定资产投资	65 500.99	335.31	10	7

表2　2007年电力电子行业41个企业经济效益指标完成情况

指标名称	单位	电工行业标准值	2007年行业平均值	达标企业数（个）
总资产贡献率	%	10.7	9.05	23
资本保值增值率	%	120	121.70	15
资产负债率	%	≤60	61.42	22
流动资产周转率	次	1.52	1.06	25
成本费用利润率	%	3.71	9.65	20
全员劳动生产率	元/人	16 500	120 580.13	36
产品销售率	%	96	96.52	24

产品分类产量及市场销售　2007年电力电子行业参加年报统计的41个企业中，电力半导体器件生产企业16个，电力电子设备生产企业3个，电力电子配套件生产企业7个，既生产电力半导体器件又生产电力电子设备的企业10个，既生产电力半导体器件又生产电力电子配套件的企业2个，电力半导体器件、设备和配套件都生产的企业1个，其他有关企业2个。共生产电力电子器件47 876万只，销售47 944万只（其中销往国外22万只）；生产电力电子设备7 192台、1 735万kW，销售8 545台、462.88万kW（其中销往国外2 313台、9 147kW）；生产配套件1 297万只/套，销售1 256万只/套（其中销往国外232万只/套）。

2007年电力电子行业41个企业电力电子器件产、销、存情况见表3。2007年电力电子行业41个企业电力电子设备产、销、存情况见表4。2007年电力电子行业41个企业电力电子配套件产、销、存情况见表5。

表3　2007年电力电子行业41个企业电力电子器件产、销、存情况

器件名称	产量（只）	国内销量（只）	国外销量（只）	年末库存（只）
总　计	478 764 464	479 225 570	221 404	48 704 086
整流管	2 659 686	2 678 690	74 656	638 045
晶闸管	2 600 866	2 856 798	63 382	363 635
晶体管	472 454 752	472 454 565		47 555 016
模块、组件	644 771	839 199	82 588	51 497
其他	404 389	396 318	778	95 893

表 4　2007 年电力电子行业 41 个企业电力电子设备产、销、存情况

设备名称	产量		国内销量		国外销量		年末库存	
	台数	kW	台数	kW	台数	kW	台数	kW
合　计	7 192	17 349 649	6 232	4 619 742	2 313	9 147	869	21 034
一般工业用变流器*	315	183 621	308	183 285			7	336
直流电机调速设备	157	21 682	157	21 682				
交流电机串级调速设备	1		1					
交流变频调速设备*	176	7 800	56	7 800				
软启动器*	954	275	182	275			818	
同步机励磁设备								
电镀电源	64	4 583	70	6 364			13	1 350
电解电源	423	12 076 254	256	881 468			2	2 309
其他电化学用电源	192	1 518 096	41	7 920				
感应加热及热处理电源*	108	1 310	113	1 310			9	225
225 充电、浮充电用设备	332	4 545	335	4 584			4	14
分合闸整流设备								
交流电力控制器								
牵引用整流设备	223	450 600	208	433 800			15	16 800
直流输电用阀组件无功补偿装置*	3	2 853 370	3	2 853 370				
静电除尘用整流设备	233	12 873	54	3 725	179	9 147		
其他	4 011	214 640	4 448	214 153	2 134			

注：在设备名称一列中，标有“*”的该行数据，其台数和 kW 数不相吻合，是因为有些单位只报了台数而未报 kW 数，或只报了 kW 数而未报台数。

表 5　2007 年电力电子行业 41 个企业电力电子配套件产、销、存情况

配套件名称	产　量（只/套）	国内销量（只/套）	国外销量（只/套）	年末库存（只/套）
配套件合计	12 967 577	10 235 244	2 316 941	866 087
螺栓型管壳（含内压接式结构）	404 490	290 719	107 068	79 626
平板型管壳（凸型）	3 350 674	1 829 557	1 617 789	274 389
平板型管壳（凹型）	120 000	120 000		
模块外壳	913 905	843 632	58 460	21 929
其他管壳	168 015	110 316	53 624	13 072
水冷散热器	9 920	7 784		2 336
风冷散热器	140 000	127 000		15 000
热管散热器	3 800	3 870		130
组件散热器	11 140	11 006		332
散热器配套件	81 728	77 728		9 000
钼片	480 000	430 000		30 000
门极引线	1 800 000	1 420 000	200 000	180 000
定位环	2 600 000	2 300 000	190 000	110 000
模块结构件	1 183 905	1 143 632	40 000	273
压接式门极结构件	1 700 000	1 520 000	50 000	130 000

科技成果及新产品　2007 年电力电子行业更加注重自主创新，加大新技术和新产品的开发力度。据不完全统计，电力电子行业 41 个企业 2007 年新产品开发经费达9 742.7 万元，比上年翻了一番。新产品产值达 113 497 万元，比上年增长 16.47%。

西安电力电子技术研究所国家科技部项目——特高压超大功率电力半导体器件表面钝化技术研究、国家科技部重大科技支撑项目——±800kV 直流工程用 3 125A 7 500V 5in晶闸管的研究开发、国家发展和改革委员会重大专项——特高压大功率 6in 晶闸管（4 000A 8 000V）产业化项目正在实施中。

襄樊台基半导体有限公司完成国家自然科学基金资助项目——超高速大功率半导体脉冲开关 RSD，技术指标 $I_p = 250kA$，$t_q = 250\mu s$，$di/dt = 60kA/\mu s$。

中国北车集团永济电机厂西安永电电气有限责任公司自主研发项目——高速动车组用充电机国产化再创新和高

速动车组用变流器国产化已完成样机试制，投入批量生产；输出电压2808V高速动车组用功率模块国产化样机在试制中；北京地铁2号线用自动排流柜已完成样机试制，投入小批量生产；1.5MW风力发电机变频器（双CPU和CPLD相结合结构）和电牵引采煤机变频器已完成样机试制；750kW定桨距失速型风力发电机控制系统（750kW，PLC控制，profibus—DP总线）已经投入批量生产；KP3000—52高压晶闸管和广州地铁5号线单向导通装置（电压1 500V，电流2 000A）已完成样机试制，投入小批量生产；4 500V/1 500A IGCT功率器件正在试制样片。

九江整流器厂正在自主研发大功率智能控制晶闸管整流装置产业化，在电解铝、氯碱行业推广大功率晶闸管整流设备，建立一条年生产能力为300台大功率智能控制晶闸管整流装置生产线，进一步满足我国电解铝、氯碱行业的发展。项目实施后年产大功率智能控制晶闸管装置容量将达到(40kA×1 350V×300)=16 200MV·A，年生产值可达2.7亿元。研发大型整流设备虚拟样机技术及其应用，建立一个研究开发大电流、大功率整流系统虚拟实验室，与全数字控制柜生产线测试系统联网形成整流柜、控制柜的产品数据管理（PDM）系统，用以管理所有与整流柜、控制柜产品相关信息（包括零件信息、配置、文档、CAD文件、结构和权限信息等）和所有与产品相关的技术与文档，为大型整流设备制造信息化工程奠定基础。这两个项目都在实施中。

株洲南车时代电气股份有限公司电力电子事业部为国家电网直流高岭项目研发的5in 7200V HVDC晶闸管，已完成型式试验，交付使用；国家科技部支撑计划项目——6in 8 000V HVDC晶闸管的开发，已完成型式试验，形成了小批试制能力；应电机节能的需求，开发2.5in 4 500V逆导型IGCT器件，已交用户应用；开发与IGCT配套的软恢复二极管，已作出样品。

首钢自动化信息技术有限公司传动事业部自主开发中厚板生产线铸轧机液压AGC自动化、大传动功率柜、热带生产物料跟踪和模拟轧钢、2160一级自动化研究和中厚板生产线双边剪的控制技术和研究，进一步提高了技术含量。这些项目已基本完成。

西安西电电力整流器有限责任公司根据国家计划正在进行5in ±800kV/3 125A和6in ±800kV/4 000A直流输电工程换流阀的研制，自主开发的3A/16 000kV直流背靠背电源已完成产品鉴定。

江阴九华集团有限公司电子陶瓷元件厂应外贸所需，开发出口平板凸台管壳33种规格，漏率$\leqslant 1\times10^{-9}$ $Pa\cdot m^3/s$，完成销售额320万元。为西安电力电子技术研究所开发了6in管壳，50套样品初获该所认可；开发出口GTO和IGBT管壳，已经送样品待反馈。

江苏威斯特整流器有限公司按企业标准自行开发的KS1 200A/1 200V集成大功率双向晶闸管已经完成产品的试制生产，将进入中试阶段；WGB无触点无功动态补偿、WK交流无触点开关柜正处于试制阶段。

阜新嘉隆电子有限公司企校合作研发了恢复时间ns级的超快恢复二极管，正在进行市场试用；自主研发的功率方片，部分在研，部分小批量生产。

质量管理　2007年电力电子行业各企业加大质量管理的力度，有8个企业取得了电力整流器（电力电子）产品生产许可证：北京金自天正智能控制股份有限公司、锦州市锦利电器有限公司、西安中电半导体器件有限责任公司、杭州汉安半导体有限公司、乐清市东整整流器制造有限公司、浙江硅都电力电子有限公司、鞍山市华辰电力器件有限公司和江苏威斯特整流器有限公司。

九江整流器厂加大质量体系完善建设使质量管理落到实处，如中层考核加入质量管理水平评分，企业技术厂长担任体系管理者代表，制定了100多套质量体系文件和作业规范等。同时，加强了企业质量管理的科技投入，为质量管理打下了坚实的基础，如重视重员工培训以及企业信息化的建设，积极参与国内同行业产品标准制定，“狠抓质量控制，切实打造九整品牌”的品牌培育工作以及加大产品科技含量，提高产品质量水平工作等，为此企业被评为“江西省质量管理先进单位”。企业标准《普通整流管（ZP系列3 500～5 000A）》（Q/FHF202001—2004），荣获2007年度“江西省标准化科技成果”二等奖。

株洲南车时代电气股份有限公司电力电子事业部在质量管理方面采取如下措施：继续强化ISO 9001质量管理体系，经常性地开展专题质量活动；通过高压直流输电等高端项目，进一步提升工艺管理与质量控制水平；通过大功率半导体器件生产Ⅱ线的投入使用，实现全压接工艺线与烧结型工艺线的平行运转，产品质量稳定，产品均匀性进一步提高。

首钢自动化信息技术有限公司传动事业部于2002年5月通过了ISO 9001:2000质量体系认证。通过建立、实施并保持质量管理体系，依据持续改进的原理，确保了影响质量的诸多因素处于有序受控状态，用有效的方式提高顾客满意度。在质量体系的控制下，该厂的传动产品质量稳定，技术创新能力不断提高，参与了许多在国内自控领域技术水平领先的工程，得到了顾客的好评。

河北华整实业有限公司严格按ISO 9001:2000质量管理体系的要求，制定了严格的产品质量管理制度，配置了先进的检测设备和专职检验人员。做到层层把关、相互制约、明确责任、奖惩严明、产品不合格不出厂，经常征求用户的意见，使产品做到精益求精，产品质量显著提高，不断扩大了国际市场占有率，得到用户的好评。

天津市环欧半导体材料技术有限公司已通过ISO 9000认证，并在申请ISO 14000认证。企业内部专门设立了产品质量检验部门（质检部）、产品质量监督部门（质量部）和产品质量立法部门（总工办）。经过ISO 9000质量认证，并在企业内部推行5S、6δ、CPK、SPC等先进的管理方法，企业质量管理逐步规范化，并实现与国际大公司的管理方式接轨。

丹阳可控硅元件厂按ISO 9001:2000体系进行质量控制，产品等级合格率提高21.5%，退货率减少30.08%。

江苏威斯特整流器有限公司从2001年开始实施ISO

9000 质量管理体系，每年进行两次质量管理体系内审活动，并实施了"5S"管理。已顺利通过了 ISO 9000 国际质量体系认证，荣获全国工业生产许可证 XK06—139—00024 和江苏省科学技术局高新技术认定证书(0732011B5046)。

抚顺铝厂电力电子设备厂加强产品质量"三检"制度，严把产品质量关，在生产工艺流水线加强了中间质量检测制度，杜绝了不合格产品的出现，产品质量合格率从 37% 上升到 78%。

大连宏光电气有限公司按 GB/T 19001—2000 idt ISO 9001:2000 和 GB/T 24001—2004 idt ISO 14001:2004 标准，建立管理体系并通过了东北公司认证，保证产品达到基本质量要求；对主要产品的工段实施各工序质量考核并与经济效益挂钩，提高产品质量；严把产品过程检测和出厂检测关，并制定高于国际标准的产品检测标准。

西安西电电力整流器有限责任公司根据公司机构的变化，及时对质量体系文件进行了换版修订；健全了部门质量员队伍和"QC"小组成员队伍；强化公司质量目标工作，将任务目标分解落实到各部门及个人；加强了质量改进工作，全年完成质量改进百余项，企业质量管理有了较大的提升。公司通过了 ISO 9000 复审，直流输电换流阀产品获得省、市名牌产品称号。

中国北车集团永济电机厂西安永电电气有限责任公司采用 ISO 9001 质量管理体系，引进法国阿尔斯通公司质量控制方式对产品过程实施控制，产品质量稳定可靠。

标准化工作 电力电子技术领域的标准化工作目前由全国电力电子学标准化技术委员会(SAC/TC 60，秘书处挂靠在西安电力电子技术研究所)和西安电力电子技术研究所负责。

全国电力电子学标准化技术委员会负责全国电力电子系统与设备技术领域的标准化工作，以及对口国际电工委员会 IEC/TC 22 技术委员会(电力电子系统与设备)及其 SC 22E(稳定电源)、SC 22F(输配电系统的电力电子技术)、SC 22G(含有半导体电力变流器的调速电气传动系统)和 SC 22H(不间断电源设备 UPS) 4 个分技术委员会(我国均为参加成员——P 成员)的标准化技术工作。其范围为：涉及电子功率变换和通断(开关)的系统、设备及其部件，包括控制、保护、监视和测量装置等，例如电力电子开关、半导体变流器、稳定电源、输配电系统的电力电子技术、含有半导体电力变流器的调速电气传动系统和不间断电源设备(UPS)等。

国家标准化管理委员会批准筹建全国电力电子学标准化技术委员会下属的不间断电源和逆变电源分技术委员会。

全国性行业标准化技术组织——机械工业电力电子器件标准化技术委员会组建方案经国家发展和改革委员会批复，负责全国电力电子器件及附件技术领域的行业标准化工作。其范围为：5A 及以上电力半导体器件及其附件，包括电力半导体分立器件、模块、组件及其管壳、散热器等。秘书处挂靠在西安电力电子技术研究所。

以电力半导体器件和半导体变流器两类产品为主线，与之相关的基础标准、方法标准和产品标准等构成了电力电子技术标准体系。截止至 2007 年年底，电力电子行业现行标准共计 134 项，采标率 80% 以上。其中，电力半导体器件及附件国家标准 17 项(包括军用标准 2 项)，电力电子系统与设备国家标准 28 项(包括强制性标准 2 项)，共计 45 项；电力半导体器件及附件行业标准 72 项，电力电子系统与设备行业标准 17 项，共计 89 项；另有 8 项国家标准处于报批阶段。2007 年发布的电力电子行业国家标准见表 6。

表 6 2007 年发布的电力电子行业国家标准

标准号	标 准 名 称
GB/T 13498—2007	高压直流输电术语
GB/T 20989—2007	高压直流换流站损耗的测定
GB/T 20990.1—2007	高压直流输电用晶闸管阀　第 1 部分：电气试验
GB/T 20992—2007	高压直流输电用普通晶闸管的一般要求
GB/T 20995—2007	输配电系统的电力电子技术　静止无功补偿装置用晶闸管阀的试验
GB/Z 20996.1—2007	高压直流输电系统性能　第 1 部分：稳态
GB/Z 20996.2—2007	高压直流输电系统性能　第 2 部分：故障与转换
GB/Z 20996.3—2007	高压直流输电系统性能　第 3 部分：动态
GB/T 21225—2007	逆变应急电源
GB/T 21226—2007	半导体变流器　变流联结的标识代号

1. 承担国家科技重点研究项目

为适应国家电力发展对输变电装备及其标准的需求，结合高压直流输电工程要求，2005 年起承担的国家科技基础条件平台建设重点项目《高压直流输电系统及设备关键技术标准研究》的分项目《高压直流输电用光控晶闸管》国家标准研究制定通过验收后，相应的标准已报批。

西安电力电子技术研究所参加的《高压直流输电系统及设备关键技术标准研究》项目 2007 年荣获中国机械工业科学技术一等奖。

2. 国际标准化工作

通过国家标准化管理委员会，向 IEC/TC 22 电力电子系统与设备技术委员会多次申报标准制修订/维护工作组专家。组织对 IEC/TC 22 工作文件和标准文本的征求意见和表态，投票率 100%。

基本建设及技术改造 襄樊台基半导体有限公司为扩大批量和有效改善新产品开发能力，提高产品质量水平，2007 年投入 1 800 万元，一期新建成 7 200m² 功率半导体器件综合生产楼并已投入使用，其中洁净车间面积 4 000m²。投入新增和改造设备 720 万元。

中国北车集团永济电机厂西安永电电气有限责任公司完成了铁路高速动车组和重载电力机车用充电机、功率模块产品厂房改造及设备购置，总投入 5 000 万元，产品已批量生产。

江苏威斯特整流器有限公司为开拓新的产品，同时也顺应整机市场的需求，2007 年新建了 2 200m² 的整机车间厂房一座。技术改造方面：①设计出插片散热器的模具，取代了原先老的生产工艺，使制造工艺比较合理，提高了生产效率。②真空镀膜机改造成上下两层均可镀膜，提高了生产效率，缩短了生产周期。

为将九江整流器厂打造成中国整流器生产龙头企业，该厂于 2007 年进一步投入 300 多万元的首批改造及建设资金，预计在两年内建成现代信息化物料配送中心、全国一流的控制柜产品生产线以及配有远程监测、预报和诊断技术的研究开发大电流、大功率整流系统的虚拟实验室。

株洲南车时代电气股份有限公司电力电子事业部大功率半导体器件生产Ⅱ线顺利投入使用，在强大的市场拉动下，提前达产。原有生产线经过技术改造，已经具备了 6in 晶闸管的小批量生产能力；投资 3.5 亿元的大功率半导体器件研发及产业化项目投入建设，正在进行主体工程的施工。

西安西电电力整流器有限责任公司完成了超高压、特高压直流输电换流阀产业化项目一期技改工程。

锦州市双合电器有限公司新建 4 000m² 生产厂房（其中 1 000m² 净化厂房）。

〔撰稿人：中国电器工业协会电力电子分会郭彩霞　审稿人：中国电器工业协会电力电子分会蔚红旗〕

电力电容器

生产发展情况 近年来，由于我国电力事业，特别是高压直流输电技术的高速发展，电力电容器行业的产值及产量一直保持较高的增长趋势，电容器行业各企业得到了空前的发展。自 2001 年以来，行业总产值年增幅保持在 20% 左右。2007 年，电力电容器行业总体保持了快速发展的势头，行业总产值达到 33.67 亿元，比上年的 27.41 亿元增长 22.8%。

2007 年，电力电容器行业工业总产值、工业增加值、产品销售收入和利润总额等都有较大的增长，年平均职工人数、全员劳动生产率有一定增长。按行业 15 个主要生产企业统计，2006 ~ 2007 年电力电容器行业主要经济指标见表 1。

表 1　2006 ~ 2007 年电力电容器行业主要经济指标

序号	项目	单位	2006 年	2007 年	比上年增长(%)
1	工业总产值	万元	274 104	336 696	22.8
2	工业增加值	万元	64 473	76 500	18.6
3	产品销售收入	万元	244 488	303 876	24.3
4	年平均职工人数	人	5 424	5 831	7.5
5	全员劳动生产率	元/人	110 689	117 223	5.9
6	全部职工工资总额	万元	12 774	13 460	5.4
7	企业利润总额	万元	26 235	28 905	10.2
8	产品销售税金及附加	万元	1 015	1 216	19.8
9	应交增值税	万元	12 387	14 285	15.3
10	利税总额	万元	38 289	44 611	16.5
11	人均创利税	元/人	70 500	76 506	8.5
12	流动资产平均余额	万元	171 350	250 024	45.9
13	固定资产原值	万元	64 865	72 067	11.1
14	年末固定资产净值	万元	42 827	54 260	26.7

2007 年电力电容器行业经济指标综合分析：

(1)2007 年工业总产值超亿元的企业有 9 个，3 个骨干企业的产值均超 4 亿元，最高达 8.16 亿元。

(2)经过几年的发展，2007 年工业增加值增长 18.6%，9 个企业的工业增加值超过 2 000 万元。

(3)销售收入比上年大幅增长，达 24.3%，8 个企业销售收入超过了亿元，其中西安西电电力电容器有限责任公司、桂林电力电容器有限责任公司和日新电机(无锡)有限公司都在 5 亿元以上。

(4)职工总人数比上年有所增加。随着企业的发展，员工增长速度超过退休、离职等人员减少的速度，因此企业人数有所增加。

(5)全员劳动生产率比上年增长 5.9%。西安西电电力电容器有限责任公司、桂林电力电容器有限责任公司和日新电机(无锡)有限公司等 8 个企业的劳动生产率都在 10 万元/人以上。

(6)全部职工工资总额比上年增长 5.4%，增长速度下降。主要是由于 2006 年增幅较大，2007 年在此基础上职工年平均收入一般在人均 1 万 ~ 3 万元。最高为 3.83 万元/人，最低为 0.61 万元/人。

(7)利润总额比上年增长10.2%，比2006年增速大幅下降。2007年主营业务收入增长速度比上年大幅提高，而利润增长速度下降较快，说明整个行业的产品成本和费用有了较明显的增加，压缩了利润增长的空间。西安西电电力电容器有限责任公司、桂林电力电容器有限责任公司利润总额在5 000万元以上，日新电机（无锡）有限公司在4 000万元以上。

产品分类产量 2007年电力工业的进一步发展，带动了电力电容器行业主导产品——高、低压并联电容器、电容式电压互感器、成套装置（并补、滤波装置）和电热电容器的产量有了较大增长，耦合电容器的产量则有较大的下降。2006～2007年电力电容器行业主要企业产品产量见表2。

表2 2006～2007年电力电容器行业主要企业产品产量

企业名称	高压并联及滤波电容器（Mvar）		自愈式低压并联电容器（Mvar）	耦合电容器（Mvar）	成套装置（套）	电热电容器（Mvar）	电容式电压互感器（台）			
	合计	其中：全膜介质					合计	其中		
								110kV	220kV	500kV
西安西电电力电容器有限责任公司	23 175	23 117	947	176	998	25	6 321	3 337	1 698	868
桂林电力电容器有限责任公司	16 336	16 212	1 252	201	2 038		4 700	2 608	1 481	556
日新电机（无锡）有限公司	10 630	10 630		150	458		5 051	2 266	1 572	861
新东北电气（锦州）电力电容器有限公司	4 951	4 812	1 012	42	447		681	500	181	
苏州电力电容器有限公司	3 960	3 910			845					
丹东欣泰电容器有限公司	338	338		2	100					
上虞电力电容器有限公司	3 750	3 750			294	19 650				
上海上电电容器有限公司	4 114	4 114			141					
合阳电力电容器制造有限责任公司	4 420	4 420			820					
中原电力电容器有限公司	2 049	2 049			61					
新安江电力电容器有限公司	1 367	1 367			30	47 063				
牡丹江电力电容器厂	320	320			196					
正泰集团电容器分公司	1 389	1 389	8 615		755	1				
南昌电力电容器厂			804							
青岛恒顺电器有限公司	2 810	2 810			322					
2007年总计	79 609	79 238	12 630	571	7 505	66 739	16 753	8 711	4 932	2 285
2006年总计	69 653	69 101	11 102	748	5 901	45 432	13 550	7 032	3 851	1 821
比上年增长（%）	14.3	14.7	13.7	-23.7	27.2	46.9	23.6	23.9	28.1	25.5

2007年电力电容器行业主要产品完成情况综合分析：

(1)高压并联及滤波电容器产量达79 609Mvar，比上年增长14.3%，这与国民经济持续高速发展、电力工业的电网安全要求和节能要求提高有密切关系。另外，我国高压直流输电工程的发展需要大量的并联及滤波电容器装置，为电力电容器行业提供了大量的机会。西安西电电力电容器有限责任公司、桂林电力电容器有限责任公司和日新电机（无锡）有限公司3个骨干企业产量之和占统计的高压并联及滤波电容器全部产量的63.0%。

(2)根据行业统计，自愈式低压并联电容器产量比上年增长13.7%。由于市场需求较大，几个大企业的低压电容器产量有所上升，而大部分私有企业（含股份制）如温州、广州和无锡地区一些中小企业未统计在内。

(3)电容式电压互感器产量比上年增长23.6%，这表明我国每年电网建设中，新的变电站建设仍在快速增长。行业几个骨干企业进行的百万伏级电容式电压互感器的研制已于2007年获得成功。

(4)成套装置（主要是指无功补偿装置和滤波装置）的产量比上年增长27.2%。随着这几年对电压质量、安全和节电要求的重视，尤其是国家大力倡导节能减排的政策以来，电力电容器成套装置的技术水平不断提高，对该产品的需求量也随之增长，行业各制造厂纷纷投入该产品的研发制造，这是电力电容器行业未来的一个发展趋势。今后随着钢厂、冶金系统和电力电子等行业需求的增加，技术要求也将逐渐提高。

(5)电热电容器产量比上年增长46.9%，主要是由于行业中主要生产该产品的新安江电力电容器有限公司2007年电热电容器产销两旺，使得该产品产量大幅增加。目前行业中主要以新安江电力电容器有限公司和上虞电力电容器有限公司为主生产，未来由于国家产业政策的导向所致，该产品产量整体需求将呈下降趋势。

(6)耦合电容器产量比上年减少23.7%，主要是用户对该产品的整体需求下降导致产量下降。

市场及销售 2007年全国发电量持续增加，电力供应紧张趋势基本得到缓解，对电网的无功补偿、电压质量的要求不断提高，电力电容器的市场销售形势较好，销售收入比上年增长24.3%，基本保持持续增长的势头。西安西电电力电容器有限责任公司、桂林电力电容器有限责任公司和日新电机（无锡）有限公司3家企业的销售收入都超过了5亿元，总额占全行业销售收入的62.6%。2007年电力电容器行业15个企业主要产品产销量见表3。

表3　2007 年电力电容器行业 15 个企业主要产品产销量

产品名称	产量(Mvar)			销量(Mvar)		
	2006 年	2007 年	比上年增长(%)	2006 年	2007 年	比上年增长(%)
并联及滤波电容器	80 755	92 239	14.3	57 300	69 362	21.1
耦合电容器	748	571	-23.7	701	582	-17.0
电容式电压互感器	15 800	18 040	14.2	14 218	16 704	17.5
电热电容器	45 432	66 739	46.9	45 432	66 229	45.8

科技成果及新产品　为推动和发展无功补偿,促进电网谐波治理,中国电工技术学会电力电容器分会于 2007 年 6 月 29 日 ~7 月 2 日在杭州召开了全国无功补偿、滤波装置技术学术研讨会,175 名相关专家参加了会议,39 篇论文在会议上进行了交流、研讨,成立了无功补偿装置和滤波装置技术专家学组,对我国电力电容器、无功补偿、滤波装置的研制和技术进步都起到了较大影响。

据不完全统计,2007 年电力电容器行业通过国家、省、市级鉴定的新产品有 32 种,通过总公司鉴定的新产品有 22 种。其中西安西电电力电容器有限责任公司开发的 BAM 6.35—800—1W 型并联电容器、DAM9.299—81W 型直流滤波电容器、DAM15—18.1W 型直流滤波电容器达到国内同类产品的领先水平;ZOAF500—0.05H 型直流耦合电容器、TYDL110/$\sqrt{3}$—0.02H 型电容式电压互感器、TYDL500/$\sqrt{3}$—0.005H 型电容式电压互感器填补了国内空白并达到国内同类产品的领先水平;其余几种产品的性能指标都达到国际国内同类产品先进水平,是近几年以“提高自主创新能力,赶超国际先进水平”为科技工作奋斗目标所取得的丰硕成果。全年共有 16 种产品通过了机械、电力两行业新产品鉴定并投入生产,为该公司今后进一步开拓市场,实现可持续发展奠定了坚实的基础。

苏州电力电容器有限责任公司生产的 BAM11/$\sqrt{3}$—500—1W 、BAM11/$\sqrt{3}$—334—1W 等 7 种新产品于 2007 年 5 月通过了行业鉴定。

上虞电力电容器有限公司的 5 种新产品分别于 2007 年 7 月和 10 月通过了浙江省和上虞市的新产品鉴定。

由西安西电电力电容器有限责任公司、桂林电力电容器有限责任公司提供的 1 000kV 电容式电压互感器技术设计已通过了国家电网公司组织的专家认可及监造,中标我国第一条特高压交流 1 000kV 试验示范工程的 7 台1 000kV 电容式电压互感器;为特高压直流 ±800kV 线路—云南至广东输电工程提供的电力电容器成套装置完成技术开发。日新电机(无锡)有限公司研制的首台 1 000kV CVT 在武汉特高压基地成功挂网考核。桂林电力电容器有限责任公司为我国第一条特高压交流 1 000kV 试验示范工程提供的并联电容器成套装置通过了国家电网公司组织的专家认可及监造,已完成制造。桂林电力电容器有限责任公司为特高压直流 ±800kV 线路——向家坝至上海输电工程提供的电力电容器成套装置完成技术开发。

西安西电电力电容器有限责任公司生产的电容式电压互感器和高压全膜电容器两大主导产品,于 1997 年获得“陕西省名牌产品”称号,并一直保持至今。经过 10 年的不断改进和发展,两种系列产品的技术性能已达到国内领先、国际先进的水平。2007 年 7 月,两大产品接受了陕西省名牌战略推进委员会的现场审核,并顺利通过了陕西省名牌产品的复评。

2007 年,西安西电电力电容器有限责任公司的三—上直流输电工程用电容器获“陕西省科学技术奖三等奖”;电容器箱壳加工工艺改进获“中国机械制造工艺进步奖三等奖”;500kV 电容式电压互感器芯子容量控制获中国机械质量管理协会“QC 成果二等奖”及陕西省机械工业行业办“QC 成果优秀奖”;实现 CVT 出厂试验计算机控制获西安市第 29 次“QC 成果二等奖”。

桂林电力电容器有限责任公司的 ±500kV 超高压直流输电工程交、直流滤波电容器获“广西自治区科技进步二等奖”。

新东北电气(锦州)电力电容器有限公司生产的“星月”牌电容器被授予“辽宁省名牌产品”称号,三峡工程高压直流输电用交、直流滤波器及其成套装置被评为“辽宁省科技成果转化三等奖”,BFM12—500—1W 大容量并联电容器被确认为辽宁省科学技术研究成果。

上虞电力电容器有限公司生产的“上容”牌电容器被评为“绍兴市名牌产品”。

几年来,电力电容器行业市场形势很好,各企业忙于完成订单,为市场需要开发了一些新产品,但在行业的基础研究方面投入的科研力量较薄弱,新产品及成套技术含量也不高。特别是对产品的介质研究、关键工艺研究、产品运行状况研究等方面投入力度不足,使产品水平始终与国外当前先进水平有一定差距。今后,企业在自主创新的基础上,应充分利用高等院校的学、研力量,产、学、研相结合,着眼于市场,发展可靠性高、技术含量高、自动化水平高的节能、环保的无功补偿装置。用高新技术武装企业,使企业走上可持续发展的道路。

质量及标准　2007 年电力电容器产品质量缓中有升,并联电容器交验一次合格率在 99% 以上,用户反映良好。2007 年电力电容器主要企业产品电气性能交验一次合格率见表 4。

表 4　2007 年电力电容器主要企业产品电气性能交验一次合格率　（%）

企业名称	高压并联电容器	自愈式低压并联电容器	电热电容器	耦合电容器	电容式电压互感器	脉冲电容器	交流滤波电容器	成套装置
西安西电电力电容器有限责任公司	98.61	99.87	—	100.00	100.00	100.00	98.17	100.00
桂林电力电容器有限责任公司	99.63	100.00	—	99.74	100.00	—	99.12	—
日新电机（无锡）有限公司	98.83	—	—	100.00	99.82	—	—	100.00
新东北电气（锦州）电力电容器有限公司	97.09	100.00	—	100.00	100.00	—	97.78	—
苏州电力电容器有限公司	99.69	—	—	—	—	—	100.00	100.00
丹东电力电容器有限公司	98.70	—	—	100.00	—	—	99.00	100.00
牡丹江电力电容器厂	99.90	—	—	—	—	—	—	100.00
上虞电力电容器有限公司	99.65		99.46	—	—	—	—	100.00
新安江电力电容器有限公司	99.50	99.70	99.30	—	—	—	—	—
合阳电力电容器制造有限责任公司	100.00	—	—	—	—	—	—	100.00
中原电力电容器有限公司	99.60	—	—	—	—	—	99.00	100.00
浙江永锦电力器材有限公司	98.60	99.20	—	—	—	—	99.83	100.00
上海上电电容器有限公司	99.52	—	—	—	—	100.00	99.83	100.00
正泰集团电力电容器公司	99.77	99.70	—	—	—	—	100.00	100.00

2007 年，在西安电力电容器研究所、中电协电力电容器分会和全国电力电容器标委会等有关部门通力合作下，电力电容器行业在标准、产品质量等方面取得如下成果：

（1）随着产品的更新换代，对新标准的需求更加迫切，标准化工作更为繁重。目前，电力电容器行业标准制修订周期基本在 1.5 ~2 年，标龄在 5 年左右，均达到电工行业先进之列。2007 年，根据行业发展的需要，按照国家标准委、中国电器工业协会及中国机械工业联合会的工作计划，共完成了 4 项国家标准的上报工作（报批稿），即《电力系统用串联电容器　第 1 部分　总则》、《交流电动机电容器　第 2 部分　起动电容器》、《湿热带电力电容器》、《高压换流阀均压和阻尼用电容器》；国家标准《高压电力滤波装置的设计和使用导则》召开了标准起草工作组会议并完成了讨论稿；1 项行业标准《高压电容器用压嵌式套管技术条件》经过讨论和征求意见形成了征求意见稿。

（2）西安电力电容器研究所参与的高压直流输电系统及设备关键技术标准研究项目荣获“2007 年度中国机械工业科学技术一等奖”。在该研究项目中，西安电力电容器研究所参加了由中国电器工业协会组织的“直流输变电系统核心技术与基础标准研究”的工作组，组织并主持进行了大量的试验验证及研究工作，承担了 2 项国家标准——《高压直流输电系统用并联电容器及交流滤波电容器》（GB/T 20994—2007）和《高压直流输电系统用直流滤波电容器》（GB/T 20993—2007）的制定工作，两项国家标准已于 2007 年发布，均属于首次制定、发布。

（3）在定期双月出版的内部刊物《电力电容器通讯》上开辟了“标准与质量”栏目，反映行业各主要企业质量指标完成情况，交流各厂新产品开发及产品试验、鉴定动态及行业标准化工作动态、IEC/TC33 的国际标准动态等信息，并刊登译文，达到交流和提高的目的。

（4）组织了 IEEE 标准《并联电力电容器》的翻译工作，并在《电力电容器通讯》上连续刊载；组织翻译了 IEC 标准《高压直流输电用交流滤波器的设计技术规范导则》。

（5）2007 年，全国电力电容器标准化技术委员会实现了第五届与第六届的换届，在新一届标委会的委员中增加了检测部门及无功补偿技术领域资深专家以及来自重要电力用户的委员，以填补不足与空白，更好地适应产品技术发展及标准化工作的需要。

基本建设及技术改造　由于行业各主要公司完成了一定的资本积累，同时，ABB、库柏等一些国外知名公司的市场介入，给我国本土企业造成了很大的压力，所以，各企业投入大量的资金，一方面建设新的生产线扩充产能，另外一方面加大技术改造力度，购置国际一流的加工设备。据不完全统计，2007 年行业技术改造投资 1.35 亿元，主要用于更新主要的工艺装备。近年来电力电容器行业进口国际最先进的全自动元件卷绕机近 20 台，德国最先进的真空处理及浸油设备 10 套左右，主要生产企业的生产设备已完全与国际先进企业相当。

2007 年，统计的 15 个企业共投入基本建设及技术改造约 24 229.64 万元，比上年增长 23.97%，主要是几个骨干企业为提高企业的技术水平，满足市场需求而进行基本建设和技术改造，建成具有国际一流水平的现代化企业。

西安西电电力电容器有限责任公司新厂区投资 15 821 万元，目的是建成一套具有国际一流水平的现代化的高压并联电容器生产线，新区占地面积 39 100m^2，已于 2007 年 10 月 20 日正式投入使用。同时，在西安北郊为西容 ABB 电力电容器有限公司购地约 4 万 m^2，建设高压全膜电容器生产线，ABB 总公司也将其电容器的生产重心转向西容 ABB，西容 ABB 公司的新生产基地于 2008 年 4 月投入使用。

桂林电力电容器有限责任公司新建特高压电力电容器生产基地，2007 年已完成真空处理设备、电容器元件卷制机等关键设备选型订购，厂房建设施工已接近尾声，2008 年 5 月已进行设备安装、调试。

新东北电气（锦州）电力电容器有限公司在 2007 年投入巨资进行技改，主要是引进两台美国 HILTON 公司全自动卷制机和两套德国海德里希真空干燥浸渍系统。这些改造全部针对高压并联电容器的两大主要工序——卷制和浸渍对生产造成的瓶颈而进行的。同时与之配套的机加工能力也相应扩大,对机加工的设备布置及产品路线进行了重新设计和优化,增购设备。改造完成后,主导产品产能较现在提高一倍。

陕西合容电气集团有限公司在泾渭工业园成立了陕西合容电力电容器有限公司,主要生产6~21kV高压并联电容器,新生产线引进美国全自动卷绕机1台,国产全自动卷绕机2台,氩弧焊机多台,真空浸渍设备4套、自动喷涂线1条、单元电容器出厂试验设备1套以及理化试验室1套。占地面积5.2万m^2,投资6 000万元,于2007年5月份全面批量生产,年产量为800万var。在渭南成立的陕西合容电力设备有限公司主要生产电抗器和放电线圈,2007年增加了2套大型立式绕线机,为生产干式空芯并联电抗器、限流电抗器准备了条件,完成了油浸铁芯、干式铁芯串联电抗器的生产设备改造。

上虞电力电容器公司在2007年投入数百万元对公司的真浸设备、卷制设备及净化系统进行改造。

2007年,上海上电电容器有限公司扩建了一条全膜电容器生产线,选购HILTON公司的全自动卷绕机1台。

真空浸渍成套设备及卷绕机均属电力电容器制造业的关键设备。2007年,由沈阳诚桥科技开发有限责任公司研制生产的大型真空浸渍成套设备以及由无锡先导自动化设备有限公司研制生产的高压元件全自动卷绕机,均已在行业多个厂家投入使用,技术性能指标达到了国际先进水平。这些设备的研制成功,对促进电力电容器行业产品质量的提高、推进工艺装备的国产化具有重大意义。

经过几年的基本建设与技术改造,电力电容器行业几个骨干企业的主要制造装备和生产线均已达到当前世界先进水平。更多新工艺装备(如芯子外包机、芯子装箱机、外壳折弯机和液压摆式剪板机等)的投入使用,不仅简化了工序,减轻了劳动强度,降低了生产成本,而且降低了产品的渗漏率,使产品更加美观,质量更加可靠。

行业及企业管理 2007年,中国电器工业协会电力电容器分会实现了第四届与第五届的换届,召开了会员大会,选举产生了新一届理事会。本届分会理事会任期自2007年12月至2011年。

国家电力电容器质量监督检验中心(挂靠在西安电力电容器研究所)已于2007年9月顺利通过了五年一次的中国合格评定国家认可委员会质检中心资质认定、计量认证及实验室认可复评审,并获得授权证书及印章。通过认可的实验室,检验报告均加盖ILAC(国际实验室认可合作组织)印章,试验数据得到国际互认,实现了产品"一次检测、全球互认"的目标,便于客户在国际贸易方面充分利用检验报告,建立国际合作。从2007年10月1日起,国家电力电容器质量监督检验中心出具的试验报告开始启用新标识ILAC印章。

2007年1月,西安西电电力电容器有限责任公司获得"全国机械工业质量效益型先进企业"荣誉称号。

2007年9月,陕西合容集团合阳电力电容器制造有限公司被陕西省商业联合会授予"陕西商业名牌企业",合容集团总经理贾申龙同志被陕西省商业联合会评为省"商业服务明星"。

2007年7月,在由中国公益事业促进会主办,中华全国新闻工作者协会、中国现代企业报、经济日报社等单位支持的国内众多新闻媒体参与的"中国最具社会责任感企业(企业家)"宣传推选活动中,桂林电力电容器有限责任公司总经理兼党委书记王锋与其他9位知名企业家一起,被评选为首批"中国最具社会责任感企业家"。

新东北电气(锦州)电力电容器有限公司卷制车间卷绕班获得"辽宁省优秀班组"荣誉称号。

上虞电力电容器有限公司被评为绍兴市"重合同、守信用"企业。

2007年,原新会电力电容器厂经重组改制,更名为江门市新会力久电气有限公司,法人代表亦有所变更。

2007年,西安西电电力电容器有限责任公司、新东北电气(锦州)电力电容器有限公司、上海思源电力电容器有限公司、上海上电电容器有限公司和上虞电力电容器有限公司等多家企业通过了权威机构的ISO 9001:2000质量管理体系认证的复评审。

〔撰稿人:西安电力电容器研究所平怡、成明〕

高 压 开 关

2007年是我国实施"十一五"规划的第二年,国家宏观调控初显成效,国民经济继续保持又好又快的发展趋势。电力行业运行良好,发电量增速明显加快,全国规模以上电厂较上年增长16.3%,新增发电装机容量1亿kW以上,2007年底总装机容量超过7亿kW。加强电网建设,促进电网、电源的协调发展,在全国范围内优化配置电力资源,将成为一定时期内电力发展的工作重点。

生产发展情况 2007年高压开关行业完成工业总产值960.94亿元,其中高压开关产品产值627.97亿元,实现出口交货值34.96亿元。

企业产品结构总体向高压开关倾斜,具有资金和技术实力的企业更多地拓展高压领域,使新产品研发和生产制造能力得到了进一步发挥,高压开关产品产量全面增长。由于进一步加大研发力度,自主创新成效凸显,产品结构调整实现突破性进展,800kV SF_6 GIS和断路器正式投产,新产品产值达到工业总产值的26%。企业赢利能力进一步增强,实现利润总额71.68亿元。在发电设备等行业渐趋平稳的发展趋势下(行业产量增长率为10.5%),高压开关行业持续升温,2007年,高压开关产值占工业总产值的比重为67%,较2005年的57%和2006年的58%有明显提升,高压开关产值增长率是工业总产值的2.22倍，高压开关行业仍处于高速增长期。

2007年高压开关行业主要经济技术指标见表1。

表1 2007年高压开关行业主要经济技术指标

序号	项　目	单位	2006年	2007年	比上年增长(%)
1	全年从业人数(总计)	万人	13.27	13.73	3.47
2	其中:从事高压开关人数	万人	6.65	7.14	7.37
3	从事科技活动人数	万人	2.59	2.83	9.27
4	从事研发人员人数	万人	1.24	1.31	5.65
5	工业总产值	亿元	808.67	960.94	18.83
6	其中:高压开关产值	亿元	471.11	627.97	33.30
7	新产品产值	亿元	148.29	249.74	68.41
8	工业销售产值	亿元	746.35	920.92	23.39
9	其中:出口交货值	亿元	25.40	34.96	37.64
10	工业增加值	亿元	194.66	234.39	20.41
11	主营业务收入	亿元	714.89	884.88	23.78
12	主营业务成本	亿元	536.02	658.91	22.93
13	营业费用	亿元	48.57	54.63	12.48
14	主营业务税金及附加	亿元	3.93	4.89	24.43
15	应交增值税	亿元	29.67	39.40	31.58
16	管理费用及财务费用	亿元	50.63	60.16	18.82
17	其中:利息支出	亿元	4.13	8.50	105.81
18	其他业务收入	亿元	11.35	16.84	48.37
19	利润总额	亿元	56.07	71.68	27.84
20	其中:高压开关部分	亿元	34.44	47.51	37.95
21	年末资产合计	亿元	706.13	859.05	21.66
22	年末固定资产原值	亿元	195.88	220.07	12.35
23	年末固定资产净值	亿元	138.85	161.14	16.05
24	全年完成基建投资额	亿元	19.12	31.75	66.06
25	全年更新改造措施投资额	亿元	9.61	10.61	10.41
26	流动资产年平均余额	亿元	431.58	527.29	22.18
27	其中:应收账款余额	亿元	156.78	197.78	26.15
28	年末负债合计	亿元	374.96	463.90	23.72
29	年末所有者权益合计	亿元	297.96	368.40	23.64
30	全年科技活动经费使用数	亿元	25.32	72.97	188.19
31	研究与发展经费支出	亿元	19.95	31.99	60.35
32	新产品开发经费支出	亿元	5.44	15.83	190.99
33	全年职工工资总额	亿元	25.85	33.84	30.91
34	资本保值增值率	%	119.33	123.64	3.61
35	资产负债率	%	53.10	54.00	1.70
36	流动资产周转率	次	1.66	1.69	1.81
37	成本费用利润率	%	8.83	9.26	4.87
38	工业全员劳动生产率	万元/人	14.67	17.07	16.40
39	产品销售率	%	92.29	95.84	3.85
40	总资产贡献率	%	13.51	14.45	6.96
41	销售利税率	%	12.54	12.98	3.51
42	资金利税率	%	15.72	16.79	6.81
43	人均创利税	万元/人	6.76	8.42	24.56
44	税金总额	亿元	33.60	43.94	30.77
45	利税总额	亿元	89.66	115.61	28.94
46	应收账款占流动资产比率	%	36.33	37.51	3.25
47	经济效益综合指数		2.04	2.23	9.31

2007年，高压开关行业工业总产值1亿元以上的企业共155家，占行业统计企业数的47.69%，较上年增加15家。10亿元以上的企业19家，占行业统计企业数的5.85%，较上年新增3家企业，分别为西安西电高压开关有

限责任公司、上海中发电气(集团)有限公司和天水长城开关厂有限公司。20亿元以上企业11家,占行业统计企业数的3.38%,其产值合计358.16亿元,占行业总产值的37.27%,新增华仪电器集团有限公司和上海通用电气开关/广电有限公司2家企业。

2007年工业总产值增长20%以上的企业共128家,占行业统计企业数的39.38%,较上年新增14家。增长率50%以上的企业50家,较上年新增11家,占行业统计企业数的15.38%。增长率超过100%的企业16家,较上年新增4家。工业总产值10亿元以上的企业中,10家增长率超过20%,2家增长率超过50%,1家增长率超过100%。工业总产值较上年减少的企业49家,占行业统计企业数的15.08%。2007年各地区工业总产值完成情况见表2。

表2 2007年各地区工业总产值完成情况

地区名称	工业总产值			高压开关产值		
	工业总产值(亿元)	比上年增长(%)	各地区比重(%)	高压开关产值(亿元)	比上年增长(%)	各地区比重(%)
华北区	36.8	11.36	3.83	22.1	47.69	3.51
东北区	60.1	14.48	6.26	47.0	30.70	7.48
华东区	577.3	18.17	60.07	335.4	31.09	53.40
中南区	149.1	17.39	15.51	105.7	29.97	16.83
西南区	38.4	46.68	4.00	24.9	51.83	3.97
西北区	99.3	21.84	10.33	93.0	39.45	14.81
总计	960.9	18.71	100.00	628.0	33.30	100.00

华东地区经济发达,生产企业多,产能巨大,是我国输配电行业最重要的生产基地。2007年,华东区工业产值达36.75亿元,增长率为18.17%,较上年明显下降,一个重要原因是2007年对部分以低压生产为主、高压部分产值不足5%的企业未予统计,影响工业总产值约40亿~50亿元,影响地区增长率7%~9%,影响行业增长率4%~5%。东北地区作为我国老牌工业基地,技术和生产基础雄厚,加之国家政策的大力扶持,2007年工业总产值实现60.1亿元,比上年增长14.48%,在新东北电气(沈阳)高压开关有限公司和锦州锦开电器集团有限责任公司的带动下,东北地区的高压开关行业重新崛起。西部是国民经济发展的重点,西南和西北区是高压开关行业中增长最快的地区。2006年西北区以西安西开高压电气股份有限公司为龙头发展到了一个新的阶段,2007年西安西电高压开关有限责任公司和天水长城开关厂有限公司双双突破10亿元大关,地区占行业比重进一步增加。西南区以四川电器有限责任公司、川开电气有限公司和云南开关厂等为代表,充分发挥产能,2007年产值增加12.23亿元,达到38.43亿元,增长率46.68%,地区在行业中的比重提高了1个百分点。华北、中南区发展相对平稳,增长速度略低于行业水平,分别为11.36%和17.39%,地区占行业比重略有降低。2007年工业总产值排名前3位的企业见表3。

表3 2007年工业总产值排名前3位的企业

企业名称	工业总产值(亿元)	企业名称	工业总产值增加额(亿元)	企业名称	工业总产值增长率(%)
大全集团有限公司	46.07	西安西电高压开关有限责任公司	10.49	江苏森源电气有限公司	183.28
西安西开高压电气股份有限公司	46.06	江苏东源电器集团股份有限公司	9.95	西安西电高压开关有限责任公司	137.93
平高集团有限公司	44.15	大全集团有限公司	7.96	新东北电气(沈阳)高压隔离开关有限公司	131.42

2007年完成高压开关产值627.97亿元,较上年增加156.86亿元,增长率为33.3%。

高压开关产值1亿元以上的企业108家,占行业统计企业数的33.23%,较上年增加21家。10亿元以上的企业12家,占统计企业数的3.69%,高压开关产值合计272.11亿元,占行业总值的43.33%,新增的4家企业分别为西安西电高压开关有限责任公司、天水长城开关厂有限公司、大全集团有限公司和正泰电气股份有限公司。20亿元以上企业6家,高压开关产值合计185.91亿元,占行业总值的29.6%,新增江苏东源电器集团股份有限公司、华仪电器集团有限公司和泰开电气集团有限公司3家企业。

高压开关产值增长率20%以上的企业124家,占行业统计企业数的38.15%;增长率50%以上的企业共有57家,占统计企业数的17.54%;增长率超过100%的企业26家。高压开关产值10亿元以上的企业中,7家增长率超过20%,3家增长率超过50%,2家增长率超过100%。高压开关产值较上年下降的企业共51家,超过工业总产值下降企业数,占到统计企业数的15.69%。2007年高压开关产值排名前3位的企业见表4。

表4　2007年高压开关产值排名前3位的企业

企业名称	工业总产值（亿元）	企业名称	工业总产值增加额（亿元）	企业名称	工业总产值增长率（%）
西安西开高压电气股份有限公司	44.24	西安西电高压开关有限责任公司	10.49	江苏森源电气有限公司	183.28
平高集团有限公司	44.15	大全集团有限公司	7.17	四川电器有限责任公司	139.88
厦门ABB开关有限公司	29.87	江苏东源电器集团股份有限公司	5.97	西安西电高压开关有限责任公司	137.93

市场及销售　2007年完成工业销售产值920.92亿元，较上年增加174.57亿元，增幅23.39%。产品销售率95.84%，市场需求旺盛，销售渠道顺畅，产销协调增长。

2007年，高压开关行业实现主营业务收入884.88亿元，较上年增加169.99亿元，增长率为23.78%。

主营业务收入1亿元以上的企业147家，占行业统计企业数的45.23%，较上年增加18家。10亿元以上的企业19家，占统计企业数的5.85%，新增西安西电高压开关有限责任公司、上海中发电气（集团）股份有限公司和天水长城开关厂有限公司3家企业。20亿元以上企业11家，占统计企业数的3.38%，其收入合计为332.14亿元，占行业总收入的37.29%，较上年的35.4%增长1.9个百分点，新增华仪电器集团有限公司、上海通用电气开关/广电有限公司和河南森源电气股份有限公司3家企业。

主营业务收入增长率20%以上的企业共137家，占行业统计企业数的42.15%；增长率50%以上的企业共有49家，占统计企业数的15.08%，较上年新增12家；增长率超过100%的企业13家，较上年新增5家。收入10亿元以上的企业中，增长率20%以上11家，增长率100%以上1家。主营业务收入较上年减少的企业47家，占行业统计企业数的14.46%。2007年工业销售产值排名前3位企业见表5。2003～2007年高压开关行业主营业务收入增长情况见图1。2007年主营业务前3名企业见表6。

表5　2007年工业销售产值排名前3位企业

企业名称	销售产值（亿元）
大全集团有限公司	46.07
西安西开高压电气股份有限公司	42.47
江苏东源电器集团股份有限公司	39.27

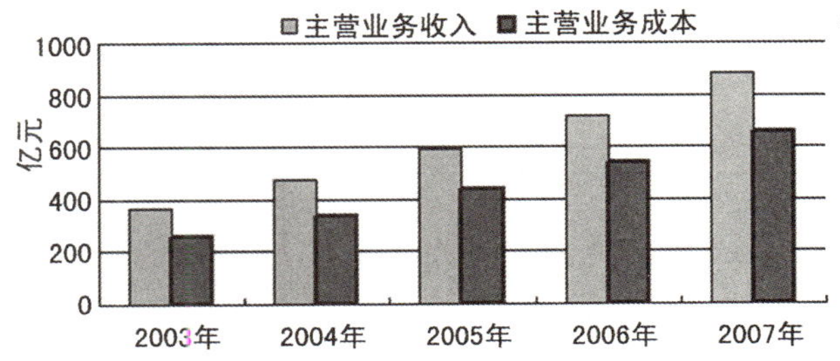

图1　2003～2007年高压开关行业主营业务收入增长情况

表6　2007年主营业务前3名企业

企业名称	主营业务收入（亿元）	企业名称	主营业务收入增加额（亿元）	企业名称	主营业务收入增长率（%）
大全集团有限公司	46.07	江苏东源电器集团股份有限公司	9.41	江苏森源电气有限公司	198.81
江苏东源电器集团股份有限公司	39.27	西安西电高压开关有限责任公司	9.18	西安西电高压开关有限责任公司	134.30
西安西开高压电气股份有限公司	38.05	大全集团有限公司	8.50	万控集团有限公司	105.93

"十五"后期，高压开关行业出口创汇高速增长；进入"十一五"后，由于人民币升值、国家相关政策的抑制以及国内市场需求的持续升温，出口增速开始趋缓，进入到相对平稳快速的发展阶段。2007年实现出口交货值34.96亿元，较上年增加9.56亿元，增幅37.64%。90家企业有出口贸易，较上年增加8家。2003～2007年高压开关行业出口交货值见图2。

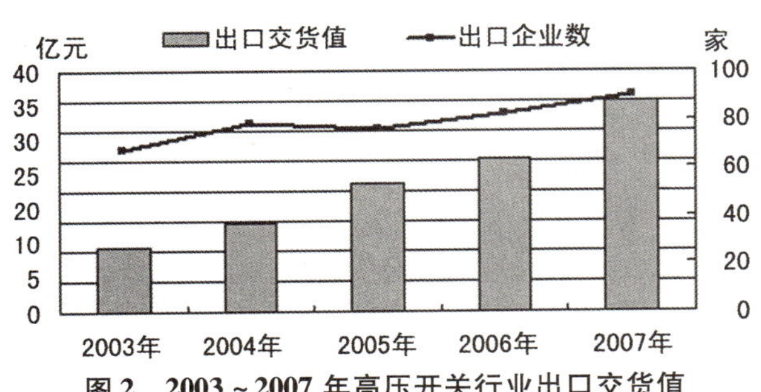

图2　2003～2007年高压开关行业出口交货值

2007年，高压开关行业出口1亿元以上的企业共10家，较上年新增3家，分别为厦门ABB开关有限公司、沈阳高压成套开关股份有限公司和昆山盛英电气有限公司；出口1 000万元以上的企业48家，较上年增长8家。出口交货值增长率超过20%的企业45家，增长率超过50%的企业27家，增长率超过100%的企业16家。

出口创汇是高压开关行业经济运行的薄弱环节，出口企业少，占行业统计企业数的28%；出口交货值少，占工业销售产值的3.8%，相当一部分的出口产品为风力发电、变压器和低压设备。华东区是行业最重要的出口基地，2007年出口企业数和出口值占行业近6成，增长率51.38%，其中浙江省19家出口企业，出口8.16亿元；上海市14家出口企业，出口7.03亿元。中南区出口值占销售产值的比例最大，超过5%，其中广东省8家出口企业，出口5.11亿元。2007年出口交货值前3名企业见表7。

表7　2007年出口交货值前3名企业

企业名称	出口交货值（亿元）	企业名称	高压产品出口交货值（亿元）	企业名称	出口交货值增长率（%）
上海通用电气开关/广电有限公司	3.82	西安西开高压电气股份有限公司	1.72	泰开电气集团有限公司	136.55
湛江通用电气集团有限公司	2.62	厦门ABB开关有限公司	1.67	天水长城开关厂有限公司	128.14
正泰电气股份有限公司	2.01	平高集团有限公司	1.62	正泰电气股份有限公司	98.25

2007年高压开关行业企业通过挖潜增效，加强了成本控制，降低了原材料价格上涨对生产成本的影响，成本增长率较上年下降5个百分点，成本水平较上年的75%下降了1个百分点。通过加强管理、深入整改，期间费用得到了根本控制，费用水平较上年的14%下降了1个百分点，营业费用增长率较上年下降13个百分点，管理、财务费用增长率较上年微升1个百分点，管理费用的降低基本抵消了资金成本的大幅增加。2007年高压开关行业实现利润总额71.68亿元，较上年增加15.61亿元，比上年增长27.84%。

利润总额1 000万元以上的企业106家，占行业统计企业数的32.62%，较上年提高1.8个百分点；1亿元以上的企业18家，占行业统计企业数的5.54%，合计39.51亿元，占行业总额的53.28%，新增2家企业，分别为西安西电高压开关有限责任公司和安徽鑫龙电器股份有限公司；2亿元以上企业10家，合计28.26亿元，占行业总额的38.11%，较上年新增4家企业，分别为西安西开高压电气股份有限公司、新东北电气（沈阳）高压开关有限公司、大全集团有限公司和常熟开关有限公司。

利润总额增长率20%以上的企业共131家；增长率50%以上的企业72家，占统计企业数的22.15%；增长率100%以上的企业26家，占统计企业数的8%。利润总额2亿元以上的企业中，增长率20%以上的企业6家，增长率50%以上的企业2家。利润总额较上年下降的企业93家，占行业统计企业数的28.62%。亏损企业12家。2007年利润总额前3名企业见表8。

表8　2007年利润总额前3名企业

企业名称	利润总额（亿元）	企业名称	利润总额增加额（亿元）	企业名称	利润总额增长率（%）
厦门ABB开关有限公司	4.00	西安西电高压开关有限责任公司	1.32	西安西电高压开关有限责任公司	210.15
江苏东源电器集团股份有限公司	3.88	西安西开高压电气股份有限公司	1.23	西安西开高压电气股份有限公司	86.50
常熟开关有限公司	2.87	江苏东源电器集团股份有限公司	1.04	新东北电气（沈阳）高压开关有限公司	84.14

2007年实现高压开关利润47.51亿元，较上年增加13.07亿元，增长率为37.95%，较上年提高12.5个百分点，超过2005年33%的近期最高增长率。高压开关利润占利润总额的比例达到66.28%，较上年提高5.28个百分点，较2005年提高近10个百分点。

东北区和西北区以高压、超高压产品为主，产品附加值高、获利能力强，超高压、特高压输电的大发展为其提供了良好的市场环境，高压开关的利润增长率显著高于行业水平，地区占行业比重分别为11.07%和11.80%，较上年分别提升了2.17和4.3个百分点，高压开关利润占利润总额的比重分别达到92.61%和100%。华东区高压开关利润增长较慢，地区占行业比重较上年下降6.4个百分点。

2007年，高压开关利润1 000万元以上的企业78家，占行业统计企业数的24%，较上年新增12家；1亿元以上的企业9家，占统计企业数的2.77%，合计20.97亿元，占行业总额的44.14%，新增西安西电高压开关有限责任公司；2亿元以上企业6家，较上年新增3家，分别为西安西开高压电气股份有限公司、新东北电气（沈阳）高压开关有限公司和华仪电器集团有限公司。

2007年，高压开关部分利润增长率20%以上的企业104家，占行业统计企业数的32%；增长率50%以上的企业57家，占统计企业数的17.76%；增长率100%以上的企业23家。高压开关利润较上年下降的企业76家，占统计企业数的23.68%。2007年高压开关行业利润排名前3名企业见表9。2003～2007年高压开关行业利润增长情况见图3。

表9　2007年高压开关行业利润排名前3名企业

企业名称	高压开关利润（亿元）	企业名称	高压开关利润增加额（亿元）	企业名称	高压开关利润增长率（%）
厦门ABB开关有限公司	4.00	西安西电高压开关有限责任公司	1.32	西安西电高压开关有限责任公司	210.15
江苏东源电器集团股份有限公司	2.82	西安西开高压电气股份有限公司	1.23	西安西开高压电气股份有限公司	86.50
平高集团有限公司	2.80	新东北电气（沈阳）高压开关有限公司	1.01	新东北电气（沈阳）高压开关有限公司	84.14

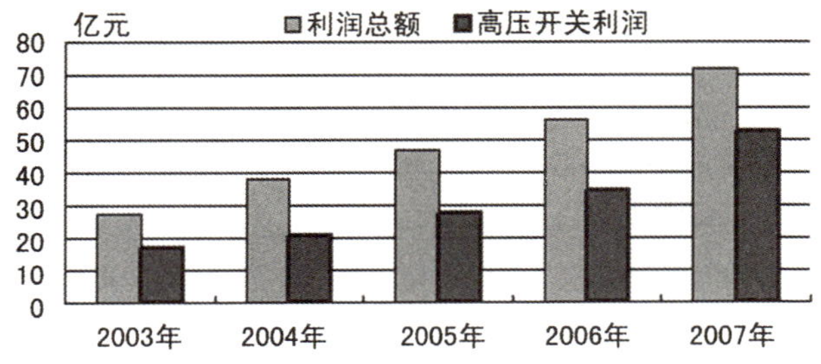

图 3　2003～2007 年高压开关行业利润增长情况

企业获得更高、更长远的利润必须加大研发力度，通过自主创新，拥有核心技术和自主品牌。2007 年，高压开关行业高度关注科技发展和新产品研究，投入了大量的人力、物力和财力，科技活动经费超过了 2004、2005 和 2006 年三年的总和，但与国际先进的同行业企业相比，还有很大的差距，新产品开发经费占工业总产值的 1.6%，仅是国外先进水平的 1/4。

产品分类产量　2007 年，高压开关行业经济指标和产品产量全面增长，其中高压开关产值和高压开关利润指标尤为显著。企业加大投入，生产规模进一步扩大，新产品产值高速增长，特别是 800kV 特高压开关设备的正式投产，标志着我国高压开关设备各领域的研制能力迈入世界前列。但存在的问题也不容忽视，国际原材料供应趋紧、2008 年初的汶川地震和南方冰雪灾害，增加了经济运行的不确定性，企业面临的形势更加严峻，任务更加艰巨。因此，必须采取积极有效的措施，发挥有利条件，克服不利影响，加强自主创新，严格成本控制和费用管理，不断开发适销对路的新产品，确保高压开关行业持续、稳定和快速发展。2007 年共生产 126kV 及以上 SF_6 GIS 7482 间隔，126kV 及以上高压 SF_6 断路器 8 202 台，12kV、40.5kV 真空断路器 447 313 台。2007 年高压开关产品产量见表 10。

表 10　2007 年高压开关产品产量

类　别	800kV	550kV	363kV	252kV	126kV	72.5kV	40.5kV	24 kV	12kV	27.5/55kV
一、SF_6 断路器（台）	3	180	91	1 284	6 644	1 736	8 357	11	5 750	
二、少油断路器（台）										
三、多油断路器（台）										
四、真空断路器（台）						11	34 432	795	412 881	424
五、封闭式组合电器 GIS（间隔）	6	188	94	1 994	5 200		1 881	216	5 288	
六、敞开式组合电器（组）			10	3	260		218		45	
七、金属封闭开关设备（面）							45 964	621	352 917	113
八、环网柜（台）							208		106 983	
九、隔离开关（组）	24	1 487	422	12 453	27 321	3 433	30 834	4 800	187 622	
十、接地开关（组）		241	36	1 435	403	30	11 557		137 841	
十一、负荷开关（台）							903		145 708	
十二、熔断器（只）							152 058	813 440		
十三、分段器（台）									912	
十四、重合器（台）									876	
十五、接触器（台）							238		30 762	
十六、箱式变电站（台）						8	2 367		31 378	
十七、真空灭弧室						1 348	57 050	4 412	1 179 719	256

1. 气体绝缘金属封闭开关设备

特高压输电距离远、容量大、损耗低、投资省、土地利用率高和联网能力强，代表了当今输电技术的最高水平和发展方向，具有巨大的经济技术优势。800kV 及以上 GIS 项目是我国"十一五"规划和国务院加快振兴装备制造业的重点项目。2007 年我国完全自主知识产权、技术水平先进的 800kV GIS 正式投产，全年生产 6 个间隔，其中新东北电气（沈阳）高压开关有限公司 3 个间隔，平高集团有限公司 2 个间隔，西安西开高压电气股份有限公司 1 个间隔。

通过引进、消化、吸收、再创新，我国 550kV 超高压开关设备的产品技术参数和制造水平已进入国际先进行列，形成了西安、沈阳和平顶山三个高压、超高压生产基地，具备了大批量生产能力。国内生产企业三家：西安西开高压电气股份有限公司、新东北电气（沈阳）高压开关有限公司和平高集团有限公司。

在我国的高压、超高压开关领域，进口、合资的国外技术产品占领了相当大的市场份额，ABB、西门子和 AE 等均在国内建有实力强大的生产基地。国内企业必须加大研发力度，发挥自主创新能力，开发出更多、更新、更高水平的产品，树立自有品牌，突破发展瓶颈，促进国家电力建设国产化。

363kV GIS 产量 94 间隔，较上年增加 65 间隔，增长率为 124.14%，西安西开高压电气股份有限公司产量由上年的 26 间隔激增到 81 间隔。

2007 年 252kV GIS 产量比上年增长 22.17%，增速趋缓。生产企业 8 家，新增企业 1 家，为北京北开电气股份有限公司。2007 年 252kV GIS 产量排名前 3 名企业见表 11。

表11 2007年252kV GIS产量排名前3名企业

企业名称	产量(间隔)	企业名称	产量增长率(%)
西安西开高压电气股份有限公司	550	西安高压电器研究所电器制造有限责任公司	228.00
平高集团有限公司	457	泰开电气集团有限公司	103.95
新东北电气(沈阳)高压开关有限公司	367	上海西门子高压开关有限公司	67.71

2007年126kV GIS产量5 200间隔,较上年的3 664间隔增加1 536间隔,增长速度持续提升。生产企业18家,较上年新增3家,分别为上海中发依帕超高压电器有限公司、西安塔斯曼电力设备有限公司和浙江昌泰电力开关有限公司。产量在500间隔以上的企业4家,分别为西安西开高压电气股份有限公司、泰开电气集团有限公司、平高集团有限公司和新东北电气(沈阳)高压开关有限公司,产量合计3 784间隔,占行业总量的72.77%,较上年的68%提高4.77个百分点。2007年126kV GIS产量排名前3名企业见表12。

表12 2007年126kV GIS产量排名前3名企业

企业名称	产量(间隔)	企业名称	比上年增长(%)
西安西开高压电气股份有限公司	1 300	上海西门子高压开关有限公司	92.00
泰开电气集团有限公司	956	北京北开电气股份有限公司	84.91
平高集团有限公司	908	西安高压电器研究所电器制造有限责任公司	58.70

2. 高压交流断路器

2007年,126kV及以上电压等级均为SF_6断路器;72.5kV电压等级真空断路器仅占0.21%,生产厂家为瓦房店高压开关有限公司(11台);40.5kV电压等级以真空断路器为主导,SF_6断路器占19.68%,真空断路器占80.32%;12kV电压等级基本为真空断路器,占98.6%,SF_6断路器占1.4%。

2007年,西安西开高压电气股份有限公司独立研发的、具有自主知识产权的800kV户外高压交流SF_6断路器正式投产,年产3台,标志着我国已经掌握了特高压开关设备的核心技术,基本具备了特高压开关设备的生产制造能力。

550kV高压SF_6断路器产量180台,较上年的127台增加53台,增长率为41.73%,回归2005年形成的高速增长的轨道。生产企业共4家,新增的上海中发依帕超高压电器有限公司是国内首家生产超高压输配电设备的民营企业,年产550kV SF_6断路器7台。550kV SF_6断路器产量最高的企业是西安西开高压电气股份有限公司,生产105台。平高集团有限公司产量增长明显,从上年的19台增加到53台。550kV SF_6 GIS近年增长速度明显高于SF_6断路器,2006年550kV SF_6 GIS和高压断路器的产量比例为0.86:1,2007年该比例为1.04:1,550kV SF_6 GIS产量首次超过了高压SF_6断路器。

363kV SF_6断路器产量91台,较上年(102台)减少了11台,生产企业为西安西开高压电气股份有限公司和平高集团有限公司。

252kV SF_6断路器产量1 284台,较上年的1 036台增加248台,增长率23.94%,接近2004年27.31%和2005年30.13%的增长水平。9家生产企业中产量前2位的企业为平高集团有限公司(607台)和西安西电高压开关有限责任公司(406台),两家产量合计占行业总量的78.89%。产量增长率排名前2位的企业为上海华通开关厂有限公司(153%)和西安西电高压开关有限责任公司(108%)。2007年252kV SF_6 GIS和断路器的产量比例为1.55:1,2006年该比例为1.57:1。

126kV SF_6断路器产量6 644台,较上年的5 111台增加1 533台,增长率30%,扭转了下降趋势。生产企业26家,较上年新增4家,分别为大全集团有限公司、华仪电器集团有限公司、湖南天一电气有限公司和国电博纳(北京)电力设备有限公司。产量在500台以上的企业4家,分别为西安西电高压开关有限责任公司(1 329台)、平高集团有限公司(1 040台)、江苏省如高高压电器有限公司(968台)和泰开电气集团有限公司(928台),产量合计4 265台,占行业产量的64.2%,较上年70%的占有率降低了5.8个百分点。产量在100台以上的企业13家,较上年新增5家。产量增长率最高的企业为正泰电气股份有限公司(383%)和江苏东源电器集团股份有限公司(316%)。126kV SF_6 GIS和SF_6断路器的产量比例为0.78:1,2006年该比例为0.72:1。

72.5kV SF_6断路器产量1 736台,较上年的1 448台增加288台。生产企业6家,较上年新增2家,分别为上海华通开关厂有限公司和江苏省如高高压电器有限公司。产量最高的企业是瓦房店高压开关有限公司(872台),占行业产量的50.23%。西安西电高压开关有限责任公司产量由上年的196台增加到417台。

40.5kV SF_6断路器产量500台以上的企业4家,较上年新增1家,为苏州阿海珐开关有限公司(1 300台,产量排第2位)。产量最高的企业为泰开电气集团有限公司(3 228台),约占行业总量的54.2%。产量最高的企业为江苏东源电气集团有限公司(6 748台)。

12kV SF_6断路器产量5 750台,较上年的6 823台减少1 073台。生产企业12家,较上年增加1家。产量在1 000台以上的企业1家,较上年减少2家。产量最高的企业为泰开电气集团有限公司(1 828台),占行业产量的31.8%。

12kV真空断路器产量在10 000台以上的企业9家,产量合计163 023台,占行业产量的39.48%,较上年提高1.5个百分点。新增2家企业为北京双杰配电自动化设备有限公司和泰开电气集团有限公司。2007年12kV户内高压交流真空断路器产量前3名企业见表13。

表 13　2007 年 12kV 户内高压交流真空断路器产量前 3 名企业

企 业 名 称	产量(台)
厦门 ABB 开关有限公司	34 592
华仪电器集团有限公司	29 844
日升集团有限公司	19 944

3. 交流金属封闭开关设备

2007 年 40.5kV C—GIS 持续高速增长。生产企业 6 家,较上年减少 1 家。产量 500 间隔以上企业 3 家,分别为厦门 ABB 开关有限公司(574 间隔)、江苏东源电气集团有限公司(536 间隔)和沈阳高压成套开关股份有限公司(517 间隔)。产量增长率最高的企业为厦门 ABB 开关有限公司(120.8%)。

12kV C—GIS 产量 5 288 间隔,较上年的 5 383 间隔减少 95 间隔,生产企业 5 家,较上年新增 2 家,分别为上海纳杰电气成套有限公司和广州市番禺华达电气实业有限公司。产量最高的企业是亚洲电力设备开关有限公司和上海市天灵开关厂。

40.5kV 高压交流金属封闭开关设备产量中,KYN 系列产品 35 292 面,占 77%;GBC6072 面,占 13%;XGN 系列产品 2 827 面,占 6%;JYN 系列产品 1 496 面,占 3%。生产企业 102 家,较上年增加 8 家。企业数与产量均呈稳步上升趋势。产量 1 000 面以上的企业 11 家,产量合计 25 656 面,占行业总量的 55.79%。新增 5 家企业,分别为河南森源电气股份有限公司、浙江高压开关厂有限公司、华仪电器集团有限公司、浙宝电气(杭州)集团有限公司和华鹏集团公司。

12kV 高压交流金属封闭开关设备产量中,KYN 系列产品 269 543 面,约占 76%;GG—1A 7 551 面,约占 2%;XGN 系列产品 60 57 面,约占 17%;DFW 系列产品 9 411 面,约占 3%。生产企业 202 家,较上年新增 7 家。产量 10 000 面以上的企业 7 家,产量合计 78 011 面,占行业产量的 22.1%,较上年新增 4 家,分别是华仪电器集团有限公司、天水长城开关厂有限公司、泰开电气集团有限公司和江苏东源电器集团股份有限公司。

40.5kV 环网柜产量 208 面,较上年的 84 面增加 124 面,增长 147.5%。生产企业为宁波天安(集团)股份有限公司。12kV 环网柜产量 106 983 面,较上年的 87 955 面增加 19 028 面,增长率为 121.63%。生产企业 137 家,较上年新增 4 家。产量 3 000 面以上的企业 8 家,产量合计 44 669 面,占行业总量的 41.75%,略有上升。新增企业 2 家,分别为大亚电器集团有限公司和浙江开关厂有限公司。

2007 年交流金属封闭开关设备产量前 3 名企业见表 14。

表 14　2007 年交流金属封闭开关设备产量前 3 名企业

	企 业 名 称	产量(面)
40.5kV 交流金属封闭开关设备	河南森源有限公司	7 576
	江苏东源电器集团股份有限公司	3 169
	浙江高压开关厂有限公司	2 300
12kV 交流金属封闭开关设备	厦门 ABB 开关有限公司	12 273
	华仪电器集团有限公司	12 117
	天水长城开关厂有限公司	11 173
40.5kV 环网柜	宁波天安(集团)股份有限公司	10 365
	亚洲电力设备(深圳)有限公司	6 765
	北京双杰配电自动化设备有限公司	6 000

4. 高压交流隔离开关与接地开关

2007 年,800kV 及以上隔离开关生产 24 组,2007 年 800kV 及以上隔离开关企业产量见表 15。

表 15　2007 年 800kV 及以上隔离开关企业产量

企 业 名 称	产量(组)
新东北电气(沈阳)高压隔离开关有限公司	14
平高集团有限公司	8
西安西电高压开关有限责任公司	2

550kV 隔离开关产量 1 487 组,较上年的 1 186 组增加 301 组,增长率为 25.38%。产量最高的企业是湖南长高集团有限公司,生产 525 组。国内 550kV 隔离开关生产企业共 5 家,分别为平高集团有限公司、西安西电高压开关有限责任公司、湖南长高高压开关集团股份公司、新东北电气(沈阳)高压隔离开关有限公司和新东北电气(沈阳)高压开关有限公司。550kV 接地开关产量 241 组,较上年的 257 组减少 16 组。生产企业 4 家,产量最高的企业是湖南长高集团有限公司,生产 113 组。

363kV 隔离开关产量 422 组,较上年的 348 组增加 74 组,生产企业 4 家,较上年新增 2 家。产量最高的企业为西安西电高压开关有限责任公司,生产 335 组。363kV 接地开关产量 36 组,较上年的 23 组增加 13 组,生产企业 2 家,分别为西安西电高压开关有限责任公司和平高集团有限公司。

252kV 隔离开关产量 12 453 组,较上年的 9 719 组增加 2 734 组,增长率 28.13%。产量最高的是湖南长高高压开关集团股份公司,生产 3 114 组。产量 1 000 组以上的企业 5 家,合计生产 10 756 组,占行业总量的 86.37%。较上年新增 1 家企业,为江苏省如高高压电器有限公司(1 944 组,增长率 208%)。252kV 接地开关产量 1 435 组,较上年的 1 346组增加 89 组,增长率 6.61%。生产企业 6 家,产量最高的企业是西安西电高压开关有限责任公司(322 组)和江苏省如高高压电器有限公司(322 组)。

126kV 隔离开关产量 27 321 组，较上年的 24 131 组增加 3 190 组，增长率 13.22%。产量 2 000 组以上的企业共 4 家，较上年减少 1 家，合计生产 20 126 组，占行业总量的 73.66%，与上年基本持平。产量最高的企业是西安西电高压开关有限责任公司，生产 5 934 组。5 家生产企业生产 126kV 接地开关 403 组，较上年的 295 组增加 108 组，增长率 36.61%，产量最高的企业是湖南长高高压开关集团股份公司，生产 172 组。

40.5kV 隔离开关产量 30 834 组，较上年的 29 065 组增加 1 769 组，增长率 6.09%。生产企业 31 家，较上年增加 3 家。产量 1 000 组以上的企业 10 家，产量合计为 25 429 组，占行业总量的 82.47%，新增 1 家企业为上海宝临超亚电器有限公司（2 674 组）。产量最高的企业是泰开电气集团有限公司，生产 4 449 组。12 家生产企业生产 40.5kV 接地开关 11 557 组，较上年的 6 684 组增加 4 873 组，增长率 72.9%。产量 1 000 组以上的企业 4 家，合计生产 7 893 组，占行业总量的 68.3%，占有率较上年下降 17.7 个百分点，新增 1 家企业，为河南森源电气股份有限公司（1 072 组）。产量最高的企业是华仪电器集团有限公司，生产 2 680 组。

12kV 隔离开关产量 187 622 组，较上年的 174 988 组增加 12 634 组，增长率 7.22%。生产企业 42 家，较上年增加 5 家。产量 10 000 组以上的企业共 5 家，合计生产 126 052 组，占行业总量的 67.18%。产量最高的企业是河南森源电气股份有限公司，生产 48 900 组。12kV 接地开关产量 137 841组，较上年的 139 823 组减少 1 982 组。生产企业 32 家，较上年增加 4 家。产量 10 000 组以上的企业 4 家，与上年持平，产量合计为 77 575 组，占行业总量的 56.28%，占比较上年提高 5 个百分点。产量最高的企业是浙江恒博电气制造有限公司，生产 28 735 组。

5. 高压交流负荷开关和熔断器

2007 年，62 家企业生产 12kV 负荷开关 145 708 台，较上年的 108 766 台增加 36 942 台，增长率 33.96%。产量 5 000台以上的企业 9 家，合计生产 83 584 台，占行业总量的 57.5%，占有率较上年下降 7.5 个百分点。产量最高的企业是宁波天安（集团）股份有限公司，生产 14 817 台。

6 家企业生产 40.5kV 熔断器产量 152 058 只，较上年的 81 116 只增加 70 942 只，增长率 87.5%。产量最高的企业是温州益坤电气有限公司，生产 135 591 只，增长率 108%。

17 家企业 12kV 熔断器产量 813 440 只，较上年的 824 311只减少 10 871 只。产量 50 000 只以上的企业 7 家，产量最高的企业是日升集团有限公司，生产 243 870 只。

6. 预装式变电站

2007 年，14 家企业生产 40.5kV 预装式变电站 2 367 台，较上年的 748 台增加 1 619 台，增长率为 216.4%。产量最高的企业是宁波天安集团有限公司（产量 745 台）。

112 家企业生产 12kV 预装式变电站 31 378 台，较上年的 22 507 台增加 8 871 台，增长率 39.41%。产量 1 000 台以上的企业共 7 家，产量合计 13 358 台，占行业产量的 42.57%。新增 3 家企业，分别为山东锦华电力设备有限公司（2 781 台）、东盟电力一体化设备有限公司（1 351 台）和安徽鑫龙电器股份有限公司（1 040 台）。12kV 预装式变电站产量排名前 3 位企业见表 16。

表 16 12kV 预装式变电站产量排名前 3 位企业

企业名称	产量（台）
沈阳昊诚电气有限公司	3 473
山东锦华电力设备有限公司	2 781
宁波天安集团有限公司	1 734

7. 12kV 接触器

2007 年，8 家企业生产 12kV 接触器 30 762 台，较上年的 23 055 台增加 7 707 台，增长率 33.4%。产量最高的企业是无锡市蓝虹电子有限公司，生产 22 911 台，占行业总量的 74.5%。

8. 交流真空灭弧室

2007 年，7 家企业生产 40.5kV 真空灭弧室 57 050 只，较上年的 41 450 只增加 15 600 只，增长率 37.6%。产量最高的企业是成都旭光电子股份有限公司，生产 17 692 只。

12kV 真空灭弧室产量 1 179 719 只，较上年的 785 027 只增加 394 692 只，增长率 50.3%。生产企业 13 家，较上年新增加 3 家，分别为宁波晟光电气有限公司、湖北大禹汉光真空电器有限公司和武汉飞特电气有限公司。产量最高的企业是陕西宝光集团有限公司，生产 218 508 只。

质量及标准

1. 参与国际标准情况

《1 000kV 交流输电系统过电压和绝缘配合导则》标准是以我国 1 000kV 特高压试验示范工程的科研成果和设计经验为基础，结合 IEC 60071—1《绝缘配合第一部分定义、原则和规则》编制的，其目的是确定 1 000kV 输电系统绝缘配合中的过电压值和绝缘水平值，且说明确定的方法、依据和合理性。2007 年 11 月在 IEC/TC28 新德里年会上获得通过，目前以 IEC 60071—1 第 1 号修订的形式（CDV）向各国家委员会征求意见。

IEC/TC28 是整个输变电行业基础性技术的技术委员会，对整个输变电行业的影响具有深远意义，担任 IEC/TC28 秘书处（高电压试验技术），实现了我国高压输变电行业承担 IEC TC 秘书处工作零的突破，同时也使西安高压电器研究所成为我国电工行业第三个承担 IEC/TC/SC 秘书处的单位，为我国实质性参与 IEC 标准制修订提供了平台。

2007 年，IEC/TC28 秘书处进行的主要工作有：完成 IEC 60071—1 的第 8 版，IEC 60071—2 的修订工作正在进行中，2007 年 11 月在印度召开了 IEC/TC 28 年会；IEC 60071—1 的第 1 号修订工作正在进行中（重要涵盖1 100kV 的绝缘配合参数）。

西安高压电器研究所荀锐锋副所长担任 TC/SC22F（输配电系统电力电子设备）的主席，全面管理负责 TC/SC 的工作，涉及直流输电、灵活交流输电和智能开关等相关技术标准。主席通过 TC/SC 的秘书处对与 TC/SC 有关的重要事务提出建议并形成决议，引导会议在委员会草案问题上达成一致意见，在问询阶段做出适当的决议，保证在标准制定过程中始终按 IEC 导则进行，帮助秘书履行职责并对其在制定决议方面提供咨询。

2007 年，西安高压电器研究所数名代表参加了 IEC 标准的维护工作组(MT)15 个，这些代表随后就自动转为该标准修订工作组(WG)的成员，如电寿命试验方法研究(该成果已被 IEC 62271—100 所采用)、三相合成试验方法(已被 IEC 62271—101 采用)等。

2007 年 7 月 18 ~ 21 日，特高压国际标准研讨会在北京举行，来自世界各地的 300 多名输变电技术专家学者，围绕特高压交直流输电技术的需求和系统规划、变电站(换流站)、输电线路、设备研制和试验以及标准化等议题展开了全方位的研讨。我国在发展特高压的规划中明确提出，发展特高压，设备是关键。制定特高压标准将推进我国设备研制的科技创新，加速与国际水平接轨，进一步提升国内装备制造业的能力和水平。

2. 标准制修订情况

已批准的国家及行业标准见表 17。正在进行的国家及行业标准见表 18。近期将要制定、修订的标准项目见表 19。

表 17　已批准的国家及行业标准

标准号	标 准 名 称
GB/T 311.3—2007	绝缘配合　第 3 部分：高压直流换流站绝缘配合程序
GB/T 13498—2007	高压直流输电术语
GB/Z 20996.2—2007	高压直流系统的性能　第 2 部分：故障和操作
JB/T 8754—2007	高压开关设备和控制设备型号编制办法
JB/T 3855—2008	高压交流真空断路器
JB/T 9694—2008	高压交流六氟化硫断路器
JB/T 8738—2008	高压交流开关设备用真空灭弧室
JB/T 10840—2008	3.6 ~ 40.5kV 高压交流金属封闭电缆分接开关设备

表 18　正在进行的国家及行业标准

标准号	标 准 名 称
GB/T 16927.3—200×	高电压试验技术　第 3 部分：现场试验的定义及要求
GB/T 19896.2—200×	高电压冲击试验用数字记录仪　第 2 部分 软件的要求
GB/T 311.4—200×	绝缘配合　第 4 部分 绝缘配合和电网模型的计算导则
GB 17467—200×	高压/低压预装式变电站
GB/T 4473—200×	高压交流断路器的合成试验
GB 16926—200×	高压交流负荷开关——熔断器组合电器
GB ××××—200×	12 ~ 40.5kV 高压交流自动重合器
GB ××××—200×	带电显示装置
GB/T ××××—200×	高压直流接地电极设计导则
GB/T ××××—200×	高压直流系统交流滤波器
GB/T ××××—200×	高压直流换流站的可听噪声
GB/T ××××—200×	高压直流换流站无间隙金属氧化物避雷器导则
GB/T ××××—200×	±800kV 直流系统用电流测量装置
GB/T ××××—200×	±800kV 直流系统用电压测量装置
GB/T ××××—200×	±800kV 直流系统用隔离开关
GB/T ××××—200×	±800kV 特高压直流输电用晶闸管阀电气试验
GB/T ××××—200×	±800kV 直流系统用直流开关
GB/T ××××—200×	±800kV 直流系统用换流阀
JB/T ××××—200×	高压交流开关设备用固封极柱

表 19　近期将要制定、修订的标准项目

形式	标准号	标 准 名 称
修订	GB 311.1—1997	绝缘配合　第 1 部分：高压输变电设备的绝缘配合
修订	GB/T 16927.1—1997	高电压试验技术　第一部分：一般试验要求
修订	GB/T 16927.2—1997	高电压试验技术　第二部分：测量系统
修订	GB/T 11022—1999	高压开关设备和控制设备标准的共用技术要求
修订	GB/T 13540—1992	高压开关设备的抗震性能试验
制定	GB/T ××××—200×	基于 IEC 61850 的数字接口
制定	GB/T ××××—200×	额定电压 72.5kV 及以上的高压交流隔离断路器
制定	GB/T ××××—200×	交流串联电容器旁路开关
制定	GB/T ××××—200×	电子和相关技术在开关设备和控制设备的辅助设备中的应用

3. 产品型号证书发放

截止至2007年12月31日，西安高压电器研究所为253个企业的13大类22小类高压开关设备产品发放了409个产品型号证书。其中型号颁发证书63个，型号使用证书346个。

4. 检测技术的提升

(1)国家高压电器质量监督检验中心全面启动中国大容量试验联盟(CHPTL)加入国际短路试验联盟(STL)的工作。2007年1月1日起，中国大容量试验联盟(CHPTL)秘书处设在西安高压电器研究所有限责任公司，秘书处工作组设在国家高压电器质量监督检验中心。中国大容量试验联盟(CHPTL)秘书处分别在2007年3月、11月组织召开了CHPTL第一、二次工作会议，并组织制定了CHPTL章程。2007年10月，组织了5份提案提交STL技术委员会。

2007年，国家高压电器质量监督检验中心已全面启动中国加入STL的工作进程，分阶段制定了工作计划，走访了STL秘书处，递交了正式申请，并已取得了阶段性进展。

(2)国内首家直流换流阀运行试验合成回路建成。2007年4月，直流换流阀运行试验回路调试成功，使西安高压电器研究所高压电器实验室成为国内首家、世界上第4家具有直流换流阀运行试验能力的实验室。至此，西高所高压电器实验室成为国内高压交、直流设备试验能力最强、功能最全的实验室，为我国输变电行业提供了强有力的试验技术支撑，同时为进一步提升我国自主创新能力奠定了坚实的试验研究基础。

(3)国家高压电器质量监督检验中心具备了60Hz高压电器产品的检测能力。2007年4月，国家高压电器质量监督检验中心成功完成6 500MV·A冲击发电机的60Hz调速，从而具备了对60Hz高压电器产品进行试验的能力，并在国内率先进行了60Hz高压电器产品的型式试验。

(4)国家高压电器质量监督检验中心特高压绝缘试验大厅开工建设。为满足1 100kV特高压交流设备、±1 000kV直流设备绝缘试验的需要，2007年7月，国家高压电器质量监督检验中心特高压绝缘试验大厅开工建设。其内部空间净尺寸为78m×48m×48m(长×宽×高)，屏蔽效能:1MHz下80dB;主设备确定为:4 800kV/720kJ冲击发生器一套、4 200kV截波装置一套、1 800kV/2A和1 200kV/4A工频试验变压器各一套、2 000kV/500mA直流电压发生器一套。特高压绝缘试验大厅建成后，将可以满足交流1 100kV特高压电器设备及±1 000kV直流设备的全部绝缘型式试验。

(5)国家高压电器质量监督检验中心具备特高压开关设备短路开断的试验能力。经过一年多的努力，国家高压电器质量监督检验中心于2007年1季度完成了特高压开关设备试验方案研究，并于2007年5月31日通过了国家电网公司特高压建设部组织的专家评审验收。2007年8月，完成了1 100kV断流容量开断试验的技术改造工作，具备了短路开断的试验能力。2007年11月19日，国家电网公司特高压建设部组织国内外专家、设备制造商和大专院校的教授、监造单位审查并通过国家高压电器质量监督检验中心提出的型式试验实施方案。

(6)特高压交流试验示范工程用关键设备型式试验工作全面展开。自2007年4月开始，截至2007年底，国家高压电器质量监督检验中心已先后开展了7台特高压交流试验示范工程用关键设备的型式试验:西瓷双佳的1 100kV/12.5kN户外棒形支柱绝缘子的绝缘型式试验;新东北电气(沈阳)高压开关有限公司的1 100kV GIS(隔离开关、接地开关和母线)样机的绝缘型式试验;西安西开高压电气股份有限公司/ABB公司的1 100kV GIS(隔离开关、接地开关、母线)样机的绝缘型式试验、部分绝缘研究性试验，母线部分的温升、动热稳定试验，隔离开关部分的温升、密封试验;西安西开高压电气股份有限公司1 100kV SF_6套管的部分绝缘试验(分别为神马、西瓷所的复合外套);日本NGK公司1 100kV SF_6瓷套管的全部型式试验;西安西开高压电气股份有限公司/ABB公司的1 100kV断路器样机的部分绝缘试验;西开有限公司1 100kV电流互感器的部分试验。

机械工业高压电器产品质量检测中心(沈阳)同期完成了新沈高公司的1 100kV GIS(隔离开关、接地开关、母线)样机的回路电阻测量、操作和机械寿命试验、温升试验、动热稳定(含CT)试验、隔离开关开合母线转换电流试验及接地开关开合感应电流试验等。

(7)高压开关产品检测基本情况。2007年由国家/行业授权的三家高压电器质检机构共对1 874台各类高压电器设备实施了试验。2007年试验产品数量的分类统计情况见表20。

表20　2007年试验产品数量的分类统计情况　　(单位:台)

质检机构	开关柜	断路器	环网柜	隔离开关	其他	合计
国家高压电器质量监督检验中心	312	188	133	66	300	999
机械工业高压电器产品质量检测中心(沈阳)	274	109	160	66	35	644
电力工业电力设备及仪表质量检验检测中心	70	38	34	24	65	231
合　计	656	335	327	156	400	1 874

技术发展　2007年是我国实施“十一五”规划的第二年，电工行业继续保持快速稳定增长，带动了行业企业开发新产品的积极性，产品更新换代速度明显加快，有力地推动了行业的技术进步。高压开关产品研发一直遵循着免维护、高可靠、小型化、集成化和智能化原则，以高技术含量的核心器件和新技术、新工艺和新材料为主线进行发展，呈现出一些新的特点。

1. 126kV及以上产品的技术发展

(1)特高压电网建设列为国网计划。国网公司于2006年着手准备特高压电网的建设工作，西安西开高压电气股份有限公司、平高集团有限公司和新东北电气(沈阳)高压开关有限公司3家企业同时开展特高压产品研制。2007年西开股份公司与 ABB 联合研发的 1 100kV GIS、平高集团有限公司与东芝联合研发的 1 100kV GIS、新东北电气(沈阳)高压开关有限公司与 AE POWER 公司联合研发的 1 100kV GIS 同时进入西安高压电器研究所进行型式试验,并相继完成产品的全套型式试验,已开始进行 1 100kV 试验示范工程产品制造。

西开股份公司自主研发的双断口 1 100kV GIS,2007 年上半年完成全部型式试验。新东北电气(沈阳)高压开关有限公司也已开始自主研发双断口 1 100kV 产品。

(2)超高压 800kV 产品自主研发成功。我国自主研发的 800kV 罐式断路器、800kV GIS,填补了国内超高压 800kV 高压开关设备自主研发的空白,达到国际先进水平,2007 年 9 月起陆续向西北超高压 750kV 输电线路供货。

(3)复合化电器产品备受青睐。近年来电力企业为方便电站扩建,分批投入建设资金,对复合电器较为青睐。550kV 复合电器 2007 年形成商业化生产能力,已销售几十个间隔。550kV、252kV 复合电器的市场前景看好。

(4)小型化产品符合节能原则。小型化产品可以减少占地面积,节约能耗和材料,也是电力用户比较喜爱的产品。126kV 小型化产品采用三相共箱结构、模块化、三工位隔离开关和接地开关,间隔宽度小于 1m,产品结构更加紧凑、性能更优、成本更低。252kV 小型化产品正在进行厂所联合研发。

(5)用户需求大容量、配用大功率液压操动机构产品。随着我国国民经济快速增长,用电负荷增大,对大容量产品的需求与日俱增。近年来多个开关生产企业对原有的定型产品采取增容策略,新产品采取大容量设计理念,252kV 产品 5 500A/63kA、550kV 产品/63kA 已经成为趋势。

结构精巧、性能可靠的新型液压机构成为市场需求的主流,从 252kV 至 1 100kV 产品均有应用,如何保证机构制造工艺的可靠性和稳定性是各机构生产企业最为关注的问题。国内主要开关制造企业均在自主研发结构紧凑、性能可靠的 252 ~ 1 100kV 开关设备用液压操动机构。

(6)优化产品外观设计,注重产品整体形象。陈旧的外观设计和粗糙的外观质量已经成为过去。2006 ~ 2007 年,高压开关行业引入工业化设计理念,用一体化设计取代独立的元件化设计、采用先进的壳体铸造技术已经成为开关设计的主流,设计更加合理、环保和个性化的产品将会成为发展方向。

(7)采用环保绝缘介质的产品技术是高压开关设备技术新的发展方向。126kV 高压真空断路器、采用混合气体的高压断路器是国内高压开关新的研究方向。部分企业已经开始进行采用混合气体的 126kV 高压断路器研制工作。

2.40.5kV 及以下产品的技术发展

真空断路器在中压领域已经达到 80% 以上的市场份额。真空断路器的技术进步,主要表现在小型化、高可靠、高电压和低截流。大容量方面,西安高压电器研究所已经进行了 15kV/120kA 产品的研究。高电压方面,126kV 真空灭弧室研究工作已取得初步方案。因此,研究与设计人员努力的方向已不是提高真空灭弧室的基本性能参数,而是完善、改进结构和工艺,在提高产品可靠性和真空灭弧室小型化程度上下工夫。

(1)新的开断机理研究进展不大,操动机构、断路器、开关柜的结构创新优化。产品优化是实现中压产品精益求精的有效途径:通过产品电场计算对产品绝缘结构进行优化,通过导电回路的温升计算对产品导电回路进行优化,通过磁场计算进行灭弧室触头结构和电磁铁结构的结构优化,通过动力学仿真实现开关机构及传动部件的优化。

真空灭弧室、真空断路器、开关柜的电场优化。大量试品解剖分析表明,真空灭弧室大电流开断的触头表面利用效率通常在 60% ~70%。现代的设计手段已有可能对设计方案进行电场分布与磁场分布的近似计算。好的屏蔽结构与触头结构相结合,不仅可以提高触头表面利用效率,而且可以最大限度地屏蔽金属蒸汽污染绝缘表面,减少触头烧损,保证大电流分断后的真空灭弧室绝缘性能和额定电流导通能力。

(2)真空断路器研究和制造工作的重点。设备小型化,尽可能节省占地面积,采用复合绝缘方式,其中包括空气与固体绝缘材料构成的复合绝缘方式,以及全固体绝缘的金属封闭开关设备,来减小开关柜的绝缘距离。

提高产品的可靠性、创建国内品牌,仍然是下一步工作的重点。高压开关设备是供用电系统的控制保护设备,直接关联着电力系统的安全和可靠运行。长期以来,国内产品一直在片面追求开关的开断性能等技术参数,而可靠性水平却是我国断路器与国外最先进断路器的最大差距,真正做到开关的高可靠与免维护要比提高技术参数实用得多,也困难得多。

在开发通用型断路器的同时,还应该考虑一些特殊用途的开关,如切合电容器组开关、切合电弧炉用的开关等,提升企业应对电力行业不同需求的能力。

(3)智能化产品值得关注。微机技术在开关设备中的应用,使得开关的二次部分得到发展,国外二次技术现代化成为中压开关设备及其元件之间的竞争焦点之一。近年来,国外现代二次技术已逐步用于柱上开关技术中,形成机电一体化的新潮流。国内也将朝此方向发展。

(4)关注 24kV 产品的市场应用和发展。电力部门在中压配电网推广应用 20kV 电压等级供电,并已制定了 20kV 电压等级开关类设备技术规范,这一点应引起特别关注。国内很多地区的配网已采用了 20kV 电压等级,如苏州工业园、昆山的南亚公司(台湾独资塑胶企业)、上海的轨道交通工程、辽宁本溪南芬地区 66/20kV 系统 8 条 20kV 出线等。国内许多城市地区还对采用 20kV 电压等级进行了可行性分析论证,如京津两城市部分地区,云南昆明的新机场,广东佛山南海等地区。

(5)重视基础工艺研究,规避固封工艺的真空密封风险。环氧材料在固化时有一定比例的收缩率,不同牌号的环氧材料收缩率和弹性有差别,应选择收缩率小、弹性好的材料。同时,必须在环氧与真空灭弧室间采用缓冲措施。

即便是这种情况下，真空灭弧室的封接结构设计和外形结构设计也必须考虑到能有效分解应力，否则可能造成封接部位漏气，破坏真空度。

(6)使用SF_6技术的负荷开关。箱式结构的SF_6负荷开关采用SF_6气体熄弧，隔离刀在充气的箱体内，没有可见的隔离断口，采用与隔离刀直接相连的机械指示来表示开关的分、合闸位置。将隔离刀直接暴露在户外，长期受外界环境的侵蚀，产品很难做到免维护。只有将隔离刀装在充气的箱体内，即没有可见断口，才能免受外部环境的危害。这是一个新观点，由于受到国外产品的引导，国内用户也在逐步接受。

总之，随着对供电可靠性指标要求的提高，新技术、新材料和新工艺的发展与应用，各种新型的开关不断问世，这些开关的设计思路也代表了近年开关设备的发展趋势。

(1)环保型。清洁、无油、无漏气和无噪声的环保型产品越来越多。如真空开关的固体绝缘结构、SF_6开关小型化箱体一次性密封工艺等技术的应用。

(2)模块化。基于真空灭弧室及电流互感器构成的免维护组件及SF_6灭弧室的单元化结构，采用永磁技术的操动机构，使开关整体结构简单化、模块化，基本实现了免维护。

(3)防腐防锈。外壳采用不锈钢或铸铝合金等防锈材料，绝缘子的户外环氧浇铸工艺及其他有机绝缘材料包封技术的应用等，进一步提高了产品的使用寿命和外观质量。

(4)智能化。数字化的保护和控制、特性的选择、故障定位、功能自检等，满足配电自动化的需要。

采用现代的二次技术实现配电自动化，是中压开关的发展方向。采用永磁机构可以提高开关机械可靠性；使用非瓷绝缘套管可以减轻开关设备的重量，提高绝缘可靠性。断路器(重合器)采用真空灭弧技术可以获得更高的可靠性和低的维护费用以及无污染、无公害，负荷开关(分段器)采用SF_6灭弧方式能够简化开关的结构，降低成本，满足负荷开关对隔离断口的要求。

3. 直流输电技术的发展

超高压、特高压直流输电技术已成为我国重点发展产业之一。近十年来，国内高压开关行业有了长足的发展，并配合电力部门取得了显著的成绩，满足了目前超高压、特高压直流输电技术发展的需求。

目前，高压开关行业以西安高压电器研究所为龙头，以超高压、特高压输电工程为依托，在完整地引进、吸收世界先进技术的基础上实现再创新。西安高压电器研究所有限责任公司已掌握了国外公司从事高压直流输电工程系统研究与成套设计的技术和方法，拥有了从事交直流输电工程系统研究所必须的世界先进软件和硬件设施，包括实时数字式仿真系统(RTDS)、物理模拟器和多种其他专业软件，造就了一批高素质的高压直流输电工程系统研究与成套设计队伍。西安高压电器研究所参与完成了三峡—上海±500kV直流输电工程研究及设计和换流站有关成套设备供货。在参与完成南方电网、国家电网±800kV特高压直流输电工程前期关键技术研究的基础上，2007年与南方电网正式签订了云南—广东±800kV 3 150A直流输电系统研究与成套设计合同；2008年与国家电网正式签订了向家坝—上海±800kV 4 000A直流输电系统研究与成套设计合同。所有这些为今后承担2020年前相继开工建设的国内多项特高压直流输电工程系统研究与设计工作奠定了坚实的基础。

为了满足特高压交直流输电设备试验要求，国家高压电器质检中心受国家电网公司特高压建设部委托，已建设完成了1 100kV断流容量试验技术改造，具备了特高压开关设备短路开断试验的能力。继ABB、Siemens公司之后，建成了世界第三条±500kV换流阀运行试验回路，并进行了提升改造，可满足云南—广东线、向家坝—上海线±800kV 4 000A换流阀运行试验。特高压实验室建成后将全面满足交直流特高压设备全部型式试验的要求。

国内特高压直流输电工程建设带动了高压开关行业直流输电系统研究与设计的快速发展，为行业开辟了新的重大技术领域，具有良好的市场前景。

2007年，高压开关分会完成了《高压开关行业产品技术发展方向》的编写，提出“十一五”及以后一段时期，以大煤电、大水电、大核电和特高压为代表的电力工业建设持续、快速发展，电力、电网建设以及输变电技术的发展对高压开关设备的技术性能、运行可靠性及产品质量要求越来越高。高压开关行业产品的发展方向应是：

(1)发展超高压、特高压开关设备，以满足我国特高压主干网架建设和区域主干电网及全国联网建设的需求。

(2)发展高压少断口、大短路开断电流的断路器，瓷柱式断路器做到252kV单断口，罐式断路器和GIS做到363kV、550kV单断口，252kV及以上断路器开断短路电流达到63kA。

(3)提高开关设备的通流能力及耐受短时电流和峰值电流的水平，提高相应电压等级开关设备的绝缘耐受水平，以满足高电压、大容量输变电工程建设的需要。

(4)发展具有特殊开合功能的高压开关产品，以满足电力系统运行对特定功能开关设备的需求。

(5)重视隔离开关/接地开关产品的发展，提高隔离开关产品的技术性能和运行可靠性。

高压开关行业暨各企业应坚持自主创新和技术进步，不断研发出满足电力、电网建设需要，符合IEC、国家标准，达到国际、国内先进或领先水平的高压开关产品，为我国电力、电网建设的快速发展，为振兴我国的装备制造业，为我国经济和社会持续、稳定、和谐发展作出贡献。

由于一、二次配电直接面向用户，设备数量多，市场容量大，其市场容量(价值)占到整个电网设备的50%以上，而二次配电设备市场容量又高于一次配电设备，因此二次配电设备市场需求及变化更值得我们关注。

二次配电开关设备中，负荷开关、接触器和限流熔断器的使用数量近几年增长特别快，总数已大于断路器。负荷开关柜、接触器柜数量正在接近断路器柜。箱式变电站使用数量显著上升，占到末端变电站总数的30%。

负荷开关柜中，SF_6 负荷开关（尤其是三工位负荷开关）使用量日益增大，这值得关注。充气负荷开关柜数量已占 30%，可满足抵御严酷环境，降低箱变尺寸、重量，转入地下及减少维护工作量要求。在这方面进口设备已占有较大比重。

近年 40.5kV 风电用箱变增长异常迅速。未来大容量排灌的需要，使得 40.5kV/0.4kV 二次配电箱变也有巨大市场潜力。在这方面还应该加大新产品的开发力度和完善化工作。

无功补偿电容器及电抗器等使用量越来越多，但满足小电流开合性能、适度频繁操作的专用负荷开关国内研究较少，目前主要依靠进口。开发这一类产品刻不容缓。

安全、节能、高效和环保的需求将是未来开关产品设计开发的主要课题，这些需求不是单独存在的，而是相互联系、互相作用。高压开关行业更好地应用现代科技、新材料、新工艺，用更经济的方法更好地去满足这些需求，设计生产出来的产品就能为市场接受。

行业活动　2007 年 4 月及 9 月，高压开关分会组织召开了五届二次、五届三次常务理事会议。会议听取了秘书处提交的有关报告并进行了认真讨论和审议。会议认为，当前我国电力工业继续保持较高的增长速度，为高压开关行业提供了良好的发展机遇。但是，随着国家宏观调控趋紧，以及电力基本实现供需平衡，今后几年可能面临市场波动、产能过剩和结构调整的压力。对此必须高度重视，要加快行业改革与机制创新，发挥协会桥梁纽带作用；大力提高技术创新及自主研发能力；加强标准质量工作；在推进产品结构优化升级的同时，积极开发节能、降耗和低污染产品以及进口替代产品，并争取扩大出口。

2007 年 6 月，在西安市召开了高压开关分会五届三次理事会暨高压电器产品可靠性技术论坛。高压开关分会理事以及来自科研、制造、试验、运行等方面代表 500 多人参加了会议。会议邀请有关领导、专家以高压电器产品可靠性为主题做了专题报告，主要包括市场需求及设备运行，设计、工艺、制造和试验，其他等 3 个部分。

高压开关分会积极配合企业向上级主管部门申报"中国名牌"产品，推荐 126kV 高压交流 SF_6 断路器进入 2007 年中国名牌评价目录。2007 年 9 月，856 个产品被认定为 2007 年中国名牌产品。西安西电高压开关有限责任公司生产的"XD"牌和平高集团有限公司生产的"平高"牌 252kV 及以上 SF_6 断路器荣获中国名牌产品称号。

2007 年 8 月，在新疆昌吉市召开了高压开关行业绝缘件工作组工作会议，17 个单位的 22 位代表出席了会议，并于 2007 年 12 月在西安组织召开了高压开关喷口制品生产企业和绝缘工作组评审员工作会议。

根据高压开关分会 2007 年工作计划安排，绝缘配套件专业工作组于 2007 年 12 月对 4 个环氧绝缘配套件生产企业进行首批首次评审，分别是镇江市丹高电器有限公司、上海雷博司电器有限公司、浙江省开化七一电力器材有限责任公司和杭州曙光电器有限公司。这 4 个企业的环氧绝缘配套件生产规模较大，在行业有一定影响；在生产厂房与设施、生产和试验检测设备、人员素质、技术管理和质量管理等方面都比较优秀，获得了较高的评分。

价格工作组及时报道了国家发展和改革委员会价格监测中心《当前价格情况及后期走势分析》的报告及冶金价格协会《钢铁行业经济运行情况》，以及国家发展和改革委员会《企业现代价格管理工作与价格信用建设》的价格管理方法。积极推进企业价格管理制度创新。

《高压开关行业年鉴》是《中国电器工业年鉴》重要组成部分。2007 年版年鉴共收录高压开关行业主要生产企业 314 家，并在原有"综述"、"会员单位基本情况"、"企业排序"栏目的基础上，增加了标准动态、试验检测、行业大事等栏目，基本反映了 2006 年高压开关行业生产经营及经济技术发展情况，比较全面地提供了行业主要技术经济指标和主要产品产量的完成情况，对产品结构调整、新产品动态，市场需求等热点进行了分析和点评。

高压开关分会及时上报《九大类重点产品的产、销、存情况汇总表》，并进行行业经济运行情况的动态分析，编写行业经济运行分析报告；阐明行业经济运行的特点和发展中存在的问题，圆满完成了各项统计工作任务。2007 年再次被中国电器工业协会评为"统计工作先进集体"。

编写了《输变电领域装备技术政策》中有关"超高压交流输变电设备"的开关类（GIS、断路器、隔离开关、接地开关）资料。

〔供稿单位：中国电器工业协会高压开关分会〕

绝缘子避雷器

在我国电力事业快速发展的宏观环境中，2007 年绝缘子避雷器行业仍呈现快速增长态势，产销等衔接平稳，经济运行质量、经济效益均比 2006 年有较大提高。

生产发展情况　据不完全统计，2007 年绝缘子避雷器行业共有企业 450 家左右，有一定规模的企业 150 家左右，列入行业统计的企业 31 家。据测算，2007 年这 150 家左右企业的工业总产值约为 120 亿元，占全行业的 95% 以上。各类产品主要生产企业见表 1。2007 年绝缘子避雷器行业列入统计的 31 家企业的主要经济指标汇总见表 2。

表 1　各类产品主要生产企业

序号	产品类别	企业名称
1	线路瓷绝缘子	大连电瓷有限公司
2		NGK 唐山电瓷有限公司
3		苏州电瓷厂有限公司
4		无锡华能塞拉姆绝缘子有限公司
5		内蒙古精诚高压绝缘子有限责任公司

（续）

序号	产品类别	企业名称
6		山东淄博电瓷厂有限公司
7		牡丹江北方高压电瓷有限责任公司
8	电站电器用瓷绝缘子	西安西电高压电瓷有限责任公司
9		西安双佳高压电瓷电器有限公司
10		唐山高压电瓷有限公司
11		抚顺电瓷制造有限公司
12		辽宁高科电气设备集团有限公司
13		河南省红星电瓷厂
14		湖南醴陵火炬电瓷电器有限公司
15		湖南省醴陵市华鑫电瓷电器有限公司
16	套管	西安西电高压电瓷有限责任公司
17		南京电气（集团）有限责任公司
18		抚顺传奇套管有限公司
19		北京国电四维电力技术有限公司
20		湖南醴陵火炬电瓷电器有限公司
21	线路复合绝缘子	山东淄博泰光电力器材厂
22		襄樊国网合成绝缘子有限公司
23		广州市麦克林电力有限公司
24		东莞市高能实业有限公司
25		新疆新能天宁电工绝缘材料有限公司
26		西安电瓷研究所
27	线路玻璃绝缘子	南京电气（集团）有限责任公司
28		自贡塞迪维尔钢化玻璃绝缘子有限公司
29		天津迪艾夫绝缘子有限公司
30		浙江金利华电气有限公司
31		浙江泰仑绝缘子有限公司
32	电站电器用复合绝缘子	南通市神马电力科技有限公司
33		西安电瓷研究所
34		上海 MWB 互感器有限公司
35	金属氧化物避雷器	西安西电避雷器有限责任公司
36		抚顺电瓷制造有限公司
37		廊坊电科院东芝避雷器有限公司
38		南阳金冠电气有限公司

表 2 2007 年绝缘子避雷器行业列入统计的 31 家企业的主要经济指标汇总

序号	指标名称	单位	2007 年完成	比上年增长（%）
1	工业总产值（当年价）	万元	350 823	19.99
2	工业销售产值	万元	328 952	17.13
3	工业增加值	万元	129 349	28.53
4	出口交货值	万元	47 630	46.12
5	利润总额	万元	28 737	15.00
6	从业人员数	人	15 347	-5.20
7	全员劳动生产率（增加值）	元/人	84 283	35.57

由表 2 可见，2007 年绝缘子避雷器行业代表性企业的工业总产值（当年价）、工业销售产值分别比上年增长 19.99% 和 17.13%，工业增加值比上年增长 28.53%，说明企业的产出/投入比有所增长；出口交货值增长 40% 以上，增长势头强劲；利润总额比上年增长 15%，低于工业总产值和工业销售产值的增长率，说明企业的成本压力进一步增大；在从业人员略有增加的前提下，全员劳动生产率（增加值）大幅度提高，既反映了企业实际生产效率的提高，也体现了员工人数减少因素的影响。2007 年绝缘子避雷器行业工业总产值前 20 名企业见表 3。2007 年绝缘子避雷器行业工业销售产值前 20 名企业见表 4。2007 年绝缘子避雷器行业利润总额前 20 名企业见表 5。

表 3 2007 年绝缘子避雷器行业工业总产值前 20 名企业

序号	企业名称	工业总产值（万元）
1	自贡塞迪维尔钢化玻璃绝缘子有限公司	68 250
2	南京电气（集团）有限责任公司	50 003
3	大连电瓷有限公司	44 575
4	山东泰光电气有限公司	39 428
5	西安西电高压电瓷有限责任公司	34 997
6	传奇电气（沈阳）有限公司	29 451
7	NGK 唐山电瓷有限公司	27 477
8	唐山高压电瓷有限公司	22 633
9	苏州电瓷厂有限公司	21 879
10	抚顺电瓷制造有限公司	20 158
11	淄博柳泉电瓷有限责任公司	19 677
12	广州市迈克林电力有限公司	19 198
13	西安双佳高压电瓷电器有限公司	18 527
14	辽宁高科电瓷电气有限公司	15 003
15	南通市神马电力科技有限公司	14 500
16	天津迪艾夫绝缘子有限公司	14 280
17	浙江金利华电气股份有限公司	14 150
18	葛天集团有限责任公司	13 817
19	山东省青州市力王电力科技有限公司	13 154
20	南阳金冠电气有限公司	12 621

表 4 2007 年绝缘子避雷器行业工业销售产值前 20 名企业

序号	企业名称	工业销售产值（万元）
1	自贡塞迪维尔钢化玻璃绝缘子有限公司	100 159
2	山东泰光电气有限公司	43 720
3	大连电瓷有限公司	42 027
4	NGK 唐山电瓷有限公司	38 713
5	南京电气（集团）有限责任公司	36 984
6	西安西电高压电瓷有限责任公司	34 326
7	东莞市高能电气股份有限公司	34 017
8	广州市迈克林电力有限公司	32 349
9	传奇电气（沈阳）有限公司	29 109
10	唐山高压电瓷有限公司	25 964
11	淄博柳泉电瓷有限责任公司	25 307
12	浙江金利华电气股份有限公司	21 011
13	襄樊国网合成绝缘子股份有限公司	20 301
14	天津迪艾夫绝缘子有限公司	19 957
15	浙江电瓷厂有限责任公司	18 897
16	苏州电瓷厂有限公司	18 060
17	南通市神马电力科技有限公司	17 740
18	西安双佳高压电瓷电器有限公司	17 338
19	抚顺电瓷制造有限公司	15 590
20	河北新华高压电器有限公司	13 972

表 5 2007 年绝缘子避雷器行业利润总额前 20 名企业

序号	企 业 名 称	利润总额（万元）
1	广州市迈克林电力有限公司	12 480
2	唐山高压电瓷有限公司	12 407
3	东莞市高能电气股份有限公司	10 043
4	自贡塞迪维尔钢化玻璃绝缘子有限公司	6 708
5	辽宁高科电瓷电气有限公司	6 076
6	浙江金凤凰电气有限公司	5 601
7	NGK 唐山电瓷有限公司	4 888
8	南通市神马电力科技有限公司	4 008
9	大连电瓷有限公司	3 769
10	西安双佳高压电瓷电器有限公司	2 642
11	南京电气（集团）有限责任公司	2 296
12	浙江金利华电气股份有限公司	2 178
13	苏州电瓷厂有限公司	1 957
14	浙江电瓷厂有限责任公司	1 943
15	河北新华高压电器有限公司	1 939
16	淄博柳泉电瓷有限责任公司	1 807
17	天津迪艾夫绝缘子有限公司	1 697
18	西安西电高压电瓷有限责任公司	1 363
19	河南省红星电瓷厂	1 341
20	山东淄博电瓷厂有限公司	1 299

绝缘子避雷器行业 2007 年生产发展的主要特点有：①复合绝缘子在生产和市场的比重稳步增长。在线路悬式绝缘子中，复合绝缘子、瓷绝缘子和玻璃绝缘子所占比重分别为 39.1%、29.4% 和 31.5%，玻璃绝缘子在线路绝缘子中的比重首次超过瓷绝缘子；电站电器用复合绝缘子的上升势头迅猛。②采用等静压成型技术生产电站电器用瓷绝缘子的比重增加。据不完全统计，国内已经投产和正在建设的瓷绝缘子等静压成型线已经达到 26 条。③高档次支柱和承压空心瓷绝缘子短缺，仍在大量进口。④具备了生产 750kV 工程用绝缘子避雷器产品的能力。直流 ±800kV 及交流 1 000kV 特高压系统用绝缘子避雷器产品大部分已经完成试制，但套管类产品仍是特高压发展的瓶颈。⑤出口交货值大幅增长，向国际市场发展势头良好。⑥为数不多的外资企业在工业销售产值、工业增加值、全员劳动生产率等主要经济指标上排在行业前列。⑦由于制瓷工艺过程的特殊性，高档瓷绝缘子较为短缺。⑧线路复合绝缘子、盘形悬式玻璃绝缘子供大于求，同质化竞争惨烈。

产品分类产量 在统计国内主导生产企业主要产品产量的基础上，分析计算出产品分类产量。支柱瓷绝缘子和空心瓷绝缘子产量因数据不够完整，仅统计到 220kV 等级产品。应该注意的是 330kV 及以上电压等级承受内压力的空心瓷绝缘子产量和实际使用量差距较大，进口量很大。统计基础上分析计算的主要分类产品产量见表 6。主导企业主要产品产量见表 7。

表 6 统计基础上分析计算的主要分类产品产量

序号	产 品 类 别	单位	产量	代表性企业
1	线路瓷绝缘子	万片	1 764	大连电瓷有限公司、NGK 唐山电瓷有限公司、苏州电瓷厂有限公司、内蒙古精诚高压绝缘子有限责任公司
2	线路玻璃绝缘子	万片	1 890	南京电气（集团）有限责任公司、自贡塞迪维尔钢化玻璃绝缘子有限公司、天津迪艾夫绝缘子有限公司、浙江金利华电气有限公司、浙江泰仑绝缘子有限公司
3	线路复合绝缘子	110kV 标准元件，万只	335	山东淄博泰光电力器材厂、广州市麦克林电力有限公司、东莞市高能实业有限公司、襄樊国网合成绝缘子有限公司
4	220kV 及以上支柱瓷绝缘子	万只	26.2	西安西电高压电瓷有限责任公司、西安双佳高压电瓷电器有限公司、唐山高压电瓷有限公司、抚顺电瓷制造有限公司、河南省红星电瓷厂
5	220kV 及以上空心瓷绝缘子	万只	24.3	西安西电高压电瓷有限责任公司、西安双佳高压电瓷电器有限公司、抚顺电瓷制造有限公司、湖南省醴陵市华鑫电瓷电器有限公司
6	110kV 及以上套管	万只	4.3	抚顺传奇套管有限公司、西安西电高压电瓷有限责任公司、南京电气（集团）有限责任公司
7	110kV 及以上空心、支柱复合绝缘子	110kV 标准元件，万只	11.5	南通市神马电力科技有限公司、上海 MWB 互感器有限公司、西安电瓷研究所
8	110kV 及以上避雷器	110kV 标准元件，万只	8.2	西安西电高压电瓷有限责任公司、抚顺电瓷制造有限公司、廊坊电科院东芝避雷器有限公司、南阳金冠电气有限公司、西安电瓷研究所

表 7 主导企业主要产品产量

序号	企 业 名 称	产 品 名 称	单位	110kV	220kV	330kV	500kV	750kV
1	西安西电高压电瓷有限责任公司	空心瓷绝缘子	只	6 822	1 887	20	1 626	0
2		支柱瓷绝缘子	只	5 803	33 568	1 700	6 802	0
3		套管	只	4 560	451	18	63	0
4		避雷器	只	2 708	2 258	416	708	35
5	抚顺电瓷制造有限公司	空心瓷绝缘子	只	5 977	5 709	2 678	79	0
6		支柱瓷绝缘子	只	11 663	13 720	4 768	1 155	50
7			柱	—	4 035	940	184	0
8		避雷器	只	799	608	141	534	44
9	西安双佳高压电瓷电器有限公司	空心瓷绝缘子	只	12 859	7 600	368	—	—
10		支柱瓷绝缘子	只	316	10 268	1 850	7 720	245

（续）

序号	企业名称	产品名称	单位	110kV	220kV	330kV	500kV	750kV
11	唐山高压电瓷有限公司	空心瓷绝缘子	只	10 301	—	—	—	—
12		支柱瓷绝缘子	只	73 572	46 396	—	11 899	177
13			柱	—	59 984	—	3 966	—
14	南京电气(集团)有限责任公司	空心瓷绝缘子	只	3 975	1 185	21	105	—
15		套管	只	3 158	549	11	52	—
16		支柱瓷绝缘子	只	16 932	1 324	—	—	—
17		线路玻璃绝缘子	t	33 804				
18	大连电瓷有限公司	线路瓷绝缘子	t	39 477(160kN 及以上 27 256)				
19		线路复合绝缘子	只	15 722	19 000	1 114	6 536	—
20	苏州电瓷厂有限公司	线路瓷绝缘子	t	15 900(160kN 及以上 13 120)				
21		支柱瓷绝缘子	只	47 388	—	—	—	—
22	河南省红星电瓷厂	支柱瓷绝缘子	只	26 800	50 082	300	533	—
23			柱	—	25 041	100	177	—
24		支柱复合绝缘子	只	500	200	—	—	—
25	湖南醴陵火炬电瓷电器有限公司	空心瓷绝缘子	只	12 915	2 394	—	—	—
26		支柱瓷绝缘子	只	6 252	12 016	—	—	—
27		套管	只	295	15	—	—	—
28	左云天安电器有限责任公司	支柱瓷绝缘子	只	14 035	9 261	130	—	—
29	辽宁高科电器设备集团有限公司	空心瓷绝缘子	只	23 822	5 339	—	552	—
30		支柱瓷绝缘子	只	1 418	3 496	—	1 230	—
31	浙江电瓷厂有限责任公司	线路瓷绝缘子	t	1 385	—	—	—	—
32		支柱瓷绝缘子	只	5 078	—	—	—	—
33	上海电瓷厂	避雷器	只	11 932	18	—	—	—
34	自贡红星电力设备集团公司	线路瓷绝缘子	t	6 233	—	—	—	—
35	重庆鸽牌电瓷有限公司	线路瓷绝缘子	t	3 166	—	—	—	—
36	石家庄电瓷有限责任公司	线路瓷绝缘子	t	2 257(160kN 及以上 281)				
37	牡丹江北方高压电瓷有限责任公司	线路瓷绝缘子	t	3 488(160kN 及以上 1 139)				
38	景德镇电瓷电器工业公司	支柱瓷绝缘子	只	8 176	3 719	—	—	—

市场及销售　2007 年绝缘子避雷器行业实现工业销售产值约 130 亿元，比上年增长 30% 以上，其中出口交货值的增长贡献较大。

就国内市场而言，2007 年绝缘子避雷器行业有以下特点：①在绝缘子产品中，复合绝缘子所占的比重稳步增长。抽样统计结果表明，2007 年 220kV 及以上线路绝缘子中复合绝缘子所占比重已经达到 39. 05%。电站电器用复合绝缘子的上升势头更为明显。②国内中低档瓷绝缘子供略大于求，出口增长趋势明显。高档次瓷绝缘子市场需求旺盛，短缺状况尚未根本改善，包括 110kV 及以上棒形支柱瓷绝缘子、110kV 及以上空心瓷绝缘子、210kN 及以上盘形悬式瓷绝缘子等，尤其是 330kV 及以上承受内压力的空心瓷绝缘子估计仍有 50% 以上进口。③随着塞维斯集团在上海的玻璃绝缘子玻璃件生产线投产、南京电气(集团)有限公司玻璃绝缘子生产线扩建完成、浙江金利华电气有限公司玻璃绝缘子产品全面进入市场和湖州泰伦公司的玻璃绝缘子生产线投产，以及四川五粮液公司玻璃绝缘子生产线投产，2007 年国内玻璃绝缘子生产能力已经接近 3 500 万片，产能大于需求，市场竞争惨烈。④套管类产品中：传统的油纸绝缘套管产销基本平稳；胶浸纸绝缘套管国内只有外资控股的抚顺传奇套管有限公司生产销售，直流套管基本依赖进口。因不同电器的要求各异，套管类产品的品种有待进一步开发。⑤避雷器产品产能大于市场需求。⑥外资或外资控股企业利用其技术和资金优势，在部分品类上仍占据高端产品市场的主导地位，包括 NGK 唐山电瓷有限公司的线路瓷绝缘子、自贡塞迪维尔钢化玻璃绝缘子有限公司和天津迪艾夫绝缘子有限公司的线路玻璃绝缘子、抚顺传奇套管有限公司的胶浸纸绝缘套管、廊坊电科院东芝避雷器有限公司的避雷器。⑦常规产品价格竞争趋势明显。

科技成果及新产品　2007 年，绝缘子避雷器行业各企业根据我国电力发展需求，研制出一批具有国际先进水平的新产品。特高压工程用绝缘子避雷器产品已经基本完成研制，如 1 100kV 变压器套管、1 100kV 户外棒形支柱绝缘子、1 100kV GIS 出线套管用复合绝缘子、±800kV 直流棒形支柱瓷芯复合绝缘子、±800kV 直流棒形悬式复合绝缘子等。唐山高压电瓷有限公司全年共开发新产品 210 种，实现新产品产值 12 239 万元；南京电气(集团)有限责任公司全年完成新产品鉴定 84 项，新产品产值超过 2 亿元，新品产值率为40.3%。2007年绝缘子避雷器行业新产品产值前10名企业见表8。2007年绝缘子避雷器行业特高压主要科研和新产品研制项目见表9。

表8　2007年绝缘子避雷器行业新产品产值前10名企业

序号	企业名称	新产品产值(万元)
1	南阳金冠王码信息产业股份有限公司	26 612
2	自贡赛迪维尔钢化玻璃绝缘子有限公司	23 740
3	南京电气(集团)有限责任公司	20 600
4	大连电瓷有限公司	15 487
5	抚顺电瓷制造有限公司	12 516
6	唐山高压电瓷有限公司	12 239
7	西安西电高压电瓷有限责任公司	7 050
8	河南红星电瓷厂	6 922
9	西安双佳高压电瓷电器有限公司	6 284
10	浙江电瓷厂有限公司	5 980

表9　2007年绝缘子避雷器行业特高压主要科研和新产品研制项目

序号	项目名称	完成单位
1	1 100kV GIS出线套管用复合绝缘子	西安电瓷研究所
2	800kV GIS出线套管用复合绝缘子	西安电瓷研究所
3	550kV GIS出线套管用复合绝缘子	西安电瓷研究所
4	±800kV直流系统用棒形悬式复合绝缘子	西安电瓷研究所
5	±800kV直流棒形支柱瓷芯复合绝缘子	西安电瓷研究所
6	BRLW—1100/2500—3油纸电容式变压器套管	南京电气(集团)有限责任公司
7	BRDLW—800/2500—3油纸电容式变压器套管	南京电气(集团)有限责任公司
8	550kN玻璃绝缘子	南京电气(集团)有限责任公司
9	直流玻璃绝缘子	南京电气(集团)有限责任公司
10	特高压直流穿墙套管	南京电气(集团)有限责任公司
11	LXY—420、LXAY—210、LXZY4—210、XY—2240、LXHY4—300、LXY—300D悬式钢化玻璃绝缘子	南京电气(集团)有限责任公司
12	XZP—420钟罩型±800kV用直流悬式瓷绝缘子	大连电瓷有限公司
13	XZP—550钟罩型±800kV用直流悬式瓷绝缘子	大连电瓷有限公司
14	XZWP1—420双伞型±800kV用直流悬式瓷绝缘子	大连电瓷有限公司
15	XZSP1—420三伞型±800kV用直流悬式瓷绝缘子	大连电瓷有限公司
16	XZSP1—550三伞型±800kV用直流悬式瓷绝缘子	大连电瓷有限公司
17	ZSW—1100/16K－3特高压户外棒形支柱绝缘子	中材高新材料股份有限公司
18	±800kV直流支柱复合绝缘子	南通神马电力科技有限公司、南方电网技术研究中心和清华大学
19	LVQB—220W_2 SF_6互感器用瓷空心绝缘子	河南爱迪德公司

质量及标准　2007年绝缘子避雷器行业没有开展国家、部质量监督抽查和行业产品质量评比活动。

2007年绝缘子避雷器行业共发布国家标准6项，开展标准制修订项目45项，其中国家标准37项，行业标准8项。2007年绝缘子避雷器行业开展的国家标准制修订项目见表10。

表10　2007年绝缘子避雷器行业开展的国家标准制修订项目

序号	标准名称	制修订	进度
1	直流系统用高压绝缘子人工污秽试验	制定	完成报批
2	污秽地区绝缘子选用导则　第1部分　一般原则	制定	修改报批稿
3	污秽地区绝缘子选用导则　第2部分　交流系统用瓷和玻璃绝缘子	制定	进行讨论
4	绝缘子串元件的热机械性能试验	制定	修改报批稿
5	架空线路用瓷或玻璃绝缘子串元件在绝缘体损伤后的残余强度	制定	修改报批稿
6	高压套管技术条件	修订	进行讨论
7	电站用复合支柱绝缘子	制定	完成立项
8	电器设备用空心瓷绝缘子	制定	修改报批稿
9	聚合物绝缘子通用试验条款	制定	完成送审
10	直流套管	制定	完成报批
11	标称电压高于1 000V架空线路复合绝缘子串元件　第1部分:标准强度等级和端部附件	制定	完成报批
12	标称电压高于1 000V的系统用户内和户外瓷或玻璃支柱绝缘子的试验	修订	起草讨论稿
13	标称电压高于1 000V系统用户内和户外支柱绝缘子的特性	修订	进行讨论
14	标称电压高于1 000V的架空线路绝缘子—交流系统用瓷绝缘子—长棒形绝缘子特性	制定	立项、起草讨论稿
15	绝缘子表面湿润性测量导则	制定	立项、起草讨论稿

（续）

序号	标准名称	制修订	进度
16	油纸电容式套管　型式和尺寸	整合	进行讨论
17	高压线路悬式绝缘子　连接结构和尺寸	修订	完成报批
18	交流牵引线路用棒形瓷绝缘子	修订	进行讨论
19	污秽地区绝缘子选用导则　第3部分　交流系统用复合绝缘子	制定	立项
20	高压绝缘子无线电干扰试验	制定	立项
21	套管——地震评定	制定	立项
22	绝缘子串元件球窝连接用锁紧销——尺寸和试验	制定	立项
23	标称电压高于1 000V的架空线路用绝缘子　第2部分　交流系统用绝缘子串和绝缘子组——定义、试验方法和接收准则	制定	立项、起草讨论稿
24	标称电压高于1 000V的架空线路用绝缘子——绝缘子组交流电弧试验	制定	立项
25	绝缘子——标称电压高于1 000V至低于300kV的系统用户内有机材料绝缘子的试验	制定	立项、起草讨论稿
26	棒形支柱瓷芯复合绝缘子	制定	计划
27	高压线路蝶式绝缘子	转化	完成报批
28	电除尘器用绝缘子　瓷套	修订	进行试验
29	电除尘器用绝缘子　瓷转轴	修订	进行试验
30	电除尘器用绝缘子　棒形支柱	修订	进行试验
31	电除尘器用绝缘子　穿墙套管	修订	进行试验
32	电除尘器用绝缘子　振打棒	制定	进行试验
33	电除尘器用绝缘子　瓷拉棒	制定	进行试验
34	架空线路复合绝缘子用金属附件	制定	起草讨论稿
35	高压穿墙瓷套管　尺寸与特性	修订	计划
36	高压线路针式瓷绝缘子　尺寸与特性	修订	计划
37	低压电涌保护器　第22部分：电信和信号网络电涌保护器—选择和使用导则	制定	报批
38	交流无间隙金属氧化物避雷器	修订	讨论
39	交流无间隙金属氧化物避雷器　使用导则	制定	立项
40	额定电压52kV及以下带串联和并联间隙避雷器	制定	立项
41	交流系统用碳化硅阀式避雷器	修订	讨论
42	1 000kV交流系统用避雷器技术参数和性能要求	制定	计划
43	1 000kV交流系统用气体绝缘金属封闭避雷器技术参数和性能要求	制定	计划
44	±800kV特高压直流输电用避雷器技术参数和性能要求	制定	立项
45	低压配电系统的电涌保护器（SPD）　第1部分：性能要求和试验方法	修订	讨论

由西安电瓷研究所负责国内对口的IEC/TC36和IEC/TC37国内技术工作，2007年共收到文件46个，其中投票文件15个，投票或答复率100%。2007年IEC/TC36和IEC/TC37共发布IEC刊物1个，即IEC 61462：2007 Ed. 1.0《标称电压高于1 000V的电器设备用承压或非承压复合空心绝缘子——定义、试验方法、接受准则和设计推荐》。

基本建设及技术改造　南京电气（集团）有限责任公司在高强度钢化玻璃绝缘子生产线技改工程的基础上投资4 200万元实施了特型钢化玻璃绝缘子生产技改工程（玻璃绝缘子四期工程）。西安电瓷研究所2007年完成了高压直流输电成套设备国产化项目——直流金属氧化物避雷器与直流复合绝缘子技术改造项目。山东省垦利县新型电力器材厂投资1 500万元完成自动收缩绝缘套管项目。唐山高压电瓷有限公司2006年底动工修建的500kV等静压套管生产线技术改造项目，总投资3 850万元，经过一年的施工已通过验收。该项目将加快公司SF_6大瓷套产品升级，为拓展更广阔的市场奠定了基础。河南爱迪德电力设备有限公司2007年完成了二分厂扩改项目，投资2 200万元扩建了一条5 000m^2的湿法生产线，新增产能5 000万元，已全线投入运行。2007年4月意大利Severs集团在上海新建玻璃绝缘件工厂，2008年初正式投产。

对外合作　2007年6月，上电股份公司和西门子（中国）有限公司通过吸收合并的方式，将抚顺传奇套管有限公司（公司持股35%）合并进入传奇电气（沈阳）有限公司（公司持股35%）。2007年，大连拉普电瓷有限公司成立。大连电瓷有限公司2007年先后派17人次分别前往美国、印度、巴西、法国、越南、马来西亚等国进行产品展览、技术交流和贸易洽谈。2007年10月，全国绝缘子标准化技术委员会邀请瑞典ABB公司吴冬博士作《外绝缘新防污技术机理及IEC 60815标准制修订》专题报告。唐山高压电瓷有限公司2007年派出4人次到俄罗斯、埃及和南非参观考察。

行业组织活动　中国电器工业协会绝缘子避雷器分会和中国电工技术学会电工陶瓷专业委员会于2007年9月在温州市召开了四届四次会员大会暨2007年学术交流会。来自国内绝缘子避雷器行业108个单位的144位代表参加了本次会议。会议的主要议题有两个：一是交流开拓国际市场的经验，探讨进一步强化绝缘子避雷器产品出口的途径；二是进行学术交流活动。中国机械工业联合会专家委员会委员、原机械工业部进出口办公室主任郑国伟同志做了《绝缘子和避雷器行业如何开拓国际市场》的专题报告，行业内出口交货值排名前列的5个企业介绍了各自开拓国际市场的经验。本次学术交流会共征集论文23篇，收集到

《论文集》的论文16篇，其中大会交流了《±800kV直流系统用棒形支柱瓷芯复合绝缘子的研制》等4篇论文。会上表彰了王大为等21位分会2007年度先进工作者，肖汉宁等12位专委会2007年度先进工作者。会议还表彰了4篇优秀论文及其作者，其中一等奖1篇，二等奖3篇。

中国电器工业协会2007年度行业统计与经济运行分析工作会议，于2007年10月在杭州市召开。参加会议的共有来自34个分会及部分重点企业的48名代表。会议的主要内容是：对2007年度电工行业统计和经济运行分析工作进行总结；对2008年度行业统计与经济运行分析工作提出安排意见；通报2007年前三季度电工行业经济运行情况；根据中国机械工业联合会行业统计报表指标变动情况，通报并说明电工行业相关统计报表和统计指标的修改情况；组织与会代表就做好行业统计和经济运行分析工作进行情况沟通和经验交流。中小型电机分会、防爆电器分会、绝缘子避雷器分会、工业锅炉分会、高压开关分会以及通用低压电器分会等代表做了重点发言。

全国绝缘子标准化技术委员会和全国避雷器标准化技术委员会2007年年会于2007年10月在陕西省西安市召开。来自全国各地的绝缘子和避雷器产品的制造企业、科研院所、运行部门、大专院校的委员（或委员代表）以及通讯成员共130余人参加了会议。会议主要内容：①标委会2007年工作总结。②表彰26位先进工作者。③讨论了秘书处提出的2008年工作要点和标准制修订计划安排。④会议讨论审查了10项标准。

〔撰稿人：西安电瓷研究所姚君瑞、张纪宁〕

继电保护及自动化设备

继电保护装置和电力自动化系统是电力设备制造业中的一项重要产品，习惯上划分为输配电行业的二次设备，负责对电网的一次设备进行保护和控制，并测量电网系统的负荷情况。我国继电保护及自动化行业主要涵盖继电器、继电保护、电力自动化、电动机保护与控制、无功补偿、交直流电源等智能化设备以及测试设备、端子、互感器等相关设备的制造企业。由于二次设备一定程度上依附于一次设备，相对一次设备市场需求存在一定的滞后效应。

由于传统的继电保护和变电站自动化业务同质化严重，二次设备行业竞争更加激烈，毛利率也下降，因此传统业务之外的差异化业务优势成为二次设备公司的利润增长点。

生产发展情况 2007年是我国电力工业持续、快速、健康发展的一年，在国家宏观调控的政策环境中，电力二次设备行业保持了快速增长势头。受国家电网建设快速发展的拉动，2007年继电保护及自动化设备行业产品产值、产量均有大幅度的增长，新产品开发力度显著提高，设计产品类别多样。据统计，2007年继电保护及自动化设备行业共收到有效报表44家，共完成主营业务收入167亿元，占全行业总量的60%左右，44家主要企业主营业务收入比上年增长12%。44家企业中，有40家盈利，占统计企业的91%，4家亏损，2家为持续性亏损，3家企业扭亏为盈，利润总额比上年大幅增长。2007年继电保护及自动化设备行业44家主要生产企业主要经济指标见表1。

表1 2007年继电保护及自动化设备行业44家主要生产企业主要经济指标

指标名称	单位	2007年	2006年	比上年增长（%）
全部职工人数	人	22 891	21 071	8.6
主营业务收入	万元	1 670 472	1 486 862	12.3
产品销售税金及附加	万元	8 203	7 904	3.8
利润总额	万元	179 878	118 294	52.1
流动资产年平均余额	万元	1 796 869	1 617 532	11.1
年末资产总额	万元	2 810 599	2 560 059	9.8
所有者权益	万元	1 350 620	1 172 194	15.2

注：资料来源于中国电器工业协会继电保护及自动化设备分会。

由表1可以看出，在企业职工人数增加8.6%的情况下，因部分主要企业扭亏为盈，行业整体盈利能力大幅提升。由于2006年和2007年参加统计的企业不尽相同，从整体看，没有可比性，选取有代表性的企业进行比较。2007年继电保护及自动化设备行业经济效益综合指数前20名企业见表2。2007年继电保护及自动化设备行业全员劳动生产率前20名企业见表3。

表2 2007年继电保护及自动化设备行业经济效益综合指数前20名企业

序号	企业名称	指数
1	许继集团有限公司	4.73
2	南京因泰莱电器股份有限公司	4.62
3	湖北天瑞电子有限公司	4.37
4	浙江华仪电力自动化有限公司	4.14
5	珠海优特电力科技股份有限公司	3.84
6	山东科汇电力自动化有限公司	3.38
7	珠海万力达电气股份有限公司	3.01
8	成都智达电力自动化控制有限公司	2.78
9	江苏国星电器有限公司	2.54
10	烟台东方电子信息产业集团有限公司	2.44
11	上海申瑞电力科技股份有限公司	2.35
12	安徽鑫龙自动化有限公司	2.34
13	北京德威特电力系统自动化有限公司	2.32
14	重庆新世纪电气有限公司	2.26
15	北京紫光测控有限公司	2.22
16	上海安科瑞电气有限公司	2.14
17	保定浪拜迪电气股份有限公司	2.08
18	深圳市科陆电子科技股份有限公司	2.01
19	汕头正超电气有限公司	1.83
20	河北北恒电气科技有限公司	1.82

注：资料来源于中国电器工业协会继电保护及自动化设备分会。

表 3　2007 年继电保护及自动化设备行业全员劳动生产率前 20 名企业

序号	企 业 名 称	全员劳动生产率（元/人）
1	许继集团有限公司	617 236.68
2	湖北天瑞电子有限公司	449 519.23
3	珠海优特电力科技股份有限公司	285 579.71
4	烟台东方电子信息产业集团有限公司	270 528.68
5	山东科汇电力自动化有限公司	226 718.75
6	重庆新世纪电气有限公司	185 398.23
7	南京因泰莱电器股份有限公司	184 000.00
8	成都智达电力自动化控制有限公司	156 000.00
9	保定浪拜迪电气股份有限公司	140 923.08
10	北京德威特电力系统自动化有限公司	101 651.79
11	安徽鑫龙自动化有限公司	96 800.00
12	江苏国星电器有限公司	94 545.45
13	汕头正超电气有限公司	88 329.05
14	浙江华仪电力自动化有限公司	80 909.09
15	河北北恒电气科技有限公司	75 000.00
16	贵州天义电器有限责任公司	67 405.06
17	山东泰开自动化有限公司	67 213.11
18	无锡市东升无线电器材厂	67 016.57
19	河南思达高科技股份有限公司	58 190.05
20	上海安科瑞电气有限公司	49 057.97

市场及销售　电力系统自动化设备是指对电力系统（含电网和电厂）进行控制、监测、保护运行管理的设备，既包括硬件也包括软件，主要可分为继电保护装置、变电站自动化、调度自动化、配电自动化、电能计量计费自动化和电力市场等。电力自动化行业的发展与电网投资密切相关。2007 年最新的“十一五”电网规划调整报告中，国家电网公司将原来“十一五”电网投资的 8 586 亿元增加至 11 300 亿元，这样“十一五”后三年的电网建设和改造的投资额度将从原计划的 6 500 亿元上升到 9 200 亿元，年均投资额约 3 100亿元。这些投资将主要用于特高压电网建设、大城市电网建设和电力市场化建设。因此，电网二次设备的高低端企业均将面临大好发展机遇。

2007 年，电网建设呈现飞跃式发展，大量新设备投产，技改力度不断加强。电网的发展促进了继电保护技术水平的提高，新建的输变电工程均采用技术先进、质量可靠的微机继电保护装置。同时，国家电网公司系统坚持基本建设与技术改造并举，积极采取有效措施加大技改资金的投入力度，加快了老旧设备的更新改造步伐。电网的发展和继电保护投入的加大，使 2007 年继电保护设备总体水平不断提高。2007 年继电保护设备有以下几个特点：

（1）继电保护装置数量快速增长。2007 年国家电网公司 220kV 及以上系统投产的继电保护装置就达到10 156 台，占全部装置数量的 16.4%。

（2）设备技术水平稳步提高。微机保护因其可靠性高、计算速度快、运行维护便捷的特点，在电网中得到了广泛的应用，新建和技改的保护设备均采用微机保护。国家电网公司 220kV 及以上系统共有微机保护装置 58 299 台，微机化率 94.16%，其中线路保护微机化率最高，达到 98.31%。

（3）设备总体情况良好。电网公司各网省之间保护装置比例比较平衡，比例趋于一致，为保护的可靠性运行打下了坚实的物质基础。

（4）国内继电保护厂家生产的继电保护产品在国内市场占有绝对的优势。通过加强技术研究开发和先进适用技术的推广应用，国产继电保护设备技术水平得到了较大提高，技术日趋完善，技术水平国际领先。截止至 2007 年底，国家电网公司 220kV 及以上系统共有国产继电保护装置 57 734台，比 2006 年增加了 9 635 台，保护装置国产化率为 93.24%，同期，进口继电保护装置数量减少 2 068 台。

（5）光纤通道得到广泛应用。由于光纤通道传输容量大、衰减小、不受电磁干扰、通信质量好、适合长距离传输，纵联保护采用光纤通道的模式得到了大范围的推广和应用，特别是基于光纤通道的线路分相电流差动保护使用广泛。2007 年电网公司 220kV 及以上系统线路纵联保护采用光纤通道的占 52.28%，超过了载波通道和微波通道之和，尤其在 500kV 系统，光纤通道占绝对优势，达到 80.66%。

由于 2007 年继电保护及自动化设备行业主要出口企业烟台东方电子信息产业集团有限公司、阿城继电器股份有限公司等出口贸易额大幅降低，2007 年行业出口贸易额较 2006 年同比降低 18.7%。2007 年继电保护及自动化设备行业主营业务收入前 20 名企业见表 4。2007 年继电保护及自动化设备行业部分企业出口情况见表 5。

表 4　2007 年继电保护及自动化设备行业主营业务收入前 20 名企业

序号	企 业 名 称	主营业务收入（万元）
1	许继集团有限公司	615 978
2	北海银河高科技产业股份有限公司	175 036
3	烟台东方电子信息产业集团有限公司	150 240
4	国电南京自动化股份有限公司	123 578
5	国电南瑞科技股份有限公司	108 152
6	江苏金智科技股份有限公司	35 627
7	深圳市科陆电子科技股份有限公司	34 548
8	贵州天义电器有限责任公司	30 076
9	汕头正超电气有限公司	28 214
10	珠海优特电力科技股份有限公司	24 725
11	重庆新世纪电气有限公司	22 996
12	浙江华立科技股份有限公司	21 472
13	北京德威特电力系统自动化有限公司	21 303
14	北京紫光测控有限公司	20 482
15	广东珠江开关有限公司	14 728
16	上海申瑞电力科技股份有限公司	14 379
17	南京因泰莱电器股份有限公司	14 364
18	山东科汇电力自动化有限公司	12 869
19	阿城继电器股份有限公司	12 841
20	珠海万力达电气股份有限公司	11 032

表5　2007年继电保护及自动化设备行业部分企业出口情况

企业名称	2007年出口值（万元）	2006年出口值（万元）	比上年增长（%）
许继集团有限公司	200	121	65.3
烟台东方电子信息产业集团有限公司	8 577	16 014	-46.4
上海继电器有限公司	1 073	369	190.7
阿城继电器股份有限公司	1 376	2 450	-43.8
重庆新世纪电气有限公司	3 422	300	1 040.6
南昌洪都电器有限公司	554	515	7.6
山东科汇电力自动化有限公司	40	21	90.5
贵州天义电器有限责任公司	4 722	4 950	-4.6
山东泰开自动化有限公司	140		

注：数据来源于中国电器工业协会继电保护及自动化设备分会。

继电保护及自动化设备行业具有较高的行业集中度，进入该市场的除了国外知名企业ABB、西门子、AREVA、SEL和GE等以外，国内的市场份额主要集中在国电南瑞科技股份有限公司、南瑞继保电气有限公司、国电南京自动化股份有限公司、许继电气有限公司和北京四方自动化股份有限公司等少数企业手中。近年来，国产继电保护设备因其技术水平高、产品质量好、售后服务佳以及优秀的运行业绩，在电网中广泛应用，并占据主导地位，继电保护设备国产化率逐年提高，截至2007年底，国产保护装置共57 734台，国产化率93.24%，比2006年(48 099台，88.50%)增加9 635台，国产化率增加4.74个百分点。2007年进口保护设备4 183台，比2006年的6 251台减少2 068台。随着国家电网建设的快速发展，行业面临良好的发展机遇。

在220kV及以上系统的国产继电保护产品中，南瑞继保电气有限公司的产品占国产继电保护产品的45.78%，国电南京自动化股份有限公司的产品占国产继电保护产品的20.50%，北京四方自动化股份有限公司的产品占国产继电保护产品的14.07%，许继电气有限公司的产品占国产继电保护产品的6.72%，深圳南瑞科技有限公司的产品占国产继电保护产品的2.97%。

进口继电保护装置中，ABB公司的产品占进口保护装置的49.13%，AREVA公司的产品占进口保护装置的16.97%，美国SEL公司的产品占进口保护装置的10.06%，GE公司的产品占进口保护装置的9.23%，西门子公司的产品占进口保护装置的3.71%，日本三菱公司的产品占进口保护装置的3.25%。

质量及标准　2007年全国量度继电器和保护设备标准化技术委员会完成的标准制修订工作如下：完成国家标准GB/T14598.10—2007《电气继电器　第22-4部分：量度继电器和保护装置的电气骚扰试验　电快速瞬变/脉冲群抗扰度试验》的制定工作；完成国家标准GB/T 14598.18—2007《电气继电器　第22-5部分：量度继电器和保护装置的电气骚扰试验　浪涌抗扰度试验》的制定工作；完成国家标准GB/T 14598.19—2007《电气继电器　第22-7部分：量度继电器和保护装置的电气骚扰试验　工频抗扰度试验》的制定工作；完成国家标准GB/T 14598.20—2007《电气继电器　第26部分：量度继电器和保护装置的电磁兼容要求》的制定二作；完成国家标准《电力系统同步连续记录装置》的制定二作。

行业活动　2007年是中国继电保护及自动化设备行业快速发展的一年，在电网建设的大力推动下，我国的继电保护及自动化设备行业实现了跨越式发展。

组织企业出国参观考察，了解国际先进产品和技术，促进企业国际交流与合作。2007年4月，分会成功组织30人的团队出访欧洲，参观了汉诺威展示会以及德国西门子A&D工厂、法国施耐德总部、瑞士ABB的GIS制造工厂。

组织召开市场分析与发展研讨会，增进企业与电力用户之间的交流，增强协会的信息服务职能。2007年6月13～16日，中国继电保护及自动化行业年会(会员大会暨市场分析与发展研讨会)在南京召开，来自全国各地的150家制造企业以及电力用户、行业专家共257人参加了会议。

成功组织召开学术研讨会，有力地促进了行业技术发展。2007年12月1～4日，由《继电器》杂志社主办的中国继电保护应用技术学术研讨会在武汉隆重召开。来自电力设计部门、运行部门、各省市电力公司、电厂、电力设备制造企业、高等院校的200多位专家、学者和技术人员参加了会议，共同探讨中国继电保护应用技术领域的发展趋势和前沿技术。

行业经济运行分析工作获得突破性进展，推出《2007中国继电保护及自动化行业市场分析与发展研究报告》。该报告广泛收集行业企业经营数据，涵盖360家行业企业，全面真实地展现了中国继电保护及自动化设备行业发展状况。

开展中国名牌产品评价和部级鉴定产品资料审查工作。2007年，分会配合国家质量监督检验检疫总局质量管理司和中国机械工业联合会一同开展了2007年度中国继电保护行业名牌产品评价工作，并按照中国机械工业联合会的要求，担负部级鉴定产品资料审查工作，先后为阿城继电器股份有限公司、广州市昭宁电力科技有限公司等企业进行了鉴定资料审查。

〔撰稿人：中国电器工业协会继电保护及自动化设备分会李强、白红菊、刘高峰〕

低压电器

生产发展情况　2007年承接电力工业高速发展的形势，低压电器行业生产销售整体平稳健康发展。根据低压电器行业各企业上报的数据来看，整个低压电器行业的产量和产值较2006年均有不同幅度的增长，但总体涨幅不大，相对较平稳。个别产品由于受原材料价格上涨及价格竞争的影响，不少中小生产企业的利润和经济效益指标受到一定影响。2007年低压电器行业主要经济指标见表1。

表1　2007年低压电器行业主要经济指标

名称	单位	数量	比上年增长(%)
工业总产值	亿元	380	5.56
产品销售收入	亿元	352	2.01
工业增加值	亿元	125	4.17
利润总额	亿元	32	6.67
进出口贸易总额	亿美元	30.86	21.83
进口额	亿美元	15.94	20.48
出口额	亿美元	14.92	23.20

据统计，排除非低压电器的产品产值，2007年低压电器行业工业总产值前10名企业依次是正泰电器股份有限公司、德力西集团有限公司、天正集团有限公司、人民电器集团有限公司、厦门ABB低压电器设备有限公司、常熟开关制造有限公司、上海人民电器厂、环宇集团有限公司、华通机电集团有限公司和杭申控股集团有限公司。

2007年低压电器行业经济效益综合指数前10名企业见表2。2007年低压电器行业主要产品产量见表3。

表2　2007年低压电器行业经济效益综合指数前10名企业

序号	企业名称	经济效益综合指数	总资产贡献率(%)	资本保值增值(%)	资产负债率(%)	流动资产周转率(次)	成本费用利润率(%)	全员劳动生产率(元/人)	产品销售率(%)
1	厦门ABB低压电器设备有限公司	6.63	51.67	125.90	54.08	1.64	36.84	604 154	103.34
2	施耐德万高(天津)电气设备有限公司	6.28	90.01	133.18	47.94	3.93	35.10	404 038	103.70
3	ABB新会低压开关有限公司	5.39	61.43	105.52	37.09	1.84	52.21	263 380	120.16
4	常熟开关制造有限公司	4.98	49.94	128.40	48.35	1.91	44.51	289 645	97.68
5	北京ABB低压电器有限公司	4.83	39.96	159.89	31.39	1.41	26.85	407 140	94.46
6	TCL低压电器(无锡)有限公司	4.78	31.44	99.32	48.51	24.11	11.30	167 956	82.45
7	三信国际电器上海有限公司	4.70	59.56	156.42	46.81	9.52	38.96	123 457	76.92
8	华通机电集团有限公司	3.89	34.48	124.85	48.78	4.10	8.77	339 772	96.29
9	浙江森泰电器厂	3.85	41.58	137.48	34.96	4.74	9.85	284 296	99.21
10	人民电器集团有限公司	3.33	28.51	137.97	48.00	3.01	11.42	264 049	98.55

表3　2007年低压电器行业主要产品产量

产品名称	单位	产量
万能断路器	万台	60
塑壳断路器	万台	2 600
小型断路器	万极(台)	34 500
剩余电流动作断路器	万台	4 000
接触器	万台	6 800
刀开关类	万台	780

行业发展特点

1.产销保持平稳增长

根据上报数据分析，低压电器行业各企业的发展还是较平稳的。全年生产销售增长的企业约占整个行业的75%，但剔除一些非低压电器部分，平均增长幅度为5%～10%。约有15%的企业生产销售与2006年基本持平，还有约10%的企业生产销售比2006年有所下降。

2007年，低压电器主要产品产量均有不同程度的增长。万能式断路器比上年增长9.09%，塑料外壳式断路器比上年增长8.33%，小型断路器比上年增长25.45%，剩余电流动作断路器比上年增长8.11%，接触器比上年增长11.48%，刀开关比上年增长11.43%。

2.经济运行质量稳中有升

整个行业的生产、销售均保持稳步增长，特别是在近几年原材料价格高居不下的不利局面下，工业总产值、主营业务收入仍能以较平稳的增幅增长实属不易。同时，从工业增加值和利润总额这两项重要的经济指标来看，2007年低压电器行业完成工业增加值125亿元，比上年增长4.17%；实现利润32亿元，比上年增长6.67%，整个低压电器行业经济运行效益保持了稳步增长。一些反映行业经济运行质量的指标也得到了较大的改善，整个低压电器行业经济运行质量步入了稳中有升的轨道。主营业务收入利润率和成本费用利润率是反映行业盈利水平的标志性指标，这两项指标在2007年也呈现较好的趋势，不少企业的成本费用利润率大大高于3.71%的全国标准值。反映资本获利能力的总资产贡献率也在呈逐年走高的趋势。反映资金效率的流动资产周转率比上年加快0.26次。

3.实施名牌战略，凸现质量运行新局面

行业中获"中国名牌产品"称号的企业，有正泰集团、常熟开关制造有限公司、上海人民电器厂、德力西集团、天正集团、环宇集团、华通机电集团、杭申控股集团和人民电器集团等。在被评为"中国名牌产品"以后，企业进一步加强对产品质量的重视，提高品牌意识、维护品牌声誉，不断开发具有自主知识产权的产品，以优取胜、以精求胜，产品质量进一步提高，继续在行业中保持领先地位。2007年，在原材料价格上涨、产品价格竞争激烈的情况下，这些企业始终坚持质量第一，注重品牌的培育和形象，顾客满意度和品牌知名度得到了大幅提高。同时，低压电器"中国名牌产品"的性能和质量已得到了广大设计院所和用户的认可，国家重点和重大工程项目中除了选用进口设备外，首选的就是低压电器"中国名牌产品"。行业中的名牌企业在实施名牌战略中各自凸现其亮点，全面提升了在行业的地位。

另外，行业"质量可信产品"的推出，充分标志着行业产品质量水平的提高，有效地增强了行业质量意识和品牌意识，为进一步培育中国名牌产品夯实了基础。

4. 利润增幅缓慢

2007 年，整个行业的利润虽有一定增长，但增幅不大，仍有 10% ~15% 的企业出现了亏损。这是因为：①原材料的涨价造成产品生产成本增加，一些产品的利润空间所剩无几，行业中出现不少负利润的企业。②因“囚徒困境”引起的压价等恶性竞争，也使一小部分企业采用不正当的手段来应对，造成产品制造质量低劣，接近质量预警戒线。一些企业只好采用其他收入进行贴补以维持主营生产。其根本因素主要还是低压电器技术含量不高，投入的资金较少，进入的门槛较低，导致目前生产低压电器产品的企业数量太多，产品档次不高，不断重复生产，而出现亏损。另外，行业中同质化产品的价格战也相当激烈，不少企业纷纷用减产或降价的方法来应对，致使相当一部分中小企业的利润下降，进入亏损行列。还有相当一部分中小企业在原材料涨价和行业竞争的夹击下，将减产或停产歇业。

5. 市场竞争日趋激烈

2007 年，低压电器行业的产品竞争依然激烈，参与新一轮产品竞争的企业将是全方位的，包括民营、国营（含转型企业）、外资（含合资）以及近年来由原家电、成套行业新加入低压电器行业的大型企业等。

外资企业不断向中国市场扩展，如 ABB、西门子、施耐德、GE 通用电器、穆勒、三菱、富士电机等国外电工垄断巨头等。主要表现为：①国外著名低压电器制造商几乎全部进入中国市场。②不断扩大投资规模，不断将新产品引入中国市场。③在中国寻找合作伙伴或兼并国内优秀企业。④在研发新一代高性能产品的同时，十分注重经济型产品的开发，在占领高端产品市场的同时，把目光投向国内中、低端产品市场。⑤在中国建立研发中心，零部件制造本土化等。因此，随着国内企业生产的高档产品份额不断增加，市场势必互相渗透、致使低压电器市场的竞争日趋激烈。另外，从行业分析看，施耐德与德力西合资企业已正式挂牌运行，标志着外资企业已全面向我国低压电器中、低档市场扩展，强烈冲击着以民营为主的市场格局，同时对行业中大部分企业也带来冲击，整个低压电器行业格局有可能发生重大变化。

6. 出口贸易持续增长

从海关统计数据看，2007 年我国低压电器产品的出口较 2006 年又有较大的增长，出口额的增长幅度快于进口额的增长幅度，进出口额已相当接近。从行业统计看，30% 以上的企业有不同程度的出口量，但出口产品的面还不广，主要集中在小型断路器、继电器、接触器、熔断器等产品上，出口产品的档次及技术含量还不高。因此，低压电器行业的各个企业要尽快在提高自身产品的档次和质量上下功夫，并通过加快产品更新，特别是开发具有高附加值的高端产品来提高出口产品的比例，实现出口金额的增长。

科技成果及新产品　经中国机械工业科学技术奖评审委员会及中国机械工业科学技术奖管理委员会批准，2007 年中国机械工业科学技术奖揭晓。2007 年低压电器行业获中国机械工业科学技术奖项目见表 4。

表 4　2007 年低压电器行业获中国机械工业科学技术奖项目

序号	产 品 名 称	获奖单位	获奖人员	奖级
1	低压大容量试验设备关键技术研究	上海电器科学研究所（集团）有限公司	徐方荣　王爱国　刘　健　张　扬　应　成　阮於东　徐林根　顾双玲　张　业　庞　琳	二等奖
2	TM40 系列智能型塑料外壳式断路器	天津市百利电气有限公司	袁云旭　陈慧娴　宋秀荣　于振国　黎　明	三等奖
3	智能可通信电动机保护器	上海电器科学研究所（集团）有限公司	朱文灏　胡景泰　丁其零　殷　君　刘　健	三等奖
4	CGZ1 总线型低压成套开关设备	常熟开关制造有限公司	唐春潮　王春华　管瑞良　潘振克　胡建刚	三等奖

2007 年，低压电器行业各企业积极开发新产品。据不完全统计，整个行业推出了数百种新产品，这些产品均具有较高的技术指标，不少产品达到目前国外同类产品的水平，缩短了与国外产品的差距。这些产品总的特点是高性能、小型化、电子化和智能化。2007 年行业中推出的具有代表性的新产品见表 5。

表 5　2007 年行业中推出的具有代表性的新产品

序号	企 业 名 称	产 品 型 号
1	常熟开关制造有限公司	CW3—1600、4000 三、四极智能型万能式断路器
		CM3—100C、250C 型三极塑壳断路器
		CM3—100、250L、M、H 型三极塑壳断路器
2	正泰电器股份有限公司	NA15—2000 万能式断路器
		NS2—25M 带短路保护的交流电动机起动器
		DZ158—125 小型断路器
		NL1—100 剩余电流动作断路器
		NM1—125S、150S/2P、4P 塑壳断路器
		NM6—160/1P、2P 塑壳断路器
		NM1—400、630/3P、4P 塑壳断路器
3	德力西集团有限公司	CDW17—4000 万能式断路器
		CDM17—160/250/1600 高分断塑壳断路器

（续）

序号	企 业 名 称	产 品 型 号
		CDB2H 高分断小型断路器
		CDM17E—250 高分断电子式塑壳断路器
		CDQ7—100 自动转换开关
		JJ1B—2 智能型电动机起动器
4	华通机电集团有限公司	CFM12E 系列漏电断路器
5	上海人民电器厂	RMW2—2500、4000、6300/3、4 万能式断路器
		RMK—500 交流接触器
		RMQ3—63 自动转换开关
		RMM3—250、400、630、800/3、4 塑料外壳式断路器
		RMM2L—250/4 带剩余电流塑料外壳式断路器
		RMS1—400 数字式交流电动机软起动器
6	北京人民电器厂	GM8 系列智能式塑壳断路器
7	沈阳二一三电器有限公司	C130/180、250 转换开关式接触器
8	沈阳大明电工有限公司	智能控制与保护开关 SDMK1—85/C22
		智能控制与保护开关 SDMK1—1250/C44
		智能控制与保护开关 SDMK1—1600/C44
9	上海电器陶瓷厂有限公司	STB1H—32 小型断路器 STB1L—32/63 小型漏电断路器
10	上海良信电器股份有限公司	NDC1—115～780 系列交流接触器
		NDM6 系列塑壳断路器
11	上海核工双虹电器控制有限公司	LW25—16 系列万能转换开关
12	上海天健电气有限公司	GSL1—400/3/4 剩余电流动作断路器
		GSL1—600/3/4 剩余电流动作断路器
13	三信国际电器上海有限公司	3SB1 断路器
		3SW8 智能型万能式断路器
		3SM28 智能型塑壳断路器
14	上海西门子低压断路器有限公司	HW—1600 万能式断路器
		3W77—1600 万能式断路器
15	南京电力高等专科学校附属工厂	LJM3L—200 剩余电流断路器
16	江苏凯帆电器有限公司	KFW3 智能万能式断路器
		KFM3 塑料外壳式断路器
17	无锡新宏泰电器有限责任公司	HTS2Z—225 智能型塑料外壳式断路器
		HTW45—1600 智能型万能式断路器
18	法泰电器(江苏)股份有限公司	FTM2 剩余电流保护断路器
19	苏州万龙集团有限公司	ST500 智能型电动机控制器
20	苏州燎原电器制造有限公司	CQC1 系列电涌保护器
21	杭申控股集团有限公司	HSW6 系列万能式断路器用三位指示模块
22	宁波燎原电器集团股份有限公司	NLW10—1600 智能型万能式断路器
		NLM2—250、630 可调型塑料外壳式断路器
23	浙江电器开关有限公司	ZWH5 系列智能型万能式断路器
24	环宇集团有限公司	HUM8D—400S/H/U 智能塑料外壳式断路器
		HUM8D—630、800 智能塑料外壳式断路器
		HUW8—1600 智能型万能式断路器
25	人民电器集团有限公司	RDW2 系列万能式断路器 ACB
26	天正集团有限公司	TGW70—1600 智能型万能式断路器
		CJX2F 系列交流接触器
		TGC45 系列交流接触器
27	常安集团有限公司	CJ20—200/800 交流接触器
28	遵义长征智能电器有限公司	CBB1 微型断路器
		CBB1LE 漏电断路器
29	天水二一三电器有限公司	GSC3—09～18 交流接触器
		GSC3—25～38 交流接触器
		GSJ3 系列接触器式继电器
		GSC3—40/65EC、80/95EC 交流接触器
		GSM8—80 塑壳式断路器
30	天水长城控制电器厂	CJ156—400 新型转动式交流接触器
		CCZ38—40、63/10、20 直流接触器

（续）

序号	企业名称	产品型号
31	苏州电气集团有限公司	1SM118—63 塑壳断路器 1SM5 系列塑壳断路器 1SM1L 系列塑壳漏电断路器
32	北京 ABB 低压电器有限公司	GS261H 电子式剩余电流动作断路器 GS26H 电磁式剩余电流动作断路器 GS26H 电子式剩余电流动作断路器

2007 年，中国电器工业协会通用低压电器分会共受理申请产品型号 89 份，其中正式发证 49 份，预发 40 份。按照国家质量监督检验检疫总局 281 号文的精神和型号管理办法，继续对每一份来申请型号的材料都认真审查、严格把关，反复确认，严防假冒或滥用他人产品型号。同时利用《低压电器信息》内刊定期向行业公布所发放的产品型号。

质量及标准

1. 开展“质量可信产品”的推介活动

2007 年 6 月，国家质量监督检验检疫总局对外公布对北京、天津、广东、上海、江苏、浙江等 6 省市 37 家企业生产的 37 种塑料外壳断路器的质量抽查结果，合格率为 62.2%。

2007 年 6 月 27 日，低压电器分会在上海电器科学研究所（集团）有限公司召开了“质量可信产品”推介专家评审（万能式断路器、塑壳断路器、小型断路器和交流接触器的评审），尹天文等 7 名专家组成员参加了评审。经过分会的预审和初审，在万能式断路器，塑壳断路器、小型断路器、交流接触器四大低压电器产品的众多上报单位中，推举了 15 家低压电器企业 36 个系列的产品为“质量可信产品”，并经中国电器工业协会终审，批准为中国电器工业协会“质量可信产品”。质量可信产品见表 6。

表 6　质量可信产品

序号	单位名称	产品型号			
		万能断路器 1	塑壳断路器 2	小型断路器 3	交流接触器 4
1	上海良信电器股份有限公司	NDW1	NDM2	NDB2 NDM1	
2	江苏国星电器有限公司	GXW50			
3	法泰电器（江苏）股份有限公司	FTW1 FTW2	FTM1		
4	天津市百利电气有限公司	TW30	TM30 TM40		
5	浙江电器开关有限公司	ZWH1	ZM40		
6	德力西集团有限公司				CDC17
7	正泰集团股份有限公司			DZ267 NBH8 NB1	NC1（CJX2） NC2 CJ40
8	天水二一三电器有限公司				GSC1
9	上海电器股份有限公司人民电器厂		RMM1		
10	杭申控股集团有限公司		HSM1		HSC1
11	环宇集团有限公司	HUW1		HUM18	
12	华通机电集团有限公司	CFW1		CFB1	CFC2
13	北京明日电器设备有限责任公司	BMW50	SB		
14	TCL 低压电器（无锡）有限公司	TIW1	TIM1	TIB1	
15	上海电器科学研究所电器开关有限公司	SDW1	S（D）		

2. 推进低压电器行业品牌战略服务

为了更好地向社会各界广泛宣传低压电器行业近年来涌现的“中国名牌”和“质量可信产品”，分会和《低压电器》编辑部通力合作编辑出版了《全国低压电器中国名牌、质量可信产品手册》，内容包括“企业家风采”、“企业简介”、“中国名牌”和“质量可信产品”等几个方面，分别介绍了获奖产品的主要特点和技术性能、企业家们的成功经验、目前企业发展情况以及企业下一步的发展战略和思路等。

3. 标准化工作

2007 年 4 月 3 日，由全国低压电器标准化技术委员会秘书处组织召开的低压电器标准宣贯会在上海召开，及时向低压电器行业单位通报标准制修订动向。同时配合低压电器 3C 认证标准换版工作需要，介绍了低压电器标准现状与发展动态，具体宣贯 GB14048.1—2006《低压开关设备和控制设备总则》、GB10963.1—2005《电气附件家用类似场所用过电流保护断路器交流操作的断路器、用于交流和直流的断路器》、GB10963.2—2003《家用类似场所用过电流保护断路器、用于交流和直流的断路器》、GB20044—2005《电气附件家用和类似用途的不带过电流保护的移动式剩余电流装置》。

4月13日,全国低压电器标准化技术委员会在上海电器科学研究所(集团)有限公司召开2007年度低压电器标准制修订项目第一次工作组会议,来自28个单位的60位技术专家参加了会议,共涉及2007年度的24项标准的制修订。

10月24~27日,全国低压电器标准化技术委员会在桂林召开三届五次工作会议,参加会议的有低标委委员单位,上级主管部门,标准起草单位等共67个单位100多位代表,会议向代表们通报2007年低标委的工作,IEC最新动向以及2008年的工作打算,并审查通过14个国家标准和3个行业标准讨论稿。

2007年,全国低压电器标准化技术委员会制修订国家标准14项,制修订行业标准3项。2007年低压电器行业制修订国家标准见表7。2007年低压电器行业制修订行业标准见表8。

表7　2007年低压电器行业制修订国家标准

序号	标准项目名称	制定或修订
1	GB 14048.3 低压开关设备和控制设备　第3部分:开关、隔离器、隔离开关及熔断器组合电器	修定
2	GB 14048.5 低压开关设备和控制设备　第5-1部分　控制电路电器和开关元件　机电式控制电路电器	修定
3	GB/T 14048.10 低压开关设备和控制设备　第5-2部分:控制电路电器和开关元件　接近开关	修订
4	GB 17701 设备用断路器	修订
5	GB 13539.1 低压熔断器　第1部分:基本要求	修订
6	GB 13539.3 低压熔断器　第3部分:非熟练人员使用的熔断器的补充要求(主要用于家用和类似用途的熔断器)标准化熔断器系统示例　A至F	修订
7	GB/T 2900.18 电工术语　低压电器	修订
8	GB/T 16935.1 低压系统内设备的绝缘配合　第1部分:原理、要求和试验	修订
9	GB 16916.21 家用和类似用途的不带过电流保护的剩余电流动作断路器(RCCB)第2.1部分:一般规则　对动作功能与线路电压无关的RCCB的适用性	修订
10	GB 16916.22 家用和类似用途的不带过电流保护的剩余电流动作断路器(RCCB)第2.2部分:一般规则　对动作功能与线路电压有关的RCCB的适用性	修订
11	GB 16917.21 家用和类似用途的带过电流保护的剩余电流动作断路器(RCBO)第2.1部分:一般规则　对动作功能与线路电压无关的RCBO的适用性	修订
12	GB 16917.22 家用和类似用途的带过电流保护的剩余电流动作断路器(RCBO)第2.2部分:一般规则　对动作功能与线路电压有关的RCBO的适用性	修订
13	GB/T ××××低压电器电量监控器	制定
14	GB/T ××××模数化终端组合电器	制定

表8　2007年低压电器行业完成制修订行业标准

序号	标准项目名称	制定或修订
1	JB/T 8730 CJT1 系列交流接触器	修订
2	JB/T 10185 隔离开关	修订
3	JB/T 8756 剩余电流动作继电器	修订

2007年,对应的IEC出版物总计59项,其中国际标准49项,技术规约2项,技术报告8项。以上59项国际出版物中,已转化为我国国家标准47项(含正在转化项目),其中等同采用40项,修改采用7项。

2007年,全国低压电器标准化技术委员会共收到IEC文件87份,其中应投票文件31份。对于每一份IEC文件,标委会都按照流程进行认真处理。特别是产品标准的投票文件,更是严格按时间要求进行回复,投票率100%。5月22~24日,全国低压电器标准化技术委员会派员参加在德国海德堡尔举行的国际电工委员会家用断路器和类似设备技术委员会的电击防护工作组(IEC/SC23E/WG2)会议,及时了解WG2的研究方向。

2007年,全国低压电器标准化技术委员会还积极开展并完成标准专项研究工作,即商务部启动的"出口商品技术指南"项目。近年来发达国家纷纷制定技术性贸易措施,阻碍我国传统优势产品出口,该项目主要针对该现状,研究并制定出口低压电器技术指南手册,旨在帮助低压电器的出口企业了解出口目标市场的技术法规、标准、合格评定程序以及与我国的差异,跨越技术壁垒需要注意的问题,提供切实有效的解决方案和建议等。本课题项目研究的主要内容包括:①研究主要出口目标国有关低压电器的技术法规、标准和合格评定等。②研究分析我国标准、技术法规与IEC现行标准、主要出口目标国的标准及法规之间的差异对比。③研究分析主要出口目标国认证的特点,为低压电器企业找出应对这些国家的标准、认证要求等主要方面应采取的、可操作的措施。④制订《出口低压电器技术指南》并对企业提供相关咨询服务等。

对外合作　2007年4月,由上海电器科学研究所(集团)有限公司及国内几十家大中型低压电器企业代表组成的中国电器工业协会通用低压电器分会考察团赴德国参加汉诺威工业博览会。

7月，全国低压电器标准化技术委员会组团赴欧洲认证机构进行交流活动。此次活动主要针对低压电器标准和检测工作进行交流，探讨了标准执行和检测过程中遇到的实际问题，如VDE标准和IEC、欧盟标准、德国国家标准的关系，欧洲认证体系与标准的关系，以及缺少产品标准或标准要求不明确时，如何获得认证等问题。

11月13日，受日本电器工业协会邀请，中国电器工业协会和上海电器科学研究所联合组织低压电器行业30多家国内知名企业的60多位企业家、专家参加了本次考察。期间，参观了富士电机制作社等知名制造商，考察了韩国的LG公司，增进了对国外企业的了解，建立了相互交流机制。

11月16日，德力西集团与法国施耐德电气共同投资成立的德力西电气有限公司隆重举行揭牌仪式。公司总投资18亿元，使用"德力西"品牌生产低压电器。

重大事件 2007年1月17～21日，中国电工技术学会低压电器专业委员会第十三届学术年会及第五届低压电器专业委员会第二次会议在天津召开，来自中国电工技术学会总部及天津市机电工程学会的有关领导、大专院校、研究所和企业近80个单位的50名代表参加了会议。会议期间，发表了一批低压电器新技术及新产品发展的研究理论论文。

4月9～11日，中国工程建设标准化协会(电气)终端电器及过电压保护2007年学术年会在镇江市举行，来自行业学会、科研院所、高等院校以及企业单位的专家学者，期刊杂志社代表及集团单位、企业单位的总经理、总工程师、技术负责人等50多人云集镇江，共同探讨终端电器及过电压保护技术的发展之路和当今先进技术。

7月9～10日，中国电器工业协会通用低压电器分会、设备网现场总线分会联席会员大会暨2007年行业发展研讨会在江苏省扬中市召开，130多个单位的200多位代表出席会议。经秘书长提名，理事长同意增聘上海电器科学研究所(集团)有限公司电器分所副所长潘浩为通用低压电器分会副秘书长。

10月19～21日，中国电工技术学会低压电器专业委员会在江苏省常州市召开中国电工技术学会低压电器专业委员会第五届第三次会议，43位委员及代表出席会议。会议就低压电器的现代研发方法、行业发展与新能源关系等进行了研讨，并讨论了2007年工作和2008年计划。

10月30日～11月2日，中国电器工业协会在杭州召开了2007年电工行业统计与经济交流分析工作会议。通用低压电器分会等6家分会被授予2007年度行业统计工作先进集体，秘书处孙琪荣被评为2007年度行业统计与经济运行分析工作先进个人。

11月6～7日，中国电器工业协会通用低压电器分会、设备网现场总线分会、上海市电气工程设计研究会、上海电器科学研究所(集团)有限公司、汉诺威(上海)展览有限公司联合主办的"2007年第三届中国智能电工技术论坛——智能电气与新能源、节能、环保研讨会"在上海新国际博览中心顺利召开。本次论坛主题为电力发展与新能源、新能源与节能技术、节能与电器智能化技术，600名代表参加。

〔撰稿人：中国电器工业协会通用低压电器分会孙琪荣〕

防 爆 电 器

生产发展情况 防爆电器设备广泛安装使用于煤炭、石油、化工、轻纺、冶金、制药、粮食加工及军工等工业部门中可能聚集爆炸性气体、蒸汽、粉尘或纤维等危险物料的爆炸性危险场所，通过不同防爆型式保证电气与机械设备在爆炸危险环境中安全运行。

十几年来，我国煤炭、石油、化工等行业得到了快速发展，对防爆电器产品的需求量逐年增加。另外，我国煤矿、石油、化工等危险场所的安全生产问题越来越引起各级政府部门的高度重视，投入大量资金用于改善生产环境、更新设备、提高安全性能，防爆电器设备是这些场所安全生产的必备关键设备，不仅使用数量有大幅度的增加，对产品质量的要求也越来越高，进而促进了防爆电器行业的稳步发展。

截止至2007年底，全国生产防爆电器产品的主要企业有180多家，年产值达60多亿元。2007年防爆电器行业各项经济指标仍保持较快的增长速度。全行业骨干企业产品销售额的增长幅度均在30%以上。矿用防爆电器随着煤炭工业的发展进入了平衡快速发展时期，工厂用防爆电器行业生产格局基本形成。到2007年底，华荣集团有限公司投资的上海工业园、电光防爆电气有限公司投资的安徽宿州防爆工业园、八达电气有限公司投资的江苏昆山防爆工业园、华夏防爆电气有限公司、创正防爆电器有限公司投资的浙江嘉兴防爆工业园相继投产，为防爆电器行业今后的快速发展创造了条件。目前，飞策防爆电器有限公司、浙江荣欣防爆电器有限公司也在嘉兴和江西投资创建了防爆工业园。在行业快速发展的同时，也存在一些不利因素和问题。一是产品销售流通领域比较混乱，一些小型企业产品质量问题比较突出，低价倾销现象仍时有发生，扰乱了正常的市场秩序。一些假冒伪劣产品还有市场，这种伪劣产品在市场流通，给用户的安全生产埋下了隐患，也不利于企业的发展，将影响行业的技术进步。二是防爆电器行业企业集中度过小，生产企业过多，全国防爆电器市场年需求量才几十亿元，却有生产企业200余家，而且大多数生产企业规模太小，基本属于家庭作坊式的，企业管理水平低，产品技术含量不高，产品更新速度慢。

2007年依据对全行业45个主要企业的统计，职工总数18 600人，工程技术人员1 740人；完成工业总产值445 884万元，比上年增长37.74%；实现利润67 825万元，比上年增长36.56%。2007年防爆电器行业重点企业工业总产值排序见表1。2007年防爆电器行业重点企业主营业务收入排序见表2。

2007年防爆电器行业重点企业工业增加值排序见表3。2007年防爆电器行业重点企业总资产贡献率排序见表4。2007年防爆电器行业重点企业资产负债率排序见表5。2007年防爆电器行业重点企业全员劳动生产率排序见表6。2007年防爆电器行业重点企业经济效益综合指数排序见表7。

表1　2007年防爆电器行业重点企业工业总产值排序

序号	企业名称	工业总产值(当年价)		
		2007年(万元)	2006年(万元)	比上年增长(%)
1	华荣集团有限公司	55 750	48 500	14.95
2	电光防爆电气有限公司	43 098	37 187	15.90
3	徐州煤矿机械厂	26 535	18 586	42.77
4	上海电器厂实业有限公司	24 167	41 765	-42.14
5	八达电气有限公司	22 000	15 385	43.00
6	江苏恒通电气仪表有限公司	21 651	18 678	15.92
7	浙江佳洲防爆电器有限公司	18 520	14 738	25.66
8	通化变压器制造有限公司	16 926	15 687	7.90
9	飞策防爆电器有限公司	15 896	13 801	15.18
10	沈阳北方防爆电器有限公司	14 725	10 518	40.00
11	新黎明防爆电器有限公司	14 108	12 610	11.88
12	济源煤炭高压开关有限公司	13 650	17 594	-22.42
13	天津市天矿电器设备有限公司	12 555	9 825	27.79
14	浙江华夏防爆电气有限公司	10 469	9 981	4.89
15	沈阳市中兴防爆电器总厂	9 585	8 238	16.35
16	合肥开关厂有限公司	9 532	9 018	5.70
17	安徽宝龙电器有限公司	9 227	8 299	11.18
18	浙江创正防爆电器有限公司	8 259	7 509	9.99
19	燎原防爆电器有限公司	7 156	3 805	88.07
20	长城电器集团防爆电器有限公司	7 090	6 166	14.99
21	德力西集团防爆电器有限公司	6 983	6 073	14.98
22	山西汾西机电有限公司	6 432	4 187	53.62
23	上海宝临防爆电器有限公司	6 368	4 544	40.14
24	宁波远东防爆器材有限公司	5 908	4 522	30.65
25	沈阳市电工防爆器材厂有限公司	5 735	5 202	10.25
26	乐清市长城防爆电器厂	4 950	4 764	3.90
27	山西长治市防爆电器有限公司	4 866	5 266	-7.60
28	淄博市博山防爆电器厂有限公司	4 800	4 000	20.00
29	人民电器集团防爆电器有限公司	4 375	4 013	9.02
30	鸡西德元电器有限公司	4 372	3 856	13.38
31	沈阳市环宇防爆电器总厂	3 431	3 291	4.25
32	四平市四开电器设备制造有限公司	3 042	3 788	-19.69
33	冀州市南午防爆电器有限公司	2 869	2 850	0.67
34	大同市同大防爆电器有限公司	2 484	2 220	11.89
35	浙江振达防爆电气有限公司	2 152	1 461	47.30
36	大庆安正防爆电气有限公司	2 128	956	122.59
37	沈阳防爆电器制造有限公司	1 990	1 980	0.51
38	沈阳广角成套股份有限公司	1 898	1 127	68.41
39	浙江中兴防爆器材有限公司	1 780	1 300	36.92
40	遵义长征防爆电器有限责任公司	1 642	1 960	-16.22
41	沈阳市凯鑫防爆电器厂	1 500	746	101.07
42	开封市防爆电器有限公司	1 480	1 220	21.31
43	焦作市景安机电设备制造有限公司	1 416	1 295	9.34
44	四平市同创电器设备制造有限公司	1 200	720	66.67
45	瓦房店防爆电器有限公司	1 184	775	52.77

表 2　2007 年防爆电器行业重点企业主营业务收入排序

序号	企 业 名 称	主营业务收入		
		2007 年(万元)	2006 年(万元)	比上年增长(%)
1	华荣集团有限公司	54 626	47 365	15.33
2	电光防爆电气有限公司	36 724	32 178	14.13
3	徐州煤矿机械厂	27 306	20 112	35.77
4	江苏恒通电气仪表有限公司	21 651	18 678	15.92
5	八达电气有限公司	21 000	15 350	36.81
6	上海电器厂实业有限公司	20 211	41 765	-51.61
7	浙江佳洲防爆电器有限公司	17 690	14 078	25.66
8	飞策防爆电器有限公司	15 321	12 057	27.07
9	新黎明防爆电器有限公司	13 826	12 358	11.88
10	通化变压器制造有限公司	13 548	13 697	-1.09
11	沈阳北方防爆电器有限公司	12 882	10 517	22.49
12	天津市天矿电器设备有限公司	12 499	9 750	28.19
13	济源煤炭高压开关有限公司	10 710	12 558	-14.72
14	浙江华夏防爆电气有限公司	10 058	9 708	3.61
15	沈阳市中兴防爆电器总厂	9 525	8 240	15.59
16	合肥开关厂有限公司	8 820	8 483	3.97
17	安徽宝龙电器有限公司	8 740	7 544	15.85
18	浙江创正防爆电器有限公司	7 633	7 206	5.93
19	燎原防爆电器有限公司	7 441	3 867	92.42
20	德力西集团防爆电器有限公司	6 928	6 025	14.99
21	长城电器集团防爆电器有限公司	6 887	5 820	18.33
22	上海宝临防爆电器有限公司	5 595	4 012	39.46
23	沈阳市电工防爆器材厂有限公司	5 438	4 855	12.01
24	山西汾西机电有限公司	5 286	3 298	60.28
25	宁波远东防爆器材有限公司	4 875	3 895	25.16
26	淄博市博山防爆电器厂有限公司	4 480	3 628	23.48
27	山西长治市防爆电器有限公司	4 477	4 369	2.47
28	鸡西德元电器有限公司	4 452	3 928	13.34
29	乐清市长城防爆电器厂	4 350	4 470	-2.68
30	人民电器集团防爆电器有限公司	4 067	3 732	8.98
31	沈阳市环宇防爆电器总厂	3 424	3 155	8.53
32	冀州市南午防爆电器有限公司	2 480	1 730	43.35
33	四平市四开电器设备制造有限公司	2 380	2 427	-1.94
34	大同市同大防爆电器有限公司	2 204	2 150	2.51
35	大庆安正防爆电气有限公司	2 128	956	122.59
36	沈阳防爆电器制造有限公司	1 990	1 980	0.51
37	浙江振达防爆电气有限公司	1 922	1 325	45.06
38	沈阳广角成套股份有限公司	1 768	1 023	72.83
39	遵义长征防爆电器有限责任公司	1 633	1 870	-12.67
40	焦作市景安机电设备制造有限公司	1 399	1 278	9.47
41	开封市防爆电器有限公司	1 394	1 286	8.40
42	沈阳市凯鑫防爆电器厂	1 116	698	59.89
43	浙江中兴防爆器材有限公司	1 100	800	37.50
44	四平市同创电器设备制造有限公司	1 080	720	50.00
45	瓦房店防爆电器有限公司	1 045	711	46.98

表3　2007 年防爆电器行业重点企业工业增加值排序

序号	企业名称	工业增加值		
		2007 年(万元)	2006 年(万元)	比上年增长(%)
1	华荣集团有限公司	17 328	16 750	3.45
2	电光防爆电气有限公司	14 957	13 330	12.21
3	徐州煤矿机械厂	8 929	6 117	45.97
4	上海电器厂实业有限公司	8 402	4 341	93.55
5	江苏恒通电气仪表有限公司	6 789	5 206	30.41
6	沈阳北方防爆电器有限公司	6 583	3 732	76.39
7	浙江佳洲防爆电器有限公司	5 454	4 340	25.67
8	新黎明防爆电器有限公司	5 010	4 661	7.49
9	八达电气有限公司	4 895	3 630	34.85
10	通化变压器制造有限公司	4 746	4 224	12.36
11	济源煤炭高压开关有限公司	4 661	6 177	-24.54
12	飞策防爆电器有限公司	3 626	3 078	17.80
13	燎原防爆电器有限公司	3 013	1 872	60.95
14	天津市天矿电器设备有限公司	2 930	2 792	4.94
15	浙江创正防爆电器有限公司	2 790	2 613	6.77
16	安徽宝龙电器有限公司	2 687	2 334	15.12
17	合肥开关厂有限公司	2 605	1 898	37.25
18	德力西集团防爆电器有限公司	2 125	1 522	39.62
19	沈阳市中兴防爆电器总厂	2 062	1 166	76.84
20	乐清市长城防爆电器厂	2 010	1 189	69.05
21	上海宝临防爆电器有限公司	2 006	1 423	40.97
22	山西汾西机电有限公司	1 863	1 205	54.61
23	淄博市博山防爆电器厂有限公司	1 665	1 057	57.52
24	鸡西德元电器有限公司	1 634	1 466	11.46
25	山西长治市防爆电器有限公司	1 563	1 681	-7.02
26	沈阳市电工防爆器材厂有限公司	1 400	1 218	14.94
27	宁波远东防爆器材有限公司	1 358	1 118	21.47
28	人民电器集团防爆电器有限公司	1 281	1 181	8.47
29	长城电器集团防爆电器有限公司	1 220	1 027	18.79
30	大同市同大防爆电器有限公司	1 080	980	10.20
31	浙江华夏防爆电气有限公司	1 049	1 460	-28.15
32	沈阳市环宇防爆电器总厂	960	856	12.15
33	冀州市南午防爆电器有限公司	895	867	3.23
34	四平市四开电器设备制造有限公司	804	1 053	-23.65
35	大庆安正防爆电气有限公司	747	349	114.04
36	浙江振达防爆电气有限公司	629	431	45.94
37	瓦房店防爆电器有限公司	506	418	21.05
38	浙江中兴防爆器材有限公司	501	325	54.15
39	开封市防爆电器有限公司	436	263	65.78
40	沈阳防爆电器制造有限公司	402	380	5.79
41	遵义长征防爆电器有限责任公司	392	507	-22.68
42	焦作市景安机电设备制造有限公司	374	381	-1.84
43	四平市同创电器设备制造有限公司	368	216	70.37
44	沈阳广角成套股份有限公司	364	230	58.26
45	沈阳市凯鑫防爆电器厂	220	103	113.59

表 4　2007 年防爆电器行业重点企业总资产贡献率排序

序号	企业名称	全国标准值（%）	总资产贡献率（%）	序号	企业名称	全国标准值（%）	总资产贡献率（%）
1	江苏恒通电气仪表有限公司	10.7	83	24	长城电器集团防爆电器有限公司	10.7	30
2	沈阳市电工防爆器材厂有限公司	10.7	79	25	电光防爆电气有限公司	10.7	29
3	人民电器集团防爆电器有限公司	10.7	78	26	上海宝临防爆电器有限公司	10.7	29
4	新黎明防爆电器有限公司	10.7	71	27	济源煤炭高压开关有限公司	10.7	27
5	八达电气有限公司	10.7	69	28	山西长治市防爆电器有限公司	10.7	27
6	沈阳市环宇防爆电器总厂	10.7	64	29	沈阳市中兴防爆电器总厂	10.7	27
7	宁波远东防爆器材有限公司	10.7	62	30	冀州市南午防爆电器有限公司	10.7	27
8	四平市同创电器设备制造有限公司	10.7	52	31	淄博市博山防爆电器厂有限公司	10.7	26
9	沈阳北方防爆电器有限公司	10.7	49	32	徐州煤矿机械厂	10.7	26
10	瓦房店防爆电器有限公司	10.7	47	33	大同市同大防爆电器有限公司	10.7	24
11	鸡西德元电器有限公司	10.7	46	34	焦作市景安机电设备制造有限公司	10.7	23
12	大庆安正防爆电气有限公司	10.7	45	35	山西汾西机电有限公司	10.7	23
13	德力西集团防爆电器有限公司	10.7	45	36	遵义长征防爆电器有限责任公司	10.7	22
14	浙江创正防爆电器有限公司	10.7	44	37	浙江中兴防爆器材有限公司	10.7	21
15	合肥开关厂有限公司	10.7	41	38	乐清市长城防爆电器厂	10.7	20
16	华荣集团有限公司	10.7	39	39	开封市防爆电器有限公司	10.7	18
17	沈阳市凯鑫防爆电器厂	10.7	36	40	浙江佳洲防爆电器有限公司	10.7	18
18	浙江华夏防爆电气有限公司	10.7	35	41	安徽宝龙电器有限公司	10.7	17
19	通化变压器制造有限公司	10.7	34	42	沈阳广角成套股份有限公司	10.7	15
20	天津市天矿电器设备有限公司	10.7	33	43	沈阳防爆电器制造有限公司	10.7	14
21	上海电器厂实业有限公司	10.7	32	44	四平市四开电器设备制造有限公司	10.7	12
22	飞策防爆电器有限公司	10.7	31	45	浙江振达防爆电气有限公司	10.7	12
23	燎原防爆电器有限公司	10.7	30				

表 5　2007 年防爆电器行业重点企业资产负债率排序

序号	企业名称	全国标准值（%）	资产负债率（%）	序号	企业名称	全国标准值（%）	资产负债率（%）
1	大同市同大防爆电器有限公司	≤60	6	24	江苏恒通电气仪表有限公司	≤60	49
2	燎原防爆电器有限公司	≤60	10	25	沈阳北方防爆电器有限公司	≤60	50
3	八达电气有限公司	≤60	11	26	沈阳防爆电器制造有限公司	≤60	51
4	新黎明防爆电器有限公司	≤60	18	27	四平市四开电器设备制造有限公司	≤60	53
5	飞策防爆电器有限公司	≤60	19	28	人民电器集团防爆电器有限公司	≤60	53
6	瓦房店防爆电器有限公司	≤60	22	29	沈阳市凯鑫防爆电器厂	≤60	54
7	浙江华夏防爆电气有限公司	≤60	26	30	上海电器厂实业有限公司	≤60	55
8	上海宝临防爆电器有限公司	≤60	27	31	浙江中兴防爆器材有限公司	≤60	57
9	浙江佳洲防爆电器有限公司	≤60	28	32	宁波远东防爆器材有限公司	≤60	58
10	德力西集团防爆电器有限公司	≤60	28	33	沈阳广角成套股份有限公司	≤60	58
11	大庆安正防爆电气有限公司	≤60	30	34	四平市同创电器设备制造有限公司	≤60	59
12	浙江创正防爆电器有限公司	≤60	34	35	长城电器集团防爆电器有限公司	≤60	60
13	天津市天矿电器设备有限公司	≤60	35	36	通化变压器制造有限公司	≤60	60
14	沈阳市电工防爆器材厂有限公司	≤60	40	37	淄博市博山防爆电器厂有限公司	≤60	62
15	鸡西德元电器有限公司	≤60	41	38	济源煤炭高压开关有限公司	≤60	62
16	沈阳市中兴防爆电器总厂	≤60	41	39	开封市防爆电器有限公司	≤60	66
17	安徽宝龙电器有限公司	≤60	42	40	遵义长征防爆电器有限责任公司	≤60	66
18	电光防爆电气有限公司	≤60	43	41	山西长治市防爆电器有限公司	≤60	69
19	合肥开关厂有限公司	≤60	45	42	徐州煤矿机械厂	≤60	74
20	冀州市南午防爆电器软管有限公司	≤60	45	43	乐清市长城防爆电器厂	≤60	77
21	华荣集团有限公司	≤60	45	44	山西汾西机电有限公司	≤60	90
22	浙江振达防爆电气有限公司	≤60	47	45	焦作市景安机电设备制造有限公司	≤60	90
23	沈阳市环宇防爆电器总厂	≤60	48				

表 6　2007 年防爆电器行业重点企业全员劳动生产率排序

序号	企业名称	全国标准值（元/人）	全员劳动生产率（元/人）	序号	企业名称	全国标准值（元/人）	全员劳动生产率（元/人）
1	上海电器厂实业有限公司	16 500	688 689	24	鸡西德元电器有限公司	16 500	86 915
2	通化变压器制造有限公司	16 500	182 538	25	徐州煤矿机械厂	16 500	79 228
3	八达电气有限公司	16 500	171 754	26	浙江中兴防爆器材有限公司	16 500	77 077
4	燎原防爆电器有限公司	16 500	168 324	27	沈阳市中兴防爆电器总厂	16 500	73 643
5	沈阳北方防爆电器有限公司	16 500	165 402	28	四平市同创电器设备制造有限公司	16 500	72 157
6	江苏恒通电气仪表有限公司	16 500	164 782	29	飞策防爆电器有限公司	16 500	67 776
7	电光防爆电气有限公司	16 500	151 540	30	浙江华夏防爆电气有限公司	16 500	66 392
8	合肥开关厂有限公司	16 500	151 453	31	沈阳广角成套股份有限公司	16 500	62 759
9	瓦房店防爆电器有限公司	16 500	148 824	32	大庆安正防爆电气有限公司	16 500	62 250
10	浙江创正防爆电器有限公司	16 500	140 909	33	济源煤炭高压开关有限公司	16 500	59 910
11	乐清市长城防爆电器厂	16 500	138 621	34	宁波远东防爆器材有限公司	16 500	57 787
12	华荣集团有限公司	16 500	132 782	35	长城电器集团防爆电器有限公司	16 500	56 481
13	人民电器集团防爆电器有限公司	16 500	122 000	36	开封市防爆电器有限公司	16 500	54 500
14	德力西集团防爆电器有限公司	16 500	111 842	37	浙江振达防爆电气有限公司	16 500	43 379
15	上海宝临防爆电器有限公司	16 500	110 829	38	四平市四开电器设备制造有限公司	16 500	39 606
16	新黎明防爆电器有限公司	16 500	109 868	39	沈阳防爆电器制造有限公司	16 500	39 412
17	山西汾西机电有限公司	16 500	108 314	40	山西长治市防爆电器有限公司	16 500	38 978
18	沈阳市环宇防爆电器总厂	16 500	106 667	41	沈阳市电工防爆器材厂有限公司	16 500	37 433
19	冀州市南午防爆电器软管有限公司	16 500	100 562	42	大同市同大防爆电器有限公司	16 500	28 877
20	安徽宝龙电器有限公司	16 500	97 709	43	沈阳市凯鑫防爆电器厂	16 500	25 000
21	天津市天矿电器设备有限公司	16 500	92 722	44	焦作市景安机电设备制造有限公司	16 500	20 437
22	浙江佳洲防爆电器有限公司	16 500	92 441	45	遵义长征防爆电器有限责任公司	16 500	11 879
23	淄博市博山防爆电器厂有限公司	16 500	90 000				

表 7　2007 年防爆电器行业重点企业经济效益综合指数排序

序号	企业名称	经济效益综合指数	序号	企业名称	经济效益综合指数
1	上海电器厂实业有限公司	6.09	24	飞策防爆电器有限公司	2.51
2	瓦房店防爆电器有限公司	4.87	25	浙江华夏防爆电气有限公司	2.47
3	江苏恒通电气仪表有限公司	4.71	26	乐清市长城防爆电器厂	2.38
4	八达电气有限公司	4.52	27	山西汾西机电有限公司	2.35
5	新黎明防爆电器有限公司	4.03	28	济源煤炭高压开关有限公司	2.32
6	德力西集团防爆电器有限公司	4.00	29	山西长治市防爆电器有限公司	2.29
7	沈阳市电工防爆器材厂有限公司	3.76	30	淄博市博山防爆电器厂有限公司	2.28
8	人民电器集团防爆电器有限公司	3.62	31	焦作市景安机电设备制造有限公司	2.21
9	宁波远东防爆器材有限公司	3.59	32	冀州市南午防爆电器软管有限公司	2.20
10	沈阳北方防爆电器有限公司	3.52	33	长城电器集团防爆电器有限公司	2.19
11	浙江创正防爆电器有限公司	3.38	34	浙江中兴防爆器材有限公司	2.02
12	华荣集团有限公司	3.24	35	沈阳市中兴防爆电器总厂	1.99
13	四平市同创电器设备制造有限公司	3.19	36	沈阳市凯鑫防爆电器厂	1.87
14	大庆安正防爆电气有限公司	3.09	37	浙江振达防爆电气有限公司	1.86
15	通化变压器制造有限公司	3.01	38	安徽宝龙电器有限公司	1.74
16	燎原防爆电器有限公司	2.99	39	沈阳防爆电器制造有限公司	1.64
17	电光防爆电气有限公司	2.99	40	浙江佳洲防爆电器有限公司	1.61
18	合肥开关厂有限公司	2.94	41	开封市防爆电器有限公司	1.60
19	沈阳市环宇防爆电器总厂	2.91	42	遵义长征防爆电器有限责任公司	1.59
20	上海宝临防爆电器有限公司	2.83	43	大同市同大防爆电器有限公司	1.55
21	鸡西德元电器有限公司	2.75	44	沈阳广角成套股份有限公司	1.50
22	天津市天矿电器设备有限公司	2.58	45	四平市四开电器设备制造有限公司	1.49
23	徐州煤矿机械厂	2.53			

产品分类产量 防爆电器产品划分为防爆馈电开关(防爆断路器),防爆起动器,防爆继电器,防爆主令电器,防爆制动电器,防爆保护装置,防爆高压开关,防爆电控设备,防爆接线盒,防爆报警电器,防爆插接电器,防爆箱,防爆照明(指示)灯具,防爆电加热设备,防爆空调,防爆电话、电脑,防爆连接件和防爆其他类共18大类。2007年主要防爆电器产品产量见表8。

表8 2007年主要防爆电器产品产量

产品名称	单位	产量	比上年增长(%)	产品名称	单位	产量	比上年增长(%)
矿用隔爆型高压配电装置	台	14 844	11.95	矿用隔爆型接线盒	台	890 000	41.72
矿用隔爆型电磁起动器	台	162 320	10.60	厂用防爆配电箱	台	61 320	25.70
矿用隔爆型馈电开关	台	68 900	30.80	厂用防爆电磁起动器	台	41 500	40.20
矿用隔爆型检漏继电器	台	10 380	4.20	厂用防爆操作柱	台	167 000	28.46
矿用隔爆型变压器综合装置	台	24 760	27.23	厂用防爆控制按钮	台	540 000	45.95
矿用隔爆型成套电控设备	套	3 630	28.59	厂用防爆接线盒	台	1 450 000	20.83
矿用隔爆型主令电器	台	620 000	48.28	厂用防爆插接装置(插销)	台	178 000	24.57
矿用隔爆型插接电器	台	113 400	26.19	厂用防爆荧光灯	台	480 000	45.45

市场及销售 2007年矿用防爆电器和厂用防爆电器产品销售市场仍然看好,产品销售量和销售额均比上年有较大增长。2007年全行业主导企业产品销售额为382 000万元,比上年增长32.90%。2007年主要产品销售量及销售额见表9。2007年销售收入在2 000万元以上的企业见表10。

表9 2007年主要产品销售量及销售额

产品名称	单位	销售量(台)	销售额(万元)	产品名称	单位	销售量(台)	销售额(万元)
矿用隔爆型高压配电装置	台	13 980	47 532	厂用防爆配电箱	台	59 000	34 703
矿用隔爆型电磁起动器	台	158 700	50 784	厂用防爆电磁起动器	台	38 600	5 665
矿用隔爆型馈电开关	台	65 600	52 560	厂用防爆操作柱	台	160 000	24 000
矿用隔爆型检漏继电器	台	9 700	2 082	厂用防爆控制按钮	台	528 000	10 560
矿用隔爆型变压器综合装置	台	23 896	7 170	厂用防爆接线盒	台	1 390 000	16 680
矿用隔爆型主令电器	台	580 000	6 963	厂用防爆荧光灯	台	450 000	29 250
矿用隔爆型插接电器	台	110 000	2 626	厂用防爆插接装置	台	168 000	13 440
矿用隔爆型接线盒	台	820 000	13 207				

表10 2007年销售收入在2 000万元以上的企业

序号	企业名称	销售收入(万元)	序号	企业名称	销售收入(万元)
1	华荣集团有限公司	54 626	19	燎原防爆电器有限公司	7 441
2	电光防爆电气有限公司	36 724	20	德力西集团防爆电器有限公司	6 928
3	徐州煤矿机械厂	27 306	21	长城电器集团防爆电器有限公司	6 887
4	江苏恒通电气仪表有限公司	21 651	22	上海宝临防爆电器有限公司	5 595
5	八达电气有限公司	21 000	23	沈阳市电工防爆器材厂有限公司	5 438
6	上海电器厂实业有限公司	20 211	24	山西汾西机电有限公司	5 286
7	浙江佳洲防爆电器有限公司	17 690	25	宁波远东防爆器材有限公司	4 875
8	飞策防爆电器有限公司	15 321	26	淄博市博山防爆电器厂有限公司	4 480
9	新黎明防爆电器有限公司	13 826	27	山西长治市防爆电器有限公司	4 477
10	通化变压器制造有限公司	13 548	28	鸡西德元电器有限公司	4 452
11	沈阳北方防爆电器有限公司	12 882	29	乐清市长城防爆电器厂	4 350
12	天津市天矿电器设备有限公司	12 499	30	人民电器集团防爆电器有限公司	4 067
13	济源煤炭高压开关有限公司	10 710	31	沈阳市环宇防爆电器总厂	3 424
14	浙江华夏防爆电气有限公司	10 058	32	冀州市南午防爆电器有限公司	2 480
15	沈阳市中兴防爆电器总厂	9 525	33	四平市四开电器设备制造有限公司	2 380
16	合肥开关厂有限公司	8 820	34	大同市同大防爆电器有限公司	2 204
17	安徽宝龙电器有限公司	8 740	35	大庆安正防爆电气有限公司	2 128
18	浙江创正防爆电器有限公司	7 633			

2007年,防爆电器行业向南非、越南、伊朗、苏丹、科威特、德国、朝鲜、泰国、印度、巴基斯坦等国出口矿用高压配电装置、矿用电磁起动器、矿用馈电开关、厂用防爆配电箱、厂用防爆操作柱、厂用防爆灯具等各类防爆电气设备83万余台(套),出口创汇3 800万美元,比上年增长65.22 %。

科技成果及新产品 2007年全行业非常重视新产品的开发,共有8项产品获得省、市科技进步奖。其中,恒通电气集团研制的防爆通信系统获江苏省高新技术产品奖;复合型防爆照明配电系统获江苏省南通市科学技术进步二等奖;电光防爆电气有限公司研制的矿用隔爆型双电源多回路组合开关获上海市高新技术成果转化项目奖;博山防爆电器厂有限公司研制的ZBRK矿用防爆乳化液泵站获山东省淄博市节能优秀成果奖;山西汾西机电有限公司研制的QJGZ—□/6矿用隔爆兼本安型高压真空电磁起动器获山西太原市科技进步三等奖;华夏防爆电气有限公司研制的煤矿用防爆灯具获浙江省温州市科技进步三等奖;创正防爆电器有限公司研制的全塑防爆控制器获浙江省嘉兴科技成果奖;新黎明防爆电器有限公司研制的PXF正压型防爆配电柜获浙江省乐清市科技进步三等奖。

2007年,防爆电器行业共有18项产品获得外观设计和实用新型国家专利,分别为:华荣集团有限公司开发的BJD防爆警示灯、125A防爆防腐插接装置、BD8050型防爆指示灯芯、BZM型防爆照明开关、BD8050型防爆指示灯罩、HA型防爆按钮罩、BAY82型LED防爆免维护节能荧光灯、BAD71—400型防爆灯、BAD84型LED防爆免维护节能灯、BAD83—165W防爆免维护节能无极灯、BAD62型防爆灯、BSX—60型防爆行灯、BBJ型防爆声光报警器;上海宝临防爆电器有限公司开发的组合式防爆配电箱、一体化防爆灯、防爆断路器;创正防爆电器有限公司开发的全塑防爆插接装置、全塑防爆信号灯按钮开关;博山防爆电器厂有限公司开发的ZBRK型矿用防爆乳化液泵站;八达电气有限公司开发的矿用隔爆型高压配电装置用断路器分合闸操作机构;天津市天矿电器设备有限公司开发的矿用隔爆型真空馈电开关的漏电保护单元等。

2007年,全行业各企业根据市场需要开发了以下新产品:EY型防爆荧光灯,BdC56型防爆节能灯,CDW58系列防爆无极灯,CDnR51型防爆路灯,CDH59型防爆航空障碍灯,BJd防爆声光报警器,BL8060系列防爆断路器,BGL8060系列防爆隔离开关,BRJ8060系列防爆热继电器,BDB8060系列防爆电动机保护开关,BJL8060系列防爆交流接触器,BSJ8060系列防爆时间继电器,BZJ8060系列防爆中间继电器,BGL8060系列防爆隔离开关,BLD系列8060系列防爆漏电装置模块,BLB系列防爆浪涌保护装置,BCZ8060系列防爆防腐插接装置,HCBK—DIP型粉尘防爆电话机,BCZ—DIP型粉尘防爆插接装置,KDC—4型无主机防爆扩音通信系统,BBJ型防爆声光报警器,BJD型防爆警示灯,BAD83型防爆节能免维护无极灯,BSZD81—7防爆航空障碍灯,BAD82型一体化防爆灯,BAD81型防爆节能灯,BZK52型防爆断路器,PXF正压型防爆配电柜,BAD81型防爆节能灯,BAD59系列防爆灯,BAD60系列防爆灯,BAD61系列防爆灯,BM(D)G58系列配电柜,B□D81系列防爆灯,B□D82系列防爆无极灯,FQJD41—150W防爆高压气体放电灯,FWLD37—400W防爆免维护路灯,PT580/500型防爆振动开关,CB/CWJ型防爆无极灯,DX562—FB型防爆大屏幕显示器,KJZ—200、400、500、600系列矿用隔爆兼本安型真空馈电开关,BGP—10(6)Y系列矿用隔爆智能型永磁高压真空配电装置,JR—400、315、200/1140(660)系列矿用隔爆兼本安型交流软起动器,DBB—□/660(380)矿用隔爆型电度表箱,PJG—630/10(6,3.3)矿用隔爆兼本安型高压真空配电装置,QJZ1—1200/1140(660)—4、6矿用隔爆型组合式真空电磁起动器,BSJ1—1.2、1.6、2.0m系列矿用隔爆型绞车成套防爆电控装置,MHCa—01防爆在线充气箱,BDC51—2/24防爆电磁阀控制箱,QJZ—2X200/1140矿用隔爆兼本质安全型双速双回路真空电磁起动器,QJZ—4X100/1140(660)矿用隔爆兼本质安全型双电源、双电机电磁起动器,QJZ—400(315)/1140矿用防爆兼本质安全型智能真空电磁起动器,QBZ—4X120(80)/660(380)矿用隔爆型四回路组合开关,CBQ58型防爆软起动器,CBQ59型防爆变频调速箱,QBZ—2X80+400/1140(660)BF煤矿风机用隔爆型电气闭锁真空电磁起动器,GJG4A型红外甲烷传感器,煤矿井下人员定位系统,GGR0.1(A)矿用烟雾传感器,KHP153—K带式输送机控制保护装置,QJZ—□/3300系列矿用隔爆型真空电磁起动器,全矿井综合自动化系统,4 000kV·A/3.3kV系列矿用隔爆兼本安型智能控制负荷中心。

质量及标准 2007年上海市质量技术监督局对上海市工厂用防爆电气产品进行了专项抽查,共抽查了27种产品,合格16种,抽样合格率为72.7%,其中防爆灯具产品抽样合格率仅为20%。乐清市质量技术监督局、沈阳市质量技术监督局也对乐清市和沈阳市防爆电气产品质量进行了专项监督抽查。从几次专项监督的抽查结果看,防爆电器产品质量总体比较好,大多数企业有较完善的质量管理体系,产品出厂检测设备齐全,产品能按标准生产,达到了国家标准的规定。另外,25%的不合格率说明防爆电器产品质量不容乐观,存在许多不可忽视的问题,一部分防爆电器生产企业规模较小,技术和工艺、加工设备比较薄弱,没有完善的质量管理体系和必备的出厂检测设备,企业技术文件不完整,产品质量不稳定,存在的主要问题有以下几方面:

(1)产品技术文件不齐全,缺乏指导正常生产的科学依据,造成产品粗制滥造,不按标准生产。

(2)无出厂检测设备或产品不进行出厂检测。

(3)无证生产或防爆合格证、生产许可证、煤安标志证不齐全,假冒伪劣产品还有市场。

(4)采用低劣材料和低劣元器件,产品以低价格占领市场。

(5)产品外壳材质低劣或产品外壳壳体厚度不够,达不到防爆标准规定的冲击试验和外壳耐压试验要求。

(6)防爆灯具玻璃外罩壁薄，强度不够，冲击试验达不到防爆标准要求。

(7)部分产品结构设计不合理，内腔过于狭小，电气间隙和爬电距离不够，喷弧距离短，电气性能达不到标准要求。

2007年5月，中国电器工业协会防爆电器分会举办了第二届防爆电气技术发展论坛，共有7位国内外防爆电器资深专家学者进行了防爆电气领域的技术交流。其中，日本防爆委员会富田隆委员长做了《日本防爆电器产品介绍》；国家仪器仪表防爆安全监督检测中心徐建平主任就《国际防爆电气标准化发展趋势》做了演讲；石油和化学工业电气产品防爆质量监督检验中心徐刚主任讲述了《非矿用防爆电器、灯具的设计和制造应注意的问题》；中国电器工业协会防爆电器分会李绍春秘书长做了《我国防爆电器行业现状及展望》的报告；山东科技大学傅桂兴教授阐述了《矿用防爆电气设备的保护技术》；国家安全生产上海矿用设备检测检验中心李斌高级工程师介绍了《爆炸危险场所防爆工程项目检查的实践及启示》；石油和化学工业电气产品防爆质量监督检验中心冯孝秋高级工程师论述了《腐蚀环境对电气设备防爆性能的影响》。

2007年6月，全国防爆电气设备标准化技术委员会防爆电器分技术委员会二届一次委员大会召开，根据国家标准化管理委员会和中国电器工业协会的批复，完成了防爆电器分标委换届工作。第二届防爆电器分标委设37名委员，其中主任委员1名，副主任委员2名；秘书长1名，副秘书长2名。第二届防爆电器分标委委员由煤炭、石油化工设计院、研究所，防爆电器产品检测中心，煤炭和石油、化工的用户及防爆电器产品生产企业等各领域专家组成。

会议期间委员还审查通过了《矿用隔爆型绞车电控装置》、《粉尘防爆插销》、《粉尘防爆照明开关》和《矿用开关两防锁》等4项行业标准送审稿并形成了报批稿，提请防爆电器分标委秘书处整理上报审批。

基本建设及技术改造 2007年，华荣集团有限公司上海华荣工业园、电光防爆电气有限公司宿州防爆园、八达电气有限公司江苏工业园得到进一步完善并投入运行。华夏防爆电器有限公司和创正防爆电器有限公司分别投资了8 000万元和5 000万元在浙江嘉兴建立了防爆工业园，浙江荣欣防爆电器有限公司投资在江西建厂。这些项目为这些企业快速发展创造了条件。

2007年，全行业基础建设和技术更新改造投资4.78亿元，比上年有所减少，降幅10.82%，其中基本建设投资3.64亿元，技术更新改造投资1.14亿元。

对外合作项目 华荣集团有限公司于2007年4月组团参加了在德国汉诺威举办的世界博览会，是中国防爆电器行业惟一参展的生产企业。通过参展，华荣集团有限公司展示了各类防爆电器和防爆灯具，让世界更多的石油化工用户了解了华荣，收到了很好的效果。

为加强与世界各地用户的联系，扩大出口，2007年华荣集团有限公司胡志荣董事长、恒通电气集团尹宇董事长、飞策防爆电器有限公司徐跃弟董事长、创正防爆电器有限公司黄建锋董事长等多次赴德国、伊朗、南非、科威特等国洽谈合作和出口项目，通过与国外用户的交流与合作使中国的防爆电器产品越来越得到国外的认可，在国外的石油化工项目上也有了中国产的防爆电器产品，为中国防爆电器产品全面进入国际市场创造了条件。

2007年4月，中国电器工业协会防爆电器分会与中国国际贸易促进委员会化工行业分会、石油和化学工业电气产品防爆质量监督检测中心等单位联合举办了第四届中国国际防爆电气设备展览会。美国、德国、日本、俄罗斯、法国、丹麦、澳大利亚等世界知名厂商以及国内各主要防爆电器制造厂近百家防爆电器制造商展示了先进的防爆电气设备，收到了很好的效果。

〔撰稿人：中国电器工业协会防爆电器分会李绍春〕

电线电缆

生产发展情况 据对3 645个电线电缆制造企业的统计快报，2007年完成工业总产值(当年价)56 671 998万元，实现利润2 565 485万元。

据中国电器工业协会电线电缆分会提供的会员统计数据，2007年电线电缆行业部分企业经济指标见表1。

表1 2007年电线电缆行业部分企业经济指标

企业名称	工业总产值(当年价)(万元)	资产总计(万元)	销售收入(万元)
北京市电线电缆总厂	7 774	9 540	7 690
天津金山电线电缆股份有限公司	50 641	31 329	49 028
天津塑力线缆集团有限公司	717 202	477 404	652 002
河北邢台电缆股份有限责任公司	37 992	20 138	35 808
上海红旗电缆(集团)有限公司	122 951	37 800	151 385
上海南大集团有限公司	209 084	56 294	205 231
南洋电缆集团有限公司	231 815	72 324	216 049
江苏上上电缆集团	598 681	184 573	590 662
远东电缆有限公司	825 812	372 877	809 296
宝胜集团有限公司	922 140	449 095	898 948
中天科技集团有限公司	482 427	377 004	482 427
江苏金牛线缆集团有限公司	208 481	39 959	204 047
浙江洪波线缆股份有限公司	163 626	56 315	160 931
宁波唯尔电器有限公司	51 462	32 992	43 985
浙江先登电工器材股份有限公司	266 025	41 505	250 602
福建南平太阳电缆股份有限公司	200 163	83 816	200 143
河南金水电缆有限公司	121 184	14 112	121 478
河南圣源线缆有限公司	18 030	6 891	16 295
湖北永鼎红旗电气有限公司	139 490	393 902	131 894
黄石安瑞辐照电缆有限公司	19 389	11 675	17 001
广东电缆厂有限公司	151 057	27 671	148 844

（续）

企业名称	工业总产值（当年价）（万元）	资产总计（万元）	销售收入（万元）
桂林国际电线电缆集团有限公司	159 307	71 400	116 841
重庆鸽牌电线电缆有限公司	139 004	60 866	129 443
成都西南电工有限公司	30 007	10 748	26 611
西安西电光电缆有限责任公司	56 659	59 399	51 771
通号集团天水铁路电缆工厂	22 023	31 291	22 231
甘肃长通电缆(集团)有限责任公司	27 178	30 809	17 656
新疆五元实业发展中心	13 183	4 649	11 853

注:该表按行政区域排列。

市场及销售　宝胜集团电缆有限公司在国家体育场、首都机场、国家大剧院、中央电视台新大楼等重大工程中中标;江苏亨通集团有限公司承揽了国家火炬计划和江苏省火炬计划、10kV 贵阳电网建设项目,中标国家电网公司2007 年第七批项目;特变电工新疆线缆厂中标国家电网公司第四批、第五批集中扩径导线项目,总价 1.09 亿元;远东电缆有限公司在国网第三批项目主设备材料招标中,一举中标 9 个标段共计 15 000 多 t 导线,合计 3 亿多元;福建南平太阳电缆股份有限公司与杭州湾大桥工程指挥部签订合同,提供 604.942km、价值 5 006 万元的大桥照明电缆、景观照明电缆、机电工程供配电电缆和监控电力电缆;宁波东方集团中标近亿元海底电缆项目,包括 64/110kV XLPE 绝缘和 8.7/10kV XLPE 绝缘海底电力电缆;江苏上上电缆集团中标深圳地铁工程 1 号续建工程电力电缆,总价 9 000 万元,包揽了该工程所需的所有电缆;通号集团天水铁路电缆工厂中标全国铁路重点工程大包线新型电气化信号电缆配套工程,中标合同 7 400 万元;无锡电缆厂有限公司先后与华中电网公司、江苏省电力公司、山东省电力公司等签订钢芯铝绞线供货合同,中标鄂豫第四回 500kV 线路工程、220kV 山东莱州—平里—蚕庄送电工程,新怀来—西合营双回线路工程、220kV 江苏新桥—永丰双回线路工程和南风—水北双回线路等工程项目,钢芯铝绞线供货总量达4 000t,销售总额 8 000 多万元;无锡江南电缆有限公司中标南非电力公司项目,中标额 25 亿元;烽火光缆出口阿尔及利亚超过 100 000km。

科技成果及新产品　江苏亨通电力电缆有限公司成功研制 35kV 630mm² 交联电缆,专利项目升降机用新型吊笼电动机用供电电缆(专利号:ZL200520046737.3)获“国际发明技术科学博览会金奖”。

金川电线电缆厂以市场为导向成功开发出氟塑料硅橡胶绝缘电缆新产品。

中国科学院与河北宝丰集团联手开发的长 75m、10.5kV/1.5kA 三相交流高温超导电缆顺利并网试验运行并通过了专家组的验收,这是世界上并入实际电网运行最长的电缆。

远东电缆有限公司具有自主知识产权的首批 6 根10kV 超高层建筑吊装电力电缆成功下线,耐高温瓷化胶绝缘耐火软电线等 11 项新产品通过省级鉴定。

青岛青缆科技有限公司开发的金属铠装电缆、电力及控制用托架电缆产品研制成功。

江苏亨通光电股份有限公司研发的“全干式室外通信光缆”和“环保防鼠轻便型排水管道上层敷设自承式光缆”通过江苏省科学技术厅认定,并获得高新技术产品认定证书。

宁波东方集团公司研制开发的环保型地铁用电力电缆、核电站用辐照电缆、核电站用通信电缆等 4 大类 10 项新产品通过省级鉴定。

江西联创电缆科技有限公司研发的聚四氟乙烯薄膜绕包绝缘电线(AFR—250—250、AFR—250—600、AFRP—250—250、AFRP—50—600 型)、聚乙烯绝缘聚氯乙烯护套柔软控制电缆,聚全氟乙丙烯、阻燃聚氯乙烯双绝缘轻型软线及屏蔽软线 3 项新产品通过技术鉴定。

湖北永鼎红旗电气有限公司生产出国内最长的 35kV级海底光电复合缆。

重庆鸽牌电线电缆有限公司生产的煤矿用交联聚乙烯护套电力电缆 $MYJV_{22}3\times300$、煤矿用聚氯乙烯绝缘乙烯护套电力电缆 MVV3 ×1.5 试制成功。

黄石安瑞辐照电缆有限公司的核电站用 1E 级 K3 类电缆新产品通过鉴定。

成都鑫牛线缆有限公司自主创新开发的风力发电设备专用电缆通过了省级科技鉴定。

基本建设及技术改造　兴乐集团的黄山兴乐集团有限公司工程总占地面积 133 333m²(200 亩),首期投资 2 亿元,2007 年 7 月竣工投产,在原电工铜杆和漆包线基础上新增铜板、铜带和电线产品,并扩大电工铜杆和漆包线生产线,全部投产后年产值可达 36 亿元。

浙江洪波线缆股份有限公司投资 1.85 亿元,新增主要设备 151 台,建成年产 10 000t 漆包线生产线,项目投产后可实现销售收入 9.72 亿元,利润可达 8 035 万元。

开开电缆科技有限公司投资 9 000 万元建立浙江开开特种电缆有限公司。

江苏迅达电磁线有限公司投入基建和技术改造的资金3 500 万元,新上两条 55 头换位导线生产线,两条上引法生产线。

江苏凯诺电缆有限公司引进的国内首条德国TROESTER高速交联电缆生产线投产成功。

由广西柳州银通电缆有限公司和中国澳门迪美亚公司在广西鹿寨县共同投资 5 000 万元新建的中高压电缆项目,年产值可达 3 亿元,可实现利润超过 3 000 万元。

质量及标准　天津电缆总厂第一分厂通信电缆产品HYA(600 对及以下)市内通信电缆 HYAT(600 对及以下)市内通信电缆和通信电源用阻燃软电线产品通过泰尔认证中心的监督复查。

江苏银龙电力电缆公司率先获得 PCCC 认证证书。

金雁电工有限公司漆包线产品通过美国 UL 认证。

江苏亨通电力电缆有限公司运行的测量管理体系通过了国家 AAA 级测量管理体系认证。

安徽蓝德集团股份有限公司电缆产品获国家免检产品

证书，蓝德集团商标被认定为“安徽省著名商标”。

焦作铁路电缆工厂通过 IECQ QC080000 体系审核。

四川金瑞电工有限责任公司通过环境管理体系 ISO 14001:2004 认证。

新乡市亨通线缆有限公司通过 ISO 9001:2000 质量体系认证。

天水铁路电缆工厂通过了 ISO 14001:2004 环境管理体系认证。

扬州亚光电缆有限公司通过了 ISO 9001:2000 质量管管理体系认证、ISO 14001:2000 环境管理体系认证和 OHSAS 18001:1999 职业健康安全认证。

福建南平市三红电缆有限公司通过了北京三星九千认证中心认证，获得了 GB/T 24001—2004 ISO 14001:2004 环境管理体系认证证书；船用电缆生产线获中国船级社工厂认可证书；辐照线获泰尔认证中心的辐射安全许可证。

新南达电缆实业有限公司被广东省科委认定为“广东省民营科技型企业”，公司产品被认定为“广东省名牌产品”和“国家免检产品”。

湖南金龙国际铜业集团长沙金龙电缆有限公司获得“湖南名牌”称号，另获得中华人民共和国国家知识产权局颁发的“高阻燃环保、消防型电缆”专利证书。

无锡江南电缆有限公司的“五彩”商标荣膺“中国驰名商标”。

开开电缆科技有限公司的“开开”牌商标获“中国驰名商标”。

重庆鸽牌电线电缆有限公司荣获 CCC 认证证书和国家质量免检证书。

浙江开成电缆制造有限公司的“开成”商标荣膺“中国驰名商标” 称号。

天津金山电线电缆股份有限公司的“金山”牌电线电缆获“中国驰名商标”称号。

山东谷阳电缆集团有限公司的“日辉”商标荣膺“中国驰名商标”称号。

对外合作 宝胜集团与意大利罗瓦公司共同投资组建的扬州宝胜铱莱克特铁芯制造公司，坐落于宝胜电缆城内，投资总额 800 万欧元，项目完成后将成为国内最大的变压器铁心制造基地。

瑞典哈博电缆有限公司在常州新区投建 3G 用电缆工厂哈博(常州)电缆有限公司(Habia Cabia China Ltd.)，扩大了在华投资，新增 4 条生产线，扩大后的厂区面积为原来的 4 倍。

管理及改革 2007 年 1 月 25 日，电线电缆行业推进中国名牌产品工作会议在上海召开，25 家电线电缆企业参加。会议对大力推进电线电缆行业创名牌产品工作、交联聚乙烯电力电缆复评审、漆包圆绕组线名牌产品评定和圆铜杆名牌产品评定等议题进行了讨论并达成了共识。

2007 年 3 月，由中国电器工业协会电线电缆分会主办的中国电缆用材料交流会在上海召开，300 多名国内外电线电缆及光纤光缆生产企业、原辅材料供应商、生产技术和设备供应商、研发咨询机构、贸易商、业内专家、相关协会机构的代表参加，分别对电线电缆、光纤光缆原辅材料等相关内容进行了研讨。

2007 年 5 月 15 日，中国电器工业协会电线电缆分会六届三次理事长会议在浙江富阳召开，会上总结了 2006 年及 2007 年电线电缆行业工作，听取了市场与价格专业工作部及中国线缆用材料交流会的情况汇报，分析了电线电缆行业的发展现状，展望行业的发展远景，就推进行业自律、规范行业的发展环境等问题进行了探讨。

9 月 4 日，由中国电器工业协会电线电缆分会和上海电缆研究所联合主办的 2007 中国电线电缆行业大会在上海光大会展中心隆重举行，同期举办了 2007 中国国际线缆工业展览会，展出面积达 8 000m^2，展位 450 个，参展企业 200 多家。

10 月 25 日，上海电缆研究所建所 50 年华诞，同时又逢中国电线电缆行业创建 70 周年，为此上海电缆研究所特别建立了中国电线电缆行业发展史和上海电缆研究所发展史的展示馆(双史馆)并进行了开馆典礼。

〔撰稿人：上海电缆研究所陆成玉　审稿人：上海电缆研究所吴士敏〕

绝 缘 材 料

生产发展情况 根据绝缘材料分会对行业内主要企业的统计数据，2007 年绝缘材料行业保持了良好的发展势头，经济运行总体呈现增长发展态势。2007 年完成工业总产值(当年价)954 121 万元，销售收入 912 769 万元，全员劳动生产率 103 712 元/人，各项经济指标分别比上年有所增长。2007 年绝缘材料行业统计企业工业总产值排名前 10 位企业见表 1。2007 年绝缘材料行业统计企业销售产值前 10 位企业见表 2。2007 年绝缘材料行业统计企业工业增加值前 10 位企业见表 3。

表 1　2007 年绝缘材料行业统计企业工业总产值前 10 位企业

企业名称	2007 年（万元）	2006 年（万元）	比上年增长（%）
广东生益科技股份有限公司	266 576	223 144	19
四川东材科技集团股份有限公司	135 330	103 137	31
山东金宝电子股份有限公司	129 406	113 973	14
深圳长园新材料股份有限公司	98 119	55 436	77
山东四达工贸股份有限公司	49 909	23 668	111
苏州巨峰绝缘材料有限公司	25 683	16 862	52
浙江荣泰科技企业有限公司	22 800	20 036	14
宁波华缘玻璃钢电器制造有限公司	22 200	12 541	77
株洲时代电气绝缘有限责任公司	20 500	21 496	-5
北京新福润达绝缘材料有限责任公司	16 825	13 396	26

表 2　2007 年绝缘材料行业统计企业销售产值前 10 位企业

企 业 名 称	2007 年（万元）	2006 年（万元）	比上年增长（%）
广东生益科技股份有限公司	274 560	233 642	18
四川东材科技集团股份有限公司	128 077	91 785	40
山东金宝电子股份有限公司	116 564	113 423	3
深圳长园新材料股份有限公司	98 119	55 436	77
山东四达工贸股份有限公司	39 633	23 728	67
苏州巨峰绝缘材料有限公司	25 683	16 862	52
浙江荣泰科技企业有限公司	22 898	19 924	15
株洲时代电气绝缘有限责任公司	21 235	19 016	12
宁波华缘玻璃钢电器制造有限公司	21 100	11 946	77
北京新福润达绝缘材料有限责任公司	16 000	13 636	17

表 3　2007 年绝缘材料行业统计企业工业增加值前 10 位企业

企 业 名 称	2007 年（万元）	2006 年（万元）	比上年增长（%）
广东生益科技股份有限公司	62 557	55 529	13
深圳长园新材料股份有限公司	37 529	20 296	85
四川东材科技集团股份有限公司	37 338	26 480	41
山东金宝电子股份有限公司	18 866	17 513	8
苏州巨峰绝缘材料有限公司	6 884	4 517	52
山东四达工贸股份有限公司	6 817	6 948	-2
浙江荣泰科技企业有限公司	5 034	4 354	16
南通鸿安三木绝缘材料有限公司	3 631	3 953	-8
龙口澳兴绝缘材料有限公司	2 900	2 420	20
北京新福润达绝缘材料有限责任公司	2 768	1 891	46

产品分类及产量　绝缘材料行业产品分为 7 大类统计，即油漆树脂、浸渍纤维制品、层压制品、云母制品、电工塑料、薄膜及复合材料和其他类材料，而每一大类又可分为若干小类，其产品品种达 600 多种。2007 年绝缘材料行业统计企业主要产品的产量、销售量及销售收入见表 4。

表 4　2007 年绝缘材料行业统计企业主要产品的产量、销售量及销售收入

项 目 名 称	油漆树脂	浸渍纤维制品	层压制品	云母制品	电工塑料	薄膜及复合材料	其他类材料
生产企业数(个)	17	12	20	18	8	13	14
生产量(t)	37 103	5 848	114 979	8 830	34 354	24 809	46 590
销售量(t)	36 338	5 392	111 599	8 741	34 085	24 697	45 715
销售收入(万元)	59 474	19 784	511 318	38 441	30 782	71 239	181 731

市场及销售　随着发电、输变电和电机行业的迅猛发展，2007 年国内绝缘材料市场需求仍保持增长态势，但增长幅度逐渐减小。近年来国家不断加大电力结构调整力度，控制煤电，发展核电、水电、风电等能源，推广节能降耗产品，使得绝缘材料行业某些能耗大、污染严重的产品产量有所减产，而环境友好型材料及不断扩大应用领域的高性能材料增长较快。统计资料表明，2007 年绝缘材料产量和销售量比上年有所增加，其中层压制品、薄膜及复合材料、浸渍纤维制品增长幅度较大，产量及销售量同比分别增长 36%、18%和 40%、39%、16%、18%。油漆树脂产品中占首位的仍是无溶剂浸渍漆，占油漆总量的 42%，表明环保节能型产品的需求仍然旺盛，F、H 级绝缘浸渍漆仍保持增长步伐。层压制品中高性能的产品增产较多，无卤阻燃高 Tg 性能等材料需求增加，变压器用的预浸材料及高性能成型件等新型绝缘材料增长幅度较大。

2007 年绝缘材料行业统计企业销售绝缘材料产品总量 266 567t，销售收入 912 768 万元。2007 年绝缘材料行业销售量前 10 位企业见表 5。2007 年绝缘材料行业销售收入前 10 位企业见表 6。

表 5　2007 年绝缘材料行业销售量前 10 位企业

企 业 名 称	销售量（t）	比上年增长（%）
四川东材科技集团股份有限公司	64 938	65
山东金宝电子股份有限公司	33 769	7
广东生益科技股份有限公司	30 211	19
宁波华缘玻璃钢电器制造有限公司	21 570	30
山东四达工贸股份有限公司	18 013	92
浙江荣泰科技企业有限公司	13 995	6
苏州巨峰绝缘材料有限公司	11 930	57
龙口澳兴绝缘材料有限公司	10 350	12
江阴沪澄绝缘材料厂	7 984	5
北京新福润达绝缘材料有限责任公司	7 239	15

表 6　2007 年绝缘材料行业销售收入前 10 位企业

企 业 名 称	2007 年（万元）	2006 年（万元）	比上年增长（%）
广东生益科技股份有限公司	274 560	233 642	18
山东金宝电子股份有限公司	121 075	114 240	6
深圳长园新材料股份有限公司	83 863	47 382	77
四川东材科技集团股份有限公司	64 973	79 287	-18
山东四达工贸股份有限公司	49 779	23 767	109
苏州巨峰绝缘材料有限公司	25 683	16 862	52
浙江荣泰科技企业有限公司	22 814	19 924	15
株洲时代电气绝缘有限责任公司	21 235	19 016	12
宁波华缘玻璃钢电器制造有限公司	21 100	11 946	77
西安西电电工材料有限责任公司	16 230	13 028	25

2007 年，绝缘材料产品出口 40 970t，出口交货值 264 543万元，创汇 34 964 万美元。相关出口退税率的调整，原料、能源价格不断上涨以及劳动力等生产成本的持续

上升,都将增加企业出口产品成本。2007 年出口量比上年有所减少,但出口交货值、创汇金额却分别比上年增长 12% 和 18%,表明企业不断推进产业升级,改善和优化产品结构,增加了出口产品技术含量和附加值,提高了国际竞争能力。同时,人民币的持续升值促使创汇金额相应增加,但在出口产品时应设法增加非美元国家的客户,尽量选择欧元、人民币或其他非美元币种,避免因汇率变化而可能造成的汇兑损失。从产品分类来看,绝缘材料出口主要是层压制品中的覆铜箔板,为 27 491 万美元,约占出口总额的 79%;薄膜及复合材料出口额为 780 万美元,电工塑料出口额为 3 590万美元,浸渍纤维制品出口额为 580 万美元,其他类绝缘材料出口为 2 077 万美元。2007 年绝缘材料行业创汇金额前 10 位企业见表 8。2007 年部分绝缘材料产品出口创汇额见表 9。

表 8 2007 年绝缘材料行业创汇金额前 10 位企业

企 业 名 称	创汇金额(万美元)	比上年增长(%)
广东生益科技股份公司	24 602	15
宁波华缘玻璃钢电器制造有限公司	3 495	89
山东金宝电子股份有限公司	3 480	-31
深圳长园新材料股份有限公司	1 039	30
珠海经济特区海港衬层板公司	584	-34
四川东材科技集团股份有限公司	530	6
北京新福润达绝缘材料有限公司	303	22
南通鸿安三木绝缘材料有限公司	282	41
河南许昌电工材料有限公司	177	50
江苏亚宝绝缘材料有限公司	159	30

表 9 2007 年部分绝缘材料产品出口创汇额

项 目	创汇金额(万美元)	比上年增长(%)
层压制品		
覆铜箔板	27 491	7
层压板材	446	16
电工塑料	3 590	20
薄膜及复合制品	780	6
浸渍纤维	580	12
其他绝缘材料	2 077	15

科技成果及新产品 2007 年,绝缘材料行业各企业依靠科技进步,研制开发出一批科技含量高,具有国际、国内先进水平的新产品,取得较好的经济效益。

广东生益科技股份有限公司试制开发的高耐热性、低 CTE 环氧玻纤布覆铜箔层压板与粘结片通过了由广东省科技厅组织的成果鉴定。该产品采用改性环氧树脂作为主体树脂,用改性酚醛树脂代替传统的双氰胺作为固化剂,可满足无铅焊接工艺要求,产品性能达到国际标准 IPC—4101B/99 的要求,质量达到国外同类产品的先进水平。其主要性能参数为:①玻璃化转变温度(Tg):155.98℃/157.23℃,明显比传统 FR—4 高出 15 ~ 20℃。②热分层时间(T260/T288):TMA 法,升温速率 10℃/min;板材的热分层时间 T260 大于 60min,T288 达 10min 以上。而传统的 FR—4 覆铜板的 T260 约为 15min,T288 约 1min。③热膨胀系数(CTE):Z 轴热膨胀系数降低,α_1 = 43ppm/℃,α_2 = 230ppm/℃。而普通 FR—4 的 Z 轴热膨胀系数:α_1 = 65ppm/℃,α_2 = 300ppm/℃。④热分解温度(Td):适应无铅焊的 FR—4 覆铜板的 TGA(5% 失重)温度比传统的 FR—4 高出 25 ~ 30℃。

北京新福润达绝缘材料有限责任公司研制开发的 C851(F851)层压棉布板、F870 不饱和聚酯玻璃纤维毡层压板通过了由中国机械工业联合会组织的项目鉴定。

C851 层压棉布板采用十支高强度棉布,经过二次浸胶、二次烘干二胶新工艺而热压成型的新产品。通过对新型树脂的研制及生产工艺的改进,对未脱浆棉布进行充分的浸渍使其浸深、浸透,达到了吸水性、粘合强度、电气强度及其他性能的要求。在优化 C851(F851)酚醛棉布层压板材的组成和制备工艺基础上,成功地制备出综合性能优异的高电气强度酚醛棉布层压板材。其产品主要技术指标为:吸水性:23℃,24h ≤ 1.6%;击穿电压:常态时 ≥ 35kV,50℃水中浸泡 48h 后 ≥ 2.5kV,与国际上先进的同类产品性能指标相当。

F870 不饱和聚酯玻璃纤维毡层压板是用不饱和聚酯树脂糊浸渍无碱玻璃纤维短切毡,采用中温熟化工艺,再经过热压成型而制得的新产品。该产品采用复配固化体系实现对不饱和聚酯树脂的固化时间和放热峰温度的有效控制,在适用于不饱和聚酯树脂的层压成型工艺方面具有创新性。其层压工艺提高了上胶和热压成型的效率,减少了对环境的污染,产品厚度最高可达到 80mm。具有阻燃性好、耐电弧和耐漏电痕迹性能佳、机械加工性能优良的特点,被广泛应用于电机、电器设备中作绝缘结构件。产品等同于美国 NEMA 标准中的 GPO—3 产品,以及 IEC 标准中的 UPGM—203 产品。其主要技术指标:耐电弧 ≥ 180s,耐起痕指数 ≥ 550V,绝缘电阻率(浸水 24h 后)≥ $5.0 \times 10^8 \Omega$,燃烧性 UL94V0 级。

江苏冰城电材有限公司研制开发的耐电晕聚酰亚胺薄膜产品已通过江苏省科技厅组织的产品鉴定,该产品延伸率大于 40%,耐电晕寿命达 100h 以上,各项技术指标接近美国杜邦公司产品水平。该产品适用于航天航空、船舶潜艇等军工电机、风力发电机、城轨电机、油井电机等。

哈尔滨庆缘电工材料股份有限公司开发的 220℃ H916 改性耐高温不饱和聚酯亚胺无溶剂浸渍树脂,选择不饱和聚酯亚胺结构作为主体系,与其他 220℃ 无溶剂漆相比,常规性能差别不大,但工艺性能有较大改进,降低了固化温度,缩短了固化时间,节约能源,节省工时,为应用厂家带来较好的经济效益。特别是其使用期大于 12 个月,若定期补入 10% 的新树脂便可无限期使用,达到了国外同类产品的水平。其主要性能参数为:电气强度(快速升压法):常态 25.8MV/m,(220 ± 3)℃ 20MV/m;体积电阻率:常态 $1.41 \times 10^4 \Omega \cdot m$,浸水 24h 后 $6.00 \times 10^3 \Omega \cdot m$,(220 ± 3)℃ $8.93 \times 10^8 \Omega \cdot m$;粘结强度(扭绞线圈法):常态 236N,(220 ± 3)℃ 49N。

西安西电电工材料有限责任公司研制开发的环氧 F 级层压板,具有优良的耐热性能,在高温下具有较好的机械、电气性能,主要应用于电机、电器设备中要求较高性能的绝缘结构件。其主要性能指标为:弯曲强度:常态纵向

≥380MPa，横向≥310MPa，150±2℃，1h 纵向≥193MPa；冲击强度：纵向≥160kJ/m²，横向≥120kJ/m²；表面电阻：常态≥1.0×10^2MΩ，浸水 23±2℃，24h≥1.0×10^5MΩ。

质量及标准 2007 年机械工业电工材料产品质量监督检测中心共检测各类绝缘材料、绝缘制品及绝缘结构 600 余批次。检测发现传统的绝缘材料检测量趋于稳定，新型绝缘材料检测量呈增长态势。变压器用绝缘材料的检测从种类及批次上均有所增加，电工用层压木、变压器用撑条、预浸材料、绝缘纸板、绝缘缠绕筒等材料和绝缘结构的耐热性、耐工频老化、耐脉冲老化的测试都呈逐年增大的趋势。检测结果表明，层压制品的质量较前几年有所提高，国内多家企业研制的聚芳酰胺纤维纸经检测，其性能与杜邦Nomex 纸的差距正在逐渐减小。

2007 年，浙江荣泰科技企业有限公司通过对质量管理体系不断的改进，进一步提高了产品质量水平和管理水平，该公司生产的“荣泰”绝缘漆被评为“浙江名牌产品”。

2007 年，国家质量检验检疫总局、国家标准委批准发布绝缘材料类国家标准 14 项，行业标准 2 项。根据电气绝缘材料标准化工作“十一五”规划的要求，申报 2008 年国家标准制修订 70 项，行业标准 2 项。

基本建设及技术改造 2007 年绝缘材料行业固定资产实际投资额为 55 384 万元，其中用于技术改造的资金为 7 883万元；全年基本建设投资为 44 773 万元，更新改造资金额为 7 577 万元。2007 年绝缘材料行业部分企业基本建设、技改投资情况见表 10。2007 年列入国家重点改造项目见表 11。2007 年部分企业完成技术改造项目及效果见表 12。

表 10 2007 年绝缘材料行业部分企业基本建设、技改投资情况

（单位：万元）

企业名称	基本建设投资					技术改造	
	投资计划	投资完成数	其中			计划数	实际完成
			生产性	建安工程	设备工具购置		
广东生益科技股份公司	26 015	26 015	21 615	2 208	2 192		
深圳长园新材料股份有限公司	8 000	7 740	7 740				
苏州巨峰绝缘材料有限公司	2 560	2 560	1 130	980	450		800
四川东材科技集团股份有限公司		3 250					
山东四达工贸股份有限公司	960	880					
株洲时代电气绝缘材料有限公司	800	450					730
江苏市沪澄绝缘材料厂		300					
宁波华缘玻璃钢电器制造有限公司	450	410	410				760
南通鸿安三木绝缘材料厂	350	212					
广州贝特新材料有限公司		100					180
嘉兴清河高力绝缘有限公司		711		540	171	260	260
江苏冰城电材有限公司	1 000	680					
四川东电绝缘材料公司	790	790	640	104	46	120	120
河南许昌电工绝缘材料有限公司	320	320	210	30	80	120	120
上海同立电工材料有限公司		250		250			
宝应县精工绝缘材料有限公司	100	100	100			100	100

表 11 2007 年列入国家重点改造项目

企业名称	项目名称	效果
四川东材科技集团股份有限公司	电子丙膜技改项目	电子丙膜技改项目设计生产能力 3 000t，2007 年完成产量 3 520t，实现产值 9 170 万元，出口 181t，创汇 81 万美元
株洲时代电气绝缘有限责任公司	电动汽车用高性能低成本绝缘材料的研究	研究开发满足电动汽车应用要求的绝缘材料，其性能包括绝缘、导热，能够承受冷热循环不损坏，能长期承受电力电子控制器产生的高频电压脉冲等

表 12 2007 年部分企业完成技术改造项目及效果

企业名称	项目名称	效果
宁波华缘玻璃钢电器制造有限公司	年产 10 000t SMC 复合材料生产线技术改造	该项目于 2007 年 10 月正式投产。改造后年新增销售收入 1 200 万元，新增利税 320 万元，新创汇 150 万美元
西安西电电工材料有限公司	KD—2（348 型）二次上胶机	该项目于 2007 年 12 月验收。经过改造的设施可提高覆铜箔板产量，由 6 万张/月增至 10 万张/月，并提高产品性能，新增产值 10 000 万元，年实现利润约 500 万元，同时每月可节约蒸汽费用约 200 多万元，一年节约蒸汽费用就可收回投资。该项技术改造不仅减少废气污染又节约能源，取得很好的经济效益
四川东材科技集团股份有限公司	聚酯切片技改项目	该项目于 2007 年 3 月投产，总投资 1 200 万元，设计生产能力为 10 000t/a，预计新增销售收入 1 亿元，利税 1 640 万元。2007 年完成产量 4 037t，产值 5 000 万元

对外合作 2007年，招远电子材料厂有限公司分别与CMCDI ZHAOYUAN LIMITED、山东高新技术投资有限公司、山东佶达实业有限公司和烟台瑞华投资担保有限公司共同组建中外合资山东金宝电子股份有限公司，生产和销售铜箔、覆铜板、印制线路板、绝缘板及相关电子材料产品。

行业管理 为了提升绝缘材料行业企业管理水平，促进行业技术进步，2007年6月20～23日，中国电器工业协会绝缘材料分会在西安组织召开了全国绝缘材料厂长（经理）、总工程师会议暨绝缘材料行业工作会议，参加会议的代表有130人。会议邀请多位知名绝缘行业专家进行技术讲座，介绍最新科学技术成果及对未来绝缘材料技术发展的影响和作用，研讨了《十一五关键电工电子用绝缘材料的开发建议》。会上，多家企业就探索运行新模式、技术创新等进行了经验交流。

为了加强行业技术交流，开展新型绝缘材料应用技术和绝缘结构及绝缘技术的研究，中国电工技术学会绝缘材料与绝缘技术专委会与中国电器工业协会绝缘材料分会在南京共同组织召开了全国绝缘材料与绝缘技术专题研讨会，参加会议的代表有158人。中国电工技术学会副秘书长、清华大学教授周远翔到会作《从"十一五"电气学科发展战略规划看绝缘材料与技术的发展》主旨报告，介绍了国家自然科学基金委"十一五"学科战略的制定及超高压、特高压国家战略发展及绝缘材料与技术提出的新要求、绝缘材料与绝缘技术未来五年的规划任务，阐述了关系到我国超高压、特高压输变电技术发展的电介质材料和绝缘技术问题以及影响超高压、特高压输变电系统安全稳定运行的关键因素。会议还邀请哈尔滨电机厂有限公司副总工艺师赫, 哈尔滨大电机研究所绝缘室主任隋银德和上海汽轮发电机有限公司高级工程师张仁龙等专家就国内外绝缘技术领域的新发展，特别是电工产品中新型绝缘材料的应用技术以及对绝缘材料发展的要求做专题报告。会议收到有关大型空冷水轮发电机、燃气轮发电机绝缘技术、热传导理论用于绝缘结构设计、新型绝缘材料性能技术研究、检测及仪器研制等方面的论文17篇，并进行了会议交流和讨论。

〔撰稿人：桂林电器科学研究所孙瑛　审稿人：桂林电器科学研究所陈京生、李耀星〕

铅酸蓄电池

生产发展情况 铅酸蓄电池行业在经历连续几年的大发展之后，国内市场基本饱和，主要原材料价格没有规律地快速上扬，成为影响行业发展的不确定因素，从而使整个蓄电池行业面临更严峻的考验。但各企业通过认真贯彻党的各项方针政策，全面落实科学发展观，克服重重困难，取得了较好的经济效益。

2007年，全行业的经济运行创下了几个行业之最，令人深思。除铅价飚升创历年之最外，产值的增长幅度创下了蓄电池行业的神话，有的企业工业总产值呈现几十亿元增长，行业的龙头企业工业总产值已高达46亿元。更让人想不到的是，在国家调整出口退税政策后，原以为蓄电池行业2007年的出口会大幅度下降，然而，2007年出口却创下了蓄电池行业历年之最。在国家开始实施宏观调控后，蓄电池行业的规模建设没有受影响，仍创投资扩大生产之最。

面对严峻的考验，蓄电池行业2007年仍取得了较好的成果，一些企业也获得各种荣誉。哈尔滨光宇集团公司荣获中国电子信息百强企业，在全国工商联上规模企业调研排序中营业收入总额列第406位，获首届"中国优秀企业"荣誉称号。浙江天能集团公司获全国轻工行业先进集体，进入全民企业500强（排第352位）。浙江超威电源公司获"国家重点高新技术企业"证书，并获"中国民营企业综合实力50强"称号。

2007年蓄电池行业主要经济指标汇总见表1。2007年铅酸蓄电池行业重点企业主营业务收入排序见表2。2007年铅酸蓄电池分会重点企业全员劳动生产率排序见表3。2007年铅酸蓄电池分会重点企业工业增加值排序见表4。2007年铅酸蓄电池分会重点企业经济效益综合指数排序见表5。

表1　2007年蓄电池行业主要经济指标汇总

指标名称	计算单位	实际完成	前三位企业（名次顺序）	备注
工业总产值（当年价）	万元	3 022 254	天能蓄电池公司、风帆股份有限公司、浙江超威电源公司	36个企业
工业销售产值	万元	2 814 304	天能蓄电池公司、浙江超威电源公司、风帆股份有限公司	34个企业
工业增加值	万元	538 048	天能蓄电池公司、光宇集团股份公司、双登电源公司	28个企业
铅酸蓄电池产量	kVA·h	57 220 561	风帆股份有限公司、浙江超威电源公司、天能蓄电池公司、	35个企业
其中：汽车用	kVA·h	29 431 276	风帆股份有限公司、湖北骆驼蓄电池公司、上海江森自控	26个企业
固定型	kVA·h	5 332 177	光宇集团股份公司、双登电源公司、山东圣阳电源股份公司	10个企业
牵引用	kVA·h	1 156 460	淄博蓄电池厂、安徽迅启蓄电池公司、双登电源公司	5个企业
铁道用	kVA·h	359 998	长沙丰日电气公司、双登电源公司	2个企业
军工用	kVA·h	9 023	威海文隆电池公司	1个企业
摩托车用	kVA·h	3 422 417	东莞通用蓄电池公司、浙江海久蓄电池公司、古越蓄电池公司	9个企业
助力电动车用	kVA·h	14 371 973	浙江超威电源公司、天能蓄电池公司、华富蓄电池公司	11个企业

（续）

指标名称	计算单位	实际完成	前三位企业（名次顺序）	备注
密封用	kVA·h	2 015 131	沈阳松下、泉州大华蓄电池公司、宁波东海蓄电池公司	6个企业
其他用	kVA·h	1 122 106	泉州华侨蓄电池厂、东莞通用蓄电池公司、风帆股份有限公司	6个企业
出口产量	kVA·h	4 148 583	宁波东海蓄电池公司、山东瑞宇蓄电池公司、双登电源公司	15个企业
主营业务收入	万元	2 695 089	天能蓄电池公司、浙江超威电源公司、风帆股份有限公司	33个企业
实现利润	万元	139 653	天能蓄电池公司、双登电源公司、浙江超威电源公司	32个企业
固定资产净值平均余额	万元	337 348	天能蓄电池公司、风帆股份有限公司、双登电源公司	34个企业
产成品库存	万元	222 663	风帆股份有限公司、天津统一工业有限公司、光宇集团股份公司	41个企业
应收帐款净额	万元	297 098	光宇集团股份公司、双登电源公司、风帆股份有限公司	35个企业
职工平均人数	人	40 064	浙江超威电源公司、风帆股份有限公司、天能蓄电池公司	36个企业
工资总额	万元	81 451	双登电源公司、浙江超威电源公司、天能蓄电池公司	34个企业

表2　2007年铅酸蓄电池行业重点企业主营业务收入排序

序号	企业名称	2007年（万元）	2006年（万元）	比上年增长（%）
1	天能蓄电池公司	458 361	254 863	79.8
2	浙江超威电源公司	273 196	178 681	52.9
3	风帆股份有限公司	253 901	182 204	39.3
4	光宇集团股份公司	212 542	142 681	49.0
5	双登电源公司	208 836	125 912	65.9
6	湖北骆驼蓄电池公司	109 833	55 756	97.0
7	安溪闽华电池公司	108 112	61 615	75.5
8	天津统一工业有限公司	106 108	87 056	21.9
9	华富蓄电池公司	105 000	79 750	31.7
10	泉州大华蓄电池公司	74 702	60 152	24.2
11	成都川西蓄电池公司	72 160	58 600	23.1
12	长沙丰日电气公司	65 372	34 854	87.6
13	山东瑞宇蓄电池公司	58 740	38 650	52.0
14	山东圣阳电源股份公司	55 386	34 723	59.5
15	龙口蓄电池总厂	51 354	24 919	106.1
16	古越蓄电池公司	37 742	25 300	49.2
17	宁波东海蓄电池公司	37 526	20 618	82.0
18	华北蓄电池公司	37 253	24 531	51.9
19	淄博蓄电池厂	36 201	26 256	37.9
20	浙江海久蓄电池公司	35 611	28 065	26.9

表3　2007年铅酸蓄电池分会重点企业全员劳动生产率排序

序号	企业名称	全国标准值（元/人）	全员劳动生产率（元/人）
1	湖北骆驼蓄电池公司		387 769.14
2	龙口蓄电池总厂		368 712.69
3	双登电源公司		318 539.91
4	天能蓄电池公司		309 386.14
5	宁波东海蓄电池公司		293 201.06
6	长沙丰日电气公司		258 531.07
7	安徽迅启蓄电池公司		246 840.49
8	光宇集团股份公司		221 345.92
9	山东五莲永久蓄电池厂		186 140.00
10	华富蓄电池公司	16 500	186 127.74
11	山东圣阳电源股份公司		119 978.17
12	安溪闽华电池公司		108 153.48
13	风帆股份有限公司		105 934.61
14	古越蓄电池公司		97 821.61
15	华北蓄电池公司		96 022.73
16	威海文隆电池公司		92 343.75

（续）

序号	企业名称	全国标准值（元/人）	全员劳动生产率（元/人）
17	广西天鹅蓄电池公司		86 212.77
18	浙江卧龙灯塔电池公司		58 157.30
19	淄博蓄电池厂		56 292.50
20	山东瑞宇蓄电池公司		44 444.44

表4　2007年铅酸蓄电池分会重点企业工业增加值排序

序号	企业名称	2007年（万元）	2006年（万元）	比上年增长（%）
1	天能蓄电池公司	121 465	78 194	55.3
2	光宇集团股份公司	72 690	52 664	38.0
3	双登电源公司	67 849	43 773	55.0
4	湖北骆驼蓄电池公司	64 835	26 364	145.9
5	风帆股份有限公司	49 249	35 946	37.0
6	龙口蓄电池总厂	19 763	7 928	149.3
7	华富蓄电池公司	18 650	13 890	34.3
8	长沙丰日电气公司	18 304	9 845	85.9
9	安溪闽华电池公司	18 040	11 025	63.6
10	宁波东海蓄电池公司	11 083	6 281	76.5
11	山东圣阳电源股份公司	10 990	10 325	6.4
12	山东五莲永久蓄电池厂	9 307	8 303	12.1
13	淄博蓄电池厂	8 776	7 406	18.5
14	华北蓄电池公司	8 450	5 564	51.9
15	安徽迅启蓄电池公司	8 047	5 305	51.7
16	古越蓄电池公司	5 703	7 406	-23.0
17	广西天鹅蓄电池公司	4 052	2 594	56.2
18	浙江海久蓄电池公司	3 670	2 800	31.1

表5　2007年铅酸蓄电池分会重点企业经济效益综合指数排序

序号	企业名称	经济效益综合指数
1	宁波东海蓄电池公司	4.67
2	华富蓄电池公司	4.45
3	龙口蓄电池总厂	3.81
4	湖北骆驼蓄电池公司	3.62
5	天能蓄电池公司	3.46
6	双登电源公司	3.37
7	安徽迅启蓄电池公司	3.18
8	长沙丰日电气公司	2.92
9	山东五莲永久蓄电池厂	2.39
10	光宇集团股份公司	2.26
11	安溪闽华电池公司	2.11

（续）

序号	企业名称	经济效益综合指数
12	华北蓄电池公司	2.08
13	山东圣阳电源股份公司	2.06
14	成都川西蓄电池公司	2.01
15	广西天鹅蓄电池公司	1.99
16	山东瑞宇蓄电池公司	1.73
17	风帆股份有限公司	1.68
18	浙江杰斯特电源公司	1.61
19	浙江海久蓄电池公司	1.59
20	浙江超威电源公司	1.50

产品分类产量 蓄电池行业2007年有35家企业参加汇总，铅酸蓄电池的全年总产量为57 220 561kVA·h，比上年增加17 206 635kVA·h，按可比口径计算比上年增长29.39%。其中产量较大的企业有风帆股份有限公司、浙江超威电源公司、浙江天能集团公司、湖北骆驼蓄电池公司和江苏华富蓄电池公司，5家企业共生产蓄电池23 845 519 kVA·h，占全行业的42%。产量增长超百万的企业有浙江超威电源公司、浙江天能集团公司、浙江杰斯特电气公司，产量分别增长254万kVA·h、220万kVA·h和118万kVA·h。增幅较大的企业为安溪闽华蓄电池公司、浙江古越蓄电池公司、石家庄华北蓄电池公司、安徽迅启蓄电池公司、江苏双登电源公司，增幅分别为98.02%、70.71%、64.58%、58.09%和52.24%。

汽车用蓄电池年产量为29 431 276 kVA·h，按可比口径，比上年增长20.42%。其中增幅较大的企业有杰斯特电气公司、安徽迅启蓄电池公司、华北蓄电池公司、龙口蓄电池总厂、宁波东海蓄电池公司，增幅分别为559.78%、67.58%、64.48%、42.63%和39%。汽车用蓄电池的产量大户为风帆股份有限公司、骆驼蓄电池公司、江森自控（上海德尔福）、川西蓄电池公司、天津统一工业公司，5家企业产量之和占该品种总产量的58.01%。

固定型蓄电池有10家企业参加统计，全年总产量为5 332 177kVA·h，比上年增加1 089 996 kVA·h，按可比口径计算增幅为25.69%。产量较大的企业有光宇集团股份公司、双登电源公司和山东圣阳电源股份公司，3家企业产量之和占行业该品种总产量的74%。

牵引用蓄电池年产量为1 156 460 kVA·h，比上年增加377 126 kVA·h，按可比口径计算增幅达48.39%。在参加统计的6家企业中，产量大户为山东淄博蓄电池厂，产量为313 445 kVA·h，江苏双登电源公司为309 889 kVA·h，安徽迅启蓄电池公司为304 510 kVA·h，3家企业之和为927 844 kVA·h，占行业总产量的80%。

铁道用蓄电池，仅有2家企业参加统计，其总产量为359 998kVA·h，按可比口径计算，比上年增长21.53%。其中，江苏双登电源公司比上年增长84.80%，增幅较大。

摩托车用蓄电池共9家企业参加统计，年产量为3 422 417kVA·h，比上年增加73 275 kVA·h，按可比口径增幅36.69%，较上年有较大增长。产量大户为东莞通用蓄电池公司、杭州海久蓄电池公司，分别生产了116万kVA·h和69万kVA·h。占该品种的53.01%。

电动助力车用电池年产量为14 371 973 kVA·h，比上年增加6 107 710 kVA·h。按可比口径计算增幅73.91%。该品种的生产大户为浙江超威电源公司、天能蓄电池公司和江苏华富蓄电池公司，产量分别为5 140 500 kVA·h、5 100 000kVA·h和2 900 000 kVA·h，合计超过该品种的90%。其中，前两个企业增量分别为254万kVA·h和220万kVA·h，增幅均为70%以上。2007年电动助力车用铅酸蓄电池产量已超过固定用铅酸蓄电池，位居各系列第二位，仅次于汽车用铅酸蓄电池。

密封便携式蓄电池有6家企业参加统计，年产量为2 015 131kVA·h，比上年增加541 052 kVA·h。沈阳松下蓄电池公司是该品种的产量大户，2007年生产1 474 153kVA·h，占行业总产量的50%以上；产量增幅较大的企业为宁波东海蓄电池公司，增产110 671kVA·h，增幅414%。

其他用蓄电池有6家企业参加统计，全年产量1 122 106kVA·h，按可比口径计算，比上年下降98%。这是因为2007年的统计汇总中，把电动助力车用电池单独列出，而以往都列入其他用蓄电池一栏，所以其他用蓄电池产量减少。该品种的产量大户是山东圣阳电源公司，产量为220 909 kVA·h。

产品出口 根据2007年蓄电池行业的统计汇总，15家企业的产品销往东南亚、欧盟和澳大利亚、美国，出口总量为4 148 583kVA·h，比上年增加1 492 615 kVA·h，按可比口径计算增幅70.03%。增幅较大的企业分别有：瑞宇蓄电池公司增加41万kVA·h，双登电源公司增产35万kVA·h，光宇集团股份公司增加28万kVA·h，浙江卧龙灯塔电池公司增加20万kVA·h，增幅分别为132%、351%、2 313%和78.74%。出口大户为宁波东海蓄电池公司出口931 958 kVA·h，山东瑞宇蓄电池公司出口720 000 kVA·h，两家企业之和占全行业出口量的39.81%。

国家在2006年就对一些行业（包括蓄电池行业）的出口退税做出了调整，而一出手，蓄电池产品的出口退税就从13%降到零。当时的政策是允许延缓至2006年底，所以2006年对蓄电池出口的影响并没有显示出来。业内普遍认为，2007年没有出口退税后，会削弱我国蓄电池产品的国际竞争力，东南亚的一些国家将会分割我国已有的国际市场销售份额。但2007年的统计数据表明，蓄电池产品的出口量却比上年增长70%以上，创蓄电池行业之最；有的企业出口量翻倍，出口企业也增多了；出口的价格还比较好，说明这次出口退税的调整并没有给行业带来严重影响，比预想的要好。这种情况表明：①世界经济和国际贸易继续保持增长，蓄电池的国际需求量仍然很大。②中国确实已成为国际蓄电池制造基地，许多企业已经拥有国外最先进的设备和技术。③目前我国整体蓄电池技术水平完全可以与世界先进的蓄电池技术接轨，也就是说我国的蓄电池产品无论质量还是价格都比较适合国际市场的需求，由此拉动了我国蓄电池的出口。出口最大的特点是资金回笼快，不存在拖欠货款之事。已经在国际市场占有一席之地的企业准备进一步扩大出口量，没有出口产品的企业也在着手与国外客户联系，争取早日打入国际市场，目的也是采用迂回战术，避免与更多的蓄电池同行在国内市场拼杀，防止更残酷的竞争。

科技成果及新产品 2007年是蓄电池行业科研经费投入最多的一年，全年总的科研经费投资达48 841万元，比上年增长53.33%。在参加统计的36家企业中，多数企业在这方面都有所投入。其中，天能蓄电池公司和风帆股份有限公司科研投资上亿元，浙江超威电源公司、长沙丰日电气公司用于新产品的开发经费也超过4 000万元。这些资金的进入，将对行业的技术改造、新产品开发起到重要的作用。一些企业已经着手应对其他能源的挑战，他们聚集大专院校、科研院所和行业的技术人才研究新电池、新材料，并已着手研发非传统的铅酸蓄电池，如卷绕式电池、双极性电池及风光储能电池等。再过一段时间，科研资金投入的回报定会显露出来，那时这些企业在市场竞争中会进一步展露头脚，获得更丰厚的经济成果。

为推动蓄电池行业的技术进步，中国电工技术学会铅酸蓄电池专业委员会于2007年12月在广东召开第十届论文交流会。本届年会共收到论文50多篇，其中绝大部分在大会上宣读或讲述，特别是有关电动自行车用铅酸蓄电池的板栅合金、循环寿命、充电及使用维护的改进仍然是全行业关注的焦点，而电动助力用电池也一直是行业的经济增长点，占有很重要的地位。研讨会对今后电动助力车电池的进一步发展起到了重要作用。

据不完全统计，2007年蓄电池行业完成许多国家级的科研项目，如浙江天能集团公司完成国家星火计划项目——动力型磷酸铁锂锂离子电池的研制工作和国家火炬项目——电动工具用动力型镍氢电池产业化、民用AA高容量圆柱型镍氢电池产业化；浙江超威电源公司完成2项国家火炬计划项目——铁路机车车辆用铅酸蓄电池和电动车用长寿命胶体铅蓄电池。此外，行业共申请专利35项。

质量及标准 铅酸蓄电池行业进一步加大新标准的研讨力度，仅在2007年就上报标准5项，已获批准的标准有3项。即：GB/T7403.1—2008《牵引用蓄电池第一部分：技术条件》、GB/T7630.2—2008《第二部分：产品品种与规格》、JB/T7630.5—2008《铅酸蓄电池隔板》。正在待批的有GB 13281《铁路客车用铅酸蓄电池》和GB×××《电动助力用铅酸蓄电池》。

一些企业通过采用国内外先进的标准，产品质量不断提高，获得国家或省、市名牌产品称号。浙江超威电源公司、浙江天能蓄电池公司、江苏华富实业公司、风帆股份有限公司、湖北骆驼蓄电池公司、江苏双登电源公司等均获国家技术监督局颁发的免检产品证书，并被认定为“中国驰名商标”。

蓄电池行业从2004年实行生产许可证以来已有1 257家通过国家质量监督检验检疫总局的验收，获得了生产许可证，其中2007年获证企业321家。

基本建设及技术改造 2007年，蓄电池行业累计投资75 637万元，比上年增加56 022万元，增幅285.6%，同比增长117%，创蓄电池行业投资之最。在统计的36家企业中有25家进行不同规模的投资扩建，其中投资1亿元以上的有风帆股份有限公司和双登电源公司。5 000万元以上的有天能蓄电池公司、安溪闽华电池公司、安徽迅启蓄电池公司和光宇集团股份公司。大的资金投入也获取大的回报，这些企业2007年的产值和销售收入均以亿元增长，创行业增长之最。这些资金大部分用于扩建厂房、增加设备和技术改造，由此造就了一批百万千伏安时的大中型企业。过去许多汽车用铅酸蓄电池生产企业都在梦想能拥有一条拉网板栅生产线，而今天这已不再是梦，风帆股份有限公司和湖北骆驼蓄电池公司都拥有几条这样的生产线，他们的产量分别为600万kVA·h和近300万kVA·h，这样的产能是20年前全行业的生产总量。电动助力车用电池，天能蓄电池公司和浙江超威电源公司总和达1 000万kVA·h以上，占这一系列的70%以上。经过设备、技术改造后的企业，增强了自身实力，形成了规模效益，在激烈的市场竞争中，更具抵抗各种风险的能力。一些发达国家的蓄电池企业并不是像中国有几千个，日本只有5家，而最大的日本汤浅和GS已合并，现在只有4家。他们强强联合后，增强了整体实力，更便于整体作战。从上述分析看，在今后的经济运行中，仍然是优胜劣汰，只有把企业做大做强，逐步向产业集中模式发展，才能在激烈的竞争中占有一席之地。

〔撰稿人：中国电器工业协会铅酸蓄电池分会徐红〕

电 工 合 金

生产发展情况 2007年，电工合金企业克服主要原材料价格上涨且不稳定等不利因素，全行业的产量及产值稳步增长，完成工业总产值（当年价，下同）约600 000万元，比上年增长28%。2007年电工合金行业工业总产值前10位企业见表1。

表1 2007年电工合金行业工业总产值前10位企业

序号	企业名称	产量(t)	工业总产值(万元)	利润总额(万元)
1	福达合金材料股份有限公司	448	68 813	5 433
2	佛山精密电工合金有限公司	1 380	34 871	1 701
3	桂林金格电工电子材料科技有限公司	120(不含铜基)	31 761	1 056
4	安平县飞畅电工合金有限公司	4 000	29 743	330

（续）

序号	企业名称	产量(t)	工业总产值(万元)	利润总额(万元)
5	绍兴县宏峰化学金属制品厂	122	23 288	250
6	中希合金有限公司	103	20 823	437
7	重庆川仪金属功能材料分公司	—	19 038	779
8	浙江乐银合金有限公司	105	15 374	523
9	北京机床电器有限责任公司*	48	9 657	120
10	浙江天银合金技术有限公司	82	8 200	569

注：* 该公司另生产机床电器40万件。

产品分类及产量 2007年全行业银基电触头材料（线材、片材）产量约为1 100t，比上年增长10%；铜基触头材料（主要为CuW触头，不含真空开关用触头和低压用铜基触头）约400t，比上年有较大增长，增幅14%；真空开关用触头材料（主要为CuCr系列）产量约300万片，比上年增长19%；其他电工合金材料（包括换向器用银铜合金、热双金属和焊料等）约7 800t，与上年基本持平；铸造铝镍钴磁钢近几年产量基本维持在3 000t上下。2007年电工合金分类产量见表2。

表2 2007年电工合金分类产量

产品名称	产量(t)
电触头材料	
银基触头材料	1 100
铜基触头材料（不含真空触头）	400
真空触头材料	105
银铜合金	4 000
热双金属	1 300
其他	1 600
磁钢产品	
铸造铝镍钴磁钢	3 000

自欧盟RoHS指令公布以来，我国银基电触头材料工作者经过四年多的努力，对银氧化镉材料的主要替代品——银氧化锡材料的研究取得较大进展，银氧化锡触头材料的产量及其所占银基触头材料的份额逐年增加，产品结构正在慢慢发生变化。2004年和2007年银基触头材料与铜基触头材料的产量对比见表3。

表3 2004年和2007年银基触头材料与铜基触头材料的产量对比

年份	银氧化锡		银氧化镉		低压铜基触头
	产量(t)	市场份额(%)	产量(t)	市场份额(%)	产量(t)
2004年	45	6	480	60	13
2007年	165	15	385	35	110

从表3可知，银氧化锡材料增长很快，2007年是2004年的3.7倍，市场份额亦大幅增加；而传统的银氧化镉材料的产量和市场份额则逐年下降。值得注意的是低压铜基触头材料的开发和应用亦取得进展，产量大幅增加，应用领域有所拓宽。

另外一点值得注意的是，我国电触头材料的生产能力远大于市场需求，竞争极为激烈，部分企业已开始探寻产业延伸。一是在电触头的产业链上向下延伸，如生产触头元件以增加产品的附加值；二是在原有设备、技术的基础上适当增加投入，生产如硅铝丝、高比重合金、铜钢复合带和银铜复合带等其他电工合金。

市场及销售 2007年全行业产品销售收入约576 000万元，利润总额约18 500万元，出口创汇约1 400万美元。2007年电工合金行业国内销售收入前10位企业见表4。2007年电工合金产品出口创汇企业见表5。

表4 2007年电工合金行业国内销售收入前10位企业

序号	企业名称	产品销售收入(万元)	全员劳动生产率(元/人)	主要产品
1	福达合金材料股份有限公司	68 448	1 374 000	银基触头
2	安平县飞畅电工合金有限公司	34 652	1 643 000	银铜合金
3	佛山精密电工合金有限公司	31 953	1 406 000	热双金属
4	桂林金格电工电子材料科技有限公司	31 243	1 110 000	银基触头
5	绍兴县宏峰化学金属制品厂	23 286	10 585 000	银基触头
6	中希合金有限公司	20 462	1 388 800	银基触头
7	重庆川仪金属功能材料分公司	19 114	401 600	复合带材
8	浙江乐银合金有限公司	14 998	960 900	银基触头
9	北京机床电器有限责任公司	8 953	261 000	机床电器、银焊料
10	温州宏丰电工合金有限公司	8 540	—	银基触头

表5 2007年电工合金产品出口创汇企业

序号	企业名称	产品	出口国家和地区	创汇额(万美元)
1	福达合金材料股份有限公司	银基触头、复合铆钉型触头	欧洲、东南亚及中国香港特区	352
2	佛山精密电工合金有限公司	热双金属、银基触头、银铜带	韩国、泰国、日本及中国香港特区	214
3	重庆川仪金属功能材料分公司	复合材料、精密合金	日本、印度、东南亚及中国港台地区	162
4	宁波神乐电工合金有限公司	银基触头、铆钉型触头	新加坡、印度及中国香港特区	37
5	浙江乐银合金有限公司	铆钉型触头、线材	俄罗斯、印度等	16

从2007年整个行业的生产形势看，受原材料(主要是白银和铜材)价格持续走高的影响，企业为降低银价波动带来的风险，在扩大生产规模上更加谨慎，因而工业总产值增长速度放缓，部分企业银基触头产量较上年度有所下降。通过采取小批量、多次买进原材料等对策，降低了原材料价格波动带来的风险，在全行业工业总产值及销售收入稳步增长的同时，全行业利润总额较上年有较大幅度的增长，增幅37%，明显高于工业总产值的增幅。

科技成果及新产品　佛山精密电工合金有限公司的新产品微电机用高精度复合金属功能材料、多层复合异型焊接材料于2007年通过了佛山市科技局主持的鉴定。

浙江乐银合金有限公司进行的“粉末冶金工艺制备银氧化锡触头材料的研究开发”于2007年10月通过了浙江省经贸委委托乐清市经贸局主持的鉴定，设计投产能力为12t/a。

重庆川仪金属功能材料分公司的高性能复合带材和环保型复合带材分别于2007年12月和2007年11月通过重庆市科委主持的鉴定，并分别获得重庆市科技进步二等奖和三等奖，投产能力均为50t/a。

桂林金格电工电子材料科技有限公司的基础研究项目“纳米银氧化锡触头材料及制造装置的研究”于2007年6月通过了由桂林电器科学研究所主持的鉴定。

福达合金材料股份有限公司的新产品——高氧化物含量银氧化铜(15)触头材料、环保银基合金带/银/焊料三层轧制复合带材技术开发于2007年12月通过浙江省经贸委主持的鉴定，产品已批量生产。

质量及标准　2007年电工合金分会会员单位通过认证或证书复审的企业见表6。在行业中具有较高市场占有率、产品质量在同类产品中处于国内领先地位的产品在2007年被评为“中国电器工业协会质量可信产品”。2007年获得“中国电器工业协会质量可信产品”的企业、材料类别和规格见表7。

表6　2007年电工合金分会会员单位通过认证或证书复审的企业

序号	企业名称	认证内容	证书号	认证时间
1	中希合金有限公司	ISO 9001:2000 质量管理体系(复评)	02108Q10123RIS	2007.12
2	佛山精密电工合金有限公司	ISO 14001:2004 环境管理体系——要求及使用指南	02107E10195ROM	2007.7
3	哈尔滨东大高新材料股份有限公司	ISO 9001:2000 质量管理体系认证	EWC37104QN1—1	2007.12
		GB/T 28001:2001 职业健康安全管理体系	EWC37104HN1—1	
		ISO 14001:2004 环境管理体系	EWC37104EN1—1	
4	田野集团股份有限公司长江合金厂	ANAB ISO 9001:2000	US—2629b.2	2007.7
		SCC ISO 9001:2000	4543—2.2	

表7　2007年获得“中国电器工业协会质量可信产品”的企业、材料类别和规格

企业名称	产品材料类别和规格
桂林金格电工电子材料科技有限公司	银氧化镉(15)线材电触头材料
	银氧化镉(12)片材、线材电触头材料
福达合金材料股份有限公司	挤压型银石墨(AgC3～AgC5)片状电触头材料
辽宁金昌新材料有限公司	高压开关铜钨触头(126～550kV GCB、GIS)

浙江乐银合金有限公司的银镍(10)线材于2007年2月获“乐清市名牌产品”称号(证书编号:0702-009)。

佛山精密电工合金有限公司分别于2007年4月和9月通过广东省高新技术企业认定(复审)(证书编号:0144006B0034)和国家重点高新技术企业(复审)(证书编号:QF20070394)。

福达合金材料股份有限公司2007年获得“浙江省著名商标”、“中国驰名商标”称号，并通过浙江省级企业技术中心认证认可。

2007年，全国电工合金标准化技术委员会负责修订的国家标准有GB/T 12940《银石墨电触头技术条件》和GB/T 13397《合金内氧化法银金属氧化物电触头技术条件》。

GB/T 12940是对GB 12940—1991的修订，修订的主要内容有:增加了AgC(4)电触头，检验规则按GB/T 1.1—2000的要求作了较大修改，并由1991版的强制性标准改为推荐性标准。

GB/T 13397是对GB 13397—1992的修订，修订的主要内容有:删除了有关银氧化锡材料的内容(银氧化锡材料的内容在GB/T 20235中规定)，修改了部分技术指标，检验规则按GB/T 1.1—2000的要求作了较大修改，抽检样品数量有所减少，并由1992版的强制性标准改为推荐性标准。

2007年10月14～18日，由国家标准化管理委员会主办，宝山钢铁股份公司、桂林电器科学研究所和全国电工合金标准化技术委员会联合承办的国际标准会议——IEC/TC 68磁合金和磁钢2007年年会在上海召开。

会议由IEC/TC 68主席H. J. Stanbury、执行秘书J. Sievert主持，来自欧洲、美洲、日本、韩国等IEC/TC68主要成员国代表及我国宝钢、武钢、桂林电器科学研究所、中国计量科学研究院、中国计量学院、马钢等单位的技术专家40余人出席了会议。

会议的主要内容为IEC/TC 68年度大会，以及IEC/TC 68所属的相关标准工作组(包括JWG IEC/TC 68/WG1—

ISO/TC17/WG16）的工作会议。会议共审查、修订了 IEC 60404—8—1《硬磁材料一般技术条件》、IEC 60404—8—3《半工艺态冷轧非合金、合金电工钢带和钢片》等十多项磁性材料及其测试方法相关的国际标准，并对《烧结稀土磁体体温度稳定性》等两项新工作项目进行了讨论。

会议的成功召开，为我国磁性材料技术领域专家实际参与国际标准化活动、跟踪国际标准最新发展动态提供了一次极好的学习与交流机会，提高了我国电工合金行业组织承办国际标准化活动的能力。

基本建设及技术改造 2007 年，电工合金行业对基本建设和技术改造的投资力度继续加大，全行业用于基本建设及技术改造的资金约 3.8 亿元，是上年的 3 倍多。这些投资主要用于新建、扩建厂房，环保型触头材料生产设备的研发和购置等，新增固定资产 3.2 亿元。2007 年电工合金行业主要基本建设及技术改造项目见表 8。

行业活动 2007 年 10 月 10～15 日，中国电器工业协会电工合金分会组团对韩国的电触头企业及相关电器公司进行了考察，考察团由电工合金行业 19 个单位的 42 名成员组成。考察团先后参观考察了韩国 LS 公司（该公司为 LG 集团的下属公司，涉及领域主要有电力、工业电器及自动化等）和喜星金属株式会社的仁川南洞工厂（该厂主要生产铆钉型触头和用于半导体器件的金线）。

表 8 2007 年电工合金行业主要基本建设及技术改造项目

序号	企业名称	项目名称	完成日期	设计投产能力（t/a）	备注
1	福达合金材料股份有限公司	年产 350t 环保型电触头和银合金线材生产线技改	2007 年底	350	
2	浙江乐银合金有限公司	粉末冶金工艺银氧化锡触头材料生产车间扩建、改造	2007 年 7 月	12	
3	宁波神乐电工合金有限公司	热挤压中频加热节能改造	2007 年 5 月	56 锭次/天	
		三复合触点生产能力技术改造	2007 年 4 月	5 000 万粒/月	
4	桂林金格电工电子材料科技有限公司	微型断路器用环保触头元件研制	2007 年 3 月引进	100 万件/年	引进项目
		铆钉型电触头生产线技术改造	2007 年 10 月	80	
5	中希合金有限公司	环保型银合金电触头生产线研发	2007 年 10 月	100	

〔撰稿人：桂林电器科学研究所谢永忠 审稿人：桂林电器科学研究所陈京生〕

家 用 电 器

生产发展情况 2007 年，我国家用电器行业保持平稳发展态势。据国家信息中心发布的有关统计数据：2007 年我国家用电器行业产值 6 053.3 亿元，比上年增长26.05%；销售额 5 952.8 亿元，比上年增长 28.24%。行业经受了人民币加速升值、原材料价格持续上涨、能效标准、国外技术贸易壁垒和新劳动法实施等因素的巨大压力和考验，行业生产取得了良好的成绩，各类产品的产销量均有不同程度的增长。其中，电冰箱和洗衣机依然保持了良好的发展势头，分别比上年增长 22.5% 和 13.2%；空调器呈持续增长态势，增速由上年的 5.46% 提高到 24.1%；电风扇、吸油烟机和电饭锅增速趋缓，电热水器表现低迷，比上年下降 3.7%。2007 年家用电器产品产量见表 1。

表 1 2007 年家用电器产品产量

产品名称	电冰箱	空调器	洗衣机	电风扇	吸油烟机	电饭锅	微波炉	电热水器
数量（万台）	4 415.76	8 991.70	3 856.15	14 790.94	1 189.06	11 674.66	6 289.09	1 036.94
比上年增长（%）	22.5	24.1	13.2	4.8	7.6	20.3	12.9	-3.7

注：数据来源于国家统计局。

1. 电冰箱

2007 年，我国家用电冰箱全年产量 4 415.76 万台，比上年增长 22.50%。受宏观经济的影响，整个电冰箱行业市场扩容，消费强劲，国内市场的销售成为拉动全行业高速增长的主要力量。

国家能效标准的出台实施，加速了电冰箱企业的整改和行业的整体升级，能效水平达到国家一、二级标准的产品成为主流，占市场份额 60% 以上，保鲜、环保、大容量高端产品成为主体。在环保能效上，不少品牌均推出了变频冰箱，如海尔的“变频速冻 007”，实现了活性保鲜；海信的矢量变频技术全面覆盖传统保鲜方式，最大程度减少食品的营养流失，提高保鲜效果。在保鲜功能上，智能化保鲜技术也层出不穷。此外，受 2008 中国奥运年的影响，外观上追求艺术化、拥有高贵外观设计的“中国红”备受消费者青睐。

海尔继续占据冰箱行业的第一地位，全年销量达到 836 万台，同比增长 25.7%，市场份额为 19.4%。此外，科龙、美菱等品牌的电冰箱产品销量也较大。

2. 空调器

根据国家统计局统计，我国 2007 年空调器累计生产 8 991.70万台，比上年增长 24.10%。城镇化程度的提高带来了新的消费增长点，而生活水平的提高也加速了消费的更新换代，受益于内需的扩大及消费升级，空调销售价增量升。

2007年，随着家用空调行业整合的加速，市场资源不断向优势品牌集中，品牌集中度进一步提高，格力、美的、海尔三大品牌市场份额达到50.1%，首次过半。格力电器全年销量1 572万台，比上年增长49.57%；美的销量达到1 337万台，比上年增长23.41%。

价格上升的同时，空调市场也开始呈现高端发展趋势，市场需求向高端偏移。消费者不再仅仅满足于简单的制冷功能，体现出更加追求产品的整体完美，更加关注产品外观、功能、性能等方面的综合需求。海信推出以鼎系列直流变频空调为首的变频空调产品，采用了行业领先的矢量变频控制技术和电子膨胀阀节流技术；志高推出的“三超王”具有超健康、超节能、超静音，能效比高达4.1，除烟除尘杀菌率超强；TCL的钛金与银离子系列是新一代长效空调，长久健康，长久节能。

3.洗衣机

2007年，我国洗衣机产量为3 856.15万台，比上年增长13.2%，销量增幅约20%，出口增速达到11%，保持了良好的增长势头。

从洗衣机容量看，5.0kg以上洗衣机仍最受消费者青睐，占据了大部分的市场份额，而3.0kg的洗衣机市场份额有所下降。2007年，洗衣机市场洗牌加速，38个2006年曾经出现的品牌在市场上消失，占2007年全部品牌的40.86%；品牌集中度再创新高，前5名品牌占据主要市场份额，海尔仍是一枝独秀。

2007年，洗衣机市场新技术层出不穷。滚筒洗衣机市场在保持销售量份额增长的同时，也在向更高端的方向发展。“大容量”、“洗干一体”等高端滚筒洗衣机的比重不断增加，“节能”、“低噪”、“杀菌”、“不伤衣物”等成消费者的首选标准。在波轮洗衣机方面，海尔推出了“净界”系列型号洗衣机，首次将烘干功能以及“洗净即停”技术带入波轮洗衣机。

4.吸油烟机

2007年，我国吸油烟机产量1 189.06万台，比上年增长7.6%，增速较上年的45.74%明显放慢。受钢材、铜、铝等有色金属价格不断上涨的影响，吸油烟机整体市场价格也小幅上扬。从机型上看，中式和欧式产品平分秋色。

中国吸油烟机的生产主要还是集中在江浙与广东两大产区。经过几年的发展，主流品牌较稳定，一些小型吸油烟机生产企业的低端产品在二三级市场占据很大一部分份额。近年来，消费者尤其是年轻一族更加注重吸油烟机的外观、静音和吸净度，一些主要品牌已经根据市场需求推出了高端机型：如方太推出了JX02、JX03“双核净界”近吸式吸油烟机与EH10、EH11D、EH13“风驰静界”塔型吸油烟机新品；帅康推出了置入液晶显示器及吸入式DVD影碟机、多功能存储卡接口等音像功能吸油烟机；万和推出了分体式吸油烟机——X09A。

5.电饭锅

2007年，我国电饭锅产量11 674.66万台，比上年增长20.30%。

2007年，我国电饭锅产品市场品牌集中度有所增加，前三个品牌占据了一半以上的市场份额。我国电饭锅市场平均价格在100~250元，以中低端产品为主，5.0L以上的高端产品占据极少市场份额，5.0L、4.0L、3.0L三个容积的电饭煲产品是我国电饭煲市场的主导型号产品。品牌方面，美的仍占据行业龙头位置，在技术上实行推进策略，2007年共推出约70款新品，其采用网格状内胆技术的珍珠系列圆煲产品，增强了加热效果，使米饭受热更均匀；格兰仕也推出了价格2 000元以上的超高端产品。

6.微波炉

2007年，我国微波炉总体市场发展平稳，全年产量6 289.09万台，比上年增长12.9%。由于铜、铁等家电重要原料价格的暴涨以及功能、定位上的提升，导致零售价格也有所上扬。

2007年，微波炉市场由激烈的价格战转向了产品功能、品牌美誉度上的竞争，更加注重外观设计工艺化和技术、功能的提升。随着龙头企业格兰仕的战略转型，微波炉市场高端产品走俏并逐渐占据主流位置，以“平板光波”、“中国红”、“蒸汽光波”为代表的一批中高端系列微波炉成为旺季市场的消费主流。

2007年，格兰仕和美的成为微波炉市场两大寡头企业，占据市场80%以上份额。

出口概况 2007年，尽管面临原材料涨价、出口壁垒和人民币升值等各种不利因素，中国家电行业国内外两个市场的开拓仍有较大增长，家电产品在全球市场的地位仍在继续上升。据中国海关统计数据，我国家用电器1~12月进出口总额达336.8亿美元，比上年增长26.3%，其中出口额为314亿美元，比上年增长27.6%。进口额为22.7亿美元，比上年增长7.3%。

2007年，我国共向211个国家和地区出口家电产品。亚洲、欧洲和北美依然是中国家电产品的主要出口地区，分别占家电出口的32.4%、29.5%和24.0%，这三个地区的出口总额占出口总额的85.9%。2007年家用电器出口情况见表2。

表2　2007年家用电器出口情况

产品名称	电冰箱	空调器	洗衣机	电风扇	吸油烟机	电饭锅	微波炉	电热水器
数量(台)	1 932.8	3 198.6	1 341.2	19 757.7	3 895 941.0	2 544.1	5 147.9	7 123 694.0
比上年增长(%)	11.13	21.50	17.44	-63.03	46.85	13.98	10.92	39.38

注：数据来源于中国海关。

1. 电冰箱

2007 年，电冰箱行业克服了原材料大幅上涨、人民币升值加快等不利因素的影响，保持了出口市场的稳定增长。据海关统计，2007 年我国电冰箱共出口 1 932.80 万台，增幅达到 11.13%。

2007 年，家用电冰箱出口平均单价仍然保持上升的势头，但大规格、低温深冷的冰箱出口价格有较大幅度下降。美国、英国、日本仍然是我国冰箱行业的前三大出口市场，全年出口量分别为 384 万台、215 万台和 165 万台，对美国的出口量一枝独秀。

2. 空调器

据海关统计，2007 年我国空调器出口 3 198.6 万台，比上年增长 21.5%，增速比 2006 年提高约 10 个百分点；出口金额达 629 381.2 万美元，比上年增长 32.62%。由于全球空调器 70% 以上的产能都集中在中国，因此空调器出口依然对全行业具有重大影响。

出口市场方面，一些新兴市场正在发挥可观的潜力，比如亚洲地区的马来西亚、韩国、以色列、印度尼西亚、叙利亚、菲律宾、越南等，欧洲地区的希腊、法国、英国、比利时、保加利亚、乌克兰、德国、荷兰和罗马尼亚等 31 个国家。

3. 洗衣机

2007 年，我国洗衣机出口数量为 1 341.2 万台，比上年增长 17.44%；出口金额 156 417.8 万美元，比上年增长 22.45%。

2007 年，洗衣机出口市场大的格局没有改变，日本和美国仍是主要的出口市场。拉丁美洲市场凭借巨大的增幅成为中国洗衣机出口的第三大贸易国，而北美市场则出现了出口量回落的现象。除此之外，对大多数国家的出口都有不同幅度的增长，其中出口增幅超过三位数字的国家有智利、墨西哥、法国等 42 个国家或地区，另外，俄罗斯、哈萨克斯坦等东欧国家洗衣机市场也日趋活跃，发展潜力巨大。

4. 电风扇

据海关统计，2007 年我国电风扇出口 19 757.7 万台，较上年有较大幅度下降。实现出口金额 192 556.8 万美元，比上年下降 15.3%。受原材料涨价、人民币升值、劳动力成本上升等主要因素的影响，电风扇产品出口平均单价全面上涨。

出口市场方面，前三甲市场美国、中国香港、日本出口数量均出现不同程度的负增长。2007 年我国共向 170 个国家和地区出口电风扇，出口超亿元的市场仍是美国、中国香港和日本。

5. 微波炉

据海关统计，2007 年我国微波炉出口数量为 5 147.9 万台，比上年增长 10.92%，占全球微波炉出口量 90% 以上份额。出口金额 214 539.4 万美元，比上年增长 10.67%。

2007 年，中国微波炉制造约占全球 50% 的份额，并已经成为微波炉的第一制造大国。格兰仕公司微波炉产品 80% 出口国际市场。此外，2007 年我国电饭锅产品出口数量为 2 544.1 万台，比上年增长 13.98%；出口金额 27 544.4 万美元，比上年增长 18.33%。

科技成果及新产品 随着家电行业的日趋成熟，市场竞争日益激烈，科技创新成为推动行业发展的主要力量，不少企业加大科技研发力度研发新技术、新产品适应市场的需求，健康、节能、环保、美观等成为产品发展方向。

美的推出了“空调 + 热水器”双位一体节能热泵技术。该技术集成了四通阀和电子膨胀阀交联混合一体控制技术、水路冷凝压力调解阀流量自适应控制技术、快热与蓄热双重热水动态联合控制技术等研究成果，应用该技术的产品具有单独制冷、单独制热、单独制热水及制冷同时制热水四种功能，能满足家庭用户调节室内环境温度和制取生活用热水的双重需要，具备节能、环保、安全、可靠等特点。该技术已进行省级鉴定，项目整体技术性能达到国内先进水平。

格兰仕推出了“光波美梦宝”系列空调器，旨在降低空调器工作噪声。通过采用最新科技成果 CMSD 柔性风道设计技术，对流线型的风道进行了再次优化升级，在出风更加舒适的前提下，一举将最低噪声降到了 24dB。此外，格兰仕还推出了新型高效低温磁控管，通过改变腔体的径向长度、磁靴强度及改变电子发射功能，使磁控管电子效率提高 1% ~3%，微波炉总效率提高 3% ~7%，温度下降约 20℃左右，具有输出功率大、效率高、工作电压低、体积小、重量轻的特点，此项目通过了广东佛山市科技局鉴定。

海尔专门推出了高端子品牌卡萨帝，该品牌冰箱拥有高贵的外观设计和周到的产品功能。每件家电产品上都预置了无线模块接口，消费者可以非常方便地将家里的家电升级成网络家电，享受精彩的数字家庭生活。海尔还成功研发出集制冷和空气净化双项功能合一的两用空调，夏季制冷，春秋两季可以单独作为空气清新机使用。这种两用空调不但符合正常的空调标准，而且经过美国权威检测机构 Intertek 检测，完全达到美国空气清新标准，能够有效地消除室内烟、尘和各种空气中的漂浮物。该产品研发成功后很快便获得了美国专利，并获得了美国销售渠道的极大关注。

格力 2007 年推出家用空调新品“王者之尊”。“王者之尊”弥补了柜机空调市场缺乏真正受老百姓青睐的精品空白，为消费者追求高品质生活带来了更好的选择，不论从技术、工艺还是外观上均堪称精品，特别是多项创新技术的运用更是填补了行业空白，彰显了“王者之尊”的高贵品质。该产品达到国家 2 级能效，拥有空气尘度、空气湿度显示功能。当室内尘度较高时，可以自动开启静电除尘器，除尘、除菌、除异味，达到室内空气三重净化。

TCL 空调器（中山）有限公司 2007 年推出了钛金升级技术，此技术在纳米钛金材料原有配方中加入生化膜材料，增强了钛金材料的亲水性、自清洁以及除甲醛能力。同时 TCL 还推出了平行流冷凝器技术，平流空调是 TCL 借鉴汽车空调平行流冷凝器的换热原理，经过多次优化开发的一款产品。单冷挂机的室外机采用了高效且工艺成熟的微尺寸平行流全铝冷凝器，外机小、制冷量足，能效比达到中国四级能效标准和欧洲 A 级能效标准。此外，三代银离子过滤网技术也是 TCL2007 的主打新技术。第三代银离子过滤网技术又叫

Ag—TiO_2—螯合物核心技术，可以杀菌、除螨虫和除甲醛。外观颜色呈银亮色，具有更大面积、更细致的高银含量网面，全面覆盖蒸发器，杀菌能力更强，抗菌能力更持久。

广东万和新电器有限公司2007年重点推出了高效节能冷凝换热技术在家用热水器上的应用及产业化项目，并被列入“国家火炬计划”项目。该项目应用冷凝换热技术、燃气/空气伺服技术，高效节能；应用低温火焰稳焰技术，降低了烟气中的NO_x浓度；采用无氧铜钎焊技术，消除了浸铅技术造成的污染；采用了智能恒温技术，用户使用方便、舒适。万和还推出了2007年省级重点新产品计划项目——相交射流低温燃烧环保技术在燃气热水器上的应用。本项目低氮氧化物的排放符合国家环保的要求；超薄结构、高贵典雅的外观，使每位消费者驻足观望；感应按键，增加了高技术含量；安全电压，保证了用户的用电安全，使用户在使用热水器时更放心；大流量恒温功能使用户在沐浴时更加舒服。除此之外，万和推出的高效CO_2跨临界循环技术应用研究及家用CO_2热泵热水器的产业化项目被列入2007年“粤港关键领域重点突破项目”。

在吸油烟机产品上，中山市邦太电器有限公司和万喜电器燃器具有限公司分别推出了各自的新技术。邦太的吸油烟机三重滤网将内罩、导油柱和栅栏形罩叠装在一起，具有油烟分离度高，排气净化率高，有利于环保等优点，确保油滴全部滴入油杯。万喜应用仿生技术于吸油烟机上，通过表面处理，减少吸油烟机拆洗，从而延长使用寿命。此外，万喜推出的自调整预混比大气导气节能环保燃气具，能自动调整大气的混配比例，节约能源。

基本建设及技术改造 根据2007年的企业年报，美的、格兰仕、TCL空调、万和等主要家电企业均不同程度地进行了基本建设和技术改造投入。

美的2007年完成了数码涡旋商用空调产品的研发与技术改造，以及广东省重点技术改造项目——串激电机优化设计与扩大出口。

格兰仕2007年圆满完成了提高空调器用冷凝器、蒸发器效率，提升产品市场占有率项目。目前，冷凝器和蒸发器已开始应用，新产品能效比提升了5%，达到预期目标。此外，格兰仕正在试推铝管空气调节器项目，采用世界首例3003防锈铝合金管替代铜管制作房间空气调节器，通过合理搭配资源，降低空调器的生产成本8%；通过降低空调器外机的重量，增加安装可靠性。

TCL空调器（中山）有限公司2007年推出新型高效环保智能房间空气调节器产品升级改造项目，其实施内容包括：改造商检计算机自动监测系统软件，更新商检先进的检测仪表等；两器工艺改造，新增真空氦检线，增加冲床及模具等；改造物流传输系统，新增半成品、成品输送链等；测试实验资源配置及改造，新增变频电源、电控抗干扰设备等。此项目所有设备调试合格，运行正常。技术改造后公司提供给新产品开发的研制条件更充分，试验条件更完备，新产品开发的效果和效率大大提高。

广东万和新电器有限公司推出冷凝式壁挂炉生产技术改造项目。通过冷凝换热技术、全预混催化燃烧技术、空气—燃气比例控制装置及其电控技术、分段燃烧技术和水流量电控技术的技改，年生产量可达到3万台，比原有产品节能20%，减排20%。该项目正在实施，将于2011年完成。

质量工作 2007年，国家质量监督检验检疫总局对家用电动洗衣机、电磁灶、电热水壶、电风扇、室内加热器、多联式空调机组、饮水机等产品进行了抽查。

1.空调器

2007年6月，国家质量监督检验检疫总局对房间空调器产品进行了质量抽查，涉及天津、上海、江苏、浙江、广东、山东、四川、安徽、河南等9个省、直辖市26家企业生产的26种产品（不涉及出口），产品抽样合格率为96.2%。这次抽查对房间空调器产品的电磁兼容特性、噪声、能源效率等级等19个项目进行了检验，其中，电磁兼容特性、噪声项目均符合强制性国家标准规定的要求，所检产品的噪声项目平均值比标准规定的噪声值低6.2dB左右。抽查显示，大部分国产品牌空调的质量都较好。抽查中发现的主要质量问题有：个别产品制冷量不合格，个别产品能效比不合格，个别产品能源效率等级不合格，个别将能源效率等级标为5级的产品，实测能源效率等级达不到5级规定的要求。

监督抽查中，房间空调器产品部分质量较好的企业有格兰仕（中山）家用电器有限公司、青岛海尔空调器有限总公司、上海三菱电机·上菱空调机电器有限公司、上海夏普电器有限公司、广东科龙电器股份有限公司、珠海格力电器股份有限公司、广东志高空调有限公司、广东美的制冷设备有限公司、江苏春兰制冷设备股份有限公司、青岛海信空调有限公司、TCL空调器（中山）有限公司、宁波奥克斯空调有限公司。

2.户用风冷冷水（热泵）机组

2007年5月，国家质量监督检验检疫总局对户用风冷冷水（热泵）机组产品质量进行了国家监督抽查，共抽查了北京、上海、江苏、浙江、安徽、江西、山东、广东、四川等9个省、直辖市28家企业生产的28种产品（不涉及出口），产品抽样合格率为96.4%。此次抽查依据GB4706.1—1998《家用和类似用途电器的安全　通用要求》、GB19577—2004《冷水机组能效限定值及能源效率等级》等强制性国家标准及相关产品标准的要求，对户用风冷冷水（热泵）机组产品的名义工况制冷量、名义工况制热量、制冷性能系数、噪声、泄漏电流、电气强度、接地电阻、连续干扰电压以及标志、包装等10个项目进行了检验。抽查结果表明，市场占有率较高的大、中型企业的产品质量较好，产品抽样合格率为100%；个别小型生产企业的产品质量存在问题。

监督抽查中，户用风冷冷水（热泵）机组产品部分质量较好的企业有：珠海格力电器股份有限公司、浙江国祥制冷工业股份有限公司、特灵空调系统（江苏）有限公司、上海通惠—开利空调设备有限公司、南京天加空调设备有限公司。

3.电风扇

2007年5月，国家质量监督检验检疫总局对电风扇产品质量进行了国家监督抽查，共抽查了广东、浙江、江苏等3

个省35家企业生产的36种产品(不涉及出口),产品抽样合格率为91.7%。

此次抽查依据GB4706.1—1998《家用和类似用途电器的安全 通用要求》等强制性国家标准及相应产品标准的要求,对电风扇产品的电气安全、电磁兼容特性、噪声等21个项目进行了检验。抽查结果表明,连续几次的国家监督抽查促进了企业质量意识的提高,加强了质量管理,电风扇产品质量整体水平较前几年有较大幅度提高;市场占有率较高的大型企业产品抽样合格率为100%,产品质量较好;所检产品电磁兼容和噪声项目全部合格。

监督抽查中,电风扇产品部分质量较好的企业有:艾美特电器(深圳)有限公司、广东美的环境电器制造有限公司、宝尔马电器集团有限公司三家企业。

4.室内加热器

国家质量监督检验检疫总局对室内加热器产品质量进行了国家监督抽查,共抽查了浙江、广东、湖南、江苏、安徽、上海、山东等7个省市40家企业生产的40种产品,产品抽样合格率为85%。

本次抽查依据强制性国家标准GB4706.23—2003《家用和类似用途电器的安全室内加热器的特殊要求》和GB4706.1—1998《家用和类似用途电器的安全 通用要求》对室内加热器的标志和说明,对触及带电部件的防护、输入功率偏差、发热、工作温度下的泄漏电流和电气强度、耐潮湿、稳定性和机械危险、结构、内部布线、元件、电源连接和外部软线、外部导线用接线端子、接地措施、爬电距离和电气间隙等14个安全项目进行了检验。抽查结果表明:大、中型企业的产品质量较好,市场占有率较高,产品抽样合格率均为100%。但部分小型企业产品抽样合格率仅为45.5%,产品质量存在问题较多。

监督抽查中,室内加热器产品部分质量较好的企业有:广东美的环境电器制造有限公司、浙江宝兰电气有限公司、宁波奥乐电器有限公司、宁波赛特斯电器有限公司、深圳市联创实业有限公司、杭州奥普电器有限公司等。

5.除湿机

为了促进除湿机行业健康发展,国家质量监督检验检疫总局2007年9月对除湿机产品质量进行了国家监督抽查,共抽查了上海、浙江、江苏、广东等4个省、直辖市8家企业生产的8种产品(不涉及出口),产品抽样合格率为87.5%。

此次抽查依据强制性国家标准GB4706.32—2004《家用和类似用途电器的安全 热泵 空调器和除湿机的特殊要求》、GB4343.1—2003《电磁兼容 家用电器 电动工具和类似器具的要求 第一部分 发射》及推荐性国家标准GB/T 19411—2003《除湿机》规定的要求,对除湿机产品的电气安全、电磁兼容、性能等19个项目进行了检验。

此次监督抽查中,除湿机产品部分质量较好的企业有:珠海格力电器股份有限公司、杭州川井电气有限公司。

6.电磁灶

为了保障消费者的合法权益,促进电磁灶行业健康发展,国家质量监督检验检疫总局对电磁灶产品质量进行了国家监督抽查,共抽查了上海、浙江、江苏、福建、广东等5个省、直辖市30家企业生产的30种产品(不涉及出口),产品抽样合格率为96.7%。

此次抽查依据强制性国家标准GB4706.1—1992《家用和类似用途电器的安全通用要求》和GB4706.29—1992《家用和类似用途电器的安全 电磁灶的特殊要求》规定的要求,对电磁灶产品的电气安全等14个项目进行了检验。

抽查结果表明,连续的国家监督抽查促进了企业质量意识的提高,加强了质量管理,电磁灶产品质量水平比上次抽样合格率提高了14.1个百分点;市场占有率较高的大、中型企业的产品质量较好,产品抽样合格率为100%。抽查中发现的主要质量问题是电源连接及外部软缆和软线不合格。强制性国家标准GB4706.29—1992《家用和类似用途电器的安全 电磁灶的特殊要求》规定,电源软线的固定装置应满足要求,能经受相应的拉、扭力试验。抽查中有个别电磁灶的电源软线易从固定装置中滑出,存在短路及触电隐患。

监督抽查中,电磁灶产品部分质量较好的企业有:宁波方太厨具有限公司、广东美的生活电器制造有限公司、尚朋堂(无锡)电器有限公司、中山东菱威力电器有限公司、艾美特电器(深圳)有限公司等。

7.电动食品加工器具

国家质量监督检验检疫总局于2007年11月组织对电动食品加工器具产品质量进行了国家监督抽查,共抽查了天津、河北、浙江、广东等4个省市22家企业生产的22种产品(不涉及出口),产品抽样合格率为95.5%。

此次抽查依据强制性国家标准GB4706.1—1998《家用和类似用途电器的安全 第一部分 通用要求》和GB4706.30—2002《家用和类似用途电器的安全 厨房机械的特殊要求》对电动食品加工器具产品的电气安全等16个项目进行了检验。

抽查结果表明,连续的国家监督抽查促进了企业质量意识的提高,加强了质量管理,电动食品加工器具产品质量水平比2006年抽样合格率提高了22.8个百分点;市场占有率较高的大中型企业的产品质量较好,产品抽样合格率为100%。

本次监督抽查中,电动食品加工器具产品部分质量较好的企业是杭州鸿阳家电有限公司、佛山市顺德区欧科电器有限公司等。

〔撰稿人:中国电器科学研究院汪雪 审稿人:中国电器科学研究院陈汉桂、叶红京〕

家用控制器

中国的家用电器行业起步于20世纪的70年代末,经过近30年的发展,已从一个基础薄弱的、年产值只有8.6

亿元的产业，发展成为仅次于美国和日本，年产值将近5 000亿元的行业，中国也因此成为全球第三的家电生产大国。家电企业生产产品涉及冰箱、冷柜、空调、洗衣机、厨房家电、小家电、家电配件等12个大类，其中冰箱、洗衣机、空调产量分别占世界份额的34%、35%和67%。控制器作为家用电器的主要配件，也跟随行业的成长而不断地发展，单以冰箱冷柜温控器细分行业来说，该类产品的国内供货商从原来的2～3家，增加到目前的20家；产品也从原来单一的医疗冰箱用普通温控器，发展到家用冰箱冷柜温控器和符合欧洲环保要求的各种类型的控制器，产量也从几万台发展到超过5 000万台，与其配套的产品种类规格从几个发展到几千个。总之，国内家用电器控制器行业及与之配套的控制器行业有了长足的发展。

产品种类　从工作原理来看，机械式温控器又可分为压力式、双金属片式、毛细管式三大类。其中，压力式主要应用于制冷用家电产品，如冰箱、冷柜、空调等；双金属片式又可细分为突跳式和纽扣式两种，主要用于电热水壶、咖啡壶、电熨斗等小家电以及电机、压缩机等家电配件产品；毛细管式温控器可分为体涨式和液涨式两类，通常配套于油炸锅电烤箱、微波炉、洗碗机、电热水器等体积稍大一些的制热用家用电器。

制冷自控元件主要包括：四通换向阀、截止阀、电子膨胀阀、电磁阀。四通换向阀用于热泵型空调中改变制冷剂的流向，以实现制冷模式和制热模式转换，适用于中央、单元式和房间空调器等热泵型空调系统。截止阀常用于制冷装置中，主要用来接通或截断管路中的介质，一般不用于调节流量。截止阀的适用压力、温度范围很大，但一般用于中小口径的管道。电子膨胀阀是一种可按预设的程序，调节进入制冷装置中制冷剂流量的控制元件。电磁阀是利用线圈通电激磁产生的电磁力驱动阀芯运动来开启或关闭的制冷元件。

生产发展情况　中国的家用电器及配套行业经过近30年的发展，在中国社会从完全的计划经济过渡到社会主义的市场经济过程中成为最早实现市场化运作、按照市场规律办事并与国际社会接轨的行业之一。国内的家用电器经历了从无到有，从遍地开花到逐步整合为几大品牌，从小规模生产到大批量生产和不同规格产品混线生产，现已成为全球主要的、不可或缺的家用电器产品供应商，中国制造的家用电器远销全球各个角落，从而也带动了国内家用控制器行业的蓬勃发展。2007年，为冰箱、冷柜、空调器及热水器等配套的机械式温度控制器超过5 000万台，国内制造商超过40家。

温控器大体被分为机械式温控器和电子式温控器，由于机械式温控器具有结构简单、安装方便、使用寿命长、不易损坏、可靠性高、可调温度范围广和应用广泛等特点，加之机械式温控器的生产、应用已有几十年的历史，技术成熟、产销量大，是温控器市场的中流砥柱。温控器的生产企业主要集中在广东、浙江一带。国内从事机械式温控器生产的企业中，佛山市通宝股份有限公司和常州西玛特电器有限公司这两个企业规模较大，而浙江中雁温控器有限公司、佛山市九龙机器厂、宁波市元方温控器有限公司等国内企业也具备一定的生产规模，在温控器生产领域表现活跃。外资品牌主要有艾默生、丹佛斯、英维思、E. G. O. 和STRIX等。

制冷自控元件生产企业形成了以长三角地区及广东地区为中心的两大生产基地。三花控股集团有限公司、佛山华鹭制冷器件有限公司、常州兰柯四通阀有限公司、浙江盾安精工集团、江苏常恒集团有限公司、安徽天大企业（集团）有限公司、浙江春晖集团公司，这些企业的产销量占据了制冷零部件行业80%以上的市场份额。其中，三花控股集团有限公司的四通换向阀的制造和销售稳居行业首位；浙江盾安精工集团的截止阀产量最大；国际上拥有知识产权并批量生产的电子膨胀阀生产厂家主要有日本株式会社不二工机、太平洋工业株式会社、株式会社鹭宫制作以及三花股份等，相对来说日本株式会社不二工机的电子膨胀阀市场占有率最高；电磁阀国内最大的生产商是浙江三花。

制冷自控元器件产品于2007年进入中国名牌产品评价目录，三花控股集团有限公司及盾安精工集团生产的制冷自控元器件系列产品获“中国名牌产品”称号。

市场及销售　家用控制器行业产品小、类别多的特点，使较多的小型企业以低成本模式参与市场竞争，而国内很多整机生产企业选购配件时重视更多的是供货价格，造成温控器市场出现不规范竞争，对按正规程序开展研发和生产销售的企业造成相当大的影响。如何避免产品卷入市场价格战、节约成本、树立良好的品牌、扩大市场占有率是目前较大企业生产发展必须要慎重考虑的关键所在。

2007年家用控制器行业重点企业主要产品产量、销量见表1。

表1　2007年家用控制器行业重点企业主要产品产量、销量

企业名称	主要产品	产量（万只）	销量（万只）
三花控股集团有限公司	制冷自控元件	7 970	7 858
佛山市通宝股份有限公司	温控器	6 505	6 575
	保护器	2 016	1 903
万宝冷机集团广州电器有限公司	保护器	1 555	1 549
	起动器	1 496	1 482
常州西玛特电器有限公司	温控器	2 862	2 773
宝应电器厂	温控器	2 500	2 300
	保护器	12 000	11 400
思瑞克斯（广州）电器有限公司	温控器	9 394	9 394
浙江中雁温控器有限公司	温控器	390	380
佛山市三春电器实业有限公司	温控器	100	100
宁波市元方温控器有限公司	温控器	653	635
	保护器	62	56
	定时器	39	32
江苏常胜电器有限公司	温控器	50	55
余姚市国昌电器公司	温控器	50	46
	定时器	65	59

行业中具有一定规模的企业基本都有产品出口，出口地区包括美国、欧盟、东南亚、中东等。产品的出口必须满足一定的条件，不同地区的市场也各具特点。例如出口美

国的产品均需通过 UL 认证，相关费用较大，产品的通用性较小，技术壁垒也较大。出口欧盟的产品必须符合人身安全、健康、环境保护等方面的法规与指令。2006 年 7 月 1 日起，欧盟实施 RoHS 指令，对投放市场的电气电子产品六种有害物质加以限制，该指令涉及到八大类机电产品，家用控制器行业部分产品也涉及其中。向欧盟销售的产品在认证方面也有相当的要求，如 VDE、CE 等认证。受欧盟各类政策的影响，东南亚地区也紧随其后实施 RoHS 指令，同时，由于较熟悉中国产品，对产品的价格要求较高。中东地区的相关政策环境较为宽松，除该地区出口欧洲的某些主机要求有相应的产品认证外，对零配件的限制条件较少，但该市场比较注重价格。

家用电器控制器行业的客户主体基本属于家用电器行业，近几年家电行业的激烈竞争，使这个行业的收益严重下降，与其配套的控制器行业也受到了极大拖累；再加上近几年原材料价格轮番大幅上涨、工资福利开支逐年上升，企业经营收益率大幅下降，直接和间接地影响了企业的资本再投入（包括技术改造及设备工艺改造的投入），从而影响到行业设备的更新换代、生产工艺水平的提高、新产品的开发以及行业对高端人才的吸引，行业的发展面临重大的挑战，更会影响到实物产品品质的一致性和可靠性。

中国家用电器及控制器的成长与发展是与国际、国内大的政治环境和经济环境密不可分的，主要体现在：

1. 家电行业及其配套行业的发展，基本与国际、国内经济的增长同步

国内的改革开放为家电行业及与之配套的控制器行业的诞生和成长奠定了基础，国内生活水平的提高、国内外经济的持续增长为行业的发展提供了机遇和环境，行业得到了飞速的发展。但是国内资本市场的扩张带来了资本市场的泡沫和通胀的上升，这些意味着对家电产品的需求有所下降，而以欧美市场为主要出口市场的国内家电行业也将受大环境的影响。在国内，由于经济政策的影响，资金供应量会大幅减少，有限的资金资源会流向比家电行业及其配套行业回报更高、风险更低的其他行业，资金的短缺将对家电行业企业经营的打击，会远远超过过去。另外，人民币兑换美元的汇率持续走高，对于本来利润不高的家电行业更是雪上加霜。中国家电产品价格的国际竞争力大幅下降，很多家电企业面临产品出口亏损的威胁，在这重重的困难下，国内企业应该静下心来，自我审视，调整策略，寻找机会，发展壮大。

2. 环保需求对行业的影响

随着 1997 年蒙特利尔协定书的签署、欧洲 RoHS 标准的开始实施，人们的环境保护意识和要求越来越强烈，世界各国对产品的环保要求越来越高，以环保为名义的贸易保护越来越明显，家用电器及其配件的生产制造和销售的环保风险也在不断的提高，这就要求企业在生产的全过程，都必须严格控制，稍有疏忽，就可能出现严重的后果。家用电器控制器作为家电的核心部件之一，承担着更大的质量和环保风险，更应该从采购开始，严格控制各个环节，尽可能降低风险。

3. 控制器行业自身的发展

近几年，各类原材料价格、能源价格的轮番大幅上涨以及人力成本的不断攀升，使得大部分还是手工操作的家电控制行业承受了巨大的成本压力。各个企业在不断扩大自己产能的基础上，应该加强行业内部的联系与沟通，适当加大在技术研发、工艺设备改造上的投入，尊重知识产权，提高生产制造水平和管理水平，不仅要把企业做大，更重要的是要把自己做强、把行业做强，使行业在全球范围立于不败之地。

科技成果及新产品　三花控股集团有限公司的新产品主要有：

（1）冰箱用电动切换阀。多温区冰箱已发展成为国内高端冰箱的主流产品，均采用 2～3 个双稳态电磁阀，以电动切换阀取代双稳态电磁阀组件应用，不仅降低成本、节约资源，而且有助于改善冰箱质量。

（2）一体化电动切换阀。家用电器能耗标准越来越受到市场的重视，该产品的特点是节能降耗，与现有双稳态电磁阀相比，工作稳定性和抗干扰能力明显提高。

（3）CO_2 电子膨胀阀。它适用于新型、环保的 CO_2 的冷媒，是实现 CO_2 冷媒流量调节的关键元件，已在汽车空调、热水器等领域中广泛使用。

（4）LSV 型截止阀。作为空调的关键部件，采用密度较小的新材料和先进的焊接工艺和表面处理工艺，具有重量轻、成本低的特点。

（5）小型化北美球阀。随着空调能效比的提高，球阀的市场需求量进一步提高，这个产品的研制成功，可进一步满足国外同类产品的需求。

以上 5 个产品均通过浙江省科技厅的鉴定。

万宝冷机集团广州电器有限公司研制的新产品有：

（1）组合电子式起动器（QZ3）。这是一种新型结构节能环保起动器，它增加了延时电路和取代接线排的外接端子，可装配圆盘型和 BT 型保护器。

（2）带转接端子的 PTC 起动器（QP2—H）。在 QP2 的结构基础上增加了转接端子，并在结构上作出相应改进，它是既有 PTC 起动器功能，又可带接线排功能的多功能起动器。

（3）新型组合式起动器（QP3—A03）。其外接端子斜插，方便客户外部接线时使用，结构紧凑，有利于接线和操作的一致性。

（4）BT 一体式（YBTQ）。在同一腔体内完成 BT 保护器与起动器的安装，结构紧凑，产品体积小、成本低。

（5）制冷压缩机用 B 型派生热保护器（B 型系列）。这是用于压缩机过流、过载保护的附件，其原理是利用碟形双金属片与电热丝配合，在一定温度、电流作用下迅速反转，使动、静触点分开，切断电流，实现对压缩机的过载保护。

江苏常胜电器有限公司的热保护器（18AM 型）是一种生产效率比较高，结构紧凑合理，通用性强的产品，集四大保护器之优势，大大节约了材料成本，缩短了生产周期。该

产品绝大部分工序可实现自动化，便于公司从劳动密集型企业迈向机械自动化生产型企业，已向国家申请了专利保护。

宝应电器厂的新产品包括密封开关（MAK、MJK、MLK、MIK）、按扭开关（KAX—1）、钮子开关［JK—1（LLS2）、AJK—1、IIK—1］，用于设备中对线路进行通断控制，通过省级技术鉴定。此外对设备温度进行控制的产品还有扣式热保护器（BR—1）、玻封热保护器（BFR—1）。

质量及标准 国内家用电器控制器的质量和技术水平不断提高。在质量方面，早期的产品与国际上的产品差异较大，但是通过对原来引进的技术、设备和工艺进行消化吸收，加上行业内部贯彻质量标准、推进新技术，质量差异大大缩小，但是在产品的可靠性和产品的一致性方面还是存在差距。在技术方面，国内的供应商不但能生产一般情况下使用的控制器，还能开发出具有知识产权、满足特殊情况适用的控制器。符合全球各国安全标准、国际标准及欧盟RoHS标准的控制器都已经能够在国内批量生产。

国内家用电器控制器的制造工艺有待提高。目前，国内家用电器控制器的生产工艺大都是在消化原来引进技术和工艺设备的基础上，按照各个企业的实际情况制定，但还是以手工操作为主，配以必要的工装设备，与国际同行比较，工艺过程的机械化和自动化程度不高，效率较低，产品质量的工艺设备保障程度较低，直接和间接地影响到产品的质量水平和产品的可靠性。

全国家用自动控制器标准化技术委员会第三届三次会议于2008年4月22～26日在福建省福州市召开，会议总结了2007年度工作，提出了2008年度工作计划和标准制修订项目计划；通报了2007年IEC/TC72标准化最新发展动态；审查并通过了GB 14536.3—200×《电动机热保护器的特殊要求》、GB 14536.6—200×《燃烧器电自动控制系统的特殊要求》、GB 14536.9—200×《电动水阀的特殊要求（包括机械要求）》、GB 14536.10—200×《温度敏感控制器的特殊要求》、GB/T 17499—200×《家用洗衣机电脑程序控制器》5项国家标准送审稿。

［撰稿人：中国电器工业协会电器附件及家用控制器分会黄毅华、陈明　审稿人：中国电器科学研究院李伯宁］

电 器 附 件

电器附件主要涉及的产品有各类家用和类似用途开关、插头插座、电气导管、器具耦合器、低压电路用连接器件、工业用插头插座和耦合器等，广泛应用于家庭和办公、酒店、旅馆、工厂、机场、火车站、码头、影剧院和农场等场所。凡是需要用电和需使用带电产品的地方，都必须用到电器附件产品，因此，它是量大面广的产品。

建筑市场一直以持续高速的发展势态伴随着国家经济建设发展，在国民经济建设中起到了重要的作用，在GDP中占有相当的比重。而建筑业的发展，拉动了一系列相关产业的发展，建筑中使用的家用开关、插座就是其中之一。目前我国开关插座产品无论在外观还是质量、品种等方面，都取得了长足的进步，逐渐解决了建筑业对这类产品的需求。

生产发展情况 我国电器附件的生产企业主要分布在珠三角、长三角、北京等几大生产基地，产业分布相对集中，其中广东、浙江两地企业的市场份额占主导地位，广东地区有一定规模的企业定位于中高端市场，普遍注重品牌建设，偏重于品牌竞争；而浙江地区的企业众多，产品性价比较高，偏重于产品竞争。虽然近几年优势品牌挤压了部分弱势品牌的发展空间，但与发达国家相比，国内企业的集中度还是偏低。

随着人们生活水平的提高，对家用照明控制与插座从美学和安全的角度都提出了改观的需求，一些新型的器件取代了原有产品。目前大多数生产企业已生产出大翘板照明开关和多功能插座，性能好、手感好、外观漂亮；在一些潮湿场所使用的防水或防溅型插座，用于洗衣机的插座和壁装式分体空调用的带开关的插座等，都极大地考虑到用户的实际安全操作；在大空间的办公室，还能见到各种各样的地面插座，有的是单独的电源或语音、数据出线口，有的则是集这些功能于一体的多功能出线盒。

凡是用到电的产品，都需要与插座相连接的配套器件——插头，如机器、电器、电子和工矿等，市场容量之大无法准确统计，是仍具有较好发展前景的产业。

据统计，目前国内生产开关插座及插头连接器的企业工业总产值及年销售额在亿元以上的有30多家。根据中国电器工业协会电器附件及家用控制器分会对2007年主要企业上报的报表统计，2007年电器附件行业主要企业经济效益综合指数前15名企业见表1。2007年电器附件行业主要企业经济效益单项指标前8名企业见表2。2007年电器附件行业工业总产值增幅较大的企业见表3。2007年电器附件行业工业增加值增幅较大的企业见表4。

表1　2007年电器附件行业主要企业经济效益综合指数前15名企业

序号	企 业 名 称	经济效益综合指数
1	慈溪冬宫电器有限公司	3.18
2	江苏西蒙奇通电器有限公司	2.69
3	浙江正泰建筑电器有限公司	2.61
4	TCL国际电工（惠州）有限公司	2.38
5	浙江跃华电讯有限公司	2.33
6	天津津耐电器有限公司	2.31
7	飞雕电器集团有限公司	2.15
8	杭州鸿雁电器有限公司	2.10
9	宁波万事达综研电气有限公司	2.04
10	浙江恒泰电工有限公司	1.98
11	广东松本电工电器有限公司	1.89

（续）

序号	企业名称	经济效益综合指数
	广东华声电器实业有限公司	1.81
12	宁波灵象电器有限公司	1.81
13	南京曼奈柯斯电器有限公司	1.79
14	浙江捷鹰电器有限公司	1.61
15	泰力实业有限公司	1.57

表2　2007年电器附件行业主要企业经济效益单项指标前8名企业

序号	企业名称	指标值
	产品销售率（%）	96.00（标准值）
1	南京曼奈柯斯电器有限公司	100.95
2	慈溪冬宫电器有限公司	100.11
3	哈尔滨哈轻塑胶有限公司	100.31
4	广东朗能电器有限公司	100.00
	广东华声电器实业有限公司	100.00
	惠州雷士光电科技有限公司	100.00
	宁波凯峰电器有限公司	100.00
	汕头市东亚电器厂	100.00
	天津津耐电器有限公司	100.00
	余姚市国昌电器公司	100.00
5	慈溪市公牛电器有限公司	99.65
6	宁波万事达综研电气有限公司	99.54
7	浙江跃华电讯有限公司	99.20
8	杭州鸿世电器有限公司	98.91
	总资产贡献率（%）	10.7（标准值）
1	浙江正泰建筑电器有限公司	39.1
2	TCL国际电工（惠州）有限公司	37.6
3	宁波万事达综研电气有限公司	34.0
4	浙江跃华电讯有限公司	27.1
5	江苏西蒙奇通电器有限公司	27.0
6	广东华声电器实业有限公司	24.3
7	浙江恒泰电工有限公司	22.3
8	宁波灵象电器有限公司	19.2
	资本保值增值率（%）	120（标准值）
1	广东华声电器实业有限公司	196
2	TCL国际电工（惠州）有限公司	187
3	宁波万事达综研电气有限公司	178
4	天基电气（深圳）有限公司	174
5	广东锦力电器有限公司	161
6	慈溪冬宫电器有限公司	140
7	杭州鸿雁电器有限公司	133
8	浙江跃华电讯有限公司	132
	流动资产周转率（次）	1.52（标准值）
1	慈溪市公牛电器有限公司	4.84
2	慈溪冬宫电器有限公司	4.35
3	广东锦力电器有限公司	3.06
4	宁波万事达综研电气有限公司	3.01
5	泰力实业有限公司	2.88
6	宁波凯峰电器有限公司	2.73
7	广东华声电器实业有限公司	2.72
8	广东朗能电器有限公司	2.60
	成本费用利润率（%）	3.71（标准值）
1	TCL国际电工（惠州）有限公司	14.53
2	浙江恒泰电工有限公司	13.65
3	飞雕电器集团有限公司	13.10

（续）

序号	企业名称	指标值
4	天津津耐电器有限公司	12.52
5	浙江跃华电讯有限公司	11.75
6	天基电气（深圳）有限公司	11.70
7	宁波万事达综研电气有限公司	10.03
8	江苏西蒙奇通电器有限公司	9.83

表3　2007年电器附件行业工业总产值增幅较大的企业

序号	企业名称	比上年增长（%）
1	天基电气（深圳）有限公司	71.6
2	慈溪市公牛电器有限公司	54.3
3	宁波万事达综研电气有限公司	48.8
4	浙江恒泰电工有限公司	47.9
5	飞雕电器集团有限公司	37.9
6	浙江德力西国际电工有限公司	35.6
7	广东锦力电器有限公司	32.6
8	南京曼奈柯斯电器有限公司	30.4
9	江苏西蒙奇通电器有限公司	30.3
10	广东华声电器实业有限公司	28.3
11	天津津耐电器有限公司	27.7
12	汕头市东亚电器厂	27.0
13	浙江正泰建筑电器有限公司	24.3
14	广东东莞电器厂	20.8
15	余姚市国昌电器公司	16.0

表4　2007年电器附件行业工业增加值增幅较大的企业

序号	企业名称	比上年增长（%）
1	慈溪市公牛电器有限公司	84.9
2	天基电气（深圳）有限公司	68.0
3	江苏西蒙奇通电器有限公司	57.5
4	天津津耐电器有限公司	46.3
5	宁波万事达综研电气有限公司	45.4
6	广东朗能电器有限公司	39.0
7	浙江恒泰电工有限公司	29.6
8	宁波凯峰电器有限公司	28.4
9	广东华声电器实业有限公司	28.3
10	广东松本电工电器有限公司	21.8
11	浙江正泰建筑电器有限公司	20.3
12	广东锦力电器有限公司	18.7
13	杭州鸿雁电器有限公司	14.5
14	宁波灵象电器有限公司	14.3
15	余姚市国昌电器公司	14.2

市场及销售　随着我国国民经济的不断发展，房地产业发展迅猛。2006年全国房地产开发投资约1.94万亿元，比上年增长25%；2007年房地产开发投资达2.5万亿元，比上年增长30%。国内已形成家用固定式开关插座年销售额逾100亿元的市场规模，未来的市场发展前景仍是较为可观的。①若按照小康生活水平对人均居住面积的要求，今后20年，全国还将建设近300亿m^2建筑，平均每年将有10亿～15亿m^2的新增建筑需求。②房屋装修市场兴旺。各家庭二次或以上的重新装修、新增城市住房和装修，加上我国每年约2 000万人进入结婚年龄，这些新建家庭也有很大一部分需要购房和装修。③商业、旅游业等各类公共设

施更新装修周期越来越短。这些都使我国家用开关插座产品的市场需求量大大递增。此外，社会主义新农村建设深入推进，使农村家庭装修需求将大幅增加，7.4亿农村人口中又蕴藏着巨大的中低档开关插座市场。

近几年，用户对高端家用开关插座产品需求加大，国际知名品牌凭借综合实力、产品质量、品牌传播等竞争优势，占领了国内主要高档产品市场，国内许多重大工程项目也被这些品牌掌控，产品占国内市场份额的15%左右。另外，国内许多优秀照明企业如雷士、欧普、华艺等品牌近几年也开始进军家用开关插座行业，他们通过已积累起来的品牌知名度、相似的销售渠道网络和资金优势，顺利进入市场，因而未来几年内，特别是在工程市场上，照明行业的企业对开关插座行业的融合速度将进一步加快，单纯生产开关插座的企业竞争劣势逐步凸显，市场竞争将更加激烈，单靠产品和价格企业很难获得明显的竞争优势，所以迫切需要建立适合企业的创新型渠道模式和竞争方式，提升企业的核心竞争力。

2004～2006年开关插头插座产品进口统计见表5。2004～2006年开关插头插座产品出口统计见表6。

表5 2004～2006年开关插头插座产品进口统计

产品名称	2004年		2005年		2006年	
	数量（亿个）	进口额（亿美元）	数量（亿个）	进口额（亿美元）	数量（亿个）	进口额（亿美元）
开关，线路 $U \leqslant 1\,000$V	79.81	7.60	88.21	8.48	94.44	10.10
插头及插座，线路 $U \leqslant 1\,000$V	114.04	12.02	137.21	16.73	154.22	22.58

表6 2004～2006年开关插头插座产品出口统计

产品名称	2004年		2005年		2006年	
	数量（亿个）	出口额（亿美元）	数量（亿个）	出口额（亿美元）	数量（亿个）	出口额（亿美元）
开关，线路 $U \leqslant 1\,000$V	84.29	5.07	89.11	6.30	99.85	7.90
插头及插座，线路 $U \leqslant 1\,000$V	55.47	7.38	65.09	8.87	74.52	12.02

注：表5、表6中所指的开关插头插座产品是根据海关税则号85365000（开关，线路 $U \leqslant 1\,000$V）及85366900（插头及插座，线路 $U \leqslant 1\,000$V）统计的，不含连整机一并出口的产品。

我国2004～2006年累计出口各类开关（线路 $U \leqslant 1\,000$V）273.25亿个，出口总额19.27亿美元。2004～2006年每年开关出口量均最大的前5位国家依次为日本、韩国、美国、新加坡和马来西亚，出口额均最大的前5位国家是日本、美国、韩国、德国和英国。

我国2004年插头插座出口量最大的前5位国家依次为日本、美国、新加坡、韩国和英国，2005～2006年插头插座出口量最大的5个国家均为日本、美国、新加坡、韩国和印度尼西亚；2004～2006年出口额均最大的前5位国家是美国、日本、英国、德国和法国。

近3年，我国各类型的开关插头插座产品出口的主要国家有北美的美国、加拿大，亚洲的日本、韩国和东南亚地区，欧洲的英国、德国、法国、荷兰、意大利、比利时、俄罗斯等国家和地区。产品出口和制造主要有3种形式：一是以自主品牌出口；二是以OEM制造方式，接国外订单以销定产外销；三是国外企业以独资或合资的方式在国内设生产基地，成品后销售到国际市场。

我国开关插头插座产品在国际市场的主要优势在于：

（1）我国开关插头插座制造业质量水平稳步提高，产品的整体质量水平与国际先进水平相比相差不大，现行的国家标准都是等效采用国际电工委员会制定的产品标准，规模以上企业积极提高设计能力，加大投入产品研发，进行技术创新和技术改造，以促进科技成果转化，实现产业化目标，用新技术改造传统产业，全力推进开关插座产品向绿色节能方向发展。

（2）全球产业链发展。随着我国对外资企业进入国内市场政策的放宽，大批外资企业进行产业结构调整，把采购中心、研发中心和制造部分逐步向中国转移，产业链形成规模并成为发展优势，包括厂家、工人和知识技术的优势。

（3）开拓国际市场能力的提升。随着企业实力的增强与国际市场知识和经验的积累，企业加大了对外直接投资的力度，制定了国际化战略目标，通过劳动力资源和快速扩张的生产规模形成成本优势，积极开拓国际市场。

（4）整机配套需求增加。随着全球电工电器行业的高速发展，所需的零配件（如家用和类似用途插头及其连接器）的需求量随之激增，市场的需求不断增大，创造了电器附件行业良好的发展前景。

未来3～5年内，中、高端品牌竞争将更加激烈，低端品牌主要以农村和边远地区为主，市场竞争日渐规范和明朗，开始进入全方位竞争时期，品牌营销、市场细分、新兴渠道、终端升级等将成为市场竞争的趋势。行业内领先企业将逐步升级到以品牌和资本运作等方式竞争，并成为整个供应链之间的竞争；稳定的供应商队伍又是保障企业未来继续高速发展的前提，因此，生产企业应通过实际行动与供应商建立战略合作关系，对供应商进行优化整合，达到精简数量、提高质量的目的。

随着消费需求层次的不断提高和日趋理性，消费者不仅注重电器附件产品的功能性，还强调其装饰性和舒适性。需求的变化使企业不但要进行内部的生产控制，提高产品质量和性能，更多的要关注相关产业技术发展，用户的不同使用环境及市场需求的反应速度等方面。

生产方面，生产自动化及供应链整合将加快步伐；技术方面，安全、环保、节能、智能将成为未来技术发展的主流，促使传统机械式墙壁开关插座产品升级。工业设计是成熟产品快速切入市场形成企业独特风格的有力手段，产品功能原理变更满足不同消费需求将成为行业的技术创新方向，产品个性化的需求增加。产品出口将持续增加，并将逐步成为全球开关插座产品的重要生产基地。

科技成果及新产品 杭州鸿雁电器公司银帆 V 系列开关插座凭借特别的 4.5°斜角设计、抗紫外线 UV 涂层、进口聚碳酸酯材质，有效提高了产品的可用性，获得了“2007 年中国创新设计红星奖”。针对欧盟的 RoHS 指令壁垒，该公司研发出无卤阻燃增强聚丙烯复合材料，包括多位插座、基座、后罩等，增强了出口产品的竞争能力，并广泛应用于家用电器产品中。在制备的 PA6/ABS 合金中，加入有机插层蒙脱土，制备出电器用高性能蒙脱土改性聚酰胺 6/ABS 合金材料，使性能达到或超过国际系列产品水平，打破国内电器企业依赖国外进口高性能 PA6/ABS 合金材料的局面。

奇胜工业（惠州）有限公司开发出 E84 Sereies 纯平开关，利用“inpress”机械装置技术确保开关按扭在“开”或“关”时保持稳定，亦可节省大量的占位面积；内部采用灭弧技术，机械式开关寿命 80 000 次以上，插座可插拔 15 000 次以上，确保 10 年的安全使用，并符合 RoHS 绿色环保指令。

TCL－罗格朗国际电工（惠州）有限公司研制出 V 系列开关插座，采用全新的开关结构，按钮缝隙均匀，遮挡电弧效果良好；产品后座超薄，布线空间更大；固定架弹性扣位设计，便于拆装；三、四位开关一线通，减少安装导线次数；接触铜片一体化设计，安全可靠。

广东朗能电器有限公司开发出 NB16 和 NB18 系列开关插座、NB6.0 和 NB8.0 系列开关插座、V3 系列开关插座，其中 NB16 和 NB18 系列开关插座面板使用银色喷漆，产品时尚，装饰内框使用金属材料的一次成形，具有耐腐蚀、抗撞击的特性，按钮采用细小棱形状的长条透明罩装饰，内置特大夜显，更显示出人性化设计；NB6.0 和 NB8.0 系列开关插座超薄、纯平的外观设计，端子接线空间大，可同时接 3 根导线，采用锁扣端子不用退螺钉，实现快速接线，简化安装流程；V3 系列开关插座采用模块化功能设计，组合方便，椭圆形安装孔，适合 118、120 安装底盒。

慈溪公牛电器有限公司研制出新型开关插座和转换器。摆簧跷板式开关采用组合跷板与强力摆簧相结合，构成无滑移的快速分断开关，分断性能好，操作寿命长，达到 8 万次以上，远远超过国家寿命标准；防雷转换器有效地运用压敏电阻，温度保险丝、放电管 3 种电子元件对 L—N、L—G、E—G 实现三重防雷保护，最大放电电流 12kA，标称同流容量 5kA，保护水平 1 000V，最大能量吸收 1 800J，专业地实现了对用电器的终端防雷保护；一体化的万用转换器能够适用美标、英标、欧标、澳标等不同插头，体积小、便于携带。

惠州雷士光电科技有限公司开发出 V3 系列开关、插座，采用面板、按钮一体化连接技术，大幅度提高安装效率；采用鞍形端子接线方式，接线空间大且不易损坏导线；可靠的强制分断结构，开关任何负载均无粘连；插套一体化结构，使接触电阻降到最小，不易发热减少火灾隐患；强化型保护门设计，插座更安全。

泰力实业有限公司开发出美标开关插座系列，严格按照 UL20、UL498 标准及美洲地区行业标准进行设计开发，且符合其标准的各项测试要求。产品采用 PC、PA 高阻燃性材料，导电部件采用高精度黄铜、锡磷青铜及高导电率银合金触点组成；产品均采用暗装式。其中开关系列产品采用跳板摆动、拨杆拨动、橡皮减震、安装支架组成接地保护的结构；插座系列产品具有单联、双联结构，采用压线式、快速插入接线式进行接地保护，且设有安装支架，当电器具或线路发生故障时，通过产品的安装支架与金属盒的接触连同暗盒与大地相连，强有力地保证了人身、财产的安全。

宁波万事达综研电气有限公司通过引进日本的制造工艺和过程管理，并进行消化吸收后，开发出跷板开关 RS1、RS7 等产品，不但提高了公司产品质量整体的管理水平，还使企业的各个方面得到了较大的提升。

宁波凯峰电器有限公司开发出 KF—SBM—06/2S 多功能插座和 HUGU—USB—02 带 USB 充电接口组合插座。KF—SBM—06/2S 多功能插座主要是为电脑和高档家用电器提供电源连接，由 1 个主控插孔和 7 个副控插孔组成，具有电源、电话口、网络口、TV 口的浪涌保护功能，同时具有过滤电源杂波 d 作用。HUGU—USB—02 带 USB 充电接口组合插座，主要用于个人电脑的 USB 终端或手机充电器，给充电电池和数码产品进行充电，并可同时对 4 个数码产品进行充电或数据通讯，另外还有 2 个交流电源插孔，可同为 USB 接口进行组合使用。

佛山精密电工合金有限公司开发出应用于微电机高精度复合金属功能材料和多层复合异型焊接材料。其中微电机应用高精度复合金属功能材料是通过对银合金组元结构设计、工艺摸索、定位设计等进行技术攻关，开发出的适合微电机换向器行业、电子元器触片行业的贵金属镶复合材料；多层复合异型焊接材料应用于各电流等级（中、高、低）上的温控器/保护器用的焊接触点，通过对材料特性分析、复合工艺的攻关，开发出环保的各类多层异型焊接触点材料（细晶银类、银镍类和银氧化锡类），较好地解决了广大用户长期依赖进口材料的困境。

质量及标准 企业的竞争力在一定程度上取决于企业是否把自主知识产权转化成为国家标准，以及有多少专利支撑这个标准，要在新领域有新的创新，就应该使其形成行业的、国家的、国际的标准。

全国电器附件标准化技术委员会第五届三次会议于 2007 年 9 月 18～21 日在河南省郑州市召开，行业、生产企业、科研、检测、流通等领域的委员和代表参加本次会议。会议审查通过了 GB 2099.1—××××《家用和类似用途插头插座 第 1 部分：通用要求》、GB 1002—××××《家用和类似用途单相插头插座　型式、基本参数和尺寸》、GB 1003—××××《家用和类似用途三相插头插座　型式、基本参数和尺寸》、GB 15934—××××《电器附件—电线组件和互连电线组件》、GB 9816—××××《热熔断体的要求和应用导则》、GB ××××—××××《电缆管理—电缆托盘系统和电缆梯架系统》等6项国家标准。本次会议上审查的是电器附件专业重要的国家标准，尤其GB 2099.1、GB 1002、GB 1003系列家用插头插座标准，是在充分调研和验证的基础上修订的，修订后的标准水平上了一个新台阶，对规范国内市场、促进我国家用插头插座产品水平的提高、保证人身财产和用电器具的安全等将起到重要的促进作用。

受国家商务部委托，由中国电器科学研究院负责组织编写的《出口电器附件技术指南》，于2008年1月23日通过了由国家商务部、国家标准化管理委员会、中国质量认证中心、中国机械工业联合会、中国电器工业协会及知名电工行业等单位组成的专家委员会的验收评审。《出口电器附件技术指南》通过对主要出口目标国的技术法规、标准和合格评定程序的研究，结合对国内电器附件企业的调研，较全面地总结了我国电器附件出口的现状，对我国电器附件产品主要出口目标国家和地区所执行的技术法规和标准以及合格评定程序作了详尽的阐述和分析，指出了我国电器附件产品出口应注意的问题，对我国电器附件产品避免国际市场贸易技术措施、拓展电器附件产品出口提供技术指引，将会对我国电器附件企业产品出口起到积极的指导作用。

家用和类似用途插头插座是结构简单、用途广泛的电器连接附件，质量的好坏直接影响到人类的生命安全和国家财产的损失。2007年第二季度，上海市质量技术监督局对该市生产、销售的插头插座产品质量进行了专项监督抽查。依据国家强制性标准GB 2099.1—1996《家用和类似用途插头插座第一部分　通用要求》和GB 1002—1996《家用和类似用途单相插头插座型式、基本参数和尺寸》，对抽查产品的标志、尺寸的检查，防触电保护，接地措施，端子、固定式插座的结构，绝缘电阻和电气强度、温升，拔出插头所需的力，机械强度，耐热，螺钉，载流部件及其连接，爬电距离，电气间隙和通过密封胶的距离，绝缘材料的耐非正常热、耐燃和耐漏电起痕等14项安全指标进行了检测。抽查的53批次产品经检验，合格44批次，抽样合格率为83.0%。本次抽查发现，产品不合格的主要项目有“绝缘材料的耐非正常热、耐燃和耐漏电起痕”、“耐热”等，均为与产品绝缘材料质量相关的指标。“耐热”项不合格，主要表现为产品经耐热试验后，外壳出现较大变形，影响正常使用。主要原因是生产企业为降低成本，不严格执行国家标准要求，选用了价廉质差的绝缘材料；“绝缘材料的耐非正常热、耐燃和耐漏电起痕”项不合格，主要表现为产品中用于支撑带电部件的绝缘材料不具备应有的耐热和阻燃性能，这样的产品在使用中，很容易因为过热而燃烧，进而引发火灾。

转换器是指以一个插头和一个（或多个）插座构成，用于电源连接转换的电气附件（通过软电缆连接的转换器产品俗称“拖线板”）。2007年第二季度，上海市质量技术监督局对该市生产、销售的转换器产品质量进行了专项监督抽查。本次抽查，依据国家强制性标准GB 2099.1—1996《家用和类似用途插头插座第一部分　通用要求》、GB 2099.3—1997《家用和类似用途插头插座　第三部分　转换器的特殊要求》和GB 1002—1996《家用和类似用途单相插头插座型式、基本参数和尺寸》，对抽查产品的防触电保护、机械强度、耐热、绝缘电阻和电气强度、温升、接地措施、绝缘材料的耐非正常热、耐燃和耐漏电起痕端子等15项安全指标进行了检测。抽查的37批次产品经检验，合格21批次，抽样合格率仅为56.8%。检测发现的不合格项有：“软缆及其连接”、“端子”、“接地措施”、“耐热”、“移动式电器附件的结构”、“额定值”、“标志”和“拔出插头所需的力”。其中，“软线及其连接”项不合格的有15批次产品，所使用软线的横截面积与标准要求不符，有个别产品甚至远未达到国家标准规定值0.75mm²，实测值只有0.17mm²。这说明厂家偷工减料严重，质量意识极其淡薄。一旦用户使用此类转换器，用电线路容易过热从而导致线路老化，极易造成短路及火灾事故的发生，危害极大。“端子”项不合格的有8批次产品，标准中规定“可拆线中间转换器应装有螺纹夹紧型端子”且“螺纹夹紧型端子应可以连接未经特别处理的导线”，抽查中发现，有些产品未采用螺纹夹紧型端子（只是焊接或铆接），有些虽采用了螺纹夹紧型端子，但不能夹紧未经特别处理的导线，这样的转换器当电源线损坏、需要自行更换电源软线时，使用者无法方便、可靠地进行连接，造成连接处接触不良和过热，进而引发火灾。“接地措施”不合格的有5批次，这些产品有的无接地插头，有的是内部假接地（有接地端子无接地线），这都可能对使用者造成严重危害。“耐热”项不合格有3批次产品，这3批次产品经耐热试验后，外部均有较大程度的变形，个别产品甚至裸露出带电部件，说明这些产品所选用的绝缘材料不具备耐热性能，生产企业没有执行国家标准的要求，选用了价低质劣的绝缘材料。“移动式电器附件的结构”不合格的有3批次产品，标准规定，转换器插座部分的任何一个插座带有接地插套或触头，插头部分应有接地插销或触头，但这3批次产品均无接地插销，使用者使用此类产品极易发生触电危险。“额定值”项不合格有1批次产品，该产品插头部分标定电流为10A，而转换器上标定的额定电流为16A，这样的产品在使用过程中，负荷一旦达到其所标定的额定电流16A时，就会造成插头部分过负荷，插头与插座接触部分过热导致绝缘老化，最终造成线路短路及火灾事故的发生，造成不合格的原因主要是厂家对标准不理解，以不当的产品填补市场空白，发生了“小马拉大车”的错误。“标志”项不合格的有1批次产品，“标志“是指示人们正确安装、使用和维修的重要依据，是确保人身财产安全极其重要的安全标准内容，标准中要求转换器产品要用“MAX（或最大）”符号来标出最大额定电流或功率，以避免超负荷使用，本次抽查，有1批次产品因未标识最大额定电流或功率及其他标识内容不全被判定不合格。“拔出插头所需的力”项不合格有1批次产品，该批次产品制作工艺粗糙，转换器内部所用材质也不符合要求，说明生产厂家技术力量及质保能力薄弱，对标准的理解极不到位。

为进一步加强对强制性认证产品的监督管理，2007年第三季度，浙江省质量技术监督局组织对该省取得“CCC”证书的插头插座和家用照明开关产品实施跟踪性监督抽查。此次监督抽查计划安排464批次，分布在杭州、宁波、温州、嘉兴、台州、湖州、金华、绍兴、衢州和丽水等10个城市，企业性质包括股份制、个体私营、集体、三资、国有企业等，实际抽取具有有效3C认证证书的产品337批次，合格297批次，批次合格率88.1%，较上年的78.1%上升了10个百分点，产品质量总体水平明显提升。

2007年第三季度，安徽省质量技术监督局组织开展了开关插头插座产品的省级监督抽查工作，共在芜湖市、无为县、全椒县抽查18组样品，经检验合格14组，抽样合格率为77.8%，其中家用和类似用途开关6组，合格样品6组，抽样合格率100%；家用和类似用途插座6组，合格样品6组，抽样合格率100%；家用和类似用途转换器6组，合格样品2组，抽样合格率33.3%。抽查结果显示，家用和类似用途开关、插座的产品抽样合格率较高，产品质量稳定，家用和类似用途转换器的产品抽样合格率较低，产品质量很不乐观。本次抽查中，不合格项目主要集中在产品的“耐热”指标上，同时有些产品还存在“导线标称横截面积”、“接地电阻”或“软线的固定部件”指标达不到标准要求的情况。

本次抽查中，在不合格产品中均有“耐热”指标不合格现象，标准要求“试样在试验期间不得出现影响今后使用的变化”，而这些不合格产品在该项试验中产品整体均出现严重变形，主要表现在壳体变形严重，无法正常使用，说明壳体的使用材料热稳定性差。导线标称横截面积和接地电阻以及软线的固定部件也是衡量家用和类似用途转换器产品质量的重要指标，导线标称横截面积和接地电阻不符合标准要求，可能存在安全和无法使用的隐患。无软线固定部件可能导致接点或端头之处受到应力，致使导线护套产生磨损，破坏绝缘层，危害操作者的人身安全及电器安全。

江西省质量技术监督局2007年第三季度对插头插座产品进行了省级产品质量监督抽查，共抽查了61家企业生产的61批次产品，合格44批次，抽样合格率为72.1%。其中，抽查了42批次固定式插座，合格33批次，抽样合格率为78.6%；抽查了19批次移动式插座（转换器），合格11批次，抽样合格率为57.9%。存在的主要问题：①移动式插座的连接电源线横截面积偏小。本次抽查的8批次不合格移动式插座中，有6批次产品是因为企业使用了横截面积偏小的电源线造成的。连接电源线横截面积偏小，负载过大时易引起火灾。②个别产品绝缘材料耐非正常热及耐燃试验不合格。本次抽查的17批次不合格产品中，有1批次产品绝缘材料的耐非正常热及耐燃试验不合格，主要是由于部分企业使用了劣质绝缘材料造成的。该项指标不合格易造成产品在负载过大时发热而引发火灾。③防触电保护措施不达标。本次抽查的17批次不合格产品中，有3批次产品防触电保护措施不符合标准规定要求。主要是由于部分产品的保护门不能完全遮蔽带电插套，探针触及到带电部件易引起触电。④耐热试验不合格。本次抽查的17批次不合格产品中，有8批次产品的耐热试验达不到标准规定要求。主要表现为产品经过1h、100℃高温试验后产生变形，无法正常使用。⑤移动式插座的端子不合格。本次抽查的8批次不合格移动式插座中，有3批次产品的端子不合格。主要是部分产品未装螺纹夹紧型端子，当电源线损坏需更换时使用者无法方便、可靠地进行连接，易造成连接处接触不良和过热而埋下安全隐患。⑥机械强度不达标。17批次不合格产品中，有8批次产品的机械强度达不到标准规定要求，主要是部分产品保护门的弹簧弹性不够，保护门容易打开。

基本建设及技术改造 电器附件企业面对原材料上涨、市场竞争激烈等外部因素，不断优化产品结构，提高产品质量，扩大生产规模，加大基础建设和技术改造，加强企业内部管理，使生产和技术能力上了一个台阶，24家主要企业完成固定资产投资总额4.45亿元。2007年电器附件行业部分企业固定资产投资情况见表7。

表7 2007年电器附件行业部分企业固定资产投资情况

企业名称	固定资产投资			
	总额（万元）	其中 基本建设（万元）	其中 技术改造（万元）	主要用途
广东华声电器实业有限公司	20 000	15 000	5 000	购置土地、建造厂房
奇胜工业（惠州）有限公司	3 882	285	3 597	厂房翻新、购置设备和仪器
杭州鸿雁电器有限公司	3 280	2 530	750	建设厂房、新产品的研发及应用
南京曼奈柯斯电器有限公司	3 270	2 770	500	扩建厂房、添置设备
浙江正泰建筑电器有限公司	2 431	220	2 211	厂房扩建及装修，增加流水线、注塑、装配及模具等方面的技术改造
宁波凯峰电器有限公司	1 867	780	1 087	年产100万套智能电源连接器技改项目
TCL－罗格朗国际电工（惠州）有限公司	1 370			改造生产车间、购置设备和仪器
广东朗能电器有限公司	1 205		1 205	引进生产及检测设备，扩大生产基地
飞雕电器集团有限公司	1 050	400	650	扩建厂房、购置生产设备、流水线
杭州鸿世电器有限公司	935		935	建筑和安装工程、购置设备仪器、新增电缆线生产能力

（续）

企业名称	固定资产投资			
	总额（万元）	其中		主要用途
		基本建设（万元）	技术改造（万元）	
天基电气（深圳）有限公司	672	534	138	扩建厂房和产品技术改造
慈溪冬宫电器有限公司	600	280	320	扩大生产规模，增加厂房、产品生产线
宁波万事达综研电气有限公司	540	200	340	年产1 300万只电器开关生产流水线技改项目和3条流水线设备
泰力实业有限公司	520		520	扩大生产能力、新增冲床、注塑机、机边粉碎机、氩焊机、自动化生产线、平绕机控制器等设备
惠州雷士光电科技有限公司	513			购置生产设备、模具
慈溪市公牛电器有限公司	500		500	新品开发及更新生产设备
浙江德力西国际电工有限公司	464			购置生产设备、模具
广东锦力电器有限公司	450	220	230	厂房扩建翻新、购置生产设备、产品研发
江苏西蒙奇通电器有限公司	360			模具加工及注塑改造、购置生产设备
宁波灵象电器有限公司	150	110	40	扩建厂房、设备更新改造
浙江跃华电讯有限公司	150	80	70	扩建厂房，新增200万套USB连接生产线
佛山精密电工合金有限公司	119	28	91	扩产改造、生产设备改造、产品研发
天津市津耐电器有限公司	109	109		扩建厂房
汕头市东亚电器厂	40	20	20	港口门机接电方式的改进和创新

管理及改革　2006年12月25日，商务部组在出口商品技术服务工作会议上，宣布成立第二批10家出口商品技术服务中心，其中指定了中国电器科学研究院为“电器附件出口商品技术服务中心”，并颁发了授权书。

中国电器工业协会电器附件及家用控制器分会努力发挥桥梁与纽带作用，开展了形式多样的活动。

1. 实施品牌战略

电器附件行业中只有小部分企业通过了或正在申报“中国驰名商标”，不少企业已经获得了省、市的名牌、著名商标称号。根据行业的需求，分会秘书处积极组织了电器附件行业和制冷自控元器件行业“中国名牌”目录的申报工作，编写了电器附件和制冷自控元器件行业“2007年中国名牌评价目录”的申报材料，制冷自控元器件行业成功入选“2007年中国名牌评价目录”，两家行业主导企业产品获得了“中国名牌”的称号。

2. 编辑出版各类信息资料

2007年，电器附件分会秘书处编辑《电器附件》会刊、各类型的专题、会议等信息资料500多万字。

3. 组织行业会议

根据行业需求，开展了行业技术和学术交流活动，分别组织了“电线组件产品标准、测试技术与认证交流研讨会”、“插头插座、开关标准及测试方法培训”和“中国RoHS与欧盟RoHS实施要求宣讲会”、“电器附件出口技术指南工作会议”等。

4. 加强分会自身建设，提高服务质量和水平

组织召开了分会第四届六次常务理事会议，筹备第四届理事会的换届工作。

5. 认真做好会员的发展工作，不断扩大会员的覆盖面

杭州鸿雁电器有限公司促进资源整合，成立营运中心，搭建起协同营销平台，市场组织架构调整到位；推进信息化管理和市场督导监督体制，大幅提高公司资源利用率；坚持以市场为导向的技术创新模式，促进产业完善与发展；加强产品开发前的统筹规划和方案评审工作以及设计后对过程的总结交流，有效提高新产品开发效率与质量；借助信息系统平台，进一步加强研发过程的控制力度，缩短了新产品开发周期；建立动态学习、消化、吸收、创新的技术创新体制，迅速有效地提高公司的研发实力；以经济效益为中心，以成本管理为导向，优化成本管理结构，使企业效益得以提升。

TCL－罗格朗国际电工（惠州）有限公司推行精细化管理，精确核算产品单位成本与控制管理，用物料投入产出核算方法有效控制关键物料；推行TEAM WALK的工作方式，卓越成效推进20多个改善项目。

天基电气（深圳）有限公司采用先进的ERP系统，严格执行ISO 9000国际质量管理体系标准，并通过英国BSI认证，推行卓越绩效管理模式，导入SA8000社会责任体系及5S管理体系，在品质流程管理上执行“零缺陷”质量要求。公司建立了庞大的数据交流、采集中心，设有专门的信息管理部门负责规划、统筹、管理、实施与校正。同时公司紧跟行业专业技术的发展，采用语音电话、存储系统、自动备份技术、病毒防治技术及程序设计技术，内部采用光纤、千兆网技术，共享研发技术，实现有效的沟通，确保在独特技术与先进管理方面的行业领先地位。

杭州鸿世电器有限公司完成了新厂房的建设及办公楼、电器附件车间的搬迁工作，并尽量减少搬迁带来的生产损失，较好地完成了年度各项经济指标。继续推进质量管理工作，先后接受了英国BSI、ASTA、美国UL、挪威NEMKO、德国VDE等国外机构的现场检查，并通过了各项审查，在质量管理工作已达标的基础上，又通过了标准化管理体系、计量管理体系的升级检查和环保ISO 14001体系的复查审查。根据公司确定的发展战略，坚持以市场为导向，加快研制和开发新产品，为拓展新市场、保障公司核心业务优势

的增长，并为发展新客户提供技术保证。

浙江正泰建筑电器有限公司围绕“夯基础、扩规模、求发展”的思路，对4个公司及5个职能部门进行资源整合。重组了电工主业的技术体系，完善了研发与开发两级技术管理体系。创新营销模式，突出销售与市场关系，裁短管理链条，销售决策、服务进一步贴进市场一线。通过资源重组，公司核心管理职能得到进一步强化，机制创新取得重要进展，为持续发展打下了坚实的基础。

广东华声电器实业有限公司主要生产家用电器信号和电源连接线缆产品，公司积极调整经营思路和战略，在市场竞争日趋激烈、原材料价格波动大、任务相当繁重的情况下，取得了较好的业绩，除空调主柱业务增长外，小家电和外贸出口业务分别比上年增长48.8%和59.1%。公司通过了ISO 9001、ISO 14001及QC 080000等质量、环境及有害物质管理体系认证，还获得了亚洲、非洲、欧美国家以及澳大利亚等其他国家和地区的相关产品安全认证证书。为确保产品符合要求，公司建立了材料及产品性能实验中心，配备齐全检测设备，还建立了有害物质检测中心，可快速、精确地测定如镉、铅、汞等有害物质，严格执行RoHS指令，在产品中禁止使用特定有害物质，从源头上保障产品的健康与安全，从而提升了竞争力。重视品质管理，建立并持续完善质量管理体系，在原材料、生产过程、产品出货、客户服务等各个环节加强品质管理，通过纠正预防，不断的提升产品品质。

随着国内外市场销售的急剧增长，泰力实业有限公司加快设备自动化、半自动化改造步伐，迅速扩大生产规模。同时，构建ERP新信息平台的网络升级正式启动并加紧推进；加强新产品研发，提高新产品销售对整体销售的贡献度；深化与原有亚洲客户的合作、扩销放量，大力开辟新的分散客户，开拓了欧洲、非洲和中东新市场，外贸业务结构改善；培育服务型管理文化，积极启动和稳妥推进部门/车间主管的工作效能联薪考核；积极开展“质量整顿月”，引导员工深入进行深度改善现场管理的“7S”活动，取得了一定收效。

慈溪冬宫电器有限公司狠抓制度建设，通过制度建设，促进生产管理，提高产品质量，改正产品结构，充分利用数据标准，减少电线、铜丝材料的消耗，大大提高了原材料的成本利用率。在通过ISO 9001质量体系认证的基础上，2007年企业又通过了ISO 14001环境管理体系认证、OHSAS 18001职业健康安全管理体系认证。

宁波万事达综研电气有限公司引进各种人才，不断充实管理团队和研发团队以适应和满足企业发展的需要；改善管理机制，修订和完善规章制度，使各项管理进一步规范化、程序化；与国际企业合作，以OBM的形式引进国外的生产工艺和管理方式。

汕头市东亚电器厂认真研究市场，制订计划，明确分工和指标，充分调动员工的积极性，发挥专家和技术的品牌效应，不断扩大已有用户群；做好售前的技术服务工作，到现场与用户共商设计方案，提前考虑并事先解决可能出现的问题，使产品在现场顺利安装、调试和使用；坚持依靠科技创新，开发具有特色、防护等级高的产品，如产品的防护等级可以做到IP67，可适应恶劣的工作环境，并在港口码头、石油化工、发电厂和建筑工地具有一定的知名度。同时，对原有产品进行整理、分析，向规格化、系列化发展，根据现场应用反馈的信息对产品进行优化升级，使产品性能更加优越，更加人性化和安全可靠，进一步增强了产品的竞争力。

浙江跃华电讯有限公司积极拓展市场，销售再创新高，外贸不断拓展；坚持技术创新，狠抓现场管理，产品质量稳步提高，产能迅速增长。

天津市津耐电器有限公司完善ERP管理实施与改造；加大营销策划和广告宣传，在销售过程中，帮助经销商进行经营与管理，提高客户的满意度和忠诚度，制订考核激励办法等措施，提高员工的积极性。

〔撰稿人：中国电器科学研究院陈明　审稿人：中国电器科学研究院李伯宁〕

小型熔断器

小型熔断器（俗称“保险丝”）是一种安装在电路中，保证电路安全运行的电路保护元件。其工作原理是：熔断器通电时电流转换的热量会使熔体的温度上升，当电路通过正常工作电流或允许的过载电流时，电流产生的热量通过熔体向周围环境辐射，通过对流和传导等方式散发的热量能与产生的热量逐渐达到平衡；当电流产生异常时，散热速度跟不上发热时，这些热量就会在熔体上逐渐积累，使熔体温度上升，从而断开电流，起到安全保护电路的作用。

小型熔断器广泛使用于：仪器仪表、工业控制、试验测量、电机等各种电器中；各类家用电器、视听设备、厨卫电器、小家电中；住宅供电系统、配电板、插头开关、接线装置中；PC机、笔记本、各种电脑周边或外围设备和附件中；电子通信、交换机、终端机、机站及相关产品中；网络设备、接入分配及网络周边设备或附件中；交通设施、交通工具、各种车船及车载电子电器设备中；金融系统包括银行证券设备、存取款及刷卡装置等；商业系统包括各类服务行业的计算器、收银机等设备；电子游戏、电子玩具等娱乐设施及附件中；各种类型的电源器、变换器、冲放电器等；医疗设备、军工设备、高科技含量的各种设备中。

生产发展情况　与其他电子企业一样，近年来不少电路保护元件和小型熔断器的制造企业为了扩大公司规模和增加产品门类，实行了一系列的兼并与收购。例如，力特公司在前几年成功并购Teccor的过压保护产品和威文公司后，近年又接连收购了Pudenz多种汽车保险丝和Concord的硅雪崩二极管等产品，使产品线日益扩大和丰富，集电路保护元件之大成；Bussmann除了收购韩国的Save Fuse以外，也对内部架构进行了调整，并将部分产品的生产移到中国大陆，增强了竞争力；日系的 Kamaya 被中国台湾的华新科整体收购后，包括小型熔断器在内的销售全部纳入华科的网络，从原来的日资变为台资加入到中国市场。

小型熔断器在被动元件行业里尚处于小幅发展阶段，不时有电阻企业、PTC 企业、二极管企业等加入到本行业，如中国台湾的大毅（TA－I）、上海的泰科（Tyco）等，也有中国大陆境外的熔断器制造厂新加入进来，如建厂在上海松江的台资福佑斯等，华南地区的良胜、旭程和贝特等新兴企业呈现较快速成长的态势。与此同时，部分制造商或由于被收购兼并而消失，或由于经营不良等种种原因而转产或关闭，从而退出小型熔断器领域。

大部分小型熔断器企业都在追求产品种类及系列的扩展，用更多更全的产品来提升自身的竞争能力。产品线的扩展主要方向有：从一次性熔断器——可恢复熔断器；从电子电路保护——微电子、汽车电子、工业电路保护；从电流保护产品——电压、静电、温度、雷击等保护产品；从被动元件领域——主动元件领域；从分立元件——集成化元件；从通用类产品——专用产品、特殊用途产品；从电路保护元件——其他电子零件。

市场及销售　小型熔断器产品很具生命力，在中国市场的使用方兴未艾，但品种分布会略有变动，管状熔断器的成长较小或不再成长，片式和车用的成长则较大。小型熔断器的产品特性，电子及数码产品的快速成长和小型熔断器的广泛应用，使得我们可以期望小型熔断器在未来市场中依然会有不错的前景。

小型熔断器的市场是随着应用市场的发展而变动的，在广泛的应用领域中，发展最快的当属个人移动数码产品和高速信号传输产品，与此相匹配的小型熔断器产品大部分会使用小体积和小电流的，特别是片式熔断器和电流规格小于或等于 1A 的熔断器品种。在小型熔断器的大家族里，这些产品是技术含量较多和生产难度较高的，同时也会是售价较高和生产厂家较少的，从中国市场的角度来看发展前景较好。

在中国的 CPI 连续增长的同时，小型熔断器的价格却持续滑落，特别是片式熔断器的跌势更加明显，2004～2007 年实际成交价格降低 40%～50%，管状熔断器的价格滑落则略小。与此同时，小型熔断器的主要材料有色金属的价格反而有明显的上升和波动，给制造商带来很大的成本压力；在产品外销企业中，美元汇率的不断下跌也为制造商制造了另一项沉重的成本压力，这是小型熔断器行业很重要的市场特征。

热门发展的主要产品有：

立式插脚：界于管状和片状之间的插脚型熔断器近年得到相当不错的发展，特别是轴向立式的扁方柱形和圆柱形熔断器，更是得到许多熔断器制造商和用户的青睐，几乎成了管状熔断器生产厂发展新产品的首选品种。这类被称为“小黑豆”或“小红豆”的插脚熔断器具有体积较小、分断能力高、可直接连结交流电源用于电路的初级保护等优点，被广泛应用在各种紧凑型电源、冲电器及电源变换器等领域，特别是面对消费类电子产品的 Adapter 适配器等电源类产品上，绝大多数都采用了这一类熔断器。

方管表贴：另一类界于管状和片状之间的表面贴装熔断器——方头管式熔断器，近年来也得到了较大的发展，不少已有多种熔断器产品的制造商也纷纷投入这类产品的开发，部分非熔断器制造商也在开发同类产品，使被几家垄断的市场呈现出多元化及竞争态势。这类被称为“通信保险丝”的 SMD 熔断器具有 2410 的较小体积、电流规格大、熔化热能高、交直流两用等优点，被广泛地应用在通信交换机、电脑主板、大功率变频器等领域，以及部分需要表面贴装但其他表贴产品电流规格不够大、额定电压不够高或 I^2t 不够强的场合，几乎可以覆盖所有使用管状熔断器的地方。

片式新系列：随着个人数码电子产品的快速发展和日益普及，小型熔断器的片式产品应用与日俱增，并促使更多的片式熔断器产品系列的诞生，如能承受较高熔化热能的 HI（high inrush）系列产品、能负载更大额定电流的 HA（high appere）系列产品、使用不同基体材料的系列产品等。产品系列的多样化，既打破了片式熔断器品种单调和规格的局限，促进了片式熔断器的发展，也为日益多样的超小、超薄、超轻和移动终端产品的应用提供了更多更合适的选择。

小型熔断器产业的发展也带动了相关产业的发展，小型熔断器使用的材料、零部件和生产设备，都比以前有了明显的成长。已在小型熔断器制造厂中得到广泛应用的有：

特种专用丝材：贵金属材料厂的金、银等贵金属合金片线材、管状熔断器的复合熔线、各类铜和银的合金线材，各种延时熔断器用的熔丝材料，用单丝替代了以前的绕丝和点锡球丝。

新材料端帽：为帮助化解管状熔断器的主要零件黄铜端帽的材料成本压力，研制成功了新颖锌铜合金材料，制成的铜端帽可为熔断器配套，可降低原材料成本、增加产出率（比重降低），而其他各项性能都能保持原有水平，初步计算可节约成本 20%，已有几家公司在试验和试用。

专用生产设备：熔断器行业的发展，也带动了相应专用设备的发展，一批工厂先后推出了管状熔断器的专用制造设备，包括玻璃切割机、铜帽压印机、自动装配机等，改变了这些设备依靠进口的被动状态。

科技成果及新产品　随着小型熔断器行业的发展成熟，大部分制造商都十分重视新产品的开发，陆续推出新产品和技术成果。

AEM 推出 0603FF 超薄系列（0.5～5A）和 1206HA 大电流系列（10～20A）新颖片式熔断器。

Bussmann 推出多个新产品系列，包括耐高脉冲和大电流（20A）的贴片熔断器。

Littelfuse 推出 1206 尺寸的 10～20A 大电流片式熔断器新品。

厦门 Hollyland 在原有品种基础上也开始向电工熔断器（Power Fuse）、温度熔断器（Thermal Fuse）、可恢复熔断器（Resetble Fuse）等领域进军。

上海松山在航天配套产品上也将产品电流规格扩大到0.375～15A，获得了一体化高压熔断器的专利。

小型熔断器行业的技术发展方向主要为：

ESD保护：高速数字信号传输是当前电子业的一大热门，随之而兴的ESD保护也成了快速发展和众所追逐的热门课题，许多保险丝制造商都投身这项技术的研究与开发，希望能克服现有ESD保护元件的缺点，推出比半导体类或高分子类产品具有更低电容值和更高稳定性能的新颖ESD保护元件及其阵列产品，来满足正在飞速增长的HDMI、USB等高速信号接口的ESD保护之需求。

可恢复产品：具有多次保护功能的可恢复产品是保险丝行业的另一个热门，PTC热敏电阻是以材料科学为基础的另一门类产品，所以大都由熔断器外的企业生产。由于PTC热敏电阻与熔断器具有不少重合的应用领域和客户群，引起了小型熔断器企业的兴趣，有把Fuse和PTC两类产品归并到同一个行业的趋势，不少熔断器制造商也把开发或引进的触角放到PTC技术领域，来扩大自己的产品门类，更齐全地覆盖保护元器件的技术。

熔断电阻：熔断电阻可以算是过电流保护器的一种，介于熔断器和电阻器之间的熔断电阻问世后，被一部分追求低成本的客户接受，近年来逐步在片式元件领域里掀起一股熔断器热。由于过流保护器和电阻器的制造工艺差距不大，而产品的利润率却要高出许多倍，吸引了众多电阻专业制造厂的兴趣，纷纷采用电阻工艺来制造过电流保护器，并以明显低于熔断器专业产品的价格推向市场。这一类电路保护器拥有标准的安装尺寸，也可有快熔断、慢熔断等品种，性能的一致性和产品的安全度虽略见逊色，但在一些保护要求不高或仅需要作短路保护的应用场合还是能起到一定的保护作用，并拥有相应的市场，成为目前不容忽视的一种实际现象。

集成元件：电路保护要求的日益增加和整机电子产品体积的日益缩小形成了一对矛盾，从而产生了电路保护元器件集成化的要求，包括多线路的保护阵列、过电流保护和过温度保护的集成、过电流保护和过电压保护的集成、过电流保护和ESD保护的集成等等，日本SONY、三洋等已有这样的产品问世，市场前景相当不错。不少熔断器专业制造商也投身于元件集成的技术研发，成为技术发展动向之一。

质量及标准　在我国标准化管理委员会和相关部门的大力支持下，2007年中国电器科学研究院正式承担IEC/SC32C（国际电工委员会小型熔断器分技术委员会）的秘书处，代表中国在小型熔断器行业标准方面行使话语权。经过IEC中央办公室对新秘书资格严格的投票程序，中国电器科学研究院的蔡军同志被任命为IEC/SC32C秘书处秘书。IEC/SC32C的秘书处是我国取得的第4个IEC技术委员会秘书处，也实现了中国熔断器行业承担IEC秘书处零的突破，为推进我国实质性参与国际标准化作出了贡献，对中国小型熔断器行业的标准化工作起到了推进作用。

目前小型熔断器按标准体系划分主要可分为欧洲和北美两大类别，我国的标准体系等同采用IEC标准制定，为GB864系列；欧洲标准为IEC/EN60127系列；北美的美国标准为UL248—14、加拿大标准为CSA—C22.2 No.248—14。

IEC及欧洲小型熔断器采用的IEC/EN 60127系列标准是：

IEC/EN 60127—1《小型熔断器　第1部分：小型熔断器定义和小型熔断体通用要求》，《Miniature fuses - Part 1：Definitions for miniature fuses and general requirements for miniature fuse - links》（我国与之对应的标准为GB9364.1）；

IEC/EN 60127—2《小型熔断器　第2部分：管状熔断体》，《Miniature fuses - Part 2：Cartridge fuse - links》（我国与之对应的标准为GB9364.2）；

IEC/EN 60127—3《小型熔断器　第3部分：超小型熔断体》，《Miniature fuses - Part 3：Sub - miniature fuse - links》（我国与之对应的标准为GB9364.3）；

IEC/EN 60127—4《小型熔断器　第4部分：通用模件熔断体》，《Miniature fuses - Part 4：Universal modular fuse - links》（我国与之对应的标准为GB9364.4）。

其中，IEC/EN 60127—1是该系列标准的通用部分，起到总则的作用，给出了所有有关小型熔断器和熔断体的定义，并且规定了产品试验的一般要求、试验方法和判定依据；IEC/EN 60127—2、IEC/EN 60127—3等分标准则给出了对应产品的特殊要求。

北美的小型熔断器标准是：

美国标准为：UL248—1《低压熔断器—第1部分：通用要求》，《Low - voltage Fuses - Part 1：General Requirements》；UL248—14《低压熔断器—第14部分：辅助熔断器》，《Low - voltage Fuses - Part 14：Supplemental Fuses》。

相应的加拿大标准为CSA—C22.2 No.248—1和CSA—C22.2 No.248—14。

比较两大标准体系IEC/EN60127与UL/CSA 248—14就会发现两者之间存在着很大的差异。虽然熔断器在结构、材料等方面有着类似的要求，但在电气性能方面，两组标准差别甚大，主要项目有额定值、外形尺寸、电气性能试验等。

随着科技的发展，熔断体产品的性能也日益提高。作为熔断体的规范标准，欧洲IEC/EN60127系列标准也在不断更新换代。通过对IEC/EN 60127—2各种版本进行比较，会发现它正朝着小型化、大电流、多种型式尺寸的方向发展。

〔撰稿人：中国电器工业协会电器附件及家用控制器分会郑索平、蔡军　审稿人：中国电器科学研究院李伯宁〕

牵引电气设备

2007年，牵引电气设备行业在全面实施“十一五”战略规划的征程中，准确把握国家宏观调控政策，坚持科学发展观，大力发展冶金矿山、煤炭、电力、交通运输产业用产品，积极推进自主创新，推进产业结构和产品结构的优化升级，推进重点技术装备的国产化攻关工作，推进节能减排任务的落实，企业形象和实力大幅度提升，全行业继续保持了平衡快速发展的良好势头。

生产发展情况 据对全行业32家企业的统计，2007年完成工业总产值55.22亿元，比上年增长38%；主营业务收入49.4亿元，比上年增长26.9%，2007年牵引电气设备行业部分企业主要经济指标见表1。

表1 2007年牵引电气设备行业部分企业主要经济指标

序号	企业名称	工业总产值(万元)			工业销售产值(万元)		
		2007年	2006年	2007年比上年增长(%)	2007年	2006年	2007年比上年增长(%)
1	湘电集团有限公司	333 403	257 359	29.5	320 689	249 981	28.3
2	贵州天义电器责任有限公司	20 772	17 921	15.9	19 408	16 532	17.4
3	江苏常牵电机有限公司	18 000	14 000	28.6	18 570	14 000	32.6
4	淄博牵引电机集团有限公司	19 451	18 975	2.5	20 603	20 609	-0.03
5	大连日牵电机有限公司	10 001	10 022	-0.2	10 003	10 016	-0.1
6	湘潭牵引机车厂	9 012	7 551	19.3	8 529	6 463	32.0
7	山东济宁山矿机车有限公司	10 137	8 529	18.9	7 232	6 918	4.5
8	湘潭南方电机制造有限公司	2 765	1 426	93.9	2 765	1 426	93.9
9	唐山现代电器厂	1 786	1 300	37.4	1 732	1 205	43.7
10	上海立新电器控制设备有限公司	2 482	3 561	-30.3	2 745	3 799	-27.7
11	常州基腾电器有限公司	7 513	6 282	19.6	7 706	6 518	18.2
12	常州华盛电机厂	1 929	1 772	8.9	1 920	1 642	16.9

牵引电气设备行业的新产品开发成果不断，加之冶金、煤炭、交通运输、石油、化工行业的产品需求量大，市场发展势头看好。但原材料如钢材等的涨幅未落，导致制造成本居高不下，因此尽管全行业企业总产值不断增长，工业增加值和主营业务收入都有所增长。2007年牵引电气设备行业部分企业工业增加值和主营业务收入见表2。

表2 2007年牵引电气设备行业部分企业工业增加值和主营业务收入

序号	企业名称	工业增加值(万元)			主营业务收入(万元)		
		2007年	2006年	比上年增长(%)	2007年	2006年	比上年增长(%)
1	湘电集团有限公司	72 311	68 863	5.0	281 069	261 317	7.6
2	常州基腾电器有限公司	1 583	1 212	30.6	6 142	5 366	14.5
3	江苏常牵电机有限公司	4 424	1 656	167.1	15 308	11 790	29.8
4	江苏常州洲源机电制造有限公司	985	587	67.8	1 349	1 052	28.2
5	大连日牵电机有限公司	3 020	3 021	-0.03	10 030	—	—
6	山西平遥汇丰机车有限公司	1 158	1 292	-10.4	2 938	3 319	-11.5
7	常州云凯电器有限公司	195	128	52.3	710	560	26.8

市场及销售 2007年，牵引电气设备行业企业在巩固牵引电气产品主业的同时，积极参与冶金矿山、电力交通、石油、钢铁行业配套产品的竞争。在激烈的市场竞争中，各企业紧紧抓住市场机遇，各有新招，各具特色，不断造就出市场发展新优势。

湘电集团有限公司为发展风电主业，继先后打入大唐集团、福建漳州、内蒙卓资和山西国际等风电市场后，又成功地进入了唐山陆钢、西南不锈钢、张家口沙钢等项目，并成功开拓了巴西、印度、韩国、土耳其等国家（或地区）外市场，实现出口产值1.43亿元，全年开拓电机新领域实现订货2.5亿元。上海立新电器控制设备有限公司注重市场开发，公司领导和技术人员一道走南闯北，使公司电器产品在城轨、铁路、电厂、采矿、轧钢、化工等行业中得到广泛应用，实现年销售产值2 745万元，比上年增长22.7%。湘潭牵引机车厂注重以煤炭行业为龙头，抢占市场制高点，针对矿山用电机车需求量大、技术含量要求高、品种数量多等特点，全力组织开发了变频调速车和斩波调速机车产品，做到逢标必投、每标必中，实现了连续3个月突破1 000万元订货的良好成绩。山西平遥汇丰机车有限公司在企业改制后，注重市场预测，预计防爆蓄电池机车市场不断扩大，交流变频调速机车更是发展方向。因此，公司在完善3t、20t架线式机车和2.5t、5t、8t、12t防爆蓄电池机车的同时，快速开发出斩波调速装置，连续推出10t、14t交流变频调速车，拓宽了市场领域。湘潭市牵引电机厂注重“健全制度，充实队伍，主动出击，拓宽市场”的经营战略，坚持以“配套厂家为龙头，以直接用户为基础，大力发展经销商”的市场开发战略，成功地拓展了山东、东北三省、陕西、河南、安徽、山西等省的工矿用户，其中仅山东、东北三省的用户年新增销货收入突破100万元，2007年实现年销售产值2 464万元，比上年增长20.1%。2007年牵引电气设备行业部分工业销售产值和利润总额见表3。

表3 2007年牵引电气设备行业部分工业销售产值和利润总额

序号	企业名称	工业销售产值(万元)			利润总额(万元)		
		2007年	2006年	比上年增长(%)	2007年	2006年	比上年增长(%)
1	湘电集团有限公司	330 689	249 981	28.3	14 619	12 704	15.1
2	常州华盛电机厂	1 920	1 642	16.9	118	106	11.3
3	贵州天义电器有限责任公司	19 408	16 532	17.4	2 525	1 907	32.4
4	江苏常牵电机有限公司	18 570	14 000	32.6	1 587	986	61.0
5	湘潭市牵引电机厂	2 464	2 051	20.1	401	285	40.7
6	山东济宁山矿电机车有限公司	7 232	6 918	4.5	98	75	30.7
7	四川乐山宇强电机车制造有限公司	5 620	4 508	24.7	403	348	15.8
8	江苏路通电器有限公司	3 280			264		

科技成果及新产品 随着产业结构和产品结构的优化升级，技术创新步步深入，企业的研发能力不断增强，科技成果不断涌现。据不完全统计，全行业2007年共立项研发课题187项，年末鉴定成果150项。湘电集团有限公司年初立项技术开发项目共127项，年末鉴定验收项达80%，申请技术专利25项，其中获专利权9项，发明专利8项。先后完成了2MW永磁风力发电机、双碳风力发电机、电动汽车电传动发电机等国家重大科技项目，交流传动百吨级矿用自卸车、100%低地板轻轨车的研制分别进入国家和省重大科技支撑项目。这些项目的研究与开发，为公司的技术进步提供了强有力的保障。湘潭如意电机电器有限公司注重技术开发和产品创新，先后开发出5～250kW共12种变频调速电机，完善了90～400V共13种电压等级及25～60Hz共7种额定频率的电机产品，可满足各类工矿用变频调速电机车的配套需要。天水长城电器控制厂先后成功开发出CCZ38、CCJ8等不同容量的常闭式、交直接触器共5种新产品，经济效益显著。大连日牵电机有限公司成功开发出挖掘机机电一体化新产品，具有技术先进、功率因素高、节电效果好等特点，倍受用户欢迎。湘潭市牵引电机厂本着"当年试制，当年投产，当年投入市场"的原则，先后推出ZQ—22B—Z、EQ—1.9和ZQ—18—1等新产品，深受用户青睐。新产品的不断研究与开发，有效地壮大了企业实力。

基本建设及技术改造 加大投入，扩大生产能力，完善、提高工艺装备水平是发展企业的根本措施。2007年，牵引电气设备行业32家企业共投入技改资金4.48亿元，扩建投资达2.14亿元。

湘电集团有限公司根据公司"十一五"发展战略，加大技改力度，全年完成技改投资3.43亿元，先后实施并完成了风电整机厂房、配送中心和小机车流程改造、中央实验室改造等重点项目。新购置了变频试验装置等一批高端设备，满足了产能的需要。大连日牵电机有限公司先后投入1 400万元建立了直流电机、交流变频电机、发电机多功能一体化试验中心。江苏常牵电机有限公司加大对石油钻井电机的研发力度，在拓展胜利油田、辽河油田、南阳二批油田装备的同时，加大技改投入，投入资金达1.4亿元，先后完成风电总装厂房和风电叶片试验室，增添了跳槽机数控立式八面铣和单杆镗等大型设备，提高了生产能力。湘潭牵引机车厂、湘潭市牵引电机厂以及大连日牵电机有限公司等中小企业，纷纷在本地工业园区和省外购地建矿、建厂，扩大生产规模，满足企业产能的需要。

质量及标准 随着生产的不断发展，工艺装备的日益完善，持续改进工作质量和提高产品质量已成为行业的关注点。湘电集团有限公司注重以重大产品和重点项目为突破口，改进和提高关键工艺水平，2007年质量指数达93.3%，提高了产品的整体质量水平。大连日牵电机有限公司强化质量意识，2007年荣获了"中国市场信誉知名单位"和"质量过硬知名品牌单位"称号。常州洲源机电制造有限公司注重提高产品质量，先后获取了9个产品的"安标证书"，获得了产品流通的主动权。湘潭牵引机车厂在通过ISO9001:2000的验收后，加大产品质量保证力度，2007年"湘潭"牌牵引电机车系列产品荣获"湖南省名牌产品"称号。

注重行业产品采标、贯标工作是提高产品可靠性的根本保证。2007年初，牵引电气设备分会于2006年上报的《牵引电器通用技术条件》等4项行业标准，经专家评审，已正式由国家标准化技术委员会和国家质量监督检验检疫总局正式出版发行。根据国标委计划(2006)48号文"关于印发2006年第一批制修订国家标准项目计划的通知"及中机联标〔2007〕210号文"关于印发2007年行业标准项目计划的通知"精神，牵引电气设备分会负责组织对国家标准《直流电力牵引额定电压》和行业标准《牵引电器产品型号编制方法》及《轻轨工矿电机车通用技术条件》等标准的制修订工作。经行业众多制造单位、配套使用厂家和专业设计院所等部门人员的共同努力，于2008年4月顺利完成了上述3项标准的会审任务。

〔撰稿人：牵引电气设备分会黄必明　审稿人：牵引电气设备分会郭灯塔〕

电　焊　机

生产发展情况 2007年，随着我国宏观经济的持续发展，制造业产值也逐渐递增，制造业的需求又驱动我国电焊机行业呈现持续旺销的势头，整个行业的工业生产也持续增长，总体经济运行良好。

经对全国40家主要电焊机、切割机和兼业制造厂、大型焊接辅机具厂的调查统计，2007年电焊机行业共完成工业总产值456 310.21万元，同比增长31.18%，其中电焊机、辅机具产值442 683.17万元，同比增长42.68%；电焊机产量742 543台，同比下降14.38%；电焊机、辅机具产值占工业总产值的比重为97.01%，比上年的90.85%升高了6.16个百分点；工业销售产值完成450 370.26万元，同比增长22.99%，其中，出口交货值完成80 205.2万元，同比增长75.26%；工业增加值完成129 250.99万元，同比增长7.97%；主营业务收入完成446 725.48万元，同比增长31.71%。

2007年，电焊机行业的生产销售均较上年有一定增长，利润总额随之有较大幅度的增长，同比增长69.75%，完成62 907.42万元。造成这种情况的原因是：虽然主要原材料（硅钢片、铜材、钢材）价格一直居高不下，生产成本大幅上扬，但对市场销售中的主导产品（高技术含量、高附加值产品）影响不大。企业通过减少利润较低的低技术含量产品的产量，重点开发新技术、新产品，获得了良好的经济效益。

2007年，在市场竞争的大环境下，电焊机行业有部分企业进行了兼并、重组、改制，也有个别企业因经营不善而处于停产、半停产或濒临破产的状态。在上报统计数据的40家主要企业中，2007年累计有11家企业出现亏损。

从以上数据分析可见，2007年我国电焊机行业保持上年走势，持续发展，行业综合实力进一步增强，优胜劣汰的形势逐渐明显。2007年电焊机行业生产经营情况见表1。2007年电焊机行业职工人数见表2。

表1　2007年电焊机行业生产经营情况

指　标	累计完成（万元）	同比增长（%）
工业总产值	456 310.21	31.18
其中：电焊机产值	388 210.54	20.07
电焊机产量	742 543 台	-14.38
工业销售产值	450 370.20	22.99
其中：出口交货值	80 205.20	75.26
工业增加值	129 250.99	7.97
主营业务收入	446 725.48	31.71
利润总额	62 907.42	69.75
营业费用	27 846.41	29.23
利息支出	1 364.85	0.95
全员劳动生产率	3 226 965 元/人	-18.13
年末资产总额	361 117.84	23.93
流动资产年平均余额	223 630.85	21.34
年末负债总额	144 650.29	15.52
年末所有者权益	196 479.04	31.25
主营业务成本	332 505.57	32.43

表2　2007年电焊机行业职工人数

行业	企业数（家）	全部职工年末人数（人）				全年从业人员平均人数（人）	全年从业人员平均人数同比增长（%）	工资总额（万元）
		总计	其中					
			工人	技术人员	管理人员			
电焊机	40	9 559	6 082	1 838	1 200	9 331	6.77	20 909.37

产品分类产量　2007年37家电焊机企业的电焊机总产量达到742 543台，同比下降14.38%。2007年电焊机主要产品产量见表3。

表3　2007年电焊机主要产品产量

产品名称			总产量（台）	占总产量的比例（%）	同比增长（%）
总　计			743 252	100.00	-14.38
电弧焊机	交流弧焊机	便携式	25 446	3.42	-84.99
		动圈式	29 477	3.97	-1.60
		动铁心式	106 796	14.37	-3.95
		其他非标类	1 576	0.21	288.14
		小　计	163 295	21.97	-47.51
	直流弧焊机	机械驱动式	104	0.01	-74.67
		晶闸管式	28 785	3.87	30.41
		硅整流式	23 958	3.22	22.52
		逆变式	219 305	29.51	91.11
		其他直流弧焊机	994	0.13	-18.08
		小　计	273 146	36.75	67.21
	自动半自动焊机	MIG/MAG焊机	211 906	28.51	-1.42
		TIG焊机	32 384	4.36	-11.23
		埋弧焊机	6 323	0.85	-15.19
		小　计	250 613	33.72	-5.22

（续）

产品名称			总产量（台）	占总产量的比例（%）	同比增长（%）
电阻焊机	点（凸）焊机		17 191	2.31	-71.17
	缝焊机		261	0.04	-75.01
	对焊机		2 531	0.34	18.71
	小　计		19 983	2.69	-68.18
特种专用及成套焊接设备和其他焊机	等离子焊机		20	0.003	-97.16
	离子/火焰切割机		29 160	3.92	-10.66
	数控切割机		647	0.09	32.71
	成套焊接设备		2 439	0.33	11.13
	其他焊机		3 949	0.53	39.41
	小　计		36 215	4.87	-9.42

注：以上产量总计不包括焊接辅机具产量。

1. 交流弧焊机

2007年交流弧焊机产量占总产量的比重持续下降，为总产量的21.96%，比2006年的37.41%下降了15.45个百分点，生产量达163 295台，同比下降47.51%，但其中非标类交流弧焊机产量同比增长288.14%。

2. 直流弧焊机

直流弧焊机产量占总产量的比重继上年增长走势而持续上升，为总产量的36.74%，比2006年的19.23%上升了17.51个百分点，总产量同比增长67.21%，达273 146台。其中晶闸管式、硅整流式和逆变式直流弧焊机产量分别比上年增长30.41%、22.52%和91.11%。

3. 自动半自动焊机

自动半自动焊机占总产量的比重较上年同期略微上升了2.58个百分点，为总产量的33.71%，产量则同比下降5.22%。

4. 电阻焊机

电阻焊机产量占总产量的比重较上年下降了4.86个百分点，为总产量的2.69%，产量同比下降68.18%，达19 983台。其中，点（凸）焊机、缝焊机的产量降幅分别为71.17%和75.01%。

5. 特种、专用及成套焊接设备和其他焊机

特种、专用及成套焊接设备和其他焊机产量同比下降9.42%，但数控切割机、成套焊接设备和其他焊机的产量呈上升趋势，增幅分别达32.71%、11.13%和39.41%。

从以上产品的统计数据可见，2007年我国电焊机行业生产随着制造业和钢产业的快速发展而呈稳步上升走势，其中高技术含量的产品如逆变式直流弧焊机、专用及成套焊接设备等的产量较上年都有大幅度的增长，在总产量中所占的比重也逐渐上升。由此可见，加快产品结构调整，生产更多更先进且技术含量更高的产品来满足市场需求，已成为电焊机行业厂家充分展示自己实力和寻求更大发展的必由之路。

市场及销售　根据40家企业（其中电焊机生产企业37家，辅机具配套件元器件生产企业3家）的统计，2007年电焊机行业主要产品生产、销售及出口情况见表4。

表4　2007年电焊机行业主要产品生产、销售及出口情况

	单位	交流弧焊机	直流弧焊机	自动半自动焊机	电阻焊机	特种、专用及成套焊接设备	电焊机产品合计	辅机具配套件元器件
产量	台/套、件/只	163 295	273 146	250 613	19 983	36 215	743 252	381 702
占焊机总产量的比例	%	21.96	36.74	33.71	2.69	4.87	100.00	—
产值	万元	51 117.69	81 894.20	178 500.52	30 043.40	46 654.73	388 210.54	54 472.63
占焊机总产值的比例	%	13.17	21.10	45.98	7.74	12.02	100.00	—
销量	台	156 662	235 599	243 237	20 719	19 231	675 448	395 763
占焊机总销量的比例	%	23.19	34.88	36.01	3.07	2.85	100.00	—
销售额	万元	24 617.29	82 148.58	164 063.97	28 314.72	56 182.17	355 326.73	58 275.33
占焊机总销售额的比例	%	6.93	23.12	46.17	7.97	15.81	100.00	—
出口量	台/套	92 400	54 279	97 030	3 434	858	313 593	
占焊机总出口量的比例	%	29.46	17.31	30.94	1.10	0.27	100.00	—
出口焊机数量占焊机总销量的比例	%	13.68	8.04	14.37	0.51	0.13	46.43	—
出口量同比增长	%	-51.22	6.62	-44.79	-92.59	-95.87	-35.10	—
出口额	万元	10 805.49	15 392.30	30 226.90	1 052.00	4 954.70	85 821.60	1 432.60
占焊机总出口额的比例	%	12.59	17.94	35.22	1.23	5.77	100.00	—
出口焊机额占焊机总销售额的比例	%	3.04	4.33	8.51	0.30	1.39	24.15	—
出口额同比增长	%	12.01	44.21	79.98	-58.04	22.57	96.55	—

1. 国内市场情况

2007 年,我国电焊机行业仍然保持了快速增长的势头。尽管受国家宏观调控政策、主要原材料价格不断上涨、人民币升值和人力成本上升等不利因素的影响,电焊机行业企业仍积极开拓市场、提高产品质量,加大对高新技术产品的研发和产品结构调整,收到了显著的经济效益,全年主营业务收入 446 725.48 万元,同比增长 31.71%。国内市场主要呈现以下特点:

(1)市场竞争仍然十分激烈。产品的利润空间随着原、辅材料涨价进一步缩小,中低档产品总体上仍然供大于求,价格竞争已成为企业市场竞争的主要手段之一,进一步给企业销售带来了压力,促使企业着手大力开发适销对路和高技术含量的产品,努力降低产品生产成本,提高产品的市场竞争能力。

铜、铁价格的上扬,以及电子器件价格的逐渐降低,使逆变焊机的成本优势凸显出来。2007 年逆变焊机在 2005、2006 年快速增长的基础上持续增长,实现增幅 91.11%,若加上在氩弧焊机、二氧化碳焊机中使用逆变电源的数量,增量是惊人的。尤其是随着逆变电源的可靠性逐年提高,在大功率二氧化碳焊机中的应用越来越多,其发展前景是非常光明的。

(2)自动半自动焊机成为市场销售中的主导产品,销售额占总销售金额的 46.17%,而低端、技术含量较低的产品在市场中已逐渐趋于落后趋势。2007 年 37 家企业共销售各种自动半自动焊机 250 613 台,销售金额达 164 063.97 万元,平均价格为 6 546.5 元/台,可见,随着市场的变化,中高技术含量产品已越来越受电焊机用户的青睐,企业只有努力开发高技术含量、高附加值产品来获取更高的盈利和市场占有率。在市场导向作用下,2007 年直流弧焊机的生产继续上升,同比增幅达到 67.21%。

(3)石油、管道、铁路、建筑、汽车、船舶等用户行业的发展,为我国焊接设备行业提供了更加广阔的市场空间,促使其向高技术含量、高附加值的大型焊接设备、焊接辅机具、专用成套焊接设备进军,并研制生产出了具有一定国际竞争力的高技术产品,产量、销售收入和市场占有率都较上年有大幅度增长,电焊机行业整体技术水平和综合实力有了显著的提高。

(4)随着市场需求量的上升和生产规模的扩大,企业在重视提高产品质量的基础上,也开始加强经销商的管理和注重销售网络的建设以及销售人员素质的提高,以建立健全适应市场需求的营销体制,提高企业的竞争能力。

2. 对外销售情况

随着我国电焊机行业产品技术水平的提高,加之世界加工制造业往中国转移的势头以及价格杠杆的作用,2007 年我国电焊机产品出口猛增,37 家企业电焊机出口额 85 821.60万元(不含辅机具配套件元器件),同比增长 96.55%;但出口数量却同比下降 35.10%,实现出口 313 593台。我国出口焊接设备的档次有较大提高,部分技术含量较高的产品已能稳步打入国际市场。

2007 年电焊机产品主要出口到美国、加拿大、叙利亚、新加坡、泰国、俄罗斯、日本、韩国、沙特阿拉伯、马来西亚、越南、印度、印度尼西亚、法国、菲律宾、埃及、南非、德国、澳大利亚、伊朗、智利、乌克兰、巴基斯坦、墨西哥、阿拉伯联合酋长国、哈萨克斯坦、缅甸、西班牙、保加利亚、比利时、尼日利亚等国家和中国香港、中国台湾地区。

新技术新产品 2007 年,随着产品结构调整的加快,生产更多更先进且技术含量更高的产品已成为电焊机行业厂家充分展示自己实力、提高竞争能力和寻求更大发展的需要,电焊机行业加强了对新产品和高技术含量产品的开发力度,经对 40 家行业企业的调查,其中:

获得国家专利局专利证书的产品有 17 项:天津七所高科技有限公司的电阻焊用串联气缸、双驱同步控制器、比重式油水分离器、可调式挡气盘的直燃加热器,南通三九焊接机器制造有限公司的风冷却系统的异常情况保护单元系统、多档位电源转换开关、埋弧焊机控制系统、电子焊机的罩极式电机风扇装置、弧焊机 MIG—131—A、集风环式散热器,山东山大奥太电气有限公司的逆变焊机用实现焊机空载(轻载时)软开关装置、电焊机控制面板、电焊车前面板、电焊车控制板、电焊机面板、电焊机控制板、方波焊机脚踏开关电流控制器。

正在受理的专利 8 项有:天津七所高科技有限公司的电阻焊变压器次级线圈绕组装置、电阻点焊机的中频并联变压及整流电路、电阻点焊机中的整流器装置、一体化焊机的转环结构、海上交通智能化监控系统、技防网智能化监控动态报警系统,南通三九焊接机器制造有限公司与上海交大联合申请发明的数字脉冲熔化极气体保护焊控制方法、脉冲熔化极气体保护焊电弧长度控制方法。

获得省级以上立项、资助的企业有 1 家:天津七所高科技有限公司承担的天津市北辰区科研项目——ZQK 型基于总线的焊机集中控制联网及电网平衡系统和新智能工频电阻焊机项目被认定为天津市高新技术成果转化项目。

获得省级以上新产品奖或通过省级以上鉴定的项目有 3 项:上海威特力焊接设备制造股份有限公司的液化天然气(LNG)运输船舶瓦钢焊接设备技术获"上海市科学技术奖三等奖";南通三九焊接机器制造有限公司通过商检系统对公司"出口一类企业"的认定检查,获"江苏省名牌产品"认定;四川电子焊接设备公司的 CHV—560 焊机通过有关部门的鉴定和认证。

2007 年,无锡威华电焊机制造有限公司推出了新型拖拉机驱动焊机,销售量和销售收入得到了较大增长。凯尔达电焊机有限公司成功开发了 KE 系列软开关逆变 CO_2 气保焊机和 KG 系列无控制电缆 CO_2 气保焊机,投放市场;与国外知名电焊机企业飞马特、伊萨公司达成合作协议。上海梅达焊接设备有限公司加大了新产品的开发力度,研制成功了新一代的一体式焊钳,拓展了市场。

管理及改革 从 2007 年 40 家企业的调查情况可见,在电焊机行业中非国有企业特别是股份制、中外合资及外资企业已经占了大多数,而国有企业、集体企业已经为数不多。

非国有资本为主的企业（含股份制（有限责任）、中外合资及外资、民营企业）的产值、产量、主营业务收入占总产值、产量、主营业务收入的比重均已达 96% 以上，充分显示了非国有资本为主的企业的强劲发展态势。它们所建立的适应市场的新机制更能为企业注入活力，具有更强大的生命力和市场竞争力。2007 年电焊机行业各种产权企业情况见表 5。

表 5　2007 年电焊机行业各种产权企业情况

企业性质	国有	集体	股份制（有限责任）	中外合资/国外独资	民营	合计
企业数	2	3	19	10	6	40
电焊机产值	7 518	6 603.3	169 818	218 848	53 522.9	456 310.21
各占总产值（%）	1.65	1.45	37.22	47.96	11.73	100.00
电焊机产量（台）	4 081	7 870	303 248	260 998	124 804	701 001
各占电焊机产量（%）	0.58	1.12	43.26	37.23	17.80	100.00
销售收入（万元）	1 986	8 886	132 392	154 214	52 373	349 850.73
各占销售收入（%）	0.57	2.54	37.84	44.08	14.97	100.00

2007 年，虽然我国电焊机行业生产、销售呈稳步上升走势，但电焊机中、低档产品仍然呈现出供大于求的状况。特别是原、辅材料价格的大幅上涨使产品成本上升、利润空间下降，从而导致以产品价格作为重要竞争手段的销售市场竞争更加惨烈。为此，企业一方面通过产量的扩大和产品结构的调整来维持中、低档产品盈利，迫使企业加强内部资产整合和管理制度的建立健全，规范操作程序，全方位地调动员工的生产积极性，以降低生产制造成本和管理成本，增大利润空间，提高产品的市场竞争能力，实现企业效益目标；另一方面，企业通过加大技术改造、科技创新的投入，重点开发新产品、新项目，从而实现技术上的突破，为企业在市场竞争中求得一席之地。

基本建设及技术改造　基本建设及技改投资主要用于新建或扩建厂房，进行规模化生产；改造生产车间、购置生产和试验设备，提高工艺和检测水平；购置产品生产线，提高生产效率等。2007 年上报统计数据的 40 家企业在科技活动经费方面共筹集 17 492.7 万元，同比增长 120.41%，研究与试验发展经费共支出 14 027.12 万元，同比增长 100.24%。技改投资额在上年大幅增加的基础上持续大幅增长，主要是由于电焊机行业的市场准入门槛低及市场需求持续增长的刺激，致使企业进一步扩大生产规模，以提高生产能力和产品质量，加大市场占有率。应该注意的是，随着国家宏观调控政策的进一步实施，对电焊机市场的影响将逐步加大，行业产能过剩的局面将加剧，依靠贷款扩大生产规模的企业将背上沉重的利息负担。

南通三九焊接机器制造有限公司继续加大投入，扩大了厂房，投入数百万元完善工艺流程；同时加大与院校联合开发力度，已取得数个产品技术储备。

舟山东海电焊机制造有限公司 2007 年投入 600 万元进行了厂房基建。

上海正泰焊接设备有限公司引进大功率逆变焊机技术，并已基本研制完成。

无锡汉神电气有限公司 2007 年加大成套焊接设备产品自主研究的投入力度，同时与高等院校进行焊接切割设备产品的研发。

北京市东升电焊机厂对准备车间的模具进行了改进，利用车床改绕线机对装配车间进行了改造；2007 年年底开始5 000m² 新建厂房的施工建设。

凯尔达电焊机有限公司完成自动绕线机的技改项目，提高了劳动生产率，由落后工艺转变为先进工艺。

上海沪通焊接电器制造有限公司新增 6 条高效组装流水线，当年创下电焊机产量新高；技改投入 110 万元开发大功率逆变埋弧焊机系列产品，成功上市，取得了良好的经济效益。

〔撰稿人：中国电器工业协会电焊机分会荣欣〕

工业电热设备

生产发展情况　2007 年是落实我国"十一五"发展规划的关键之年，行业各企业根据"十一五"企业发展规划，逐步落实生产经营计划，经济发展良好，生产、销售继续保持增长势头，总体生产经营形势良好。从 2007 年行业统计年报及企业基本情况调查表可以看出，电炉及工业炉行业企业虽然生产经营规模比较小，但各企业的工业总产值、工业销售产值、利润总额等主要经济指标比往年有大幅度的提高。随着我国工业制造业的振兴，工业加热装置市场竞争激烈、装置需求总量的增加推动了行业企业生产质量的提高，加快了生产速度，继续创历史较好水平。

根据对电炉及工业炉行业 29 家单位的统计，2007 年电炉及工业炉行业共实现销售收入 236 139 万元，工业总产值 242 482 万元，实现利润 9 319 万元（28 个企业），产品销售税金及附加 937 万元（29 个企业），固定资产净值 47 865 万元（25 个企业），主营业务收入 242 159 万元，工业中间投入 151 859 万元（21 个企业），新产品产值 12 625 万元（13 个企业），行业职工人数 7 672 人，其中科技人员 1 232 人（20 个企业）。其中，哈尔滨松江电炉厂有限责任公司工业总产值超过 3 亿元，天津市天骄工业有限公司、苏州振吴电炉有限公司工业总产值均超过亿元。

2007 年，电炉及工业炉行业 22 个企业共生产电炉装置 2 828 台（套），包括电阻炉、感应炉、电弧炉、燃料炉及感应加热生产线等，电炉配件及烘箱等非标件12 628台（套）（3家单位），高频、中频等电炉电源780套（4家单位），炉用耐火砖等材料2 260t（1家单位），仪表装置10 000台（1家单位），电器器件49.78万件。2007年电炉及工业炉行业工业总产值前10名企业见表1。2007年电炉及工业炉行业主营业务收入前10名企业见表2。2007年电炉及工业炉行业工业增加值前10名企业见表3。2007年电炉及工业炉行业经济效益综合指数前10名企业见表4。2007年电炉及工业炉行业全员劳动生产率前10名企业见表5。

表1　2007年电炉及工业炉行业工业总产值前10名企业

序号	企业名称	2007年（万元）	2006年（万元）	比上年增长（%）	序号	企业名称	2007年（万元）	2006年（万元）	比上年增长（%）
1	哈尔滨松江电炉厂有限责任公司	31 800	21 771	46.07	6	锦州电炉有限责任公司	7 800	6 300	23.81
2	苏州振吴电炉有限公司	19 070	9 072	110.21	7	西安电炉研究所有限公司	6 773	2 149	215.17
3	天津市天骄工业有限公司	10 100	11 200	-9.82	8	汉中安中机械有限责任公司	5 525	4 398	25.62
4	西安神电电器有限公司	8 818	8 676	1.64	9	保定红星高频设备有限公司	5 000	3 097	61.45
5	南京摄炉（集团）有限公司	8 100	7 500	8.00	10	重庆工业炉股份有限公司	4 500	3 000	50.00

表2　2007年电炉及工业炉行业主营业务收入前10名企业

序号	企业名称	2007年（万元）	2006年（万元）	比上年增长（%）	序号	企业名称	2007年（万元）	2006年（万元）	比上年增长（%）
1	哈尔滨松江电炉厂有限责任公司	27 723	20 266	36.80	6	南京摄炉（集团）有限公司	8 078	7 792	3.67
2	苏州振吴电炉有限公司	19 069	9 072	110.20	7	保定红星高频设备有限公司	6 000	3 272	83.37
3	天津市天骄工业有限公司	9 897	9 289	6.55	8	锦州电炉有限责任公司	5 762	4 641	24.15
4	无锡电炉有限责任公司	8 642			9	重庆工业炉股份有限公司	5 100		
5	西安神电电器有限公司	8 337	7 506	11.07	10	株洲火炬工业炉有限责任公司	4 131	2 998	37.79

表3　2007年电炉及工业炉行业工业增加值前10名企业

序号	企业名称	2007年（万元）	2006年（万元）	比上年增长（%）	序号	企业名称	2007年（万元）	2006年（万元）	比上年增长（%）
1	苏州振吴电炉有限公司	4 075	1 972	106.64	6	西安电炉研究所有限公司	1 775	1 751	1.37
2	西安神电电器有限公司	2 685	2 210	21.49	7	南京摄炉（集团）有限公司	1 560	1 436	8.64
3	哈尔滨松江电炉厂有限责任公司	2 436	1 685	44.57	8	重庆工业炉股份有限公司	1 100		
4	汉中安中机械有限责任公司	2 040	1 483	37.56	9	宁波东方加热设备有限公司	1 041	834	24.82
5	锦州电炉有限责任公司	1 900	1 550	22.58	10	奉化市光亮热处理电炉有限公司	515	405	27.16

表4　2007年电炉及工业炉行业经济效益综合指数前10名企业

序号	企业名称	经济效益综合指数	序号	企业名称	经济效益综合指数
1	西安电炉研究所有限公司	2.64	6	宜兴市双喜炉业材料有限公司	1.79
2	锦州电炉有限责任公司	2.25	7	天津市天骄工业有限公司	1.69
3	苏州振吴电炉有限公司	2.04	8	南京摄炉（集团）有限公司	1.63
4	奉化市光亮热处理电炉有限公司	1.91	9	汉中安中机械有限责任公司	1.55
5	西安神电电器有限公司	1.87	10	哈尔滨松江电炉厂有限责任公司	1.48

表5　2007年电炉及工业炉行业全员劳动生产率前10名企业

序号	企业名称	全国标准值（元/人）	全员劳动生产率（元/人）	序号	企业名称	全国标准值（元/人）	全员劳动生产率（元/人）
1	苏州振吴电炉有限公司	16 500	135 382	6	上海自动化仪表股份有限公司	16 500	89 099
2	锦州电炉有限责任公司	16 500	126 667	7	南京摄炉（集团）有限公司	16 500	83 422
3	天津天高感应加热有限公司	16 500	110 833	8	宁波东方加热设备有限公司	16 500	80 697
4	西安神电电器有限公司	16 500	101 320	9	哈尔滨松江电炉厂有限责任公司	16 500	75 418
5	长兴县浩大工业炉有限公司	16 500	100 625	10	重庆工业炉股份有限公司	16 500	73 333

市场及销售　2007年，随着我国振兴工业装备制造业的加快，工业加热装置市场竞争激烈，装置需求总量继续增加，加热装置规格种类趋于全面，质量要求越来越高，覆盖面越来越大，给工业加热装置制造企业创造了良好机遇，产品的

销售大幅度增加，企业的经济效益明显提高。在统计的29个企业中，电炉装置及配件出口企业有十多家，实现出口交货值3 988万元(10个企业)。上海中加电炉有限公司、无锡电炉有限责任公司、天津天高感应加热有限公司、保定红星高频设备有限公司、苏州振吴电炉有限公司和南京摄炉(集团)有限公司均具有中华人民共和国进出口企业资格证书。2007年电炉及工业炉行业销售收入前10名企业见表6。2007年电炉及工业炉行业出口前10名企业见表7。

表6 2007年电炉及工业炉行业销售收入前10名企业

序号	企业名称	2007年(万元)	2006年(万元)	比上年增长(%)
1	哈尔滨松江电炉厂有限责任公司	31 245	20 301	53.91
2	苏州振吴电炉有限公司	19 070	9 072	110.21
3	无锡电炉有限责任公司	9 800		
4	南京摄炉(集团)有限公司	8 087	7 792	3.79
5	锦州电炉有限责任公司	6 800	5 500	23.64
6	重庆工业炉股份有限公司	4 800		
7	汉中安中机械有限责任公司	4 513	4 020	12.26
8	株洲火炬工业炉有限责任公司	4 131	2 988	38.25
9	上海中加电炉有限公司	3 400	2 800	21.43
10	西安电炉研究所有限公司	3 342	1 227	172.37

表7 2007年电炉及工业炉行业出口前10名企业

序号	单位名称	出口产品名称	出口金额(万元)
1	重庆工业炉股份有限公司	LQ型燃气炉、RJ_2井式电炉	1 800
2	上海中加电炉有限公司	铝合金轮毂热处理生产线	656
3	无锡电炉有限责任公司	感应熔炼电炉、电阻加热炉	600
4	苏州振吴电炉有限公司	中频感应电炉	336
5	南京摄炉(集团)有限公司	密封箱式多用炉、控制气氛渗氮炉	149
6	奉化市光亮热处理电炉有限公司	网带式不锈钢光亮退火炉	135
7	保定红星高频设备有限公司	全固态高频焊管设备	100
8	湘潭湘机电炉厂	冷却器、电源箱	97
9	辽宁电力电子集团辽宁电子设备厂	KGPS400—25可控硅中频感应加热设备	74
10	天津天高感应加热有限公司	JGRC全固态高频电源	41

科技成果及新产品 西安电炉研究所有限公司承揽的土耳其ICDSA公司220t电炉及其辅助设备工程为目前国内生产制造的最大吨位电弧炉项目，详细设计及设备制造由西安电炉研究所有限公司完成。该项目中的220t电弧炉、废钢预热系统、废钢加料收集装置在世界上也是为数不多的大型设备，废钢预热系统为利用炼钢废气的节能设备。整个项目设计制造均要求较高，满足进入欧盟国家必须具有的CE认证要求。该公司为鞍钢自行研制生产的最大吨位的LF—260t钢包精炼炉用于将转炉钢水进行精炼，具有电弧加热、钢水保温升温、纯净钢水的功能。通过电极自动调节器及氩气搅拌，合金加料系统加入合金等操作可以调整钢水成份、均匀钢水温度，同时对钢水脱氧、脱硫、去除夹杂物。该套产品的变压器调压开关、液压泵、比例阀、高压合分闸开关等均选用进口产品，设备运行良好，平均每炉出钢量265t，平均升温速度≥4.6℃，每炉平均处理时间32min，水冷炉盖寿命>6 000炉次，精炼电耗<0.55kWh/(t·℃)，电极消耗<11g/kW·h。该公司为新余钢铁公司设计制造的LF—210t钢包精炼炉，采用电极旋转式双工位(双钢包车)轮流加热方式对钢水进行二次冶炼，是近几年的新技术新工艺，具有冶炼处理时间短、节奏快的特点。这套设备投产后，将冶炼能力提高100t。目前，整个设备处于全面制造阶段。

锦州航星真空设备有限公司制造的航空专用三室真空定向熔炼炉采用双区加热保温，具有高精度、宽调速范围抽拉机构及控制系统。科研项目离子热压炉是在真空状态下，采用脉冲直流离子电源，用离子加热方法把工件加热到工艺要求温度，和传统的热压和烧结工艺相比，具有加热速度快、加热温度高、冷却快、模具压力低等特点。JW—150型金属雾化制粉设备整个生产过程确保在真空环境下进行，就使得生产的金属粉末具有气冷速高、晶粒细、成分均匀、固熔度高、粉末纯、含氧量低、细粉收得率高、外貌球形度高等特点，该产品已交用户使用。

南京摄炉(集团)有限公司研制的齿轮柔性生产自动线采用转底炉与推杆炉结合等技术，可实现全自动，具有节能增效的作用，该产品已投入使用。该公司研制的新型台车式电阻炉采用无炉底板新型结构，具有节能增效的特点。

上海中加电炉有限公司与加拿大合作开发研制的轮毂热处理生产线运行良好、质量可靠，得到客商认可，又签订了两条线。该公司开发的底装料真空硅金属注锭炉，采用先进的控制技术，节能环保，属国内领先水平，具有广泛应用前景。

天津市天骄工业有限公司生产的连续式回火炉适用于各种类型的弹簧回火处理，自动化程度高，设计精巧，温度均匀性好，达到或超过用户使用的日方标准要求，炉温曲线达到国际一流产品水平。该公司研制的铝型材热处理炉，温度控制准确，卷材温差±3℃，板材温差±5℃，运行良好。

株洲火炬工业炉有限责任公司制造的电炉锌粉成套设备采用先进的控制技术，具有节能环保的特点。

奉化市光亮热处理电炉有限公司生产的大型高真空纯钛热处理炉，是国内第一条金属纯钛卷材热处理炉，加工工件为1 500mm×1 200mm卷材，达到工艺要求时具有快速冷却的特点。高真空热压炉用于金属与金属、金属与非金属及纳米材料的扩散焊接。

保定红星高频设备有限公司开发的600～6 000kW全固态高频焊管电源，比同功率电子管产品节能，具有焊接无飞溅、焊缝质量好、维修方便等特点。

天津天高感应加热有限公司开发的GX8钢筋热处理生产线已经安装运行，可以同时进行两条生产线的热处理。研制的带钢线自控系统设计合理，可实现全部自动化控制，带钢连续进行热处理，现场运行良好。

山东荣泰电炉制造有限公司生产的IGBT—1 200kW节能中频电源装置，具有节能、环保的功能。该产品通过山东省机械厅产品技术鉴定，并获得了“山东省科技成果二等奖”。

辽宁电子设备厂制造的TR—40晶体管人造宝石熔炼炉在低频率下完成工艺要求，具有高效、节能的特点。

2007年电炉及工业炉行业重大生产任务完成情况见表8。2007年电炉及工业炉行业企业产品获奖情况见表9。

表8　2007年电炉及工业炉行业重大生产任务完成情况

序号	项目名称	数量(台/套)	完成情况	完成单位
1	土耳其ICDSA公司220t电炉及其辅助设备	2	已完成设计、制造	西安电炉研究所有限公司
	LF—260t钢包精炼炉	1	完成设计	
	LF—260t钢包精炼炉	1	完成投入运行	
2	罩式光亮退火炉	56	完成	哈尔滨松江电炉厂有限责任公司
	镀锌板退火生产线	12	完成	
3	热风循环炉	4	完成	上海中加电炉有限公司
	FX—800—3大型燃气热风循环炉	1	完成	
	铝合金轮毂热处理生产线	3	完成	
	底装料真空硅金属注锭炉	1	制造中	
4	铝型材热处理炉	1	完成	天津市天骄工业有限公司
	真空热处理炉	1	完成	
	连续式回火炉	1	完成	
5	齿轮柔性生产自动线	1	完成	南京摄炉(集团)有限公司
	新型台车式电阻炉	6	完成	
	流态粒子炉	1	进行	
	等温正火生产线	2	完成	
6	KGPS500—12 000kW变频感应熔炼炉	500	完成	苏州振吴电炉有限公司
7	高真空热压炉	1	完成	奉化市光亮热处理电炉有限公司
	大型高真空纯钛热处理炉	1	完成	
8	IGBT—1 200kW节能中频电源	26	完成	山东荣泰电炉制造有限公司
	抚顺炼钢生产线	2	完成	
	感应透热生产线	4	完成	
	IGBT超音频电源	30	完成	
9	钢筋热处理生产线	2	完成	天津天高感应加热有限公司
	带钢线自控系统	1	完成	
	JGRC系列机电成套生产线	3	完成	
10	固态高频电源、超音频电源	210	完成	保定红星高频设备有限公司
	感应中频炉	10	完成	
11	镀锌镀铝生产线	1	完成	重庆电炉股份有限公司
	精炼炉、电弧炉	50	完成	
12	KG系列中频感应加热设备	47	完成	辽宁电子设备厂
	感应淬火机床	28	完成	
13	大型台车式电阻炉	1	完成	无锡电炉有限责任公司
	400kW全固态高频电源设备		完成	
	GWJ20—800中频感应熔炼炉	5	完成	
14	真空感应熔炼炉	1	完成	锦州电炉有限责任公司
	半连续真空感应熔炼炉		完成	
15	JW—150金属雾化制粉设备	1	投入运行	锦州航星真空设备有限公司
	高温合金制粉	1	正在研制	
	航空专用三室真空定向熔炼炉	1	完成	
	离子热压炉	1	正在研制	

表 9　2007 年电炉及工业炉行业企业产品获奖情况

序号	企业名称	产品名称	获奖等级	颁奖部门
1	锦州电炉有限责任公司	真空感应熔炼炉	科技公关一等奖	锦州市科技局
		半连续真空感应熔炼炉	科技公关二等奖	
2	山东荣泰电炉制造有限公司	IGBT 节能中频电源装置	科技成果二等奖	山东省科技厅
3	南京摄炉(集团)有限公司	控制气氛渗氮炉	省及市高新技术产品	江苏省科技厅、南京市科技局
		箱式多用炉等两项	市高新技术产品	南京市科技局
4	株洲火炬工业炉有限责任公司	40t/600kW 热镀锌合金工频有心炉	科技进步二等奖	株洲市

质量及标准　工业加热装置市场竞争激烈,对产品质量的要求越来越高,因此行业企业越来越重视产品整体质量和企业管理水平的提高。对行业企业的统计显示,2006 年电炉及工业炉行业通过 ISO 9000 或 ISO 9001 质量管理体系、ISO 14000 环境管理体系认证的企业为 30 家,2007 年又增加了 4 家。电炉及工业炉行业增加的认证企业见表 10。

表 10　电炉及工业炉行业增加的认证企业

序号	认证单位	认证种类	通过时间
1	西安电炉研究所有限公司	ISO 9000	2007.10
2	长兴县浩大工业炉有限公司	ISO 9000	2006.1
3	锦州航星真空设备有限公司	ISO 9000	2005
4	株洲火炬工业炉有限责任公司	ISO 9000	2004.11

2007 年,全国工业电热设备标准化技术委员会完成了 GB5959.6《电热装置的安全 第 6 部分:工业微波加热设备的安全规范》、GB5959.13《电热装置的安全 第 13 部分:对具有爆炸性气氛的电热装置的特殊要求》、GB/T 10066.31《电热装置的试验方法 第 31 部分:高频感应加热装置发生器输出功率的测定》3 项国家标准和 JB/T 8195 系列《间接电阻炉 RB 系列罩式炉》、《间接电阻炉 RT 系列台车式炉》、《间接电阻炉 RY 系列电热浴炉》、《间接电阻炉 SG 系列实验用坩埚式炉》、《间接电阻炉 SK 系列实验用管式炉》、《间接电阻炉 SX 系列实验用箱式炉》、《实验电阻炉温度控制器》、《间接电阻炉 RF 系列自然对流井式电阻炉》8 项机械行业标准和 1 项《高压晶体炉 TDR—GY 系列液封直拉法高压晶体炉》机械行业标准的制修订,9 项行业标准当年已批准发布。双供电变频感应加热装置、节能型膨化炉和 16t 有心感应熔铜炉 - 保温炉组 3 项产品成功入选《企业所得税优惠节能设备(产品)目录(第一批)》。

组团参加 IEC/TC27 国际标准会议,完成下列主要任务:

(1)分别通过 IEC60519—7《电热装置的安全　第 7 部分:对具有电子枪的电热装置的特殊要求》和 IEC60703《电热装置的试验方法　具有电子枪的电热装置》的 CDV 和 2CD 稿(均为我国提案),中国提交对 IEC60519—7 直接从 CDV 跳到 IS 程序建议被采纳。这是 TC27 第一次按 IEC 程序的新规定,省略 FDIS 程序,直接进入 IS,经 IEC 总局批准即可发布。

(2)中国提交的 4 项红外加热国际标准制定草案,除 2 项因日本 2006 年已提及要征求其意见外,有 2 项已同意按 NP 程序提交各国征求立项意见。

(3)中国提交的另一项水冷电缆国际标准制定草案,会议要求征求其他交叉的 TC 意见后再做决定。

(4)会议接受下一次 IEC/TC27 国际标准会议的中国邀请。全年完成 56 份 IEC 文件(658 页)的下载、管理、建档,组织、审查、投票 15 份 IEC 草案,投票率 100%。电渣重熔装置两项国际标准研制项目介绍入选《中国标准化发展报告》。

由全国工业电热设备标准化委员会秘书处组织,西安电炉研究所有限公司、东北大学、潍坊星河结晶器有限责任公司、长春电炉有限公司、辽宁特钢集团抚顺特殊钢股份有限公司第三炼钢厂等单位参加研制的《电渣重熔炉装置两项国际标准的研制》荣获 2007 年度“中国标准创新贡献二等奖”。

2007 年,中国电器工业协会电炉及工业炉分会与全国工业电热设备标准化技术委员会共编辑出版《电炉及工业炉信息》6 期,刊发各类文章 99 篇。

技术开发与改造　2007 年电炉及工业炉行业各企业注重产品质量,加强技术改造和技术开发,增加新产品开发经费,增加工业中间投入。统计的 29 家企业中科技活动经费筹集总额共计 7 643 万元(17 个企业),共投入研究与试验发展经费 7 842 万元(16 个企业),新产品开发经费 7 173 万元(17 个企业),工业中间投入总额 151 859 万元(21 个企业)。其中,苏州振吴电炉有限公司投入科技活动经费 700 万元;西安电炉研究所有限公司投入科技活动经费 487 万元,投入研究发展经费 1 079 万元。苏州振吴电炉有限公司、哈尔滨松江电炉厂有限责任公司的工业中间投入总额都超过亿元。2007 年电炉及工业炉行业部分企业科技研发经费和工业中间投入见表 11。

表11　2007年电炉及工业炉行业部分企业科技研发经费和工业中间投入　(单位:万元)

序号	单位名称	科技活动经费筹集额	研究与试验发展经费	新产品开发经费	工业中间投入经费
1	西安电炉研究所有限公司	487	1 079	487	1 237
2	苏州振吴电炉有限公司	700	400	400	15 255
3	哈尔滨松江电炉厂有限责任公司	280	280	80	13 571
4	南京摄炉(集团)有限公司	210	80	105	6 645
5	无锡电炉有限责任公司	120	50	70	
6	山东荣泰电炉制造有限公司	115			1 705
7	株洲火炬工业炉有限责任公司	100	89	190	3 114
8	重庆电炉股份有限公司	100	350	280	920
9	上海中加电炉有限公司	90	80		
10	天津天高感应加热有限公司	85	37	50	
11	锦州航星真空设备有限公司	50	20	10	2 040
12	保定红星高频设备有限公司		400		4 500
13	宁波东方加热设备有限公司				2 724
14	湘潭湘机电炉厂	2			2 632
15	奉化市光亮热处理电炉有限公司	18	24	30	1 980

管理及改革　中国电器工业协会电炉及工业炉分会经正副理事长、正副秘书长会议和理事会议讨论,决定在电炉及工业炉行业内开展行业名牌推荐产品活动,为下一步申报中国电炉名牌打基础。在第四届二次、三次分会理事会及扩大会议上,二次讨论修改通过了《中国电炉及工业炉行业名牌推荐产品管理办法》和《中国电炉及工业炉行业名牌推荐产品管理实施细则》以及专业评审组组成名单。已有5个单位6个产品提出申请参加行业名牌推荐产品评审。分会第四届三次理事会审议通过对未履行会员义务的19家会员单位,按自动退会处理,予以除名,发展新会员单位2个。

中国电工技术学会电热专业委员会荣获中国电工技术学会“2007年度学术交流工作先进奖”。

《工业加热》在2007年度陕西省科技期刊出版形式规范检查评比中荣获“优秀期刊奖”。在万方数据－数字化期刊群全文上网,再次被《中国核心期刊(遴选)数据库》收录,期限为2007～2009年。

2007年西安电炉研究所改制,由中央特大型企业中国冶金科工集团公司控股,组建西安电炉研究所有限公司,职工安置完毕,解决了历史遗留问题,改善了办公环境,添置了办公设施,实现了自动化办公,企业进入发展阶段,2007年工业总产值6 773万元,创西炉所历史最好水平。

2007年,中国机械工程学会工业炉分会分别举办了能源环境与微细尺度传递现象青年学术交流研讨会、冶金工艺节能与界面理论学术交流研讨会、第六届工业炉学术交流会、工业节能减排学术交流研讨会和热处理设备技术创新与合作交流会。中国电工技术学会电热专业委员会举办了2007年中国电热学术年会。工业炉分会组织技术交流考察团赴欧洲进行学术交流,组织出版论文集,内容涉及电弧炉、矿热炉、电阻炉、热处理炉、真空炉、燃料炉、特种炉、热载体技术、洁净高效燃烧技术、工业炉节能、环保技术、自控技术和耐火材料炉用结构件等炉种及其配套件,介绍了国内外最新工业炉技术发展状况、基础理论研究、技术开发、工业炉改造及其应用等。

2007年《工业加热》编辑部出版了6期,发表专业论文共139篇,发布信息约500条。

〔撰稿人:西安电炉研究所有限公司席永旗　审稿人:西安电炉研究所有限公司刘西萍〕

电碳制品

生产发展情况　电碳制品广泛应用于钢铁、有色金属、电气、机械、化工、环保、新能源、航空、航天、国防、核工业、使用及医学等各领域,主要原材料是由石油和煤焦油炼制的废渣再加工而成。这个行业符合循环经济理论,是一个高科技朝阳产业。

截止至2007年,全国电碳制品生产企业已从建国初期的几家发展到800多家,特别是近十年发展的尤为迅猛。企业中大部分是股份制、私营及合资或独资企业,国有企业改制基本完成。我国较大的电碳制品生产企业有哈尔滨电碳厂、东新电碳厂、神奇电碳集团有限公司、苏州东南碳制品有限公司、株洲市新方圆电碳有限公司、焦作市恒德利石墨电碳有限公司、青岛西特碳素有限公司、北京市大兴电碳厂、宝丰洁石碳素材料有限公司、内蒙古兴和宏远电碳厂、任丘双楼电碳制品有限公司、东台市双菱电碳制品有限公司、上海申贝长风碳棒有限公司、上海申达电碳有限公司、浙江长征碳棒公司和汶川科信电炭公司。合资企业有上海摩根碳制品有限公司、自贡市凯迪碳素有限公司、北京汉杰炭素有限公司。独资企业有大连奥巴克有限公司(日本)、上海东洋炭素有限公司(日本)、富士炭素(昆山)有限公司(日本)、特耐斯(镇江)电碳有限公司(日本)、日本碳素公司代表处(日本)、日本东海碳素公司代表处(日本)、日本

IBIDEN 有限公司代表处（日本）、罗兰集团上海代表处（法国）、西格里碳素集团上海代表处（德国）、崇德通用电碳（番禺）有限公司（德国）、卡朋罗兰碳制品（上海）有限公司（法国）、美国步高石墨公司上海办事处（美国）等。中国电碳行业的三资企业已经度过了进入期和磨合期，开始稳步发展。在中国电碳制品的市场竞争中，它们凭借先进的装备、雄厚的资金、优异的产品质量、良好的人员素质、现代的管理方式、弛名的品牌效应和企业形象、领先的科技含量等显示出明显的优势，企业规模在不断扩大和壮大，给中国本土电碳企业的生存和发展带来越来越大的威胁。

中国电碳行业中的内资企业为了求生存、寻发展，必须抓紧时机，充分利用本土优势，着力进行产品结构调整，振兴中国的电碳工业。在行业生产企业比较集中的浙江省，由于土地缺乏、生产场地不足，部分企业的发展受到了限制。2005 年起，这些企业为寻求更大发展纷纷到上海、江苏等地购置土地，建立新的生产基地，现已形成具有一定规模的企业，如神奇电碳集团有限公司、苏州东南电碳科技有限公司等。

2007 年，电碳行业总体经济增长速度比上年有所提高。在行业快速发展的同时，也存在一些不利因素和问题：一是产品销售流通领域比较混乱，一些小型企业产品质量问题比较突出，低价倾销现象比较普遍。这种无序竞争，不仅扰乱了正常的市场秩序，而且也不利于行业的技术进步和发展。二是电碳行业大多数企业生产规模小，企业管理水平低。三是产品技术含量不高，技术水平偏低，产品更新速度慢。但随着市场的发展，这些小而分散的格局将随着主导企业由单一产业向多元化产业的发展出现一定的改变。

目前，国外发达国家电碳行业的生产企业大致可分为两大类：一类是新型电碳制品生产企业，如等静压石墨、炭纤维、炭/炭复合材料等特种电碳制品生产企业。这类企业近几年发展很快，预计今后还会有很好的发展前途。另一类是传统电碳制品生产企业，如高纯石墨、电刷、机械用碳、炭触头和炭棒等常规电碳制品生产企业。中国电碳企业生产的大部分电碳制品均属于中低档产品，尤其是产品品种和质量、科技含量和工艺装备等方面与这些国外同类企业相比尚有较大差距。高科技含量、高附加值和大规格电碳制品，大部分依赖进口或依靠国外独资（或合资）企业供货。如大功率发电机用电刷、电动轮自卸车用牵引电机电刷、海上石油钻井平台直流驱动电机用电刷、吸尘器电刷和大功率电动工具电刷、直拉硅单晶炉用热场、半导体材料用超高纯石墨制品、大规格高档机械用炭、干线铁路电力机车受电弓用整体纯炭滑板和大规格三高等静压石墨及各种用途炭/炭复合材料等特种电碳制品。所以，我国要想成为电碳制品生产强国就必须向这些领域拓宽和发展。值得注意的是，随着我国电气化铁路六次大提速的快速发展，炭滑板的生产现状已满足不了市场需求。因此，在技术要求越来越高的同时，整支新型炭滑板的研制和生产是今后的发展方向。正在生产研制的企业有：哈尔滨电碳厂、东新电碳股份有限公司、苏州东南电碳科技有限公司、山东蓬莱市超项复合材料有限公司和株洲电力机务段等。

2007 年，据对行业 19 个企业统计，完成工业总产值 124 993.8万元，比上年增长 32%；实现利润 12 400.5 万元，比上年增长 70%。2007 年电碳制品行业 19 个企业工业总产值排序见表 1。2007 年电碳制品行业 19 个企业主营业务收入排序见表 2。

表 1　2007 年电碳制品行业 19 个企业工业总产值排序

序号	企业名称	工业总产值（当年价）		
		2007 年（万元）	2006 年（万元）	比上年增长（%）
1	上海东洋碳素有限公司	41 449	26 927	53.93
2	上海摩根碳制品有限公司	17 376	15 159	14.62
3	神奇电碳集团有限公司	13 778	6 400	115.28
4	哈尔滨电碳厂	10 031	9 675	3.68
5	浙江长征电影碳棒有限公司	8 855	7 014	26.25
6	东新电碳有限公司	7 280	6 250	16.48
7	任丘市双楼电碳制品有限公司	5 516	4 963	11.14
8	宝丰县洁石碳素材料有限公司	4 255	2 986	42.50
9	青岛西特碳素有限公司	3 800	3 600	5.56
10	南通电碳厂	2 800	2 400	16.67
11	上海申贝长风碳棒有限公司	2 205	2 080	6.01
12	南通杰利达碳业有限公司	1 632	1 420	14.93
13	自贡凯迪碳素有限公司	1 491	1 513	-1.45
14	东台市双菱电碳制品有限公司	1 100	780	41.03
15	株洲新方圆电碳有限公司	1 008	963	4.69
16	成都市龙泉曙光电碳制品厂	890	760	17.11
17	哈尔滨电碳研究所	630	480	31.25
18	乐清市繁荣电碳制品公司	513	386	32.97
19	上海申达电碳有限公司	385	367	4.90

表 2　2007 年电碳制品行业 19 个企业主营业务收入排序

序号	企业名称	主营业务收入		
		2007 年(万元)	2006 年(万元)	比上年增长(%)
1	上海东洋碳素有限公司	43 176	27 106	59.29
2	神奇电碳集团有限公司	13 250	6 296	110.45
3	浙江长征电影碳棒有限公司	8 775		
4	上海摩根碳制品有限公司	8 347	15 370	-45.69
5	哈尔滨电碳厂	5 383	4 779	12.64
6	宝丰县洁石碳素材料有限公司	4 284	3 056	40.18
7	东新电碳有限公司	3 977	4 758	-16.41
8	青岛西特碳素有限公司	3 600	3 200	12.50
9	任丘市双楼电碳制品有限公司	2 991	2 640	13.30
10	南通电碳厂	2 745	2 350	16.81
11	上海申贝长风碳棒有限公司	2 237		
12	南通杰利达碳业有限公司	1 558	1 262	23.45
13	自贡凯迪碳素有限公司	1 168	1 167	0.09
14	东台市双菱电碳制品有限公司	1 147	890	28.88
15	株洲新方圆电碳有限公司	1 003		
16	成都市龙泉曙光电碳制品厂	690	601	14.81
17	哈尔滨电碳研究所	602	362	66.30
18	上海申达电碳有限公司	531	502	5.78
19	乐清市繁荣电碳制品公司	487		

产品分类产量　炭石墨产品主要分为 10 大类，即电机用电刷类、炭棒类、机械用炭类、触点类、送话器用炭砂和石墨粉类、特种石墨类、高纯石墨类、调压器用炭电阻片类、石墨制品类、青铜石墨含油轴承类，每一类按用途和特点分若干个系列，每个系列包括若干个品种。2007 年电碳制品行业 19 个企业主要产品产量见表 3。

表 3　2007 年电碳制品行业 19 个企业主要产品产量

产品名称	产量(t)
电机用电刷	11 825
机械用炭	465

(续)

产品名称	产量(t)
高纯石墨	4 139
电刷毛坯	936
炭棒	31
其他	1 393

市场及销售　2007 年电碳制品行业产品销售市场仍然看好，产品销售量和销售额均比上年有较大增长，2007 年 19 个企业销售产值 125 533.6 万元，比上年增长 20%；出口交货值 19 154 万元，比上年增长 16%。2007 年电碳制品行业 19 个企业国内外销售情况见表 4。

表 4　2007 年电碳制品行业 19 个企业国内外销售情况

序号	企业名称	销售产值(万元)	出口交货值(万元)	出口国家和地区
1	上海申达电碳有限公司	531		
2	东台市双菱电碳制品有限公司	1 280	850	
3	神奇电碳集团有限公司	13 250	6 265	中国香港及东南亚、欧洲等地区
4	上海申贝长风碳棒有限公司	2 237	350	
5	上海摩根碳制品有限公司	17 317	2 559	
6	南通电碳厂	2 745		东南亚、欧洲等地区
7	株洲新方圆电碳有限公司	1 118.4	40	
8	乐清市繁荣电碳制品公司	487.2		朝鲜
9	成都市龙泉曙光电碳制品厂	690	120	
10	东新电碳有限公司	6 816	220	美国、加拿大等国家
11	浙江长征电影碳棒有限公司	8 775	6 100	东南亚、韩国等国家和地区
12	青岛西特碳素有限公司	3 600	2 600	东南亚、北美洲等地区
13	南通杰利达碳业有限公司	1 599	765	
14	上海东洋碳素有限公司	43 176	2 925	美国、中东地区
15	自贡凯迪碳素有限公司	1 461		
16	任丘市双楼电碳制品有限公司	5 516	800	
17	宝丰县洁石碳素材料有限公司	4 284		美国、印度、巴基斯坦等
18	哈尔滨电碳厂	10 031	800	美国、欧洲、中国台湾、东南亚等
19	哈尔滨电碳研究所	620		美国等

科技成果及新产品 2007年行业各厂家都在积极巩固和完善已经取得的科技成果。个别大企业把目光投向了电力机车炭滑板、冷等静压石墨制品的开发研制上。任丘市双楼电碳制品有限公司在研制汽车电喷油泵电机用电刷方面取得了领先水平，与日本合作开发的汽车电喷油泵电机用电刷，已通过样品试验，达到日方技术要求。该企业的电刷水平模压成型全自动液压机给料装置等产品也获得中华人民共和国国家知识产权局颁发的实用新型专利证书。神奇电碳集团有限公司开发研制的燃料电池是一种无污染的绿色能源，产品已试销加拿大、美国，销量很好，在国内已组装成样车在上海南京路上试运行。

2007年，哈尔滨电碳厂适时调整科研方向，保"军"优"民"。积极加快新产品开发进度，在军品项目航空电刷、大推力火箭、航空石墨、浸盐密封石墨等领域进行了有效的工作。TMD工艺基本成熟，已得到市场认可。N634已经完成试样研制，静态指标达到国际同类产品水平。整支纯炭滑板和等静压各向同性石墨制品试样正在研制和生产中，并取得可喜效果。

2007年，宝丰县洁石碳素材料有限公司研制开发的ϕ460mm×400mm、850mm×230mm×310mm等规格产品在国内市场供不应求，同时也是国内细结构冷模压产品中最大的规格，目前正在加紧研制冷等静压产品。

质量及标准 从各地区和行业抽查结果来看，电碳行业产品质量总体较好，大多数企业都通过了国家及地方的质量管理体系认证，产品能按标准生产，产品出厂检测设备齐全，达到了行业标准的规定。但一些规模较小的生产企业仍存在技术和工艺、加工设备比较薄弱，没有完善的质量管理体系和必备的出厂检测设备，企业技术文件不完整，产品质量不稳定的问题。

2007年，哈尔滨电碳厂顺利通过武器装备科研生产许可证认证工作，并颁发了"武器装备专用特种碳素材料及其制品"和"武器装备专用碳基复合材料及其制品"专业（产品）科研和生产许可证。

2007年10月，机械工业电碳标准化技术委员会在桂林召开了三届一次换届会议。会议根据国家标准委标准制修订计划的要求，组织与会代表审查通过了8项行业标准的修订送审稿，并讨论通过了计划上升为国家标准的6项行业标准。2007年电碳制品行业标准制修订项目见表5。2007年电碳制品行业国家标准制修订项目见表6。

表5 2007年电碳制品行业标准制修订项目

序号	项 目 名 称	制定/修订	修订标准编号	完成情况
1	炭弧气刨炭棒物理及使用性能试验方法	修订	JB/T 8679—1998	完成
2	炭石墨制品分类及型号编制方法	修订	JB/T 9580—1999	完成
3	电影放映炭棒	修订	JB/T 9581—1999	完成
4	电力机车炭滑板	修订	JB/T 9582—1999	完成
5	青铜石墨含油轴承	修订	JB/T 3729—1999	2008年
6	调压器用炭电阻片柱 自动电压调整器用炭电阻片柱	修订	JB/T 2664.1—1999	2008年
7	调压器用炭电阻片柱 特种调压器用炭电阻片柱	修订	JB/T 2664.2—1999	2008年
8	人造石墨的点阵参数测定方法	修订	JB/T 4220—1999	2008年

表6 2007年电碳制品行业国家标准制修订项目

序号	项 目 名 称	制定/修订	修订标准编号	完成情况
1	电机用电刷尺寸与结构型式	制定	JB/T 2623—2006	计划待批，各项工作正在准备中
2	炭石墨材料抗冲击强度试验方法	制定	JB/T 7609—2006	
3	电机用电刷运行性能试验方法	制定	JB/T 8155—2001	
4	电机用电刷	制定	JB/T 4003—2001	
5	高纯石墨	制定	JB/T 2750—2006	
6	机械用炭材料及制品	制定	JB/T 2934—2006	
7	电力机车炭滑板	制定	JB/T 9582—1999	

基本建设及技术改造 2007年任丘市双楼电碳制品有限公司投资500万元建立了电碳制品加工中心，扩建了动态、物理、化学3个试验室，增添了3套发动机台架寿命试验装置和万能材料强度试验仪、弹簧扭矩试验仪等部分专业检测仪器，还增添了自动平面加工生产线、自动填塞机等加工设备50多台，使公司铁路电刷、工业电刷等年加工能力达到3 000万只。公司还投资250万元引入先进的生产设备和环保系统，使公司的能耗和粉尘烟气处理达到行业先进水平。

南通电碳厂为了适应市场发展的需求，不断提高自身的生产能力，在原有2台网带式气体保护烧结炉的基础上，又投入了60多万元，新添置了一台炉和800L捏合机及大功率点焊机等设备，大大提升了生产能力，以满足市场需求。

法国罗兰集团（在国内已有9家企业）近年来在华投资规模已处外企领先地位，在重庆建成了该集团在华的第一家等静压石墨制造厂。

神奇电碳集团有限公司在江苏启动工业园区占地面积 34 000m^2，建厂房 2 400m^2，土建工程于 2006 年全部完成，2007 年剩余开发项目已完成。在上海嘉定区兴建总建筑面积 21 000m^2 的高新技术开发中心，共投资 1 亿元。

内蒙古兴和县宏远电碳厂的基本建设及技术改造已初具规模。

苏州东南炭制品有限公司 2007 年投资数万元新建碳滑板生产基地，现已初具规模。

宝丰县洁石碳素材料有限公司正在筹集资金加紧对公司生产设备进行改造，以便为研制生产冷等静压产品做准备。

哈尔滨电碳厂以新任厂长陈建伟为核心的领导班子，正带领哈碳人，优化重组，力争在短期内实施工厂搬迁改造。

行业管理 中国电器工业协会电碳制品分会六届三次理事会于 2007 年 6 月 21 日在北京召开，20 个单位的 30 多位代表出席。会议代表对电碳制品行业的发展变化进行了经验交流，针对特种石墨和等静压石墨制品的技术问题也进行了深入探讨，积极探索了节能减排等诸多国家重点事宜，把节能减排列入到行业发展战略。面对行业发展的新形势，电碳制品分会将继续坚持为政府、企业服务的宗旨，加强协会自身建设，大力推进行业自主创造能力。

〔撰稿人：哈尔滨电碳研究所张爱民　审稿人：哈尔滨电碳研究所张启彪、沙秋实〕

电工专用设备

生产发展情况 2007 年是我国第十一个五年规划的第二年。根据中国电器工业协会电工专用设备分会的统计资料，电工专用设备行业有 250 多家制造企业，各项经济指标实现了快速增长的良好态势，完成工业总产值 34 亿元，比上年增长 21%；产量 11.4 万 t，比上年增长 20%；实现销售收入 34 亿元，比上年增长 21%；利润总额 25 160 万元，比上年增长 30%；出口交货值 26 000 万元，比上年增长 24%。

2007 年，19 家重点企业共完成工业总产值 196 514 万元，比 2006 年的 159 633 万元增长 23.1%；实现销售收入 195 554 万元，比 2006 年的 146 728 万元增长 33.28%；利润总额 14 490 万元，比 2006 年的 10 882 万元增长 33.15%；出口交货值 22 404 万元，比 2006 年的 17 603 万元增长 27.27%。各项主要经济指标均呈两位数增长。2007 年 19 家重点企业主要经济指标完成情况见表 1。2007 年 17 家重点企业主要产品产量完成情况见表 2。

表 1　2007 年 19 家重点企业主要经济指标完成情况

序号	单 位 名 称	销售收入（万元）	比上年增长（%）	产值（万元）	出口交货值（万元）	从业人员（人）
1	无锡梅达电工机械有限公司	59 800	11.69	59 800	850	650
2	江苏亚威机床有限公司*	24 325		23 291	1 645	685
3	合肥神马科技股份有限公司	23 325	-3.40	20 514	5 290	495
4	西安启源机电装备股份有限公司	15 900	28.71	17 400	4 500	330
5	上海南洋电工器材有限公司	13 813	33.45	13 813	1 467	128
6	南京艺工电工设备有限公司	12 866	72.80	12 520	4 195	292
7	上海鸿得利机械制造有限公司	9 703	35.65	11 352	1 515	216
8	山东中际电工机械有限公司	9 215	24.40	11 541	44	396
9	芜湖电工机械有限公司	6 281	52.05	5 574		250
10	中山凯旋真空技术工程有限公司	3 910	11.03	2 623	298	201
11	宜兴电工机械有限公司	3 620	7.74	3 860		110
12	德阳东佳港机电设备有限公司*	3 060	61.80	3 090	1 019	347
13	浙江平湖机械制造有限公司	3 132	7.48	3 246	235	112
14	德阳市德东电工机械制造有限公司	1 623	1.44	2 110	898	130
15	咸阳电工机械厂	1 593		1 969		323
16	马鞍山市天力机械有限公司*	1 065		1 218		100
17	上海银工线材设备有限公司	856	16.94	856	65	107
18	白城天奇装备机械有限公司	855		1 125	383	182
19	常州鼎天电工机械厂*	612	44.00	612		35
	合 计	195 554	33.28	196 514	22 404	5 089

注：* 为 1～9 月份数据。

表 2　2007 年 17 家重点企业主要产品产量完成情况

序号	单 位 名 称	主要产品产量
1	无锡梅达电工机械厂	漆包机 175 台
2	合肥神马科技股份有限公司	管绞机 25 台，框绞机 71 台，成缆机 21 台，盘绞机 23 台，拉丝机 27 台
3	上海南洋电工器材厂	GSB—1A 高速编织机 1 662 台，GSB—2 型高速编织机 263 台，BSJ—6 型并丝机 744 台
4	西安启源机电装备制造股份有限公司	横剪线 26 条，纵剪线 15 条，立绕机 41 台，绕线模 23 台，箔绕机 15 台，其他 69 台
5	山东中际电工机械有限公司	槽绝缘成形插入机 196 台，绕线机 230 台，嵌线机 257 台，整形机 287 台，线圈绑扎机 168 台，其他 160 台
6	中山凯旋真空技术工程有限公司	变压器干燥设备 4 套，环氧树脂真空浇注设备 13 套，真空压力浸渍设备 5 套，真空炉 3 台，真空机组 4 台，锁模机 2 台、煤油气干燥设备 2 台、真空注油设备 9 台
7	芜湖电工机械有限公司	冲槽机 155 台，成缆机 38 台
8	德阳东佳港机电设备有限公司	LH—450/13 铝大拉机 6 台，LH—450/13 铜大拉机 4 台，JLK/630 框绞机 4 台，JG500 管绞机 10 台，铜轧机 4 台，铝轧机 4 台
9	宜兴电工机械有限公司	新型可调收排放线机系列 760 台，履带牵引机 70 台，塑料挤出机、框绞、辅机等 60 台
10	浙江平湖机械制造有限公司	成缆机 21 台，铜带屏蔽机 15 台，钢带装铠机 16 台，钢丝装铠机 8 台，高速成缆机 12 台
11	南京艺工电工装备有限公司	主机 290 台，电工机械 387 台，配件 1 132 台
12	德阳市德东电工机械制造有限公司	铝轧机 2 台，6/150 管绞机 1 台，框绞机 1 台、铜连铸连轧机 10 台，拉丝机 1 台
13	咸阳电工机械厂	卷制机 7 台，绝缘件保温烘房 1 台，砂光锯切线 1 套，管端成型机 3 台，压铸机 8 台，400t 热压机 2 台，小 R 挤压机 2 台，天车 3 台，滚圆机 1 台
14	马鞍山市天力机械有限公司	成缆机 13 台，框绞机 3 台，管绞机 2 台，拉丝机 8 台，高速笼绞机 3 台，钢带屏蔽机组 2 台，叉绞机 2 台，其他 7 台
15	常州市鼎天电工机械厂	LH120 拉丝机 41 台，LH85 拉丝机 15 台，LH100/24 拉丝机 45 台，SP100/24 拉丝机 19 台，SPT100/24 连拉连退拉丝机 2 台
16	上海银工线材设备有限公司	冷焊机 1 480 台，液压冷焊机 58 台
17	白城天奇装备机械有限公司	交联硫化线 3 台

市场及销售　2007 年电工专用设备行业呈现以下 3 个特点：

1. 市场持续发展，工业总产值、销售收入不断增长

据对 19 家重点企业统计，2007 年电工专用设备重点企业产销两旺。销售收入高出平均增幅的企业有合肥神马科技股份有限公司、南京艺工电工设备有限公司、芜湖电工机械有限公司、上海鸿得利机械制造有限公司、德阳东佳港机电设备有限公司、上海南洋电工器材有限公司 6 家。

2. 实现利润增幅较大

据对 19 家重点企业统计，2007 年电工专用设备重点企业实现利润 14 490 万元，比上年增长 33.15%；实现销售利润率 7.4%，略高于全国电工行业销售利润率 5.73% 的水平，经济效益趋于好转。

3. 国际市场不断扩大，出口前景广阔

电工专用设备产品上千种，主要适用于发展中国家；有些产品已达到世界先进水平或国际领先水平，适用于美国、欧洲等发达国家，出口前景广阔。变压器、高低压电器和电机专用设备出口情况见表 3。电线电缆专用设备出口情况见表 4。

表 3　变压器、高低压电器和电机专用设备出口情况

序号	单 位 名 称	出口交货值（万元）	出口国家	出口产品
1	西安启源机电装备股份有限公司	4 500	阿塞拜疆、巴基斯坦、埃及	横剪线、绕线模
2	江苏亚威机床有限公司	1 645	美国、澳大利亚、印度	PBH160—3100—4C 折弯机、WEHK—160/3100 折弯机、QC12Y—6 ×6300 液压摆式剪板机、HPH—3044—26A2 数控转塔冲床
3	中山凯旋真空技术工程有限公司	298	韩国、哈萨克斯坦	锁模机、浇注罐、干燥设备等
4	山东中际电工机械有限公司	44	意大利	嵌线机、整形机

表 4　电线电缆专用设备出口情况

序号	单 位 名 称	出口交货值（万元）	出口国家	出口产品	出口交货值占总值比例（%）
1	合肥神马科技股份有限公司	5 290	—	盘绞式成缆机、框绞式绞线机	25.75
2	南京艺工电工设备有限公司	4 195	俄罗斯、德国、法国、印度、韩国、日本等	35kV 干式交联生产线、缘绕护套生产线、主机	33.50
3	上海鸿得利机械制造有限公司	1 515	伊朗、韩国、越南	框式绞线机、大拉机等	24.70

（续）

序号	单位名称	出口交货值（万元）	出口国家	出口产品	出口交货值占总值比例（%）
4	上海南洋电工器材有限公司	1 467	日本、韩国、泰国、马来西亚	高速编织机	10.62
5	德阳东佳港机电设备有限公司	1 019	印度、伊朗、巴基斯坦、加拿大	铝合金大拉机、铝连铸连轧机、铜大拉机、铜连铸连轧机、框绞机	32.97
6	德阳市德东电工机械制造有限公司	898	巴基斯坦、伊朗、印度尼西亚	铜连铸连轧机、280/17 拉丝机备件	42.55
7	无锡梅达电工机械有限公司	850	印度	漆包机	14.21
8	白城天奇装备机械有限公司	382	菲律宾	交联硫化生产线	34.00
9	浙江平湖机械制造有限公司	235	南非、尼日利亚、孟加拉国	成缆机、钢丝装铠机	7.23
10	上海银工线材设备有限公司	65	日本、美国、巴西、土耳其、俄罗斯	冷焊机	7.59

科技成果及新产品 2007 年合肥神马科技股份有限公司开发了挤压机；南京艺工电工装备有限公司开发了 XJW—X90/90 + 120/90—IV—D(Q) 橡套生产线、110kV 三层共挤交联电缆生产线、卧式轮牵引线；山东中际电工机械有限公司开发了 BZ6—4525 双工位定子全自动绑扎机、CJ12—2408 连拉连退拉丝机；上海银工线材设备有限公司开发了 J6 液压冷焊机、J3 液压冷焊机、J4 液压冷焊机。

质量可信产品 电工专用设备分会开展了“推介质量可信产品”的工作。2007 年 5 月 5 日，电工专用设备分会按照中国电器工业协会三届三次理事会会议精神向行业重点企业发出了《关于电工专用设备行业开展“质量可信产品”推荐工作的通知》，将“质量可信产品”必须具备的条件、必须提供的材料、收费标准、证书、申报和审核程序、监督与保护、推荐申请表、企业概况表、申报产品概况表等文件发送给重点会员单位研究申报。

有 5 个企业申报了 14 种产品，秘书处组织专家进行了评审，并向中国电器工业协会上报。经中国电器工业协会审查，批准推荐的“质量可信产品”名单见表 5。

表 5 批准推荐的“质量可信产品”名单

序号	单位名称	质量可信产品
1	西安启源机电装备股份有限公司	XBJ1 系列变压器硅钢片纵剪生产线、BR2 系列立式绕线机
2	山东中际电工机械有限公司	XD11—1015 定子端部自动整形机、BZ5—4525 绑扎机、KX3—1015 嵌线机、XD6—2025 汽车电机定子线圈整形机、CJ8—1305 多槽形定子槽绝缘插入机、RX2—1035 立式绕线机
3	南京艺工电工设备有限公司	SJN—Z70/65 + 150 + 90—Ⅲ—D(Q) 三层共挤式干法交联生产线、SJ30—200 单螺杆塑料挤出机、ϕ30 ~ 300mm 螺杆、机筒
4	上海银工线材设备有限公司	LS0S、LS1S、LS1T、LS2S、LS2T、LS3T、LS4T、LS5T 冷焊机
5	德阳东佳港机电设备有限公司	ZZR 1800 + 255/12、1500 + 255/15、1600 + 255/14 铜、铝（合金）连铸连轧机组，LHD 45013 铜、铝（合金）高速拉丝机

〔供稿单位：中国电器工业协会电工专用设备分会〕

热缩材料

生产发展情况 2007 年，全国共有热缩材料及制品生产企业 176 个，全年完成工业总产值 81.2 亿元，比上年增长 3%，实现销售收入 77.559 亿元，工业增加值 24.32 亿元，总资产达到了 116 亿元，企业年末从业人数 27 890 人。2007 年热缩材料行业前 10 名企业主要经济指标见表 1。

2007 年，热缩材料行业上报统计年报的会员企业有 19 个，占分会会员数的 43%。其中中外合资企业 6 个，占统计总数的 32%；股份制企业 9 个，占统计总数的 47%。2007 年这 19 个企业共完成工业总产值 222 398 万元，工业增加值 73 222 万元，完成销售收入 198 459 万元，实现出口交货值 12 072 万元，全员劳动生产率 16.97 万元/人，年末资产总额为 282 815 万元。2007 年热缩材料行业统计企业的主要经济指标（一）见表 2。2007 年热缩材料行业统计企业的主要经济指标（二）见表 3。2007 年热缩材料行业统计企业的主要经济指标汇总见表 4。2007 年热缩材料行业统计企业的经济指标统计平均值与全国标准值比对见表 5。

表 1 2007 年热缩材料行业前 10 名企业主要经济指标 （单位：万元）

序号	企业名称	工业总产值	销售收入	利税总额	年末资产总额
1	深圳市长园新材料股份有限公司	98 119	83 863	26 821	172 808
2	深圳长园电子材料有限公司	39 342	33 626	7 413	33 341
3	永固集团股份有限公司	39 198	37 572	5 824	32 189

（续）

序号	企业名称	工业总产值	销售收入	利税总额	年末资产总额
4	深圳市沃尔核材股份有限公司	29 240	27 438	5 069	24 130
5	上海瑞侃电缆附件有限公司	27 136	26 838	2 856	24 390
6	四川天邑信息科技股份有限公司	25 120	24 357	2 675	29 180
7	深圳宏商材料科技股份有限公司	15 319	14 706	2 647	24 157
8	四川西普有限责任公司	14 452	13 946	2 231	21 863
9	无锡爱邦高聚物有限公司	12 579	11 824	1 161	16 048
10	成都电缆双流热缩制品厂	12 270	11 963	1 780	18 329

表2　2007年热缩材料行业统计企业的主要经济指标(一)

（单位:万元）

序号	企业名称	工业总产值	工业增加值	销售收入	利税总额
1	深圳市长园新材料股份有限公司	98 119	37 528	83 863	26 821
2	深圳长园电子材料有限公司	39 342	16 783	33 626	7 413
3	永固集团股份有限公司	39 198	9 581	37 572	5 824
4	河北中联化工有限公司	4 990	720	4 700	270
5	上海至正潘德那聚合物有限公司	4 953	780	4 953	283
6	绵阳振华科技有限公司	4 500	1 200	4 200	600
7	安徽国华新材料有限公司	4 100	756	4 021	744
8	广州科塑热缩材料有限公司	3 690	280	3 580	430
9	成都贝科普天通讯器材厂	3 490	910	3 380	850
10	成都长江热缩材料有限公司	3 363	920	2 913	825
11	上海先锋辐照制品厂有限公司	3 292	620	3 160	590
12	吉林市吉辐新材料有限责任公司	3 286	920	3 023	500
13	北京顺义跃洋绝缘材料厂	2 180	450	2 100	95
14	上海长沪辐射化工材料厂	1 780	450	1 710	260
15	苏州新区鑫业特种电缆材料厂	1 620	306	1 507	328
16	扬州辐照中心	1 605	370	1 421	258
17	乐清华仪热缩材料有限公司	1 310	370	1 260	305
18	青岛茂洋新高科技有限公司	1 260	230	1 150	355
19	哈尔滨光雅辐射新技术有限公司	320	48	320	67

表3　2007年热缩材料行业统计企业的主要经济指标(二)

序号	企业名称	资本保值增值率(%)	总资产贡献率(%)	全员劳动生产率(元/人)	经济效益综合指数
1	深圳市长园新材料股份有限公司	184.00	31.00	249 190	3.75
2	苏州新区鑫业特种电缆材料厂	164.00	19.00	40 800	2.35
3	青岛茂洋新高科技有限公司	139.00	24.00	26 744	1.54
4	安徽国华新材料有限公司	129.00	32.00	64 615	2.38
5	广州科塑热缩材料有限公司	122.00	16.00	10 893	2.98
6	扬州辐照中心	117.00	11.00	58 730	2.46
7	吉林市吉辐新材料有限责任公司	114.00	18.00	71 875	2.02
8	上海至正潘德那聚合物有限公司	112.00	30.00	125 806	2.03
9	哈尔滨光雅辐射新技术有限公司	111.00	7.50	32 000	1.79
10	成都长江热缩材料有限公司	110.00	28.00	83 636	2.90
11	上海先锋辐照制品厂有限公司	109.00	35.00	51 667	1.77
12	绵阳振华科技有限公司	109.00	54.00	80 000	3.30
13	河北中联化工有限公司	105.00	15.00	120 000	1.91
14	上海长沪辐射化工材料厂	105.00	16.00	57 941	1.62
15	永固集团股份有限公司	103.00	21.00	134 565	2.26
16	成都贝科普天通讯器材厂	102.00	22.00	32 426	2.63
17	乐清华仪热缩材料有限公司	97.00	20.00	47 436	2.38
18	北京顺义跃洋绝缘材料厂	88.00	11.00	42 056	1.28
19	深圳长园电子材料有限公司	81.00	16.00	111 114	2.18

表4　2007年热缩材料行业统计企业的主要经济指标汇总

指标名称	单位	数值
企业数	个	19
工业总产值(现行价)	万元	222 398
产品销售收入(现行价)	万元	198 459
工业增加值	万元	73 222
出口交货值	万元	12 072
年末资产总值	万元	28 2815
年末从业人员平均数	人	4 314
从事科技活动人员总数	人	669
全年科技活动经费使用数	万元	4 610
研究与发展经费支出	万元	3 233
经济效益综合指数平均值		2.27

表5　2007年热缩材料行业统计企业的经济指标统计平均值与全国标准值比对

序号	指标名称	单位	全国标准值	热缩材料分会统计平均值
1	总资产贡献率	%	10.7	22.4
2	资产保值增值率	%	120	117.0
3	资产负债率	%	≤60	47.0
4	流动资金周转率	次	1.5	2.29
5	成本费用利润率	%	3.71	28.3
6	全员劳动生产率	元/人	16 500	76 389
7	产品销售率	%	96	94.3

产品分类产量及销售　热缩材料及制品共分为电工行业用的热收缩套管、电力行业用的35kV及以下额定电压热缩电力电缆附件产品和汇流排用的热收缩母排套管、通信行业用的2 400对及以下通信电缆热缩接续套管和各类管道包复片及各种母料等4大类,以及其他特殊用途的产品。

2007年,热缩材料行业经济运行平稳,全行业重点企业的主要经济指标和主要产品产量继续保持增长的势头。但是由于热缩材料生产企业所需的原材料大多数是石油企业的副产品,而国际市场的石油价格连续上涨并居高不下,因此2007年原材料的价格一直保持上升的势头,从而增加了产品的成本,导致全行业的利润水平只有不到1%的增幅。2007年热缩材料行业销售各类热缩材料及制品77.559亿元,实现利税总额6.398亿元。2007年热缩材料行业主要产品产销情况见表6。

表6　2007年热缩材料行业主要产品产销情况

产品名称	数量单位	产量	销量	销售收入(万元)
热缩细管	亿m	28	27.3	192 000
热缩电力电缆附件	万套	3 010	2 996.0	508 370
热缩通信电缆附件	万套	80	79.5	31 200
母料	t	22 000	21 500	36 200
其他				7 820

科技成果及新产品　2007年,热缩材料行业各企业采用新技术、新工艺,促进新产品、新成果的开发和应用,研制出了一批科技含量高、具有国内先进水平的新产品,取得了良好的经济效益。由保定天威集团有限公司研制的热收缩网包换位导线获得了中国机械工业联合会评审的2007年机械工业科学技术奖。热收缩网包换位导线是电磁线行业为超高压大容量变压器研制的新型绕组线产品,促进了变压器设计和制造技术的进步,也为变压器厂带来了较大的效益。

成都电缆双流热缩制品厂是专业从事通信电缆接续和维护用热缩套管、石油天然气长输管线及保温管线防腐补口接头和塑料管道接头用热缩包复片材产品生产的邮电部部属企业,工厂已经积累了20多年的专业生产热缩材料制品的经验。该厂近年来又陆续研制出煤气管线、天然气管线、输油管线、保温管线补口用的最大直径达1.5m,二层结构或三层结构聚乙烯防腐层或聚氨酯泡沫防腐层,埋地或架空的钢质管道用的热缩包复片新产品,填补了国内空白。

深圳市宏商材料科技股份有限公司生产的Hongshang®系列热缩套管产品分别通过了美国UL、加拿大CSA、美国ABS船级社认证和国家高压电器质量监督检测检验中心认证,产品广泛用于电子、电器、电力、汽车、造船等行业。2007年又研制开发出了H—2F 135℃三倍、四倍热缩套管,260℃耐高温铁氟龙套热缩套管,汽车线束用双壁热缩套管和汽车油管双壁热缩套管等新产品并已大批量投入生产。广州科塑热缩材料有限公司近两年来开发出新产品16项,申请国家专利10项,其中低烟无卤产品居同行业之首。2007年该公司研制生产的军工用热缩套管产品与美国瑞侃产品同时被编入了电子工业部非金属材料手册中,从而进入了军工行业,产品的主要技术指标达到了国际同类产品的先进水平。

深圳长园电子材料有限公司的汽车用环保型聚烯烃热缩套管入选了2007年国家重点新产品计划。在2007年,该公司相继取得了CB—HFT型无卤热缩套管全色系、300V/600V、125℃、VW—1等级以及CB—DWT型双壁内胶套管600V、125℃、VW—1等级的认证;同时完善了CB—TT聚四氟乙烯套管的UL认证,分别是CB—TT—L(150V)、CB—TT—T(300V)、CB—TT—S(600V),成为国内同行业中认证最全的厂家。

保定合力达电缆附件有限公司荣获了2007年"河北省质量效益型企业"称号,保定市仅有4家企业获此殊荣。

深圳市沃尔核材股份有限公司于2007年4月在深圳市成功登陆中小企业版上市,共发行股票1 400万股,股票代码为002130,成为热缩材料行业的第3家上市公司。前两家公司分别是1997年上市的中科英华(原长春热缩材料股份有限公司)和2002年上市的长园新材(深圳市长园新材料股份有限公司),股票代码分别为600110和600525。

2007年,长园新材再次荣登《福布斯》排行榜,连续4年榜上有名,证明长园新材作为最稳健的上市公司之一,业绩持续高速增长,行业领头羊的地位毋庸置疑。

质量及标准　全国产品质量和食品安全检查组于2007年11月29日前往深圳市长园新材料股份有限公司(下称长园新材),检查根据国务院令第503号(2007年7月26日发布)要求进行的全国产品质量和食品安全专项整治工作。国家食品药品监督管理局副局长吴浈率40多人的检查组在深圳市市长许宗衡、副市长卓钦锐的陪同下,前往长园新材等8家单位检查专项整治工作。吴浈在考察、检查后表示：长园新材对专项整治工作的重视程度之高、工作力度之大、整治效果之明显，给检查组留下了深刻印象，长园新材的专项整治工作是扎扎实实的、是认真细致的、是卓有成效的。他对长园新材在完善科学规范的产品质量保障体系、提高自主创新能力、提高企业核心竞争力、为中国制造赢得荣誉等方面作出的突出成绩给予了充分肯定。国务院新闻办副主任王国庆、河北省人民政府副省长付双建参加了检查。在此之前，广东省人民政府副省长佟星就产品质量和食品安全整治工作到长园新材公司进行了考察，对长园新材公司专项整治所做的工作给予了高度评价。

2007年，中国名牌战略推进委员会公布的《中国名牌产品评价目录》中第一次把电缆附件产品列入。热缩材料行业有3家企业上报了评价资料，最终广东长园电缆附件有限公司的"GCA"牌电线电缆接头附件产品荣获"中国名牌产品"称号，这是行业内惟一获此殊荣的产品，也标志着GCA成为了电力电缆附件行业第一品牌。

2007年底，国家标准管理委员会发布《关于批准筹建全国特殊膳食标准化技术委员会等468个全国专业标准化技术委员会的通知》(国标委综合〔2007〕104号)，附件1标委会名单中第367项为全国绝缘材料专业标准化技术委员会电工用热缩材料分技术委员会(以下称分标委会)，编号为SAC/TC51/SCXX。中国电器工业协会热缩材料分会和深圳市长园新材料股份有限公司共同负责筹建分标委会，秘书处承担单位是龙头企业深圳市长园新材料股份有限公司。分标委会的工作领域为：电工绝缘用的各类热缩材料及制品，绝缘防护，输变电设备绝缘防护等领域的各类热缩材料及制品，配套用各种热缩管、热缩配件等产品标准的制修订及运行维护和标准化管理工作。热缩材料分会主要负责分标委会委员的征集工作，向全国生产、使用、经销等方面的企业和科研院所、检测机构、高等院校、行业协会、消费者代表和相关部门发出了分标委会委员征集函，经过审核有28名符合标委会委员任职资格的人士被推荐为分标委会的委员上报到国家标准管理委员会，其中有来自热缩材料行业生产、使用和经销方面的11家企业的13名委员。

由电力行业电力电缆标准化技术委会员归口管理，国网武汉高压研究所、广东电网公司、广东电网公司佛山供电局、深圳沃尔核材股份有限公司和湖北省电力公司制定的中华人民共和国电力行业标准DL/T 1059——2007《电力设备母线用热缩管》标准于2007年7月20日发布，2007年12月1日实施。该标准规定了额定电压35kV及以下电力设备母线用热缩套管的技术要求、试验方法、检验规则、标志、包装、运输和存贮，适用于额定电压为35kV及以下电压等级的电力设备母线绝缘防护用热缩套管。

基本建设及技术改造 2007年10月7日，中科英华高技术股份有限公司新材料产业园奠基仪式在长春市高新技术开发区举行，吉林省省委常委、长春市委书记高广滨，吉林省人大常委会副主任刘淑莹，副省长陈晓光，原中科院副院长杨柏龄出席了奠基仪式。中科英华长春新材料产业园占地面积10万m^2，总建筑面积6.9万m^2，项目总投资5.05亿元，建设期2年。项目主要是军工用电线电缆，核电站用电线电缆等特种电缆，低烟无卤电缆料、TPE、TPU弹性电缆料等辐射交联特种高分子材料及热缩式、冷缩式电缆附件等。预计项目建成后，可实现年产值20亿元。中科英华高技术股份有限公司位于长春市高新技术产业开发区内，是国家科技部认定的国家级高新技术企业。

2007年，深圳市长园新材料股份有限公司的长园技术中心又获得了深圳市市级企业技术中心建设资助资金200万元，在2007~2009年内企业将投入建设资金900万元用于购置2800kV/300kJ冲击电压发生器、800kV—6A工频实验变压器等设备。用于建立技术中心的高压高频实验检测技术改造项目。

〔撰稿人：中国电器工业协会热缩材料分会王连杰　审稿人：中国电器工业协会热缩材料分会理事长许晓文〕

变　频　器

生产发展情况 根据对变频器行业16个规模以上企业的统计，工业总产值51.8亿元，较上年有较大增长。工业总产值(当年价)和工业销售产值两项指标分别比上年增长32.11%和33.94%，产销衔接良好。经济运行质量有新的提高，经济效益增长显著，利润总额比上年增长59.13%，工业增加值比上年增长26.66%。16家企业的资产总量为59.14亿元，比上年增长34.15%；其中固定资产净值440 882万元，比上年增长22.05%；流动资产为52.302亿元，比上年增长35.91%。从业人员7 180人，比上年增长16.95%，行业规模稳步发展。

2007年变频器行业经济运行的特点是：

1.产销同步稳定快速增长，规模总量超上年，产销衔接良好

2007年，受到国家加大节能减排政策等利好因素的影响，16家企业的工业总产值(现价)、工业销售产值和主营业务收入均分别为51.8亿元、51.74亿元和36.11亿元，高于2006年，三项指标的增幅分别为32.11%、33.94%和37.51%，呈现增长速度较高且相对平稳的趋势。全行业的产品销售率则保持了2007年开局以来稳步提高的势头，虽然受到原材料价格上涨和无序竞争的影响，但是产销快速增长和衔接良好仍然是2007年行业经济运行的基本特征。

2.新产品增长迅速，技术创新成效显著，产品结构调整取得突破性进展，坚定落实品牌战略

变频器行业近年来一直坚持走以科技创新促进行业发展的路子，实现了新产品产值的持续高速增长。许多企业看到发展新产品的前景，表示在2008年继续将开发新产品

当成一个重要的经济增长点来抓。

分会秘书处收集企业近年来生产、经营、质量及用户反馈的信息，广泛了解行业现状，及时向上级协会提供相关统计数据，并提出相关建议，把真正优秀企业中的优质产品推介出来，参与到“中国名牌产品”的评价工作中。2007 年 8 月，变频器分会希望森兰变频器制造有限公司的“森兰”品牌、北京利德华福电气技术有限公司的“利德华福”品牌以及山东新风光电子科技发展有限公司的“风光”品牌同时上榜中国名牌名单，这在我国变频器发展历史上是空前的。

3. 经济效益稳步提高

虽然原材料价格的持续上涨使企业不堪重负，但是一些企业针对这种情况挖掘自身潜力，通过提高技术、改进工艺、加强管理和节约降耗等措施进行自我消化，并通过必要的渠道与客户进行沟通，尽可能取得用户的理解，合理调整原材料涨价后产品的销售价格。

4. 市场竞争激烈

以高压变频器为例，经历了将近 10 年的发展，目前国内高压变频器行业的市场竞争已经凸显以下几个特征：①技术已经度过“百家争鸣、百花齐放”的阶段，技术主流趋势明显。主流的高压变频器产品主要有电流源型、三电平型和单元串联多电平型 3 种类型。②市场份额出现了集中化趋势。③拥有成功的历史业绩是竞争的重要砝码，这也客观导致了强者恒强。④变频器价格已经达到客户可接受程度，竞争的重心将从价格转移到产品品质和服务、生产管理和成本控制。一般高压变频器的节能效率为 20% ~ 60%，按照工业用电 0.5 ~ 0.6 元/kW · h 估计，每千瓦每年能节省 1 300 ~ 1 500 元，而当前价格大约为 800 ~ 1 200 元/kW，大部分的高压变频器客户在变频器投入运转后两年内就能收回投资，个别由于工况原因可能推迟到两年后。所以国内大部分的客户都已经表示能接受这个价位，不会再像过去那样由于价格过高而无法接受。

2000 年之后，内资企业推出产品对外资产品的冲击，导致二者价格基本相差无几。近两年来，不少新的企业都宣布要进入或者开始推出高压变频器产品，采取了低价销售的策略，行业的价格体系呈现一定程度的混乱。鉴于客户类型和采购心理，低价销售的吸引力将不再具有巨大的行业震撼力，唯有能提供高品质产品和良好服务并具有规模化生产能力和较强成本控制能力的企业才能有效吸引客户、控制自身成本，在竞争中占据有利地位，抵消不稳定的价格体系对自身造成的影响。

2007 年变频器分会重点企业工业总产值见表 1。2007 年变频器分会国内品牌前 3 名见表 2。

表 1　2007 年变频器分会重点企业工业总产值

序号	企 业 名 称	工业总产值（万元）
1	北京 ABB 电气传动系统有限公司	212 134
2	北京金自天正智能控制股份有限公司	51 217
3	北京利德华福电气技术有限公司	41 219
4	上海雷诺尔电气有限公司	38 023
5	北京动力源科技股份有限公司	35 592
6	哈尔滨九洲电气股份有限公司	31 026
7	唐山开诚电器有限责任公司	24 094
8	深圳市英威腾电气股份有限公司	19 848
9	山东新风光电子科技发展有限公司	18 100
10	台州富凌机电有限公司	13 053
11	北京合康亿盛科技有限公司	10 540
12	大连普传科技股份有限公司	10 380
13	天津华云自控股份有限公司	5 100
14	深圳市微能科技有限公司	3 969
15	温州市久久电子电器有限公司	2 652
16	上海艾帕电力电子有限公司	1 260

表 2　2007 年变频器分会国内品牌前 3 名

产品类别	企 业 名 称	产值（万元）
高压变频器	北京利德华福电气技术有限公司	41 219
	哈尔滨九洲电气股份有限公司	18 616
	山东新风光电子科技发展有限公司	18 100
低压变频器	深圳市英威腾电气股份有限公司	19 848
	台州富凌机电有限公司	13 053
	大连普传科技股份有限公司	10 380

当前变频器行业的运行特征是：

1. 大功率产品成为市场发展热点

分析变频器发展历史，可以发现变频器技术是从低压发展到高压，从小功率发展到大功率。高压变频器市场中，国内厂商的技术发展也经历了同样的过程。随着国内厂商技术提高，变频器产品的功率逐渐从 200kW 超过 5 000kW。大功率高压变频器由于技术含量高，售价相对较高，具有更好的利润空间，而且占领大功率产品市场也是企业综合竞争力的体现。目前大功率产品市场还是以国外厂商为主，但是随着国内厂家高压变频器技术的提高和成熟，国内厂家正在逐渐进入大功率产品市场并逐步取代国外进口大功率变频器产品。大功率产品正成为市场的发展热点。

2. 行业集中度较高，少数企业占领大部分市场份额的格局已经形成

技术、市场、服务等方面的壁垒造成了少数几个市场领先者拥有大部分市场份额的格局，行业集中度较高。据 2006 年的统计，行业前 3 位的厂商占据了 50% 以上的市场份额，前 10 位的厂商占领了 80% 以上的市场份额。

3. 供应商日益注重提供整体节能方案的服务水平

4. 国产产品对进口产品的替代特征明显

国内销售的变频器产品可以分为两大类：一类是国内企业生产的中国品牌产品，另一类是进口或国外企业生产的国外品牌产品。2000 年以后，国内企业在高压变频调速技术和生产工艺方面有了质的突破，技术成熟度提高，生产和制造工艺流程得到改善，产品运行稳定性和可靠性大幅提升，生产成本大幅下降，相比国外企业，国内企业更了解

中国的电力运行环境和客户的实际需求并提供更及时可靠的服务，使得国产品牌产品对进口和国外品牌产品的替代十分明显，国产品牌的市场份额在短短十几年内实现了从无到有、从少数到多数的变化。统计显示，2006 年中国国产品牌的市场份额已经达到 74%。

科技成果及新产品 北京利德华福电气技术有限公司自主研发生产的第一台 5 600kW/10kV 无速度传感器矢量控制高压变频器在国内某钢铁集团公司顺利投入生产运行，标志着利德华福产品技术迈上了一个新的台阶，改变了 5 000kW 以上大功率高压变频设备由少数国外企业垄断的市场格局。

大连普传科技股份有限公司自主研发生产的 630kW 大功率低压变频器成功交付客户，意味着打破了国内低压大功率变频器市场主要被国外厂商垄断的局面，标志着公司在生产中、大功率中压变频器上的技术已经成熟，为日后普传科技拓展中压变频器市场打下了坚实的基础。

三垦力达电气（江阴）有限公司推出了 SAMCO—SVC06 系列高性能、高端低压通用变频器。

欧瑞传动电气有限公司推出了 F2000—G 矢量型变频器，功率范围从 0.75～110kW。它采用的基本原理是通过测量和控制异步电动机定子电流矢量，根据磁场定向分别对异步电动机的励磁电流和转矩电流进行控制，从而达到控制异步电动机转矩的目的。

上海电器科学研究所（集团）有限公司荣获“上海市 2007 年装备制造业与高新技术产业自主创新品牌”称号。

山东新风光电子科技发展有限公司接到科技部火炬高技术产业开发中心（国科火字〔2007〕124 号）文，公司被认定为 2007 年国家火炬计划重点高新技术企业，将享受相关支持政策。

质量及标准 国产变频器作为变频器市场的后来者，质量是否可靠、性能是否稳定都有待于实践检验。部分国产品牌质量差，性能不稳定，返修率高，售后服务跟不上，影响了国产设备声誉。全球经济一体化的发展，把产品开发、标准化与市场经济紧密联系在一起，采用国际标准是我国一项重大的经济政策，也是推动技术进步、提高产品质量的一项措施。目前已制订并执行的国家标准有：

（1）GB/T 3886.1—2001《半导体电力变流器—用于调速电气传动系统的一般要求　第 1 部分：关于直流电动机传动额定值的规定》（idt IEC 1136—1 1992）。

（2）GB/T 12668.1—2002《调速电气传动系统　第 2 部分　一般要求：低压直流调速电气传动系统额定值的规定》（idt IEC 61800—1 1997）。

（3）GB/T 12668.2—2002《调速电气传动系统　第 2 部分　一般要求：低压交流调速电气传动系统额定值的规定》（idt IEC 61800—2 1998）。

（4）GB/T 12668.3—2003《调速电气传动系统　第 3 部分　产品的电磁兼容性标准及特定的试验方法》（idt IEC 61800—3 1996）。

（5）GB/T 12668.4—2006《调速电气传动系统　第 4 部分　一般要求：10kV 交流调速电气传动系统额定值的规定》。

市场经济是依靠法规形式来规范、协调市场行为的，标准也将作为法律、法规的技术支撑参与规范和调控市场。标准问题已经超越国内的技术经济范畴，成为产品国际化的先决条件。只有积极参与国际标准化活动，充分研究国外产品的标准，分析存在的差别，全面和及时地了解国际标准和国外先进标准的发展水平，加快标准的宣贯、实施工作，提高企业的标准化意识，才能提高产品质量，推动行业的发展和进步。

基本建设及技术改造 山东新风光电子科技发展有限公司制造基地新厂区奠基仪式在山东省汶上县经济开发区举行。建成投产后，将达到年产 1 000 台高压变频器的制造能力。

德力西集团与施耐德电气在浙江省乐清市为双方的合资公司德力西电气举办揭牌仪式，正式确立合作伙伴关系。合资公司将在浙江温州组建，总投资额 18 亿元，注册资本 6.2亿元，员工将达到 4 000 人左右，管理层由双方人员组成。

西门子电气传动有限公司搬迁新厂房。

管理及行业活动 2007 年 3 月，中国电器工业协会变频器分会成立大会暨变频器分会第一届会员大会在天津举行，来自全国 100 余家企业的 170 多名代表参加了此次盛会。与此同时，组织召开了中国电器工业协会变频器分会第一届一次理事会，天津电气传动设计研究所等 17 家单位当选为第一届常务理事单位。天津电气传动设计研究所所长仲明振当选为第一届理事会理事长，冶金自动化研究设计院副院长葛钢等 8 人当选为副理事长。根据理事长的提名，理事会选举天津电气传动设计研究所赵相宾为第一届理事会秘书长，分会聘任上海艾帕电力电子有限公司竺伟等 5 人为副秘书长。

2007 年度变频器分会优秀会员单位有：北京利德华福电气技术有限公司、天津电气传动设计研究所、大连普传科技股份有限公司、山东新风光电子科技发展有限公司、深圳市英威腾电气股份有限公司、上海电器科学研究所（集团）有限公司、北京 ABB 电气传动系统有限公司、北京金自天正智能控制股份有限公司、希望森兰科技股份有限公司、哈尔滨九洲电气股份有限公司、上海艾帕电力电子有限公司、台州富凌机电有限公司、上海雷诺尔电气有限公司、天津华云自控股份有限公司、唐山开诚电器有限责任公司、上海共久电气有限公司、上海发电设备成套设计研究院、北京动力源科技股份有限公司、深圳市微能科技有限公司、杭州祥博电气有限公司、艾默生网络能源有限公司、三垦力达电气（江阴）有限公司。

2007 年，希望森兰变频器制造有限公司更名为希望森兰科技股份有限公司。

变频器分会 2007 年行业品牌目录见表 3。

表 3　变频器分会 2007 年行业品牌目录

产 品 名 称	品牌或企业名称
高压(1 000V 以上)变频器	利德华福、风光电子、ABB、西门子罗宾康、合康、九洲电气、东方日立和动力源
低压(1 000V 以下)变频器	森兰变频、西门子、ABB、英威腾、普传科技、艾默生、富凌和三垦力达
IGBT 模块类	三菱机电(上海)有限公司、赛米控(香港)有限公司、江苏宏微科技有限公司
控制变压器、电抗器类	上海鹰电子科技有限公司、四川彭山特种变压器厂、天津市佳诺电气有限公司
连接器类	南京菲尼克斯电气有限公司、魏德米勒电联接国际贸易(上海)有限公司、深圳杰特电子实业有限公司
电量传感器类	北京莱姆电子有限公司、宁波南车时代传感技术有限公司
变频变压器类	上海昊德电气有限公司、江苏上能变压器有限公司、上海保能电力设备制造有限公司

诚信是建立规范社会主义市场经济秩序的重要基础和条件,是构建社会主义和谐社会的必然要求。为规范行业行为,推进行业自律,创造良好的变频器行业发展环境,变频器分会制定了行业自律公约。

存在问题及发展建议

1. 成本问题

原材料涨跌幅度较大,原材料涨价给企业造成了很大的压力。2007 年,尽管电工行业并未遭遇到前两年铜、铝及硅钢片等主要原材料价格突发性暴涨的情况,但由于这些主要原材料价格一直处于高位,以及银行贷款利息的提高造成了企业财务费用的增加。

2. 竞争问题

行业内无序竞争、恶意竞争等现象的存在,使产品质量受到很大影响。国外企业的大举进入,使国内企业受到严重威胁。专利侵权现象严重,一些企业下大力气研发的产品很快被其他企业仿制,使原研发企业受到巨大损失。

3. 管理问题

低压变频器行业由于生产企业众多,鱼龙混杂,很难有效管理,产品质量参差不齐,不按照国家质量标准生产,给一些企业带来很大的影响。

4. 其他问题

部分改制企业遗留问题较多,高层次的管理和技术人才缺乏等问题,也给企业的发展带来了一定的制约。

中国变频器行业已经在过去短短的十多年时间取得了优异的发展业绩。面对巨大的市场发展机遇和国外产品的竞争,我国变频器行业的发展还需要多方面力量的支持。

1. 加强变频器行业协会的作用

行业协会应该对行业企业起到协调、引导作用,通过组织和举办行业发展研讨会等方式,统一行业企业认识,避免出现恶性价格竞争;出面协调行业企业与政府、社会、上下游客户的相互关系,积极协助政府落实有关节能降耗政策。

2. 进一步加强人才培养、技术研发和新产品开发,提高技术含量

高压变频调速行业是跨行业理论和技术积累的高科技行业,需要针对不同行业内每个客户的具体工艺要求进行合适和惟一的调速方案设计,并在执行过程中配合生产工艺来完成。由于高压变频调速运用在工业生产的核心设备环节,生产商除了实现变频调速的效果外还必须保证运行的稳定性。这一切都使高压变频不再是简单的机器生产过程,而是结合理论、设计和工艺的综合的调速节能方案的实施过程,因此,理论和技术人才的培养极其关键。随着新产品的开发和应用拓宽进程的加速,人才的培养和补充以及能否留住人才成为未来行业维持高速成长的关键。

3. 健全和完善销售服务体系,提高企业整体服务水平

高压变频器是一个特殊行业,行业用户对产品的服务质量要求很高。高压变频器企业应根据我国实际情况,组建销售服务和工程服务队伍,完善客户服务流程,努力提高客户满意度,这是高压变频器企业提高竞争力的有效手段。

4. 加强企业生产管理水平,进一步优化产品制造流程,降低产品成本水平。充分发挥我国低成本制造优势,提高国产变频器的市场竞争力

国家振兴装备制造业的各项具体政策正在逐步落实,将会对电工行业经济发生积极的影响;国家加大节能减排的政策力度,将促进电力行业技术改造的投入。面对机遇与挑战,变频器行业要勇敢地面对挑战,抓住机遇,共同努力,为企业的发展,为行业的发展创造新的辉煌。

〔供稿单位:中国电器工业协会变频器分会〕

现 场 总 线

2007 年是我国“十一五”规划的第二年,也是中国加入 WTO 五年保护期终结后向世界全面开放的第一年,全年 GDP 增长幅度为 11.4%,国内经济继续飞速发展,基础建设进一步完善。国内电器工业领域呈现出良好的发展势头,进一步促进了现场总线与工业以太网技术的发展。现场总线技术作为一种应用于过程自动化和制造自动化领域,连接传感器、控制器和执行器等现场设备的全数字化智能通信系统,在电力、汽车、建筑等各个行业都得到了广泛的应用。随着经济的不断发展,电力工业作为我国国民经济的基础,在现代化建设中发挥着越来越重要的作用。近几年,国际电工委员会陆续颁布了新的电力通信标准,数字化变电站和面向未来的分布式能源系统已经成为当今电力自动化技术发展的方向和热点。新标准的制定与新技术的采用为电力行业的规范发展提供了依据,同时也为国内从事现场总线技术研究和工业控制开发的企业提供了新的发展契机。

技术发展状况 目前市场上存在的现场总线类型有40多种。根据IEC国际电工委员会在2007年8月最新颁布的IEC 61158第4版标准，共有包括FF、CIP、Profibus等在内的19种现场总线协议成为国际标准(Type 6 SwiftNet现场总线由于市场推广应用很不理想，在第4版标准中被撤消)。IEC 61158Ed.4现场总线类型见表1。

表1 IEC 61158Ed.4现场总线类型

类型	技术名称	类型	技术名称
Type1	TS61158 现场总线	Type11	TCmet 实时以太网
Type2	CIP 现场总线	Type12	Ether CAT 实时以太网
Type3	PROFIBUS 现场总线	Type13	Ethernet Powerlink 实时以太网
Type4	P_NET 现场总线	Type14	EPA 实时以太网
Type5	FFHSE 现场总线	Type15	Modbus - RTPS 实时以太网
Type6	SwiftNet 被撤销	Type16	SERCOS Ⅰ、Ⅱ现场总线
Type7	WorldFIP 现场总线	Type17	VNET/IP 实时以太网
Type8	INTERBUS 现场总线	Type18	CC - Link 现场总线
Type9	FFH_1 现场总线	Type19	SERCOSⅢ实时以太网
Type10	PROFINET 实时以太网	Type20	HART 现场总线

1. CIP网络技术的发展

2008年4月21日，ODVA宣布将公布CIP网络家族最新版本的协议草案，增强EtherNet/IP™、DeviceNet™、CompoNet™、ControlNet™和CIP Safety™技术。与提交的开放网络标准的ODVA纪录相一致，新版本的协议草案将重点为工业自动化产业带来长期的利益，最新版本的CIP网络标准包括了新的性能，即扩展了设备在更广泛领域内的互操作性和应用能力。同时，最新版本的协议还包括了新的功能来支持在过程控制和SCADA应用中需求的网络特点。这些特点包括增加了在错误监测中的粒度，以及如何在配置安全反应时间中具有更灵活的弹性。所有新版本的协议包括了18个部分，ODVA预计在2008年内，依据最新协议增强的设备将会得到应用。

2007年4月10日，ODVA宣布施耐德电气已签约成为与Cisco、Eaton、Omron、Rockwell Automation并列的ODVA组织的核心会员，并与ODVA其他成员携手，拓展CIP网络的规范，以便与Modbus/TCP设备兼容，这样，现有的Modbus/TCP用户可以无缝迁移至CIP网络架构，而保护原先的投资。施耐德电气计划在2008年推出其下一代的EtherNet/IP产品，可以与现有的Modbus/TCP设备兼容。施耐德电气于2003年成为ODVA会员，此次签约成为核心会员表明了公司对于EtherNet/IP态度的改变，即，将EtherNet/IP作为未来网络策略的基础。而EtherNet/IP自2001年推出后，已经拥有113万安装节点。EtherNet/IP与Modbus/TCP的结合，更占据了全球工业以太网市场超过50%的市场份额。

2. Profibus和Profinet技术的发展

目前已经安装了上百万节点的Profinet在工业自动化领域已经成为最佳选择，每一个节点就是一个带有Profinet界面的自动化终端设备。截至2007年底，共有114万个Profinet节点被安装到各个应用领域。根据国际咨询权威机构ARC在2008年1月的调查数据，在未来5年内，具有以太网接口的设备年增长率将达到27.5%。PI执行主席Joerg Freitag表示，根据Profinet 37%的年增长率来看，预计到2010年Profinet节点的安装数量将达到300万个。

Profibus的市场发展却相当不错，2007年是PI纪录安装节点数量增长最快的一年。全年购买Profibus节点的数量达到了450万个，2007年底总计已有2 330万个Profibus节点被安装。2007年，Profibus PA设备的数量由12万增加到了75万，在过程工业中，Profibus节点的安装数量总计为400万个，其中仅在2007年就增加了70万个。PROFIsafe节点和系统的数量增长势头强劲，2007年PROFIsafe节点数量由18万增长到了41万，PROFIsafe系统数量由1.5万增长到了4.1万。

PNO(Profibus用户组织)通过几年的努力，已经在与各个组织的合作中取得了巨大的成功，这样合作的目的是为了确定连续发布各种统一的技术和标准。2007年4月，EDDL合作组(ECT)和FDT组织宣布将共同制定一个统一的设备整合解决方案，这将使目前存在于市场中的EDDL和FDT两种技术相一致，这一努力也将促进工程现场设备的整合(FDI)。与此同时，用户案例已经完成，相关的需求也已经被定义。这些使用案例的确认将被用于与NAMUR(过程工业自动化技术兴趣组)、WIB、AIDA等组织开展密切协商。目前，技术框架和协议已经被制定，协议的第一份草案将于2008年12月完成，最终的技术协议预计于2009年底颁布。

此外，在2007年8月PNO参与成立了无线合作组织(WCT)。通过这个组织，FF现场总线基金会、HART通信基金会和PNO达成协议，将致力于为制造和过程工业在无线技术领域开展空前统一的合作，通过合作建立一个通用开放的标准，并促进无线技术被更广泛地接受。在过程自动化中，HART基金会的WirelessHART™技术已经被采用。在第一阶段无线HART网络和个别现场总线系统(FF、Profibus、Profinet)网关的协议已经被建立。为此，这3家组织同意制定共同的准则，加入到各自产品的注册程序当中。

3. CAN和CANOpen技术的发展

2006～2007年，CiA协会成员的数量由417家增加到了517家。截至2007年底,全球超过700家供应商在销售CAN的产品,充分表明了CAN网络在许多市场和各种应用领域正在被快速的接受。

汽车行业是CAN技术应用的传统行业,2007年约有6亿个CAN控制器被安装在嵌入式交通网络当中。同时CAN技术也被用于电动助力车和摩托车上。用于轻型电动交通工具中的CANOpen协议也已经被EnergyBus非赢利组织开发。客车方面,CAN需要进行另外的工作,比如ECU电动控制单元的网络化、驾驶辅助系统的传感装置以及行人保护系统。一些特殊的交通工具,如出租车、警车、伤残驱动车等,将会使用以CAN为基础的高层协议CANopen,将网络规格添加在具体设备上。为此CiA协会开发了CiA 447应用层协议,并得到应用。

机械控制也是CAN技术应用的传统领域,CANopen已经在嵌入式网络中获得了巨大成功。例如,许多发动机制造商已经采用了CiA 402的CANopen设备协议,这个协议将很快成为国际标准IEC 61700—8—201/301。CANopen同时也适用于分布控制,这个特点愈加重要,需求量也在增加,尤其是对于第三方的机器模型。

CAN和CANopen应用的另一个领域是医疗技术。CANopen确立了嵌入式网络在这一领域当中的作用,CANopen网络在大的计算机X光摄影装置,以及小的内诊镜控制装置都得到了应用。CiA协会的成员目前正在制定相关标准。

能源供应作为CAN网络技术应用的一个新领域。虽然CANopen应用层协议已经在太阳能发电厂被采用,但CANopen协议在其他工业市场当中刚刚开始标准化的研究,比如风力发电领域。在可再生能源系统中,以CANopen为基础的本地能源管理系统正在研发中。

CAN和CANopen网络在其他的应用领域也正发挥着越来越重要的作用。由于CANopen已经作为车载总线系统成为国际标准IEC 61373—3—3,CiA协会希望该技术可以在铁路交通系统中得到应用。对于电梯和升降梯网络,一些大的制造商在讨论CiA 417的CANopen应用层协议。特种车辆,如垃圾车、救火车以及部分采矿施工车辆和移动起重机都已经在使用CANopen协议。CiA协会计划将CANopen协议开发应用于可编程能源供应、真空和液压泵、低压成套开关、石油钻塔的深海测量系统。在VDMA、EPS和PNO等组织的紧密合作下,这些标准将会逐步公布。

现场总线与电力通信技术 随着经济的高速增长,能源问题已经成为世界各国经济发展的一个关键的制约因素,特别是社会对电力的需求与日俱增,这使得电力工业成为现场总线技术发展的重要领域。变电站自动化技术经过十多年的发展已经达到一定的水平,近几年来,在电网改造与建设中大量的变电站采用了自动化技术实现无人值班,大大提高了电网建设的现代化水平,增强了输配电和电网调度的可靠性,降低了变电站建设的总造价。然而,在变电站自动化系统集成过程中面临的最大障碍是不同厂家的智能设备(简称IED),甚至同一厂家不同型号的IED采用的通信协议和用户界面不相同,因而难以实现自动化系统的无缝集成和互操作,需要额外的硬件(如规约转换器)和软件来实现IED互联,在很大程度上削弱了变电站实现自动化的优点和意义。因此,变电站自动化系统在实现功能之外,还应具备互操作性、可扩展性和高可靠性等性能,这就为制定新的监控通信标准和采用适应技术发展的总线通信协议带来了可能。

2004年,国际IEC委员会在充分考虑上述变电站自动化系统的功能和要求,特别是互操作性要求的基础上,制定了变电站内通信网络与系统的通信标准体系IEC 61850标准。它采用分层分布式体系、面向对象的建模技术,使得数据对象的自描述成为可能,为不同厂商的IED实现互操作和系统无缝集成提供了有效的途径。通过近三年的发展,IEC 61850标准已经成为未来电力自动化系统的发展方向,国家电力公司已将IEC 61850标准的推广和应用作为近年重大应用项目列入国家电力发展规划中。当前,国内外电力设备生产商都在围绕IEC 61850开展研究和应用工作,并提出IEC 61850的发展方向是实现“即插即用”,在工业控制通信上最终实现“一个世界、一种技术、一个标准”。国际上技术领先的公司,如ABB公司、西门子公司等推出了基于IEC 61850的微机保护设备,但在整体实现数字化变电站及IEC 61850通信体系上,其他非IEC 61850设备如何接入IEC 61850通信体系还处于摸索阶段。我国有必要研究开发适合国情的电力设备及系统通信转换技术和产品,并在实践中应用和完善,在未来国际化的电力技术竞争中占有一席之地。

2007年4月,IEC TC57技术委员会在韩国首尔召开会议,讨论了IEC 61850—6、IEC 61850—7—2、IEC 61850—7—3、IEC 61850—7—4、IEC 61850—8—1标准的修订文稿。IEC 61850—7—3、IEC 61850—7—4还扩充了统计和历史数据传输以及电能质量模型,会后由执笔人对这些文稿进行修改,拟于近期内形成这些标准第2版的CD(委员会草案)或CDV(委员会表决草案)稿送交国际电工委员会(IEC),由IEC分发给各国家委员会进行投票。除了上面提到的IEC 61850国际标准之外,还将着手修订IEC 61850—5、IEC 61850—7—1、IEC 61850—9—2国际标准。与此同时,2007年5月11~13日在美国明尼阿波里斯先后召开了TC57(电力系统管理及其信息交换技术委员会)SPAG(战略决策咨询组)会议及全体会议,讨论了IEC 61850系列的编号问题及第二版标准的名称问题(包含“变电站”),第10工作组(电力系统IED通信及其数据模型)、第17工作组(分布式能源资源的通信系统)、第18工作组(水电厂—监视和控制通信)提出建议,新的标准名称为:“Communication Networks and Systems for Power Utility Automation(电力公用事业自动化通信网络和系统)”。IEC 61850修改标准状态见表2。IEC 61850新增标准状态见表3。

表 2 IEC 61850 修改标准状态

标准号	开始修订日期	预计颁布日期	目前状态
IEC 61850—6 第二版	2005 年 11 月	2009 年 5 月	CCDV
IEC 61850—7—2 第二版	2007 年 5 月	2009 年 5 月	1CD
IEC 61850—7—3 第二版	2005 年 9 月	2008 年 4 月	2CD
IEC 61850—7—4 第二版	2005 年 9 月	2008 年 4 月	2CD
IEC 61850—8—1 第二版	2007 年 6 月	2009 年 8 月	CCDV
IEC 61850—9—2 第二版	2005 年 11 月	2009 年 8 月	ACDV

表 3 IEC 61850 新增标准状态

标准号	开始修订日期	预计颁布日期	状态	名称
IEC 61850—7—410 第一版	2004 年 1 月	2007 年 7 月	已颁布	变电站通信网络和系统—水力发电厂—监控通信
IEC 61850—7—420 第一版	2004 年 1 月	2007 年 12 月	已颁布	变电站通信网络和系统—分布式能源通信系统—逻辑节点
IEC 61850—80—1 第一版	2006 年 7 月	2008 年 12 月	CDTS	电力公用事业自动化的通信网络和系统—根据 IEC 60870—5—101/104 数据模型为基础的 CDC 进行信息交换的指导方针
IEC 61850—90—1 第一版	2005 年 10 月	2008 年 10 月	ACDV	电力公用事业自动化的通信网络和系统—使用 IEC 61850 进行变电站之间的通信

目前,IEC 61850 标准的制定及其内容已超出变电站自动化系统的范围,将会扩展到其他工业控制领域,成为基于通用网络通信平台的工业控制的国际标准。目前电力系统的各个领域和工业自动控制领域,都在纷纷组织相关工作组,准备吸收 IEC 61850 的技术来制定相应的标准,其中包括:由 TC57 制定 IEC 61850 的附件——电力质量标准;由 TC88 工作组制定 IEC 61400—25(风力发电站远方控制和监视);由 TC57 第 7 临时工作组为无缝通信体系统一建模制定标准,协调 IEC 61850 和 IEC 61970;由美国国家委员会提议由 TC57 为分布发电厂控制和监控系统制定标准;由瑞典国家委员会提议由 TC57 为水电厂控制和监控系统制定标准;由 EPRI、IEEE 制定煤气/自来水等控制和监视标准;由 EPRI、IEEE 制定表计计量传输协议标准;由 TC65(工业自动化)制定测量和控制的数据通讯标准;由 SC17C 第 12 工作组为断路器产品制定 IEC 62271—003 和 IEC 62010 标准。

国内的电力自动化企业虽然在 IEC 61850 规约方面处于跟随国外企业的位置,但技术发展却非常迅速,南瑞、国电南自、申瑞、四方等国内主要的电力自动化设备供应商目前都已经掌握了数字化变电站的有关技术。

2006 年 3 月 27 日,国电南自满足 IEC 61850 标准的 PS 6000 变电站自动化系统在西安 110kV 少陵变顺利投运。该系统包括保护、测控、监控、远动等技术领域中共 10 多种型号的产品,是国产第一套全变电站运行的完全满足 IEC 61850 标准的变电站自动化系统。2007 年 6 月 25 日,500kV 桂林变采用的国电南自 PS6000 变电站自动化系统通过中国电力科学研究院鉴定。

国电南瑞 2008 年 1 月顺利投产浙江 220kV 外陈变电站,这也是全国第一个实际带一次设备、带负荷运行的数字化变电站。该变电站采用国电南瑞最新研制的 NS3000(UNIX)数字化计算机监控系统,汇集了国电南瑞、南瑞继保、国电南自、北京四方、深圳南瑞、ABB、西门子、国电南思等十余个厂家的数字化保护与测控装置,从过程层、间隔层、变电站层全面实现基于 IEC 61850 的信息传输和控制。此外,国电南瑞已经投产了河北承德西地 110kV 变电站、山东青岛 110kV 变电站、广东 110kV 沙坪变电站和北京顺义 500kV 变电站。

许继电气 2006 年在湖北投产第一个满足 IEC 61850 标准的左家坪变电站。下一个 IEC61850 变电站也会很快在洛阳实施。

南瑞继保在安徽和浙江各投运两个满足 IEC 61850 标准的变电站。

北京四方 2006 年投产采用 IEC 61850 标准的曹里村、朱雀变电站。2007 年 6 月西安市 330kV 聂刘变投运,该变电站采用北京四方的 CSC2000 变电站自动化系统,在间隔层不但有北京四方的测控设备和保护设备,还用 IEC 61850 与南瑞继保、国电南自、深圳南瑞的保护设备通信。2008 年 1 月 23 日,四方公司 6 大类间隔层设备在荷兰 KEMA 公司顺利通过了 IEC 61850 一致性检测与认证。2008 年 2 月 27 日,四方公司收到了 KEMA 公司发来的 IEC 61850 Level A 认证证书,成为中国惟一实现变电站间隔层全系列保护/测控装置通过 KEMA IEC 61850 认证的公司。

2006 年和 2007 年是 IEC 61850 在国内应用试验的阶段,预计未来两到三年后会在全国大规模推广,特别是 220~500kV 电压等级变电站预计三年后会全面使用,成为招标的必要条件;而 110kV 电压等级变电站的自动化系统和保护由于采用同一家企业产品,没有互操作要求,推广的必要性和积极性稍低,预计 3 年后会有五成的变电站采用,5~6 年后会全面采用,总的来说会比 103 规约当年的推广速度快得多。国内各主要厂家都投入了很大力量来研究实施 IEC 61850,在已经参加过互操作实验的厂家中,完善程度和工程化工具开发的进度将影响到各厂家未来市场份额的争夺,2007 年这些厂家的市场容量保守估计大约在 65 亿元左右,将来会重新分配。尚未参加实验的小厂家,2007 年的市场份额大约为6亿~7亿元，由于IEC61850的复杂程度和难度，这些企业还处于跟踪阶段，或采取和高校合作的方式，研发进度必然缓慢。今后的三到五年间，它们会让出5成、7成需要采用IEC 61850的市场份额。没有能力开发IEC 61850的小厂家则只能在电厂、厂矿企业和农电市场上寻找生存的机会。IEC 61850将成为电力二次设备子行业竞争格局变化的契机。

推广与发展 现场总线技术经过十多年的发展，已经应用在国民经济建设的各个领域当中。随着计算机网络技术的发展，现场总线启用以太网作为高速现场总线框架，形成了工业以太网技术。今后现场总线技术的发展应体现为两个方面：一个是低速现场总线领域的继续发展和完善，另一个是高速现场总线技术的发展。这些技术的进步都反映了现场总线技术蓬勃的生命力，必然对控制领域产生深刻的变革，对社会生产力的发展起到极大的促进作用。目前，现场总线技术还处于发展和完善阶段，标准的完善和统一在短期内还不会实现，这对我国自动化领域既是机遇又是挑战，必须抓住有利条件，积极发展符合发展趋势和我国国情的现场总线技术。

1.关注总线技术在传统产业改造中的应用

传统产业技术落后与自动化信息程度不高一直是制约我国经济发展的重要因素。我国自改革开放以来，虽然在制造加工业上取得了较快的发展，但是在企业网络化控制的核心技术上还是受制于人，国内的工业控制和网络化通信领域大多被国外跨国公司的产品垄断。2007年国家发展和改革委员会、科技部、商务部和知识产权局联合发布了《当前优先发展的高技术产业化重点领域指南》，并根据《2006~2020年国家信息化发展战略》，提出了提高现场总线技术水平和关键装备、仪器、产品的智能化水平，重点推动信息技术在船舶、汽车、航空、能源、物流等领域的发展，带动电子信息产品及行业应用软件的发展。这充分表明现场总线技术在我国国民经济发展中的重要性，同时也体现了工业网络化控制技术将在传统产业信息化改造工程中扮演重要的角色。

2.关注总线技术在新能源领域的应用

面对传统不可再生能源的日益短缺，以及对气候环境的恶劣影响，国家对于能源结构的调整具有不可逆变的必然性，所以在未来对于新能源领域的研究和投人，必定将现场总线技术的应用推向一个新的高度。就风力发电领域来讲，目前在国内已经初具一定的市场规模。从基础设备的数据采集和传输，到整个风力发电厂的监控通信，都离不开现场总线技术的应用，但目前这个市场基本被国外企业垄断，国内企业无论从技术层面还是市场层面上，对于这方面的研究都比较少。目前IEC正在制定有关风电场监控通信方面的IEC 61400—25系列标准，逐步规范这一行业和市场。网络监控技术一定程度上将决定风力发电厂技术水平和管理水平，IEC 61400—25标准将为设备之间的通信提供交流的语言，在一定程度上也为用户的选择提供了技术依据，必将进一步推动风电监控通信设备的国产化和标准化，实现与国际市场接轨。

〔撰稿人：中国电器工业协会设备网现场总线分会荆超
审稿人：中国电器工业协会设备网现场总线分会蔡忠勇〕

展企业风采
述品牌历程

中国电工设备总公司

中国东方电气集团公司

东方电气集团东方电机有限公司

苏州万龙电气集团股份有限公司

正泰集团股份有限公司

送人类光明温暖 还自然碧水蓝天

——访中国电工设备总公司总裁赵若林

本刊记者 董蕾 常静

赵若林

1956年生，教授级高工，享受国务院政府专家津贴。
荣获“中国机械工业优秀企业家”称号。
曾任黑龙江省抚远县副县长、机械工业部哈尔滨电站成套设备研究所所长等职。
2004年12月至今任中国电工设备总公司总裁。

中国电工设备总公司（CNEEC，以下简称中电公司）成立于1979年，是承担国内外大型工程总承包的专业化国际工程公司。在2005年走出经营困境后，中电公司走上了快速发展的道路。2007年，中电公司中标重大重要项目33个，金额达41亿美元；已签约并生效的重大重要项目23个，金额达13.98亿美元。“对手依然强大，只是中电更强大了”，坐在宽大的办公室里，赵若林总裁这样评析着中电公司的变化。竞争与发展在他淡然的口气中变得简单又明晰，仿佛一切都有如闲庭信步般的自然。

战略与使命 明确发展方向

2004年，赵总正式从原机械工业部哈尔滨电站成套设备研究所调任CNEEC的总裁。此时的中电公司不仅亏损严重，而且技术骨干流失，市场开拓和项目执行受阻。没有市场就没有经济来源，更别谈效益了。原因何在？

对于这个行业，赵总是相当熟悉的。在哈尔滨电站成套设备研究所的22年，让他对方方面面都了若指掌。

他说，中电公司从事的电站建设和输变电工程项目，为经济发展提供了基本的能源设施。随着部分第三世界国家对经济关注力度的加大，作为经济发展支柱的能源建设市场潜力巨大。电站项目集天下技术之大成，涉及100多个专业，需要具有不同知识与经验的人员鼎力配合，而这正是中电公司相较于同类公司的优势所在。中电公司不但在总部拥有大量工程技术人员，还拥有两个中央直属的设计单位，即机械工业部哈尔滨电站成套设备研究所和机械工业部第八设计院。在逐一剖析了中电公司的情况后，赵总认为，既然行业、市场、人才这几大关键因素都有利于中电公司，那么所面临的困境就不应该是由客观环境和客观因素造成的。于是，赵总将精力放在寻找中电公司自身问题上，并最终将措施落实到管理改革与市场开拓上。

建立有战斗力、坚强、团结的领导集体，是企业走出困境、实现发展的最基本的因素。赵总打破了传统的领导任职方式，通过实施党政双向进入、交叉任职，及建立重大事件的决策程序等多项措施，建立了坚强的领导核心，增强了企业的凝聚力、向心力和执行力。

而战略则如同海上航船的航标，没有科学合理的战略，没有切实可行的目标，企业就会失去方向、误入歧途。中电公司于2005年明确提出以“送人类光明温暖，还自然碧水蓝天”为公司使命，从中折射出中电公司以能源供应为主业，以环保减排为己任，以持续发展为目标的发展理念。赵总表示，目前国家提倡节能减排，企业的发展应与国家的宏观政策相一致，要不浪费资源、不破坏环境。对中电公司而言，节能就是供电、供热、供冷三联供，并尽可能地提高效率；而减排则体现在公司的另一项主业——环境工程上，该业务在脱硫、脱硝、除尘、污水处理等方面均取得较好的业绩。

灵活运作　走上快速发展路

有了坚强的领导集体，明确了企业的战略目标，接下来就是怎么做的问题了。赵总斩钉截铁地说：“按照市场规律来做！”为此，他逐一调整中电公司不符合市场规律和现代企业运作方式的规定。

首先是改革分配机制和用人机制。赵总有一个理念：只要能产生激励，提高员工积极性的就是好政策。因此，在用人时强调“地不分南北，人不分党派”，分配根据绩效而定。赵总强调，领导者应该善于发现每个人的长处并加以使用，把所有人的作用都发挥到极致。

其次是淡化部门之间的专业化分工，增加创收点，降低风险，最大效能地使用资源。赵总喜欢用战争实例来讲解繁复的商业运作。他说，商场如战场，商业与军事在战略和战术上息息相通。受解放战争的启示，他逆向思维，反向操作，在市场项目不足时反而拆分原有部门，将闲置人员重组，成立四五个新部门；同时取消了部门之间人为的分工限制，将原有的发电部、水电部、环保部等转换名称改为一部、二部……，并赋予充分的权利，一切均以中电的利益为根本出发点。

第三是在市场项目开拓中，采用灵活的经营战略，改变过去“为别人做嫁衣”的做法，向以自营为主转变。近几年的签单都是以中电公司为主的EPC总承包工程。

一系列的改革措施极大地推动了中电公司形势的好转，僵局很快被打破，盈利额快速增长，企业走入良性循环的轨道。2008年初，中电公司入驻政务区新兴地标性建筑——主语城中国电工大厦。

中电公司打了一个漂亮的翻身仗。

比盈利更让人兴奋的是，中电公司打出了自己的品牌，众多项目纷纷找上门来，形成了滚动开发效应。几年间，中电公司业绩遍地开花，在印度尼西亚连续签订了5台30万kW机组，合同额15亿美元，“这在过去是不可想象的”，赵总颇为感慨地说。除此，还有阿塞拜疆7台30万kW机组大修合同，印度尼西亚的2台13.5万kW机组合同，以及马来西亚3.1亿美元的合同等。在吐露了一系列重大业绩后，赵总还表示：印度尼西亚项目是中国和印度尼西亚两国政府签署的能源合作框架协议下的项目之一，意义重大，中电公司为能承揽这样的项目而感到自豪！

“好与不好自有原因，关键是有没有抓准”，赵总这样分析中电公司转变的原因，“我认为一是观念，一是政策，一是战略造成了这种改变。”

保持清醒　优势变胜势

赵总深谙“盈亏明暗变换”之理，在多个场合强调要“台上常做台下想，兴盛勿忘衰败时”，希望中电公司的干部和职工在大好形势下能保持清醒的头脑，保持低调务实的理念。2008年初，中电公司提出将工作重点转移到加强管理、提高重大项目的执行力、有效规避各类风险和确保经济效益指标的完成上，保证公司持续、稳定、科学地发展，实现既定愿景。赵总说，中电公司从事海内外工程项目总承包，要在未来成为国内一流、国际知名的专业工程公司，就不能因为兴盛而忘记制约发展的因素与短板，还需要不断地完善弱项，增强竞争力。为此，中电公司制定了五年战略规划。为实现每年的分解目标和最终的战略目标，中电公司通过每季度召开一次的经济质量运行会议，观察市场、项目、管理、预算等的执行情况，了解经济指标的完成情况，找出存在的问题，并明确下一步的工作目标，由于具有一定的前瞻性和预见性，取得了较好的效果。

实现历史性跃进

赵总谈到中电公司的现在时总是豪情满溢，他说，根据主营业务情况和收入，在手和新拿到的工程EPC项目已占80%以上，中电公司已经是真正的EPC公司。但是，在未来还需要不断地提升核心竞争力、完善产业链条、拓宽融资渠道、加强人力资源管理，与世界一流的能源工程公司比差距，实现历史性地跃进！

送人类光明温暖　还自然碧水蓝天

中国电工设备总公司（CNEEC）成立于1979年，是一家集科、工、贸于一体，以国际工程总承包和成套设备出口为主的综合性大型外经贸企业。已连续数年被美国ENR列入全球国际工程承包商225强企业。

公司主要承担国内外火力发电、水力发电、输变电各行业供配电、环境工程、市政公用、工业与民用建筑、建筑智能化等工程的总承包，包括咨询设计（公司拥有国家甲级综合设计研究院）、设备成套、施工组织、工程监理（公司拥有具备工程监理综合资质的工程建设监理公司）、安装调试和技术服务；公司

可承担专用设备的研制、为企业引进技术及设备、组织技术交流和合作生产、建设工程及设备招标、进出口贸易；公司还致力于水、火电站设备成套设计与试验研究，煤的高效、清洁燃烧及环保技术的开发应用，电站自动控制系统设计及新型控制装置的研究开发，电站商业保证值考核试验及新型机组的全面鉴定试验等（公司拥有科研开发研究所）。

①印尼INDRAMAYU 3X330MW电站项目

②阿塞拜疆JANUB联合循环电站

③印尼Awar－Awar 2x350MW电站项目

④北京双榆树供热厂工程(获国家优秀工程设计金奖)

⑤海南金海浆纸业有限公司动力厂二期2X150MW扩建工程

⑥山西晋城120MW煤层气燃气-蒸汽联合循环发电工程——世界最大的煤层气创新发电工程

⑦泰国稻壳发电工程——生物质能发电的新突破

⑧中国国际贸易中心三期工程

青山依旧在　东方照样红

——中国东方电气集团公司

中国东方电气集团公司（简称“东方电气集团”）总部位于四川省成都市，是中国最大的发电设备制造和电站工程承包特大型企业之一，是党中央确定的涉及国家安全和国民经济命脉的53户国有重点骨干企业之一。

2007年，东方电气集团通过对主业资产整合，成立了由东方锅炉（集团）股份有限公司、东方电气集团东方汽轮机有限公司、东方电气集团东方电机有限公司等子企业构成的东方电气股份有限公司（简称东方电气），东方电气作为国家重大技术装备国产化基地、国家级企业技术中心，拥有中国发电设备制造行业中一流的综合技术开发能力，通过自主开发、产学研合作、引进和消化吸收国外先进技术以及二次开发，形成了一批拥有自主知识产权的重大技术装备产品。通过调整产品结构，着力改善人类生存环境，积极发展核电、风电等清洁能源，已形成“多电并举”的产品格局，具备大型水电、火电、核电、风电、燃机等发电设备的开发、设计、制造、销售、设备供应及电站工程总承包能力。

如今，东方电气正按照温总理指示的将东汽建设得“更加先进、更加安全、更加可持续发展”，“管理一流、技术一流、设备一流、质量一流”的要求，全力推进新东汽的建设，东方电气全体干部职工有信心、有决心，一定会用勤劳双手在两年后建成一个国际一流的发电设备制造基地。

东汽重建规划图

2008年5月12日发生的汶川八级特大地震给离震中仅一山之隔的东方电气集团东方汽轮机有限公司（简称东汽）的汉旺制造基地造成重大损失。

东汽的严重灾情得到了党中央、国务院的高度重视和深切关怀。温家宝总理三次亲临现场，对东汽的抗震救灾、恢复生产、重建家园给予了明确指示。吴邦国委员长、李克强副总理、回良玉副总理、张德江副总理、中央军委副主席郭伯雄以及国资委主任李荣融等领导先后抵达东汽，对东方电气抗震救灾和恢复重建工作及时指导并给予有力支持，来自全国人民、社会各界和各兄弟单位的全力支持和无私援助以及人民解放军、武警部队、消防官兵和国际救援组织的救助，极大地鼓舞了东方电气战胜这场特大灾害的信心与勇气。

东汽的严重灾情得到了党中央、国务院的高度重视和深切关怀。温家宝总理三次亲临现场，对东汽的抗震救灾、恢复生产、重建家园给予了明确指示

东汽“抗震救灾、恢复生产、重建家园”誓师动员大会

东方电气生产的CPR1000核电蒸气发生器

忆往昔求实图强 与时俱进铸就辉煌业绩
看今朝继往开来 追求卓越谱写精彩华章

——庆祝东方电气集团东方电机有限公司建厂50周年

五十年的历程，五十年的风雨，五十年的辉煌。
回首半个世纪的峥嵘岁月，东电人心潮澎湃，感慨万千！

1958～1968年，是东方电机历经艰辛、艰难创业、曲折发展的十年。1958年10月13日，东方电机的前身德阳水力发电设备厂的开工动员大会隆重举行。一批又一批的热血青年响应号召，服从分配，从祖国各地来到德阳安家落户，在这片沃土上，开始了由传统工业向现代工业的伟大进军。古来事业由人做，艰难岁月写风流。1959年7月15日，在德阳西街面积约1 200m^2的民房内，第一代开拓者依靠有限的技术和执着顽强的精神，生产出东方电机历史上第一台产品7kW异步电动机；1964年，企业重新恢复建设；1965年6月2日，德阳水力发电设备厂更名为东方电机厂；1966年底，湖南"双"牌4.5万kW水轮发电机组和5万kW氢外冷汽轮发电机相继问世；1967年1月17日，企业基本建设工程竣工，从此东方电机进入了新的发展阶段。

1968～1998年，是东方电机求实图强、积蓄力量、奠定基础的三十年。这三十年，企业建设如火如荼，科研开发百花齐放，生产经营节节攀高，在我国发电设备制造领域创造了令人赞叹的骄人业绩。这三十年，东方电机完成了火电从仿制到创新再到国产化的伟大跨越，单机容量由5万kW、20万kW迅速上升到30万kW、60万kW，发展速度之快令业内人士刮目相看；在此期间，由东方电机研制的水氢氢30万kW汽轮发电机荣获"国家优质产品金奖"，与日立公司合作生产的邹县60万kW汽轮发电机荣获原电力部大机组评比特等奖。这三十年，东方电机在水电领域一路快跑、纵横驰骋，无论产品种类还是单机容量，均取得了历史性突破，在业界掀起了一阵又一阵"东方劲风"。其中，有荣获全国优秀产品"金龙奖"和"国家科技进步奖特等奖"的葛洲坝17万kW轴流转桨式机组，有荣获"国家科技进步奖一等奖"和"国家优质产品金奖"的龙羊峡32万kW混流式机组，还有荣获"四川省科技进步奖一等奖"、被水电部门评为"五朵金花"之一的云南漫湾25万kW混流式机组。这三十年，企业在改革方面进行了有益探索，1993年由传统的国有企业改制为股份制企业，主业资产在中国香港和上海分别上市，成为全国第一批在中国香港上市的九家企业之一。

1998～2008年，是东方电机与时俱进、不断超越、铸就辉煌的十年。这十年，通过深化改革、转换机制，精细管理、集约经营，改制辅业、精干主业，东方电机变得装备精良，技术领先、管理高效，经营指标年年攀升，竞争实力显著增强，走出了一条做精、做强、做大的发展之路。这十年，东方电机启动了科技创新“十年赶超”计划，三峡右岸70万kW巨型混流式水电机组、桥巩5.7万kW巨型贯流式水电机组、田湾河14万kW大型冲击式水电机组、100万kW超超临界汽轮发电机、100万kW核能发电机以及大型抽水蓄能、大型全氢冷汽轮发电机等一大批代表当今世界顶级水准的发电设备在东方电机陆续产出。东方电机不仅完成了年产量从几百万千瓦到1000万kW、2000万kW、3000万kW的三级跳，还创造了发电设备年产量连续四年世界第一的骄人业绩。与此同时，东方电机在国际市场大放异彩，以中型水电产品和30万kW、60万kW级汽轮发电机为代表的主营产品实现了批量外销。经过近十年的发展，东方电机由一个以传统水火电产品为主的企业，发展成为水、火、核、气、风“五电并举”，产品结构合理、市场地位领先、经济效益显著的世界知名发电设备制造企业。

半个世纪以来，东方电机虽然在发展进程中经历了许多的挫折与磨练，但是，她却凭借“振兴民族工业”、“中国装备、装备中国”的坚定信念，披荆斩棘，勇往直前，用发电设备领域一个又一个“第一”，不断擦亮自己的名字，不断提升自己的地位，为中国重大装备工业撑起了一根不屈的脊梁。波澜壮阔的岁月，翻天覆地的巨变，让每个东电人都感受到了从未有过的自豪。今天，一个强大的东电已经呈现在世人面前，这是东方电机的骄傲！更是几代东方电机人的骄傲！

过去的业绩，已经化作一张张证书、一块块奖牌，树立在东方电机的历史长廊里。但是，东电人始终无法忘记创业阶段的激情岁月，无法忘记发展阶段的上下求索，无法忘记崛起时期的艰辛付出，更无法忘记不同时期为企业发展作出过巨大贡献的老同志、老领导、老职工。一代又一代东电人把心血、汗水和青春融入了东方电机，融入了中国发电设备事业；一代又一代东电人用奉献、拼搏和智慧铸就了往日的辉煌，成就了今天的东电。他们忘我无私的劳动热情、高度负责的工作态度和求实图强的奋斗精神将永远植根在东方电机！要永远铭记他们为企业作出的卓越贡献，继续传承他们积累下来的宝贵精神财富，激励东方电机为中国电力事业的发展再创佳绩，再铸辉煌！

五十年白驹过隙，汗水与硕果相映；五十年辉煌如斯，沧桑和欢笑共鸣。可以说，过去的五十年，是东电人自强不息、不甘人后、默默奉献、辛勤耕耘并伴随企业茁壮成长、走向成熟的五十年；过去的五十年，是东电人求实图强、励精图治，弘扬传统、积淀文化并推动企业不断超越、迈向成功的五十年；过去的五十年，更是齐心构建一流企业，全力打造高效东电，以累计产出发电设备1.8亿kW、超过全国总装机容量1/5的优良业绩实践着“中国装备，装备中国”伟大理想的五十年。

辞日情满怀，迎新志弥坚。今天，发电设备市场竞争激烈，百舸争流，千帆竞发。面对世界经济结构性调整和全球制造规模性转移日益明显的全新格局，站在重要历史关口的东方电机，正视面临的困难和存在的差距，审时度势，顺势而为，作出了“二次创业”的战略选择。“二次创业”是对以往辉煌归零的心态，是对当前事业追求的执着，是对东电未来发展的渴望；“二次创业”的实施，必将掀开东方电机发展史上新的一页。

长风破浪会有时，直挂云帆济沧海。东方电机的希望之舟已经承载着无限的憧憬扬帆起航，站在新起点的东方电机，一定能够继往开来，不断超越，一定能够打造成国际化、现代化、专业化的世界一流发电设备制造企业，打造成为基业常青的百年老店；奔赴新征程的东电人，一定会乘势奋进，勇攀高峰，用智慧、激情和汗水把“中国装备，装备世界”的远大理想变成现实，为中国乃至全球电力事业的发展作出新的、更大的贡献！

用自主创新实现“中国创造”

——苏州万龙电气集团股份有限公司

苏州万龙电气集团股份有限公司（以下简称万龙集团）的前身是原江苏射阳黄海电控厂，由董事长王立权先生于1986年靠50 000元贷款建立，从为DW15断路器配套的DT1系列电子式脱扣器起步，一直坚持走自主创新和产、学、研结合之路。1988～1990年，在国内第一家成功开发了DT3系列电子脱扣器和HH15（QSA）隔离开关熔断器组两大系列产品，从而正式涉足电器行业。依靠这两大系列产品，1994年底实现了销售从零到1 000万元的突破，为万龙集团今后的发展奠定了基础。随着公司的不断发展，万龙集团清晰地预见到公司将直面经济全球化，经济环境、技术环境、竞争环境、法律环境都面临一系列的转变，产品不仅要面向国内市场，还需要将自主创新的产品与世界接轨。公司果断地将发展的重点放在与框架断路器和塑壳断路器产品配套的具有高技术含量的关键部件上，如数字化智能控制器研发、基于现场总线技术的中低压配电自动化系统及其智能电器、网络仪表与测控保护装置的研发和制造。万龙集团在国内第一个自主研发完成为框架断路器和塑壳断路器产品配套的具有完全自主知识产权的数字化智能控制器，培养出一支强有力的研发队伍，打破了国外产品在这个领域的垄断局面，节约了国家大量的外汇，使我国自主研发和国际水平接轨的、满足设备通信要求的新一代智能化框架断路器和塑壳断路器产品水平迈上新的台阶。集团现已发展成为集科研开发、生产经营和技术服务为一体的从事中低压配电自动化系统及其智能电器、网络仪表与测控保护装置的专业公司。除在苏州和上海设立技术工程研发中心外，还在北京清华大学机电系、西北工业大学计算机系设立技术开发中心，现正着手筹建国家级技术工程研发中心。公司将立足中国创民族品牌，放眼全球争世界名牌，打造差异化竞争优势、产品竞争优势、品牌推广优势、营销网络优势和技术研发优势，做配电自动化系统集成产品一流供应商，为客户提供技术先进、运行可靠、经济实用的配电自动化系统方案及其智能元件。

集团公司现有净资产2.2亿元，注册资本1.5亿元。占地面积90 666.7m^2（136亩），拥有生产车间和办公设施54 000m^2，下辖上海磊跃自动化有限公司、北京清电华力有限公司、重庆樱花智能电器有限公司和江苏射阳伟龙电气有限公司等控股公司。集团荣获国家“质量、信誉双保障示范单位”、“苏州百强民营企业”等称号；下辖的控股公司分别获得江苏省、上海市、北京市高新技术企业称号。万龙集团产品先后被评定为国家火炬项目、国家级新产品、江苏省名优新产品、上海市名牌产品及上海市高新技术成果转化项目等。

一、十年规划确立发展方向

2006年公司制定了十年发展纲要，着手国内外市场的同步开发。加大发电行业、配用电行业和其他行业的市场开发与技术开发力度，以为GE、西门子公司产品配套为契机，逐步实现由“中国制造”到“中国创造”的转变。

万龙集团要在2010年底完成“4321工程”。一个4即：实现ST系列智能框架和塑壳控制器年产销40万台（套）；两个3：ST500系列电动机智能控制器和智能保护模块、YSK系列控制与保护电器年产销各30万台（套）；三个2：年推广YSS2000配电自动化系统和智能型总线式成套电气装置2万套（件），实现年产销ST400和ST600系列电力测控保护装置2万台（套）；三个1：实现年产销可通信智能电器元件和网络仪表各10万台（套），为GE和西门子等公司提供各种电器配件100万套（件），从而实现万龙集团发展历程中的第二个里程碑中国最大的数字化智能控制器和电动机控制器生产基地—并成为中低压配电自动化系统及其智能化、节能型电气市场中极具竞争实力的高科技产品供应商。

与国外产品相比，万龙集团在数字化智能控制器、中低压配电自动化系统领域具有较大的成本优势，要进一步将产品的成本优势转化为创新优势，为由“中国制造”转为“中国创造”作出应有的贡献。因此在确定发展战略目标的基础上，董事长王立权先生针对战略目标的实施提出了“做专、做精、做强、做大”的方针，顺应并符合当今社会由产品经济向客户经济、短缺经济向过剩经济、生产导向向客户导向、大规模生产向大规模定制、标准化向个性化、地域经济向全球经济和多元化向核心竞争力转变的时代特征。

二、自主创新开辟多个新领域

技术创新是完成由“中国制造”向“中国创造”转变的必然选择。公司始终把培育和提升核心竞争能力作为企业持续发展之魂，其中拥有自己的专有技术是核心竞争力的重中之重。在国内首创的具有自主知识产权的“射海”牌ST智能控制器，经受了几十家断路器生产商对该产品的型式试验和多项考核，现拥有40多万台的在线运行业绩，市场份额已占50%以上，并呈继续扩大趋势，美国通用电器（GE）、德国西门子（SIEMENS）公司等国际著名大公司上门要求配套使用万龙集团的智能控制器产品。万龙集团还不断开发基于现场总线技术的中低压配电自动化系统及其智能电器、网络仪表与测控保护单元，从单一的智能控制器发展成为系列完整的产品，产品销售额每年以20%以上的速度递增，经济效益、社会效益稳步增长。公司非常重视产、学、研相结合，每年都有具有自主知识产权的新产品通过行业或省市的技术鉴定并取得生产许可证。公司已有38种技术获得国家专利，16种产品获国家级新产品奖，9种新产品填补国内空白，达到国际同类产品先进水平 先后获国家、省级、市级科技进步奖34项。

万龙集团为推动我国电器工业由传统产业向智能化、网络化升级换代作出了重大贡献，开创了国际先进、国内领先的三个“中国第一”：中国第一台数字化智能控制器、中国第一台符合现场总线协议规约的数字化电动机智能控制器和中国第一套具有自主知识产权的YSS2000综合配电自动化系统软件。

中国第一台数字化智能控制器于1996年在万龙集团诞生。1995年在“八五”国家重点研发项目—智能化万能式断路器中，负责其核心部件“智能控制器与通信接口”

的研发，开创了智能化万能式断路器国产化的先河。ST智能控制器系列产品自1997年通过国家鉴定以来，配套在我国各种断路器中可靠运行三年以上的已超过50万台（套）。2004年成功配套在美国GE公司和德国西门子公司的产品中。

中国第一台符合现场总线协议规约的数字化电动机智能控制器——ST500系列电动机智能控制器产品于1998年在万龙集团诞生。自2000年通过原国家机械局的生产鉴定以来，广泛应用在电厂厂用电系统、钢铁冶金、石油化工、环保和军工等行业，可靠运行三年以上的已超过20万台（套）。

中国第一套具有自主知识产权的YSS2000综合配电自动化系统软件于2000年在万龙集团诞生。万龙集团在承担“九五”国家重点项目——智能化可通信成套电气装置中，负责“基于现场总线技术的配电自动化系统及其网络接口”的研发，YSS2000综合配电自动化系统软件2000年通过原国家机械局的鉴定。通过8年来的广泛应用和不断的技术改进，万龙集团的YSS2000综合配电自动化系统软件和GZT智能型总线式成套电气装置已经成为电气成套行业和配电自动化领域技术先进、运行可靠和经济实用的最优化的系统解决方案。

2008年11月，公司的WKSPDMS公用配电房监控管理系统、ST600组件式微机综合保护装置、灵控嵌入式电力自动化组态软件、ST500马达控制器和YSS2000电力监控管理系统——THPS2000供电所配电网监控管理远抄一体化系统5个项目通过省级鉴定。以上项目的完成和推向市场将进一步促进相关行业、产业向智能化、网络化升级换代，推进工业过程控制和工厂自动化技术水平。

三、管理是企业发展的基础

公司始终遵循“优质高效，价值导向，制度至上，系统规范，持续创新”的管理理念，已经初步形成了一套具有自身特色、合乎行业特点的规范化管理体系——以成本核算为核心的经济效益管理，以目标责任制和绩效考核为核心的人力资源管理，以GB/T19001、GJB9001A国军标质量体系为核心的质量管理。公司创建了GB/T19001、GJB9001A国军标质量管理体系，实现了从供应商到用户的全过程质量控制，同时保证了创新体系的高质量运行。GB/T14000职业健康安全体系确保员工的健康权益得到保证，生产安全有序进行；GB/T28000环境体系及RoHS体系确保产品的生产经营及产品本身不会对环境构成危害；通过ERP实现了成本管理体系，让企业有限的资源处于高效运转状态；建立了绩效管理体系引导每一位员工做有效的事，从而保证生产经营的高效率。拥有坚实的管理平台，公司才有可能快速发展。2004年公司建成计算机局域网，采用先进的PDM 软件数据库管理，生产流程实施ERP，设计采用三维CAD软件，办公采用OA等自动化管理系统。

公司建立了“精心打造、用心承诺，同用户以双赢、为客户服务第一”的经营理念，也就是为用户提供技术先进、质量优良的产品，为用户创造最高的价值，为用户提供最优质的服务，不断提高用户的满意度。公司在上海、北京、重庆、成都、沈阳、西安、广州、温州设立了20多处办事处，实现了24h快速服务的郑重承诺。

中压微机保护测控装置

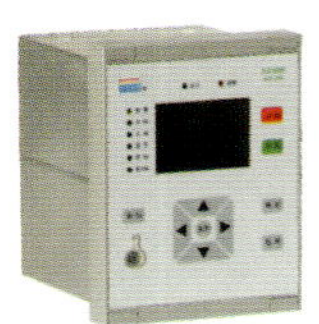

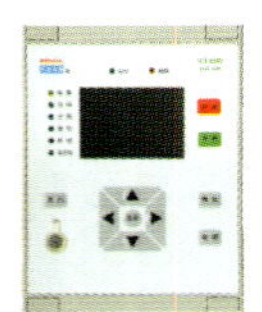

ST600组件式微机综合保护装置

- 用途：在ST600组件式平台上集成保护、控制、测量和监视等功能组件，适用于电力、水利、石油、化工等110kV以下电压等级的电力自动化系统。
- 一个间隔：一个装置完成所需要的各种保护、控制与测量功能，将保护、控制和测量等无形的思想、知识和经验与有形的软件和硬件绑定为可视化组件。
- 组件式结构：在装置中增减、更换和合并组件基本不需要改变其他组件的软硬件，不同组件的组合，能适应不同应用的需求；更新部分组件，即可实现产品的升级换代。
- 标准5U机箱：既能在开关柜就地安装；也可以集中组屏安装。
- 可靠持续发展：规避了知识和经验纵向延伸与产品集成功能横向扩展之风险，为产品的可持续发展和服务奠定了坚实的基础。

万龙电器　打造中国智能化电器精品

低压电动机回路智能型控制器

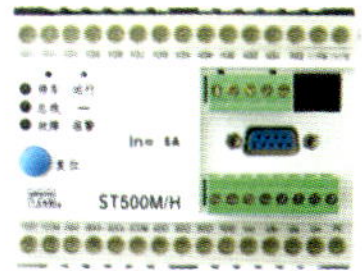
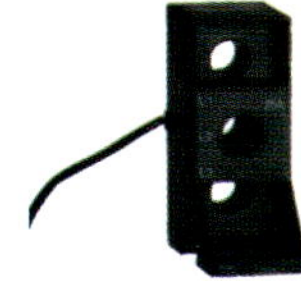
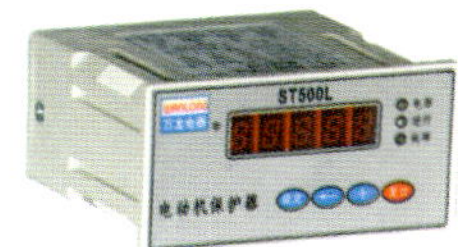

ST500智能型电动机控制器

- 多种保护功能，可投入或退出、报警或跳闸
- 可实现tE时间保护、温度保护、漏电流保护、工艺联锁控制保护、起动保护等
- 具有抗晃电功能、自起动功能
- 测量参数全，电流、电压精度可达0.2级
- 内置4～20mA模拟量输出
- 内置电动机操作的各种控制方式
- 故障时标功能，记录8次故障信息
- 维护管理方便，便于故障分析、生产效能统计及有选择地合理检修
- 采用中英文液晶显示
- 产品可选多种现场总线接口

低压馈线回路智能保护测控装置

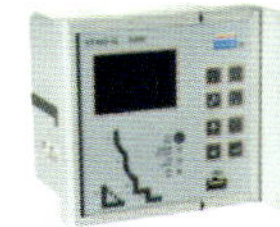

ST460低压微机综合保护测控装置

- 分体式结构，柜面安装方式
- 柔性即插式互感器，现场安装灵活，便于工程改造
- 大屏液晶中文显示，信息全，显示直观清晰
- 长时间负荷和电能数据记录功能，便于设备运行与故障分析
- 内置多种现场总线接口，组网灵活简便
- 独特的USB数据接口，现场数据采集方便
- 区域联锁保护，可实现多台断路器的优化选择性保护
- 需量保护便于高峰限电管理
- 谐波测量分析便于电能治理和节约能源

公司荣誉

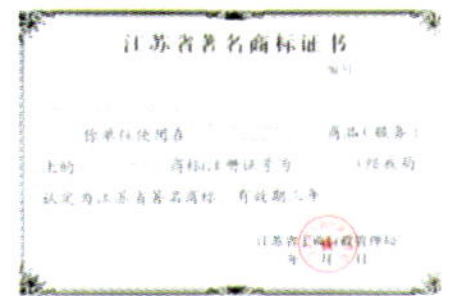

高可靠·智能化·信息化……

危机中生存　创新中发展

——访正泰集团股份有限公司董事长南存辉

在改革大潮中，正泰集团在不断创新中发展壮大。2007年，正泰集团实现工业总产值223亿元，销售收入217亿元；“正泰”品牌入选“全国重点保护品牌”，是入选企业中仅有的一家低压电器行业企业。对正泰集团的每一次探寻都会发现其新的思想闪光点，那么这一次请跟随《中国电器工业年鉴》（以下简称年鉴）的记者与南存辉董事长（以下简称南董）对话，去再一次碰触那思想撞击的火花。

年鉴：正泰迄今已有24年的历史，在这时期，已由一个小小的民营企业发展成为行业内的翘楚，并具有了一定的社会影响力。正泰在发展中有什么可以分享的经验？

南董：正泰经过24年的发展，能取得这样的成就，主要得益于“天时、地利、人和”。在发展过程中，有两点值得重点介绍：

一是重视质量，诚信经营。20世纪80年代初，温州柳市镇雨后春笋般地冒出许多生产低压电器的作坊小厂。当时的温州，没有技术标准、没有专业技术，假冒伪劣产品盛极一时，温州的低压电器简直成了“假冒伪劣”的代名词。正泰清醒地认识到，国家不会容许假冒伪劣产品长期发展，因此以质量取胜成为压倒一切的经营思想和经营目标，严把产品质量关，在国家有关部门温州打假的浪潮中成为重点扶持的对象，成为温州企业的楷模，从而在低压电器市场上站稳了脚跟，为今天的发展奠定了基础。

二是打破家庭经营模式。正泰在发展过程中，积极吸纳各方力量，逐步由一个家族企业变成了一个企业家族。“财聚人散，财散人聚”。为了吸引人才，留住人才，公司给予员工优厚的待遇，很多员工有了公司的股份，正泰股东已经发展到300多个。随着公司的上市，正泰将进一步稀释股权，成为一个公众公司。

年鉴：正泰地处的温州，同行企业众多；所处的低压电器行业，也是竞争激烈。请问，正泰相对于国内、国外企业具有哪些优势与特点，得以在行业内脱颖而出？

南董：当前的低压电器行业，群雄争霸，竞争激烈。正泰能够脱颖而出，主要有三点：

首先，树立了一个理念：争创世界名牌，实现产业报国。在这个理念的指导下，正泰端正了“赚钱第一，不是惟一”的心态；确立了正确的世界观、人生观、价值观，增强了使命感、责任感、荣誉感。同时，正泰自觉地把个人的健康成长和企业的健康发展结合起来，把企业的发展与国家的要求结合起来，诚信经营，依法纳税，积极承担社会责任。

其次，做到了两个坚持：坚持用减法做大企业，坚持用加法做强产业。“坚持用减法做大企业”就是聚集各种资源，集中精力把电气主业做精、做强、做大；“坚持用加法做强产业”就是通过联合、合作，借助各种力量，提升产业水平。

第三，强化了三个创新：技术创新、制度创新和管理创新。多年来，正泰坚持以自主创新引领科技进步，通过集成创新和引进消化吸收再创新，获得国内外各项专利300多项，领衔制订国际、国内标准30多项，多个产品填补国内空白，并达到了国际先进水平。正泰以产权制度为核心，不断进行制度创新。通过规范的股份制改造，打破了单一的、封闭的家族企业体制，建立起现代企业制度。低压电器产业即将在国内上市，太阳能产业也计划在境外上市，一个多元的、开放的公众公司正在形成。正泰坚持不懈地进行管理创新。引进全球领先的信息化管理系统，实行产供销、人财物等全过程的数字化管理。同时，推行精益生产、6S现场管理、六西格玛管理、职业团队管理等，给企业带来了生机活力和竞争力。

年鉴：近几年，面对原材料不断涨价、人民币升值带来的出口压力，正泰采取什么措施来应对，以保证企业能够平稳增长？现在企业发展中最大的危机是什么？

南董：面对原材料不断涨价、人民币升值等压力，正泰2008年的国贸销售额不减反增。这主要得益于采取的积极有效的措施，主要体现在几个方面：

第一，利用金融工具避险。正泰时刻关注人民币汇率变动，增强汇率风险意识；灵活运用各种金融工具，锁定和规避汇率风险；加快出口变现，减少应收外汇账款占用。

第二，加强企业内部管理。通过提高劳动效率，减少中间消耗，减少开支等措施，达到压缩生产和管理成本、提高利润的效果。

第三，加强技术创新，调整产品结构，实现产品升级。单纯依靠廉价劳动力优势不可能使一个企业获得长远发展，正泰不断创新自己的产品，积极营造核心竞争力，扩大高新技术产品在出口产品中的比重。

第四，市场转移。通过实施“走出去”战略，正泰已在海外多个国家和地区设立办事处，目前正积极筹备海外建厂。同时，还积极寻觅并开拓新的目标市场。

很少有人愿意在晴天的时候想到下雨，忧患意识让人痛苦，但一个企业如果天天生活在危机感中，每天都在做准备，那么当危机真的来临时，他面临的就是机会而不是危险。正泰就是如此，每次宏观调控都是正泰的机遇。

年鉴：在国内市场竞争日益激烈的时候，不少公司将视野放到了海外市场。请重点介绍海外市场开拓发展的特点和取得的成绩。

南董：正泰产品“走出去”的方式日渐多样化。在目的地国设立贸易公司，抢占国际贸易链的零售终端，这是直接贸易方式。正泰的精密电能表和仪器仪表已经进入跨国公司的采购系统，这是跨国OEM方式。此外还有“转道他国”方式，比如当正泰的低压电器在比利时因占据显著市场份额而遭到国际电器巨头的“联手封杀”时，就转道西班牙、希腊等南欧国家，然后通过南欧本土的销售商把产品打进西欧。

正泰的营销策略也在不断优化升级，主要表现在四点：

第一，从单个元器件到系统集成，为客户提供完善的输配电设备和系统化成套解决方案，不断满足客户日益增长的需求，成为名副其实的“电气保姆”。

第二，加大技术创新力度，不断推出具有国际一流技术水平的中高档产品，向国际中高端市场挺进。正泰在上海成功承办了电气行业国际标准化会议，全年领衔、参与制订了22项国际、国内标准，取得国际认证51项。

第三，积极推行“技术换市场”的营销策略。通过技术与管理输出，开展了国际区域工厂和总包工程的项目运作，已完成11项国内外变电站交钥匙工程。

第四，树立永续经营理念，贴近市场，贴近顾客，诚信守法，勇担责任，提供一流的专业化服务。

在海外市场开拓中，正泰本着“思维全球化，行动当地化”的理念，着力建设销售通路，根据当地区域经济特性及用户属性细分市场，不拘一格采取差异化营销策略。已在全球建立美国、德国、英国、俄罗斯、乌克兰、阿联酋、巴西以及中国香港等8个办事处，并与70个国家和地区的客户建立了业务往来。积极参与海外工程项目、招投标和全球采购项目，大力提升正泰在工业和电力领域的竞争力，曾先后在意大利、古巴、肯尼亚、希腊、尼泊尔等国家电力局的竞标中一举击败强大的对手成功中标。

此外，正泰集团还先后亮相于德国汉诺威博览会、中东国际电器展览会、巴西国际电器展览会、乌克兰国际电子电力展览会、马来西亚国际电力电工展等一系列国际大型展会，并积极物色海外代理商，建立长期的战略伙伴关系，结成利益共同体。

通过一系列的全球布局，正泰成功地将销售网络扩散出去。

年鉴：2007年9月29日，正泰起诉施耐德电气专利侵权案，以施耐德一审败诉而告一段落，施耐德需向正泰集团支付3.3亿元的赔偿。请就此次事件发表一下正泰的看法。

南董：事实上，这次诉讼只是正泰和施耐德13年交锋中的一次。在过去的12年间，施耐德以侵犯知识产权为由在世界多个国家对正泰发起了20多次诉讼。

施耐德利用知识产权问题对正泰步步进逼，在某种程度上对正泰是件好事，它让正泰更加注重研发和知识产权保护。目前，正泰已获得200多个国内、国际专利证书，并通过数百项国内、国际认证。在经过20多年的发展后，正泰确立了“打造世界一流的电气制造企业”的目标。围绕着这个目标，正泰不断地调整产业结构，通过调整达到优化，通过优化达到升级，要把“正泰”这个品牌做强做大，做成百年老店。

年鉴：2008年是奥运年，也是国家号召节能减排的一年，同时，低压电器在海外市场也面临着各种环保的壁垒，请问，正泰在生产制造与产品研发中是否已经考虑到环保问题？

南董：作为全国知名的电气企业，正泰不仅在很多产品中体现了节能环保的理念，而且很早就制定了“清洁生产、优化环境”的环境方针，将员工的环保意识贯彻到采购、开发、生产、销售等各个环节。公司还专门成立了清洁生产领导小组，负责清洁生产审核工作的开展。正泰对能耗相对较大的设备都采取了节能措施，对注塑机等大功率设备进行了变频改造，节约电能近34%。同时还将制造过程中产生的少量气体并入废气管道，实行高空排放，既有效减少了污染，又让车间重新批上了干净的“衣裳”。另外，正泰还建立了污水处理系统，对生产过程中产生的污水进行处理，并二次利用。

为了响应国家的节能环保号召，正泰在发展传统产业的司时，还积极进入新能源产业太阳能光伏电池产业，在缓解国家能源紧缺的同时，也为社会提供了清洁能源。

年鉴：正泰十分注重公益活动，先后投入扶贫救灾、希望工程、军民共建、慈善活动等社会公益事业超亿元。5月12日汶川大地震后，正泰做出了迅速的反应，已累计捐款捐物2150万元，请结合该事例谈谈正泰的企业文化建设。

南董：“争创世界名牌，实现产业报国”是正泰的使命，“为顾客创造价值，为员工谋求发展，为社会承担责任”是正泰的经营理念。社会责任是一个国家中每一个企业、每一个公民应尽的义务，企业承担社会责任义不容辞。

发展中的正泰，在做好企业的生产经营外，一直积极奉献爱心，回报社会。企业从事慈善事业，为社会尽一份责任，会得到社会各界的认可，其实也是在为企业创造财富，因此，从这个角度来说，企业从事慈善事业并不会减少利润。

年鉴：南董在2008年荣任中国电器工业协会第一副会长之职，请问这一职务对于南董意味着什么？

南董：深感自己责任重大，将力所能及地做好副会长工作。通过经营好本企业，制定行业的标准，为中国电器工业更好更快地发展做出自己的努力。

2008年以来，国际、国内以及行业诸多的不利因素给中国的电器工业带来了一次新的革命，唯有创新才能生存，只有发展才能赢得胜利。我们一定要抓住这个契机，共图发展，共创伟业，为中华民族的强盛，为世界的和平与发展，作出我们的贡献。

企业概况

中国电器工业协会中小型电机分会成立20周年到来之际，开辟中小型电机风雨20年专栏，介绍各个企业20年来的发展经验与取得的成就；同时，分析电器工业中的上市企业，了解其在资本市场的运作情况；并对部分重点企业进行介绍

On the occasion of the coming of 20th anniversary of the founding of Small and Medium Electric Machine Subassociation of CEEIA, we open up a special column called Small and Medium Electric Machines in the Past 20 years——Through Thick and Thin, there we introduce the development experience and achievements of enterprises in the past 20 years. Meanwhile, we analyze the listed enterprises in the electrical equipment industry, investigate their operation situation on the capital market, and introduce a part of key enterprises

综述

行业概况

企业概况

产品与项目

标准化

统计资料

大事记

企业概况

电力设备行业上市公司 2007 年年报综述

2003～2004 年我国电力工业持续快速发展,供需形势严峻。在 2005 年全国电力工业快速平稳发展、电力供需形势总体有所缓和的基础上,2007 年电力工业继续快速健康发展,电力供应能力持续增强,全国电力装机突破 7 亿 kW。受经济快速增长特别是工业快速增长等因素的影响,电力消费继续保持高速增长态势,全国电力供需总体基本平衡。

2007 年发电量高速增长,完成 32 559 亿 kW·h,同比增长 14.4%,增幅比上年同期提高 0.3 个百分点;其中水电4 867亿 kW·h,同比增长 17.6%,增幅提高 13 个百分点;火电 26 980 亿 kW·h,同比增长 13.8%,增幅降低 2.4 个百分点;核电 626 亿 kW·h,同比增长 10.8%;风电56 亿 kW·h,同比增长 95.2%,增幅提高 22 个百分点。

全国电力供应能力极大增强,2007 年全国基建新增发电设备容量(正式投产)10 009 万 kW,是继 2006 年后第二个基建新增规模超过 1 亿 kW 的年份。其中,水电 1 306.5 万 kW,火电 8 158.35 万 kW,风电 296.17 万 kW。截至 2007 年底,全国发电装机容量达到 71 329 万 kW,同比增长 14.36%,增速比 2006 年降低 6.2 个百分点,是 2002 年以来发电设备容量增速的首次下降。其中,水电 14 526 万 kW,同比增长 11.49%;火电 55 442 万 kW,同比增长 14.59%;核电 885 万 kW,同比增长 29.2%;并网生产风电设备容量 403 万 kW,同比增长 94.4%。全年关停小火电机组 1 438 万 kW。

2007 年电网建设速度明显加快,规模不断扩大,全国新增 220kV 及以上电网输电线路 41 334km,变电容量 18 830 万 kV·A。截至 2007 年底,全国 220kV 及以上输电线路回路长度达 33.38 万 km,同比增长 17.45%;220kV 及以上变电容量达 11.60 亿 kV·A,同比增长 19.59%。特高压直流示范工程获得国家核准并开工建设,三峡输变电主体工程全面建成并通过国家验收。

2008 年全社会用电量增长率将持续上升到 13.5% 左右,全国电源投资和投产规模预计将在 2007 年的高水平上略微回落,投资完成规模保持在 3 000 亿元左右,基建新增装机在 9 000 万 kW 左右,全年计划安排关停小火电机组 1 300万 kW。

电网基本建设投资规模预计将进一步扩大到 3 000 亿元左右,与电源基本建设投资规模基本持平。由于华东、华中、南方地区灾后电网的恢复建设和重新评估加固建设,需要在年初确定的电网投资规模基础上追加较大的资金投入,这将进一步加大对电力设备制造业及其原材料的需求。可以说,2008 年,电力投资将在 2007 年的基础上保持适度规模的增长,这有利于适度超前发展以满足国民经济发展的需要。

近期,大量新机组的集中投运,以及新机组投运初期运行的不稳定性等问题,给电网的安全稳定运行带来很大风险,电网建设滞后的问题更加突出。所以,受益于电力投资的不断增长,电力设备行业未来两到三年的增长已成定局,尤其是电网设备行业。中国要实现电源与电网的平衡,必须提高电网的输配电能力,使之能与电源规模相匹配。根据对未来五年的装机增长预测,电网的变电容量年增长率将达 23%,国家电网公司和南方电网公司“十一五”建设规划也证实了这一增长幅度。

“十一五”期间,国家电网公司交流特高压输电线路累计建设规模 4 200km,变电容量 3 900 万 kV·A。跨区输电能力达到 7 000 万 kW。在城乡电网建设方面,220kV 及以上交直流输电线路超过 34 万 km,交流变电容量超过 13 亿 kV·A,直流输电容量超过 2 500 万 kW。五年间,国家电网公司固定资产投资累计约 1 万亿元,其中电网投资 8 500 亿元左右。

“十一五”期间,南方电网公司计划投资 2 340 亿元建设电网。围绕“西电”再向广东新增送电 1 150 万～1 350 万 kW 的目标,建成投运 500kV 交流输电线路 1.56 万 km、变电容量 6175 万 kV·A,±500kV 直流输电线路 1 225km、换流容量 600 万 kW,±800kV 直流输电线路 1 438km、换流容量 1 000 万 kW。

由此可见,电力设备行业 2008 年依然能够保持 2003 年以来的快速发展形势。本文将电气设备行业上市公司分为发电设备行业、电气一次设备、电气二次设备行业进行讨论。

一、2007 年年报业绩评述

由于天宇电气、华立科技通过资产重组,主营业务分别为煤炭、远洋渔业,原有的电器产品只占业务很少一部分,已退出电气设备行业,原东方锅炉、东方电机整体上市成为东方电气,截至 2008 年 5 月,增加了荣信股份(002123)、蓉胜超微(002141)、深圳惠程(002168)、智光电气(002169)、江特电机(002176)、万力达(002180)、金风科技(002202)、南洋股份(002212)、奥特迅(002227)9 家上市公司。目前电气设备行业上市公司为 40 家,平均总股本为 30 027万股,属于中型企业。

通过对 2007 年电气设备行业上市公司生产经营资料的统计,这些上市公司中实现营业收入增长的有 37 家,占总数的 92.50%;营业利润增长的有 27 家,占总数的 67.50%,营业收入同比增长 19.93%,营业利润同比增长 20.00%。实现净利润增长的有 31 家,占总数的 77.50%,净利润同比增长 22.15%,电气设备行业净利润增幅有所下降。

由于电力项目建设不足,国内电力供应紧张,电力设备的市场需求非常旺盛。2007年全国电力基本建设投资保持较高规模，共完成投资5 492.91亿元，同比增长3.87%，其中，发电基本建设投资完成3 041.5亿元，同比降低4.81%；电网基本建设完成投资2 451.41亿元，同比增长17.1%。发电基本建设投资连续两年高位略微回落，电源、电网投资比例趋于协调、合理。

2007年电气设备行业上市公司平均营业收入为218 221万元，净利润17 141万元，股东权益104 388万元，每股收益0.57元，净资产收益率16.42%，继2005年、2006年后再次超过沪深上市公司的平均水平。平均总资产301 086万元，资产负债率65.33%，流动资产226 906万元，流动负债179 384万元，流动比率1.26，速动比率0.87，整个行业资产负债率、流动比率和速动比率与2006年没有差异，财务指标在合理范围内。

从上述数据来看，上市公司销售收入没有下降，获利能力不低于2006年，原因主要是2007年电力行业投资规模再次达到历史高点。

优化发展火电，积极开发水电，加快发展核电和太阳能、风能、海洋能、生物质能等可再生能源，将在"十一五"得到落实。

今后规划新建火电项目，以大型高效环保机组为重点，优化发展火电。建设大型超超临界电站和大型空冷电站；推进洁净煤发电，建设单机60万kW级循环流化床电站，启动整体煤气化燃气—蒸汽联合循环电站工程；鼓励发展坑口电站，建设大型煤电基地；适度发展天然气发电。

煤炭为不可再生资源，总量有限，电煤需求的快速增长已经开始影响到电力发展。另一方面，我国具有丰富的水力、风力等可再生能源，水能技术可开发储量达到5.4亿kW，每年可发电2.47万亿kW·h，其中经济可开发储量达4亿kW，每年可发电1.75万亿kW·h，分别占技术可开发量和年发电量的74.2%和70.9%。

所以，在国家加大电网投资，大力推进"西电东送"、全国联网以及积极发展水电、坑口火电大机组的政策背景下，国民经济持续良好的发展是电力设备行业大幅增长的动力源泉。

"十一五"期间，能源和电力需求将保持快速增长，电网建设任务仍很繁重。电网建设的持续大规模投入，以及各类重点工程的建设将为输配电设备企业提供广阔的发展空间。从国家规划和现实情况来看，在城乡电网改造和建设过程中，完善配网是重点。在国家电网和南方电网的前期投入中，高压和特高压投资所占比例较大，随着电网建设的深入，配网投资所占比例将逐步提高。

风电是国家新能源政策重点支持的可再生清洁能源。2007年末我国风力发电的装机容量约500万kW，预计"十一五"期间，全国风电装机总容量将达到2 000万kW，风电设备市场规模将达到1 300多亿元。风力发电、风电设备制造市场发展前景广阔，整体盈利前景乐观。

1997~2007年，电力设备行业上市公司出现一个现象：前7年，二次设备上市公司效益最好，远超过沪深上市公司的平均水平；一次设备上市公司效益次之，低于沪深上市公司的平均水平；发电设备上市公司出现亏损。从2004年开始，发电设备上市公司效益越来越好，一次设备上市公司也开始转好，而二次设备上市公司效益下降。与沪深上市公司效益的平均水平相比，发电设备上市公司远超过沪深上市公司的平均水平；电气一次设备上市公司2006年首次高于沪深上市公司的平均水平，2007年继续高于沪深上市公司的平均水平；而电气二次设备上市公司继续低于沪深上市公司的平均水平，不过开始出现提高的趋势。原因分别见相关行业分析。

二、发电设备行业：业绩开始走平

生产发电设备的上市公司有湘电股份(600416)、华光股份(600475)、卧龙电气(600580)、东方电气(600875)、江特电机(002176)、金风科技(002202)6家公司。生产综合大型发电设备的是东方电气，生产中型电机的是湘电股份和金风科技，生产小型电机的是卧龙电气和江特电机，生产中大型锅炉的是华光股份，平均营业收入为584 672万元，净利润53 773万元，股东权益175 313万元，每股收益1.49元，净资产收益率30.67%，远超过沪深上市公司的平均水平，但是与2006年相比，发电设备行业效益提高幅度开始走平。平均总资产871 392万元，资产负债率79.88%，流动比率1.16，速动比率0.72，资产负债率较高主要是东方电气订单很多，支付预收账款高达2 169 957.08万元，所以发电设备行业财务指标处于正常状况。发电设备行业上市公司经营情况见表1。

表1　发电设备行业上市公司经营情况

上市公司简称	总股本(万股)	营业收入(万元)	同比增长(%)	净利润(万元)	同比增长(%)	每股收益(元)	净资产收益率(%)	资产负债率(%)	流动比率	速动比率
湘电股份	23 500	265 538	18.98	7 763	-12.35	0.31	6.47	67.28	0.99	0.62
华光股份	25 600	263 395	5.87	18 388	-25.29	0.67	17.06	75.25	1.03	0.66
卧龙电气	28 332	145 652	23.97	12 240	24.65	0.36	11.16	36.92	1.64	1.22
东方电气	81 700	2 488 678	7.84	217 637	-3.89	2.44	66.16	89.36	1.10	0.64
江特电机	6 778	34 464	24.96	3 138	20.09	0.57	9.43	36.07	2.31	1.67
金风科技	50 000	310 303	102.77	63 472	96.98	1.40	21.84	46.06	2.15	1.72
平均	35 985	584 672	13.98	53 773	6.41	1.49	30.67	79.88	1.16	0.72

从表 1 可以看到,大型发电设备企业主营业务仍在提高,但是火力发电设备需求开始回落已经显现,东方电气、湘电股份、制造锅炉的华光股份净利润出现负增长,制造风电设备的金风科技,制造小型电机的卧龙电气和江特电机继续增长,业绩也比 2006 年有所提高。

湘电股份:依赖于风力发电产业

2007 年,公司实现营业收入 265 538.25 万元,同比增长 19%;利润总额 12 105.58 万元,同比增长 12%。

公司风力发电产业化项目以 2MW 永磁同步风力发电机的研制生产为突破口,成立了风电工程中心,目前各有 2 台兆瓦级直驱风力发电机组在内蒙古卓资、福建漳洲风场成功安装调试、并网发电;投资建设的风电总装基地顺利竣工投入使用。市场开拓成效显著,先后打入了福建漳洲、内蒙卓资和山西国电等风电市场,全年累计实现订货逾 11 亿元。

长泵搬迁改造项目工程顺利推进,麓谷基地有望于 2008 年竣工,为公司水泵产品迈入国内领先、国际一流行列创造了基础条件。城市轻轨车产业化项目、电动汽车产业化项目在立足市场研究的基础上,加强技术研究,产业化发展方向进一步清晰,为实现"十一五"战略目标奠定了基础,进一步坚定了发展的信心。

以车辆事业部资产参股成立了重型装备股份有限公司,与美国铁姆肯公司签署了合作组建风电轴承公司的协议,为解决风电机组关键零部件供应问题、加快风电产业化发展奠定了坚实基础。

公司先后完成了永磁风力发电机、双馈风力发电机、电动汽车电传动发电机等国家重大科技项目。大型 Y 系列电机、大型立式电机、$100m^3$ 洒水车和少胶整浸绝缘技术等多项科技成果先后获得国家和省、市科技进步奖。公司抓住与美国福斯公司的合作机遇,加快核泵及水泵高附加值产品的技术引进与消化吸收,提升了产品研制能力;引进 ABB 公司先进的电机产品技术,为拓展国际市场、增强竞争能力提供了保障。

公司 2008 年主要经营目标是主营业务收入 286 000 万元,净利润 7 755 万元,每股收益 0.33 元。

华光股份:公司产品市场总量减少

公司是国内最早持有最高等级 A 级锅炉许可证的 8 家单位之一。从产品等级上划分,处于三大动力(东方锅炉、上海锅炉、哈尔滨锅炉)之外的第二梯队的前列。

面对国家宏观调控力度不断加强、市场竞争更加激烈的不利局面,2007 年,公司主营业务收入实现 26.34 亿元,比 2006 年增长 7.23%,如考虑按新会计准则所作的调整,则增长 5.87%;公司实现净利润 1.84 亿元,比 2006 年增长 28.24%,如考虑因中信证券的公允价值而按新会计准则所作的调整,则下降 25.09%。

公司大型循环流化床锅炉项目和秸秆直燃锅炉项目先后被列入国家火炬项目和江苏省火炬项目,其中秸秆锅炉项目已顺利通过省科技厅组织的科技成果转化专项资金项目验收,争取到了包括科技成果转化专项拨款、有偿贷款、贷款贴息在内的共 2 400 万元资金支持,成为国内首家拥有自主知识产权的制造厂商。

卧龙电气:拥有 220kV 单相牵引变压器制造技术

公司目前掌握了国内领先的伺服驱动技术、220kV 电压等级牵引变压器制造技术等高端技术,为公司的产业升级和产品结构优化提供了源源不断的技术支持。

公司全年实现主营业务收入 140 176.99 元,比上年增长 29.88%,完成年度计划的 99.89%。实现利润总额 13 136.16万元,扣除所得税及少数股东收益后的净利润为 10 237.98 万元,比上年的 7 965.60 万元增长 28.53%,完成年度计划的 107.69%。经营活动产生的现金流量净额为 9 495.61万元,保持了良好的经营活动现金流。

随着工业自动化、办公自动化和家庭自动化的不断发展以及计算机、通信设备、汽车、家电产品、玩具产量的不断提高,世界微电机的市场容量正以每年 5% 的速度增长。

U 系列高功率 UPS 电源主要与计算机、通信设备及精密仪器配套使用,全球 UPS 电源市场以年均 30% 以上的速度增长。由于成本的原因,高功率铅酸电池产业逐渐向国内转移,目前低端铅酸蓄电池已向中国等发展中国家转移完毕,高端产品正在加速向中国转移。3G 的加快酝酿成熟将推动市场需求大规模增长。

按照《中长期铁路网规划》,到 2020 年,我国将投资 2 万亿元进行铁路网建设和改造,铁路营业里程达到 10 万 km,电气化率达到 50%。根据《2004 年铁路统计公报》统计,截至 2004 年底,我国有铁路 7.44 万 km,但是电气化率仅为 25.9%,这预示着在这次铁路网建设与改造中需要电气化的铁路近 5 万 km。并且本轮电气化铁路的建设和改造,要求国产设备的使用率由原来的不足 10% 提升到 70%。大规模铁路建设与铁路设备国产化为国内铁路牵引变压器制造企业带来历史性机遇,铁路电气化进程的加快将加速铁路牵引变压器需求的增长。

东方电气:实现集团整体上市

2007 年以东方锅炉股改为契机,以东方电机为平台,通过定向发行股票、换股要约收购的方式实现了主业资产整体上市。

2007 年公司发电设备产量达到 3 145.75 万 kW,其中水轮发电机组 38 套/519.05 万 kW,汽轮发电机 62 台/2 595.5 万 kW,风电设备 208 台/31.2 万 kW,发电设备再创历史新高,并连续 4 年位居世界第一。2007 年,东方电气生产电站锅炉 56 台/2 324 万 kW,电站汽轮机 66 台/2 550.5 万 kW。

国内市场方面,大容量、高参数火电机组订单比例大幅提高,获得当今世界单机容量最大的宁夏灵武 1 000MW 空冷机组全套订单;自主型 300MW"CFB"锅炉项目在全国市场占据了绝对优势;获得三峡地下厂房 700MW 水轮发电机组订单;签订糯扎度 650MW 发电机和官地 600MW 水轮机等大型水电设备订单;签订辽宁红沿河、福建宁德核电站1 000MW 常规岛 TG 包、主泵及部分核岛主设备供货协议,核电制造将实现从单件生产到批量生产的突破;抓住国家发展风电的大好机遇,积极出击风电项目,订单成倍增加。

国际市场方面,实现了300MW机组批量出口,600MW等级锅炉、汽轮机、电机整台套机组和脱硫脱硝环保产品首次走出国门,一举获得印尼10 000MW一揽子紧急电站项目计划中的9套300MW级燃煤发电机组项目。一批国际项目合同的签订,进一步推动了东方电气成套设备出口产品的系列化、批量化和市场多元化,提升了东方电气品牌的国际影响力。

在开发完成1.5MW耐低温型机组的基础上,2007年东方电气进行了1MW、2.5MW风电机组的开发,风电技术取得了实质性进展。与德国EUROS公司联合开发设计了1.5MW风电机组叶片,第一支叶片正式下线。与国外公司合作开发的直驱式风电机组项目也正式启动。

在电站环保方面形成了300MW、600MW锅炉烟气脱硝和300MW锅炉脱硫设备设计制造以及催化剂制造能力。国内首套单机容量最大的600MW超临界机组锅炉烟气脱硝装置在华电长沙电厂成功投运,环保性能指标达到国际先进水平。

江特电机:定位特种电机

2007年,公司实现营业收入34 464.2万元,同比增长24.96%;实现营业利润4 092.86万元,同比增长13.16%;实现利润4 271.34万元,同比增长17.88%;实现净利润3 138.27万元,比上年增长19.04%(其中归属母公司股东的净利润3 146.80万元,同比增长20.10%)。

公司重点开发低压大功率变频电机、高压电机、永磁同步曳引机、永磁同步电动机项目,形成了公司的三大优势产品:起重冶金电机、电梯电机、高压电机。

2007年,公司主导产品起重冶金电机的营业收入比上年增长20.06%,巩固了公司在起重冶金细分行业的主导地位;公司近年开发的新产品电梯扶梯电机营业收入比上年增长197.44%,中型高压电机营业收入比上年增长63.74%,这表明公司新产品发展势头良好,正在成为新的经济增长点和优势产品。

2008年公司预计完成各类电机产量180万kW,实现营业收入4.2亿元。

金风科技:风力发电前景广阔

2007年,公司研发项目成果显著,成功研制国内第一台海上1.5MW风机,安装在渤海湾并完成了试运行,机组各项运行数据良好;1.5MW系列化机组(77/1.5MW、82/1.5MW、70/1.5MW—类风区)、2.5MW及3MW机组的研发工作进展顺利。

公司完成营业收入310 302.60万元,较上年增加157 274.31万元,同比增长102.77%;实现营业利润61 002.23万元,较上年增加29 290.41万元,同比增长92.36%;实现净利润63 471.65万元,较上年增加31 513.25万元,同比增长98.61%,实现归属母公司净利润62 959.91,较上年增加30 997.53,同比增长96.98%。

公司根据市场发展的需要在全国范围内进行了产能布局,分别在北京亦庄、内蒙古包头、新疆乌鲁木齐经济技术开发区二期进行基地建设,北京亦庄基地基本建成完工,并已投入使用;新疆二期项目主体基本完工,已经具备生产条件;内蒙古包头项目计划到2008年完工投产。这三个项目的设计产能为年产单班600台、双班1 200台兆瓦级风机。

综上所述,2007年发电设备行业发生一些变化,生产锅炉、大型发电机的东方电气、华光股份受到国家宏观调控的影响,虽然盈利能力很强,但是成长已经减慢,而从事风电设备的金风科技盈利能力很强,并且增长性很好。卧龙电气、江特电机盈利能力和增长性处于稳步发展阶段。

在传统能源短缺、国际原油价格持续走高、环境污染日趋严重等大背景下,世界上许多国家都在积极寻求替代能源,中国也不例外,新能源的开发与利用越来越受到国家的重视。2006年1月1日开始实施的《可再生能源法》对可再生能源的支持提高到立法高度,极大地促进了风电产业的发展;国家“十一五”规划也明确要求:要稳步发展石油替代品,加快发展风能、太阳能、生物质能等可再生能源。中国的风电产业发展迅猛,近三年新增装机平均增长率超过70%,风力发电已经成为发展空间巨大的朝阳产业。金风科技、东方电气、湘电股份在风力发电产业发展壮大。

国家重视装备制造业的发展,提出“促进工业由大变强,振兴装备制造业,打造具有国际竞争力大企业”的要求。在行业发展上,“积极发展高参数、大容量火电和水电机组,大力发展核电,鼓励推广以太阳能和风能等为代表的新能源利用技术”等电力行业发展政策,对于已形成“火电、水电、核电、气电、风电”五电并举战略发展格局的东方电气来说,迎来了前所未有的机遇。

近年来,中小型电机行业每年保持两位数的增长态势,围绕国家实施“电机节能工程”,大功率永磁同步电机,各种类型变频调速电机,各种新能源和再生能源配套用发电机,交流伺服电动机,高技术、高附加值机电一体化电机,智能化电机等将成为“十一五”期间的重点发展产品。江特电机应关注于特定的一种或几种电机的生产,力争在细分产品市场取得优势。

三、电气一次设备行业:市场有利于龙头企业

以提供输变电一次设备为主的上市公司有特变电工(600089)、长征电气(600112)、长城电工(600192)、平高电气(600312)、旭光股份(600353)、宝光股份(600379)、置信电气(600517)、中天科技(600522)、天威保变(600550)、精达股份(600577)、上电股份(600627)、宝胜股份(600793)、万家乐(000533)、东北电气(000585)、思源电气(002028)、东源电器(002074)、三变科技(002112)、荣信股份(002123)、蓉胜超微(002141)、深圳惠程(002168)、南洋股份(002212)、奥特迅(002227)22家公司。电气一次设备行业平均营业收入为185 544万元,净利润12 947万元,股东权益94 918万元,每股收益0.45元,净资产收益率13.63%,再次高于沪深上市公司的平均水平。平均总资产214 628万元,资产负债率55.78%,流动比率1.33,速动比率0.98,财务指标处于正常状况。电气一次设备行业上市公司经营情况见表2。

表2　电气一次设备行业上市公司经营情况

上市公司简称	总股本（万股）	营业收入（万元）	同比增长（%）	净利润（万元）	同比增长（%）	每股收益（元）	净资产收益率（%）	资产负债率（%）	流动比率	速动比率
万家乐	57 568	313 719	39.89	12 908	562.85	0.22	21.83	77.32	1.06	0.75
东北电气	87 337	63 970	14.19	-31 891	-1 156.00	-0.36	-60.77	51.81	1.22	1.00
特变电工	85 404	893 122	45.36	61 054	134.25	0.63	21.83	66.75	1.23	0.86
长征电气	25 830	40 315	29.68	3 693	325.38	0.13	8.13	34.18	2.01	1.55
长城电工	28 479	142 254	2.48	6 978	134.58	0.22	5.94	53.25	1.63	1.15
平高电气	36 517	174 923	-19.90	17 534	8.59	0.48	13.7	58.23	1.31	1.00
旭光股份	11 324	27 914	7.41	1 507	29.13	0.13	4.04	34.45	2.20	1.57
宝光股份	17 868	37 374	20.03	812	-40.95	0.04	2.38	34.57	2.04	1.34
置信电气	20 624	125 824	68.86	19 490	150.18	0.88	23.82	36.51	2.42	1.95
中天科技	27 080	198 843	71.07	10 250	113.38	0.31	11.51	60.77	1.28	0.65
天威保变	73 000	315 627	-0.64	46 163	219.99	0.62	18.11	65.56	1.05	0.78
精达股份	16 360	557 789	25.88	10 828	23.89	0.50	11.34	60.85	1.30	1.03
上电股份	51 797	291 988	22.57	43 779	-21.36	0.85	19.12	35.04	1.16	1.03
思源电气	17 175	119 787	49.98	30 160	82.07	1.65	15.29	34.54	1.80	1.42
宝胜股份	15 600	392 530	38.73	13 594	22.28	0.87	16.45	64.01	1.24	1.04
东源电器	8 280	33 794	20.58	4 009	28.30	0.40	9.96	44.15	1.58	1.36
三变科技	8 000	94 753	24.63	2 648	-3.20	0.35	6.96	55.11	1.33	0.79
荣信股份	6 400	36 716	52.11	8 332	64.20	1.39	16.08	29.07	3.50	3.07
蓉胜超微	8 120	67 506	21.74	2 574	1.34	0.35	8.22	32.35	2.09	1.60
深圳惠程	5 007	18 377	3.74	3 826	-8.04	0.95	8.12	6.42	11.01	9.72
南洋股份	11 300	116 180	9.29	10 812	8.48	0.83	26.39	33.03	2.40	1.65
奥特迅	8 108	18 656	20.50	5 548	19.36	0.68	43.68	38.07	2.38	1.86
平均	28 508	185 544	26.94	12 937	33.35	0.45	13.63	55.78	1.33	0.98

从表2可以看到，电气一次设备行业营业收入同比增长26.94%，净利润同比增长33.35%，一次设备行业业绩增长与2007年“西电东送”规模和能力继续扩大有关。2007年贵广二回±500kV直流输电线路投运，“西电东送”南通道共形成“六交四直”1 650万kW的输电能力；中通道总输送能力达到1 450万kW；北通道总输送能力达到1 650万kW。“西电东送”总输送能力已经达到4 750万kW。

近年来，国民经济的高速发展带动了电力工业的迅速发展，据中国电力联合会发布的统计数据：截至2007年底，我国电力行业发电设备装机容量达7.13亿kW，已排到世界第二位。在电源建设突飞猛进的同时，电网建设也取得了长足进步，但仍存在电源、电网建设不匹配问题。

国家电力工业进一步全面加快了以“西电东送、南北互供、全国联网”为重点内容的电网建设，全国联网项目相继投产，西电东送三大通道全面开工建设，各大区和省电网主干网架建设都在有序进行，750kV交流、±800kV直流输变电工程进展顺利，势头迅猛，国内第一条1 100kV特高压交流示范线路也将进入安装调试阶段，第二条1 100kV特高压交流线路已经启动。

2008年初，我国南方遭遇历史罕见的雪灾冰冻给电力供应安全敲响了警钟，突显了电网建设要合理规划并适度超前的必要性。国家电网公司将全面提高电网设计标准，其中110～330kV电网设防标准由15年一遇提高到30年一遇，500kV电网设防标准由30年一遇提高到50年一遇，750kV电网设防标准为50年一遇，正在建设的特高压工程设防标准按100年一遇考虑。如果按照这一新标准，国家电网将至少增加投资5 000亿元以上。

可以预期，今后电网建设仍将保持较高的发展速度，高压开关设备市场容量仍会保持较快速的增长。根据长期运行经验，在电网设备行业中电压等级越高增长率就越快，高电压等级增长速度与低电压等级增长速度的差距将日益变大。特别是750kV线路产品正处于快速发展的起步阶段，今后10年内中国电网发展的主流仍是750kV及以上特高压工程，国家电网规划在2020年前后，将建成覆盖华北—华中—华东的交流特高压同步电网。电网建设最主要投资在于电力设备采购，所以特高压电网的建设也为装备制造业发展提供了重要机遇，而且在特高压电网建设中，国家也在力推自主创新和装备国产化。

电气一次设备行业应紧紧围绕国家大力建设以特高压电网为核心的国家电网为契机，依托重点项目，通过引进、消化、吸收国外先进技术，并在此基础上提高自主创新能力，成功研制国内最高电压等级的精品，提升公司行业地位，占领行业制高点。

万家乐:产品销售实现较大增长

2007年,公司加强热水器产品的销售网络建设和变压器产品的出口营销,公司两大主要产品均实现较大的销售增长,使本年度营业收入比上年增长89 465.30万元,同比增长39.89%,而营业成本同比增长34.49%,说明公司的产品成本率有所下降,使得营业利润增长429.32%;转让万家乐燃气具三期工程,获取转让收益1 212.90万元,使营业外收入增长273.80%。上述主要原因,促使万家乐扣除所得税及少数股东收益后的净利润增长10 960.52万元,增幅562.85%。

公司下属控股子公司顺特电气有限公司订单额和销售额均首次突破20亿元,创下历史新高。全年海外订单超8亿元;风电市场保持良好势头,相继在官亭风电、川井风电、康平风电等大项目投标中胜出,轨道交通市场则在下半年实现较大幅度增长,连续拿下广州地铁等11个项目;电网产品在重大客户开拓上也实现突破,一举中标南方电网2个变电站项目。

非晶合金干式变压器于2006年通过新产品技术鉴定,并于2007年形成系列化,已进行批量生产。非晶合金干式变压器铁心材料采用非晶态磁性新材料,空载损耗低,仅为普通干式变压器空载损耗的30%,空载电流下降约80%,是目前节能效果较理想的变压器,特别适用于农村电网和发展中地区等负载率较低的地方,市场前景广阔。预计2~3年后,该产品的年产值将占该公司环氧浇注干式变压器的8%~10%,成为新的经济效益增长点。

公司下属控股子公司广东万家乐燃气具有限公司成为行业惟一召集起草冷凝技术运用标准的企业,高效节能冷凝式燃气热水器产业化关键技术顺利中标粤港关键领域重点突破项目,热水器、抽油烟机全线产品入选"国家奥林匹克体育中心专用产品"。

户外型冷凝燃气热水器是集户外与冷凝两大优点的全新产品。一方面该产品热效率达到103%,较普通燃气热水器可节省用气15%~20%;另一方面解决了热水器安装在室内所产生的安全问题,大大提高了用户使用安全性。该产品与目前市面上的单纯户外燃气热水器及冷凝燃气热水器相比,技术水平提高一个档次,将引领国内燃气热水器的技术发展新方向。

2007年6月1日,万家乐控股子公司顺特电气与阿海珐输配电控股公司合资组建顺特阿海珐电气有限公司。该合资公司的投资总额为20亿元,注册资本为14.9亿元。其中,阿海珐以等值于人民币7.45亿元的可自由兑换货币出资,占合资公司50%股份;顺特以截至2006年12月31日经评估并由投资双方确认的资产净值和"顺特"商标出资,占合资公司50%股权。

思源电气:消弧线圈行业毛利率呈下降趋势

由于电网建设引发的电力设备需求增长,公司2007年实现营业收入119 786.67万元,营业利润31 583.28万元,扣除所得税及少数股东收益后的净利润27 240.75万元,分别同比增长49.98%、86.44%和82.07%。公司通过二级市场出售了部分可供出售的金融资产,获得较好的投资回报。

公司通过非公开发行股票募集资金40 230万元用于气体绝缘金属封闭开关设备(GIS)项目;通过收购北京思源清能电气电子有限公司、投资上海思弘瑞电力控制技术有限公司等方式,实现了对GIS、电力电子设备和电力设备二次控制设备等产品的战略布局,为公司后续发展打下了坚实基础。

按照电力行业标准,电容电流超过10A必须安装消弧线圈。经过多年发展,消弧线圈产品的需求(数量)平稳增长,预计每年数量增长20%左右。但随着各个省局统一招标,竞争加剧,价格不断下滑,消弧线圈行业总体销售金额增长缓慢,整个行业毛利率呈下降趋势。

根据"十一五"期间电网投资规模,高压开关细分子行业年市场规模预计在400亿元左右。目前中低压开关(110kV及以下)竞争激烈,高压(220kV)、超高压开关(500kV及以上)寡头垄断。公司目前产品仍以110kV和220kV为主,预计2008年市场竞争更加激烈。

特变电工:输变电、新材料、新能源三大产业齐头并进

公司实现营业收入893 122.31万元,营业利润59 776.88万元,利润总额69 730.42万元,扣除所得税及少数股东收益后的净利润53 856.38万元,分别同比增长45.36%、95%、125.44%和134.25%。

输变电产业需求旺盛,公司变压器及电线电缆产品销售收入较上年同期均有较大增长。公司建造合同工程销售收入较上年同期大幅增长,主要是公司塔吉克斯坦220kV输变电线路工程项目营业收入大幅增长。太阳能硅片、光伏组件销售收入较上年同期大幅增长,主要是由于其子公司新能源股份有限公司硅片一期工程完工及孙公司碧辟普瑞太阳能有限公司营业收入大幅增长。

特变电工是中国变压器行业首家上市公司,中国重大装备制造业的核心骨干企业,中国最大的变压器、电线电缆、高压电子铝箔新材料、太阳能核心控制部件的研发、制造和出口企业,变压器生产能力已跻身世界前3位。公司分别在新疆、陕西、四川、湖南、天津、山东和辽宁等地建有9个现代化的生产基地,形成了"西北—西南—华南—华北—华东—东北"遥相呼应的产业制造格局及"输变电、新材料、新能源"三大产业互为依托、互为支撑的产业链群。其中,输变电产业处于国内龙头地位,在变压器和电线电缆领域具备一流的装备和试验能力。

公司的新能源业务主要是生产硅片和太阳能电池组件。从年报数据看出,近年来公司的新能源业务发展迅速,但由于上游多晶硅原材料供应紧张,高价格导致生产成本增高,影响了新能源公司规模经济效益的发挥,盈利情况并不理想。因此,公司计划以峨嵋半导体材料研究所为技术合作方投资多晶硅,一期产能为1 500t。新疆丰富的煤电资源优势为多晶硅项目的实施提供了有利的条件。投资多晶硅后,公司将拥有完整的太阳能光伏产业链,有望成为未来几年的潜在增长亮点。

长城电工:为风力发电系统提供配套控制系统

2007 年,公司完成营业收入 14.22 亿元,同比增长 2.48%;实现利润总额 7 807.59 万元,同比增长 106.36%;归属于母公司股东的净利润为 6 118.42 万元,同比增长 134.58%。

公司 2008 年营业收入计划为 14.5 亿元,费用成本控制在 14 亿元左右。计划通过非公开定向增发股票的方式募集资金 3.55 亿元,按项目投资进度计划投资四大项目,即:基于全数字控制技术的风力发电传动控制系统与电源产品开发及产业化项目、高压开关设备产业化项目、EVH1 系列高可靠性真空断路器及 i—AX 系列小型智能化开关设备技术创新及产业化项目、新型智能低压控制电器生产线建设项目。

通过四个项目的实施,公司主业产品将由中压向高压方向拓展,实现低压、中压、高压开关设备系列化成套生产经营的目标;完成现有主导产品更新换代和技术升级,向智能化和高可靠性方向发展,进一步提高产品市场竞争能力,增强发展后劲,实现公司快速发展的目标。

东源电器:加快实施募集资金建设项目

2007 年,公司董事会同意投资成立东源风电科技发展有限公司和东源电器投资发展有限公司;公司成功收购苏州天利电器有限公司 87.38% 的股权,成功受让了本公司第一大股东通州市十总集体资产投资中心持有的南通东源互感器制造有限公司 51% 的股权。此外,公司还着手准备成立南通东源环保节能设备有限公司。这些举措均将为公司可持续发展增添新的亮点。

公司加快实施募集资金建设项目,提升产销总量。在 ZN72—40.5/M 永磁操动智能型真空断路器及 KYN—12 ~ 40.5 系列智能化铠装式开关设备项目进展顺利的基础上,加紧推进 ZHC□—35 ~ 110kV 新型组合电器项目,实现公司上市募集资金建设的三个项目全部建成投产,提升公司产品的产销总量。

平高电气:产能具备迅速释放的可能

2007 年,具有世界先进水平的国内首套自主研发生产的 800kV 封闭式组合电器(GIS)下线,实现了平高电气在超高压开关生产领域的历史性跨越。重点工程建设进展顺利,平高东芝二期扩产项目已于 2007 年 11 月 2 日建成投产,本部特高压项目也将投入使用。

2007 年,平高电气全年新增合同额(本部)25.16 亿元,同比增长 32.56%;平高东芝 2007 年全年新增合同额 21 亿元,同比增长 75%。公司在国网公司的全年集中招标中,地位得到巩固和加强,系统外也取得了全年新增合同额 6 亿元的优异成绩,800kV GIS 产品相继中标官亭变电站二期、三期、四期扩建工程和宝鸡第二电厂项目,800kV 罐式断路器中标大坝发电厂。GW27—800 型隔离开关和 JW8—800 型接地开关相继中标银川东、兰州东、官亭变、兰州东三期和大坝发电厂,表明公司特高压产品已逐步推向市场。

2007 年,公司扩产项目未能投入使用,本部产能并未增长太多,平高东芝二期扩建竣工也仅试运行两个月,产能瓶颈依然制约着公司的发展。2008 年公司任务更艰巨,本部仅 GIS 需在 2008 年内交货的合同达 1 600 个间隔,而每个月的产能仅 80 ~ 100 个间隔,常规产品的任务已如此艰苦,而国网公司要求百万伏产品在 5 ~ 6 月份开始交货。但是本部特高压厂房即将竣工投入使用,加上平高东芝二期的运行已逐渐步入正轨,产能具备迅速释放的可能。

2008 年,公司主要经营目标是营业收入 25.68 亿元,新增合同额 30 亿元,税后净利润 21 743 万元。

置信电气:市场高速增长

随着节能减排工作的深入,国家各级电网公司更进一步加大了对非晶合金变压器的推广力度。公司是国内惟一专业化从事非晶合金变压器及相关产品的开发、生产及销售的龙头企业,是目前国内生产规模最大、技术水平最先进、产品规格和系列最丰富的非晶合金变压器生产企业,产品在奥运会、上海世博会和杭州湾大桥等多个国家重点工程项目中广泛使用,非晶合金变压器继续保持 80% 以上的市场占有率。

公司实现营业收入 125 824 万元,同比增长 68.86%;营业利润、扣除所得税及少数股东收益后的净利润分别为 22 379 万元和 17 729 万元,分别同比增长 180.02% 和 150.18%。

我国“十一五”规划明确提出要“实现 2010 年人均国内生产总值(GDP)比 2000 年翻一番”,“单位国内生产总值能源消耗比‘十五’期末降低 20%”的要求。对此,电网在节能降耗中任务繁重。据统计,全国电网的线损率虽然已经从 1996 年的 8.52% 下降到 2004 年的 7.59%,但仍比先进国家高出 1.5 ~ 3 个百分点,降耗任务很重,潜力也相当大。

非晶合金变压器相对于传统的硅钢型变压器,在寿命期内持续节能,效果显著,因此,国家和各地电网公司正在加大对非晶合金变压器的推广力度。非晶合金变压器正处于产品生命周期的成长期,国内一些变压器企业也开始逐步研制或试产部分非晶合金变压器产品,但真正形成产业化能力的不多。置信电气是现阶段国内非晶合金变压器最主要的制造商,也是该细分市场的龙头企业。

蓉胜超微:原材料价格上涨

公司漆包线产量 8 995t,销售量 8 931t,销售收入 6.75 亿元,公司营业收入同比增长 21.75%,但营业利润和归属于母公司所有者的净利润增长幅度较小,主要原因是公司销售量虽较上年增加 1 153t,实现增幅 14.82%,营业收入和加工费收入也都有较大增长,但铜、绝缘漆、包装材料等原、辅材料在报告期内价格上涨。铜价格波动基本可以转移到下游客户,但绝缘漆、包装材料等构成的生产加工成本上涨不能及时转移,需由公司承担。此外,公司获取的政府补贴款项金额减少,非经营性损益金额减少。

公司所处的微细漆包线行业是技术和资本密集型行业。随着电子电器、汽车制造等行业的发展,下游产业对微细及特种漆包线的需求将快速增长,行业市场前景广阔。电子制造行业的高速增长以及电子产品向“轻、薄、微、智能”方向的发展,促进了微细漆包线行业的发展。近年来,国内微细漆包线的产销量约以每年 8% ~10% 的速度稳步增长，产品需求持续旺盛，具有良好的市场前景。

公司常规微细线产品以继电器、微特电机、电子变压器、电磁阀用线等细分产品为目标市场；微细自粘线产品主要以电声器材、激光磁头、特种电机和非接触式 IC 卡等为目标市场。这些目标市场的需求增长每年超过 10% 。

目前，国内微细漆包线行业主要由外国厂商主导，国内生产能力远远无法满足需求。尤其在高端微细漆包线领域，产品主要从德国、日本、韩国及中国台湾地区的厂商处进口，主要国际企业均在国内设立了工厂。蓉胜超微是微细漆包线领域中极少数总体技术水平达到国外先进水平，某些优势领域已达到国际领先水平，且具备了规模化生产能力的本土企业之一。

中天科技：通信线缆产品和电力线缆两轮驱动

公司实现各类产品销售 198 843.43 万元，同比增长71%；营业利润 13 581.59 万元，同比增长 93%；扣除所得税及少数股东收益后的净利润 10 249.55 万元，同比增长108%；全面摊薄的每股收益 0.31 元，同比增长 113%；全面摊薄的净资产收益率 11.51%，同比增长 89%。

公司经营范围涉及光纤光缆、射频电缆、电力导线、房地产等行业，将继续依靠通信线缆产品和电力线缆产品两轮驱动。公司长期以来坚持“特种光缆特种经营”的理念，光纤光缆仍将在规模和品质两个方面并举发展。

电力线缆是公司近年来主要发展的产品，已成功生产耐热铝合金导线和高电导率的铝合金线，产品品质国内领先，其中耐热铝合金导线填补了国内空白，实现了从普通导线生产销售向特种导线生产销售的过渡。

2008 年，随着海底光电缆、电缆等产品的推出，电力线缆产品将成为公司的第二大主导产品。由于 3G 启动，各家电信运营商纷纷增加基础建设，射频电缆作为公司新开发的产品将迎来新的商机。经过几年的建设，中天海缆已经成为国内第一品牌，在海洋维权、海洋资源开采、岛屿通信通电需求的拉动下，公司各海缆产品连续获得定单，海缆系列产品为公司的发展开拓了新的领域。

三变科技：募资解决产能不足

2007 年公司实现主营业务收入 93 398 万元，实现净利润 2 648 万元，与 2006 年相比，主营业务收入增长24.65%，净利润减少 3.2%。

2008 年三变科技计划实现销售收入 110 000 万元，争取利润总额 5 000 万元以上，变压器产量达到 1 800 万kV·A，加快实现技术改造和生产能力的扩展。高燃点油变压器、SBH15—2000/35 非晶合金变压器、1E 级 K3 类核级干式变压器、磁悬浮交通直线电机长定子研制等在年内通过省级鉴定，220kV 电力变压器在年内通过国家鉴定。

募集资金用于年产 1000 万 kV·A 电力变压器及箱式变电站固定资产投资项目。募资项目的产品 35kV、10kV 风力发电用组合式变压器以及 10kV 配电非晶合金变压器将成为未来利润新的增长点。110kV 变压器产能将在现有基础上增加 50% 以上，产能不足问题得到解决，产销规模有望继续扩大。

天威保变：输变电、绿色能源双主业

2007 年，公司实现营业收入 315 626.91 万元，同比减少 0.64%；营业利润 48 944.49 万元，同比增长65.79%；扣除所得税及少数股东收益后的净利润46 163.04万元，同比增长 134.47%。

输变电产业方面，公司继续保持在大型、超大型变压器项目上的产品和技术优势，不断延伸完善产业链。绿色能源产业方面，子公司天威英利成功实现海外上市，为其三期建设提供了有力的资金保障。上游原材料领域，子公司四川新光硅业已开始试生产，为公司太阳能产业提供原材料保障，进一步完善了公司的光伏产业链；公司还将在乐山、新津投资两个 3 000t 多晶硅项目，为做大做强光伏产业奠定坚实基础。风电领域，子公司天威风电也完成了 1.5MW 风力发电机组设计工作，并完成样机厂内组装，有可能在 2009 年后成为突出的增长点。

随着英利二期、三期工程的投产，到 2010 年，公司硅片、电池片、组件的产能将达到 600MW，形成了完整产业链。预计英利 2008 年、2009 年、2010 年的实际产量将分别达到 300MW、400MW 和 600MW，将分别为天威保变贡献净利润 1.94 亿元、2.85 亿元和 4.20 亿元。在上游多晶硅方面，新光硅业 2008 年将全面达产，产量可接近或达到设计产能 1 260t，将为天威保变贡献净利润 4 亿元左右。乐山、新津两个多晶硅项目预计将在 2010 年后投产。

精达股份：合资新建铜陵精达里亚特种漆包线有限公司

公司生产和销售继续保持增长，特种电磁线产品产量 84 612t，销量 83 875.09t，销售收入 493 913.37 万元，分别同比增长 27.76%、27.05% 和 30.88%。公司 2007 年实现主营业务收入 550 278 万元，营业利润 14 178.69 万元，扣除所得税及少数股东收益后的净利润 7 538 万元，分别同比增长 26.35%、28.18% 和 23.89%。

2008 年，公司经营计划为产品总产量 10 540t，营业收入 63 亿元，销售费用 5 088 万元，管理费用 5 884 万元，财务费用 11 488 万元。公司将发挥高端电磁线产品的专业化生产经验，凭借国内第一的生产规模和销量，保证广东、天津公司漆包线销量的进一步增长，加快江苏公司建设进度，做好新产品的市场开拓，确保异形线产品快速打开市场，为公司持续发展增加动力。同时，抓住公司本部整体搬迁及与美国里亚公司的合作契机，提高铜陵地区漆包线生产效率，打造世界一流漆包线生产工厂。

荣信股份：受益于节能减排政策

在国家大力推动全社会节能降耗和安全生产的宏观背景下，公司主导产品市场需求强劲增长，2007 年实现营业收入 36 715.70 万元，营业利润 5 111.21 万元，实现净利润 8 332.18万元，同比增长 64.20%。

公司凭借技术、品牌、管理、服务等优势，进一步开拓市场，签订订单 62 042.80 万元，同比增长 106.49%。主导产品 SVC 国内市场占有率继续保持在 50% 以上，2007 年签订定单45 474.48万元,同比增长86.48%;在保持冶金、电气化铁路、煤炭等行业的领先地位基础上,开始进入电力系统、有色金属、风力发电等新行业。公司另一主导产品MABZ在报告期内签订定单2 494.65万元,同比增长225.97%。

公司新产品四象限大功率高压变频装置(HVC)、大功率高压软起动装置(VFS)2007年签订定单4 866.48万元,同比增长507.29%。新研发成功的高压大功率静止无功发生器(STATCOM)步入市场推广阶段。继SVC产品出口海外市场之后,公司与德国莫克泰克公司合作,使船用高压软起动装置出口欧洲。

荣信股份尚未进入化工、矿山、港口、重机、建材等行业,特别是市场需求较大的电网系统,由于尚未大规模推广应用SVC等产品,公司目前在电网系统销售业绩较少。

深圳惠程:主营新型高分子电气绝缘材料

面对竞争日趋激烈、生产场地整体搬迁等不利因素,深圳惠程营业收入稳定增长,但由于成本费用上升幅度较大,净利润有所下降。公司营业总收入为18 376.81万元,同比增长3.74%;营业利润3 910.19万元,同比减少13.52%;实现净利润3 826.40万元,同比减少8.04%。

公司作为城乡配电网络高可靠性装备的供应商和综合解决方案提供商,以新型高分子电气绝缘材料技术为特色和核心优势,主要从事全密闭全绝缘中压电缆分支箱、中压电缆对接箱、低压电缆分支箱等电缆分支箱类产品,硅橡胶电缆附件、电缆插头等高性能硅橡胶绝缘制品,SMC电气设备箱体等高性能复合材料绝缘制品以及相关电力配网设备产品的研发、生产和销售。

公司2008年度经营计划为:营业收入24 000万元;营业总成本18 800万元,其中:营业成本13 500万元,营业税金及附加100万元,销售费用2 900万元,管理费用2 000万元,财务费用300万元;营业利润5 200万元;利润总额5 400万元;所得税800万元;净利润4 600万元。

2008年公司加快募投项目建设,加强在高分子材料方面的特色和优势,通过自行研发、机构合作、对外投资等方式在高分子材料领域作更多的探索,符合国家的自主创新战略。

南洋股份:投资环保型特种高压交联电缆项目

2007年,公司实现主营销售收入116 180万元,同比增长9.29%;主营业务利润12 254万元,同比增长5.82%;扣除所得税及少数股东收益后的净利润10 182万元,同比增长3.21%。

公司的环保型特种高压交联电缆项目正进行立塔生产线主机楼的混凝土结构建设,预计2008年底主机楼建设完成并进行设备安装,2009年产生经济效益。

环保型特种高压交联电缆项目投资总额为43 680.40万元,投产期1年,投产第一年收入达到设计收入的70%,第二年达到设计产能,达到生产能力后,连续生产10年。项目达产年份可实现收入83 700.00万元,投产期和达产期年均利润总额13 719.55万元,税后财务内部收益率30.36%,投资利润率31.41%,全部投资回收期4.62年(含建设期1.5年),若募投项目所购置的设备2009年仅用于生产110kV电力电缆,则其产生的利润总额占目前规划项目利润总额的90%。

四、电气二次设备行业:行业可能走出低谷

以提供输变电二次设备为主的上市公司有国电南自(600268)、国电南瑞(600406)、泰豪科技(600590)、许继电器(000400)、河南思达(000676)、东方电子(000682)、银河科技(000806)、阿继电器(000922)、金智科技(002090)、科陆电子(002121)、智光电气(002169)、万力达(002180)12家公司,电气二次设备行业平均营业收入为94 905万元,净利润6 531万元,股东权益86 288万元,每股收益0.22元,净资产收益率7.57%,低于沪深上市公司的平均水平,与一次设备行业差距开始减小。平均总资产174 439万元,资产负债率50.53%,流动比率1.52,速动比率1.20,资产流动性正常。电气二次设备行业上市公司经营情况见表3。

表3　电气二次设备行业上市公司经营情况

上市公司简称	总股本(万股)	营业收入(万元)	同比增长(%)	净利润(万元)	同比增长(%)	每股收益(元)	净资产收益率(%)	资产负债率(%)	流动比率	速动比率
许继电气	37 827	245 463	3.34	16 414	-10.61	0.31	5.44	49.96	1.59	1.17
思达高科	31 459	88 034	7.68	4 296	0.54	0.10	6.83	62.73	1.30	1.01
东方电子	97 816	76 417	1.89	2 344	749.64	0.02	1.40	17.11	3.55	3.13
银河科技	63 565	175 036	55.20	2 619	107.43	0.02	0.77	57.90	1.04	0.85
*ST阿继	29 844	12 841	-24.71	438	115.87	0.02	3.64	63.78	0.97	0.74
国电南自	17 700	123 579	2.77	9 075	1.24	0.40	10.67	58.83	1.80	1.47
国电南瑞	25 506	108 153	20.51	14 897	23.55	0.58	15.43	46.48	1.75	1.39
泰豪科技	19 633	199 974	22.04	8 829	30.99	0.43	9.26	60.58	1.14	0.84
金智科技	10 200	35 627	10.42	4 856	4.85	0.48	11.91	37.81	2.15	1.75
科陆电子	12 000	34 548	58.84	7 526	110.97	0.64	19.11	31.65	2.82	2.44
智光电气	6 908	28 154	27.24	3 162	30.86	0.52	10.19	47.62	1.74	1.44
万力达	5 555	11 033	4.21	3 919	6.34	0.92	12.23	12.50	7.47	6.56
平均	29 834	94 905	15.66	6 531	75.44	0.22	7.57	50.53	1.52	1.20

从表3可以看到，电气二次设备行业主营业务收入同比增长15.66%，净利润同比增长75.44%，净资产收益率7.57%，获利再次低于电气一次设备行业，远低于发电设备行业。随着电力行业的发展，自动化技术不断向软硬件集成化、规模化的方向转变，来自国内外的同行业内竞争对手的数量在持续增加，能力在不断提高，电气二次设备行业市场竞争激烈，在量大面广、技术要求相对较低的低端市场上，由于参与竞争的公司较多，毛利率大大低于2002年前水平。但是，与2006年相比，增加了科陆电子、智光电气等优质公司，原有公司效益开始提高，预计电气二次设备行业可能走出低谷。

“十一五”期间，电网建设的重点将是着力解决特高压电网和城市电网两头薄弱的问题。特高压电网主要解决的是大规模、大范围优化资源配置的问题，城市电网主要解决的是电力送得进、落得下、供得上的问题。国家电网在“十一五”战略目标中提出：进一步加快电网建设，基本消除电网瓶颈，保证电力输送和分配，满足社会经济发展；优化电网结构，实现特高压技术自主创新，提升电网技术装备水平；扩大电网资源优化配置能力和范围，强化电网作为市场载体功能；提高电网安全稳定水平，确保电网经济可靠运行。

在这样的行业发展背景下，远距离输送电力趋势愈发明显。预计到2020年前后，我国特高压电网将基本形成，国家电网跨区输送容量将达到2.5亿kW左右。我国“十一五”输变电工程规模增长较快，与“十五”相比，输电线路建设规模同比增长65%，变电工程超过85%。这主要是由于电源建设速度超出原有规划，必须考虑电源接入系统，以及具备一定超前度的输送能力。未来电网建设的总发展趋势是向大容量、高电压、智能化、组合化、小型化、无油化、免维护和远程故障诊断技术等方向发展，同时信息技术将全面渗透到输配电技术和设备之中。

电力二次设备需求增长要滞后于大规模电源、电网建设，本着要与一次设备协调发展的原则，要能满足当前全国联网和电力市场化改革对其提出的更高要求，保障电网的安全稳定运行，进行合理建设。综合判断，我国电网建设将步入新一轮景气周期。随着近年来电源、电网项目增多，技术进步导致的客户需求变化，以及电力供需平衡的不断改变，电力二次设备市场需求将明显增长，行业的景气周期将更长。

轨道交通的发展一直受到中央和地方各级政府的高度重视和国家产业政策的重点支持，全国10个城市共有21条轨道交通运营线路，总长约500km。按国家“十一五”轨道交通发展规划，建设轨道交通线路55条，总长度约1 500km，投资规模超过4 000亿元，是世界上最大的轨道交通建设市场。轨道交通电气自动化技术作为保证轨道交通经济安全运行、支撑轨道交通快速发展的必要基础，拥有巨大的市场。

由此可以预计，未来几年我国电力二次设备行业将保持稳定成长，与市场相比，产品的高科技含量更为重要。如果企业能够开发出具有一流水平的高科技产品，通过体制改革及创新，把握电网建设新一轮建设高潮机遇，电力二次设备行业业绩再次提高是可以预期的。

国电南瑞：应坚持技术创新

2007年公司继续保持稳健快速发展的良好势头。研发大楼建设项目竣工投运，实现公司整体搬迁和集团农电业务资产的收购，公司实力明显增强并为公司下一步发展奠定了基础。全年实现订货合同额16.50亿元，比上年同期的11.12亿元增长48.39%；公司实现主营业务收入10.82亿元，同比增长20.51%；扣除所得税及少数股东收益后的净利润14 239万元，同比增长23.55%。

公司在电网调度自动化、变电站综合自动化等传统技术和市场的竞争优势地位得以巩固，在轨道交通电气自动化、WAMS、集控站系统、电力市场技术支持、农电自动化等市场领域取得重大突破，市场竞争优势地位得以加强。坚持自主创新，基于标准化平台的电网调度自动化集成系统OPEN—3000产品继续保持国际领先水平，并荣获“国家科技进步二等奖”；超高压变电站配套技术和新一代高性能、低成本的变电站综自产品研制成功并批量投产；轨道交通电气自动化、农电自动化新技术研发工作稳步推进。

2008年，国电南瑞计划签订合同18亿元，实现收入12.76亿元，利润15 967万元。公司力争以公开增发股票方式募集资金7.22亿元，按项目投资进度计划投资预定的城市轨道交通指挥中心调度决策系统，风力发电机组控制及风电场综合监控系统，数字化变电站成套技术、设备及系统，城市轨道交通能馈式牵引供电系统及牵引传动系统，电力需求侧综合监控设备与运行管理系统以及电网商业化运营综合服务支持系统等项目，实现公司快速扩张。

国电南自：依托华电集团开展电厂与电网业务

公司2007年度营业收入123 578.51万元，同比增长2.77%；实现营业利润5 277.54万元，同比减少7.29%；实现利润总额10 499.60万元，同比增长14.73%；实现净利润9 075.32万元，与上年相比增长9.96%，其中归属母公司的净利润达到7 024.74万元，与上年相比增长1.24%。公司加强了应收账款清欠力度，全年回款再创历史最好水平，达到121 526.83万元，与上年相比增长了5.95%。

公司依托华电集团大力发展电厂保护及自动化类产品，如“数字化电厂”技术、厂用电继保和监控系统、发电机变压器保护系统、升压站继保和监控系统等，以及电厂节能与环保业务，如变频调速系统、节能型静电除尘系统、水处理系统、脱硫环保项目等。产品覆盖电厂自动化各个领域，是电气二次设备产业链最完整的生产厂商之一。

未来3年公司电厂业务与电网业务收入之比将达到1:1。国电南自将快速整合水电业务，积极开拓水电自动化市场，致力于水电站二次自动化系统项目的总承包。积极拓展轨道交通保护及自动化产品市场，充分发挥电力自动化产品的技术优势，努力提升公司在电气化铁路、高速铁路、地铁、城市轻轨等保护及自动化项目的市场占有率。

思达高科:主业生产销售电子信息产品

2007 年公司主营业务收入 8.8 亿元,同比增长 7.68%;利润总额 4 721 万元,扣除所得税及少数股东收益后的净利润 3 204 万元,略有增长。由于原材料上涨,2007 年公司的营业利润率同比下降 1.96%。公司主营业务中的电力设备及仪器仪表的销售继续增长,同比增长 18.45%;锂离子电池营业收入基本与上年持平;影像技术产品的销售收入同比增长 19%,生产的安全检查设备供不应求,保持了良好的增长势头。2007 年,公司的电子视听产品摆脱了下滑趋势,营业收入出现了 1.83% 的增长。人民币的升值影响了对外出口的增长,出口销售下降了 0.46%。

从总的经营情况看,近几年公司的营业收入在不断增长,但利润增长缓慢,出现了子公司增长较快,母公司迟缓的局面,应该加强母公司的投资和管理。从公司资产结构上看,负债率过高,应注意利率上涨给公司盈利带来的压力和经营风险。和营业收入相比,应收账款仍显过大,应该加强资金的周转。

预计 2008 年电力设备和仪器仪表产品的销售及利润仍会有所增长;锂离子电池产品方面,2008 年公司将更新设备,提高高档产品的生产、销售比例;电子视听产品主要以 OEM 方式运营,如人民币继续升值,该业务会受到不利影响;随着国内、国外安全要求出现新动向,预计安检产品市场需求会旺盛,2008 年继续看好。

许继电气:输变电资产整体上市

2007 年,公司实现营业收入 245 463 万元,同比增长 3.34%;扣除所得税及少数股东收益后的净利润 11 598 万元,同比下降 10.61%。

在产品研发方面,公司完成了 800A 系列产品、CBZ—8000B 数字化变电站、基于 IEC61850 的监控系统及装置、ICS8000 平台及新一代特高压直流控制保护系统的开发和完善工作;开发的限流电抗器、滤波电抗器等新产品顺利通过省级鉴定,主要技术性能指标达到国内先进水平;750kV 可控串补输电线继电保护应用研究通过西北电网公司专家验收;光学电流互感器在黑河市西岗子变电站成功实现挂网运行;高压直流输电项目荣获中国工业领域首次设立的重要综合性奖项“中国工业大奖”,标志着国家和业主对公司自主创新成绩的充分肯定和认可,夯实了公司在电力装备行业的竞争优势地位。

在市场开拓方面,直流输电业务接连取得重大历史性突破:6 月份中标世界第一个 ±800kV 特高压直流输电的云广工程,12 月份再次中标创造了 18 项世界纪录的四川向家坝至上海特高压直流输电工程,进一步巩固了公司在直流输电市场领域的领先地位。交流输电领域产品屡次中标国家重大工程:报告期内,公司接连中标宁夏银川东 750kV、青海西宁 750kV、陕西电力公司 750kV 变电站等项目;发电自动化保护顺利中标秦山核电二期 2×650MW 扩建工程、三百门电厂二期 2×1000MW 机组保护等重大工程。

在重点工程项目实施方面,报告期内,公司中标的国家重点工程——贵广二回 ±500kV 直流输电工程一次性高质量成功投运,双极正式投产;高岭背靠背直流输电工程控制保护系统设备在北京完成联合试验,各项功能达标;CBZ—8000A 综合自动化系统在新洲 500kV 开关站一次投运成功,该项目的顺利投运,为公司赢得更多的超高压市场定单奠定了良好的基础;220kV 武钢冶炼变应用 IEC61850 标准的数字化变电站通过出厂验收,标志着公司自主研发的满足 IEC61850 标准高等级电压变电站自动化系统获得基本成功。

2008 年,公司将要非公开发行股票,并实现许继集团输变电资产整体上市。

金智科技:市场竞争导致营业利润下降

2007 年公司保持发电自动化业务的传统优势,积极拓展电网自动化和 IT 服务业务,高校信息化业务保持平稳,实现营业收入 35 627.03 万元,同比增长 10.42%;实现营业利润 3 321.11 万元,同比下降 16.91%;实现净利润 4 856.32万元,同比增长 4.85%。

公司发电自动化业务以 ECS 系统为核心,继续保持国内市场份额第一的优势地位。在电网自动化业务方面,2007 年成功开拓贵州电网、湖北电网、山西电网、黑龙江电网和陕西省地方电力公司城、农网 110kV 和 35kV 变电站综合自动化市场。同时,在数字化变电站自动化系统项目上取得阶段性成果。电网自动化业务得到较快增长,也为未来进一步发展打下了坚实基础。

在水电自动化业务方面,公司中标四川峨边巴溪、云南滇能香格里拉、云南革香河达开等水电站全站计算机监控、保护、辅机系统;在水利自动化业务方面,公司中标南京市高新区污水处理厂一期工程、山东胶东地区引黄调水工程等自动化系统项目。

在 IT 服务业务方面,公司积极发展自有品牌服务和产品建设,由采用标准设备的系统集成服务商发展成专业化的整体解决方案提供商,并以此为突破,积极拓展大型企业级用户,已形成一定的用户规模。除继续为江苏电力提供全网运维外包服务外,还中标天津电力、江苏中烟、福特汽车(中国)、南汽名爵、南汽依维柯等大型企业系统建设服务项目。

在高校信息化业务方面,公司实施完成“高校信息化企业级集成平台及应用系统”募集资金项目,技术能力得到提升。公司中标成都电子科技大学清水河校区数字化校园项目、天津南开大学数字化校园(一期)等项目。同时,针对业务的特点,积极探索高校信息化业务的经营和发展模式,2008 年 1 月,成立全资子公司江苏金智教育信息技术有限公司。

智光电气:主营业务继续保持较快速增长

2007 年公司主营业务继续保持较快速增长,电网安全与控制类产品市场占有率预计达到 35%,尤其在华东地区综合竞争力取得重大突破;公司主营产品之一的消弧选线成套装置,预计每年增幅 20% 左右;而公司主营产品之一的电机控制与节能类产品,受国家节能减排政策的带动,2007 年营业收入同比增长 248.50%,已经成为继消弧选线成套装置之后公司重要的盈利来源;在供用电控制与自动化产品方面,公司在2007年实现电气监控系列产品的升级换代,完成泰州电厂1 000MW机组用电电动机保护与控制项目、阳宗海电厂全套ECS系统项目等重要样板工程。

2007年度公司实现营业收入28 154.47万元,同比增长27.24%;实现营业利润3 380.64万元,同比增长27.99%;扣除所得税及少数股东收益后的净利润2 915.68万元,同比增长30.86%。

2008年公司的经营目标是,实现新增合同6亿元,营业收入4亿元。

万力达:专注于厂矿用继电保护市场

2007年公司实现营业收入11 033万元,同比增长4.22%;营业利润3 285万元,同比增长10.53%;实现净利润3 919万元,较上年增长6.34%。

募集资金计划全部用于以下4个项目的建设:基于IEC61850标准的新型厂矿供用电系统自动化项目、厂矿低压电气自动化系统项目、基于以太网技术的中小水电站综合自动化系统项目、营销网络及技术支持中心建设项目,合计投资14 380万元。

2008年,公司将继续坚持专业化、精细化的产品发展思路,继续巩固和扩大在厂矿企业用继电保护及变电站综合自动化市场的领先优势,并加快、加大开发1.2kV以下低压电气自动化产品的速度和力度,在保证厂矿企业中高压电气自动化主业稳定增长的前提下,积极培育新的利润增长点。2008年力争实现营业收入1.4亿元以上。

银河科技:实现扭亏为盈

2007年,公司加大变压器等输配电领域主业的发展,处置盈利能力不佳、流动性较差的资产。受国外厂商压价竞争及行业特性等因素的影响,公司电子元器件及电力自动化等产品的销售下滑,部分主要原材料价格居高不下也使得公司的营业利润受到影响。公司完成营业收入175 036万元,同比增长55.20%;实现营业利润4 682万元,归属于母公司所有者的净利润1 173万元,同比均有大幅增长,实现了扭亏为盈。

2007年公司变压器事业部共实现变压器业务收入约14亿元,同比增长超过140%;实现净利润超过1.5亿元,全年承接合同近20亿元,实现了历史性飞跃。

公司完成了YH—9100调度自动化跨平台版本的开发和YH—B600装置的投入运行;与清华大学合作的输配电网混成控制系统的样机在胜利油田挂网运行情况良好;330kV及以上特大型、超高压变压器投入运行稳定,并且通过技术改造形成了330kV级变压器完整的生产制造和工艺保证体系,标志着公司在高电压等级电气设备领域有实质性进步。2007年,公司新产品开发工作有新的进展,YH—5000变电站监控管理软件、YH—B5810综合测控系统、YH—9600电力企业信息门户等5个产品获得北海市、广西区科技进步奖。

科陆电子:用电管理系统增长迅速

2007年公司主营业务继续保持高增长,实现营业收入34 548.39万元,同比增长58.85%;实现营业利润7 222.41万元,同比增长97.30%;实现归属于母公司股东的净利润7 522.89万元,同比增长110.97%。

公司推出的一系列基于载波通信功能的智能/网络电能表,成功应用于各省市的低压居民电网改造,为科陆电子日后在该领域的大规模化生产奠定了基础。IGBT半导体器件控制电容器和电抗器组投切低压无功动态补偿装置及有源电力滤波器的成功研发,为科陆电子进入无功补偿、电能质量柔性控制装置规模化生产奠定了基础。具有0.02级精度(目前国内最高精度)保证的CL3112三相多功能标准表的推出,再次巩固了科陆电子在电测领域的领军地位。

公司2008年拟向特定对象非公开发行股票,利用发行股票的募集资金对子公司成都科陆洲电子有限公司增资20 980万元用于智能/网络电能表生产建设项目,对子公司深圳市科陆电源技术有限公司增资3 639万元用于电力电源生产扩建项目,投资6 413万元用于电测仪器仪表生产扩建项目,投资7 032万元用于产品计量测试中心建设项目。

泰豪科技:智能建筑电气领域的国家高新技术企业

2007年是公司稳步发展的一年,实现营业总收入199 974万元,扣除所得税及少数股东收益后的净利润8 419万元,分别同比增长22.04%和30.99%。公司三大主业产品智能建筑电气、发电机及电源、装备信息产品分别实现销售收入10.58亿元、4.50亿元和4.76亿元,继续保持齐头并进的发展格局。在区域划分上,基于公司发电机及电源国际市场的需求,公司出口业务延续了上年迅猛增长的势头,出口销售收入达到2.36亿元,同比增长100%,公司被授予2007年“江西省重点出口企业”称号。

公司通过并购重组实现产业扩张。2007年度投资重组山东吉美乐有限公司,增资江西泰豪特种电机有限公司、衡阳泰豪通信车辆有限公司、江西泰豪科技进出口有限公司、江西清华泰豪三波电机有限公司,设立江西泰豪电源技术有限公司。

泰豪科技一直专注我国建筑电气节能技术和产品的研发、推广和应用,在建筑电气节能设备、建筑电气集成设计以及能源运行管理方面形成了独有的优势。公司智能建筑电气集成核心技术在北京奥运场馆建设、人民大会堂智能化改造和国家重点工程中得到广泛运用,有效地提升了建筑节能品质,优化了建筑智能化水平。

〔撰稿人:中信建投证券研究所殷亦峰〕

中小型电机风雨二十年

创新铸就名牌

——南阳防爆集团股份有限公司

南阳防爆集团股份有限公司(以下简称南阳防爆集团)是中国最大的防爆电机科研生产基地、国家机电产品出口基地、国家创新型试点企业、中国电器工业协会防爆电机分会理事长单位,拥有国内同行业惟一的国家认定企业技术中心、博士后科研工作站。

主要产品有各类高低压防爆电机、普通电机、电动/发电机、轻型发电机、防爆风机、防爆电器和监控仪表等,主导产品防爆电机为"中国名牌产品"和"国家免检产品",应用于煤炭、煤化工、石油、石化、冶金、电力、化工、军工、核电、航天等十大领域。

面对国内防爆电机市场长期供大于求的严峻挑战,面对国际化竞争的巨大压力,南阳防爆集团董事长、总经理魏华钧以超前的思维、过人的胆识,科学决策,抢抓机遇,引领企业走出了生存艰难的困境,逐步成长为全国同行业的领军企业、中国最大防爆电机科研生产基地。特别是2004年改制成为民营股份制企业以来,强力推进管理创新、技术创新,主要经济指标连年大幅度增长,步入了持续跨越式发展的快车道,经济效益综合指数连续十余年居全国同行业前列,成为"中国电器工业最具竞争力企业",连年荣登"中国大企业集团竞争力500强"、"中国机械工业500强"和"中国电气工业100强"。

一、管理创新使内部机制有了质的飞跃

魏华钧认为,适应急剧变化的市场形势,任何企业都需要不断调整自身制度、机构、组织、工作方式等企业内部的运行机制,这是管理创新的首要任务。南阳防爆集团积极探索构建现代企业制度的有效途径,形成了新的运行机制。

创建"委员会制"管理模式。冲破完全按工作性质分工的固有思维模式和行为模式,打破壁垒森严的组织边界,实现工作和管理上"你中有我、我中有你"的匹配,构成一个既有侧重又有协作的整体管理体系。"委员会制"消除了各专业间工作交流不畅、协作不力的陈年积弊,使企业内部资源得到合理配置,团队协作意识明显增强,工作效率明显提高,市场反应速度明显加快。实践证明,"委员会制"是卓有成效的管理创新,是集思广益、凝聚合力的管理模式,体现了国际先进的管理理念,与国际企业界倡导的"透明流程组织"、"无边界组织"、"扁平化管理"是完全一致的。

为各类员工科学设置职业梯。明确不同梯次的责、权、利,把每个员工的德、能、绩与职业梯次进行对位,荣誉、收入与职业梯的梯次、岗位绩效紧密挂钩。对所有员工的职业梯次实行动态管理,专业水平高、人才培养进步快、科技攻关能力强的员工,就拥有相应的名和利,其薪酬可以超过中层领导,以此激励员工立足本岗,刻苦钻研,一专多能,沿着公司设置的职业梯奋力向上攀登。

对高中层管理者实施360度全方位考评。对高中层领导实行动态管理,将360度全方位考评机制纳入公司的创新管理体系。以考评结果决定职位升降和薪酬收入,工作一旦落后,就会名利双损,甚至会被淘汰,促使所有领导成员自我加压,积极主动地开展工作。与此同时,加大民主评议力度,组织员工对两级领导进行信任度测评,鼓励群众积极参与监督。对群众意见大、工作业绩差的领导干部给予告诫,改进效果不明显的随时免职,有效激活了干部队伍。

二、自主创新打造行业领先优势

魏华钧经常讲,"缺乏自主创新能力,企业就不可能在当今国际化竞争中立足"。南阳防爆集团始终把自主创新作为企业发展的战略基点,每年新产品产值率均在60%以上,在全国同行业中品种最全、质量最优、单机容量最大、技术含量最高、市场占有率最大。

发挥行业惟一国家级技术中心优势,大力研发高新技术产品。按照董事长魏华钧提出的"保小上大、外延成套"和"出口带动"的发展战略,南阳防爆集团瞄准国际先进水平,成功实施了一系列重大新产品开发工程,产品逐步向高端化、大型化、节能化、集成化方向发展。

产品高端化是提升企业核心竞争力的主要内涵。南阳防爆集团研制出核电站用系列核级电动机,打破了西方发达国家的技术垄断,使我国成为全球第三个能够生产核级电动机的国家。公司获得了武器装备科研/生产许可证、国军标认证,研制出军舰用电机、特种通风机等军工产品。

产品大型化是电机企业综合实力的标志。南阳防爆集团在产品大型化方面不断取得新的重大突破:自主研发的TAW8800kW—20P增安型无刷励磁同步电动机,用于世界上第一个大型煤直接液化油项目,达到国际先进水平;高压大容量三相异步电动/发电机被认定为"国家重点新产品";4极隐极汽轮发电机填补了国内空白,以自主品牌批量销往国际市场。

产品节能化是经济可持续发展的迫切要求,也是未来市场发展的必然趋势。南阳防爆集团密切跟踪国际前沿技术，大力研发高效节能电机：研制出符合 CSA C390 效率标准的高效节能电机，与欧美等发达国家产品同期投放市场，在国际市场实现重大突破；符合国际最先进高效标准——NEMA PremiumTM 效率标准的 NEMA 系列超高效三相异步电动机，深受外商欢迎；自主研发的 YAXn、YBXn、YXn 系列中小型高效节能电机，在国内同行业率先获得“国家节能产品认证”，并获得“国家重点新产品”称号；铸铜转子超高效电机的核心技术，目前世界上只有德国西门子公司和南阳防爆集团掌握，国外主要用于航天工程、国防军事等领域。

产品集成化使南阳防爆集团实现了由单一电机产品到电机、电器产品同步发展，研发出与电机配套的各种监控仪表、控制电器（如防爆电控箱）、球面滑动轴承、空气冷却器等产品，拉长了产品链条，实现了电机、电控产品相结合的一体化服务。

走产学研相结合道路，加快自主创新步伐。与核工业第二研究设计院联合开发的核电站用系列核级电动机，产品性能达到同类产品的国际先进水平；与中国科学院、北京科技大学专家联合研制的 BDK 高效节能矿用防爆对旋式主通风机，列入“国家火炬计划”项目，获得“国家重点新产品”称号。2007 年，与西安交通大学润滑理论及轴承研究所合作成立了产品研发支持中心，进一步加大了产学研合作力度。

引进先进技术，消化吸收、再创新。先后引进美国 GE 公司、德国 LDW 公司的电机制造技术，与国际铜业协会、澳大利亚 CMG 公司签订了长期技术合作协议，在消化、吸收外来技术的基础上，积极进行再创新，提升中国防爆电机的制造水平。出口产品分别通过美国 UL 和 CC、欧共体 ATEX 和 CE、加拿大 CSA、挪威 NEMKO、南非 SABS、澳大利亚 TESTSAFE 等多项国际权威机构认证，是取得国际认证最多的防爆电机企业。

保护知识产权，积累核心技术。近年来，南阳防爆集团获得国家专利 17 项，“国家重点新产品”6 项，国家火炬计划 3 项，省部级“高新技术”、科技进步奖 8 项，市科技进步奖 29 项；主持、参与 33 项行业标准和 6 项国家标准的制修订工作，在行业技术进步工作中发挥了重要作用。

2007 年，南阳防爆集团主要经济指标再创新高，实现销售收入 13.6 亿元、利税 2.52 亿元，外贸出口 1 751 万美元，分别是 2006 年的 133%、139.6% 和 138.5%。步入发展快车道的南阳防爆集团，实施了更加宏伟的发展规划，投资 2.8亿元在南阳市高新工业园区、生态工业园区启动重型电机、防爆机电项目，建成后企业研发制造能力将大幅度提升。

2008 年 5 月 11 日，国务院总理温家宝莅临南阳防爆集团视察，亲切慰问了一线员工，察看了南阳防爆集团研发的核级电动机、QFW 系列轻型汽轮发电机、高效节能电机、铸铜转子电机等高新技术产品，给予了充分肯定。温总理殷切嘱托：“希望南阳防爆集团的防爆电机永远保持领先地位”，勉励南阳防爆集团“再接再厉，创出世界名牌”。

〔供稿单位：南阳防爆集团股份有限公司〕

奉献给世界的中国品牌

——丹东科亮电子有限公司

丹东科亮电子有限公司是专业从事电机过热保护产品的民营股份制企业，集研发、生产、销售为一体，注册资金 286 万元，占地面积 6 000m²，建筑面积 2 600 多 m²。它位于我国最大的边境城市——辽宁・丹东，坐落在风景秀美的鸭绿江畔，环境宜人，交通方便。

公司 1990 年从美国引进技术，已有十多年的生产经验，拥有 6 条现代化生产线，以及先进的生产设备、检测设备和计量设备，电子产品生产环境优良。具有雄厚的技术力量，现有员工 150 人，大专学历以上的员工占员工总数的 70% 以上，有产品设计开发人员 32 人。

公司主要产品有电机保护 PTC 热敏电阻、电机防潮加热带、MK1 型电机保护热敏开关、WZP 型电机轴承及绕组铂热电阻传感器、电机专用热电偶、KLB 系列智能型温度控制仪及 GRB 型电机过热保护器等共七大类，1 000 个规格型号。多项产品获得国家专利，填补了国家该类产品的技术空白，技术水平已达到中国先进水平。产品销往全国及国际市场，尤其在电机过热保护产品领域创出了自己的品牌，创造了极佳的业绩。

丹东科亮电子有限公司被辽宁省科技厅授予“高新技术企业”称号，被辽宁省工商行政管理局授予“守合同重信用企业”，产品被丹东市科学技术局授予“高新技术产品”称号。

上海电机行业协会授予公司电机用“防潮加热带（BQ、HBQ、KBQ 型）”、“MZ6 型电机用 PTC 热敏电阻保护器”、“WZPD 型电机用埋置式热电阻”为“行业名优产品”，同时丹东科亮电子有限公司也是上海 ABB 电机股份有限公司合格供应商、西门子电机（中国）有限公司的长期合作伙伴。公司还先后为 SEW 电机（苏州）有限公司、万高（南通）电机制造有限公司、无锡华达电机有限公司、山东华力电机集团股份有限公司、河北电机股份有限公司、江苏大中电机股份有限公司、浙江金龙电机股份有限公司、卧龙电气集团股份有限公司、西安西玛电机（集团）有限公司、佳木斯电机股份有限公司、南阳防爆集团股份有限公司、兰州兰电电机有限公司、南京汽轮电机（集团）有限责任公司等几十家大型企业设计、生产、配套电机过热保护产品，并获得使用企业的一致好评。

丹东科亮电子有限公司坚持管理创新，全面提升现代化管理水平，在同行业中率先通过了 ISO 9001:2000 质量管理体系认证、ISO 14001:2004 环境管理体系认证，并先后获得了欧盟 CE、SGS 和美国 UL 认证。

“科亮——奉献给世界的中国品牌”，全体科亮人会一直以此为目标，秉承“求严务实、科学创新、团结开拓、拼搏进取”的企业精神，始终坚持“诚信、和谐、发展、共享”的经营理念，以高新科技创新促发展，以优质的产品、完美的服务、持续改进的质量水准、良好的信誉，回馈广大顾客。

科亮公司志存高远，倡导科技理念，服务科技事业，凭借着先进的技术和优秀的产品走出国门、走向世界！

〔供稿单位：丹东科亮电子有限公司〕

和谐发展　争创一流

——山东齐鲁电机制造有限公司

一、企业发展概况

山东齐鲁电机制造有限公司位于济南市高新技术开发区，企业资产总额 19.8 亿元，占地面积 34 万 m^2，现有职工 1 327 人，其中中高级工程技术人员 222 人，是山东省高新技术企业，拥有国家级企业技术开发中心。企业拥有进口定子股线下料剥皮自动线、数控包带机、数控重型卧式车床、数控火焰切割机、转子铣槽机、真空铆焊设备、VPI 等 30 余台(套)关键大型设备和同行业先进水平的大型空冷汽轮发电机综合试验站。开发制造的空内冷汽轮发电机通过引进、消化、吸收法国 ALSTOM 公司设计制造技术处于国际领先水平，大中型高压交流电动机采用真空压力浸渍等先进设计制造技术处于同行业领先水平。通过了质量管理体系、职业健康安全体系、环境管理体系认证以及国家 AAAA 级标准化良好行为企业确认。现已成为国内最大单机容量空内冷汽轮发电机制造企业。

企业主导产品为汽轮发电机和交流电动机。生产制造 Qfa(WX)系列 6～330MW 空内冷汽轮发电机以及 QF(QFW)系列 1 000～30 000kW 空冷汽轮发电机，达 100 余个规格品种；Y、Y2、YR、YKK、YKS、YTM、TK 大中型高压交流电动机已达七大系列千余个规格品种。WX 系列汽轮发电机定子采用少胶绝缘系统、整浸或线圈 VPI 工艺，整体性好，介电性能高，防潮湿、防松动；整机采用分半式机壳、悬挂式减震结构，定子空外冷，转子空内冷，主机采用可控硅励磁或无刷励磁方式，AVR 调节系统采用微机控制，双通道、双保险，具有结构简单、体积小、重量轻、辅机设备少、易于安装、安全可靠性高、操作维护方便、运行成本低等特点。该系列产品采用模块化设计原理，有 14Z、16Z、18Z、21Z、23Z 等基本系列，具有较高的通用化、标准化水平。大中型高压交流电动机采用真空压力浸渍无溶剂漆工艺，品质优良，效率高，噪声低，可靠耐用，环保性高。

“齐鲁”牌汽轮发电机连续 10 年保持“山东名牌”荣誉称号，企业先后荣获“部级质量管理奖”、“全国重点行业效益十佳企业”、“中国机械工业 500 强企业”、“全国守合同、重信用企业”、“全国电气机械及器材制造业纳税百强企业”、“山东省机械工业百强企业”、“山东省机械工业自主创新先进单位”和“中国电器工业最具竞争力企业”等荣誉称号。

二、企业发展战略

公司牢固树立产业报国的发展理念，坚持“科技兴企”和“名牌带动”发展战略，不断推进企业技术进步，精心打造“齐鲁”品牌。制定了“十一五”发展规划，提出了“四个领先”的奋斗目标，即“产品质量在同行业达到领先水平，企业经济效益在同行业达到领先水平，技术进步在同行业达到领先水平，用户满意程度和企业形象在同行业达到领先水平”。以建立现代企业制度为目标，以体制创新为核心，以组织创新为载体，不断完善企业运行机制。不断提升企业核心竞争力，促进企业可持续发展，努力实现建设大型现代化发电设备制造企业的战略目标。

以科技创新为先导，不断加快技术进步步伐。积极适应我国电力装备制造业整体向大容量、高效、高参数、低污染(低排放)、高技术含量发展的产业方向，通过持续跟进引进、转化和吸收法国 ALSTOM 公司(原瑞士 ABB)空冷汽轮发电机设计制造技术，保持空冷发电机产品的技术领先地位。

加快技术改造步伐，不断增强企业自主创新能力。制订了争创“国家级企业技术中心”计划，在建立省级企业技术开发中心的基础上，不断完善企业技术中心软硬件建设，先后进行了四期技改，新增大型关键设备 30 余台，新建生产厂房面积达 30 000 多 m^2，15 000 余 m^2 的科研中心已投入使用。企业技术装备已达到国内同行业先进水平，具备了良好的研究开发及试验条件，企业科研和生产能力显著增强。

以管理创新为基础，不断完善产品质量保证体系。通过了国家 AAAA 级标准化良好行为企业确认，对企业生产经营各项工作实施标准化管理。先后培养工程硕士 20 余名，不断提高科技队伍整体素质。不断完善激励机制，先后推行了项目责任制、主任工程师评聘等多项举措，有效地激发了广大员工的工作积极性和创造性。积极推行“5S”管理，以工艺管理、设备管理、成本管理为主线，不断提高生产现场管理水平。积极开展群众性质量管理活动，不断提高 ISO 9000 质量体系运行质量，保障产品质量稳步提高。目前，已累计注册 QC 小组 40 余个，先后有十几个 QC 成果获得省、部级奖励。不断完善管理体系，强化企业基础管理，提高质量管理体系运行质量，提高产品技术含量和产品质量，不断提高产品市场竞争力。

三、市场发展情况

1. 完善管理运行机制，积极开拓市场

面对激烈的市场竞争，采取积极灵活的营销策略，积极拓展信息渠道，注重开发新的市场领域。加强同设计院、配套厂的合作，强化项目信息的搜集、跟踪，积极开拓市场，扩大订货量。从加强合同管理、完善项目管理机制入手，加强对用户信息的调研，及时走访用户，了解用户工程动态，准确地安排生产计划，组织生产，满足用户需求。以市场为导向，不断完善新产品开发管理机制，积极开发研制适销对路的新产品。大力进行科研攻关，优化产品结构，不断提高产品技术水平，树立良好的品牌形象，以高技术、高品质的产品赢得用户。2005～2007年，连续3年空冷汽轮发电机市场占有率达30%左右。

2. 以顾客为关注焦点，完善售后服务体系

公司始终奉行“一切为了用户”的服务理念，建立了完善的售后服务体系和快速反应机制，拥有一支精通业务、诚信文明、经验丰富的服务队伍，能随时为用户解决安装、运行中遇到的各种问题，并能及时地为新老用户提供急需的配件。精诚的服务赢得了用户的广泛赞誉和信赖，自2005年连续三年用户满意率达到90%以上。

四、科技创新

1. 大力实施自主创新，推动技术进步，不断提高产品技术含量和产品质量

为保持和提高企业在行业竞争中的优势地位，企业准确把握市场变化趋势，坚持学习国外先进技术和培养自主技术创新能力相结合，对不断出现的市场新形势和新要求作出快速反应。在与ALSTOM公司保持技术同步共享的同时，不断增强企业自主创新和技术开发能力，建立和加强了发电机电磁、机械及相关设计研究与分析系统建设，发展和完善了具有国内领先水平的汽轮发电机模块化设计开发体系，企业产品结构体系不断升级，生产的空冷汽轮发电机系列产品与世界先进技术水平保持同步前进，自主开发的QF系列空冷汽轮发电机系列产品技术水平始终保持国内同行业领先地位，有力地提升了产品的科技水平和市场竞争力。公司被评为山东省机械工业自主创新先进单位。

山东齐鲁电机制造有限公司1967年起开始生产行业联合设计的TQT、QF系列汽轮发电机。

1983年起在行业内领先自主开发10kV系列产品。

1989年首次引进ABB公司6～100MW空冷汽轮发电机制造技术。在消化、吸收引进技术的基础上，于1992年试制成功国内首台60MW空冷汽轮发电机。

1998年第二次技术引进，将引进技术产品的容量范围扩大到200MW。随后制造了国内第一台135MW空冷汽轮发电机，该机于2000年8月在山东里彦电厂并网发电。

2001年企业根据引进技术自主开发220MW空冷汽轮发电机新产品，2003年初首台样机投入试制，2004年8月在河南登封热电厂投运。该机是目前投运的国产最大容量的空冷汽轮发电机。它的试制成功，标志着我国此类产品的单机容量和制造技术又跨上一个新台阶。

2004年，企业又与阿尔斯通公司合作开发330MW更大容量的空冷汽轮发电机。经过两年多的联合开发与技术攻关，首台样机于2006年1月试制成功。该机属当今世界上最大容量等级的空冷汽轮发电机，又一次填补了国内空白。

通过技术创新，仅2005～2007年就完成了62个规格品种的发电机和85个规格品种电动机的新产品设计，新产品产值超过3.5亿元，新产品产值率超过28%。公司十分重视知识产权保护，仅2006～2007年，申请国家专利75项，其中发明专利14项，实用新型专利44项，外观专利17项，现已有15项获得授权，荣获“专利申报先进单位”称号。

2. 积极参与国际、国家与行业的标准化工作，不断提高产品标准化水平

积极承担大容量空冷汽轮发电机的行业标准以及国家标准的制订和修订工作。近3年来，公司已主持或参与制定国家标准6项，行业标准3项。公司参与起草制定的《透平型发电机定子绕组端部动态特性和振动实验方法及评定》国家标准被济南市委、市政府授予重奖。

加强对国际标准化活动的研究，拓展获取国际标准和国外先进标准的渠道。了解国外标准化活动的动态与趋势，提升企业产品的标准化水平，产品积极采用国际标准，打造齐鲁电机品牌。目前公司QF、Qfa（WX）系列空冷汽轮发电机已取得采用国际标准认可证书和采用国际标准产品标志证书”。

3. 主要产品获奖情况

QF系列3MW空冷汽轮发电机获“国家银质奖”。

QF系列1.5MW空冷汽轮发电机和6MW空冷汽轮发电机获部优产品，并连续保持国家优等品和一等品水平。

WX系列60MW空冷汽轮发电机获“国家科技进步奖二等奖”、“国家八五技术创新优秀项目奖”和“国家八五技术改造优秀项目奖”。

WX系列135MW空冷汽轮发电机被评为“九五”国家重点科技攻关计划（重大技术装备）优秀科技成果，获“山东省科技进步奖二等奖”、“国家重点新产品”。

WX系列220MW空冷汽轮发电机获“中国机械工业科学技术奖二等奖”、“山东省科技进步奖二等奖”以及“国家重点新产品”称号。

QFa（WX）系列6～330MW空冷汽轮发电机及QF（QFW）系列1～50MW空冷汽轮发电机，被授予“中国电力设备管理协会推荐品牌”。

五、企业文化

公司紧紧围绕“以科学发展观为指导，培养优秀人才，创新科学技术，力争多出满足国内外市场需求的优质产品，为建设社会主义和谐社会作出更大贡献”的总方针，积极践行产业报国的发展理念，大力推进企业文化建设。大力发扬“文明诚信，求实创新，团结拼搏，永不满足”的企业精神，坚持以人为本，倡导团队精神，大力改善、美化员工工作、学习、生活环境，为员工发展提供良好的平台，实现了员工与企业的共同发展，积极打造学习型企业。秉承“以顾客为关

注焦点，以品牌占领市场”的经营理念，始终坚持“以质量求生存，以信誉求发展”的经营宗旨，注重企业伦理建设，积极履行社会责任，坚持安全发展、清洁发展、节约发展，着力创建资源节约型、环境保护型企业。公司已步入安全、协调、可持续发展的轨道，必将为振兴我国重大装备制造业，构建和谐社会作出更大贡献。

〔供稿单位：山东齐鲁电机制造有限公司〕

中国最大振动电机生产厂家

——钟祥市新宇机电制造有限公司

钟祥市新宇机电制造有限公司创建于1968年，现有工程技术人员69人，教授级高级工程师2人，享受国家政府津贴专家2人。公司设有技术力量雄厚，以开发振动电机、振动机械为主的省级企业技术中心，产品实现了计算机优化设计。作为主要起草单位（排名第一）之一，公司编制和修订了机械行业标准JB/T 5330—2007（代替JB/T 5330—1991）《三相异步振动电机技术条件》，为全国振动电机的设计和生产提供了指导性技术文件。企业内部局域网、公司网站、CAD设计系统、互联网已构筑起企业计算机信息管理系统，获得ISO 9001：2000质量管理体系认证证书，产品通过CQC认证和CCC认证。公司被列为“湖北省重点培育的100家有发展潜力的中小型企业”、“湖北省高新技术企业”、“湖北省星火示范企业”、“湖北省优秀民营科技企业”、“湖北省著名企业”，获“湖北省科技型中小企业创新奖”，享有外贸进出口自营权。公司还是中国电器工业协会中小型电机分会理事单位和中国重型机械工业协会洗选设备专业委员会理事单位。

钟祥市新宇机电制造有限公司生产18个系列600多个规格的产品，广泛应用于石油、煤炭、冶金、建材、化工、电力、矿山、粮食、轻工等行业。公司是生产各类振动电机、振动机械、输送机械的专业厂家，“宇兴”牌VA、VB系列振动电机、VBH系列频繁起动振动电机、VBL立式振动电机早已被广大用户熟悉和认可。近几年，公司开发的新产品以其结构新、能耗低、寿命长、安装方便等优点，深受用户欢迎。向市场推出的VBB系列隔爆振动电机和替代进口的VLB系列户外隔爆振动电机（国家星火计划项目）深受石油、煤炭等行业好评，现已形成系列化生产；研制的VBCB侧板式振动电机新产品获国家知识产权专利，是国内该产品的惟一生产厂家；最新推出的VLBL铝壳长杆振动电机新产品可以替代进口产品。公司还生产以振动电机为激振源的振动料斗、振动筛、振动给料机、振动输送机等各类振动机械。特别是以公司开发的侧板式振动电机为激振源设计制作的振动机械新产品，提高了产品性能，减少了产品重量，一投放市场就受到客户的青睐。

公司是国内最早研制振动电机的厂家，引进日本技术研制的“宇兴”牌振动电机以其优良的性能荣获全国星火计划展览会银奖、湖北省星火计划科技成果二等奖、湖北省科技进步奖三等奖，是“湖北名牌产品”。开发的振动电机新产品被列入“国家火炬计划”，获“国家重点新产品”证书和国家知识产权专利，被国内振动电机行业和广大客户公认为品牌产品，其可靠性、技术性能在国内属领先地位，市场占有率和生产规模居国内振动电机行业之首。生产的振动机械性能优良、质量可靠，被中国重型机械工业行业指定为重点配套产品，公司被评为中国重型机械工业行业的“重点配套企业”。

公司总投资1.12亿元进行整体搬迁，扩大规模。迁址扩规项目的前期工作全部到位，新厂建设于2008年3月开工，项目全部完工后，可实现年销售收入5亿元，成为世界最大的振动电机生产厂家。

在市场经济的浪潮中，公司以市场为导向，以质量求生存，以品种求发展，以科技求后劲，以管理求效益，以先进的技术、优良的产品、良好的信誉服务于四海宾客。

〔供稿单位：钟祥市新宇机电制造有限公司〕

重德求贤　开拓进取

——苏州德丰电机有限公司

苏州德丰电机有限公司位于苏州高新技术产业开发区，是在凯捷利集团2001年并购国营苏州黑猫电机厂（原苏州电机厂改制）的基础上投资并控股成立的中外合资企业。公司专业开发生产自主品牌“KAIJIELI凯捷利”各系列中小型单三相交流电动机（低压）、中型高压电动机、交流发电机、高效节能型电动机等，现已发展成为集电机技术研发、产品生产与销售于一体的高新技术企业。通过多年的产业并购及投资扩张，生产基地从福建扩展到江苏、云南等地，在全国中小型电机行业内具有较大影响力，是中国机电产品进出口商会及上海电机行业协会大型企业会员、苏州高新区工商联副会长单位及机电商会会员。

作为凯捷利电机产业的发展平台，公司积极做强做大电机产业，秉承“重德求贤，开拓进取”的企业精神和“真诚创造价值”之经营理念，以市场为导向，大力实施“品牌营销、科技创新、成本领先、快速反应、走出去引进来”五大竞争战略，在中小型电机专业化、规模化方向上领先于国内电机同业，产品市场占有率在全国同行业中名列前茅，成为中国中小电机生产龙头企业及行业领跑者。2007 年相继投资成立了凯捷利电机（福建）有限公司与昆明凯捷利电工有限公司，构建形成了华东、华南、西南三大生产基地。2007 年公司销售额达 3.1 亿元，出口创汇 2 878 万美元，资产总额达到 1.9 亿元，其中苏州厂区占地面积35 000m^2，建筑面积15 000m^2。

公司先后被评为“中国机械工业优秀企业”、“中国电器工业最具竞争力企业”、“2008 中国机械 500 强”、“中国机电产品进出口商会企业信用评价首批 AAA 级信用企业”、“江苏省质量诚信企业”、“苏州市百强民营企业”、“苏州高新区创业先进企业”、“苏州高新区优秀企业”和“苏州高新区优秀高新技术企业”等，被国家质量监督检验检疫总局列为“全国绿色通道企业”和“国检一类企业”，被海关列为 A 类管理企业。

人才不仅是知识和智力的载体，也是创造的主体，是核心竞争力之本源。公司本着“以人为本”的用人宗旨，实施优才计划，广招人才，特别注重引进工程技术人员，长期保持与大专院校的合作，用市场化的方法甄选、培养、使用人才，通过建立富有激励性的薪酬福利体系，营造良好的企业文化氛围，建立个人职业发展平台。

一、凯捷利电机产品

凯捷利电机已成为中国中小型电机行业产品最全、规格数量最多的品牌之一。自主品牌“KAIJIELI 凯捷利”各系列中小型单三相交流电动机（低压）、中型高压电动机、交流发电机（包括船机、港机、永磁高效、高压高效）、高效节能型电动机（欧洲能效标准、美国 NEMA premium 标准）、特种电机（包括双速电动机、制动电机、变频调速电机、辊道电机）等，先后获得了十多项国家专利，其中发明专利 1 项，并相继通过了国家 CCC 认证、欧盟 CE、TUV—GS 等认证，年生产规模已逾 500 万 kW。产品畅销华东、华北、华中、西南等 30 多个省市，并有 70% 以上的产品出口欧洲、中东、非洲、东南亚以及美国、澳大利亚等 80 多个国家和地区，受到国内外广大客户的好评，产销量、出口量等均居国内同行业前列。

二、技术研发创新

公司设立了研发中心，主要致力于中小型高效节能型电动机、交流发电机的研发制造，还致力于兆瓦级风力发电机的研发，引进了美国研发机构的最新研究成果，与国内外多家著名科研机构有着广泛的合作。公司拥有国内领先水平的试验、加工装备、检测设备和优秀的专业团队，具有雄厚的创新能力，应全国旋转电机标准化技术委员会邀请参与了《单项同步发电机试验方法》、《往复式内燃机驱动的三相同步发电机通用技术条件》等国家标准的制定和修订工作。

为了更好地实施科技创新战略，吸引更多的技术人才，增强公司的核心竞争力，公司正在规划和建设苏州本部成为科技研发创新中心。科技研发中心建成后将成为融研发、培训等为一体的现代化技术创新基地。

该中心在坚实的电机生产技术基础上，立足市场，服务顾客，科技创新。在现代化的科研硬件设施和科研专家、学者等高新技术人才的保障下，致力于高效节能环保电机、高效发电机系列、风力发电机系列、新材料应用、机电一体化系统集成技术的研究及开发成果的转化，加快促进公司电机产业进入科技发展的新纪元，同时使公司的电机产品不断更新换代，实现质的飞跃。在公司雄厚的技术研发力量的支持下，“凯捷利”品牌系列电机产品将会成为中国电机产品的领先者。

三、自主品牌建设

公司在凯捷利集团的战略总构架下，制定了“品牌营销、科技创新、成本领先、快速反应、走出去引进来”的发展战略，将“品牌营销”放在首位，同时确立了“造精品、创名牌”的经营方针，明确提出了“创国家免检产品、出口名牌、中国名牌、中国驰名商标”的目标。

凯捷利电机创建之初，在创建自主品牌的导向下，“KAIJIELI 凯捷利”品牌较早进入国际市场，并在电机业内较早有计划地缩减 OEM 订单，逐步扩大自主品牌产品，在国际市场用户中享有较高的声誉。开发生产的“KAIJIELI 凯捷利”牌中小型电机（含电动机、发电机）1998 年即被评为“福建名牌产品”，2004 年被认定为“福建省著名商标”，2006 年被列为“福建省重点培育和发展的出口名牌”，2008 年 2 月被评为“2007 世界市场中国电机年度品牌”，2008 年 5 月被评为“中国机械工业最具影响力品牌”。0.75 ~ 400kW 单三相交流异步电动机 2006 年被国家质量监督检验检疫总局认定为“国家免检产品”，发电机已成为中国发电机行业 TOP 品牌之一。

截止至 2007 年，“KAIJIELI 及图形”、“KAIJIELI 凯捷利”、“图形”商标通过 WIPO 马德里国际保护注册及单一国家注册，累计申请注册达 100 多个国家和地区，在欧洲、美国、加拿大、澳大利亚、日本、韩国等诸多国家和地区均成功注册。个别国家遇到抢注，通过积极提起异议及诉讼解决，如 2004 年在伊朗遭抢注，经德黑兰高级法院终裁获胜。

公司制定了品牌发展战略，进行 CI 设计，加强企业形象、品牌宣传策划与宣传，所有市场宣传都以品牌宣传为核心。为此，建立起明确的品牌形象系统和解释体系，在市场上形成了统一的凯捷利品牌形象，形成用户和客户的思维定势，在充分利用品牌优势的同时，与竞争对手形成明显的形象区别。

公司按照品牌营销战略，确定营销重点，坚持两条腿走路，加快国内、国外销售服务网络与代理商布局。制定品牌推广计划，统一广告设计、统一经销商店面标识与装修，使公司的品牌形象深入人心，品牌与公司产品同时成长。公司还积极参加国内外重要展会或博览会。国内包括春秋两季中国进出口商品交易会（广交会）、中国华东进出口商品交易会（华交会）、中国国际高新技术成果交易会（高交会)、中国昆明进出口商品交易会(昆交会)等,并在展会专刊及电机行业刊物刊登广告。组织参加的国际展览会有德国汉诺威、墨西哥、伊朗、阿联酋、埃及、澳大利亚、菲律宾、越南等国外展,并在展会期间发布媒体广告。

为提高产品及品牌知名度,公司历年来不断加大广告投入,通过各种媒体开展广告宣传。广告覆盖高速公路、机场、城市大道等大型户外广告牌和国内外有影响的电器专业杂志,及网络、报纸等媒体,赞助行业会议及体育赛事。大力推广电子商务,通过阿里巴巴及行业协会网站进行网络推广,全面升级企业网站 KAIJIELI. COM,扩大企业邮箱的应用。国际市场广告投入按大洲、区域进行详细划分,争取每个地区与代理商和经销商共同参与"凯捷利"品牌的广告建设,把"凯捷利"品牌渗透到主要市场。

四、凯捷利集团下属公司

凯捷利电机(福建)有限公司:下属控股中外合资企业,位于福安市坂中工业区,是小型发电机、小型电动机产品的重要生产基地。

公司厂区占地面积 25 000 多 m^2,建筑面积达 16 000 多 m^2,年生产能力达 200 多万 kW,生产的小功率发电机产品占同类产品的全国出口量前列。

昆明凯捷利电工有限公司:下属全资子公司,位于昆明市穿金路,厂区占地面积 7.8 万 m^2,建筑面积 3.4 万 m^2,年生产能力达 200 多万 kW。该公司是中小型电动机、高效节能型电动机、军品电机产品的重要生产基地,被昆明市政府首批认定为昆明市电机生产出口基地。

公司通过了 ISO 9000 质量体系认证、CCC 认证以及加拿大 CSA、澳大利亚 NATA、欧盟 CE 等国际认证,产品获"云南省名牌产品"称号。

〔供稿单位:苏州德丰电机有限公司〕

抓住市场机遇　振兴昆明电机

——昆明电机厂有限公司

昆明电机厂有限公司(1996 年底改制前为昆明电机厂,2008 年 7 月前为昆明电机有限责任公司),是中国最悠久的电工企业之一,素有"中国电机工业摇篮"的美誉。目前昆明电机厂有限公司已发展成为全国水力发电成套设备和电动机制造的主要专业厂家,是国有控股有限公司、云南省大型重点骨干企业,2008 年注册资本已达到 3 884 万元,资产总额 60 546 万元。主要生产设备 719 台,精、大、稀设备 79 台,在职职工 1 282 人,各类专业技术人员 303 人。公司位于距昆明市中心 8km 的 320 国道旁,地处昆明市西山区春雨路中段(春雨路 349 号),生产区占地面积 14 万 m^2。生产经营性资产超过 5 亿元,年综合生产能力 200 万 kW 以上。

公司的主营业务为水力发电成套设备和中小型、高低压交直流电动机两大类产品的设计、制造和销售。到 2007 年末,已具备大中型水力发电设备生产能力 100 万 kW/a(单机 10 万 kW),高低压、中型中小型交直流电动机生产能力为 120 万 kW/a。公司水力发电设备产品的营销市场遍及全国,并出口到越南、缅甸、柬埔寨、俄罗斯、美国、加拿大、印度、土耳其、塞拉利昂等国家和地区。电动机产品的销售市场在国内主要集中在云南、贵州、广西、四川等省区,也遍及全国各地,并出口到比利时、西班牙、意大利、澳大利亚、新加坡、马来西亚、缅甸等国家和地区。近几年公司的水轮发电机组在全国水电制造行业排序中,工业总产值、主营业务收入、产量、销量均位居前列。公司连续十余年被评为"重信用、守合同"单位;"KEM 电工"牌商标及产品荣获"云南省著名商标"和"名牌产品"称号;产品多次荣获国家、省、部级科技进步奖及其他奖项;1992 年起由国家有关部门授予自营进出口权。公司 2006 年取得了 ISO 9001:2000 版质量管理体系认证和为国家高新工程配套的特种专用直流电机生产许可证;2001 年通过 Y2 系列三相异步电动机 CE 认证;2002 年通过 Y 系列产品 CQC 认证;2003 年通过出口加拿大水轮发电机 CSA 认证;2008 年通过 Y2 系列电机和高压电机 CE 认证和水轮机球阀、蝶阀 CE 认证。企业于 2003 年建立了技术中心,并于 2005 年通过了省、市两级"企业技术中心"认定,2007 年底被认定为"云南省第二批创新型试点企业",2008 年被认定为第一批"云南省高新技术企业"。

一、引进吸收先进技术,自主创新不断发展

跟随国家产业结构的调整和电力需求的高速增长,结合市场的潜在需求进行新产品开发和技术创新是昆电公司常抓不懈的一项重要工作,尤其是在 2005 年公司被认定为云南省、昆明市两级企业技术中心后,这项工作更具有了系统化、目标化及更多的促动力和紧迫感。企业全面增强自主创新能力,整合技术资源,增加技术开发设施,调整激励机制,培养创新人才,为公司快速、大幅提高水力发电设备产能、调整电动机产品结构、转变增长方式、提高产品质量和技术含量,从而实现公司生产经营目标的连年增长。公司积极采取加大研发投入、加大激励等各项措施,并根据水力发电设备产品的市场需求,通过技术引进、消化吸收、自主创新相结合,延伸开发了更高水头、高转速、大容量、多喷嘴的冲击式水轮发电机组和高参数混流式水轮发电机组,低水头、大容量的混流式、轴流式水轮发电机组,高油压集成式操作阀门,微机调速器和微机励磁装置等水电设备新产品;结合公司电动机调整产品结构开拓新产品市场,相继开发了 YR2(绕线转子电机)、YR3、YJZ(精密机床配套用交流伺服主轴电动机)和其他特殊需求电动机不同系列达

200余个规格的新产品；结合国防高新工程的配套要求，开发了十余种规格的特种专用大功率直流电机等，这些新产品的开发，有效地增强了公司的市场竞争力。

昆明电机厂有限公司的主导产品有水力发电成套设备和中小型、高低压交直流电动机两大类。

1. 水力发电成套设备

水轮发电机组（水头范围：10～1 200m，单机出力：400kW～100MW）的主要产品有冲击式水轮发电机组（卧轴为单、双喷嘴，立轴为双、三、四、六喷嘴），立式、卧式混流式水轮发电机组和轴流定桨式及转桨式水轮发电机组。

公司生产的水力发电设备制造以冲击式（单、双、三、四、六喷嘴）、混流式、轴流式（定、转桨）为主，尤以高水头冲击式机组见长，在全国同行业制造厂商中独树一帜。

冲击式：吉沙电站CJKA001—L—217.2/6X18.1水轮机、SF60—14/4650发电机。该机组与法国ALSTOM POWER HYDRO合作生产，喷管与转轮设计构思新颖，制作精良，轮箍采用锻造整体加工，杜绝了飞斗之虑。该机组的制造使公司接触到了国外冲击式机组最新、最核心的技术，利用市场引进技术提高了技术水平，也通过合作、引进、消化、吸收方式学习了跨国集团的先进设计思想、先进的产品结构设计和工艺手段。目前该机组已投产发电，运行正常，并得到同行业的好评。

“KEM电工”牌冲击式水轮发电机组在1998年被确认为“云南省名牌产品”，2005年“KEM电工”牌中高水头水轮发电机组又获得“云南省名牌产品”称号。

混流式：最大单机容量9万kW（云南德宏弄另电站）。弄另电站厂房装设两台混流式水轮发电机组，电站最大水头76.5m、额定水头68m、最小水头54m，单机容量90MW。HLA616—LJ—400水轮机和SF90—36/9200发电机机组是昆明电机厂有限公司目前生产的单机容量最大的机组，也是云南省自行研发生产水轮发电机组中容量最大的机组。该机组定子线圈电压达13.8kV，整个生产制造过程运用新工艺、新材料、新装备，包括大体积、特型面的车铣镗磨，大面积、高强度板材的冲压铆焊以及高等级绝缘、大型线棒的热压成形等。通过这一项目的实施，昆明电机厂有限公司走出了协作与自主创新相结合的路子，从整体上提升了企业的实力。

轴流式：最大单机容量2.1万kW（广西拉浪电站）。拉浪电站的ZZJK508—LH—355、SF21—30/5500，其设计开发及加工制造难度均较大，额定水头为25.2m（水头变化20.6～30.3m）。

配套辅机：①机前阀门：液控蝶阀、球阀；②调速器：YT、YWT与YWTF系列微机调速器；③励磁装置：FWL可控硅微机励磁装置、直流励磁系统、交流励磁机无刷励磁系统；④油压设备、各类控制屏柜及自动化元件等。

与发电机配套的FWL—2000型微机励磁调节装置，双微机通道互为热备用，具有恒电压、恒电流、恒无功功率运行方式，按偏差进行PID调节，具有多种自动保护功能和良好的调节品质，技术指标均满足（部分优于）国家标准。

与水轮机配套的YWT系列调速器，调速系统为适应式变结构、变参数并联PID调节模式，具有多种自动功能和良好的静态、动态品质，性能指标均满足（部分优于）国家标准。

2. 中小型、高低压交直流电动机

电动机主要产品有：①三相异步电动机：Y、YR、Y2、YR2、YR3、YD、YZR、YZD、YDLL等系列，鼠笼或绕线转子，电压380V（可满足特殊要求），防护等级IP23、IP44、IP54，机座号63～450，功率0.22～900kW。②中型高压异步电动机：Y、YR、YKK、YRKK、YKS、YRKS系列，电压6kV、10kV，鼠笼或绕线转子，防护等级IP23、IP44、IP54，机座号355～1 000，功率220～10 000kW。

经过几十年的技术研发、积累和生产发展，公司的交、直流电动机已形成相当规模，可生产Y、Y2及派生系列YR、YR2、Y2D、YLL等多个系列近千个规格的高、低压交流电动机以及为国防高新工程配套的直流电动机，并不断开发新产品以满足市场需求。特别是从开展YR2（IP54）、YR3（IP23）绕线转子三相异步电动机的开发以来，响应国家“以冷带热”的能源政策，以冷轧硅钢片代替热轧硅钢片，节约能源，逐步与国外产品接轨。YR2系列电机已完成YR2—200、YR2—225、YR2—250、YR2—280、YR2—315和YR2—355共6个机座的4极、6极、8极42个规格的电动机产品的设计工作，完成了其中31个规格的产品生产试制工作，2004年该类产品生产0.9万kW，出口创汇27万欧元；2005年生产1.1万kW，出口创汇42万美元；2006年出口1.6万kW，出口创汇51.4万美元；2007年出口3.2万kW，出口创汇81.1万美元。从产量和销量双增长的实际情况看，公司研发的产品获得了用户的认可和市场的认同。YR2系列（IP54）绕线转子三相异步电动机项目于2008年初获科技进步奖二等奖；YR3试制了样机（全封闭，笼型，机座号为355、400、450，电压380V和660V，功率355～900kW），正逐步推向市场。

二、加强企业管理制度建设，树立企业文化精神

为适应市场需求变化和公司快速发展的需要，公司加强管理制度建设，认真抓好质量管理工作，并按质量体系认证要求结合公司质量管理工作需要不断健全和完善质量管理的各项制度。企业ERP、PDM、CAPP的逐步全面实施，带动公司物流管理、财务管理、技术管理、生产管理等各项工作取得新突破，有效地提高了经营效率，降低了生产成本，提升了企业经济效益和综合竞争能力。该项目作为示范工程，已为云南省、昆明市机械装备制造业特别是发电设备行业的信息化建设，提供了可借鉴的经验，起到了示范推广作用。

昆明电机厂有限公司积极进行企业文化的探索，在以人为本的思想指导下，针对提高全员素质建设的要求，坚持“公司一盘棋、团结协调、令行禁止、努力拼搏、求真务实”的优良工作作风和企业作风，提出并抓好以“忠、勤、诚、勇”为核心的企业文化建设工作，创造和谐、稳定、持续发展的企业，为系统提升企业文化建设奠定了基础。公司还获得了多项荣誉：近几年连续被评为昆明市百强企业和百名纳税大户;2005年、2006年,中高水头水力发电机组、Y及Y2系列异步电动机先后被云南省名牌战略推进委员会认定为“云南省名牌产品”;2006年公司的注册商标“KEM电工”又被云南省工商行政管理局等部门共同认定为省级著名商标;2007年荣获“昆明市劳动关系和谐企业”称号;连年持续被昆明市政府评为“守合同重信用”企业。

昆明电机厂有限公司在公司领导班子的带领下,通过广大干部职工的共同努力,在外部市场向好的契机面前,抓住了机遇,赢得了先机,开创了公司(厂)70年历史以来发展最好、最快的时期,增强了信誉,扩大了品牌知名度。近几年,在不断创新、追求卓越的思想指导下,公司连年实现了主要经济指标的翻番、再翻番和再创新高,取得了较优异的成绩和较好较快的发展。通过外抓市场、内抓管理,加强生产组织,加大技改投入,加快技术引进和创新,强调以人为本、关爱职工等各项措施,广大干部职工认清了形势,努力拼搏,抓住良好的市场机遇,共创昆电的振兴和发展。

〔供稿单位:昆明电机厂有限公司〕

引领发展铸辉煌　开拓创新谱新篇

——山东山博电机集团有限公司

峥嵘岁月,我们一路艰难曲折勇开拓;改革时光,我们与时俱进谱新篇;新的征途,我们志存高远再创新辉煌。博山电机厂,成立于1942年,其前身是抗日战争和解放战争中的兵工厂,新中国成立后被第一机械工业部命名为博山电机厂,开始致力于中小型电机的制造。

早在20世纪50年代初期,博山电机厂就相继研制出直流控制微电机、履带车辆电机、汽车电机和齿轮减速电机,成为这四大类电机的国内首家生产厂。

几十年来,博山电机厂多项产品填补了国内空白,还组织起草、编写了多项国家和行业标准,为我国的国防建设、航天事业和机械工业的发展作出了重大贡献,多次荣获中共中央、中央军委、国务院、机械部、国防科工委等部门的嘉奖,在中国电机发展史和机械工业史上写下了光辉的篇章。

几十年来,这个战斗的集体传承着一种理想,成就着一番事业,铸造着一个品牌,积累着精神文明和物质文明的丰硕成果。

历史是继续前进的基础,也是开创未来的启示。从博山电机厂的技术和产品的发展,也看到了我国电机工业发展变化的缩影。

建厂初期:生产小型直流发电机和三相异步电动机。

1951年起:在国内最早开发生产汽车起动机和发电机。

1953年起:在国内最早生产齿轮减速三相异步电动机。

1956年起:在国内最早生产履带车辆电机。

1957年起:在国内首先开发生产直流控制微电机。

1962年起:在国内首批生产全国统一系列的三相异步电动机。

1978年:三种型号微电机获全国科学大会奖。

1979年起:作为全国联合设计组长厂开发YCJ齿轮减速三相异步电动机。

1980年:中共中央、国务院、国防科委发来贺电、贺信祝贺为发射洲际导弹运载火箭作出的贡献,被省政府授予“省级先进企业”称号。

1981年:汽车起动机获得部“优质产品”称号。

1984年:微电机荣获国家优质产品银牌奖。

1986年起:与瑞士KISSLING公司技术合作生产U系列高精度齿轮减速电动机。

1988年:荣获机电部“工艺先进单位”称号,Y系列交流电动机荣获机电部优质产品称号,具有国际先进水平的U系列减速电机开始出口并直接进入欧洲市场。

1990年:被机电部确定为骨干企业,荣获机电部“设备管理优秀单位”称号。

1991年:光伏电泵系统获北京第二届国际博览会金奖。

1992年:成为国家大型一类企业。在国内首先开发生产摩托车起动电动机,WGFT—10K无刷硅整流发电机荣获机电部科技进步奖二等奖。

1993年:被国家统计局评为“中国500家最大电气机械及器材制造企业”。

1998年:“山牌”系列产品荣获“山东省名牌产品”称号,获得ISO 9000质量体系认证证书。

1999年(国庆50周年):车辆电机荣获首都阅兵指挥部、国防科工委、国家机械局嘉奖。

2001年:“山牌”商标获“山东省著名商标”称号。

2002年:取得国防科工委颁发的武器装备科研生产许可证。

2005年:再次当选为中国电器工业协会中小型电机分会副理事长单位。

2006年:通过武器装备科研生产单位二级保密资格审查认证。

2007年:再次当选为中国电器工业协会微电机分会副理事长单位,微电机产品被中国电器工业协会推介为“质量可信产品”。

2008年:通过了中国人民解放军装备承制单位资格审查,被中国电器工业协会评为“中国电器工业最具竞争力企业”,被评为中国机械工业企业信用评价AA级信用企业。

在坎坷中奋进,在变革中成长。改革开放以后,个体、私营经济分布领域不断拓宽,外资企业逐步进入。从1993年11月,十四届三中全会明确国企改革的方向是建立现代企业制度开始,国有企业真正进入市场参与竞争,但国有企业的很多矛盾和问题也逐步在实践中暴露出来。由于社会负担重、历史包袱多、企业冗员严重等诸多问题的困扰，与蓬勃发展的民营企业相比，国企一度陷入举步维艰的境地。公司也深深感到“逆水行舟，不进则退”的巨大压力，在日益加剧的竞争局面中深陷困境。

随着国企改革的深入，广大职工充分认识到改革是大势所趋，只有深化改革，企业才有前途。为让博山电机厂摆脱困境，走向新生的道路，依法推进，规范操作，2005 年 4 月成立山东山博电机集团有限公司，承接了原博山电机厂的市场、技术、商标和先进的技术装备，完成从传统的体制到适应现代市场经济要求的新体制的蜕变，从此山博电机集团有限公司继往开来，走上了崭新的创业历程。

改革是企业发展的动力，创新是企业发展的灵魂。山博电机摆脱传统管理模式的桎梏，在机制优化、结构优化、产品优化和增强发展后劲等方面不断取得新突破，增强了企业发展活力和竞争能力，经济效益大幅度提升，发展势头日益强劲。

过去几十年的发展道路不平坦，未来几十年的发展同样充满挑战，而且未来面临的挑战将是全方位的。山东山博电机集团有限公司要以解放思想为先导，以提高企业核心竞争力为主线，以转变发展方式为途径，坚持科技创新、制度创新、机制创新与管理创新并举，乘势而上，锐意进取，谋求集团公司量的发展和质的提升，推动企业上水平、上层次，在新一轮的经济发展中壮大自己，创造新优势，实现新跨越。我们相信：团结奋进、自强不息、追求卓越的山博电机人一定会开拓出更加灿烂辉煌的未来！

〔撰稿人：山东山博电机集团有限公司李仲敏〕

风雨二十年

——威海恒大电机(集团)有限公司

1987 年年初，一个以修补家电、制作简单模具为营生的作坊式乡办电器制修厂，挂起了文登县第二电机厂的牌子，5 月份正式投产。经过 20 年的艰苦创业，这个名不见经传的小厂已发展成为集科研开发、生产制造、销售服务于一体的国家中型企业，这就是中国电器工业中小型电机行业骨干企业之一的威海恒大电机(集团)有限公司(以下简称恒大集团)。截止至 2007 年年底，恒大集团占地面积 15 万 m^2，建筑面积 12 万 m^2，拥有员工 1 800 人，总资产 4 亿元，主导产品有“文宝”牌系列电动机、电容器、漆包线三大类。年生产各类单相、三相异步电动机 400 万 kW，产品畅销全国各地，并自营出口国外。

进入新世纪以来，恒大集团牢固树立“管理出效益、管理创名牌”的思想，开拓奋进，加快发展，经济效益连续以年均 30% 的速度递增。一个濒临倒闭、名不见经传的镇办小厂，在强手如林的市场竞争中脱颖而出，稳步发展成为全国同行业中的佼佼者，其主要做法就是：强化管理创新，实施品牌战略。

一、在实践中勇于探索，谋求新的管理模式

多年以来，恒大集团侧重制度型的管理模式，企业的不断发展也使各项规章制度得到了补充和完善。他们认真落实，充分体现“制度面前人人平等”的原则。同时，从增加“人情味”的角度出发，积极推行“人性化”管理，把刚性管理的做法与柔性管理有机结合，使之刚柔相济，既抚慰了职工情绪，又能充分调动职工的工作积极性。职工生病了，车间领导登门看望；对青年职工，经常进行家访；对外地职工，通过电话或委派专人与其家人交流情况。各公司、车间还常年坚持开展“干部职工心连心”活动，一线干部坚持与职工谈心，随时掌握职工的思想动态，职工有什么实际困难，干部能够及时帮助解决。这项活动的开展，密切了干群关系，解除了广大员工的后顾之忧，充分调动了广大员工的工作积极性。为了倾听职工心声，发现问题，改进工作，公司设立了“总经理信箱”。职工有什么意见和建议，或者发现公司工作中出现的问题，都可以直接以署名或不署名的方式，放心大胆地向总经理反映，总经理对每一封来信都会在第一时间内做出批示。由于恒大集团关心职工生活，实行民主管理，劳动关系和谐，2006 年又一次被威海市总工会评为“三星级”劳动关系和谐企业。

二、加强企业文化建设，增强职工爱厂意识

恒大集团拥有自己的图书室、阅览室、娱乐室，2006 年又投资 80 万元购置了图书、高档音响、篮球、台球、乒乓球等文体用品及其设施，为职工提供了良好的学习、娱乐场所，丰富了职工的业余生活，陶冶了职工的情操。整个厂区和办公大楼布设了大量充满企业文化气息的警示语、标志牌，营造了一种浓厚的文化氛围。各车间仍保留着传统的形式新颖、内容丰富的黑板报，设立了“经验交流”、“工作汇报”、“谈心园地”、“评比台”等栏目，及时反映车间的生产情况和职工的工作生活动态，起到了“激励先进，鞭策后进”的作用。2002 年，集团公司创办了《恒大报》，及时宣传国家的宏观决策，公布集团公司经营动态，树立先进典型，反映职工呼声，增强了企业的凝聚力和向心力。“自我教育、自我管理、爱岗敬业、无私奉献”在广大干部职工中蔚然成风，企业上下呈现出“团结一心、共谋发展”的大好局面。

三、强化职工技能培训，提高职工技术素质

集团公司设立了专门的职工技能培训机构，出台了切实可行的职工培训实施方案，有计划、有步骤地全面组织实施。对新老职工和包括班组长在内的车间干部、后勤人员因人施教，使之尽快提高素质，胜任工作。对一线职工的技能培训工作，本着“缺什么补什么”的原则，安排专人备课，统一安排授课，统一考核培训结果。同时，各车间还采取以师带徒、岗位练兵、技术比武等形式，着力提高职工的技术技能。许多车间还探索性地实行岗位轮换培训，培养出了一大批一专多能的多面手，为企业储备了可靠的技术力量。

四、多措并举严把关口，确保产品质量可靠

抓产品质量，要从源头抓起。恒大集团建立了完善的供方开发体系，根据采购文件，通过比较同类物资的不同供方信息，初步确定供方名单。对于重要物资的供方，组织有关部门对其进行实地考察，供方需提供充分的书面证明材料（如体系认证证书、国家认可的检验机构出具的有效期内的检验报告等），证明其质量保证能力，经确认方可列入候选供应商。集团公司向供方提供相应的技术标准或图纸，要求其提供适量的产品；质检处负责对样品进行测试，对小批量试用品进行验证，签署意见，并参与对供方的资格评价。通过相关部门初步评审的供方，经管理者代表批准，方可确定为合格供应商。同时，每年年终对供方进行一次业绩评价考核，对达不到公司要求的供方，要求其限期改正，否则取消其合格供应商资格。

对外协加工和铸造的供方，除进行资格评价和质量监控外，还经常安排技术人员进行现场示范和技术指导。切实从基础工作做起，严把各类物资入厂的质量关。

恒大集团建立了符合 ISO 9000 的质量管理体系，严格实行文件化管理，持续改进工作，不断予以完善。每年坚持有组织、有计划地对所有涉及质量管理的部门、车间进行一次内部审核，如有特殊情况发生，还要进行计划外的临时审核。通过审核及时发现存在的不符合项，并由责任部门进行原因分析，采取有效的整改措施进行整改，并组织相关人员对整改措施的实施进行跟踪验证，直到符合要求，确保其有效性。

恒大集团全面规范运作，强化现场管理，严把产品质量关，对产品的设计、制造、检测等环节进行全方位监控，对不合格产品实行责任追究制。只要产品出现缺陷，除责任人包赔损失外，有关领导也要承担相应的经济责任。在企业内部形成了上下联动，齐抓共管，人人重视产品质量的良好氛围，确保出厂产品合格率达到100%。

五、确立科技兴企思路，不断加大技改投入

恒大集团1996年成立了电机技术研究所，先后招聘各类专业技术人才和大中专毕业生200多名，并且与上海电器科学研究所、中国电器科学研究院、广州中山大学、沈阳工业大学等科研机构和大专院校建立了长期的技术协作关系，从而建立健全了有效的新产品开发机制，形成了“生产一代、研发一代、储备一代”的新产品开发格局。到目前，共开发单相、三相异步电动机28个系列2 000多个规格，其中，单相变极调速异步电动机、半封闭内置轴流风扇异步电动机、提高功率等级的 YC90 电动机、减小机座尺寸的1 100W电容启动异步电动机、电子起动式单相异步电动机等8个产品获得国家专利。半封闭内置轴流风扇异步电动机产品还获得了山东省乡镇企业科技进步奖二等奖和第二届中国科技之星国际博览会金奖。集团公司先后被认定为“山东省技术创新示范企业”和“中国专利山东明星企业”。2005年，恒大集团挂牌成立山东省高效节能电机工程技术研究中心，为恒大集团今后的超前开发新产品、抢占市场制高点，奠定了更加坚实的基础。

为确保满足广大客户对“文宝”牌电机的需求，恒大集团连年加大技改投入，企业规模迅速膨胀。2001年，投资1 200万元建起了高5层、使用面积8 000m^2 的电机综合生产大楼；2002年，投资1 000万元新建3条电机生产线和电容器生产项目；2003年，投资3 500万元建起了占地面积5万 m^2，建筑面积2万 m^2 的恒大工业园，并且当年施工、当年投产；2004年，投资1 800万元于漆包线生产项目，投资300万元建起了使用面积3 000m^2 的职工公寓，投资850万元添置了100t、200t、250t 冲床和数控车床、数控底脚钻铣床等20多台（套）生产设备；2005年，投资1 500万元建起了1.3万 m^2 的钢结构生产车间，并新建3条电机生产线；2006年投资500万元在工业园新建了一幢集办公、接待等功能于一体的综合大楼；2007年又投资4 000万元，扩建了2.2万 m^2的大功率三相电机生产车间，该项目当年施工、当年投产，为日益增长的市场需求提供了有利的保障。

六、不断强化售后服务，确保客户放心满意

售后服务是企业产品销售工作的重要内容，产品要畅销，就必须把售后服务搞好。集团公司建立健全了客户档案，通过走访、电话沟通等形式，定期和不定期地征求意见，不断改进工作方法，优化售后服务。集团公司专设一部售后服务电话（0531—8731029），由专人值守，随时提供技术咨询，为用户解疑释惑，相关部门协助处理客户的投诉。在全国设立了20个办事处，并配备了服务专用车辆，需要登门为客户服务时，公司服务人员必须在规定的时间内到达，确保既不给用户增加任何负担，又要为用户提供优质服务。“文宝”牌电机的品牌知名度、质量可信度和服务满意度的不断提高，带动了市场占有率的迅速提升。

七、积极承担社会责任，树立企业良好形象

恒大集团不断发展壮大、经济实力日趋增强，与此同时，他们把承担社会责任作为己任，积极助学、助老、助残、助困，支持发展公益福利事业，多次受到上级的表彰。恒大集团的名字越叫越响，在广大群众的心目中树起良好的形象。

恒大集团肩负着“敬业报国，追求卓越”的崇高使命，在“真诚面对，挑战自我”的企业精神激励下，不断开拓创新，为打造中国乃至世界品牌而不懈努力奋斗！

〔供稿单位：威海恒大电机（集团）有限公司〕

企业自主创新之路

科技为先　开拓广阔市场

——哈尔滨汽轮机厂有限责任公司

一、生产发展情况

2007 年，哈尔滨汽轮机厂有限责任公司（以下简称哈汽公司）完成工业总产值 70.5 亿元，实现全年计划的 103.6%；电站汽轮机入库产量 2 426 万 kW，为年计划的 100.2%；铸钢件、锻件分别完成 4 378t 和 1 822t，为全年计划的 109.5% 和 101.2%；产品工时 1 662 万 h，是全年计划的 108.1%。以上指标与 2006 年同期相比，除铸钢件产量外，各项指标都有一定幅度的增长，2007 年公司总体生产形势依然看好。2007 年哈尔滨汽轮机厂有限责任公司主要经济指标见表 1。

表 1　2007 年哈尔滨汽轮机厂有限责任公司主要经济指标

指标名称	单位	数值	比上年增长（%）
工业总产值（当年价）	万元	704 774	14.78
主营业务收入	万元	714 313	-12.84
利润总额	万元	40 684	-23.63
全员劳动生产率	元/人	233 786	-6.34
电站汽轮机	台	76	18.75
	万 kW	2 426	20.71
其中：300MW	台	8	
600MW	台	21	

从生产在制情况看，2007 年公司进一步加强内外协调工作，各机组转子、汽缸、轴承箱、隔板套等关键件的加工组织较为顺畅，能够按公司计划进行，为各机组如期盘车创造了良好条件。另外，在 2007 年的生产组织中，多次出现了计划盘车机组因受外部条件限制不能按期进行盘车的现象，经过生产部门的调整，打破了公司原排产计划的局限，使具备条件的机组提前盘车和发货，充分利用公司内部资源，为后续生产创造了条件。

2007 年，公司在确保完成全年生产任务的同时，依靠科技进步提高工作效率，提高产品质量，降低制造成本，在科研攻关和技术创新方面也取得了骄人的成绩。

通过设立专门的科研攻关项目，掌握了由瑞士 SKF 公司垄断的转子对轮孔现场镗孔连接技术，并成功地完成了泰州百万机组的对轮的安装。另外，完成了太仓转子轴颈修复、60 万 kW 等级超超临界机组末级叶片现场装配等项目。

高中压无转子装配方案的确立和实施保证了公司产品的交货进度。受国内外转子资源的影响，部分转子毛坯订货困难、进厂晚，影响了公司的整体生产计划。为保证盘车周期，公司提出了高中压无转子装配方案，并精心组织，进行了大量的计算和实验，最终制定了机组无转子装配工艺，成功地完成了大同坑口等机组的无转子装配工作。

数控设备的投入使用，为高精度机夹刀具的研制带来了有利条件。公司数控加工设备有相当一部分使用进口机夹硬质合金刀具，这些刀具价格普遍较高，因此公司自行研制了 ϕ32mm 机夹硬质合金方肩立铣刀，通过设计、制造及应用，初步掌握了该类刀具的设计、制造技术，为今后生产各类高效机夹刀具、替代进口刀具、节省工具费用奠定了基础。

为提高汽缸大螺孔的加工效率和加工质量，公司在消化国外同类刀具的基础上对此类刀具进行了自行开发，研制了大直径机夹装配式硬质合金螺纹梳刀。经试验，切削平稳、排屑顺畅，加工精度完全满足图纸要求，达到了预期效果。

2007 年末，公司物资库存资金总量为 10.1 亿元，与 2006 年相比基本持平，但是金属、锻件均比 2006 年同期有不同程度的下降。

由于同行业对大型铸锻件的需求大幅增长，2007 年公司大型铸锻件采购形势异常严峻，为此公司积极开发市场资源，落实铸锻件资源和进度，对国内中国第一重型机械集团公司、中国第二重型机械集团公司和上海电气重工集团上海重型机器厂有限公司三个厂家分别落实了高铬转子的技术协议及商务合同，与上海电气重工集团上海重型机器厂有限公司签定了锻造阀的合同，在一重落实了百万千瓦等级核电大型低压转子的意向合同。开发了洛矿和天津天重重型机器有限公司两个厂家为公司生产中小转子锻件，目前，洛矿已投料生产，天津天重重型机器有限公司正做技术准备，近期投料生产。由于大连重工・起重集团有限公司、中国第二重型机械集团公司和北方重工沈阳重型机械集团公司不能满足公司大型汽缸需求及进度要求，公司陆续开发了银川共享铸钢、鞍钢铸钢、福鞍铸钢和大连世福等厂家，为公司生产 30 万 kW 以上大型外缸，以满足 2008 年出产机组数量及进度的要求。

为了提前占领大型铸锻件市场，2007 年公司就与国内厂家签订了 2008 年、2009 年大型汽缸铸件合同，与韩国斗山签订了 2008 年的汽缸加工合同，并且洽谈了 2009 年的供货数量。与韩国斗山、日本 JSW、JCFC、意大利 SDF 洽谈，最大程度地落实了大型低压转子资源，全力开发了俄罗斯 OMZ 生产厂家，并落实了 2008 年的供货合同，正在开发俄罗斯另一家锻造厂的资源。

二、市场及销售

2007 年国内电力主机市场蓬勃发展。由于国家实行“上大压小”政策，2007 年电站设备主机产品明显向 300MW 抽汽机组、350MW 超临界机组以及 600MW 以上大型机组发展。根据国内市场发展趋势及自身生产状况，公司在 300MW 抽汽机组、350MW 超临界机组、600MW 机组及 1000MW 超超临界机组、1 000MW 核电机组和出口机组上加大运作力度，并取得了一定成果。2007 年公司累计签订合同金额 163 亿元，完成公司全年经营订货计划（力争指标）的 271.7%，是股份公司下达的考核指标的 203.8%。2007 年哈尔滨汽轮机厂有限责任公司电站汽轮机市场情况见表 2。

表 2　2007 年哈尔滨汽轮机厂有限责任公司电站汽轮机市场情况

	金额（亿元）	数量（kW）
累计订货量	62	22 880 000
新增订货量	120	45 515 000
出口交货值	1	
出口量		1 台/340MW

2007 年公司根据市场需求积极开拓有潜力的新产品，签订了三门 1 300MW e 级核电，克什克腾、定襄百万千瓦超超临界空冷机组，巴西坎迪奥塔电厂 350MW 纯凝机组，江西华能瑞金 350MW 超临界机组，这些项目的签订为公司占领该类型机组市场提供了先机。另外，2007 年公司积极发展新用户，对公司产品占有份额较少的投资公司加大了经营力度，并取得了很好的效果。如神华、国华、华润等哈汽产品份额的占有率有一定的提高，同时，公司在鲁能公司的项目上也取得了一定的订货额。

但是，2007 年公司在百万千瓦超超临界机组订货上遇到了前所未有的困难。由于公司百万千瓦机组在性能上与上海汽轮机有限公司和东方汽轮机有限公司相差不多，但是重量及长度均比其他两家大，在成本上也就高于这两家；此外，用户在基本建设投资上也要增加较大成本，投运后的维修成本也较高，因此公司正在考虑解决方案，思路之一是能否将哈汽公司 1 000MW 机组通过改造定义为 1 050MW 或更大的机组。

2007 年改造市场形势较好，尤其是五大电力集团在国家节能减排政策的要求下，对原有老机组进行彻底改造。同时公司重点开拓国外改造项目，尤其对原苏联机组进行了重点跟踪，阿塞拜疆项目取得了重大突破，一举签订了 7 台 300MW 机组改造合同，订货金额达到了 3.79 亿元，为公司今后占领海外改造市场奠定了良好的基础。

2008 年国内电力设备主机市场仍将延续 2007 年的市场需求特征，主要以 300MW 抽汽机组、350MW 超临界机组、600MW 机组及 1 000MW 超超临界机组、1 000MW 核电机组为主，但市场容量与 2007 年相比有所萎缩。

三、科技成果及新产品

1. 重大技术装备研制及重大技术攻关项目进展情况

（1）引进技术的 600MW 超临界汽轮机。600MW 超临界汽轮机于 2002 年从日本三菱重工引进高中压模块，前几台是从日本进口，其后机型不断进行国产化，已经实现 100% 国产化，目前已经出产（包括在手合同）超临界凝汽式机组（600 ~ 670MW）65 台。①在消化吸收高中压模块后，将整体模块形式应用于哈汽公司自行研发的高中压合缸型式亚临界三缸 600MW 机型中，并取得 11 台空冷机型、11 台凝汽式机型合同。②应用引进技术的超临界 600MW 高中压模块，哈汽公司推出了超临界空冷 600 ~ 660MW 三缸机型，获得了 14 台合同。后继又推出的两缸空冷机型也应用了该高中压模块，拿到了 8 台合同。③哈汽公司于 2005 年成功推出基于超临界 600MW 引进技术机型的 350MW 超临界机型，目前拿到 6 台纯凝机订单，2 台空冷抽汽型订单，同 600MW 机型相同，保证了 100% 国产化。

（2）引进技术的 600MW 超超临界汽轮机。该机型的引进模式基本与超临界相同，目前仅“高压联合阀”、“高压喷嘴室”、“末三级的隔板”和“末级和次次末级动叶”还未拿到设计图纸，已对其余部件陆续进行国产化，其中高中压 12Cr 钢转子的材料国产化研究受到锻件制造水平的限制，还需要一定的时间来完成；低压转子材料已经能够国产化，但也受到锻件制造商设备的制约，还不能拿到该吨位等级的锻件，如果供应商的设备上马，能够完全实现国产化；高压联合阀和高压喷嘴室没有设计图纸，哈汽公司已经自行研究了设计方案，在后续的 660MW 机型当中，能够得到应用；高压其余部件（包括汽缸叶片等）已经能全部实现国产化；末级 48in 叶片由于技术保密，还不能够自行消化吸收和制造。

在吸收技术方面，哈汽公司自行推出了 660MW 的超超临界机型，其中高中压模块基于日本引进的模块，低压部分采用哈汽的双缸模块，目前已经取得 8 台订单，该机型的国产化（除高中压转子锻件外）可达到 100%。另外，该引进技术的单低压缸模块已获得充分的消化吸收和创新，基于该技术，哈汽公司在 600 ~ 660MW 双缸空冷项目中拿到 8 台合同。

（3）引进技术的 1 000MW 超超临界汽轮机。该机型设计制造全部由东芝公司引进。目前除转子锻件、阀门、喷嘴室、高中压第一级隔板由东芝供货外，其余汽缸、隔板、叶片等均能自行加工制造，材料也全部得到替代。预计在两三年内除转子锻件外均能实现国产化或本地化。

通过消化吸收东芝的高中压模块，再结合哈汽公司推出的 660MW 低压模块，哈汽公司推出了 1 000MW 的空冷机型。该机型是非常典型的引进消化模式，高中压为东芝模块，而低压基于引进三菱的结构型式和东芝与哈汽公司联合研制的 940mm 末级动叶，目前已经有 4 台意向合同。

(4)引进技术的9FA级联合循环汽轮机。该机型引进自GE公司,目前国产化度已经达到90%以上,除转子锻件、阀门铸件和汽缸铸件需要进口外,其余部分包括叶片材料国产化和加工制造、转子加工、隔板电子束焊和阀门装配件等均能够国产化,原型机已经有15台投运,随后在消化吸收后哈汽公司自行推出优化改进型,更换了哈汽公司新型的900mm末级动叶,改进了汽封结构,替代了引进机型,并得到认可,拿到6台订单。在消化吸收F级联合循环汽轮机后,哈汽公司应用吸收后的先进技术,在北京奥运项目中中标F级2拖1机型,大量应用了GE机型的设计特点,包括转子材料、动叶材料、隔板焊接、高温阀门、转子冷却及F级联合循环的系统优化等,再联合哈汽公司成熟的双调整抽汽计算和结构优化,使哈汽公司在F级联合循环方面走在中国的最前沿。

2. 列入国家、部、省(市)级科研项目完成情况

(1)600MW空冷汽轮机研制及优化(国家重大装备研制项目)。主要研究内容及进展情况如下:①空冷汽轮机通流部分、高中压及低压缸模块的优化设计基本完成。②空冷机组轴系稳定性及大刚度轴承箱的研制正在进行并取得阶段成果。③大型空冷机组控制及启动系统研制已完成对象建模、分析和气象环境对空冷机组运行特性的影响分析,正在进行DEH系统设计和主要参数设定值及典型曲线的给出。④空冷机组排汽装置的研制:内置式除氧加热装置的除氧原理及除氧效果的研究与分析已经完成,正在进行排汽装置的强度和受力分析以及排汽装置流场分析。⑤空冷机组汽封及抽真空设备的研究:完成了汽封冷却器的设计条件及相关资料的准备工作;抽气器基于结构计算结果,进入设计阶段;选择合适的计算方法进行汽封冷却器换热系数的初步计算;射汽抽气器处于继续结构设计阶段。

(2)1 000MW超超临界汽轮机关键技术研究(省科技计划重大项目)。目前,已完成资料收集、调研等课题前期准备,与TOSHIBA公司合作制造大型1 000MW等级超超临界汽轮机产品(江苏泰州电厂项目)。①超超临界汽轮机高温高压部件结构特性研究及优化设计:正在进行高中压汽缸和主汽阀门及调节阀门的结构设计;进行汽缸和阀门的温度场、热应力强度分析;进行阀门流场分析,研究阀门的蒸汽流动状况和气动性能;进行法兰螺栓紧固件强度计算工作。②超超临界汽轮机低压缸优化设计及研制:进行汽轮机低压通流部分优化技术研究;新型落地轴承箱低压缸模块开发:进行阀门实体建模和前处理。③制造工艺研究:正在进行12% Cr钢的加工试验和1 000MW超超临界机组低压转子加工和装配技术研究,并取得了阶段成果。

(3)大型核电半转速汽轮机的设计和制造关键技术研究(省科技计划重大项目)。主要进展如下:①以公司核电650MW汽轮机国产化和完善化研究课题为基础,全面总结了核电全转速汽轮机设计经验,研究了650MW核电汽轮机主汽调节联合阀、动叶片等的国产化实施措施;完善了高压缸、低压内缸等共计40项完善化研究;完成高低压缸动叶片研究、阀门研究、高压缸研究等专题共计4项。②以公司半转速核电汽轮机关键技术研究课题为基础,全面总结了半转速核电汽轮机的设计特点。通过岭澳二期、三门、阳江等三代核电常规岛T&G包的投标以及与外方的交流与合作,收集了大量有关核电汽轮机关键技术的资料,结合哈汽公司在秦山二期650MW核电汽轮机中的设计和制造经验,总结整理了相关技术资料,形成了以下相关研究资料:核电汽轮机与火电汽轮机比较分析报告,核电汽轮机选型关键技术分析报告,全转速和半转速核电比较分析报告和核电汽轮机去湿和防侵腐蚀研究报告。③在第三代AP1000招标中,哈汽公司与日本三菱公司在岭澳二期T&G包合作的基础上推出了具有自己特点的三缸半速百万等级核电汽轮机组以及相应的常规岛的配置,在AP1000持续近两年的招标过程中,双方紧密配合,多次按用户的要求修改标书,使所投方案最大限度地满足了用户的要求。在投标过程中先后完成1 200MW级核电汽轮机的通流方案设计,确定原则性热力系统图和结构布置方案;完成了依托工程核电汽轮机的高压缸结构、低压缸结构的初步设计,转子、阀门的初步设计;完成了方案布置等工作。

(4)重型燃机联合循环装置及自主知识产权的汽轮机关键技术研究(省科技计划重大项目)。重型联合循环装置引进技术消化吸收进展如下:①正在进行重型联合循环装置高温材料性能研究、重型联合循环装置典型结构研究。②重型联合循环装置工艺研究:燃气轮机转子所有的装配试验工艺已经完成;GE联合循环机组气缸已经完成进气缸、中缸、排气缸的加工,并且得到了GE公司的认可;正在进行叶轮的喷丸及涂层研究。③重型联合循环装置凝汽器研究。除氧凝汽器研究初期工作已完成,通过管束流场分析,管束排列形式已确定,凝汽器的下部结构方案已完成,进入施工设计阶段。其他结构,如凝汽器上部加强结构、旁路排入形式、除氧热井的结构研究等问题还有待于进一步研究。

3. 自主知识产权的汽轮机关键技术研究

(1)9FA联合循环装置二拖一纯凝汽轮机研制——二拖一供热汽轮机设计、制造。本项设计、制造工作已完成,应用于北京太阳宫联合循环电站,向北京奥运会供热、供电。

(2)9FA联合循环装置二拖一抽汽汽轮机研制——二拖一冷凝汽轮机概念设计。哈汽通过对已投运的国外二拖一冷凝汽轮机的技术资料进行详细的消化吸收,并组织专家赴现场实地考察,分析国外机组的优缺点,提出了一套国产化的二拖一冷凝汽轮机设计概念,新设计的二拖一冷凝汽轮机总体性能优于国外同类机组。本项工作大部分已完成,即将应用于福建晋江项目。

(3)9F联合循环一拖一汽轮机优化设计。哈汽一拖一汽轮机已在深圳南山、海南洋浦等电厂投运十多台机组。针对已投运机组存在的问题,哈汽正在对该系列机组进行优化设计。

(4)凝汽器研究。凝汽器管束排列形式已确定,对上部的支撑形式、旁路排入形式等问题都已进行了详细的分析,

整体设计方案已完成，进入施工设计阶段。

(5)全转速汽轮机1 200mm末级钢制长叶片开发(省科技计划项目)。已按计划完成叶片的全部设计工作和部分试验工作，包括气动、结构、强度、振动设计；超音速平面叶栅试验；叶根光弹试验和产品叶片的加工。正进行产品叶片振动性能考核试验的前期准备工作。

4. 采取的重大技术措施及其经济效益

(1)哈汽公司依托原创优势设计能力，新产品开发取得丰硕成果。一是通过提高创新能力，优化产品结构。在600MW等级空冷汽轮机组的研制取得巨大成功的基础上，加大了百万千瓦空冷机组的研发力度，并在产品设计中采用具有自主知识产权的空冷机组高中压模块及落地内外缸的低压模块设计技术，自主研发了低压末级叶片。百万千瓦等级空冷机组的研制成功，将填补多项国家技术空白，也表明公司空冷汽轮机技术已经步入世界先进水平。通过引进技术消化吸收开发了660MW等级超临界、超超临界(空冷、湿冷、单低压缸紧凑型系列机组)汽轮机技术，使公司的产品结构更加丰富合理，能够适应不同用户的需求，增强了市场竞争力。二是以新技术为支撑，积极拓展新领域。开发了国内功率等级最高的330MW双抽机组和350MW超临界空冷供热机组，同时，积极开发用于城市大规模集中供热的重点机型和石化系统100MW等级双抽系列机组，以及系列风机、驱动透平、TRT等，取得了丰硕成果。奥运标志性项目——北京太阳宫联合循环电站275MW汽轮机采用了新型旋转隔板技术，性能优良，机组一次启机并并网成功，为奥运工程供电、供热提供了优质产品。

(2)引进国际先进技术，加强广泛合作，实现强强联合。与三菱公司合作取得三代AP1000百万千瓦核电项目的成功，把引进国外先进技术与消化吸收再创新结合起来，实现自主化，促进原始创新，从而提高国产化设备的质量和水平，把我国核电装备制造技术提高到一个新水平。

5. 新产品试制、生产、鉴定情况

(1)新产品试制进展情况。超临界两缸660MW直接空冷汽轮机正在设计中，超临界、一次再热、两缸、两排汽350MW凝汽式汽轮机正在设计中，158#联合循环汽轮机正在制造中，两缸、两排汽110MW凝汽式汽轮机正在设计中，高炉炉顶余压回收透平正在设计中，超临界、一次再热、两缸、两排汽670MW凝汽式汽轮机正在设计中，超超临界、一次再热、两缸、两排汽600MW凝汽式汽轮机正在设计中，亚临界350MW凝汽式汽轮机正在设计中。

(2)2007年6月14日，集成创新型600MW汽轮机研制项目(N600—16.7/538/538－2型)通过了由黑龙江省机械工业联合会组织的专家鉴定。该机组为一次中间再热、单轴、三缸四排汽、双背压、凝汽式汽轮机，是国内首台冲动式与反动式结合的亚临界600MW汽轮机，经运行验证，技术性能良好，满足技术规范的要求，具有显著的经济效益和社会效益，是集成创新型的典型机组，总体达到国际先进水平。机组设计中，充分考虑了合缸机组的结构特点，在借鉴分缸机组成熟的设计经验基础上，成功地解决了高中压合缸和缩短轴承跨距的设计难点。该机组高中压合缸采用冲动式设计，低压缸采用反动式设计，并采用多项先进技术，保证了机组各项性能指标。王滩电厂2#机组性能考核试验表明：在额定工况下，修正后功率为636.033 1MW；在阀门全开工况下，机组修正后的功率为672.898 4MW；在热耗考核工况下，机组修正后的热耗为7 729.615kJ/kW·h，达到了设计指标。

6. 科技成果及新产品获奖情况

“大型直接空冷汽轮机关键技术研究及设备研制”荣获2007年度国家科技进步奖二等奖，“集成创新型600MW汽轮机”被评为2007年度国家重点新产品，“我国超临界600MW火电机组成套设备研制与工程应用”荣获2007年度中国机械工业科学技术奖特等奖，“600MW直接空冷汽轮机研制”荣获2007年度黑龙江省科技进步奖一等奖，“集成创新型600MW汽轮机”、“60MW联合循环汽轮机”分别荣获黑龙江省优秀新产品一等奖、二等奖，“电子束焊接在汽轮机制造中的应用”、“集成创新型600MW汽轮机研制”荣获2007年度黑龙江省机械工业科学技术奖一等奖，“600MW超临界汽轮机研制”荣获2007年度哈尔滨市科技进步奖一等奖。

四、基本建设及技术改造

1. 2007年度基建与技术改造投资完成情况

哈汽公司新建高温材料试验楼，计划总费用1 180万元。该项目于2007年下半年完成招标工作，截止至2007年底已完成桩基施工，完成投资15万元，占总计划费用的1.3%。

2007年度技术改造项目计划327项，总计划费用26 897万元。实际完成214项，在制86项，未实施21项，结转8项，签订合同25 816万元，已付款8 134万元，未付款17 682万元。完成投资占总计划费用的30%。完成投资额与计划费用相差较大，主要原因是有几台在制设备投资额较大，计划费用14 092万元，2007年度只付预付的30%，因此，2007年度完成投资额较少。

2. 完成的技术改造项目名称及数量、效果

2007年主要完成百万千瓦核电转子加工设备重型转子轮槽铣床等，为百万千瓦核电加工奠定了一定的基础。为了提高中小件加工质量和效率，完成14台数控设备。

3. 列入国家重点技术改造项目名称及数量、效果

大型燃气轮机技术改造项目已列入东北老工业基地第一批项目，于2004年8月15日以发改工业(2004)1681号《国家发展和改革委员会关于哈尔滨动力设备股份有限公司汽轮机厂有限责任公司大型燃气轮机项目可行性研究报告的批复》文件获得国家发展和改革委员会批复，该项目固定资产总投资为21 900万元。本次技术改造主要以新增工艺设备为主，新增工艺设备主要加工生产GE公司MS9001FA型250MW燃气轮机产品。该项目形象进度已完成80%，计划2008年底全部完成，并交付生产，可形成年加工生产4～6台250MW等级的燃机能力。

五、管理与改革

1. 企业结构调整与产权制度改革

2007 年，哈汽公司为了进一步深化机构改革，理顺业务流程，以适应公司市场竞争和生产经营发展需要，对部分机构与业务职能进行了调整，成立了燃机项目办公室、核电办公室、国际贸易处，撤消了设计研究中心独立建制，成立了哈汽公司研究院。在人员结构调整方面，哈汽公司开发和科学配置了现有人力资源，严格控制用工总量，采取多种用工方式，积极推进人才队伍建设。在员工中推行主任师评定制度，并进行动态考核，最大限度地发挥了优秀员工的潜能；制定了《哈汽公司技师（高级技师）考评实施方案》，不断改善工人队伍的技术结构，全面提高技术工人的技术素质，加快公司高技能人才队伍建设，促进公司可持续发展。

2. 企业管理的改进、提高状况

为了适应公司“倾力打造哈汽品牌，加快国际化进程”总体战略目标的发展需要，2007 年，哈汽公司对规章制度进行了全面制修订，于 2007 年 6 月 1 日下发施行，同时强化规章制度的执行工作，保证了规章制度的指导性和可操作性，实现了公司各项工作制度化、程序化、规范化的要求；对部门职责范围进行了修订，绘制了各部门主要职责业务示意图，以便更清晰、直观地描述公司及各部门主要业务，便于各部门及人员充分了解、掌握及宣贯；加强绩效考核管理，着力探索新的绩效考核评价模式，提出完善公司绩效考核评价体系的建议，通过绩效考核工作充分调动各部门及人员的工作积极性；加强用户服务工作，开展第二次“服务万里行”活动，把服务变成行动，走进电厂，面对面解决问题，更好地服务于客户，提升哈汽客户服务工作品质；引进先进的管理理念，把企业文化与企业管理有机融合，使公司管理从制度管理向文化管理升华，更新员工价值观念，提升员工与公司的整体素质，增强公司的核心竞争力。

〔供稿单位：哈尔滨汽轮机厂有限责任公司〕

加快自主创新　推进输变电行业又好又快发展

——中国西电集团

目前，我国电力工业处于历史上的最好发展时期，在连续实现 2004 年 4 亿 kW、2005 年 5 亿 kW、2006 年 6 亿 kW 的三次标志性跨越后，我国的电力装机容量 2007 年突破 7 亿 kW。但是，我国人均装机容量约 0.5kW，低于世界人均 1.58kW 水平，更无法与发达国家 1.8kW（美国约 4kW）的水平相比。在电力需求的强力拉动下，我国输变电设备制造行业呈现出蓬勃发展、充满活力的可喜局面。

国家相继出台了一系列振兴装备制造业的政策，并不断提高重大装备的国产化比率，这为输变电制造业提供了前所未有的发展机遇。国家制订的《国家中长期科学和技术发展规划纲要》中，加大了对特高压输电设备等 16 个重大领域的支持力度，并出台了振兴重大装备制造业、鼓励企业增强自主创新、自主品牌建设等一系列重大产业政策。《国务院关于加快振兴装备制造业的若干意见》中明确提出，鼓励订购和使用国产首台（套）重大技术装备。为了提高我国输变电设备的自主创新和制造能力，国家有关部门明确要求，国家特高压输电试验示范工程在设备采购过程中要坚持“以我为主、自主创新”的国产化路线，主要依托国内企业研制和生产的设备。“重大技术装备国产化”和“首台首套使用”的机遇，赋予了国内企业自主创新的源动力，为企业实现跨越式发展、赶超世界先进水平营造了千载难逢的发展环境。

行业趋好的显著表现是经济运行质量有新的提高，经济效益增长显著。与此同时，经过多年引进、消化、吸收和再创新，新产品产值延续了近几年的高速增长势头，产品结构调整取得了突破性进展。2008 年，三峡工程基本建成，特高压示范工程等一批国家重点工程的首台（套）国产设备陆续进入安装、试运行乃至商业运行阶段。

以我国重大装备制造业的核心骨干企业，中国最大的输变电交、直流研发制造基地——中国西电集团为代表的一批本土企业依托国家重点工程，不失时机地由“中国制造”走向“中国创造”，推出了一大批科技成果，从而改写了我国输变电行业竞争的格局。输变电设备制造技术加速升级，在高端市场与跨国公司同台竞争，国内企业的品牌和竞争实力迅速提高。随着西北 750kV 示范工程和特高压工程的建设，大批本土企业开展了大量高端产品的研制，其水平已达到国际当代先进水平，因此，在输变电领域里，影响国家输变电建设和发展的实质性的技术和制造障碍逐步减少。

国家自主创新战略的实施推动企业驶入了发展的快车道。近年来，中国西电集团抓住机遇，努力拼搏，在 2004 年产销总额近 50 亿元的基础上，三年三大步。2005 年实现工业总产值 60 多亿元，2006 年达到 75 亿元，2007 年 11 月底已经突破百亿元大关，成为我国高压输变电行业首个突破百亿元大关的企业。

中国西电集团已成为我国集科研、开发、生产、销售于一体的重要的输变电设备基地，是目前我国研发与制造 110 ~ 1 100kV 交流输变电设备、输配电设备和 ±50 ~ ±800kV 高压直流输电换流站设备企业中产品等级最高、产品品种最多、工程成套能力最强的企业集团，代表着国内输变电设备的成套能力和水平，肩负着国家电网安全和输变电设备的攻关及研发重任，已经为我国三峡工程、西电东送、西北 750kV 示范工程、1 000kV 特高压示范工程等国家重大项目工程提供了众多国产首台（套）产品及大量的产品和技术支持。

中国西电集团72.5kV及以上气体绝缘金属封闭高压开关设备(GIS)、220kV及以上并联电抗器、220kV及以上电力变压器、220kV及以上高压断路器4项产品获得"中国名牌产品"称号。

中国西电集团成功制造了800kV气体绝缘金属封闭开关设备(GIS)、800kV双断口罐式断路器、800kV隔离开关、750kV避雷器、750kV并联电抗器、750kV变压器和电抗器、750kV电容式套管、750kV支柱绝缘子、750kV棒形悬式复合绝缘子等产品,具有完全自主知识产权,技术性能达到和处于国际领先水平。其中,800kV双断口罐式断路器、隔离开关、750kV变压器、避雷器、CVT等产品在西北750kV示范工程成功运行。

为了国家特高压工程建设的需要,中国西电集团通过科技创新,先后成功研制了1 100kV气体绝缘金属封闭开关设备(GIS)、1 100kV HGIS、1 100kV隔离开关、1 100kV棒形悬式复合绝缘子、1 100kV GIS出线套管用空心复合绝缘子、1 000kV避雷器、1 100kV户外棒形支柱瓷绝缘子、1 100kV油纸电容式变压器套管、1 000kV电容式电压互感器、1 000kV 320Mvar电抗器、1 000kV电力变压器等重点产品。其中,1 100kV HGIS、1 100kV隔离开关、1 000kV避雷器、1 100kV户外棒形支柱瓷绝缘子、1 000kV电容式电压互感器、1 000kV 320Mvar电抗器等产品正在逐步向晋东南—南阳—荆门1 000kV特高压交流试验示范工程交付设备,为国家的特高压建设作出了贡献。

中国西电集团在德宝(德阳—宝鸡)、呼辽(呼伦贝尔—辽宁)±500kV直流输电工程主设备招标中,获得全部4个晶闸管换流阀包和2个平波电抗器包及1个换流变压器包(宝鸡站)的供货合同,中标金额约占合同总额的55.8%。

中国西电集团加快实施"走出去"战略。2007年7月,中国西电集团与巴基斯坦水电发展局签订了价值1 600多万美元的500kV电力变压器设备供货合同,创出了国内超高压单机设备中标金额的新纪录。2008年6月25日,中国西电集团西变公司签订了价值1 648万欧元的467MV·A/525kV发电机变压器出口越南的合同。

中国西电集团西安高压电器研究所和网联直流公司在消化吸收直流输电工程换流站成套设计技术的基础上,自主完成了三峡—上海±500kV直流输电工程换流站成套设计,并独立完成了灵宝换流站的成套设计,已完全可以独立承接国内外±500kV直流工程的换流站成套设计。中国西电集团西变公司已能独立设计、制造±500kV换流变压器、平波电抗器,并正在研发±800kV换流变压器和平波电抗器。中国西电集团西整公司已掌握了换流阀的设计、制造技术,成功地应用于西电东送直流工程中。

改革开放30年来,中国西电集团通过对企业资源和生产要素的重新组合和配置,核心技术创新的步伐不断加快,企业不断发展壮大,竞争实力显著增强,目前已发展成为包括12个输变电设备制造企业,涵盖高压开关、断路器、变压器、电抗器、互感器、电容器、绝缘子、避雷器和套管等16大类,300多个系列的大型企业,形成了产品系列齐全、优势互补的独特竞争优势。中国西电集团坚持自主创新与引进消化再创新相结合,规模效益不断提高,并成为技术创新能力强、工程成套特点突出、具有较强竞争力的电气集团,走出了一条引进、消化、吸收、再创新到集成创新之路。

作为电力设备制造行业的央企,中国西电集团经过多年的改革发展和科技创新,实现了又好又快地发展,产品结构发生了很大变化,技术能力得到了迅速提升,核心竞争力明显增强,有关方面领导曾说,"西电近100亿元产品全部是为国家重点建设项目提供的重大技术装备,如果这100亿元产品不是西电生产,那么我们国家可能要花100亿美元或者100亿欧元去进口这些产品",所以中国西电集团过百亿元的重要性不言而喻。

在新一轮的发展中,在非常有利输变电行业发展的环境下,也应看到压力和挑战接踵而至。除面临市场波动和成本上升的双重压力外,目前影响行业发展的主要问题是产品技术水平与跨国公司尚存一定的差距,表现在外观、可靠性、稳定性、耐用性、防腐性和免维护,以及关键原材料的品质等方面。加大技术创新,提升产品水平仍是输变电行业工作的重点。同时输变电行业应做好以下工作:

(1)瞄准国际前沿技术,以市场需求为导向,依托国家重点工程,充分利用骨干企业较好的资源、资金条件,不断提升自主创新能力,广泛应用新设备、新技术、新工艺。

(2)在关键技术领域,按照突出重点、带动全面的思路,协调行业优势资源,组织开展分工合作,推进建立以大型骨干企业为主体,产、学、研相结合的创新体系和工作机制。

(3)在共性技术领域,按照优化资源配置、强化服务功能的要求,协调专业研究院所、检测机构、工程技术中心、标准化技术委员会和学术团体,组织专业分工清晰、服务功能健全、服务方向明确,研企互动配合的若干服务平台,促进形成开放、流动、竞争、协作的知识创新和科技攻关的新体系,同时继续推进行业社会公益类科研机构的分类改革。

(4)以掌握核心技术和实现国产化为主要目标,从行业创新能力的基础水平出发,根据国家"十一五"发展的需求,按照原始创新、集成创新和引进消化吸收创新的不同类型,协调行业力量组织联合攻关,促进重点突破。

(5)加强对国外技术发展动态、技术法规和贸易措施的了解与研究,积极组织开展行业自主创新的信息服务。重视培育大型企业集团,以此带动装备制造业的发展,攻关高端产品研发制造技术正在成为国家装备制造业的发展重点。

面对我国电力建设发展的机遇,中国西电集团认真制定了《"十一五"发展战略与规划》,提出把中国西电集团精心打造成拥有自主知识产权和知名品牌,具有较强国际竞争力的创新型跨国集团的战略目标,向具有国际一流竞争力的集团迈进。国家已确定了电力发展规划,到2020年前后,将形成以华北、华中、华东为核心,各大区域电网、大煤电基地、大水电基地和主要负荷中心的坚强电网结构。我国输变电技术发展的原则是在确保安全可靠的基础上,突出自主创新，加快技术研发和设备研制，以特高压百万伏交流和±800kV直流工程为依托，积极稳妥推进电工技术的发展。为此，中国西电集团将加快产业升级和结构调整步伐，积极开拓国际国内市场，不断增强自主创新能力，为创建国际一流输变电设备制造企业而努力。

〔撰稿人：中国西电集团副总经理裴振江〕

自主创新催生南京汽轮“差异化”优势

——南京汽轮电机（集团）有限责任公司

南京汽轮电机（集团）有限责任公司（以下简称南京汽轮）是我国重要的发电设备制造企业，是重型燃气轮机生产基地之一。主要研制生产重型燃气轮发电机组及燃气联合循环汽轮发电机组、热电联供汽轮发电机组、大中型交流电机，年综合生产能力达1 000万kW。近年来，南京汽轮以科学发展观为指导，致力于环保节能电站设备的技术开发，特别是紧紧抓住国家鼓励自主创新、促进节能减排、发展循环经济的机遇发展自己，从而在实现自身超常规、跨越式发展的同时，为国家建设资源节约型、环境友好型社会作出了积极贡献。

一、产品创新不断填补国内空白

为提升我国重大装备制造水平，南京汽轮经多年攻关，实现了从生产23MW以下燃气轮机到与外方以制造伙伴方式合作生产6B（4.2万kW）燃气轮机的演变。1998年开始，南京汽轮瞄准市场空白，依托美国通用电气公司在燃烧技术上的领先优势，成功开发了低热值高炉煤气燃气轮发电机组。首台高炉煤气燃气轮发电机组于2003年8月在吉林通化钢铁集团有限责任公司正式投入商业运行，机组的性能、可靠性指标和环保指标均达优良。与常规汽轮发电机相比，联合循环热效率提高了10个百分点，而污染环境的氮氧化物排放则下降了90%，达到了国外同类产品的先进水平。南京汽轮已向通化、济南、重庆等3家钢铁集团销售了10台（套）高炉煤气燃气/蒸汽联合循环发电机组，其中8台机组已投运，累计运行58 000h以上。

南京汽轮适应国内发展循环经济的迫切需求，参加中科院工程热物理研究所多联产“863”课题，为山东兖矿集团公司开发了我国第一台用于煤炭多联产示范项目的IGCC燃气轮机。2006年3月，首套60MW IGCC联合循环发电设备在兖矿投运，已累计运行8 500h以上，各项指标达到国家“863”科技合同要求，从而开创了IGCC发电设备在我国投入商业运行的先河。

2004年，在国家有关部委的组织下，南京汽轮与美国通用电气公司签订了“以市场换技术”的9E（12.5万kW等级）燃气轮机技术转让协议，凭借联合体中美企业的优势和实力，南京汽轮已先后与青海格尔木电厂、深圳美视电厂、湖北武昌热电公司、中国天辰化学工程公司签订了5套9E燃气轮发电机组协议。

2007年3月25日，首台中国制造的9E重型燃气轮机组在世界海拔最高的电站——青海格尔木燃气电厂成功并网，实现了我国重大动力技术装备制造的新突破。

二、技术创新铸就发电设备新辉煌

南京汽轮坚持生产与科研相结合，与北京全四维动力科技有限公司合作，采用具有当今国际先进水平的全四维技术对汽轮机通流部分、排汽缸、主汽阀等部位进行优化设计，不仅使汽轮机效率大大提升，而且也提高了汽轮机的功率。相比以前同规格的产品，改进后的汽轮机发电效率提高了3%。2005年南京汽轮对秦皇岛电厂20万kW汽轮发电机组通流部分进行改造，改造后的机组，在同等进汽量的情况下，满负荷功率提高10%，达到22万kW，连续运行各项指标均达到和超过设计值。

南京汽轮为9E燃气轮发电机组配套的联合循环汽轮发电机组在技术上有了新的突破。2005年10月，国产首套6万kW联合循环汽轮发电机组在苏州协鑫电厂运行成功，机组的振动、调节系统等主要性能指标良好。这套机组技术领先，采用先进的双压进汽带工业抽汽供热技术，主要利用燃气轮发电机组发电后产生的高温余热二次发电，是国际上被列为重点发展的发电模式之一，该机组也是我国鼓励发展的节能型产品。

南京汽轮在国内率先研制开发出低温余热发电汽轮机，利用水泥炉窑的余热，产生蒸汽推动蒸汽机发电，让水泥生产中的能源消耗和环境污染大大降低。截止至2007年11月，南京汽轮的余热发电机组共发电7亿kW·h，吨熟料发电量39.38kW·h。继一期11套机组后，南京汽轮又同海螺集团签订了52套低温低压机组，包括1台出口泰国的机组。

生物质发电技术在我国刚刚起步，南京汽轮很快就将视野转向这一产品，并在利用全四维技术成功研制低温余热汽轮发电机的基础上，开发出了秸秆生物燃烧发电的单抽1.2万kW汽轮机和超高压、高压的双抽5万kW汽轮发电机组。2007年，煤化工行业的新疆广汇集团与南京汽轮签订了3套双抽5万kW汽轮发电机组。此外，南京汽轮还同凯迪公司签订了生物质发电机组供货合同，目前已有26套生效。

2005年4月，南京汽轮自主开发、采用空冷技术的135MW汽轮发电机在GE、神华集团神东公司等用户代表的见证下通过出厂试验，其参数、出力、效率等主要指标均达到设计要求。从此，在中国电力工业“十五”产品（技术）成果榜镌刻上了南京汽轮的名字。

2006年，南京汽轮通过与新疆金风公司合作，进入绿色环保的风电领域，专门为其配套生产世界上先进的1.5MW

永磁直驱式风力发电机定子，当年试制2台，分别在新疆风电厂成功满负荷试运行。随后，南京汽轮又接下了新疆金风公司800多台风电定子的生产任务。2007年10月，南京汽轮与国际四大风力发电公司之一的德国VEM Sach Senwerk GmbH公司签署技术转让协议，引进德国技术生产2MW级规格的双馈异步风力发电机，这种风力发电机设计先进，体积小巧，安全可靠，是我国风电市场的主力机型。2008年上半年，南京汽轮试制新型的风力发电机样机，此后两年将形成批量。

三、品牌创新实现产品技术的不断升级

南京汽轮"十一五"期间转变经济增长方式之一，就是要靠创国家级名牌来振兴我国装备制造业。2006年，南京汽轮在"蓝鹊"牌电站汽轮发电机组和"蓝鹊"牌燃气轮发电机组取得"江苏省名牌产品"之后，"蓝鹊"牌热电联产汽轮机又获得了"中国名牌"的称号，并将争创燃气轮机"中国名牌"作为2008年目标。

南京汽轮不断采用国内外先进技术来提高产品的技术含量和质量，打造核心竞争能力。在燃气轮机方面，注重消化吸收国外先进技术，使重点开发的燃气轮机和燃气/蒸汽联合循环电站在与国外同类产品的竞争中不断成熟，迅速打开国内外市场。南京汽轮已累计生产燃气轮机70套，并向伊拉克、苏丹、尼日利亚等中东、非洲地区出口29套，国产化水平已达到并实现了替代进口产品的目标。在电站汽轮机方面，通过"产、学、研"形式开发的汽轮机通流部分采用了国际先进技术，不断提高机组的热效率；在发电机制造方面，引进英国BRUSH公司空冷、无刷励磁技术，应用了国内先进的VPI真空压力浸漆工艺，产品技术居国内前列。

品牌的魅力无法阻挡。南京汽轮在自主创新中，运用品牌战略促进产品升级，实现跨行业发展，成为国内外用户追捧的对象。苏丹吉利电厂一期工程，采用南京汽轮4套最新型的PG6581B型燃气轮发电机组和2套四维通流新技术联合循环汽轮发电机组组成联合循环发电设备，实现了能源梯级利用的最大化。2003年投运后，运行稳定，经济效益显著。此后，吉利电厂成为南京汽轮的"回头客"，再次订购南京汽轮的相关设备。2007年1月南京汽轮安装于吉利电厂联合循环电站二期扩建项目的燃气轮发电机组一次点火定速成功，各项运行指标正常，正式并网发电，运行情况良好。

南京汽轮把自主创新作为发展的立足点，提出了"人无我有、人有我优、人优我新、人新我特"的发展理念，在积极求变中闯出了一条新路，使循环经济产品凸显差异优势，在激烈的市场竞争中脱颖而出，始终保持了旺盛的发展势头，2007年公司分别实现产值、销售收入及利润30.05亿元、30.008亿元和5.17亿元。公司先后荣获"全国机械工业效绩评价百强企业"、"全国守合同重信用先进企业"、"中国机械工业核心竞争力优秀企业"、"中国机械工业销售百强企业"、"中国制造500强"、"中国机械工业500强"、"中国企业信息化500强"、"中国工业企业1 000大"、"中国工业行业排头兵"、"中国机电行业影响力企业100强"和"中国电器工业最具竞争力企业"等称号。2007年6月，南京汽轮被中共中央宣传部确定为"科学发展、共建和谐，建设创新型国家"的宣传典型之一，同年8月又被中宣部列为发电装备制造自主创新的典型之一，中央主流媒体两次进行了专题采访和报道。

〔撰稿人：南京汽轮电机（集团）有限责任公司张跃〕

企业发展之路

改革让企业崛起　发展使华鹏强盛

——华鹏集团公司

时光荏苒，转眼二十余年，华鹏集团公司（以下简称华鹏）由一个村办小厂发展为国家级大型企业集团。回眸当初，她还只是一个濒临倒闭的作坊式村办厂，全部资产不足10万元，而就在这时，一位年轻的供销员受命于危难之际，他就是华鹏集团公司现在的董事长郭道鹏先生。

当时郭道鹏先生面对百废待兴的局面并没有退缩，而是带领他的团队迎难而上，分析市场，抢抓机遇。终于在1986年经过全国性的市场调研论证后，认定母线槽和桥架产品需求旺盛，并果断决策，集中人力、物力、财力在国内第一家开发母线、桥架新产品。1987年母线、桥架先后投入市场后，企业当即扭亏为赢。此后，公司又不断提升技术创新水平和管理水平，不断开发新产品，加强技术改造与内联外引的技术合作，使企业规模迅速扩大，产、销、利逐年翻番，使企业步入了提速发展的快车道。

良好的开端是成功的一半。正是由于华鹏在起步时就从技术、销售、人才、管理等方面狠下功夫，才有了今天的累累硕果：2007 年华鹏集团公司旗下已拥有总资产 8.86 亿元，净资产 3.68 亿元，2007 年实现销售收入 10 亿元。生产厂区占地面积 25 万 m^2，建筑面积 18 万 m^2。公司现有员工 2 266余人，其中工程技术人员 570 余人，博士、研究生 10 人，高级职称工程技术人员 25 人。公司拥有进口和国产的先进生产设备 400 余套，检测设备 150 余套，拥有芬兰产钣金柔性加工单元、台湾产激光冲孔机、德国产焊接机、日本产 9 轴折弯机、日本产母线冲扩中心、美国产 MP3760 加工中心、美国产 VMC1020 加工中心、德国中低压测试等国内、国际先进设备。公司具有强大的计算机网络交换能力，能支持 400 余台套计算机终端，在生产、技术、财务、质量、设备、安全、办公自动化等方面全面实行 ERP 管理系统等现代化的管理手段，可实现年产值 50 亿元。

公司有 8 家全资子公司和 8 家合资子公司，拥有供电、配电、消防、环保、元器件、导电轨六大系列 300 余项品种，主要有：与德国西门子合资生产的 SIVACON 低压开关柜、8BK88 中压开关柜及国产化的高低压开关柜系列；高低压母线槽系列；电缆桥架系列；电力电缆、控制电缆、分支电缆及消防系列等产品。其中，与德国西门子合作生产的开关柜产品具有防腐蚀、防盐雾、防尘埃及智能化等特殊性能，并具有结构紧凑、适应性强、操作安全、使用寿命长等优点，居同类产品世界领先水平。采用德国先进的数控铆接技术生产的 MQJ 铆接桥架堪称桥架中的精品。由公司自主研发的智能母线、铜铝复合母线、浇注母线、离相母线和小电流母线等产品的性价比均处于国际、国内先进水平，将引发中国“母线取代电缆市场”的重大变革。

华鹏系列产品先后通过了中国“3C”强制性认证，母线、桥架、高低压开关柜、电缆等产品在中国市场占有率超过 30%，并被广泛应用于奥运鸟巢工程、长江三峡、甘肃酒泉卫星发射基地、北京国际机场、胜利油田、上海东方明珠、深圳地铁、秦山核电、上海宝钢和深圳电信大厦等全国 4 000多个重点工程。遍布全国的营销网络，完善的售前、售中、售后服务，创造了华鹏良好的品牌知名度和信誉度。20 多年来，华鹏集团公司的产量、销量、利税等经济指标始终稳步增长，在中国电器工业协会的高低压电器成套市场销售排序中列第 3 位，列全国输配电开关控制设备制造业综合实力第 9 位。

华鹏人的精神：锐意进取、敢于创新、永不止步，正是这种精神，创造了华鹏一个又一个奇迹；华鹏人的理念：聚天下之源、挥就人类之意愿，正是这种豪迈气概，让华鹏在发展的道路上走得更加宽广、更为辉煌。在企业发展的过程中，华鹏集团公司获得了“国家重点高新技术企业”、“国家大型企业集团”、“省生产制造信息化管理示范企业”等称号；获得了“国家免检”、“国家守合同重信用”、“国家 3A 特级信用企业”、“全国诚信守法企业”、“省名牌产品”、“省著名商标”、“用友 ERPU8 系统最佳用户”、“环境行为评级绿色企业”和“省级技术中心”等多项荣誉，树立了品牌形象；并且通过了 ISO 9001 质量管理体系、ISO 14001 环境管理体系认证、ISO 10012 计量检测体系的认证，以及多项国家强制性认证。

原中共中央政治局常委国务院副总理李岚清、省委书记李源朝、原省委书记回良玉、原全国政协主席万国权、中国驻联合国大使秦华孙、原江苏省省长陈焕友、郑斯林等领导人均来华鹏集团公司视察指导工作。马里共和国总统科纳雷、贝宁共和国外交部长奥杰等国际知名人士访华时也慕名而来。

发展二十余年，华鹏产品新了，市场宽了，规模大了，利润高了，荣誉多了……更为可贵的是她从来都没有忘记过支持她、帮助她的父老乡亲。华鹏始终坚持“以厂建村、以工促农”的方针，把建立和谐社会、促进新农村建设作为其重要的战略目标之一。他支持新农村建设，不断加大建设投资，建成了占地面积逾 133 333m^2（200 亩）镇江第一的新型农民住宅区；建成了全国独一的双新农场；建成了老年活动室，并支持双新村各项社区活动，使双新农民提前 5 年过上了小康生活。“农民不种田，吃粮不要钱，老有养老金，人人都就业”——这就是由华鹏人支持新农村建设的真实写照。

原扬中市委书记蒋定之（现任国家银监会副主席）曾经这样概括过华鹏的发展经验，他说：“有一个好的产品，有一位好的带头人，有一套严谨的治厂方略。”是的，华鹏就是在郭道鹏这位优秀领导者的带领下，制定出一套套新的治厂方略，坚持一项项的改革创新，铸就了华鹏今天的辉煌。

在今后的道路上，华鹏集团公司将销售与管理并举，继续加强自主创新与技术改造，凭借电力电气、智能电器元件等高技术产品项目，强势推进企业发展，开拓市场；进一步推动人才战略，实现精细化管理、完善信息化管理，为华鹏今后的发展创造良好的条件。华鹏的宗旨是：提升高附加值、市场高需求产品的增长速度，调控高能耗、低附加值产品的增长速度，确保华鹏的稳步发展。

时势造英雄，经过 20 多年的奋力拼搏，这才炼就出今天星光璀璨的华鹏。正是她，打造出了国家“新一代系统集成母线”行业坐标；正是她，让这块江中明珠——扬中熠熠生辉，光彩夺人。

华鹏，一个具有科技含量的品牌；华鹏，一个追求优质服务的品牌；华鹏，一个致力自主创新的品牌。华鹏，正不断聚集世界顶尖水平的高新技术，汇集企业发展的精英才俊，全力打造系列化、多元化的原创型优势产品，为企业更大规模、更深层次的发展再创辉煌。

华鹏，这艘电气行业的巨舰，正乘风破浪驶向更加辉煌灿烂的明天！

〔供稿单位：华鹏集团公司〕

解放思想，大全的生存发展之道

——大全集团

位于江苏扬中市的大全集团，历经40年特别是改革开放30年的发展，从一个乡办“小作坊”成长为如今拥有23家子公司，6 500多名员工，年销售收入60多亿元，产业涉及电气、新能源、交通技术、环保等领域的跨行业、跨地区的国内知名企业集团，成为镇江民营企业和国内电气行业的一颗耀眼明星。

一个企业从无到有、由小到大，稳步前进、越做越强，自有她的生存和发展之道。

一、解放思想　踏上企业振兴之路

一个好的团队，总离不开一个好的带头人；一个好的企业，离不开一个优秀的企业家。曾多次获得全国、省、市“优秀企业家”称号的大全集团董事长徐广福，正是这样一个带头人。

20世纪80年代初，第一轮解放思想的大潮冲破了旧有的思想束缚，苏南乡镇企业如雨后春笋般迅速崛起。而当时的大全集团前身——新坝综合厂仅是一个生产砂轮、胶木等零部件的手工小作坊，到1983年产值也只有100多万元。为了改变局面，公司领导班子从找产品入手，本着“只要什么赚钱就做什么”的思想，上北京，跑上海，到南京，经过深入市场调研，先后上马了厨房用的制冷压缩机和电缆桥架。1984～1987三年间，企业完成了原始积累。后来又通过与科研机构、高等院校合作，开发出技术含量高、国内领先的低压开关柜以及母线槽等产品。1990年北京将举办亚运会的消息见诸报端，触动了公司领导层捕捉商机的敏感神经，虽说风险较大，但如果能打入亚运会，终将是利好之举。通过努力，最终20个亚运会场馆中有17个用上了大全的产品，树立了企业的良好形象。此后，各地的订单接踵而至，企业年产值以40%～60%的速度递增。

多年以后，大全人还为当初当机立断的市场智慧和敢为人先的市场勇气而自豪。大全解放思想闯市场的精神，也成为扬中闻名全国的“四千四万”精神的一个组成部分。如今，他们在中低压成套电器设备、母线槽、电缆桥架、封闭母线、直流开关柜等领域创造出5个“全国第一”，生产规模、技术装备、产品档次和经济效益均居国内同行前列，成为中国电气行业领军企业。现在大全集团又在做强电气产业的基础上，投资多晶硅光伏产业项目，继续领军之旅。

二、解放思想　走合资合作之路

解放思想，需要有更高、更宽的眼界。作为国内一流的电气设备制造商，大全集团始终坚持开放性发展战略，积极与国际顶级电气设备制造商合作，取得了丰硕成果。

到20世纪90年代初，大全集团的电气产品已在国内占有一席之地，但公司领导班子通过对国际电气行业的了解，意识到国内企业在产品、技术、管理等方面与国际先进水平有着很大差距，只有通过合资合作的方式才能尽快缩小这种差距。在原机械部电工局的支持下，他们选择了欧洲著名电气公司德国默勒公司。通过近两年的艰苦谈判，1993年，大全集团第一家合资企业——镇江默勒电器有限公司成立了。

这次合作，大全引进了当时最先进的产品、技术和设备，同时也引进了先进的管理方法。而且通过直接参与产品的设计开发，执行各项管理方法，一批具有国际一流业务素质的技术管理人员和开发人员迅速成长起来，使大全迅速成为国内低压成套电器领域的佼佼者。目前镇江默勒电器有限公司已是中国低压成套电器领域规模最大、档次最高、技术最强、质量最好、合资最成功的企业，堪称电气行业中外合作的典范。

随后，大全集团又相继与德国西门子、荷兰霍力克、美国AZZ、伊顿、瑞士赛雪龙、丹麦安凯特等国际企业合资合作，与ABB、施耐德等国际著名电气公司进行技术合作。在与国外企业合资时，大全都坚持了一个原则：合资公司中合资双方股权各占50%。颇为神奇的是，国内很多企业在与外方合资后都没有获得先进技术和管理方法，反而连市场都丢了，但大全集团合资企业都取得了很好的发展。

——与德国西门子公司合资成立的镇江西门子母线有限公司，目前已是国内母线槽生产能力最强、产品规格最全、市场占有率最大的企业，正致力于发展成为亚洲地区最大的低压母线槽生产基地。

——与美国著名的封闭母线生产商AZZ公司合作成立的江苏长江沃特电气有限公司（现大全封闭母线有限公司），是国内生产封闭母线的最大制造企业，三峡工程封闭母线国内惟一的供应商，市场占有率达50%。

——通过引进国际著名直流牵引供电设备制造商瑞士赛雪龙公司的技术，大全拥有了开发、制造最新国际水平的直流开关设备的能力，目前在国内轨道交通领域，大全的直流开关柜市场占有率已经多年高达70%左右。

大全讲诚信，一切以共赢为原则，所以外方愿意选择大全为合作伙伴。一系列合资合作举动让大全迎来了企业第二个发展高潮。十年间，大全集团已成立7家合资合作企业，这些企业年收入已经占集团总销售收入的一半以上。

面对落后，如何迅速缩小与先进水平的差距？大全采用的合资合作模式，走出了一条“引进合作—消化吸收—自主创新”的成长路径，使大全加速完成了主导产品的升级换代，紧紧咬住了国际先进水平，提升了综合水平，将国内同行逐渐甩在了身后。大全的这一模式后来成为扬中其他企业仿效的“做大做强、跨越发展”模式。

三、解放思想　走自主创新之路

引进合作是一把双刃剑，它在为国内企业创造一个良好起点的同时，也容易让他们出现消化不良、动力不足的局面，陷入引进、落后、再引进、再落后的循环往复中。

对此，大全有着清醒的认识。在引进合作的同时，大全义无反顾地投入到被称为“勇敢者游戏”的创新运动中，逐渐回归到自主创新的轨道上来。

“在大全，头等大事就是技术研发。我们每年用于研发的投入不低于当年销售额的2%～3%。近五年来，我们研发投入累计达到了5亿元。2008年预计投入2.7亿元，未来五年预计达到20亿元。”徐广福说，大全现在建立了以国家级博士后工作站为龙头，以国家级技术中心和三个研究所为依托，以各子公司技术开发部门为基础的三级科研体系，建立了一套符合市场经济规律要求的科研投资机制和科研成果转化机制，科研机构实行市场化运作模式，独立核算。

持续稳定的科研投入、科学完善的科研体系形成了大全集团强大的技术创新能力，自主创新实力已居国内同行业领先水平。近年来先后承担和实施了20多项国家、省部级科技攻关项目，其中国家“863”计划项目3项、江苏省科技攻关项目8项、国家火炬计划7项、江苏省火炬计划6项、江苏省科技成果示范推广计划1项；获江苏省科技进步奖三等奖5项；累计申请专利200多件；每年研发新产品30个左右，其中一半以上会投入市场，当年投入的新产品产值占总产值的35%左右。

“在传统成套系统领域，大全已经不会输给国外同行，而在智能化成套系统方面，大全目前做到了国内领先，我们追赶国际水平的脚步只会越来越稳、越来越急。”徐广福如是说。在科技进步的道路上，大全在跟紧国际先进的同时，始终坚持自主创新，提升核心竞争力。

四、解放思想　构筑人才高地

徐广福认为，大全集团发展的原动力来自人才，发展的活力在于人才。

从人才的角度看，大全集团既是一个企业，更是一个人才库，人才的涌进和财富的增长始终在同步进行。从创业初无一人受过系统技术培训和正规的高等教育，到现在拥有大专以上学历人员3 500多名，博士、硕士以上高级技术人员110多人，享受国务院特殊津贴的专家2名，外国专家7名，人才的数量和质量都跃上了一个新的高峰。这一切都源自大全集团比其他同类企业更重视技术和管理人才，并及早采取措施。

早在1984年，大全不要说本科生，就是大专、中专毕业生都很难得到。

没有人才，企业自己造。大全从上年仅有的8.7万元利润中拿出2万元，输送了20名职工去大企业技术培训。第二年又从上年18.7万元的利润中拿出了3万元用于职工培训。

葛飞，18岁就进入大全，是当年第一批被送出去定向培养的员工之一。培训回来后，大全办起了自己的学校，葛飞被任命为校长，开始了企业内部的传帮带。大全的人才培养就这样在艰难中起步。如今葛飞已是大全集团副董事长、执行总裁，大全万州多晶硅项目的总负责人。当年培养的一批人也都成为技术、销售、管理方面的骨干。

大全集团是中国控配电行业最早设立博士后工作站的企业，早在2000年4月，经国家人事部批准就设立了博士后工作站，并于2003年和2004年在南京、上海、西安等地分别设立了博士后工作分站，目前在站博士6人、硕士14人。大全集团非常注重人才的培养，除了对员工进行各种专业知识培训外，还与江苏大学合办大全集团工程学院，在西安交通大学设立“大全集团奖学金”，并每年选派一批有潜力的优秀科研人员去国外参观学习或研究深造。

在大全集团，每个员工都能充分展示自己擅长的技能和优秀的一面，最大限度发挥出自己的潜在能量。大全集团还努力创造良好的人文工作环境，实施基于能力和业绩的评价原则，重视员工个人的发展和成长空间，使得“能者上，平者让，庸者下。”在收入分配上，坚持实行3个倾斜：向技术含量高的岗位倾斜，向生产第一线倾斜，向劳动强度大的岗位倾斜，实行“一流人才、一流业绩、一流报酬”的薪酬体系。

大全集团犹如一个庞大的聚宝盆，将这些丰富的宝藏挖掘于五湖四海。正是一批批人才的培育和引进，为企业的发展提供了不竭的动力。

五、解放思想　驶入发展“快车道”

2007年6月27日，大全集团在重庆万州投资35亿元的多晶硅项目开工。根据设计安排，大全集团多晶硅项目第一期工程已于2008年7月投产，当年产能达1 500t，2009年产能达4 000t；第二期工程6 000t将于2010年建成，建成后年销售额将达到150亿元，成为国内最大的多晶硅生产基地。

“多晶硅项目是技术与资金密集型行业。这个项目引进世界先进技术，高效节能，绿色环保，符合国家的产业政策，得到当地各级政府的支持。我们还聘请了许多国内外专家参与项目建设管理，确保项目顺利投产。”尽管坦承此项目也会存在风险，但徐广福还是充满信心。按照原定计划，到2010年，大全的多晶硅项目年产量将达到10 000t，而且大全借此还会进入光伏的上下游产业链，预计光伏产值将达到350亿元左右。

其实，多晶硅项目只是大全在投资领域的妙棋之一。之前他们投资的交通技术产业已经显露出良好的发展态势，在2007年武广高铁的牵引供电系统关键技术设备采购中，大全集团一举中标4亿元订单。目前大全集团在铁路电气化领域已拥有4家专业公司，产品覆盖高速铁路牵引供电系统的主要产品，已经形成较为完善的产业链。

徐广福一刻没有停止过对市场态势的把握和企业发展思路的探索。目前，大全集团的战略是在做强传统电气产业的基础上，进行相关多元化发展，做大新能源、交通技术和环保等新兴产业。徐广福预计，2008年大全集团销售将达到80亿元，2009年的销售将达到120亿元左右，2010年有望超过200亿元。

徐广福认为，大全的高速发展，得益于始终以全球化视野、开放性思维、创新精神统领全局，坚持观念创新、科技创新、销售创新、管理创新和机制创新，发扬“诚信、敬业、创新”的企业精神，立足自主创新，着力做大做强。徐广福说：“作为民营企业，大全要摒弃小富即安的小农思想，决不能沾沾自喜，固步自封，看不到自身的差距，而是要继续解放思想、创新观念，紧跟时代的步伐！”

〔供稿单位：大全集团〕

全方位打造高压开关设备研制基地

——西安西开高压电气股份有限公司

西安西开高压电气股份有限公司（以下简称西开电气），是国资委直属中央企业中国西安电力机械制造公司控股的核心企业，其前身是西安高压开关厂，始建于1955年，是我国第一个五年计划期间156个国家重点项目之一。2001年3月，西安高压开关厂进行了股份化改制，集中优良资产成立了西安西开高压电气股份有限公司。西开电气拥有员工2 700余人，注册资本17 400万元，占地面积约37万 m^2。

西开电气是我国高压、特高压开关设备研发、制造和销售的主要基地，产品主要有3个系列，电压等级覆盖72.5～1 100kV，可以为电站提供全套的开关设备解决方案。西开电气的产品主要应用于输配电网、水电、火电、核电、风电等输变电、发电领域，同时也应用于大型冶金、化工、地铁、机场等领域。西开电气的产品不仅遍布全国，还销往新加坡、哥伦比亚、菲律宾、巴基斯坦、马来西亚、伊朗、泰国等国家和中国香港等地区。西开电气开关设备的生产量和出口量在国内排名第一，GIS开关设备的运行间隔数量居国际第三位，广泛应用于国内外多个重点工程，标志着西开电气已经走向国际领域，并具备了和国际一流企业竞争的实力。

西开电气在西电集团公司的领导下，不断深化改革，加强国际合作。1985年起，与日本三菱电机株式会社进行了三期技术合作，引进、消化了他们先进的技术及管理经验，提高了公司产品的设计水平和制造能力；1999年以举世瞩目的三峡工程为契机，西开电气又与瑞士ABB公司进行了三峡550kV GIS工程的合作，借助三峡工程引进ABB公司的研发基础软件，大大提高了开发新产品的能力，增大了试验的成功率，大大缩短了新产品的研发周期。同时，在与国外大公司的合作中开拓了眼界，技术管理及工艺、制造管理水平上升了一个台阶，采用了先进的PDM数据管理系统及三维UG设计软件，提升了整个公司的管理水平。在掌握国外引进技术的基础上，再通过艰苦的自主研发、自主创新，西开电气形成了自己独特的产品系列，在特高压、大容量、缩小型、复合化、智能化等开关行业五大发展方向上，都拥有具有自主知识产权的成套产品，这些产品的主要技术性能指标都达到或超过了国内外同类先进产品的水平。西开电气研发的拥有自主知识产权的800kV罐式断路器、800kV GIS和1 100kV GIS填补了国内空白，800kV罐式断路器还被评审专家评为世界首台双断口罐式断路器，达到了国际领先水平。成功研发的大容量63kA 252kV GIS、63kA 550kV GIS达到了国际领先水平，其中63kA 252kV GIS填补了国内空白。成功完成了126kV GIS、252kV GIS缩小型产品的研发，技术性能达到了国际先进水平；复合化产品550kV H－GIS、363kV H－GIS、252kV H－GIS的研发成功均填补了国内空白，成为国内首个安装并安全运行于国内多个电站的产品。

西开电气始终坚持以质量管理为中心，自1996年起就依据ISO 9000标准建立了质量管理体系，建立了完善的质量管理体系、计量检测体系和产品试验体系，先后通过了华信技术检验有限公司ISO 9001质量体系认证、美国工厂研究会FMRC的质量体系认证、国家质量技术监督局的计量体系认证和中国实验室认可委员会颁发的实验室认可认证。设立了项目负责人，专门负责重点工程产品设计、技术准备、生产制造、检验试验、安装交付及售后服务等全过程的管理，及时协调和解决合同执行过程中的各种问题，确保各项工作达到预期的目标。实行内部监造机制，公司聘请有资格的人员站在用户立场，对用户有监造要求的工程进行全过程的监造，并在产品总装的适宜阶段组织有关人员对产品进行评审，及时发现和解决生产过程中的问题，保证产品质量和交货期满足要求，有效地控制了工程产品生产过程的每一个环节，确保工程的产品质量和交货期。西开电气制定了一系列制度，保证了质量管理体系的有效运行。“XD”牌气体绝缘金属封闭开关设备（GIS），六氟化硫罐式断路器，六氟化硫瓷柱式断路器等产品持续保持陕西省、西安市名牌产品称号。“XD”牌气体绝缘金属封闭开关设备（GIS），六氟化硫断路器分别于2006年、2007年荣获“中国名牌产品”称号。

为了适应市场的不断发展，西开电气确立了“十一五”期间的改造总目标：实现年产值60亿元以上，通过装备自动化、管理现代化，提高效率、逐年减少人员，提升装备制造精度，把高压开关产品做成高可靠性的精密机械，将西开电气建成布局合理、设施完善、物流便捷、节能环保的现代化国际一流企业。改造定位：发展产品装配技术，扩大装配作业面积，大幅提高出产能力。引进高技术的工艺装备，提升核心零部件制造技术及能力；投入高电压、大容量的实验设备及精密测量仪器，提高检测试验技术水平；完善信息化设施，实现信息化管理与数字化制造。西开电气“十一五”主要规划项目：超高压、特高压开关设备产业化项目，液压机构生产基地建设项目，铝合金铸件生产基地建设项目，常州西电帕威尔电气有限公司项目和广州西电高压电气有限公司项目。西开电气“十一五”改造中装配专业的发展定位：按电压等级进行装配车间设置，使厂房设计、工艺布局、设备配备更合理；剥离简单、辅助性装配工作内容，提升装配的技术含量；形成各电压等级产品特有的装配技术及装配流程。

西开电气还拥有完整的售后服务体系、优秀的售后服务队伍，随时为用户提供保障，提供给用户高效快捷的优良服务。

现在，西开电气是一个初具国际化的现代企业，是一个开放的企业，将继续积极地开展国际合作，寻求更大的国际发展空间，努力把自身建设成为国际一流的高压开关设备研发、制造基地，在高压开关行业树立起中国的世界名牌，为世界各国输变电事业的发展作出应有的贡献！

〔供稿单位：西安西开高压电气股份有限公司〕

积极发展水电　做强做大企业

——前进中的广东省韶关众力发电设备有限公司

广东省韶关众力发电设备有限公司（以下简称众力公司）是一家工业总产值近2亿元、销售产值超1.5亿元、销售收入近1.4亿元的民营企业，坐落在风光秀丽的中国优秀旅游城市——韶关。它是一家以生产灯泡贯流机组为主的电气机械装备制造企业，具有50年生产水轮发电机组成套设备的历史。

众力公司是广东省水电设备行业龙头企业，从2003年起至今，连续6年被广东省认定为“省高新技术企业”。近年来，公司还被广东省认定为“省优秀企业”、“省著名商标”、“省信息化示范企业”、“诚信示范企业”和“省模范职工之家”，被韶关市评选为“市优秀高新技术企业”、“市重合同守信用单位”、“市A级示范企业”、“市A级守法诚信用人单位”、“市模范纳税企业”和“市园林单位”。

2007年，公司人均劳动生产率26.6万元，完成工业总产值1.95亿元，承接水电合同1.37亿元，实现销售收入1.4亿元，上缴国家税费1 390多万元，分别生产水轮机和发电机12万kW。

公司主要生产大中型贯流式、混流式、轴流式、冲击式水轮机和立式、卧式发电机，产品以灯泡贯流机组为主，以常规水轮发电机组为辅。经过多年的技术引进和技术创新，公司的产品技术水平已位居行业前列。2007年，公司产品被中国电器工业协会推介为“质量可信产品”。

作为国内最早开发、生产灯泡贯流机组产品的厂家之一，该产品已成为众力公司的核心竞争产品和主导产品，在生产能力和技术水平上一直处于国内领先地位，迄今为止，公司生产的灯泡贯流发电机组数量位居全国第一。2007年，公司制造出全国第二大、转轮直径为7.2m的灯泡贯流发电机组并投入商业运行。

2007年以来，众力公司开发或生产的新产品有：石龙水电站水轮机ZZ550—LH—380、发电机SF35—30/6250机组；红岩水电站水轮机GZ995—WP—430、发电机SFWG12—52/5040机组；缅甸KK水电站水轮机ZZ550—LJ—380、发电机SF35—32/6500机组等。

2007年，公司完成3台建厂以来最大单机容量2.6万kW的灯泡贯流机组，并在广西山秀水电站发电运行。

近年来尤其是2007年以来，公司通过大力实施“名牌带动战略”，抓住市场机遇，积极开拓国内外水电产品市场，取得了一个又一个重大经营成果。

2008年公司商标被广东省工商局认定为“广东省著名商标”。

2007年，公司制造的两台水轮机转轮直径7.2m灯泡贯流机组在黄河上游的甘肃柴家峡水电站先后并网发电。该机组的成功运行，标志着众力公司的生产、技术、质量水平登上了新的台阶。其余的两台7.2m柴家峡机组也将分别在2008年上半年基本完成安装任务。

自2007年以来，公司还与缅甸、土耳其等国家先后签订了大型水轮发电机机组产品出口合同。其中，出口缅甸的KK机组单机容量为3.7万kW，创下了建厂以来单机容量最大的新纪录。

公司产品拥有广阔的市场。2007年以来，产品主要销售到广东、广西、湖南、湖北、福建、江西、云南、贵州、四川、重庆、山西、甘肃、陕西、吉林、黑龙江等20多个省、市、自治区。

安装运行众力公司制造的水轮发电机组的水电站点遍及我国四大河流——长江、黄河、珠江、黑龙江，以及国内其他数十条河流。

2007年以来，公司制造的水轮发电机组产品还出口到缅甸、土耳其等国家和地区，实现了大型机组出口亚洲、欧洲“零”的突破。

众力公司为提高企业的管理水平，促进工作效率与效益的提高，大力倡导“诚实、合格、拼搏、创新”的企业精神和管理理念，大练企业内功，加强基础管理，加强制度建设，创新管理机制与管理方式、方法，从而提高了员工队伍的整体素质和工作效率，使企业的管理水平登上了一个新的台阶。与此同时也促进了企业效益的大幅度提高。企业还因此获得了“中国生产力促进奖”、“广东省优秀企业”等殊荣。

众力公司还投资300多万元，全面建成了众力ERP信息管理系统与众力网络系统，实现了物流、资金流、信息流的资源共享，实现了经营、生产、技术、采购、仓管、财务、人事的计算机管理。众力ERP信息管理系统还通过了由国家级专家组成的项目验收组的验收，众力公司还由此获得“韶关市信息化推进先进单位”的荣誉称号。

2007年，众力公司在生产经营班子的正确决策与领导下，通过广大干部员工的团结拼搏，实现了持续稳定发展，也为实现2008年做强做大企业的奋斗目标打下了坚实的基础。

2008年，众力公司在科学发展观的指导下，提出了“锐意进取，寻求突破，力创佳绩”的工作方针。公司广大员工将积极响应国家“积极发展水电”的号召，积极把握市场机遇，克服困难，开拓市场，发展生产，为实现企业2008年的发展目标而努力奋斗，为构建和谐企业与社会作出积极贡献。

〔撰稿人：广东省韶关众力发电设备有限公司谢建军〕

为中国电气市场提供全方位服务

——伊顿电气集团

作为伊顿公司的第一大业务部门，伊顿电气集团在电气控制、配电、工业控制和电能质量的制造和服务领域位于全球领先地位，在设计、研发、制造、应用和服务上给予用户提供最优质的服务以及最先进的产品。2007年销售额达48亿美元。

通过一系列的收购和兼并计划，伊顿电气集团拥有以下成功的著名品牌，如：Westinghouse、Holec、Cutler—Hammer、Heinemann、Powerware、MGE、Moeller和Phoenixtec。伊顿电气集团继承并发扬了这些著名公司的技术和工程经验，持续坚持这些著名品牌的传统，发扬他们的独特优点，为中国乃至全世界的客户提供有效的解决方案和服务。

总部位于美国的伊顿电气集团在全球范围内有超过60家工厂和近80 000名员工，并于1995年进入中国，成立了第一家独资公司。现在有超过1 500名员工在中国的工厂、销售和行政办事处工作，工厂（包括独资和合资公司）位于苏州、常州、镇江、中山、北京和太原。伊顿电气集团立足中国在苏州成立了全球第三个中国第一个研发中心，主要进行针对中国市场的新技术应用以及新产品开发。研发中心有超过100名工程师、设计人员和高级技术人员，为中国以及全世界提供支持服务。

伊顿公司于2006年8月成功并购了森源国际控股有限公司以及其下属全资子公司常州森源开关有限公司。这是一家国内著名的真空断路器以及其他电气开关装置的制造商，拥有员工530多人，2005年的销售收入达人民币3.74亿元（约合4 700万美元）。

2007年末，伊顿电气集团完成了对施耐德电气MGE办公电源保护系统业务的收购，强化了伊顿在电源质量领域的领导地位。

2008年初又相继完成了两项收购交易，分别是收购欧洲地区的穆勒集团和亚太地区的飞瑞股份。这两项交易将分别加强电源分配和控制业务以及电源质量业务，扩大全球业务范围，同时将年销售额提高至25亿美元。

一、伊顿电气在中国

1996年3月

与苏州电器设备集团公司合作建立卡特拉-汉莫（苏州）电器有限公司，生产和销售电器电路保护装置。1998年2月，该公司成为伊顿独资企业，2007年6月更名伊顿电气有限公司。

2003年1月

伊顿公司全球收购了Delta公司的全球电器部门并接管其中国的分支机构——位于江苏省的镇江伊顿电器系统有限公司，该公司主要产品包括中压开关柜、真空断路器及相关配件等。

2004年5月

伊顿全球收购了在不间断电源方面占领先地位的Powerware公司并接管了其在华的伊顿爱克赛电源（上海）有限公司和杭州伊顿施威特克电源有限公司，以及位于上海、杭州、成都和北京的分支机构。

2005年6月

伊顿与明阳电器有限公司成立合资企业伊顿电气（中山）有限公司，生产中压开关设备、电力自动化及保护装置等相关产品。

2006年10月

完成了对森源国际控股有限公司的收购。森源国际下属全资子公司常州森源开关有限公司是一家国内著名的真空断路器以及其他电气开关装置的制造商。

2007年11月

完成了对施耐德电气MGE办公电源保护系统业务的收购，此收购加强了伊顿在电源质量领域的领导地位。

2008年2月

伊顿完成对飞瑞股份有限公司的收购。飞瑞制造单相和三相不间断电源（UPS），产品销往全球，在不间断电源市场处于领先地位。其公司总部位于中国台湾省台北市，在中国内地和中国台湾拥有生产基地，员工人数约5 800人。

2008年4月

伊顿宣布完成对穆勒集团的收购。穆勒集团是一家全球领先的商业和民用建筑应用、工业控制和工业设备应用配件供应商。穆勒于1993年进入中国市场，中国总部位于上海。1998年5月，穆勒出资设立全资子公司穆勒电气设备（苏州）有限公司，同时投资2亿元在上海建立穆勒物流中心。同时，穆勒与国内超过120个专业分销商建立了长期伙伴关系，提供包括产品咨询、规划、销售、物流和售后支持服务在内的综合性解决方案。

2008年11月5日

位于苏州工业园区的伊顿电气全球研发中心扩建项目正式竣工。伊顿公司董事长兼首席执行官柯仁杰先生（Alexander M. Cutler）出席了研发中心及伊顿电气有限公司苏州新址揭幕仪式。新基地总投资近1 000万美元，扩建后的新址总面积35 000m^2，未来还将进一步扩建10 000m^2，伊顿电气苏州工厂的生产线也已经搬迁至新基地。苏州研发中心主要从事真空灭弧室、真空断路器等中压元器件及成套设备，MCCB 等低压元器件及成套设备，UPS、接触器、软启动等电气及工控产品的研发与生产，它的扩建将有力地支持伊顿在中国的产品本土化策略，也能够增强伊顿全球电气产品的研发能力。

二、伊顿电气在中国的投资

1. 伊顿电气有限公司

伊顿电气有限公司是伊顿电气集团在中国设立的第一家独资公司，位于苏州工业园区，占地面积 10 000m²，员工人数逾 300 人，总投资 2 500 万美元，设有生产基地、研发基地及采购中心，主要生产中低压电器元器件和控制产品、真空灭弧室、真空接触器及 UPS 等。

2. 常州伊顿森源开关有限公司

常州伊顿森源开关有限公司是伊顿电气集团在中国的独资子公司，公司坐落在常州市天宁区，厂区面积7.2 万 m²，建筑面积 33 860m²，其中生产车间面积达 23 380m²。公司 2006 年实现销售额 9.6 亿元，同时作为国内三大真空断路器生产商之一，伊顿森源始终保持 VS1 系列真空断路器产量及挂网运行量第一。公司同时生产 12 ~40.5kV 的中压开关柜系列产品。

3. 镇江大全伊顿电气有限公司

镇江大全伊顿电气有限公司成立于 1996 年，原名镇江伊顿电器有限公司，是大全集团与美国伊顿公司的合资企业，投资比例各占 50%。公司专业生产中压开关设备，拥有员工 300 人，年产值达 3 亿元，产品广泛应用于天安门广场、中南海、北京供电局等国家重点工程项目中。

4. 伊顿电气(中山)有限公司

伊顿电气(中山)有限公司主要的产品系列有：继电保护、绝缘在线监测，智能仪表等输配电设备，已广泛应用于电力工业、石油化工、钢铁、冶金等领域，有着现实的市场需求。为拓展、架设分布于全国各地、各行业的市场网络体系，建立丰富而通畅的市场业务信息渠道，伊顿电气可通过与合作伙伴在业务上的分工与协作，致力结合自己的专业技术及市场地位，实现优势互补，为客户提供快速的解决方案。

5. 伊顿 - 穆勒电器(苏州)有限公司

1998 年 5 月，由穆勒独资在苏州建立的默勒电器(苏州)有限公司，总投资额逾 2 亿元，是中国同行业中最具现代化的工厂之一。厂房面积 8 700m²，拥有最先进的生产设备和质量检测仪器，专业生产空气断路器、塑壳断路器、小型断路器、按钮开关、交流接触器、塑壳断路器等低压元器件，产品获国家颁发的 CCC 认证证书，品质与进口的穆勒同类产品相同。

6. 伊顿 - 穆勒外高桥物流中心

位于上海外高桥保税区的物流中心，仓储面积超过 4 000m²，负责产品仓储以及中国所有客户订单的跟踪、提货及货物发运。先进的物流体系为客户提供了最佳的运输方案，有效降低了客户的成本，确保客户准时收到所需的产品。

7. 研发中心

伊顿电气中国研发中心成立于 2004 年 1 月，是伊顿电气集团在亚太地区设立的惟一的电气技术核心研究机构。自成立以来，该中心致力于电气行业先进技术的发展及应用研究，并以市场需求为导向，推动新技术在新产品上的应用。伊顿电器中国研发中心目前正以每年 25% 的速度持续发展。

研发中心拥有优秀的研发人员 141 人，其中博士及硕士以上人员占 28%。中心拥有世界领先的技术，先进的加工设备及仪器，三维仿真分析能力，技术力量雄厚，研发手段齐全。主要从事真空灭弧室、真空断路器等中压元器件及成套设备、MCCB 等低压元器件及成套设备、UPS、接触器、软启动器等一系列电气及工控产品的研发与生产。

在积极与伊顿集团所属欧洲及美国研发中心合作的同时，研发中心也与其他世界权威试验室、行业协会以及中国各知名院校有着良好的合作关系。伊顿电气中国研发中心致力于不断改进其产品的设计方案和提供的服务，为客户提供最有价值的解决方案。

〔供稿单位：伊顿电气集团〕

走持续发展道路　打造一流企业

——浙江科丰电子有限公司

浙江科丰电子有限公司是一家专业研发、生产、销售断路器核心部件——KST45 系列智能控制产品的民营股份制企业。

公司创办于 2001 年，位于东海之滨雁荡山南麓，104 国道旁，交通便利。公司占地面积 4 851m²，其中厂房占地面积和建筑面积共 4 500m²；注册资金 500 万元，固定资产 540 万元，员工 150 余人，拥有大专以上文化程度及中级以上职称的管理人员和设计人员 30 余人。公司下设行政管理部、技术部、采购部、生产部、质检部、销售部、财务部 7 个职能部门和浙江科丰智能研究所。为了提供优质和快捷的服务，公司在北京、上海均设有办事处。

公司以科技发展战略、人才发展战略、品牌发展战略为先导，融科研开发和精心制造于一体，不断引进、吸收国内先进技术和新工艺，为广大用户提供优质的智能控制产品。经过 8 年的快速发展，公司研发、生产出 KST45 系列智能控件器产品：KST45—L 型、KST45—2L 型、KST45—M 型、KST45—M 升级型、KST45—2M 型、KST45—2H 型、KST45—3 型智能控制器；KST450—2L 型智能控制器；KST50—2L 型智能控制器；KMB01 塑壳智能控制器和节电器以及附属产品 KST45 编程器、KST45 互感器、KST 控制器远程控制软件等一系列产品。

浙江科丰电子有限公司从创业伊始就坚持“以质取胜，诚信为本；持续改进，顾客满意”的宗旨，始终把“产品质量、顾客满意”放在第一位。公司通过了ISO9001质量管理体系认证，科丰KST45智能脱扣器控制软件、科丰KST控制器远程控制系统软件等计算机软件著作权及产品登记，取得了软件企业认定证书和智能控制器外观设计专利证书。在社会各界的支持和全体科丰人的共同努力下，2002年度被评为“质量管理先进企业”、“明星企业”；2003年度被评为“明星企业”；2004年度被评为“先进供方单位”、获得AA+企业资信等级；2005年度被评为“明星企业”；2006年度被评为“明星企业”、“优秀供应商”、“优秀企业”；2007年度被评为“优秀供应商”、“明星企业”，公司董事长兼总经理李敏被评为“优秀企业家”。

浙江科丰电子有限公司在过去几年中取得了骄人的成绩，销售额每年以20%的速度递增。在市场竞争加剧、中小企业面临严峻环境的情况下，浙江科丰电子有限公司一直坚持走可持续发展道路，扬长避短，始终坚持“以质取胜，诚信为本；持续改进，顾客满意”的宗旨，始终把“产品质量、顾客满意”放在第一位，同时加大改善公司在发展中暴露的问题，走出一条独特的发展之路。在未来的发展中，公司将坚持以下几个方面：

一、走低成本、高效率的道路

浙江科丰电子有限公司坚持自主研发、技术创新，紧跟国内外市场的发展需要，用最少的投入获得最前沿的产品研发成果。公司在自主研发生产KST45T系列智能控制器以后，把主要的精力放在工艺技术的革新与改进上，在不断提高生产加工工艺质量、水平的基础上，重点考虑生产加工的效率与节能降耗，以最大限度降低生产加工成本，提高单位产品的利润空间，目前公司正在研发新一代节能产品——节电器。同时公司注重吸收先进管理技术，运用ERP系统提高企业运转速度。

二、走专业化、规模化的特色道路

公司严格按照ISO 9001质量管理体系的要求，建立起完善的产品质量管理与控制体系，制定和实施统一的质量检验标准、技术标准和检测手段，确保产品质量的稳定与提高，把产品做精做优，从而形成自己特有的技术优势和产品优势，提高企业的竞争力。未来公司将在确保质量前提下，根据市场需求加大产品和营销的多元化力度，以规避单一产品、单一客户产生的季节性与客户流失的风险，大大增强了市场适应和反应能力，使产品向市场多个领域扩张，从而实现企业的规模化发展。

三、高度重视企业的市场营销，加大广告宣传的投入

网络已经成为重要的媒体，公司在过去充分利用互联网对企业的产品和服务进行全方位的宣传，取得了明显的收益。在未来将继续利用网站价格相对低廉、信息详实全面、更新便捷、无时间限制、能够快速增加企业的知名度和品牌影响力的优点，加大资金投入进行产品宣传。

四、加强企业文化建设，提高企业管理水平

近年来，以丰富文化底蕴和优质服务著称的浙江科丰电子有限公司在这方面进行了积极的探索。浙江科丰电子有限公司从广大员工最关心、最直接、最现实的利益问题出发，实施文化型管理，对新进员工进行安全生产培训、规章制度培训等岗前培训，培养学习型员工，全面提高员工素质。公司更强调以员工为本，并制定了相关措施，在公司每个员工生日时，会送上祝福和生日蛋糕；员工童艺杰的母亲身患重病时，全体员工慷慨解囊，贡献自己的力量。而在四川大地震时，本着“一方有难，八方支援”的精神，公司全体员工又自觉捐款捐物，奉献自己的爱心。在这种和谐氛围下，全体员工和公司共进退。今后，将进一步加强完善企业文化的制度建设，保持和不断发展企业文化，激励、约束广大员工自觉践行企业文化理念。

浙江科丰电子有限公司将以积极、健康、向上的心态，继续加大研发的投入，寻求社会各界同仁的精诚合作，塑造深厚的企业文化、吸引更多的优秀人才，努力将企业做大、做强、做精，力争将公司打造成一流企业。

〔供稿单位：浙江科丰电子有限公司〕

浙江科丰电子有限公司主要产品介绍

KST45系列控制器属于经济型产品，适用于一般工业场合。它是DW45智能化框架断路器的核心部件，用作配电、电动机或发电机保护，使线路和电源免受过载、短路、接地或漏电、电流不平衡、欠压、过压、电压不平衡等故障的危害。同时，可作为配电自动化系统的终端元件实现“四遥”功能。

KST450—2L型智能控制器是DW450型万能式低压断路器的核心部件。通过它，断路器可以实现配电保护和电机保护，使电力线路和电源设备免受过载、短路、接地等故障的危害，产品符合GB14048. 2—2001 idt IEC60947—2：1995标准。产品采用微处理器进行数字控制，不仅能精确地实现各种特性的过电流保护，并且还具有显示、指示、记忆、报警等功能，性能稳定可靠，智能化程度高，可配有RS485接口与上位机通信，实现无人值班，提高供电可靠性。

KST50—2L型智能控制器是DW50型万能式低压断路器的核心部件。通过它，断路器可以实现智能化的配电保护和电机保护，使电力线路和电源设备免受过载、短路、接地等故障的危害，产品符合GB14048. 2—2001 eqv IEC60947—2标准。产品采用微处理器进行数字控制，不仅能精确地实现各种特性的过电流保护，还具有显示、指示、记忆、报警等功能，性能稳定可靠，智能化程度高，配有串行接口可实现远程控制。KST50—2L4不对称接地保护具有抗电网谐波功能。

KMB01型塑壳智能控制器是塑壳断路器的核心部件，通过它，断路器可以实现智能化的配电保护和电机保护。KMB01型智能控制器具有过载保护功能（L）、延时短路保护功能（S）、瞬时短路保护功能（I）和接地故障保护功能（G）。KMB01型塑壳智能控制器采用微控制器（MCU）进行数字控制，能精确地实现各种特性的过电流保护，性能稳定可靠。该控制器可调范围宽（$1.5 \sim 12I_{th}$），适用于保护精度和可靠性要求高并仅需磁脱扣及选择性保护的场合。可配有RS485

接口与上位机通信，实现网络监视和集中负载管理。产品符合 GB14048.2—2001 eqv IEC60947—2 标准。

KJD 节电器采用特殊材料及高科技微电脑控制技术研制而成，它的独特性在于将微电脑控制与高效电感换流技术有机地结合在一起。通过电感之间的电磁相互作用，回收彼此反相的剩余电流和无功功率，改善供电品质；利用气体放电灯的特殊物理特性，抑制超标能耗，提高用电器效率，延缓灯具老化，可最大限度地降低灯光照明系统的电耗，不会影响光照度或影响很小；KJD 节电器采用非相控调节，不产生任何高次谐波，不污染电网，属于环保型的节电产品。

天安与“神舟”三次结缘

——宁波天安(集团)股份有限公司

历史将永远铭记这一天：2008 年 9 月 25 日。秋阳下，在广袤无垠的西北大漠，曾 6 次成功放飞“神舟”飞船的高大发射塔，静静地等候着再一次“惊天轰响”。晚上 9 点整，随着指挥员“起飞”令下，巨型运载火箭喷射出一团橘红色的烈焰，托举着“神舟”七号载人飞船昂然直穿苍穹……几乎是同时，在数千里之遥的宁波天安(集团)股份有限公司(以下简称天安集团)总部，静候在电视机前的所有人也沸腾了：三次结缘“神舟”，让他们感到无比自豪。

2003 年，天安集团在 20 多家企业的竞争中脱颖而出，以技术标和商务标最高分一举中标，第一次涉足中国航天事业。2005 年，天安集团又凭借雄厚的技术实力和前期获得的信誉，为酒泉基地电网改造项目提供了 LW39—126 断路器。这一次，保障“神五”、“神六”、“神七”升空的电气设备成功发挥作用，在祖国的航天事业和天安集团的发展史上，都抹上浓墨重彩的一笔。

天安集团连续三次效力“神舟”，令人们刮目相看。天安集团副总工程师龚晨道出了其中奥秘：“实力是保证，实力就是质量。”龚晨对 2003 年天安集团第一次为神舟效力的情形，仍然记忆犹新。当时，酒泉基地的一位领导在对产品进行安全性评估时，意味深长地说：“产品必须 100% 可靠！”

为了 100% 的质量，天安集团专门成立了领导班子和技术质量管理工作组，对设计、生产、质量实施全方位监控。天安集团员工在得知自己制造的产品将用于飞船发射时，都感到无比的骄傲和沉重的压力。当时最大的困难是如何保证产品在运行过程中的安全稳定性，为此，公司严把质量关，几乎到了苛刻的地步。采购人员精心挑选外购件，对每一台互感器都逐一进行局放试验，所有的元器件也都进行了严格的质量试验，稍有问题就淘汰；质检人员对自制加工零件的检验也一丝不苟，稍有不足便毫不犹豫地做报废处理。在生产加工过程中，工人们每道工序严格按工艺装配。因为产品的重量也是关键技术参数之一，所有的零配件都称重后才安装，连螺丝螺母都用天平称重过才装配到产品上。仓库保管员小杨回忆说：“当时生产任务重，装配工人们没时间称零件，我们就自发地去称螺丝螺母，并按照图纸的要求，分别装在一个个塑料袋里，外面贴上标签，有图号、材质、生产厂家、数量及重量等资料。”

接到在“神六”发射电网上安装 LW39—126 断路器的任务时，“天安”人兴奋了。由龚晨主持、公司独立研发的 LW39—126 断路器是高等级电器设备，具有自主知识产权并获得国家专利。该产品在不变更灭弧室零部件的前提下，通过调整断路器充气压力，实现双重开断能力，可靠性大大提高，达到国际同类先进产品水平。2005 年 6 月 17 ~ 19 日，由设计、总装、安装施工的有关专家组成的验收组抵达天安集团，重新测试产品的机械特性、电阻、耐压、微水含量和气密度等多项重要指标，专家一致称赞：天安信誉良好，产品过硬。

正如天安集团 KYN10—40.5 开关柜生产厂厂长呙振飞所说：“‘天安’产品两次被酒泉基地选中，并继续服务‘神七’，这是我们的自豪。”主设计人张振凯工程师激动地说：“这是真正的中国制造的产品，助力‘神舟’三次飞天成功，显示我们的产品已走在了世界先进行列。”

在现场安装“神五”“神六”配套设备过程中，“天安”人都遇到调试工作量大，时间紧迫的问题。特别是西北严寒干燥的冬季，昼夜温差非常大，这对生长在南方滨海边的象山人，是非常严峻的考验。2003 年 8 月“神五”发射前夕，产品按时发运到基地，售后服务部的罗文虎凭职业敏感和多年的工作经验，发现用于安装电器设备的地基做得不好，可能对产品运行会有影响。他经过斟酌后向基地指挥人员指出，并拿出了具体解决方案，逐一弥补了缺陷。安装时，由于工作场地特殊，设备空间狭小，人钻不进去。他心一急，在 -30℃ 的严寒中，只穿一件衬衫就钻进 KYN10—40.5 柜子里干活。出来后，冻得嘴唇发黑，哆嗦了好久才说出一句“好冷啊！”。在“神七”翱翔前夕，罗文虎再次奔赴酒泉，参与“神七”飞天发射现场的电网运行状况检测。当别人问他有没有看到发射的壮观场景时，他腼腆地笑着说：“‘神舟’飞天那几天，我吃睡都在配电间，每天紧张地盯着监测设备上的数据，根本不可能去现场看飞船发射的。”可以这么说，正是无数个像罗文虎一样的幕后英雄，用精湛的技术和无私的奉献精神，托起“神舟”一次次成功的翱翔。

在“神舟”三次发射成功后，发射指挥中心给公司发来贺电称，“天安”产品“确保试验任务可靠，产品性能优异……”

〔撰稿人：宁波天安(集团)股份有限公司郭杰〕

产品与项目

介绍电器工业在2007年及2003年各类奖项中的获奖情况

Introducing the situation of winning various awards in 2007 and 2008 by the electrical equipment industry

综述

行业概况

企业概况

产品与项目

标准化

统计资料

大事记

中国电器工业年鉴2008

产品与项目

2007 年度国家科学技术进步奖获奖项目

编号	项 目 名 称	主要完成单位	推荐单位	获奖等级
J—217—1—01	超超临界燃煤发电技术的研发和应用中国电力投资集团公司	中国华能集团公司 哈尔滨锅炉厂有限责任公司 东方电气集团东方汽轮机有限公司 上海电气集团总公司 华能国际电力股份有限公司 国家电站燃烧工程技术研究中心 西安热工研究院有限公司 中国电力工程顾问集团华东电力设计院	中国电机工程学会	一等奖
J—217—1—02	750kV 交流输变电关键技术研究、设备研制及工程应用	西北电网有限公司 西安电力机械制造公司 特变电工股份有限公司 国网武汉高压研究院 西安高压电器研究所有限责任公司 中国电力科学研究院 保定天威保变电气股份有限公司 中国电力顾问集团西北电力设计院 沈阳变压器研究所有限公司 国网北京电力建设研究院	中国电机工程学会	一等奖
J—215—2—04	高性能真空开关铜铬触头材料设计、关键制造技术及其应用	西安交通大学 陕西斯瑞工业有限责任公司	陕西省	二等奖
J—217—2—03	PCS—9500 高压直流控制和保护系统及其工程应用	南京南瑞继保电气有限公司 北京网联直流工程技术有限公司 国网南京自动化研究院 国网运行有限公司 华东电网有限公司	中国电机工程学会	二等奖
J—217—2—05	大型直接空冷汽轮机关键技术研究及设备研制	哈尔滨汽轮机厂有限责任公司	中国机械工业联合会	二等奖
J—219—2—08	聚合物电极材料及其在电容器中的应用	电子科技大学 成都宏明电子股份有限公司 北京七星飞行电子有限公司 四川东盛电子科技有限公司	四川省	二等奖

2008 年度中国机械工业科学技术奖（电工电器项目）

2008 年度中国机械工业科学技术奖（电工电器项目）共评出特等奖 2 项、一等奖 2 项、二等奖 15 项、三等奖 30 项。2008 年度中国机械工业科学技术奖（电工电器项目）特等奖及一等奖见表 1。2008 年度中国机械工业科学技术奖（电工电器项目）二等奖见表 2。2008 年度中国机械工业科学技术奖（电工电器项目）三等奖见表 3。

表1　2008年度中国机械工业科学技术奖(电工电器项目)特等奖及一等奖

项目名称	完成单位	获奖等级
三峡巨型全空冷水轮发电机组关键技术研究及设备研制	哈尔滨电机厂有限责任公司	特等奖
高压直流输电重大技术装备研制	西安电力机械制造公司(西安西电变压器有限责任公司、西安西电电力整流器有限责任公司、西安高压电器研究所有限责任公司、西安电瓷研究所有限公司、西安西电电力电容器有限责任公司) 西安电力电子技术研究所 许继集团有限公司 上海电缆研究所 特变电工沈阳变压器集团有限公司 机械工业北京电工技术经济研究所 桂林电力电容器有限责任公司 保定天威保变电气股份有限公司 大连电瓷有限公司	特等奖
ZF8—550(L)/4000—63气体绝缘金属封闭开关设备	西安西开高压电气股份有限公司	一等奖
可控并联电抗器关键技术研究与研制	西安西电变压器有限责任公司 特变电工沈阳变压器集团有限公司	一等奖

表2　2008年度中国机械工业科学技术奖(电工电器项目)二等奖

项目名称	完成单位
超高压特大容量发电机变压器	保定天威保变电气股份有限公司 特变电工沈阳变压器集团有限公司
ODFPS—334000/500变压器	保定天威保变电气股份有限公司
中小功率开关型逆变电源及并联并网关键技术研究	燕山大学 华中科技大学
白山抽水蓄能泵站150MW抽水蓄能机组	哈尔滨电机厂有限责任公司 广州电器科学研究院
高磁场高温超导磁体技术及其应用研究	中国科学院电工研究所 抚顺隆基磁电设备有限公司 武汉工程大学
GW27—800(W)/J5000—63型高压交流隔离开关	河南平高电气股份有限公司
800/1100kV开关设备用环氧浇注件制造技术研究和应用	西安西开高压电气股份有限公司
直线电机直接推力控制系统应用研究	沈阳工业大学
核电站用1E级K1类电缆	江苏上上电缆集团
ZF1—252/4000—50型气体绝缘金属封闭开关设备研制	西安高压电器研究所有限责任公司
40GQS低噪声电站	兰州电源车辆研究所有限公司
电力系统负荷建模理论方法及其工程应用	湖南大学 湖南省电力公司调度通信局
TAW8800—20/3250增安型无刷励磁同步电动机	南阳防爆集团有限公司
300MW机组海水烟气脱硫技术	东方锅炉(集团)股份有限公司
高效叶片研究在中比转速水轮机中的应用	哈尔滨大电机研究所 国家水力发电设备工程技术研究中心

表3　2008年度中国机械工业科学技术奖(电工电器项目)三等奖

项目名称	单位名称
ZF9—252/Y4000—63气体绝缘金属封闭开关设备	西安西开高压电气股份有限公司
CB252—Ⅱ三相机械联动高压交流六氟化硫断路器	西安西开高压电气股份有限公司
24kV/330MW汽轮发电机定子线棒的研制	北京北重汽轮电机有限责任公司
DF3300E变电站自动化系统	烟台东方电子信息产业股份有限公司
XRNT□(STR20)—40.5/(20～40)—31.5油浸式变压器保护用高压限流全范围熔断器	上海电器陶瓷厂有限公司
SJN—Z70/65—150—90—Ⅲ—D(Q)三层共挤式干法交联生产线	南京艺工电工设备有限公司

（续）

项目名称	单位名称
抽油机专用变频调速控制技术及装置	中国石油大学（华东） 中国石化股份胜利油田分公司河口采油厂
LW10B—252（H）/50—4000 型六氟化硫断路器	河南平高电气股份有限公司
非晶合金变压器铁心及制造技术	北京中机联供非晶科技发展有限公司
环保型高性能铝镁锰合金线	杭州银河线缆有限公司
1 025t/h 亚临界循环流化床锅炉	上海锅炉厂有限公司
600MW 高压加热器	哈尔滨锅炉厂有限责任公司
基于 PCI 及 USB 总线的开放式运动控制卡开发	哈尔滨理工大学
SCZ9—25000/35 三相树脂绝缘干式电力变压器	顺特电气有限公司
智能化、可通信、多功能、孪生式塑壳断路器的研发	上海电器科学研究所（集团）有限公司 上海万松电气设备有限公司
智能电磁调压软起动装置	武汉理工大学 孝感市大禹电气有限公司
混合电动客车用镍氢动力电源系统	泰州春兰研究院 江苏春兰清洁能源研究院有限公司
YB2 系列高压隔爆型三相异步电动机	佳木斯电机股份有限公司
矿用隔爆兼本质安全型多回路智能系列真空电磁起动器	徐州煤矿机械厂
智能系列矿用隔爆型真空馈电开关	徐州煤矿机械厂
110kV 交联聚乙烯绝缘电力电缆附件	青岛汉缆股份有限公司
地铁船舶用电器检测系统	苏州电器科学研究所有限公司
SSP—H—780000/500 三相组合式变压器	特变电工沈阳变压器集团有限公司
HSW6 系列万能式断路器（新一代智能型万能式低压断路器）	杭州之江开关股份有限公司
高水头、高转速、大容量卧式机组研制	杭州杭发集团公司（杭州发电设备厂）
一种快速接（卸）铜导线结构的电器附件——NEW6C 系列开关插座	浙江正泰建筑电器有限公司
超导磁铁电源	天水电气传动研究所 中国科学院高能物理研究所
i—AX—12（G）/T2500—40 及 i—AX—24/T2000—25 铠装型金属封闭开关设备	天水长城开关厂有限公司
EVH1—12/T1250—31.5 户内高压交流真空断路器	天水长城开关厂有限公司
QXL23—17.5—AII 燃煤注汽锅炉	大连锅炉厂

2007 年度中国机械工业科学技术奖（电工电器项目）

2007 年度中国机械工业科学技术奖（电工电器项目）共评出特等奖 1 项、一等奖 3 项、二等奖 12 项、三等奖 15 项。2007 年度中国机械工业科学技术奖（电工电器项目）特等奖及一等奖见表 1。2007 年度中国机械工业科学技术奖（电工电器项目）二等奖见表 2。2007 年度中国机械工业科学技术奖（电工电器项目）三等奖见表 3。

表 1　2007 年度中国机械工业科学技术奖（电工电器项目）特等奖及一等奖

项目名称	完成单位	项目评价	获奖等级
我国超临界 600MW 火电机组成套设备研制与工程应用	上海发电设备成套设计研究院 哈尔滨汽轮机厂有限责任公司 东方锅炉（集团）股份有限公司 上海汽轮机有限公司 哈尔滨锅炉厂有限责任公司	一种效率比较高、煤耗比较低且排放比较少的新型电站设备，是电站设备升级换代产品	特等奖

（续）

项 目 名 称	完 成 单 位	项 目 评 价	获 奖 等 级
	东方汽轮机厂 上海锅炉厂有限公司 机械工业北京电工技术经济研究所 哈尔滨电机厂有限责任公司 东方电机股份有限公司 上海汽轮发电机有限公司 北京巴布科克·威尔科克斯有限公司 哈尔滨哈锅阀门股份有限公司 上海动力设备有限公司 沈阳鼓风机(集团)有限公司		
电网新型节能技术与系列装备及其工程应用	湖南大学 湖南省电力公司 湖南电器研究所 长沙博立电气有限公司 湘潭电机股份有限公司	为解决我国输配电节能技术的部分关键问题提供了有效途径和示范，为我国国民经济的持续稳定发展和建设和谐社会发挥了积极的作用	一等奖
6 500MV·A 冲击发电机	哈尔滨电机厂有限责任公司	节省了出国试验的大量外汇，同时对常规大型汽轮发电机的开发和改进提供了许多宝贵的经验	一等奖
高压直流输电系统及设备关键技术标准研究	机械工业北京电工技术经济研究所 西安高压电器研究所 中国电力科学研究院 西电西安变压器有限责任公司 特变电工沈阳变压器有限责任公司 西安电力电容器研究所 西安电瓷研究所 许昌继电器研究所 西安电力电子技术研究所 沈阳变压器研究所有限公司	对我国高压直流输变电技术摆脱国外束缚、实现自主化设计制造、发展 ±800kV 直流输电技术起到了显著的推动作用	一等奖

表 2　2007 年度中国机械工业科学技术奖(电工电器项目)二等奖

项 目 名 称	完 成 单 位
LW43—252/T4000—50 高压交流断路器	正泰电气股份有限公司
ZFW20—252(L)/Y3150—50 型气体绝缘金属封闭开关设备	新东北电气(沈阳)高压开关有限公司
$\phi \geqslant 6.25$m 大型灯泡贯流式水轮发电机组成套设备	天津市天发重型水电设备制造有限公司
MAXF 系列高压变频调速装置	上海发电设备成套设计研究院
	上海科达机电控制有限公司
低压大容量试验设备关键技术研究	上海电器科学研究所(集团)有限公司
DZ—40000/1000 电力变压器	西安西电变压器有限责任公司
串联式裂解整流变压器	保定天威集团有限公司
	保定天威集团特变电气有限公司
大型复杂机电系统建模与智能优化控制技术及其工程应用	湖南大学
H710～1000 大型箱式结构新系列电机研制	湘潭电机股份有限公司
成套电力电器仿真分析软件	大全集团有限公司
	西安交通大学
	沈阳工业大学
	江苏大学
气体再燃、双通道浓淡低 NO_x 煤粉燃烧器开发及应用	上海理工大学
	宝山钢铁股份有限公司
	华中科技大学

（续）

项 目 名 称	完 成 单 位
WFB—1C 数字式发电机变压器组成套保护装置	阿城继电器股份有限公司 保定中力电力科技发展有限公司 华北电力大学

表 3　2007 年度中国机械工业科学技术奖（电工电器项目）三等奖

项 目 名 称	单 位 名 称
400MW 大型燃气轮发电机气密试验分析系统研制	哈尔滨电机厂有限责任公司
汽轮机油系列（TSA/LF、TSE/LF 等）产品的研制和应用	中国石油化工股份有限公司润滑油研发（北京）中心
LW56—363（W）/Y4000—50 型罐式六氟化硫断路器	新东北电气（沈阳）高压开关有限公司
TM40 系列智能型塑料外壳式断路器	天津市百利电气有限公司
冷凝式锅炉的研制开发	上海工业锅炉研究所
EW 系列高效永磁同步无齿曳引机	卧龙电气集团股份有限公司
智能可通信电动机保护器	上海电器科学研究所（集团）有限公司
高速铁路电气化建设专用 VV 接线牵引变压器的研制及产业化	特变电工股份有限公司新疆变压器厂
热收缩网包换位导线	保定天威集团有限公司、保定天威电力线材有限公司
新型 550kV 户外超高压交流隔离开关和接地开关	湖南长高高压开关集团股份公司
新型无刷双馈风力发电机及其变速恒频控制系统	沈阳工业大学
12kV 系列箱型固定式交流金属封闭开关设备研制	西安高压电器研究所有限责任公司
大功率变频驱动系统用电力电缆	宝胜科技创新股份有限公司
CGZ1 总线型低压成套开关设备	常熟开关制造有限公司
舰船装备用特种电源及相关技术的研究	江苏科技大学

我国超临界 600MW 火电机组成套设备研制与工程应用

超临界 600MW 火电机组成套设备具有参数高、结构比较复杂、设计与制造难度很大的特点，是一种效率比较高、煤耗比较低且排放比较少的新型电站设备，是电站设备升级换代产品。发电设备制造行业 15 个单位通过多年科技攻关，在 5 个方面完成了技术创新研究，研制出超临界 600MW 火电机组成套设备，取得了具有重大实用价值的科技成果。

1. 超临界 600MW 汽轮机研制

系统研究并掌握了超临界汽轮机的通流部分优化设计、仿固体颗粒侵蚀设计、防汽流激振设计、高温材料与寿命设计、系统可靠性设计、叶片新结构、专用高压主汽调节联合阀、关键部件制造的新工艺、先进的自动控制系统、超临界空冷汽轮机等关键技术和新技术，自主设计并生产出具有湿冷、空冷、抽汽供热技术特点的超临界 600MW 级汽轮机系列产品。

2. 超临界 600MW 锅炉研制

系统研究并掌握了超临界锅炉的水动力设计、启动系统设计、关键部件强度与寿命设计、系统可靠性设计、低 NO_x 燃烧技术、回转式空气预热器控制漏风技术、螺旋管水冷壁制造、汽水分离器制造、高温材料加工与焊接等新技术和新工艺，自主设计并生产出燃用烟煤、贫煤、褐煤、无烟煤等不同煤质的超临界 600MW 级锅炉系列产品。

3. 超临界 600MW 机组配套发电机的研制

系统研究并掌握了转子全隐式风斗、定子线圈浸渍与绑扎、多段式定子机座设计、轴系动特性设计、有限无数值分析、静态励磁、线圈焊接、可靠性评定等新技术与新工艺，自主设计并生产出超临界 600MW 机组配套发电机系列产品。

4. 超临界 600MW 机组主要辅机研制

研究掌握了超临界机组配套的水压试验堵阀、截止阀、止回阀、高压加热器、给水泵等主要辅机设计的关键技术与制造的关键工艺，设计并生产出超临界 600MW 机组配套的主要辅机。

5. 超临界机组高温材料与技术标准的研究

完成了典型高温材料高温长时力学性研究，实现了典型高温部件的国产化；研究制定并实践应用了超临界机组的 4 个技术标准（草案），建立了超临界机组技术标准体系。

超临界 600MW 汽轮机热耗率达到 7 522 ~ 7 555 kJ/（kW · h），超临界 600MW 锅炉效率达到 93.5% ~94%，配套超临界 600MW 机组发电机的效率达到 98.94% ~ 99%，整套机组供电煤耗达到 305 ~ 315g/（kW · h），NO_x 排放达到 216mg/m^3（标准状态）。重要部件运行设计寿命为 40 年，启停低阀疲劳寿命达到 10 000 次。已申请获得发明专利 13 项，获得实用新型专利 35 项、软件著作权 4 项。

电网新型节能技术与系列装备及其工程应用

该项目主要包括基于ASVG和SVC的高低压先进无功补偿技术与系列装备，基于并联混合型有源电力滤波器(HAPF)的大容量无功补偿和谐波治理一体化技术与装备，基于支路、元件和电网的复功率损耗分配技术的输电费用分配系统，以及基于多层数据库体系和智能化参数数据展现及数据交换的变电站综合自动化系统。项目的主要技术特点如下：

(1)提出了优化递推积分PI方法，实现了TCR型SVC的复合控制，成功稳定了系统电压，极大降低了无功检测带来的延时和误差。

(2)提出了基于瞬时功率平衡的ASVG电压双闭环神经网络PID解耦控制策略，解决了有功/无功解耦控制的难题，加快了装置的响应速度，增强了控制器的自适应性能。

(3)针对电网谐波电压的影响，首次提出了基于检测电网谐波电流和电压的并联型HAPF的复合控制策略，成功稳定了逆变器直流侧电压，有力地保障了装置的安全、稳定运行。

(4)首次在谐波域中分析和解决了逆变器的死区效应，提出基于改进规则采样法的谐波域死区补偿技术，有效消除死区对逆变器输出谐波电流幅值和相位的影响，大大降低了谐波补偿残余度。

(5)首次提出了支路、元件和电网的复功率损耗分配技术，解决了传统方法无法精确计算PQ耦合影响和已有定义对两端元件不惟一、对多端元件不适用的难题，避免了传统方法虚构理想无损网络的缺陷。

(6)提出了基于多层数据库体系的智能化电气参数展现及异构系统之间的数据交换技术，建立了智能化电气模拟图展示平台和基于Web模式的对外信息交换与共享平台，解决了大容量数据的交换、存储和共享难题。

电网新型节能技术与系列装备及其工程应用项目形成的产品已在电力、冶金等多个行业中应用，累计创造经济效益超过4亿元，为解决我国输配电节能技术的部分关键问题提供了有效途径和示范，为我国国民经济的持续稳定发展和建设和谐社会发挥了积极的作用。

6 500MV·A 冲击发电机

冲击发电机用于电力系统的高压断路器、变压器、分压器等元件的短路和开断试验，以及电强度短时承受能力等项试验的一种特殊发电机，它的工作状态相当于正常发电机的事故状态。

哈尔滨电机厂有限责任公司总共进行了31项理论和试验研究课题。为了验证6 500MV·A冲击发电机设计的正确性，制作了两个长度不同的模型电机和1:1局部模型进行试验；与清华大学、西安高压电器研究所一起在2 450MV·A冲击发电机上进行了试验，并对特殊结构和计算方法进行了验证。其结果表明：

(1)影响产品性能最关键的参数X_d''计算值为29.6mΩ，实测值约29.7mΩ。表明新创立的计算方法准确可靠，满足合同中30mΩ的要求。

(2)2003年11月6 500MV·A冲击发电机投入运行以来，最大电流值达320kA，测试断路器累计5 000多次。绕组固定结构未出现任何损坏，证明采用独创的单层绕组整根线棒，端部绕组内外锥环结构合理，牢固可靠，可满足使用要求。

(3)采用独创的转子整根槽楔结构，加大超瞬态时间常数，提高I_{min}值，提高发电机开断容量。用户反映该冲击发电机性能超过荷兰KEMA发电机性能。

(4)达到衰减特性$\{I(t=0.10)-I_{min}\}/I(t=0.10)<5\%$的要求。在50kA时为3.6%，80kA时为5%。

(5)实测恢复电压13.15kV，满足技术要求。

(6)改善转子绕组绝缘性能。出厂耐压实验为5 000V，原拟进口A-A公司发电机转子耐压为4 000V，高于进口发电机。定子A-A公司为25kV，哈尔滨电机厂有限责任公司产品为29kV。

该电机的研制成功增加了可观的经济效益，节省了出国试验的大量外汇，同时对常规大型汽轮发电机的开发和改进提供了许多宝贵的经验。

高压直流输电系统及设备关键技术标准研究

该项目对高压直流系统与设备关键技术及试验方法进行了研究，主要成果有：通过系统模拟试验确定了特性参数；换流变平波电抗器的损耗计算与测量、绝缘结构特性、绝缘试验方法、平波电抗器增量电感等技术参数研究；换流站不同位置避雷器应力研究、加速老化、动作负载、能量耐受、电流分布、起痕和耐电蚀损试验研究；交直流滤波电容器的容差值、内部熔丝安－秒特性、抗涌流试验、局部放电研究等；系统与设备控制保护的站控、极控等测试验证，引进软件二次开发；换流站噪声源机理模型建立及环境影响研究，提出噪声抑制及降噪措施；直流套管的局部放电、介质损耗试验研究；光控晶闸管参数优化试验；系统设备成套设计参数匹配。

该项目形成了4项高压直流输电设备基础标准，13项高压直流输电设备标准以及11个试验研究报告。获得5项科学技术奖，2项实用新型专利，同时发表了10余篇论文。

项目对推动我国输变电装备业的技术进步体现在4个方面：①建立的我国高压直流输电关键设备国家标准体系填补了国内外空白；②通过消化\引进不同技术，结合我国直流工程经验完成的项目成果已广泛应用于我国高压直流工程及设备的设计制造；③构建了我国高压直流设备的设计、制造、试验检测平台，为高压直流工程建设实现自主技术提供了支撑；④项目培养了国际专家，提高了我国在高压直流输电领域的国际地位和话语权。这一切对于我国高压直流输变电技术摆脱国外束缚、实现自主化设计制造、发展±800kV直流输电技术起到了显著的推动作用。

该成果已经用于指导产品的设计制造、检测、工程建设和工程招投标文件规范。三年多的时间已累计实现新增产值35亿元，新增利税4.6亿元，同时也产生了巨大的社会效益。

LW43—252/T4000—50高压交流断路器

LW43—252/4000—50高压六氟化硫断路器是三相交流50Hz户外高压开关设备，主要用于252kV电力系统的控制和保护，也可作为联络断路器使用。

其主要功能有：使电力线路、设备投入或退出运行；切除电力线路及设备中的故障；能承载及切合负荷电流，其中包括长期承载负荷电流、关合负荷电流和开断负荷电流；短时承载及切合短路故障电流，其中包括短时承载短路故障电流及其峰值电流、关合短路故障电流及其峰值电流、开断短路故障电流；具有开断近区故障电流的能力；具有开断失步开断电流的能力；能切合容性电流，其中包括切合线路充电开合电流、切合电缆充电开合电流；切合小电感电流，其中包括切合空载变压器开断电流；产品具有防跳功能。

产品主要特点有：

(1)断路器采用自能灭弧原理，充分利用电弧的能量，固定活塞的截面积比压气式小得多，所以具有开断能力强、操作功小、可靠性高的特点。

(2)采用弹簧操动机构，不存在液压机构漏油、气动机构漏气和产生噪声的不良现象。

(3)由于采用弹簧操动机构，断路器结构轻巧、技术经济指标高、机械寿命长。

(4)自能熄弧、配弹簧操动机构的SF_6断路器与配用气动机构及液压机构相比，无密封要求，工艺性和技术经济性好。

根据用户的运行反馈，该设备的弹簧操动机构结构轻巧、性能稳定可靠、机械寿命长、故障率低、无渗漏现象，是一种免维修或少维修的操动机构，深受用户的青睐。

ZFW20—252(L)/Y3150—50型气体绝缘金属封闭开关设备

ZFW20—252(L)/Y3150—50型气体绝缘金属封闭开关设备是新东北电气(沈阳)高压开关有限公司引进日本AE Power公司技术生产的三相交流50Hz高压输变电设备，产品结构简化，可靠性高、布局清晰、灵活性强、占用空间少，间距仅为1.8m，技术水平达到国内领先、国际先进水平。该产品适用于标称电压220kV的电力系统，主要用于户内及户外，对输变电线路和电气设备起控制和保护作用。

该设备包括：母线、隔离开关、接地开关、断路器、伸缩节、电压互感器、电流互感器、出线套管、氧化锌避雷器、汇空柜等基本元件，可根据用户的不同需要组成单母线、双母线等多种布置结构方式。

产品设计成主母线三相共箱，其余部分为三相分箱型。每间隔宽度1 550mm，间隔距离1 800(2 200)mm(现产品间隔距离3 000mm)，结构紧凑，占地面积大大减少，可以满足对占地面积要求日益苛刻的城市变电站等场合的要求。

断路器灭弧室采用模拟计算电磁场后设计的新型灭弧结构，开断性能好，操动机构操作功小。断路器配用弹簧操动机构，操作更为简便可靠，克服了原气动操动机构噪声大、配套设备复杂、占地面积大的缺点，同时避免了液压操动机构漏油失压的现象。

该设备采用三工位隔离开关，将隔离开关和接地开关结构合二为一，且共用一个操动机构，使结构简化，尺寸显著变小；可省略隔离开关和接地开关之间的连锁结构，提高了产品运行的可靠性。

ZFW20—252(L)/Y3150—50型气体绝缘金属封闭开关设备一个标准间隔销售价格约210万元，利润约80万元。按年销售量200个间隔计算，全年产值将达到40 000万元，增加利润16 000万元。

$\phi \geqslant 6.25$m 大型灯泡贯流式水轮发电机组成套设备

该项目研制一种达到国际先进水平的具有自主知识产权的新型低水头大流量灯泡贯流式水轮发电机组，并解决以下关键技术问题：

（1）单机容量达到 40MW，转轮直径达到 6 m 以上，适应水头高度 5～25m。

（2）在大型灯泡贯流式水轮发电机组设计中，研究新型统分冷却方式，使电机温升指标达到国际先进水平。

（3）在大型推力轴承的设计中，运用热弹流润滑理论，根据不同的载荷选择科学合理的轴承支撑方式进行研究，达到既满足机组性能要求，又简化结构、节约成本的目的。研究性能处于全国领先水平的径向轴承的新型结构。

（4）研究定子绝缘系统的绝缘结构设计与工艺制造关键技术，确保电机在长期的运行中，不因振动热应力而损伤绝缘，不因高电压长期作用而产生电晕，避免由于电晕而损伤线圈。

对该项目采用的技术创新点进行了国内外查新检索，查新结论表明，该项目的关键技术指标达到或接近国际先进水平。

该项目在大力开发我国低水头水力资源，在西部大开发中的能源基地建设中，以及带动西部贫困地区靠能源建设脱贫致富中发挥了重要作用，具有十分重大的社会意义与经济意义。目前，该产品已承揽 163 台（套），合同总价累计 201 465 万元，市场占有率 40% 以上；实现销售 110 971 万元，利税 7 210 万元。

MAXF 系列高压变频调速装置

上海发电设备成套设计研究院针对大型高压电机变频调速系统进行了深入研究，提出了智能功率单元设计的理念，在高压变频领域引入集散控制的思想，研制成功了基于集散控制的智能功率单元串联多电平拓扑结构的高压变频装置。采用 32 位高可靠性处理器作为主控控制器集中管理，用 16 位高性能单片机作为智能功率单元控制处理器分散自治控制，通过光纤串行通信连接主控制器和单元处理器。主控制器将电压、频率、控制命令经光纤同时传送给各个单元处理器，各单元处理器根据接收到的指令，自主独立产生协调移位的触发脉冲，从而使智能功率单元起到真正的智能作用。智能功率单元根据实时接收到的指令自动检测母线直流电压和交流输出电压、电流，完成相关的监测、实时保护及故障定位。智能功率单元在出现故障时自动快速电子旁路（小于 20μs），同时在主控制器的协调管理下，自动平衡三相输出电压电流，在连通单元机械旁路的情况下，可在线更换故障单元，在线投入后能再次自动平衡三相输出电压、电流，保证电动机整机的平稳可靠运行，智能单元在线可更换技术保证了变频器整机的运行可靠性，为高压电机的变频普及及应用奠定了坚实的基础。为解决功率单元传统的电力电解电容耐压低、发热、低寿命的问题，特别研制了高耐压大容量有自愈能力的无极性电力电容，提高了装置的整体可靠性。

三年来，大型高压电机变频节能技术与系统及相关成果产品销售额突破 1 亿元，增加利润 178 万元，增加税收 550 万元。2006 年底投运的 5 000kW 高压变频器，仅一台半年已节约电费 150 余万元，三年来项目相关成果累计产生的经济总产值已突破 3 亿元。成果已获得专利 2 项，受理专利 3 项，发表学术刊物论文 6 篇。项目基本满足国内 300MW、600MW、1 000MW 等级火力发电机组及相关行业的风机、水泵变频调速改造的要求。它的完成有力地推动了我国电机节能产业的发展，为国产大功率高压变频器的应用开创了新局面。

低压大容量试验设备关键技术研究

该项目是上海市科委公共服务平台项目的关键技术研究成果，研制的关键设备用于检测新标准中规定的电工产品的各项性能（如 GB 14048.2—2001），是目前检测电工产品的最先进的机电一体化高科技产品。

典型产品及性能：

（1）低压断路器动作特性试验设备、漏电保护器试验设备、接触器和电动机保护器电寿命试验设备。

（2）额定工作电压 AC400V/50Hz，最大试验电流达到 20 000A。

（3）集成现有电工检测设备的多种功能。

（4）集成多种现场总线的通信功能。

该项目已申请专利 4 项，其中发明专利 2 项，实用新型专利 2 项。根据技术查新，项目成果达到了国际先进水平。

主要科技内容及解决的关键技术有：

(1)新型的系统结构设计,解决了大容量组件的散热和安装问题。

(2)采用新型的设备技术,解决大电流分断的拉弧现象,延长了设备的使用寿命,降低了系统成本。

(3)模拟各类实际工况环境以验证试品性能(设备漏电、电流骤降、电磁干扰等)。

(4)实现任意角度选相控制(0°~180°导通角度误差小于±1°),消除电流的非周期分量,保证实验的准确性。

(5)采用快速导通和关断技术(10ms)实现主回路的快速切换,满足试品在短路条件下的性能测试。

(6)通过均流技术的研究,实现了多组晶闸管并联运行的技术。

(7)实现了20 000A(400V电压)的大电流控制,解决了大容量低压电工的试验需求。

(8)采用新型多任务处理技术,解决了测量、检测、控制、保护、通信等技术的集成问题。

(9)通过脉冲调制技术和可编程逻辑技术的研究,解决了触发多组闸管所需特殊调制信号的问题。

(10)通过多种现场总线技术的研究,实现了系统通信的多样性和通用性。

(11)研究检测所需的多种试验波形,解决了所需波形的实时性和准确性。

(12)采用触摸屏、上位机和远程控制相结合的人性化操作技术,解决了不同人群的使用方便。

该项目成果的推广与应用解决了低压电工行业检测手段落后的问题,促进了行业的发展,对提高低压电工产品的检测技术具有较大意义。该项目的研发成果已应用于国家低压电器质量监督检验中心等多家检测企业和制造企业,在提升检测技术、建立公共服务平台以及提高智能电工产品质量等方面作出了巨大的贡献,取得了显著的社会和经济效益。

该成果的推广将促进我国低压电工设备检测行业快速、健康发展,推进行业电工产品的技术创新。

DZ—40000/1000 电力变压器

西北750kV输变电示范工程的顺利投运,加快了我国特高压电网的建设步伐。“十一五”期间,我国计划建设晋城—南阳—荆州1 000kV特高压试验示范工程;荆州—武汉和荆州—长沙1 000kV特高压输变电工程;晋东南—石家庄—北京1 000kV特高压输变电工程等。

西安西电变压器有限责任公司通过科研攻关,掌握了特高压变压器关键技术,完成了特高压下绝缘特性、谐波磁场、涡流场、温度场的分析计算和程序开发,开展了特高压局部放电发生机理的研究和工艺措施、质量控制技术的研究。完成了对1 000kV特高压变压器涉及的绝缘技术、绝缘结构设计、暂态过电压对变压器的影响、发热冷却与油流带电、冲击电压分布、抗短路强度、超级超限运输等关键技术的基础研究。该产品是为国家电网公司交流特高压试验基地设计生产的首台产品,可作为百万伏特高压变压器的样机。通过自主创新,西安西电变压器有限责任公司形成了企业自主的核心技术,其中“一种变压器绝缘结构”、“一种半导体胶体及其制备方法”已申报国家专利。

该产品通过了全部例行试验和型式试验项目,技术性能指标符合国家标准要求,满足交流特高压试验基地性能要求。该产品电压等级高,绝缘结构合理,局部放电量小,噪声低,重量轻,性能好,综合性能指标国内领先并达到国际先进水平,于2006年12月通过了国家级鉴定,运行性能可靠稳定。

通过自主研制开发出特高压电力变压器,西安西电变压器有限责任公司掌握了特高压输变电设备制造技术,有利于促进国内输变电设备制造技术跃居国际先进水平。

串联式裂解整流变压器

与钢铁工业轧钢设备的供电设备配套的大容量串联式裂解整流变压器,以其单台容量大、价格便宜以及能最大限度地节省能源和空间的特点,日益受到广大电力用户的青睐。目前世界上只有ABB等少数公司掌握此项技术,国内已有厂家开始研制此类产品。国内需求全部依赖进口,大容量串联式裂解整流变压器国产化研制已成为发展趋势。

保定天威集团有限公司、保定天威集团有限公司特变电气有限公司研制的串联式裂解整流变压器一台由3个器身构成,3个器身上的同一相高压绕组串联,为使每个器身都能安全稳定运行,每个高压绕组带一个无励磁分接开关,可在不带电情况下对分接进行转换。同一相的3个低压绕组分别为星形接法(Y)和曲折形接法(Z+20°,Z-20°),3个低压绕组输出波形经整流后等效为18脉波。为了减小网侧过电压对阀侧(低压侧)整流元件的影响,高低压绕组间设有接地屏蔽,可抑制谐波,保证整流输出的均衡。考虑到谐波和过载运行,变压器容量按115%额定容量连续运行设计,使变压器更为安全可靠。

该项目于2006年8月通过了河北省省级鉴定,各项技术性能指标均达到国际先进水平,完全可替代国外同类产品与轧钢设备配套,填补了国内空白。

目前，串联式裂解整流变压器已应用于邯钢、包钢、武钢、湘钢、柳钢等国内各大知名钢铁企业，运行情况良好，安全可靠，自产品运行之日起事故率为零，可完全代替进口设备，满足用户的特殊要求，成为各大钢铁企业的首选设备。仅2005年5月至2007年2月，公司共生产串联裂解整流变压器271台，新增产值共计11 625万元，新增利税共计1 098.6万元。

串联式裂解整流变压器可为用户大大节省占地面积，不用重新建造新的变压器室，节省了大量资金。产品价格仅为进口产品的1/2左右，为国家节约了大量外汇，具有巨大的经济效益和社会效益，对满足快速发展的钢铁及冶金行业的急需，增强企业参与国际市场竞争的实力，具有深远的意义。

大型复杂机电系统建模与智能优化控制技术及其工程应用

该项目以大型复杂机电系统为背景，以智能建模与优化控制技术为研究重点，以解决重大工程项目需求中的关键技术问题为突破口，开展了一系列大型机电系统智能优化控制技术与工程应用研究。

该项目针对节能降耗与环保对大型机电工业自动化技术的需求，创造性地提出了大型泵站机组、大型水轮发电机组、复杂输变电和大型电力系统智能建模和辨识方法，解决了大型机电系统难以建模的重大技术问题。创建了大型机电高效节能的智能优化控制及节能机电自动化装备的优化设计新方法和新技术体系，有效地提高了大型机电系统的运行效率，降低了能耗。自主研发了集实时远程监控、状态监测、智能优化调度和故障诊断等功能于一体的分布式组态软件和关键硬件设备。建立了大型发电输变电工程研究中心及应用示范基地，解决了大型复杂机电综合自动化系统在我国重大工程应用中的多项关键技术难题。

项目的主要特点是：

(1)创造性地提出了大型泵站机组、大型水轮发电机组、复杂输变电和大型电力系统智能建模和辨识方法，解决了大型机电系统难以建模的重大技术问题。

(2)提出了一套面向大型机电系统的分布式多层次智能优化控制方案，实现了大型机电系统的协调控制，以及机电系统与企业管理层和决策层之间的信息共享与优化调度。

(3)提出了针对复杂机电系统的实时智能优化控制算法，有效地解决了机电系统中对象复杂、不确定性严重等难以实时控制的问题。

(4)提出了基于神经网络的多传感器信息融合和遗传小波神经网络信息融合处理方法，实现了机电系统多传感器信息的融合和有机集成，有效解决了复杂信息特征的检测问题。

(5)自主研发了一系列大型机电系统智能优化控制软件系统和关键设备，解决了智能优化控制技术在重大工程应用中的关键技术问题。

(6)自主研发了我国重大工程项目中的南水北调工程大型泵站综合自动控制系统及装置，三峡工程和西电东输工程的输变电系统关键监控软件和硬件设备、大中型水轮发电机励磁自动控制装备、输变电站智能控制系统，技术水平达到国际先进水平，创造了重大的社会和经济效益。

该项目技术成果被《SCI》、《EI》和《ISTP》收录100余篇，被他人引用1 240多次。技术成果被我国多项重大工程项目采用，新增产值4.2亿元，利税0.35亿元，促进了多个行业的发展，在科技进步和国民经济建设中发挥了重大作用。

H710～1 000mm大型箱式结构新系列电动机研制

主要研究内容包括中心高710～1 000mm鼠笼式、绕线式，自然通风冷却型、密闭自循环空—水冷却型、空—空冷却型，6kV、10kV系列大型三相异步电动机的开发。

该项目是在引进、消化、吸收美国西屋公司、瑞士BBC公司、德国AEG公司高压电机先进设计制造技术及德国RENK公司的端盖式自调心球面滑动轴承的设计制造技术以及总结中型Y系列电动机设计制造经验的基础上进行的。该系列针对大型电机的特点和难点采用了许多新技术、新结构和新材料，主要有：采用先进的计算机优化设计，对电机的电磁和结构进行了优化；采用少胶云母VPI真空整浸绝缘技术，提高了整体绕组的电气强度和机械强度，保证了电机绝缘系统的可靠性；绕线式电机转子采用高电压、低电流方案，降低了制造难度；大型绕线式双出轴电机采用集电环外置结构，方便了用户的使用维护；采用高可靠性、低成本滚动轴承结构，使电动机结构简单、维护方便，降低了电动机的成本；定子采用无骨架结构，提高了系列通用性。这些技术的应用使该系列电动机具有效率高、功率因数高、噪声低、振动小、重量轻、性能可靠及安装维护方便等优点。

该系列电动机具有完全的自主知识产权，综合技术性能指标达到了国内领先水平、国际同类产品先进水平。

该系列电动机可用于驱动压缩机、破碎机、磨机、风机、水泵等机械，广泛应用于能源、冶金、矿山、石化、建材等工业领域，可替代进口产品，为国家节省外汇，还可出口创汇。

截止至2005年底，已累计生产Y、YKS、YKK、YRKK710～1000系列大型箱式电动机1 307台、5 817.75MW，创造了巨大的经济效益和社会效益。

成套电力电器仿真分析软件

该项目对成套电力电器（开关柜和母线槽系统）内部的各种场域（电场、磁场、温度场等）以及内部故障电弧效应进行了深入研究，研制了仿真分析软件。通过仿真分析，可以较为准确地给出各种成套电器产品中电磁场、温度场的分布及变化规律，使其实现最佳分布，实现产品优化设计；通过对开关柜内部故障电弧的仿真分析研究，揭示了影响故障电弧效应的关键因素，提出并实现了对内部故障电弧进行综合控制的关键技术。主要研究内容及特点如下：

（1）分析了影响成套电力电器电气和机械特性的电、磁、热、力等方面的各个因素及其影响程度，研究它们的产生机理和相互间的耦合关系，建立它们的数学模型。

（2）成套电力电器场域仿真分析：建立了成套电力电器的电场、磁场、力场、电流场、温度场等三维场域模型，实现了温度场、电磁场和电动力分布在二维及三维标量场中的可视化，研发成功了场域仿真分析软件。该软件既包括电磁场、温度场等单一场的分析，也包括磁—结构、磁—热、磁—流等耦合场分析。

（3）开关柜内部故障电弧仿真分析：依托专用研究设备（带聚焦透镜的数字式光纤阵列高速摄像装置）对开关柜内部故障电弧进行了测试与仿真分析研究，揭示了影响故障电弧效应的关键因素；在国内外率先采用冲击动力学对开关柜最大冲击载荷进行了仿真分析；攻克了对内部故障电弧进行综合控制的关键技术，为开发新型的耐电弧故障开关柜提供了理论依据，节约了产品成本。

（4）仿真分析软件是研发成套电力电器的设计平台和重要工具，可提高产品的技术性能，缩短研发周期，节约研发成本。该软件的人机界面友好、系统性能稳定、仿真结果可靠，能满足工程实际要求，广泛应用于三峡电站等众多国家重点工程，指导了10个系列的成套电力电器产品的开发、改进和完善，实现了大规模产业化。

（5）该项目在研究过程中获得软件著作权1件，通过了江苏省信息产业厅的软件产品登记，发表科技论文6篇。该项目的技术成果于2006年通过鉴定，鉴定结论为达到国际先进水平。

该成果填补了我国成套电力电器行业的空白，推动了成套电器行业的技术进步，不仅能改变我国成套电器行业长期以仿制为主的被动局面，也改变了传统成套电器研发周期长、成本高、“知其然不知其所以然”的落后局面，对研发有自主知识产权的成套电器产品、提高企业核心竞争力具有促进作用。目前已新增利润7 315万元，新增税收6 344万元。

气体再燃、双通道浓淡低 NO_x 煤粉燃烧器开发及应用

气体再燃、双通道浓淡低 NO_x 煤粉燃烧器包含了两种先进的低 NO_x 煤粉燃烧技术——气体再燃低 NO_x 煤粉燃烧器和双通道浓淡低 NO_x 煤粉燃烧器。该技术是在国家“863”重点项目“燃煤锅炉采用气体燃料分级的低 NO_x 燃烧技术开发（项目编号为：2002AA527054）”和国家机械工业技术发展基金项目“双通道浓淡低 NO_x 煤粉燃器（项目编号为JF0004）”的支持下完成的。

气体再燃低 NO_x 煤粉燃烧器是将锅炉炉膛分成主燃区、再燃区和燃烬区。煤中氮在主燃烧区燃烧生成 NO_x，再燃燃料则在主燃区上方喷入形成再燃区，将燃烧生成的 NO_x 还原成 N_2 同时抑制新的 NO_x 的生成，最后未燃尽成分在燃尽区燃尽。通过实验室的小试、中试，最后在350MW机组锅炉上进行改造示范。示范工程一次点火成功，累计运行16 000h无故障，NO_x 排放量从原有的615mg/m^3（标准状态）降到了196mg/m^3（标准状态），远低于我国现行火电站氧化氮排放标准（标准状态下450mg/m^3），同时达到了国际最发达国家欧美的排放标准（标准状态下200mg/m^3）。气体再燃低 NO_x 煤粉燃烧器投资成本低于14.5元/ kW，增加运行成本低于0.0015元/kW，均远远低于目前国外普遍采用的尾部喷氨催化还原技术的投资成本（100元/ kW）和增加运行成本（0.05元/ kW）。

双通道浓淡低 NO_x 煤粉燃烧器在 NO_x 排放上达到我国现行标准，整体达到了国际先进水平，在低负荷稳燃上处于国际领先地位。两种低 NO_x 燃烧技术已通过实验室小试、中试到300MW机组锅炉上的示范应用，累计创造效益23 743万元，促进了我国煤粉燃烧技术的进步。

WFB—1C 数字式发电机变压器组成套保护装置

主要研究内容有：

(1)采用励磁涌流的模糊识别技术，能快速识别各种变压器内部故障和励磁涌流情况，克服了谐波制动原理在某些工况下的误判和延时动作问题。

(2)不平衡电流自适应跟踪补偿技术能有效地提高防外部故障误动的能力，具有高度可控性和快速响应性。

(3)转子一点接地保护采用变电桥原理，增强了反应过渡电阻的能力。

(4)保护采用自适应判据、模糊数学理论、小波变换等先进的算法，计算精度高，动作速度快。

(5)采用能量原理，使失步保护动作更加准确并且具有预测失步的功能。

(6)应用变数据窗算法，在保证可靠性的前提下，可提高动作速度。

(7)采用分布式多 CPU 处理技术，根据保护的特点和重要性将多种保护分配到不同的 CPU 内，适当集中与分散，提高可靠性。采用“启动 + 保护”的出口方式，可以防止硬件损坏造成的保护误动作。

(8)装置抗干扰能力强。采用整面板及背插式结构，使强电部分与弱电部分远离，提高了装置本身的抗干扰能力。

(9)专用的启动录波插件用以开放保护出口，有效防止了硬件损坏或功能失效可能导致的保护误出口；完善的多种启动判据，保证了保护的可靠性。

(10)大屏幕彩色液晶触摸屏操作，友好的人机界面及完善的人机对话功能。

该项目已形成年产 100 套的生产能力。盈亏平衡点(BEP)为 51 套。产品预计在第 2 年达到生产能力，预计年产量 100 套，成本 67.5 万元/套，按售价 80 万元/套计算，市场销售额将达到 8 000 万元/年，将每年创造利润 2 400 万元，实现利税 560 万元。

该 WFB—1C 数字式发电机变压器组成套保护装置整体技术水平处于同类产品国际先进水平，其中励磁涌流的模糊识别、不平衡电流自适应跟踪补偿等方面达到国际领先水平。该产品在黑龙江省伊春林业发电厂进行了半年的试运行，用户满意。

400MW 大型燃气轮发电机气密试验分析系统研制

400MW 大型燃气轮发电机气密试验分析系统是为完成与 GE 公司合作生产的 400MW 大型燃气轮发电机的气密试验而开发研制，同时兼顾哈尔滨电机厂有限责任公司生产的氢冷汽轮发电机气密试验。该系统在工业计算机控制下通过软件、硬件的有效结合实现氢冷汽轮发电机及其零部件气密试验的自动化和智能化，顺应当今生产过程自动化的技术发展趋势。在 400MW 大型燃气轮发电机气密试验中的应用证明其完全符合 GE 公司气密试验技术规范的要求；在哈尔滨电机厂有限责任公司的 600MW 汽轮发电机上的气密试验表明，其完全适应公司产品气密试验标准和方法的要求。

该试验分析系统具有很大的市场潜力，适用于各种容量汽轮发电机及其配件的气密试验，也可以应用于其他压力容器生产中的气密试验，提高产品的安全性，增强产品的竞争力。同时此试验分析系统可以推广到各大火电厂中用于汽轮发电机大修后的气密试验，替代传统的气密试验方法和设备，提高发电机组运行的安全性，具有巨大的经济和社会效益。经哈电公司的生产实践证明，该试验分析系统对本行业的技术进步有很大的促进作用。

经生产实践证明，该试验分析系统技术成熟，完全符合试验标准要求，与传统气密试验方法相比，具有明显的创新和先进性，为汽轮发电机试验的技术进步提供了新思路和新方法。该项目成果达到了国际先进水平。

汽轮机油系列(TSA/LF、TSE/LF 等)产品的研制和应用

开发了 5 大类 13 个粘度级别(涵盖了 32/46/68)的无灰型汽轮机油产品，分别为：L—TSE/TGE(LF)汽轮机油，极压燃气轮机及燃气—蒸汽联合机组用油；L—TSA/TGA(LF)，非极压燃气轮机及燃气—蒸汽联合机组用油；L—TSE，极压蒸汽轮机用油；L—TSA 优级品，比普通的 L—TSA 使用寿命更长；32D 抗氨汽轮机油，具有更好的低温性能和更长的使用寿命。

(1)汽轮机油对空放及破乳等指标要求苛刻，但加入添加剂会使一种性能改善的同时，抑制另一个性能。通过对抗泡剂、破乳剂的筛选，平衡了配方中空放性能、抗泡性能、破乳性能。

(2)极压抗磨剂与防锈剂等存在竞争吸附，通过对抗氧

剂、抗腐剂、极压抗磨剂的筛选，以及采用无灰添加剂技术，保证了油品的极压性、防锈防腐性和氧化性能等。

(3)开发了低温长寿命32D抗氨汽轮机油：通过筛选基础油和功能添加剂，使之低温性能和使用寿命满足用户要求。

(4)制定了3个新产品的企业标准：《L—TSA/TGA(LF)长寿命汽轮机油》，执行标准Q/SH303 061—2004；《L—TSE极压型汽轮机油》，执行标准Q/SH303 060—2004；《L—TSE/TGE(LF)极压长寿命汽轮机油》，执行标准Q/SH303 062—2004。

汽轮机油系列产品技术成熟，已实现工业化生产，并获得了国内外OEM认证。所研制的系列油品性能高于现行国家标准，满足多个国外汽轮机油标准，其中L—TSA32优级品取得了Siemens TLV 9013 04非极压型汽轮机油认证和ALSTOM HTGD 90117认证。L—TSE/TGE(LF)取得了Siemens TLV 9013 04极压型汽轮机油认证。研制的产品中如L—TSA/TGA(LF)、L—TSE/TGE(LF)可用于我国近年新开发的燃气轮机组，替代进口产品，为用户减少了用油成本。汽轮机油系列产品在全国电力、石化等行业的国内外大型汽轮机上广泛应用。极压型TSE汽轮机油应用于石化某公司关键汽轮机机组(原西德进口设备)，已进行了两年半的应用监测。L—TSA/TGA(LF)在我国1 000MW发电汽轮机组(超超临界的汽轮机组)进行了应用。该系列产品具有较长的使用寿命，减少了旧油对环境造成的污染，减少了换油期，提高了用户的生产效率，产品带有极压性能，有效地维护了设备润滑，减少了设备的磨损及备件的更换，提高了经济效益。

LW56—363(W)/Y4000—50型罐式六氟化硫断路器

LW56—363(W)/Y4000—50型罐式六氟化硫断路器是为满足我国西北电力市场的需求、巩固和扩大市场份额，增强公司产品的市场竞争力而研制开发的户外三项交流50Hz高压输变电设备，具有自主知识产权。该产品额定电压363kV，额定电流4 000A，额定短路开断电流50kA，适用于发电厂、变电站在各种接线方式下分、合负荷电流，切断故障电流和转换线路，实现对电力系统和电气设备的控制和保护。

该产品分别配用CYD型氮气储能液压操动机构和进口ABB的HMB—4型液压弹簧操动机构，具有操作功小、抗震性能好、重量轻等优点。

随着电力系统向超高压、高可靠性发展，输变电设备向小型化发展。我国西北地区已开始建设750kV电网构架，363kV电压等级已成为西北地区主干电网，每年将有40台左右的363kV罐式SF_6断路器投入电网运行。预计，新型的LW56—363(W)/Y4000—50型罐式SF_6断路器将有良好的市场前景。

TM40系列智能型塑料外壳式断路器

为适应电力配电系统的发展，新型低压成套装置中迫切需要体积小、性能高、使用方便并具有智能化脱扣器的新一代塑壳式断路器。TM40系列智能型断路器适用于交流50Hz，额定工作电压至690V，额定电流至630A的配电网络中。它主要用来分配电能及保护线路，使电源设备免受过载、短路、欠电压等故障的损害，也可作电动机不频繁启动保护之用。智能化开关与普通磁热式开关相比拥有优良的保护特性和稳定的温升，对电路保护更为精密。产品技术含量高，更具有市场竞争力。

TM40系列产品的壳架等级分为160A、250A、400(630)A三种，短路分断能力160A、250A、400(630)A，分断能力为400V 65kA。TM40系列产品的机械寿命见下表。

表　TM40系列产品的机械寿命

壳体	通电(次)	不通电(次)
160A	6 000	10 000
250A	2 500	9 000
400(630)A	1 500	5 000

该产品采用了计算机电子技术，产品性能有了质的飞跃，整体成本降低，填补了国内外空白，打破了进口产品垄断、价格居高不下的局面。

冷凝式锅炉的研制开发

随着西气东输工程的不断推进，越来越多的工业锅炉将燃用天然气，如何使天然气锅炉发挥最大效率，并尽可能地降低NO_x排放量是该项目研究的主要目标。

冷凝式锅炉的效率增益是显热回收、潜热回收、外壳密封和保温三部分的总和，锅炉效率的提高使得锅炉燃料消耗量大大减少，节约了能源。冷凝式锅炉有利于降低烟气中 NO_x和 CO_2 的排放，其主要原因一方面是由于冷凝式锅炉热效率的提高减少了燃料的消耗，降低了总排放量；另一方面冷凝液对 NO_x和 CO_2 的吸收，又进一步减少了排放。

根据有关文献报道，不设任何环保装置、供热功率相同的冷凝式锅炉 NO_x 的排放比常规锅炉可减少 10% 以上，因此冷凝式锅炉具有节能和环保的双重效果。该类型锅炉的推广使用，不但可节约大量能源，降低运行费用，产生可观的经济效益，还大大降低了 NO_x、CO_2 排放，具有深远的社会效益。

EW 系列高效永磁同步无齿曳引机

我国是稀土资源最丰富的国家，稀土储量占世界总储量的 80% 以上。发展稀土永磁材料及其应用，特别是以高技术领域的应用为龙头，带动整个稀土行业的发展，是我国一项重要的技术政策。永磁无齿轮曳引机是基于近几年来稀土永磁材料技术和电子控制技术迅猛发展的最新成果，它具有体积小、比功大、重量轻、高效节能、结构紧凑、坚固可靠、噪声低、无油污、平稳安全等一系列优点，已成为电梯曳引技术的一个发展方向。它可以替代大部分的传统曳引技术，是电梯技术的又一项重大技术进步。

高效永磁同步无齿曳引机采用高性能的稀土永磁材料来励磁，采取适当增大气隙直径、非整数槽短矩绕组等设计手段，实现结构的紧凑和扁平化；采用曳引轮直接装配在转子上，实现无齿曳引，使系统维护保养方便，节能环保；通过增大永磁同步电动机的交轴同步电感，确保反电动势正弦设计，使得永磁同步电动机低速转矩脉动小（即使在 0.5 r/min时，电动机仍能平稳运行，无脉动现象）；且运行振动小，振动限值低于 20mm/s。该产品技术处于国内领先水平，性能达到国外同类产品先进水平。

稀土永磁无齿轮曳引机是高附加值产品，以 11.7kW 为例，一台进口样机 4 万元，依靠我国企业的低成本优势，以一台售价 2 万元计，利润 30% 以上，按年产 1 500 台初步预算，年新增产值 3 000 万元，新增利税 900 万元，可节汇 360 万美元，具有很大的经济效益和社会效益。

智能可通信电动机保护器

该项目将先进的现场总线技术与计算机应用技术相结合，达到高性能、小型化、智能化及模块化，提高了产品安全性和可靠性。

产品性能：

（1）电动机保护器额定工作电压交流 400V/660V/1 140V、50Hz，额定电流 1.6～800A 共 5 种规格。

（2）集电动机的保护、测量与控制功能于一体。

（3）具备目前世界上已有的最先进的电动机保护器的功能。

（4）集成多种现场总线的通信功能。

该产品 2005 年 1 月通过上海市经济委员会、科学技术委员会组织的技术鉴定，产品综合技术指标达到当代国际先进水平。产品具有自主知识产权，已申请 7 项专利，其中发明专利 1 项，实用新型及外观设计专利 6 项。

解决了以下关键技术：①避开国外先进同类产品十多个专利，进行二次开发及创新。②测量、保护、控制技术在单一产品上的融合。③多总线技术的研究，能方便的与多种总线系统连接。④电动机的多参数保护协调配合。⑤高性能开关电源的设计（AC220V 或 AC380V），输入范围更广。⑥小型化、模块化结构。⑦直观的人机界面，全中文的液晶操作显示界面，并带通信接口。

该产品现已推广使用，同时智能可通信电动机保护器中部分技术的研究成果已指导了工程设计，取得了显著的社会和经济效益。该成果的推广应用对提高低压配电系统运行可靠性与电动机的安全技术发展具有较大意义。

高速铁路电气化建设专用 V/V 接线牵引变压器的研制及产业化

V/V 接线牵引变压器主要应用于电气化铁路建设中的牵引变电所，具有低损耗、噪声小、安全可靠性高、运行维护费用低、占地面积小的优点，因此 V/V 接线牵引变压器已成为国家铁道部为电气化铁路建设首选的变电产品。2005 年特变电工股份有限公司新疆变压器厂顺利通过铁道部审核，获得铁道部工程交易中心的交易许可证，开始研制开发220kV级V/V接线牵引变压器。

主要研发内容及技术创新：

（1）正确应用V/V牵引变压器原理，创造性地使用了端部出线方式，大大简化了V/V牵引变压器的结构。

（2）铁路运输负荷波动较大，牵引变压器需要具有极强的过负荷能力，以满足三倍过负荷运行条件。

（3）牵引变压器由于运行条件的影响，每年需要承受近百次的短路且存在累积效应，因此在频繁短路条件下，牵引变压器的正常运行问题也是产品开发的关键。

（4）过负荷和频繁短路运行状态下，牵引变压器的温升实时监控。

（5）牵引变压器为全绝缘变压器，绝缘电气性能和击穿强度也是开发的关键问题。

（6）其他方面：由于变压器需要频繁过负荷和短路运行，因此在器身绝缘散热和抗短路能力方面解决了结构设计、铁心生产加工、过热、损耗、局部放电、机械强度等技术难点。为形成具有特色专有技术的产品，在产品外观、标准结构等方面也有一定的考虑。

该产品结构布局紧凑合理、外观简洁，工艺制造简单、生产周期短、便于批量生产，安装维护方便，满足了当前电气化铁路牵引供电使用的要求。

该产品生产制造完毕后，2006年2月一次通过国家检测中心的所有试验项目，并于2006年8月在浙赣线金华变电站挂网运行至今。该产品性能参数达到了10型指标，属于节能环保型变压器，投运后给用户带来了巨大的经济效益和社会效益。经过一年的挂网运行，产品通过了新疆维吾尔自治区的新产品鉴定，综合技术水平达到了国际先进水平。

该产品销售市场前景广阔、产品创益丰厚，单台产品利润超过20%，为企业创造了新的利润增长点。

热收缩网包换位导线

热收缩网包换位导线是电磁线行业为超高压大容量变压器研制的新型绕组线产品。热收缩网包换位导线是在纸包换位导线的制造基础上，用编制成网格状的聚酯网包带代替绝缘纸绕包在换位线芯上，由于热收缩网包换位导线在变压器中热传递的强化和热阻的减小，使绕组线芯导体和变压器油之间的温度差减小，使绕组的空间因数得到改进，从而会减少绕组的油隙垫块的尺寸，也使其他绕组、铁心乃至整个变压器的整体尺寸得以缩小，减小了变压器的铜重、铁重及总重，降低了成本。热收缩网带的使用，在绕组线圈二次固化时，在网带的收缩力作用下，换位导线的各单线粘合更牢固，可提高换位导线的抗弯强度。热收缩网包换位导线的应用，促进了变压器设计和制造技术的进步，也为变压器厂带来了效益。

主要技术指标：漆包铜扁线尺寸公差符合GB/T 7095.2；粘合强度≥5MPa；衬纸宽、厚度、宽度Ck：线芯高－1≤Ck≤线芯高；厚度Cz：0.13mm；换位节距≤15b耐电压试验：漆包扁线间不击穿；网带宽度30mm±1mm；网带厚度0.4mm±0.02mm；网带收缩率（100℃）不小于20%；网带拉断力不小于120 N；网带与变压器油的相容性业经验证。

新型550kV户外超高压交流隔离开关和接地开关

新型550kV户外超高压交流隔离开关和接地开关是用于三相交流50Hz电力系统的一种高压电器，是一种重要的超高压输变电设备。

新型550kV户外超高压交流隔离开关囊括了目前国内乃至世界最先进的结构：钳夹式GW16A—550、GW17A—550和插入式GW35—550、GW36—550，接地开关JW5A—550、JW9A—550（开合高参数感应电流C类）共2种产品，通过了由中国机械工业联合会和国家电力公司组织的国家级新产品鉴定，获7项科研技术成果。与会专家一致认为产品性能参数处于国际、国内先进水平，其中温升（4 800A），小电流切断，无线电干扰性能（500μV），开、合母线转换电流的能力（额定母线转换电流、额定母线转换电压、关合－开断操作循环分别为2 500A、450V、100次），接地开关开、合感应电流能力（电磁感应：额定感性电流300A，额定感性电压35kV；静电感应：额定电容性电流50A，额定电容性电压35kV）等重要性能参数处于国际、国内领先水平，部分参数达到国内领先水平。该项目的实施，填补了长江以南550kV以上超高压开关技术的空白。该系列产品采用带引弧装置的主触头、特殊真空灭弧室、无噪声、免维护机构，获国家专利3项（接地部分专利号：ZL200520050696.5；开关主触头引弧装置专利号：ZL03227147.6，电动操动机构专利号：ZL200420034933）。产品荣获长沙市优秀新产品、2004～2006年度湖南省科学技术进步奖三等奖、长沙市科学技术进步奖二等奖、望城县科学技术进步奖一等奖。

由于其技术性能优良，性价比大大高于国内外同类产品，在目前已使用该产品的市场，如湖南、广东、广西、河北、贵州、浙江、江西、江苏等省的招投标评定中，湖南长高高压开关集团股份公司产品的总分特别是技术分均名列第一。产品自投产以来，为企业新增产值 36 000 多万元，至 2006 年 12 月累计签订合同额 56 000 万元，其中在国家电网公司的集中招标中公司中标率高达 35%，在国内外同行中位列首位。2006 年实现产值近 3 亿元，2007 年有望实现产值 4 亿元，该项目的实施，带动了国内户外超高压隔离开关和接地开关的快速发展，也加速了我国超高压输变电的建设。

新型无刷双馈风力发电机及其变速恒频控制系统

该项目研究的新型无刷双馈风力发电机及其变速恒频控制系统，兼具了常规永磁和绕线转子有刷双馈发电机变速恒频风力发电系统的优点，有望成为高性能的大型变速恒频风力发电系统的更新换代产品。

在该种发电机的定子上同时嵌有极数不同的功率绕组和控制绕组，其耦合关系通过特殊结构的笼型或磁阻转子来实现。当其应用于变速恒频风力发电系统时，作为发电绕组的功率绕组直接向电网馈电，而控制绕组则由交－直－交变频器进行转差频率励磁，通过改变控制绕组的电流和频率，即可在无刷情况下实现风力发电的变速恒频控制。

新型无刷双馈风力发电机及其变速恒频控制系统具有如下特点：

(1)为副绕组提供转差频率励磁的双向变频器容量较小，只需提供转差功率。对于 ±20% 的风速变化范围，所需励磁电源的容量一般只为发电机额定功率的 1/5 左右，因此整个系统的成本可大大降低。

(2)可以在无刷情况下实现有功、无功功率的灵活控制，起到无功补偿的作用。

(3)较宽的转速运行范围，以适应由于风速变化引起的风力机转速的变化，可最大限度地捕捉风能，提高发电量。

(4)电机固有的高极数(同样机座号下，极数可增加近一倍)，使得风电系统所需增速机的增速比大大降低甚至可取消增速机，从而降低了系统成本。

(5)没有电刷、滑环的发电机结构使得系统运行的可靠性大大提高，维护成本亦大大降低。

该研究成果已得到较大范围的推广应用，并有部分产品出口到英国、韩国等工业发达国家，现已产生显著的经济和社会效益。该项目在新型无刷双馈发电机及其变速恒频风力发电系统方面取得的创新性研究成果，可为风电产业结构调整和行业的技术进步起到重要的推动作用。

12kV 系列箱型固定式交流金属封闭开关设备研制

12kV 系列箱型固定式交流金属封闭开关设备包含了 XGN□—12 ($F_{F\cdot R}$)/($^{630-20}_{100-31.5}$)T630—20 箱型固定式交流金属封闭开关设备(以下简称环网柜)、XGN□－12(F)/T630—20 交流金属封闭 SF_6 负荷开关柜(以下简称负荷开关柜)、XGN□—12(F·R)/T100—31.5 交流金属封闭 SF_6 负荷开关＋限流熔断器组合电器柜(以下简称组合电器柜)、XGN□—12(Z)/T630—20 箱型固定式交流金属封闭开关设备(以下简称断路器柜)、XGW□—12 系列户外环网柜。

该产品是系列化户内或户外 50Hz 三相交流高压配电设备，主要用于 12kV 的二次配电系统，对线路进行控制、分段、重构和保护，特别适用于城市住宅小区、生产与供电、大型公共建筑、开闭所、工商业区、农村乡镇等供电负荷大、密度高的地区。该产品使用安全，不受气候和环境影响，安装方便，占地面积少，可实现免维护，可靠性和利用率高，适用范围广。

该系列化开关柜以低压力 SF_6 气体作为绝缘介质和灭弧介质将高压带电元件及其连接导体密封在箱形不锈钢壳体内，采用多个回路共箱及固体界面绝缘技术，体积小、成本低、可靠性高。负荷开关应用金属去离子栅灭弧原理，结构紧凑、操作功小、机构简单。利用负荷开关与限流熔断器的组合电器控制、开合、隔离变压器及其配送回路，可快速有效地在 10ms 内切除变压器内部故障，从而有效地保护变压器安全。断路器柜方案则配用真空断路器做主开关，使得设备电寿命长，性能可靠，免维护。整个系列产品配合模块化设计以及母线插接技术，扩展性强。

户外方案采用了户外壳体与户内环网柜的设计，体积小、通风性能好、环境适应能力强。配合模块化设计及母线插接技术，各柜型配置灵活、方便。

样机制造过程中，在国内首次采用了激光切割、激光焊接、同步抽真空、氦检漏等世界先进制造技术。

该系列产品的主要特点有：SF_6 气体绝缘或灭弧，不受污秽、潮湿、海拔等外界环境因素的影响；结构紧凑，实现了小型化、轻量化；模块化设计，可根据需要变换组合方式形成不同主接线的多回路开关系统；采用界面绝缘，实现高压部件的插接与柜体的扩展；全屏蔽电缆进出线；可配用断路器或断路器柜；可配高压计量柜；可配用综合数字式继电器，实现远距离遥控和监控。

大功率变频驱动系统用电力电缆

该产品是变频器与电源的连接线。系统工作时，频率变换比较频繁，因而电力通过电缆传输后是否能保证变频器的工作质量，电缆本身的性能特性至关重要。为适应系统要求，首先，电缆结构应满足变频器输入方式，设计了“3+3”型组合结构进行相互间隔均匀排列的设计。该结构可以有效地实现变频器和电源的匹配，改善功率因数，减少输入高次谐波的不良影响。其次电缆要满足 EMC 要求，即采用“铜丝缠绕+铜带绕包”或“金属层纵包连续焊接轧纹”屏蔽结构从材料和结构尺寸选用进行控制，以满足电缆的电磁兼容性，保证电能传输过程中产生的电场不对变频器及电动机中的其他控制线路产生干扰，做到由内到外、由外到内的统一。

技术指标：①导体直流电阻(20℃)≤0.387Ω/km；②电缆在 1.73 U_0下，局部放电≤5pC；③绝缘层能够经受由于变频系统高次谐波反射导致的 2～3 倍的系统峰值电压，在 95～100℃、≥2kV 下，tanδ ≤0.0080；④总屏蔽的截面积不小于相线截面的 50%，屏蔽层传输阻抗在 100MHz 范围以内，小于等于 1Ω/m；⑤保护接地导体与相线金属屏蔽层间的任何一点的电阻不超过 500Ω；⑥电缆屏蔽层传输阻抗在 100MHz 范围以内，小于等于 1Ω/m。

该产品可广泛应用于电力、市政供水、冶金、石油、化工、采矿、煤炭、造纸和建材等行业，已销售 1 752 万元，成功运行于福建三安钢铁有限公司、河南安阳钢铁股份有限公司和辽宁本溪钢铁股份有限公司等重点工程。

CGZ1 总线型低压成套开关设备

CGZ1 总线型低压成套开关设备是基于现场总线技术控制方式的一种新型低压开关设备。它集遥控、遥测、遥信和遥调功能于一体，具有工作稳定性好、高可靠性、精度高、能有效地进行上下级保护协调等特点，适用于交流频率 50Hz，额定工作电压 400V、额定电流 5 000A 及以下的配电系统中作为电能分配、转换和电动机控制之用，可用于发电、输电、配电系统中的动力照明和电能转换。

该设备是常熟开关制造有限公司(原常熟开关厂)为适应我国低压配电电网的智能化发展，结合我国电力工业发展需要，在成功开发多种智能化可通信配电元件的基础上，自行设计开发的，拥有自主知识产权。它能兼容多种通信总线，使产品具有“四遥”功能，充分适应国内市场需求。

产品经上海电器设备检测所低压电器检测站“3C”认证试验，性能符合 GB7251.1—1997《低压成套开关设备和控制设备 第一部分：型式试验和部分型式试验成套设备》等标准和企业标准 Q/320581AQ0062—2004《CGZ1 智能型低压成套开关设备》。

产品的主要技术特点：采用国际先进设计技术研究、根据 IEC60439—1 国际新标准要求开发的新一代智能型低压成套开关设备，具有操作防护等级高，操作安全，结构强度高，运行可靠，使用灵活，安装方便等特点，基于 MODBUS 现场总线技术，支持各种通信总线的连接，将具有通信功能的国产电器元件(优先使用本公司产品)通过接口连接起来，从而实现主站通过总线对开关设备的遥控、遥测、遥信、遥调等功能。项目已申请发明专利 1 项，并获实用新型专利 6 项、外观专利 1 项，各项主要技术性能指标优于传统的低压成套开关设备，在国内同行业中处于领先地位，符合国家电器产业的发展方向。

该产品于 2005 年 12 月通过江苏省常熟市科技成果鉴定。产品已广泛应用于冶金、电力、交通、楼宇控制等基于各种现场总线的配电系统及自动化控制场合。

舰船装备用特种电源及相关技术的研究

该项目包括江苏科技大学与海军第三试验区等单位合作完成的 3 项科技成果。

VPTIG 焊接电弧稳定性研究项目根据实验结果和电工学原理建立了 SACTIG 电弧稳定性数学模型、VPTIG 电弧稳定性数学模型以及 SATCIG 电弧和 VPTIG 电弧稳定性数学模型通式，该模型以电弧熄灭时刻至电弧再引弧成功时刻，两电极之间的平均电导变化率作为评判标准。通过采用平板对接低频脉冲调制铝合金 VPTIG 焊接工艺，不开坡口，背面不锈钢衬板强制成型，单道焊熔深可达 6mm，焊缝成型良好、质量可靠。

引俄潜艇陀螺罗经电源直流稳压电源研究项目根据潜艇陀螺仪直流稳压电源的特殊工作环境，采用 ZVZCS 拓扑结构，控制方式采用有限双极性控制模式，在全负载范围内实现软开关，从而通过技术原理显著提高电源可靠性和效率，大大降低对舰船电网的污染；采用峰值电流模式双闭环控制，内环控制功率器件每个开关周期的峰值电流，实现功率器件电流限制和自动纠正偏磁并大大提高了系统的响应速度；外环控制输出平均电压；电源体积小、质量轻、效率高、功率因数高；结构、防护、功能等均能满足潜艇工作环境的要求，具有极高的可靠性、环境适应性和替代性，满足在潜艇上工作的防护、电磁兼容等特殊环境要求，可以完全替代引俄潜艇陀螺罗经电源直流稳压电源。

舰用HZX7—400型软开关逆变焊机采用原边辅助变压器式ZVZCS拓扑结构和有限双极性软开关控制技术，使焊机在全负载范围内实现软开关；整机体积小、重量轻、效率高、电磁兼容性好；采用单片机组成数字化控制系统，减少了分离元件，优化了人机界面，提高了焊机工作性能的稳定性、一致性和可靠性，方便了部队的使用和维修；焊机结构、防护、功能、体积、重量等能满足舰船装备用电焊机的特殊要求，具有突出的先进性、可靠性、实用性和对舰船焊接抢修要求的适应性。当舰艇远离岸基时自修、战时或远航自救时，对恢复舰艇战斗力、生存力具有十分重要的意义。

中国电器工业协会“质量可信产品”推荐名单

企业名称	产品名称	规格型号	编号	期限
开关设备				
唐山创元方大电气有限责任公司	低压抽出式成套开关设备	GCK1(1A)	2008564	3年
上海中发电气(集团)股份有限公司	低压抽出式成套开关设备	GCK1(1A)	2008565	3年
宁波燎原电器集团股份有限公司	抽出式低压配电柜	GCK	2008566	3年
廊坊高压开关有限公司	低压抽出式成套开关设备	GCK1(1A)	2008567	3年
常熟开关制造有限公司	低压抽出式成套开关设备	GCK	2008568	3年
北京电器有限公司	低压成套开关设备与控制设备	GCK	2008569	3年
宁波天安(集团)股份有限公司	低压抽出式开关柜	GCK	2008572	3年
杭州圣力电气有限公司	低压成套开关设备	GCK	2008570	3年
杭州圣力电气有限公司	高压/低压预装式变电站	YB	2008571	3年
西安电器开关有限公司	低压抽出式开关柜	GCK	2008573	3年
天津天利航空机电有限公司	低压抽出式开关柜	GCK	2008574	3年
环宇集团有限公司	交流低压开关柜	GCK	2008575	3年
环宇集团有限公司	高压/低压预装式变电站	YB□—12/0.4	2008576	3年
泰豪科技(深圳)电力技术有限公司	低压交流成套开关设备	THGCK	2008577	3年
泰豪科技(深圳)电力技术有限公司	箱式变电站	XBZ1智能/XBJ紧凑型	2008578	3年
浙江正原电气股份有限公司	低压抽出式开关柜	GCK1A	2008579	3年
上海华通开关厂有限公司	低压成套开关设备	GCK	2008580	3年
上海德力西集团有限公司	交流低压电控设备	CDGCK1	2008581	3年
苏州凯达电器仪表成套有限公司	低压交流配电柜	GCK	2008582	3年
苏州凯达电器仪表成套有限公司	高压/低压预装式变电站	YB—12/0.4	2008583	3年
扬州裕成电器有限公司	低压抽出式成套开关设备	GCK	2008584	3年
扬州裕成电器有限公司	箱式变电站	YBM22—12/0.4	2008585	3年
河南开元电气有限公司	箱式变电站	XBZ1智能/XBJ1紧凑型	2008586	3年
上海纳杰电气成套有限公司	低压抽出式成套开关设备	GCK1(1A)	2008587	3年
天津市联谊电器成套设备有限公司	低压抽出式成套开关设备	GCK	2008588	3年
天津市联谊电器成套设备有限公司	预装箱式变电站	GYB1	2008589	3年
宁夏力成电气集团有限公司	箱式变电站	XBZ1智能/XBJ1紧凑型	2008590	3年
贵阳海滨供电设备有限公司	低压成套开关设备	GCK	2008591	3年
上海第一开关制造有限公司	低压抽出式开关柜	GCK1(1A)	2008592	3年

（续）

企业名称	产品名称	规格型号	编号	期限
江苏波瑞电气有限公司	低压抽出式开关柜	GCK	2008593	3年
江苏波瑞电气有限公司	箱式变电站	XBZ1智能/XBJ1紧凑型	2008594	3年
杭州之江开关股份有限公司	低压成套开关设备	GCK	2008595	3年
杭州之江开关股份有限公司	高压/低压预装式变电站	YBM	2008596	3年
天津久安集团有限公司	低压抽出式开关柜	GCK	2008597	3年
天津久安集团有限公司	箱式变电站	XBZ1智能/XBJ1紧凑型、GYB1型	2008598	3年
余姚市电力设备修造厂	低压抽出式成套开关设备	GCK1(1A)	2008599	3年
山西汾西机电有限公司	箱式变电站	XBZ1智能/XBJ1紧凑型	2008600	3年
上海大华电器设备有限公司	低压抽出式成套开关设备	GCK1(1A)	2008601	3年
上海大华电器设备有限公司	高压/低压预装式变电站	YBW	2008602	3年
天津市三源电力设备制造有限公司	高压/低压预装式变电站	YBM—12/0.4	2008603	3年
成都通力集团股份有限公司	低压成套开关设备	GCK2000	2008604	3年
成都通力集团股份有限公司	箱式变电站	XBZ1智能/XBJ1紧凑型	2008605	3年
广西柳电电气股份有限公司	交流低压配电柜	GCK	2008607	3年
广西柳电电气股份有限公司	预装式变电站	BXW—12/0.4	2008606	3年
上海电器成套厂有限公司	低压成套开关设备	GCK5A	2008608	3年
绝缘材料				
温州宏丰电工合金有限公司	熔断器用Cu/Ag/Cu双侧面复合薄带材	(50～100)X(0.07～0.20)	2008554	3年
上海人民电器厂电器触头分厂	CM1系列塑壳断路器触头材料	(AgW50合金与AgWC12C3合金配对)	2008555	3年
上海人民电器厂电器触头分厂	DW45(4 000～6 300A)智能化断路器触头材料	(AgW50合金与AgNi20C2、AgNi25C2、AgNi30C3合金配对)	2008556	3年
北京新福润达绝缘材料有限责任公司	3240环氧玻璃布层压板		2008557	3年
北京新福润达绝缘材料有限责任公司	3840环氧玻璃布层压棒		2008558	3年
四川东材科技集团股份有限公司	D026环氧聚酯亚胺无溶剂浸渍树脂		2008559	3年
苏州巨峰绝缘材料有限公司	环氧少胶粉云母带	JF—5442—1/JF—5442—1D	2008560	3年
苏州巨峰绝缘材料有限公司	环氧少胶粉云母带	JF—5442—1/JF—5442—1D	2008560	3年
苏州巨峰绝缘材料有限公司	高压电机VPI绝缘浸渍树脂	JF—995C(K)	2008561	3年
山东四达工贸股份有限公司	环氧玻璃粉云母带	5440—1	2008562	3年
山东四达工贸股份有限公司	真空压力浸渍用环氧玻璃粉云母带	5444—1	2008563	3年
上海卡安特复合材料有限公司	10kV及以下(或3kV级)硅烷交联绝缘料	YJG—10	2008631	3年
上海新上化高分子材料有限公司	3kV硅烷交联绝缘料	YJG—3	2008632	3年
上海新上化高分子材料有限公司	10kV及以下硅烷交联黑色聚乙烯绝缘料	YJWG—10	2008633	3年
杭州高新塑料厂	10kV过氧化物交联绝缘料	YJ—10	2008634	3年
杭州高新塑料厂	热塑性低烟无卤阻燃护套料	WDZ—H	2008635	3年
上海汇塑化工科技有限公司	10kV及以下(或3kV级)硅烷交联绝缘料	YJG—3	2008636	3年
防爆电器				
合肥开关厂有限公司	矿用隔爆型真空馈电开关	KBZ—200、400、500、630/1140(660)	2008609	3年
合肥开关厂有限公司	矿用隔爆兼本质安全型真空电磁起动器	QJZ—80、80N、120、120N、200、315、400/1140(660)	2008610	3年
四平市四开电器设备制造有限公司	矿用隔爆型高压真空配电装置	PBG45—10	2008611	3年
沈阳防爆电器制造有限公司	矿用隔爆型绞车电控装置	BSJ1系列	2008612	3年
沈阳防爆电器制造有限公司	矿用隔爆型真空馈电开关	KBZ—400/1140(660)	2008613	3年
德力西集团防爆电器有限公司	防爆配电箱	BDMX系列	2008614	3年
德力西集团防爆电器有限公司	矿用隔爆型真空电磁起动器	QBZ—200/660(380)	2008615	3年
四平市同创电器设备制造有限公司	矿用隔爆型真空馈电开关	KBZ21—630/1140(660)	2008616	3年
上海电器厂有限公司	工厂用防爆控制装置	80系列	2008617	3年

（续）

企业名称	产品名称	规格型号	编号	期限
浙江创正防爆电器有限公司	全塑防爆控制器	CZ0240	2008618	3年
沈阳市凯鑫防爆电器有限公司	防爆正压仪表(动力)盘	BXP52—T	2008619	3年
沈阳市凯鑫防爆电器有限公司	防爆控制柜	BSG—T	2008620	3年
鸡西德元电器有限公司	矿用隔爆型真空馈电开关	KBZ10—400、500、630/1140，KBZ9—200、400/1140	2008621	3年
鸡西德元电器有限公司	矿用隔爆型真空电磁起动器	QBZ—30、60、80、80N、120、200/660(380)，QBZ10(QJZ)—200、315、400/1140(660)	2008622	3年
鸡西德元电器有限公司	矿用隔爆型煤电钻(照明)综合保护装置	ZBB—2.5、4.0/660(380)Z，ZBB—2.5、4.0/(380)M	2008623	3年
八达电气有限公司	矿用隔爆兼本质安全型高压真空配电装置	JGP9L—6Y、JGP9L—10a	2008624	3年
八达电气有限公司	矿用隔爆兼本质安全型高压真空电磁起动器	QJGZ—50、100、200、300、400/6(10)	2008625	3年
八达电气有限公司	矿用隔爆型真空馈电开关	KBZ20—630/1140	2008626	3年
浙江华夏防爆电气有限公司	矿用隔爆型真空馈电开关	KBZ—200、400、500、630/1140(660)	2008627	3年
电光防爆电气有限公司	矿用隔爆兼本质安全型组合开关	QJZ—200/1140(660)—12	2008628	3年
电光防爆电气有限公司	矿用隔爆兼本质安全型传输分站	KJ254—F	2008629	3年
电光防爆电气有限公司	矿用隔爆型移动变电站	KBSGZY—630/10(6)	2008630	3年

标准化

从自主创新、国际活动、企业参与标准化和研究成果四个方面全面地展示电器工业2007年在标准方面的进展情况

The progress situation of electrical equipment industry in the field of standard all-roundly exhibited from four aspects, i.e. independent innovation, international activities, enterprises' participation in standardization and research results

综述

行业概况

企业概况

产品与项目

标准化

统计资料

大事记

中国电器工业年鉴 2008

标准化

第一部分：加大自主创新力度，全面提升标准水平
第二部分：深层参与国际标准化活动
第三部分：企业为主体的标准化创新
第四部分：标准研究及成果

第一部分：加大自主创新力度，全面提升标准水平

电器工业标准化"十一五"既定目标的实现和面临的形势

根据国家标准委《标准化"十一五"发展规划》确定的目标：到"十一五"末，我国标准总体水平达到中等发达国家水平，基本建成重点突出、结构合理、适应市场需求的标准体系。相关联国际标准采标率达到85%；自主提出50项国际新工作项目提案，重点参与500项国际标准的制定；形成以自主创新技术为基础的标准达到2 000项。

2008年是实施《标准化"十一五"发展规划》的第三年，时间过半，标准化各项工作按既定目标都已付诸实施，并取得显著进展。

一、形成了突出重大装备、发输配用协调发展的电工标准体系

自"十一五"开年之初，电工行业紧密结合振兴装备制造业的重大专项"大型清洁高效发电设备"和"特高压交直流输变电设备"开展了标准研究。经过两年多的努力，通过国家科研专项、质检公益性行业科研专项以及国家标准制修订计划立项已开展的、将要开展的重大装备国家标准的研制有：超临界、大型空冷、核电（汽轮机和发电机）、大型循环流化床、余热余压利用、垃圾焚烧等；±500kV和±800kV直流输电设备，特高压交、直流输电控制和保护设备等；地热发电、燃料电池、小水电机组等新能源和可再生能源；以及对应国际IEC/TC114"波浪能和潮汐能发电设备"承担国内技术归口等。这是电工行业围绕国家能源结构调整、突出重大装备自主技术而建立的新型标准体系，也是体现我国重大装备技术实力的标准体系。

同时，为建设资源节约型、环境友好型社会而开展了配用电领域高效节能电器设备的能效标准制定，如电动机（含小功率）、变压器（配电和电力）、工业锅炉、电焊机等；与国际同步开展耗能产品的环境生态设计、废旧回收综合利用等实施循环经济的标准研制，推进了全行业资源节约、综合利用和可持续发展。"十一五"过半之时，电工行业已基本建立了重点突出、结构合理、适应市场需求的标准体系。

二、电工采标和实质性参与国际标准化活动突破显著

首先，加大推进采用国际标准和国外先进标准力度，电工国家标准采标率大幅提高。截至2008年2月底，电工国家标准总数1 222项，其中，采用国际标准和国外先进标准890项，采标率为73%，这是传统意义上的采标率概念。按照国家标准委新确定的计算方法，电工行业目前相关联采标率已达98%。其中，输变电领域相关联采标率基本都在90%以上，配用电领域在95%以上，相当多的标委会已达到100%。

第二，实质性推进国际标准化突破显著。自"十五"期间承担IEC/TC7秘书处实现零的突破后，"十一五"加大了前期运作的力度，又相继承担了IEC/TC28、SC32C两个秘书处；承担了TC95和SC22F两个主席；出任了IEC/ACOS和SMB/SG1两名IEC高层机构专家；目前正在积极争取TC5的主席，还将推荐出任IEC/SMB第26特别工作组专家。应该说，按既定的国际突破目标推进的成效是显著的，而且行业还有很大的潜力可以挖掘。

第三，在自主提出国际标准提案和重点参与国际标准制定方面效果显著。在工业电热设备、继电保护领域我国担任项目召集人和承担制定的国际标准已有6项；水轮机、电气安全等领域已承担和重点参与制定的国际标准2项；将要推进的高压直流避雷器、继电保护国际标准2项；还有正在争取承担制定的高压熔断器、水轮发电机等项目。预计将提前完成"十一五"为主制定和重点参与制定7~10项国际标准的目标。

三、建立了一支高水平、专业化、年轻化的电工标准化队伍

目前电工行业近60个标准化技术委员会（含分会）共有委员约1 500名；各标委会均设有国际标准化专家组，目前共有专家300名左右，其中来自企业的专家约占45%；电工在IEC注册的专家30多名，作为参与国际标准制定的召集人或专家；已参加国标委组织的英语培训近10人，已参加国际标准化知识培训和标准复核人培训近60人次。通过各种标准化培训与人才培养，基本建成了一支专业化、年轻化、外语好的电工标准化复合型人才队伍。

四、当前面临的形势

2008年仍然是电工行业快速发展的一年，虽然国家实行宏观调控，防止经济过热和通货膨胀，实行从紧的货币政策等，会使行业的发展速度趋于平缓，但是重大装备和重大技术的发展、产业结构和产品结构调整、产品优化升级和更新换代仍然是发展的方向，全行业技术水平的提高仍然是发展的目标，国家能源发展、装备制造业振兴仍然是国民经济发展的基础。

2008年也是电工行业自主创新、攻关研制再上新台阶的关键一年，±800kV直流和1 000kV交流输电设备要出产品，三峡26台水电机组要全部安装发电；雪灾后电网恢复建设

设防标准的提高了对设备的要求等。同时,国家核电建设提速、风电目标翻番,又开始推进大容量高水头水电机组、百万千瓦核电关键设备等8项重大装备研制和“节能及新能源”等4项重大产业技术的开发。2008年还是完成“十一五”节能减排约束性目标的关键一年,要加快十大重点节能工程实施,强化节能减排工作责任制。国家要重点加强产品质量安全工作,加快产品质量安全标准制定和修订等。

因此,作为重要的支撑,引领技术的发展仍然是标准化工作的主要任务,而且随着技术的发展和国家加大自主创新的力度,标准化的作用和重要性越来越凸显,标准化的任务也越来越重了。电工标准化工作者面临的严峻形势,更加重了其责任感和使命感。

〔撰稿人:中国电器工业协会副会长方晓燕〕

2008年电器工业标准化工作安排

2008年电工标准化工作的指导思想是:学习贯彻党的十七大、十一届全国人大会议精神,深入贯彻落实科学发展观,以加快建立突出重大装备协调发展、结构合理的电工标准体系为着眼点,加快采用国际标准步伐,推进电工行业自主创新、节能减排、消费品安全等重要技术标准的制定,继续实施以企业为主体、国际标准化突破的战略,推动电工标准化工作又好又快发展。2008年电器工业标准化工作安排如下:

一、标准与科研同步,继续推进重大装备标准的研制

2008年围绕国家重大专项的实施,仍将重大装备、重大技术、重要产品标准化工作作为重点。

(1)加快制定超临界、大型空冷等6项国家标准。2008年年底前,完成3项超临界标准的审查、上报工作。

(2)实施国家科技部和2007年质检行业公益科研专项:推进核电汽轮机,±800kV直流输电设备,特高压交、直流控制和保护设备(±800kV、1 000kV),高电压试验技术,变频器供电电动机试验方法等标准的研制。

(3)启动开展2008年行业公益科研专项核电汽轮发电机等标准的研制。

(4)根据2008年拟申报的自主创新项目表,安排2008年计划项目申报工作。

要充分发挥行业龙头企业在这些重大装备标准研制中的主体作用,为增强自主创新能力、推进产业技术进步提供支撑。

二、加快推进标准对电工节能减排的支撑作用

贯彻《节能法》,形成政府主导、龙头企业为主体、科研院所和标委会紧密结合,以标准促进节能减排工作的机制。根据国家标准化管理委员会(以下简称国家标准委)《2008-2010年资源节约与综合利用标准化发展规划》制定进程,继续完善电工行业《规划》。并根据国标委最后出版的《规划》,落实电工行业节能减排相关工作。

三、加快电工行业采用国际标准和标准制修订步伐,提高标准总体水平

根据温家宝总理政府工作报告提出的“加强产品质量安全工作”,2008年电工行业要着力落实全国采用国际标准工作会议的各项措施。

(1)按照国家标准委提出的3个100%、1个95%的目标,继续对低压电器、电动工具、电器附件、中小电机、电线电缆等主要出口产品开展采标调查,加快实现出口产品100%采标。

(2)开展发、输、配、用电领域主要工业产品采标调查。

(3)加快国际标准的转化。相关标委会根据“十一五”后三年采标计划项目表,尽快安排申报计划,提高本领域的国际标准转化率。

(4)按时保质完成2008年国家标准制修订计划。

中国电器工业协会归口管理需要在2008年完成的国家标准计划总数为1 052项,其中必须于2008年5月15日前完成的428项,占2008年需完成计划的41%;必须于2008年11月15日前完成的392项,占2008年需完成计划的37%;必须于2008年12月31日前完成的232项,占2008年需完成计划的22%。

按照国家标准委要求,2008年应完成的标准计划分三批上报,5月15日、11月15日及12月31日三个时间节点均指中国电器工业协会上报国标审查部的最后期限。按此推算,各标委会应在上述时间节点之前至少15天将报批材料报中国电器工业协会标准部。

截止至2008年3月31日,电工行业项目已经完成365项(指批准发布及上报到国标审查部),占2008年计划总数的35%。其中应于2008年5月15日前完成的项目198项,占5月份需完成计划的46.2%;应于2008年11月15日前完成的项目155项,占11月份需完成计划的40%;应于2008年12月31日完成的项目12项,占12月需完成计划的5%。

中国电器工业协会通过对目前电工行业国标制修订计划完成情况的跟踪分析,发现存在两方面问题,一是虽然电工行业上半年计划完成情况比较乐观,但是有个别标委会需要延期到5月份完成项目,占标委会5月份需完成项目66.7%,比例较大;二是下半年11月份需要完成的项目大部分还停留在起草阶段,共174项,占11月份需完成项目的44%,根据以往标准制修订的周期来看,形势非常严峻。

根据国家标准委加快国家标准制修订工作的指示精神,国家标准委已实施对计划项目进行进度跟踪月报,并将对没有完成任务、标准质量不高、采标不落实的单位进行通报批评或撤销其标委会的承担工作等方式处理。对此,电工行业在2008年电器工业标准化工作会议上对各相关标委会或标准制修订牵头单位，提出有关建议和实施措施。

(1)已经列入2008年完成的计划项目，原则上不能延期或撤销。对于确有特殊原因，如国际标准制定工作延后、标准制修订工作中出现重大技术问题等原因，需要撤销、协调或延期，必须向国家标准委行文申请，并获得批准。

(2)全力做好5月份计划项目的完成工作。5月4日起，中国电器工业协会将进行分批、集中复核。

(3)标委会(尤其是标准数量多的标委会)对于原计划11月15日完成的项目，如具备审查、报批条件，可以提前到上半年，以减轻年底集中报批的压力。

(4)按照国家标准委《关于报送国家标准制修订项目进度月报表通知》要求，各标委会应在每月21日将本标委会现行标准计划项目的完成情况电子版报协会标准部。每月25日协会将电工行业国标制修订计划汇总表上报国家标准委。

(5)各标委会在遵守《国家标准管理办法》规定，保证国家标准质量的前提下，可以采用函审或采用快速程序加快标准制修订步伐，保证按时完成任务。

四、以龙头企业为主体，全面推进国际标准化突破工作

在2007年开展及已有工作进展的基础上，2008年要全面推进国际标准化突破工作。主要有以下几方面：

(1)已经承担的国际TC28秘书处、TC95主席和SC22F，要继续做好相关工作，并以此为基础推进我国输变电设备制造行业在国际标准化领域的影响，保证顺利完成已经担任召集人的高压熔断器、量度继电器等国际标准的前提下，力争“十一五”末再为主提出3~4项国际提案。

(2)2008年发电领域主要争取承担IEC/TC5(汽轮机)主席，推进承担IEC/TC4(水轮机)主席或秘书处，组建IEC/SC2A(发电机)分技术委员会并提出承担秘书处的工作。

(3)继续在TC27(工业电热设备)发挥我国已有的优势，在保证两项电子束标准顺利完成的情况下，力争到“十一五”末再承担2~3项红外辐射器的国际标准制修订。

(4)顺利完成《低压电气设备风险评估》国际标准两个附录，承担并做好ACOS《IEC标准电压适用范围扩展研究》工作，力争再提出1~2项国际标准提案。

(5)做好SC32C秘书处工作的前提下，力争到“十一五”末提出1~2项国际标准提案。

(6)分析研究防爆电气设备、熔断器、电缆等领域承担国际秘书处和主席的可能性，做好人才培养和技术储备，寻找机会承担相关工作。

五、加快标准化技术机构的建设工作

从2007年至今，国家标准委共新批准成立TC、SC、WG共626个，其中电工行业28个。对于由企业承担秘书处的，中国电器工业协会要重点扶持和帮助，关注已上报的33个标准化分技术委员会和工作组的方案实施。力争到2008年底，电工行业标准化技术机构数量接近100个。

六、探索多渠道标准制定经费支持

足够的经费是保证标准质量的必要条件。为此，建议如下：

(1)积极发挥龙头企业的作用，搭建以企业为主体、产学研相结合制定标准的平台。

(2)各标委会在标准化机构设置、标准的制定、国际标准化活动等方面应加强与地方政府的沟通，争取各方面的工作支持和经费支持。

(3)密切关注科技部的动态，争取标准化科研项目支持。

〔撰稿人：中国电器工业协会标准部卢琛钰〕

加大自主创新技术标准的制修订力度

在国家发布的《国家中长期科学和技术发展规划纲要》、《标准化“十一五”发展规划》中都把制定自主创新技术标准作为建设创新型国家的重要任务。2007年的全国采用国际标准工作会议上也明确提出，未来一个时期，采标工作要以十七大精神为指引，高举中国特色社会主义伟大旗帜，深入贯彻落实科学发展观，坚持以市场为导向、企业为主体，坚持自主创新、集成创新与引进消化吸收再创新相结合。

国家标准委提出的制定自主创新技术标准的目标是：到2008年，形成以自主创新技术为基础的标准800项，2010年达到2 000项。2007年12月的全国采用国际标准工作会议上提出各行业、各地方、各技术委员会要继续引导有实力的企业参与国际标准化活动，争取以我国为主制定国际标准，落实温家宝总理提出的“要有一批叫得响的中国标准成为国际标准”的要求。《电器“十一五”标准化发展规划》也提出要加大自主创新技术标准的制定力度。

为了完成以上目标，中国电器工业协会标准部从三个方面调查了电工行业自主创新技术标准现状。一是对电器工业现行国家标准中自主创新技术标准的调查，二是对正在执行的计划项目中的自主创新技术标准项目的统计，三是对已申报计划立项的自主创新技术标准项目的统计。总体情况是电器工业自主创新技术标准的数量比上年同期有较大幅度的增加，技术含量也有一定的提高。经过近几年的努力，不论从数量还是从技术含量看，电工标准自主创新技术标准的现状，都与我国电力建设的发展形势基本相适应，与电器工业近年来取得的行业技术进步基本相适应，与装备业在建设创新型国家中发挥作用的地位基本一致，但是与国家标准委“十一五”对自主创新技术标准的目标要求还有一定的差距。同时，虽然自主创新的标准数量增加了，但是真正可以拿到国际上作为国际提案，为国际突破作出贡献的标准还是较少，需要全行业的积极参与和共同努力，通过“十一五”期间加大对自主创新技术标准制定的力度，改变目前的面貌。

为了促进“十一五”期间电器工业自主创新技术标准的

开展，实现国家目标要求，中国电器工业协会结合电工行业标准制修订的实际情况，在2008年电器工业标准化工作会议中提出实施建议。

(1)充分发挥企业在自主创新技术标准制定研发的主体作用。企业是市场的主体、创新的主体，自主创新技术标准的研制要发挥企业的主体作用。提出制定自主技术标准的企业，可以直接进入国家标准委网站申报计划(www.sac.gov.cn)或者向中国电器工业协会标准化工作委员会提出，由协标委与相关标委会协调。各专业标委会/研究所要积极支持、做好相关的配合工作。

(2)提高认识，将发展自主创新技术标准作为本专业建立完善技术标准体系的重要工作之一，发挥标委会专家的技术优势。各专业标委会应梳理本专业的新技术、专利、科技成果的分布与发展趋势，了解和掌握本行业技术发展的前沿和主流，主动征询国家科技项目承担单位的建议，争取标准的早期介入，对于企业提出的技术标准项目专业标委会应积极支持，给予配合。

(3)各专业标委会应将制定自主创新技术标准摆在与采用国际标准同等重要的位置。将自主技术标准制定纳入主要工作，每年的年会、年度工作总结，都应将自主技术标准的制订情况作为工作内容之一，争取每个专业至少每年开展1～2项自主创新技术新标准的制定；在进行标准修订时，要及时吸纳新的技术和新的成果。

(4)积极开展集成创新，在国际标准的基础之上加入自己的先进技术，提出有中国专利的国际标准。

(5)鼓励将自主创新的行业标准、企业标准升为国家标准，并对自主创新的技术标准项目计划优先立项。

(6)积极寻求国家对标准科研项目的支持，多方投入，开展工作。

2008年是贯彻十七大精神的第一年，也是标准化工作改革发展的关键一年。对于电工行业来说，机遇和挑战并存，标准工作者们要居安思危，加强紧迫感和使命感，以科学求实的态度和真抓实干的作风来落实好各项工作，努力开创电器工业标准化工作新局面，推动电器工业标准化工作的跨越式发展。

〔撰稿人：中国电器工业协会标准部徐元凤、郭丽平〕

加快电工行业采标步伐，全面提升标准水平

一、电工国家标准采标数据

截至2008年2月底，在1 222项电工国家标准中，采标的标准有890项，占电工国家标准总数的72.9%；有对应国际标准或国外先进标准、但未采标的标准有22项，占国家标准总数的1.8%；没有对应国际标准或国外先进标准的国家标准有310项，占国家标准总数的25.3%。

电工采标标准中，采用IEC、ISO国际标准的有840项，占电工采标标准的94.4%；采用国外先进标准的有50项，占电工采标标准的5.6%。电工国家标准采标情况见图1。

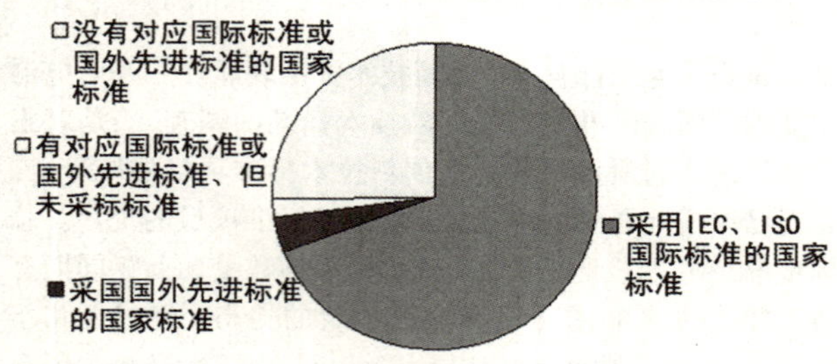

图1 电工国家标准采标情况

二、采标率统计方法

本文统计方法基于试行的目前国家标准委推荐的相关联采标率统计，并同时进行了传统采标率统计。相关联采标统计方法与传统采标统计方法不同。相关联采标是相关联领域的国家标准中，采用国际和国外先进标准所占的比例；传统采标是我国国家标准中采用国际标准和国外先进标准数与国家标准总数的比率，没有考虑与国际标准技术领域的对应因素。

根据《相关联采标率统计手册》(2008年2月修改稿)规定，相关联采标率计算公式为：

$$RR = M/N \times 100\%$$

式中：RR—相关联采标率；

M—相关联领域中，采用国际标准及国外先进标准的国家标准数量；

N—相关联领域中的国家标准数量减去与国际标准及国外先进标准无对应的国家标准数量。

本次统计M为采标数量总和，即采用IEC标准、ISO标准和国外先进标准的采标标准数量总和。

根据电工国家标准采标数据计算，

相关联采标率 = 890 / (1 222－310) × 100%

传统采标率 = 890 / 1 222 × 100%

得出计算结果，电工国家标准相关联采标率为98%，传统采标率为73%。电工国家标准相关联采标率与传统采标率对比见图2。

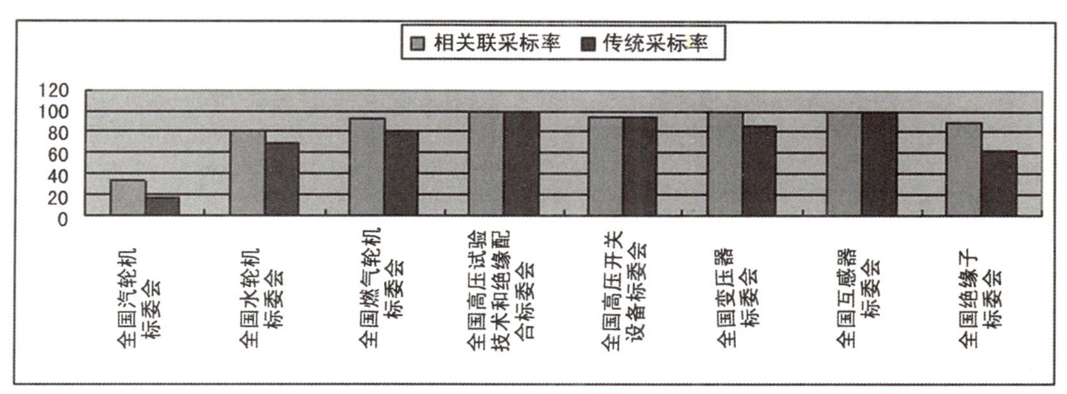

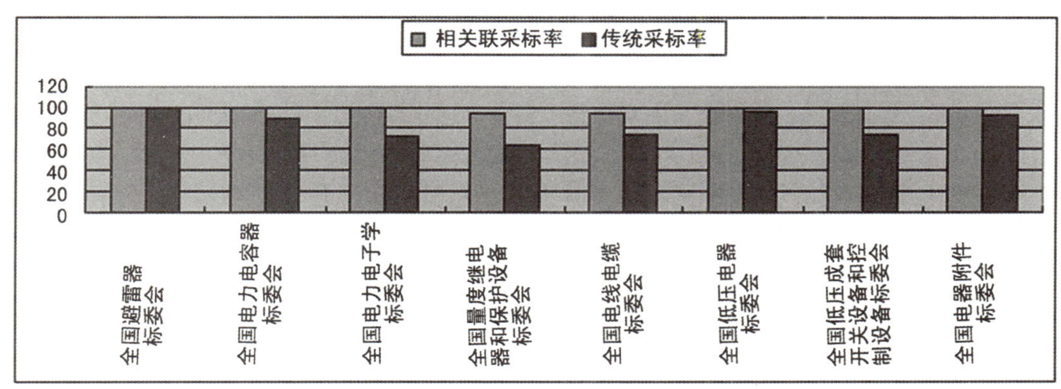

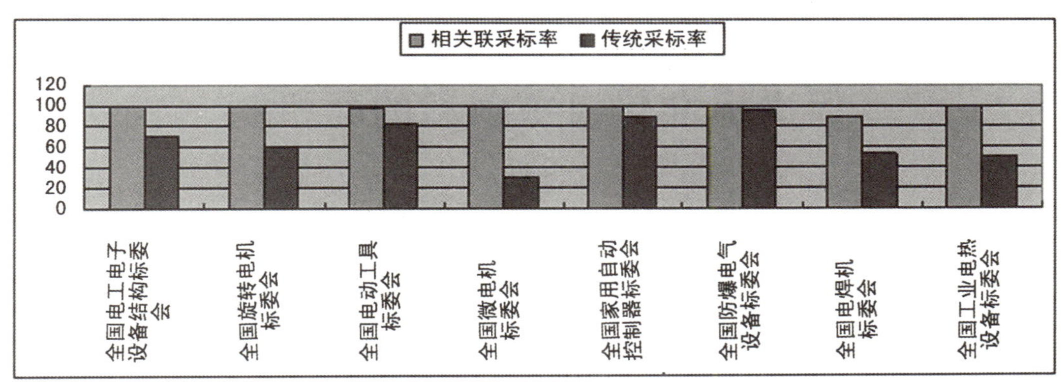

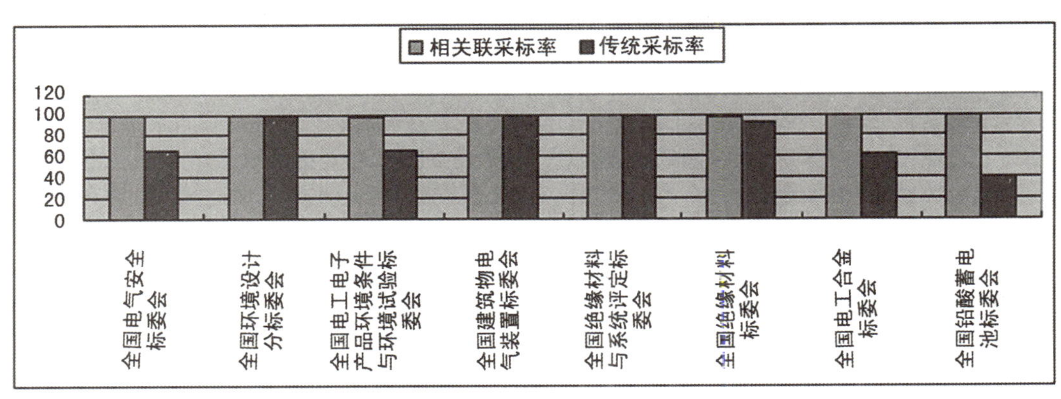

图2　电工国家标准相关联采标率与传统采标率对比

三、需要说明的问题

电工国家标准相关联采标率虽然达到国家标准委提出的主要工业产品95%采标的要求，但需要说明的是：第一，由于计算方法不同，电工国家标准相关联采标率较传统采标率总体高出25个百分点，例如全国微电机标委会的相关联采标率较传统采标率高出69个百分点，两种统计方法所反映的采标率内涵是不同的。第二，电工国家标准相关联采标率并不反映国际标准转化率情况，电工国际标准转化率为60%。从电器工业“十一五”后三年采标计划来看，国际标准采标工作依然艰巨，电器工业仍旧需要抓紧转化采用国际标准的工作。

四、“十一五”后三年采标工作

2007年底召开的全国采用国际标准工作会议上提出了今后一个时期采标工作要实现的两个阶段目标。第一阶段目标是：到“十一五”末，我国标准总体水平达到中等发达国家水平。采用国际标准比例达到85%，基本建成重点突出、结构合理、适应市场需求的标准体系，实现我国标准总体水平的跨越式发展，努力争取成为国际标准化组织（ISO）的常任理事国。第二阶段目标是：在实现第一阶段目标的基础上，再经过5～10年的努力，到2020年使我国标准的总体水平达到发达国家水平。采用国际标准比例达到90%以上；我国承担国际标准化组织技术委员会、分技术委员会比例达到10%左右；国际标准化专家达到1 000名左右；中国标准成为国际标准达到200项左右，重点参与国际标准制修订2 000项左右；中国成为国际电工委员会（IEC）的常任理事国。

为完成国家标准委提出的国际标准采标目标，中国电器工业协会已组织编制了电器工业《“十一五”后三年采标计划》，以期解决目前采用国际标准滞后问题，能够紧跟国际标准化发展动态，增加相关联国外先进标准的采标力度，完成国家标准委发布的《标准化“十一五”发展规划》以及《电器工业“十一五”标准化发展规划》发展目标。

根据电工行业采标工作的实际情况，为加快采标工作步伐，电工行业在2008年电器工业标准化工作会议中提出了相关建议和实施措施：

（1）国家标准的采标率情况并不能反映国际标准的转化情况。电工行业还需要在“十一五”后三年里加强国际标准的跟踪及其与我国标准的比对、分析和试验验证研究，真正做到科学采标、主动采标，突出重点、分步实施，不断提高我国标准水平。

（2）在标准复审、修订时，要考虑采用最新版本的相关联国际标准。主要出口产品的标准要密切跟踪国际标准情况，及时更新。

（3）应突出以企业为主体积极采标。企业是市场的主体，是采标工作的主体，要积极吸纳企业参与到采标工作中来。

（4）在采用国际标准的同时，应考虑采用国外先进标准，包括发达国家的国家标准、国际上权威的团体标准、区域性组织的标准、ISO公布的国际标准化团体之外的国际组织标准等的相关联采标。

（5）为保证采标工作的质量，要着力培养一批懂专业、精通外语的人才。

〔撰稿人：中国电器工业协会标准部徐元凤〕

促进标准化自主创新的新机制

——政府实施多元化标准化经费保障措施

实施标准化战略，建立标准化自主创新的多元化财政保障制度正在建立。国家科学技术部、国家质量监督检验检疫总局、国家标准化管理委员会以及省、市地方政府都大力宣传和支持技术标准制修订工作活动，开展了一系列技术标准制修订经费保障措施和示范工程，有效地促进了全社会标准化意识的提升，推动了企业参与标准化创新的原动力，营造了关注、重视标准化工作的社会气氛。

2006年，在国家财政部、国家科技部等有关部门的大力支持下，国家标准化经费从以往每年的7 300万元增加到3亿元，以确保三年内解决国家标准的老化问题。“十一五”国家重大科技专项“技术标准推进工程”启动，国家标准委落实科技资金1亿元，重点开展关键领域国家标准的研究制订。技术标准科研已成为国家公益性科研资金支持的重点。同时，不少地方政府也相继推出了对标准化工作的投入政策，明确工作目标和经费配套措施。

自2004年深圳市首先推出《深圳市技术标准研制资助管理办法》以来，北京市、广州市、河南省、无锡市等地方政府和杭州市高新技术开发区相继出台政策对承担标准化的工作提供支持经费。北京市中关村科技园区、上海市等还实施过“重要技术标准研究”专项地方试点项目。地区政府实施的标准化工作经费保障措施中，支持条件一般都是紧密结合地区经济建设，立足支柱产业和地区特色产业，但共性上主要基于8个方面：制定技术标准填补空白，标准水平达到同类国际或国内标准的先进水平；符合地区性重点产业发展方向，有利于促进地区科技成果产业化；技术标准中采用了先进的研究成果，具有自主知识产权，有利于形成优势产业，占领产业竞争制高点；采用国际标准或国外先进标准后，经过吸收转化并提高技术水平再创新，形成国际标准、国家标准、行业标准和地方标准；标准的实施能给本地区带来显著的经济效益和社会效益；有利于促进本地区产业结构的调整优化，提升本地区产品在国际、国内市场的竞争力；有利于保护人身健康安全和城市环境；属于国家、省、市重大科技项目配套标准的研制。

各地区的标准化经费支持方面，涉及的标准化活动项目有：承担国际标准、国家标准、行业标准、地方标准的制定；企业自主创新的技术被国际标准采纳、国家标准采纳、行业标准采纳、地方标准采纳等；制定企业联盟标准（如顺德地区）；参加国际会议；获得国家良好行为企业确认的企业；承担全国专业标准化技术委员会秘书处等。以下是部分地区对企业参与标准化工作的有关政策和项目支持方向。

深圳市2004年出台《深圳市技术标准研制资助管理办法》,每年1 000万元用于资助企业研制技术标准。技术标准研制资助的范围包括:国际标准研制不高于50万元;国家标准研制不高于30万元;行业标准研制不高于15万元;地方标准或深圳经济特区技术规范研制不高于10万元。

北京市2007年出台《北京市技术标准制(修)订专项补助资金管理办法》,针对标准化工作成果提供一次性无偿资助:国际标准已经批准发布,补助金额不高于50万元;国家标准已经批准发布,补助金额不高于30万元;行业标准已经批准发布,补助金额不高于20万元;本市地方标准已经批准发布,补助金额不高于20万元;企业自主创新的技术被国际标准、国家标准、行业标准、地方标准采纳的,给予不高于15万元的特别补助。对于特别重大的标准制定项目,标准经批准发布后,补助金额可以有所突破,但不高于100万元。

广州市于2006年6月发布实施《广州市技术标准研制资助专项资金管理办法》,对20个企事业单位的43个项目给予资助,资助总金额达292万元。资助额度为国际标准不高于50万元,国家标准不高于25万元,行业标准不高于10万元,地方标准或省、市技术规范研制项目不高于5万元。

佛山市顺德区出台的《顺德区实施标准化战略专项资金管理暂行办法》,除对承担国际标准、国家标准、行业标准制定提供经费支持外,还对牵头制定顺德联盟标准、参加国际标准化会议、标准化良好行为企业、承担全国专业标准化技术委员会或分会的秘书处工作等活动也提供有效的费用支持。

无锡市确立以科技创新为核心的技术标准战略,逐步实行"科研、技术标准、产业同步化、自主创新技术标准化、标准工作主体企业化、标准服务支撑平台化"。特别针对承担与无锡支柱产业相关的国际标准研制资助100万元,国家标准研制资助50万元,行业标准30万元,地方标准10万元,获得国家良好行为企业确认的企业奖励3万~5万元。

河南省各级财政、杭州市高新区等,也都出台有关办法和意见,建立了投入机制,对企事业单位承担相关的标准化项目进行资助,同时包括承担全国标委会的资助。

我国政府推行的标准化配套资金的政策和措施,调动了各有关部门、地方政府、龙头企业开展标准化工作的积极性,奠定了标准化工作多元化财政保证制度,鼓励了以企业为主体参与标准制修订活动,为加快我国标准化事业的发展提供重要的经济基础和法规保障。

〔撰稿人:中国电器工业协会标准部曾雁鸿〕

加快制定大型空冷机组国家标准 提升大型空冷电站装备制造水平

21世纪我国火力发电将围绕着高效(省煤节电)、环保(清洁生产)、节水(节约资源)三大主题发展。大型火电机组空冷技术是一项适用于我国西部地区实现"节水最大化、排放最小化"的新技术,具有广阔的应用背景,我国自主研发首台300MW空冷机组于2004年在山西漳山电厂投产,首台国产化的600MW空冷机组于2005年在山西大同发电公司投产,标志着国内企业在空冷机组领域已经形成了自主知识产权和技术体系,能够独立承担大型空冷电站的设计和制造,产品达到国际先进水平,打破了国外公司在此领域近70年的垄断局面,实现了消化吸收再创新,完成了制定具有自主技术的空冷机组国家标准的技术储备。

600MW超临界空冷汽轮机原理见下图。

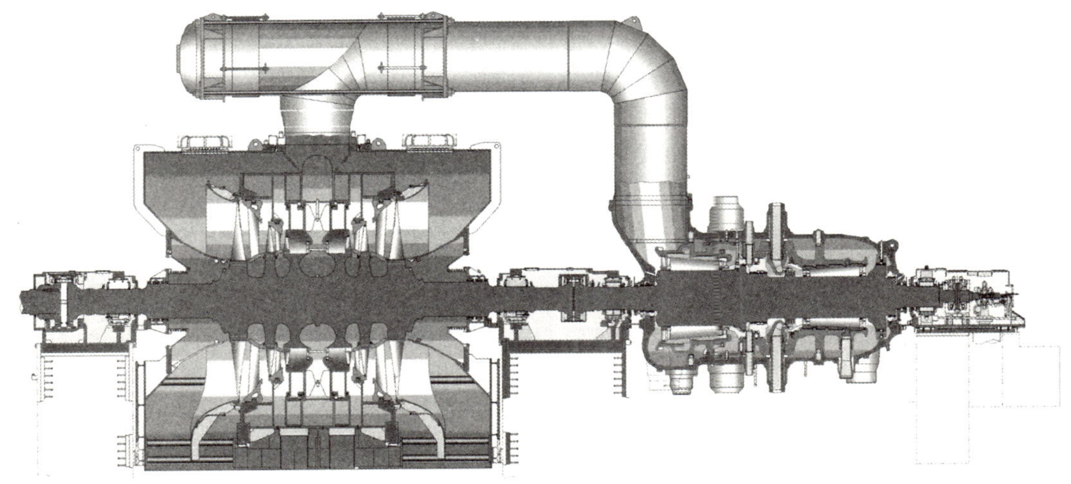

图 660MW超临界空冷汽轮机原理

一、根据我国国情大力发展大型空冷机组，符合国家节能降耗政策要求，是电力工业可持续发展的必要要求

目前在我国发电领域中，燃煤发电机组占有较大的比重，预计到2020年，燃煤发电机组装机容量将占全国总装机容量的75%。随着我国电力建设不断发展，水资源不足已经成为制约我国电力工业可持续发展的重要因素之一。由于我国煤炭资源分布不均匀，“三北”（东北、西北、华北）地区煤炭资源丰富，但水资源严重匮乏。在煤炭探明储量中，仅华北、西北地区探明储量就占全国总探明储量的79.64%，而可开发利用的水资源却极为贫乏，即使黄河中上游的淡水也只能进行有限度的开发利用。同时在气候方面，“三北”地区气候条件十分相似，冬季寒冷漫长，夏季干燥少雨，年平均气温在12℃左右，风力资源充足，降水偏少，是典型的内陆干旱气候。

因此具有节水、环保、节能等特点的空冷火电机组成为在“三北”地区的“富煤缺水又寒冷漫长”的煤矿坑口地区发展火电站的首选，变输煤为输电，符合我国实际国情。以2×600MW火电机组为例，普通二次循环湿冷机组耗水量为2 600m^3/h，而空冷电站耗水量是湿冷电站的1/6～1/8，年节水量约为2 500万～2 750万m^3，相当于一座50万人口的中型城市一年的总用水量，节水效果十分显著，符合国家近期提出节能降耗的总体要求。《国民经济和社会发展第十一个五年规划纲要》中明确提出了我国在“十一五”期间将大力发展大型空冷电站，截至2007年7月，空冷机组订单已经达到56台（其中超临界直接空冷8台，亚临界300MW、600MW直接空冷31台，其他空冷机组17台），预计到2010年全国空冷机组装机容量将达30 000MW。

二、大型空冷机组特点及我国国产化进程

空冷技术发展可分为4个阶段：第一阶段，即生长阶段（1939～1969年）；第二阶段，即发展阶段（1970～1984年）；第三阶段，即成熟阶段（1985～2000年）；第四阶段，即完善阶段（2001年至今）。

目前，国际上广为应用的空冷系统有3种基本形式：直接空冷系统、具有混合式凝汽器的间接冷却系统（海勒系统）以及具有表面式凝汽器的间接冷却系统（哈蒙系统），3种空冷系统在世界范围内得到了广泛应用，并取得了成功的经验，技术上已十分成熟。其中直接空冷以其建设投资省、占地面积小、防冻度夏、灵活可靠等特点，明显优于两种间接空冷系统，备受青睐，已经成为我国重点发展的大型空冷技术。

我国于20世纪60年代开始空冷技术装备的研制和试验，到80年代末从国外引进了2×200MW混合式凝汽器间接空冷机组，90年代初投运了2×200MW表面式凝汽器间接空冷机组。“十五”期间，按照国家重大技术装备国产化战略要求，以哈尔滨汽轮机厂有限责任公司、东方汽轮机厂、上海汽轮机有限公司为代表的国内制造企业通过技术引进和自主科研攻关，在研发和制造常规湿冷机组技术基础上，开展300MW、600MW及以上大型空冷机组的自主化研制，均取得不错业绩，实现了设备国产化。哈尔滨汽轮机厂有限责任公司的亚临界600MW、背压为15kPa及18kPa、末级叶片为680mm、排气面积4×5.08m^2的四缸优化型空冷汽轮机于2005年在大同发电公司投运，成为全国大型火电空冷机组示范项目；东方汽轮机厂的亚临界600MW、末级叶片为645mm的三缸优化型空冷汽轮机于2005年在内蒙古托克托电厂投运，采用高中压合缸，低压缸轴承落地、三层缸结构；上海汽轮机有限公司的亚临界600MW、背压为16kPa、末级叶片为极小动应力的整圈自锁阻尼型665mm、排气面积4×4.41m^2的三缸优化型空冷汽轮机将于山西柳林电厂投运。

三、加快制定大型空冷机组国家标准，提升装备水平，推动行业进步

在国内，经过优化设计的国产化大型空冷机组陆续投运，空冷机组已经进入规模化发展阶段。但空冷机组国家标准领域尚属空白，现行国家标准中没有单独针对空冷机组的技术要求，国内制造企业只能通过各自经验和技术特点进行空冷机组的设计制造。长此以往，势必会造成机组参数不统一、机组选型困难等问题，将不利于空冷机组在我国规范化发展，制定空冷机组国家标准工作急需提到议事日程上来。

在国家标准化管理委员会、国家发展和改革委员会、国家科技部等多个部门发布的《2005～2007资源节约和综合利用标准化发展规划》中将空冷机组作为节水领域重点项目。以国内三大汽轮机制造厂为主的单位已经掌握了大型空冷机组的设计和制造技术，通过承建国内空冷电站工程积累了丰富的经验，将自主技术制定为国家标准的技术条件已经成熟。

中国电器工业协会组织国内三大制造企业、用户单位、科研院所和相关标准化技术委员会，采用以企业为主体，产、学、研、用相结合的组织形式，开展大型空冷机组的国家标准制定工作，将我国大型空冷自主技术转化为国家标准，在常规湿冷汽轮机技术标准的基础上，形成空冷汽轮机国家标准体系，规范国内市场，填补相关领域的空白。大型空冷机组国家标准制定总体工作组通过对国内空冷机组的调研分析，发现在我国空冷机组制造中存在以下3个突出的问题：

（1）我国大型空冷机组正向“大容量、高参数”方向发展，机组技术要求与湿冷机组相比存在差异，但目前各厂仍采用湿冷机组技术规范作为设计制造空冷机组标准使用。

（2）末级叶片是空冷汽轮机之“魂”，是汽轮机的心脏，是空冷、湿冷汽轮机本质性区别所在，但尚无统一末级叶片的技术要求。

（3）汽流激振问题是空冷机组设计制造中需要解决的一个关键技术问题，由于轴系稳定性的评定程序和依据尚无定论，急需制定空冷机组轴系动特性技术标准。

为此，综合国内三家制造企业的不同技术特点，考虑我国气象条件、地域特点等实际情况，按照条件成熟分步实施的原则，先期确定了《大型空冷汽轮机技术规范》、《大型空冷汽轮机轴系动特性技术规范》、《大型空冷汽轮机末级叶片技术规范》等3项国家标准项目。

根据2007年第三批国家标准制修订计划要求，于2007年8月在哈尔滨召开了标准研究制定工作启动会，正式启动3项国家标准制定工作，确定了哈尔滨汽轮机厂有限责任公司牵头制定《大型空冷汽轮机技术规范》、《大型空冷汽轮机轴系动特性技术规范》等两项国家标准，东方汽轮机厂牵头进行《大型空冷汽轮机末级叶片技术规范》国家标准。参加起草单位包括上海汽轮机有限公司、上海发电设备成套设计研究所、西安热工研究院、发电设备国家工程中心等多家单位。预计以上3项国家标准将于2008年底完成征求意见稿并征求意见，2009年第三季度完成报批稿。

四、结语

正在编制的《2008～2010资源节约和综合利用标准化发展规划》中，大型空冷机组仍作为节水领域重点项目。研究制定具有我国自主技术的大型空冷机组国家标准，有助于打破国外公司在此领域的技术垄断，有利于国内空冷机组市场规范化、标准化发展，将带动相关产业、学科的技术创新和发展，将提升我国重大技术装备整体研制能力，为研制更大的、超临界参数的空冷机组奠定坚实的技术基础。

〔撰稿人：机械工业北京电工技术经济研究所王琨〕

"高压直流输电系统及设备关键技术标准研究"项目获得2007年度中国机械工业科学技术一等奖

由机械工业北京电工技术经济研究所承担，经中国机械工业科学技术奖评审委员会评审，并经中国机械工业科学技术奖管理委员会批准，"高压直流输电系统及设备关键技术标准研究"项目获得2007年度中国机械工业科学技术一等奖。获奖情况见下表。

表　获奖情况

编号	项目名称	完成单位	完成人
0702059	高压直流输电系统及设备关键技术标准研究	机械工业北京电工技术经济研究所 西安高压电器研究所 中国电力科学研究院 西电西安变压器有限责任公司 特变电工沈阳变压器有限责任公司 西安电力电容器研究所 西安电瓷研究所 许昌继电器研究所 西安电力电子技术研究所 沈阳变压器研究所有限公司	苟锐锋　方晓燕　王明新　宓传龙　王　健　郭天兴 贾东旭　姚致清　王　琨　蔚红旗　汤广福　郭丽平 章忠国　马为民　党镇平

〔撰稿人：机械工业北京电工技术经济研究所吴金龙〕

电器工业两个标准项目获2007年"中国标准创新贡献奖"二等奖

为促进国民经济又好又快发展，落实《标准化"十一五"发展规划》提出的任务，全面提升我国标准化工作水平，充分发挥标准化工作在建设创新型国家中的技术支撑作用，引导和推动标准化领域的科技进步，调动标准化工作者的积极性和创造性，经国家质检总局和国家标准化管理委员会审查批准，2007年共计119个项目获"中国标准创新贡献奖"，其中一等奖8项，二等奖30项，三等奖81项。电工行业获得两项2007年"中国标准创新贡献奖"二等奖。

获奖标准项目为IEC 60779：2005《工业电热装置—电渣重熔炉的试验方法》，IEC60519—8：2005电热装置的安全　第8部分　电渣重熔炉。

该项目以我国优势技术为基础高质量地完成了电渣重熔炉设备国际标准的研制工作，实现我国电工行业担纲国际标准项目召集人的零突破，创国际标准修订周期时间最短的历史记录，并为我国获得首枚"IEC1906技术专家奖"。

该项目研发形成的多项具有国际先进水平的研究成果已在我国推广应用，取得了显著成效。国际标准的研制成功，大大提升了我国在世界电渣冶金技术领域的地位和威望，促进了我国产品出口和国际技术合作。

该项目主要完成单位是：西安电炉研究所有限公司、东北大学、潍坊星河结晶器有限责任公司等单位。

获奖标准项目GB/T1029—2005《三相同步电机试验方法》，包含了近几年国内新研究的试验方法，这些内容体现了我国在新技术的研究、推广与应用的独立创新能力。

该标准面向实际应用，在提高三相同步电机产品性能和质量、保证产品制造水平及在役发电机的维护和检修、稳定运行、继电保护、电力系统分析等方面提供可靠的依据和保证。

该标准正式颁布实施以来，在全国发电设备科研设计、生产制造、电力试验与安装调试和运行等方面的应用中，取得了广泛且显著的经济效益和社会效益。

该标准纳入多项我国领先于其他国家的试验方法，吸收采用了国外先进国家的同类方法，保留了 GB/T1029—1993 中已被证实的先进且成熟的经验，按国际标准统一了参数试验方法，为我国同步电机产品与国际接轨以及参与国际竞争提供了切实可行的依据。

该项目主要完成单位是：哈尔滨大电机研究所、东方电机股份有限公司、上海汽轮发电机有限公司等单位。

第二部分：深层参与国际标准化活动

标准造福人与社会

——第 38 届世界标准日祝词

地球村的居民们享受着广泛的权利，同时承担着相应的义务。这些权利包括人身安全、公共安全、健康以及自由地获取信息。义务则包含保护环境以及尊重他人的人身安全、财产权利和隐私权。标准有助于公众享受权利并履行义务。例如，标准通过为消费者提供信息和信息保护，通过保证产品和服务的质量与安全，通过对环境方面以及对如社会公正、健康、安全、信息、交流和公平贸易等与公众息息相关的各个方面制定要求或提供指南来帮助公众享受权利和履行义务。

没有标准，世界的运行将要戛然而止。运输与贸易将中断。互联网也会停止工作。成千上万依靠信息和通信技术运行的系统——从政府、银行到卫生保健，从空中交通管制、应急服务、灾害救助乃至国际外交等——将变得缓慢甚至终止。现代社会的许多方面都极大地依赖标准。

标准在我们日常生活中的重要性无论怎样强调也不为过。就阅读这篇祝词而言，如果你是在电脑屏幕前阅读，那么就有数百项标准正在为电脑的正常工作发挥作用，为其提供互联网接入，以至于定义文本自身的字体和格式等；如果你是在阅读纸质文本，那么纸张大小就要符合一定的标准，以简化印刷和流通程序。计算机或打印机、照明、取暖和空调，所有这一切的能源系统，都在一定程度上依赖于标准。

可以设想，如果没有标准，开展日常工作将非常困难，甚至发生危险。机械安全标准为我们的工作和娱乐提供保护。家居生活中，标准使家用电器能连接到国家电力网络，并确保冰箱、空调符合环保要求，防止全球变暖。我们使用的音频系统、电视机和 DVD 播放机、手机以及 WIFI 都符合相应标准以使它们与其他系统兼容。从移动视频和音乐到在线教育、远程医疗、电子银行、汽车及飞机的卫星导航系统等，可以试想，在一个越来越网络化的世界里，如果没有了标准，我们将处于何种境地？

IEC、ISO 和 ITU 制定国际标准的工作保证了市场开放，也实现着环境保护、人身安全、公共安全、健康和自由获取信息及知识。国际标准化越来越有助于打破贫穷和富裕国家间的壁垒、有助于促进供应商之间的公平竞争、有助于提高产品质量和降低成本、有助于消费者在购买设备或服务时获得更多的信息。

国际标准化工作已经开展了近 150 年。如今，各行业已经认识到标准在促进技术创新和扩展市场中的重要作用并为标准化投入了数十亿美元的资金。标准鼓励健康贸易和公平价格。通过开放程序和各利益方协商一致的方式制定的国际标准已成为产品进入国际市场的金钥匙。

随着我们向新时代的迈进，IEC、ISO 和 ITU 的工作将继续促进新技术的发展和传播，为推动世界经济的发展、谋求全球公众更多的利益作出巨大贡献。

我国近期实质性参与国际标准化工作建议

为推动我国实质性参与电工电子领域的国际标准化活动，充分了解我国参与IEC国际标准化活动的情况，反映产业界对参与IEC国际标准制修订工作的建议和意见，IEC中国国家委员会于2007年9月11日在北京组织召开了IEC/理事局(CB)国内专家工作组会议暨IEC工作座谈会。原国家质量检验检疫总局副局长、中国出入境检验检疫协会会长葛志荣出席会议并作了重要讲话，国家标准委副主任石保权、国家认证认可监督管理委员会副主任谢军、国家标准委工业二部主任刘霜秋、国家认监委认证监管部主任陆梅、国家认监委国际合作部主任薄星民等领导以及电工、电子、电力等行业部门代表和我国IEC中高层专家共40余人参加了会议，石保权副主任主持了会议。

葛志荣会长在会议中指出了我国标准化事业发展的两个阶段目标(2010年达到中等发达国家水平和2020年达到发达国家水平)和我国参与IEC国际标准化活动的任务，并就IEC中办将开展采标信息收集、IEC的财政支持、批准成立IEC市场战略局等9项IEC/理事局近期重要决策作了通报。

石保权副主任作为IEC中国国家委员会秘书长(标准)，介绍了我国目前标准现状和我国近期参与IEC国际标准化的一些重要活动，指出实质性参与国际标准化活动要坚定不移地发挥企业的作用，并就IEC/SMB近期发布的ISO/IEC/ITU新版共同的专利政策、采用全球相关性工具箱、IEC—IEEE双标识标准等10项重要议题作了介绍。

谢军副主任作为IECEE副主席及IEC中国国家委员会秘书长(合格评定)，介绍了IEC/CAB近期工作和我国在电子、电器和防爆电气等领域全面参与国际合格评定活动的情况，并指出下一步要强化组织、加强研究、广泛参与、更有利地推进合格评定工作，表示我国认证认可发展战略将配合标准化的发展。

各行业代表就近期实质性参与国际标准化和认证活动方面取得的成绩和拟开展的重点突破工作做了汇报，还就工作中存在的问题、具有中国特色或技术优势的新工作领域、ISO/IEC提出的拟减少国际标准文件类型等3个议题进行了讨论。会议归纳了与会代表提出的建议，就今后工作提出6点重要意见：

(1)根据国家质量检验检疫总局、国家认监委、国家标准委的要求，参与国际标准化活动要确立明确的目标，要有规划、计划和策划。国家确定了在2010年达到中等国家水平、2020年达到发达国家水平的两阶段目标，在IEC方面，作为技术先进领域，达到更高水平。要把两阶段目标的具体任务细化，把以企业为主体和参与制定国际标准、承担TC/SC秘书处和主席等目标落实到参与IEC国际标准化活动的领域，在参与国际标准化活动中既承担国际责任，也体现对我国经济建设的支持。

(2)实质性参与IEC国际标准化活动要结合我国国情和我国的需求，确立我国的优势领域作为突破重点，并定期分析和评估优势领域的变化，了解IEC相关领域的情况，近期可以考虑在特高压输电、发电机、家电服务、继电保护、公共安全和航空电子等领域进行认真分析，实施重点突破。

(3)实质性参与国际标准化活动要采取有效措施。对外要进一步加强对IEC组织机构的联络工作，争取我国在IEC中更大的话语权。如在ISO中有鼓励发展中国家的“结对政策”，即发展中国家与发达国家结合承担秘书处工作。中国希望IEC也能采用这种做法，并已与部分国家沟通。承担国际标准化工作的同时，也要考虑维护国家利益与遵守国际规则的统一性。

(4)逐步完善IEC标准化与认证认可工作协调机制，实质性参与国际标准化活动要贯彻以企业为主体的发展思路，并形成社会广泛参与和主管部门、行业协会共同推动的工作氛围，要建立广泛的联络机制，加强信息的及时沟通和共享。

(5)要加强IEC相关工作的宣传、培训和专家队伍建设工作。通过宣传使各级领导更加重视这项工作，通过培训扩大和提高IEC专家队伍水平。要更广泛地吸收专家参与国际标准化活动，加大对IEC国际标准化活动的经费投入，希望能得到国家财政的支持，同时也希望得到各部门和地方政府的大力支持。

(6)IEC中国国家委员会和秘书处在实施国际标准化突破战略中要做好服务工作，要积极协助企业和行业协会更多参与IEC相关活动，开展相关专项研究，解决目前信息共享存在的问题。

〔撰稿人：IEC中国国家委员会秘书郭晨光〕

IEC国际标准化发展动态

IEC(国际电工委员会)第71届大会于2007年10月21～30日在法国巴黎召开，中国电器工业协会组织电工行业的有关企业和科研院所的专家13人参加了此次会议。

本次IEC大会期间共有17个TC和SC召开了会议，我国电工代表团参加了其中6个，分别是TC10电工设备用流体、TC22电力电子系统和设备、SC22F输配电系统中的电力电子技术、TC26电焊机、TC105燃料电池技术和TC111电工电子产品与系统的环境标准化。

一、TC10(电工设备用流体)会议情况

TC10会议没有讨论具体的标准草案,只是相关的标准制定和维护工作组介绍了各自的工作情况,另外投票通过了美国提出的成立《定量测定矿物绝缘油中腐蚀性硫和潜在的腐蚀性硫的方法》标准起草工作组的提案,否决了成立《矿物油中多环芳烃的精确测定》标准起草工作组以及成立TC10/TC111联合工作组制定《绝缘油中推荐使用的添加剂》标准这两个提案。

二、TC22(电力电子系统和设备)和SC22F(输配电系统中的电力电子技术)会议情况

1. MT11工作组情况

该工作组召集人为中国的张万荣,主要任务是制订IEC60919—2《使用线换相的高压直流输电系统的性能——部分2:故障和开关》第二版。工作组于2007年2月成立,2007年6月形成工作草案,2007年10月形成报告提交技术委员会进行讨论。工作组的工作安排如下:2007年6月30日完成工作组草案,2007年12月31日对草案进行投票确定,2008年12月31日完成技术报告的出版。会上来自中国的张万荣作了MT11工作报告,并对IEC TR 60919—2 Ed.2《采用有源换相换流器的HVDC系统性能—第2部分:故障与操作》的反馈意见进行讨论。会议决定接受经各方讨论一致认可的修改意见,同时要求SC22F秘书处和MT11召集人张万荣将已接受的意见添加到22F/142A/CD,并将其发至IEC中央办公室作为CDV文件发布。

2. MT15工作组情况

该工作组主要任务是制订IEC 62501第一版《电压源换相直流输电的电压源换流器阀的电气试验》。工作组的工作安排如下:2007年7月31日完成工作组草案,2008年7月31日完成投票草案,2008年12月31日对最终草案进行投票确定,2009年3月31日完成标准的制订。会上该工作组召集人盛宝良博士作了工作报告,并对IEC 62501, ED.1《HVDC用电压源换流器(VSC)的电气试验》的反馈意见进行了讨论。会议决定:型式试验的条件应在考虑最苛刻操作应力和试验安全系数的情况下决定,并且必须与IEC 60700—1保持一致;SC22F秘书处与WG15会议召集人盛宝良博士将同意的改动添加到22F/141/CD中,并将其交付IEC中央办公室作为CDV文件散发。MT15的工作目前进展较慢,主要由于世界上只有一个电压源换相直流输电供应商,相对于传统高压直流输电换流站来说,目前的经验还非常少,不利于IEC建立一个国际的标准。而且根据SC22工作组的要求,CIGRE工作组B4.48在2006年9月成立以来研究同样的问题。相应的CIGRE工作组B4.48报告将在MT15工作计划末期完成,如果两个报告之间有显著的不同,MT15将不得不修订新的标准。

3. MT17工作组情况

该工作组主要任务是制订IEC/PAS61975《高压直流输电安装的系统试验》第一版,IEC/PAS61975的预标准第一版在2004年8月出版。工作组于2007年11~12月开始工作,2008年4月30日完成工作组草案,2009年3月31日完成投票草案,2009年12月30日对最终草案进行投票确定,2010年3月30日完成标准的制订。

4. MT18工作组情况

该工作组主要任务是在CIGRE手册第139号的基础上制订IEC/PAS 62001第一版《高压直流输电系统滤波器的规格和设计指南》。IEC/PAS 62001的预标准第一版在2004年7月出版。工作组于2007年11~12月开始工作,2008年4月30日完成工作组草案,2009年3月31日完成投票草案,2009年12月30日对最终草案进行投票确定,2010年3月30日完成标准的制订。

5. 关于IEC/PAS 62334和IEC/PAS 62543

基于CIGRE工作组B4.14—21的IEC/PAS 62334《高压直流输电系统接地极设计指南》的第一版已经在2007年5月被采纳并且出版,基于CIGRE工作组B4.37报告和CIGRE手册No.269的IEC/PAS 62543《使用电压源换流器的高压直流输电系统》的第一版已经在2007年9月被采纳并且在2007年底作为试用标准出版。由于IEC国家委员会任命的专家太少,目前这两个项目还没有形成工作组。IEC/PAS 62334和IEC/PAS 62543的第一版有效期为3年,在这段时间内SC22将考虑设立两个工作组分别对这两个文件做进一步研究。如果由于专家的缺乏导致在这段时间内工作组没能成立,则考虑撤销出版。

三、TC26(电焊机)会议情况

本次会议主要讨论了IEC 60974—1《电弧焊设备　第1部分:焊接电源》,大会讨论了各国代表的提案,给出了修改意见。时代集团的沙德尚博士受中国电焊机标委会的委托,向大会阐明了中国的观点:

1. 关于电磁辐射抗扰度的测试

因为通过实验发现目前国内市场上的常用焊机在60974—10的测试条件中,都能够在该标准上满足要求。

2. 关于空载电压测试的电路

由于原标准没有考虑到高频开关下截止频率应该提高,因此建议对于输出滤波电容做适当的修改。

沙博士提出的观点得到了认同,但是由于程序的原因,中国代表的意见提交晚了,没有写入到文档中,主席建议把相关的电子文档发给他,以便2008年5月东京的工作组会议再讨论该问题。

四、TC105(燃料电池技术)会议情况

本次TC105会议主要由各个WG的召集人介绍各自工作组的标准制修订情况,另外还邀请了一些相关TC(比如ISO/TC197氢能标委会,IEC/TC31防爆电气等)做了报告。本次会议讨论的内容比较多,现将本次会议的决议介绍如下:

WG1术语的召集人希望其他WG的召集人检查术语标准的制定情况并提出建议;WG2燃料电池模块将发出一个技术勘误表,在委员会内部征求意见;WG3固定式燃料电池发电系统—安全将于2009年启动IEC 62282—3—1的修订工作,并计划于2010年完成;WG4固定式燃料电池发电系统一性能测试，将立即开始对 IEC 62282—3—2 的维护工作，发出通知征求各个国家委员会对该标准的意见，并准备对标准中的一些标志符号进行修订；WG5 固定式燃料电池发电系统—安装工作组召集人建议在标准的维护周期再考虑收到的意见，TC 同意了这一建议；WG6 推进和辅助动力用燃料电池工作组决定成立一个调查小组来调查推进和辅助动力用燃料电池标准的市场需求程度；WG7 便携式燃料电池工作组负责的 IEC 62282—5—1 将于 2008 年展开修订工作，该工作组召集人希望各成员国能提出意见；WG8 建议 TC105 按照 IEC 中办的要求修改标准编号，比如将 IEC 62282—6—1 改为 IEC 62282—6—100，这条意见得到了采纳；WG10 微型燃料电池发电系统—互换性，该工作组的召集人建议目前正在制定的 62282—6—3 将只包括甲醇燃料盒的互换性，其他燃料盒的互换性以后再制定，将作为该标准的其他部分，TC105 接受了这条建议。

五、TC111（电工电子产品与系统的环境标准化）**会议情况**

1. WG1 材料声明工作组会议情况

本次会议分成了 3 个小组对 IEC62474《电工电子产品的材料声明》工作草案的不同部分进行讨论，会议经讨论决定：

（1）采用高水平的模型用于过程和数据形式交换，允许由于物质组水平符合性判定的最低限值要求而采用简单的模型；允许用声明的形式来对可声明物质组合材料组进行信息通报。

（2）通过了可声明物质的 IEC 数据库模型，将在 1CD 稿中提出第一批材料组原始清单。草案第一批材料组的确定将会是关键。

（3）对工作草案进行重大改进：将在 WG1 技术专家范围内征询意见，进行修改，并分派下次的任务把 1CD 稿最后确定下来。

2. TC111/WG2 环境意识设计会议情况

本次 WG2 会议的主要内容就是讨论 IEC 62430《电工电子产品与系统的环境意识设计》的 CD 稿，主要通过了以下修改意见：

（1）去掉标题中的“系统”两字，改为《电工电子产品的环境意识设计》；

（2）去掉规范性引用文件中所有文件，包括 ISO9001、14000、14062 以及 IEC 导则 114，把这些文件都列入参考目录。

（3）对“设计和开发”这个术语重新定义，不再采用 ISO9000 中的定义。

（4）按照中国提出的意见，将 5.3 节“环境因素及其影响的识别和评价”重新分为三个部分：识别相关的环境因素及其影响；评价那些已经识别的环境因素的影响；确定重大环境因素。

（5）修改 5.6 节“环境意识设计信息共享”，强调信息共享的必要性。

（6）对附录中一些说法不准确的地方做了修改。

总体来说，这次会议并没有改动整个标准的结构框架，修改的幅度比前几次会议要小。这也说明 IEC 62430 虽然是环境意识设计领域的第一个 IEC 标准，但在各国代表的努力下也日趋成熟。

3. PT62476 成品中 RoHS 符合性评价指南会议情况

由于 PT62476 的制定工作刚开始不久，本次会议上召集人提出了草案一稿供大家讨论。中国代表经过研究后提出了如下几条意见：

（1）使用本标准的目的不是告诉企业如何建立管理体系，而是通过收集产品符合性证据来进行符合性判定，因此不能照抄 ISO9000、14000 和 IECQ080000。符合性评价标准应只规定企业提供的符合性证明材料至少覆盖的方面。

（2）符合性评价标准必须适用于所有企业类型，应既适合于有管理体系大中企业也适合于无管理体系的简单生产型企业。

（3）成品材料中的有害物质情况不同于原材料，在生产过程中有受到污染、误用、浓度变化和新的有害物质产生的可能。

（4）标准中缺少符合性评价的步骤，不能体现评价的过程和各要素之间的相互关系等等。

根据以上建议，中国代表要求对标准的主要章节第 4 章和第 5 章进行重写，后来经过各国专家讨论，PT62476 召集人决定允许专家可以对第 5 章重写提出意见，汇总后改写第 5 章。

此次 IEC 大会，体现出以下几个特点：

1. 围绕着 IEC 标准的制定，各国之间既有合作，又有竞争

IEC 标准总体上来说对国际电工技术的发展起到了积极的促进作用，但由于各国之间技术水平发展的不平衡，因而在某些 IEC 标准制定上的态度也明显不同。在某一技术领域水平较高的国家，总是设法通过 IEC 标准来保护自己在该领域的优势地位，限制其他国家在该领域的发展。

在本次 SC22F 分委员会会议上，围绕着是否制定 HVDC 工程换流阀标准，不同国家代表之间意见分歧严重。HVDC 工程换流阀制造水平领先的国家，如：瑞典、德国、日本的代表反对制定 HVDC 工程换流阀标准，俄罗斯等国代表建议制定换流阀标准。赞成制定换流阀标准的一方当然是希望通过制定 IEC 标准来促进不同国家在 HVDC 工程换流阀制造水平的共同提高，缩小各方差距；反对制定换流阀标准的一方是想巩固自己在这一领域的优势地位，不希望自己的制造技术秘密泄露。

2. 中国代表在 IEC 的各 TC 内发挥着越来越重要的作用

随着我国的经济发展和综合国力的不断增强，世界各国也越来越重视在标准化领域和中国的合作。我国参与国际标准化工作的人员素质也在不断提高。本次 IEC 大会上，西安高压电器研究所副所长荀锐锋作为 SC22F 主席主持了两天的会议，荀所长凭借其渊博的专业知识和良好的英语能力赢得了与会专家的信任和尊重。另外，在本次 IEC 大会的闭幕式上，IEC 主席在演讲中还专门提到中国代表

的进步，尤其是在TC111中国代表很活跃，发挥着非常重要的作用。

3. 参与国际标准化工作需要专门的人才和相应的制度保障

国际标准化工作需要懂专业知识、标准化规则，同时具备良好英语能力的复合型人才。我们建议国标委大力推进这方面人才的培养，培养出一批在国际上叫得响的中国标准化专家。同时出台参与国际标准化工作的激励措施，使国内的优秀人才更加积极的投身国际标准化事业。

〔撰稿人：中国电器工业协会卢琛钰〕

2007年IEC/CIGRE特高压国际标准研讨会的主要议题

IEC（国际电工委员会）和CIGRE（国际大电网会议）于2007年7月18～21日在北京联合召开特高压国际标准研讨会。来自美国、加拿大、英国、德国、法国、俄罗斯、意大利、瑞士、荷兰、巴西、日本、韩国、瑞典、奥地利、印度、葡萄牙、新加坡等18个国家的130多位专家及国内的210多位代表出席了会议。西安电瓷研究所主任工程师李大楠同志参加了研讨会。

会议有50多篇宣讲论文和50多篇张贴论文发表，论文分为特高压的必要性和设想、特高压电力系统、变电站、高压开关设备、变压器、绝缘子避雷器、直流输电、特高压试验以及特高压标准有关议题等若干专题探究。IEC/CIGRE特高压国际标准研讨会议题见下表。

表　IEC/CIGRE特高压国际标准研讨会议题

议题名称	国家
一、特高压输电的必要性和设想	
特高压交流输电系统将是未来一项新的挑战	德国
意大利特高压1 000kV的经验——公开的观点和可以选择的技术	意大利
特高压输电的研究和应用	中国
特高压输电系统使用寿命周期的评估和420kV/550kV电力系统的比较	德国
日本特高压交流输电的预期计划	日本
中国±800kV特高压直流输电工程设计	中国
印度电网800kV直流输电项目介绍	印度
巴西800kV交流和600kV直流输电系统经验和今后发展趋势	巴西
二、特高压电力系统	
在国际大电网会议已有绝缘配合经验的基础上对特高压输电的设想	德国
日本1 100kV交流输电技术系统问题——对于输电网络特别是对于特高压交流输电系统的绝缘配合和解决的方法	日本
中国1 000kV试点工程过电压的限制	中国
1 100kV输电线路雷电冲击的参数以及雷电过电压波的传播	俄罗斯
特高压直流输电模拟揭示直接雷电冲击	加拿大
1 100kV特高压输电线路设计	中国
为提高1 100kV架空输电线路可靠性的优化设计	俄罗斯
特高压交、直流输电线路的设计、试验和可靠性的技术挑战	加拿大
为减少对环境的影响特高压交流输电导体和附导体的特殊设计和布置	日本
用于亚马逊河输电系统的非常规交流输电——异常长距离输电方案	巴西
三、变电站部分	
1 000kV交流输电变电站的设计原理	中国
特高压交流输电GIS开关站的合适的布置	中国、日本、俄罗斯
用于特高压交流输电GIS的基本设计和技术规范以及现场验证试验	日本
用于中国1 000kV试验线路GIS和HGIS的VFTODE评估以及抑制措施	中国
特高压变电站环境因素的研究	中国、日本
四、高压开关设备部分	
特高压开关设备的技术要求	国际大电网会议工作组
创造新一代特高压设备的展望	俄罗斯
1 100kV气体断路器的研制及其验证试验	日本
1 100kV断路器的瞬态特性	中国
五、变压器部分	
特高压交、直流输电变压器技术	
特高压输电用变压器绝缘水平及试验技术	中国
1 000kV交流和800kV直流输电用变压器绝缘结构的重要因素	瑞典
特高压变压器绝缘问题和667MV·A 1 150kV/500kV自耦变压器的安装和运行经验	俄罗斯

（续）

议题名称	国家
日本 1 050kV/3 000MV·A 特高压变压器的设计和长期现场试验	日本
六、绝缘子避雷器部分	
特高压输电线路绝缘子的发展	日本
用于特高压线路的规定最大负荷复合绝缘子的机械性能要求	中国
±800kV 直流复合绝缘子的研制	中国
1 100kV OIP 电容式变压器套管的设计	中国
特高压交流和 800kV 直流套管研制中存在的问题	瑞典
550kV 及以上金属氧化物避雷器	
1 100kV 交流 GIS 避雷器的研制及试验	日本
七、直流部分	
±800kV 高压直流输电的技术和经济挑战	印度代表 CIGRE 工作组
中国 800kV 直流输电技术的发展	中国
800kV 晶闸管阀的设计和试验	英国
800kV 直流输电的绝缘配合试验水平及研究	瑞典
800kV 高压直流输电设备绝缘水平的选择	德国
八、试验部分	
特高压设备的试验问题	意大利
特高压交、直流输电测量问题	
800kV 及更高电压断路器的大容量试验	荷兰 KEMA
具有开/合电阻的特高压断路器的闭合和开断试验	日本
九、标准化有关议题	
IEC 标准化中网络条件的设计规范所需要协调的问题	西门子 德国
特高压交流输电技术领域的标准化	中国
特高压直流输电的标准化	中国
特高压系统绝缘耐受水平/绝缘配合	IEC TC28 主席 德国

〔供稿单位：西安电瓷研究所〕

IEC 电力变压器国际标准与技术发展态势

国际电工委员会 IEC/TC14 电力变压器技术委员会会议于 2007 年 6 月 7～8 日在墨西哥首都墨西哥城召开，参加会议的有斯洛文尼亚、加拿大、中国、法国、德国、意大利、日本、荷兰、瑞士、英国、美国、墨西哥等国家的代表及 IEC/TC 14 主席、秘书和 IEC 中央办公室的官员共 30 多人。全国变压器标委会委派了沈阳变压器研究所副所长刘杰、全国变压器标委会秘书长章忠国、国家变压器质检中心高级工程师田文革、特变电工沈阳变压器集团有限公司副总工程师刘丰、顺特电气有限公司总工程师刘燕等 5 人，组成中国代表团参加了此次会议。

一、基本情况

各项目组汇报了工作进展：正在修订 IEC 60076—1 Ed.3（MT5）《电力变压器　第 1 部分：总则》（计划 2009 年完成）；正在修订 IEC 60076—2 Ed.3（MT6）《电力变压器　第 2 部分：温升》（计划 2009 年完成）；修订 IEC 60076—6 Ed.1（MT3）《电力变压器　第 6 部分：电抗器》（进行中）；正在修订 IEC 60076—12 Ed.1（MT27）《电力变压器　第 12 部分：干式电力变压器负载导则》（进行中）；正在修订 IEC 60076—14 Ed.2（MT4）《电力变压器　第 14 部分：使用高温绝缘材料的油浸式电力变压器的设计和应用》（计划 2009 年完成）；正在制定 IEC 60076—15 Ed.1（WG30）《电力变压器　第 15 部分：充气式电力变压器》（进行中）；正在制定 IEC 60076—16 Ed.1（WG31）《电力变压器　第 16 部分：风力发电用电力变压器》（进行中）；正在修订 IEC 61378—1 Ed.2（MT7）《变流变压器　第 1 部分：工业用变流变压器》（计划 2008 年完成）。

会议还制定了工作战略计划：由 IEC 中央办公室记录的最新的 TC 14 工作程序；修订未来工作战略政策程序（SPS）。同时还讨论了关于 IEC/IEEE 双编号国际标准的提案。

由于技术的发展与融合，目前 TC14 与以下 IEC 技术委员会有工作关联，需要进行技术沟通：TC10 电工用绝缘液体，SC 17C 高压开关设备和控制设备，TC42 高压试验技术，TC89 着火危险试验，TC112 电气绝缘材料与绝缘系统评定，CIGRE SC A2 国际大电网变压器，ISO/TC 108/SC 5 机器的条件监控诊断。

二、IEC 中央办公室的主要信息

IEC 将越来越国际化和数字化。关于国际化，IEC 不只是欧洲标准，IEC 欢迎全世界参与，IEC 建立了两个区域中心，一个在新加坡（IEC－APRC）亚太地区，另一个在波士顿（美国马萨诸塞州首府）（IEC－RECNA）北美地区。关于数字化，IEC 鼓励使用互联网会议和成果共享。

三、重点讨论了 IEC 60076—1 Ed.3（MT5）《电力变压器　第 1 部分：总则》修订的有关问题

该项目由美国代表 Mr. P. Hopkinson 作为召集人，即将完成第一稿 CD 文件，并计划于 2009 年成为 FDIS 文件。目前主要修订的内容有：对于油浸式变压器或充气式变压器，密封试验作为例行试验；声级测定将作为型式试验，偏差为 0dB；频率响应和 DGA 试验；外部涂层及铁心绝缘检查；电压比测量精度；断路器开断和变压器之间的相互影响；角接绕组的零序阻抗等。

四、重点讨论了 IEC 60076—2 Ed.3（MT6）《电力变压器　第 2 部分：温升》修订的有关问题

该项目由美国代表 Mr. P. Hopkinson 作为召集人，即将完成第一稿 CD 文件，并计划于 2009 年成为 FDIS 文件。目前主要修订的内容有：当试验结果需校正时，参考温度为 75℃，如用户有要求，参考温度为绕组平均温升加 20℃；在最大电流分接下进行温升试验；绕组的热点温升测量等。

五、TC14 战略政策程序（SPS）

这一主题涉及到 IEC 电力变压器技术委员会的建立与发展背景、贸易环境、市场需求及技术和贸易的趋势。IEC/TC14 于 1939 年成立，现有 36 个成员国。由于各国都执行 IEC 国际标准，可以无障碍地进行国际贸易。目前国际市场对新型变压器的需求一直在增加，特别是特高压交流系统和高压直流系统中使用的变压器。技术方面，对低火灾危险的变压器的需求正在增长；由于电力电子设备对负载电流谐波含量存在影响，应规范高次谐波下的绕组和铁心的技术性能；高温绝缘产品市场需求正在增大。在北美和欧洲，对低损耗产品的需求压力正在增加。应规范组合的发电机和变压器产品和其他组合产品的技术性能。开关的操作将在变压器的绕组中产生危险的传递电压，IEEE 和 CIGRE 正开展工作以解决这一问题，届时，将引入新的试验标准。

有关电力变压器的生态环境需求，必须采取措施以避免设备和材料对人员和环境的伤害，变压器油应能够再利用，噪声必须得到控制。

六、对 IEEE Std C57.123—2002《变压器损耗测量导则》成为 IEC/IEEE 双编号国际标准提议的讨论

美国代表要求对 IEEE Std C57.123—2002 采用 IEC/IEEE 双编号的原则进行发布，以法国、德国为首的欧洲代表表示反对，中国代表认为中国是变压器制造和消费的大国，中国变压器国家标准的制修订及变压器产品的试验要求和方法目前采用的都是 IEC 标准，IEC 标准比较适合中国的国情，因此建议以 IEC 标准为主，对于 IEC 标准中没有规定但 IEEE 标准中有规定的要求，IEEE 标准可作为参考，日本代表、墨西哥代表和中国代表的意见一致。最后会议表决，大多数国家表示反对该标准采用 IEC/IEEE 双编号，我国也提出了反对意见。

会议还介绍了国际大电网 CIGRE 研讨会，将讨论特高压交流和直流变压器的技术问题，同时还介绍了用低能量 DC 试验来测定系统的开关谐振（Philip J Hopkinson，PE HVOLT Inc）。

七、收获与体会

近年来，中国变压器制造业蓬勃发展，市场潜力巨大，特别是特高压交流、直流输变电事业的发展，已引起了全世界的广泛关注。为引导我国变压器行业参与国际标准化活动，使企业及时了解国际标准的制定，做好技术应对，并向 IEC 全面反映我国变压器类产品的实际需求，维护我国的利益，全国变压器标委会统一组织参加了此次会议。会议期间，IEC 中办的官员及 IEC/TC 14 的主席和秘书对中国代表团成员非常热情，同时对中国代表在会议上的发言也比较重视。

参加国际会议，对我国电力变压器技术发展非常有益。一方面，提前了解了国际标准的最新动态，了解了各国的实际情况，同时也对每项标准的技术要求的具体确定有全面的了解，使我国企业提前在技术上作好准备，也为日后国际标准的转化创造了条件。另一方面，及时反映了我国的意见和建议，维护了我国的利益。通过与国际专家交流，加强了信息沟通与技术理解，对促进国内变压器产品进一步与国际接轨起到了积极的作用。通过参加国际会议，也锻炼了我国专家，提高了对 IEC 工作的认识及参与国际标准化工作的重视，了解了 IEC 工作程序，为本专业进一步实质性参与国际标准化工作奠定了基础。会议期间，通过与 IEC 中办的官员、IEC/TC 14 的秘书及法国等国家的代表进行深入的交流，介绍了我国变压器行业目前的发展情况，加深了国外专家对中国的印象，提升了我国参与 TC14 活动的影响。

通过参加本次会议，我们也认识到在实质性参与国际标准化活动方面还有很长的路要走，特别是在资金、人才等方面要重点予以重视，通过不懈的努力，不断的挖掘和培养人才，不断地扩大宣传，尽可能让更多的企业专家参与到国际标准化活动中来，在行业中营造一个良好的参与国际标准化工作的氛围。

附表　IEC/TC14 主要标准修订周期

出版物	出版日期	修订日期	结果日期	工作组
IEC 60076—1	2000—04	进行中	2009	MT5
IEC 60076—2	1993—04	进行中	2009	MT6
IEC 60076—3	2000—03		2008	

（续）

出版物	出版日期	修订日期	结果日期	工作组
IEC 60076—4	2002—06		2009	
IEC 60076—5	2006—02		2008	
IEC 60076—6		进行中		MT3
IEC 60076—7	2005—12		2008	
IEC 60076—8	1997—11		2009	
IEC 60076—10	2005—07		2008	
IEC 60076—10—1	2005—10		2008	
IEC 60076—11	2004—05		2010	
IEC 60076—12		进行中		MT27
IEC 60076—13	2006—05		2009	
IEC/TS 60076—14	2004—11	进行中	2009	MT4
IEC 60076—15		进行中		WG30
IEC 60076—16		进行中		WG31
IEC 60214—1	2003—02		2008	
IEC 60214—2	2004—10		2008	
IEC 60289	1988—05		2007	
IEC/TS60616	1978—01		2010	
IEC 60905	1987—12		2007	
IEC 61378—1	1997—009	进行中	2008	MT7
IEC 61378—2	2001—02		2008	
IEC 61378—3	2006—04		2008	
IEC 62032	2005—03		2008	

〔撰稿人：全国变压器标准化技术委员会秘书长章忠国〕

IEC/TC4 水轮机国际标准化与技术发展态势

IEC/TC4 2007 年全体代表会议于 2007 年 9 月 8 ~ 12 日在加拿大温哥华召开，来自奥地利、比利时、加拿大、中国、法国、德国、日本、挪威、俄罗斯、瑞典、瑞士、英国、美国等国家（地区）56 名代表参加会议。我国代表团参加会议的代表有中国长江三峡工程开发总公司戴江副主任、黄源芳副总工程师、张润时副主任，天津电气传动设计研究所何国任副总工程师，东方电机股份有限公司石清华副总工程师，哈尔滨大电机研究所覃大清副所长、刘诗琪高工。此次会议的首席代表是哈尔滨大电机研究所覃大清副所长，代表我国在 10 ~ 12 日召开的全体会议上进行表决投票。我国代表团成员分别参加了工作组会议及技术参观和考察。

一、工作组会议

9 月 8 日分别召开各工作组会议，除了对标准内容进行讨论外，还确定了下一步的工作安排，确定近两年工作组会议地点和承办单位。目前 IEC/TC4 有以下几个工作组：

（1）WG1：水力机械振动。该工作组是 ISO/IEC 联系工作组。

（2）WG14：水轮机调速系统试验。

（3）WG18：比尺效应（IEC 62097 模型至原型）。

（4）WG24：流量测量方法评估（技术报告 IEC 61365）。

（5）G25：小型水轮机验收试验。

（6）G26：水轮机、蓄能泵和水泵水轮机改造和性能改善导则（IEC 62256）。

（7）MT28：IEC 60041：1991 水轮机、蓄能泵和水泵水轮机现场验收试验维护小组。

（8）WG29：泥沙磨损。

我国参加各个工作组会议的代表是本专业领域的专家，具有较高的英语听说读写水平，在工作组会议上积极参与讨论，提出的许多意见得到工作组成员的认同，有的被采纳编入国际标准中，对一些国家提出的与中国国情不符的意见提出了异议并进行了讨论。

二、全体会议

全体代表会议于 9 月 10 ~ 12 日在温哥华丽晶广场 Holiday Inn 宾馆会议室召开。会议通过了会议日程，通过了 2005 年德国会议纪要，北美地区 IEC 技术官员 Mr. Tim Rott 先生介绍了 IEC 现状，各工作组召集人向全体代表汇报了本组的工作，还通过了 IEC/TC4 战略政策宣言和其他投票表决事宜。会议主要工作报告如下：

1. JWG1（IEC 和 ISO 联合工作组，水力机械振动）工作组报告

该工作组是与 ISO/TC108/SC2 联合成立的工作组，在 2002 年 4 月召开的 IEC/TC4 北京全体会议之后，于 2002 年 5 月在美国召开的 ISO/TC108/SC2 全体会议成立。目前该工作组的召集人是加拿大 BC Hydro 的 Mr. Danny A. Burggraeve 先生，副召集人是美国 Power Engineering 的 Mr. Marcus Crahan 先生和瑞典 SWECO Mr. Anders Bard 先生，中国

水利水电科学研究院水力机电所潘罗平主任是该工作组成员。哈尔滨大电机研究所覃大清副所长代表参加了9月8日召开的工作组会。

ISO/TC 108 技术委员会名称是机械振动与冲击，有6个分会：ISO/TC 108/SC1：平衡，包括平衡机；ISO/TC 108/SC2：作用于机器、车辆和结构的机械振动和冲击的测量与评价；ISO/TC 108/SC3：振动的应用和校准以及振动测量器械；ISO/TC 108/SC4：振动冲击下的人体；ISO/TC 108/SC5：条件监控诊断机器；ISO/TC 108/SC6：振动与振动发生系统。

与 IEC/TC4 有关的是第二分会，IEC/TC4 自 2002 年起组织专家参与了 ISO 7919—5：2005《非往复式机械的机械振动　对旋转轴的测量和评定规范　第5部分：液压发电厂和泵站机组》的修订工作，正式标准出版后，并没有印上 ISO 和 IEC 双图标，只是在标准中提到了 IEC/TC4 参与了编制工作。

ISO/TC 108 目前正在修订 ISO 10816—5：2000《机械振动　用非旋转部件测量法评价机械振动　第5部分：水力发电厂和泵站的机器设备》标准，该标准将与 ISO 7919—5：2005整合成一个标准。

JWG1 工作组的工作是对 IEC 60994：1991 进行修订，目前正在对数据库进行补充整理，预计一年之内完成工作组文件的编制，四年内完成标准修订工作。下一次工作组会议将在 Orlando，FL，与 ISO/TC108/SC 会议同时召开。

2. WG14（调速系统试验）工作组报告

该工作组的召集人是奥地利 VA TECH SAT GmbH & Co. Mr. Hermann Paller 先生，工作组成员有挪威（1人）、法国（3人）、德国（3人）、日本（3人）、中国（1人，中国长江三峡工程开发总公司张润时主任）。该工作组的标准制修订范围已从单一的调速器扩大到电站自动化系统，在本次会议上，工作组名称由原来的"水轮机调速系统"改为"水电站自动化及水轮机调速系统"。

WG14 工作组目前和今后的工作都将与 IEEE 水电站分会有密切的联系，此次工作组会议就是与 IEEE 联合召开的，IEC/TC4 的主席、秘书长和 IEEE 项目负责人都参加了这个工作组会，会上做出的决定对今后的工作具有很重要的指导意义。

WG14 工作组与 IEEE 联合制定电站自动化标准，目前已完成的国际标准有3个：IEC 60308：2005 Hydraulic Turbines – Testing of control systems；IEC 61362：1998 Guide to specification of hydraulic turbine control systems；IEC 62270：2004 Hydroelectric power plant automation – Guide for computer based control。

IEC 60308 和 IEC 61362 是关于调速器的标准，是 IEC/TC4 独立制订的；而 IEC 62270 最早由 IEEEE 水电站分会制定，标准编号是 IEEE P1249。IEC 62270 的有效期到 2007 年，IEEE P1249 的有效期到 2008 年，此次工作组会议决定，将两项标准的有效期延至 2009 年，在此期间，IEC 将和 IEEE 联合，根据技术发展趋势，以 IEEE P1249 D6 标准草案为基础，制定新的有关电站自动化方面的国际标准。

IEC/TC 57/WG18 制定的一项国际标准已到 FDIS（最终国际标准草案）阶段，标准名称为：IEC 61850—7—410：Communication networks and systems for power utility automation – Part7 – 410：Hydroelectric Power Plants – Communication for monitoring and control。WG14 工作组决定派专家参加 IEC/TC57/WG18 工作组的工作，这一提议在全体会议上得到全票通过。

3. WG18（比尺效应）工作组报告

该工作组的召集人是挪威 Norwegian University of Science and Technology 的 Dr. Techn. Hermod BREKKE 博士，成员有瑞典、挪威、中国、日本、奥地利、法国、意大利、加拿大，哈尔滨大电机研究所覃大清副所长是该工作组成员。

IEC 62097《由考虑比尺效应和表面粗糙度的模型试验确定径流式和轴流式水轮机性能》已到 FDIS 阶段，即将出版。该工作组正在起草 IEC 62097 的后续版本《由考虑比尺效应和表面粗糙度的模型试验确定原型性能》。

4. WG24（用声闪烁流量仪 Acoustic Scintillation Flow Meter 测流量）和 MT28（IEC 60041：1991 水轮机、蓄能泵和水泵水轮机现场验收试验维护小组）工作组报告

在全体会议上，工作组介绍了用声闪烁变化测量流量的原理、ASFM 在水电站中的应用、历史资料、测量精确度等。MT28 维护小组将在对 IEC 60041 进行维护时使用 WG24 的报告。

5. WG25（小型水轮机验收试验）工作组报告

该工作组召集人是英国 Gilkes Hydropower 公司的 Mr. Anthony Watson 先生，成员有挪威、德国、意大利、日本、中国、法国和瑞典，天津电气传动设计研究所水电分所何国任总工程师是工作组成员。我国于 1999 年参加了该工作组，对工作组文件提出了几十条意见，有部分被采纳。

该工作组负责制定 IEC 620006（第一版）小型水轮机验收试验，该项目目前处于委员会阶段，2007 年 12 月底前对委员会文件进行投票。投票后对各国家提出的意见进行处理，进入 FDIS 阶段。

6. WG26（水轮机改造和性能改善导则）工作组报告

该工作组成立于 2005 年，制定 IEC 62256《水轮机改造和性能改善导则》国际标准，该标准已到 FDIS 阶段。

7. WG29（水轮机泥沙磨损）工作组报告

该工作组成立于 2005 年，召集人是挪威 GE 的 Mr. Anders WEDMARK 先生，副召集人是中国长江三峡工程开发总公司机电工程部戴江副主任。工作组成员有法国、挪威、加拿大、瑞士、意大利、日本、德国、美国、俄罗斯。

我国在会前对葛洲坝、刘家峡和三门峡泥沙磨损调查表中的一些问题进行了解释和确认，并将结果提交给工作组召集人，另外提供了黄河和长江的泥沙样本。工作组计划在下次工作组会议之前提交不包括泥沙磨损程度分析的 CD 文件（委员会文件，将发 IEC/TC4 各成员国征求意见），然后再进行泥沙磨损分析，计划得到 IEC/TC4 秘书处和中央办公室的认可。

会上还对 IEC 62256《水轮机改造和性能改善导则》FDIS 文件有关泥沙磨损的内容进行了讨论，有些方面与 WG29 的想法不一致，但由于 IEC 62256 已到 FDIS 阶段，已不能进行技术内容方面的修改。

第七次工作组会议于 2008 年 4 月 24～26 日在挪威奥斯陆 OSLO 召开，第八次工作组会议于 2008 年 10 月 14～15 日在成都召开，会后将参观成都附近的电站。这是 WG29 工作组会议继 2005 年 10 月在北京召开之后第二次在我国召开，全国水轮机标委会将进一步落实国际会议承办工作。

8. 其他工作

着手对 IEC 60805：1985《蓄能泵和作为水泵运行的水泵水轮机交付使用、运行和维护导则》进行修订，主要修订内容有：压力钢管和水库开始注水时水轮机、流道和安全性方面的事项；机组起动和运行时可能发生的速度变化；CFD 计算方面；对原标准进行修订。

由日本提案并作为召集人，提出成立一个新工作组，项目名称为：Technical Guide for Installation of hydropower equipment（水电站设备安装技术导则），加拿大、中国、法国、比利时报名参加。会后，全国水轮机标委会将推荐一名安装运行方面的专家参加该工作组。

三、IEC/TC4 战略政策宣言

在 IEC/TC4 主席和秘书长共同主持下，全体代表参与了对 IEC/TC4《战略政策宣言》的逐条修改，《战略政策宣言》分四部分：第一部分：IEC/TC4 的背景；第二部分：对当今世界水电市场环境、需求、技术发展方向、环境保护等进行了阐述；第三部分：IEC/TC4 全部工作项目（见 IEC 网站），资源和基础结构；第四部分：今后的工作。

此次 IEC/TC4 2007 年全体代表会议，有以下几个特点：

（1）从 IEC/TC4 战略政策宣言中可以看出，水力发电作为可再生能源在世界能源中占有越来越重要的位置。IEC/TC4 认真分析市场，积极采取应对措施，根据市场的需要制订国际标准，促进国际贸易和水轮机技术的发展。

（2）IEC/TC4 认为自 2002 年北京全体会议起，中国参加了 IEC/TC4 绝大部分工作组，标志着中国在水轮机国际标准化活动中越来越积极，中国还于 2005 年起担任了《水轮机泥沙磨损》副召集人，参与国际标准化活动更加深入。IEC/TC4 同时也认为中国巨大的水电市场为世界水电技术的发展作出了贡献。IEC/TC4 秘书处也对我国参与国际标准化活动给予了许多帮助。

（3）我国工作组成员均有较高的英语水平，在工作组会议上积极发表意见，参与讨论，能够更深入地理解国际标准，在相应国际标准转化为国家标准时参加国内标准工作组，以避免盲目采标，不断提高水轮机国家标准质量和适用性。

（4）水轮机国际标准化活动所取得的成绩与行业各单位的大力支持是分不开的。中国长江三峡工程开发总公司、天津电气传动设计研究所、东方电机股份有限公司、哈尔滨大电机研究所、哈尔滨电机厂有限责任公司和中国水利水电科学研究院积极派出代表，连续参与水轮机国际标准化活动，希望国内工程业主、制造厂、研究所、安装运行单位，一如既往地积极支持和参与水力机械专业国际标准的制修订活动。

〔撰稿人：全国水轮机标准化技术委员会秘书处刘诗琪〕

IEC/TC7 架空输电导线国际标准动态

IEC/TC7 是 IEC 第 7 技术委员会，是主要负责制修订架空输电导线的技术委员会，涉及的产品量大面广，同时面临新技术、新产品更新换代的挑战。2003 年初，上海电缆研究所受中国 IEC 国家委员会委托，承接了由原英国承担的 TC7 技术委员会秘书处的工作，这也是我国承担的第一个 IEC 技术委员会秘书处工作，任务艰巨、意义重大，为我国架空输电线行业掌握最新的技术发展动向提供了条件。

2007 年 10 月，IEC 第 71 届大会在法国巴黎召开，上海电缆研究所派遣 5 人参加，其中 3 人参加 TC7 年会。由于上海电缆研究所承担了 IEC/TC7 秘书处工作，TC7 年会需要讨论的所有文件及议题都是由秘书处准备，并同 TC7 主席协商确定，这为我国专家更好地参加本次会议奠定了良好的基础。

IEC/TC7 目前共有 36 个国家委员会参加，由 20 个 P 成员和 16 个 O 成员组成，其中包含了绝大多数发达国家和技术强国。本领域标准包含电工领域内多种产品标准，对于规范市场，促进贸易，打破各种壁垒有着直接的社会经济意义，对整个产品以至产业均有重大影响。同时架空导线主要应用于电网建设，产品量大面广、市场广阔，尤其发展中国家正处于电网建设的高速发展时期，通过国际标准化工作开拓市场、促进市场贸易的交流、产品统一应用的要求不断高涨，越来越多的发展中国家对 TC7 的工作感兴趣，有多个来自非洲的国家代表也参加了本次 TC7 巴黎年会。

目前 IEC/TC7 制定的国际标准主要集中在：

（1）电工用铝导体类标准，包括铝及铝合金；

（2）测试、实验方法类标准；

（3）加强芯类标准，主要是各类钢芯；

（4）架空绞线类标准，主要是有间隙和无间隙型；

（5）架空导线用附属产品标准，如防腐油脂等。

IEC/TC7 目前共发布标准、技术规范、技术报告 15 个。其文本由维护工作组 MT1（原 MT4 已改为 MT1）组织进行定期复审，确定重新确认、修订、修改或撤消以保持文本不断更新。IEC/TC7 制定的出版物见表 1。

表 1 IEC/TC7 制定的出版物

序号	IEC 标准号	标准名称(缩略)	出版年份	对应我国标准 GB
1	60028	铜电阻	1925	3953-83
2	60104	铝-镁-硅合金线	1987	JB8134-97
3	60105	铝排材料	1958	5585-85
4	60114	热处理铝合金排材料	1959	5585-85
5	60121	退火铝线	1960	3955-83
6	60468	电阻率测量	1974	3048.2-94
7	60888	镀锌钢线	1987	3428-02
8	60889	硬拉铝线	1987	17048-97
9	61089	圆线绞合导线	1991	1179-99
10	61232	铝包钢线	1993	17937-99
11	TS 61394	防腐油脂特性	1997	正在制订
12	61395	蠕变试验方法	1998	正在制订
13	TR 61597	绞合裸导线计算方法	1995	未制订
14	62219	型线绞合导线	2002	20141-06
15	62004	耐热铝合金线	2007	正在制订

目前 IEC/TC7 正在进行的项目有:

1. 含有一个或多个间隙的同心绞架空导线

典型间隙型导线的截面示意图见下图。

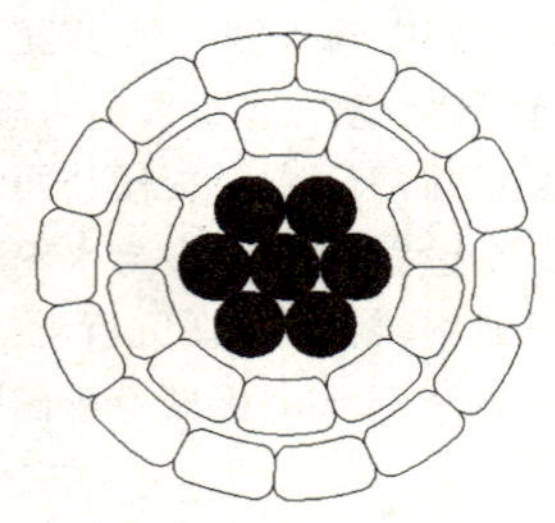

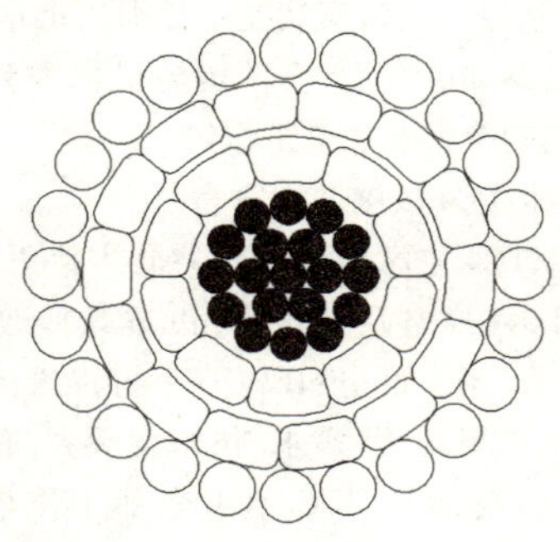

图 典型间隙型导线的截面示意图

间隙导线包含铝线(拱形)层间有间隙的导线和钢芯与第 1 层铝线(拱型)间有间隙的导线。前者用作自阻尼导线,这是由于各层拱形铝线之间存在间隙,各层铝线的自然振动频率不同,铝线层间的撞击足以阻尼导线的微风振动。这种导线常用于平原地带、容易造成微风振动的地区,目前主要在加拿大、日本、欧洲和中东等地区使用。后者主要用作高温导线,这是由于钢芯和铝层存在间隙,因此,架设施工时可张紧钢芯,充分利用钢丝的强度,以提高钢芯的承载力,这样,可增加线路的档距或减少弧垂。在导线截面不变的情况下,能适当提高线路运行温度,提高载流能力。

本标准适用范围为铝线层间有间隙的导线标准。

该标准由项目组 PT2 负责起草,已批准进入 FDIS 阶段,由秘书处完成最后的编辑审查工作后,提交 IEC 中央办公室,发至各国国家委员会经投票表决批准后发布实施。

2. 架空导线用防腐油标准

该标准是在 IEC 技术规范 IEC 61394 TS <架空铝、铝合金和钢导线用防腐油脂>基础上修订的。原技术规范主要规定了架空导线铝和铝合金线、镀锌钢线和锌铝合金线及铝包钢线用防腐油的性能试验项目和试验方法,但没有对具体试验项目的考核指标,不能对防腐油产品做出质量的判断。TC7 同时发出维护周期报告 MCR 和制定国际标准的委员会草案 CD 征求意见,各国均同意对该技术规范进行修订,但对 CD 提出意见。会议讨论了对 CD 的技术性意见,决定经修改后进入 CDV 阶段。

3. 架空电力光缆

IEC 已由 TC7 和 SC 86A 组成联合工作组 JWG4,负责对架空电力光缆标准的制定,这是一个系列标准,主要包括:光缆复合架空导线(OPGW 已批准出版)、全介质自承式光缆(ADSS)、附着式光缆(Attached Cables)、OPPC(光缆复合架空相导线)、MASS(有金属的架空自承式光缆)。会议决定 TC7 继续参与 JGW4 工作,制定架空电力光缆系列标准。

4. 自阻尼特性试验方法

自阻尼容量是架空导线的重要特性之一,该参数是决定风对导线影响的主要因素(微风振动),导线的自阻尼通常不能由制造者给出而必须经过测量才能得到。传统导线很多时候可以用外推法判断是否可以用在线路上,但目前新型导线使用越来越多,而它们的自阻尼特性、机械性能与传统导线并不相同,对于这些新型导线,就必须做自阻尼试验以判断安装何种减震装置以确保安全。

该标准的新工作项目建议(NP)已经投票,有望由加拿大、中国、意大利、西班牙及瑞士委派专家组成工作组后开展工作。

5. 导线疲劳试验方法

导线的疲劳断线主要是由于在导线上某个位置的运动

受限导致的“疲劳磨损”造成的，导线的疲劳行为不能靠简单的计算材料及所受到的应力的疲劳特性来衡量，它只能依靠特定的导线/线夹系统尽可能地再现负载条件下的导线行为来进行试验判断，因此，制定导线疲劳试验方法的国际标准意义重大。

该标准的进展目前与导线自阻尼特性试验方法同步。

IEC/TC7 近期将要进行的项目有：

1. IEC 61089（圆线同心绞架空导线）的修改

该标准等同于我国的 GB/T 1179 标准（圆线同心绞架空导线），但随着 ACSS（钢芯软铝绞线）在北美的广泛使用及其性能具有的明显优势，IEC/TC7 维护组 MT1 将把该导线纳入到 IEC 61089 中，这样，IEC 61089 将包含了圆形和非圆形以及硬态和软态的铝线，标准的名称也将进行修改。

ACSS 导线是一种以软态型材铝单线绞合作为导体的架空导线。由于铝线已经退火处理，不再有高温运行时铝线强度损失的现象，导线也完全由钢芯承力，因此，该导线的运行温度可达到 250℃。经退火后的铝线，其导电率可达到 63% IACS，可大大降低线路的电损，节约能源。从弧垂特性来看，由于铝线不受力，导线的热膨胀系数就是钢丝的热膨胀系数，因此，导线的弧垂特性明显减少。普通钢芯铝绞线中由于受硬铝线的伸长率的限制，钢芯的强度只用到 1% 的伸长应力，而退火软铝线的伸长率可达到 20%，因此，可以充分利用钢芯的强度，使导线的蠕变性能和弧垂特性取得非常理想的性能。而且，这种导线的生产工艺容易实现，成本较低，连接金具和施工也与传统的比较接近，因此，这种导线在改造线路中的优势非常明显。目前，ACSS 导线在北美被广泛用于高温输电线路中。

2. 铝线标准的合并

这是 IEC/TC7 标准体系的一个发展规划，主要是在完善产品标准的基础上，尽量合并同类标准，使标准易于修订，使用方便。在架空导线产品体系中，将标准分为 4 种，即导电部分的铝单线、承力部分的加强芯线、无间隙的导线和有间隙型的导线。

MT1 专家正在将铝单线的标准进行合并，预计很快会向秘书处提交新工作项目建议（NP）。将要合并的铝线标准见表 2。

表 2　将要合并的铝线标准

序号	标准号	标准名称（缩略）
1	60104	铝－镁－硅合金线
2	60889	硬拉铝线
3	60121	退火铝线
4	62004	耐热铝合金线

3. 加强芯线标准合并

包含 IEC 60888：镀锌钢线、IEC 61232：铝包钢线等加强芯线标准。

〔撰稿人：上海电缆研究所刘斌、季世泽、应启良〕

IEC/TC55 绕组线国际标准及技术发展趋势

IEC/TC55 主要负责制修订绕组线相关的国际标准。IEC/TC55 目前共有 34 个国家委员会参加，其中 P 成员国为 14 个，O 成员国为 20 个。IEC/TC55 下设两个工作组 WG1 和 WG2，WG1 主要负责绕组线产品和试验方法标准的制修订及维护，WG2 主要负责绕组线包装及运输盘具标准的制修订及维护。

IEC/TC55 及其工作组 WG1 会议于 2007 年 10 月 25～26 日在法国里昂召开，上海电缆所作为 IEC/TC55 的国内技术归口单位派 2 名代表参加此次会议。

IEC/TC55 目前制定的国际标准共 73 项，主要集中在：测定漆包绕组线温度指数试验程序（1 项）；绕组线包装（13 项）；特种绕组线标准（53 项）；绕组线试验方法（6 项）。

为贯彻国家积极采用国际标准的原则，其中的 54 项标准已被等同或修改采用转化为我国的国家标准或机械行业标准。

一、IEC、JIS 及 NEMA 标准中试验方法的协调

IEC、JIS 及 NEMA 标准中试验方法的协调进展情况见表 1。

表 1　IEC、JIS 及 NEMA 标准中试验方法的协调进展情况

试验方法	负责人	当前状态
2.1　软化击穿	D. Lee	已完成调查 在 IEC 60851—6 的下个维护周期中，将采用恒温试验方法。NEMA 和 JIS 将考虑采用恒温试验方法做例行试验，对于产品认证，仍采用升温试验方法
2.2　热冲击	L. Mendes	WG 评述了 PE、PE—I 及 PE—PA 圆绕组线的热冲击试验结果，使用 NEMA、IEC 及 JIS 方法均无失效报告。下一阶段，将对其他绝缘的样品进行测试，以进一步证实试验方法的等效性。同时，NEMA 将考虑采用修改后的 IEC 试验方法作为其可供选择的试验方法，最终替代现行的试验方法
2.3　漆膜连续性	D. Barta	之前曾要求 WG 成员报告使用碳刷电极的经验。对 IEC 60317—13 产品的试验结果表明，并无明显差异。因此，可考虑将碳刷电极方法纳入 IEC 60851—5 中，作为可供选择的方法（目前为滑轮电极） 注：由于多年来绕组线制造设备的改进，TC55 已同意考虑修改产品标准中漆膜连续性要求。标准采用碳刷电极方法后，将适用于圆线的试验，确定漆膜连续性的性能要求

（续）

试验方法	负责人	当前状态
2.4 无铅焊料	M. Mesaki	对无铅冷合金的调查结果表明，最常使用的为 A30C05、A38C07、C7 和 C30。建议对下述圆线（日本型号）采用这些合金进行试验： （1）F 级聚氨酯漆包线　直径 0.5～1.0 mm　1 级 （2）H 级聚氨酯漆包线　直径 0.2mm 及以下（美国提供热冲击试样） （3）E 级或 B 级聚酯漆包线　直径 0.2mm 及以下 试验将在美国、意大利、法国和德国进行，日本将提供试验参数 对比使用 C07A03 和 A30C05 与 60/40 锡/铅的焊锡时间、温度和条件，对 IEC 60317—51 和 IEC 60317—20 的试验结果表明，在低于 IEC 标准规定焊锡温度 10℃时的焊锡时间并无明显差异。然而，也要考虑由于焊锡而导致焊锡槽温度的升高以及诸如柔韧性和强度等机械性能的完整性。此外，还要从最终用户处获取焊锡方法的更多信息，以确定 IEC 60851—4 中的试验方法是否需要修改
2.5 尺寸		日本负责该项目，修改文件确定引入激光方法和校准
2.6 中间尺寸		美国代表报告：改变中间尺寸产品的击穿电压计算方法，将导致提高击穿电压性能要求。Ev Scherrer 将提供用于计算击穿电压、尺寸和绝缘厚度的公式。A. Martinengo 和 N. Thorn 将对比 NEMA 计算击穿电压的公式和 IEC 确定尺寸的方法，以确定是否可能得到可接受的电压值

二、更新 SPS（战略政策声明）

委员会一致同意在 TC55 的 SPS 中增加下述内容：

1. 范围

关注环境保护和人身健康与安全。

2. 需求状况

（1）市场需求：增加电机和变压器用零缺陷绕组线的需求意识，并说明该产品标准的新工作项目已获批准。

（2）技术和贸易趋势：增加在绕组线生产和应用中采用环境友好型材料—无铅焊料的示例，并支持制定符合环境保护和人类健康要求的试验方法。

（3）生态学环境：增加推荐顾客指定的正确导体尺寸，不使用低于最小截面公差要求的绕组线，避免过多的热扩散，以保护环境并节约能源。说明 TC55 正寻求可以替代 R22 的冷冻剂。

3. 目前工作及所需资源/基础设施

（1）目前工作：增加在电工绝缘材料和系统的评估与认证方面与相关技术委员会的协作，特别是绕组线绝缘材料组分的分析与确定。

（2）. 所需资源/基础设施：征求绕组线包装方面的专家成立新的工作组 WG2，会议主要以远程电信会议及网络会议的方式进行。

TC55 认为对 SPS 的修改已强调了绕组线工业涉及到的能源效率和可更新能源问题；同时也已强调了 TC55 标准环境方面问题，目前还不需与 IEC/TC111 建立正式的联络。寻求冷冻剂 R22 替代品的调查工作目前正在进行中。

TC55 一致同意对 SPS 的上述修改，并提交给 SMB。

三、有关挤出绝缘绕组线及零缺陷漆包线项目

秘书报告：对 IEC 60317—0—7 和 60317—××的新工作项目提案的立项已获得足够支持，但未达到最少专家人数（4 名）。会议上德国、意大利、法国和美国均已指定了专家。会议同意将“defect”改为“detection”。WG 专家提出对零缺陷漆包线和挤出绝缘绕组线分别制定单独的标准，但 TC55 决定仅制定零缺陷漆包线标准，对挤出绝缘绕组线的标准将在今后制定（TC108 制定的 IEC 60950 附录 U 为该种产品，日本将搜集相关信息并准备标准草案）。秘书将通知 IEC 中央办公室，零缺陷漆包线项目已有足够的专家参与，可以发 CD 文件。

四、漆包扁线绝缘

美国代表报告，协调 IEC 漆包扁线绝缘与 NEMA MW 1000 失败，原因是减小绝缘厚度可能降低产品的介电性能。

五、电工绝缘系统标准

考虑到潜在的新工作和目前 TC112 的工作项目，TC55 认为应跟踪“电工绝缘材料耐热试验的分析试验方法”方面的潜在工作及“耐热特性——确定绝缘材料相对耐热指数”目前正在进行的工作。

六、IEC 60264 系列标准“绕组线包装”

1. IEC 60264 系列标准的维护

IEC 60264 系列标准的维护情况见表 2。

表 2　IEC 60264 系列标准的维护情况

IEC 标准（最新版本）	维护时间	行　　动
IEC 60264—1 绕组线包装　第 1 部分：圆绕组线用容器，Ed. 1，1968－01 投票截至日期为 2008－02－22 专家们要求保留 560mm 标称高度（因为实际流通中有许多 560mm 规格的容器在使用），并增加 630mm 规格。应保留图 1 中的“总高度”h，以便于容器能适应运输要求。对于无标准盖板的容器，应引入“内部高度”h1	2007	55/1040/CDV 发第二阶段的 CDV 文件，保留“总高度”h，并增加 500mm 规格的表和图；引入“内部高度”h1

（续）

IEC 标准（最新版本）	维护时间	行　　动
IEC 60264—4—1 绕组线包装　第 4—1 部分：试验方法—热塑性材料交货线盘，Ed. 1.0，1997－12 投票截止日期为 2008－02－22 修改单提出对于 1998 版本收到了一些反对票。建议将圆柱形冲击落体的直径由“50 ±5 mm”改为“最小为 50 ±5 mm”，以便于当测试较大规格线盘时可增加直径。此外，若标准中未规定建议使用的重量和能量，则说明这些不是必须的，因为在 IEC 60264—3—1 及 IEC 60264—3—2 中已有规定。此外，对于化学兼容性及老化试验的建议，将在下个维护周期中予以考虑	2009	55/1041/CDV 发布第二阶段 CDV 文件。Walter Hafner 将对所有建议提供书面意见

2. 线盘标准化工作

鉴于 WG1 的专家都不是线盘或塑料方面的专家，WG1 建议成立新工作组来维护线盘方面的标准。TC55 接受了 WG1 关于成立 WG2 的建议，WG2 负责制定和维护绕组线包装、线盘及试验方法标准，工作组召集人为 Walter Haefner（德国），委员会要求 P 成员国家指定一名专家参加 WG2，会议及标准制定工作主要以远程电信会议及网络会议的方式进行。

七、其他标准的维护

绕组线试验方法标准的维护见表 3。温度指数标准的维护见表 4。特种绕组线标准的维护见表 5。

表 3　绕组线试验方法标准的维护

标准号	标 准 名 称	最新版本	讨　论	行　动
IEC 60851—2	绕组线试验方法　第 2 部分：尺寸测量	Ed. 2.1 1997－0855/1010/MCR	维护时间：2009 国家和区域基本方法的协调性将予以考虑	日本负责该项目，修改文件将引入激光方法和校准
IEC 60851—4	绕组线试验方法　第 4 部分：化学性能	Ed. 2.2 2005－0355/1005/MCR	维护时间：2009 对可供选择的冷冻剂和润滑剂的调查结果已进行评论。还需美国和日本提供相关信息。Bitzer（德国）提供的数据可从 www. bitzer. de 下载	印度负责该项目，发 MCR 文件确认至 2010 年完成调查，并在圆线上进行试验
IEC 60851—6	绕组线试验方法　第 6 部分：热性能	Ed. 2.1 1997－05	维护时间：2010	法国负责该项目，国家将测试其他规格与结构样品，并在下次会议报告结果。法国将提供心轴直径表格，并在 2008 年 8 月 15 日前准备好 DC 文件

表 4　温度指数标准的维护

标准号	标 准 名 称	最新版本	讨　论	行　动
60317—0—3	特种绕组线标准 第 0 部分：一般要求. 第 3 节：漆包铝圆线	Ed. 2.2 2004－11 55/1028/CDV	维护时间：2007	法国投反对票，因为欧洲已不再生产该产品，也已不再使用该标准。此意见未被接受，因为此产品在其他国家有生产，Ed. 3 将进入 FDIS 阶段
60172	测定漆包绕组线温度指数试验程序	Ed. 1.1 1997－12	维护时间：2009 WG 已获取了由 Darmstadt 大学开发的初步的确定温度指数的快速方法，这将在今后的工作中予以考虑。	美国负责该项目，D. Barta 将对标准进行回顾，以纠正错误并更新。R. Fildhuth 将分发起草的加速方法给 WG 以进行评论

表 5　特种绕组线标准的维护

标准号	标 准 名 称	最 新 版 本	讨　论	行　动
60317—1	特种绕组线标准 第 1 部分：105 级缩醛漆包铜圆线	Ed. 1.1 1997－03	维护时间：2009 此标准在欧洲已不再使用，仅在美国使用	美国负责该项目，NEMA 将调查制定 120 级新 MW 标准的可能性

（续）

标准号	标准名称	最新版本	讨论	行动
60317—2	特种绕组线标准 第2部分:130级自粘性直焊聚氨酯漆包铜圆线	Ed. 3.2 2000—03	维护时间: 2012 对 55/1014/MCR“取消此标准”,有3个P成员赞成(德国、意大利、美国),4个P成员反对(中国、法国、波兰、美国)	由于多数成员反对55/1014/MCR中取消该标准的决定,中央办公室将对保留该标准提供所需的必要程序。(11月16日,秘书发55/1049/MCR,保留该标准)
60317—3	特种绕组线标准 第3部分:155级聚酯漆包铜圆线	Ed. 3.0 2004-08	维护时间: 2009 建议取消该标准	WG决定发MCR取消该标准,但TC 55决定保留
60317—7	特种绕组线标准 第7部分:220级聚酰亚胺漆包铜圆线	Ed. 3.2 1997-12	维护时间: 2009	发MCR取消该标准
60317—11	特种绕组线标准 第11部分:130级丝包直焊聚氨酯漆包铜束线	Ed. 3.1 2005-09	维护时间: 2011 此标准不在TC55的范围内。	发布MCR取消该标准
60317—17	特种绕组线标准 第17部分:105级缩醛漆包铜扁线	Ed. 2.2 2005-03	维护时间: 2009	美国负责该项目,NEMA将调查制定120级新MW标准的可能性
60317—26	特种绕组线标准 第26部分:200级聚酰胺酰亚胺漆包铜圆线	Ed. 1.2 1997-12	维护时间: 2009 WG支持制定220级的新标准	意大利负责该项目,发MCR维护该标准。发新标准的NP文件
60317—30	特种绕组线标准 第30部分:220级聚酰亚胺铜扁线	Ed. 1.1 2005-11	维护时间: 2009	发MCR取消该标准
60317—31	特种绕组线标准 第31部分:温度指数180聚酯或聚酯亚胺粘结漆玻璃丝包铜扁线或漆包铜扁线	Ed. 1.2 2005-11	维护时间: 2009 WG支持制定聚酯玻璃丝包线新标准。将对巴西提供的草案进行评论,并提交NP文件	发MCR维护该标准。当草案准备好后发NP文件
60317—32	特种绕组线标准 第32部分:温度指数155聚酯或聚酯亚胺粘结漆玻璃丝包铜扁线或漆包铜扁线	Ed. 1.2 2005-11	维护时间: 2009 WG支持制定聚酯玻璃丝包线新标准。将对巴西提供的草案进行评论,并提交NP文件	发MCR维护该标准。当草案准备好后发NP文件
60317—33	特种绕组线标准 第33部分:温度指数200有机硅粘结漆玻璃丝包铜扁线或漆包铜扁线	Ed. 1.2 2005-11	维护时间: 2009 WG支持制定聚酯玻璃丝包线新标准。将对巴西提供的草案进行评论,并提交NP文件	发MCR维护该标准。当草案准备好后发NP文件
60317—34	特种绕组线标准 第34部分:130L级聚酯漆包铜圆线	Ed. 1.0 1997-03	维护时间: 2009 建议取消该标准	秘书将发Q文件以确定是否取消该标准
60317—42	特种绕组线标准 第42部分:200级聚酯—亚胺—酰亚胺漆包铜圆线	Ed. 1.0 1997-02	维护时间: 2009 此种产品仅在美国有生产,取消该标准可能会被接受	美国负责该项目,NEMA将调查MW 74-C是否仍需要
60317—54	特种绕组线标准 第54部分:155L级聚酯漆包圆铜线	Ed. 1.0 2001-05	维护时间: 2009	发MCR取消该标准

八、技术发展

这次IEC TC55工作组和技术委员会会议在里昂市郊MEYZIEU小镇的IVA Essex Nexans公司的会议室召开,会后安排了技术参观。

IVA Essex Nexans成立于1930年,是世界领先的绝缘漆制造商之一,现隶属于SUPERIORESSEX,SUPERIORESSEX是个上市公司,2007年11月的股票价格约为25美元。IVA Essex Nexans几经并购重组,最早属Alsthom,后来被Alcatel并购,现在属Superioressex。

IVA的绝缘漆产品涵盖所有品种和等级,包括聚酰胺亚胺、聚酯亚胺、聚氨酯、聚酯、聚乙烯醇缩甲醛和自粘性漆。

参观的中国代表看到IVA采用非常先进的计算机生产控制系统，能够满足用户最高的甚至苛刻的质量要求，同时保持绝缘漆产品高度的一致性。IVA向代表介绍产品一致性的时候，谈到八大因素，首先是计算机生产控制系统，此外还包括：精心选择的制造设备、有素养的员工、ISO的质量体系、原材料的选择和控制、对进厂原材料到出厂成品的生产过程的所有途径的控制、预出货控制、可追溯性和记录。

IVA非常重视环境保护，主要体现在三个方面：一是废弃物处理，包括封闭的再循环系统、可回收废弃物的收集系统、有资质的合作方处置废弃物、易挥发有机物的燃烧；二是成立环境和安全委员会；三是对员工良好行为及安全观念的持续培训。

下次会议将于2009年与IEC General Meeting同时在Israel召开，如果不能取得Israel国家委员会的邀请，会议将在欧洲召开。

〔撰稿人：上海电缆研究所王春红、陈昆〕

IEC/TC112电气绝缘材料与电气绝缘系统评定国际标准化与技术发展动态

2007年9月10～14日IEC/TC112电气绝缘材料与电气绝缘系统评定技术委员会年会在日本名古屋召开。由机械工业北京电工技术经济研究所、中国电器科学研究院和丰罗绝缘材料（上海）有限公司组成的中国代表团一行三人参加了此次年会。

本次名古屋会议由IEC/TC112日本国家委员会协助召开，参加会议的有10个成员国的代表团共38人，会议共5天，分为8个工作组（WG）会议、1个维护组（MT）会议、1个顾问组（Advisory Group）会议和全体会议。会议期间，各工作组分别对其相关领域的标准项目（新标准和维护标准工作）进行了讨论，还对TC112的组织架构、会议形式、新的标准出版形式等问题进行了探讨。全体会议对本次名古屋会议以及2006年9月柏林会议以来TC112的工作内容、标准进展进行了汇报和总结。

IEC/TC112电气绝缘材料与系统的评定技术委员会（Evaluation and qualification of electrical insulating materials and systems）于2005年成立。它的工作内容合并了原IEC/SC15E（绝缘材料—性能测试）和IEC/TC98（电气绝缘系统）在绝缘材料与绝缘系统方面的工作，更加适应全球经济化的要求，是一个全新的IEC技术委员会。IEC/TC112秘书处由德国承担，主席和秘书分别由原TC98主席和SC15E秘书担任。IEC/TC112目前由20个正式成员（P成员）和6个观察员（O成员）组成。此次会议，是自IEC/TC112成立以后的第二次会议，两届会议中国均派员参加。

IEC/TC112的工作范围是制修订涉及电气绝缘材料与绝缘系统评定方法的国际标准，以及对耐电痕化试验方法的协调安全功能。TC112根据其工作任务分成8个固定工作组分管不同领域，即，WG1 热老化（长期耐热性）；WG2 辐射；WG3 电气强度；WG4 介电性能/电阻性能；WG5 电痕化；WG6 电气绝缘耐久性的通用方法；WG7 统计；WG8 各种材料性能。各工作组的召集人由TC112的成员国投票选出，各工作组分别对其相关领域的所有标准项目（新标准和维护标准工作）负责。

中国代表团主要参加了WG1、WG3、WG6三个工作组会议和全体大会。

一、工作组会议

1. WG1 热老化（长期耐热性）工作组会议

WG1工作组对1项标准进行了修订，对6项标准的维护日期进行了讨论，对2项新标准项目的具体工作进行了布置。

标准IEC 60216—5《电气绝缘材料—耐热性—第5部分：绝缘材料相对耐热指数（RTE）的测定》的第三版较第二版修改了部分内容，增加了基准绝缘材料的选择标准，并提供了通过将某绝缘材料和已知性能的材料进行热老化对比试验、短期热老化试验。

6个标准的维护日期进行了延长。其中IEC 60216—2《电绝缘材料——耐热性能　第2部分：电绝缘材料耐热性能及测定　测试标准的选择》Ed. 4.0、IEC 60216—4—1《确定电气绝缘材料耐热性能的导则　第4部分　热老化试验用烘箱　第1篇　单室烘箱》Ed. 3.0、IEC 60216—4—2《电气绝缘材料—耐热性　第4－2部分　热老化烘箱　最高至300℃的精密烘箱》Ed. 1.0和IEC 60216—4—3《确定电气绝缘材料耐热性能的导则　第4－3部分：热老化烘箱 多室烘箱》Ed. 1.0四个标准的有效日期均从原来的2010年延长至2015年；IEC 60216—3 Ed. 2.0《电气绝缘材料耐热性能　第3部分：计算耐热性能导则》和IEC 60216—6《确定电气绝缘材料耐热性的导则　第6部分：确定电气绝缘材料耐热性指标（TI and RIE）使用的定时系统方法》Ed. 2.0两个标准的有效日期均从原来的2008年延长至2015年。

两项新的标准项目列入制定计划，分别为PWI 15E—2 Ed. 1.0《电气绝缘材料相对耐热性试验的分析试验方法》和PWI 112—2 TR Ed. 1.0《不完全数据分析》。

PWI 15E－2 Ed. 1.0《电气绝缘材料相对耐热性试验的分析试验方法》项目负责人为德国的B. Goettert先生，他邀请中国代表参加该项目工作、成为工作组成员。

PWI 112—2 TR Ed. 1.0《不完全数据分析》的项目负责人为英国，计划与新标准项目PWI 15E—2一起，于2008年

4月末在英国对草案稿进行讨论。

2. WG3电气强度工作组会议

WG3工作组对2个标准制修订项目及需要维护的标准项目进行了讨论。

IEC 61934《电气绝缘材料和结构　瞬时上升和重复冲击电压条件下的局部放电（PD）电气测量》项目负责人Ken Kimura博士对项目组过去的活动、维护形式、出版形式等工作做了报告。项目组建议将维护有效日期延长至2012年。

IEC 61251《电气绝缘材料　交流电压耐久性评定　一般介绍》项目负责人Greg Stone博士对项目组过去的活动、起草草案进行活动的结果、提交的意见等作了汇报。下一阶段将于2008年1月以DTS形式发布。

标准IEC 60243—2《固体绝缘材料电气强度试验方法　第2部分　用直流电压试验附加要求》Ed. 2.0、IEC 60243—3《固体绝缘材料电气强度试验方法　第3部分　1.2/50μs脉冲试验的附加要求》Ed. 2.0和IEC 62068—1《电气绝缘系统（EIS）反复振动产生的电气应力　第1部分　电气耐久性值测试方法》Ed. 1.0均由WG3的专家进行复审，在2008年作出决定。

3. WG6电气绝缘耐久性的通用方法工作组会议

WG6工作组会议上除了对一项修订标准进行了讨论外，对需要维护的6项标准维护日期进行了确认，还演示了新研制的软件。

IEC 60085《电气绝缘的耐热性评定及分级》Ed. 4.0的项目由美国负责。此次会议对IEC 60085 Ed. 4.0标准的名称和内容都进行了修改，使得表述更为准确。

标准IEC 61857—1《电气绝缘系统　热评估　第1部分：通用要求　低电压》Ed. 2.0、IEC 61857—21《电气绝缘系统　热评估　第21部分：一般用途模型的特殊要求　绕组线圈的应用》Ed. 2.0、IEC 61857—22《电气绝缘系统　热评估　第22部分：充油型绕组线圈电气绝缘系统密封的特殊要求》Ed. 1.0的维护有效日期为2009年。工作组将对该三项标准中的一小部分定义进行修改，与IEC 60505中的术语进行统一。一旦这些修改形成文件，将在2008年年初发布草案征求意见稿。

IEC 61858 Ed. 2.0《电气绝缘结构　确定的散绕绕组EIS变更的热评定》的维护有效日期为2009年，将于2008年年初发布草案征求意见稿。标准IEC/TS 62101《电气绝缘结构热电综合应力短期评定》的维护有效日期由2008年延长至2011年。

标准IEC/TS 62332—1《电气绝缘系统液态和固态组合部件热评估　第1部分：一般规定》由美国进行复审汇报。TC112的秘书要求对所有试验数据和结果进行归纳汇总，并与IEC TC14电力变压器委员会进行联络、协调。2008年对此技术条件进行复审。

日本代表提议对IEC 60216系列标准、IEC61857系列标准和IEC 60034—18系列标准中的差异进行讨论，并列出差异对比表，就试验类型、样品数量、样品类型提出了差异比较，希望各系列标准之间形成统一，尽量减少差异。各国代表纷纷发表意见，由于时间的关系，WG6召集人建议在此次会议后由各国专家通过邮件或其他方式进行更多讨论以统一意见。

WG6的IEC 60505：2004电子版项目负责人介绍了采用新的软件工具CMS（Content Management System）和MM（Mindmapping）制作IEC标准电子版的新进展，并介绍和演示了IEC 60505电子版的目的、结构组成及部分功能。IEC/TC112秘书和WG6召集人要求各成员国提供关于电气设备、绝缘材料和系统的击穿、闪络、燃烧、电晕放电，以及老化导致的机械性能失效等相关的图片和录像（视频），以尽快完成新电子版的IEC 60505。中国已经开展了相关的征集工作，力争为实质性参与国际绝缘结构领域的工作起到有效的推进作用。

二、全体会议

全体大会于2007年9月14日召开。会议上通过了2006年在德国柏林举行的全体会议纪要，主席、秘书及顾问委员会均做了精彩的报告。各工作组召集人也在会上就各工作组的会议情况做了总结性的发言。秘书在会上宣读了IEC中央办公室的新闻文件，TC112的文件投票情况，出示了与其他各相关委员会联络的最新结果。

会上有代表指出应采用和推进"电子工作组会议"，TC112秘书要求各国代表提供这方面的经验。

会议最后决定TC 112的下次会议将于2008年11月在巴西圣保罗和第72届IEC大会一起举行。2009年的TC 112会议可能在布拉格举行。与会代表鼓掌通过。

三、建议与意见

中国的投票工作出现问题。按照现有程序，国内跟踪IEC/TC112的技术文件由标委会秘书处北京电工所负责，并按照投票程序，组织相关委员分析研究提出意见，提交给国标委对外提出。但是此次会议反映出TC112秘书处没有收到我国的投票意见，例如112/70/INF关于112/65/DC号文件的意见：维护程序（项目8）显示中国没有投票，另外，在IEC 60216—5 Ed. 3.0的意见汇总文件112/58/CDV上也未发现中国的投票意见，但是标委会秘书处已按时在国标委网站上对112/65/DC和112/58/CDV进行过投票。

参加国际会议前，标委会秘书处提前组织相关专家对文件进行讨论，以保证参加会议的效果。针对IEC/TC112范围内的标准，应紧跟TC112动态，及时组织国内委员及专家进行讨论，建议汇总意见后由参加IEC/TC112会议的中国代表团在国内会议中通报。对于重要标准，建议成立相应的国内工作组重点跟踪研究，进行采标分析。会议前中国代表团要及早准备好所有工作文件，包括电子版和打印文件，并保证电子版发放给每个会议代表。希望在以后的IEC/TC112会场能响起更多中国的声音，使制修订的IEC标准尽可能地反映中国的意见，并使中国的行业水平通过标准更迅速地和国际先进技术接轨，或引导国际技术水平。

注重与国内相关标委会的联系和沟通。据IEC/TC112与TC2、TC10、TC15、TC40等国际各技术委员会联络，并互相加入对方工作组，或派专家参加会议，建议中国委员会借鉴此方式，加强与其他国内对口委员会的联系和沟通，互派专家加入工作组。

积极配合IEC/TC112秘书的要求，组织国内相关大学、研究所、检测机构和企业提供关于电气设备、绝缘材料和系统的击穿、闪络、燃烧、电晕放电以及老化导致的机械性能失效的图片和录像（视频），争取在IEC 60505的新电子版出版模式中反映我国的有关信息，扩大中国的影响。

尽快在标委会建立国际标准专家组，推进专家组参加相关的IEC/TC112工作组，成为国际工作组成员，确保每年有1~2名相对固定的委员参加国际会议，保障国内对TC112的文件进行深入研究、跟踪。

〔撰稿人：中国电器工业协会标准部徐元凤〕

我国承担国际标准化组织技术机构及高层成员工作研究

2008年6月11日，我国承担国际标准化组织技术机构及成员工作会议在厦门召开。此次会议的主题是提高我国承担国际技术机构工作质量，为我国深入参与国际标准化活动奠定基础。会议由国家标准委副主任石保权、国际部主任张琳、副处长郭晨光分别主持。参加会议的代表有我国承担国际工作的技术专家、承担单位的领导、行业协会以及部分地方技术监督局标准化工作者。会议通过相互交流、沟通信息，促进学习与借鉴，针对问题和困难，共同研究解决问题的办法。

国家标准委副主任石保权回顾总结了一年来我国国际标准化主要工作，重申了标准化工作在当前经济建设中的重要意义，以及中央领导对标准化的具体指示；总结了标准化科研带动标准水平的提高、关键技术标准推进工程、自主创新标准的制定等新措施；介绍了目前我国国际标准化活动实质性参与的显著进展，目前在承担国际秘书处、主席等有34个突破，其中江苏阳光集团承担的纺织品秘书处是首个由龙头企业承担的秘书处；我国在ISO入常也有重大进展，2008年3月ISO正式决定扩大1名理事会成员（由5个增为6个，通过实质性参与，中国已经排到第6位），预计在10月份的ISO大会上将正式通过中国加入ISO常任理事国。

国家标准委国际合作部主任张琳对近年我国国际标准化活动中存在的问题进行了分析总结。近年来我国取得的工作成果是：通过我国承担秘书处的领域，提交的国际提案24项；参加WG注册专家100人次；中国提案全部被采纳；中国专家得到国际机构的表扬；我国在ISO活动的排名提前。上述成果本身具有积极的作用和影响，带动了国家的标准化工作，形成了一批标准化专家，为今后冲击国际中高层专家积蓄了后备力量；有效地将我国标准推向国际标准；直接参与国际标准化活动，掌握话语权；与2000年初我国承担国际秘书处5+1的情况相比，发生了巨大变化，使国际同行对中国刮目相看，并意识到中国专家在国际标准化舞台上的影响；在国内引起各方面的重视。今后一段时间的工作是，2008年完成我国的ISO入常；尽快实现我国承担ISO秘书处达到6%的目标；以我国优势产业和自主技术为基础提出50项国际标准提案，重点参与500项国际标准制修订；与30个国家签订标准化合作协议，与20个主要贸易国建立标准信息共享平台；1000名国际专家的管理办法正在制订中，涉及明确专家身份和地位，自上而下的明确工作任务。

近年来，我国国际突破明显增多，发展快，但也存在以下问题和困难：

（1）工作虽然有显著的成效，但与发达国家相比、与我国的经济发展相比，差距大。

（2）对ISO/IEC的工作导则掌握不透。目前ISO/IEC导则已有2008年新版，应尽快熟悉掌握。

（3）承担秘书处人员的素质要提高：个别主席主持国际会议时，语言还有障碍；已承担了工作的专家态度不积极，责任心不强，如参加ISO主席大会，中国主席只有6人参加，出现缺席情况，ISO向国家标准委反映了情况，而发达国家的出席率很高。

（4）每个秘书处的争取都花费了很大的精力，但有的承担机构没有技术提案，工作处于停滞状态，如在20世纪90年代我国和日本联合承担的秘书处，目前日本已经提出了几十项提案，而我国提案不足十项。

（5）挂靠单位对秘书处的态度不积极，没有设立对应的机构，直接影响国际工作；还有的单位把对机构的管理，按照科研项目的方式管理，不利于开展国际活动。

（6）承担主席问题，也是此次会议需要重点研究的问题。现状是个别主席在单位的地位提高了，没有时间和精力放在国际标准化工作上了。

针对以上问题，会议研究讨论了下一步的工作原则和需要侧重解决的问题：

（1）下一步不再过于强调数量，要在数量的基础上追求质量，侧重突破后的实际效果，这也是国际上在关注和期望的。

（2）承担国际主席应切实履行主席的职责，发挥权威和决策作用，指导国际技术委员会的战略发展和技术指导；同时也要认清国际秘书在带动引领方面的重要性，也需要专注地去做。

（3）承担国际秘书处后，应使秘书处成为枝叶繁茂的大树，开花结果，通过实质性承担推进工作，国内推进国际，国际引领国内，形成联动。

（4）建立国际突破的专项管理以及考核机制，形成约束，以促进各方的重视；对承担国际机构的秘书处工作加强指导，从上级主管的角度来指导。

(5) 要深度学习理解和掌握 ISO/IEC 导则，按照国际规则行事，这是非常重要的，是有效解决问题的国际规则；提供更多的机会组织参与国际活动，如国际研讨会等。

(6)我国承担国际主席和秘书处的秘书，在单位都是极其优秀的业务骨干，在单位都承担着非常重的科研和开发任务，身兼数职，如果没有相关的政策保障机制，很难长期留住和吸引优秀人才。

以上共性问题需要加强研究和协调解决。

我国承担国际标准化组织技术机构及高层成员工作会议是国家标准委组织的一年一度的工作例会，是交流与工作研究的会议，涉及各单位实际经验的介绍，以及工作中实际问题的提出和研究应对办法，具有务实、指导和借鉴的积极作用。

〔撰稿人：中国电器工业协会标准部曾雁鸿〕

第三部分：企业为主体的标准化创新

重视基础工作　联合地方　提升标准化的有效性

“十一五”开端，我国标准化工作得到了党和各级政府高度重视，全社会广泛关注和参与，迎来了我国标准化的春天。中国电器科学研究院(以下简称电科院)拥有多个专业标准归口和行业归口组织机构，承担着产品研发和制修订技术标准的重任。随着社会进步和科学发展的进程，国家对标准化工作提出了更高的要求。院领导和员工对标准化工作非常重视，将标准化工作列入科研工作管理范畴，重视基础研究，力求创新和突破。

一、以科研为依托，为标准化工作打好基础

以科研为依托，开展绿色电器方面的研究。电科院多年来一直跟踪研究绿色电器技术，尤其是在家用电器领域的绿色技术方面的研究，从冷媒 CFC 替代，到对 RoHS 指令中有害物质检测、有害物替代，WEEE 指令废旧电器回收处理等。近年来由院研发中心组织一批高级工程技术人员开展了多项绿色技术科研项目工作，并参与 IEC/TC111 的 WG1、WG2、WG3、WG4 标准化工作，参与国家有关拆分标准的制订，参与国家有关有害物检测方法标准的制订。

重视基础研究，结合国情，深入调研，制订具有我国自主知识产权的环境技术标准。为建立具有我国自主知识产权，制定并建立符合我国特有自然环境条件(如高原、干热沙漠等)下的环境条件与环境试验标准体系，通过承担国家科技部的“极端条件下的物质标准”部分研究项目，环境条件和环境试验标准化技术委员会(以下简称环标委)多名具有多年丰富实际经验的技术专家赴新疆、拉萨等地考察，收集国内外的相关资料、调查研究了我国高原、干热沙漠地区的气候、地质、水文资料；摸清我国高原、干热气候特征及对材料和产品的影响；掌握西部严酷的高原、干热、干热沙漠环境参数，包括高温、低温、温差、低湿度、太阳辐照强度、沙尘和地表状况等。经过几年的分析和总结、实际验证，最后提出了《特殊环境条件防护类型及代号》等 10 项国家标准。由于重视基础研究和调研，获得了第一手资料，制定的这些标准具有我国特色，具备可行性和先进性。这些标准成为构建我国西部机电设备基础技术标准体系的重要组成部分，从技术标准层面推动了我国在电器、工程机械设备西部特殊环境条件适应性方面的设计开发、制造和选型，为我国在极端条件下开展重大工程项目提供了基础技术保障。

二、重视基础，为实质性参与国际标准化活动做铺垫

电科院多年从事 IEC 归口专业技术工作，积极组织和选派检测、标准、行业方面专家参与国际标准化活动，认真处理 IEC 文件，开展环境技术等基础研究工作，参与我国电器能效方面研究和标准制定工作等。2007 年在国家标准委和中国电器工业协会的大力支持下，争取承担了 IEC/SC32C 秘书处和推荐具有较强沟通和协调能力的陈伟升教授级高级工程师作为 IEC /SMB 能效特别战略顾问组专家。在国家标准委的支持和指导下环标委和环境技术中心争取 2008 年承办 IEC/TC104 年会。

三、重视标准验证，提升标准制修订水平

产品标准是指导产品生产、规范产品市场以及产品认证检测的依据。电科院要求制订的每一项产品标准、方法标准都必须是严谨的，并能反映行业的产品技术水平，能提升行业的质量水平。归口专业标准化工作方面，在采用国际标准的同时，重视标准与我国实际情况的结合，重视标准化创新。

对于涉及面广的重要技术标准，特别对涉及人身、财产安全方面的产品标准，电科院普遍提倡组建标准起草工作组，在标准制修订时开展前期的调研工作，同时重视标准验证工作，尤其重视对主要指标或有争议的技术指标进行验证。如在组织家用和类似用途液体加热器用的耦合器标准制定时，对于液体加热器用的耦合器的溢水试验方法按验证要求进行验证，并将验证结果作为标准制订的依据。对GB1003家用三相插头插座是否增加25A这一电流等级以及这一电流等级的设计裕度等有关问题，组织了多家企业样品集中进行了温升试验验证，最后确定了我国家用三相插头插座型式、基本参数和尺寸。

四、配合地方标准化，为地方产业提供技术支撑

近几年随着广东经济发展，地方标准化需求增加，地方政府更为重视标准化工作。电科院积极参加地方政府主持的一些标准化活动，并派专家参与广东省技术标准战略规划制订工作，主持家用电器部分的编写和审定。派出专家参与地方产业有关标准化问题的研讨和论证以及地方企业标准的技术审查工作，为地方组建标委会TC、SC提供培训和咨询服务等，为地方产业提供了技术支撑。同时派专家参加广东省、广州市TBT中心主持的以色列空调、泰国冰箱、美国能源计划、美国能源政策法案修改、智利中央空调、热泵等TBT通报的评议工作，电科院的标准化工作获得地方政府和地方产业的普遍认可。标准化成果获得地方政府科技成果奖，获得地方政府支持和奖励。

五、发挥资源优势，提升标准化整体水平

电科院拥有多专业标准归口和行业归口组织机构。从事标准化和行业归口工作多年，具有一支稳定的标准化人才队伍，有丰富的标准化工作和行业工作经验。电科院重视科研，重视技术筹备，以科研为基础，以应用技术、市场需求为导向，开展科研、检测、标准、产业等工作，对开展标准化工作十分有利。

多年来电科院对重要的技术标准，在开展前期的调研、前瞻性的科研、标准的验证、组织行业对技术难点攻关方面做了大量的工作，主持制订的国家标准2006年分别获“中国标准创新贡献奖”二等奖、三等奖各一项。“十一五”期间，中国电器科学研究院将继续发挥综合资源优势，重视基础工作，为行业、为地方产业提供技术支撑，按国家“十一五”标准化战略规划目标，做好标准化工作，提升标准化的有效性。

〔供稿单位：中国电器科学研究院〕

企业为主体参与标准制修订工作取得显著成绩

为满足新时期我国转变经济增长方式，大力发展循环经济，建设资源节约型、环境友好型社会，构建社会主义和谐社会等各项事业对标准化工作的新需要，确保完成《国民经济和社会发展第十一个五年规划纲要》和《国家中长期科学和技术发展规划纲要(2006～2020年)》对标准化工作提出的各项任务，国家标准化管理委员会提出了标准化“十一五”规划蓝图，制定了各项目标。特别在标准的制修订方面，提出大力制定目前各个行业急需的标准，以满足形势发展的需要。

国家鼓励各个行业的大中型企业、龙头企业和有技术优势的企业参与到标准的制定当中，坚持企业为主和自主创新的原则，推动以企业为主体参与标准制修订工作的体制创新，全面实施标准战略。西安高压电器研究所在企业标准化方面做了大量的工作，取得了显著的成绩。

一、西安高压电器研究所开展标准化工作的优势

西安高压电器研究所根据标准化工作的需要，特地设立行业标准室，配备专业的标准化技术人员，提供充分的办公经费。西安高压电器研究所各级领导对标准化工作非常重视，创造了良好的工作氛围，有力地支持了标准化工作的开展。

西安高压电器研究所拥有一批长期从事高压电器产品技术、试验技术、测试技术研究的专家和工程技术人员，拥有国内一流的试验设施，也是对标准化工作开展的有力支撑。

二、西安高压电器研究所标准化工作开展状况

1. 目前取得的成果

西安高压电器研究所承担着全国高压开关设备标准化技术委员会(SAC/TC65)和全国高电压试验技术和绝缘配合标准化技术委员会(SAC/TC163)，分别负责相关专业的国家标准和行业标准的制修订工作，还受政府的委托，进行行业管理工作。

同时也是IEC的SC17A(高压开关设备)、SC17C(高压成套开关设备)、SC22F(输配电用电力电子)、TC28(绝缘配合)、SC32A(高压熔断器)和TC42(高电压试验技术)的国内对口管理单位，每年派多人参加IEC标准的制修订及委员会的会议，在国际上有着极高的声誉。

西安高压电器研究所在国家标准化管理委员会的大力支持下，于2005年8月成功地承担了IEC/TC28的秘书处(是我国电工行业承担的第3个IEC秘书处)，对我国正在建设的特高压交流(UHVAC)和特高压直流(UHVDC)工程具有深远意义。

西安高压电器研究所副所长苟锐锋教授级高工于2006年9月被提名并任命为IEC/SC22F的主席(是我国电工行业第2位担任IEC技术委员会主席的人员)，对我国直流输电技术的提升意义重大。

同时，西安高压电器研究所有限责任公司还是Cigre(国际大电网会议)的单位成员，是Cired(国际配电网会议)的观察员。

2. 西安高压电器研究所承担了高压直流输电领域两个标准化技术/分技术委员会的秘书处工作

直流输电逐渐形成一个较大的产业，但是直流输电所用设备的相应标准体系没有完全建立。西安电力机械制造公司紧跟形势发展的需要，申请筹建全国高压直流输电设备标准化技术委员会，已经得到国家标准化技术委员会的同意批复，考虑到西安高压电器研究所在标准化工作方面的经验和实力，西安电力机械制造公司决定将该标委会秘书处挂靠在西高所，这也是西安高压电器研究所标准化工作能力的一个体现。

同时西安高压电器研究所也是国内最早进行高压直流输电研究的单位之一，在长期的研究中积累了丰富的经验，能够独立承担高压直流输电系统设计。根据当前形势并结合自身优势，西安高压电器研究所还申请成立了全国电力电子学标准化技术委员会输配电系统电力电子技术分技术委员会，成为委员会秘书处挂靠单位，已经得到批准筹建成立。

西安高压电器研究所紧跟时代发展的步伐，前瞻性的申请成立高压直流输电领域的标委会，不仅是对国家标准化工作的积极响应，也对我国直流输电事业的发展作出了一定贡献。

特高压交直流输电领域是我国特有的、可形成产业的高技术领域，制定这个领域的标准，具有我国知识产权，可以抢占国际高技术标准的制高点，从而摆脱该领域受制于人的局面。从这点来说，开展高压直流输电领域的标准化工作具有极其重要的意义。

3. 西安高压电器研究所积极参与超高压、特高压交直流输电标准制定

我国“十一五”科技发展规划把装备制造业列为“十一五”及未来国家重中之重的发展产业，明确提出了建设远距离、大容量、安全可靠灵活输电的坚强国家电网。电力部门也具体提出了“十一五”到2020年将形成结构合理、安全可靠、灵活高效的坚强国家电网的建设规划及电网设备的选型原则。尤其是针对目前国内试点的特高压交直流输电工程，需要开展大量的研究工作。这些既是对输配电设备制造业技术进步的挑战，更是为电网设备制造业的技术发展提供极好的机遇，开展相应标准项目的研究，也是目前标准化工作开展的重点。

（1）南方电网公司联合西安高压电器研究所对特高压直流项目标准的研究。根据国家的电力规划，特高压（±800kV电压等级）直流输电工程（云南—广州）将由我国南方电网公司建设，南方电网公司依托云广工程，联合西安高压电器研究所开展了相应的技术研究，为特高压直流输电工程提供技术支撑，并为以后制定国家标准奠定了技术基础。开展的项目包括：±800kV 直流系统用换流阀技术规范、±800kV 直流系统用直流旁路开关技术规范、±800kV直流系统用高压隔离开关和接地开关技术规范、±800kV直流系统交流滤波器电容器技术规范、±800kV 直流系统用直流滤波器电容器技术规范、±800kV 直流系统用滤波器电抗器技术规范、±800kV 直流系统用交流滤波器电阻器技术规范。

上述项目课题组由南方电网公司牵头提供资金支持和实践经验，西安高压电器研究所系统研究成套部组织 11 名技术人员参加。课题组在项目的不同工作阶段，组织产、学、研、用等方面的国内专家召开技术研讨会议，对各规范的技术内容进行论证。

西安高压电器研究所在完成课题的过程中，将会同有关设备制造企业、电力行业用户、相关设备标准归口单位、检测单位等多方面专家，对相关研究的各阶段性研究成果进行研讨、论证，使产、学、研、用相结合，充分体现出各方面的最新成果。

通过本课题的研究，提出技术规范（草案），并转化、制定为国家标准。在未成为国家标准之前，以南方电网公司企业标准形式发布，作为企业实施的技术依据。

制定企业标准的同时，按照正式标准的起草报批程序进行国家标准的准备工作，制定并发布为国家标准后，以相应标准文本形式在全社会范围内实行共享。

（2）国家电网公司联合西安高压电器研究所对特高压交流项目标准的研究。特高压（1 000kV 电压等级）交流输电工程（晋东南—南阳—荆门）由国家电网公司承担建设，西安高压电器研究所承担了相应的标准项目研究，包括：1 000kV交流输电用气体绝缘金属封闭开关设备、1 000kV交流输电用交流断路器、1 000kV 交流输电用交流隔离开关和接地开关、1 000kV 交流输电用交流断路器的合成试验、1 000kV 交流输电用高压开关设备的共用技术要求、1 000kV交流输变电设备的绝缘配合、1 000kV 交流输变电设备的绝缘配合的使用导则等。

西安高压电器研究所正在积极投入特高压交直流设备实验室的建设，以确保交流 1 100kV 和直流 ±800kV 输电设备试验的需要。

为了配合特高压试验示范工程的组织实施工作，根据该工程进展的实际情况，经研究决定，成立西安高压电器研究所特高压示范工程领导小组。领导小组将根据国家电网公司的总体部署，并按照西电公司特高压交流设备研制与监造工作实施细则，组织制定西安高压电器研究所相应的实施细则。

在研究交流特高压绝缘配合标准的制定中，充分发挥国家电网公司的工程实践经验，依靠各级技术部门联合西安高压电器研究所共同开展工作。研究过程将以企业为主体，研究成果依照标准报批程序由西安高压电器研究所归口上报，响应了企业积极参与标准化工作的号召。

上述工作的开展，符合国家标准化管理部门提出的“加强标准化与科研特别是国家重大科技项目研究的紧密结合，促进标准制定与科研、产业化和技术更新同步”的标准化战略要求，符合新时期下标准化工作的发展思路，即自主创新重大政策与技术标准研制的紧密结合，共同推进新时期的标准化工作。

三、西安高压电器研究所标准化工作开展经验

西安高压电器研究所从事标准化工作已经很多年，取得了一定的成绩和经验。

1. 加强自身的建设

西安高压电器研究所特别注重公司员工业务水平的提高，公司内部实行传帮带方法，使得新员工能够尽快成长起来；经常组织一些技术培训工作，提升全体员工的技术水

平;同时还注重硬件设施的建设,为进行技术研究提供了条件,使标准化工作得到有力的技术支撑。

2. 积极寻求合作

以高压开关行业标准化为例,西安高压电器研究所在开展标准化工作时,积极寻求合作伙伴,因为任何一个企业都不可能完全独立创造出一个标准,即使有一家企业完全能够制定相关的标准,如果不能够和其他厂商的产品兼容,也不能获得推广和支持。因此,西安高压电器研究所在制修订标准时,大力联合国内知名的开关厂家来共同研制标准,使标准的制修订工作得以顺利进行。

3. 努力培养标准化人员队伍

西安高压电器研究所积极响应国家标准化组织开展的各种标准化活动,从各方面提高标准化人员素质。公司在经费上大力支持,解除了标准化人员的后顾之忧,使之能够全身心的投入到标准化工作当中。

4. 抓住机遇,大胆创新

西安高压电器研究所根据国家标准化"十一五"发展规划,抓住机遇,利用自身的优势,大胆创新,制定高新产业领域内的标准,能够站在一定的高度积极开展标准化工作。

总之,西安高压电器研究所积极响应国家的号召,在国家标准化管理委员会的正确领导下,在公司领导的大力支持下,贯彻落实国家标准化"十一五"发展规划纲要,将企业与标准化工作紧密地结合在一起,取得显著效果,有力地支持了国家的标准化工作,同时也使西安高压电器研究所的知名度得以提升,取得了良好的社会效益和经济效益。在新的形势下,西安高压电器研究所将抓住机遇,努力创新,努力使标准化工作更上一个新的台阶。

〔供稿单位:西安高压电器研究所有限责任公司〕

不断创新　开拓进取　积极推进行业标准化工作

一、杭州锅炉集团基本情况

杭州锅炉集团有限公司的前身为杭州锅炉厂,始建于1955年,2005年底杭州锅炉集团有限公司成为中外合资企业。公司占地面积24万m^2,建筑面积14万m^2,注册资本1.2亿元,企业信用等级达到AAA级。公司现有员工1 300余人,其中专业技术人员400余人,总资产22亿元。2006年企业实现销售收入20亿元,利润1.7亿元,出口创汇752万美元,其中新产品销售收入达10.2亿元。

在主导产品的开发上,公司与美国GE,日本MITSUBISH、KAWASAKI,法国ALSTOM,荷兰NEM、SFL,芬兰AHLSTROM,德国BALCKE DüRR、OSCHATZ、SHG,英国DAVY等国际著名公司以及中国科学院、清华大学、浙江大学、西安交通大学等国内著名院校广泛合作,采用灵活多变的方式,以自主开发为主,结合技术引进、合作开发的多种方式。即使是技术引进的产品,企业也会加快消化、吸收的进度,为我所用。

经过多年的不懈努力,公司现已成为我国大型锅炉制造企业之一,国内最大的余热锅炉研究、开发和制造基地,是浙江省经济贸易委员会、浙江省环境保护局、浙江省科学技术厅联合确定的浙江省环保产业基地(第一批),还是国家水煤浆工程技术研究中心水煤浆锅炉研究设计制造基地。公司研制出的各类环保节能型产品占全行业的50%以上,在开发"绿色"产品的道路上,始终走在国内同行业的前列。目前,公司的余热锅炉产品已有20余个系列100多个品种,产品广泛应用于我国的冶金、化工、建材、轻工、城建、电力等行业。截止至2006年底,杭锅总共生产了146套燃机余热炉,其中9F级燃机余热炉27套,9E级燃机余热炉61套,在国内市场上处于垄断地位。

二、公司标准化组织机构及工作情况

公司十分重视企业标准化工作,特别是近年来,不断加大对标准化的硬件、软件的投入,对标准化机构的设置、人员的配备、标准化经费等方面都给予充分的保证,并对企业参与行业标准化工作给予充分的支持,公司的技术人员队伍也为标准化工作提供了强大的支撑。

2001年,公司设立以总经理为主任、各职能部门负责人和标准化人员参加的公司标准化委员会,负责标准化重大问题的研究、审议和决策。公司标准化委员会下设管理标准分委员会、技术标准分委员会、质量管理标准分委员会,在公司标准化委员会的领导下,开展具体工作。总经办、质量管理中心及标准化室是公司标准化业务归口部门,分别负责管理标准、质量标准和技术标准的制定,各有关部门根据需要设置兼职标准化人员,负责本部门的标准化工作。

公司标准化室是公司技术标准的归口部门,现有专职标准化人员13人,其中高级工程师8人,除负责公司日常标准化工作外,尚承担余热锅炉行业标准、情报等工作。标准化室设有标准资料室,收集有锅炉压力容器行业通用国内外最新版标准、规范及技术文献。

为贯彻行业采用国际标准和国外先进国家标准的要求,提高公司产品的水平,公司标准化室在现行锅炉压力行业标准的基础上制订了高于国家、行业标准的企业内控标准。特别是近年公司通过与国外著名大公司合作生产、引进技术等方式,消化、吸收国外先进技术和公司标准、规范(见附件),制订为企业标准或专门的产品技术条件,提高了公司余热锅炉产品的设计水平和采标程度。

三、余热锅炉行业标准化工作

为加快我国余热利用事业的发展,原机械部于20世纪70年代初在原杭州锅炉厂组建了杭州余热锅炉研究所,负责全国余热锅炉行业的归口管理工作。主要为行业做了以下工作:

(1)组织冶金、石油化工、机械、轻工、水泥以及垃圾处理等行业有关设计研究院所和制造厂开展余热锅炉行业标准化工作,并在原机械部电工中心的领导下开展行业标准化工作，此项工作在全国锅炉压力容器标准化技术委员会成立后停止运作。

（2）组织开展余热锅炉行业标准体系的规划和研究，完成了“余热锅炉行业标准体系表”的编制。

（3）在余热锅炉行业标准的制订方面，已完成余热锅炉有关国家标准4个、行业标准（JB）11个的制修订项目，目前正在制订或申报（或参与）的标准制修订项目11个。

（4）组织并负责“全国余热锅炉与余热利用设备科技情报网”工作。

（5）负责余热锅炉行业专业刊物《余热锅炉》的编辑出版。

（6）负责《中国电器工业年鉴》“余热锅炉行业概况”篇的编辑。

四、行业标准化工作的问题及未来工作思路

随着我国国民经济的高速、持续地发展，能源、环保问题已成为制约我国经济发展的瓶颈，国家在“十五”、“十一五”期间加强了对余热资源开发和利用的支持力度，专门出台了《节能中长期专项规划》，提出在“十一五”期间节约2.4亿t标准煤的节能目标。其中重点提到了余热余压利用、节约和替代石油等工程，旨在通过实施重点节能工程，实现我国经济的可持续发展，使余热利用行业，特别是余热锅炉行业得到飞速发展，2005年产量、产值是1995年的16倍。各行业有关设计研究院、制造厂通过引进技术、合作生产等方式，使我国余热利用应用范围和技术水平得到了大幅提升，取得了显著的经济和社会效益。

国内外余热利用技术水平和应用范围的高速发展，大量的高参数、大容量、环保型或（和）新技术的余热利用设备投入使用，对余热利用行业的标准化工作不断提出新的要求和挑战，由于余热利用行业的特殊性，涉及的行业广泛，各行业往往各自开发研究余热利用设备，无法形成合力，造成目前余热利用的行业标准少、技术水平低且不配套，严重地影响了余热利用的深入发展和与国际的接轨。

在过去的30年中，虽然杭州余热锅炉研究所在余热锅炉行业标准化及行业管理等方面做了大量的基础工作，但仍深感远不能适应我国余热利用事业日益发展的要求。由于种种原因相关标委会还无法全面考虑余热利用的标准化综合要求，也无法对其进行标准化规划，造成行业标准化工作滞后。面对暂时的困境，杭州锅炉集团有限公司有信心、有能力继续为行业的标准化工作出力，更愿意在中国电器工业协会以及相关的专业标委会领导下，联合全行业各单位的力量，共同把余热锅炉行业标准化工作做好。杭州锅炉集团有限公司将根据国家对资源节约与综合利用标准化工作的要求，积极跟踪分析国外的先进技术，条件成熟的制修订成相应的标准；加大对国际标准和国外先进标准的研究力度，结合国情，转化成我国的标准，为提高我国的节能技术水平和资源综合利用效率、提高节能降耗标准工作的整体水平而努力。

引进国外先进技术规范和项目见下表。

表　引进国外先进技术规范和项目

产品	用户	合作方	国际标准	企业标准
余热锅炉				
9FA级HRSG	浙江半山发电厂、张家港华兴电力、江苏望亭、广东惠州、深圳广前电力、深圳能源、鞍钢、浙江东南发电、青海格尔木、马钢、鞍钢等	美国N/E公司（NOOTER/ERIKSEN）和GE公司	ASME规范，并引进N/E公司全套设计、制造技术标准以及GE公司标准	9F级HRSG制造技术条件
9E级HRSG	镇海联合循环电厂	荷兰NEM公司	ASME规范和公司标准	9E级HRSG制造技术条件
300MW燃气轮机余热锅炉	镇海	荷兰NEM公司	NEM公司标准	—
28万t/a硫酸余热锅炉	湖北黄麦岭	芬兰AH□STROM公司	ASME规范和AHLSTROM公司标准	硫酸余热锅炉制造技术条件
40万t/a硫酸余热锅炉	贵州瓮福	日本川崎重工	JIS标准和公司标准	硫酸余热锅炉除锈及油漆技术条件
20万t/a硫酸余热锅炉	广西鹿寨	德国SHG公司	DIN标准	—
150t/d垃圾焚烧锅炉	深圳	日本三菱重工	JIS标准和公司标准	—
干熄焦余热锅炉	济南钢厂	德国OSCHATZ公司	DIN标准和公司标准	—
炼铜余热锅炉	金隆钢业	日本川崎重工	DIN标准和公司标准	—
250t LT转炉余热锅炉	上海宝钢	奥钢联VAI（德国OSCHATZ）	DIN标准和公司标准	LT转炉制造技术条件
210t OG转炉余热锅炉	日本和歌山钢厂	日本川崎重工	JIS标准和公司标准	OG转炉制造技术条件
340t OG转炉余热锅炉	日本新日铁钢厂	日本川崎重工	JIS标准和公司标准	OG转炉制造技术条件
36t/h海绵铁余热锅炉	天津无缝钢管厂	英国DAVY	ASME规范	—
闪速炉余热锅炉	铜陵	日本川崎重工	JIS标准和公司标准	闪速炉余热锅炉制造技术条件

（续）

产品	用户	合作方	国 际 标 准	企 业 标 准
电站锅炉				
420t/h CFB 流化床	广州石化和青岛石化	美国福斯特惠勒动力公司	ASME 规范和公司标准	FW 循环流化床制造技术条件
400t/h CFB 流化床	保加利亚	美国福斯特惠勒动力公司	ASME 规范和公司标准	FW 循环流化床制造技术条件
电站辅机				
300MW 机组高加和除氧装置	嘉兴电厂、国华宁海发电有限公司	法国 ALSTOM 公司	法国 CODAP 规范和 ALSTOM 公司标准	材料采购规范、给水加热器制造技术条件、除氧器制造技术条件、零部件标准和工艺标准
600MW 机组超临界高加	安徽阜阳、浙江乐清、浙江兰溪、大唐三门峡、大连庄河、湖北黄岗、河南平顶山、安徽平圩、辽宁清河、福建可蒙等	法国 ALSTOM 公司	法国 CODAP 规范和 ALSTOM 公司标准	材料采购规范、超临界机组高压加热器制造技术条件和零部件标准
1 000MW 机组高压加热器	岭澳核电	法国 ALSTOM 公司	法国 CODAP 规范和 ALSTOM 公司标准	材料采购规范、超临界机组高压加热器制造技术条件和工艺标准
1 000MW 机组低压加热器	岭澳核电	法国 ALSTOM 公司	法国 CODAP 规范和 ALSTOM 公司标准	—
1 000MW 机组除氧器	岭澳核电	法国 ALSTOM 公司	法国 CODAP 规范和 ALSTOM 公司标准	—
1 000MW 机组冷凝器	岭澳核电	法国 ALSTOM 公司	法国 CODAP 规范和 ALSTOM 公司标准	—
609MW 低加和除氧器	菲律宾苏尔电厂	法国 ALSTOM 公司	法国 CODAP 规范和 ALSTOM 公司标准	工艺标准
350MW 冷凝器	埃及 SPORTSAID 电厂和 SUEZ 电厂	法国 ALSTOM 公司	法国 CODAP 规范和 ALSTOM 公司标准	冷凝器制造技术条件
600MW 超临界除氧器	安徽阜阳	荷兰斯道克	公司标准	—
环保设备及其他				
600MW 火电机组 GGH 设备	浙江兰溪电厂、乐清电厂	德国巴克杜尔	DIN 标准和公司标准	—
地铁盾构刀盘	日本	日本三菱重工	JIS 标准	—

〔供稿单位:杭州锅炉集团有限公司〕

标准化科技创新推动企业跨越式发展

特变电工沈阳变压器集团有限公司(以下简称沈变集团)是由特变电工股份有限公司与沈阳变压器有限公司于2003年11月3日战略重组成立的公司,是中国特高电压变压器类产品制造、研发和出口的基地,始终承担着装备国家重点工程的重任。

特变电工沈变集团是全国和沈阳市重要技术标准研究的10家试点企业之一,始终坚持以国内外市场为导向,以提高技术水平为重心,以高端产品和国家重大项目技术标准的研究为突破口,发挥行业优势和地位,以研制变压器、互感器技术标准为重任,努力提高我国输变电行业技术标准总体水平。

一、以市场为导向,重点项目为依托,实施技术标准战略

随着国内经济高速增长,国民对电力的需求也日益提高。我国用电负荷集中在沿海地区,而能源又多在西部。高压直流输电在长距离大容量上更具有优势,特高压和超高压直流工程的建设项目日益增多。已经建设和在建设的项目有10条,正在论证的项目有云广±800kV直流输电工程、向家坝—上海±800kV直流输电工程和多条±500kV直流输电工程。沈变集团在直流工程中主要负责提供一次主设备的换流变压器和平波电抗器。

沈变集团设计、生产和制造换流变压器和平波电抗器的技术来源于西门子公司。从三常±500kV直流输电工程开始引进德国西门子公司的技术,在贵广一回和贵广二回项目中继续和西门子公司进行联合设计,期间经历了灵宝直流工程的自主设计和生产。经历了对西门子直流技术的学习、消化、理解、吸收再创新的过程,最终形成了自己的技术。承担了《高压直流输电用换流变压器技术参数和要求》、《高压直流输电用油浸平波电抗器技术参数和要求》、《高压直流输电用油浸平波电抗器》、《750kV级油浸式电力变压器技术参数和要求》、《750kV 级油浸式并联电抗器技术参数和要求》等重要技术标准的制订工作。

高压直流输电技术是目前世界变压器制造领域最尖端的技术之一。换流变压器和平波电抗器在性能上有很多方面不同于普通交流变压器和电抗器，其绕组需要承受直流电压和直流极性反转电压；直流偏磁对损耗和噪声的影响；谐波分量对产品的损耗、噪声和热点温升的影响等。沈变集团对此进行了多项课题的研究并结合产品实际进行测试，在标准制订过程中充分考虑这些特殊因素对产品性能的影响。

针对国家启动的百万伏级交流、±800kV 级直流输电项目等，沈变集团抓住机遇，及时调整产品主要发展方向，关注和实施两大技术攻关重点：研制和制造了 1 000kV 油浸式并联电抗器和 1 000kV 电压等级变压器，一方面加强自主知识产权成果的研制开发，另一方面努力提高原始性创新能力。针对国内外尚没有百万伏技术标准的现状，公司制定了《1 000kV 油浸式电力变压器技术参数》和《1 000kV油浸式并联电抗器技术参数》等企业标准，从而增强了企业的竞争力。

二、更新标准化观念 建立新型模式

科技创新是技术进步的源泉。科技创新能力已成为一个企业核心竞争力的重要标志。技术标准是企业技术成果的结晶，企业要发展，提高核心竞争力的关键就是不断采用先进技术，攻克技术难关。企业是创新的主体，也是标准制定的主体。通过企业创新与标准化工作的良性互动，公司建立了以科研产品为主导的标准制定新模式，抛弃了单纯的“采标”和“参标”的思路，将标准化工作前移，内容拓宽，将标准制定介入到产品策划阶段，使标准化工作从事后审查变为事前引领，标准制定由被动变主动，从过去的客体变为现在的主体。

在以知识经济和信息网络发展为主题的今天，技术标准正逐渐成为经济全球化竞争的重要手段。谁掌握了标准的话语权，谁就掌握了市场的主动权。从技术创新的研发初始就要有技术标准战略的介入，拥有重要的技术标准才能使企业强盛鼎立于制造业。沈变集团的发展得益于拥有一条清晰的科研发展思路——以市场为导向、以用户需求为目标制定技术标准和产品开发方向。

〔供稿单位：特变电工沈阳变压器集团有限公司〕

第四部分：标准研究及成果

欧盟实施 EuP 指令前的准备

一、实施时间表

EuP 指令作为欧盟层面的框架性法律需要盟内成员国转化为本国法律，成员国通过本国法律的实施来体现指令的要求。欧盟为成员国留出两年转化期。欧盟为此制定了详细的实施时间表。EuP 指令发布后若干行动时间表见表 1。

表 1 EuP 指令发布后若干行动时间表

时 间	相关活动
2005 年 7 月	EuP 指令发布（2005/32/EC）
2005 年 11 月	供预先研究的通用方法论研究制定——VHK 提出 MEEuP 报告
2006 年 7 月	标准化项目报告（M/341）
2006 年上半年	开始进行 14 类产品的预先研究
2007 年上半年	建立咨询论坛
2007 年第 3 季度	建立法规委员会，由欧委会制定工作计划
2007 年 7 月	采用 EuP 工作计划
2007 年 8 月以前	各成员国转化 EuP 指令
2008 年上半年	第一个实施措施开始生效

2005 年 7 月 EuP 指令发布后，配合指令的实施，欧盟从各个层面开展了实施前的准备工作。方法论研究和 14 类产品预先研究是准备工作的两个方面。

二、EuP 方法论研究

2005 年 11 月，位于荷兰西部代尔夫特市的咨询机构 VHK（荷兰语名称 Van Holsteijn enkemna BV ，英文名称

Netherlands – based private consultancy firm)受欧盟官方的委托，完成了专门用于指令所指的14类耗能产品的特定的生态设计研究方法MEEuP报告（Methodology study，Eco – design for Energy – using Products），为14类产品的生态设计研究提供了通用的、统一的方法论，提出了研究范围、研究步骤、制定了统一的生命周期材料调查清单。研究方法论的制定，如同我国的古话"工欲善其事，必先利其器"。

EuP产品研究方法论8个步骤见下图。

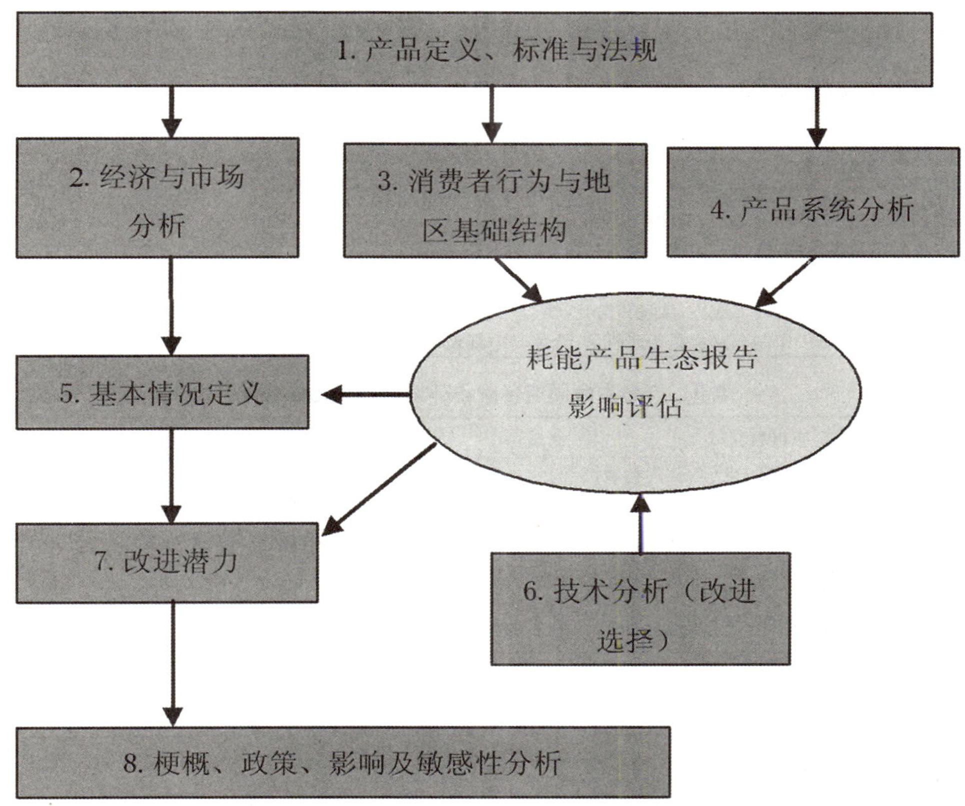

图　EuP产品研究方法论8个步骤

第1步进行产品定义标准与法规的研究。包括3方面内容：一是产品分类、产品主要功能参数的确定；二是与产品性能试验、能源利用、健康安全相关的国际、欧盟、盟内成员国、盟以外国家的相关标准；三是盟内外现行的环境法规及自我规范。

第2步进行产品的经济与市场分析。主要包括欧盟内贸易数据，如生产、消耗量；产品价格、销售、安装等的市场数据；产品特性的市场趋势、最佳产品在能源利用、产品重量方面的关键参数；消费者对费用、关税、价格、多用途产品成本/消费者价格等的期望要求。旨在考核产品是否达到EuP指令规定的20万套。

第3步为消费者分析与地区的基础设施。主要包括实际的负载效率（与常规比较）；温度、时间设定；生态产品实际寿命；产品生命末期的实际行为（再循环、再使用与拆解各部分所占比例现状）；可持续使用产品的最好情况；地区的基础结构，如能源、水、通信等实际情况。

第4步是对现行产品的系统分析。主要包括产品使用材料清单和关键制造参数；产品寿命期间能源与资源使用情况分析与基本的设计规则和实践；技术角度的产品寿命（技术的持久性）；维护与修理；产品生命末期，从技术角度对再循环、再使用等的潜力分析；系统分析，包括对产品自身以外的贸易与环境、功能参数等的相互影响分析。

第5步是确定基本情况。包括对欧盟现行模型的平均选择或者从产品族中几种重要产品取其平均的模型，也就是说根据采用的协调试验标准，决定参考年份产品的环境影响、功能、生命周期成本的情况；决定真实的寿命情况，即由消费者行为和实际条件下，测得参考年份产品的实际寿命、估算环境影响、功能与生命周期成本。

第6步为技术分析，包括改进的选择。

第7步是改进潜力。包括设计选择识别；经济方面的花费（额外的生产成本，如终端用户为多余功能支付的所增加的价格，或者反之由于降低运行费用带来的利益；可获得的环境利益，或反之与环境相关的贸易问题；根据生命周期成本/偿还期的风险选择，以及最低寿命周期成本与其环境改进潜力的识别与评估。

第8步是政策、影响和敏感性分析。包括政策性的简要分析；工业界与消费者的影响分析。

为了使用相同方法进行不同产品的环境影响分析，VHK提供了一套微软电子表格（MS Excel）形式的软件工具。将产品生命周期各个阶段使用的材料、能源和其他资源的数字作为数据输入，约有近300行数据，输入的数据经过一定计算，生成产品寿命的环境影响数据，被总结为"输出"工作单。产品各阶段材料/能源投入与产出的数据输入见表2。产品生命周期各阶段环境影响输出工作单见表3。

表2　产品各阶段材料/能源投入与产出的数据输入

数据行号	阶段与数据内容
	阶段:材料与元件生产描述
1~200	略
	阶段:制造描述
201~207	OEM塑料制造、铸造Fe/Cu/Zn、铸造Al/Mg、板材金属加工、印制电路板制造、其他金属材料(也包括加工)、板材金属废料(填写百分数)
	阶段:分销(含最终装配)描述
208~210	ICT或者消费类电子产品是否小于15kg、是否为安装装置、最终产品的包装体积
	阶段:使用阶段描述
211~226	产品寿命(年)、耗电(开机模式、待机模式、关机模式)、热(平均输出热功率、类型与热效率)、消耗品(含备件)、水、辅助材料、维护修理、整个产品寿命期、备件
	阶段:拆解与再循环描述
227~238	产品寿命期间与填埋中释放的物质、产品的制冷剂、制冷剂倾倒和释放的百分比、产品的汞含量、汞释放与倾倒的百分比、拆解每公斤最终产品的环境成本、填埋百分比、焚烧(没有进行再使用、再循环的塑料和印制电路板)、塑料的再使用与再循环、塑料的热再循环、印制电路板是否易拆解、金属与电视玻璃及杂项(95%可回收)

表3　产品生命周期各阶段环境影响输出工作单

	原材料获取	制造	分销(含包装运输)	使用(含安装维护)	生命末期
能源消耗	初级能源;电(转化为初级能源)				
水消耗					
材料(包括再循环材料)	金属(钢、铝、铜);通用塑料(聚乙烯、聚丙烯、聚苯乙烯等);工程塑料(聚碳酸酯、聚酰胺等);其他(玻璃、电子等)				
废物生成	填埋量;焚烧量				
有害废物生成	RoHS限定有害物质; RoHS以外的有害物质				
对空气的排放	温室气体;酸雨介质; 臭氧物质;持久性有机污染;重金属;细颗粒物质;单独颗粒物质				
排放到水	重金属;影响氧平衡物质;持久性有机污染				
其他特定的产品					

三、预先研究的进展

欧盟已经用方法论完成了10类产品的预先研究。涉及的主要产品及其分类是:

(1)用于中央加热的燃油、燃气锅炉:包括4~400kW燃气中央加热锅炉、4~400kW燃油中央加热锅炉、固体燃料锅炉(不包括其他能源类型)等。

(2)房间空气调节器:按照类型分为:便携式空调、壁/窗式空调、单体/分体空调及冷/热容量。

(3)循环器/中央加热泵:用于室内(或者小型商用)中央加热系统的循环器,通常按消耗电进行分类。

在欧盟的预先研究中,分为:电机类型(标准的笼型异步电机、永磁电机等)、电机控制类型、流体力学设计、机械设计等。

(4)街道照明:指完整产品,包括电杆、附件(灯罩、反光器、镜面、镇流器/电子件)以及灯泡本身。按照欧盟的产品分类,分为民用及住宅区照明、工业照明、办公室灯具、灯泡元件、灯泡类型等。

(5)冰箱与冷冻机:家用电冰箱(包括压缩型、电吸收式)、冰箱内置压缩式、容量≤900L的立式冷冻机、容量≤800L的家用冷冻机、双门以上的电冰箱冷冻机组合体。

(6)家用洗碗机:三种洗碗机类型,台式或抽屉式(洗4~7套,宽50~60cm,高40~50cm);立式窄型(洗8~9套,宽45cm,高75~85cm);立式标准宽度(洗10~14套,宽60cm,高75~80cm)。

(7)真空吸尘器:包括自带电压≤110V电机的室内真空吸尘器。

(8)复印机:静电影印机、带光学系统的影印机、热影印机(包括静电影印机和热打印机)、蓝图打印机、重氮复印机及其他光学影印机装置。也可以按使用纸分为两类:A3幅面及以下、A2及以上/连续纸。

(9)电视:彩色电视投影设备与音频投影仪、带录音和播放的彩色电视投影、带集成管的彩色电视接收机、平板彩色电视接收机、黑白电视接收机、带阴极射线管的彩色监视器、有线电视接收装置、卫星电视接收机、黑白视频监视器。

(10)个人计算机:台式计算机、笔记本电脑、集成计算机、工作站、台式服务器。

欧盟委托单位正在进行电机的预先研究,涉及的产品如下(P为输出功率):

直流电机和$0.75kW \leq P < 7.5kW$的发电机、直流电机和$7.5kW < P < 75kW$的发电机、直流电机和$75kW < P < 375kW$的发电机、$P < 0.75kW$的单相交流电机、$0.75kW < P \leq 7.5kW$的多相交流电机、$7.5kW < P \leq 37kW$的多相交流电机、$37kW < P \leq 75kW$的多相交流电机、$75kW < P \leq 375kW$的多相交流电机(包括牵引电机)、$P > 75kW$的多相交流牵引电机。

四、实施措施的进展计划

EuP指令需要通过各国转化为本国法律实施,而哪些产品将纳入指令的限制范围则由正在酝酿制定的实施措施决定。欧盟已决定第一批将研究14类产品的实施措施,上述提到的方法论、预先研究都是为了最终制定实施措施。

欧盟于2007年6月22日召开了咨询论坛，相关方的60多名代表出席。会上提出了街道照明的实施措施草案，并制定了14类产品的实施措施出台时间表，14类产品EuP指令各项准备工作时间计划见表4。表中行表示相关产品准备工作的八个阶段，分别是研究阶段、完成向官方报告草案、制定措施及评估、完成相关方论坛、实施措施评估、委员会投票、委员会采纳及批准阶段，表4的左边第一列表示产品，表中为各阶段的计划完成时间。

表4 14类产品EuP指令各项准备工作时间计划

评估产品	研究	相关方报告草案	制定措施评估	相关方论坛	措施草案评估	委员会投票	委员会采纳	批准
公共街道照明	—	2006.12	2007.5	2007.6	2007.11	2007.12	2008.4	2008.5
电池充电器、电源	—	2006.12	2007.7	2007.9	2008.1	2008.2	2008.6	2008.7
计算机	2007.3	2007.4	2007.9	2007.10	2008.2	2008.3	2008.7	2008.8
电视机	2007.3	2007.4	2007.9	2007.10	2008.2	2008.3	2008.7	2008.8
待机关机能耗	2007.3	2007.4	2007.9	2007.10	2008.2	2008.3	2008.7	2008.8
办法室照明	2007.3	2007.4	2007.9	2007.10	2008.2	2008.3	2008.7	2008.8
家用冰箱	2007.6	2007.7	2007.11	2007.12	2008.4	2008.5	2008.10	2008.11
洗衣机　洗碗机	2007.6	2007.7	2007.11	2007.12	2008.4	2008.5	2008.10	2008.11
锅炉	2007.7	2007.9	2008.1	2008.2	2008.6	2008.7	2008.12	2009.1
热水器	2007.7	2007.9	2008.1	2008.2	2008.6	2008.7	2008.12	2009.1
图像设备	2007.7	2007.9	2008.1	2008.2	2008.6	2008.7	2008.12	2009.1
商用冰箱	2007.7	2007.9	2008.1	2008.2	2008.6	2008.7	2008.12	2009.1
房间空调器	2007.9	2007.10	2008.2	2008.3	2008.7	2008.9	2009.1	2009.2
电机水泵风扇	2007.9	2007.10	2008.2	2008.3	2008.7	2008.9	2009.1	2009.2
家用照明	2007.10	2007.11	2008.3	2008.4	2008.9	2008.10	2009.2	2009.3

〔撰稿人：中国电器工业协会郭丽平〕

EuP指令实施的标准化准备

研究和分析欧盟在实施EuP指令之前在标准方面的准备（包括现有国际标准、区域标准的分析）、EuP指令及实施措施的标准需求，以及可能制定的标准，将有助于我们了解并掌握欧盟EuP指令的实施动态进行技术准备和有效应对。

一、标准与指令实施

EuP指令第10条规定了协调标准要求。协调标准是由欧洲标准化组织依据欧共体委员会委托书制定的标准，由欧洲标准化委员会（CEN）、欧洲电工委员会（CENELEC）和欧洲电信标准学会（ETSI）依据新方法指令基本要求制定，发布于欧共体官方公报。协调标准是自愿性标准，但是凡符合协调标准的产品可被视为达到了指令的基本要求。因此了解欧盟指令及其协调标准，对于欧盟以外国家地区的产品进入欧盟市场是很重要的。

EuP指令的实施有两个需要关注的问题，一是实施措施的出台，另外一个就是关于标准的问题。欧盟委员会已就EuP指令相关标准方面的研究，于2005年8月以M341文件授权CENELEC、CEN及ETSI就用能产品生态设计领域的标准化情况展开调研。

就EuP涉及产品的生态设计领域标准，将尽可能采用已有的标准或者国际标准（如涉及市场准入的能效标准），对于特定产品的标准可能需要相应产品技术委员会制定。一些导则、规范类非正式标准对于应对指令、指导产品生态设计是有一定借鉴作用的。

二、已有标准分为4个层面

按照标准涉及的范围从通用到方法，从产品通用到特定产品，可将已有（含制定中）用能产品生态设计方面的标准分为4层。

（1）通用类，如导则、产品生态设计原则、产品标准编写者的环境概念等；

（2）方法或程序类，如规范性文件、信息性声明文件等；

（3）产品族类，大类产品的通用规范文件或信息性文件；

（4）特定产品的规范性文件或者信息性文件。

从标准化角度看，第一、第二两层文件主要由ISO、IEC、CEN、CENELEC、ACEA（IEC环境顾问委员会）等组织国际及欧洲标准化组织制定。第三层涉及大类产品，以及针对EuP指令实施措施可能的通用要求。第四层则直接针对指令实施措施的特定产品，这部分工作主要结合产品委员会完成。

第一层面包括了为产品设计者的产品生态设计通用导则、产品标准起草人考虑环境影响的通用导则以及对暴露在电磁场的标准的导则3个方面，已有文件如ISO TR 14062、IEC导则109及导则114、ISO导则64、CEN导则4及CENELEC CLC/TR 50422（关于电磁兼容）。

第二层面包括了特定环境影响、产品生态设计、生态设计管理、信息工具、方法论、二手整机产品或元件的再使用、对健康或环境有害物质分级以及物理介质产生污染（噪声、振动、辐射及电磁场）等8个方面的60余项标准。ISO14000系列标准在这个层面，其余多数是欧盟范围的标准。

第三、第四层面已经考虑了 EuP 指令附录 1 生态设计要求。这两个层面主要包括了对产品标准编写人、环境管理、生态设计、减少环境影响、信息工具、针对元件再使用再循环的材料利用、含有健康与环境有害的危险物质分级的材料使用、产品正常使用维护期间的消耗品使用、产品全生命周期能源消耗、水及其他资源消耗、根据 WEEE 指令对材料或者能源的再使用再循环与再回收、方便再使用与再循环的材料标记、最低寿命期、产品排放(包括对空气、水、土壤)、物理介质产生污染等近 20 个方面的标准。

这两个层面标准范围近似,但含义不同。一是对象不同,第三层面涉及大类产品,第四层面则是特定的某个产品;二是数量差异大,第三层面只有 80 余项,第四层面有 400 多项标准及文件。其共同点是,这两个层面考虑的范围都直接涉及到指令的产品范围和实施措施要求,也是企业应对指令、提高产品生态设计水平需要重点考虑的。

产品生态设计标准 4 个层面见下图。图中用正三角形形象地体现了 4 个层面的标准及文件,底边代表大量的具体产品标准,往上依次是大类产品(产品族)、工具方法层面,顶层是通用导则类文件。这也是欧盟搭建的用能产品生态设计标准的架构。

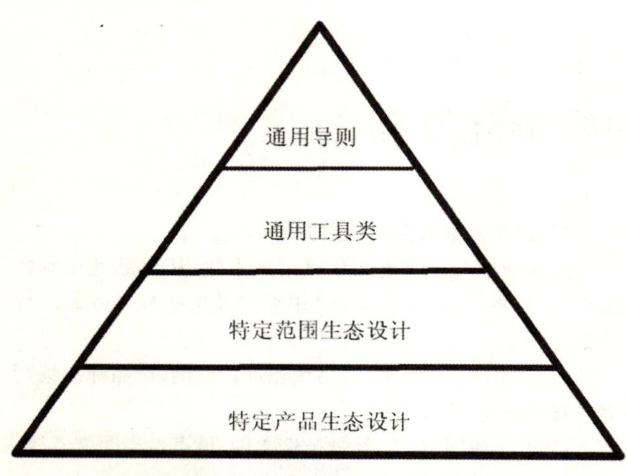

图　产品生态设计标准 4 个层面

在 CEN 向欧盟提交的“用能产品生态设计”标准化分析报告中,按照 CEN 的标准化范围(主要面对 ISO),从环境影响、集成到产品设计中的环境影响、环境标签与声明、生命周期评估与生命周期成本 4 个方面进行对 EuP 指令支撑标准的调查。与 CENELEC 不同的是,CEN 还调查了部分国家的标准(含制定中)。

环境影响方面的标准化文件主要是导则,如 ISO 导则 64、IEC 导则 109;区域性的如 CEN 导则 4。国际标准 ISO 17422 和 IEC/TR62139 也列入,以及制定中的铝和铝合金产品环境影响的欧盟标准、德国 DIN 108 等标准。

集成到产品设计中的环境影响,如 ISO 14062、IEC 导则 114 等;组织的标准如 ECMA 341 等。

在环境标签与声明方面,有 ISO 14020 系列标准、针对电气元件与装置材料声明的 IEC 导则 113、关于建筑用产品环境声明的 ISO/DIS 21930 等;还有国家标准,如法国 NF P01—010、瑞士、美国、日本等都有相应标准。在能效标签方面,欧盟、日本、美国、瑞士、加拿大、澳大利亚等都有相应规定(或者法规)。支撑能效、能耗试验的标准,如 EN 153、EN 441—9、pr EN 13203—3 等。

在生命周期评估(LCA)与生命周期成本(LCC)方面的国际标准主要有 ISO 14040 系列标准。在电气电子产品生命周期成本方面已经有 IEC 60300—30—3,石油与天然气方面如 ISO 15663 等,ASTM(美国材料试验协会)已有针对结构产品、建筑产品、生物质材料、生物基制品的生命周期评估标准。

三、标准制定还有需求

欧洲标准化机构尽管已列出了数百项与用能产品生态设计有关的标准化文件,但 EuP 指令实施、实施措施要求等在标准方面仍有缺失,将作为下一步欧盟在用能产品生态设计标准活动上的重点。他们的原则是,根据对 14 类产品预先研究的结果和陆续出台的实施措施,按照需求考虑制定标准。按照四层标准架构的预期需求列举如下:

对于第一、第二层面,已有相当数量的环境管理体系标准,但是针对用能产品的预先研究所采用的特定的用能产品识别、生命周期评估、环境改进、环境评估以及成本与利益分析方法方面,仍然有标准制定的需求。而是否制定标准则取决于 EuP 指令的产品目录、自愿性协议及实施措施的要求。有害物质测定方面的国际标准正在制定中。

对于第三、第四层面而言,在制定特定产品生态设计导则方面有标准制定需求。能耗方面,需要与已有能耗标准协调。涉及到产品(含元件及材料)再使用、再循环与再回收方面,还需要制定相应的推荐性导则和技术报告,并有形成大类产品或特定产品相关标准的必要。关于产品使用与维护期间的消耗品、元件再循环等需要相应的导则或标准。关于有害物质含量限值要求,如石棉、PCBs、汞等的禁用或限用要求,要根据指令的实施措施考虑制定标准的必要性。

第三、第四层面的重点内容之一是能效标准,如家用电器、照明和通信等能效标准在全球多数地区是有效的,但这部分标准主要针对产品使用阶段的能效。按照 EuP 指令,对产品能效考核应从使用阶段扩展到全生命周期,因此还有进一步制定标准或导则的必要需求,这个原则也适用于对能源、水等的资源消耗。对于方便再使用、再循环方面的材料、元件、塑料标记、标准化元件使用的标准还不够,这类标准适合制定覆盖大类产品范围的标准。在针对 ICT 产品和消费类电子产品的备件、安装、升级的寿命期、可靠性等方面还有标准制定的需求。目前还没有专门针对电气产品排放的标准,某些产品可能会有需求。另外,还特别提出,关于产品的材料消耗、重量、体积等,更多地是由制造商基于技术、经济因素考虑的,不适合作为标准要求。

值得关注的是,EuP 指令发布以来,欧盟内部一直在进行指令实施的准备,包括对 14 大类产品的预先研究,陆续制定实施措施。同时,欧盟内部一直在进行标准方面的准备,预计已有的部分标准可能会作为实施措施的标准基础,还会制定新的标准。

〔撰稿人:中国电器工业协会郭丽平〕

全国电工电子产品与系统的环境标准化技术委员会环境设计分技术委员会工作设想

国家标准委于2007年9月以标委办计〔2007〕107号文，批复成立全国电工电子产品与系统的环境标准化技术委员会环境设计分技术委员会（SAC/TC297/SC2，简称“环境设计分标委”）。环境设计分标委的前身是2005年8月20日由国家标准委批复成立的全国电工电子产品与系统的环境意识设计工作组。该工作组的宗旨是贯彻落实国家发展循环经济、建设节能型社会的大政方针，保护环境，促进社会经济可持续发展，更好地应对欧盟环保指令，使我国相关标准化工作与国际接轨，促进我国机电产品出口。

环境意识设计工作组自成立以来的近3年中，在国家标准委、中国质量认证中心的领导下，在全体成员的大力支持参与下，在开展标准制定、参与国际标准化活动、将环境意识设计思想引入到我国机电企业等方面进行了大量卓有成效的工作，较好地完成了从“工作组”到“分标委”的过渡，并为分标委今后开展工作奠定了坚实的组织、工作和技术基础。

环境设计分标委将根据国家标准化“十一五”发展规划，在SAC/TC297大标委会总体工作指导下，重点做好：对口IEC/TC111/WG2国际标准化、环境意识设计和评价领域的标准体系完善、国家标准制定、科研课题开展、标准宣贯、人才队伍培养等方面的工作。

一、跟踪研究并积极参与IEC/TC111/WG2的国际标准化工作

1. 跟踪研究IEC/TC111/WG2国际标准化文件

自从2005年IEC/TC111/WG2（以下简称WG2）正式成立以来，环境设计工作组一直积极参与WG2的国际标准化工作，同步跟踪WG2制定的国际标准IEC 62430《电工电子产品与系统的环境意识设计》，先后派出10余人次参加了在泰国曼谷、美国西雅图、日本东京、德国慕尼黑及法国巴黎召开的WG2国际工作组会议，并且于2006年11月在上海承办了一次IEC/TC111/WG2国际工作组会议。

为更好地研究IEC/TC111/WG2国际标准化文件，WG2秘书处于2005年成立了环境意识设计工作组国际标准化专家组，并推荐了国际专家，由该标委会8名委员组成。工作组的主要任务是研究国际标准化文件，对WG2提出中国的意见并代表中国对WG2文件投票。国际专家则代表中国参加国际标准起草组。

目前WG2的国际标准化文件重点是IEC62430标准，按照WG2的工作计划，已于2007年5月发布IEC 62430的CD2稿，2008年3月发布CDV稿，并将于2009年正式发布为国际标准。

环境设计分标委将以国际标准化专家组为基础充实专家组。环境设计分标委将继续跟踪研究并积极参与WG2的国际标准化工作，跟踪IEC 62430国际标准制定的进展；发挥环境设计分标委国际标准化专家工作组的作用，做好WG2国际标准文件的跟踪研究和投票工作。

2. 转化IEC导则114制定为国家标准

2008年6月1日实施的GB/T 21273—2007《环境意识设计将环境因素引入电工产品的设计和开发》是环境设计工作组成立后制定的第一项国家标准，也是我国发布的第一项环境意识设计领域国家标准。该项国家标准等同采用IEC导则114:2005。

由于电气电子产品覆盖面广、使用量大、更新换代速度快，产生的电子垃圾对环境的影响也日益严重。以往对于电工电子产品的污染控制主要集中在回收处理阶段，但这样无疑使回收处理阶段的负担很重，而且效果也不理想。为此IEC于2005年5月发布了114导则，旨在强调在电气电子产品的设计和开发阶段就引入环境因素，减少产品在整个生命周期内对环境的影响。该项标准转化为中国国家标准，对于发展循环经济、建设节约型社会具有重要的现实意义，因此列入了全国电气电子产品与系统的环境标准化工作组成立之初制定的10项国家标准计划之一，由WG2工作组负责。

2005年10月中旬完成该标准初稿，在同年12月召开的第二次工作组会上讨论修改，2006年3月发送征求意见稿，2006年5月第三次WG2工作组会议通过了审查，年底报批，2007年发布。

3. 跟踪并转化IEC 62430制定为国家标准

跟踪并等同采用IEC62430转化制定为我国国家标准，是WG2工作组成立之初承担的另一项国家标准计划项目（项目编号为20051006—T—469）。

该项目于2005年8月启动，成立了由机械工业北京电工技术经济研究所负责，中国电器科学研究院、深圳标准技术研究院、中国质量认证中心等单位专家参与的标准起草工作组。由于本标准等同采用IEC 62430《电工电子产品的环境意识设计》，而且在时间上也是与IEC 62430同步起草，所以主要工作是由国内专家近20人次直接参加了6次IEC/TC111/WG2会议（2006年初泰国、6月西雅图、12月上海，2007年2月东京、3月慕尼黑、10月巴黎），对IEC 62430的草案1稿、2稿、3稿、CD1稿和CD2稿都进行了认真的研究，并代表中国提出了修改意见。另外在国内，WG2环境设计工作组也组织了3次会议，讨论了IEC 62430的各阶段草案，于2008年3月初形成了征求意见稿。在发送征求意见期间，收到了IEC/TC111于2008年3月21日发出的正式CDV稿，工作组又根据最新CDV稿略作修改，形成了供此次成立会审查的标准送审稿。

根据 IEC/TC111/WG2 计划，IEC62430 预计到 2009 年才能正式发布。考虑到国内企业应对欧盟环保指令、开展环境意识设计、提高产品环境竞争力的需要，秘书处以最新版 CDV 稿为准等同转化，以满足国内的需要。秘书处还将继续跟踪 IEC62430 标准的制定进展，在 IEC 62430 正式发布为国际标准后，待国家标准实施一段时间后再考虑进行修订。

二、进一步完善环境设计标准体系框架

环境设计分标委将按照标准体系表完成环境意识设计通用标准、环境因素及环境指标的分析与评价、识别和测评标准的制定，同时根据我国出口机电产品的需要，与产品标委会结合开展电工电子产品的环境意识设计标准的制定。产品的环境意识设计标准按照欧盟 WEEE、RoHS 指令的要求分为 10 大类，分别是大型家用电器、小型家用电器、信息和通信设备、消费类电子产品、照明设备、电工产品、玩具娱乐设备、医疗设备、监控仪器、自动售卖机等。环境设计分标委在未来几年将与产品标委会结合，陆续制定上述产品的环境意识设计标准，帮助企业提高上述产品的环境性能，积极应对欧盟相关指令的要求。

三、研究和制定国家标准计划项目

自 2005 年环境意识设计工作组成立至今，共执行 22 项国家标准制定项目计划，其中 2005 年 3 项（由全国电气安全标准会转来 1 项），2006 年 1 项，2007 年 18 项。已经发布 2 项，送审稿 2 项，其余 18 项正在制定中，将于 2008 年底前完成上报。

1. 已完成和将要完成制定的国标项目

GB/T 20877—2007《电气产品标准中引入环境因素的导则》（等同采用 IEC 导则 109: 2003）

GB/T 21273—2007《环境意识设计—将环境因素引入电工产品的设计和开发》（等同采用 IEC 导则 114: 2005）。

GB/T ×××××—200×《电工电子产品与系统的环境意识设计》（等同采用 IEC 62430，2008 年底前完成上报）。

GB/T ×××××—200×《信息通信技术产品及电子消费品的环境设计导则》，2008 年底前完成上报）。

2. 正在制定的国标项目

由环境意识设计工作组申报并经国标委批准立项，转由 SC2 分标委实施完成，将于 2008 年底前完成报批的共 18 项。

3. 拟制定的国标项目

按照 SC2 分标委的业务范围，包括电气电子产品的环境意识设计标准，结合标准体系，秘书处考虑了近 10 项拟申报 2008 年或者 2009 年国标计划项目，包括术语、评价类的基础性标准，以及大类产品标准。

4. 已开展和拟开展的环境设计科研课题

2005 年以来，环境意识设计工作组以机械工业北京电工技术经济研究所为主，组织行业及部分工作组成员，承担了若干项环境意识设计领域的科研项目。

承担了 2005 年科技部社会公益项目《电器制造中环境因素的考虑》，重点研究电器产品及制造中对环境因素的界定、类型、影响及其解决方案。

参加并完成了中国质量认证中心总负责的“消费类产品中有毒有害物质的认证评价技术研究及示范”项目子项“建立电器产品绿色设计的评估模型”的研究任务。

2006 年承担并完成了国家“十五”重要技术标准《若干重点产品技术性贸易措施研究》的子项“电气设备用环保型电工塑料标准研究”，重点研究制定低压电器用塑料的有毒有害物质分析及替代的标准。

2008 年承担了“十一五”科技支撑计划《绿色设计与制造》两个子课题项中的任务，制定 2 项产品的绿色设计与评价导则国家标准，以及出口电器产品绿色贸易壁垒应对技术及应用，计划 2009 年底完成。

申报了 2007 年质检总局行业公益科研项目《电工电子产品的环境意识设计和评价研究》，已通过专家审查，报财政部。

上述项目以 SC2 分标委为技术平台，发挥分标委的技术优势，共同完成。分标委秘书处还将不断收集来自委员单位、行业的需求，共同争取科研与标准的同步开展，为分标委的标准制定持续提供技术支撑。

四、开展环境意识设计宣贯活动，推动企业实施环境意识设计

2006 年环境设计工作组分别与西门子、日立、ABB、理光等国外企业交流了环境意识设计经验。2007 年环境设计工作组还与施耐德、法国环境意识设计中心开展环境意识设计交流。同时，WG2 工作组自 2006 年开始，与全国电气安全标委会联合举办了近 10 次标准宣贯，参加的企业单位和用户单位达 600 多人次。今后，环境设计分标委还将邀请其他国外知名企业来华与国内企业交流环境意识设计经验，使国内企业了解到国外绿色法规的最新动态以及环境意识设计的先进经验，推动国内企业实施环境意识设计，跨越国外绿色贸易壁垒，增加出口。

五、人才队伍的建设

根据国家标准委“十一五”期间培养国际标准化人才计划，环境设计分标委计划在未来几年，在目前已有 4 名国际专家的基础上，再培养出 2～3 名左右熟悉国内外电工电子产品环境意识设计标准，了解国际标准化工作程序，英语熟练的复合型标准化工作人才，要特别注意优势企业复合型人才的培养。同时也要为企业培养熟悉欧盟绿色贸易指令、了解国际上环境设计法规和标准动态、帮助企业完成内部环境意识设计的标准化人才。这些人才将是未来我国推进环境意识设计标准化的主力。

同时，环境设计分标委还要做好支撑国际专家的国内标准化专家工作组国际提案的跟踪研究和投票工作。从环境设计意识工作组到环境设计分标委的成立，揭开了我国电气电子产品与系统进行环境意识设计标准化工作的新的一页。分标委秘书处将一如既往做好这个平台的维护、服务工作，以实际行动为我国的标准化工作贡献一份力量。

〔撰稿人：国家标准委环境设计分标委会主任委员王春华〕

电气安全设计技术数据共享的核心数据与发展

电气安全设计技术是现代基础设计方法中重要的组成部分。而实现电气安全设计技术的数据化及其共享，特别是提供必不可少的设计路径和数据，对于设计者和使用者对电气安全设计技术的全面了解，是十分必要的。

一、核心数据的概念与范围

1. 相关的关键词

在了解电气安全设计核心数据之前有必要知晓下列关键词。

（1）安全概念。是免除风险与通过产品、加工或服务满足各种需求（例如实用、适用、费用等）的两者间的平衡。安全不能免除所有风险，即绝对安全是不可能的，一个产品仅是比较安全或比较不安全。

（2）风险评价。是通过识别与安全相关的特性，以及通过这些特性定量地度量产生损害可能性的一种经验的科学活动。

（3）判断安全。即估价风险的可接受性。

（4）电气设备健康和安全关键技术数据。是指电气设备在预期正常使用的整个周期中按技术标准规定，在合理预见的设计用途，且正确安装和维护条件下使用的要求。

（5）预期寿命。是指电气设备在正确使用和维护下，整个使用期间应该能够保证安全。事实上，即使达到最好电气绝缘性能的电气设备在使用期间经受冷、热、应力、辐射各因素及其复合作用下，材料老化导致性能逐渐下降而造成危险。

（6）危险与防护。是电气安全技术中采用的思维方法，将安全视为一种危险，由危险提出防护措施，以达到安全目的。这样的防护技术应是较为科学、完整、合理的，符合总体认可的技术发展水平、经验和科学发现，对电气设备应反映“设计以人为本”的原则概念。

（7）安全集成原则。是为使电气设备的危险防护措施获得技术、经济和环境等诸因素的最佳平衡，一般体现为：直接安全技术、间接安全技术和提示性安全技术。

2. 范围与概念

现代社会电气安全风险的范围主要围绕在三个方面：电击危险、热效应危险以及电磁场危险。

电气安全设计技术是随着电的应用而发展的专门技术。电气安全设计技术数据概括了使用电气设备时，可能会对使用者的生命、健康和公、私财物造成损失和伤害的保护措施。

电气安全设计技术核心数据范围包括技术法规、符合性标准及安全设计技术，如术语、电气安全信息、风险因素及评估、出版物，以及个性化安全要素等。

二、核心数据指标体系框架与结构

1. 指标体系原则

电气安全设计技术核心数据指标体系的编制原则是采用将安全视作为“危险”，由危险提出控制危险因素的技术指标与要求、检验方法与合格判断。这里的“危险”是指超出了电气设备在正常情况下可以预见到的风险。对各种生命或健康的危害都属于危险，包括通过噪声、振动、静电、电磁场、电离、空气和水污染、发热和其他负荷所造成的危害。

2. 体系框架

按照可预见发生的危险因素，将电气安全设计技术核心数据体系分为三个层面，即设计制造和信息、危险环节、危险因素的防范及检验方法。

设计制造和信息为第一层面，指出了电气设备的安全指标和安全技术要求，分为电气设备在设计制造中应具有的防范危险发生的指标、采用的技术措施和电气设备制造商应告知用户防范危险发生的信息。

危险环节为第二层面，归纳为电击危险，着火危险、机械危险、联接危险、运行危险、电离和非电离辐射危险，材料、故障危险和人体工程学等 8 个类别。外界因素，例如环境、机械、操作等对电气设备运行的影响可能引起的危险防范也同时考虑在上述多个方面中。

危险因素的防范指标、技术要求及检验方法组成第三层面，是对每一危险环节的具体危险因素提出最低的防范技术指标、技术要求，并制定相应的测量、试验方法和符合性判定方法。上述危险环节涉及约 90 个因素，40 个技术参数、技术指标或要求，采用了 30 余种测量或试验方法，体现了体系的具体、可采用的技术内容。

三、核心数据的主要技术指标与要求

1. 基本安全要素

基本安全要素包含了五个含义：

一是规定在使用期限内应保持安全，不能发生危险；即使超过适当使用期限，也不允许电气设备内仍能工作的装置造成危险。一般有下述措施：可靠的开关功能；设有紧急危险时切断电源的自动装置；设有防止意外起动的装置；保证专门安全技术手段可靠性的措施。而专门安全技术手段是指所有电气设备中，不设附加功能就能达到和保证无危险应用的装置。

二是在承受可预见的、且能引起危险的物理或化学作用（如静态或动态，液体或气体，热或特殊气候等）而构成危险时。一般有下述措施：一旦出现过载，立即切断电源或技术过程，或使其变得不危险，技术手段本身也不能发生危险；能截获由于材料缺陷、磨损或过载、飞逸或跌落造成危险的部件。

三是应有防止静电集聚的技术措施。

四是电气设备中使用的燃料或工作介质，不应对电气设备造成有害影响；燃料不能外溢或外溢量不能造成危险。

五是电气设备的外形、结构、尺寸应符合人类工程学，与人体尺寸、体力、环境和生理学、解剖学特点相匹配。

2. 基本材料要素

从电气设备设计安全技术的角度，基本的材料要素至少包括三方面要求：

一是使用的材料在电气设备所有可能的运行状态下都不应对人有生理上的有害影响。

二是材料应有足够的抗老化能力，包括冷热应力引起的机械老化、电应力引起的热老化等。

三是用于有腐蚀危险环境下的部件材料应具有一定的抗腐蚀性能。

3. 电击危险

电击危险一般具有下列3个特征：人体构成闭合电路的一个组成部分，使人体的一部分相当于电路中的负载阻抗；在一个相当长的持续时间间隔内，有足以危及人身安全的电流通过人体以及在人身的某两个部位之间施加一个足以危及人身安全的接触电压。

电击危险的防护是针对上述特性采取的相应技术手段。可归纳为电能直接作用的防护和电能间接作用两种防护。防护技术措施如防直接接触保护、防间接接触保护和绝缘技术。

四、防护技术

1. 绝缘技术

用绝缘技术来防护电击危险是最基本的防护技术。电气绝缘的关键是选用绝缘材料（包括固体、液体材料）的性能，品质及各种绝缘（包括电气间隙）组合、配置成的绝缘结构及电气绝缘水平的检测方法，所以电气绝缘不是仅指固体绝缘及材料。电气绝缘的考核指标包括：绝缘电阻和泄漏电流、介质强度、耐热能力和等级、防潮湿和防污秽沉积、耐热性、阻燃性和耐漏电痕迹性、不能认可为电气绝缘的绝缘材料等。

2. 防直接接触保护

防直接接触保护是一种保护人和动物不受与电气设备带电部分有直接接触危险的措施。防护措施必须在任何情况下，都能使危险的带电部分不会被有意或无意触及，或者将带电部分的电压值或触及电流值降低到没有危险的程度。主要有：绝缘防护、外壳或遮栏的防护、安全特低电压的保护。

3. 防间接接触保护

防间接接触保护是一种保护人和动物不受由于外露导电部分上危险的接触电压所造成危险的措施。防护措施必须在故障条件下，避免发生电击的防护。间接接触保护的方法有：接地保护、自动切断保护、双重绝缘保护等。

4. 电能的间接作用、外界因素的危险防护

电能在电气设备间接作用的因素有：电气设备的自身过载、短路而产生的过热、蒸汽、有害气体、爆炸、噪声、振动等；旁邻设备的过热。外界因素有：冲击、压力、潮湿、异物侵入等。

5. 机械危险防护

机械危险的防护主要有外壳防护、机械危险防护和有足够的机械强度等。

6. 电气联接和机械联接

电气联接和机械联接是电气设备安全的两个必备要素。这是由于电气设备在使用中会受到热、振动及其他机械应力作用，使联接松动甚至脱落而造成电击、机械危险，因此电气设备的各组件、零件的联接一定要采取有效措施，以防止类似导线、螺钉、螺母、垫圈、弹簧等零件由于上述因素从其安装位置脱落而造成电击危险。

7. 运行危险

电气设备在运行时可能出现的危险包括：高速运转的外露部件受离心力的作用可能发生的飞甩、噪声和振动、过热和低温、液体溢出、粉尘、蒸汽和气体等。

8. 噪声和振动

电气设备中旋转体的不平衡质量在运行时会产生振动和噪声，人们处于有振动介质的环境，或接触，或处在振动着的电气设备附近，振动通过立姿人的脚，坐姿人的臀部或斜靠姿人的手撑面，甚至直接手持或操作电气设备将振动传递施加于人体。前者使人在振动环境下会影响舒适性和工作效率，后者将直接危及人的健康和安全。

9. 过热和低温

电气设备外壳温度过高或太低易灼伤人体皮肤而受到危害，外壳的热辐射还会影响周围设备的运行，应采取措施进行防护。

10. 运行时的液体溢出

液体的溢出会使电气设备绝缘受潮导致绝缘电阻急剧下降，甚至击穿造成电击危险；另外，液体溢出使电气设备周围环境变成良好的导电面，易造成周围操作人员受到电击危险。液体溢出也会使电气设备内部或外部的金属零部件腐蚀、生锈。人体触及带腐蚀性的液体会危害健康和安全。

11. 电能控制和危险防范

电能的开、关和控制直接关系电气设备电能应用的安全性。因此，电能开关和控制是安全的必备要素。这部分的要素包括：开关控制的要求、自动切断电源、专门安全措施等。

12. 专门安全措施

专门安全措施指电气设备在安装、检验、维修和保养时，察看危险区域或人体部分（例如手）伸进危险区域，电气设备不能发生误起动而应采取技术措施。

五、核心数据的发展

已有的核心数据主要是针对现有或已知的风险所做出的提示。技术是发展和创新的，核心数据的发展也是必然的。因此，建立一套满足技术发展的核心数据发展的机制是非常必要的。

核心数据的发展重点有两个方面：①新的核心数据形成；②电气安全设计技术数据的形成是按照风险理论的基本逻辑而逐步完善的。

风险现象形成风险因素，而风险因素因作用的可能性大小、危害程度等，可以作为风险评估的主要依据。而风险评估的结果会影响法律法规的补充和完善，进而影响符合性标准的制订导向，最后将直接影响产品的设计。

上述核心数据形成的过程，正是核心数据发展和完善的过程。第二方面，作为电气安全设计技术中重要的组成部分的电气应用的安全技术在我国还没得到充分的认识。因此，“电气安全设计技术共享数据”核心数据的发展必须考虑到电气应用的安全技术。

〔撰稿人：机械工业北京电工技术经济研究所李锋　上海电动工具研究所刘江、李邦协〕

统计资料

用数据说明电器工业2007年的整体发展情况，以及各重点企业的经济运行情况

Using statistical data to state the integral development situation of electrical equipment industry in 2007 and the economic operation situation of key enterprises

统计资料

2007 年电器工业企业主要经济指标

企业名称	工业总产值（当年价）（万元）	工业销售产值（万元）	工业增加值（万元）	全年从业人员平均人数（人）	年末资产总计（万元）	流动资产合计（万元）	年末负债总计（万元）	流动负债合计（万元）
电工电器工业行业(688 个)	**47 813 179**	**46 488 990**	**11 728 013**	**587 143**	**47 585 028**	**34 323 131**	**31 746 447**	**29 399 284**
锅炉及辅助设备制造(48 个)	**5 951 235**	**5 934 834**	**972 471**	**53 004**	**7 701 110**	**6 581 046**	**6 285 827**	**6 087 613**
大型企业(11 个)	**5 051 196**	**5 070 507**	**718 557**	**33 997**	**6 229 141**	**5 538 649**	**5 195 334**	**5 048 489**
北京巴布科克威尔科克斯有限公司	149 383	149 383	27 223	2 639	275 381	262 627	236 535	236 535
太原锅炉集团有限公司	45 020	45 490	8 398	2 172	106 582	83 280	91 449	68 830
哈尔滨汽轮机厂有限责任公司	704 774	708 756	127 193	5 543	964 418	849 936	763 132	745 327
哈尔滨锅炉厂有限责任公司	1 089 909	1 097 647	138 280	4 369	1 434 770	1 352 717	1 279 181	1 274 634
上海锅炉厂有限公司	1 051 716	1 060 339	97 734	2 716	1 179 497	1 039 943	1 069 257	1 021 089
江苏太湖锅炉股份有限公司	263 020	255 085	75 181	4 162	218 438	133 733	117 936	117 936
江西锅炉化工石油机械联合有限责任公司	70 158	70 158	26 567	2 190	92 130	69 823	62 935	61 019
济南锅炉集团有限公司	153 226	153 226	32 691	2 008	297 041	274 513	258 391	257 952
泰山集团股份有限公司	217 171	223 604	38 763	2 368	232 069	184 510	178 957	172 692
武汉锅炉股份有限公司	178 726	178 726	－126	2 211	252 538	226 051	236 850	220 850
东方锅炉(集团)股份有限公司	1 128 093	1 128 093	146 652	3 519	1 176 277	1 061 518	900 712	871 626
中型企业(23 个)	**782 308**	**749 356**	**233 646**	**16 528**	**1 349 074**	**956 645**	**1 007 801**	**960 153**
北京锅炉厂	15 030	15 030	2 425	528	21 583	17 420	20 458	20 058
唐山信德锅炉集团有限公司	37 958	33 985	8 493	981	53 628	46 696	43 990	41 981
山西老万生态炉业股份有限公司	45 300	24 850	14 590	386	14 059	4 105	2 554	1 784
上海四方锅炉厂	22 134	22 725	9 884	689	34 835	21 943	29 770	29 770
无锡华光锅炉股份有限公司	200 746	199 156	60 204	1 460	343 132	290 642	251 584	251 584
盐城市锅炉制造有限公司	6 934	7 000	1 872	395	9 860	5 170	6 896	6 896
南京奥能锅炉有限公司	20 221	20 041	6 824	800	27 533	15 484	16 859	12 938
无锡华光工业锅炉有限公司	18 934	18 192	6 368	430	14 720	7 358	10 687	10 687
安徽金鼎锅炉股份有限公司	22 000	21 700	4 600	723	42 426	22 369	25 407	21 589
江西爱民机械厂	4 330	4 383	1 550	395	10 983	3 498	12 293	9 939
史密斯机械工业(青岛)有限公司	22 870	22 870	13 955	321	23 576	19 458	15 620	15 620
青岛荏原环境设备有限公司	15 337	15 254	5 285	420	22 979	10 391	5 318	5 318
郑州锅炉有限责任公司	16 071	15 024	2 685	766	46 360	33 759	36 614	36 614
武汉锅炉集团有限公司	46 419	46 211	10 328	695	224 669	179 652	214 618	214 260
戴蒙德电力机械(湖北)有限公司	20 536	19 966	7 667	678	25 436	23 035	11 013	11 013
长沙锅炉厂有限责任公司	14 981	15 011	4 770	720	35 836	14 800	17 566	17 566
湘潭锅炉有限责任公司	7 731	7 922	4 399	328	18 203	4 348	6 838	3 338
东方电气(广州)重型机器有限公司	4 721	4 721	－2 870	402	145 613	43 631	107 222	78 159
自贡东方锅炉工业集团有限公司	161 121	161 121	51 639	1 633	135 014	122 111	99 395	98 498
四川川锅锅炉有限责任公司	41 892	39 457	5 105	2 056	34 763	34 400	29 837	29 837
四川东方锅炉工业锅炉集团有限公司	26 205	25 697	9 071	602	24 717	20 788	21 197	21 196
国营四七一厂	7 150	5 350	3 073	606	26 774	9 511	14 547	13 991
兰州锅炉厂	3 687	3 690	1 728	414	12 376	6 076	7 518	7 518
小型企业(14 个)	**117 731**	**114 971**	**20 268**	**2 479**	**122 895**	**85 752**	**82 692**	**78 971**
大连锅炉厂	5 291	6 101	865	225	15 124	11 321	14 400	13 312
上海克莱德贝尔格曼机械有限公司	44 710	43 410	8 666	146	29 885	29 029	13 955	13 880
杭州杭锅工业锅炉有限公司	46 676	46 553	6 246	211	29 118	23 525	21 005	20 763

（续）

企 业 名 称	工业总产值（当年价）（万元）	工业销售产值（万元）	工业增加值（万元）	全年从业人员平均人数（人）	年末资产总计（万元）	流动资产合计（万元）	年末负债总计（万元）	流动负债合计（万元）
温州锅炉厂有限责任公司	2 255	2 050	352	94	2 514	1 187	1 235	1 224
衢州大通锅炉有限责任公司	3 219	2 257	729	84	2 304	1 569	2 133	1 867
福建福锅锅炉有限公司	4 442	4 442	1 110	290	4 240	3 356	3 180	3 180
山东济宁蓝天锅炉有限公司	717	716	198	428	4 400	2 575	5 280	5 002
广州锅炉有限公司	2 230	1 414	378	241	7 249	1 477	4 051	4 051
重庆重锅锅炉有限公司	1 608	1 543	355	165	7 026	1 661	7 514	7 514
昆明锅炉有限责任公司	1 606	1 375	364	160	5 315	2 048	2 900	2 726
云南保山锅炉厂	425	428	309	118	1 190	513	1 024	1 024
宁夏三新技术股份有限公司	2 648	2 648	689	166	9 512	3 452	2 660	1 291
宁夏核工业二一七锅炉厂	445	445	134	66	2 360	2 017	1 987	1 982
新疆西电昌峰锅炉有限责任公司	1 459	1 589	－126	85	2 659	2 023	1 369	1 154
汽轮机及辅机制造（10 个）	**3 097 679**	**3 072 450**	**841 062**	**20 954**	**4 598 653**	**3 661 159**	**3 143 551**	**3 061 251**
大型企业（5 个）	**2 731 040**	**2 713 873**	**732 668**	**17 530**	**4 168 738**	**3 326 164**	**2 860 202**	**2 788 180**
上海汽轮机有限公司	753 913	753 913	152 670	3 222	1 024 037	868 117	833 017	831 195
南京汽轮电机（集团）有限公司	300 501	299 756	90 199	2 057	377 014	345 310	243 400	225 420
杭州汽轮动力集团有限公司	453 983	439 410	153 781	4 068	639 035	456 940	351 801	350 825
东方电气集团东汽投资发展有限公司	267 688	265 839	78 219	3 465	576 540	271 948	156 365	117 912
东方电气集团东方汽轮机有限公司	954 955	954 955	257 799	4 718	1 552 113	1 383 850	1 275 619	1 262 829
中型企业（4 个）	**356 853**	**348 791**	**102 838**	**3 237**	**420 947**	**328 227**	**277 727**	**267 449**
上海动力设备有限公司	233 400	224 478	48 767	1 204	267 155	246 469	208 352	200 764
无锡透平叶片有限公司	66 159	64 256	33 498	620	93 789	43 683	32 198	30 024
东方电气河南电站辅机制造有限公司	16 491	19 254	5 246	739	32 303	19 316	18 411	18 273
德阳东汽铸造有限公司	40 803	40 803	15 326	674	27 701	18 759	18 766	18 389
小型企业（1 个）	**9 786**	**9 786**	**5 557**	**187**	**8 968**	**6 768**	**5 622**	**5 622**
上海益达机械厂	9 786	9 786	5 557	187	8 968	6 768	5 622	5 622
水轮机及辅机制造（6 个）	**166 188**	**165 548**	**50 062**	**4 208**	**275 026**	**192 929**	**220 710**	**212 069**
中型企业（4 个）	**158 712**	**157 673**	**49 177**	**3 805**	**263 570**	**185 621**	**212 420**	**203 794**
上海福伊特西门子水电设备有限公司	60 035	60 035	16 375	330	112 260	89 017	104 066	104 066
浙江临海机械有限公司	17 968	17 200	4 705	436	10 191	8 274	5 864	5 864
东芝水电设备（杭州）有限公司	51 178	53 326	19 248	1 053	81 602	65 814	57 402	57 402
重庆水轮机厂有限责任公司	29 531	27 112	8 850	1 986	59 517	22 515	45 088	36 462
小型企业（2 个）	**7 476**	**7 875**	**885**	**403**	**11 456**	**7 308**	**8 290**	**8 275**
浙江顺通锅炉压力容器制造有限公司	5 042	5 042	—	243	4 662	3 084	3 119	3 119
邵阳恒远资江水电设备有限公司	2 434	2 833	885	160	6 794	4 224	5 171	5 156
金属切割及焊接设备制造（5 个）	**131 033**	**114 670**	**67 429**	**1 123**	**98 496**	**75 713**	**40 237**	**35 443**
中型企业（2 个）	**125 545**	**108 839**	**65 946**	**943**	**91 347**	**70 492**	**29 280**	**25 280**
唐山松下产业机器有限公司	97 674	80 968	45 996	578	60 297	52 031	8 983	8 983
唐山鸿鹏焊业有限公司	27 871	27 871	19 950	365	31 051	18 461	20 296	16 296
小型企业（3 个）	**5 488**	**5 831**	**1 483**	**180**	**7 148**	**5 221**	**10 957**	**10 164**
北京佛克斯激光设备有限公司	320	316	117	12	741	446	23	23
上海电焊机厂	1 230	1 602	800	79	2 978	1 542	9 143	8 350
上海梅达焊接设备有限公司	3 938	3 913	566	89	3 429	3 233	1 791	1 791
烘炉、熔炉及电炉制造（5 个）	**21 787**	**20 364**	**10 029**	**823**	**26 993**	**22 173**	**24 838**	**23 511**
小型企业（5 个）	**21 787**	**20 364**	**10 029**	**823**	**26 993**	**22 173**	**24 838**	**23 511**
天津市高频设备厂	—	—	—	13	2 641	1 286	1 773	1 351
天津市金能电力电子有限公司	1 916	1 983	359	100	3 133	2 885	2 222	1 622
长春电炉成套有限责任公司	13 454	12 339	8 316	273	12 437	11 440	12 094	12 094
宁波东方加热设备有限公司	3 615	3 198	1 041	129	5 062	4 704	4 827	4 685
湘潭湘机电炉厂	2 802	2 844	314	308	3 721	1 858	3 922	3 760

（续）

企业名称	工业总产值（当年价）（万元）	工业销售产值（万元）	工业增加值（万元）	全年从业人员平均人数（人）	年末资产总计（万元）	流动资产合计（万元）	年末负债总计（万元）	流动负债合计（万元）
发电机及发电机组制造(46个)	**3 310 925**	**2 975 355**	**956 981**	**46 634**	**4 698 149**	**3 863 258**	**3 294 002**	**3 140 823**
大型企业(7个)	**1 727 999**	**1 662 068**	**519 564**	**28 633**	**2 656 790**	**2 232 066**	**1 988 032**	**1 922 755**
北京北重汽轮电机有限责任公司	152 694	153 888	38 368	2 815	191 964	153 304	135 303	133 601
哈尔滨电机厂有限责任公司	561 818	533 899	189 524	5 996	785 092	696 055	586 240	574 380
泰豪科技股份有限公司	176 475	175 708	58 488	3 312	310 658	191 006	188 976	170 465
武汉汽轮发电机厂	170 233	139 591	47 977	2 840	252 199	215 636	181 962	181 962
四川东风电机厂有限公司	83 477	83 911	26 500	2 578	107 814	80 753	72 320	70 828
东方电气集团东方电机有限公司	513 375	513 375	141 178	6 394	917 876	823 001	716 203	688 567
兰州兰电电机有限公司	69 927	61 696	17 528	4 698	91 187	72 311	107 029	102 951
中型企业(24个)	**1 478 992**	**1 226 449**	**410 030**	**15 723**	**1 808 882**	**1 469 513**	**1 181 455**	**1 104 236**
天津阿尔斯通水电设备有限公司	185 374	—	86 964	1 240	123 752	90 028	106 733	106 095
天津市天发重型水电设备制造有限公司	52 388	52 388	2 599	895	77 786	57 120	53 038	52 487
上海汽轮发电机有限公司	330 366	330 366	92 358	1 062	374 542	338 456	266 052	266 052
浙江临海电机有限公司	10 175	9 209	4 624	417	11 500	8 402	4 447	4 453
通用电器亚洲水电设备有限公司	44 372	44 159	18 270	584	108 461	61 376	78 960	78 960
浙江富春江水电设备有限公司	62 811	56 286	16 958	582	61 666	39 238	41 623	41 623
福建南平南电水电设备制造有限公司	32 605	32 344	4 672	1 270	63 410	54 753	58 862	52 801
福建闽东本田发电机组有限公司	33 193	33 690	4 160	404	20 115	18 178	2 755	2 755
闽东大地电机有限公司	16 100	15 755	3 452	354	7 343	5 812	3 620	3 520
福州港发机电工业有限公司	31 879	31 879	13 771	368	10 417	5 727	6 074	6 074
赣州发电设备成套制造有限公司	19 095	16 236	10 743	604	18 567	9 801	14 833	11 862
江西泰豪特种电机有限公司	11 463	11 440	4 074	380	13 266	6 541	7 381	4 081
阿尔斯通四洲电力设备(青岛)有限公司	62 257	61 036	2 583	1 097	66 588	56 282	52 258	49 074
欧堡工业(青岛)有限公司	39 842	39 842	14 396	700	27 988	18 679	12 844	11 278
青岛华腾电力设备有限公司	15 680	14 711	6 445	312	5 431	599	1 413	0
湖南金龙电机有限公司	9 425	8 038	1 414	303	4 793	2 595	2 237	2 237
南宁发电设备总厂	30 161	18 511	3 666	1 189	45 516	35 498	47 802	46 774
东方电机厂	34 262	34 262	8 127	819	62 675	46 603	43 211	41 788
昆明电机有限责任公司	51 125	42 683	16 914	1 189	57 420	43 729	46 028	46 028
兰州电源车辆研究所	9 896	6 353	4 415	393	11 472	10 455	8 249	8 086
兰州长信电力设备有限责任公司	6 808	5 602	1 715	311	6 886	2 647	5 313	1 368
宁夏银光钢构件制造有限公司	19 787	14 105	5 949	368	11 030	9 006	8 013	8 013
新疆金风科技股份有限公司	324 922	300 617	71 861	453	534 923	489 778	249 376	230 346
新疆新能源股份有限公司	45 006	46 937	9 902	329	83 335	58 212	60 336	28 481
小型企业(15个)	**103 935**	**86 838**	**27 387**	**2 278**	**232 477**	**161 678**	**124 514**	**113 833**
天津发电设备总厂	—	—	—	41	19 167	14 430	16 564	15 842
天津市天发柴油发电设备制造有限公司	6 811	6 151	910	140	1 946	1 696	1 604	1 604
天津天发永亮水电设备制造有限公司	1 755	1 755	389	38	742	420	291	291
天津天发美联水电设备制造有限公司	4 993	4 993	1 306	134	7 085	6 696	6 608	6 608
上海马拉松·革新电气有限公司	31 574	31 326	7 337	198	15 166	13 575	3 980	3 980
上海伊华电站工程有限公司	4 978	5 204	575	54	8 020	6 966	1 012	1 012
神州学人集团股份有限公司	3 474	4 286	869	189	73 231	29 677	37 763	31 260
湖北同发机电有限公司	4 746	3 553	1 265	133	4 000	2 570	1 776	1 588
湖南汉龙水电设备有限公司	5 800	5 750	2 126	235	7 742	5 269	2 999	2 731
邵阳市电机厂有限公司	705	868	5	129	1 956	1 335	1 263	1 263
湖南零陵恒远发电设备有限公司	6 421	6 421	1 950	412	23 740	13 442	13 183	10 183
云南省玉溪水力发电设备有限责任公司	4 417	4 557	2 172	238	9 374	7 625	6 222	6 222
昆明昆电电站辅机有限公司	1 452	1 648	374	83	812	490	562	562
恩德(银川)风电设备制造有限公司	25 262	8 756	7 578	61	57 040	56 486	29 359	29 359

（续）

企业名称	工业总产值（当年价）（万元）	工业销售产值（万元）	工业增加值（万元）	全年从业人员平均人数（人）	年末资产总计（万元）	流动资产合计（万元）	年末负债总计（万元）	流动负债合计（万元）
宁夏天净电力设备有限公司	1 547	1 570	532	93	2 457	1 003	1 329	1 329
电动机制造业（71 个）	**2 695 520**	**2 635 764**	**617 530**	**70 125**	**2 913 832**	**1 749 064**	**1 872 699**	**1 691 029**
大型企业（8 个）	**1 274 132**	**1 232 174**	**319 411**	**32 433**	**1 541 536**	**973 239**	**1 129 908**	**1 001 431**
永济市新时速电机电器有限责任公司	142 694	133 306	38 986	4 621	241 864	150 774	222 038	159 762
沈阳电机股份有限公司	113 400	114 363	24 460	2 339	118 254	71 045	95 793	70 919
佳木斯电机股份有限公司	151 604	140 055	35 450	2 887	117 175	99 051	93 570	89 124
上海电气集团上海电机厂有限公司	240 177	240 000	71 097	2 509	265 198	160 267	138 084	138 084
青岛地恩地机电科技股份有限公司	80 244	80 723	21 099	2 224	50 124	36 408	35 064	35 064
南阳防爆集团有限公司	139 461	137 332	37 804	2 679	105 972	72 413	65 885	61 440
湘电集团有限公司	333 403	320 689	72 311	11 401	551 763	310 970	372 447	344 089
兰州电机有限责任公司	73 149	65 706	18 205	3 773	91 187	72 311	107 028	102 951
中型企业（44 个）	**1 303 078**	**1 288 063**	**257 635**	**33 641**	**1 273 112**	**703 469**	**671 005**	**616 437**
北京毕捷电机股份有限公司	37 240	37 909	4 269	1 289	24 481	20 114	18 814	18 814
天津市起重电机厂	6 600	6 425	1 750	330	4 947	3 610	3 347	3 046
衡水电机股份有限公司	66 802	66 256	13 724	1 486	45 658	25 315	24 432	16 346
河北电机股份有限公司	57 604	58 103	11 600	1 567	51 858	35 270	38 270	37 657
永济电机厂工业公司	6 596	6 546	2 256	554	5 171	3 480	3 056	3 056
山西电机制造有限公司	13 774	11 597	3 074	1 083	239 998	17 602	18 438	17 876
山西防爆电机（集团）有限公司	22 637	23 755	5 082	1 217	50 167	33 388	36 659	36 453
大连电机集团有限公司	15 489	15 489	4 069	313	34 625	15 912	17 776	17 776
大连天元电机有限公司	23 333	18 696	9 856	424	16 679	9 093	6 778	5 278
上海 ABB 电机有限公司	87 393	87 298	27 039	612	43 663	38 560	17 837	17 837
上海电气先锋电机有限公司	11 624	11 373	2 562	368	15 638	7 716	10 368	4 758
上海南洋电机有限公司	45 223	42 437	7 641	835	43 196	23 921	21 853	21 853
无锡华达电机有限公司	79 364	77 325	15 074	698	37 067	30 353	22 165	22 165
浙江防爆电机有限公司	9 593	9 377	1 298	389	10 736	4 774	9 430	7 263
浙江京马电机有限公司	50 143	49 912	7 238	912	33 792	23 711	14 296	14 296
浙江金一电动工具有限公司	8 040	8 105	619	450	8 793	3 365	4 403	4 348
八达机电有限公司	24 176	22 687	5 693	395	12 125	4 726	3 995	3 995
浙江特种电机有限公司	33 475	33 543	2 046	490	23 161	1 676	18 865	18 427
安徽皖南电机股份有限公司	64 286	64 893	13 554	890	14 681	10 508	10 097	10 097
安徽恒大自控集团	4 620	4 453	1 103	330	6 132	4 875	2 906	2 822
六安江淮电机有限公司	69 291	71 369	20 780	1 223	23 000	17 500	12 650	10 420
闽东电机（集团）股份有限公司	6 588	7 604	858	463	18 311	11 206	13 161	12 093
福安市闽东安波电器有限公司	53 349	50 802	13 337	510	16 256	13 275	8 913	7 344
福建闽东德丰电机有限公司	35 292	33 658	9 497	669	9 366	5 682	7 129	7 129
福州万德电气有限公司	9 237	8 440	1 935	379	18 902	10 799	18 895	13 946
江西特种电机股份有限公司	31 300	29 800	12 952	958	51 043	41 584	17 713	17 657
江西东元电机有限公司	21 389	21 233	5 016	663	22 392	14 676	17 507	13 007
分宜煤矿电机厂	3 692	4 413	1 004	422	4 146	3 364	5 900	5 900
淄博牵引电机集团股份有限公司	19 451	19 450	3 785	1 662	28 267	20 126	24 918	24 670
山东山博集团	22 677	18 323	6 142	1 350	13 152	10 994	10 375	9 865
山东山防防爆电机有限公司	6 154	6 153	1 075	408	5 375	2 629	5 689	5 649
艾默生中国电机有限公司	68 000	83 317	−20 998	350	58 457	32 232	43 579	43 579
青岛天一集团有限公司	55 151	54 804	13 996	1 640	50 107	41 566	27 616	18 890
青岛成信马达有限公司	40 090	40 090	12 027	739	19 158	17 298	12 887	12 887
钟祥市新宇机电制造有限公司	6 159	5 312	2 437	361	4 428	2 948	2 634	2 634
湖北华博三六电机有限公司	7 169	6 282	1 512	430	14 904	3 059	4 987	3 997
长沙电机厂有限责任公司	35 035	33 043	11 298	1 380	44 177	24 010	41 732	34 732

（续）

企业名称	工业总产值（当年价）（万元）	工业销售产值（万元）	工业增加值（万元）	全年从业人员平均人数（人）	年末资产总计（万元）	流动资产合计（万元）	年末负债总计（万元）	流动负债合计（万元）
广东省东莞电机有限公司	24 358	24 664	3 039	776	18 715	14 875	9 231	9 231
广西佳力电工集团有限公司	12 166	12 005	2 859	610	23 749	14 338	18 207	18 207
重庆赛力盟电机有限责任公司	59 882	59 880	2 558	1 600	41 161	32 103	26 663	26 622
重庆特种电机厂	3 682	3 361	618	318	9 967	8 911	6 731	5 152
贵州永安电机有限公司	4 914	2 349	1 575	486	8 203	5 308	9 839	8 691
昆明电工有限责任公司	11 809	10 587	1 317	344	7 471	4 687	4 731	4 731
宁夏西北骏马煤矿电机制造有限责任公司	28 232	24 945	9 472	1 268	39 840	32 335	15 536	15 243
小型企业(19 个)	**118 310**	**115 527**	**40 484**	**4 051**	**99 184**	**72 356**	**71 786**	**73 161**
天津市富兰克电机工程有限公司	6 506	6 382	2 222	315	3 966	3 652	1 293	1 293
大连嘉隆电机有限公司	8 149	8 098	2 419	252	6 797	4 209	6 010	4 800
大连洪成电机有限公司	7 765	8 264	4 431	204	2 453	2 016	2 738	2 738
上海先锋电机厂有限公司	4 131	4 131	579	76	1 916	1 342	912	912
南京天正耐特机电集团有限公司	3 911	5 767	2 140	234	7 006	4 433	10 192	7 554
江苏远东电机制造有限公司	5 280	4 729	2 254	261	5 222	3 160	4 169	2 890
万高(南通)电机制造有限公司	1 672	2 239	7 323	394	2 662	8 471	4 951	11 917
温州电机制造有限公司	10 185	10 457	905	169	6 645	5 020	4 977	4 977
浙江调速电机有限公司	1 370	1 384	436	242	4 630	2 212	2 065	2 065
嘉兴新华年电机有限公司	4 859	5 893	438	123	5 546	2 969	2 791	2 791
杭州恒力电机制造有限公司	26 579	23 831	10 862	229	15 649	13 776	8 650	8 570
杭州调速电机厂	1 109	1 125	125	48	1 258	1 033	797	797
衢州富强工业有限公司	1 897	1 629	57	73	2 133	1 184	1 865	1 865
福安市太平洋电机有限公司	21 648	18 414	5 412	280	10 279	8 070	8 824	8 824
河南安阳华安煤矿电机有限责任公司	3 806	3 733	693	375	3 124	2 583	2 290	2 290
湖北省云梦县德立电机有限公司	986	1 060	296	89	2 030	1 442	1 705	1 536
广州电机厂	3 971	4 255	－872	240	7 931	3 559	3 599	3 599
昆明云瑞电机制造有限公司	1 468	1 447	234	228	2 629	671	2 350	2 350
宁夏鑫瑞特电机机械制造有限公司	3 018	2 689	530	219	7 309	2 554	1 608	1 394
微电机及其他电机制造(15 个)	**598 349**	**585 421**	**42 660**	**14 719**	**346 500**	**239 577**	**162 276**	**157 854**
大型企业(1 个)	**326 704**	**319 135**	**2 730**	**9 524**	**171 588**	**128 743**	**54 335**	**54 335**
日本电产(大连)有限公司	326 704	319 135	2 730	9 524	171 588	128 743	54 335	54 335
中型企业(6 个)	**249 391**	**244 060**	**35 205**	**4 261**	**154 022**	**98 325**	**97 914**	**93 924**
上海金陵雷戈勃劳伊特电机有限公司	20 167	21 328	1 253	727	9 580	8 326	4 527	4 527
杭州富生电器有限公司	85 856	82 589	20 176	1 015	58 134	36 827	48 732	45 308
浙江华星电机有限公司	10 461	9 238	2 253	447	6 899	4 405	4 437	4 307
浙江方正电机股份有限公司	27 959	25 957	823	1 011	49 370	35 190	25 116	25 116
浙江长城减速机有限公司	16 410	16 410	3 434	485	13 139	6 110	6 948	6 894
青岛菱达机械有限公司	88 538	88 538	7 266	576	16 901	7 466	8 154	7 772
小型企业(8 个)	**22 254**	**22 226**	**4 725**	**934**	**20 889**	**12 510**	**10 027**	**9 595**
北京敬业电气工程有限公司	2 302	2 271	349	111	594	444	689	689
天津安全电机有限公司	1 828	1 730	734	162	1 049	987	395	395
杭州微电机有限公司	1 118	1 118	224	54	830	775	640	600
浙江佳雪微特电机集团有限责任公司	9 102	9 030	1 909	108	9 619	5 350	1 333	1 333
浙江丽水速诚电机制造有限公司	5 194	5 167	754	248	4 813	2 626	3 964	3 930
湖北三环微特电机有限公司	1 750	1 685	448	106	2 452	1 366	2 365	2 065
个旧市电焊机厂	263	197	157	44	198	133	28	28
云南巨锋电焊机有限公司	697	1 028	151	101	1 335	830	612	555
风动和电动工具制造(8 个)	**299 177**	**292 380**	**59 203**	**6 402**	**203 940**	**130 990**	**119 722**	**106 721**
大型企业(1 个)	**181 353**	**175 993**	**27 890**	**2 886**	**102 825**	**71 498**	**61 469**	**61 469**
博世电动工具(中国)有限公司	181 353	175 993	27 890	2 886	102 825	71 498	61 469	61 469

（续）

企业名称	工业总产值（当年价）（万元）	工业销售产值（万元）	工业增加值（万元）	全年从业人员平均人数（人）	年末资产总计（万元）	流动资产合计（万元）	年末负债总计（万元）	流动负债合计（万元）
中型企业(5个)	**102 213**	**100 851**	**25 616**	**3 305**	**89 784**	**53 020**	**53 706**	**41 598**
河北五洲集团有限公司	10 188	10 625	70	870	18 071	9 573	19 770	11 813
南京工程机械厂有限公司	6 122	5 816	2 691	780	17 400	12 236	17 571	14 385
福建日立工机有限公司	66 234	65 862	17 291	913	34 582	21 550	11 984	11 984
青岛崇元塑料有限公司	4 425	4 425	371	419	6 877	750	2 321	1 356
英格索兰(桂林)工具有限公司	15 244	14 123	5 194	323	12 854	8 911	2 060	2 060
小型企业(2个)	**15 611**	**15 536**	**5 697**	**211**	**11 330**	**6 472**	**4 547**	**3 654**
杭州潇潇五金工具有限公司	15 068	15 002	5 526	103	7 285	4 328	1 028	1 028
湖南建筑装修机具总厂	543	534	171	108	4 045	2 144	3 520	2 626
电工机械专用设备制造(4个)	**70 547**	**69 315**	**40 780**	**4 444**	**83 420**	**52 017**	**48 265**	**40 186**
中型企业(3个)	**68 549**	**67 436**	**40 526**	**4 010**	**74 252**	**47 710**	**38 383**	**31 431**
青岛泰星高宇电子有限公司	5 895	5 793	2 596	1 093	4 124	212	1 506	1 506
许昌许继电梯有限公司	36 508	36 508	13 243	633	25 289	21 031	17 562	17 562
河南北方星光机电有限责任公司	26 146	25 135	24 687	2 284	44 840	26 467	19 315	12 363
小型企业(1个)	**1 998**	**1 879**	**255**	**434**	**9 167**	**4 308**	**9 882**	**8 755**
汕头机械(集团)公司	1 998	1 879	255	434	9 167	4 308	9 882	8 755
变压器、整流器和电感器制造(79个)	**4 558 504**	**4 351 419**	**1 051 863**	**47 073**	**4 703 212**	**3 217 251**	**3 020 583**	**2 753 701**
大型企业(3个)	**1 261 986**	**1 154 307**	**268 879**	**13 777**	**1 394 773**	**908 439**	**898 074**	**818 122**
保定天威集团有限公司	669 545	628 521	106 166	4 814	990 348	641 559	656 717	595 331
长城电器集团有限公司	131 168	130 112	29 156	2 173	82 975	41 353	49 897	49 897
青岛变压器集团有限公司	461 273	395 674	133 556	6 790	321 449	225 527	191 460	172 894
中型企业(41个)	**3 064 649**	**2 978 453**	**729 091**	**28 883**	**3 093 282**	**2 163 782**	**1 994 520**	**1 813 633**
西门子电气传动有限公司	168 670	165 977	37 518	838	132 444	78 701	66 706	66 706
天津市特变电工变压器有限公司	23 452	26 096	10 974	301	27 158	24 937	12 966	12 966
特变电工沈阳变压器集团有限公司	250 057	210 788	39 905	1 751	255 604	178 425	165 700	151 849
大连第一互感器有限责任公司	35 398	35 967	13 784	700	60 000	36 273	26 459	25 441
大连互感器有限公司	7 287	5 096	2 732	406	11 348	7 971	5 609	4 972
辽宁欣泰股份有限公司	36 708	35 284	—	700	42 523	20 133	17 301	15 775
哈尔滨变压器厂	20 255	20 151	3 773	458	32 352	23 904	31 418	24 671
上海阿海珐变压器有限公司	75 917	75 917	25 891	350	87 362	66 941	44 687	44 687
上海 ABB 变压器有限公司	63 055	56 724	45 651	361	51 486	42 650	41 658	41 658
上海 MWB 互感器有限公司	67 761	65 569	10 091	515	90 214	77 183	56 599	56 599
常州东芝变压器有限公司	177 163	177 163	55 885	567	170 882	138 925	112 709	112 709
杭州钱江电气集团股份有限公司	119 898	119 557	16 262	911	116 913	95 746	68 538	68 538
浙江江山变压器有限公司	30 663	27 344	7 052	310	20 192	14 870	14 670	—
合肥 ABB 变压器有限公司	166 406	166 406	28 394	683	144 954	126 966	98 643	98 643
江西变压器科技股份有限公司	77 028	72 836	22 143	865	65 506	55 820	41 175	41 175
江西变电设备有限公司	34 943	34 554	11 130	349	15 682	15 042	11 731	5 092
广盛电子(南昌)有限公司	17 179	17 179	5 154	1 650	7 700	6 702	4 650	4 650
万载县昌圣科技有限公司	12 388	12 388	3 232	1 173	4 158	3 012	279	279
江西省电力设备总厂	8 529	7 505	2 233	405	6 633	5 901	6 125	6 125
山东鲁能泰山电力设备有限公司	109 736	111 221	15 453	726	132 545	106 186	106 783	106 783
济南变压器集团股份有限公司	63 678	60 173	13 568	835	63 866	47 437	39 318	34 343
金曼克电器集团股份有限公司	51 244	51 243	15 373	947	40 438	31 108	15 600	15 600
山东达驰电工电气股份有限公司	155 231	154 007	45 840	736	103 650	71 209	73 523	47 878
青岛晶石电子有限公司	6 048	5 863	2 046	540	4 234	3 832	3 149	3 149
青岛奥利恩特电子有限公司	6 041	5 530	1 216	300	4 322	2 541	1 751	1 751
湖北阳光电气有限公司	11 159	11 883	2 772	311	14 925	9 431	13 038	11 261
特变电工衡阳变压器有限公司	270 389	263 955	94 174	1 240	191 919	126 376	111 974	101 412

（续）

企业名称	工业总产值（当年价）（万元）	工业销售产值（万元）	工业增加值（万元）	全年从业人员平均人数（人）	年末资产总计（万元）	流动资产合计（万元）	年末负债总计（万元）	流动负债合计（万元）
长沙顺特变压器厂	11 660	10 571	-563	394	11 951	8 551	11 525	11 525
广州市番禺明珠电器有限责任公司	27 297	24 411	5 249	542	27 025	10 632	24 500	24 490
广东海鸿变压器有限公司	50 611	50 124	15 456	456	27 028	17 126	13 344	12 054
湛江通用电气集团有限公司	30 017	29 628	-5 382	1 076	21 846	13 389	12 899	9 735
顺特电气有限公司	171 136	178 438	3 969	1 558	170 042	148 127	115 373	111 560
中山市泰峰电气有限公司	20 026	20 058	1 625	409	22 731	19 367	17 222	17 222
广西柳州特种变压器有限责任公司	51 011	47 749	10 717	435	33 598	30 201	20 089	20 089
海南金盘电气有限公司	82 919	89 346	16 389	325	71 178	64 195	57 297	56 663
重庆 ABB 变压器有限公司	147 207	137 188	27 500	850	162 870	74 606	122 028	122 028
四川蜀能电器有限责任公司	44 188	46 923	20 863	380	13 622	11 175	9 680	9 680
贵阳新星变压器有限公司	10 660	9 536	2 613	390	13 235	10 668	11 225	11 122
云南变压器电气股份有限公司	54 989	53 166	11 740	673	85 434	68 771	60 574	60 074
云南通变电器有限公司	76 262	71 114	20 591	742	39 739	25 439	27 893	23 067
特变电工股份有限公司	220 384	213 825	66 079	1 725	493 978	243 312	298 113	219 613
小型企业(35 个)	**231 869**	**218 659**	**53 893**	**4 413**	**215 158**	**145 030**	**127 989**	**121 946**
北京椿整奇智机电设备有限公司	849	849	147	40	238	197	179	179
天津市天变变压器有限公司	1 661	1 262	304	72	2 404	1 466	946	946
上海变压器厂	932	932	544	60	4 782	1 162	6 165	6 165
苏州杭申星州变压器有限公司	7 546	7 558	706	124	5 445	4 778	3 907	3 907
无锡市电力变压器有限公司	15 207	13 604	3 055	155	10 876	9 259	7 473	7 473
宁波三爱互感器有限公司	2 552	2 435	368	210	2 952	2 470	1 740	1 740
衢州杭甬变压器有限公司	22 964	21 889	3 280	188	18 754	15 383	13 072	11 272
浙江省开化七一电力器材有限责任公司	7 009	5 237	3 309	76	3 406	2 417	3 060	3 060
浙江江山特种变压器有限公司	10 349	10 041	632	110	4 732	2 351	1 806	1 806
江山市电力变压器厂	6 738	5 700	1 165	61	3 833	2 135	2 762	2 762
江山市华宁电器厂	8 671	8 671	1 908	64	1 525	309	431	431
浙江江山江汇电气有限公司	2 872	2 665	—	68	3 768	3 373	3 771	2 657
浙江龙祥电气有限公司	1 994	1 846	—	28	2 403	1 317	1 546	1 546
浙江格林电气有限公司	4 024	3 313	894	52	3 418	2 828	1 484	1 484
浙江天际互感器有限公司	3 500	3 539	973	114	3 916	2 714	1 751	1 591
江山三棱特种变压器厂	1 899	1 677	—	33	1 443	1 053	1 309	1 005
江山市申达电气有限公司	16 699	15 159	4 676	180	14 495	11 604	10 751	10 751
安庆变压器有限公司	5 711	6 041	1 135	280	10 660	5 912	6 046	5 595
山东临清益和变压器有限公司	10 716	10 628	4 287	80	6 325	5 753	3 454	3 454
湖南长恒变压器有限公司	4 500	4 260	60	102	4 299	1 596	1 504	830
常德国力变压器有限公司	8 038	7 905	1 204	298	5 491	4 198	3 901	3 822
佛山市佛盛电气有限公司	2 016	1 325	37	162	9 288	8 087	6 000	5 500
广东钜龙电力设备有限公司	9 493	9 020	1 631	215	8 734	4 853	7 253	7 253
广州广高高压电器有限公司	19 800	17 376	11 390	68	12 624	7 226	3 104	3 104
重庆变压器厂	8 391	8 341	1 200	206	7 699	5 112	5 579	5 579
昆明变压器厂	5 167	4 389	779	244	11 957	5 219	9 005	9 005
云南省楚雄变压器有限责任公司	2 976	2 862	601	73	2 203	1 407	1 372	1 372
保山变压器有限责任公司	812	790	106	68	853	692	206	171
云南大理宏电变压器有限公司	2 717	2 525	634	72	2 243	1 621	1 554	800
个旧市变压器厂	3 985	4 108	1 080	202	3 107	2 172	2 275	2 103
银川卧龙变压器有限公司	15 976	14 552	4 476	263	19 863	13 358	7 967	7 967
宁夏银利电器制造有限公司	1 507	1 495	445	12	3 341	670	337	337
新疆新特顺电力设备有限责任公司	5 843	7 355	894	73	5 671	4 836	2 181	2 181
新疆升晟股份有限公司	6 929	7 484	1 274	238	9 183	6 170	3 205	3 205

（续）

企业名称	工业总产值（当年价）（万元）	工业销售产值（万元）	工业增加值（万元）	全年从业人员平均人数（人）	年末资产总计（万元）	流动资产合计（万元）	年末负债总计（万元）	流动负债合计（万元）
新疆特变机电设备制造有限公司	1 826	1 826	702	122	3 227	1 335	896	896
电容器及其配套设备制造（8个）	**204 897**	**204 505**	**49 833**	**8 209**	**217 336**	**161 920**	**133 302**	**130 793**
中型企业（5个）	**183 346**	**182 868**	**47 898**	**7 870**	**192 431**	**144 947**	**115 070**	**113 580**
新东北电气（锦州）电力电容器有限公司	21 155	17 056	5 506	474	31 453	27 181	19 081	19 081
日新电机（无锡）有限公司	44 564	53 565	8 728	632	65 812	46 541	42 361	42 361
青岛提迪凯电子有限公司	29 517	25 228	12 578	4 000	18 380	8 885	6 718	6 718
青岛富元电子有限公司	20 060	20 060	5 492	1 560	11 082	5 726	4 890	4 890
桂林电力电容器有限责任公司	68 050	66 959	15 594	1 204	65 704	56 614	42 020	40 530
小型企业（3个）	**21 551**	**21 637**	**1 934**	**339**	**24 905**	**16 974**	**18 232**	**17 213**
上海库柏电力电容器有限公司	13 051	13 051	1 053	152	20 329	14 276	15 177	15 177
建德市新安江电力电容器有限公司	5 802	6 051	73	127	2 929	1 827	2 337	1 318
浙江亚东电器制造有限公司	2 698	2 535	809	60	1 646	870	718	718
配电开关控制设备制造（95个）	**5 453 463**	**5 265 857**	**1 552 856**	**71 450**	**6 154 763**	**4 557 492**	**4 114 940**	**3 726 056**
大型企业（6个）	**2 333 543**	**2 192 576**	**630 211**	**29 593**	**3 124 138**	**2 415 430**	**2 347 861**	**2 185 560**
新东北电气（沈阳）高压开关有限公司	160 524	123 577	35 633	2 062	305 456	253 035	154 324	153 673
宁波天安（集团）股份有限公司	135 408	121 360	26 811	2 402	199 339	133 894	132 846	127 846
泰开电气集团有限公司	231 400	231 400	45 918	2 665	229 608	196 139	198 324	197 170
平高集团有限公司	441 526	385 779	124 357	5 551	664 186	544 469	508 086	497 062
河南森源集团有限公司	212 566	211 222	43 482	2 493	111 473	71 019	65 535	61 078
西安电力机械制造公司	1 152 119	1 119 238	354 011	14 420	1 614 076	1 216 873	1 288 745	1 148 731
中型企业（49个）	**2 681 451**	**2 653 982**	**780 326**	**36 479**	**2 638 625**	**1 828 577**	**1 543 280**	**1 321 192**
北京ABB高压开关设备有限公司	202 419	201 849	77 688	421	159 180	149 484	66 892	66 892
北京北开电气股份有限公司	30 810	28 162	3 303	938	74 393	50 164	68 176	68 176
北京市京仪敬业电工集团有限公司	10 937	11 585	1 182	377	23 406	7 495	15 609	13 088
北京ABB低压电器有限公司	40 345	38 109	18 077	435	33 745	29 772	10 594	10 183
天津市百利电气有限公司	15 756	12 829	4 183	484	21 828	15 224	11 182	11 182
承德新新电子有限公司	17 636	20 731	9 874	978	37 071	21 480	23 408	23 008
山西省电力公司电力开关厂	9 303	9 590	-3 267	367	14 059	11 538	14 059	10 924
瓦房店高压开关有限公司	12 154	11 477	5 658	312	15 809	11 354	3 221	3 221
新东北电气（沈阳）高压隔离开关有限公司	17 104	12 614	3 761	351	43 541	33 287	24 247	24 247
三菱电机大连机器有限公司	104 643	92 829	49 248	745	68 721	45 222	12 522	12 004
阿城继电器集团有限公司	11 905	12 408	380	1 135	54 650	32 562	33 143	32 763
上海华通开关厂有限公司	11 664	8 944	2 267	312	19 500	13 634	18 168	18 168
上海电器股份有限公司上海人民电器厂	87 893	87 150	18 579	1 292	42 656	34 658	25 249	25 249
上海西门子开关有限公司	96 304	96 304	31 378	712	101 234	82 878	45 532	44 574
上海施耐德工业控制有限公司	97 317	97 274	24 819	487	41 589	30 085	22 471	21 651
江苏菲达宝开电气有限公司	20 039	20 039	—	470	19 056	11 058	13 334	11 832
常熟开关制造有限公司（原常熟开关厂）	94 570	92 380	40 840	1 410	83 833	54 021	40 530	37 680
江苏东源电器集团股份有限公司	175 168	172 496	52 550	891	105 153	48 154	37 172	32 972
宁波华通电器集团股份有限公司	33 519	31 847	10 449	810	41 530	26 751	35 612	35 612
温州开元集团有限公司	20 716	20 461	3 462	380	32 255	11 654	16 994	16 994
万控集团有限公司	41 649	41 616	7 989	711	17 385	7 187	9 267	9 267
厦门ABB开关有限公司	298 382	298 755	112 385	595	181 810	171 271	109 845	109 845
厦门ABB低压电器设备有限公司	112 905	116 671	43 287	585	83 947	77 365	45 417	41 099
福州天宇电气股份有限公司	61 616	57 393	10 674	1 110	76 210	56 457	43 022	43 009
新余市华峰成套电器制造有限公司	4 548	4 548	1 467	326	5 721	2 874	1 427	1 427
远东电器集团有限公司	39 279	60 474	6 553	430	13 614	5 139	3 779	3 779
郑州祥和集团电气设备有限公司	17 456	17 754	1 679	519	18 576	15 538	12 309	10 177
湖南开关厂	21 762	23 221	4 134	830	49 228	26 293	36 046	35 510

（续）

企业名称	工业总产值（当年价）（万元）	工业销售产值（万元）	工业增加值（万元）	全年从业人员平均人数（人）	年末资产总计（万元）	流动资产合计（万元）	年末负债总计（万元）	流动负债合计（万元）
湖南省长高高压开关集团股份有限公司	44 536	42 000	16 523	437	33 583	24 297	18 648	17 117
广东省顺德开关厂有限公司	22 164	23 366	6 740	617	34 485	27 494	27 592	27 528
广东珠江开关有限公司	15 010	14 728	2 170	508	12 477	10 815	8 853	8 609
广州白云电器设备股份有限公司	76 998	80 511	23 942	822	120 753	98 094	81 534	79 794
中山市明阳电器有限公司	24 366	24 366	3 492	328	49 700	31 328	20 663	15 350
汕头正超电气有限公司	28 790	28 214	4 335	389	26 490	18 068	13 113	13 113
北海银河高科技产业股份有限公司	152 883	152 883	44 526	1 488	366 925	189 568	227 474	75 611
海南威特电气集团有限公司	21 374	20 818	643	412	15 842	11 470	7 813	7 813
重庆博森电气(集团)有限公司	16 838	16 808	572	835	31 658	19 955	26 621	24 296
四川川开实业发展有限公司	184 356	181 348	41 367	1 645	71 431	60 921	49 896	49 662
四川汇源电气有限公司	110 622	102 911	35 639	1 085	43 911	29 845	24 911	24 911
四川电器有限责任公司	40 789	39 415	9 858	568	24 067	2 261	7 905	5 533
振华(集团)公司宇光分公司	22 753	20 484	3 950	1 016	40 922	25 893	15 964	15 791
贵州长征电器股份有限公司	19 071	18 967	6 293	1 392	59 016	30 637	24 425	23 463
贵州长征电器集团有限责任公司	2 721	1 956	680	800	34 644	24 563	53 594	53 567
云南开关厂	29 259	24 289	6 915	726	38 891	26 872	24 230	16 414
天水长城开关厂	105 743	106 370	13 740	1 258	73 825	58 847	40 576	37 898
天水长城控制电器厂	7 625	6 734	1 505	1 710	19 487	15 113	32 545	25 907
天水长城电工器材厂	5 049	5 667	2 033	791	12 272	10 135	12 942	10 980
天水 213 电器有限公司	26 516	26 590	6 814	913	29 019	19 371	13 223	10 985
宁夏力成电气集团有限公司	16 189	16 047	5 990	326	19 527	10 433	11 532	2 316
小型企业(40 个)	**438 469**	**419 299**	**142 319**	**5 378**	**392 000**	**313 485**	**223 800**	**219 304**
北京宏达日新电机有限公司	41 686	32 247	13 215	135	46 325	41 517	32 018	32 018
天津市百利天开电器有限公司	6 487	6 249	1 002	172	11 446	6 427	5 586	5 586
瓦房店防爆电器有限公司	1 184	1 047	686	33	1 329	1 282	297	297
上海电器陶瓷厂有限公司	8 960	8 560	2 466	237	5 799	4 886	2 887	2 887
上海西门子线路保护系统有限公司	15 193	14 742	4 223	215	10 278	6 109	2 618	2 618
上海施耐德配电电器有限公司	140 278	140 278	38 370	212	57 938	50 194	32 185	32 185
上海松下电工自动化控制有限公司	15 702	14 322	12 065	106	8 628	6 086	1 138	1 138
上海斯易普电器厂	589	589	229	21	392	389	12	12
上海电气自动化有限公司	1 400	1 400	19	47	2 596	2 466	449	449
苏州机床机电厂有限公司	5 798	5 358	1 860	202	6 479	4 577	4 275	3 366
靖江市靖开电力电器有限公司	2 937	—	3 930	55	1 745	1 484	869	869
苏州低压电器厂	982	873	—	43	2 432	983	1 283	1 283
无锡东力电气制造有限公司	6 642	6 642	2 144	120	3 800	2 416	1 679	1 599
浙江桥架母线有限公司	1 501	1 501	81	32	1 612	1 438	865	865
衢州电力发展有限公司	4 855	4 624	—	105	5 808	4 311	3 278	3 278
浙江纪元电气集团有限公司	6 289	6 154	1 781	195	9 571	4 111	6 239	6 239
浙江中凯电器有限公司	3 010	3 005	791	139	2 644	1 358	1 111	1 081
舟山市电力修造厂	3 197	3 243	73	73	2 473	2 409	2 460	2 460
合肥高压开关有限公司	3 100	2 756	918	350	37 937	31 971	17 151	16 501
厦门 ABB 电器控制设备有限公司	34 223	33 552	12 150	222	24 851	23 553	13 693	13 693
厦门协成实业有限公司	12 300	12 300	3 690	215	10 233	8 547	4 595	4 595
厦门 ABB 华电高压开关有限公司	59 626	62 563	29 808	201	51 151	45 759	26 727	26 727
山东济宁开关厂	3 878	3 757	930	246	6 539	3 806	7 844	7 831
广州南方电力集团电器有限公司	16 879	15 222	1 799	122	11 818	11 342	8 120	8 120
重庆新汇源高压开关有限公司	1 282	1 257	42	328	8 982	3 184	10 341	10 341
昆明开关厂	3 602	3 591	596	215	7 196	5 623	3 060	3 060
昆明思维奇电器工贸有限公司	443	404	71	32	3 634	2 382	2 331	2 230

（续）

企业名称	工业总产值（当年价）（万元）	工业销售产值（万元）	工业增加值（万元）	全年从业人员平均人数（人）	年末资产总计（万元）	流动资产合计（万元）	年末负债总计（万元）	流动负债合计（万元）
昆明电器科学研究所	5 307	5 307	350	170	5 672	4 326	3 942	3 113
银川华升电器开关有限公司	1 122	813	323	75	3 297	1 998	2 401	2 351
宁夏天净元光电力设备制造有限公司	849	1 129	283	72	2 178	1 860	1 842	1 842
宁夏凯晨电气有限公司	1 857	1 089	557	84	2 103	1 168	1 061	1 061
宁夏国飞电气有限公司	3 380	3 006	1 014	83	3 317	2 402	1 813	1 813
新疆高压开关厂	293	293	31	20	1 678	1 631	1 843	1 843
新疆双新电控设备有限公司	2 013	2 332	648	80	2 754	1 693	1 875	1 575
新疆奎开电气有限公司	6 968	5 344	2 018	196	9 119	7 034	3 321	3 321
新疆电控设备有限责任公司	493	484	79	76	1 213	830	853	853
昌吉市昌开电器有限责任公司	2 943	2 907	672	118	4 909	4 216	4 076	3 934
新疆新华能开关有限公司	6 110	5 470	2 667	140	5 956	2 592	3 659	2 431
新疆新能泰开电气有限责任公司	4 397	4 175	396	119	4 721	4 613	3 557	3 557
新疆电子设备厂	714	714	342	72	1 447	517	445	281
电力电子元器件制造(23 个)	**1 218 868**	**1 201 164**	**383 091**	**15 896**	**1 876 011**	**1 084 892**	**1 054 680**	**973 077**
大型企业(1 个)	**596 008**	**598 324**	**244 363**	**3 959**	**1 270 938**	**669 715**	**717 530**	**667 224**
许继集团有限公司	596 008	598 324	244 363	3 959	1 270 938	669 715	717 530	667 224
中型企业(14 个)	**568 089**	**550 208**	**126 491**	**10 658**	**543 510**	**381 332**	**306 635**	**280 120**
天津市百利纽泰克电气科技有限公司	10 979	10 943	4 406	342	8 159	3 930	5 348	5 348
河北京丰电力设备有限公司	29 800	28 460	7 160	460	13 148	11 230	9 119	9 119
苏州光宝慷电子有限公司	5 401	5 284	3 194	559	9 228	5 311	3 670	3 670
浙江杭申控股集团有限公司	125 429	116 637	15 783	1 528	169 362	107 978	101 031	93 403
西门子(杭州)高压开关有限公司	174 191	175 381	55 327	559	139 702	120 325	79 917	79 917
杭州欣美成套电器制造有限公司	30 011	25 651	6 002	312	16 719	13 225	6 550	3 695
吉安市木林森电子有限公司	37 043	36 660	8 302	1 300	8 790	4 590	3 510	3 510
英维思(青岛)控制器有限公司	28 105	28 105	834	490	29 830	23 913	11 004	11 004
青岛釜纺电子有限公司	7 633	7 371	2 290	338	6 677	2 148	2 552	2 552
广州南洋电器有限公司	9 485	9 182	1 056	450	24 855	16 657	13 384	12 420
佛山通宝股份有限公司	75 832	72 466	11 742	1 629	81 449	45 574	50 507	41 388
桂林机床电器有限公司	15 360	15 380	4 060	502	8 334	6 937	5 652	5 548
天水长城控制电器有限责任公司	3 675	3 543	1 613	1 699	9 081	5 018	1 766	1 766
天水电气传动研究所	15 145	15 145	4 722	490	18 176	14 496	12 625	6 782
小型企业(8 个)	**54 771**	**52 632**	**12 237**	**1 279**	**61 563**	**33 844**	**30 515**	**25 732**
北京京仪椿树整流器有限责任公司	4 752	4 908	476	254	15 268	6 908	9 107	9 012
天津机床电器有限公司	5 600	5 038	2 822	266	7 556	4 407	2 445	2 445
天津神钢电机有限公司	4 449	4 429	1 456	125	4 747	2 234	1 581	1 581
上海万荣继电器厂	311	310	117	28	151	146	244	244
宁波开关电器制造有限公司	3 149	2 472	1 358	168	3 090	2 024	2 460	1 688
杭州杭开电气有限公司	23 386	22 783	4 730	156	17 151	9 576	7 778	3 875
浙宝电气(杭州)集团有限公司	12 627	12 177	1 234	240	12 501	8 276	6 267	6 253
昆明立瑞达电器成套有限公司	497	515	45	42	1 099	274	635	635
其他输配电及控制设备制造(35 个)	**3 021 142**	**2 931 865**	**929 488**	**35 749**	**1 837 005**	**1 188 151**	**926 612**	**866 284**
大型企业(4 个)	**2 113 724**	**2 073 923**	**654 281**	**24 061**	**1 149 634**	**690 360**	**516 680**	**475 277**
正泰集团股份有限公司	849 123	838 828	335 994	10 549	353 347	209 560	142 261	142 261
德力西集团有限公司	744 213	723 490	174 768	7 687	546 418	292 023	263 522	224 772
天正集团有限公司	261 028	255 940	72 073	3 067	123 897	95 906	54 141	53 988
人民电器集团有限公司	259 360	255 665	71 446	2 758	125 972	92 872	56 756	54 256
中型企业(14 个)	**735 124**	**698 416**	**221 598**	**9 100**	**484 893**	**355 032**	**272 970**	**256 924**
北京 ABB 电气传动系统有限公司	212 134	211 050	74 497	438	135 376	120 000	79 364	79 364
上海继电器有限公司	10 934	10 465	1 985	566	9 903	8 220	6 148	6 148

（续）

企业名称	工业总产值（当年价）（万元）	工业销售产值（万元）	工业增加值（万元）	全年从业人员平均人数（人）	年末资产总计（万元）	流动资产合计（万元）	年末负债总计（万元）	流动负债合计（万元）
无锡市明达电器有限公司	8 302	8 337	2 676	464	11 093	5 980	8 706	9 177
扬州双汇电力器材厂	24 500	18 175	5 634	510	13 765	10 726	6 036	5 892
耀华电器集团有限公司	39 578	38 166	13 789	855	36 480	22 136	14 836	14 836
新华电器集团有限公司	46 213	45 019	12 620	1 015	33 612	24 849	16 116	16 116
常安集团有限公司	41 613	41 355	6 813	648	35 822	20 163	20 358	19 278
华通机电集团有限公司	106 207	102 122	31 301	1 683	77 643	56 886	43 681	43 150
森泰电器有限公司	69 288	68 739	20 185	710	22 146	14 636	7 743	7 743
益和电气集团股份有限公司	96 108	88 967	28 221	634	59 182	45 915	37 261	35 999
青岛海圣金属制品有限公司	45 012	33 520	9 833	365	7 272	4 958	3 346	3 346
青岛天湾电机有限公司	7 214	7 187	1 207	467	4 241	3 206	3 048	3 048
贺州市桂东电子科技有限责任公司	14 550	11 842	8 641	355	28 927	8 927	16 896	3 396
天水市铁塔厂	13 472	13 472	4 196	390	9 431	8 431	9 431	9 431
小型企业（17 个）	**172 294**	**159 526**	**53 609**	**2 588**	**202 479**	**142 759**	**136 962**	**134 083**
北京斯普拉格电气有限公司	1 977	1 977	237	31	1 146	1 039	633	633
北京星原丰泰电子技术有限公司	2 794	2 500	467	147	2 381	2 300	1 235	1 235
北京北低基业达电气有限公司	587	351	75	11	625	622	599	599
阜新封闭母线有限责任公司	10 198	10 198	2 331	226	23 869	7 630	20 056	20 058
大连亿德电瓷金具有限责任公司	3 127	3 348	1 368	215	2 462	1 093	1 053	1 053
上海阿海珐电力自动化有限公司	20 107	20 057	7 851	115	19 166	16 658	10 362	10 362
上海西门子高压开关有限公司	80 952	80 952	30 699	201	76 835	64 052	54 445	54 445
南京华洋电气有限公司	8 790	8 790	1 616	252	4 934	2 639	1 859	1 086
南京开关厂有限公司	1 619	1 318	287	78	2 981	2 009	2 695	2 350
仪征市电瓷电器有限责任公司	5 942	5 847	905	290	3 739	2 959	3 515	3 515
浙江三辰电器有限公司	12 182	5 327	3 106	203	9 036	4 613	5 348	4 481
瑞安市万松电子电器有限责任公司	1 420	1 229	592	100	2 397	2 068	2 072	2 072
万家电器集团有限公司	2 665	2 508	546	100	25 416	14 654	14 161	13 909
衢州申光电器有限公司	1 540	1 492	286	80	2 309	1 354	1 403	803
浙江和畅电力铁塔有限公司	2 490	2 531	—	220	6 147	2 983	5 102	5 102
鱼台华福电器机械制造有限公司	619	496	185	160	1 566	830	1 202	1 202
东方日立（成都）电控设备有限公司	15 285	10 605	3 057	159	17 471	15 257	11 224	11 180
电线电缆制造（106 个）	**10 104 803**	**9 928 128**	**2 122 659**	**73 393**	**5 559 117**	**3 696 878**	**3 471 724**	**3 081 556**
大型企业（4 个）	**2 949 466**	**2 907 056**	**689 564**	**17 088**	**1 638 486**	**1 110 182**	**948 699**	**856 851**
宝胜集团有限公司	922 140	914 710	257 899	5 589	449 095	298 655	206 454	199 961
远东控股集团有限公司	1 347 047	1 320 106	242 468	4 837	628 087	502 998	445 798	431 527
浙江万马集团有限公司	345 092	341 559	88 659	3 560	379 849	220 377	226 000	161 016
山东阳谷电缆集团有限公司	335 187	330 681	100 538	3 102	181 455	88 152	70 447	64 347
中型企业（74 个）	**6 603 069**	**6 486 716**	**1 335 956**	**53 090**	**3 442 669**	**2 323 547**	**2 085 086**	**1 818 980**
北京市电线电缆总厂	7 774	8 077	1 641	398	9 515	5 576	12 644	10 982
天津金山电线电缆股份有限公司	50 641	52 143	4 013	646	31 329	22 937	19 117	19 117
华洋线缆集团有限公司	335 538	342 771	83 575	850	242 420	195 995	110 945	106 945
宝丰企业集团有限公司	177 726	149 492	65 819	966	252 241	158 030	139 307	57 347
河北金桥线缆有限公司	115 648	113 963	2 536	387	45 498	29 179	657	657
唐山市华通线缆制造有限公司	38 334	45 400	9 621	512	29 690	24 113	17 978	17 978
唐山冀东线缆有限公司	49 777	48 903	10 085	355	31 330	24 515	15 514	9 766
河北金世纪电缆有限公司	36 892	36 892	11 300	335	10 177	3 597	5 219	5 219
宁晋县永进电缆集团有限公司	32 984	32 396	10 223	608	32 485	9 533	12 448	—
邢台市电缆有限责任公司	28 495	27 038	4 562	841	20 138	15 232	13 114	12 255
榆缆线缆集团有限公司	35 200	30 108	14 778	315	33 161	18 403	12 423	12 423
山西离石电缆有限公司	12 000	10 291	2 935	560	12 863	5 545	10 962	10 962

（续）

企业名称	工业总产值（当年价）（万元）	工业销售产值（万元）	工业增加值（万元）	全年从业人员平均人数（人）	年末资产总计（万元）	流动资产合计（万元）	年末负债总计（万元）	流动负债合计（万元）
沈阳电缆有限责任公司	117 268	108 877	21 104	1 690	66 724	48 304	61 418	61 418
沈阳九星企业集团	438 933	436 794	50 819	920	81 820	44 117	70 916	69 916
哈尔滨电缆厂	14 143	13 577	990	544	55 517	38 401	144 098	108 960
上海南洋电缆有限公司	37 041	37 082	9 291	481	21 170	20 327	12 136	11 560
上海电缆厂有限公司	61 190	60 208	15 892	489	48 197	33 963	35 676	35 308
无锡电缆厂有限公司	87 666	89 437	7 345	831	39 791	36 243	31 380	3[illegible] 380
常熟市电缆厂	32 980	31 996	9 965	303	14 515	12 410	6 146	5 877
江苏上上电缆集团	598 681	593 331	102 318	1 936	184 573	155 518	104 049	104 049
杭州电缆有限公司	205 573	213 858	26 725	650	105 024	76 538	73 730	62 558
杭州华新电力线缆有限公司	91 120	95 524	10 715	408	124 714	99 670	86 215	71 237
杭州早川电线有限公司	30 010	25 722	9 263	1 037	15 316	11 850	6 270	6 270
浙江万能集团	59 962	48 959	4 972	528	38 232	30 861	23 500	23 500
露笑集团有限公司	170 155	168 193	25 105	908	75 252	57 441	40 860	40 860
安徽天康集团	150 296	150 122	42 561	1 832	84 269	61 300	50 006	43 951
绿宝电缆(集团)有限公司	10 800	4 701	—	400	39 865	22 264	17 659	17 659
安徽电缆股份有限公司	28 128	28 003	6 253	439	22 397	13 274	6 324	5 724
安徽蓝德集团股份有限公司	69 015	66 048	14 415	667	38 851	17 233	14 717	8 617
安徽华菱电缆集团有限公司	162 492	160 759	24 543	545	80 540	67 392	57 019	53 279
安徽江淮电缆集团有限公司	132 899	132 899	48 814	541	63 884	41 606	26 102	23 102
福州大通机电有限公司	202 403	203 155	52 283	505	62 935	53 508	46 351	38 596
福建南平太阳电缆股份有限公司	200 163	202 829	20 817	1 031	83 816	58 781	56 278	54 937
南平南线电缆有限公司	22 675	20 690	2 289	301	15 696	11 846	12 028	9 572
南昌电缆有限责任公司	38 307	37 483	6 425	555	21 365	17 067	11 332	10 591
江西电缆有限责任公司	106 806	105 584	9 613	386	16 009	10 905	8 943	6 943
协讯电子有限公司	43 347	40 172	17 496	2 467	9 875	5 283	4 424	4 424
江西省丰硕电磁线有限公司	35 000	35 000	12 545	862	6 631	4 024	2 700	2 700
江西联创光电科技有限公司	45 194	42 504	20 077	808	47 202	27 376	42 965	40 965
江西省赣粤恒兴机电材料有限公司	34 242	33 530	9 548	682	17 416	12 160	1 310	1 310
江西一舟电子有限公司	12 810	12 615	5 124	836	6 673	2 460	5 817	5 817
特变电工山东鲁能泰山电缆有限公司	100 228	85 010	18 750	1 181	92 759	52 311	53 073	53 073
青岛汉河集团股份有限公司	393 277	380 542	103 784	1 400	109 739	83 125	44 959	44 956
青岛华光电缆有限公司	66 674	62 110	21 082	400	19 876	6 697	6 328	0
青岛中能集团有限公司	48 350	44 680	9 156	776	65 524	56 920	18 431	13 431
青岛华东电缆电器有限公司	29 779	30 501	9 206	320	8 115	7 266	6 694	6 694
青岛耐克森电装有限公司	3 441	3 441	1 930	766	5 143	572	1 931	1 931
河南新乡华宇电磁线有限公司	91 390	91 290	27 829	372	10 600	1 660	783	290
新乡市汇丰漆包线有限公司	91 380	91 280	19 759	378	6 100	599	438	250
河南新乡华洋漆包线有限公司	91 370	91 270	27 838	372	9 170	1 645	2 197	851
河南金滔电线有限公司	68 055	67 933	34 149	698	4 468	2 675	2 979	2 968
河南通达电缆有限公司	41 108	39 956	12 733	303	9 172	4 440	4 219	4 219
郑州市第二电缆厂	37 870	37 803	4 588	301	9 408	6 379	6 883	6 883
武汉电缆集团有限公司	64 204	59 947	5 221	915	41 354	34 955	29 368	29 368
黄石安瑞辐照电缆有限公司	19 389	21 019	4 482	414	11 675	7 328	7 267	6 104
长沙电缆附件有限公司	17 508	17 086	3 657	341	22 560	7 674	3 057	2 857
湖南湘能金杯电缆有限公司	82 048	81 216	11 066	482	29 936	20 961	16 588	16 538
衡阳恒飞电缆有限责任公司	30 304	30 446	9 491	521	21 984	12 125	16 275	13 575
广东电缆厂有限公司	151 057	150 417	3 860	588	27 671	18 036	21 793	21 793
桂林国际电线电缆集团公司	159 307	153 513	50 089	1 667	75 503	56 683	46 801	38 189
桂林飞龙国际电线电缆有限公司	61 998	61 998	16 983	380	13 263	9 457	6 333	6 333

（续）

企业名称	工业总产值（当年价）（万元）	工业销售产值（万元）	工业增加值（万元）	全年从业人员平均人数（人）	年末资产总计（万元）	流动资产合计（万元）	年末负债总计（万元）	流动负债合计（万元）
南宁银杉电线电缆有限责任公司	12 965	12 868	2 449	411	11 002	8 333	7 942	7 904
重庆渝能泰山电线电缆有限责任公司	139 331	133 214	23 144	887	93 720	42 432	74 743	71 951
重庆鸽牌电线电缆有限公司	139 004	139 000	9 510	488	60 866	38 641	49 295	35 215
四川明星电缆有限公司	150 762	150 762	37 536	870	62 311	45 671	24 845	20 845
特变电工（德阳）电缆股份有限公司	52 040	52 040	16 058	516	46 300	26 662	26 303	26 303
成都普天电缆股份有限公司	15 778	18 853	-2 392	1 429	121 950	25 433	22 169	17 928
成都三电股份有限公司	27 775	21 527	2 383	807	30 590	13 153	27 087	25 442
贵阳电线厂	17 594	16 866	2 946	540	8 711	4 226	2 959	2 959
昆明电缆股份有限公司	127 606	134 464	16 100	1 326	84 625	62 558	60 611	57 289
云南前列电缆厂	30 027	28 492	3 759	327	9 729	5 108	4 922	4 920
兰州众邦电线电缆集团有限公司	31 948	32 025	14 026	460	17 638	11 630	12 142	12 142
天水铁路电缆工厂	22 020	21 658	-945	735	31 291	26 797	20 633	17 623
甘肃长通电缆（集团）有限责任公司	27 178	26 363	7 338	1 364	30 809	16 621	24 345	23 426
小型企业（28 个）	**552 268**	**534 356**	**97 138**	**3 215**	**477 962**	**263 149**	**437 939**	**405 726**
天津市盛华软线电缆有限公司	5 033	5 027	385	115	3 719	946	3 174	2 872
天津昭和电材有限公司	8 557	8 426	328	124	7 643	6 081	8 686	5 031
普睿司曼（天津）电缆有限公司	39 843	35 156	7 361	185	35 669	22 826	32 528	32 528
埃赛克斯电磁线（天津）有限公司	42 410	42 260	3 673	175	22 576	17 399	13 138	13 138
乐星电缆（天津）有限公司	53 237	52 971	1 356	75	21 050	17 128	13 251	13 251
沈阳电缆厂	14 225	14 225	12 024	63	135 208	36 600	195 726	182 688
辽宁宝林集团大连金州电缆有限公司	40 125	33 638	8 406	206	12 423	8 922	8 547	8 547
上海南洋－藤仓电缆有限公司	30 107	30 306	5 635	87	13 602	11 876	6 017	6 017
上海上缆藤仓电缆有限公司	28 122	25 370	7 038	131	28 680	20 048	18 269	18 269
上海藤仓橡塑电缆有限公司	18 706	18 270	4 914	150	10 465	7 916	6 472	6 472
温州网牌电线电缆有限公司	6 167	4 814	1 533	54	2 516	1 506	2 113	2 098
建德新安江电工器材有限责任公司	26 627	26 043	4 628	130	6 526	4 910	4 321	4 286
江山三星铜材线缆有限公司	43 072	42 604	1 026	105	16 269	9 966	10 598	10 598
威尔鹰集团有限公司	22 481	21 827	8 512	115	17 706	8 416	8 940	8 884
合肥星辰电线电缆有限公司	18 350	18 290	5 500	110	5 275	4 510	4 500	4 500
安徽欣意电缆有限公司	20 857	20 857	1 371	248	47 995	29 247	41 463	37 421
长沙金龙电缆有限公司	42 865	41 899	11 156	128	10 811	7 747	5 114	5 114
佛山市中宝电缆厂	27 798	28 962	3 034	180	11 737	11 700	7 584	7 584
广州岭南电缆有限公司	18 105	18 718	1 294	125	18 492	8 318	15 692	5 958
重庆市涪陵宇达工业有限责任公司	1 871	1 870	156	55	4 432	314	2 816	1 799
重庆市涪陵长江博华电缆有限公司	175	69	-20	51	4 483	2 264	1 996	1 996
云南红河瑞捷电工有限公司	3 455	3 104	-242	121	5 386	1 155	1 819	1 500
昆明电缆厂一分厂	2 406	2 503	850	107	1 735	1 669	1 054	1 054
宁夏隆达电缆有限公司	6 566	6 485	1 475	84	5 344	4 083	3 072	3 072
宁夏硕邦电线电缆有限公司	1 407	1 311	442	17	1 239	841	507	507
宁夏东风电缆厂	1 729	1 813	518	32	1 398	1 066	839	839
新疆百商电线电缆有限公司	14 789	13 635	3 803	158	20 933	12 122	17 124	17 124
新疆五元实业发展中心	13 183	13 903	983	84	4 650	3 576	2 578	2 578
光纤、光缆制造（6 个）	**320 817**	**306 139**	**84 129**	**2 495**	**187 101**	**115 762**	**108 825**	**105 046**
中型企业（3 个）	**311 243**	**296 809**	**81 331**	**2 123**	**167 971**	**107 066**	**98 433**	**95 418**
侯马普天通信电缆有限公司	3 567	5 685	380	413	23 067	6 444	22 202	19 826
河南许昌阳光光电线缆有限公司	73 534	70 813	10 491	410	69 129	41 112	29 366	29 366
四川汇源光通信股份有限公司	234 142	220 311	70 460	1 300	75 775	59 510	46 865	46 226
小型企业（3 个）	**9 574**	**9 330**	**2 798**	**372**	**19 130**	**8 696**	**10 393**	**9 628**
上海电瓷厂	7 381	7 137	3 093	272	8 834	4 122	5 334	4 570

（续）

企业名称	工业总产值（当年价）（万元）	工业销售产值（万元）	工业增加值（万元）	全年从业人员平均人数（人）	年末资产总计（万元）	流动资产合计（万元）	年末负债总计（万元）	流动负债合计（万元）
上海申贝光通信器材有限公司	900	900	255	29	535	462	237	237
上海阿尔卡特光缆有限公司	1 293	1 293	-549	71	9 761	4 112	4 821	4 821
特种陶瓷制品制造(11 个)	**175 163**	**166 706**	**59 817**	**8 452**	**201 056**	**126 324**	**130 848**	**122 024**
中型企业(8 个)	**168 506**	**160 639**	**57 594**	**7 880**	**195 849**	**122 614**	**127 138**	**118 314**
NGK 唐山电瓷有限公司	27 477	28 424	6 590	1 035	33 298	19 853	11 317	8 293
唐山高压电瓷有限公司	22 595	21 562	14 189	1 001	26 512	16 606	12 661	12 487
大连电瓷有限公司	44 575	40 911	17 018	1 475	59 000	26 670	53 944	48 276
抚顺华泰电瓷电气制造有限公司	20 158	16 380	4 845	958	40 650	32 413	22 772	22 814
萍乡市新安工业有限公司	8 900	8 900	2 474	328	6 096	4 597	4 424	4 424
萍乡市石化填料有限责任公司	6 559	6 559	1 939	500	4 092	3 246	1 824	1 824
河南省长新工贸有限公司	27 562	27 010	10 183	1 250	8 830	4 480	1 410	1 410
湖南醴陵火炬电瓷电器有限公司	10 680	10 893	355	1 333	17 370	14 749	18 787	18 787
小型企业(3 个)	**6 657**	**6 067**	**2 224**	**572**	**5 207**	**3 710**	**3 710**	**3 710**
牡丹江北方高压电瓷有限责任公司	2 842	2 803	652	195	2 188	1 762	1 913	1 913
个旧市高压电瓷电器有限责任公司	1 071	1 173	113	114	828	779	552	552
铜川电瓷有限责任公司	2 744	2 091	1 459	263	2 191	1 169	1 246	1 246
石墨及碳素制品制造(33 个)	**1 632 915**	**1 647 462**	**537 406**	**28 676**	**1 212 229**	**623 411**	**701 078**	**592 037**
大型企业(4 个)	**909 246**	**909 408**	**273 481**	**12 149**	**655 901**	**372 408**	**371 478**	**341 933**
河南龙成集团有限公司	463 049	466 489	159 508	4 196	271 443	131 940	150 374	150 374
河南省西峡县保护材料集团	300 658	296 631	89 971	3 194	132 900	105 118	57 928	56 564
西峡县通宇保护材料有限公司	71 236	71 598	17 832	2 243	54 336	41 994	36 262	36 232
方大炭素新材料股份有限公司	74 303	74 690	6 171	2 516	197 223	93 356	126 915	98 764
中型企业(27 个)	**706 292**	**720 737**	**257 479**	**16 121**	**535 905**	**236 821**	**325 031**	**245 534**
河北长城长电极有限公司	32 050	31 961	10 935	320	21 363	13 804	16 947	12 067
冀州市全通炭素有限公司	25 436	25 436	6 400	360	6 028	3 841	5 766	5 766
山西关铝炭素有限责任公司	34 031	35 849	8 120	510	30 900	8 108	19 390	18 740
山西丹源碳素股份有限公司	12 980	17 752	4 294	400	21 072	14 950	15 836	15 836
山西晋阳碳素股份有限公司	14 068	13 733	4 662	560	28 199	6 863	5 171	4 932
山西兆丰碳素有限公司	12 108	12 860	3 433	640	7 445	2 377	5 582	4 182
山西俄铝碳素有限公司	9 637	9 170	4 144	387	6 412	2 137	1 057	1 057
山西介休巨源炭素有限公司	6 312	7 472	1 620	330	6 492	3 068	3 734	3 734
阳泉市晋阳碳素有限公司	8 058	7 758	1 488	302	7 772	4 441	6 030	5 850
山西省平遥县亮宇炭素有限公司	7 282	7 955	2 163	506	4 349	3 096	3 407	3 407
内蒙古霍宁碳素有限责任公司	33 546	33 585	7 256	623	38 136	12 738	24 737	22 589
内蒙古霍煤通顺碳素有限责任公司	16 246	15 324	2 918	588	57 764	22 984	37 037	12 537
兴永碳素有限公司	14 018	13 540	5 502	520	21 175	6 943	22 255	11 729
哈尔滨电碳厂	6 031	6 031	1 302	642	29 323	13 056	21 852	16 291
浙江国泰密封材料股份有限公司	17 235	17 235	6 611	507	35 568	14 918	20 409	14 409
青岛高而富石墨有限公司	22 214	21 770	5 554	375	6 390	1 355	2 100	2 100
河南飞孟金刚石工业有限公司	97 800	97 341	42 958	903	15 403	5 088	4 882	4 882
沁阳市黄河碳素有限责任公司	67 085	67 085	24 993	660	17 350	9 808	4 217	4 217
巩义市碳素厂	52 680	52 667	14 286	458	6 689	4 518	3 015	2 661
焦作市鑫达碳素工业有限公司	51 355	50 722	32 517	2 879	12 622	9 142	6 859	5 049
三门峡神火碳素有限责任公司	26 770	26 534	6 219	490	21 671	2 548	17 832	17 832
郑州市鹏翱冶金有限公司	24 682	25 505	7 545	500	12 485	6 939	6 480	4 102
博爱县永裕碳素制品有限公司	38 692	38 158	22 251	960	6 283	4 091	2 688	2 688
平果县强强碳素制品有限责任公司	33 576	34 124	12 913	423	42 866	21 637	25 686	17 104
百色皓海碳素有限公司	8 801	6 709	4 055	395	29 971	12 915	25 969	16 353
成都蓉光炭素股份有限公司	18 043	21 900	5 251	433	17 247	11 800	6 785	6 112

（续）

企业名称	工业总产值（当年价）（万元）	工业销售产值（万元）	工业增加值（万元）	全年从业人员平均人数（人）	年末资产总计（万元）	流动资产合计（万元）	年末负债总计（万元）	流动负债合计（万元）
广汉士达炭素有限公司	15 558	22 561	8 088	450	24 931	13 658	9 310	9 310
小型企业(2个)	**17 376**	**17 317**	**6 447**	**406**	**20 423**	**14 182**	**4 570**	**4 570**
上海摩根碳制品有限公司	10 023	9 975	4 985	289	12 246	7 562	2 949	2 949
上海摩根耐特电碳有限公司	7 353	7 342	1 462	117	8 177	6 620	1 621	1 621
其他未列明的金属制品制造(25个)	**764 960**	**760 887**	**145 194**	**16 087**	**590 252**	**330 626**	**382 543**	**342 909**
大型企业(2个)	**307 426**	**299 293**	**47 691**	**5 436**	**203 846**	**96 248**	**167 415**	**165 451**
天津大桥焊材集团有限公司	151 152	142 133	10 498	2 413	82 303	53 723	69 844	68 018
六盘水市水钢钢城实业有限公司	156 274	157 160	37 193	3 023	121 543	42 526	97 571	97 432
中型企业(10个)	**302 635**	**302 799**	**73 266**	**8 312**	**304 800**	**187 973**	**164 533**	**129 321**
中国兵器工业第五二研究所	8 829	8 608	2 797	1 088	43 089	22 306	27 377	7 098
锦州锦泰金属工业有限公司	64 269	64 803	15 704	732	67 959	58 826	38 523	38 523
上海焊接器材有限公司	16 534	18 161	1 007	360	24 011	11 504	15 166	15 166
无锡太湖锅炉有限公司	32 675	28 772	9 148	625	16 830	11 279	9 066	7 239
浙江天喜实业集团有限公司	35 246	33 032	10 573	852	13 247	8 862	9 301	9 301
青岛金华加工厂	35 637	34 389	10 971	1 026	8 345	2 389	5 331	5 331
青岛征和工业有限公司	26 398	24 208	6 555	903	10 928	3 288	10 664	8 012
青岛优源铸造有限公司	10 097	9 502	2 346	786	5 621	2 124	3 354	2 561
四川大西洋焊接材料股份有限公司	60 547	70 161	13 930	1 452	89 707	51 591	31 905	31 835
榆中长虹焊接材料有限公司	12 403	11 163	235	488	25 063	15 805	13 846	4 257
小型企业(13个)	**154 899**	**158 795**	**24 237**	**2 339**	**81 605**	**46 405**	**50 595**	**48 138**
天津金燕焊接材料有限公司	15 735	15 735	1 301	75	5 118	4 731	1 679	1 679
天津燕桥焊接材料有限公司	21 371	22 189	3 446	52	7 809	6 991	3 884	3 884
上海斯米克焊材有限公司	31 788	32 672	3 690	291	11 104	7 545	5 792	5 792
上海中钢焊材有限公司	1 540	1 684	648	32	1 833	911	1 946	1 946
泰州宇宙焊接材料有限公司	19 316	20 746	—	690	—	6 264	10 804	8 494
江苏省姜堰市船舶舾装件有限公司	10 008	9 386	4 037	102	3 412	2 689	2 754	2 754
江苏扬远船舶设备铸造有限公司	4 508	4 701	790	217	5 694	1 903	3 256	3 256
无锡科创机械设计制造有限公司	24 454	24 453	5 229	58	1 785	359	322	317
杭州电焊条有限公司	5 885	6 705	440	183	4 578	4 072	3 674	3 533
厦门鹭光焊材有限公司	3 296	3 101	456	115	743	692	363	363
天津大桥银川电焊条有限公司	11 451	11 725	3 320	187	6 730	5 563	4 044	4 044
新疆天山焊接材料有限公司	5 113	5 268	758	246	3 308	2 633	159	159
新疆南湖实业(集团)有限责任公司	434	430	122	91	29 491	2 053	11 918	11 918
绝缘制品制造(13个)	**336 203**	**317 078**	**96 732**	**6 933**	**278 656**	**157 829**	**190 154**	**157 469**
中型企业(7个)	**316 402**	**298 551**	**90 781**	**6 073**	**258 229**	**141 428**	**173 810**	**141 315**
哈尔滨庆缘电工材料股份有限公司	6 516	6 167	980	386	7 106	6 171	6 025	5 698
苏州电瓷厂有限公司	22 704	20 655	6 811	479	24 415	15 398	14 472	13 804
南京电气(集团)有限责任公司	50 003	43 597	10 721	1 360	95 039	39 947	63 269	47 778
山东四达工贸股份有限公司	40 196	39 633	6 817	700	29 954	13 502	18 666	13 918
青岛海润电子有限公司	25 451	25 189	10 148	1 085	15 340	14 779	11 562	11 541
桂林电器科学研究所	36 201	35 233	6 959	627	21 657	17 263	15 973	15 395
四川东材科技集团股份有限公司	135 330	128 077	48 344	1 436	64 718	34 368	43 843	33 181
小型企业(6个)	**19 801**	**18 527**	**5 951**	**860**	**20 427**	**16 401**	**16 344**	**16 154**
北京北益电工绝缘制品有限公司	2 987	2 600	774	97	3 346	3 148	1 601	1 601
上海电机(集团)公司绝缘材料厂	6 748	6 442	1 383	214	4 375	3 418	7 094	7 006
上海电机(集团)公司电机玻璃纤维厂	3 263	3 493	439	114	3 713	2 162	2 054	2 054
上海电机玻璃厂关港分厂	486	486	568	154	470	341	203	101
东海绝缘材料有限公司	591	555	91	82	1 345	1 090	1 115	1 115
新疆新能天宁电工绝缘材料有限公司	5 726	4 951	2 698	199	7 178	6 243	4 278	4 278

（续）

企业名称	工业总产值（当年价）（万元）	工业销售产值（万元）	工业增加值（万元）	全年从业人员平均人数（人）	年末资产总计（万元）	流动资产合计（万元）	年末负债总计（万元）	流动负债合计（万元）
电池制造(27个)	**2 195 605**	**2 074 930**	**672 549**	**33 962**	**2 610 683**	**1 737 940**	**1 386 123**	**1 111 183**
大型企业(5个)	**1 478 520**	**1 372 618**	**499 855**	**20 056**	**2 129 586**	**1 452 039**	**1 138 766**	**884 593**
保定天威英利新能源有限公司	435 614	420 135	116 936	2 963	607 002	455 462	338 872	170 412
风帆股份有限公司	280 732	245 412	49 249	4 649	321 410	217 379	189 213	188 814
哈尔滨光宇蓄电池有限公司	163 138	162 521	61 879	2 200	194 533	130 096	112 490	83 676
江西赛维LDK太阳能高科技有限公司	457 332	407 524	223 362	6 423	848 019	558 439	418 830	389 829
河南环宇集团有限公司	141 704	137 026	48 429	3 821	158 622	90 662	79 361	51 861
中型企业(20个)	**692 537**	**673 298**	**182 102**	**13 461**	**431 852**	**267 498**	**231 035**	**210 268**
阳光硅谷电子科技有限公司	94 156	97 393	29 021	373	71 845	41 519	16 475	16 475
风帆股份有限公司清苑分公司	84 546	84 169	17 910	1 365	27 025	7 189	6 325	6 325
石家庄华北蓄电池有限公司	24 247	23 253	3 628	710	9 585	5 126	1 977	1 967
风帆股份有限公司微型蓄电池分公司	20 716	19 384	3 956	498	4 299	3 208	3 299	3 299
内蒙古洛克高科技股份有限公司	10 070	10 070	3 060	320	15 259	2 008	7 898	7 898
沈阳东北蓄电池股份有限公司	45 112	40 008	8 628	790	32 581	20 221	24 363	24 351
哈尔滨市九洲电气股份有限公司	28 756	23 561	11 319	679	42 762	33 715	19 818	15 041
浙江南都电源动力股份有限公司	90 763	82 358	21 524	599	72 179	59 722	43 483	37 458
安徽迅启蓄电池有限公司	26 512	26 474	7 954	326	14 984	5 854	7 348	4 473
抚州市恒力电池科技有限公司	33 206	33 284	7 208	363	9 770	7 188	8 543	8 543
江西晶科能源有限公司	19 957	19 957	4 386	433	20 279	10 900	11 159	11 159
江西真龙电源科技有限公司	15 200	15 108	5 744	580	5 394	2 849	4 749	4 749
河南屹峰电源有限公司	70 900	70 900	28 402	1 015	20 354	15 034	16 175	16 175
长沙丰日电气集团有限公司	22 000	21 000	7 500	420	16 259	11 692	7 487	7 257
广西梧州新华电池股份有限公司	25 175	25 443	1 940	1 268	10 801	6 882	13 302	13 302
广西天鹅蓄电池有限责任公司	19 209	20 114	2 902	472	8 662	7 506	5 690	5 185
桂平捷力电池有限公司	7 500	7 500	2 613	824	8 458	4 909	4 598	4 598
重庆万里蓄电池股份有限公司	5 493	5 402	81	814	15 388	2 403	11 326	5 015
四川省崇州市蓄电池集团有限公司	32 394	33 055	3 633	782	13 529	10 684	9 511	9 490
贵州航天电源科技有限公司	16 625	14 865	10 693	830	12 440	8 891	7 507	7 507
小型企业(2个)	**24 549**	**29 014**	**-9 409**	**445**	**49 245**	**18 402**	**16 323**	**16 323**
天津汤浅蓄电池有限公司	10 161	9 758	-3 990	267	16 593	8 333	6 972	6 972
上海西恩迪蓄电池有限公司	14 388	19 256	-5 419	178	32 652	10 069	9 351	9 351
其他电工器材制造(9个)	**1 483 399**	**1 466 749**	**384 188**	**16 332**	**1 211 492**	**756 730**	**912 909**	**880 649**
大型企业(1个)	**1 220 475**	**1 207 537**	**331 983**	**12 503**	**1 066 171**	**671 979**	**836 161**	**821 313**
大连大显集团有限公司	1 220 475	1 207 537	331 983	12 503	1 066 171	671 979	836 161	821 313
中型企业(6个)	**227 697**	**228 065**	**46 185**	**3 587**	**104 200**	**64 689**	**54 137**	**48 554**
辽宁东港电磁线有限公司	84 730	83 045	3 268	517	25 041	19 331	14 486	12 886
杭州河合电器股份有限公司	41 608	41 608	16 482	970	36 499	17 633	16 944	16 877
中日电热(厦门)有限公司	30 694	31 210	4 140	1 127	19 798	14 087	10 918	10 918
漯河市永光电气设备有限公司	37 297	36 969	10 610	316	7 540	4 324	1 438	449
漯河市民族热镀锌有限责任公司	25 917	25 732	7 361	345	6 201	2 564	1 230	674
甘肃电力变压器厂	7 450	9 501	4 324	312	9 121	6 750	9 121	6 750
小型企业(2个)	**35 227**	**31 147**	**6 020**	**242**	**41 121**	**20 061**	**22 611**	**10 782**
北京远东瑞特科技有限公司	356	356	28	7	425	418	430	430
佛山精密电工合金有限公司	34 871	30 791	5 992	235	40 696	19 643	22 181	10 352

2007年电器工业各分行业企业经济效益综合指数排序

序号	企业名称	工业经济效益综合指数（%）	总资产贡献率（%）	资本保值增值率（%）	资产负债率（%）	流动资产周转率（次）	工业成本费用利润率（%）	从业人员劳动生产率（元/人）	工业产品销售率（%）
	电工电器工业行业(688个)	**234.51**	**11.68**	**167.43**	**66.72**	**1.46**	**8.42**	**199 747**	**96.99**
	锅炉及辅助设备制造(48个)	**185.65**	**6.21**	**134.81**	**81.62**	**0.96**	**4.34**	**183 471**	**99.72**
	大型企业(11个)	**200.31**	**5.81**	**133.57**	**83.40**	**0.97**	**4.08**	**211 359**	**100.38**
1	江苏太湖锅炉股份有限公司	422.74	19.63	101.38	53.99	19.20	12.84	180 637	96.98
2	东方锅炉(集团)股份有限公司	331.05	7.62	121.15	76.57	1.14	6.16	405 228	100.00
3	上海锅炉厂有限公司	266.80	3.20	87.47	90.65	0.88	1.57	359 846	100.82
4	哈尔滨锅炉厂有限责任公司	239.30	5.67	—	89.16	0.94	2.84	316 502	100.71
5	北京巴布科克威尔科克斯有限公司	222.75	14.28	228.52	85.89	0.69	20.80	103 156	100.00
6	哈尔滨汽轮机厂有限责任公司	222.67	7.12	124.70	79.13	0.90	6.60	229 466	100.57
7	泰山集团股份有限公司	217.97	13.21	165.20	77.11	1.46	9.76	163 695	102.96
8	济南锅炉集团有限公司	179.09	4.72	123.53	86.99	0.53	8.60	162 804	100.00
9	江西锅炉化工石油机械联合有限责任公司	138.15	5.80	—	68.31	1.13	5.19	121 312	100.00
10	太原锅炉集团有限公司	64.33	2.52	100.06	85.80	0.47	0.07	38 666	101.04
11	武汉锅炉股份有限公司	-106.07	-20.06	24.37	93.79	0.71	-24.88	-568	100.00
	中型企业(23个)	**165.69**	**7.18**	**142.28**	**74.70**	**0.83**	**5.00**	**141 364**	**95.79**
1	史密斯机械工业(青岛)有限公司	581.31	48.29	—	66.25	12.64	20.98	434 738	100.00
2	山西老万生态炉业股份有限公司	389.53	42.18	—	18.17	5.20	2.88	377 977	54.86
3	无锡华光锅炉股份有限公司	349.87	7.38	126.55	73.32	0.83	10.51	412 355	99.21
4	自贡东方锅炉工业集团有限公司	331.75	26.39	—	73.62	0.86	16.12	316 220	100.00
5	安徽金鼎锅炉股份有限公司	215.66	16.19	118.44	59.89	1.07	25.21	63 624	98.64
6	无锡华光工业锅炉有限公司	191.02	12.37	115.13	72.60	2.40	4.74	148 088	96.08
7	戴蒙德电力机械(湖北)有限公司	165.44	10.09	99.24	43.30	0.84	8.31	113 083	97.22
8	湘潭锅炉有限责任公司	157.69	4.21	101.49	37.57	1.30	4.32	134 116	102.47
9	青岛荏原环境设备有限公司	142.12	4.11	—	23.14	1.46	4.85	125 831	99.46
10	四川东方锅炉工业锅炉集团有限公司	141.66	6.29	—	85.76	1.27	2.25	150 688	98.06
11	上海四方锅炉厂	135.59	1.97	105.09	85.46	0.80	1.27	143 450	102.67
12	武汉锅炉集团有限公司	119.68	2.76	29.47	95.53	0.25	0.86	148 599	99.55
13	盐城市锅炉制造有限公司	117.71	7.62	136.66	69.94	1.41	5.28	47 392	100.95
14	长沙锅炉厂有限责任公司	102.40	3.95	105.72	49.02	1.15	1.02	66 256	100.20
15	唐山信德锅炉集团有限公司	101.03	5.12	—	82.03	0.75	3.73	86 574	89.53
16	郑州锅炉有限责任公司	82.71	6.59	—	78.98	0.71	6.14	35 056	93.49
17	南京奥能锅炉有限公司	80.92	0.42	90.23	61.23	1.20	-5.43	85 300	99.11
18	兰州锅炉厂	73.84	3.46	—	60.75	0.74	2.50	41 749	100.09
19	北京锅炉厂	70.31	3.04	107.63	94.78	0.99	0.53	38 615	100.00
20	四川川锅锅炉有限责任公司	51.10	0.06	—	85.83	1.90	0.05	24 829	94.19
21	国营四七一厂	46.13	0.19	—	54.33	0.83	-4.05	50 716	74.83
22	江西爱民机械厂	43.31	-0.14	—	111.93	1.12	-0.37	39 251	101.22
23	东方电气(广州)重型机器有限公司	-304.66	-8.27	73.33	73.63	0.15	-73.84	-71 393	100.00
	小型企业(14个)	**175.63**	**16.01**	**111.59**	**67.29**	**1.45**	**11.64**	**81 760**	**97.66**
1	上海克莱德贝尔格曼机械有限公司	556.30	36.55	156.78	46.70	1.64	17.49	593 589	97.09
2	杭州杭锅工业锅炉有限公司	387.79	32.83	199.91	72.14	2.31	20.06	296 038	99.74
3	福建福锅锅炉有限公司	110.94	10.14	114.10	75.00	1.32	5.17	38 276	100.00

（续）

序号	企业名称	工业经济效益综合指数（%）	总资产贡献率（%）	资本保值增值率（%）	资产负债率（%）	流动资产周转率（次）	工业成本费用利润率（%）	从业人员劳动生产率（元/人）	工业产品销售率（%）
4	衢州大通锅炉有限责任公司	106.17	6.57	102.99	92.58	1.54	0.17	86 786	70.11
5	宁夏三新技术股份有限公司	100.56	3.89	100.01	27.97	0.79	5.69	41 494	100.00
6	温州锅炉厂有限责任公司	93.36	5.62	100.02	49.12	1.79	1.29	37 415	90.91
7	昆明锅炉有限责任公司	70.63	2.46	98.23	54.56	0.88	1.82	22 750	85.62
8	大连锅炉厂	70.00	2.24	118.03	95.21	0.48	1.32	38 453	115.31
9	新疆西电昌峰锅炉有限责任公司	-17.16	-4.98	106.19	51.48	1.15	-13.55	-14 812	108.91
10	宁夏核工业二一七锅炉厂	-17.62	-3.69	127.30	84.19	0.24	-16.06	20 227	100.00
11	云南保山锅炉厂	-68.91	-4.21	155.83	86.06	0.22	-31.18	26 153	100.71
12	重庆重锅锅炉有限公司	-101.25	-7.30	—	106.95	1.12	-32.49	21 515	95.96
13	山东济宁蓝天锅炉有限公司	-139.27	-8.44	—	120.00	0.24	-36.09	4 626	99.86
14	广州锅炉有限公司	-165.57	-16.69	70.98	55.89	0.96	-48.60	15 664	63.41
	汽轮机及辅机制造（10个）	**365.34**	**10.93**	**121.21**	**68.36**	**0.86**	**14.33**	**401 385**	**99.19**
	大型企业（5个）	**375.31**	**10.58**	**120.11**	**68.61**	**0.84**	**14.59**	**417 951**	**99.37**
1	东方电气集团东方汽轮机有限公司	452.67	7.65	153.37	82.19	0.63	16.34	546 416	100.00
2	南京汽轮电机（集团）有限公司	422.86	16.88	122.93	64.56	0.88	20.23	438 496	99.75
3	上海汽轮机有限公司	391.53	12.40	108.09	81.35	0.93	10.19	473 835	100.00
4	杭州汽轮动力集团有限公司	357.90	12.08	105.76	55.05	1.10	14.88	378 026	96.79
5	东方电气集团东汽投资发展有限公司	269.56	9.49	118.56	27.12	1.08	16.72	225 741	99.31
	中型企业（4个）	**311.50**	**13.33**	**132.38**	**65.98**	**1.06**	**11.26**	**317 694**	**97.74**
1	无锡透平叶片有限公司	532.86	20.28	126.02	34.33	1.71	28.80	540 290	97.12
2	上海动力设备有限公司	342.44	11.39	119.36	77.99	0.90	8.28	405 042	96.18
3	德阳东汽铸造有限公司	222.50	12.66	—	67.75	1.90	5.05	227 389	100.00
4	东方电气河南电站辅机制造有限公司	149.61	9.72	138.32	56.99	1.06	8.40	70 993	116.75
	小型企业（1个）	**642.68**	**60.36**	**76.91**	**62.69**	**1.70**	**78.97**	**297 155**	**100.00**
1	上海益达机械厂	642.68	60.36	76.91	62.69	1.70	78.97	297 155	100.00
	水轮机及辅机制造（6个）	**178.38**	**8.51**	**169.78**	**80.25**	**0.90**	**10.45**	**118 969**	**99.61**
	中型企业（4个）	**187.04**	**8.56**	**176.64**	**80.59**	**0.89**	**10.89**	**129 243**	**99.35**
1	上海福伊特西门子水电设备有限公司	289.36	4.58	-502.61	92.70	0.73	6.40	496 197	100.00
2	东芝水电设备（杭州）有限公司	232.89	11.13	125.53	70.34	1.06	13.54	182 792	104.20
3	浙江临海机械有限公司	193.87	22.07	115.62	57.55	2.51	5.85	107 901	95.73
4	重庆水轮机厂有限责任公司	164.34	10.25	190.70	75.76	0.66	17.63	44 562	91.81
	小型企业（2个）	**84.58**	**7.17**	**104.32**	**72.36**	**1.14**	**2.69**	**21 960**	**105.34**
1	浙江顺通锅炉压力容器制造有限公司	93.37	11.18	109.59	66.90	2.12	3.57	—	100.00
2	邵阳恒远资江水电设备有限公司	84.57	4.42	99.75	76.11	0.50	0.43	55 313	116.39
	金属切割及焊接设备制造（5个）	**367.27**	**34.95**	**-1 731.42**	**40.85**	**1.75**	**33.86**	**600 437**	**87.51**
	中型企业（2个）	**675.97**	**37.96**	**—**	**32.05**	**1.76**	**37.12**	**699 322**	**86.69**
1	唐山松下产业机器有限公司	787.89	50.05	—	14.90	1.80	45.33	795 782	82.90
2	唐山鸿鹏焊业有限公司	455.72	14.49	—	65.36	1.63	15.20	546 573	100.00
	小型企业（3个）	**61.12**	**-3.62**	**—**	**—**	**1.52**	**-6.21**	**82 389**	**106.25**
1	上海梅达焊接设备有限公司	137.20	10.24	113.74	52.23	1.22	7.11	63 640	99.37
2	北京佛克斯激光设备有限公司	69.02	-3.50	96.53	3.06	0.70	-7.56	97 250	98.75
3	上海电焊机厂	38.56	-19.62	—	—	9.51	-29.05	101 253	130.24
	烘炉、熔炉及电炉制造（5个）	**122.47**	**2.36**	**168.07**	**92.02**	**1.02**	**-0.88**	**121 864**	**93.47**
	小型企业（5个）	**122.47**	**2.36**	**168.07**	**92.02**	**1.02**	**-0.88**	**121 864**	**93.47**
1	长春电炉成套有限责任公司	231.15	1.44	113.60	97.25	1.34	0.59	304 626	91.71
2	宁波东方加热设备有限公司	98.62	7.18	97.31	95.36	0.73	0.73	80 674	88.46
3	湘潭湘机电炉厂	1.42	-0.37	—	105.42	1.32	-7.74	10 192	101.50
4	天津市金能电力电子有限公司	-6.08	3.71	-501.43	70.91	0.72	0.60	35 850	103.50
5	天津市高频设备厂	-52.84	-0.33	99.02	67.14	—	-19.95	—	—

（续）

序号	企业名称	工业经济效益综合指数（%）	总资产贡献率（%）	资本保值增值率（%）	资产负债率（%）	流动资产周转率（次）	工业成本费用利润率（%）	从业人员劳动生产率（元/人）	工业产品销售率（%）
	发电机及发电机组制造(46个)	**252.99**	**11.50**	**170.66**	**70.11**	**0.94**	**14.30**	**205 211**	**89.86**
	大型企业(7个)	**234.05**	**11.19**	**140.35**	**74.83**	**0.79**	**14.86**	**181 457**	**96.18**
1	哈尔滨电机厂有限责任公司	355.94	16.57	181.67	74.67	0.89	21.18	316 085	95.03
2	东方电气集团东方电机有限公司	260.90	10.29	86.89	78.03	0.64	18.50	220 798	100.00
3	武汉汽轮发电机厂	217.90	8.40	116.84	72.15	0.45	15.99	168 933	82.00
4	四川东风电机厂有限公司	180.75	11.58	130.67	67.08	1.01	12.17	102 793	100.52
5	泰豪科技股份有限公司	171.68	5.53	—	60.83	1.18	4.62	176 595	99.57
6	北京北重汽轮电机有限责任公司	168.74	9.75	118.84	70.48	1.16	4.80	136 299	100.78
7	兰州兰电电机有限公司	33.06	3.48	—	117.37	0.78	-2.78	37 310	88.23
	中型企业(24个)	**298.11**	**12.52**	**230.05**	**65.31**	**1.27**	**13.73**	**260 783**	**82.92**
1	新疆金风科技股份有限公司	1 227.09	12.77	792.13	46.62	1.90	24.62	1 586 336	92.52
2	上海汽轮发电机有限公司	692.19	19.00	119.02	71.03	0.91	21.87	869 660	100.00
3	天津阿尔斯通水电设备有限公司	529.93	18.11	184.01	86.25	2.68	4.22	701 323	—
4	福州港发机电工业有限公司	446.87	37.45	136.40	58.31	5.74	13.17	374 212	100.00
5	浙江富春江水电设备有限公司	366.28	17.77	532.92	67.50	1.67	19.33	248 651	89.61
6	青岛华腾电力设备有限公司	327.33	41.29	—	26.02	4.99	13.52	206 554	93.82
7	欧堡工业(青岛)有限公司	301.95	24.66	—	45.89	1.47	24.16	205 654	100.00
8	新疆新能源股份有限公司	244.82	2.72	104.89	72.40	1.12	2.62	300 967	104.29
9	浙江临海电机有限公司	230.25	20.59	115.46	38.67	1.19	19.39	110 878	90.51
10	通用电器亚洲水电设备有限公司	225.09	0.71	97.23	72.80	0.79	-2.18	312 836	99.52
11	福建闽东本田发电机组有限公司	211.06	19.87	110.10	13.70	1.95	13.74	102 970	101.50
12	赣州发电设备成套制造有限公司	201.97	13.12	—	79.89	1.72	9.31	177 858	85.03
13	宁夏银光钢构件制造有限公司	178.54	5.91	182.57	72.65	1.66	2.90	161 649	71.28
14	闽东大地电机有限公司	170.92	14.51	119.07	49.30	2.71	4.46	97 514	97.86
15	兰州电源车辆研究所	160.71	22.48	—	71.91	0.90	6.52	112 341	64.20
16	昆明电机有限责任公司	159.47	6.85	108.99	80.16	1.08	4.77	142 255	83.49
17	东方电机厂	144.91	6.66	106.66	68.95	0.73	7.43	99 231	100.00
18	江西泰豪特种电机有限公司	143.04	7.64	—	55.64	2.18	4.44	107 216	99.80
19	湖南金龙电机有限公司	105.50	2.57	101.54	46.66	3.40	0.47	46 660	85.28
20	阿尔斯通四洲电力设备(青岛)有限公司	93.02	10.42	—	78.48	0.86	8.23	23 541	98.04
21	天津市天发重型水电设备制造有限公司	91.10	5.16	137.48	68.18	0.89	3.62	29 036	100.00
22	福建南平南电水电设备制造有限公司	89.44	5.21	124.53	92.83	0.62	5.06	36 789	99.20
23	兰州长信电力设备有限责任公司	73.16	4.90	—	77.15	1.08	0.51	55 151	82.28
24	南宁发电设备总厂	35.05	1.26	—	105.02	0.50	0.60	30 836	61.37
	小型企业(15个)	**182.66**	**7.12**	**146.81**	**53.56**	**0.69**	**12.40**	**120 226**	**83.55**
1	恩德(银川)风电设备制造有限公司	859.91	5.08	626.55	51.47	0.63	-2.37	1 242 295	34.66
2	上海马拉松·革新电气有限公司	486.33	50.25	106.14	26.24	1.92	28.96	370 571	99.21
3	宁夏天净电力设备有限公司	270.93	24.69	162.76	54.09	0.93	35.38	57 172	101.49
4	云南省玉溪水力发电设备有限责任公司	240.78	13.69	140.96	66.37	0.72	29.13	91 261	103.17
5	上海伊华电站工程有限公司	175.89	11.37	105.69	12.62	2.42	6.87	106 556	104.54
6	神州学人集团股份有限公司	169.64	2.88	111.43	51.57	0.15	24.21	45 952	123.37
7	湖南汉龙水电设备有限公司	159.11	8.80	118.72	38.74	1.06	9.57	90 468	99.14
8	天津天发永亮水电设备制造有限公司	151.34	16.17	104.37	39.15	4.93	1.65	44 193	100.00
9	湖南零陵恒远发电设备有限公司	135.91	1.81	224.57	55.53	0.04	12.71	47 330	100.00
10	天津市天发柴油发电设备制造有限公司	132.00	3.97	117.81	82.40	4.78	1.27	65 000	90.31
11	昆明昆电电站辅机有限公司	128.07	6.40	102.89	69.21	4.43	1.79	45 060	113.50
12	湖北同发机电有限公司	114.50	0.96	100.88	44.40	1.62	0.93	95 083	74.86
13	天津天发美联水电设备制造有限公司	75.98	0.02	98.68	93.27	0.41	0.04	71 000	100.00
14	邵阳市电机厂有限公司	49.00	4.37	40.83	64.60	0.63	0.44	357	123.12

(续)

序号	企业名称	工业经济效益综合指数(%)	总资产贡献率(%)	资本保值增值率(%)	资产负债率(%)	流动资产周转率(次)	工业成本费用利润率(%)	从业人员劳动生产率(元/人)	工业产品销售率(%)
15	天津发电设备总厂	-150.83	-1.92	82.70	86.42	—	-43.02	—	—
	电动机制造业(71个)	**148.46**	**8.23**	**163.11**	**64.27**	**1.51**	**5.06**	**88 061**	**97.78**
	大型企业(8个)	**154.22**	**8.94**	**166.59**	**73.30**	**1.29**	**5.77**	**98 483**	**96.71**
1	上海电气集团上海电机厂有限公司	301.49	14.79	98.55	52.07	1.43	13.07	283 367	99.93
2	佳木斯电机股份有限公司	214.05	18.03	215.74	79.85	1.66	11.19	122 792	92.38
3	南阳防爆集团有限公司	199.20	13.75	132.07	62.17	2.22	6.30	141 112	98.47
4	青岛地恩地机电科技股份有限公司	142.04	10.83	—	69.95	1.95	5.94	94 869	100.60
5	湘电集团有限公司	136.35	6.62	260.40	67.50	1.22	4.24	63 425	96.19
6	沈阳电机股份有限公司	119.60	5.20	99.98	81.01	1.40	—	104 575	100.85
7	永济市新时速电机电器有限责任公司	87.93	4.50	—	91.80	0.76	1.53	84 367	93.42
8	兰州电机有限责任公司	45.84	4.26	—	117.37	0.97	-2.09	48 251	89.82
	中型企业(44个)	**145.39**	**7.81**	**169.88**	**52.71**	**1.82**	**4.87**	**76 584**	**98.85**
1	上海ABB电机有限公司	479.61	34.51	114.41	40.85	2.50	21.70	441 807	99.89
2	闽东电机(集团)股份有限公司	375.86	29.48	817.93	71.88	0.89	44.42	18 521	115.42
3	大连天元电机有限公司	291.47	20.14	134.72	40.64	2.25	13.23	232 455	80.13
4	福安市闽东安波电器有限公司	263.50	17.35	—	54.83	3.83	2.62	261 510	95.23
5	长沙电机厂有限责任公司	255.92	9.27	981.21	94.47	1.36	8.03	81 866	94.31
6	安徽皖南电机股份有限公司	232.11	23.29	—	68.78	6.34	2.83	152 292	100.94
7	无锡华达电机有限公司	231.60	15.14	101.53	59.80	2.06	3.54	215 964	97.43
8	六安江淮电机有限公司	230.48	14.77	168.73	55.00	3.96	3.28	169 910	103.00
9	八达机电有限公司	229.05	18.02	115.01	32.95	4.77	5.54	144 129	93.84
10	福建闽东德丰电机有限公司	220.31	21.07	41.67	76.12	5.92	2.87	141 960	95.37
11	大连电机集团有限公司	204.92	7.87	266.73	51.34	0.96	10.82	130 013	100.00
12	江西特种电机股份有限公司	201.46	11.87	—	34.70	0.97	16.66	135 203	95.21
13	宁夏西北骏马煤矿电机制造有限责任公司	196.53	14.11	217.70	38.99	1.01	16.41	74 700	88.36
14	衡水电机股份有限公司	168.60	11.22	142.27	53.51	2.85	5.07	92 355	99.18
15	浙江京马电机有限公司	162.75	14.17	115.06	42.31	2.14	6.95	79 367	99.54
16	浙江特种电机有限公司	150.75	6.15	539.09	81.45	1.98	0.90	41 755	100.20
17	青岛天一集团有限公司	149.51	13.79	—	55.11	1.33	8.86	85 339	99.37
18	上海南洋电机有限公司	148.32	8.29	109.09	50.59	1.95	5.00	91 508	93.84
19	青岛成信马达有限公司	137.38	-9.87	—	67.27	2.45	2.56	162 746	100.00
20	钟祥市新宇机电制造有限公司	123.56	11.14	117.30	59.49	1.78	1.31	67 501	86.25
21	永济电机厂工业公司	121.54	17.18	—	59.10	2.11	4.90	40 715	99.25
22	河北电机股份有限公司	116.72	6.06	107.35	73.80	1.99	1.34	74 027	100.87
23	湖北华博三六电机有限公司	116.06	1.55	433.16	33.46	1.84	-2.10	35 153	87.63
24	安徽恒大自控集团	110.13	6.39	206.00	47.39	1.08	3.91	33 424	96.39
25	广东省东莞电机有限公司	108.64	8.14	103.57	49.32	1.94	2.92	39 165	101.26
26	天津市起重电机厂	104.75	7.62	114.46	67.66	1.84	0.55	53 018	97.35
27	山西防爆电机(集团)有限公司	100.12	4.82	93.93	73.07	0.67	6.46	41 760	104.94
28	重庆赛力盟电机有限责任公司	93.82	9.00	83.92	64.78	1.97	3.33	15 988	100.00
29	昆明电工有限责任公司	83.20	2.32	101.95	63.32	1.70	0.57	38 270	89.65
30	山东山博集团	81.49	8.00	126.80	78.89	0.37	0.30	45 496	80.80
31	上海电气先锋电机有限公司	75.80	-1.09	46.87	66.30	1.61	-2.61	69 617	97.84
32	浙江防爆电机有限公司	75.80	3.59	100.61	87.84	1.84	0.11	33 362	97.75
33	江西东元电机有限公司	74.46	-0.31	—	78.19	1.85	-2.40	75 653	99.27
34	广西佳力电工集团有限公司	73.48	4.40	—	76.66	0.86	2.12	46 874	98.67
35	山东山防防爆电机有限公司	67.21	5.90	—	105.85	2.46	1.10	26 348	99.98
36	山西电机制造有限公司	60.82	0.07	100.02	7.68	0.68	0.01	28 386	84.19
37	重庆特种电机厂	52.09	-5.63	435.23	67.54	2.70	-14.82	19 418	91.28

（续）

序号	企业名称	工业经济效益综合指数（%）	总资产贡献率（%）	资本保值增值率（%）	资产负债率（%）	流动资产周转率（次）	工业成本费用利润率（%）	从业人员劳动生产率（元/人）	工业产品销售率（%）
38	福州万德电气有限公司	40.97	2.88	—	99.96	0.94	-4.51	51 055	91.37
39	北京毕捷电机股份有限公司	40.49	-5.57	73.60	76.85	1.96	-5.05	33 118	101.80
40	浙江金一电动工具有限公司	29.69	-2.57	94.53	50.07	2.07	-8.62	13 756	100.81
41	贵州永安电机有限公司	17.18	1.52	—	119.94	0.90	-3.89	32 409	47.80
42	淄博牵引电机集团股份有限公司	10.08	-1.91	63 70	88.15	1.12	-9.75	22 771	99.99
43	分宜煤矿电机厂	-12.04	-4.12	—	142.29	1.29	-9.27	23 784	119.54
44	艾默生中国电机有限公司	-283.40	6.70	—	74.55	2.61	4.69	-599 946	122.53
	小型企业(19个)	**109.98**	**2.57**	**85.63**	**72.38**	**1.52**	**-0.88**	**99 936**	**97.65**
1	杭州恒力电机制造有限公司	420.63	17.00	152.08	55.28	1.48	11.23	474 301	89.66
2	天津市富兰克电机工程有限公司	266.76	33.18	174.59	32.60	2.24	24.20	70 540	98.09
3	大连洪成电机有限公司	208.75	15.54	—	111.64	2.13	4.27	217 216	106.43
4	福安市太平洋电机有限公司	183.72	3.66	116.31	85.84	2.20	1.79	193 286	85.06
5	上海先锋电机厂有限公司	129.17	5.06	100.11	47.60	3.49	0.05	76 224	100.00
6	大连嘉隆电机有限公司	124.54	4.66	186.05	88.42	1.46	0.40	95 992	99.37
7	江苏远东电机制造有限公司	115.60	6.84	93.76	79.84	1.23	2.03	86 352	89.56
8	宁夏鑫瑞特电机机械制造有限公司	115.22	3.06	199.94	22.00	1.31	8.26	24 215	89.10
9	温州电机制造有限公司	102.24	4.18	108.74	74.90	1.82	2.14	53 562	102.67
10	嘉兴新华年电机有限公司	98.13	5.59	100.88	50.32	2.16	0.77	35 610	121.28
11	杭州调速电机厂	75.84	5.41	99.37	63.35	1.03	0.48	26 021	101.44
12	河南安阳华安煤矿电机有限责任公司	73.12	5.11	139.00	73.30	1.21	0.16	18 480	98.08
13	湖北省云梦县德立电机有限公司	67.02	2.94	101.79	84.01	0.89	-0.09	33 247	107.51
14	衢州富强工业有限公司	64.11	9.38	—	87.44	1.34	3.51	7 781	85.87
15	浙江调速电机有限公司	51.64	1.50	88.71	44.59	0.52	-1.25	18 004	101.02
16	昆明云瑞电机制造有限公司	22.57	-1.22	106.46	89.39	2.09	-8.67	10 263	98.57
17	南京天正耐特机电集团有限公司	20.41	-6.82	—	145.48	1.50	-11.50	91 453	147.46
18	广州电机厂	19.74	0.28	75.26	45.37	1.32	-2.21	-36 317	107.15
19	万高(南通)电机制造有限公司	-382.27	-144.29	—	—	0.38	-68.66	185 863	133.91
	微电机及其他电机制造(15个)	**188.33**	**15.59**	**436.27**	**46.83**	**2.55**	**8.76**	**28 983**	**97.84**
	大型企业(1个)	**148.17**	**21.91**	**—**	**31.67**	**2.45**	**14.86**	**2 866**	**97.68**
1	日本电产(大连)有限公司	148.17	21.91	—	31.67	2.45	14.86	2 866	97.68
	中型企业(6个)	**152.49**	**9.37**	**178.40**	**63.57**	**2.84**	**2.36**	**82 620**	**97.86**
1	青岛菱达机械有限公司	248.11	24.78	—	48.25	9.44	1.76	126 151	100.00
2	浙江长城减速机有限公司	212.28	13.97	112.97	52.88	7.91	6.52	70 794	100.00
3	杭州富生电器有限公司	203.13	8.37	132.95	83.83	2.54	1.68	198 779	96.19
4	浙江华星电机有限公司	121.44	9.51	106.78	64.31	2.29	3.61	50 396	88.31
5	浙江方正电机股份有限公司	95.90	5.41	207.09	50.87	0.89	5.27	8 142	92.84
6	上海金陵雷戈勃劳伊特电机有限公司	82.50	2.17	103.51	47.25	2.68	0.38	17 231	105.76
	小型企业(8个)	**125.20**	**9.60**	**100.71**	**48.00**	**1.65**	**5.66**	**50 589**	**99.87**
1	浙江佳雪微特电机集团有限责任公司	252.62	15.31	100.70	13.86	1.47	16.83	176 759	99.21
2	杭州微电机有限公司	122.63	12.78	130.20	77.13	1.45	5.72	41 389	100.00
3	天津安全电机有限公司	113.72	12.37	101.79	37.64	1.75	1.98	45 321	94.64
4	个旧市电焊机厂	98.78	10.62	101.44	14.36	1.76	1.13	35 682	74.90
5	浙江丽水速诚电机制造有限公司	89.65	6.47	109.81	82.37	1.92	1.80	30 387	99.48
6	云南巨锋电焊机有限公司	78.16	4.77	98.21	45.88	1.21	0.85	14 901	147.49
7	北京敬业电气工程有限公司	71.36	3.08	—	115.95	4.44	-1.55	31 459	98.65
8	湖北三环微特电机有限公司	1.05	-4.85	57.24	96.45	1.19	-12.98	42 264	96.29
	风动和电动工具制造(8个)	**169.13**	**13.23**	**157.22**	**58.70**	**1.53**	**7.17**	**92 476**	**97.73**
	大型企业(1个)	**202.93**	**18.79**	**152.50**	**59.78**	**3.23**	**8.45**	**96 639**	**97.04**
1	博世电动工具(中国)有限公司	202.93	18.79	152.50	59.78	3.23	8.45	96 639	97.04

（续）

序号	企业名称	工业经济效益综合指数（%）	总资产贡献率（%）	资本保值增值率（%）	资产负债率（%）	流动资产周转率（次）	工业成本费用利润率（%）	从业人员劳动生产率（元/人）	工业产品销售率（%）
	中型企业（5个）	**136.20**	**6.85**	**179.91**	**59.82**	**0.72**	**5.29**	**77 507**	**98.67**
1	英格索兰（桂林）工具有限公司	242.00	17.97	—	16.03	1.87	18.01	160 796	92.64
2	福建日立工机有限公司	221.53	9.15	105.87	34.65	3.07	5.24	189 387	99.44
3	青岛崇元塑料有限公司	108.26	4.24	—	33.74	5.04	5.22	8 842	100.00
4	南京工程机械厂有限公司	17.99	0.63	—	100.98	0.41	-5.49	34 500	95.00
5	河北五洲集团有限公司	8.83	1.51	—	109.40	0.11	-1.82	805	104.29
	小型企业（2个）	**264.30**	**13.28**	**106.08**	**40.13**	**2.47**	**3.14**	**269 995**	**99.52**
1	杭州潇潇五金工具有限公司	458.74	21.81	108.42	14.11	3.87	3.89	536 524	99.56
2	湖南建筑装修机具总厂	-72.78	-2.07	84.37	87.01	0.06	-28.50	15 806	98.34
	电工机械专用设备制造（4个）	**312.68**	**7.68**	**1 362.94**	**57.86**	**1.31**	**6.03**	**91 765**	**98.25**
	中型企业（3个）	**142.47**	**8.86**	**—**	**51.69**	**1.39**	**6.79**	**101 061**	**98.38**
1	许昌许继电梯有限公司	254.84	20.80	—	69.45	1.79	12.93	209 209	100.00
2	青岛泰星高宇电子有限公司	192.81	-2.14	—	36.51	18.13	-5.78	23 753	98.27
3	河南北方星光机电有限责任公司	113.77	3.13	—	43.08	0.96	2.10	108 085	96.13
	小型企业（1个）	**-23.31**	**-1.85**	**—**	**107.80**	**0.41**	**-10.03**	**5 866**	**94.04**
1	汕头机械（集团）公司	-23.31	-1.85	—	107.80	0.41	-10.03	5 866	94.04
	变压器、整流器和电感器制造（79个）	**256.09**	**12.44**	**180.50**	**64.22**	**1.75**	**8.59**	**223 453**	**95.46**
	大型企业（3个）	**254.29**	**10.18**	**385.24**	**64.39**	**1.73**	**6.75**	**195 165**	**91.47**
1	青岛变压器集团有限公司	224.65	11.70	127.66	59.56	1.77	6.75	196 695	85.78
2	长城电器集团有限公司	217.99	19.07	122.02	60.13	3.19	7.39	134 175	99.19
3	保定天威集团有限公司	213.97	8.94	—	66.31	1.59	6.65	220 536	93.87
	中型企业（41个）	**276.74**	**13.77**	**148.56**	**64.48**	**1.76**	**9.81**	**252 429**	**97.19**
1	上海ABB变压器有限公司	851.94	10.20	91.33	80.91	1.38	6.03	1 264 579	89.96
2	常州东芝变压器有限公司	773.80	21.83	189.74	65.96	1.59	18.79	985 626	100.00
3	四川蜀能电器有限责任公司	652.58	17.18	—	71.06	25.32	3.92	549 034	106.19
4	上海阿海珐变压器有限公司	610.40	20.81	—	51.15	1.30	22.47	739 754	100.00
5	特变电工衡阳变压器有限公司	596.08	14.81	178.45	58.34	2.28	9.70	759 465	97.62
6	山东达驰电工电气股份有限公司	482.86	13.64	120.82	70.93	2.23	5.20	622 826	99.21
7	海南金盘电气有限公司	467.38	27.57	—	80.50	1.60	19.61	504 268	107.75
8	西门子电气传动有限公司	439.09	24.32	100.52	50.37	3.13	13.96	447 709	98.40
9	合肥ABB变压器有限公司	425.29	24.13	144.77	68.05	1.46	18.92	415 725	100.00
10	天津市特变电工变压器有限公司	342.07	13.50	117.58	47.74	1.14	11.10	364 568	111.27
11	广西柳州特种变压器有限责任公司	332.63	27.55	179.35	59.79	1.75	17.48	246 368	93.61
12	重庆ABB变压器有限公司	332.21	17.12	180.12	74.92	1.55	11.84	323 529	93.19
13	特变电工股份有限公司	329.77	7.25	112.81	60.35	1.47	7.81	383 067	97.02
14	江西变压器科技股份有限公司	324.62	30.11	—	62.86	1.43	19.91	255 987	94.56
15	广东海鸿变压器有限公司	316.69	14.32	115.90	49.37	2.87	4.06	338 941	99.04
16	江西变电设备有限公司	291.79	18.88	—	74.81	2.75	4.01	318 917	98.89
17	山东鲁能泰山电力设备有限公司	287.27	15.75	273.15	80.56	1.36	15.75	212 854	101.35
18	云南通变电器有限公司	284.37	12.30	136.72	70.19	4.44	2.54	277 503	93.25
19	顺特电气有限公司	246.08	10.61	131.14	67.85	14.13	7.98	25 478	104.27
20	大连第一互感器有限责任公司	241.44	11.97	110.32	44.10	0.93	13.27	196 914	101.61
21	特变电工沈阳变压器集团有限公司	222.42	9.56	—	64.83	1.47	7.94	227 898	84.30
22	云南变压器电气股份有限公司	219.69	12.45	109.10	70.90	0.99	11.81	174 437	96.68
23	浙江江山变压器有限公司	207.96	9.36	—	72.65	2.12	3.02	227 484	89.18
24	济南变压器集团股份有限公司	207.43	12.71	117.15	61.56	1.33	8.51	162 496	94.50
25	杭州钱江电气集团股份有限公司	206.43	10.73	109.76	58.62	2.10	4.59	178 508	99.72
26	上海MWB互感器有限公司	193.86	6.71	84.77	62.74	1.04	4.43	195 946	96.77
27	江西省电力设备总厂	178.00	6.28	—	92.35	11.96	0.16	55 143	88.00

（续）

序号	企业名称	工业经济效益综合指数（%）	总资产贡献率（%）	资本保值增值率（%）	资产负债率（%）	流动资产周转率（次）	工业成本费用利润率（%）	从业人员劳动生产率（元/人）	工业产品销售率（%）
28	金曼克电器集团股份有限公司	148.93	2.09	87.07	38.58	1.55	-1.54	162 334	100.00
29	大连互感器有限公司	129.10	7.03	107 61	49.43	0.65	8.73	67 291	69.93
30	辽宁欣泰股份有限公司	128.26	14.77	109.72	40.69	1.70	11.72	—	96.12
31	青岛奥利恩特电子有限公司	114.03	-5.12	—	40.52	9.10	-4.02	40 547	91.54
32	贵阳新星变压器有限公司	106.94	8.12	—	84.81	0.93	6.71	66 987	89.45
33	中山市泰峰电气有限公司	103.82	8.62	130.02	75.76	1.10	3.87	39 724	100.16
34	万载县昌圣科技有限公司	102.36	6.29	—	6.72	3.93	2.54	27 552	100.00
35	湖北阳光电气有限公司	96.73	4.90	76.66	87.36	0.86	-0.89	89 119	106.49
36	青岛晶石电子有限公司	84.79	9.51	—	74.37	1.54	2.13	37 883	96.94
37	广盛电子(南昌)有限公司	81.35	0.24	—	60.39	3.44	0.69	31 235	100.00
38	哈尔滨变压器厂	79.87	6.96	-243.57	97.11	1.08	6.47	82 378	99.49
39	广州市番禺明珠电器有限责任公司	63.87	4.56	40.07	90.66	1.65	-10.57	96 845	89.43
40	湛江通用电气集团有限公司	27.50	-0.61	104.69	59.05	2.05	-0.16	-50 020	98.70
41	长沙顺特变压器厂	-58.36	-2.86	10.69	96.44	0.62	-17.29	-14 289	90.66
	小型企业(35个)	**162.28**	**8.00**	**136.00**	**59.49**	**1.69**	**3.64**	**122 124**	**94.30**
1	广州广高高压电器有限公司	1 149.71	3.30	—	24.59	9.82	2.01	1 675 015	87.76
2	宁夏银利电器制造有限公司	525.00	19.99	313.57	10.09	1.62	47.61	370 833	99.20
3	山东临清益和变压器有限公司	468.78	29.92	107.32	54.60	1.79	8.14	535 813	99.18
4	江山市华宁电器厂	427.08	82.69	125.89	28.26	—	13.12	298 125	100.00
5	浙江省开化七一电力器材有限责任公司	326.39	6.75	110.70	89.85	1.45	2.03	435 395	74.72
6	云南大理宏电变压器有限公司	224.54	19.57	126.69	69.27	4.43	13.84	87 986	92.93
7	衢州杭甬变压器有限公司	216.03	15.14	118.30	69.70	2.31	5.68	174 457	95.32
8	浙江格林电气有限公司	215.86	5.12	458.29	43.42	1.67	0.36	171 923	82.33
9	无锡市电力变压器有限公司	215.20	12.95	106.48	68.71	1.54	5.47	197 097	89.46
10	江山市申达电气有限公司	213.02	6.95	—	74.17	1.36	2.42	259 761	90.78
11	银川卧龙变压器有限公司	203.01	8.88	108.25	40.11	1.45	8.00	170 183	91.09
12	江山市电力变压器厂	197.02	8.61	90.00	72.06	2.79	1.54	190 984	84.59
13	新疆新特顺电力设备有限责任公司	185.88	12.04	111.36	38.45	1.10	9.12	122 452	125.88
14	浙江龙祥电气有限公司	185.76	3.71	295.65	64.34	12.64	-2.27	—	92.58
15	浙江天际互感器有限公司	182.41	16.24	119.88	44.71	1.50	11.62	85 351	101.11
16	浙江江山特种变压器有限公司	157.60	10.92	162.36	38.16	4.92	1.86	57 473	97.02
17	新疆特变机电设备制造有限公司	138.22	9.32	105.65	27.76	1.21	9.11	57 508	100.00
18	北京椿整奇智机电设备有限公司	127.52	21.04	20.91	75.09	3.73	1.39	36 850	100.00
19	湖南长恒变压器有限公司	125.05	12.31	166.17	34.98	2.58	6.90	5 882	94.67
20	广东钜龙电力设备有限公司	124.08	5.55	116.07	83.04	2.42	2.76	75 860	95.02
21	重庆变压器厂	122.15	11.14	87.40	72.46	1.35	5.12	58 252	99.40
22	云南省楚雄变压器有限责任公司	122.11	4.28	95.31	62.26	2.51	0.64	82 288	96.17
23	苏州杭申星州变压器有限公司	116.95	7.07	119.22	71.74	1.87	3.40	56 952	100.16
24	个旧市变压器厂	111.21	10.42	101.00	73.24	2.06	0.94	53 465	103.09
25	宁波三爱互感器有限公司	95.85	11.01	100.00	58.94	1.08	4.17	17 524	95.42
26	常德国力变压器有限公司	87.55	5.48	100.66	71.04	1.51	0.66	40 403	98.35
27	安庆变压器有限公司	85.86	3.23	117.36	56.72	1.17	0.46	40 536	105.78
28	浙江江山江汇电气有限公司	78.75	9.73	109.22	100.08	0.92	6.46	—	92.79
29	昆明变压器厂	74.36	1.63	93.13	75.31	0.99	2.88	31 926	84.94
30	保山变压器有限责任公司	62.74	-8.10	215.01	24.12	1.38	0.27	15 515	97.29
31	江山三棱特种变压器厂	54.94	8.11	—	90.71	1.81	1.90	—	88.31
32	天津市天变变压器有限公司	13.58	-8.61	85.56	39.36	1.28	-11.19	42 194	75.98
33	佛山市佛盛电气有限公司	5.29	-1.50	164.45	64.60	0.17	-9.65	2 290	65.72
34	新疆升晟股份有限公司	-5.91	-11.15	79.59	34.90	1.32	-17.96	53 521	108.01

（续）

序号	企业名称	工业经济效益综合指数（%）	总资产贡献率（%）	资本保值增值率（%）	资产负债率（%）	流动资产周转率（次）	工业成本费用利润率（%）	从业人员劳动生产率（元/人）	工业产品销售率（%）
35	上海变压器厂	-74.68	-7.92	—	128.90	0.17	-32.15	90 583	100.00
	电容器及其配套设备制造(8个)	**136.52**	**11.72**	**128.52**	**61.33**	**1.36**	**5.87**	**60 705**	**99.81**
	中型企业(5个)	**144.66**	**13.20**	**133.29**	**59.80**	**1.37**	**6.97**	**60 862**	**99.74**
1	桂林电力电容器有限责任公司	200.71	18.82	112.94	63.95	1.18	9.59	129 520	98.40
2	日新电机(无锡)有限公司	192.31	13.70	101.97	64.37	1.23	8.03	138 101	120.20
3	青岛提迪凯电子有限公司	161.58	16.76	—	36.55	4.29	12.00	31 444	85.47
4	青岛富元电子有限公司	120.92	10.83	—	44.13	3.88	4.11	35 206	100.00
5	新东北电气(锦州)电力电容器有限公司	75.27	-0.83	87.91	60.66	0.74	-9.36	116 165	80.62
	小型企业(3个)	**71.81**	**0.32**	**90.84**	**73.21**	**1.31**	**-2.66**	**57 056**	**100.40**
1	浙江亚东电器制造有限公司	242.18	22.93	128.84	43.59	2.90	12.48	134 817	93.96
2	建德市新安江电力电容器有限公司	89.83	11.41	101.56	79.78	3.02	0.40	5 717	104.29
3	上海库柏电力电容器有限公司	53.56	-3.11	85.27	74.66	0.95	-6.49	69 257	100.00
	配电开关控制设备制造(95个)	**261.44**	**14.80**	**133.86**	**66.86**	**1.28**	**12.87**	**217 335**	**96.56**
	大型企业(6个)	**223.74**	**9.20**	**120.51**	**75.15**	**1.00**	**8.31**	**212 959**	**93.96**
1	西安电力机械制造公司	246.83	10.04	108.86	79.84	1.03	9.38	245 500	97.15
2	平高集团有限公司	232.42	9.60	114.23	76.50	0.71	9.96	224 026	87.37
3	泰开电气集团有限公司	202.39	12.59	124.58	86.38	1.40	6.99	172 299	100.00
4	河南森源集团有限公司	200.16	11.95	—	58.79	3.05	4.39	174 417	99.37
5	新东北电气(沈阳)高压开关有限公司	175.60	2.74	126.12	50.52	0.64	5.35	172 806	76.98
6	宁波天安(集团)股份有限公司	149.62	5.54	104.35	66.64	0.93	6.99	111 618	89.63
	中型企业(49个)	**287.96**	**20.29**	**151.41**	**58.49**	**1.58**	**15.69**	**213 911**	**98.98**
1	北京ABB高压开关设备有限公司	1 467.55	56.54	108.12	42.02	1.49	50.05	1 845 321	99.72
2	厦门ABB开关有限公司	1 400.18	47.42	107.37	60.42	1.82	28.91	1 888 824	100.13
3	厦门ABB低压电器设备有限公司	734.69	46.79	125.89	54.10	1.64	37.05	739 949	103.34
4	三菱电机大连机器有限公司	625.08	32.36	112.21	18.22	2.10	27.63	661 047	88.71
5	上海施耐德工业控制有限公司	538.41	48.30	99.17	54.03	3.08	18.58	509 626	99.96
6	江苏东源电器集团股份有限公司	518.70	24.32	101.22	35.35	3.49	11.27	589 787	98.47
7	常熟开关制造有限公司(原常熟开关厂)	491.24	46.30	128.40	48.35	1.91	44.51	289 645	97.68
8	北京ABB低压电器有限公司	468.73	33.61	107.13	31.39	1.41	26.78	415 568	94.46
9	湖南省长高高压开关集团股份有限公司	427.85	25.74	154.30	55.53	1.69	23.47	378 101	94.31
10	上海西门子开关有限公司	422.31	20.60	127.83	44.98	1.32	16.19	440 706	100.00
11	瓦房店高压开关有限公司	339.79	25.55	116.72	20.38	0.91	35.19	181 349	94.43
12	广州白云电器设备股份有限公司	331.85	16.68	104.07	67.52	0.92	20.48	291 269	104.56
13	四川汇源电气有限公司	308.78	17.69	—	56.73	3.58	4.43	328 467	93.03
14	北海银河高科技产业股份有限公司	283.88	10.85	—	61.99	0.87	12.91	299 236	100.00
15	四川川开实业发展有限公司	263.72	19.41	—	69.85	2.89	6.40	251 468	98.37
16	中山市明阳电器有限公司	239.28	13.07	406.74	41.58	1.18	15.61	106 463	100.00
17	万控集团有限公司	228.21	23.95	96.61	53.31	5.85	5.09	112 359	99.92
18	上海电器股份有限公司上海人民电器厂	227.09	24.84	113.26	59.19	2.73	6.90	143 803	99.15
19	温州开元集团有限公司	208.08	15.60	114.98	52.69	1.98	16.82	91 095	98.77
20	远东电器集团有限公司	207.02	13.03	—	27.76	6.83	2.89	152 391	—
21	宁夏力成电气集团有限公司	206.08	10.48	98.03	59.06	1.59	5.55	183 752	99.12
22	承德新新电子有限公司	198.94	13.42	—	63.14	1.33	19.23	100 963	117.55
23	汕头正超电气有限公司	192.09	12.88	155.82	49.50	1.91	9.43	111 440	98.00
24	新东北电气(沈阳)高压隔离开关有限公司	166.33	2.09	102.76	55.69	4.43	4.79	107 151	73.75
25	云南开关厂	160.47	10.95	98.03	62.30	1.16	9.33	95 251	83.01
26	天津市百利电气有限公司	160.35	9.87	110.02	51.23	1.29	10.36	86 432	81.42
27	四川电器有限责任公司	158.26	3.05	—	32.85	1.75	1.33	173 549	96.63
28	天水长城开关厂	150.60	8.51	106.50	54.96	1.90	2.63	109 221	100.59

（续）

序号	企业名称	工业经济效益综合指数（%）	总资产贡献率（%）	资本保值增值率（%）	资产负债率（%）	流动资产周转率（次）	工业成本费用利润率（%）	从业人员劳动生产率（元/人）	工业产品销售率（%）
29	天水213电器有限公司	149.88	15.77	—	45.57	1.53	9.14	74 634	100.28
30	福州天宇电气股份有限公司	143.94	10.35	109.32	56.45	1.02	4.52	96 165	93.15
31	广东省顺德开关厂有限公司	139.10	8.64	93.91	80.01	0.84	4.15	109 238	105.42
32	宁波华通电器集团股份有限公司	137.39	6.81	107.39	85.75	1.04	1.26	128 999	95.01
33	广东珠江开关有限公司	123.52	11.84	100.54	70.95	1.44	6.86	42 717	98.12
34	重庆博森电气(集团)有限公司	111.43	7.70	196.60	84.09	0.93	10.39	6 846	99.82
35	新余市华峰成套电器制造有限公司	111.20	8.09	—	24.94	1.49	7.57	44 991	99.99
36	贵州长征电器股份有限公司	97.30	5.67	—	41.39	0.58	7.45	45 211	99.46
37	郑州祥和集团电气设备有限公司	96.89	10.68	—	66.26	1.43	5.12	32 341	101.71
38	振华(集团)公司宇光分公司	84.97	4.33	118.96	39.01	0.72	1.63	38 879	90.03
39	江苏菲达宝开电气有限公司	77.14	6.06	118.34	69.97	1.71	2.81	—	100.00
40	北京市京仪敬业电工集团有限公司	77.13	1.56	127.53	66.69	1.62	-0.56	31 350	105.92
41	阿城继电器集团有限公司	75.34	5.11	164.38	60.65	0.42	3.12	3 348	104.23
42	海南威特电气集团有限公司	75.14	5.83	—	49.32	2.20	2.09	15 597	97.40
43	上海华通开关厂有限公司	71.61	1.81	105.45	93.17	0.73	-2.52	72 673	76.68
44	湖南开关厂	54.99	2.16	67.81	73.22	0.52	-4.21	49 807	106.70
45	北京北开电气股份有限公司	22.16	-0.14	76.84	91.64	0.71	-8.23	35 213	91.41
46	天水长城电工器材厂	19.06	1.07	—	105.46	0.42	-4.30	25 703	112.24
47	山西省电力公司电力开关厂	-30.52	-1.31	—	100.00	1.82	-1.60	-89 025	103.08
48	天水长城控制电器厂	-37.95	-4.80	—	—	0.47	-16.67	8 802	88.31
49	贵州长征电器集团有限责任公司	-106.43	-3.84	—	—	0.12	-33.74	8 503	71.88
	小型企业(40个)	**329.32**	**22.42**	**108.08**	**57.09**	**1.50**	**19.31**	**264 632**	**95.63**
1	上海施耐德配电电器有限公司	1 366.20	55.73	124.28	55.55	2.91	24.99	1 809 887	100.00
2	厦门ABB华电高压开关有限公司	1 246.79	50.54	178.85	52.25	1.81	49.19	1 482 985	104.93
3	上海松下电工自动化控制有限公司	858.71	29.62	104.37	13.19	2.51	13.38	1 138 198	91.21
4	北京宏达日新电机有限公司	784.93	18.12	133.65	69.12	1.11	28.96	978 881	77.36
5	厦门ABB电器控制设备有限公司	541.24	28.53	142.08	55.10	1.44	25.91	547 315	98.04
6	靖江市靖开电力电器有限公司	506.79	10.62	102.56	49.81	2.35	1.33	714 545	
7	瓦房店防爆电器有限公司	470.58	36.74	133.59	22.31	0.92	59.64	207 879	88.43
8	无锡东力电气制造有限公司	342.83	41.73	146.17	44.19	2.81	22.20	178 683	100.00
9	上海西门子线路保护系统有限公司	249.97	17.43	113.84	25.47	2.76	8.16	196 419	97.03
10	新疆新华能开关有限公司	223.07	12.19	116.30	61.43	1.74	7.54	190 500	89.53
11	厦门协成实业有限公司	208.78	5.92	109.80	44.90	3.09	6.10	171 628	100.00
12	浙江纪元电气集团有限公司	189.90	31.63	100.39	65.19	1.24	6.92	91 333	97.85
13	上海斯易普电器厂	181.68	21.34	109.27	3.14	1.53	5.43	109 048	100.00
14	广州南方电力集团电器有限公司	165.62	7.89	107.50	68.71	1.10	3.90	147 459	90.18
15	上海电器陶瓷厂有限公司	160.00	9.83	227.31	49.79	1.89	1.24	104 034	95.54
16	宁夏国飞电气有限公司	151.08	10.73	—	54.66	—	8.73	122 169	88.93
17	浙江中凯电器有限公司	141.82	10.79	154.68	42.02	2.60	4.07	56 921	99.83
18	新疆双新电控设备有限公司	140.20	9.80	111.27	68.08	1.45	4.87	81 000	115.85
19	苏州机床机电厂有限公司	129.00	6.96	104.26	65.98	1.16	3.21	92 089	92.41
20	新疆奎开电气有限公司	114.79	0.95	99.80	36.42	0.77	1.94	102 959	76.69
21	新疆新能泰开电气有限责任公司	109.54	10.17	105.22	75.33	1.32	6.11	33 269	94.95
22	宁夏凯晨电气有限公司	109.44	4.65	101.96	50.46	1.06	4.39	66 310	58.64
23	银川华升电器开关有限公司	106.05	3.57	89.60	72.82	0.49	10.21	43 067	72.46
24	新疆电子设备厂	90.87	2.71	99.44	30.75	1.64	0.54	47 486	100.00
25	昌吉市昌开电器有限责任公司	88.72	3.08	103.22	83.03	0.60	2.73	56 949	98.78
26	浙江桥架母线有限公司	87.04	8.11	102.47	53.66	1.03	1.90	25 313	100.00
27	宁夏天净元光电力设备制造有限公司	84.09	4.22	101.18	84.58	0.67	2.55	39 333	132.98

（续）

序号	企业名称	工业经济效益综合指数（%）	总资产贡献率（%）	资本保值增值率（%）	资产负债率（%）	流动资产周转率（次）	工业成本费用利润率（%）	从业人员劳动生产率（元/人）	工业产品销售率（%）
28	衢州电力发展有限公司	76.14	3.58	193.62	56.44	1.05	2.22	—	95.24
29	舟山市电力修造厂	68.45	7.84	-21.67	99.47	2.12	4.18	10 055	101.44
30	昆明开关厂	61.64	0.80	99.41	42.52	0.65	-0.48	27 707	99.69
31	昆明电器科学研究所	61.42	1.12	116.18	69.51	0.50	0.99	20 588	100.00
32	新疆电控设备有限责任公司	56.29	4.25	99.75	70.38	0.62	0.12	10 382	98.17
33	山东济宁开关厂	47.66	3.86	—	119.96	1.05	0.01	37 801	96.88
34	天津市百利天开电器有限公司	47.28	-2.25	88.44	48.80	0.88	-7.78	58 279	96.33
35	昆明思维奇电器工贸有限公司	35.24	-0.84	93.34	64.14	1.74	-7.78	22 188	91.20
36	苏州低压电器厂	19.20	-2.64	94.96	52.75	0.99	-5.92	—	88.90
37	新疆高压开关厂	7.88	-0.32	—	109.79	0.18	-3.54	15 600	100.00
38	合肥高压开关有限公司	-56.98	-0.39	55.87	45.21	0.06	-27.62	26 229	88.90
39	上海电气自动化有限公司	-71.02	-15.09	84.64	17.30	0.53	-23.13	3 979	100.00
40	重庆新汇源高压开关有限公司	-132.92	-8.79	—	115.14	0.55	-34.83	1 284	98.05
	电力电子元器件制造(23个)	**251.65**	**9.88**	**112.70**	**56.22**	**1.12**	**9.46**	**240 999**	**98.55**
	大型企业(1个)	**472.28**	**7.93**	**106.67**	**56.46**	**0.90**	**9.19**	**617 234**	**100.39**
1	许继集团有限公司	472.28	7.93	106.67	56.46	0.90	9.19	617 234	100.39
	中型企业(14个)	**197.63**	**15.09**	**132.26**	**56.42**	**1.49**	**10.61**	**118 682**	**96.85**
1	西门子(杭州)高压开关有限公司	826.26	36.22	97.81	57.21	1.25	28.54	989 748	100.68
2	河北京丰电力设备有限公司	303.87	52.93	—	69.36	4.27	12.28	155 652	95.50
3	杭州欣美成套电器制造有限公司	254.24	13.55	213.00	39.18	3.29	7.39	192 372	85.47
4	天津市百利纽泰克电气科技有限公司	228.53	25.13	120.27	65.54	2.79	9.56	128 836	99.67
5	吉安市木林森电子有限公司	199.46	18.56	—	39.93	8.90	3.40	63 863	98.97
6	天水电气传动研究所	179.98	14.74	140.99	69.46	0.97	11.38	96 373	100.00
7	桂林机床电器有限公司	144.66	12.94	106.21	67.82	2.20	3.28	80 869	100.13
8	佛山通宝股份有限公司	133.91	9.06	106.05	62.01	1.70	4.78	72 081	95.56
9	浙江杭申控股集团有限公司	124.72	3.06	117.53	59.65	1.28	0.93	103 291	92.99
10	青岛釜纺电子有限公司	122.43	4.48	—	38.22	3.77	2.84	67 751	96.57
11	苏州光宝慷电子有限公司	121.72	4.10	148.81	39.77	1.04	6.38	57 138	97.83
12	广州南洋电器有限公司	66.89	3.98	85.92	53.85	0.51	0.96	23 473	96.81
13	英维思(青岛)控制器有限公司	52.43	1.28	—	36.89	1.18	0.67	17 029	100.00
14	天水长城控制电器有限责任公司	47.85	1.60	—	19.45	1.34	0.22	9 491	96.40
	小型企业(8个)	**124.18**	**4.15**	**100.63**	**49.57**	**1.53**	**1.30**	**95 677**	**96.09**
1	杭州杭开电气有限公司	254.03	5.09	101.30	45.35	1.96	0.72	303 199	97.42
2	天津机床电器有限公司	153.18	7.79	103.08	32.35	1.47	5.80	106 086	89.96
3	宁波开关电器制造有限公司	114.46	8.48	98.28	79.61	1.17	2.18	80 833	78.50
4	天津神钢电机有限公司	114.10	-2.48	96.32	33.31	2.04	-2.73	116 464	99.55
5	浙宝电气(杭州)集团有限公司	100.31	4.49	101.75	50.13	1.63	1.60	51 425	96.44
6	昆明立瑞达电器成套有限公司	87.51	10.32	100.67	57.79	2.00	0.68	10 667	103.62
7	上海万荣继电器厂	71.42	7.46	—	—	2.23	-4.04	41 607	99.68
8	北京京仪椿树整流器有限责任公司	69.76	1.71	101.90	59.65	0.72	2.26	18 740	103.28
	其他输配电及控制设备制造(35个)	**294.86**	**19.11**	**137.76**	**50.44**	**2.74**	**8.22**	**260 004**	**97.04**
	大型企业(4个)	**300.19**	**18.15**	**140.23**	**44.94**	**3.35**	**6.47**	**271 926**	**98.12**
1	正泰集团股份有限公司	363.78	29.38	120.81	40.26	4.36	8.30	318 508	98.79
2	人民电器集团有限公司	323.10	27.73	129.15	45.05	3.40	10.11	259 050	98.58
3	天正集团有限公司	286.37	21.74	138.33	43.70	3.06	7.79	234 995	98.05
4	德力西集团有限公司	236.94	7.88	163.88	48.23	2.70	2.85	227 355	97.22
	中型企业(14个)	**309.49**	**24.29**	**136.44**	**56.29**	**2.15**	**13.84**	**243 514**	**95.01**
1	北京 ABB 电气传动系统有限公司	1 317.68	47.57	133.63	58.63	2.12	35.44	1 700 845	99.49
2	森泰电器有限公司	369.70	37.28	137.48	34.96	4.74	9.85	284 297	99.21

（续）

序号	企业名称	工业经济效益综合指数（%）	总资产贡献率（%）	资本保值增值率（%）	资产负债率（%）	流动资产周转率（次）	工业成本费用利润率（%）	从业人员劳动生产率（元/人）	工业产品销售率（%）
3	青岛海圣金属制品有限公司	364.89	41.22	—	46.02	6.76	9.48	269 405	74.47
4	益和电气集团股份有限公司	335.34	6.99	—	62.96	1.88	2.73	445 121	92.57
5	华通机电集团有限公司	242.78	20.87	98.90	56.26	2.09	8.54	185 983	96.15
6	耀华电器集团有限公司	220.19	15.96	110.96	40.67	1.84	9.17	161 273	96.43
7	贺州市桂东电子科技有限责任公司	217.52	5.48	—	58.41	1.42	6.02	243 417	81.39
8	扬州双汇电力器材厂	207.67	21.64	134.03	43.85	1.76	11.39	110 471	74.18
9	新华电器集团有限公司	182.42	16.02	90.42	47.95	1.85	5.73	124 330	97.42
10	常安集团有限公司	165.53	14.65	87.15	56.83	2.14	4.30	105 145	99.38
11	无锡市明达电器有限公司	98.21	5.63	94.86	78.49	1.33	1.83	57 672	100.42
12	上海继电器有限公司	86.66	6.63	101.34	62.08	1.17	0.96	35 064	95.71
13	天水市铁塔厂	66.16	-5.59	—	100.00	1.42	-4.28	107 587	100.00
14	青岛天湾电机有限公司	62.88	0.10	—	71.85	2.52	0.06	25 848	99.63
	小型企业(17个)	**229.88**	**12.14**	**120.83**	**67.64**	**1.24**	**8.23**	**207 143**	**92.59**
1	上海西门子高压开关有限公司	1 058.75	19.97	142.06	70.86	1.42	10.74	1 527 328	100.00
2	上海阿海珐电力自动化有限公司	580.98	23.27	113.12	54.06	1.37	18.45	682 696	99.75
3	东方日立(成都)电控设备有限公司	186.40	3.97	161.17	64.24	0.95	3.04	192 264	69.38
4	大连亿德电瓷金具有限责任公司	157.45	14.96	111.95	42.78	3.20	4.75	63 628	107.07
5	浙江三辰电器有限公司	156.00	7.27	102.59	59.19	1.15	1.78	153 025	43.73
6	阜新封闭母线有限责任公司	145.57	5.05	163.83	84.03	1.42	5.15	103 128	100.00
7	北京星原丰泰电子技术有限公司	133.62	13.90	147.71	51.86	1.27	8.49	31 769	89.48
8	南京华洋电气有限公司	131.49	6.75	104.41	37.68	3.39	1.88	64 127	100.00
9	北京斯普拉格电气有限公司	112.39	4.35	68.97	55.22	2.05	0.79	76 419	100.00
10	仪征市电瓷电器有限责任公司	84.63	8.87	100.49	94.01	2.02	0.18	31 214	98.40
11	北京北低基业达电气有限公司	79.91	2.50	107.59	95.92	0.74	0.78	68 182	59.80
12	瑞安市万松电子电器有限责任公司	73.69	6.77	92.85	86.46	0.53	-2.18	59 190	86.55
13	衢州申光电器有限公司	69.83	3.59	99.17	60.74	0.95	-1.60	35 738	96.88
14	万家电器集团有限公司	66.65	0.30	95.61	55.72	0.19	-1.69	54 610	94.11
15	南京开关厂有限公司	58.78	1.58	148.96	90.41	0.76	-2.05	36 795	81.41
16	鱼台华福电器机械制造有限公司	56.16	6.39	88.92	76.72	0.73	0.08	11 575	80.13
17	浙江和畅电力铁塔有限公司	34.59	5.14	89.92	83.00	0.87	-3.83	—	101.65
	电线电缆制造(106个)	**297.25**	**13.56**	**211.07**	**62.45**	**2.58**	**4.93**	**289 218**	**97.09**
	大型企业(4个)	**365.00**	**12.66**	**174.98**	**57.90**	**2.95**	**5.03**	**403 537**	**98.56**
1	宝胜集团有限公司	397.44	12.65	153.94	45.97	3.36	3.98	461 440	99.19
2	远东控股集团有限公司	395.35	11.42	—	70.98	3.20	4.41	501 278	98.00
3	山东阳谷电缆集团有限公司	342.75	19.78	107.80	38.82	3.72	8.72	324 107	98.66
4	浙江万马集团有限公司	254.71	11.31	115.13	59.50	1.64	6.81	249 042	98.98
	中型企业(74个)	**282.20**	**15.18**	**243.95**	**60.57**	**2.49**	**5.12**	**251 640**	**96.47**
1	新乡市汇丰漆包线有限公司	1 254.41	71.44	—	7.18	76.56	6.10	522 730	99.89
2	河南新乡华宇电磁线有限公司	1 198.27	41.83	—	7.39	62.64	6.10	748 081	99.89
3	河南新乡华洋漆包线有限公司	1 000.20	48.64	—	23.95	41.26	6.11	748 328	99.89
4	华洋线缆集团有限公司	739.88	20.94	—	45.77	2.11	15.42	983 232	102.16
5	安徽江淮电缆集团有限公司	720.20	31.31	119.58	40.86	3.75	9.63	902 292	100.00
6	福州大通机电有限公司	694.20	11.23	99.22	73.65	0.33	2.06	1 035 303	100.37
7	青岛汉河集团股份有限公司	579.43	24.10	—	40.97	4.08	5.23	741 314	96.76
8	河南金滔电线有限公司	558.81	—	—	66.69	20.71	9.12	489 242	99.82
9	河南通达电缆有限公司	539.94	71.23	—	46.00	9.27	9.40	420 238	97.20
10	沈阳九星企业集团	505.10	13.57	106.25	86.67	10.94	1.42	552 385	99.51
11	宝丰企业集团有限公司	501.24	6.56	—	55.23	1.63	9.69	681 353	84.11
12	青岛华光电缆有限公司	494.34	50.73	—	31.84	4.44	3.09	527 060	93.15

（续）

序号	企业名称	工业经济效益综合指数（%）	总资产贡献率（%）	资本保值增值率（%）	资产负债率（%）	流动资产周转率（次）	工业成本费用利润率（%）	从业人员劳动生产率（元/人）	工业产品销售率（%）
13	江苏上上电缆集团	490.77	28.50	160.40	56.37	4.54	6.78	528 502	99.11
14	河北金世纪电缆有限公司	455.40	47.59	—	51.28	9.13	12.29	337 313	100.00
15	江西省丰硕电磁线有限公司	438.28	91.94	—	40.72	8.70	17.71	145 534	100.00
16	四川明星电缆有限公司	433.83	35.43	—	39.87	3.97	10.97	431 452	100.00
17	桂林飞龙国际电线电缆有限公司	429.13	31.87	—	47.75	4.30	8.14	446 929	100.00
18	榆缆线缆集团有限公司	379.83	15.76	—	37.46	4.28	0.06	469 133	85.53
19	安徽华菱电缆集团有限公司	377.45	18.03	144.61	70.80	2.45	1.38	450 330	98.93
20	协讯电子有限公司	348.10	97.41	—	44.80	10.00	-0.05	70 919	92.67
21	杭州电缆有限公司	328.72	7.85	92.48	70.20	2.08	2.38	411 146	104.03
22	江西电缆有限责任公司	315.80	10.10	—	55.86	11.98	0.63	249 041	98.86
23	桂林国际电线电缆集团公司	312.42	30.50	—	61.99	2.27	7.01	300 474	96.36
24	常熟市电缆厂	302.93	10.62	131.45	42.34	3.30	2.26	328 871	97.02
25	重庆渝能泰山电线电缆有限责任公司	300.44	13.38	195.50	79.75	5.31	5.25	260 920	95.61
26	露笑集团有限公司	300.13	18.24	136.99	54.30	3.28	5.95	276 487	98.85
27	上海南洋电缆有限公司	298.11	32.40	151.08	57.32	2.19	14.09	193 156	100.11
28	长沙电缆附件有限公司	294.17	19.83	—	13.55	1.62	39.99	107 238	97.59
29	安徽天康集团	283.85	7.46	100.39	59.34	9.04	0.26	232 322	99.88
30	唐山冀东线缆有限公司	280.74	17.81	—	49.52	2.25	7.36	284 076	98.24
31	湖南湘能金杯电缆有限公司	275.73	19.22	116.02	55.41	4.28	4.65	229 587	98.99
32	兰州众邦电线电缆集团有限公司	271.91	8.97	—	68.84	4.03	2.03	304 902	100.24
33	安徽蓝德集团股份有限公司	269.39	15.87	127.23	37.88	4.50	5.94	216 117	95.70
34	郑州市第二电缆厂	267.68	12.14	—	73.16	12.87	1.07	152 419	99.82
35	成都普天电缆股份有限公司	265.31	16.52	—	18.18	0.66	55.62	-16 742	119.49
36	福建南平太阳电缆股份有限公司	260.68	20.79	123.52	67.14	3.74	5.96	201 908	101.33
37	特变电工（德阳）电缆股份有限公司	251.08	6.42	—	56.81	1.88	1.69	311 205	100.00
38	江西省赣粤恒兴机电材料有限公司	245.44	30.50	—	7.52	2.87	13.25	140 003	97.92
39	杭州华新电力线缆有限公司	243.80	6.55	153.58	69.13	1.53	3.54	262 620	104.83
40	上海电缆厂有限公司	243.46	0.43	94.16	74.02	1.65	-1.13	324 988	98.40
41	青岛华东电缆电器有限公司	232.36	7.74	—	82.49	2.02	1.19	287 672	102.42
42	云南前列电缆厂	222.06	21.06	116.99	50.59	6.07	3.36	114 954	94.89
43	江西联创光电科技有限公司	218.86	8.99	—	91.02	1.25	6.28	248 480	94.05
44	宁晋县永进电缆集团有限公司	217.77	12.67	—	38.32	1.63	13.46	168 143	98.22
45	安徽电缆股份有限公司	217.19	13.39	182.63	28.24	2.70	7.78	142 437	99.56
46	重庆鸽牌电线电缆有限公司	207.04	10.55	22.54	80.99	3.60	3.03	194 877	100.00
47	青岛中能集团有限公司	189.78	8.62	—	28.13	3.49	11.45	117 991	92.41
48	唐山市华通线缆制造有限公司	184.94	5.67	—	60.55	2.35	2.49	187 900	118.43
49	广东电缆厂有限公司	180.88	7.63	110.33	78.76	9.20	0.39	65 648	99.58
50	衡阳恒飞电缆有限责任公司	178.51	4.93	97.92	74.03	2.63	-0.40	182 163	100.47
51	昆明电缆股份有限公司	173.15	13.20	103.91	71.62	2.29	4.15	121 415	105.37
52	特变电工山东鲁能泰山电缆有限公司	171.19	7.12	101.59	57.22	2.01	1.27	158 766	84.82
53	河北金桥线缆有限公司	165.67	18.73	—	1.44	4.41	5.85	65 535	98.54
54	南昌电缆有限责任公司	160.11	8.71	110.38	53.04	2.47	2.47	115 771	97.85
55	杭州早川电线有限公司	149.97	8.85	117.78	40.94	2.35	4.45	89 322	85.71
56	贵阳电线厂	149.82	16.82	—	33.97	4.13	5.19	54 550	95.86
57	黄石安瑞辐照电缆有限公司	146.20	9.17	100.57	62.24	2.16	0.72	108 261	108.41
58	天津金山电线电缆股份有限公司	142.01	12.93	125.30	61.02	2.21	4.25	62 124	102.97
59	无锡电缆厂有限公司	135.09	8.48	101.02	78.86	2.83	1.09	88 387	102.02
60	绿宝电缆（集团）有限公司	126.77	13.53	175.88	44.30	4.87	3.20	—	43.53
61	江西一舟电子有限公司	121.98	-4.83	—	87.18	7.72	0.13	61 297	98.48

（续）

序号	企业名称	工业经济效益综合指数（%）	总资产贡献率（%）	资本保值增值率（%）	资产负债率（%）	流动资产周转率（次）	工业成本费用利润率（%）	从业人员劳动生产率（元/人）	工业产品销售率（%）
62	浙江万能集团	118.05	4.60	104.17	61.47	1.46	0.39	94 167	81.65
63	青岛耐克森电装有限公司	111.45	5.45	—	37.55	6.89	-2.00	25 200	100.01
64	武汉电缆集团有限公司	103.86	7.47	101.56	71.02	1.91	0.42	57 064	93.37
65	沈阳电缆有限责任公司	102.14	-3.18	58.69	92.05	2.29	-3.44	124 873	92.84
66	南平南线电缆有限公司	99.14	2.40	102.88	76.64	1.45	0.31	76 047	91.25
67	邢台市电缆有限责任公司	85.67	5.72	—	65.12	1.82	0.22	54 239	94.89
68	南宁银杉电线电缆有限责任公司	83.37	3.00	—	72.19	2.01	0.01	59 574	99.25
69	山西离石电缆有限公司	70.72	2.57	—	85.22	1.82	0.04	52 402	85.76
70	北京市电线电缆总厂	53.30	3.84	—	132.88	1.52	0.51	41 236	103.90
71	甘肃长通电缆(集团)有限责任公司	51.52	0.37	—	79.02	1.09	-3.17	53 798	97.00
72	天水铁路电缆工厂	45.61	6.91	—	65.94	0.88	2.19	-12 853	98.36
73	成都三电股份有限公司	36.73	-1.81	—	88.55	2.14	-3.40	29 529	77.50
74	哈尔滨电缆厂	-0.34	-2.60	—	—	0.39	-9.37	18 199	96.00
	小型企业(28个)	**250.47**	**4.90**	**104.38**	**91.63**	**2.09**	**2.13**	**302 141**	**96.76**
1	沈阳电缆厂	1 108.84	-0.22	—	144.76	0.06	-12.76	1 908 556	100.00
2	长沙金龙电缆有限公司	699.61	23.71	111.62	47.30	6.75	5.39	871 563	97.75
3	威尔鹰集团有限公司	608.05	23.00	153.99	50.49	3.17	10.47	740 165	97.09
4	上海南洋-藤仓电缆有限公司	551.90	28.02	115.13	44.23	2.42	11.16	647 701	100.66
5	上海上缆藤仓电缆有限公司	400.42	5.82	108.60	63.70	1.39	3.35	537 229	90.21
6	合肥星辰电线电缆有限公司	376.02	3.32	7.60	85.31	4.85	—	500 000	99.67
7	辽宁宝林集团大连金州电缆有限公司	359.00	13.94	121.16	68.80	3.89	2.75	408 058	83.83
8	建德新安江电工器材有限责任公司	326.25	2.46	246.52	66.22	5.38	-0.91	355 977	97.81
9	温州网牌电线电缆有限公司	308.02	25.88	107.59	83.95	3.49	6.22	283 796	78.06
10	普睿司曼(天津)电缆有限公司	300.50	2.55	196.37	91.19	1.64	-0.63	397 897	88.24
11	佛山市中宝电缆厂	291.77	4.28	108.18	64.62	14.10	0.88	168 556	104.19
12	上海藤仓橡塑电缆有限公司	265.01	1.23	98.68	61.85	2.78	-0.29	327 593	97.67
13	宁夏硕邦电线电缆有限公司	227.18	3.55	141.59	40.92	1.27	1.84	260 000	93.18
14	埃赛克斯电磁线(天津)有限公司	217.10	5.61	123.25	58.20	2.65	3.00	209 897	99.65
15	宁夏隆达电缆有限公司	205.18	11.56	117.64	57.49	1.64	5.27	175 631	98.77
16	新疆百商电线电缆有限公司	195.55	1.65	99.35	81.80	1.53	0.08	240 696	92.20
17	乐星电缆(天津)有限公司	194.70	6.23	109.75	62.95	2.99	1.26	180 800	99.50
18	新疆五元实业发展中心	178.19	12.24	104.70	55.44	3.38	2.86	117 024	105.46
19	宁夏东风电缆厂	159.96	2.93	100.36	60.01	1.66	0.11	161 875	104.86
20	江山三星铜材线缆有限公司	157.36	6.25	109.01	65.14	4.60	0.71	97 705	98.91
21	昆明电缆厂一分厂	127.93	7.48	106.23	60.77	1.90	1.86	79 467	104.03
22	广州岭南电缆有限公司	104.07	1.53	83.96	34.86	1.94	-2.76	103 520	103.39
23	天津市盛华软线电缆有限公司	88.34	3.21	100.02	85.34	3.12	—	33 478	99.88
24	安徽欣意电缆有限公司	79.38	3.74	101.71	86.39	0.52	0.68	55 282	100.00
25	云南红河瑞捷电工有限公司	49.39	-0.61	78.90	33.77	3.43	-1.56	-20 000	89.84
26	天津昭和电材有限公司	34.47	-0.50	—	113.65	1.65	-1.63	26 452	98.47
27	重庆市涪陵长江博华电缆有限公司	2.85	-0.74	98.73	44.52	0.19	-6.83	-3 922	39.43
28	重庆市涪陵宇达工业有限责任公司	-26.44	-1.60	107.73	63.54	0.34	-21.95	28 364	99.95
	光纤、光缆制造(6个)	**397.22**	**9.97**	**786.15**	**58.16**	**2.63**	**4.91**	**337 192**	**95.42**
	中型企业(3个)	**327.03**	**11.61**	**—**	**58.60**	**2.75**	**5.59**	**383 096**	**95.36**
1	四川汇源光通信股份有限公司	430.85	12.94	—	61.85	3.80	4.37	542 001	94.09
2	河南许昌阳光光电线缆有限公司	264.44	14.16	—	42.48	1.74	10.78	255 880	96.30
3	侯马普天通信电缆有限公司	-2.91	-0.42	—	96.25	0.70	-4.17	9 201	—
	小型企业(3个)	**34.10**	**-4.37**	**87.76**	**54.33**	**1.06**	**-13.43**	**75 218**	**97.45**
1	上海申贝光通信器材有限公司	161.28	20.83	—	44.32	2.11	6.02	87 897	99.98

（续）

序号	企业名称	工业经济效益综合指数（%）	总资产贡献率（%）	资本保值增值率（%）	资产负债率（%）	流动资产周转率（次）	工业成本费用利润率（%）	从业人员劳动生产率（元/人）	工业产品销售率（%）
2	上海电瓷厂	145.66	7.09	104.39	60.39	1.69	2.10	113 695	96.69
3	上海阿尔卡特光缆有限公司	-258.54	-16.12	74.80	49.39	0.30	-58.30	-77 366	100.00
	特种陶瓷制品制造(11个)	**157.61**	**11.62**	**242.78**	**65.08**	**1.29**	**6.50**	**70 773**	**95.17**
	中型企业(8个)	**160.61**	**11.60**	**250.23**	**64.92**	**1.28**	**6.68**	**73 088**	**95.33**
1	唐山高压电瓷有限公司	334.47	33.20	—	47.75	1.46	39.00	141 749	95.43
2	河南省长新工贸有限公司	296.17	58.13	—	15.97	5.27	16.13	81 463	98.00
3	大连电瓷有限公司	196.54	15.27	98.80	91.43	1.52	14.55	115 375	91.78
4	萍乡市石化填料有限责任公司	165.47	31.19	—	44.57	2.02	10.12	38 782	100.00
5	萍乡市新安工业有限公司	126.67	13.01	—	72.58	2.15	3.62	75 424	100.00
6	NGK 唐山电瓷有限公司	87.75	4.14	—	33.99	1.42	0.37	63 674	103.45
7	抚顺华泰电瓷电气制造有限公司	76.29	3.31	99.07	56.02	0.42	-0.24	50 576	81.26
8	湖南醴陵火炬电瓷电器有限公司	-177.31	-28.96	—	108.15	0.68	-37.86	2 665	101.99
	小型企业(3个)	**105.75**	**12.52**	**102.59**	**71.24**	**1.70**	**1.95**	**38 874**	**91.14**
1	铜川电瓷有限责任公司	123.39	13.36	102.08	56.84	1.68	3.26	55 456	76.20
2	个旧市高压电瓷电器有限责任公司	101.00	14.34	100.00	66.62	1.91	2.96	9 895	109.52
3	牡丹江北方高压电瓷有限责任公司	91.12	11.00	107.20	87.42	1.64	0.71	33 451	98.63
	石墨及碳素制品制造(33个)	**497.88**	**23.36**	**1 751.03**	**57.83**	**2.68**	**14.59**	**187 406**	**100.89**
	大型企业(4个)	**298.13**	**24.91**	**—**	**56.64**	**2.46**	**17.31**	**225 106**	**100.02**
1	河南龙成集团有限公司	440.12	35.98	—	55.40	3.14	22.75	380 143	100.74
2	河南省西峡县保护材料集团	312.02	27.43	—	43.59	2.24	11.28	281 686	98.66
3	西峡县通宇保护材料有限公司	152.53	16.31	—	66.74	1.97	8.17	79 498	100.51
4	方大炭素新材料股份有限公司	145.37	10.35	—	64.35	1.62	18.78	24 528	100.52
	中型企业(27个)	**407.42**	**21.39**	**1 286.41**	**60.65**	**3.05**	**11.50**	**159 716**	**102.05**
1	沁阳市黄河碳素有限责任公司	589.79	86.78	—	24.30	9.11	21.90	378 682	100.00
2	河南飞孟金刚石工业有限公司	559.33	—	—	31.69	17.47	19.38	475 724	99.53
3	博爱县永裕碳素制品有限公司	483.95	96.12	—	42.78	6.39	19.98	231 782	98.62
4	青岛高而富石墨有限公司	401.67	42.09	—	32.86	17.56	9.19	148 107	98.00
5	郑州市鹏翱冶金有限公司	393.96	58.06	—	51.90	3.75	34.71	150 898	103.33
6	巩义市碳素厂	371.35	—	—	45.07	12.59	8.62	311 921	99.97
7	平果县强强碳素制品有限责任公司	344.06	18.21	—	59.92	2.03	20.99	305 279	101.63
8	焦作市鑫达碳素工业有限公司	295.16	51.34	—	54.34	2.77	20.68	112 944	98.77
9	河北长城长电极有限公司	276.61	13.80	—	79.33	2.18	0.66	341 722	99.72
10	三门峡神火碳素有限责任公司	242.63	21.26	—	82.28	7.96	7.60	126 918	99.12
11	广汉士达炭素有限公司	233.34	11.26	—	37.34	1.85	14.17	179 727	145.02
12	山西关铝炭素有限责任公司	219.48	18.02	—	62.75	3.81	6.96	159 222	105.34
13	浙江国泰密封材料股份有限公司	212.12	13.28	113.28	57.38	1.22	14.73	130 398	100.00
14	冀州市全通炭素有限公司	211.24	9.71	—	95.65	6.80	0.90	177 778	100.00
15	成都蓉光炭素股份有限公司	200.93	18.31	—	39.34	2.01	11.91	121 266	121.38
16	内蒙古霍宁碳素有限责任公司	163.64	12.17	—	64.87	2.95	4.53	116 474	100.12
17	山西俄铝碳素有限公司	150.92	4.28	—	16.49	4.28	2.89	107 080	95.15
18	山西丹源碳素股份有限公司	143.53	8.24	—	75.15	2.13	4.26	107 350	136.76
19	兴永碳素有限公司	122.34	10.13	—	105.10	1.77	2.72	105 810	96.59
20	山西晋阳碳素股份有限公司	110.30	4.40	—	18.34	2.14	1.40	83 250	97.62
21	内蒙古霍煤通顺碳素有限责任公司	101.99	4.50	—	64.12	0.70	8.76	49 619	94.33
22	阳泉市晋阳碳素有限公司	97.53	12.70	—	77.58	1.86	1.54	49 272	96.28
23	山西介休巨源炭素有限公司	94.52	5.29	—	57.51	2.66	0.16	49 088	118.38
24	山西省平遥县亮宇炭素有限公司	89.75	8.11	—	78.35	2.47	0.80	42 755	109.24
25	百色皓海碳素有限公司	80.82	3.36	—	86.65	0.58	-2.05	102 663	76.23
26	山西兆丰碳素有限公司	77.05	-4.93	—	74.97	5.42	-5.73	53 647	106.21

（续）

序号	企业名称	工业经济效益综合指数（%）	总资产贡献率（%）	资本保值增值率（%）	资产负债率（%）	流动资产周转率（次）	工业成本费用利润率（%）	从业人员劳动生产率（元/人）	工业产品销售率（%）
27	哈尔滨电碳厂	76.27	2.08	248.21	74.52	0.34	0.65	20 280	100.00
	小型企业(2个)	**308.55**	**25.35**	**123.86**	**22.38**	**1.34**	**29.07**	**158 781**	**99.66**
1	上海摩根碳制品有限公司	358.13	29.30	127.16	24.08	1.47	37.60	172 491	99.52
2	上海摩根耐特电碳有限公司	236.82	19.45	119.45	19.83	1.20	18.94	124 915	99.85
	其他未列明的金属制品制造(25个)	**142.96**	**5.91**	**152.77**	**64.81**	**2.61**	**1.87**	**90 256**	**99.47**
	大型企业(2个)	**357.18**	**5.96**	**1 708.54**	**82.13**	**4.40**	**0.82**	**87 732**	**97.35**
1	天津大桥焊材集团有限公司	191.00	7.23	584.30	84.86	5.32	0.91	43 506	94.03
2	六盘水市水钢钢城实业有限公司	140.03	5.09	—	80.28	3.43	0.68	123 035	100.57
	中型企业(10个)	**142.87**	**6.51**	**141.10**	**53.98**	**1.81**	**3.99**	**88 145**	**100.05**
1	青岛金华加工厂	252.50	12.05	—	63.88	13.73	1.53	106 930	96.50
2	锦州锦泰金属工业有限公司	211.47	6.59	112.94	56.69	1.22	4.34	214 540	100.83
3	无锡太湖锅炉有限公司	192.46	12.60	130.14	53.87	2.61	3.49	146 368	88.06
4	四川大西洋焊接材料股份有限公司	171.72	10.07	105.10	35.57	1.51	10.11	95 937	115.88
5	青岛征和工业有限公司	164.27	10.90	—	97.58	6.99	4.71	72 591	91.70
6	浙江天喜实业集团有限公司	155.36	6.19	114.74	70.21	3.07	0.36	124 096	93.72
7	青岛优源铸造有限公司	119.78	-2.74	—	59.67	8.89	-1.50	29 849	94.11
8	上海焊接器材有限公司	85.42	4.16	100.25	63.16	2.11	0.15	27 983	109.84
9	中国兵器工业第五二研究所	61.48	1.76	—	63.54	0.79	2.83	25 703	97.50
10	榆中长虹焊接材料有限公司	18.39	-1.57	—	55.25	0.76	-3.52	4 811	90.00
	小型企业(13个)	**133.88**	**3.51**	**102.04**	**62.00**	**2.70**	**-0.27**	**103 621**	**102.52**
1	无锡科创机械设计制造有限公司	720.80	18.48	108.20	18.07	6.67	9.03	901 552	100.00
2	天津燕桥焊接材料有限公司	503.64	12.32	104.47	49.74	2.41	4.03	662 692	103.83
3	江苏省姜堰市船舶舾装件有限公司	326.77	13.24	93.70	80.70	2.89	0.71	395 735	93.78
4	天津金燕焊接材料有限公司	218.69	13.17	103.37	32.81	3.56	3.84	173 467	100.00
5	天津大桥银川电焊条有限公司	189.14	6.22	143.11	60.09	1.89	1.68	177 540	102.39
6	上海斯米克焊材有限公司	187.32	11.76	101.86	52.16	4.28	1.79	126 797	102.78
7	上海中钢焊材有限公司	164.79	2.62	—	106.16	2.13	0.83	202 594	109.35
8	厦门鹭光焊材有限公司	126.56	12.52	89.35	48.76	3.79	1.34	39 670	94.08
9	江苏扬远船舶设备铸造有限公司	119.12	5.18	210.90	57.18	2.47	2.32	36 406	104.28
10	杭州电焊条有限公司	64.50	0.86	96.65	80.25	1.60	-0.45	24 033	113.93
11	新疆天山焊接材料有限公司	48.45	-1.73	77.05	4.79	1.57	-4.96	30 825	103.03
12	泰州宇宙焊接材料有限公司	31.40	—	100.00	—	2.95	-9.96	—	107.40
13	新疆南湖实业(集团)有限责任公司	-174.33	-1.17	96.32	40.41	0.18	-58.38	13 407	99.08
	绝缘制品制造(13个)	**189.54**	**12.50**	**160.41**	**68.24**	**1.74**	**5.50**	**139 524**	**94.31**
	中型企业(7个)	**196.90**	**12.66**	**162.97**	**67.31**	**1.80**	**5.45**	**149 483**	**94.36**
1	四川东材科技集团股份有限公司	293.80	13.49	—	67.74	1.94	6.07	336 659	94.64
2	苏州电瓷厂有限公司	263.53	19.98	190.55	59.28	1.55	19.87	142 192	90.98
3	桂林电器科学研究所	206.14	34.19	118.84	73.75	2.29	4.10	110 989	97.33
4	山东四达工贸股份有限公司	166.56	10.18	105.07	62.31	4.06	2.59	97 386	98.60
5	南京电气(集团)有限责任公司	126.86	7.26	105.87	66.57	1.11	4.93	78 831	87.19
6	青岛海润电子有限公司	120.49	8.50	—	75.38	1.46	3.37	93 532	98.97
7	哈尔滨庆缘电工材料股份有限公司	70.95	6.10	103.37	84.78	1.06	0.67	25 396	94.64
	小型企业(6个)	**131.19**	**10.45**	**121.06**	**80.01**	**1.17**	**6.19**	**69 202**	**93.57**
1	新疆新能天宁电工绝缘材料有限公司	225.30	14.21	131.21	59.60	0.80	17.88	135 578	86.47
2	北京北益电工绝缘制品有限公司	146.25	9.59	97.16	47.85	0.90	9.10	79 794	87.04
3	上海电机玻璃厂关港分厂	111.21	18.55	100.94	43.12	1.31	0.60	36 864	100.00
4	上海电机(集团)公司绝缘材料厂	107.15	9.34	—	—	1.96	1.66	64 607	95.47
5	上海电机(集团)公司电机玻璃纤维厂	96.48	6.40	101.44	55.31	1.76	1.01	38 474	107.05
6	东海绝缘材料有限公司	34.21	4.50	90.11	82.87	0.50	-4.16	11 037	93.91

（续）

序号	企业名称	工业经济效益综合指数（%）	总资产贡献率（%）	资本保值增值率（%）	资产负债率（%）	流动资产周转率（次）	工业成本费用利润率（%）	从业人员劳动生产率（元/人）	工业产品销售率（%）
	电池制造(27个)	**320.64**	**12.94**	**573.15**	**53.09**	**1.45**	**16.14**	**198 030**	**94.50**
	大型企业(5个)	**378.96**	**11.84**	**703.83**	**53.47**	**1.19**	**20.04**	**249 230**	**92.84**
1	江西赛维LDK太阳能高科技有限公司	440.50	14.89	—	49.39	0.89	44.80	347 754	89.11
2	保定天威英利新能源有限公司	378.04	11.75	—	55.83	1.36	20.78	394 653	96.45
3	哈尔滨光宇蓄电池有限公司	270.57	8.03	132.08	57.83	1.04	8.41	281 268	99.62
4	风帆股份有限公司	163.40	7.52	168.06	58.87	1.67	5.94	105 935	87.42
5	河南环宇集团有限公司	147.96	9.39	—	50.03	1.50	3.63	126 745	96.70
	中型企业(20个)	**260.59**	**20.59**	**374.15**	**53.50**	**2.57**	**10.52**	**135 281**	**97.22**
1	阳光硅谷电子科技有限公司	759.56	42.05	—	22.93	2.38	42.38	778 051	103.44
2	浙江南都电源动力股份有限公司	359.65	16.29	257.96	60.24	1.83	9.21	359 332	90.74
3	河南屹峰电源有限公司	329.74	—	—	79.47	4.47	25.53	279 823	100.00
4	安徽迅启蓄电池有限公司	310.56	23.77	125.76	49.04	4.15	9.28	243 975	99.86
5	风帆股份有限公司清苑分公司	265.08	8.73	—	23.40	14.38	0.49	131 210	99.55
6	哈尔滨市九洲电气股份有限公司	240.76	11.69	127.09	46.34	0.71	18.77	166 701	81.93
7	长沙丰日电气集团有限公司	223.79	15.17	113.76	46.05	1.78	7.83	178 571	95.45
8	江西真龙电源科技有限公司	222.60	32.09	—	88.05	5.92	7.19	99 029	99.39
9	抚州市恒力电池科技有限公司	220.50	14.50	—	87.44	5.39	0.67	198 562	100.23
10	风帆股份有限公司微型蓄电池分公司	157.44	14.96	—	76.74	5.75	1.31	79 428	93.57
11	广西天鹅蓄电池有限责任公司	156.61	22.57	—	65.69	2.49	7.45	61 492	104.71
12	桂平捷力电池有限公司	143.04	15.57	—	54.37	1.53	14.33	31 715	100.00
13	沈阳东北蓄电池股份有限公司	142.70	6.68	111.03	74.78	2.14	2.26	109 216	88.69
14	石家庄华北蓄电池有限公司	141.23	16.96	—	20.63	4.63	2.09	51 092	95.90
15	贵州航天电源科技有限公司	120.18	3.43	—	60.35	0.84	0.90	128 829	89.42
16	四川省崇州市蓄电池集团有限公司	112.77	10.54	—	70.30	3.72	1.45	46 462	102.04
17	重庆万里蓄电池股份有限公司	103.87	7.75	142.18	73.60	0.71	11.02	991	98.34
18	内蒙古洛克高科技股份有限公司	103.15	0.89	—	51.76	1.60	0.58	95 638	100.00
19	江西晶科能源有限公司	97.90	-2.87	—	55.03	1.83	-0.46	101 303	100.00
20	广西梧州新华电池股份有限公司	0.31	-11.68	—	123.16	3.52	-7.58	15 301	101.06
	小型企业(2个)	**-109.19**	**-6.67**	**172.03**	**33.15**	**1.91**	**-10.17**	**-211 431**	**118.19**
1	天津汤浅蓄电池有限公司	-2.79	10.56	—	42.02	2.22	5.60	-149 438	96.03
2	上海西恩迪蓄电池有限公司	-235.79	-15.42	121.76	28.64	1.66	-22.58	-304 421	133.83
	其他电工器材制造(9个)	**219.69**	**7.32**	**101.35**	**75.35**	**1.71**	**3.25**	**235 237**	**98.88**
	大型企业(1个)	**227.07**	**5.89**	**95.34**	**78.43**	**1.54**	**1.95**	**265 523**	**98.94**
1	大连大显集团有限公司	227.07	5.89	95.34	78.43	1.54	1.95	265 523	98.94
	中型企业(6个)	**234.28**	**21.84**	**140.11**	**51.96**	**3.45**	**9.84**	**128 757**	**100.16**
1	漯河市永光电气设备有限公司	560.38	90.81	—	19.07	6.91	24.79	335 750	99.12
2	漯河市民族热镀锌有限责任公司	538.83	98.46	—	19.84	9.38	28.48	213 368	99.29
3	杭州河合电器股份有限公司	264.06	18.08	101.60	46.42	2.23	17.54	169 918	100.00
4	辽宁东港电磁线有限公司	164.75	13.37	152.38	57.85	4.67	2.59	63 211	98.01
5	中日电热(厦门)有限公司	104.28	4.73	92.90	55.15	2.34	3.16	36 735	101.68
6	甘肃电力变压器厂	32.43	-11.80	—	100.00	1.16	-15.43	138 593	127.52
	小型企业(2个)	**244.26**	**7.56**	**104.99**	**54.99**	**2.06**	**5.58**	**248 777**	**88.42**
1	佛山精密电工合金有限公司	248.58	7.64	104.98	54.50	2.08	5.64	254 979	88.30
2	北京远东瑞特科技有限公司	47.84	-0.71	—	101.08	1.14	0.03	40 571	100.00

2007 年中国电器工业协会各分会主要经济指标汇总表

序号	分会名称	上报企业数（个）	工业总产值（当年价）（万元）	出口交货值（万元）	工业增加值（万元）	主营业务收入（万元）	年末资产总额（万元）	全年从业人员平均人数（人）	科技活动经费筹集总额（万元）	研究与发展经费支出（万元）	经济效益综合指数
	合　计	1 670	83 211 799	10 637 788	19 162 987	78 920 712	70 480 242	1 174 740	2 769 105	1 672 228	2.17
1	大电机分会	18	2 635 849	186 465	754 702	2 570 845	3 770 326	39 475	103 140	53 731	2.23
2	汽轮机分会	13	3 772 439	263 716	963 058	3 645 087	5 410 464	30 328	156 330	119 832	3.11
3	电站锅炉分会	17	4 171 252	291 902	605 480	4 159 674	5 387 095	26 263	133 907	39 533	2.67
4	水电设备分会	60	1 962 997	154 775	548 812	1 950 574	3 344 780	39 539	77 581	52 650	2.03
5	内燃发电设备分会	19	1 988 074	144 278	501 658	2 638 944	2 276 539	35 920	67 209	37 725	2.54
6	高压开关分会	328	9 609 419	349 584	2 343 916	8 848 761	8 590 484	137 327	729 722	319 874	2.01
7	变压器分会	30	2 513 198	379 768	516 681	2 465 479	1 884 730	18 364	71 606	53 990	2.88
8	绝缘子避雷器分会	31	352 924	47 631	129 294	328 470	557 885	15 910	6 224	6 546	1.55
9	电力电容器分会	16	336 696	4 844	76 500	303 876	341 796	5 771		3 164	2.85
10	电控配电设备分会	84	3 905 105	56 825	1 026 370	3 600 808	2 912 465	43 444	261 307	188 235	2.01
11	通用低压电器分会	125	4 843 767	458 481	1 290 225	4 733 759	3 543 242	85 672	110 977	70 068	2.15
12	电力电子分会	36	307 981	19 125	88 547	291 294	403 932	6 799	15 905	9 569	1.72
13	防爆电器分会	46	445 964	7 174	135 340	414 202	338 794	13 275	8 277	4 066	2.71
14	继电保护及自动化设备分会	44	1 106 848	20 104	378 787	1 670 472	2 810 599	22 891	57 460	34 097	1.95
15	工业日用电器分会	21	10 172 324	3 356 391	3 799 676	8 049 204	5 590 065	141 402	340 459	380 578	2.64
16	电器附件及家用控制器分会	43	1 592 696	367 019	325 408	1 547 716	1 291 145	45 556	28 523	28 989	1.73
17	牵引电气设备分会	32	500 132	52 191	117 354	406 434	735 897	19 902	27 772	17 603	1.14
18	电炉及工业炉分会	29	242 482	3 988	47 259	242 195	239 726	7 672	7 643	7 842	1.15
19	电焊机分会	40	456 310	80 205	129 251	446 725	361 118	9 331	17 493	14 027	1.08
20	焊接材料分会	74	1 496 954	189 215	245 673	1 574 890	902 766	25 364	32 774	22 275	1.51
21	防爆电机分会	39	1 244 826	135 991	286 798	1 175 654	1 178 351	25 738	40 976	15 355	1.39
22	中小型电机分会	56	3 330 629	354 874	755 763	3 299 004	3 193 762	75 047	45 773	17 365	1.58
23	分马力电机分会	41	1 884 918	391 747	281 186	1 762 568	1 211 420	38 006	43 770	24 689	1.72
24	微电机分会	26	1 243 650	263 980	195 758	1 138 558	955 441	29 776	35 708	17 601	1.35
25	电动工具分会	58	2 349 680	2 008 442	360 179	2 494 298	1 387 602	45 400	166 500	10 664	1.75
26	电线电缆分会	94	14 058 901	366 727	1 720 922	13 246 441	6 448 304	68 021			5.95
27	绝缘材料分会	43	954 121	262 107	219 129	856 006	924 309	13 648	14 504	6 274	1.9
28	铅酸蓄电池分会	36	3 022 254	236 185	539 347	2 695 062	1 793 997	44 777	49 041	51 387	2.92
29	电工合金分会	15	279 953	3 989	73 429	259 091	207 422	2 800	5 935	3 952	
30	电工专用设备分会	15	200 971	23 499	60 566	187 058	156 848	4 658	8 827	7 961	2.03
31	电碳分会	19	124 994	19 154	34 591	105 951	140 655	6 149	929	907	1.19
32	工业锅炉分会	84	1 310 293	74 632	382 135	1 218 938	1 855 944	38 329	44 968	27 476	
33	热缩材料分会	19	202 788	12 072	60 328	180 697	269 744	4 314	4 610	3 233	2.27
34	变频器分会	19	590 411	50 707	168 864	411 976	62 596	7 872	53 256	20 971	3.59

2007年中国电器工业协会重点企业工业总产值(当年价)前100名

序号	企业名称	工业总产值(万元)	序号	企业名称	工业总产值(万元)
1	中国东方电气集团公司*	3 013 905	51	河南森源电气股份有限公司	237 560
2	上海电气电站集团公司*	2 609 572	52	浙江长城电子科技集团有限公司	230 660
3	哈尔滨电站设备集团公司*	2 554 165	53	江苏白雪电器股份有限公司	229 175
4	远东控股集团有限公司	1 409 406	54	华仪电器集团有限公司	226 270
5	玉柴机器股份有限公司	1 255 712	55	青岛变压器集团有限公司	220 660
6	西安电力机械制造公司	1 152 119	56	光宇集团股份公司	217 656
7	特变电工股份有限公司	923 120	57	天津大桥焊材集团有限公司	213 283
8	正泰电器股份有限公司	849 123	58	北京ABB电气传动系统有限公司	212 134
9	兴乐集团有限公司	781 539	59	江苏金牛线缆集团公司	208 481
10	永鼎集团有限公司	763 268	60	双登电源公司	205 130
11	德力西集团有限公司	744 213	61	湖南湘能金杯电缆有限公司	205 120
12	天津塑力线缆集团有限公司	717 202	62	浙江万马集团电缆有限公司	204 600
13	牧田(昆山)有限公司	690 000	63	上海通用电气开关/广电有限公司	201 997
14	保定天威集团	669 545	64	无锡华光锅炉股份有限公司	200 745
15	铜陵精达集团	617 343	65	福建南平太阳电缆股份有限公司	200 163
16	江苏上上电缆集团	598 681	66	广东新亚光电缆实业有限公司	199 003
17	许继集团有限公司	596 009	67	山东达驰电气股份有限公司	192 331
18	广东威灵电机制造有限公司	543 097	68	中国北车集团永济电机厂	190 985
19	山东东辰控股集团有限公司	502 102	69	江苏金鼎电动工具集团有限公司	186 891
20	天能蓄电池公司	466 384	70	浙江球冠集团有限公司	185 380
21	大全集团有限公司	460 654	71	扬州曙光电缆有限公司	181 838
22	三花控股集团有限公司	455 365	72	博世电动工具(中国)有限公司	181 353
23	平高集团有限公司	441 526	73	新东北电气(沈阳)高压开关有限公司	180 149
24	无锡市沪安电线电缆有限公司	431 515	74	上海南大集团有限公司	179 084
25	人民电器集团有限公司	424 365	75	佳木斯电机股份有限公司	177 377
26	江苏东源电器集团股份有限公司	415 187	76	山东华力电机集团股份有限公司	173 877
27	山东阳谷电缆集团有限公司	407 093	77	武汉汽轮发电机厂	170 233
28	江苏圣安电缆有限公司	401 260	78	露笑集团有限公司	170 155
29	浙江宏磊铜业股份有限公司	400 102	79	章丘海尔电机有限公司	168 584
30	青岛汉缆集团有限公司	393 276	80	安徽华菱电缆集团有限公司	166 851
31	上海胜华电缆集团有限公司	392 410	81	湖北骆驼蓄电池公司	159 937
32	南京汽轮电机(集团)有限责任公司	381 799	82	桂林国际电线电缆集团有限责任公司	159 307
33	中国北车集团大连机车车辆有限公司	376 764	83	耀华电器集团有限公司	158 860
34	杭州汽轮机股份有限公司	372 106	84	济南锅炉集团有限公司	153 226
35	浙江卧龙控股集团有限公司	371 035	85	北京北重汽轮电机有限责任公司	152 694
36	江西新华金属制品有限责任公司	346 249	86	四川川东电缆有限责任公司	151 083
37	华通机电集团有限公司	338 163	87	广东电缆厂有限公司	151 057
38	天津市金桥焊材集团有限公司	334 779	88	湖南华菱线缆股份有限公司	150 516
39	百得(苏州)有限公司	323 122	89	威海恒大电机(集团)有限公司	149 746
40	湘电集团有限公司	320 043	90	北京巴威公司	149 383
41	江苏东源电器集团	315 732	91	杭州钱江电气集团股份有限公司	149 360
42	厦门ABB开关有限公司	298 730	92	江苏大通清江机电有限公司	146 062
43	风帆股份有限公司	280 732	93	山东万达电缆有限公司	145 693
44	浙江超威电源公司	279 572	94	青岛捷能汽轮机股份有限公司	143 720
45	泰开电气集团有限公司	271 401	95	重庆渝能泰山电线电缆有限公司	140 259
46	广东生益科技股份有限公司	266 576	96	南阳防爆集团有限公司	139 461
47	浙江先登电工器材股份有限公司	266 025	97	重庆鸽牌电线电缆有限公司	139 004
48	天正集团有限公司	261 028	98	江苏天源华威电气集团有限公司	138 900
49	江苏华鹏变压器有限公司	257 917	99	杭州锅炉集团有限公司	138 885
50	兰州长城电工股份有限公司	249 234	100	宁波天安(集团)股份有限公司	135 408

注:“*”含汽机、电机和锅炉。

2007年中国电器工业协会会员单位主营业务收入前100名

序号	企业名称	主营业务收入(万元)	序号	企业名称	主营业务收入(万元)
1	上海电气(集团)总公司*	6 896 391	51	浙江超威电源公司	273 196
2	中国东方电气集团公司*	3 097 265	52	无锡华光锅炉股份有限公司	271 000
3	哈尔滨电站设备集团公司*	3 010 488	53	泰开电气集团有限公司	268 923
4	玉柴机器股份有限公司	1 836 000	54	西安西电变压器有限责任公司	267 101
5	远东控股集团有限公司	1 320 106	55	天正集团有限公司	255 940
6	西安电力机械制造公司	1 068 086	56	风帆股份有限公司	253 901
7	宝胜集团有限公司	898 948	57	浙江先登电工器材股份有限公司	250 602
8	特变电工股份有限公司	893 122	58	兰州长城电工股份有限公司	236 286
9	正泰集团股份有限公司	838 828	59	天津大桥焊材集团有限公司	231 141
10	保定天威集团	826 046	60	浙江长城电子科技集团有限公司	230 660
11	永鼎集团有限公司	759 364	61	华仪电器集团有限公司	225 171
12	德力西集团有限公司	723 490	62	江苏白雪电器股份有限公司	225 120
13	兴乐集团有限公司	717 840	63	光宇集团股份公司	212 542
14	铜陵精达集团	707 177	64	河南森源电气股份有限公司	211 439
15	牧田(昆山)有限公司	692 000	65	双登电源公司	208 836
16	天津塑力线缆集团有限公司	652 002	66	杭州钱江电气集团股份有限公司	205 582
17	许继集团有限公司	615 978	67	江苏金牛线缆集团公司	204 047
18	江苏上上电缆集团	590 662	68	广东新亚光电缆实业有限公司	203 537
19	浙江富春江通信集团有限公司	586 977	69	湖南湘能金杯电缆有限公司	203 041
20	山东东辰控股集团有限公司	490 916	70	上海通用电气开关/广电有限公司	201 997
21	富通集团有限公司	463 900	71	博世电动工具(中国)有限公司	201 437
22	天能蓄电池公司	458 361	72	福建南平太阳电缆股份有限公司	200 102
23	杭州汽轮动力集团有限公司	454 671	73	杭州锅炉集团有限公司	199 408
24	广东威灵电机制造有限公司	454 048	74	浙江球冠集团有限公司	187 735
25	青岛变压器集团有限公司	445 506	75	江苏金鼎电动工具集团有限公司	186 002
26	大全集团有限公司	445 168	76	山东达驰电气股份有限公司	183 642
27	无锡市沪安电线电缆有限公司	422 079	77	西安西玛电机(集团)股份有限公司	182 543
28	人民电器集团有限公司	418 214	78	中国北车集团永济电机厂	180 612
29	浙江宏磊铜业股份有限公司	401 472	79	扬州曙光电缆有限公司	180 193
30	山东阳谷电缆集团有限公司	401 231	80	威海恒大电机(集团)有限公司	175 682
31	江苏圣安电缆有限公司	396 800	81	山东华力电机集团股份有限公司	174 833
32	江苏东源电器集团股份有限公司	392 655	82	露笑集团有限公司	168 193
33	青岛汉缆集团有限公司	392 429	83	北京北重汽轮电机有限责任公司	166 948
34	上海胜华电缆集团有限公司	385 380	84	上海南大集团有限公司	162 804
35	南京汽轮电机(集团)有限责任公司	381 750	85	青岛捷能汽轮机股份有限公司	162 340
36	西安西开高压电气股份有限公司	380 475	86	安徽华菱电缆集团有限公司	160 547
37	平高集团有限公司	379 315	87	章丘海尔电机有限公司	160 158
38	中国北车集团大连机车车辆有限公司	373 933	88	西安西电高压开关有限责任公司	160 136
39	卧龙控股集团有限公司	360 936	89	湖南华菱线缆股份有限公司	150 516
40	天津市金桥焊材集团有限公司	353 736	90	南阳防爆集团有限公司	150 453
41	湘潭电机集团有限公司	348 477	91	耀华电器集团有限公司	150 350
42	浙江万马集团有限公司	339 721	92	烟台东方电子信息产业集团有限公司	150 240
43	山东阳谷电缆集团有限公司	330 682	93	北京巴布科克·威尔科克斯有限公司	149 383
44	华通机电集团有限公司	325 608	94	四川川东电缆有限责任公司	149 086
45	百得(苏州)有限公司	323 710	95	济南锅炉集团有限公司	148 590
46	江苏华鹏变压器有限公司	303 776	96	重庆渝能泰山电线电缆有限公司	147 741
47	厦门 ABB 开关有限公司	300 499	97	佳木斯电机股份有限公司	145 210
48	江苏东源电器集团	298 597	98	江苏天源华威电气集团有限公司	138 853
49	浙江博大电器有限公司	277 760	99	昆明电缆股份有限公司	138 490
50	广东生益科技股份有限公司	274 560	100	无锡电缆厂有限公司	138 338

注:“*”含汽机、电机和锅炉。

2007 年中国电器工业协会重点企业工业增加值前 100 名

序号	企业名称	工业增加值（万元）	序号	企业名称	工业增加值（万元）
1	玉柴机器股份有限公司	336 990	51	广东生益科技股份有限公司	62 557
2	特变电工股份有限公司	267 937	52	西安西电变压器有限责任公司	62 190
3	东方汽轮机有限公司	257 798	53	广东威灵电机制造有限公司	59 070
4	正泰电器股份有限公司	252 873	54	安徽鑫龙电器股份有限公司	58 975
5	许继集团有限公司	244 364	55	唐山松下产业机器有限公司	58 568
6	哈尔滨电机厂有限责任公司	189 524	56	华仪电器集团有限公司	58 487
7	德力西集团有限公司	174 768	57	浙江先登电工器材股份有限公司	58 390
8	上海汽轮机有限公司	152 670	58	山东达驰电气股份有限公司	56 795
9	东方锅炉集团股份有限公司	146 652	59	远东控股集团有限公司	56 376
10	杭州汽轮机股份有限公司	142 235	60	浙江长城电子科技集团有限公司	55 055
11	东方电机股份有限公司	141 178	61	人民电器集团有限公司	54 466
12	哈尔滨锅炉厂有限责任公司	138 280	62	烟台东方电子信息产业集团有限公司	54 241
13	大全集团有限公司	135 612	63	江苏华威线路设备集团有限公司	53 821
14	哈尔滨汽轮机厂有限责任公司	127 193	64	兰州长城电工股份有限公司	51 947
15	平高集团有限公司	124 357	65	江苏天源华威电气集团有限公司	51 486
16	天能蓄电池公司	121 465	66	浙江万马集团电缆有限公司	51 150
17	山东阳谷电缆集团有限公司	120 771	67	华鹏集团公司	49 997
18	保定天威集团	113 127	68	中国北车集团大连机车车辆有限公司	49 378
19	厦门 ABB 开关有限公司	112 734	69	风帆股份有限公司	49 249
20	江苏春兰制冷设备股份有限公司	111 016	70	上海柘中(集团)有限公司	48 938
21	浙江宏磊铜业股份有限公司	109 010	71	武汉汽轮发电机厂	47 977
22	人民电器集团有限公司	108 973	72	安徽华菱电缆集团有限公司	46 562
23	牧田(昆山)有限公司	105 000	73	佳木斯电机股份有限公司	42 570
24	江苏上上电缆集团	102 318	74	广东新亚光电缆实业有限公司	42 265
25	南京汽轮电机集团有限责任公司	101 596	75	桂林国际电线电缆集团有限责任公司	41 048
26	山东东辰控股集团有限公司	99 308	76	中国北车集团永济电机厂	41 025
27	青岛汉缆集团有限公司	98 791	77	常熟开关制造有限公司(原常熟开关厂)	40 840
28	三花控股集团有限公司	98 707	78	上海通用电气开关/广电有限公司	39 986
29	上海锅炉厂有限公司	97 734	79	青岛捷能汽轮机股份有限公司	39 944
30	兴乐集团有限公司	96 887	80	佛山市顺德区容桂万喜电器燃气具有限公司	39 636
31	华通机电集团有限公司	96 835	81	上海柘中(集团)有限公司	38 837
32	江苏圣安电缆有限公司	94 296	82	北京北重汽轮电机有限责任公司	38 368
33	上海汽轮发电机有限公司	92 358	83	河南森源电气股份有限公司	38 145
34	南京汽轮电机(集团)有限责任公司	90 199	84	南阳防爆集团有限公司	37 804
35	江苏东源电器集团股份有限公司	88 064	85	深圳市长园新材料股份有限公司	37 528
36	湘电集团有限公司	86 400	86	四川东材企业集团有限公司	37 338
37	西安西开高压电气股份有限公司	81 002	87	长城电器集团有限公司	36 191
38	青岛变压器集团有限公司	78 680	88	天津百利特精电气股份有限公司	36 072
39	泰开电气集团有限公司	76 918	89	新东北电气(沈阳)高压开关有限公司	35 633
40	北京 ABB 电气传动系统有限公司	74 497	90	杭州钱江电气集团股份有限公司	35 616
41	光宇集团股份公司	72 690	91	杭州锅炉集团有限公司	35 452
42	天正集团有限公司	72 073	92	上海南大集团有限公司	35 391
43	上海电气集团上海电机厂有限公司	71 096	93	厦门 ABB 低压电器设备有限公司	35 343
44	浙江卧龙控股集团有限公司	68 370	94	扬州曙光电缆有限公司	34 945
45	无锡市沪安电线电缆有限公司	68 168	95	天津市金桥焊材集团有限公司	34 417
46	双登电源公司	67 849	96	环宇集团有限公司	34 000
47	湖北骆驼蓄电池公司	64 835	97	无锡透平叶片有限公司	33 498
48	永鼎集团有限公司	64 357	98	西安西玛电机(集团)股份有限公司	33 496
49	无锡华光锅炉股份有限公司	64 145	99	济南锅炉集团有限公司	32 691
50	浙江博大电器有限公司	63 617	100	济南柴油机股份有限公司	31 950

2007年中国电器工业协会重点企业经济效益综合指数前100名

序号	企业名称	经济效益综合指数	序号	企业名称	经济效益综合指数
1	西安西电高压开关有限责任公司	9.92	51	北京ABB低压电器有限公司	4.83
2	浙江长城电子科技集团有限公司	9.63	52	上海捷星电器制造有限公司	4.81
3	厦门ABB开关有限公司	9.55	53	广东威灵电机制造有限公司	4.79
4	浙江宏磊铜业股份有限公司	7.63	54	TCL低压电器(无锡)有限公司	4.78
5	常州顺风发电设备有限公司	7.49	55	广东长园电缆附件有限公司	4.76
6	天津华云自控股份有限公司	7.42	56	许继集团有限公司	4.73
7	江苏波瑞电气有限公司	7.35	57	北海银河科技电气有限责任公司	4.72
8	上海元龙玻璃钢有限公司	6.96	58	吴江金通力电器成套有限公司	4.72
9	上海汽轮发电机有限公司	6.90	59	江苏恒通电气仪表有限公司	4.71
10	安徽鑫龙屯电器股份有限公司	6.77	60	三信国际电器上海有限公司	4.70
11	江苏东源电器集团股份有限公司	6.68	61	泉州亿兴电力有限公司	4.69
12	厦门ABB低压电器设备有限公司	6.63	62	广东新亚光电缆实业有限公司	4.66
13	安徽华菱电缆集团有限公司	6.60	63	无锡市沪安电线电缆有限公司	4.65
14	兴乐集团有限公司	6.57	64	上海天逸电器有限公司	4.63
15	泰州市环太电器厂	6.56	65	杭州汽轮机股份有限公司	4.62
16	天津市环欧半导体材料技术有限公司	6.51	66	江苏金牛线缆集团公司	4.62
17	佛山市顺德区容桂万喜电器燃气具有限公司	6.47	67	南京因泰莱电器股份有限公司	4.62
18	唐山松下产业机器有限公司	6.42	68	南通鸿安三木绝缘材料有限公司	4.61
19	四川川东电缆有限责任公司	6.40	69	天津市汇和电气控制设备厂	4.61
20	宁波耀华电器厂	6.33	70	吴江金通力电器成套有限公司	4.57
21	施耐德万高(天津)电气设备有限公司	6.28	71	东方汽轮机厂	4.54
22	牧田(昆山)有限公司	6.23	72	八达电气有限公司	4.52
23	佛山市顺德区陈村镇光明高压电器厂	6.22	73	上海东洋碳素有限公司	4.51
24	上海电器厂实业有限公司	6.09	74	福建福安闽东亚南电机有限公司	4.49
25	江苏圣安电缆有限公司	5.77	75	英泰集团有限公司	4.48
26	青岛汉缆集团有限公司	5.76	76	上海西门子高压开关有限公司	4.47
27	台州富凌机电有限公司	5.70	77	华富蓄电池公司	4.45
28	上海天迅电气有限公司	5.58	78	湖南长高高压开关集团股份公司	4.43
29	上海威特力焊接设备制造股份有限公司	5.54	79	唐山开诚电器有限责任公司	4.43
30	上海雷诺尔电气有限公司	5.51	80	成都市西南电器有限责任公司	4.41
31	江苏东源电器集团	5.49	81	南昌电容器厂	4.40
32	上海艾帕电力电子有限公司	5.45	82	杭州恒信电气有限公司	4.38
33	山东华能线缆有限公司	5.41	83	湖北天瑞电子有限公司	4.37
34	无锡透平叶片有限公司	5.40	84	威海华通开关设备有限公司	4.35
35	ABB新会低压开关有限公司	5.39	85	江苏华威线路设备集团有限公司	4.31
36	博世电动工具(中国)有限公司	5.37	86	华仪电器集团有限公司	4.28
37	沈阳昊诚飞驰电气有限公司	5.33	87	苏州巨峰绝缘材料有限公司	4.22
38	江苏三角洲塑化有限公司	5.32	88	新东北电气集团高压开关有限公司	4.20
39	上海南华兰陵电气有限公司	5.19	89	南京汽轮电机(集团)有限责任公司*	4.17
40	常熟市电缆厂	5.12	90	常州太平洋电力设备(集团)有限公司	4.16
41	山东阳谷电缆集团有限公司	5.10	91	浙江华仪电力自动化有限公司	4.14
42	安徽鑫龙电器股份有限公司	5.08	92	西安西电电力电容器有限责任公司	4.14
43	上海大华电器设备有限公司	5.08	93	闽东电机集团股份有限公司	4.12
44	烟台北海电气有限公司	5.08	94	天津久安集团有限公司	4.12
45	江苏上上电缆集团	5.00	95	厦门华电开关有限公司	4.12
46	常熟开关制造有限公司	4.98	96	慈溪市台联电器成套厂	4.11
47	南京华洋电气有限公司	4.93	97	上海通用电气开关/广电有限公司	4.09
48	桂林国际电线电缆集团有限责任公司	4.88	98	许继电气开关厂	4.09
49	瓦房店防爆电器有限公司	4.87	99	河南新乡菱亚电力设备有限公司	4.07
50	江苏天源华威电气集团有限公司	4.83	100	江苏凯帆电器有限公司	4.06

2007 年中国电器工业协会各分会企业主要经济指标完成情况

2007 年大电机分会企业工业总产值排序

（单位：万元）

序号	企业名称	2007 年	2006 年	比上年增长(%)
1	哈尔滨电机厂有限责任公司*	561 818	508 929	10.39
2	东方电气集团东方电机股份有限公司*	513 375	455 344	12.74
3	南京汽轮电机(集团)有限责任公司*	381 799	359 529	6.19
4	上海汽轮发电机有限公司	330 366	327 998	0.72
5	武汉汽轮发电机厂	170 233	207 598	-18.00
6	北京北重汽轮电机有限责任公司	152 694	163 984	-6.88
7	沈阳电机股份有限公司	113 400	113 023	0.33
8	山东齐鲁电机制造有限公司	104 487	122 081	-14.41
9	四川东风电机厂有限公司*	83 477	72 262	15.52
10	兰州电机有限责任公司	73 149	66 959	9.24
11	昆明电机有限责任公司*	51 125	44 353	15.27
12	长沙电机厂	35 035	30 226	15.91
13	福建南平南电水电设备制造有限公司	32 605	40 646	-19.78
14	南宁发电设备总厂*	30 161	25 302	19.20
15	洛阳中重发电设备有限责任公司	23 257	26 460	-12.11
16	杭州杭发集团公司	21 268	15 972	33.16
17	淄博牵引电机集团股份有限公司*	19 451	18 975	2.51
18	广东省韶关众力发电设备有限公司*	19 447	18 237	6.63

注：“*”含其他产品。

2007 年大电机分会企业主营业务收入排序

（单位：万元）

序号	企业名称	2007 年	2006 年	比上年增长(%)
1	哈尔滨电机厂有限责任公司*	582 486	475 868	22.40
2	东方电气集团东方电机股份有限公司*	555 567	469 808	18.25
3	上海汽轮发电机有限公司	313 708	333 485	-5.93
4	南京汽轮电机(集团)有限责任公司*	381 750	358 247	6.56
5	北京北重汽轮电机有限责任公司	166 948	153 843	8.52
6	山东齐鲁电机制造有限公司	104 988	127 852	-17.88
7	武汉汽轮发电机厂*	101 339	107 492	-5.72
8	沈阳电机股份有限公司	96 016	100 140	-4.12
9	四川东风电机厂有限公司*	76 626	73 289	4.55
10	兰州电机有限责任公司	69 890	65 706	6.37
11	昆明电机有限责任公司*	44 075	35 591	23.84
12	福建南平南电水电设备制造有限公司	33 340	35 135	-5.11
13	长沙电机厂	30 035	24 884	20.70

（续）

序号	企 业 名 称	2007 年	2006 年	比上年增长(%)
14	洛阳中重发电设备有限责任公司	24 704	28 202	-12.40
15	淄博牵引电机集团股份有限公司*	20 335	20 908	-2.74
16	南宁发电设备总厂*	18 511	17 365	6.60
17	杭州杭发集团公司	17 583	13 322	31.99
18	广东省韶关众力发电设备有限公司*	14 614	15 475	-5.57

注:“*”含其他产品。

2007 年大电机分会企业工业增加值排序

（单位:万元）

序号	企 业 名 称	2007 年	2006 年	比上年增长(%)
1	哈尔滨电机厂有限责任公司*	189 524	126 219	50.15
2	东方电气集团东方电机股份有限公司*	141 178	122 943	14.83
3	上海汽轮发电机有限公司	92 358	82 361	12.14
4	南京汽轮电机(集团)有限责任公司	90 199	91 091	-0.98
5	武汉汽轮发电机厂	47 977	47 036	2.00
6	北京北重汽轮电机有限责任公司	38 368	34 888	9.98
7	山东齐鲁电机制造有限公司	26 524	38 569	-31.23
8	四川东风电机厂有限公司*	26 500	26 165	1.28
9	沈阳电机股份有限公司	24 460	23 057	6.09
10	兰州电机有限责任公司	18 205	20 000	-8.98
11	昆明电机有限责任公司*	16 914	14 158	19.47
12	长沙电机厂	11 298	9 648	17.10
13	广东省韶关众力发电设备有限公司*	8 715	5 972	45.93
14	洛阳中重发电设备有限责任公司	5 310	5 981	-11.23
15	杭州杭发集团公司	5 050	1 371	268.32
16	福建南平南电水电设备制造有限公司	4 672	3 175	47.16
17	淄博牵引电机集团股份有限公司*	3 785	4 181	-9.48
18	南宁发电设备总厂*	3 666	3 248	12.89

注:“*”含其他产品。

2007 年大电机分会企业全员劳动生产率排序

序号	企 业 名 称	全员劳动生产率(元/人)	序号	企 业 名 称	全员劳动生产率(元/人)
1	上海汽轮发电机有限公司	869 661	10	广东省韶关众力发电设备有限公司*	118 726
2	南京汽轮电机(集团)有限责任公司*	438 496	11	洛阳中重发电设备有限责任公司	106 616
3	哈尔滨电机厂有限责任公司*	316 084	12	沈阳电机股份有限公司	104 575
4	东方电气集团东方电机股份有限公司	220 798	13	四川东风电机厂有限公司*	102 793
5	山东齐鲁电机制造有限公司	196 476	14	长沙电机厂	81 866
6	武汉汽轮发电机厂*	168 933	15	兰州电机有限责任公司	48 251
7	杭州杭发集团公司	144 687	16	福建南平南电水电设备制造有限公司	36 789
8	昆明电机有限责任公司*	142 255	17	南宁发电设备总厂*	30 836
9	北京北重汽轮电机有限责任公司	136 299	18	淄博牵引电机集团股份有限公司*	22 771

注:“*”含其他产品。

2007年大电机分会企业经济效益综合指数排序

序号	企业名称	经济效益综合指数	序号	企业名称	经济效益综合指数
1	上海汽轮发电机有限公司	6.90	10	北京北重汽轮电机有限责任公司*	1.68
2	南京汽轮电机(集团)有限责任公司*	4.17	11	昆明电机有限责任公司*	1.60
3	哈尔滨电机厂有限责任公司*	3.58	12	广东省韶关众力发电设备有限公司*	1.46
4	东方电气集团东方电机股份有限公司*	2.61	13	杭州杭发集团公司	1.35
5	长沙电机厂	2.57	14	沈阳电机股份有限公司	1.19
6	山东齐鲁电机制造有限公司	2.43	15	福建南平南电水电设备制造有限公司	0.90
7	武汉汽轮发电机厂*	2.22	16	兰州电机有限责任公司	0.57
8	洛阳中重发电设备有限责任公司	1.98	17	南宁发电设备总厂*	0.47
9	四川东风电机厂有限公司	1.82	18	淄博牵引电机集团股份有限公司*	0.10

注:"*"含其他产品。

2007年汽轮机分会企业工业总产值排序

(单位:万元)

序号	企业名称	2007年	2006年	比上年增长(%)
1	东方汽轮机有限公司	954 955	1 007 520	-5.22
2	上海汽轮机有限公司	753 913	823 589	-8.46
3	哈尔滨汽轮机厂有限责任公司	704 774	614 036	14.78
4	南京汽轮电机(集团)有限责任公司*	381 799	359 529	6.19
5	杭州汽轮机股份有限公司	372 106	284 760	30.67
6	武汉汽轮发电机厂*	170 233	207 598	-18.00
7	北京北重汽轮电机有限责任公司*	152 694	163 984	-6.88
8	青岛捷能汽轮机股份有限公司	143 720	192 075	-25.18
9	无锡透平叶片有限公司	66 159	60 025	10.22
10	广州广重企业集团有限公司	31 033	30 784	0.81
11	洛阳发电设备厂	23 257	26 460	-12.11
12	中州汽轮机厂	16 491	22 441	-26.51
13	青岛汽轮机配件有限公司	1 305	1 661	-21.43

注:"*"含其他产品。

2007年汽轮机分会企业主营业务收入排序

(单位:万元)

序号	企业名称	2007年	2006年	比上年增长(%)
1	上海汽轮机有限公司	822 346	591 126	39.12
2	东方汽轮机有限公司	785 210	659 323	19.09
3	哈尔滨汽轮机厂有限责任公司	713 030	794 164	-10.22
4	南京汽轮电机(集团)有限责任公司*	381 750	358 247	6.56
5	杭州汽轮机股份有限公司	368 043	305 797	20.36
6	北京北重汽轮电机有限责任公司*	166 948	153 843	8.52
7	武汉汽轮发电机厂*	101 339	107 492	-5.72
8	青岛捷能汽轮机股份有限公司	162 340	218 612	-25.74
9	无锡透平叶片有限公司	64 106	58 010	10.51

（续）

序号	企业名称	2007年	2006年	比上年增长(%)
10	广州广重企业集团有限公司	35 595	31 737	12.16
11	洛阳发电设备厂	24 703	28 202	-12.41
12	中州汽轮机厂	18 425	21 314	-13.55
13	青岛汽轮机配件有限公司	1 252	1 751	-28.49

注:“*”含其他产品。

2007年汽轮机分会企业工业增加值排序

（单位:万元）

序号	企业名称	2007年	2006年	比上年增长(%)
1	东方汽轮机有限公司	257 798	321 761	-19.88
2	上海汽轮机有限公司	152 670	122 316	24.82
3	杭州汽轮机股份有限公司	142 235	109 388	30.03
4	哈尔滨汽轮机厂有限责任公司	127 193	138 158	-7.94
5	南京汽轮电机(集团)有限责任公司	101 596	91 091	11.53
6	武汉汽轮发电机厂	47 977	47 036	2.00
7	青岛捷能汽轮机股份有限公司	39 944	31 013	28.80
8	北京北重汽轮电机有限责任公司	38 368	34 888	9.98
9	无锡透平叶片有限公司	33 498	25 961	29.03
10	广州广重企业集团有限公司	10 501	10 461	0.39
11	洛阳发电设备厂	5 309	5 981	-11.24
12	中州汽轮机厂	5 246	6 551	-19.91
13	青岛汽轮机配件有限公司	723	909	-20.50

2007年汽轮机分会企业经济效益综合指数排序

序号	企业名称	经济效益综合指数	序号	企业名称	经济效益综合指数
1	无锡透平叶片有限公司	5.40	8	青岛捷能汽轮机股份有限公司	2.08
2	杭州汽轮机股份有限公司	4.62	9	洛阳发电设备厂	1.99
3	东方汽轮机厂	4.54	10	北京北重汽轮电机有限责任公司*	1.69
4	上海汽轮机有限公司	3.91	11	青岛汽轮机配件有限公司	1.57
5	南京汽轮电机(集团)有限责任公司*	3.79	12	中州汽轮机厂	1.51
6	哈尔滨汽轮机厂有限责任公司	2.24	13	广州广重企业集团有限公司	1.21
7	武汉汽轮发电机厂*	2.22			

注:“*”含其他产品。

2007年电站锅炉分会企业工业总产值排序

（单位:万元）

序号	企业名称	2007年	2006年	比上年增长(%)
1	东方锅炉集团股份有限公司	1 128 093	1 093 358	3.18
2	哈尔滨锅炉厂有限责任公司	1 089 909	1 107 162	-1.56
3	上海锅炉厂有限公司	1 051 716	955 205	10.10
4	无锡华光锅炉股份有限公司*	200 745	192 157	4.47

（续）

序号	企业名称	2007年	2006年	比上年增长(%)
5	济南锅炉集团有限公司	153 226	207 684	-26.22
6	北京巴布科克·威尔科克斯有限公司	149 383	212 507	-29.70
7	杭州锅炉集团有限公司	138 885	171 977	-19.24
8	江西江联能源环保有限公司*	69 417	62 538	11.00
9	四川锅炉厂	50 252	67 105	-25.11
10	武汉锅炉集团有限公司	46 419	60 199	-22.89
11	太原锅炉集团有限公司*	45 020	40 064	12.37
12	郑州锅炉厂	23 706	19 582	21.06
13	武汉天元锅炉有限责任公司	22 251	20 922	6.35
14	广州市锅炉工业公司	2 230	4 852	-54.04
15	湖州炜业锅炉容器制造有限公司		12 841	
16	南通万达锅炉股份有限公司		23 021	
17	唐山信德锅炉集团有限公司		30 084	

注:"*"含其他产品。

2007年电站锅炉分会企业主营业务收入排序

（单位:万元）

序号	企业名称	2007年	2006年	比上年增长(%)
1	哈尔滨锅炉厂有限责任公司	1 224 688	1 229 133	-0.36
2	东方锅炉集团股份有限公司	1 075 590	1 115 421	-3.57
3	上海锅炉厂有限公司	927 741	851 378	8.97
4	杭州锅炉集团有限公司	199 408	191 536	4.11
5	无锡华光锅炉股份有限公司*	199 156	200 710	-0.77
6	北京巴布科克·威尔科克斯有限公司	149 383	212 507	-29.70
7	济南锅炉集团有限公司	148 590	166 293	-10.65
8	江西江联能源环保有限公司*	55 703	50 017	11.37
9	四川锅炉厂	45 621	46 155	-1.16
10	武汉锅炉集团有限公司	45 319	31 992	41.66
11	太原锅炉集团有限公司*	36 377	35 144	3.51
12	武汉天元锅炉有限责任公司	26 598	20 445	30.10
13	郑州锅炉厂	24 103	12 552	92.03
14	广州市锅炉工业公司	1 397	4 967	-71.87
15	湖州炜业锅炉容器制造有限公司		10 160	
16	南通万达锅炉股份有限公司		20 342	
17	唐山信德锅炉集团有限公司		23 435	

注:"*"含其他产品。

2007年电站锅炉分会企业工业增加值排序

（单位:万元）

序号	企业名称	2007年	2006年	比上年增长(%)
1	东方锅炉集团股份有限公司	146 652	131 301	11.69
2	哈尔滨锅炉厂有限责任公司	138 280	106 532	29.80
3	上海锅炉厂有限公司	97 734	150 100	-34.89
4	无锡华光锅炉股份有限公司*	64 145	38 331	67.34
5	杭州锅炉集团有限公司	35 452	45 290	-21.72
6	济南锅炉集团有限公司	32 691	52 464	-37.69

（续）

序号	企业名称	2007年	2006年	比上年增长(%)
7	北京巴布科克·威尔科克斯有限公司	27 223	26 203	3.89
8	江西江联能源环保有限公司*	20 131	18 136	11.00
9	四川锅炉厂	11 055	16 776	-34.10
10	武汉锅炉集团有限公司	10 327	12 040	-14.23
11	武汉天元锅炉有限责任公司	9 848	2 879	242.06
12	太原锅炉集团有限公司*	8 398	8 019	4.73
13	郑州锅炉厂	3 166	5 315	-40.43
14	广州市锅炉工业公司	378		
15	湖州炜业锅炉容器制造有限公司		3 660	
16	南通万达锅炉股份有限公司		7 550	
17	唐山信德锅炉集团有限公司		14 784	

注："*"含其他产品。

2007年电站锅炉分会企业全员劳动生产率排序

序号	企业名称	全员劳动生产率（元/人）	序号	企业名称	全员劳动生产率（元/人）
1	无锡华光锅炉股份有限公司*	439 349	8	武汉锅炉集团有限公司	149 019
2	东方锅炉集团股份有限公司	405 228	9	江西江联能源环保有限公司*	127 411
3	上海锅炉厂有限公司	361 978	10	北京巴布科克·威尔科克斯有限公司	102 767
4	哈尔滨锅炉厂有限责任公司	316 503	11	四川锅炉厂	55 469
5	杭州锅炉集团有限公司	254 136	12	郑州锅炉厂	41 332
6	武汉天元锅炉有限责任公司	168 630	13	太原锅炉集团有限公司*	38 034
7	济南锅炉集团有限公司	162 966	14	广州市锅炉工业公司	15 685

注："*"含其他产品。

2007年电站锅炉分会企业经济效益综合指数排序

序号	企业名称	经济效益综合指数	序号	企业名称	经济效益综合指数
1	无锡华光锅炉股份有限公司*	3.71	8	江西江联能源环保有限公司*	1.83
2	东方锅炉集团股份有限公司	3.41	9	武汉锅炉集团有限公司	1.37
3	上海锅炉厂有限公司	2.83	10	北京巴布科克·威尔科克斯有限公司	1.29
4	杭州锅炉集团有限公司	2.76	11	郑州锅炉厂	1.12
5	哈尔滨锅炉厂有限责任公司	2.70	12	四川锅炉厂	0.97
6	武汉天元锅炉有限责任公司	2.67	13	太原锅炉集团有限公司	0.76
7	济南锅炉集团有限公司	1.92			

注："*"含其他产品。

2007年水电设备分会企业工业总产值排序

（单位：万元）

序号	企业名称	2007年	2006年	比上年增长(%)
1	哈尔滨电机厂有限责任公司*	561 818	508 929	10.39
2	东方电气集团东方电机有限公司*	513 375	455 344	12.74

(续)

序号	企业名称	2007年	2006年	比上年增长(%)
3	四川东风电机厂有限公司*	83 477	72 262	15.52
4	兰州电机有限责任公司	73 149	66 959	9.24
5	浙江富春江水电设备股份有限公司	62 811	33 718	86.28
6	重庆赛力盟电机有限责任公司	59 882	54 296	10.29
7	天津市天发重型水电设备制造有限公司	52 388	40 100	30.64
8	东芝水电设备有限公司	51 178	40 825	25.36
9	昆明电机有限责任公司*	51 125	44 353	15.27
10	通用电气亚洲水电设备有限公司	44 372	41 438	7.08
11	福建九州南平电机厂	32 605	40 646	-19.78
12	南宁发电设备总厂*	30 161	25 302	19.20
13	河南瑞发水电设备有限责任公司	24 821	21 769	14.02
14	重庆云河水电集团有限公司	22 691	15 019	51.08
15	杭州杭发集团公司*	21 268	15 972	33.16
16	武汉事达电气股份有限公司	21 263	13 350	59.27
17	浙江金轮机电实业有限公司	20 479	16 671	22.84
18	广东省韶关众力发电设备有限公司	19 447	18 327	6.11
19	杭州力源发电设备有限公司	19 200	15 000	28.00
20	赣州发电设备成套制造有限公司	19 095	17 500	9.11

注:"*"含其他产品。

2007年水电设备分会企业主营业务收入排序

(单位:万元)

序号	企业名称	2007年	2006年	比上年增长(%)
1	哈尔滨电机厂有限责任公司*	582 486	475 868	22.40
2	东方电气集团东方电机有限公司*	555 567	469 808	18.25
3	四川东风电机厂有限公司*	76 626	73 289	4.55
4	兰州电机有限责任公司	69 890	65 706	6.37
5	重庆赛力盟电机有限责任公司	66 010	57 492	14.82
6	浙江富春江水电设备股份有限公司	56 286	30 670	83.52
7	东芝水电设备有限公司	53 326	54 413	-2.00
8	通用电气亚洲水电设备有限公司	44 092	35 307	24.88
9	昆明电机有限责任公司*	44 075	35 591	23.84
10	天津市天发重型水电设备制造有限公司	44 070	35 141	25.41
11	福建九州南平电机厂	33 339	35 134	-5.11
12	重庆云河水电集团有限公司	20 923	17 077	22.52
13	浙江金轮机电实业有限公司	20 734	17 331	19.64
14	河南瑞发水电设备有限责任公司	19 141	17 128	11.75
15	南宁发电设备总厂	18 511	17 365	6.60
16	武汉事达电气股份有限公司	18 173	20 232	-10.18
17	杭州杭发集团公司*	17 583	13 322	31.98
18	浙江临海机械有限公司	17 137	13 865	23.60
19	赣州发电设备成套制造有限公司	16 236	17 000	-4.49
20	杭州力源发电设备有限公司	16 192	11 364	42.49

注:"*"含其他产品。

2007 年水电设备分会企业工业增加值排序

（单位：万元）

序号	企 业 名 称	2007 年	2006 年	比上年增长（%）
1	哈尔滨电机厂有限责任公司*	189 524	126 219	50.15
2	东方电气集团东方电机有限公司*	141 178	122 943	14.83
3	四川东风电机厂有限公司*	26 500	24 615	7.66
4	东芝水电设备有限公司	19 248	16 381	17.50
5	通用电气亚洲水电设备有限公司	18 270	9 269	97.11
6	兰州电机有限责任公司	18 205	20 000	-8.98
7	浙江富春江水电设备股份有限公司	16 958	8 523	98.97
8	昆明电机有限责任公司	16 914	14 158	19.47
9	广东省韶关众力发电设备有限公司	8 715	5 972	45.93
10	重庆云河水电集团有限公司	6 012	3 277	83.46
11	杭州杭发集团公司	5 050	1 371	268.34
12	宜宾富源发电设备有限公司	4 865	2 868	69.63
13	浙江临海机械有限公司	4 705	2 972	58.31
14	福建九州南平电机厂	4 672	3 175	47.15
15	浙江临海电机有限公司	4 624	4 969	-6.94
16	浙江金轮机电实业有限公司	4 294	3 876	10.78
17	赣州发电设备成套制造有限公司	3 905	3 533	10.53
18	南宁发电设备总厂	3 666	3 248	12.87
19	河南瑞发水电设备有限责任公司	3 636	3 472	4.72
20	武汉事达电气股份有限公司	3 465	3 324	4.24

注："*"含其他产品。

2007 年水电设备分会企业全员劳动生产率排序

序号	企 业 名 称	全员劳动生产率（元/人）	序号	企 业 名 称	全员劳动生产率（元/人）
1	哈尔滨电机厂有限责任公司*	316 084	11	昆明电机有限责任公司	142 254
2	通用电气亚洲水电设备有限公司	312 842	12	福建万新发电设备有限公司	136 727
3	武汉事达电气股份有限公司	293 644	13	杭州力源发电设备有限公司	135 579
4	浙江富春江水电设备股份有限公司	248 651	14	宜宾富源发电设备有限公司	132 201
5	东方电气集团东方电机有限公司*	220 798	15	杭州大路发电设备有限公司	120 514
6	武汉四创自动控制技术有限责任公司	184 459	16	广东省韶关众力发电设备有限公司	118 726
7	东芝水电设备有限公司	182 792	17	重庆发电设备制造有限公司	116 985
8	长江水利委陆水试枢局自动化设备厂	151 336	18	浙江临海电机有限公司	110 878
9	武汉聚能电气有限公司	148 595	19	长沙华能[illegible]电控制设备有限公司	110 375
10	杭州杭发集团公司	144 688	20	浙江临海机械有限公司	107 901

注："*"含其他产品。

2007 年水电设备分会企业经济效益综合指数排序

序号	企 业 名 称	经济效益综合指数	序号	企 业 名 称	经济效益综合指数
1	浙江富春江水电设备股份有限公司	3.75	11	广东南丰电气自动化有限公司	2.16
2	哈尔滨电机厂有限责任公司*	3.59	12	江西省莲花水轮机厂有限公司	2.14
3	武汉事达电气股份有限公司	2.90	13	长沙华能中电控制设备有限公司	2.12
4	东方电气集团东方电机有限公司*	2.61	14	武汉四创自动控制技术有限责任公司	2.05
5	云南省玉溪水力发电设备有限责任公司	2.42	15	宜宾富源发电设备有限公司	2.02
6	东芝水电设备有限公司	2.35	16	浙江临海机械有限公司	1.99
7	浙江临海电机有限公司	2.32	17	上饶长江水动力设备制造有限公司	1.88
8	武汉聚能电气有限公司	2.25	18	四川东风电机厂有限公司	1.82
9	通用电气亚洲水电设备有限公司	2.24	19	杭州大路发电设备有限公司	1.78
10	重庆发电设备制造有限公司	2.16	20	杭州力源发电设备有限公司	1.67

注:“*”含其他产品。

2007 年内燃发电设备分会企业工业总产值排序

(单位:万元)

序号	企 业 名 称	2007 年	2006 年	比上年增长(%)
1	玉柴机器股份有限公司	1 255 712	906 312	38.55
2	中国北车集团大连机车车辆有限公司	376 764	245 751	53.31
3	济南柴油机股份有限公司	102 109	79 641	28.21
4	兰州电机有限责任公司	73 149	66 959	9.24
5	福建福安闽东亚南电机有限公司	36 628	20 590	77.89
6	科泰电源设备(上海)有限公司	25 303	19 547	29.45
7	江西清华泰豪三波电机有限公司	22 122	21 587	2.48
8	郑州金阳电气有限公司	13 765	10 349	33.00
9	瑞昌哥尔德发电设备(无锡)制造有限公司	13 375	7 680	74.15
10	兰州电源车辆研究所有限公司	12 356		
11	英泰集团有限公司	10 181	18 988	-46.38
12	无锡华友发电设备有限公司	10 129		
13	扬州市飞鸿电材厂	8 600	8 300	3.61
14	常州顺风发电设备有限公司	8 500	9 839	-13.61
15	天津市天发柴油发电设备制造有限公司	6 811	3 250	109.57
16	上海伊华电站工程有限公司	4 578	6 319	-27.55
17	江西清华泰豪微电机有限公司	4 155	3 069	35.36
18	大连普阳发电机组有限公司	3 166	2 336	35.53
19	东雅图(无锡)机电有限公司	672		

2007 年内燃发电设备分会企业主营业务收入排序

(单位:万元)

序号	企 业 名 称	2007 年	2006 年	比上年增长(%)
1	玉柴机器股份有限公司	1 836 000	1 417 360	29.54
2	中国北车集团大连机车车辆有限公司	373 933	267 877	39.59
3	济南柴油机股份有限公司	104 264	86 752	20.19
4	英泰集团有限公司	98 440	76 540	28.61

（续）

序号	企业名称	2007年	2006年	比上年增长(%)
5	兰州电机有限责任公司	69 890	65 706	6.37
6	福建福安闽东亚南电机有限公司	27 016	20 590	31.21
7	科泰电源设备(上海)有限公司	24 337	18 801	29.45
8	江西清华泰豪三波电机有限公司	22 063	19 439	13.50
9	瑞昌哥尔德发电设备(无锡)制造有限公司	13 365	7 632	75.12
10	兰州电源车辆研究所有限公司	10 561		
11	无锡华友发电设备有限公司	10 555		
12	郑州金阳电气有限公司	8 880	5 318	66.97
13	常州顺风发电设备有限公司	8 500	9 839	-13.61
14	扬州市飞鸿电材厂	8 396	8 103	3.62
15	上海伊华电站工程有限公司	8 287	6 530	26.90
16	天津市天发柴油发电设备制造有限公司	6 159	3 165	94.60
17	江西清华泰豪微电机有限公司	3 886	2 432	59.80
18	大连普阳发电机组有限公司	3 362	2 951	13.93
19	东雅图(无锡)机电有限公司	1 051		

2007年内燃发电设备分会企业工业增加值排序

（单位:万元）

序号	企业名称	2007年	2006年	比上年增长(%)
1	玉柴机器股份有限公司	336 990	247 920	35.93
2	中国北车集团大连机车车辆有限公司	49 378	46 535	6.11
3	济南柴油机股份有限公司	31 950	24 666	29.53
4	英泰集团有限公司	24 075	18 068	33.25
5	兰州电机有限责任公司	18 205	20 000	-8.98
6	福建福安闽东亚南电机有限公司	7 729	4 328	78.57
7	郑州金阳电气有限公司	7 160	4 597	55.77
8	科泰电源设备(上海)有限公司	6 206	5 640	10.04
9	兰州电源车辆研究所有限公司	5 447		
10	江西清华泰豪三波电机有限公司	4 001	3 795	5.43
11	常州顺风发电设备有限公司	2 588	2 064	25.39
12	扬州市飞鸿电材厂	1 890	1 826	3.50
13	无锡华友发电设备有限公司	1 683		
14	瑞昌哥尔德发电设备(无锡)制造有限公司	1 258	642	95.95
15	江西清华泰豪微电机有限公司	1 055	1 209	-12.75
16	天津市天发柴油发电设备制造有限公司	910	710	28.17
17	上海伊华电站工程有限公司	575	780	-26.25
18	大连普阳发电机组有限公司	558	446	25.11

2007年内燃发电设备分会企业全员劳动生产率排序

序号	企业名称	全员劳动生产率(元/人)	序号	企业名称	全员劳动生产率(元/人)
1	常州顺风发电设备有限公司	575 111	10	郑州金阳电气有限公司	117 568
2	英泰集团有限公司	297 222	11	济南柴油机股份有限公司	112 223
3	科泰电源设备(上海)有限公司	290 000	12	扬州市飞鸿电材厂	109 884
4	无锡华友发电设备有限公司	243 971	13	上海伊华电站工程有限公司	106 556
5	福建福安闽东亚南电机有限公司	199 188	14	江西清华泰豪微电机有限公司	82 404
6	玉柴机器股份有限公司	188 052	15	天津市天发柴油发电设备制造有限公司	65 000
7	江西清华泰豪三波电机有限公司	163 306	16	中国北车集团大连机车车辆有限公司	62 702
8	兰州电源车辆研究所有限公司	134 494	17	大连普阳发电机组有限公司	62 000
9	瑞昌哥尔德发电设备(无锡)制造有限公司	118 679	18	兰州电机有限责任公司	48 251

2007年内燃发电设备分会企业经济效益综合指数排序

序号	企业名称	经济效益综合指数	序号	企业名称	经济效益综合指数
1	常州顺风发电设备有限公司	7.49	11	上海伊华电站工程有限公司	1.94
2	福建福安闽东亚南电机有限公司	4.49	12	郑州金阳电气有限公司	1.89
3	英泰集团有限公司	4.48	13	瑞昌哥尔德发电设备(无锡)制造有限公司	1.79
4	无锡华友发电设备有限公司	3.69	14	扬州市飞鸿电材厂	1.62
5	科泰电源设备(上海)有限公司	2.99	15	江西清华泰豪微电机有限公司	1.47
6	兰州电源车辆研究所有限公司	2.80	16	天津市天发柴油发电设备制造有限公司	1.30
7	江西清华泰豪三波电机有限公司	2.51	17	兰州电机有限责任公司	1.22
8	大连普阳发电机组有限公司	2.49	18	中国北车集团大连机车车辆有限公司	1.02
9	济南柴油机股份有限公司	2.26	19	东雅图(无锡)机电有限公司	1.01
10	玉柴机器股份有限公司	1.97			

2007年高压开关分会企业工业总产值排序

(单位:万元)

序号	企业名称	2007年	2006年	比上年增长(%)
1	大全集团有限公司*	460 654	381 014	20.90
2	西安西开高压电气股份有限公司	460 623	403 685	14.10
3	平高集团有限公司	441 526	385 916	14.41
4	江苏东源电器集团股份有限公司	415 187	315 732	31.50
5	正泰电气股份有限公司*	308 310	236 824	30.19
6	厦门ABB开关有限公司	298 730	261 571	14.21
7	泰开电气集团有限公司	271 401	204 638	32.62
8	人民电器集团有限公司	259 359	223 863	15.86
9	河南森源电气股份有限公司	237 560	204 776	16.01
10	华仪电器集团有限公司	226 270	179 580	26.00
11	上海通用电气开关/广电有限公司	201 997		
12	华鹏集团公司*	181 235	150 855	20.14
13	西安西电高压开关有限责任公司	180 940	76 048	137.93
14	新东北电气(沈阳)高压开关有限公司	180 149	151 200	19.15
15	杭申控股集团有限公司*	125 429		
16	上海柘中(集团)有限公司	125 092	110 018	13.70
17	宁波天安(集团)股份有限公司	119 277	111 528	6.95
18	上海中发电气(集团)股份有限公司	108 637	83 202	30.57
19	天水长城开关厂有限公司	105 743	70 473	50.05
20	上海西门子开关有限公司	96 330	92 762	3.85

注:"*"含其他产品。

2007年高压开关分会企业产品销售收入排序

(单位:万元)

序号	企业名称	2007年	2006年	比上年增长(%)
1	大全集团有限公司*	445 168	360 126	23.61
2	江苏东源电器集团股份有限公司	392 655	298 597	31.50

（续）

序号	企业名称	2007年	2006年	比上年增长(%)
3	西安西开高压电气股份有限公司	380 475	316 119	20.36
4	平高集团有限公司	379 315	300 107	26.39
5	厦门ABB开关有限公司	300 499	269 054	11.69
6	泰开电气集团有限公司	268 923	203 241	32.32
7	正泰电气股份有限公司*	260 124	242 709	7.18
8	人民电器集团有限公司	255 665	221 477	15.44
9	华仪电器集团有限公司	225 171	178 429	26.20
10	河南森源电气股份有限公司	211 439	193 147	9.47
11	上海通用电气开关/广电有限公司	201 997	166 940	21.00
12	华鹏集团公司*	168 730	138 787	21.57
13	西安西电高压开关有限责任公司	160 136	68 346	134.30
14	新东北电气(沈阳)高压开关有限公司	135 237	132 401	2.14
15	上海柘中(集团)有限公司	122 412	105 132	16.44
16	杭申控股集团有限公司*	119 092	107 128	11.17
17	宁波天安(集团)股份有限公司	108 957	101 789	7.04
18	上海中发电气(集团)股份有限公司	106 465	80 706	31.92
19	天水长城开关厂有限公司	106 240	74 376	42.84
20	天水长城开关厂	106 240	74 376	42.84

注:“*”含其他产品。

2007年高压开关分会企业工业增加值排序

（单位:万元）

序号	企业名称	2007年	2006年	比上年增长(%)
1	正泰电气股份有限公司*	150 412	142 094	5.85
2	大全集团有限公司*	135 612	113 309	19.68
3	平高集团有限公司	124 357	83 854	48.30
4	厦门ABB开关有限公司	112 734	111 697	0.93
5	江苏东源电器集团股份有限公司	88 064	70 065	25.69
6	西安西开高压电气股份有限公司	81 002	69 438	16.65
7	泰开电气集团有限公司	76 918	51 042	50.70
8	安徽鑫龙电器股份有限公司	58 975	31 548	86.94
9	华仪电器集团有限公司	58 487	46 977	24.50
10	人民电器集团有限公司	54 466	58 041	-6.16
11	华鹏集团公司*	49 997	43 054	16.13
12	上海柘中(集团)有限公司	48 938	38 837	26.01
13	常熟开关制造有限公司*	40 840	31 775	28.53
14	上海通用电气开关/广电有限公司	39 986	33 322	20.00
15	河南森源电气股份有限公司	38 145	34 173	11.62
16	新东北电气(沈阳)高压开关有限公司	35 633	31 224	14.12
17	益和电气集团股份有限公司	28 832	27 696	4.10
18	河南索凌电气有限公司	28 645	19 221	49.03
19	川开电气有限公司	26 308	22 586	16.48
20	宁波天安(集团)股份有限公司	25 079	23 401	7.17

注:“*”含其他产品。

2007 年高压开关分会企业全员劳动生产率排序

序号	企业名称	全员劳动生产率（元/人）	序号	企业名称	全员劳动生产率（元/人）
1	厦门 ABB 开关有限公司	1 278 163	11	许继电气开关厂	483 562
2	江苏东源电器集团股份有限公司	845 144	12	上海柘中(集团)有限公司	474 665
3	上海天迅电气有限公司	807 564	13	正泰电气股份有限公司	471 659
4	宁波耀华电器厂	692 500	14	益和电气集团股份有限公司	452 622
5	烟台北海电气有限公司	647 160	15	深圳市深开电器实业有限公司	438 968
6	杭州恒信电气有限公司	565 476	16	江苏宝胜电气股份有限公司	438 160
7	安徽鑫龙电器股份有限公司	532 265	17	上海大华电器设备有限公司	436 914
8	上海西门子高压开关有限公司	518 325	18	河南索凌电气有限公司	421 250
9	上海南华兰陵电气有限公司	490 463	19	常州太平洋电力设备(集团)有限公司	415 484
10	吴江金通力电器成套有限公司	487 500	20	宁波东驰电器有限公司	407 692

2007 年高压开关分会企业经济效益综合指数排序

序号	企业名称	经济效益综合指数	序号	企业名称	经济效益综合指数
1	西安西电高压开关有限责任公司	9.92	11	常熟开关制造有限公司	4.87
2	厦门 ABB 开关有限公司	9.55	12	上海捷星电器制造有限公司	4.81
3	江苏东源电器集团股份有限公司	6.68	13	北海银河科技电气有限责任公司	4.72
4	宁波耀华电器厂	6.29	14	吴江金通力电器成套有限公司	4.72
5	佛山市顺德区陈村镇光明高压电器厂	6.22	15	泉州亿兴电力有限公司	4.69
6	上海天迅电气有限公司	5.58	16	天津市汇和电气控制设备厂	4.61
7	上海南华兰陵电气有限公司	5.19	17	上海西门子高压开关有限公司	4.47
8	安徽鑫龙电器股份有限公司	5.08	18	湖南长高高压开关集团股份公司	4.43
9	上海大华电器设备有限公司	5.08	19	成都市西南电器有限责任公司	4.41
10	烟台北海电气有限公司	5.08	20	杭州恒信电气有限公司	4.38

2007 年变压器分会企业工业总产值排序

（单位:万元）

序号	企业名称	2007 年	2006 年	比上年增长(%)
1	西安西电变压器有限责任公司	300 286	215 434	39.39
2	江苏华鹏变压器有限公司	257 917	231 044	11.63
3	青岛变压器集团有限公司	220 660	203 368	8.50
4	山东达驰电气股份有限公司	192 331	162 267	18.53
5	杭州钱江电气集团股份有限公司	149 360		
6	常州西电变压器有限责任公司	118 171	81 103	45.70
7	山东鲁能泰山电力设备有限公司	109 736	73 471	49.36
8	三变科技股份有限公司	109 428	106 247	2.99
9	山东电力设备厂	106 960		
10	吴江市变压器厂有限公司	101 841		
11	海南金盘电气有限公司	91 626	66 824	37.12
12	南京立业电力变压器有限公司	82 635	70 132	17.83
13	烟台东源变压器有限责任公司	80 830		

（续）

序号	企 业 名 称	2007 年	2006 年	比上年增长(%)
14	江西变压器科技股份有限公司	77 028		
15	济南变压器集团股份有限公司	63 678	48 058	32.50
16	江苏波瑞变压器有限公司	54 000	23 548	129.32
17	沈阳昊诚电气有限公司	52 500	41 800	25.60
18	广西柳州特种变压器有限责任公司	51 011	25 016	103.91
19	云南通海变压器厂	44 313	34 075	30.05
20	福建省泉州变压器制造有限公司	37 326	30 331	23.06

2007 年变压器行业分会企业主营业务收入排序

（单位:万元）

序号	企 业 名 称	2007 年	2006 年	比上年增长(%)
1	江苏华鹏变压器有限公司	303 776	232 417	30.70
2	西安西电变压器有限责任公司	267 101	192 328	38.88
3	杭州钱江电气集团股份有限公司	205 582		
4	青岛变压器集团有限公司	188 680	177 883	6.07
5	山东达驰电气股份有限公司	183 642	150 241	22.23
6	常州西电变压器有限责任公司	115 087	81 174	41.78
7	山东鲁能泰山电力设备有限公司	111 221	73 251	51.83
8	吴江市变压器厂有限公司	101 099		
9	三变科技股份有限公司	94 043	102 371	-8.14
10	山东电力设备厂	91 326		
11	海南金盘电气有限公司	88 547	64 496	37.29
12	江西变压器科技股份有限公司	87 967		
13	南京立业电力变压器有限公司	86 269	68 729	25.52
14	烟台东源变压器有限责任公司	69 255		
15	济南变压器集团股份有限公司	60 173	50 191	19.89
16	江苏波瑞变压器有限公司	53 951	26 671	102.29
17	沈阳昊诚电气有限公司	48 415	38 958	24.28
18	广西柳州特种变压器有限责任公司	46 592	23 566	97.71
19	云南通海变压器厂	38 401	33 702	13.94
20	江苏铭安电气有限公司	31 360		

2007 年变压器行业分会企业工业增加值排序

（单位:万元）

序号	企 业 名 称	2007 年	2006 年	比上年增长(%)
1	青岛变压器集团有限公司	78 680	67 889	15.90
2	西安西电变压器有限责任公司	62 190	40 640	53.03
3	山东达驰电气股份有限公司	56 795	38 944	45.84
4	杭州钱江电气集团股份有限公司	35 616		
5	常州西电变压器有限责任公司	27 761	15 674	77.11
6	海南金盘电气有限公司	25 151	14 934	68.41
7	山东电力设备厂	24 030		
8	江西变压器科技股份有限公司	18 487		
9	南京立业电力变压器有限公司	18 418	15 038	22.48
10	山东鲁能泰山电力设备有限公司	15 453	11 194	38.05
11	江苏波瑞变压器有限公司	14 256	6 004	137.42

（续）

序号	企 业 名 称	2007 年	2006 年	比上年增长（%）
12	江苏华鹏变压器有限公司	13 658	45 739	-70.14
13	济南变压器集团股份有限公司	13 568	6 497	108.83
14	沈阳昊诚电气有限公司	12 530	10 784	16.19
15	云南通海变压器厂	11 965	8 178	46.31
16	广西柳州特种变压器有限责任公司	10 717	6 297	70.19
17	吴江市变压器厂有限公司	10 210		
18	三变科技股份有限公司	9 956		
19	福建省泉州变压器制造有限公司	9 779	6 950	40.70
20	上海南桥变压器有限责任公司	9 469	3 489	171.40

2007 年变压器分会企业全员劳动生产率排序

序号	企 业 名 称	全员劳动生产率（元/人）	序号	企 业 名 称	全员劳动生产率（元/人）
1	山东达驰电气股份有限公司	722 583	11	广西柳州特种变压器有限责任公司	250 984
2	青岛变压器集团有限公司	549 441	12	沈阳昊诚电气有限公司	250 604
3	江苏波瑞变压器有限公司	537 962	13	山东鲁能泰山电力设备有限公司	212 854
4	海南金盘电气有限公司	474 553	14	济南变压器集团股份有限公司	162 491
5	福建省泉州变压器制造有限公司	425 173	15	葫芦岛电力设备厂	150 334
6	常州西电变压器有限责任公司	388 810	16	新乡逐鹿实业股份有限公司	141 249
7	云南通海变压器厂	337 042	17	三变科技股份有限公司	129 635
8	南京立业电力变压器有限公司	333 056	18	陕西汉中变压器有限责任公司	103 656
9	上海南桥变压器有限责任公司	286 939	19	江苏华鹏变压器有限公司	93 165
10	西安西电变压器有限责任公司	283 843	20	哈尔滨变压器厂	82 358

2007 年绝缘子避雷器分会企业工业总产值排序

（单位：万元）

序号	企 业 名 称	2007 年	2006 年	比上年增长（%）
1	南京电气（集团）有限责任公司	72 169	54 495	32.43
2	大连电瓷有限公司	44 575	30 134	47.92
3	西安西电高压电瓷有限责任公司	34 997	33 383	4.83
4	抚顺电瓷制造公司	25 853	25 100	3.00
5	苏州电瓷有限公司	22 703	13 819	64.29
6	唐山高压电瓷有限公司	22 595	19 078	18.43
7	西安双佳高压电瓷电器有限公司	18 527	15 027	23.29
8	抚顺高科电瓷电气制造有限公司	15 003	7 893	90.08
9	河南省红星电瓷厂	12 089	11 967	1.02
10	湖南醴陵火炬电瓷电器有限公司	10 680	11 842	-9.81
11	西安电瓷研究所	9 522	7 725	23.26
12	浙江电瓷厂有限责任公司	9 242	7 130	29.62
13	西安神电电器有限公司	8 818	8 676	1.64
14	上海电瓷厂	7 381	6 483	13.85
15	深圳市银星电力电子有限公司	5 871	5 186	13.21
16	淄博益泰电瓷有限公司	4 917	4 990	-1.47
17	自贡红星高压电瓷有限公司	3 952	4 601	-14.11

（续）

序号	企业名称	2007年	2006年	比上年增长(%)
18	重庆鸽牌电线电缆有限公司电瓷厂	3 675	3 151	16.63
19	左云县天安电器有限责任公司	2 960	3 044	-2.76
20	牡丹江北方高压电瓷有限责任公司	2 842	2 382	19.31

2007年绝缘子避雷器分会企业主营业务收入排序

（单位：万元）

序号	企业名称	2007年	2006年	比上年增长(%)
1	南京电气(集团)有限责任公司	66 612	52 034	28.02
2	大连电瓷有限公司	50 908	31 034	64.04
3	西安西电高压电瓷有限责任公司	32 435	30 106	7.74
4	唐山高压电瓷有限公司	21 813	19 401	12.43
5	苏州电瓷有限公司	20 640	14 037	47.04
6	抚顺电瓷制造公司	16 650	25 983	-35.92
7	西安双佳高压电瓷电器有限公司	15 004	13 587	10.43
8	抚顺高科电瓷电气制造有限公司	13 116	5 281	148.36
9	河南省红星电瓷厂	12 001	11 880	1.02
10	湖南醴陵火炬电瓷电器有限公司	9 701	10 557	-8.11
11	浙江电瓷厂有限责任公司	9 166	7 290	25.73
12	西安神电电器有限公司	8 337	7 506	11.07
13	西安电瓷研究所	8 283	7 354	12.63
14	上海电瓷厂	7 127	5 720	24.60
15	深圳市银星电力电子有限公司	5 421	4 759	13.91
16	淄博益泰电瓷有限公司	4 805	5 111	-5.99
17	自贡红星高压电瓷有限公司	3 888	4 490	-13.41
18	重庆鸽牌电线电缆有限公司电瓷厂	3 507	2 858	22.71
19	牡丹江北方高压电瓷有限责任公司	2 807	2 437	15.21
20	福建和盛崇业电瓷有限公司	2 509	2 200	14.05

2007年绝缘子避雷器分会企业全员劳动生产率排序

序号	企业名称	全员劳动生产率（元/人）	序号	企业名称	全员劳动生产率（元/人）
1	西安双佳高压电瓷电器有限公司	185 835	11	福建和盛崇业电瓷有限公司	85 714
2	唐山高压电瓷有限公司	141 738	12	抚顺电瓷制造公司	82 064
3	浙江电瓷厂有限责任公司	129 881	13	西安西电高压电瓷有限责任公司	68 684
4	苏州电瓷有限公司	118 506	14	重庆华能氧化锌避雷器有限责任公司	55 750
5	抚顺高科电瓷电气制造有限公司	115 511	15	深圳市银星电力电子有限公司	53 305
6	大连电瓷有限公司	115 455	16	河南省红星电瓷厂	53 197
7	南京电气(集团)有限责任公司	114 881	17	邯郸市电瓷厂	48 500
8	上海电瓷厂	113 699	18	重庆鸽牌电线电缆有限公司电瓷厂	41 368
9	西安电瓷研究所	108 146	19	牡丹江北方高压电瓷有限责任公司	35 440
10	西安神电电器有限公司	101 321	20	唐山市电瓷厂	35 342

2007年绝缘子避雷器分会企业总资产贡献率排序

序号	企业名称	总资产贡献率(%)	序号	企业名称	总资产贡献率(%)
1	河南省红星电瓷厂	18.39	11	自贡红星高压电瓷有限公司	8.56
2	唐山高压电瓷有限公司	16.74	12	西安神电电器有限公司	7.99
3	抚顺高科电瓷电气制造有限公司	15.72	13	浙江省湖州市高压电瓷厂	7.88
4	西安双佳高压电瓷电器有限公司	15.27	14	牡丹江北方高压电瓷有限责任公司	7.84
5	大连金州向应电瓷厂	13.78	15	淄博益泰电瓷有限公司	7.45
6	苏州电瓷有限公司	13.05	16	重庆鸽牌电线电缆有限公司电瓷厂	7.14
7	深圳市银星电力电子有限公司	12.97	17	抚顺电瓷制造公司	6.86
8	浙江电瓷厂有限责任公司	9.73	18	南京电气(集团)有限责任公司	6.42
9	大悟县博源电瓷厂	9.59	19	西安电瓷研究所	5.48
10	大连电瓷有限公司	9.31	20	上海电瓷厂	4.17

2007年绝缘子避雷器分会企业经济效益综合指数排序

序号	企业名称	经济效益综合指数	序号	企业名称	经济效益综合指数
1	重庆鸽牌电线电缆有限公司电瓷厂	2.55	11	西安神电电器有限公司	1.52
2	抚顺高科电瓷电气制造有限公司	2.55	12	大悟县博源电瓷厂	1.38
3	唐山高压电瓷有限公司	2.47	13	抚顺电瓷制造公司	1.36
4	淄博益泰电瓷有限公司	2.00	14	大连金州向应电瓷厂	1.23
5	西安双佳高压电瓷电器有限公司	1.98	15	西安电瓷研究所	1.18
6	深圳市银星电力电子有限公司	1.70	16	上海电瓷厂	1.16
7	苏州电瓷有限公司	1.68	17	南京电气(集团)有限责任公司	0.99
8	河南省红星电瓷厂	1.67	18	浙江省湖州市高压电瓷厂	0.90
9	浙江电瓷厂有限责任公司	1.66	19	福建和盛崇业电瓷有限公司	0.78
10	大连电瓷有限公司	1.61	20	自贡红星高压电瓷有限公司	0.75

2007年电力电容器分会企业工业总产值排序

(单位:万元)

序号	企业名称	2007年	2006年	比上年增长(%)
1	西安西电电力电容器有限责任公司	81 605	72 573	12.45
2	桂林电力电容器有限责任公司	68 050	56 021	21.47
3	日新电机(无锡)有限公司	44 564	47 177	-5.54
4	合阳电力电容器制造有限责任公司	21 475	14 159	51.67
5	新东北电气(锦州)电力电容器有限责任公司	21 155	16 895	25.21
6	正泰集团电容器分公司	20 763	13 076	58.80
7	青岛恒顺电器有限公司	13 940	12 494	11.57
8	苏州电力电容器有限公司	13 173	13 478	-2.26
9	上虞电力电容器有限公司	8 126	7 295	11.39
10	上海上电电容器有限公司	7 013	4 851	44.57
11	河南中原电力电容器有限公司	6 570	6 559	0.17
12	新安江电力电容器有限责任公司	5 802	3 364	72.49
13	南昌电容器厂	2 638	2 399	9.96
14	牡丹江电力电容器厂	2 008	1 693	18.61
15	无锡东亭电力电容器厂	6 331		

2007 年电力电容器分会企业主营业务收入排序

（单位：万元）

序号	企业名称	2007 年	2006 年	比上年增长(%)
1	西安西电电力电容器有限责任公司	69 823	61 417	13.69
2	桂林电力电容器有限责任公司	66 495	54 213	22.65
3	日新电机(无锡)有限公司	53 927	48 722	10.68
4	合阳电力电容器制造有限责任公司	21 243	13 262	60.18
5	新东北电气(锦州)电力电容器有限责任公司	19 556	16 830	16.2
6	青岛恒顺电器有限公司	13 113	11 689	12.18
7	苏州电力电容器有限公司	13 035	12 851	1.43
8	浙江指月电气有限公司	10 053		
9	上虞电力电容器有限公司	7 835	5 593	40.09
10	河南中原电力电容器有限公司	6 371	6 216	2.49
11	无锡东亭电力电容器厂	6 318		
12	新安江电力电容器有限责任公司	6 115	4 171	46.61
13	上海上电电容器有限公司	5 898	4 150	42.12
14	南昌电容器厂	2 087	1 898	9.96
15	牡丹江电力电容器厂	2 007	1 537	30.58

2007 年电力电容器分会企业工业增加值排序

（单位：万元）

序号	企业名称	2007 年	2006 年	比上年增长(%)
1	西安西电电力电容器有限责任公司	24 666	23 079	6.88
2	桂林电力电容器有限责任公司	15 594	15 075	3.44
3	日新电机(无锡)有限公司	8 728	5 479	59.30
4	新东北电气(锦州)电力电容器有限责任公司	5 506	6 377	-13.66
5	合阳电力电容器制造有限责任公司	3 886	3 849	0.96
6	苏州电力电容器有限公司	2 611	2 024	29.00
7	上海上电电容器有限公司	2 451	1 783	37.46
8	上虞电力电容器有限公司	1 788	1 406	27.17
9	河南中原电力电容器有限公司	1 442	1 440	0.16
10	南昌电容器厂	896	815	9.94
11	新安江电力电容器有限责任公司	726	618	17.49
12	牡丹江电力电容器厂	319	458	-30.35

2007 年电力电容器分会企业全员劳动生产率排序

序号	企业名称	全员劳动生产率(元/人)	序号	企业名称	全员劳动生产率(元/人)
1	西安西电电力电容器有限责任公司	225 776	8	苏州电力电容器有限公司	115 022
2	上海上电电容器有限公司	215 000	9	合阳电力电容器制造有限责任公司	100 935
3	浙江指月电气有限公司	191 728	10	上虞电力电容器有限公司	86 796
4	日新电机(无锡)有限公司	134 484	11	河南中原电力电容器有限公司	73 965
5	桂林电力电容器有限责任公司	130 824	12	南昌电容器厂	73 443
6	正泰集团电容器分公司	123 007	13	新安江电力电容器有限责任公司	57 399
7	新东北电气(锦州)电力电容器有限责任公司	121 411			

2007 年电力电容器分会企业经济效益综合指数排序

序号	企业名称	经济效益综合指数	序号	企业名称	经济效益综合指数
1	南昌电容器厂	4.40	8	苏州电力电容器有限公司	3.14
2	西安西电电力电容器有限责任公司	4.14	9	合阳电力电容器制造有限责任公司	2.58
3	浙江指月电气有限公司	3.51	10	河南中原电力电容器有限公司	2.54
3	上海上电电容器有限公司	3.47	11	上虞电力电容器有限公司	2.37
5	桂林电力电容器有限责任公司	3.44	12	新东北电气(锦州)电力电容器有限责任公司	2.29
6	日新电机(无锡)有限公司	3.19	13	青岛恒顺电器有限公司	2.25
7	无锡东亭电力电容器厂	3.16			

2007 年电控配电设备分会企业工业总产值排序

(单位:万元)

序号	企业名称	2007 年	2006 年	比上年增长(%)
1	山东东辰控股集团有限公司	502 102	389 849	28.79
2	大全集团有限公司*	460 654	381 014	20.90
3	江苏东源电器集团*	315 732	415 187	-23.95
4	江苏天源华威电气集团有限公司	138 900	128 760	7.88
5	宁波天安(集团)股份有限公司*	135 408	111 528	21.41
6	杭申控股集团有限公司*	125 429	129 739	-3.32
7	环宇集团有限公司	125 036	110 212	13.45
8	厦门协成实业有限公司	123 000		
9	上海中发电气(集团)股份有限公司*	114 355	89 424	27.88
10	上海柘中(集团)有限公司*	110 018	125 092	-12.05
11	江苏波瑞电气有限公司	104 510	71 051	47.09
12	上海德力西集团有限公司	99 258	99 056	0.20
13	常熟开关制造有限公司(原常熟开关厂)*	94 570	79 922	18.33
14	安徽鑫龙屯电器股份有限公司	87 500	73 640	18.82
15	江苏华威线路设备集团有限公司	84 146	64 878	29.70
16	川开电气有限公司*	76 697	59 180	29.60
17	上海天灵开关厂有限公司*	76 317	70 650	8.02
18	天津市三源电力设备制造有限公司	68 376	60 912	12.25
19	成都通力集团股份有限公司	62 994	22 961	174.35
20	上海南华兰陵电气有限公司*	58 106	51 798	12.18

注:“*”含其他产品。

2007 年电控配电设备分会企业主营业务收入排序

(单位:万元)

序号	企业名称	2007 年	2006 年	比上年增长(%)
1	山东东辰控股集团有限公司	490 916	389 562	26.02
2	大全集团有限公司*	445 168	360 126	23.61
3	江苏东源电器集团*	298 597	392 655	-23.95
4	江苏天源华威电气集团有限公司	138 853	126 765	9.54

（续）

序号	企业名称	2007年	2006年	比上年增长(%)
5	宁波天安(集团)股份有限公司*	121 860	101 789	19.72
6	环宇集团有限公司	120 447	108 233	11.28
7	杭申控股集团有限公司*	119 092	107 128	11.17
8	上海中发电气(集团)股份有限公司*	106 465	80 706	31.92
9	上海柘中(集团)有限公司*	105 132	122 412	-14.12
10	江苏波瑞电气有限公司	99 208	68 557	44.71
11	上海德力西集团有限公司	94 498	93 288	1.30
12	常熟开关制造有限公司(原常熟开关厂)*	92 405	76 182	21.30
13	安徽鑫龙电器股份有限公司	81 100	42 053	92.85
14	江苏华威线路设备集团有限公司	78 617	61 133	28.60
15	上海天灵开关厂有限公司*	78 124	70 439	10.91
16	成都通力集团股份有限公司	60 892	23 055	164.12
17	川开电气有限公司*	60 171	48 405	24.31
18	天津市三源电力设备制造有限公司	59 781	49 906	19.79
19	上海南华兰陵电气有限公司*	58 041	52 956	9.60
20	锦州锦开电器集团有限责任公司	53 625	47 209	13.59

注:“*”含其他产品。

2007年电控配电设备分会企业工业增加值排序

（单位:万元）

序号	企业名称	2007年	2006年	比上年增长(%)
1	大全集团有限公司	135 612	113 309	19.68
2	山东东辰控股集团有限公司	99 308	65 556	51.49
3	江苏东源电器集团*	70 065	88 064	-20.44
4	安徽鑫龙电器股份有限公司	58 975	31 548	86.94
5	江苏华威线路设备集团有限公司	53 821	41 949	28.30
6	江苏天源华威电气集团有限公司	51 486	47 004	9.54
7	常熟开关制造有限公司(常熟开关厂)*	40 840	31 775	28.53
8	上海柘中(集团)有限公司*	38 837	48 938	-20.64
9	宁波天安(集团)股份有限公司	29 050	23 401	24.14
10	天津久安集团有限公司	27 624	27 095	1.95
11	川开电气有限公司*	26 308	22 586	16.48
12	上海德力西集团有限公司	25 382	25 785	-1.56
13	江苏波瑞电气有限公司	25 340	17 584	44.11
14	环宇集团有限公司	21 963	32 718	-32.87
15	上海中发电气(集团)股份有限公司*	21 274	20 021	6.26
16	上海天灵开关厂有限公司*	17 553	15 880	10.54
17	杭申控股集团有限公司*	15 783	23 943	-34.08
18	沈阳华利能源设备制造有限公司	15 637	13 782	13.46
19	上海南华兰陵电气有限公司*	15 352	16 196	-5.21
20	成都通力集团股份有限公司	14 220	5 487	159.16

注:“*”含其他产品。

2007 年电控配电设备分会企业全员劳动生产率排序

序号	企业名称	全员劳动生产率（元/人）	序号	企业名称	全员劳动生产率（元/人）
1	山东东辰控股集团有限公司	1 369 766	11	上海柘中(集团)有限公司	396 701
2	宁波耀华电器厂	692 518	12	沈阳昊诚飞驰电气有限公司	390 930
3	江苏东源电器集团	682 895	13	上海天灵开关厂有限公司	384 092
4	安徽鑫龙屯电器股份有限公司	499 788	14	江苏波瑞电气有限公司	381 053
5	江苏华威线路设备集团有限公司	498 343	15	川开电气有限公司	376 903
6	上海南华兰陵电气有限公司	490 463	16	沈阳华利能源设备制造有限公司	327 134
7	吴江金通力电器成套有限公司	487 500	17	杭州欣美成套电器制造有限公司	322 946
8	天津久安集团有限公司	460 400	18	上海南桥变压器有限责任公司	286 933
9	江苏天源华威电气集团有限公司	429 048	19	常熟开关制造有限公司(原常熟开关厂)	280 110
10	上海中发电气(集团)股份有限公司	423 785	20	福建省先行电力设备有限公司	276 281

2007 年电控配电设备分会企业经济效益综合指数排序

序号	企业名称	经济效益综合指数	序号	企业名称	经济效益综合指数
1	山东东辰控股集团有限公司	10.57	11	天津市汇和电气控制设备厂	4.58
2	江苏波瑞电气有限公司	7.35	12	吴江金通力电器成套有限公司	4.57
3	安徽鑫龙屯电器股份有限公司	6.77	13	江苏华威线路设备集团有限公司	4.31
4	宁波耀华电器厂	6.33	14	天津久安集团有限公司	4.12
5	江苏东源电器集团	5.49	15	上海中发电气(集团)股份有限公司	3.99
6	沈阳昊诚飞驰电气有限公司	5.33	16	上海天灵开关厂有限公司	3.74
7	上海南华兰陵电气有限公司	5.18	17	杭州欣美成套电器制造有限公司	3.61
8	南京华洋电气有限公司	4.93	18	上海柘中(集团)有限公司	3.57
9	常熟开关制造有限公司(常熟开关厂)	4.92	19	杭州圣力电气有限公司	3.51
10	江苏天源华威电气集团有限公司	4.83	20	沈阳华利能源设备制造有限公司	3.48

2007 年通用低压电器分会企业工业总产值排序

(单位:万元)

序号	企业名称	2007 年	2006 年	比上年增长(%)
1	德力西集团有限公司	744 213	656 287	13.40
2	人民电器集团有限公司	424 365	345 012	23.00
3	正泰电器股份有限公司*	402 605	322 892	24.69
4	华通机电集团有限公司	338 163	294 055	15.00
5	天正集团有限公司	261 028	225 132	15.94
6	耀华电器集团有限公司	158 860	161 500	-1.63
7	长城电器集团有限公司	131 168	113 918	15.14
8	天津百利特精电气股份有限公司	127 590	97 248	31.20
9	杭申控股集团有限公司	125 429	129 739	-3.32
10	环宇集团有限公司	125 036	110 213	13.45
11	厦门 ABB 低压电器设备有限公司	112 905	101 333	11.42
12	常熟开关制造有限公司(原常熟开关厂)*	94 570	79 922	18.33
13	上海电器股份有限公司人民电器厂	87 893	76 021	15.62

（续）

序号	企业名称	2007年	2006年	比上年增长(%)
14	苏州西门子电器有限公司	81 138	69 068	17.48
15	川开电气有限公司	76 698	59 180	29.60
16	浙江森泰电器厂	69 288	53 716	28.99
17	ABB新会低压开关有限公司	64 000	51 000	25.49
18	现代重工(中国)有限公司	55 532	45 030	23.32
19	宁波华通电器集团股份有限公司	52 785	41 215	28.07
20	上海一开电气集团有限公司	52 726	51 300	2.78

注:“*”含其他产品。

2007年通用低压电器分会企业主营业务收入排序

（单位:万元）

序号	企业名称	2007年	2006年	比上年增长(%)
1	德力西集团有限公司	723 490	640 330	12.99
2	正泰电器股份有限公司*	418 481	337 716	23.92
3	人民电器集团有限公司	418 214	340 180	22.94
4	华通机电集团有限公司	325 608	283 136	15.00
5	天正集团有限公司	255 940	222 968	14.79
6	耀华电器集团有限公司	150 350	157 126	-4.31
7	长城电器集团有限公司	130 112	110 526	17.72
8	环宇集团有限公司	120 448	108 234	11.28
9	杭申控股集团有限公司	119 092	107 128	11.17
10	厦门ABB低压电器设备有限公司	116 705	101 889	14.54
11	天津百利特精电气有限公司	115 226	111 241	3.58
12	常熟开关制造有限公司(原常熟开关厂)*	92 405	76 182	21.30
13	上海电器股份有限公司人民电器厂	88 023	75 108	17.20
14	苏州西门子电器有限公司	78 146	68 516	14.06
15	ABB新会低压开关有限公司	70 002	48 000	45.84
16	浙江森泰电器厂	68 625	52 958	29.58
17	川开电气有限公司	60 170	48 405	24.31
18	现代重工(中国)有限公司	53 809	43 548	23.56
19	上海一开电气集团有限公司	52 427	50 844	3.11
20	宁波华通电器集团股份有限公司	47 538	37 064	28.26

注:“*”含其他产品。

2007年通用低压电器分会企业工业增加值排序

（单位:万元）

序号	企业名称	2007年	2006年	比上年增长(%)
1	德力西集团有限公司	174 768	164 531	6.22
2	人民电器集团有限公司	108 973	91 193	19.50
3	正泰电器股份有限公司*	102 461	70 889	44.54
4	华通机电集团有限公司	96 835	84 353	14.80
5	天正集团有限公司	72 073	64 534	11.68
6	常熟开关制造有限公司(原常熟开关厂)*	40 840	31 775	28.53
7	长城电器集团有限公司	36 191	30 743	17.72
8	天津百利特精电气股份有限公司	36 072	21 715	66.12
9	厦门ABB低压电器设备有限公司	35 343	35 466	-0.35

（续）

序号	企 业 名 称	2007 年	2006 年	比上年增长(%)
10	环宇集团有限公司	34 000	32 718	3.92
11	耀华电器集团有限公司	30 606	29 100	5.18
12	杭申控股集团有限公司	30 000	23 942	25.30
13	川开电气有限公司	26 308	22 586	16.48
14	民扬集团有限公司	26 053	17 668	47.46
15	浙江森泰电器厂	20 185	18 364	9.92
16	宁波华通电器集团股份有限公司	19 961	14 810	34.78
17	ABB 新会低压开关有限公司	18 700	12 200	53.28
18	上海电器股份有限公司人民电器厂	18 580	13 643	36.19
19	北京 ABB 低压电器有限公司	18 077	13 799	31.00
20	现代重工(中国)有限公司	16 574	12 608	31.46

注:“*”含其他产品。

2007 年通用低压电器分会企业全员劳动生产率排序

序号	企 业 名 称	全员劳动生产率(元/人)	序号	企 业 名 称	全员劳动生产率(元/人)
1	厦门 ABB 低压电器设备有限公司	604 154	11	浙江森泰电器厂	284 296
2	北京 ABB 低压电器有限公司	407 140	12	上海电器成套厂有限公司	283 382
3	施耐德万高(天津)电气设备有限公司	404 038	13	人民电器集团有限公司	264 049
4	川开电气有限公司	376 905	14	ABB 新会低压开关有限公司	263 380
5	上海天逸电器有限公司	373 971	15	伊顿电气(苏州)有限公司	262 295
6	华通机电集团有限公司	339 772	16	现代重工(中国)有限公司	243 021
7	民扬集团有限公司	334 442	17	天正集团有限公司	234 995
8	上海雷诺尔电气有限公司	325 331	18	德力西集团有限公司	227 355
9	常熟开关制造有限公司(原常熟开关厂)	289 645	19	宁波奇乐电器实业总公司	226 825
10	北京明日电器设备有限责任公司	284 773	20	宁波华通电器集团股份有限公司	225 548

2007 年通用低压电器分会企业经济效益综合指数排序

序号	企 业 名 称	经济效益综合指数	序号	企 业 名 称	经济效益综合指数
1	厦门 ABB 低压电器设备有限公司	6.63	11	江苏凯帆电器有限公司	4.06
2	泰州市环太电器厂	6.56	12	华通机电集团有限公司	3.89
3	施耐德万高(天津)电气设备有限公司	6.28	13	浙江森泰电器厂	3.85
4	上海雷诺尔电气有限公司	5.51	14	民扬集团有限公司	3.85
5	ABB 新会低压开关有限公司	5.39	15	人民电器集团有限公司	3.33
6	常熟开关制造有限公司(原常熟开关厂)	4.98	16	大连神通电气有限公司	3.32
7	北京 ABB 低压电器有限公司	4.83	17	川开电气有限公司	3.27
8	TCL 低压电器(无锡)有限公司	4.78	18	瑞安市工泰电器有限公司	3.25
9	三信国际电器上海有限公司	4.70	19	南京电力高等专科学校附属工厂	3.20
10	上海天逸电器有限公司	4.63	20	杭申控股集团有限公司	3.19

2007 年电力电子分会企业工业总产值排序

（单位：万元）

序号	企 业 名 称	2007 年	2006 年	比上年增长(%)
1	天津市环欧半导体材料技术有限公司	55 532	37 321	48.80
2	北京金自天正智能控制股份有限公司	51 217	42 083	21.70
3	西安永电电气有限责任公司	25 720	35 354	-27.25
4	扬州晶来半导体(集团)有限责任公司	23 635	20 904	13.06
5	九江整流器厂	21 973	6 420	242.26
6	襄樊台基半导体有限公司	20 114	14 030	43.36
7	西安电力电子技术研究所	20 002	16 093	24.29
8	株洲南车时代电气股份有限公司电力电子事业部	19 753	19 377	1.94
9	安徽省祁门县黄山电器有限责任公司	6 862	3 591	91.09
10	大连宏光电气有限公司	5 581	2 471	125.86
11	北京京仪椿树整流器有限责任公司	4 752	3 058	55.39
12	青岛半导体研究所	4 367	5 310	-17.76
13	江阴市赛英电子有限公司	4 283	3 607	18.74
14	丹阳可控硅元件厂	3 500	3 100	12.90
15	河北华整实业有限公司	3 380	1 718	96.74
16	常州市武进可控硅附件有限公司	3 142	2 578	21.86
17	江苏威斯特整流器有限公司	3 141	2 865	9.63
18	无锡市陶都电力器件厂	3 100	2 863	8.30
19	扬州四菱电子有限公司	2 958	2 108	40.32
20	青岛凯瑞电子有限公司	2 607	2 281	14.29

2007 年电力电子分会企业主营业务收入排序

（单位：万元）

序号	企 业 名 称	2007 年	2006 年	比上年增长(%)
1	天津市环欧半导体材料技术有限公司	52 269	35 062	49.08
2	北京金自天正智能控制股份有限公司	52 044	41 527	25.33
3	西安永电电气有限责任公司	23 271	35 354	-34.18
4	扬州晶来半导体(集团)有限责任公司	22 882	20 877	9.60
5	九江整流器厂	21 103	7 165	194.53
6	西安电力电子技术研究所	20 029	14 819	35.16
7	株洲南车时代电气股份有限公司电力电子事业部	16 883	15 709	7.47
8	襄樊台基半导体有限公司	16 368	12 630	29.60
9	安徽省祁门县黄山电器有限责任公司	6 564	3 253	101.78
10	大连宏光电气有限公司	5 890	2 397	145.72
11	北京京仪椿树整流器有限责任公司	4 908	3 007	63.21
12	青岛半导体研究所	3 961	3 940	0.53
13	江阴市赛英电子有限公司	3 645	3 024	20.54
14	丹阳可控硅元件厂	3 300	3 000	10.00
15	河北华整实业有限公司	3 200	1 595	100.63
16	常州市武进可控硅附件有限公司	3 139	2 574	21.94
17	扬州四菱电子有限公司	2 962	2 093	41.52
18	无锡市陶都电力器件厂	2 835	2 755	2.90
19	江阴九华集团有限公司	2 737	2 916	-6.14
20	无锡小天鹅陶瓷有限责任公司	2 647	2 017	31.24

2007 年电力电子分会企业工业增加值排序

（单位：万元）

序号	企 业 名 称	2007 年	2006 年	比上年增长（%）
1	天津市环欧半导体材料技术有限公司	20 786	11 850	75.41
2	北京金自天正智能控制股份有限公司	16 045	12 581	27.53
3	扬州晶来半导体（集团）有限责任公司	8 957	7 307	22.58
4	九江整流器厂	6 591	2 247	193.32
5	株洲南车时代电气股份有限公司电力电子事业部	6 104	9 422	-35.22
6	襄樊台基半导体有限公司	6 000	4 500	33.33
7	西安电力电子技术研究所	4 268	3 087	38.24
8	青岛半导体研究所	2 846	3 166	-10.11
9	安徽省祁门县黄山电器有限责任公司	2 680	1 440	86.11
10	西安永电电气有限责任公司	2 600	4 314	-39.73
11	扬州四菱电子有限公司	1 203	797	50.94
12	青岛凯瑞电子有限公司	1 150	907	26.79
13	江阴市赛英电子有限公司	1 114	942	18.26
14	常州市武进可控硅附件有限公司	786	615	27.76
15	无锡市陶都电力器件厂	665	579	15.01
16	大连宏光电气有限公司	652	1 188	-45.12
17	清华大学电力电子厂	525	470	11.69
18	河北华整实业有限公司	507	400	26.75
19	无锡小天鹅陶瓷有限责任公司	505	386	30.69
20	北京京仪椿树整流器有限责任公司	476		

2007 年电力电子分会企业经济效益综合指数排序

序号	企 业 名 称	经济效益综合指数	序号	企 业 名 称	经济效益综合指数
1	天津市环欧半导体材料技术有限公司	6.51	11	江阴市赛英电子有限公司	1.91
2	株洲南车时代电气股份有限公司电力电子事业部	3.42	12	青岛凯瑞电子有限公司	1.78
3	常州市武进可控硅附件有限公司	3.13	13	大连宏光电气有限公司	1.70
4	安徽省祁门县黄山电器有限责任公司	3.08	14	无锡市陶都电力器件厂	1.68
5	江阴九华集团有限公司	2.80	15	无锡市固特控制技术有限公司	1.59
6	北京金自天正智能控制股份有限公司	2.78	16	威海星佳电子有限公司	1.57
7	襄樊台基半导体有限公司	2.57	17	九江整流器厂	1.52
8	西安电力电子技术研究所	2.54	18	浙江正邦电力电子有限公司	1.47
9	丹阳可控硅元件厂	2.25	19	清华大学电力电子厂	1.45
10	西安华西电气有限公司	2.16	20	江苏威斯特整流器有限公司	1.44

2007 年防爆电器分会企业工业总产值排序

（单位：万元）

序号	企 业 名 称	2007 年	2006 年	比上年增长（%）
1	华荣集团有限公司	55 750	48 500	14.95
2	电光防爆电气有限公司	43 098	37 187	15.90
3	徐州煤矿机械厂	26 535	18 586	42.77

（续）

序号	企 业 名 称	2007 年	2006 年	比上年增长(%)
4	上海电器厂实业有限公司	24 167	41 765	-42.14
5	八达电气有限公司	22 000	15 385	43.00
6	江苏恒通电气仪表有限公司	21 651	18 678	15.92
7	浙江佳洲防爆电器有限公司	18 520	14 738	25.66
8	通化变压器制造有限公司	16 926	15 687	7.90
9	飞策防爆电器有限公司	15 896	13 801	15.18
10	沈阳北方防爆电器有限公司	14 725	10 518	40.00
11	新黎明防爆电器有限公司	14 108	12 610	11.88
12	济源煤炭高压开关有限公司	13 650	17 594	-22.42
13	天津市天矿电器设备有限公司	12 555	9 825	27.79
14	浙江华夏防爆电器有限公司	10 469	9 981	4.89
15	沈阳市中兴防爆电器总厂	9 585	8 238	16.35
16	合肥开关厂有限公司	9 532	9 018	5.70
17	安徽宝龙电器有限公司	9 227	8 299	11.18
18	浙江创正防爆电器有限公司	8 259	7 509	9.99
19	燎原防爆电器有限公司	7 156	3 805	88.07
20	长城电器集团防爆电器有限公司	7 090	6 166	14.99

2007 年防爆电器分会企业产品销售收入排序

（单位:万元）

序号	企 业 名 称	2007 年	2006 年	比上年增长(%)
1	华荣集团有限公司	54 626	47 365	15.33
2	电光防爆电气有限公司	36 724	32 178	14.13
3	徐州煤矿机械厂	27 306	20 112	35.77
4	江苏恒通电气仪表有限公司	21 651	18 678	15.92
5	八达电气有限公司	21 000	15 350	36.81
6	上海电器厂实业有限公司	20 211	41 765	-51.61
7	浙江佳洲防爆电器有限公司	17 690	14 078	25.66
8	飞策防爆电器有限公司	15 321	12 057	27.07
9	新黎明防爆电器有限公司	13 826	12 358	11.88
10	通化变压器制造有限公司	13 548	13 697	-1.09
11	沈阳北方防爆电器有限公司	12 882	10 517	22.49
12	天津市天矿电器设备有限公司	12 499	9 750	28.19
13	济源煤炭高压开关有限公司	10 710	12 558	-14.72
14	浙江华夏防爆电器有限公司	10 058	9 708	3.61
15	沈阳市中兴防爆电器总厂	9 525	8 240	15.59
16	合肥开关厂有限公司	8 820	8 483	3.97
17	安徽宝龙电器有限公司	8 740	7 544	15.85
18	浙江创正防爆电器有限公司	7 633	7 206	5.93
19	燎原防爆电器有限公司	7 441	3 867	92.42
20	德力西集团防爆电器有限公司	6 928	6 025	14.99

2007 年防爆电器分会企业工业增加值排序

（单位：万元）

序号	企业名称	2007 年	2006 年	比上年增长（%）
1	华荣集团有限公司	17 328	16 750	3.45
2	电光防爆电气有限公司	14 957	13 330	12.21
3	徐州煤矿机械厂	8 929	6 117	45.97
4	上海电器厂实业有限公司	8 402	4 341	93.55
5	江苏恒通电气仪表有限公司	6 789	5 206	30.41
6	沈阳北方防爆电器有限公司	6 583	3 732	76.39
7	浙江佳洲防爆电器有限公司	5 454	4 340	25.67
8	新黎明防爆电器有限公司	5 010	4 661	7.49
9	八达电气有限公司	4 895	3 630	34.85
10	通化变压器制造有限公司	4 746	4 224	12.36
11	济源煤炭高压开关有限公司	4 661	6 177	-24.54
12	飞策防爆电器有限公司	3 626	3 078	17.80
13	燎原防爆电器有限公司	3 013	1 872	60.95
14	天津市天矿电器设备有限公司	2 930	2 792	4.94
15	浙江创正防爆电器有限公司	2 790	2 613	6.77
16	安徽宝龙电器有限公司	2 687	2 334	15.12
17	合肥开关厂有限公司	2 605	1 898	37.25
18	德力西集团防爆电器有限公司	2 125	1 522	39.62
19	沈阳市中兴防爆电器总厂	2 062	1 166	76.84
20	乐清市长城防爆电器厂	2 010	1 189	69.05

2007 年防爆电器分会企业总资产贡献率排序

序号	企业名称	总资产贡献率（%）	序号	企业名称	总资产贡献率（%）
1	江苏恒通电气仪表有限公司	83	11	鸡西德元电器有限公司	46
2	沈阳市电工防爆器材厂有限公司	79	12	大庆安正防爆电气有限公司	45
3	人民电器集团防爆电器有限公司	78	13	德力西集团防爆电器有限公司	45
4	新黎明防爆电器有限公司	71	14	浙江创正防爆电器有限公司	44
5	八达电气有限公司	69	15	合肥开关厂有限公司	41
6	沈阳市环宇防爆电器总厂	64	16	华荣集团有限公司	39
7	宁波远东防爆器材有限公司	62	17	沈阳市凯鑫防爆电器厂	36
8	四平市同创电器设备制造有限公司	52	18	浙江华夏防爆电器有限公司	35
9	沈阳北方防爆电器有限公司	49	19	通化变压器制造有限公司	34
10	瓦房店防爆电器有限公司	47	20	天津市天矿电器设备有限公司	33

2007 年防爆电器分会企业全员劳动生产率排序

序号	企业名称	全员劳动生产率（元/人）	序号	企业名称	全员劳动生产率（元/人）
1	上海电器厂实业有限公司	688 689	11	乐清市长城防爆电器厂	138 621
2	通化变压器制造有限公司	182 538	12	华荣集团有限公司	132 782
3	八达电气有限公司	171 754	13	人民电器集团防爆电器有限公司	122 000
4	燎原防爆电器有限公司	168 324	14	德力西集团防爆电器有限公司	111 842
5	沈阳北方防爆电器有限公司	165 402	15	上海宝临防爆电器有限公司	110 829
6	江苏恒通电气仪表有限公司	164 782	16	新黎明防爆电器有限公司	109 868
7	电光防爆电气有限公司	151 540	17	山西汾西机电有限公司	108 314
8	合肥开关厂有限公司	151 453	18	沈阳市环宇防爆电器总厂	106 667
9	瓦房店防爆电器有限公司	148 824	19	冀州市南午防爆电器软管有限公司	100 562
10	浙江创正防爆电器有限公司	140 909	20	安徽宝龙电器有限公司	97 709

2007 年防爆电器分会企业经济效益综合指数排序

序号	企业名称	经济效益综合指数	序号	企业名称	经济效益综合指数
1	上海电器厂实业有限公司	6.09	11	浙江创正防爆电器有限公司	3.38
2	瓦房店防爆电器有限公司	4.87	12	华荣集团有限公司	3.24
3	江苏恒通电气仪表有限公司	4.71	13	四平市同创电器设备制造有限公司	3.19
4	八达电气有限公司	4.52	14	大庆安正防爆电气有限公司	3.09
5	新黎明防爆电器有限公司	4.03	15	通化变压器制造有限公司	3.01
6	德力西集团防爆电器有限公司	4.00	16	燎原防爆电器有限公司	2.99
7	沈阳市电工防爆器材厂有限公司	3.76	17	电光防爆电气有限公司	2.99
8	人民电器集团防爆电器有限公司	3.62	18	合肥开关厂有限公司	2.94
9	宁波远东防爆器材有限公司	3.59	19	沈阳市环宇防爆电器总厂	2.91
10	沈阳北方防爆电器有限公司	3.52	20	上海宝临防爆电器有限公司	2.83

2007 年继电保护及自动化设备分会企业工业总产值排序

（单位:万元）

序号	企业名称	2007 年	2006 年	比上年增长(%)
1	许继集团有限公司	596 009	557 226	6.96
2	烟台东方电子信息产业集团有限公司	109 208	107 489	1.60
3	研祥智能科技股份有限公司	100 000	75 000	33.33
4	贵州天义电器有限责任公司	32 065	30 005	6.87
5	珠海优特电力科技股份有限公司	29 296	22 132	32.37
6	汕头正超电气有限公司	28 790	28 078	2.54
7	重庆新世纪电气有限公司	24 904	21 876	13.84
8	北京紫光测控有限公司	20 482	17 411	17.64
9	上海申瑞电力科技股份有限公司	17 987	15 486	16.15
10	广东珠江开关有限公司	15 010	26 535	-43.43
11	南京因泰莱电器股份有限公司	15 000	12 000	25.00

（续）

序号	企业名称	2007年	2006年	比上年增长(%)
12	山东科汇电力自动化有限公司	12 898	10 930	18.01
13	阿城继电器股份有限公司	11 905	13 733	-13.31
14	北京德威特电力系统自动化有限公司	11 388	21 080	-45.98
15	上海继电器有限公司	10 934	10 338	5.77
16	保定浪拜迪电气股份有限公司	10 120	8 350	21.20
17	上海安科瑞电气有限公司	9 139	5 015	82.23
18	无锡市东升无线电器材厂	8 335	7 245	15.04
19	河北北恒电气科技有限公司	7 737	7 074	9.37
20	山东泰开自动化有限公司	5 500	3 900	41.03

2007年继电保护及自动化设备分会企业产品销售收入排序

（单位：万元）

序号	企业名称	2007年	2006年	比上年增长(%)
1	许继集团有限公司	615 978	564 915	9.04
2	北海银河高科技产业股份有限公司	175 036	112 778	55.20
3	烟台东方电子信息产业集团有限公司	150 240	143 078	5.01
4	国电南京自动化股份有限公司	123 578	120 236	2.78
5	国电南瑞科技股份有限公司	108 152	89 742	20.51
6	研祥智能科技股份有限公司	100 000	75 000	33.33
7	江苏金智科技股份有限公司	35 627	32 263	10.43
8	深圳市科陆电子科技股份有限公司	34 548	21 749	58.85
9	贵州天义电器有限责任公司	30 076	28 038	7.27
10	汕头正超电气有限公司	28 214	28 078	0.48
11	珠海优特电力科技股份有限公司	24 725	20 197	22.42
12	重庆新世纪电气有限公司	22 996	22 991	0.02
13	浙江华立科技股份有限公司	21 472	31 505	-31.85
14	北京德威特电力系统自动化有限公司	21 303	27 064	-21.29
15	北京紫光测控有限公司	20 482	17 411	17.64
16	广东珠江开关有限公司	14 728	26 958	-45.37
17	上海申瑞电力科技股份有限公司	14 379	9 785	46.95
18	南京因泰莱电器股份有限公司	14 364	11 984	19.86
19	山东科汇电力自动化有限公司	12 869	10 897	18.10
20	阿城继电器股份有限公司	12 841	17 056	-24.71

2007年继电保护及自动化设备分会企业工业增加值排序

（单位：万元）

序号	企业名称	2007年	2006年	比上年增长(%)
1	许继集团有限公司	244 364	228 463	6.96
2	烟台东方电子信息产业集团有限公司	54 241	52 986	2.37
3	珠海优特电力科技股份有限公司	15 764	11 348	38.91
4	湖北天瑞电子有限公司	14 025	10 127	38.49
5	贵州天义电器有限责任公司	10 650	9 386	13.47

（续）

序号	企 业 名 称	2007 年	2006 年	比上年增长(%)
6	重庆新世纪电气有限公司	6 285	5 250	19.71
7	山东科汇电力自动化有限公司	5 804	4 253	36.47
8	南京因泰莱电器股份有限公司	4 600	3 600	27.78
9	保定浪拜迪电气股份有限公司	3 664	3 258	12.46
10	汕头正超电气有限公司	3 436	6 682	-48.58
11	北京德威特电力系统自动化有限公司	2 277	8 619	-73.58
12	上海继电器有限公司	1 985	2 837	-30.03
13	广东珠江开关有限公司	1 365	16 897	-91.92
14	上海安科瑞电气有限公司	1 354	586	131.06
15	河南思达高科技股份有限公司	1 286	1 181	8.89
16	无锡市东升无线电器材厂	1 213	909	33.44
17	成都智达电力自动化控制有限公司	1 092	645	69.30
18	江苏国星电器有限公司	1 040	936	11.11
19	河北北恒电气科技有限公司	900	700	28.57
20	山东泰开自动化有限公司	820	145	465.52

2007 年继电保护及自动化设备分会 企业全员劳动生产率排序

序号	企 业 名 称	全员劳动生产率（元/人）	序号	企 业 名 称	全员劳动生产率（元/人）
1	许继集团有限公司	617 237	11	安徽鑫龙自动化有限公司	96 800
2	湖北天瑞电子有限公司	449 519	12	江苏国星电器有限公司	94 545
3	珠海优特电力科技股份有限公司	285 580	13	汕头正超电气有限公司	88 329
4	烟台东方电子信息产业集团有限公司	270 529	14	浙江华仪电力自动化有限公司	80 909
5	山东科汇电力自动化有限公司	226 719	15	河北北恒电气科技有限公司	75 000
6	重庆新世纪电气有限公司	185 398	16	贵州天义电器有限责任公司	67 405
7	南京因泰莱电器股份有限公司	184 000	17	山东泰开自动化有限公司	67 213
8	成都智达电力自动化控制有限公司	156 000	18	无锡市东升无线电器材厂	67 017
9	保定浪拜迪电气股份有限公司	140 923	19	河南思达高科技股份有限公司	58 190
10	北京德威特电力系统自动化有限公司	101 652	20	上海安科瑞电气有限公司	49 058

2007 年继电保护及自动化设备分会 企业经济效益综合指数排序

序号	企 业 名 称	经济效益综合指数	序号	企 业 名 称	经济效益综合指数
1	许继集团有限公司	4.73	11	上海申瑞电力科技股份有限公司	2.35
2	南京因泰莱电器股份有限公司	4.62	12	安徽鑫龙自动化有限公司	2.34
3	湖北天瑞电子有限公司	4.37	13	北京德威特电力系统自动化有限公司	2.32
4	浙江华仪电力自动化有限公司	4.14	14	重庆新世纪电气有限公司	2.26
5	珠海优特电力科技股份有限公司	3.84	15	北京紫光测控有限公司	2.22
6	山东科汇电力自动化有限公司	3.38	16	上海安科瑞电气有限公司	2.14
7	珠海万力达电气股份有限公司	3.01	17	保定浪拜迪电气股份有限公司	2.08
8	成都智达电力自动化控制有限公司	2.78	18	深圳市科陆电子科技股份有限公司	2.01
9	江苏国星电器有限公司	2.54	19	汕头正超电气有限公司	1.83
10	烟台东方电子信息产业集团有限公司	2.44	20	河北北恒电气科技有限公司	1.82

2007年工业日用电器分会企业工业总产值排序

（单位：万元）

序号	企业名称	2007年	2006年	比上年增长（%）
1	美的集团有限公司	6 797 104	5 156 315	31.82
2	广东格兰仕集团有限公司	2 266 880	1 475 417	53.64
3	江苏白雪电器股份有限公司	229 175	180 088	27.26
4	江苏春兰制冷设备股份有限公司	206 034	321 751	-35.96
5	TCL空调器（中山）有限公司	194 087	220 475	-11.97
6	艾美特电器（深圳）有限公司	152 708	156 584	-2.48
7	广东华声电器实业有限公司	94 032	73 273	28.33
8	广东万和新电气有限公司	57 822		
9	佛山市顺德区容桂万喜电器燃气具有限公司	44 445	32 648	36.13
10	广东宝力电器有限公司	33 248	34 539	-3.74
11	佛山市天伦电器有限公司	23 456	25 200	-6.92
12	中山乐铃电器燃具有限公司	22 726	26 805	-15.22
13	佛山市顺德区村田电器有限公司	16 318	258	
14	中山市邦太电器有限公司	15 950	12 090	31.93
15	西安东方康普斯制冷工程有限公司	5 031	5 295	-4.99
16	佛山市南海区松岗华兴电器有限公司	3 927		
17	浙江中雁温控器有限公司	3 890	3 100	25.48
18	汕头市夏野电器科技有限公司	2 500	1 900	31.58
19	上海华丰电扇厂	2 268	1 842	23.12

2007年工业日用电器分会企业主营业务收入排序

（单位：万元）

序号	企业名称	2007年	2006年	比上年增长（%）
1	美的集团有限公司	6 746 431	5 182 281	30.18
2	广东格兰仕集团有限公司	293 567	1 335 980	-78.03
3	江苏白雪电器股份有限公司	225 120	191 334	17.66
4	TCL空调器（中山）有限公司	178 119	189 347	-5.93
5	江苏春兰制冷设备股份有限公司	149 065	202 819	
6	艾美特电器（深圳）有限公司	129 466	136 464	-5.13
7	广东华声电器实业有限公司	94 032	73 273	28.33
8	广东万和新电气有限公司	68 867		
9	佛山市顺德区容桂万喜电器燃气具有限公司	44 445	32 648	36.13
10	广东宝力电器有限公司	33 726	33 880	-0.45
11	中山乐铃电器燃具有限公司	21 438	25 705	-16.60
12	佛山市天伦电器有限公司	18 460	20 750	-11.04
13	佛山市顺德区村田电器有限公司	16 318	11 344	43.85
14	中山市邦太电器有限公司	16 000	12 000	
15	西安东方康普斯制冷工程有限公司	5 313	5 001	6.24
16	浙江中雁温控器有限公司	3 800	3 000	26.67
17	上海华丰电扇厂	2 226	1 813	22.77
18	汕头市夏野电器科技有限公司	2 100	1 550	35.48
19	广州远东风扇有限公司	711	854	-16.74

2007 年工业日用电器分会企业工业增加值排序

（单位：万元）

序号	企 业 名 称	2007 年	2006 年	比上年增长（%）
1	美的集团有限公司	2 113 442	1 868 100	13.13
2	广东格兰仕集团有限公司	1 416 880	2 307 971	-38.61
3	江苏春兰制冷设备股份有限公司	111 016	76 690	44.76
4	TCL 空调器（中山）有限公司	55 760	81 262	-31.38
5	佛山市顺德区容桂万喜电器燃气具有限公司	39 636	46 600	-14.94
6	江苏白雪电器股份有限公司	20 619	16 985	21.40
7	广东华声电器实业有限公司	13 649	10 636	28.33
8	广东万和新电气有限公司	10 612		
9	中山乐铃电器燃具有限公司	5 947	5 139	15.72
10	广东宝力电器有限公司	5 216	5 742	-9.16
11	中山市邦太电器有限公司	2 248	1 702	32.08
12	佛山市天伦电器有限公司	1 523	1 750	-12.97
13	浙江中雁温控器有限公司	1 368	1 080	26.67
14	西安东方康普斯制冷工程有限公司	788	748	5.26
15	上海华丰电扇厂	485	486	-0.19
16	佛山市顺德区村田电器有限公司	341	14	117.50
17	广州远东风扇有限公司	147		

2007 年工业日用电器分会企业全员劳动生产率排序

序号	企 业 名 称	全员劳动生产率（元/人）	序号	企 业 名 称	全员劳动生产率（元/人）
1	佛山市顺德区容桂万喜电器燃气具有限公司	609 785	9	广东华声电器实业有限公司	48 746
2	TCL 空调器（中山）有限公司	528 396	10	上海华丰电扇厂	43 667
3	佛山市顺德区村田电器有限公司	382 486	11	广东格兰仕集团有限公司	40 340
4	广州远东风扇有限公司	248 640	12	中山市邦太电器有限公司	36 553
5	江苏白雪电器股份有限公司	162 739	13	山东多星电器有限公司	30 526
6	浙江中雁温控器有限公司	65 143	14	汕头市夏野电器科技有限公司	21 000
7	广东宝力电器有限公司	55 853	15	艾美特电器（深圳）有限公司	15 151
8	美的集团有限公司	54 210			

2007 年工业日用电器分会企业经济效益综合指数排序

序号	企 业 名 称	经济效益综合指数	序号	企 业 名 称	经济效益综合指数
1	佛山市顺德区容桂万喜电器燃气具有限公司	6.47	9	广东万和新电气有限公司	2.00
2	TCL 空调器（中山）有限公司	5.48	10	广东华声电器实业有限公司	1.85
3	中山乐铃电器燃具有限公司	3.62	11	浙江中雁温控器有限公司	1.80
4	广东格兰仕集团有限公司	3.40	12	中山市邦太电器有限公司	1.72
5	江苏春兰制冷设备股份有限公司	3.39	13	上海华丰电扇厂	1.14
6	美的集团有限公司	2.58	14	广州远东风扇有限公司	0.91
7	佛山市顺德区村田电器有限公司	2.28	15	西安东方康普斯制冷工程有限公司	0.88
8	江苏白雪电器股份有限公司	2.01			

2007年电器附件及家用控制器分会企业工业总产值排序

（单位：万元）

序号	企 业 名 称	2007年	2006年	比上年增长（%）
1	三花控股集团有限公司	455 365	385 686	18.07
2	广东华声电器实业有限公司	94 032	73 273	28.33
3	杭州鸿雁电器有限公司	88 807	86 190	3.04
4	泰力实业有限公司	79 851	79 612	0.30
5	佛山通宝股份有限公司	75 832	62 909	20.54
6	宁波凯峰电器有限公司	72 570	68 462	6.00
7	TCL－罗格朗国际电工（惠州）有限公司	65 078	60 760	7.11
8	思瑞克斯（广州）电器有限公司	52 419		
9	浙江正泰建筑电器有限公司	46 768	37 629	24.29
10	慈溪冬宫电器有限公司	44 744	38 661	15.73
11	慈溪公牛电器有限公司	43 200	28 000	54.29
12	飞雕电器集团有限公司	39 600	28 710	37.93
13	佛山精密电工合金有限公司	34 871	25 835	34.98
14	杭州鸿世电器有限公司	34 104	31 728	7.49
15	天基电气（深圳）有限公司	33 765	19 678	71.59
16	广东松本电工电器有限公司	31 244	28 605	9.23
17	常州西玛特电器有限公司	27 760	19 664	41.17
18	奇胜工业（惠州）有限公司	27 718	30 599	-9.42
19	江苏西蒙奇通电器有限公司	27 200	20 880	30.27
20	浙江跃华电讯有限公司	26 985		

2007年电器附件及家用控制器分会
企业主营业务收入排序

（单位：万元）

序号	企 业 名 称	2007年	2006年	比上年增长（%）
1	三花控股集团有限公司	467 867	386 518	21.05
2	慈溪冬宫电器有限公司	48 792	6 853	611.99
3	广东华声电器实业有限公司	94 032	73 273	28.33
4	杭州鸿雁电器有限公司	77 399	70 360	10.00
5	泰力实业有限公司	76 497	76 126	0.49
6	佛山通宝股份有限公司	73 280	61 157	19.82
7	宁波凯峰电器有限公司	71 291	64 852	9.93
8	TCL－罗格朗国际电工（惠州）有限公司	65 000	69 054	-5.87
9	思瑞克斯（广州）电器有限公司	51 581		
10	浙江正泰建筑电器有限公司	45 881	35 499	29.25
11	慈溪公牛电器有限公司	43 050	27 962	53.96
12	杭州鸿世电器有限公司	33 755	31 499	7.16
13	天基电气（深圳）有限公司	32 555	21 934	48.42
14	佛山精密电工合金有限公司	31 431	23 757	32.30
15	飞雕电器集团有限公司	30 464	26 829	13.55

（续）

序号	企 业 名 称	2007 年	2006 年	比上年增长（%）
16	常州西玛特电器有限公司	26 597	19 403	37.08
17	浙江跃华电讯有限公司	26 218	20 974	25.00
18	奇胜工业（惠州）有限公司	26 151	30 276	-13.62
19	广东朗能电器有限公司	25 067	22 246	12.68
20	广东松本电工电器有限公司	24 436	23 554	3.75

2007 年电器附件及家用控制器分会企业工业增加值排序

（单位：万元）

序号	企 业 名 称	2007 年	2006 年	比上年增长（%）
1	三花控股集团有限公司	98 707	86 132	14.60
2	TCL－罗格朗国际电工（惠州）有限公司	20 929	18 863	10.95
3	泰力实业有限公司	16 851	16 182	4.13
4	杭州鸿雁电器有限公司	15 689	13 699	14.53
5	宁波凯峰电器有限公司	15 136	11 788	28.40
6	广东华声电器实业有限公司	13 649	10 636	28.33
7	浙江正泰建筑电器有限公司	13 585	11 289	20.34
8	江苏西蒙奇通电器有限公司	12 600	8 000	57.50
9	广东松本电工电器有限公司	9 804	8 052	21.76
10	天基电气（深圳）有限公司	9 222	5 489	68.01
11	浙江跃华电讯有限公司	8 034		
12	思瑞克斯（广州）电器有限公司	7 852		
13	惠州雷士光电科技有限公司	7 500	6 400	17.19
14	飞雕电器集团有限公司	7 210	7 435	-3.03
15	常州西玛特电器有限公司	6 649	6 268	6.08
16	佛山精密电工合金有限公司	5 992	4 337	38.16
17	宝应电器厂	5 140	4 800	7.08
18	广东朗能电器有限公司	4 956	3 565	39.02
19	杭州鸿世电器有限公司	4 827	4 183	15.40
20	奇胜工业（惠州）有限公司	4 395	4 644	-5.36

2007 年电器附件及家用控制器分会企业全员劳动生产率排序

序号	企 业 名 称	全员劳动生产率（元/人）	序号	企 业 名 称	全员劳动生产率（元/人）
1	佛山精密电工合金有限公司	241 613	11	浙江跃华电讯有限公司	119 022
2	江苏西蒙奇通电器有限公司	202 247	12	宁波灵象电器有限公司	96 000
3	思瑞克斯（广州）电器有限公司	173 708	13	宁波凯峰电器有限公司	92 742
4	宝应电器厂	162 145	14	万宝冷机集团广州电器有限公司	91 473
5	三花控股集团有限公司	153 034	15	惠州雷士光电科技有限公司	88 028
6	杭州鸿雁电器有限公司	152 320	16	哈尔滨哈轻塑胶有限公司	79 123
7	广东松本电工电器有限公司	144 183	17	泰力实业有限公司	73 585
8	浙江正泰建筑电器有限公司	134 239	18	浙江恒泰电工有限公司	69 043
9	南京曼奈柯斯电器有限公司	124 341	19	TCL－罗格朗国际电工（惠州）有限公司	65 403
10	浙江捷鹰电器有限公司	119 474	20	浙江中雁温控器有限公司	65 143

2007年牵引电气设备分会企业全员劳动生产率排序

序号	企业名称	全员劳动生产率（元/人）	序号	企业名称	全员劳动生产率（元/人）
1	大连天元电机有限公司	219 721	11	上海立新电器厂	67 698
2	湘潭市电机车厂	151 026	12	湘潭电机集团有限公司	63 408
3	常州基腾电气有限公司	136 466	13	大连日牵电机有限公司	62 917
4	江苏常牵电机有限公司	98 311	14	湘潭海联电气有限公司	62 500
5	江苏路通电器有限公司	95 750	15	湘潭如意电机电器有限公司	39 388
6	贵州天义电器有限责任公司	89 973	16	江苏常州新区云凯电器设备有限公司	35 455
7	江苏常州洲源机电制造有限公司	78 800	17	贵州六盘水煤矿机械厂	34 996
8	成都茂源科技有限公司	77 143	18	山西平遥工矿电机车厂	30 798
9	常州市华盛电机厂	74 571	19	衡阳力尔美电瓶车有限责任公司	23 924
10	湘潭市牵引电机厂	73 832			

2007年牵引电气设备分会企业经济效益综合指数排序

序号	企业名称	经济效益综合指数	序号	企业名称	经济效益综合指数
1	常州市华盛电机厂	3.80	11	湘潭市牵引电机厂	1.83
2	湘潭县星沙橡胶厂	3.63	12	成都茂源科技有限公司	1.76
3	大连天元电机有限公司	2.96	13	湘潭如意电机电器有限公司	1.73
4	江苏路通电器有限公司	2.31	14	贵州天义电器有限责任公司	1.62
5	湘潭海联电气有限公司	2.27	15	湘潭南方电机制造有限公司	1.53
6	山西平遥工矿电机车厂	2.24	16	四川乐山宇强电机车制造有限公司	1.53
7	广东梅州市粤新煤矿专用设备制造厂	1.99	17	大连日牵电机有限公司	1.53
8	湘潭市电机车厂	1.95	18	江苏常州新区云凯电器设备有限公司	1.40
9	江苏常牵电机有限公司	1.94	19	江苏常州洲源机电制造有限公司	1.14
10	常州基腾电气有限公司	1.84	20	湘潭电机集团有限公司	1.09

2007年电炉及工业炉分会企业工业总产值排序

（单位：万元）

序号	企业名称	2007年	2006年	比上年增长（%）
1	上海自动化仪表股份有限公司	100 024	87 999	13.66
2	哈尔滨松江电炉厂有限责任公司	31 800	21 771	46.07
3	苏州振吴电炉有限公司	19 070	9 072	110.21
4	天津市天骄工业有限公司	10 100	11 200	-9.82
5	西安神电电器有限公司	8 818	8 676	1.64
6	南京摄炉（集团）有限公司	8 100	7 500	8.00
7	锦州电炉有限责任公司	7 800	6 300	23.81
8	西安电炉研究所有限公司	6 773	2 149	215.17
9	汉中安中机械有限责任公司	5 525	4 398	25.63
10	保定红星高频设备有限公司	5 000	3 097	61.45
11	重庆工业炉股份有限公司	4 500		
12	株洲火炬工业炉有限责任公司	4 010	3 142	27.63
13	宁波东方加热设备有限公司	3 615	3 156	14.54

（续）

序号	企业名称	2007年	2006年	比上年增长(%)
14	上海中加电炉有限公司	3 500	3 000	16.67
15	株洲电炉厂	3 177	2 540	25.08
16	江苏威斯特整流器有限公司	3 141	2 865	9.63
17	奉化市光亮热处理电炉有限公司	2 960	2 500	18.40
18	湘潭湘机电炉厂	2 802	2 503	11.95
19	锦州航星真空设备有限公司	2 244	1 821	23.23
20	山东荣泰电炉制造有限公司	1 795	1 436	25.00

2007年电炉及工业炉分会企业产品销售收入排序

（单位：万元）

序号	企业名称	2007年	2006年	比上年增长(%)
1	上海自动化仪表股份有限公司	103 764	89 848	15.49
2	哈尔滨松江电炉厂有限责任公司	27 723	20 266	36.80
3	苏州振吴电炉有限公司	19 069	9 072	110.20
4	天津市天骄工业有限公司	9 897	9 289	6.55
5	无锡电炉有限责任公司	8 642		
6	西安神电电器有限公司	8 337	7 506	11.07
7	南京摄炉(集团)有限公司	8 078	7 792	3.67
8	保定红星高频设备有限公司	6 000	3 272	83.37
9	锦州电炉有限责任公司	5 762	4 641	24.15
10	重庆工业炉股份有限公司	5 100		
11	株洲火炬工业炉有限责任公司	4 131	2 998	37.79
12	汉中安中机械有限责任公司	3 440	3 596	-4.34
13	西安电炉研究所有限公司	3 422	335	921.49
14	上海中加电炉有限公司	3 161	2 324	36.02
15	宁波东方加热设备有限公司	3 143	2 821	11.41
16	株洲电炉厂	3 049	2 319	31.48
17	湘潭湘机电炉厂	2 856	2 462	16.00
18	奉化市光亮热处理电炉有限公司	2 830	2 420	16.94
19	山东荣泰电炉制造有限公司	2 168	1 443	50.24
20	江苏威斯特整流器有限公司	2 100	1 528	37.43

2007年电炉及工业炉分会企业工业增加值排序

（单位：万元）

序号	企业名称	2007年	2006年	比上年增长(%)
1	上海自动化仪表股份有限公司	24 645	24 967	-1.29
2	苏州振吴电炉有限公司	4 075	1 972	106.64
3	西安神电电器有限公司	2 685	2 210	21.49
4	哈尔滨松江电炉厂有限责任公司	2 436	1 685	44.57
5	汉中安中机械有限责任公司	2 040	1 483	37.56
6	锦州电炉有限责任公司	1 900	1 550	22.58
7	西安电炉研究所有限公司	1 775	1 751	1.37
8	南京摄炉(集团)有限公司	1 560	1 436	8.64
9	重庆工业炉股份有限公司	1 100		
10	宁波东方加热设备有限公司	1 041	834	24.82
11	奉化市光亮热处理电炉有限公司	515	405	27.16

（续）

序号	企业名称	2007年	2006年	比上年增长(%)
12	保定红星高频设备有限公司	500	356	40.45
13	长兴县浩大工业炉有限公司	483		
14	江苏威斯特整流器有限公司	432	306	41.18
15	天津天高感应加热有限公司	399	249	60.24
16	沈阳市工业电炉厂	391	373	4.83
17	上海跃进医疗器械厂	334	79	322.78
18	湘潭湘机电炉厂	313	511	-38.75
19	宜兴市双喜炉业材料有限公司	310	265	16.98
20	锦州航星真空设备有限公司	305	135	125.93

2007年电炉及工业炉分会企业全员劳动生产率排序

序号	企业名称	全员劳动生产率（元/人）	序号	企业名称	全员劳动生产率（元/人）
1	苏州振吴电炉有限公司	135 382	11	西安电炉研究所有限公司	66 729
2	锦州电炉有限责任公司	126 667	12	奉化市光亮热处理电炉有限公司	66 025
3	天津天高感应加热有限公司	110 833	13	汉中安中机械有限责任公司	48 571
4	西安神电电器有限公司	101 320	14	沈阳市工业电炉厂	41 157
5	长兴县浩大工业炉有限公司	100 625	15	江苏威斯特整流器有限公司	39 633
6	上海自动化仪表股份有限公司	89 099	16	宜兴市双喜炉业材料有限公司	36 470
7	南京摄炉(集团)有限公司	83 422	17	上海跃进医疗器械厂	26 093
8	宁波东方加热设备有限公司	80 697	18	西安云汉高温炉业有限公司	22 222
9	哈尔滨松江电炉厂有限责任公司	75 418	19	锦州航星真空设备有限公司	21 785
10	重庆工业炉股份有限公司	73 333	20	保定红星高频设备有限公司	20 000

2007年电炉及工业炉分会企业经济效益综合指数排序

序号	企业名称	经济效益综合指数	序号	企业名称	经济效益综合指数
1	西安电炉研究所有限公司	2.64	11	江苏威斯特整流器有限公司	1.44
2	锦州电炉有限责任公司	2.25	12	沈阳市工业电炉厂	1.40
3	苏州振吴电炉有限公司	2.04	13	株洲火炬工业炉有限责任公司	1.28
4	奉化市光亮热处理电炉有限公司	1.91	14	上海中加电炉有限公司	1.26
5	西安神电电器有限公司	1.87	15	上海自动化仪表股份有限公司	1.26
6	宜兴市双喜炉业材料有限公司	1.79	16	宁波东方加热设备有限公司	1.10
7	天津市天骄工业有限公司	1.69	17	山东荣泰电炉制造有限公司	0.97
8	南京摄炉(集团)有限公司	1.63	18	保定红星高频设备有限公司	0.94
9	汉中安中机械有限责任公司	1.55	19	锦州航星真空设备有限公司	0.92
10	哈尔滨松江电炉厂有限责任公司	1.48	20	上海跃进医疗器械厂	0.71

2007年电焊机分会企业工业总产值排序

（单位:万元）

序号	企业名称	2007年	2006年	比上年增长(%)
1	唐山松下产业机器有限公司	97 674	73 115	33.59
2	欧地希OTC机电(上海)有限公司	49 865	40 057	24.49
3	凯尔达电焊机有限公司	30 905	21 474	43.92
4	深圳市佳士科技发展有限公司(瑞凌电器有限公司)	25 500	16 000	59.38
5	上海沪工电焊机制造有限公司	24 976	19 397	28.76
6	山东山大奥太电气有限公司	23 270	14 669	58.63
7	成都焊研威达自动焊接设备有限公司	18 853	23 630	-20.22
8	上海威特力焊接设备制造股份有限公司	17 680	6 247	183.02
9	小原(南京)机电有限公司	16 768	15 243	10.00
10	南通三九焊接机器制造有限公司	16 674	12 698	31.32
11	天津七所高科技有限公司	15 661	9 650	62.29
12	无锡汉神电气有限公司	15 032	8 736	72.07
13	南通振康焊接机电有限公司	12 119	9 660	25.45
14	上海沪通焊接电器制造有限公司	10 710	6 980	53.44
15	成都华远电器设备有限公司	9 200	7 800	17.95
16	成都熊谷电器工业有限公司	7 271	6 873	5.78
17	武汉凯奇特种焊接设备有限责任公司	6 312	6 289	0.37
18	上海正泰焊接设备有限公司	6 100	3 500	74.29
19	成都焊研科技有限责任公司	5 841	4 805	21.56
20	无锡威华电焊机制造有限公司	5 553	5 741	-3.28

2007年电焊机分会企业主营业务收入排序

（单位:万元）

序号	企业名称	2007年	2006年	比上年增长(%)
1	唐山松下产业机器有限公司	80 968	63 533	27.44
2	上海林肯电气有限公司	41 423	30 206	37.14
3	欧地希OTC机电(上海)有限公司	40 369	28 231	43.00
4	凯尔达电焊机有限公司	30 501	21 033	45.01
5	上海沪工电焊机制造有限公司	24 585	18 911	30.00
6	深圳市佳士科技发展有限公司(瑞凌电器有限公司)	24 000	14 500	65.52
7	山东山大奥太电气有限公司	18 148	12 177	49.04
8	南通三九焊接机器制造有限公司	17 646	14 227	24.03
9	成都焊研威达自动焊接设备有限公司	15 950	21 400	-25.47
10	无锡汉神电气有限公司	14 738	9 218	59.88
11	小原(南京)机电有限公司	14 580	13 255	10.00
12	上海威特力焊接设备制造股份有限公司	14 438	5 645	155.77
13	南通振康焊接机电有限公司	12 119	9 660	25.45
14	天津七所高科技有限公司	10 433	7 051	47.96
15	上海沪通焊接电器制造有限公司	10 097	7 450	35.53
16	成都华远电器设备有限公司	9 600	7 000	37.14
17	成都熊谷电器工业有限公司	6 985	6 285	11.14
18	武汉凯奇特种焊接设备有限责任公司	6 149	6 105	0.72
19	上海电焊机厂	5 889	4 437	32.72
20	上海正泰焊接设备有限公司	5 858	3 456	69.50

2007 年电焊机分会企业工业增加值排序

（单位：万元）

序号	企 业 名 称	2007 年	2006 年	比上年增长（%）
1	唐山松下产业机器有限公司	58 568	45 678	28.22
2	山东山大奥太电气有限公司	9 200	6 500	41.54
3	深圳市佳士科技发展有限公司（瑞凌电器有限公司）	8 500	4 632	83.51
4	欧地希 OTC 机电（上海）有限公司	6 481	16 380	-60.43
5	成都焊研威达自动焊接设备有限公司	6 465	9 452	-31.60
6	上海沪工电焊机制造有限公司	6 375	5 431	17.38
7	凯尔达电焊机有限公司	5 803	6 176	-6.04
8	小原（南京）机电有限公司	5 040	4 573	10.21
9	南通三九焊接机器制造有限公司	4 335	3 555	21.94
10	南通振康焊接机电有限公司	2 245	1 713	31.07
11	成都焊研科技有限责任公司	2 116	1 690	25.21
12	上海威特力焊接设备制造股份有限公司	1 800	617	191.73
13	无锡威华电焊机制造有限公司	1 621	1 924	-15.76
14	成都熊谷电器工业有限公司	1 582	1 454	8.80
15	武汉凯奇特种焊接设备有限责任公司	1 546	2 292	-32.55
16	上海电焊机厂	1 366	1 065	28.26
17	河北省电焊机股份有限公司	892	744	19.89
18	扬州市天力机电有限公司	874	575	52.00
19	舟山市东海电焊机制造有限公司	703		
20	北京市东升电焊机厂	682	572	19.23

2007 年电焊机分会企业全员劳动生产率排序

序号	企 业 名 称	全员劳动生产率（元/人）	序号	企 业 名 称	全员劳动生产率（元/人）
1	唐山松下产业机器有限公司	1 013 287	11	扬州市天力机电有限公司	97 111
2	山东山大奥太电气有限公司	211 494	12	成都焊研科技有限责任公司	96 182
3	小原（南京）机电有限公司	170 847	13	南通三九焊接机器制造有限公司	92 635
4	深圳市佳士科技发展有限公司（瑞凌电器有限公司）	160 377	14	上海电焊机厂	81 310
			15	无锡威华电焊机制造有限公司	72 361
5	欧地希 OTC 机电（上海）有限公司	151 425	16	上海梅达焊接设备有限公司	63 596
6	成都焊研威达自动焊接设备有限公司	124 088	17	舟山市东海电焊机制造有限公司	60 061
7	成都熊谷电器工业有限公司	119 848	18	武汉凯奇特种焊接设备有限责任公司	56 014
8	南通振康焊接机电有限公司	112 250	19	上海威特力焊接设备制造股份有限公司	47 368
9	凯尔达电焊机有限公司	103 440	20	北京市海淀区清河电焊机厂	44 118
10	汕头市新兴焊接设备厂	101 333			

2007 年电焊机分会企业经济效益综合指数排序

序号	企 业 名 称	经济效益综合指数	序号	企 业 名 称	经济效益综合指数
1	唐山松下产业机器有限公司	6.42	11	小原(南京)机电有限公司	2.12
2	上海威特力焊接设备制造股份有限公司	5.54	12	上海正泰焊接设备有限公司	2.08
3	深圳市佳士科技发展有限公司(瑞凌电器有限公司)	3.19	13	南通三九焊接机器制造有限公司	1.99
			14	成都华远电器设备有限公司	1.90
4	山东山大奥太电气有限公司	2.78	15	成都焊研威达自动焊接设备有限公司	1.79
5	欧地希 OTC 机电(上海)有限公司	2.74	16	武汉凯奇特种焊接设备有限责任公司	1.77
6	南通振康焊接机电有限公司	2.73	17	上海沪通焊接电器制造有限公司	1.50
7	凯尔达电焊机有限公司	2.67	18	上海梅达焊接设备有限公司	1.40
8	成都熊谷电器工业有限公司	2.51	19	无锡威华电焊机制造有限公司	1.30
9	汕头市新兴焊接设备厂	2.40	20	扬州市天力机电有限公司	1.29
10	成都焊研科技有限责任公司	2.24			

2007 年焊接材料分会企业工业总产值排序

(单位:万元)

序号	企 业 名 称	2007 年	2006 年	比上年增长(%)
1	株洲湘江电焊条有限公司	61 750	46 350	33.23
2	山东索力得焊材有限公司	50 340	36 387	38.35
3	山东聚力焊接材料有限公司	34 170	18 100	88.78
4	杭州华光焊料有限公司	26 422	18 421	43.43
5	张家港市亨昌镀饰焊材厂	25 000	16 800	48.81
6	山东鑫源焊接材料有限公司	16 050	10 780	48.89
7	北京金威焊材有限公司	14 956	7 647	95.58
8	酒钢集团兰州长虹焊接材料有限责任公司	12 403	8 023	54.59
9	成都新大洋焊接材料有限责任公司	10 915	5 593	95.15
10	四川大西洋焊接材料股份有限公司成都分公司	8 282	5 894	40.52
11	唐山市鸿鹏焊接材料有限公司	6 361	1 920	231.30
12	锦州天鹅焊材股份有限公司	6 064	3 575	69.62
13	锦州特种焊条有限公司	5 868	4 176	40.52
14	山东邹平鲁生焊材有限公司	4 678	2 713	72.43
15	湖南永州市哈陵焊接器材有限公司	3 300	2 033	62.32
16	北京金太阳药芯焊丝有限公司	2 999	2 109	42.20
17	唐山广信实业有限责任公司	2 244	1 598	40.43
18	郑州市伟光焊接材料公司	1 770	1 027	72.35
19	日照哈顿特种焊材有限公司	971	383	153.52
20	长春市三威特种焊接材料有限公司	956	666	43.54

2007 年焊接材料分会企业主营业务收入排序

(单位:万元)

序号	企 业 名 称	2007 年	2006 年	比上年增长(%)
1	天津大桥焊材集团有限公司	231 141	150 485	53.60
2	山东索力得焊材有限公司	50 160	36 491	37.46

（续）

序号	企业名称	2007年	2006年	比上年增长(%)
3	上海大西洋焊接材料有限责任公司	41 178	30 628	34.45
4	山东聚力焊接材料有限公司	34 610	17 500	97.77
5	杭州华光焊料有限公司	24 379	16 739	45.64
6	张家港市亨昌镀饰焊材厂	19 914	13 520	47.29
7	北京金威焊材有限公司	16 496	10 471	57.54
8	金华市培和焊材制造有限公司	15 297	11 725	30.46
9	山东鑫源焊接材料有限公司	15 000	9 870	51.98
10	成都新大洋焊接材料有限责任公司	11 900	4 780	148.95
11	酒钢集团兰州长虹焊接材料有限责任公司	11 231	7 193	56.14
12	锦州天鹅焊材股份有限公司	6 424	3 694	73.90
13	唐山市鸿鹏焊接材料有限公司	6 117	1 824	235.36
14	南京太平洋联合焊接材料有限公司	5 653	3 382	67.15
15	锦州特种焊条有限公司	5 016	3 569	40.54
16	山东邹平鲁生焊材有限公司	4 592	2 769	65.84
17	北京金太阳药芯焊丝有限公司	2 903	2 190	32.56
18	郑州市伟光焊接材料公司	1 692	1 005	68.36
19	长春市三威特种焊接材料有限公司	734	517	41.97
20	日照哈顿特种焊材有限公司	461	321	43.61

2007年焊接材料分会企业工业增加值排序

（单位：万元）

序号	企业名称	2007年	2006年	比上年增长(%)
1	武汉铁锚焊接材料股份有限公司	11 165	5 820	91.84
2	山东索力得焊材有限公司	10 580	7 632	38.63
3	上海焊接器材有限公司	10 426	5 294	96.94
4	山东聚力焊接材料有限公司	7 510	1 901	295.06
5	杭州华光焊料有限公司	6 323	4 631	36.54
6	上海斯米克焊材有限公司	3 690	2 379	55.11
7	上海大西洋焊接材料有限责任公司	3 600	2 026	77.69
8	北京金威焊材有限公司	3 274	1 391	135.37
9	金华市培和焊材制造有限公司	3 060	2 115	44.68
10	山东鑫源焊接材料有限公司	2 180	1 505	44.85
11	山东邹平鲁生焊材有限公司	1 676	1 024	63.67
12	锦州天鹅焊材股份有限公司	1 462	863	69.41
13	石家庄市特种电焊条厂	1 247	774	61.11
14	北京金太阳药芯焊丝有限公司	965	471	104.88
15	湖南永州市哈陵焊接器材有限公司	721	534	35.02
16	锦州特种焊条有限公司	645	459	40.52
17	厦门鹭光焊材有限公司	456	332	37.35
18	郑州市伟光焊接材料公司	180	102	76.47
19	桐乡市新联特种电焊条厂	172	114	50.88
20	日照哈顿特种焊材有限公司	145	61	137.70

2007年焊接材料分会企业全员劳动生产率排序

序号	企业名称	全员劳动生产率（元/人）	序号	企业名称	全员劳动生产率（元/人）
1	昆山京群焊材科技有限公司	696 095	12	山东鑫源焊接材料有限公司	167 692
2	湖北猴王焊材有限公司	341 231	13	常州华通焊丝有限公司	161 276
3	杭州华光焊料有限公司	316 140	14	徐州市正光焊接材料厂	156 182
4	宜昌猴王焊丝有限公司	312 842	15	山东聚力焊接材料有限公司	153 579
5	杭州亚太特种焊条厂	240 000	16	四川大西洋焊接材料股份有限公司成都分公司	150 545
6	北京金威焊材有限公司	228 951	17	上海焊接器材有限公司	147 052
7	株洲特种电焊条有限公司	211 554	18	常州市中江焊丝有限公司	132 700
8	宜兴市荣华电焊条有限责任公司	199 474	19	深圳大西洋焊接材料有限公司	131 567
9	锦州锦泰金属工业有限公司	196 300	20	上海斯米克焊材有限公司	126 804
10	武汉铁锚焊接材料股份有限公司	183 033			
11	山东索力得焊材有限公司	168 471			

2007年焊接材料分会企业经济效益综合指数排序

序号	企业名称	经济效益综合指数	序号	企业名称	经济效益综合指数
1	湖北猴王焊材有限公司	3.32	11	北京金太阳药芯焊丝有限公司	2.32
2	山东鑫源焊接材料有限公司	3.21	12	常州市中江焊丝有限公司	2.15
3	杭州华光焊料有限公司	3.20	13	常州华通焊丝有限公司	2.14
4	宜昌猴王焊丝有限公司	3.02	14	天津市金桥焊材集团有限公司	2.08
5	北京金威焊材有限公司	2.90	15	株洲特种电焊条有限公司	2.08
6	山东聚力焊接材料有限公司	2.75	16	长春市三威特种焊接材料有限公司	2.02
7	山东索力得焊材有限公司	2.71	17	锦州锦泰金属工业有限公司	2.02
8	杭州亚太特种焊条厂	2.69	18	锦州特种电焊条有限公司	2.00
9	锦州北方精工焊材有限公司	2.52	19	成都新大洋焊接材料有限责任公司	1.94
10	福州电焊条厂	2.41	20	南京太平洋联合焊接材料有限公司	1.92

2007年防爆电机分会企业工业总产值排序

（单位：万元）

序号	企业名称	2007年	2006年	比上年增长（%）
1	南阳防爆集团有限公司	90 782	75 299	20.56
2	佳木斯电机股份有限公司	74 390	58 850	26.41
3	抚顺煤矿电机厂	45 743	40 505	12.93
4	宁夏西北骏马煤矿电机制造有限责任公司	28 232	25 645	10.09
5	江苏锡安达防爆股份有限公司	26 000	25 960	0.15
6	江苏大中电机股份有限公司	25 863	20 380	26.90
7	无锡市南方防爆电机有限公司	12 365	9 151	35.12
8	山西防爆电机（集团）有限公司	8 407	10 496	-19.90
9	山东山防防爆电机有限公司	4 200	3 500	20.00
10	无锡锡山安达防爆电气设备有限公司	4 108	3 071	33.77
11	上海亨得防爆电机有限公司	4 064	2 652	53.24
12	沈阳实力电机有限责任公司	4 060		

（续）

序号	企业名称	2007年	2006年	比上年增长(%)
13	河南安阳华安煤矿电机有限责任公司	3 806	3 410	11.61
14	分宜煤矿电机厂	3 692	4 549	-18.84
15	无锡瑞佳电机有限公司	3 467	2 588	33.94
16	温州南洋防爆电机有限公司	3 312	2 760	20.00
17	浙江浦东电机有限公司	2 848	2 392	19.06
18	浙江防爆电机有限公司	2 722	2 084	30.60
19	安徽皖南电机股份有限公司	2 532	2 265	11.79
20	浙江卧龙控股集团有限公司	2 294	1 221	87.84

2007年中小型电机分会企业工业总产值排序

（单位：万元）

序号	企业名称	2007年	2006年	比上年增长(%)
1	卧龙控股集团有限公司*	371 035	288 927	28.42
2	湘电集团有限公司	320 043	257 359	24.36
3	南京汽轮电机(集团)有限责任公司*	300 501	296 064	1.50
4	上海电气集团上海电机厂有限公司	240 177	221 966	8.20
5	中国北车集团永济电机厂	190 985	178 573	6.95
6	佳木斯电机股份有限公司*	177 377	128 911	37.60
7	山东华力电机集团股份有限公司	173 877	131 232	32.50
8	南阳防爆集团有限公司*	139 461	110 981	25.66
9	章丘海尔电机有限公司	138 361	95 651	44.65
10	西安西玛电机(集团)股份有限公司	133 981	116 382	15.12
11	沈阳电机股份有限公司	113 400	113 023	0.33
12	江苏大中电机股份有限公司*	107 238	67 678	58.45
13	无锡华达电机有限公司	79 364	59 827	32.66
14	六安江淮电机有限公司	73 563	49 200	49.52
15	兰州电机有限责任公司	73 149	66 959	9.24

注："*"含其他产品。

2007年中小型电机分会企业产品主营业务收入排序

（单位：万元）

序号	企业名称	2007年	2006年	比上年增长(%)
1	卧龙控股集团有限公司*	360 936	261 297	38.13
2	湘电集团有限公司	326 419	248 347	31.44
3	南京汽轮电机(集团)有限责任公司*	300 081	296 212	1.31
4	上海电气集团上海电机厂有限公司	236 351	220 927	6.98
5	西安西玛电机(集团)股份有限公司	182 543	147 756	23.54
6	中国北车集团永济电机厂	180 612	153 939	17.33
7	山东华力电机集团股份有限公司	174 833	130 972	33.49
8	章丘海尔电机有限公司	160 159	101 080	58.45
9	南阳防爆集团有限公司*	150 453	115 586	30.17
10	佳木斯电机股份有限公司*	145 210	119 698	21.31
11	江苏大中电机股份有限公司*	105 136	72 134	45.75
12	沈阳电机股份有限公司	96 016	100 140	-4.12
13	六安江淮电机有限公司	77 197	49 526	55.87
14	无锡华达电机有限公司	77 014	58 031	32.71
15	兰州电机有限责任公司	73 711	67 135	9.80

注："*"含其他产品。

2007 年中小型电机分会企业工业增加值排序

（单位：万元）

序号	企业名称	2007 年	2006 年	比上年增长(%)
1	南京汽轮电机(集团)有限责任公司*	89 911	79 106	13.66
2	湘电集团有限公司	86 400	68 863	25.47
3	上海电气集团上海电机厂有限公司	71 096	61 664	15.30
4	卧龙控股集团有限公司*	68 370	48 490	41.00
5	佳木斯电机股份有限公司	42 570	30 939	37.59
6	中国北车集团永济电机厂	41 025	53 188	-22.87
7	南阳防爆集团有限公司*	37 804	35 833	5.50
8	西安西玛电机(集团)股份有限公司	33 496	22 102	51.55
9	六安江淮电机有限公司	26 578	11 940	122.60
10	山东华力电机集团股份有限公司	25 726	22 579	13.94
11	沈阳电机股份有限公司	24 460	23 057	6.08
12	安徽皖南电机股份有限公司*	22 216	21 155	5.02
13	江西特种电机股份有限公司	18 717	12 000	55.98
14	兰州电机有限责任公司	18 205	20 000	-8.98
15	江苏大中电机股份有限公司*	17 820	12 972	37.37

注："*"含其他产品。

2007 年中小型电机分会企业全员劳动生产率排序

序号	企业名称	全员劳动生产率(元/人)	序号	企业名称	全员劳动生产率(元/人)
1	上海日用-友捷汽车电气有限公司	310 288	9	江西特种电机股份有限公司	195 376
2	上海电气集团上海电机厂有限公司	283 365	10	卧龙控股集团有限公司	149 376
3	六安江淮电机有限公司	243 835	11	佳木斯电机股份有限公司	147 454
4	杭州恒力电机制造有限公司	242 518	12	西安西玛电机(集团)股份有限公司	144 131
5	大连天元电机有限公司	232 453	13	南阳防爆集团有限公司*	141 112
6	无锡华达电机有限公司	215 960	14	昆明电机有限责任公司	128 999
7	中国长江航运集团电机厂	204 823	15	山东齐鲁电机制造有限公司	128 229
8	安徽皖南电机股份有限公司*	200 687			

注："*"含其他产品。

2007 年中小型电机分会企业经济效益综合指数排序

序号	企业名称	经济效益综合指数	序号	企业名称	经济效益综合指数
1	六安江淮电机有限公司	3.21	9	安徽皖南电机股份有限公司*	2.50
2	上海日用-友捷汽车电气有限公司	3.15	10	浙江大速(上海力超)电机股份有限公司	2.44
3	上海电气集团上海电机厂有限公司	3.01	11	江苏大中电机股份有限公司*	2.38
4	大连天元电机有限公司	2.97	12	中国长江航运集团电机厂	2.34
5	杭州恒力电机制造有限公司	2.80	13	佳木斯电机股份有限公司	2.34
6	江西特种电机股份有限公司	2.78	14	闽东电机(集团)股份有限公司	2.32
7	长沙电机厂有限责任公司	2.56	15	卧龙控股集团有限公司*	2.22
8	无锡华达电机有限公司	2.56			

注："*"含其他产品。

2007 年分马力电机分会企业工业总产值排序

(单位:万元)

序号	企 业 名 称	2007 年	2006 年	比上年增长(%)
1	广东威灵电机制造有限公司	543 097	391 397	38.76
2	卧龙控股集团有限公司*	371 035	288 927	28.42
3	章丘海尔电机有限公司	168 584	95 651	76.25
4	威海恒大电机(集团)有限公司	149 746		
5	杭州富生电器有限公司	85 855	58 079	47.82
6	浙江京马电机有限公司	69 713	38 032	83.30
7	江苏微特利电机制造有限公司	56 500	44 012	28.37
8	福安市闽东安波电器有限公司	53 349	48 014	11.11
9	上海日用-友捷汽车电气有限公司*	52 490	40 095	30.91
10	浙江特种电机有限公司	33 475	25 987	28.81
11	广东宝力电器	33 248	34 539	-3.74
12	常州市永安电机有限公司	30 010	23 360	28.47
13	江苏超力电器有限公司	22 340	17 800	25.51
14	上海金陵雷戈勃劳伊特电机有限公司	20 167	19 893	1.38
15	海城三鱼泵业有限公司	17 186	11 208	53.34
16	无锡小天鹅华印电器有限公司	15 528	16 365	-5.11
17	梅州嘉和电器有限公司	14 963	11 815	26.64
18	宝应电器厂	14 526		
19	佛山市南海九洲普惠风机有限公司	13 052	7 526	73.43
20	湖南跃进机电有限公司	12 295	11 380	8.04

注:"*"含其他产品。

2007 年分马力电机分会企业主营业务收入排序

(单位:万元)

序号	企 业 名 称	2007 年	2006 年	比上年增长(%)
1	广东威灵电机制造有限公司	454 048	349 759	29.82
2	卧龙控股集团有限公司*	360 936	261 297	38.13
3	威海恒大电机(集团)有限公司	175 682	143 219	22.67
4	章丘海尔电机有限公司	160 158	101 080	58.45
5	杭州富生电器有限公司	79 750	40 123	98.76
6	浙江京马电机有限公司	62 467	38 011	64.34
7	福安市闽东安波电器有限公司	50 803	33 292	52.60
8	上海日用-友捷汽车电气有限公司*	45 697	35 383	29.15
9	江苏微特利电机制造有限公司	45 344	36 128	25.51
10	广东宝力电器	33 726	33 880	-0.45
11	浙江特种电机有限公司	33 117	25 877	27.98
12	常州市永安电机有限公司	30 010	23 360	28.47
13	上海金陵雷戈勃劳伊特电机有限公司	21 370	20 010	6.80
14	江苏超力电器有限公司	19 344	14 880	30.00
15	北京京仪敬业电工集团有限公司	16 140	15 345	5.18
16	无锡小天鹅华印电器有限公司	15 856	16 679	-4.93
17	梅州嘉和电器有限公司	14 808	10 986	34.79
18	海城三鱼泵业有限公司	14 517	11 066	31.19
19	湖南跃进机电有限公司	12 372	11 394	8.58
20	宝应电器厂	12 006		

注:"*"含其他产品。

2007年分马力电机分会企业工业增加值排序

（单位：万元）

序号	企业名称	2007年	2006年	比上年增长(%)
1	卧龙控股集团有限公司*	68 370	48 489	41.00
2	广东威灵电机制造有限公司	59 070	38 470	53.55
3	杭州富生电器有限公司	20 176	11 615	73.71
4	章丘海尔电机有限公司	18 972	7 466	154.11
5	上海日用－友捷汽车电气有限公司*	17 221	13 313	29.35
6	威海恒大电机(集团)有限公司	16 843	15 355	9.70
7	江苏微特利电机制造有限公司	14 125	11 003	28.37
8	浙江京马电机有限公司	9 147	5 457	67.62
9	常州市永安电机有限公司	6 886	5 988	15.00
10	江苏超力电器有限公司	5 585	4 726	18.18
11	广东宝力电器	5 216	5 742	-9.16
12	宝应电器厂	4 624		
13	海城三鱼泵业有限公司	4 400	2 879	52.83
14	湖南跃进机电有限公司	3 473	3 387	2.54
15	佛山市南海九洲普惠风机有限公司	3 244	2 671	21.44
16	无锡市凯旋电机有限公司	3 056	2 972	2.83
17	梅州嘉和电器有限公司	2 887	2 312	24.87
18	无锡小天鹅华印电器有限公司	2 350	1 745	34.67
19	浙江特种电机有限公司	2 046	1 682	21.64
20	开平市三威微电机有限公司	1 754	1 267	38.44

注：“*”含其他产品。

2007年分马力电机分会企业全员劳动生产率排序

序号	企业名称	全员劳动生产率(元/人)	序号	企业名称	全员劳动生产率(元/人)
1	杭州富生电器有限公司	315 250	11	常州市永安电机有限公司	68 860
2	上海日用－友捷汽车电气有限公司*	310 288	12	浙江京马电机有限公司	67 906
3	卧龙控股集团有限公司*	149 377	13	上海浦江电机厂	66 607
4	江苏微特利电机制造有限公司	125 000	14	章丘海尔电机有限公司	66 082
5	无锡市凯旋电机有限公司	115 320	15	广东威灵电机制造有限公司	60 152
6	威海恒大电机(集团)有限公司	102 079	16	肇庆力佳电机有限公司	51 600
7	宝应电器厂	95 344	17	宁波以赛亚电机制造有限公司	48 250
8	肇庆市壹劲力电机有限公司	88 846	18	南京南微电机有限公司	47 738
9	江苏超力电器有限公司	85 923	19	佛山市南海九洲普惠风机有限公司	47 282
10	无锡小天鹅华印电器有限公司	77 049	20	江门市东申大电机有限公司	45 083

注：“*”含其他产品。

2007 年分马力电机分会企业经济效益综合指数排序

序号	企业名称	经济效益综合指数	序号	企业名称	经济效益综合指数
1	广东威灵电机制造有限公司	4.79	11	浙江京马电机有限公司	1.81
2	闽东电机集团股份有限公司	4.12	12	上海摩根耐特电碳有限公司	1.74
3	威海恒大电机(集团)有限公司	3.77	13	梅州嘉和电器有限公司	1.72
4	上海日用-友捷汽车电气有限公司*	3.33	14	肇庆力佳电机有限公司	1.60
5	杭州富生电器有限公司	3.01	15	开平市三威微电机有限公司	1.41
6	无锡市凯旋电机有限公司	2.55	16	江门市东申大电机有限公司	1.41
7	江苏微特利电机制造有限公司	2.28	17	广州南国特种电机厂	1.40
8	卧龙控股集团有限公司*	2.25	18	无锡小天鹅华印电器有限公司	1.37
9	章丘海尔电机有限公司	2.19	19	上海金陵雷戈勃劳伊特电机有限公司	1.35
10	常州市永安电机有限公司	1.95	20	江苏超力电器有限公司	1.35

注:"*"含其他产品。

2007 年微电机分会企业工业总产值排序

(单位:万元)

序号	企业名称	2007 年	2006 年	比上年增长(%)
1	威灵电机制造有限公司	543 097	391 397	38.76
2	卧龙控股集团有限公司*	371 035	288 927	28.42
3	河北电机股份有限公司	57 604	58 000	-0.68
4	拓邦电子科技股份有限公司	46 759	42 136	10.97
5	横店集团联宜电机有限公司	34 468	31 507	9.40
6	山东山博集团有限公司	22 677	17 577	29.02
7	江苏超力电器有限公司	22 340	16 800	32.98
8	上海金陵雷戈勃劳伊特电机有限公司	20 167	16 577	21.66
9	东阳市横店东磁电机有限公司	16 697	14 299	16.77
10	兰州航空机电有限责任公司	15 803	15 880	-0.48
11	梅州嘉和电器有限公司	14 963	11 815	26.64
12	德赛理捷微电机有限公司	13 600	10 887	24.92
13	无锡市剑清微电机有限责任公司	12 150	10 125	20.00
14	浙江尤奈特电机有限公司	11 036	10 013	10.22
15	天津市中环天虹微电机有限公司	9 665	9 607	0.60

注:"*"含其他产品。

2007 年微电机分会企业主营业务收入排序

(单位:万元)

序号	企业名称	2007 年	2006 年	比上年增长(%)
1	威灵电机制造有限公司	454 048	349 759	29.82
2	卧龙控股集团有限公司	360 936	261 297	38.13
3	河北电机股份有限公司	61 554	56 195	9.54

（续）

序号	企业名称	2007年	2006年	比上年增长(%)
4	拓邦电子科技股份有限公司	46 759	42 136	10.97
5	横店集团联宜电机有限公司	33 146	30 464	8.80
6	上海金陵雷戈勃劳伊特电机有限公司	21 370	20 010	6.80
7	山东山博集团有限公司	19 625	15 535	26.33
8	江苏超力电器有限公司	19 344	14 880	30.00
9	东阳市横店东磁电机有限公司	16 469	14 515	13.46
10	兰州航空机电有限责任公司	15 120	13 953	8.36
11	梅州嘉和电器有限公司	14 808	14 986	-1.19
12	德赛理捷微电机有限公司	13 680	10 887	25.65
13	无锡市剑清微电机有限责任公司	12 150	10 125	20.00
14	浙江尤奈特电机有限公司	11 009	10 015	9.93
15	天津市中环天虹微电机有限公司	7 764	8 519	-8.86

2007年微电机分会企业工业增加值排序

（单位:万元）

序号	企业名称	2007年	2006年	比上年增长(%)
1	卧龙控股集团有限公司	68 370	48 490	41.00
2	威灵电机制造有限公司	59 070	38 470	53.55
3	拓邦电子科技股份有限公司	14 027	12 640	10.97
4	河北电机股份有限公司	11 600	11 210	3.48
5	横店集团联宜电机有限公司	8 133	6 873	18.33
6	兰州航空机电有限责任公司	6 679	7 111	-6.08
7	山东山博集团有限公司	6 142	5 097	20.50
8	东阳市横店东磁电机有限公司	4 210	3 643	15.56
9	梅州嘉和电器有限公司	2 887	2 312	24.87
10	浙江尤奈特电机有限公司	2 067	1 436	43.94

2007年微电机分会企业全员劳动生产率排序

序号	企业名称	全员劳动生产率(元/人)	序号	企业名称	全员劳动生产率(元/人)
1	北京和利时电机技术有限公司	160 000	9	威灵电机制造有限公司	58 981
2	卧龙控股集团有限公司*	149 377	10	宁波中大力德传动设备有限公司	56 742
3	天津万特机电有限公司	99 285	11	兰州航空机电有限责任公司	50 521
4	河北电机股份有限公司	94 308	12	江西喜泰电机有限公司	50 000
5	拓邦电子科技股份有限公司	93 513	13	山东山博集团有限公司	45 496
6	无锡市剑清微电机有限责任公司	88 444	14	天津安全电机有限公司	45 308
7	横店集团联宜电机有限公司	79 037	15	湖北三环德特电机有限公司	40 776
8	浙江尤奈特电机有限公司	61 701			

注:“*”含其他产品。

2007 年微电机分会企业经济效益综合指数排序

序号	企业名称	经济效益综合指数	序号	企业名称	经济效益综合指数
1	宁波中大力德传动设备有限公司	2.44	9	浙江尤奈特电机有限公司	1.76
2	兰州航空机电有限责任公司	2.40	10	东阳市横店东磁电机有限公司	1.68
3	无锡市剑清微电机有限责任公司	2.39	11	温州市金星微电机厂	1.53
4	北京和利时电机技术有限公司	2.28	12	天津万特机电有限公司	1.38
5	卧龙控股集团有限公司	2.22	13	德赛理捷微电机有限公司	1.30
6	横店集团联宜电机有限公司	1.95	14	威灵电机制造有限公司	1.27
7	梅州嘉和电器有限公司	1.80	15	江西喜泰电机有限公司	1.17
8	拓邦电子科技股份有限公司	1.79			

2007 年电动工具分会企业工业总产值排序

（单位:万元）

序号	企业名称	2007 年	2006 年	比上年增长(%)
1	牧田(昆山)有限公司	450 000		
2	百得(苏州)有限公司	323 122	279 687	15.53
3	牧田(中国)有限公司	240 000	155 863	53.98
4	江苏金鼎电动工具集团有限公司	186 891	208 580	-10.40
5	博世电动工具(中国)有限公司	181 353	120 343	50.70
6	浙江永辉工具制造有限公司	77 061		
7	浙江华丰电动工具有限公司	68 000	46 493	46.26
8	福建日立工机有限公司	59 600	53 343	11.73
9	永康市正大实业有限公司	59 026	52 465	12.51
10	铁鎯电动工具有限公司	48 567	47 213	2.87
11	浙江三锋工具制造有限公司	47 955	41 700	15.00
12	浙江恒友机电有限公司	46 987	42 800	9.78
13	利优比(大连)机器有限公司	44 745		
14	嘉禾工具有限公司	40 710		
15	上海锐奇工具有限公司	37 180	34 500	7.77
16	宁波协成电动工具有限公司	35 931	33 558	7.07
17	永康市皇冠电动工具制造有限公司	35 000	33 189	5.46
18	慈溪市贝仕达电动工具有限公司	32 771		
19	浙江博大电器有限公司	26 340	46 788	-43.70
20	弘大集团有限公司	24 399	23 170	5.31

2007 年电动工具分会企业主营业务收入排序

（单位:万元）

序号	企业名称	2007 年	2006 年	比上年增长(%)
1	牧田(昆山)有限公司	460 000		

（续）

序号	企业名称	2007年	2006年	比上年增长(%)
2	百得(苏州)有限公司	323 710	274 570	17.90
3	浙江博大电器有限公司	277 760		
4	牧田(中国)有限公司	232 000	46 765	396.10
5	博世电动工具(中国)有限公司	201 437	20 518	881.76
6	江苏金鼎电动工具集团有限公司	186 002	208 580	-10.82
7	浙江华丰电动工具有限公司	64 350	45 603	41.11
8	福建日立工机有限公司	59 470		
9	浙江三锋工具制造有限公司	47 955	41 700	15.00
10	铁鎯电动工具有限公司	47 105	45 982	2.44
11	浙江恒友机电有限公司	46 978	41 900	12.12
12	嘉禾工具有限公司	38 456		
13	永康市正大实业有限公司	37 428	68 214	-45.13
14	宁波协成电动工具有限公司	35 353	33 558	5.35
15	永康市皇冠电动工具制造有限公司	34 203	32 797	4.29
16	慈溪市贝仕达电动工具有限公司	31 268		
17	上海锐奇工具有限公司	28 940	26 013	11.25
18	利优比(大连)机器有限公司	27 659		
19	弘大集团有限公司	20 985	19 365	8.37
20	浙江立邦电器有限公司	18 898		

2007年电动工具分会企业工业增加值排序

序号	企业名称	2007年	序号	企业名称	2007年
1	牧田(昆山)有限公司	70 000	9	永康市皇冠电动工具制造有限公司	10 856
2	浙江博大电器有限公司	63 617	10	浙江华丰电动工具有限公司	9 790
3	牧田(中国)有限公司	35 000	11	永康市正大实业有限公司	6 598
4	博世电动工具(中国)有限公司	27 890	12	丹阳市飞达电动工具有限公司	5 260
5	铁鎯电动工具有限公司	27 320	13	弘大集团有限公司	5 246
6	江苏金鼎电动工具集团有限公司	18 138	14	浙江恒友机电有限公司	5 049
7	嘉禾工具有限公司	11 588	15	浙江伦达电动工具有限公司	4 727
8	宁波协成电动工具有限公司	10 917			

2007年电动工具分会企业全员劳动生产率排序

序号	企业名称	全员劳动生产率(元/人)	序号	企业名称	全员劳动生产率(元/人)
1	浙江博大电器有限公司	815 603	9	牧田(中国)有限公司	113 673
2	牧田(昆山)有限公司	567 261	10	嘉禾工具有限公司	107 396
3	铁鎯电动工具有限公司	364 267	11	浙江立邦电器有限公司	104 833
4	丹阳市飞达电动工具有限公司	292 222	12	浙江意达电器有限公司	89 600
5	浙江伦达电动工具有限公司	185 373	13	博世电动工具(中国)有限公司	88 822
6	永康市皇冠电动工具制造有限公司	169 625	14	宁波环球电动工具有限公司	80 444
7	宁波协成电动工具有限公司	155 957	15	弘大集团有限公司	76 584
8	浙江摩兴电动工具有限公司	153 333			

2007年电动工具分会企业经济效益综合指数排序

序号	企业名称	经济效益综合指数	序号	企业名称	经济效益综合指数
1	浙江博大电器有限公司	14.52	9	浙江省永康电动工具厂	2.17
2	牧田(昆山)有限公司	6.23	10	永康市皇冠电动工具制造有限公司	2.08
3	博世电动工具(中国)有限公司	5.37	11	浙江意达电器有限公司	2.07
4	丹阳市飞达电动工具有限公司	3.26	12	浙江伦达电动工具有限公司	2.02
5	铁鄉电动工具有限公司	3.18	13	浙江三锋工具制造有限公司	1.99
6	无锡锐克电动工具有限公司	2.66	14	江西赣龙电动工具有限公司	1.82
7	中山市远东电动工具有限公司	2.40	15	浙江立邦电器有限公司	1.80
8	百得(苏州)有限公司	2.27			

2007电线电缆分会企业工业总产值排序

(单位:万元)

序号	企业名称	2007年	2006年	比上年增长(%)
1	远东控股集团有限公司	1 409 406	924 485	52.45
2	兴乐集团有限公司	781 539	584 165	33.79
3	永鼎集团有限公司	763 268	597 633	27.72
4	天津塑力线缆集团有限公司	717 202	526 534	36.21
5	铜陵精达集团	617 343	483 007	27.81
6	江苏上上电缆集团	598 681	521 851	14.72
7	无锡市沪安电线电缆有限公司	431 515	415 212	3.93
8	山东阳谷电缆集团有限公司	407 093	315 162	29.17
9	江苏圣安电缆有限公司	401 260	382 150	5.00
10	浙江宏磊铜业股份有限公司	400 102	257 340	55.48
11	青岛汉缆集团有限公司	393 276	305 861	28.58
12	上海胜华电缆集团有限公司	392 410		
13	江西新华金属制品有限责任公司	346 249	300 055	15.40
14	浙江先登电工器材股份有限公司	266 025	209 581	26.93
15	浙江长城电子科技集团有限公司	230 660	219 562	5.05
16	江苏金牛线缆集团有限公司	208 481	163 155	27.78
17	湖南湘能金杯电缆有限公司	205 120	184 590	11.12
18	浙江万马集团电缆有限公司	204 600	105 220	94.45
19	福建南平太阳电缆股份有限公司	200 163	139 646	43.34
20	广东新亚光电缆实业有限公司	199 003	131 563	51.26

2007年电线电缆分会企业主营业务收入排序

(单位:万元)

序号	企业名称	2007年	2006年	比上年增长(%)
1	远东控股集团有限公司	1 174 506	770 405	52.45
2	永鼎集团有限公司	759 364	565 268	34.34

（续）

序号	企业名称	2007年	2006年	比上年增长(%)
3	兴乐集团有限公司	717 840	572 327	25.42
4	铜陵精达集团	707 177	561 029	26.05
5	天津塑力线缆集团有限公司	652 002	478 667	36.21
6	江苏上上电缆集团	590 662	529 353	11.58
7	无锡市沪安电线电缆有限公司	422 079	402 874	4.77
8	浙江宏磊铜业股份有限公司	401 472	256 235	56.68
9	山东阳谷电缆集团有限公司	401 231	307 821	30.35
10	江苏圣安电缆有限公司	396 800	372 040	6.66
11	青岛汉缆集团有限公司	392 429	305 087	28.63
12	上海胜华电缆集团有限公司	385 380		
13	浙江先登电工器材股份有限公司	250 602	204 147	22.76
14	浙江长城电子科技集团有限公司	230 660	218 871	5.39
15	江苏金牛线缆集团公司	204 047	163 084	25.12
16	广东新亚光电缆实业有限公司	203 537	128 323	58.61
17	湖南湘能金杯电缆有限公司	203 041	183 396	10.71
18	福建南平太阳电缆股份有限公司	200 102	130 972	52.78
19	浙江万马集团电缆有限公司	191 721	103 883	84.55
20	浙江球冠集团有限公司	187 735	85 515	119.53

2007年电线电缆分会企业工业增加值排序

（单位：万元）

序号	企业名称	2007年	2006年	比上年增长(%)
1	山东阳谷电缆集团有限公司	120 771	94 549	27.73
2	浙江宏磊铜业股份有限公司	109 010	63 884	70.64
3	江苏上上电缆集团	102 318	64 672	58.21
4	青岛汉缆集团有限公司	98 791	69 804	41.53
5	兴乐集团有限公司	96 887	79 582	21.74
6	江苏圣安电缆有限公司	94 296	88 958	6.00
7	无锡市沪安电线电缆有限公司	68 168	61 650	10.57
8	永鼎集团有限公司	64 357	63 265	1.73
9	浙江先登电工器材股份有限公司	58 390	41 916	39.30
10	远东控股集团有限公司	56 376	36 979	52.45
11	浙江长城电子科技集团有限公司	55 055	52 585	4.70
12	浙江万马集团电缆有限公司	51 150	17 750	188.17
13	安徽华菱电缆集团有限公司	46 562	33 457	39.17
14	广东新亚光电缆实业有限公司	42 265	28 310	49.29
15	桂林国际电线电缆集团有限责任公司	41 048	36 496	12.47
16	上海南大集团有限公司	35 391	39 292	-9.93
17	扬州曙光电缆有限公司	34 945	26 800	30.39
18	湖南华菱线缆股份有限公司	28 608	11 404	150.86
19	江苏金牛线缆集团公司	28 175	13 038	116.10
20	山东华能线缆有限公司	25 633	23 917	7.17

（续）

序号	企业名称	2007年	2006年	比上年增长(%)
4	四川东材企业集团有限公司	64 973	53 061	22.45
5	山东四达工贸股份有限公司	49 779	23 767	109.45
6	苏州巨峰绝缘材料有限公司	25 683	16 862	52.31
7	浙江荣泰科技企业有限公司	22 812	19 924	14.50
8	株洲时代电气绝缘有限责任公司	21 235	19 016	11.67
9	宁波华缘玻璃钢电器制造有限公司	21 100	11 946	76.63
10	西安西电电工材料有限责任公司	15 351	13 027	17.84
11	江苏亚宝绝缘材料股份有限公司	14 832	11 805	25.64
12	北京新福润达绝缘材料有限责任公司	14 521	13 636	6.49
13	江阴市沪澄绝缘材料厂	13 595	11 003	23.56
14	龙口澳兴绝缘材料有限公司	9 715	8 150	19.20
15	南通鸿安三木绝缘材料有限公司	9 526	8 760	8.74
16	江苏冰城电材有限公司	8 891	4 735	87.77
17	山东省呈祥电工电气有限公司	8 547	10 605	-19.41
18	珠海市海港积层板有限公司	7 986	9 253	-13.69
19	河南许绝电工绝缘材料有限公司	7 060	6 782	4.10
20	浙江省乐清树脂厂	6 985	5 887	18.65

2007年绝缘材料分会企业工业增加值排序

（单位：万元）

序号	企业名称	2007年	2006年	比上年增长(%)
1	广东生益科技股份有限公司	62 557	55 529	12.66
2	深圳市长园新材料股份有限公司	37 528	20 296	84.90
3	四川东材企业集团有限公司	37 338		
4	山东金宝电子股份有限公司	18 866	17 513	7.72
5	苏州巨峰绝缘材料有限公司	6 884	4 517	52.40
6	山东四达工贸股份有限公司	6 817	3 920	73.90
7	浙江荣泰科技企业有限公司	5 034	4 354	15.62
8	宁波华缘玻璃钢电器制造有限公司	4 019	2 140	87.80
9	南通鸿安三木绝缘材料有限公司	3 632	2 436	49.08
10	西安西电电工材料有限责任公司	3 319	2 954	12.36
11	龙口澳兴绝缘材料有限公司	2 900	2 436	19.05
12	北京新福润达绝缘材料有限责任公司	2 768	2 679	3.32
13	江阴市沪澄绝缘材料厂	2 660	2 090	27.27
14	上海元龙玻璃钢有限公司	2 480	525	372.38
15	株洲时代电气绝缘有限责任公司	2 040	4 203	-51.46
16	江苏冰城电材有限公司	1 937	825	134.79
17	上海电机(集团)公司绝缘材料厂	1 911	2 759	-30.74
18	江苏亚宝绝缘材料股份有限公司	1 591	1 338	18.91
19	珠海市海港积层板有限公司	1 590	2 098	-24.21
20	河南许绝电工绝缘材料有限公司	1 561	2 317	-32.63

2007年绝缘材料分会企业全员劳动生产率排序

序号	企业名称	全员劳动生产率（元/人）	序号	企业名称	全员劳动生产率（元/人）
1	南通鸿安三木绝缘材料有限公司	370 561	11	江阴市沪澄绝缘材料厂	138 542
2	广东生益科技股份有限公司	276 801	12	四川东电绝缘材料公司	133 404
3	四川东材企业集团有限公司	256 266	13	广州贝特新材料有限公司	133 333
4	深圳市长园新材料股份有限公司	249 190	14	珠海市海港积层板有限公司	123 256
5	上海元龙玻璃钢有限公司	248 000	15	山东金宝电子股份有限公司	112 163
6	苏州巨峰绝缘材料有限公司	216 478	16	龙口澳兴绝缘材料有限公司	108 209
7	浙江荣泰科技企业有限公司	189 248	17	山东四达工贸股份有限公司	97 386
8	江阴市登峰电工材料有限公司	161 290	18	宝应县精工绝缘材料有限公司	92 588
9	江苏冰城电材有限公司	157 480	19	上海同立电工材料有限公司	88 500
10	宁波华缘玻璃钢电器制造有限公司	140 524	20	江苏亚宝绝缘材料股份有限公司	84 628

2007年绝缘材料分会企业资产负债率排序

序号	企业名称	资产负债率（%）	序号	企业名称	资产负债率（%）
1	江苏亚宝绝缘材料股份有限公司	50.08	11	河南许绝电工绝缘材料有限公司	33.36
2	北京新福润达绝缘材料有限责任公司	48.55	12	广州贝特新材料有限公司	33.33
3	江阴市沪澄绝缘材料厂	47.55	13	嘉兴市清河高力绝缘有限公司	28.03
4	株洲时代电气绝缘有限责任公司	45.78	14	四平市前进绝缘材料有限公司	25.80
5	深圳市长园新材料股份有限公司	45.59	15	浙江省乐清树脂厂	25.22
6	苏州巨峰绝缘材料有限公司	45.49	16	四川东电绝缘材料公司	23.26
7	江阴市登峰电工材料有限公司	43.65	17	宁波安力绝缘材料有限公司	21.76
8	广东生益科技股份有限公司	41.79	18	北京市顺义东方绝缘材料厂	20.05
9	灌南福达绝缘材料有限公司	39.55	19	珠海市海港积层板有限公司	19.15
10	浙江荣泰科技企业有限公司	35.04	20	宝应县精工绝缘材料有限公司	12.31

2007年绝缘材料分会企业经济效益综合指数排序

序号	企业名称	经济效益综合指数	序号	企业名称	经济效益综合指数
1	四川东材企业集团有限公司	12.07	11	江阴市沪澄绝缘材料厂	2.06
2	上海元龙玻璃钢有限公司	6.96	12	江苏冰城电材有限公司	2.04
3	南通鸿安三木绝缘材料有限公司	4.61	13	四川东电绝缘材料公司	2.01
4	苏州巨峰绝缘材料有限公司	4.22	14	上海金山前峰绝缘材料有限公司	2.01
5	宁波华缘玻璃钢电器制造有限公司	3.63	15	河南许绝电工绝缘材料有限公司	2.00
6	深圳市长园新材料股份有限公司	3.59	16	宝应县精工绝缘材料有限公司	2.00
7	江阴市登峰电工材料有限公司	3.44	17	江苏亚宝绝缘材料股份有限公司	1.95
8	广东生益科技股份有限公司	3.29	18	浙江省乐清树脂厂	1.95
9	浙江荣泰科技企业有限公司	2.41	19	上海同立电工材料有限公司	1.86
10	珠海市海港积层板有限公司	2.10	20	广州贝特新材料有限公司	1.81

2007年铅酸蓄电池分会企业工业总产值排序

(单位:万元)

序号	企业名称	2007年	2006年	比上年增长(%)
1	天能蓄电池公司	466 384	268 277	73.84
2	风帆股份有限公司	280 732	182 714	53.65
3	光宇集团股份公司	217 656	147 167	47.90
4	双登电源公司	205 130	132 203	55.16
5	骆驼蓄电池公司	159 937	82 724	93.34
6	安溪闽华电池公司	128 850	72 000	78.96
7	龙口蓄电池总厂	67 126	29 264	129.38
8	山东圣阳电源股份公司	53 950	34 274	57.41
9	华北蓄电池公司	38 405	25 290	51.86
10	宁波东海蓄电池公司	37 282	20 712	80.00
11	广西天鹅蓄电池公司	19 209	10 759	78.54
12	陕西凌云蓄电池公司	15 129	8 500	77.99
13	建阳亚亨蓄电池公司	14 518	9 189	57.99
14	肇庆长表蓄电池公司	7 325	4 328	69.25
15	苏州梅岭蓄电池公司	3 421	1 937	76.61

2007年铅酸蓄电池分会企业主营业务收入排序

(单位:万元)

序号	企业名称	2007年	2006年	比上年增长(%)
1	天能蓄电池公司	458 361	254 863	79.85
2	浙江超威电源公司	273 196	178 681	52.90
3	双登电源公司	208 863	125 912	65.88
4	骆驼蓄电池公司	109 833	55 756	96.99
5	安溪闽华电池公司	108 112	61 615	75.46
6	长沙丰日电气公司	65 372	34 854	87.56
7	山东瑞宇蓄电池公司	58 740	38 650	51.98
8	山东圣阳电源股份公司	55 386	34 723	59.51
9	龙口蓄电池总厂	51 354	24 919	106.08
10	宁波东海蓄电池公司	37 526	20 618	82.01
11	华北蓄电池公司	37 253	24 531	51.86
12	广西天鹅蓄电池公司	19 358	10 477	84.77
13	陕西凌云蓄电池公司	14 724	8 076	82.32
14	建阳亚亨蓄电池公司	14 252	8 984	58.64
15	苏州梅岭蓄电池公司	3 319	2 132	55.68

2007年铅酸蓄电池分会企业工业增加值排序

(单位:万元)

序号	企业名称	2007年	2006年	比上年增长(%)
1	天能蓄电池公司	121 465	78 194	55.34
2	光宇集团股份公司	72 690	52 664	38.03

（续）

序号	企业名称	2007年	2006年	比上年增长(%)
3	双登电源公司	67 849	43 773	55.00
4	骆驼蓄电池公司	64 835	26 364	145.92
5	风帆股份有限公司	49 249	35 946	37.01
6	龙口蓄电池总厂	19 763	7 928	149.28
7	华富蓄电池公司	18 650	13 890	34.27
8	长沙丰日电气公司	18 304	9 845	85.92
9	安溪闽华电池公司	18 040	11 025	63.63
10	宁波东海蓄电池公司	11 083	6 281	76.45
11	华北蓄电池公司	8 450	5 564	51.87
12	安徽迅启蓄电池公司	8 047	5 305	51.69
13	广西天鹅蓄电池公司	4 052	2 594	56.21
14	浙江海久蓄电池公司	3 670	2 800	31.07
15	山东瑞宇蓄电池公司	3 200	2 100	52.38

2007年铅酸蓄电池分会企业全员劳动生产率排序

序号	企业名称	全员劳动生产率（元/人）	序号	企业名称	全员劳动生产率（元/人）
1	骆驼蓄电池公司	387 769	9	华富蓄电池公司	186 128
2	龙口蓄电池总厂	368 713	10	山东圣阳电源股份公司	119 978
3	双登电源公司	318 540	11	安溪闽华电池公司	108 153
4	天能蓄电池公司	309 386	12	风帆股份公司	105 935
5	宁波东海蓄电池公司	293 201	13	华北蓄电池公司	96 023
6	长沙丰日电气公司	258 531	14	威海文隆电池公司	92 344
7	安徽迅启蓄电池公司	246 840	15	广西天鹅蓄电池公司	86 213
8	光宇集团股份公司	221 345			

2007年铅酸蓄电池分会企业经济效益综合指数排序

序号	企业名称	经济效益综合指数	序号	企业名称	经济效益综合指数
1	华富蓄电池公司	4.45	9	宁波东海蓄电池公司	2.89
2	骆驼蓄电池公司	3.68	10	长沙丰日电气公司	2.85
3	双登电源公司	3.37	11	川西蓄电池公司	2.30
4	浙江超威电源公司	3.28	12	华北蓄电池公司	2.22
5	浙江卧龙灯塔电池公司	3.26	13	龙口蓄电池总厂	2.16
6	浙江海久蓄电池公司	3.26	14	淄博蓄电池厂	1.94
7	安徽迅启蓄电池公司	3.18	15	安溪闽华电池公司	1.82
8	天能蓄电池公司	3.15			

2007年电工合金分会企业工业总产值排序

（单位:万元）

序号	企业名称	2007年	2006年	比上年增长(%)
1	浙江福达合金材料股份有限公司	68 813	56 718	21.32
2	佛山精密电工合金有限公司	34 871	25 835	34.98

（续）

序号	企 业 名 称	2007 年	2006 年	比上年增长(%)
3	桂林金格电工电子材料科技有限公司	31 761	25 808	23.07
4	安平县飞畅电工合金有限公司	29 743	32 955	-9.75
5	绍兴县宏峰化学金属制品厂	23 288		
6	中希合金有限公司	20 823	13 131	58.58
7	重庆川仪总厂有限公司金属功能材料分公司	19 083	14 404	32.48
8	浙江乐银电工合金有限公司	15 374	12 187	26.15
9	北京机床电器有限责任公司	9 658	8 658	11.55
10	乐清市天银合金技术有限公司	8 200	7 300	12.33
11	温州宏丰电工合金有限公司	7 493	4 268	75.56
12	哈尔滨东大高新材料股份有限公司	5 829	3 510	66.07
13	宁波神乐电工合金有限公司	2 917	4 726	-38.28
14	湖北田野股份有限公司长江合金厂	1 600	1 300	23.08
15	巩义市荣鑫电真空材料厂	500	360	38.89

2007 年电工合金分会企业产品销售收入排序

（单位:万元）

序号	企 业 名 称	2007 年	2006 年	比上年增长(%)
1	浙江福达合金材料股份有限公司	68 448	56 718	20.68
2	安平县飞畅电工合金有限公司	34 652	38 731	-10.53
3	佛山精密电工合金有限公司	31 431	23 757	32.30
4	桂林金格电工电子材料科技有限公司	30 844	25 255	22.13
5	中希合金有限公司	20 462	12 904	58.57
6	重庆川仪总厂有限公司金属功能材料分公司	19 114	14 228	34.34
7	浙江乐银电工合金有限公司	14 998	10 966	36.77
8	北京机床电器有限责任公司	8 912	7 811	14.10
9	温州宏丰电工合金有限公司	8 443	4 675	80.58
10	乐清市天银合金技术有限公司	8 000	7 100	12.68
11	哈尔滨东大高新材料股份有限公司	5 306	3 015	75.99
12	宁波神乐电工合金有限公司	3 326	4 871	-31.72
13	绍兴县宏峰化学金属制品厂	3 286	3 610	-8.98
14	湖北田野股份有限公司长江合金厂	1 400	1 300	7.69
15	巩义市荣鑫电真空材料厂	470		

2007 年电工合金分会企业工业增加值排序

（单位:万元）

序号	企 业 名 称	2007 年	2006 年	比上年增长(%)
1	重庆川仪总厂有限公司金属功能材料分公司	30 892	29 731	3.91
2	浙江福达合金材料股份有限公司	13 610	11 534	18.00
3	安平县飞畅电工合金有限公司	9 517	10 288	-7.49
4	佛山精密电工合金有限公司	5 992	4 337	38.16
5	桂林金格电工电子材料科技有限公司	4 015	3 641	10.27
6	北京机床电器有限责任公司	3 687	2 597	41.97
7	哈尔滨东大高新材料股份有限公司	2 435	1 466	66.10
8	绍兴县宏峰化学金属制品厂	1 125	1 241	-9.35
9	中希合金有限公司	978	1 498	-34.71
10	浙江乐银电工合金有限公司	828	353	134.56
11	宁波神乐电工合金有限公司	224	591	-62.10
12	温州宏丰电工合金有限公司	126	133	-5.45

2007 年电工专用设备分会企业工业总产值排序

（单位：万元）

序号	企 业 名 称	2007 年	2006 年	比上年增长(%)
1	无锡市梅达电工机械有限公司	59 900	53 540	11.88
2	江苏亚威机床有限公司	46 754	32 450	44.08
3	合肥神马科技股份有限公司	20 514	12 790	60.39
4	西安启源机电装备股份有限公司	17 622	11 952	47.44
5	上海南洋电工器材有限公司	13 814	10 351	33.45
6	山东中际电工机械有限公司	11 541	10 904	5.84
7	南京艺工电工设备有限公司	10 434	8 094	28.92
8	中山凯旋真空技术工程有限公司	5 050	5 018	0.64
9	宜兴市电工机械有限公司	3 860	3 715	3.90
10	德阳东家港机电设备有限公司	3 390		
11	咸阳电工机械厂	2 667	3 002	-11.16
12	德阳市德东电工机械制造有限公司	2 200	1 978	11.22
13	白城天奇机电装备股份有限公司	1 200		
14	郑州一邦电工机械有限公司	1 169		
15	上海银工线材设备有限公司	856	732	16.94

2007 年电工专用设备分会企业主营业务收入排序

（单位：万元）

序号	企 业 名 称	2007 年	2006 年	比上年增长(%)
1	无锡市梅达电工机械有限公司	59 181	53 540	10.54
2	江苏亚威机床有限公司	43 347	30 810	40.69
3	合肥神马科技股份有限公司	23 325	11 043	111.22
4	西安启源机电装备股份有限公司	16 200	12 353	31.14
5	上海南洋电工器材有限公司	13 814	10 351	33.46
6	山东中际电工机械有限公司	9 216	7 408	24.41
7	南京艺工电工设备有限公司	5 903		
8	中山凯旋真空技术工程有限公司	5 323	4 395	21.11
9	宜兴市电工机械有限公司	3 964	3 360	17.98
10	咸阳电工机械厂	2 442	2 286	6.82
11	德阳市德东电工机械制造有限公司	1 633	1 584	3.09
12	郑州一邦电工机械有限公司	999		
13	白城天奇机电装备股份有限公司	855		
14	上海银工线材设备有限公司	856	732	16.94

2007 年电工专用设备分会企业工业增加值排序

（单位：万元）

序号	企 业 名 称	2007 年	2006 年	比上年增长(%)
1	江苏亚威机床有限公司	22 233	8 882	150.32
2	无锡市梅达电工机械有限公司	11 066	10 325	7.18
3	山东中际电工机械有限公司	6 810	4 516	50.80

（续）

序号	企业名称	2007年	2006年	比上年增长(%)
4	西安启源机电装备股份有限公司	6 214	5 288	17.51
5	南京艺工电工设备有限公司	3 407		
6	合肥神马科技股份有限公司	3 336	1 350	147.11
7	上海南洋电工器材有限公司	2 170	2 158	0.56
8	德阳东家港机电设备有限公司	2 000		
9	咸阳电工机械厂	1 129	1 420	-20.49
10	中山凯旋真空技术工程有限公司	968	1 740	-44.37
11	宜兴市电工机械有限公司	903	831	8.66
12	德阳市德东电工机械制造有限公司	330	237	39.24

2007年电工专用设备分会企业经济效益综合指数排序

序号	企业名称	经济效益综合指数	序号	企业名称	经济效益综合指数
1	江苏亚威机床有限公司	4.29	7	宜兴市电工机械有限公司	1.58
2	山东中际电工机械有限公司	3.51	8	南京艺工电工设备有限公司	1.29
3	无锡市梅达电工机械有限公司	2.81	9	中山凯旋真空技术工程有限公司	1.19
4	西安启源机电装备股份有限公司	2.39	10	德阳市德东电工机械制造有限公司	1.07
5	上海南洋电工器材有限公司	2.30	11	咸阳电工机械厂	0.17
6	合肥神马科技股份有限公司	1.75			

2007年电碳分会企业工业总产值排序

（单位：万元）

序号	企业名称	2007年	2006年	比上年增长(%)
1	上海东洋碳素有限公司	41 449	26 927	53.93
2	上海摩根碳制品有限公司	17 376	15 159	14.62
3	神奇电碳集团有限公司	13 778	6 400	115.28
4	哈尔滨电碳厂	10 031	9 675	3.68
5	浙江长征电影碳棒有限公司	8 855	7 014	26.25
6	东新电碳有限公司	7 280	6 250	16.48
7	任丘市双楼电碳制品有限公司	5 516	4 963	11.14
8	宝丰县洁石碳素材料有限公司	4 255	2 986	42.50
9	青岛西特碳素有限公司	3 800	3 600	5.56
10	南通电碳厂	2 800	2 400	16.67
11	上海申贝长风碳棒有限公司	2 205	2 080	6.01
12	南通杰利达碳业有限公司	1 632	1 420	14.93
13	自贡凯迪碳素有限公司	1 491	1 513	-1.45
14	东台市双菱电碳制品有限公司	1 100	780	41.03
15	株洲新方圆电碳有限公司	1 008	963	4.69
16	成都市龙泉曙光电碳制品厂	890	760	17.11
17	哈尔滨电碳研究所	630	480	31.25
18	乐清市繁荣电碳制品公司	513	386	32.97
19	上海申达电碳有限公司	385	367	4.90

2007 年电碳分会企业主营业务收入排序

（单位：万元）

序号	企 业 名 称	2007 年	2006 年	比上年增长（%）
1	上海东洋碳素有限公司	43 176	27 106	59.29
2	神奇电碳集团有限公司	13 250	6 296	110.45
3	浙江长征电影碳棒有限公司	8 775		
4	上海摩根碳制品有限公司	8 347	15 370	-45.69
5	哈尔滨电碳厂	5 383	4 779	12.64
6	宝丰县洁石碳素材料有限公司	4 284	3 056	40.18
7	东新电碳有限公司	3 977	4 758	-16.41
8	青岛西特碳素有限公司	3 600	3 200	12.50
9	任丘市双楼电碳制品有限公司	2 991	2 640	13.30
10	南通电碳厂	2 745	2 350	16.81
11	上海申贝长风碳棒有限公司	2 237		
12	南通杰利达碳业有限公司	1 558	1 262	23.45
13	自贡凯迪碳素有限公司	1 168	1 167	0.09
14	东台市双菱电碳制品有限公司	1 147	890	28.88
15	株洲新方圆电碳有限公司	1 003		
16	成都市龙泉曙光电碳制品厂	690	601	14.81
17	哈尔滨电碳研究所	602	362	66.30
18	上海申达电碳有限公司	531	502	5.78
19	乐清市繁荣电碳制品公司	487		

2007 年电碳分会企业工业增加值排序

（单位：万元）

序号	企 业 名 称	2007 年	2006 年	比上年增长（%）
1	上海东洋碳素有限公司	15 483	11 081	39.73
2	上海摩根碳制品有限公司	6 178	9 683	-36.20
3	神奇电碳集团有限公司	5 680	2 370	139.66
4	东新电碳有限公司	2 900	2 400	20.83
5	宝丰县洁石碳素材料有限公司	1 345	746	80.29
6	哈尔滨电碳厂	1 302	1 150	13.22
7	南通电碳厂	575	384	49.74
8	自贡凯迪碳素有限公司	388	421	-7.84
9	哈尔滨电碳研究所	259		
10	上海申达电碳有限公司	177	186	-4.84
11	成都市龙泉曙光电碳制品厂	152	103	47.57
12	上海申贝长风碳棒有限公司	152	147	3.40

2007 年电碳分会企业全员劳动生产率排序

序号	企业名称	全员劳动生产率（元/人）	序号	企业名称	全员劳动生产率（元/人）
1	上海东洋碳素有限公司	322 563	7	南通电碳厂	37 829
2	上海摩根碳制品有限公司	148 510	8	哈尔滨电碳研究所	25 392
3	神奇电碳集团有限公司	99 649	9	成都市龙泉曙光电碳制品厂	23 750
4	宝丰县洁石碳素材料有限公司	51 731	10	哈尔滨电碳厂	21 000
5	上海申达电碳有限公司	44 250	11	东新电碳有限公司	15 409
6	自贡凯迪碳素有限公司	41 277	12	上海丰贝长风碳棒有限公司	10 270

2007 年电碳分会企业经济效益综合指数排序

序号	企业名称	经济效益综合指数	序号	企业名称	经济效益综合指数
1	上海东洋碳素有限公司	4.51	6	宝丰县洁石碳素材料有限公司	2.22
2	上海摩根碳制品有限公司	3.00	7	乐清市繁荣电碳制品公司	2.16
3	南通杰利达碳业有限公司	2.98	8	哈尔滨电碳厂	1.73
4	神奇电碳集团有限公司	2.31	9	上海申达电碳有限公司	1.45
5	哈尔滨电碳研究所	2.24			

2007 年工业锅炉分会企业工业总产值排序

（单位:万元）

序号	企业名称	2007 年	2006 年	比上年增长(%)
1	无锡华光锅炉股份有限公司	200 745	192 156	4.47
2	苏州海陆重工股份有限公司	74 091	62 650	18.26
3	江西江联能源环保股份有限公司	69 417	62 538	11.00
4	泰山集团股份有限公司	57 187	53 069	7.76
5	江苏太湖锅炉股份有限公司	47 038	45 463	3.46
6	杭州杭锅工业锅炉有限公司	46 676	22 450	107.91
7	南通万通锅炉股份有限公司	45 686	23 021	98.45
8	太原锅炉集团有限公司	45 020	40 064	12.37
9	天津宝成机械集团有限公司	40 800	36 149	12.87
10	无锡太湖锅炉有限公司	40 582	20 100	101.90
11	上海四方锅炉厂	34 327	34 022	0.90
12	江苏双良锅炉有限公司	32 600	26 300	23.95
13	哈锅工业锅炉公司	31 388	35 302	-11.09
14	常州锅炉有限公司	29 142	25 522	14.18
15	瓦房店市永宁机械厂	25 472	16 698	52.55
16	郑州锅炉有限责任公司	23 706	19 582	21.06
17	浙江特富锅炉有限公司	23 253	11 253	106.64
18	武汉天元锅炉有限责任公司	22 251	20 922	6.35
19	山东泰安山锅集团有限公司	22 000	16 000	37.50
20	上海红光锅炉有限公司	21 846	23 790	-8.17

2007 年工业锅炉分会企业工业增加值排序

(单位:万元)

序号	企业名称	2007 年	2006 年	比上年增长(%)
1	无锡华光锅炉股份有限公司	64 145	38 331	67.34
2	江西江联能源环保股份有限公司	20 731	18 136	14.31
3	苏州海陆重工股份有限公司	18 887	14 300	32.08
4	泰山集团股份有限公司	18 103	15 881	13.99
5	河南开封得胜锅炉股份有限公司	15 531	13 231	17.38
6	南通万达锅炉有限公司	13 508	7 550	78.91
7	山东泰安山锅集团有限公司	12 046	6 543	84.11
8	上海四方锅炉厂	11 517	10 196	12.96
9	江苏太湖锅炉股份有限公司	11 508	10 400	10.65
10	哈锅工业锅炉公司	10 544	14 492	-27.24
11	中核动力设备有限公司	9 511	11 064	-14.04
12	上海红光锅炉厂有限公司	9 427	3 074	206.67
13	太原锅炉集团有限公司	8 398	8 019	4.73
14	天津宝成机械集团有限公司	8 088	8 216	-1.56
15	无锡太湖锅炉有限公司	7 908	5 941	33.11
16	常州锅炉有限公司	7 246	7 021	3.20
17	南京奥能锅炉有限公司	6 824	6 218	9.75
18	哈尔滨红光锅炉集团有限公司	6 450	3 914	64.79
19	无锡华光工业锅炉有限公司	6 362	5 093	24.92
20	杭州杭锅工业锅炉有限公司	6 246	3 397	83.87

2007 年工业锅炉分会企业全员劳动生产率排序

序号	企业名称	全员劳动生产率(元/人)	序号	企业名称	全员劳动生产率(元/人)
1	广东省东莞锅炉厂有限公司	873 840	11	天津宝成机械集团有限公司	147 953
2	上海四方锅炉厂	439 349	12	威海市锅炉制造厂	144 400
3	河北宏泽锅炉制造有限公司	296 019	13	长沙锅炉厂有限责任公司	138 834
4	哈尔滨锅炉厂工业锅炉公司	246 000	14	浙江特富锅炉有限公司	134 702
5	邯郸锅炉制造有限责任公司	200 000	15	苏州海陆重工股份有限公司	132 179
6	福建福锅锅炉有限公司	171 320	16	北京市四季青锅炉有限公司	125 037
7	安阳方快锅炉有限公司	168 310	17	常州锅炉有限公司	123 057
8	上海三浦锅炉有限公司	161 765	18	杭州胜利锅炉有限公司	111 098
9	青海新天乐机械制造股份有限公司	158 923	19	江苏维德锅炉有限公司	110 586
10	广州天鹿锅炉有限公司	150 575	20	河南远大锅炉有限公司	101 190

2007 年热缩材料分会企业工业总产值排序

(单位:万元)

序号	企业名称	2007 年	2006 年	比上年增长(%)
1	深圳市长园新材料股份有限公司	98 119	55 436	77.00
2	永固集团股份有限公司	39 198	24 754	58.35
3	深圳长园电子材料有限公司	19 732	17 716	11.38

（续）

序号	企 业 名 称	2007 年	2006 年	比上年增长(%)
4	河北中联化工有限公司	4 990	5 800	-13.97
5	上海至正潘德那聚合物有限公司	4 953	4 128	19.99
6	绵阳振华科技有限公司	4 500	3 000	50.00
7	安徽国华新材料有限公司	4 100	3 200	28.13
8	广州凯恒科塑有限公司	3 690	3 516	4.95
9	成都贝科普天通讯器材厂	3 490	3 392	2.89
10	成都长江热缩材料有限公司	3 363	3 209	4.80
11	上海先锋辐照制品厂有限公司	3 292	3 021	8.97
12	吉林市吉辐新材料有限责任公司	3 286	3 100	6.00
13	北京市顺义跃洋绝缘材料厂	2 180	1 698	28.39
14	上海长沪辐射化工材料厂	1 780	1 510	17.88
15	苏州新区鑫业特种电缆材料厂	1 620	1 502	7.86
16	扬州辐照中心	1 605	1 520	5.59
17	乐清华仪热缩材料有限公司	1 310	1 296	1.08

2007 年热缩材料分会企业主营业务收入排序

（单位：万元）

序号	企 业 名 称	2007 年	2006 年	比上年增长(%)
1	深圳市长园新材料股份有限公司	98 119	55 436	77.00
2	永固集团股份有限公司	37 527	23 648	58.69
3	深圳长园电子材料有限公司	16 865	15 142	11.38
4	上海至正潘德那聚合物有限公司	4 953	4 128	19.99
5	河北中联化工有限公司	4 700	5 400	-12.96
6	绵阳振华科技有限公司	4 200	2 800	50.00
7	安徽国华新材料有限公司	3 692	2 976	24.06
8	广州凯恒科塑有限公司	3 580	3 182	12.51
9	成都贝科普天通讯器材厂	3 380	2 960	14.19
10	上海先锋辐照制品厂有限公司	3 160	3 010	4.98
11	吉林市吉辐新材料有限责任公司	3 023	2 860	5.70
12	成都长江热缩材料有限公司	2 913	2 697	8.01
13	北京市顺义跃洋绝缘材料厂	2 100	1 620	29.63
14	上海长沪辐射化工材料厂	1 710	1 480	15.54
15	苏州新区鑫业特种电缆材料厂	1 507	1 417	6.35
16	乐清华仪热缩材料有限公司	1 285	1 200	7.08
17	青岛茂洋新高科技有限公司	1 150	800	43.75

2007 年热缩材料分会企业工业增加值排序

（单位：万元）

序号	企 业 名 称	2007 年	2006 年	比上年增长(%)
1	深圳市长园新材料股份有限公司	37 528	20 248	85.34
2	永固集团股份有限公司	9 501	6 988	35.96
3	深圳长园电子材料有限公司	3 889	3 144	23.70
4	绵阳振华科技有限公司	1 200	500	140.00
5	成都长江热缩材料有限公司	920	898	2.45
6	吉林市吉辐新材料有限责任公司	920	1 240	-25.81
7	成都贝科普天通讯器材厂	910	1 080	-15.74
8	上海至正潘德那聚合物有限公司	780	567	37.57

（续）

序号	企业名称	2007年	2006年	比上年增长(%)
9	安徽国华新材料有限公司	750	581	29.09
10	河北中联化工有限公司	720	810	-11.11
11	上海先锋辐照制品厂有限公司	620	427	45.20
12	北京市顺义跃洋绝缘材料厂	450	413	8.96
13	上海长沪辐射化工材料厂	450	460	-2.17
14	扬州辐照中心	370	460	-19.57
15	乐清华仪热缩材料有限公司	370	460	-19.57
16	苏州新区鑫业特种电缆材料厂	306	239	28.03
17	广州凯恒科塑有限公司	305	296	3.04

2007年热缩材料分会企业全员劳动生产率排序

序号	企业名称	全员劳动生产率(元/人)	序号	企业名称	全员劳动生产率(元/人)
1	深圳市长园新材料股份有限公司	249 190	10	扬州辐照中心	58 930
2	永固集团股份有限公司	134 565	11	上海长沪辐射化工材料厂	57 941
3	上海至正潘德那聚合物有限公司	125 806	12	上海先锋辐照制品厂有限公司	51 667
4	河北中联化工有限公司	120 000	13	乐清华仪热缩材料有限公司	47 436
5	深圳长园电子材料有限公司	111 114	14	成都贝科普天通讯器材厂	42 326
6	成都长江热缩材料有限公司	83 636	15	北京市顺义跃洋绝缘材料厂	42 056
7	绵阳振华科技有限公司	80 000	16	苏州新区鑫业特种电缆材料厂	40 800
8	吉林市吉辐新材料有限责任公司	71 875	17	哈尔滨光雅辐射新技术有限公司	32 000
9	安徽国华新材料有限公司	64 615			

2007年热缩材料分会企业资产负债率排序

序号	企业名称	资产负债率(%)	序号	企业名称	资产负债率(%)
1	成都长江热缩材料有限公司	55	7	扬州辐照中心	46
2	上海至正潘德那聚合物有限公司	54	8	深圳市长园新材料股份有限公司	46
3	广州凯恒科塑有限公司	52	9	乐清华仪热缩材料有限公司	38
4	永固集团股份有限公司	51	10	河北中联化工有限公司	22
5	上海长沪辐射化工材料厂	50	11	安徽国华新材料有限公司	20
6	青岛茂洋新高科技有限公司	48	12	哈尔滨光雅辐射新技术有限公司	19

2007年热缩材料分会企业经济效益综合指数排序

序号	企业名称	经济效益综合指数	序号	企业名称	经济效益综合指数
1	深圳市长园新材料股份有限公司	3.75	10	深圳长园电子材料有限公司	2.18
2	绵阳振华科技有限公司	3.30	11	上海至正潘德那聚合物有限公司	2.03
3	广州凯恒科塑有限公司	2.98	12	吉林市吉辐新材料有限责任公司	2.02
4	成都长江热缩材料有限公司	2.90	13	乐清华仪热缩材料有限公司	2.02
5	成都贝科普天通讯器材厂	2.53	14	河北中联化工有限公司	1.91
6	扬州辐照中心	2.46	15	哈尔滨光雅辐射新技术有限公司	1.79
7	安徽国华新材料有限公司	2.38	16	上海先锋辐照制品厂有限公司	1.77
8	苏州新区鑫业特种电缆材料厂	2.35	17	上海长沪辐射化工材料厂	1.62
9	永固集团股份有限公司	2.26			

2007 年变频器分会企业工业总产值排序

（单位：万元）

序号	企业名称	2007 年	2006 年	比上年增长(%)
1	北京 ABB 电气传动系统有限公司	212 134	173 982	21.93
2	北京金自天正智能控制股份有限公司	51 217	42 083	21.70
3	北京利德华福电气技术有限公司	41 219	21 700	89.95
4	上海雷诺尔电气有限公司	38 023	27 878	36.39
5	北京动力源科技股份有限公司	35 592	36 131	-1.49
6	哈尔滨九洲电气股份有限公司	31 026	26 160	18.60
7	唐山开诚电器有限责任公司	24 094	13 774	74.92
8	深圳市英威腾电气股份有限公司	19 848	11 228	76.77
9	希望森兰科技股份有限公司	18 251	14 666	24.44
10	山东新风光电子科技发展有限公司	18 100	14 200	27.46
11	台州富凌机电有限公司	13 053	6 265	108.33
12	北京合康亿盛科技有限公司	10 540	3 912	169.43
13	大连普传科技股份有限公司	10 380	8 600	20.70
14	天津华云自控股份有限公司	5 100	3 415	49.34
15	深圳市微能科技有限公司	3 969	2 328	70.47
16	杭州祥博电气有限公司	2 654		
17	温州市久久电子电器有限公司	2 652	1 665	59.28
18	上海艾帕电力电子有限公司	1 260		

2007 年变频器分会企业主营业务收入排序

（单位：万元）

序号	企业名称	2007 年	2006 年	比上年增长(%)
1	冶金自动化研究设计院	61 397	50 075	22.61
2	北京金自天正智能控制股份有限公司	52 044	41 527	25.33
3	上海雷诺尔电气有限公司	38 023	27 878	36.39
4	北京动力源科技股份有限公司	33 195	33 647	-1.34
5	北京利德华福电气技术有限公司	29 140	20 578	41.60
6	哈尔滨九洲电气股份有限公司	25 362	17 280	46.77
7	唐山开诚电器有限责任公司	24 094	13 774	74.92
8	深圳市英威腾电气股份有限公司	19 189	10 566	81.61
9	希望森兰科技股份有限公司	14 743	11 783	25.12
10	山东新风光电子科技发展有限公司	14 590	11 201	30.26
11	台州富凌机电有限公司	12 105	6 135	97.31
12	北京合康亿盛科技有限公司	11 892	3 617	228.73
13	大连普传科技股份有限公司	9 500	7 200	31.94
14	天津华云自控股份有限公司	5 100	3 415	49.34
15	深圳市微能科技有限公司	3 874	2 285	69.51
16	杭州祥博电气有限公司	3 025		
17	温州市久久电子电器有限公司	2 598	1 599	62.48
18	上海艾帕电力电子有限公司	1 260		

2007 年变频器分会企业工业增加值排序

（单位：万元）

序号	企 业 名 称	2007 年	2006 年	比上年增长(%)
1	北京 ABB 电气传动系统有限公司	74 497	55 113	35.17
2	北京金自天正智能控制股份有限公司	16 045	12 581	27.53
3	北京利德华福电气技术有限公司	12 059	6 447	87.04
4	上海雷诺尔电气有限公司	10 313	23 908	-56.86
5	唐山开诚电器有限责任公司	8 750	5 918	47.85
6	山东新风光电子科技发展有限公司	6 850	5 396	26.95
7	哈尔滨九洲电气股份有限公司	6 458	4 686	37.81
8	台州富凌机电有限公司	6 277	2 101	198.71
9	希望森兰科技股份有限公司	5 733	3 588	59.78
10	天津华云自控股份有限公司	5 662	3 665	54.49
11	深圳市英威腾电气股份有限公司	5 162	4 805	7.44
12	北京合康亿盛科技有限公司	3 922		
13	大连普传科技股份有限公司	2 438	2 263	7.73
14	上海艾帕电力电子有限公司	831	174	377.59
15	温州市久久电子电器有限公司	553	309	78.96
16	杭州祥博电气有限公司	318		

2007 年变频器分会企业全员劳动生产率排序

序号	企 业 名 称	全员劳动生产率（元/人）	序号	企 业 名 称	全员劳动生产率（元/人）
1	北京 ABB 电气传动系统有限公司	1 561 782	9	北京利德华福电气技术有限公司	223 315
2	天津华云自控股份有限公司	577 755	10	深圳市英威腾电气股份有限公司	172 077
3	台州富凌机电有限公司	545 784	11	大连普传科技股份有限公司	149 571
4	唐山开诚电器有限责任公司	446 429	12	希望森兰科技股份有限公司	113 750
5	上海艾帕电力电子有限公司	332 400	13	北京合康亿盛科技有限公司	108 944
6	上海雷诺尔电气有限公司	325 331	14	哈尔滨九洲电气股份有限公司	90 702
7	北京金自天正智能控制股份有限公司	322 840	15	温州市久久电子电器有限公司	32 529
8	山东新风光电子科技发展有限公司	238 676			

2007 年变频器分会企业经济效益综合指数排序

序号	企 业 名 称	经济效益综合指数	序号	企 业 名 称	经济效益综合指数
1	天津华云自控股份有限公司	7.42	8	希望森兰科技股份有限公司	2.97
2	台州富凌机电有限公司	5.70	9	北京金自天正智能控制股份有限公司	2.80
3	上海艾帕电力电子有限公司	5.45	10	哈尔滨九洲电气股份有限公司	2.41
4	唐山开诚电器有限责任公司	4.43	11	大连普传科技股份有限公司	2.38
5	山东新风光电子科技发展有限公司	3.77	12	温州市久久电子电器有限公司	2.03
6	深圳市英威腾电气股份有限公司	3.51	13	北京动力源科技股份有限公司	0.36
7	北京利德华福电气技术有限公司	3.42			

大事记

记录2007年发生的，对电器工业产生重要影响的政策法规、新技术、新产品及重大事件等

Records of policies and legislations, new technologies, new products and major events occurring in 2007 that had important influence on the electrical equipment industry

综述

行业概况

企业概况

产品与项目

标准化

统计资料

大事记

中国电器工业年鉴 2008

大事记

大事记（2007年）

大 事 记 （2007 年）

1 月

5 日 在舟山市电力公司的招标中，宁波东方集团的绝缘海底电力电缆、绝缘光电复合海底电力电缆一举中标近 1 亿元，并连创两个国内第一。其中绝缘海底电力电缆创下中国交联海底电缆第一根的纪录，绝缘光电复合海底电力电缆创下国内生产海底电力电缆最大截面的纪录。

6 日 哈尔滨电机厂有限责任公司研制的景洪电站水轮机组大型叶片通过中国机械工业联合会专家组的鉴定，主要技术指标已达到或超过国外同类产品水平，而且工艺方法有所创新，标志着我国已具备巨型水轮机装备的国产化制造能力。哈尔滨电机厂有限责任公司多年来一直承担为国家制造大型发电机组的任务，承担的景洪电站水轮机转轮制造任务中，叶片原定由罗马尼亚进口，因外方不能按期交货，哈尔滨电机厂有限责任公司决定自行研制，解决这一技术难题。景洪叶片呈“L”型，转轮直径 8.3m，为巨型机组；最大轮廓尺寸为4 500mm × 3 300mm，而且易变形。按照要求，叶片加工余量要控制在 5 ~ 38mm 范围内，加工后的叶片公差仅为 2mm。针对高难度的研制任务，他们设计了三套工艺方案，找出各个环节的工艺难点，制定了相应的工艺措施，成功研制出 5 片景洪叶片。目前可实现批量生产，开创了我国批量制造巨型水轮机叶片的先河。

8 日 哈电集团动力股份公司所属的哈尔滨电机厂有限责任公司、哈尔滨锅炉厂有限责任公司、哈尔滨汽轮机厂有限责任公司与中信建设有限公司、国华国际工程承包公司在哈尔滨举行了巴西坎迪奥塔35 万 kW 电站三大主机供货合同签字仪式。该项目合同金额约为 3.5 亿元，是我国与巴西政府间最大的合作项目。该项目是我国首次对外出口 35 万 kW 电站项目，也是我国电力建设厂商走出国门后承揽的最大的 EPC 项目。

9 日 由西安西电变压器有限责任公司控股经营的西安鹏远重型电炉制造公司自行设计研制的国内最大的 100t 电弧炼钢炉，在舞阳钢铁公司一次投产顺利出钢，设备运行非常平稳。与之配套的 9 万 kV · A、100t 电弧炉用变压器，也是西变公司自主创新研制成功的目前国产容量最大的同类产品。这两大产品的研制成功，标志着国产电弧炉和配套变压器研制水平达到国际先进水平，完全可以替代进口产品。

14 日 湖南湘电（600416）风能有限公司主体厂房落户湘潭（德国）工业园，开始了以风力发电设备制造为龙头的清洁能源产业建设。该项目总投资 2.2 亿元，湘潭电机集团与日本株式会社原弘产各占股 50%。项目达产后，将形成年产兆瓦级风力发电机 300 台套的生产能力，销售收入可超过 30 亿元。

★ 财政部、国家发展和改革委员会、海关总署和国家税务总局发布《关于落实国务院加快振兴装备制造业的若干意见有关进口税收政策的通知》表示，特高压输变电设备等 16 个重大技术装备关键领域将享受进口税收优惠政策。特高压输变电设备包括 1 000kV 特高压交流和 ± 800kV 直流输变电成套设备、500kV 交直流和 750kV 交流输变电关键设备列入其中，将享受由财政部等部门制定的专项进口税收政策。享受该优惠政策的重大技术装备领域还有大型清洁高效发电装备，包括百万千瓦核电机组、超临界火电机组、燃气—蒸汽联合循环机组、整体煤气化燃气—蒸汽联合循环机组、大型循环流化床锅炉、大型水电机组及抽水蓄能水电站机组、大型空冷电站机组及大功率风力发电机等新能源装备。

15 日 哈尔滨哈锅阀门股份有限公司研制的超临界机组配套蒸汽及给水截止阀、止回阀、水压试验堵阀，以及超临界机组配套全量型安全阀、大口径闸阀通过技术鉴定，性能达到国际同类产品先进水平，标志着我国阀门设计制造水平跃上一个新台阶。

17 日 印度尼西亚国营电力公司与 10 家私营发电公司分别签署共计 10 项火力发电工程的合作协议，总发电量为 850MW，总投资达 12 亿美元，所有工程均采用中国制造的发电机组。

24 日 机械工业部原副部长、中国电器工业协会终身荣誉会长、中国机械工业联合会特别顾问陆燕荪在南阳防爆集团公司国家认定企业技术中心揭牌仪式上勉励该公司“树立远大目标，建成中国最大、世界最强的防爆电机基地”。近年来，南阳防爆集团公司以市场为导向，以增强自主创新能力为支撑，调整产品结构，加快产品升级换代，努力开拓国内外市场，主导产品规模和技术水平保持国内领先，先后荣获“中国名牌产品”和“国家免检产品”称号，特别是以研制世界最大的 8800kW 20P 增安型无刷励磁同步电动机为内容的“神 8 工程”、以研制国内首创的四极隐极汽轮发电机为内容的 GPF 工程等一系列重点工程的实施，大大增强了综合实力。

月内 由武汉光电国家实验室微光机电系统研究部和华中科技大学能源学院合作，共同封装出了世界上最大功率的 LED 光源，开发出了具有中国自主知识产权的封装技术，在国际上处于领先水平。

★ 我国首台 440t/h（135MW）超

高压再热循环流化床锅炉通过鉴定。该锅炉属环保型节能产品，由山东济南锅炉集团有限公司开发，完全具有自主知识产权。鉴定结果表明，该产品设计先进、结构合理、性能优良。其最大特点是采用高浓相区低流化风速过渡段三弯让管组合方式，有效防止了锅炉运行中的磨损；对锅炉“水冷风室和小直径逆流柱形不漏渣风帽”项目开展技术创新，节油率达 50%。该产品还采用了布风板底部排渣和大直径百叶滚筒水冷式冷渣器，大大降低了电能消耗，提高了锅炉运行的可靠性。专家认为，该产品的技术性能指标居国际同容量参数循环流化床锅炉的先进水平，具有显著的经济效益、社会效益和环保效益，应尽快推广应用。

2 月

5 日 中国东方电气集团公司主业资产整体上市方案在内地和中国香港同时公布。这次推出的方案，以东方锅炉股改为契机，把东方电机作为平台，利用资本市场发行股票合并东方锅炉，同时收购包括东方汽轮机等集团主业资产实现集团主业资产整体上市。从 2006 年 12 月 20 日开始停牌的东方电机 A 股和 H 股将于同日复牌交易，东方锅炉股权分置改革进入流通股东沟通阶段。该方案实施完成后，东方电气集团公司主营业务资产将全部进入现在的东方电机股份有限公司。新上市公司将拥有完整的发电设备制造和服务能力，能够全面提供火电、水电、核电、气电、风电等发电设备产品和电站维修改造服务，具有更强的国内外市场开拓能力和电站建设服务能力。

23 日 特变电工沈阳变压器公司继顺利完成 1 200kV 串联谐振试验装置调试工作后，利用该装置成功完成了直流换流变压器的阀侧绕组工频外施耐压试验，成为国内同行业率先使用先进试验装置的企业。该套串联谐振试验装置最高工作电压为 1 200kV，最大工作电流 6A，是目前国内电压最高、电流最大的调感式串联谐振试验装置。

28 日 哈尔滨电机厂有限责任公司自主研制的光照水轮机筒阀，通过了中国机械工业联合会、三峡总公司、中国华能集团等专家的鉴定。鉴定认为该产品填补了历史空白，达到全国领先水平。

月内 云南省曲靖市翠峰 110kV 数字化变电站通过鉴定验收。该项目在国内变电站中首次实现数字化，取得了智能终端实现一次设备数据采集数字化等 5 项集成创新成果，标志着我国变电站数字化研究迈上了新台阶。

3 月

5 日 国家发展和改革委员会通过网站透露，今后在大电网覆盖范围内，将不得新建单机容量 30 万 kW 及以下纯凝汽式燃煤机组。这是中国首次对 30 万 kW 火电机组说“不”。

9 日 日本电机工业会代表团在白文波先生的陪同下拜访了中国电器工业协会中小型电机分会，就日中节能环保进行交流。代表团成员中有东芝、日立、三菱电机等日本一流的电机制造企业代表。

★ ABB(中国)有限公司新任董事长兼总裁柯睿思在北京举行的新闻发布会上说：“2006 年，ABB 中国的订单与销售总额分别达到 31 亿美元和 28.28 亿美元，同比分别上升 26% 和 19%。按销售额计算，中国已成为 ABB 集团的第一大市场。”

18 日 深圳西门子中压开关有限公司新厂房落成。新厂房投入使用后，公司中压开关年生产力将增至 4 500台并最终达到 7 000 台，标志着西门子在华南将形成以深圳为基本点，覆盖广东、广西、云南、贵州、福建、海南六省的销售服务网络，成为华南电力市场有力的竞争者。

28 日 联合国项目采购机构 UNOPS向厦华电子公司正式颁发了平板电视供应商资质证书，这是中国自有品牌平板电视获得联合国采购的第一张“绿卡”。

30～31 日 中国电器工业协会变频器分会成立大会在天津举行，100 多家企业的 170 多名代表出席了会议。同期举办了中国电器工业协会变频器分会第一届会员大会，会上投票选举出了变频器分会第一届理事会。天津电气传动设计研究所仲明振当选理事长，秘书长由天津电气传动设计研究所赵相宾担任，天津电气传动设计研究所、西门子(中国)有限公司、北京利德华福、山东新风光电子科技发展有限公司、成都希望森兰变频器制造有限公司、上海电器科学研究所(集团)有限公司、北京 ABB 电气传动系统有限公司等 17 家单位当选为常务理事单位。

月初 顺特电气有限公司在中东阿联酋市场获得价值 6.5 亿元的订单，加上年初续签的价值 1.2 亿元的订单，2007 年已获得阿联酋迪拜水电局合同总额约 7.7 亿元，销售经理杜勇毅继续保持他本人创造的全世界变压器行业销售额排名第一的纪录。顺特电气有限公司拿到了此次迪拜项目 60% 的订单，剩下的 40% 才由电气巨头们去分食，顺特正是以可靠的产品质量成为迪拜干式变压器的第一大供货商，占据了绝对的市场地位。

4 月

2～3 日 中国电器工业协会第三届理事会第三次会议在上海召开，会议主题为“坚持创新之路，推进电工行业又好又快发展，做强做大电器工业”。同期举办了沪上有约——《中国电器工业年鉴》创刊 10 周年庆典活动。

3 日 三峡右岸电站首台国产化机组转子缓缓起吊，80min 后平稳落入 26 号机组机坑，26 号机组转子由哈尔滨电机厂生产制造。这台由我国首次生产制造并成功安装的世界最大发电机转子，直径为 18.707m，重量为 1 790t，整体起吊重量达 1 990t。三峡右岸电站 8 台具有完全自主产权的国产化机组，分别由哈尔滨电机厂和东方电机厂承担设计和生产制造。

4 日 特高压交流输电标准化技术工作委员会在北京隆重召开成立大会暨第一次工作会议，借此改变以往翻译、转化国际标准为国家标准的做法，直接参与国际标准的制订。

8日 我国最大风力发电机组叶片制造企业——天津东汽风电叶片工程公司正式成立。该公司由中国东方电气集团东汽投资发展有限公司与天津机电控股集团公司共同出资组建，致力于兆瓦级风力发电机组叶片的研究设计和制造，并形成系列化产品。公司一期工程投资27 900万元，形成600套1.5MW风电机组叶片的生产能力；二期工程投资22 770万元，形成100套2.5MW、50套5MW风电机组叶片以及整机总装能力。

9日 低压电机全自动相控节电技术在北京通过了专家组鉴定，专家认为此项成果填补了国内空白，节电效能显著，具有广阔的应用前景。该电机节电产品已获得了3项实用新型专利和发明专利，并通过国家质量技术监督总局的检验。试验表明，该产品平均节电率为15%～55%，并延长了电机的使用寿命。

10日 海尔冰箱获得代表全球工业设计最高水平的德国IF工业设计奖，这是中国冰箱首次夺取该项大奖，充分展示了海尔冰箱的自主创新实力及其对国际领先潮流的把握。

17日 南京汽轮电机（集团）有限责任公司生产的国产首套9E燃气轮发电机组，在青海格尔木燃气电厂成功并网。这是世界上运行地海拔最高的燃气轮发电机组，标志着我国重型燃气轮发电机组国产化制造水平迈上了新的台阶。

18日 国家发展和改革委员会发布了《家用和类似用途电动双驱动洗衣机》行业标准。这一标准的发布，标志着拥有30多项专利技术的海尔"双动力"技术正式成为国内的行业标准。

26日 中国东方电气集团公司东方电机厂引进日本日立公司技术独立自主制造的100万kW超超临界汽轮发电机，发运出厂，运往山东邹县电厂。

5月

8日 在第35届日内瓦国际发明展上，中科院广州能源研究所领衔设计制造的全永磁悬浮风力发电机组获得特别金奖。该机组将磁悬浮技术运用于风能发电机上，并对风能发电机进行了全面优化，从而实现了"轻风启动，微风发电"。

15日 沈阳与意大利阿兹亚环境股份公司合作的老虎冲垃圾填埋沼气处理及发电项目正式开工。这一项目的开工建设，填补了东北地区利用生活垃圾发电的空白。

16日 西安ABB大功率整流器有限公司正式开业。它是全球领先的ABB集团和中国整流器龙头企业——西电电力整流器有限责任公司强强联手、合作共赢的结果。西安ABB大功率整流器有限公司筹建于2005年下半年，主要客户来自铝业和化学电解工业，如宁夏加宁铝业、青海桥头铝业、云南新立有色金属有限公司等。解决方案涵盖广泛的工业领域，主要包括20～50kA的整流器，也有超过100kA的产品。

21日 安装在广西壮族自治区龙滩水电站世界上额定容量最大的空冷发电机组，72h带负荷连续试运行一次成功，开始并网发电，各项监测数据都符合设计以及国家标准的要求，运行稳定，标志着"中国水电"已经跻身于"世界水电"的前列。该机组由哈尔滨电机厂有限责任公司生产，是国内首台700MW全空冷式水轮发电机组。哈尔滨电机厂有限责任公司凭借强大的综合实力与先进技术，作为主包方于2002年承揽了全部发电机的设计、制造任务。

★ 四川—上海±800kV特高压直流输电示范国产化工程在上海奠基，动态投资估算约180亿元，计划于2011年建成投运。这是目前规划建设的世界上电压等级最高、输送距离最远、容量最大的直流输电工程。

30日 国家电网公司在北京召开特高压交流输电工程关键技术研究课题验收会。1 000kV交流特高压试验示范工程的构架设计及真型试验研究等7项课题顺利通过验收。

31日 阿海珐输配电宣布与中国顺特电气有限公司合作，成立新的合资企业，双方各占50%，旨在进一步扩大其在华市场份额。顺特电气是国际著名输配电行业供应商，是中国变压器设备制造龙头企业，其干式变压器产品荣获"中国名牌"称号。2006年，顺特电气的销售额达到1.2亿欧元。

月内 中国环境保护产业协会中环协（北京）认证中心启动了工业锅炉环保产品认证工作。本次开展认证的工业锅炉主要包括以煤、油或气为燃料的，额定蒸汽压力0.04～3.8MPa的蒸汽锅炉，或额定出水压力大于0.1MPa的热水锅炉（煤粉炉除外）。燃用生物质燃料或重油燃料的锅炉亦在认证范围内。

6月

1日 由河北保定天威保变电气股份有限公司自行开发研制的我国首台DSP—260MV·A/800kV发电主变压器，在保定天威保变电气股份有限公司一次试制成功，各项性能及技术指标均达到国际先进水平，该变压器具有完全自主知识产权。

8日 中国惟一具有完整产业链的光伏企业——天威英利YGE成功在美国纽约证券交易所上市，其股票代码为"YGE"，IPO（首次公开发行股票）融资额为3.19亿美元，标志着天威集团公司新能源产业又迈出新步伐。

21日 首台1.5MW双馈异步风力发电机由东风电机厂有限公司成功试制，这标志着四川省风电产业配套能力大大增强。

27日 国内在建规模最大的多晶硅原料生产项目大全集团多晶硅项目在重庆万州开工。该项目总投资40亿元，2008年6月投产后，当年产能达3 000t。2009年全部建成后年产能可达6 000t，年销售额将超过100亿元。

7月

6日 巴基斯坦水电发展局将总金额1 600多万美元的3套500kV电力变压器合同授标给西电集团公司，标志着西电集团公司超高压变压器产品成功打入国际市场。

7日 国内电压等级最高、单相容量最大的1 700kV、61万kV·A特高压电力变压器，在西安西电变压器有限责任公司研制成功，并且一次性通过各种试验。这是世界上投入运行的电压等级最高的电力变压器，标志着西安西电变压器有限责任公司变压器研制水平达到了国际领先水平。

8日 由哈尔滨电机厂有限责任公司制造的三峡工程首台国产化70万kW机组——26号机组顺利完成72h试运行。试运行结果显示：机组运行稳定，各部位温度、振动摆度、流量正常，满足设计要求。26号机组完成72h试运行，是实现大型水电机组国产化目标的重要阶段性成果。10日，三峡工程首台国产化70万kW机组正式并网发电成功，宣告我国水电装备已步入自主设计、制造、安装的时代。

14日 保定天威保变电气股份有限公司成功自行开发了440MV·A/110kV特大型变压器，并一次试制成功。该产品是迄今为止中国乃至世界变压器制造业开发生产成功的最大容量的110kV电力变压器。这表明，该公司不仅是中国惟一能生产高电压大容量壳式变压器的厂家，也是惟一向核电站提供变压器的合格供应商。

30日 国产最大的330kV、36万kV·A自耦有载调压三相组合式变压器在西电集团西变公司一次性通过全部试验，其技术性能达到国内先进水平。它是西安西电变压器有限责任公司依靠自有成熟技术为甘肃洛大变电站研制的，具有完全自主知识产权。这台产品由3个单相变压器组成，所有引线联结都在油箱内部完成，外部出线、保护和油系统与普通三相变压器相同。该产品的组合外形尺寸为长16m、宽6.7m，总重量达到362t。但在运输时主体一分为三，单相变压器仅长5.1m、宽3.9m，重82t，运输较方便，市场前景十分广阔。

8月

6日 国内最大的100万kW超超临界汽轮发电机在哈尔滨电站设备集团哈尔滨电机厂有限责任公司制造成功。该汽轮发电机的实际发电能力可达110万kW，也是目前国内最大的百万千瓦等级的汽轮发电机组。

11日 平高电气股份有限公司为国家电网公司研发的国内首台拥有自主产权的800kV高压隔离开关安全运抵宁夏银川东变电站。

13日 西安西开高压电气股份有限公司隆重举行了1 100kV GIS研发成功庆典仪式。这是我国自主研发的首台具有国际先进水平的特高压开关设备，它的诞生为我国高压输变电装备制造业赢得了荣誉。

15日 宝光股份发布公告，宣布与施耐德（中国）洽谈一年多的股权收购事宜完全终止。

16日 广东明阳风电技术有限公司成功研制了我国首台自主知识产权抗台风型1.5MW风力发电机组。该型号风电机组已通过国际劳埃德船级社认证，广东明阳风电技术有限公司亦是我国首家通过国际认证的风机研制厂家。

★ 中共中央政治局委员、国务院副总理曾培炎来哈尔滨电机厂有限责任公司视察。公司董事长兼总经理吴伟章向曾培炎副总理详细汇报了自主生产并通过国家级专家鉴定的三峡叶片有关情况，以及正在为三峡右岸机组生产的一些部件及部分火电产品情况。

18日 我国自主研发的国内第一台800kV超高压双断口罐式断路器，从西电集团西安西开高压电气股份有限公司出厂。该产品技术参数达到国际领先水平，它的研发成功打破了国际上少数几家企业对800kV开关设备制造的垄断局面，提高了我国开关设备的制造水平。

19日 温家宝总理参观了新疆金风科技股份有限公司和新疆新能源股份有限公司，了解了风能和太阳能发电设备制造等能源技术开发情况。他强调，新疆具有丰富的风能和太阳能资源，要加大技术开发力度，提高产品质量和水平，加快建设我国可再生能源规模化利用示范基地。

★ 上海华明电力设备有限公司自主研制的CMD有载开关和SHZV真空有载开关通过了国家级技术鉴定，标志着国内企业已经拥有500kV变压器有载开关的研发、生产能力。评审组认定：该产品填补了国内空白，获准进入超高压领域。

28日 特变电工沈阳变压器集团有限公司为甘肃黑河330kV变电站生产的一台36万kV·A变压器在变电站现场一次送电成功。该产品是特变电工沈阳变压器集团有限公司自主研发的我国首台大容量解体变压器，是以“厂内生产、解体运输、建造厂房、现场总装”方式，对大容量产品运输解决方案的再次优化。

★ 国家发展和改革委员会发布《中华人民共和国国家发展和改革委员会公告2007年第51号》，批准、发布95项行业标准，其中包括《船用低压接触器和交流电动机起动器》等23项电工类机械行业标准。

9月

4日 国家发展和改革委员会正式发布《可再生能源中长期发展规划》。在未来15年内，我国预计将投资2万亿元用于可再生能源中长期发展任务建设。根据《规划》，从2006～2020年，我国将新增1.9亿kW水电装机，新增2 800万kW生物质能发电装机，新增约2900亿kW风电装机。《规划》中不但确定了2020年前我国风电发展的装机目标，对我国非水电可再生能源发电规定了强制性市场份额目标：到2010年和2020年，大电网覆盖地区非水电可再生能源发电量在电网总发电量中的比例分别达到1%和3%以上。

7日 中科英华持股65%的郑州电缆有限公司在郑州举行隆重的成立庆典仪式，从而结束了郑缆作为大型国有企业的历史。

11日 中国名牌产品暨中国世界名牌产品表彰大会在人民大会堂召开。电器工业领域包括漆包线、电线电缆接头附件、高压输变电设备、压铸机、自动化控制元器件、电动工具、电力自动化监控设备、控制继电器、通信